RECUEIL D'ACTES

RELATIFS À

L'ADMINISTRATION DES ROIS D'ANGLETERRE

EN GUYENNE AU XIIIE SIÈCLE

(RECOGNICIONES FEODORUM IN AQUITANIA)

TRANSCRITS ET PUBLIÉS

PAR

CHARLES BÉMONT

DIRECTEUR ADJOINT À L'ÉCOLE PRATIQUE DES HAUTES ÉTUDES
(SECTION D'HISTOIRE ET DE PHILOLOGIE)

PARIS

IMPRIMERIE NATIONALE

MDCCCCXIV

RECUEIL D'ACTES

RELATIFS À

L'ADMINISTRATION DES ROIS D'ANGLETERRE

EN GUYENNE AU XIIIe SIÈCLE

Par arrêté en date du 14 février 1910, sur la proposition du Comité des travaux historiques et scientifiques, le Ministre de l'Instruction publique et des Beaux-Arts a ordonné la publication, dans la Collection de documents inédits sur l'histoire de France, du *Recueil d'Actes relatifs à l'Administration des rois d'Angleterre en Guyenne au XIIIe siècle*, par M. Charles Bémont.

Par arrêté en date du 9 juillet 1910, M. Élie Berger, membre de l'Institut et du Comité des travaux historiques et scientifiques, a été chargé de suivre l'impression de cette publication en qualité de commissaire responsable.

SE TROUVE À PARIS

À LA LIBRAIRIE ERNEST LEROUX,

RUE BONAPARTE, 28.

RECUEIL D'ACTES

RELATIFS A

L'ADMINISTRATION DES ROIS D'ANGLETERRE
EN GUYENNE AU XIIIe SIÈCLE
(RECOGNITIONES FEODORUM IN AQUITANIA)

TRANSCRITS ET PUBLIÉS

PAR

CHARLES BÉMONT

DIRECTEUR ADJOINT A L'ÉCOLE PRATIQUE DES HAUTES ÉTUDES
(SECTION D'HISTOIRE ET DE PHILOLOGIE)

PARIS
IMPRIMERIE NATIONALE

MDCCCCXIV

INTRODUCTION.

Le registre où ont été transcrites les *Recogniciones feodorum in Aquitania* est bien connu depuis la Notice que lui ont consacrée Martial et Jules Delpit[1] et depuis la publication partielle qu'ils en ont faite, soit au cours de cette Notice, soit dans les tomes III et V des *Archives historiques de la Gironde*. Outre que cette édition est fragmentaire, les extraits en ont été donnés sans ordre, le texte n'est pas toujours correctement reproduit, les noms de lieux n'ont pas été l'objet d'un examen assez attentif. Il a donc paru désirable de reprendre ce travail, de reproduire les pièces contenues dans le registre en suivant exactement l'ordre où les donne le manuscrit, d'y ajouter une table des noms de matière sous forme de Glossaire et un Index des noms propres d'hommes et de lieux. Sous cette forme plus scientifique, ce précieux recueil de documents «sur l'état des villes, des personnes et des propriétés en Guyenne et en Gascogne au XIIIe siècle» pourra être consulté plus facilement et plus utilement par les historiens.

L'histoire du manuscrit des *Recogniciones* a été brièvement racontée par les Delpit. Je la reprends après eux en ajoutant à leur exposé quelques faits nouveaux.

Ce manuscrit, conservé aujourd'hui dans la bibliothèque des ducs de Brunswick à Wolfenbüttel, fut acheté avant l'année 1627 par le duc Auguste, dont le nom a été donné à la bibliothèque. Il appartenait autrefois aux archives de la Connétablie ou, comme on disait alors, la Comptablie de Bordeaux, qui étaient déposées au château royal de l'Ombrière. Il en est sorti à une époque et dans des circonstances qui sont demeurées inconnues. Décrit assez longuement, mais non sans de menues inexactitudes, par Ebert[2], il fut feuilleté par Lappenberg,

---

[1] *Notice d'un manuscrit de la bibliothèque de Wolfenbüttel intitulé :* Recogniciones feodorum *et où se trouvent des renseignements sur l'état des villes, des personnes et des propriétés en Guyenne et en Gascogne au* XIIIe *siècle*, par MM. Martial et Jules Delpit. Paris, Imprimerie royale, 1841. Extrait des *Notices et extraits des manuscrits* publiés par l'Académie des inscriptions et belles-lettres, t. XIV, 2e partie.

[2] Friedrich Adolph EBERT, *Zur Handschriftenkunde*, 1er fasc., Leipzig, 1825. Comme ce volume ne se trouve pas à la Bibliothèque nationale de Paris, je donnerai le passage d'Ebert (p. 194-195), auquel font allusion les Delpit : «Das letzterwæhnte

INTRODUCTION.

alors archiviste de la ville de Hambourg, qui y copia les statuts d'une association (*Societas navium;* voir plus loin, n° 407) formée entre les patrons et les matelots de la marine marchande de Bayonne. Lappenberg en avisa Pardessus, qui recueillait alors les éléments de ses *Lois maritimes*, et Pardessus à son tour signala à Augustin Thierry l'importance d'un volume qui contenait les statuts municipaux de plusieurs des plus importantes villes du Sud-Ouest. Thierry demanda communication du manuscrit, qui fut en effet envoyé à Paris et copié par Martial et Jules Delpit. Retourné ensuite à Wolfenbüttel, il y a été conservé avec un soin très jaloux; mais j'ai pu, avec l'obligeante autorisation du directeur actuel de la bibliothèque, M. le Dr Milchsack, en obtenir une reproduction photographique que j'ai eue constamment sous les yeux pendant la durée du présent travail. Cette photographie sera enfin déposée aux Archives départementales de la Gironde, où elle tiendra la place du registre original à jamais exilé.

Le manuscrit de Wolfenbüttel, dont une description détaillée sera donnée plus loin, porte en plusieurs endroits l'inscription : *Liber secundus, intitulatus per B*. Il faisait donc partie d'un groupe de registres, aujourd'hui disparus, qui, sous le régime anglais, étaient sans doute conservés dans le château royal de l'Ombrière et dont la plupart existaient encore au xviiie siècle dans les Archives du Bureau des finances et trésoriers de France à Bordeaux. Les indications spontanément fournies par M. Auguste Brutails, les mentions de son Inventaire sommaire des Archives départementales [1], certaines transcriptions conservées à la Bibliothèque nationale, permettent de reconstituer jusqu'à un certain point ce fonds des anciens

---

Manuscript ist ein Copialbuch auf Pergament in folio aus dem 13. Jahrhundert und würde zufolge seines Inhalts ungefæhr so zu benennen seyn : *Recognitiones, feuda, homagia, juramenta fidelitatis, donationes aliaque instrumenta publica in Anglia* (sic) *ab a. 1250 ad 1276 composita*. Diese Instrumente sind hier in extenso enthalten, und theils in lateinischer, theils in französischer Sprache abgefasst. Die Hand ist vollkommen gleichzeitig und die verschiedne Dinte zeugt für die successive Fortführung. Auf der Aussenseite des Einbandes ist ein kleines Kupferblech befestigt, auf welchem drei übereinander stehende Lœwen befestigt sind. Darunter steht der Buchstabe B, und im Buche selbst kommt die Beziehung auf diesem Buchstaben wiederholt folgendermassen vor : *Secundus liber, intitulatus per B*. Das historische Interesse und die Authenticitæt dieses kostbaren Manuscripts læsst sich schon aus dieser kurzen Notiz abnehmen.» Je dois la transcription de ce passage à M. le Dr H. Hepding, bibliothécaire à la bibliothèque de l'Université de Giessen.

[1] Série C, qui contient deux fonds : celui de l'Intendance de Guyenne et celui du Bureau des finances, et série G, qui contient les archives du clergé séculier.

registres terriers que désignaient les premières lettres de l'alphabet. C'est ce que j'ai essayé de faire, sans me dissimuler que cet essai restera fort imparfait et incertain. Je suivrai l'ordre alphabétique des manuscrits.

Registre A. La plus ancienne mention en est fournie par le manuscrit de Wolfenbüttel lui-même. Au fol. 186, on lit en marge, d'une main du xvie siècle, l'inscription suivante : *Soit veu de cest Ayquelm G. de Blancaffort ou livre de Guienne signé A. fol. .ciiij*[xx]*. xiij.*[(1)] C'est évidemment le tome I de la série dont le manuscrit de Wolfenbüttel forme le tome II. Je crois le retrouver encore dans les mentions suivantes : 1° Il a été publié dans les *Archives historiques de la Gironde*, t. XXVII, p. 446-453, un recueil d'hommages rendus par divers personnages au roi d'Angleterre Édouard Ier, d'après une copie provenant des archives du château de La Tresne et conservée à la bibliothèque de la ville de Bordeaux. On lit à la fin (p. 453) : «Colationné sur ung libvre cotté par lettre A..., ce xxi[e] jour d'apvril mil v[c] soixante-quinze.» 2° Dans un manuscrit du fonds Gaignières à la Bibliothèque nationale, aujourd'hui n° 20685 du Fonds français, a été copié, fol. 151, un «Extraict d'un ancien registre de la Chambre des Comptes [de Paris], cotté A sur le dos, avec les armes d'Angleterre; et a pour titre : *In isto libro intitulato per A tractatur de pluribus factis tangentibus dominum ducem;* communiqué par M. d'Hérouval». L'incipit, copié par Gaignières[(2)], est ainsi conçu : «Transcripta quatuor continentia titulos litterarum et processuum in custodia custodis garderobe et thesaurarii et camere Londoniens. existencium. Memorandum quod, die Lune in vigilia Assompcionis b. Marie Virginis, anno regni regis Ed., filii regis Edwardi, .xiij. [=14 août 1319], dominus Rogerus de Norburgham, custos garderobe domini regis predicti, liberavit thesaurario et camerariis scaccarii domini regis registra, monumenta et memoranda infrascripta, ducatum Vasconie tangentia, inventa in tribus coffris existentibus in garderoba regis apud Turrim Londoniensem, titulatis E. Ff. G., et examinata per Eliam de Jonestone[(3)] ad eadem negocia per concilium regis deputatum.» Le manuscrit communiqué par Hérouval existait donc, en 1319, dans les archives du duché de Guyenne que

---

[(1)] Voir plus loin, sous le n° 667.
[(2)] Reproduit avec quelques erreurs dans la Notice des Delpit, p. 300.
[(3)] Sur cet Élie de Jonestone, qui fut «garde des procès de Guyenne», voir *La Papauté, la France et l'Angleterre (1328-1342)*, par Eugène Déprez,
p. 44 et 111; *Le Trésor des chartes de Guyenne sous Édouard II*, par le même, dans les *Mélanges d'histoire offerts à Monsieur Charles Bémont* (1913), p. 226 et 235. Cf. Fr. Palgrave, *The ancient Kalendars and Inventories of the Treasury of H. M's Exchequer*, t. III, p. 116.

INTRODUCTION.

le Gouvernement anglais avait fait transporter à Londres pour les consulter et qui furent ensuite renvoyées à Bordeaux. Les extraits de Gaignières remplissent les fol. 151-169; ils sont tirés de cinquante documents qui se retrouveront dans le tome II de la série (*liber B*). Gaignières a suivi l'ordre du manuscrit; le dernier des folios qu'il ait marqués porte le n° 231, tandis que le *liber B* compte seulement 193 folios. Enfin les manuscrits A et B étaient étroitement apparentés puisqu'ils contenaient bon nombre de pièces identiques, mais elles y étaient rangées dans un ordre différent.

Il y a encore, dans ce même volume de Gaignières, des extraits d'un autre recueil d'hommages faits au roi d'Angleterre comme duc de Guyenne (fol. 17-55); j'y reviendrai plus loin.

Registre B. Cette lettre de série paraît avoir été donnée à plusieurs manuscrits. D'abord au manuscrit de Wolfenbüttel, auquel nous reviendrons plus loin; ensuite à un ou plusieurs volumes désignés comme suit : «livre de l'Ombrière cotté B qui est dans les archives du roy en Guyenne, fol. 145 r°»[1]. C'est la copie d'une reconnaissance faite par Rostan Du Soler, prévôt des paroisses de Sainte-Eulalie-d'Ambarès, de Saint-Vincent-d'Yvrac et de Quinsac, le 2 avril 1273 v. st., «copie faite en 1684»; or cet acte se retrouve dans notre manuscrit, mais au folio 189 v° (n° 680); ce n'est donc pas ce dernier qui a été consulté en 1684. — La reconnaissance de Pierre de Bordeaux, publiée sous notre n° 19 (fol. 25), a été copiée «au XVII° siècle» d'après les «livres du Domaine cotés B, fol. 52, et F, fol. 10»[2]. — Dans un procès-verbal de l'année 1684 on renvoie «au livre coté B, couvert de basane verte, f° 128» pour «une enquête de 1273», malheureusement indiquée sans plus de précision, et pour une donation du péage de Libourne faite au roi par le seigneur de Lansac, folio 102[3]. Cette même donation, «en date du second janvier mil deux cens septante quatre», est encore mentionnée dans un procès-verbal du 10 mars 1687, d'après le même registre et le même folio[4]; «registre de Lombrière cotté B couvert d'une bazane verte», lit-on aussi dans un procès-verbal du 24 avril de la même année[5]; puis, le «procureur du roy» qui a produit ces pièces a «remis le susdit livre cotté B dans

---

[1] *Inventaire sommaire*, Gironde, G 1394, t. II, p. 181.
[2] *Inventaire sommaire*, C 4141, t. II, p. 400.
[3] *Ibid.*, t. II, p. 331. La donation de Pons de Lansac est publiée plus loin sous le n° 500; dans le manuscrit de Wolfenbüttel, elle est transcrite au fol. 138 v.
[4] Archives du dép. de la Gironde, liasse cotée : «Trésoriers de France, C 3985».
[5] Même liasse.

le cabinet des archives du Bureau"[1]. — Une reconnaissance de l'hôpital de Bessau, publiée plus loin sous le n° 137, a été copiée par M. l'abbé V. Foix dans les archives de l'hôpital de Mont-de-Marsan, d'après "une copie, collationnée le 1ᵉʳ février 1769 par le sieur Conilh, trésorier de France en la Généralité de Bordeaux, d'un acte sans date trouvé dans le livre cotté B estant dans les archives dudit Bureau"[2]. — Un dénombrement, par Raimond Brun de Fronsac, maire de Libourne, extrait du fol. 128 du "registre B du Bureau des finances", 22 mars 1274 n. st., est mentionné dans l'*Inventaire sommaire des Archives du département de la Gironde*, série E, suppl., t. III, p. 143. C'est notre n° 597, transcrit au fol. 169. — Enfin l'abbé Baurein a cité[3] une reconnaissance de l'abbé de Verteuil d'après le "registre B, fol. 121" du Bureau des finances de Guienne, qui est notre n° 538. Cette déclaration se retrouvant textuellement dans le manuscrit de Wolfenbüttel, les Delpit en ont conclu que Baurein avait eu ce manuscrit sous les yeux; ils ont pourtant constaté que le document utilisé par Baurein était transcrit au folio 121, tandis que dans notre manuscrit il se trouve au folio 160; dans cette différence, disent-ils, "nous ne voyons qu'une erreur de l'abbé Baurein ou de son imprimeur". Non, puisque notre manuscrit avait disparu de Bordeaux plus d'un siècle et demi avant le temps où y travaillait l'abbé Baurein. Le "registre du Bureau des Finances coté par B", de Baurein, ne peut être qu'une copie du manuscrit original[4].

Le registre C a été signalé par les Delpit, qui mentionnent "une note marginale insérée dans le petit Cartulaire de l'abbaye de la Sauve en regard de l'enquête faite par ordre de Henri III sur les privilèges des habitants de l'Entre-deux-Mers"; cette note dit que l'enquête se trouvait dans "un registre coté C, fol. 107"[5]. — Ce registre est encore mentionné à propos d'une reconnaissance

---

[1] Même liasse, à la date du 5 mai 1690.

[2] *Revue de Gascogne*, 1909, p. 182.

[3] *Variétés bordeloises*, édit. 1785, t. IV, p. 290; édit. 1876, t. II, p. 440.

[4] Il en est de même pour les manuscrits consultés par dom de Vienne, auxquels font allusion les Delpit (note 1 de la page 302). Ils mentionnent encore un "registre de la ville de Bordeaux" d'où les auteurs de la *Gallia christiana* ont tiré un traité de l'évêque de Lectoure avec le roi d'Angleterre. Les auteurs de la *Gallia* disent "ex registro Burdegalensi cujus apographum inter instrumenta repositum invenies" (t. I, col. 1078), mais ils ne désignent pas autrement ce registre. En tout cas, ce ne peut être, quoi qu'en disent les Delpit, le manuscrit de Wolfenbüttel.

[5] Voici le texte complet de cette note marginale, que M. Jean Barennes a bien voulu copier pour moi sur le petit Cartulaire de la Sauve; elle se trouve à la page 126 et paraît être d'une main du XVIᵉ siècle : "1235. Cette enquête se trouve au long au registre coté C, fol. 107 recto, qui est

faite par Guillaume de Bladin et copiée «du livre C, fol. 173 et 174 r°» [1] (c'est notre n° 531). — Dans un procès-verbal, déjà cité, du 10 mars 1687, on trouve deux renvois au «livre coté C» pour «une exporle du 21 août 1231» folio 82, et pour «une exporle de 1389» folio 285 [2]. Dans la même liasse (C 3985) sont encore mentionnés «deux registres couvers de bazane verte cottés C et F... dans lesquels nous avons trouvé, et au fol. 173 verso dudit livre C, un titre commençant par ces mots : «notum sit quod anno Domini 1273» et finissant par ces mots : «signoque meo signavi in testimonium premissorum»; ... plus un autre titre dans le livre cotté F, fol. 3 v°, commençant par ces mots : «item, Bernardus d'Escossan, dominus de Langoiran», et finissant par ceux-ci : «Et testibus quibus supra». Le registre C était, comme on le voit, assez volumineux.

Registre D. Dans un procès-verbal du 10 juillet 1687, il est parlé d'«un gros registre du château de Lombrière cotté D, où il y a trois ou quatre cens actes de mesme nature»; il était «couvert d'une bazane rouge»; au fol. 119 s'y trouvait une enquête de 1311 commençant par les mots : «Inquisitio terrae de Labourt facta die Veneris, etc.» et finissant par «homines ligii in Labourt dicti domini regis» [3]. Faut-il l'identifier avec un autre registre coté D dont le contrôleur général des Finances, Orry, demandait par deux fois la communication à Paris? L'intendant finit par l'expédier à Trudaine [4].

Un «livre coté E, couvert de basane verte», est mentionné dans le procès-verbal de 1684, dont il a été question plus haut à propos d'un acte copié sur le registre B [5]. Dans ce «registre cotté E de Lombrière», on trouvait (procès-verbal du 16 avril 1687) au fol. 165 un titre commençant par les mots : «Joannes, Dei gracia rex A., dominus H.» et finissant par «apud Wintoniam, 20 junii a° regni 6°» [6]. C'est le même sans doute que le «livre coté E, du Bureau des Finances du roy en Guienne», d'où l'on a extrait une «liefve et denombremant des

conservé dans les Archives du roy au Bureau des Finances de Guienne (ou au Bureau de Mrs les Trésoriers)».

[1] *Inventaire sommaire*, G 1394, t. II, p. 181. L'acte est daté par erreur du 23 mars dans l'*Inventaire*; il est du 20 mars.
[2] *Inventaire sommaire*, C 3985, t. II, p. 331.
[3] *Ibid.*

[4] *Inventaire sommaire*, C 2286, t. I, p. 353. Les lettres d'Orry sont du 26 octobre 1744 et du 8 février 1745. Il demande qu'on lui envoie «le registre D qui est au depost du Bureau des Finances».
[5] *Inventaire sommaire*, C 3985, t. II, p. 331.
[6] Liasse C 3985. Cette indication n'a pas été mentionnée dans l'*Inventaire*.

rantes dues au s. de Got, evesque d'Agen, en l'an 1311 ", à Blanquefort et à Saint-Seurin[1]. J'en retrouve la mention fréquente dans plusieurs liasses de la série G, aux archives du département de la Gironde, par exemple à propos des documents suivants : lettre du prince de Galles portant que les habitants de Bruges, Eysines et Saint-Médard ne pourront pas être soumis aux tailles de la ville de Bordeaux (1357)[2]; confirmation par Henri VI (1425) des droits concédés par Édouard III aux maire et jurats de Bordeaux sur la banlieue[3]; hommage rendu au roi par la commune de Bourg-sur-Mer, le 10 avril 1264 (?)[4], et extrait du privilège mentionné ci-dessus, du prince de Galles, en faveur des habitants de Bruges, Eysines et Saint-Médard[5]; sentence arbitrale entre le chapitre de Saint-Seurin et les jurats de Bordeaux (23 août 1347)[6]; réquisitoire pour le Domaine, visant un acte de donation du 28 avril 1311, par Bertrand de Got, évêque d'Agen, au profit de son neveu Raimond Guillaume[7], et un autre acte de donation par le roi d'Angleterre au profit de Bernard Dupuy, le 6 décembre 1413[8]. Ces documents sont tous, sauf l'hommage de Bourg-sur-Mer[9], d'une époque trop récente pour qu'on puisse les trouver dans la présente publication.

Signalons de même les mentions du registre F. Une des liasses du Bureau des finances contient des "homaiges qui sont dans le regestre de la contablerie cothé F"; ils se rapportent à la région de Saint-Sever et l'on y voit figurer l'"hommaige et fidelité" de Toujouse qui a été publié plus loin sous le n° 97[10]. C'est un document sur lequel les Delpit ont attiré particulièrement l'attention à cause de la redevance singulière qui s'y trouve décrite; la traduction reproduite dans l'*Inventaire sommaire*[11] est d'ailleurs fautive en plusieurs points. — Une pièce "commençant par Guitardus de Rimbers, jurat" (c'est notre n° 58 qui est au fol. 31), est tirée d'un "registre cotté F, escrit en parchemin, fol. 6 v°", livre

---

[1] *Inventaire sommaire*, C 3985, t. II, p. 400; cf. G, 1139, n° 1.

[2] *Inventaire sommaire*, G 1117, t. II, p. 99; extrait du registre E du Bureau des finances, fol. 142.

[3] *Ibid.*, extrait du "livre coté E, fol. 86".

[4] *Ibid.*, G 1127, t. II, p. 103, d'après le "registre vert cotté E, fol. 47 v°".

[5] *Ibid.*, p. 104.

[6] *Ibid.*, G 1136, t. II, p. 107; extrait du "livre cotté E, fol. 95 v° et sequentibus, qui est dans les archives du Roy au Bureau du Domaine du Roy"; cf. G 1328.

[7] *Ibid.*, G 1137, t. II, p. 108, "inséré dans le regitre cotté E, p. .lxiiij."; cf. G 1139, n° 1.

[8] *Ibid.*

[9] Voir dans notre édition, n° 528, la reconnaissance des maire et jurats de la ville; mais elle est du 22 mars 1274.

[10] *Inventaire sommaire*, C 4145, t. II, p. 402.

[11] "Et doit d'esporle, quand le roy passe par la terre de Toujouse, de l'accompaigner jusques au

qui, un peu plus loin, est décrit avec des détails très précis : «livre ancien contenant six vingts fuillets, en fort vieille lettre, de grand parchemin, cotté au dos F, qui a esté tiré des archives du Bureau,... dans lequel les 94 premiers fuillets sont composés des donations faites par le roy d'Angleterre à divers particuliers et autres actes..., et le 95ᵉ fuillet recto a pour titre en teste d'iceluy : C'est le procès abrégé des homages faits par les comtes, barons, chevaliers, escuyers, gentils[hommes] et autres... Et immédiatement après il est porté que, le 9ᵉ juillet en tout l'heure de mi-jour 1363,... en l'église catédralle de Saint-Andriu...»[1]. — «Registre vert coté F, du Bureau des Finances», lit-on à propos d'un acte de 1342[2]; «Livre du Dommaine cotté F, fol. 35 et 34», lit-on à propos d'un autre, du 2 avril 1274, qui se trouve dans notre manuscrit au folio 189 v° et, dans notre publication, sous le n° 680[3]. — Ce registre enfin a été consulté par dom Du Buisson quand, vers la fin du XVIIᵉ siècle, il écrivit son *Historia monasterii Sancti Severi;* il y renvoie au moins une fois en citant (t. II, p. 260) un acte d'hommage rendu par Garcie Arnaud, abbé de Saint-Sever, en 1273[4]: «extractum ex registro feudorum in archivis curiæ thesaurariorum seu ærarii regii cottato F, fol. 67.» — Dans le tome I des *Archives historiques de la Gironde*, Jules Delpit a publié un recueil de *Recognitiones feudorum* pour le pays d'Agen et de Condom (1286); qui est un précieux complément aux *Recognitiones feodorum in Aquitania*. Parmi ces reconnaissances, il en est une faite par Raimond de Laporte et son cousin Raimond Bernard complétant celle qui figure plus loin sous le n° 109; en marge de cet article se trouve la note suivante, qui a été reproduite par Delpit à la page 352 : «Vide libro F, fol. 72 recto, des archives du château de Lombrière.» Enfin un acte d'hommage rendu par Jean de Lalande, le 31 mars 1274[5], est indiqué comme «extrait du livre coté F dans les archives de la Comptablie de Bordeaux, fol. 24 v°»[6].

cassou contal, où il doit avoir pour son honneur un chariot honnoré (sic) de torches, lequel chariot doit estre tiré par deux vaches sans queue et, quand il est arrivé audit chesne contal, le feu doit estre mis audit chariot pour estre bruslé affin que les vaches pussent eschapper.» — À la suite est analysé l'hommage d'un bourgeois de Saint-Sever publié plus loin sous le n° 125.

[1] *Inventaire sommaire*, C 3985, t. II, p. 331. Le procès-verbal des hommages rendus au prince de Galles a été publié par J. Delpit dans sa *Collection générale des documents français qui se trouvent en Angleterre*, t. I (et unique), p. 86.

[2] *Inventaire sommaire*, G 1117, t. II, p. 98.

[3] *Ibid.*, G 1393, t. II, p. 181.

[4] C'est notre n° 70, qui se trouve au fol. 32.

[5] C'est peut-être notre n° 583, daté, il est vrai, du 20 mars.

[6] *Archives historiques de la Gironde*, t. XXVII, p. 446.

Je n'ai trouvé aucune trace d'un registre G; mais il a dû exister, puisque le suivant est mentionné dans une note marginale de notre manuscrit, fol. 74 v° (voir plus loin, p. 120, note 5), ainsi conçue : «la semblable lettre [concernant la vente d'une moitié du château et de l'honneur de Blanquefort] est répétée ou livre de Guienne marqué H, folio cxix v°».

Les archives royales de Bordeaux ont donc possédé un fonds de huit registres contenant des actes d'hommage et reconnaissances d'obligations féodales du XIII° et du XIV° siècle. «Aucun de ces registres ne se trouve actuellement dans les archives reconstituées du Bureau des Finances; on n'en connaît plus qu'un, désigné sous le nom de manuscrit de Wolfenbüttel[1].» La même disgrâce a frappé d'autres manuscrits étroitement apparentés au nôtre et qui se trouvaient à la Chambre des comptes de Paris.

L'un d'eux nous est connu par Gaignières qui, dans un «Recueil de comptes» en deux volumes, portant le n° 772 A et B (auj. 20,684 et 20,685 du Fonds français à la Bibliothèque nationale), a analysé un certain nombre d'actes relatifs aux fiefs de Guyenne vers l'année 1274. Dans le tome II, le seul qui nous intéresse ici (n° 20,685), on lit ce titre au folio 17 : «Extrait d'un registre en parchemin coté FF, contenant plusieurs hommages aux roys d'Angleterre par les seigneurs de Guyenne et autres, dont le commencement est à dire : Hommage fait par Garcie Arnaud de Navailles et Marie Bertrand à Édouard, fils aisné du roy d'Angleterre (1262).» Sur les 400 actes environ dont l'analyse a été donnée, il y en a bien 375 qui se retrouvent dans notre manuscrit, mais dans un ordre différent; Gaignières, de propos délibéré sans doute, a laissé de côté ceux qui se rapportent à l'organisation municipale. Le registre FF appartenait à la Chambre des comptes; la preuve en est fournie par le volume 57 du fonds de Périgord à la Bibliothèque nationale, folio 23, où se trouve un «extrait du procès-verbal d'hommages faits par les comtes, vicomtes, barons, chevaliers, écuyers, gentilshommes et autres au prince de Galles et duc d'Aquitaine, fils aîné du roi Édouard III (1361)», extrait qui a été copié sur un manuscrit «en la Chambre des Comptes de Paris cotté sur le couvercle FF». Dans une ordonnance de la Chambre des comptes relative aux droits du chapitre de Saint-Seurin dans l'Entre-deux-Mers, on a transcrit une déclaration de 1273 renfermée dans un «certain registre cotté FF rouges..., ledit registre estant au greffe de la Chambre» (26 juillet 1687)[2].

---

[1] *Inventaire sommaire*, C 3985, t. II, p. 331. — [2] *Inventaire sommaire*, G 1395, t. II, p. 182.

INTRODUCTION.

Existait-il un rapport entre ce registre marqué d'une double lettre F en rouge et le « registre vert coté F du Bureau des Finances », dont il a été parlé plus haut? Je ne saurais le dire.

Du Cange, dans son *Glossarium mediæ et infimæ latinitatis*, a tiré plusieurs exemples d'un « Regestum homagiorum nobilium Aquitaniæ » qu'il ne désigne pas d'une façon plus précise, et, contre son usage, il y renvoie le plus souvent sans indiquer le folio du manuscrit. Serait-ce le « Registre en parchemin cotté FF » dont Gaignières, on l'a vu plus haut, a fait de copieux extraits? Du moins, en tête du manuscrit 20,685 du Fonds français, qui était l'ancien 772 B du fonds Gaignières, lit-on cette note : « Ms. dom. du F. » que j'interprète ainsi : manuscrit ayant appartenu à Du Fresne, seigneur du Cange. D'autre part, dom Carpentier, le continuateur de Du Cange, a utilisé en plus de vingt endroits[1] un manuscrit de la Chambre des comptes coté, dit-il, « JJ rub. [2] ». À la différence de Du Cange, il marque toujours exactement ses renvois. À une ou deux exceptions près, tous les exemples recueillis dans ces registres par Du Cange et par dom Carpentier se retrouvent dans notre manuscrit, mais dans un ordre différent. Pour faire mieux connaître le registre marqué d'un double J rouge [3] et son rapport avec le manuscrit de Wolfenbüttel, je donnerai la liste des articles ajoutés par dom Carpentier au *Glossarium*, avec le numéro que porte l'acte dans le présent volume, le folio du manuscrit, puis, à la suite, le folio du registre JJ rouge :

	REG. JJ. RUB. fol.		REG. JJ. RUB. fol.
Alodium, n° 252, fol. 60 v°....	28	*Capellus Pampiloniae*, n° 688, fol. 191 v°................	11 v°
Artigia, n° 641, fol. 180.....	7 v°	*Capmasura*, n° 43, fol. 30.......	37
Beta, n° 448, fol. 114.......	46	*Cayum*, n° 3, fol. 21 v°.........	2 v°
Boeria, n° 681, fol. 190......	19		

[1] Par exemple sous les mots *Calcaria argentea*, *Capitalis*, *Feudum fraucale*, *Paduire*, *Perpunctum*, *Sporta 2*, *Tornalerius*.

[2] Désigné comme suit dans l'Index bibliographique de Du Cange : « Regestum sign. duplici litera I rubra, continens homagia feudorum Aquitaniæ annis 1273 et seqq. præstita », t. VII (édit. 1850), p. 452, col. 2.

[3] Il ne faut pas confondre le *Reg. JJ. rub.* avec le *Liber rubeus*, qui comptait parmi les plus anciens mémoriaux de la Chambre des comptes. Ce livre rouge « ne contenait guère que des chartes d'intérêt privé, des concessions du domaine royal » (A. de Boislisle, *Chambre des comptes de Paris*, 1873, p. VIII, note 6). Voir dans le Glossaire de Du Cange, au mot *Boeria*, des citations empruntées par dom Carpentier d'abord au *Reg. JJ. rub.*, puis au *Lib. rub.*

REG. JJ. RUB.	fol.	REG. JJ. RUB.	fol.
Circulus gallinarum, n° 549, fol. 158 v°............	16 v°	*Feuda[ta]rius* et *Feudum*, n° 528, fol. 152.................	14 v°
Compna et *Creocus*, n° 3, fol. 21 v°...............	2 v°	*Francaliter tenere*.............	7
		Joglaria, n° 683, fol. 190......	11
Crenum, n° 324, fol. 62.....	32 v°	*Mandaria*, n° 454, fol. 459.....	12 v°
Dreituragium[1]............	48	*Paleare*, n° 199, fol. 46.......	20
Espeusalata, n° 354, fol. 71 v°.	34	*Poiallus* et *Quaesta regis*, n° 537, fol. 154 v°.............	16
Ferrum crudum, n° 212, fol. 48 v°...............	21 v°	*Solus domus*...............	50
Feudagium, n° 203, fol. 47...	20 v°	*Utareus*, n° 349, fol. 71......	33 v°

J'ai noté plus haut, sous le mot *Boeria*, une citation empruntée par dom Carpentier au *Reg. JJ. rub.*, qui ne se retrouve pas dans notre manuscrit. Un second exemple nous est fourni au mot *Tornalerius*. Je ferai la même observation à propos du registre consulté par Du Cange : sous le mot *Sporta* 2, après un exemple tiré des statuts de Bourg-sur-Mer (n° 528 de la présente publication), il donne deux citations qui sont d'ailleurs de brèves analyses rédigées en français moderne [2]. On peut en conclure que le manuscrit vu par Du Cange était une copie relativement récente et aussi que, dans les deux registres conservés à la Chambre des comptes, se trouvaient les pièces transcrites sur les folios portés aujourd'hui comme manquants dans le manuscrit de Wolfenbüttel [3].

Les Delpit ont émis l'opinion que le registre FF analysé par Gaignières et le *Reg. JJ. rub.* utilisé par Du Cange (ou mieux par dom Carpentier) sont identiques. «Du Cange ou Gaignières, disent-ils, se seront mépris sur les lettres ornées qui servaient de titre, car il est difficile d'admettre que ce registre existât en double à la Chambre des comptes de Paris.» Cette hypothèse est des plus fragiles : d'abord on ne saurait imputer une méprise aussi forte à des érudits tels que Du Cange (ou même Carpentier) et Gaignières; en outre, pourquoi la

---

[1] Ce mot, comme plus loin les expressions *Francaliter tenere* et *Solus domus*, relevées par dom Carpentier, ne se rencontrent pas dans notre volume; ils proviennent sans doute de pièces transcrites sur les folios aujourd'hui en déficit dans notre manuscrit.

[2] Dom Carpentier donne au même endroit, d'après le même registre, une autre citation (fol. 1), tirée d'une reconnaissance de Pons d'Arbanatz, qui ne se trouve pas dans notre manuscrit.

[3] Notons aussi en passant, au mot *Caminus*, une citation empruntée par Henschel à la Notice des Delpit, dont il signale seulement le tirage à part, sans renvoyer au recueil d'où il provient.

Chambre des comptes n'aurait-elle pas possédé plusieurs copies des actes concernant le Domaine du roi, comme il y en avait plusieurs au Bureau des finances de Bordeaux? Et ne convient-il pas de faire état du témoignage de Brussel, rapporté précisément par les Delpit? Brussel avait été chargé de suivre l'application d'un édit de 1691 qui créait un dépôt des terriers à la Chambre des comptes[1]; dans le « Discours sur le dépôt des terriers de la couronne » qui sert d'introduction à son *Nouvel examen de l'usage général des fiefs* (1727), il déclare avoir vu « dans le greffe de la Chambre l'ancien cartulaire du duché d'Aquitaine fait dans le XIVe siècle pour le roi d'Angleterre et encore dix à douze autres registres pareillement faits pour lui et qui sont tous à ses armes »[2]. Il est probable que ces manuscrits disparurent dans l'incendie de la Chambre des comptes, le 27 octobre 1737[3].

Tel est le dossier que j'ai pu constituer sur la double série des anciens registres terriers conservés soit au Bureau des finances de Guyenne, soit à la Chambre des comptes de Paris. Le sort des registres de Paris est bien connu : ils ont péri dans l'incendie de 1737; celui des registres de Bordeaux est obscur. S'il en est qui ont été communiqués à Paris avant cette date funeste, ils ont disparu en même temps que les autres; mais nous avons vu que plusieurs de ces registres étaient encore conservés au Bureau des finances pendant la seconde moitié du XVIIIe siècle. Les Delpit semblent incriminer les « mesures révolutionnaires de 1793 »[4]; mais plus tard[5] Jules Delpit a reconnu lui-même que l'article 6 de la loi du 17 juillet 1793 « n'était pas aussi terrible qu'on a fait semblant de le croire ». En fait, on ne sait pas exactement quels parchemins furent alors sacrifiés. En tout cas, il ressort de l'examen auquel je me suis livré qu'aucune allusion n'est faite à notre manuscrit dans les si nombreux extraits d'actes d'hommages et de reconnaissances féodales qui ont été exécutés au XVIIe siècle et au XVIIIe; ceci suffirait à prouver, si la preuve n'était faite par ailleurs, que ce registre (le *Liber intitulatus per B*) avait depuis longtemps quitté Bor-

---

[1] En ce qui concerne Bordeaux, Brussel dit : « Il n'a été apporté au depost aucun nouveau terrier fait dans cette généralité. L'état de son domaine et le double de son inventaire qui sont dans ce Bureau des Finances ont été apportés. » (*Nouvel examen*, t. I, p. XII.)

[2] *Nouvel examen*, t. I, p. XXIII.

[3] Le dépôt des terriers ne fut pas atteint par l'incendie (A. de Boislisle, *Chambre des comptes de Paris*, p. CX).

[4] *Notice*, p. 304.

[5] Dans l'introduction au *Catalogue des manuscrits de la Bibliothèque municipale de Bordeaux*, t. I (1880), p. X.

deaux. Il faut se réjouir en définitive qu'il soit sorti des archives royales, puisque c'est à cet accident (est-ce négligence ou larcin?) qu'on doit sa conservation [1].

Je viens maintenant à notre manuscrit. Il est conservé à la bibliothèque des ducs de Brunswick sous le n° 2311. Il a été décrit assez longuement dans le catalogue des manuscrits de cette bibliothèque par M. O. von Heinemann [2]; j'utiliserai les renseignements qui s'y trouvent en y apportant quelques menues corrections. Le volume est composé de 171 feuillets de parchemin, qui mesurent o m. 34 de hauteur sur environ o m. 20 de largeur. Ces 171 feuillets se décomposent comme suit : une feuille de garde, six feuillets pour la table des rubriques, numérotés, par une main moderne, de 1 à 6; enfin 165 feuillets sur lesquels ont été transcrits les 700 documents dont se compose la présente publication. Une foliotation ancienne fait apparaître deux lacunes : la première au début, puisque la foliotation commence avec le chiffre .xxj.; la seconde après le folio .lxxvj., laissé blanc à la suite du n° 369. On saute ensuite au folio .iiij^{xx}. v. avec un acte dont il ne reste plus que la fin. Je ne saurais dire à quelle époque remonte la disparition des cahiers manquants. À partir du n° 370, la transcription se continue presque sans interruption jusqu'à la fin (fol. .ix^{xx}.xiij.).

Sur la feuille de garde, le titre suivant a été écrit au recto en grosses lettres gothiques : *Recogniciones feodor. in Aquitann. Edw. I* [3] *regi Angl. factae;* au-dessous, une main toute moderne a mis cette indication bibliographique : *Notices et extraits des manuscrits de la Bibliothèque du Roi, tome XIV, p. 296-458;* si l'on ajoute que c'est le tome XIV de la 2ᵉ série, on aura le renvoi exact et complet au volume où a paru la notice des Delpit sur le manuscrit de Wolfenbüttel. Sur le verso de la feuille de garde se lit la note suivante, qui est inachevée (je fais imprimer en *italiques* les lettres qui ont été remplacées par des signes d'abréviation) : «*Memorandum* de *c*ertis terris et tene*mentis* vel redd*itibus* datis et concessis regi

[1] Je m'approprie la remarque déjà faite par O. von Heinemann (voir la note suivante) : «dadurch dass sie [le manuscrit] schon vor dem J. 1627 von dem Herzog August erworben wurde, ist sie glücklicherweise der Vernichtung, welche die übrigen Schætze jenes Archivs [Bordeaux] wæhrend der französischen Revolution traf, entgangen»; mais je fais naturellement toute réserve quant à la destruction des archives bordelaises pendant la Révolution française.

[2] *Die Handschriften der herzoglichen Bibliothek zu Wolfenbüttel.* 2ᵉ partie : *Die Augusteischen Handschriften,* t. II, 1895, p. 320.

[3] Les Delpit ont lu *Edwardo III;* le chiffre aurait-il été gratté depuis eux? Ils pensent que le titre est d'une «écriture récente».

Ang*lie per* Ber*trandum* de La Dyly[s] in ciuitate Vasaten*si* numer*o*... » Le numéro de la reconnaissance faite par Bertrand de Ladils, bourgeois de Bazas, a été omis par le scribe; dans la présente édition, c'est le n° 34.

Comme on peut s'en rendre compte en se reportant au texte imprimé, la table des rubriques débute par cette mention : «In secundo libro, intitulato per B, tractatur de pluribus recognisc*ionibus* et feudis»; cette mention se retrouve en termes analogues au fol. 21 (où, comme il a été dit, commence le texte du ms.) : «Liber secundus intitulatus per B»; puis plus brièvement aux fol. 37, 53, 86, 104, 124, 180, 186 : «secundus liber B». La lettre-chiffre B se voit enfin sur la couverture. Quand les Delpit eurent le manuscrit à Paris, il était, nous disent-ils, «encore revêtu de la reliure en bois qu'il a reçue à l'époque de sa confection, et chacun des ais de cette reliure, orné de l'écusson aux armes d'Angleterre, porte un grand B encadré, qui servait de titre au volume». La reliure actuelle est moderne, mais on a pris soin de faire coller sur les deux plats extérieurs un B, grande capitale gothique, assez ornementée, écrite ou peinte sur parchemin au XIV° siècle et qui provient sans doute de la couverture originale. Ces deux lettres capitales sont protégées par une plaque de verre soigneusement enchâssée dans un petit cadre en cuivre.

Chaque page du manuscrit a été réglée à la pointe sèche, avec une double ligne verticale pour délimiter la marge intérieure et la marge extérieure, qui sont d'inégales dimensions; mais, tandis que la ligne est suivie très exactement à gauche, à droite au contraire les copistes ne se sont pas astreints à suivre un alignement rigide. La plus grande marge, large d'environ 35 millimètres, est ménagée à gauche sur le recto et à droite sur le verso. Dans cette marge se trouvent des indications utiles pour la recherche des documents : ainsi le titre qui, dans la présente édition, est reproduit en *italiques* après l'analyse de chaque numéro, la mention de l'esporle, quand cette redevance figure dans la teneur du document, des marques de renvoi ou des dessins ayant pour objet d'attirer l'attention sur un point particulier. Folio 67 recto, en regard du n° 306, a été tracé un signe formé de deux triangles joints par une base commune avec la mention *Memorandum quod usque ad hoc signum nichil est per ordinem in alio registro*»; le renvoi à ce signe ne se retrouve point; peut-être était-il sur un des feuillets manquants. Folio 115 verso, en regard de certains articles des statuts de Bordeaux (n° 449) est dessinée une tête de clerc avec une main dont l'index levé touche presque le menton; deux autres mains désignent une addition marginale : la première à l'article 6 et la seconde à l'article 13. À l'exception de ces dessins, toutes les indications marginales ont été reproduites dans les notes de la présente édition.

Dans le cadre limité par les lignes verticales dont il vient d'être parlé, le parchemin a été réglé avec soin, chaque ligne horizontale ayant environ 11 centimètres de long avec 5 millimètres d'écartement. Il y a peu de place perdue; entre chaque numéro, il y a un blanc qui est ordinairement d'une ligne, rarement plus; par exception, du folio 131 verso au folio 135 verso, l'intervalle grandit régulièrement jusqu'à deux ou trois lignes; folio 156 verso, il va jusqu'à huit lignes. Au folio 76 verso, près de la moitié de la page est blanche. Là commence la lacune de huit feuillets constatée plus haut. Folio 95 v°, trente lignes seulement ont été écrites, mais ici on remarque que, le scribe ayant interrompu la rédaction de l'acte (n° 399) au milieu d'une phrase et avant la fin d'une ligne, le travail a été repris à ce même point par un autre scribe au folio 96; il ne restait cependant pas plus de quatre lignes pour terminer le document.

Dernier détail à noter : sur le plat intérieur de la couverture, on lit ces mots : « Continet .clxxj. folia, quorum vc-cj. inusta »; en effet, les six folios 118-123 sont percés d'un trou évasé, comme si un charbon ardent était tombé au milieu du folio 123 verso; à l'entrée, ce trou mesure près de deux centimètres dans le plus grand diamètre et, à la sortie (fol. 118), il n'en compte plus tout à fait un. Bien que, de ce fait, un certain nombre de lettres aient disparu, on peut, sans trop de peine, les restituer; le dégât est donc insignifiant. Pour le reste, le manuscrit est en bon état de conservation.

L'érudit à qui l'on doit, dans le catalogue des manuscrits de la bibliothèque ducale, la description du n° 2311 dit qu'il a été exécuté « par un agent du domaine royal à Bordeaux, à Saint-Sever et à Lectoure ». En réalité, il est l'œuvre de plusieurs mains employées pour mettre au net les minutes fournies par les notaires de ces villes. Les Delpit ont écrit plus exactement : « les officiers préposés à l'administration du domaine des rois d'Angleterre en Guyenne voulant, vers la fin du XIII° siècle, assurer la conservation des documents les plus importants des archives royales en les faisant transcrire dans des registres ou cartulaires, ont distribué ce travail entre plusieurs copistes. Ces actes ont été transcrits sur des cahiers séparés et réunis ensuite en volume... Chacun de ces cahiers porte encore la signature du copiste qui l'a transcrit[1] ». J'ai en effet relevé au bas

---

[1] *Notice*, p. 306 et note 1.

de certaines pages les inscriptions suivantes, qui ne sont pas toujours faciles à déchiffrer et qui n'ont pu être reproduites sur la photographie du manuscrit original : folio 21, «scribitur per Jacobum de [nom effacé]»; folio 29, «scribitur per W. de Burgh junior.»; folio 37, «scribitur per manus Ed. Le Blount»; folio 53, «scribitur per manus, [nom effacé] clerici»; folio 77, «scribitur per manus Thome de [nom effacé] clerici»; folio 115 verso, «scribitur per Johannem de Digby»; folio 131 verso, «scribitur per manus J. de Digby»; folio 164, «scribitur per manus Henrici de Coventre»; folio 172, «scribitur per manus Roberti de Kymberleye» (on avait d'abord écrit Elyngham, mot qui fut ensuite biffé, ainsi qu'une annotation en abrégé que je lis «Quaternus Kimber[ley]»). L'examen du manuscrit montre en effet un changement de main à chacun des endroits indiqués. Il est vrai que ces changements ne sont pas considérables; les neuf scribes dont le nom vient d'être donné sont évidemment de la même époque; la forme de la lettre *r* à longue queue, très fréquente tout le long du volume, prouve qu'ils appartenaient à l'école anglaise. Cependant ces écritures très semblables présentent des différences que l'on peut ramener à deux types principaux : dans l'un, les scribes ont formé des lettres fines, élégantes, certains sans prétention, d'autres, au contraire, en allongeant les traits et surtout en accusant nettement la différence entre les pleins et les déliés; dans l'autre type, les lettres sont plus grosses, plus épaisses aussi et comme trapues; l'aspect général en est plus vulgaire. Dans le premier groupe, la queue de la lettre *r* descend beaucoup au-dessous de la ligne; elle est trois ou quatre fois plus longue que le corps de la lettre; dans le second, elle n'en est plus que le double et la pointe n'en est pas aussi effilée. Édouard Le Blount est un de ceux du premier groupe qui allongent la minuscule et accentuent les pleins; Jean de Digby est un de ceux dont les lettres sont massives et sans grâce.

Quant au temps où travaillaient ces copistes, on peut le déterminer assez exactement : l'acte le plus récent est de l'année 1281; l'écriture a les traits qui caractérisent le XIIIe siècle finissant. D'autre part, il n'est guère vraisemblable que le travail ait été exécuté durant la guerre anglo-française, qui, commencée en 1294, se termina seulement en 1303; il faut donc croire que le manuscrit fut exécuté entre les années 1281 et 1294.

Avec le nom des copistes, on trouve aussi, et parfois aux mêmes places, celui des reviseurs. J'ai relevé les mentions suivantes : folio 29, «*Examinata* per me (?) Ed. Le Blount»; folio 37, «*Examinata* per J. de Gellerby»; folio 31, «*Examinata* per

Th. de Elsham»; fol. 77, «Examinata per J. de Gellerby»; folio 115, «Examinata per J. de Suthwelle»; folio 147, «Examinata per Thomam de [Ne]wenham»; folio 164, «Examinata per W. de Burgh.»; folio 171 verso, «Examinata per W. de Laund.». Ainsi sept reviseurs pour neuf copistes. Ces derniers ont commis de fréquentes négligences et les reviseurs ne paraissent pas s'être acquittés de leurs fonctions avec un zèle scrupuleux, car ils ont laissé passer encore beaucoup de fautes.

Ces fautes sont nombreuses et variées : répétitions et omissions, erreurs de lectures, solécismes. Il peut être utile, même pour la critique des textes tels qu'ils sont publiés ici, d'en donner quelques exemples.

Ainsi que l'ont dit les Delpit, le manuscrit contient dix-huit actes en double : ce sont les n°ˢ 394, 399, 400, 403, 416, 417, 423, 450, 515-517, 485, 497, 625, 686-689, qui ont été répétés respectivement sous les n°ˢ 395, 406, 512, 509, 471, 477, 480, 469, 465-467, 486, 498, 673, 696-700. Plusieurs actes (n°ˢ 324, 326, 684) sont restés inachevés et l'on peut constater des phrases incomplètes dans les n°ˢ 220, 248 et 409. Çà et là, les copistes ont étourdiment répété des membres de phrase (n°ˢ 37, 413) ou laissé échapper des passages manifestement corrompus (n°ˢ 212, 473, 506, 678). J'en signalerai deux particulièrement : au n° 208, il est parlé d'un roi légendaire de Bordeaux, Fremundus (un autre Pharamond?) «qui cum a temporis etas rex Burdegale»; au n° 408, on ne soupçonnerait à première vue le nom de Tarbes dans une phrase ainsi conçue : «jurant absque assensu et voluntate burgensium burgos tam ne ingrediantur» (p. 154, col. 2, lignes 10-11). Peut-être les minutes prises par les notaires gascons n'étaient-elles pas toujours correctes, mais, comme il ne nous en resté rien, c'est aux seuls copistes qui ont exécuté le manuscrit de Wolfenbüttel que nous pouvons nous en prendre.

Une des principales causes d'erreur doit être attribuée à la confusion entre des lettres que les scribes formaient au moyen de traits à peu près semblables. Les voyelles *e* et *o* sont parfois difficiles à distinguer pour nous, et sans doute il en était déjà de même pour eux. Ils ont donc fort bien pu lire *affovati* (n° 211) pour affevati, *rogas* terre (n° 636, plusieurs fois) pour regas, cum uno austurre *consualis* (n° 645) pour censualis (ou mieux census). Au n° 247, le même nom propre a été écrit *Bronac*, *Brenac* et *Brenar*. La double *s* (s longue) et la double *f* ont joué ensemble ici comme si souvent ailleurs; on a écrit *rafferium* avene (n° 397) pour rasserium, ou mieux rasseriam (une rasière d'avoine), *asserio* (n° 560) pour affario. Le *b* et le *h*, le *r* arrondi par le bas comme dans l'italique dont nous nous servons aujourd'hui et le *z* (n° 412, on lit *Domeran* pour Domezan et, n° 414, *Tayleron* pour Taylezon), le *t* et le *c* (au n° 96 on lit très nettement *tastez* pour castetz et *tadaun* pour cadaun) sont assez souvent interchangés. L'embarras est grand quelquefois quand on rencontre une série de jambages appartenant aux lettres *i, n, m;* et, pour comble d'infortune, il est arrivé que les copistes ont placé à tort des accents au-dessus de tel de ces jambages, ce qui conduit à défigurer certains noms, par exemple celui de Aiquelm ou Aiquem, Ayquem, fréquent dans la région bordelaise. Je le trouve au n° 598 écrit *Ayquelini* (quatre jambages et deux accents), puis au n° 606 déformé en *Ayquelindi* (avec deux accents), ce qui explique la mauvaise forme Ayquelin, qui a passé dans la transcription moderne d'actes gascons. Quand enfin je rencontre le nom de Cadaujac écrit Cadynac (n° 532), celui de Pujol écrit Pynol (n° 674), je ne puis m'empêcher de croire que le copiste, lisant trois jambages après le C (Caduiac) ou après le P (Puiol), a pris le premier pour un *i* et l'a ensuite naturellement transformé en *y*.

Dans l'intérieur des mots, ces fautes sont parfois vénielles et peuvent se corriger aisément. Le cas est plus troublant quand elles affectent des majuscules et qu'elles peuvent tromper sur la forme vraie d'un nom propre. C'est ainsi qu'on a si souvent confondu C et T et qu'on a pu, au n° 55, écrire, *Tamar* pour Caunar (auj. Cauna); au n° 236, *Cantaleon* pour Tantaleon (auj. Tantolon ou Tontolon); au n° 372 *Cartas* pour Tartas; au n° 489, *Teiras* pour Ceiras (auj. Cères); au n° 378, *Tolom* ou même, au n° 401, *Talem* pour Colom, nom d'une des familles les plus connues de Bordeaux. Le C a encore été confondu avec G : *Celas* (n° 285) pour Gelaus, *Cavardano* (n° 237) pour Gabardano. Le nom de Condom a été écrit *Gondom* et même *Gondomerii* (n° 310), cette dernière forme ayant été suggérée sans doute par analogie avec le nom du maire de Bordeaux en 1274, Gondaumer, qui revenait constamment sous la plume de nos copistes. Le nom de la ville et du pays de Gurçon dans la Dordogne est écrit *Corsonesio* (n° 226), mais aussi *Gorsonesio* (ibid.), *Garssonesio* (n° 227) et *Garsonio* (n° 233). Le S a été lu F; ainsi Guillelmus de *Saurgis* (n° 635) doit être corrigé en Faurgis (auj. Fargues); mais comme souvent une F majuscule est redoublée en Ff[1], on en arrive à trouver

---

[1] La graphie *ff* a été parfois aussi employée dans les noms communs et au milieu d'une phrase. Sur ce point, voir l'Introduction d'A. Brutails au *Cartulaire de Saint-Seurin*, p. XII.

Ffamadetum (n° 364) pour Samadetum (Samadet), *Ffilossa* (n° 386) pour Silossa (la Chalosse), *Fferon* (n° 613) pour Seron (Cerons). R a été confondu avec B et l'on a *Rassertas* (n° 88) pour Bassercas (Bassercles), *Bataford* (n° 468) pour Rocaford (Roquefort), mot qui d'ailleurs a eu la mauvaise fortune d'être encore écrit, dans le même acte, *Racoford* et six fois *Racaford*. Le même sort a frappé le mot Riuncium (Rions), qui a été déformé en *Bruncium* (n° 670) et qu'on reconnaît mal sous des formes telles que P. de *Riancio* (n° 520) et *Raiuncio* (n° 521). Le nom d'un des témoins qui se rencontrent le plus souvent dans les actes recueillis par les notaires publics, celui de Vigoros ou Vigouroux (Bigoros en dialecte gascon) Bener, est devenu *Bigoresus* (n° 522), *Rigoresus* (n° 532), *Ricorosus* (n° 653). Ce qui paraîtra plus invraisemblable encore, mais ce qui s'explique par les graphies habituelles à certains scribes, c'est qu'on a pris R pour E et qu'on lit : apud *Eupem annuall* le nom de la Roche-Andely ou La Roche-Orival, *Eupellam* et même *Empelle* (n° 407) celui de La Rochelle; mais il est plus difficile de s'expliquer la confusion de R avec L (n° 240, Bernardus de *Lyouns* est écrit deux fois pour *Ryouns*, Rions), de P avec F (n° 20, de *Ponte Willelmi* pour Fonte Willelmi, Fonguilhem), de L avec B (n° 364, de *Longonio* pour Boglonio, Bouglon); dans ce dernier cas cependant, on peut croire que le copiste aura pensé à Langon, nom de ville qui revient dans nos documents beaucoup plus souvent que celui de Bouglon. Au n° 332, les bourgeois de cette même ville de Langon déclarent qu'ils sont tenus de clore leur ville au moyen de pieux et de barrières. Le copiste a écrit «claudere palis, trené (*sic* pour creno) et *baneriis*»; je suppose que le notaire qui avait reçu cette déclaration avait écrit *barreriis*, mais en suivant l'usage gascon de figurer l'*r* court avec une jambe qui ne dépasse pas la ligne, de sorte que cette lettre, redoublée, pouvait prendre l'aspect de *n*. Les copistes auxquels nous devons notre manuscrit sont, on l'a vu, des Anglais accoutumés à former autrement la lettre *r*; de là l'erreur. On peut attribuer encore à des habitudes différentes le fait que certains noms propres ont été estropiés au point d'être à peine reconnaissables : un étranger pouvait ignorer le nom tout local de Trajet, qui était un petit port sur la Garonne et un point où l'on passait communément le fleuve près de Bordeaux, et écrire «portus de *Tragerio*» et «cives de *Stageto*[1]» (n° 520); il pouvait aussi n'avoir jamais entendu parler du captal de La Tresne et commettre innocemment le logogriphe du n° 619 où il est

---

[1] Le port de Trajet appartenait aux bourgeois (*cives*) de Bordeaux.

parlé du «domino de captare de Trena»; mais il est plus malaisé de trouver des raisons ou des excuses quand il s'agit de noms connus, même hors du pays gascon. Ainsi le nom de Bazas (en abrégé *Vasaten.*) est constamment confondu avec celui de Gascogne (*Vascon.*); l'évêché d'Aire devient l'archevêché d'Acre (n° 138) et l'on défigure étrangement le nom de fleuves tels que la Garonne («inter portus et flumen *Garconne*», n° 252, deux fois) et la Dordogne (n° 198, *Deidonia;* n° 199, *Dorteria;* n° 308, per aquam *Bordonea;* n° 583, Inter *Dordonon*). Est-ce ignorance ou étourderie? Étourderie sans doute, mais tout de même un peu forte, d'annoncer les témoins, au moins dix fois de suite (n°ˢ 524-540), de la manière suivante : «Hujus vero recognicionis seu *confeccionis*» ou «*confecionis*» où il faut et où mainte autre fois il a été écrit «confessionis». Je crois bien que l'auteur de ce méfait s'appelait Jean de Digby. Il faut signaler enfin la négligence de certains de ces copistes. Au n° 623, par exemple, on écrira indifféremment «Ramundus Guillelmi» (ligne 4), et «Reymundus Guillelmi» (ligne 14), «P. de Baucs» (ligne 5), et «Petrus de Baux» (ligne 25), «Au Sauben» (ligne 15), et «Au Saubon» (ligne 22). Ces preuves de laisser-aller ne sont que trop fréquentes.

Dans quelques cas il m'a paru que le copiste avait imaginé ou mal interprété certaines abréviations. Par exemple, au n° 341, où est mentionné le service militaire dû «cum lancea et spata», il a barré le *p* de telle façon que ce dernier mot devrait être lu *sperata;* de même au n° 685, où il est question d'une esporle qui consiste, je crois, en une pelle, «*palea* sporle», le *p* du premier de ces mots est augmenté d'une abréviation qui a autorisé les Delpit à lire *proalea*.

Aux erreurs de graphie s'ajoutent les barbarismes et les solécismes, les fautes de construction. Nombreux sont les cas où les règles d'accord ont été violées; ils ont été mentionnés dans les notes de la présente édition. J'attirerai seulement l'attention sur une formule qui revient assez souvent dans les premières pages du volume. Le service militaire dû au roi par certains de ses vassaux est spécifié «cum uno scutifero *eques*». Dans plusieurs actes (n°ˢ 48, 51, 60, 81, 82, 85, 123) on pourrait admettre que le nominatif *eques* s'accorde avec le sujet de la proposition; mais au n° 43 le doute n'est pas possible : «debet... exercitum de se cum armis et *uno scutifero eques* qui portet arma sua»; on ne parle pas ici du seigneur qui doit le service militaire à cheval, mais de l'écuyer monté qui porte les armes de son seigneur. Au n° 75, on lit correctement, mais par exception, «cum uno scutifero equite».

L'omission d'un ou de plusieurs déclarants, au n° 631, a jeté le trouble dans la rédaction de l'acte tout entier; les verbes y sont d'ordinaire au pluriel, bien qu'il n'y ait qu'un sujet au singulier.

Je n'ai emprunté jusqu'ici mes exemples qu'à des actes rédigés en latin; les mêmes causes d'erreur s'appliquent aux actes en gascon. C'est ainsi qu'on lit *tert* (n° 401) au lieu de cort, *melher* (n° 416) au lieu de molher, *cebre* (n° 417) au lieu de cobre (du verbe cobrar qui veut dire recouvrer, acquérir), *sones* testament (n° 468) pour senes, senes *soda* (n° 488) pour senes seda, ses *nops* (n° 500) pour ses neps (son neveu), *asur* e a las custumas (n° 36) pour : a fur e a las custumas (d'après le mode et suivant les coutumes); ici, c'est la consonne *f* que le copiste a prise pour une s longue, et il est retombé dans la même erreur au n° 482, où il écrit « *de fin fiu fais meiagh* » au lieu de « sun fiu seis meiagh » (de son fief immédiat); au n° 421 où il écrit : *tot lu fu fruit e l'assida*, au lieu de : « tot l'usufruit e l'issida ». Ne comprenait-il pas le texte qu'il avait à transcrire? C'est le cas sans doute quand on lit des phrases comme celles-ci : « la vespre de *Lun nuv* » (n° 367) pour « la vespre de l'an nuv » (ou neu), « N'Auger *son fah* » ou « son *fagh* » (n° 398) pour « son filh », « aia *e cobre en sia* » (n° 417) pour « en cobrensa », c'est-à-dire qu'il recouvre, qu'il acquière, « per *marediz* e per *espes* » (n° 468) pour « mariz e espos » c'est-à-dire pour mari et pour époux, « lo *dibes* dauant *Arrans* » (n° 477) pour « lo dilus dauant Arrams », c'est-à-dire le lundi avant les Rameaux, « quarta *desianda* » (n° 514) pour « de siuada », c'est-à-dire une quarte ou escarte d'avoine, « probost *denen des mars* » (n° 541) où l'on a peine à reconnaître le prévôt de l'Entre-deux-Mers. La lecture de ces textes ne présente donc qu'une sécurité toute relative; sans doute, on arrive le plus souvent à retrouver le sens que le notaire avait voulu donner aux passages incriminés, mais il est en outre une question qu'on peut se poser : quel est, pour le philologue qui étudie les formes verbales, la valeur utilisable de ces documents? Une charte originale qui nous donne exactement l'orthographe et la grammaire usitées en un pays et à une date déterminés est un témoin inestimable pour le phonétiste; on sait l'excellent parti que M. Millardet a tiré de documents semblables pour l'étude des dialectes landais [1]. Ici, nous n'avons que des copies exécutées par des scribes étrangers au pays et sans doute ignorant les divers dialectes gascons; on ne saurait donc les utiliser comme textes de langue qu'avec la plus grande circonspection. L'éditeur était-il tenu de les corriger, comme par exemple il l'a fait pour les textes latins? Les conditions sont

---

[1] *Recueil de textes des anciens dialectes landais*, par Georges Millardet. Paris, 1910.

différentes : les corrections aux actes en latin sont d'ordinaire faciles quant au fond et toujours sûres quant à la forme; il en va tout autrement pour les actes en gascon. Parmi les 700 documents publiés ici [1], 93 sont rédigés en cette langue et l'on peut les répartir presque tous en cinq groupes linguistiques : bordelais avec 29 numéros, landais avec 23, béarnais avec 20, bayonnais avec 11, périgourdin avec 2. Dans chaque groupe et parfois dans le même acte, on trouve des graphies, des formes de déclinaison et de conjugaison différentes. Ainsi, en tête du dispositif de trois actes rédigés à Saint-Sever presque le même jour, on lit : « A tots aquez qui la present carte berron ni audiron de min... jo vous fa assaber qe je tenc... » (n° 24); « A totz aquez qui la present carte berran ni audiran de nos... nous vous facem asaber que tenem... » (n° 25); « A tots aquez qui la presente verron et audiron de min..., je vous face assaber qe jo tenc... » (n° 26). Si l'on compare les n°s 366-368, rédigés par le même notaire et pour le même objet, les n°s 370-393, qui se répètent en termes souvent identiques, on arrive à des résultats aussi déconcertants; qu'on prenne par exemple le mot « même », on est dans l'embarras de choisir entre des formes différentes : « l'an *mediss* » et « il *medess* » (n° 366, lignes 5 et 22), « la *medissa* Na Honors ab auctoritad del *mezis* senhor son paire » (n° 468, ligne 29), la *medassa* Na Mabilla » et « la honor de[l] *medass* castet » (n° 421, lignes 16 et 21). Je n'ai pas cru pouvoir ni devoir entreprendre de soumettre à une règle unique ces graphies de formes verbales discordantes, je me suis contenté de corriger les fautes trop évidentes ou celles qui pouvaient rendre difficile l'intelligence des textes, laissant aux gens du métier de prendre dans le chaos plus ou moins involontaire des phénomènes dialectaux ou des fantaisies orthographiques ce qui peut réellement intéresser la philologie romane. Peut-être enfin le linguiste lui-même trouvera-t-il quelque intérêt à constater ce qu'une rédaction exécutée par un notaire gascon peut devenir sous la plume d'un scribe anglais, et, s'il y retrouve des traces de français mêlées au gascon [2], il n'exigera pas qu'on les efface pour rétablir le gascon dans sa pureté. Ces considérations m'ont déterminé à reproduire intégralement les n°s 417 et 477, identiques pour le fond, différents seulement dans la forme, et les actes 371-393, dont le fond est à tel point semblable qu'on aurait

---

[1] Les chiffres donnés par les Delpit sont différents; cela vient de ce fait qu'il a fallu parfois rectifier la numérotation qu'ils ont eux-mêmes donnée aux articles et qu'ensuite les numéros ont été distribués autrement.

[2] N° 24 : « je vous fa assaber qe je tenc... »

pu, sans aucun dommage pour leur valeur historique, se contenter d'une simple analyse, comme il a été fait pour les n°⁵ 432-446 rédigés en latin.

Je terminerai par quelques remarques d'un caractère exclusivement paléographique.

Dans les textes gascons, deux modes assez particuliers d'abréviation ont été appliqués : 1° En plusieurs endroits, l'abréviation *er* ou *re* sous la forme d'une boucle s'enroulant autour de la haste d'un *t* doit être négligée; autrement, il faudrait lire *constrerent* ou *consterrent* au lieu de «constrent» (n° 472, ligne 11); *maiesterre* au lieu de «maistre» (n° 450, 12 lignes avant la fin et plusieurs fois encore); *esterre* au lieu d'«estre» (n° 477, ligne 19). Il est vrai qu'au n° 480, dans la liste des témoins, qui n'a pas été reproduite ici, le n° 480 étant la répétition du n° 423, on lit *maiestrere* en toutes lettres; mais c'est qu'alors le copiste a sans doute interprété à tort une abréviation abusive. 2° Le trait horizontal ou circonflexe placé au-dessus de certaines voyelles pour tenir lieu de la consonne *m* ou *n* est assez souvent employé pour abréger la voyelle *u*. Au n° 477, à la fin, on lit «sir W. de Montga*u*ger» où les lettres *n* et *u* (figurées ici en italiques) sont abrégées par le même signe qui sert également pour abréger la voyelle *u* dans les cas suivants : au n° 479, ligne 5, *leiaus;* au n° 514, p. 238, ligne 15, «en ta*u* manere e en ta*u* forma»; au n° 497, lignes 26 et 45, «Sa*u*bingnac» et «enco*u*rs»; au n° 462, ligne 15, «tota demane rea*u* ne persona*u*». Au n° 423, où il est question de l'hôpital Saint-Jean de Bordeaux (sept lignes avant la fin), le copiste a manifestement écrit *l'ospitansen Johan de Bordales* au lieu de l'«ospitau Sen Johan», sans doute parce qu'il a servilement interprété le signe d'abréviation surmontant le *a* de la désinence; il est heureux dans l'espèce que l'acte ait été transcrit une seconde fois sous le n° 480, où se trouve la bonne leçon. Ces deux modes d'abréviation, l'un abusif, l'autre peu commun, se rencontrent exclusivement dans les actes rédigés en gascon; c'est donc un usage particulier aux notaires gascons et qu'ignoraient les scribes de la chancellerie anglaise.

Pour ce qui est de la ponctuation, les copistes emploient fréquemment, outre le point qui d'ordinaire n'est pas placé là où nous l'attendrions, la virgule, mise un peu au hasard, et une sorte de point et virgule retourné, ou mieux de point d'interrogation dont l'emploi est parfois intéressant à constater. Je prendrai seulement pour exemple le n° 561, dont je reproduirai les lignes 15-29, en figurant les points, virgules, points d'interrogation, lettres majuscules, tels qu'ils sont dans le manuscrit; les traits de séparation marquent les fins de ligne : «cum uno osterio (*sic*) sauro, vel mutato, sicariu (*sic*) ‖ ipsius domini, in mutacione domini, Burd.. exsolvendo, Re[quisitus], si aliena ‖ uit aliquid, de iuribus domini? dixit, quod non, Item, si debet facere aliud ‖ dicto domino,? dixit, quod non, Item, coram quo debet stare juri? dixit, quod coram ‖ senescallo, Item, si habebat allodium? dixit, quod habebat, que sequuntur, .s. quicquid ‖ ...excepto... ‖ quicquid habet a Cauquihac (?) in ‖ parochia Sancti Theorlodii, et quod de istis allodiis? faciet domino, secundum quod ‖ alii milites, de Burd, Hujus vero recognicionis, seu confessionis? sunt ‖ duo instrumenta, unius tenoris confecta, ».... On voit comme l'usage de ces signes est encore incertain et combien l'on est justifié, pour l'intelligence du texte, à le remplacer par un emploi plus systématique.

Si l'on considère maintenant le manuscrit de Wolfenbüttel au point de vue de la nature des actes qu'il contient, on remarque qu'il a un double caractère : c'est à la fois un cartulaire contenant les actes d'Édouard comme duc de Guyenne, depuis 1254 jusqu'à la mort de son père Henri III, et un registre terrier concernant les possessions du roi d'Angleterre en Guyenne. En gros, on peut dire que le registre terrier occupe le commencement du volume (n°s 1-364) et la fin (n°s 518-700); le reste est pris par le cartulaire. Du cartulaire je ne me propose pas de parler ici en détail, car il me faudrait faire l'histoire politique des années 1254-1272, déjà ébauchée dans une autre publication [1]. Je me contenterai de dire qu'il contient des pièces dont l'intérêt a été bien mis en lumière par les Delpit. Je ferai observer aussi que ces pièces ont été copiées au hasard, sans ordre logique ni chronologique; mais je ne veux pas insister sur cette absence de méthode, si choquante soit-elle, parce qu'on la constate plus ou moins dans la plupart des recueils semblables. Le registre terrier me retiendra plus longtemps; je voudrais dire de quelle manière ont été recueillies les déclarations ou reconnaissances qui le constituent, dans quelles circonstances et pour quel but.

Les reconnaissances ont la forme d'actes notariés. Les notaires sont désignés par l'expression de *tabellio* ou de *notarius publicus*, en gascon, suivant les cas, *commun* ou *comunaus notari;* cette dernière dénomination est d'ailleurs de beaucoup la plus usitée.

---

[1] Dans l'Introduction au supplément du tome I des *Rôles gascons*.

Le seul tabellion mentionné dans notre registre porte un nom abrégé de telle manière qu'on peut le lire de deux façons différentes : Bernard «de Rotan» ou «de Rotura». Il figure dans les reconnaissances des «hommes francs du roi» venus pour déclarer les cens qu'ils devaient au prévôt de Bazas[1]. Les formules employées nous permettent de reconstituer la suite des opérations : d'abord ces gens désignèrent un procureur chargé de faire la déclaration en leur nom; le tabellion, après examen ou enquête, rédigea l'acte ou le fit rédiger par un clerc assermenté travaillant sous ses ordres[2]. Mais à cet acte de procuration, qui n'eût conservé pour nous qu'un minime intérêt, le tabellion ajoutait le détail même des déclarations[3], et par là il nous fait connaître par le menu les cens dus annuellement au prévôt royal.

Les notaires publics proprement dits sont relativement nombreux dans le registre des *Recogniciones*; j'en ai compté trente-trois dans douze villes différentes. Aucun d'eux n'est désigné comme exerçant l'office de tabellion, soit dans une région particulière, soit sur tout le duché de Guyenne; des mentions de ce genre ne se rencontrent pas dans les *Rôles gascons* avant l'année 1289[4], ce qui n'empêchait pas d'ailleurs le notaire public d'une ville d'instrumenter au dehors; ainsi l'on voit celui de Bordeaux, chargé de recueillir les reconnaissances faites devant le roi à Lectoure; on trouve même, instrumentant dans le duché, des notaires

---

[1] N°⁸ 244, 251, 255, 355.

[2] N° 245 : «Guillelmus de La Tape, procurator, ut asseruit, hominum parochie de Tantalon... ad hoc datus et constitutus, cum quodam instrumento publico, quod exhibuit, sue procuracionis, inquisito per B. de Rotan, tabellionem...» N° 246 : «procuratores hominum parochie Beate Marie de Bernos... ad hoc dati et constituti... prout in quodam instrumento quod exhibuerunt pro pupplico et per Bernardum de Rotan, tabellionem, scripto...» N° 247 : «procuratores hominum de parochiis infrascriptis... ad hoc dati et constituti, prout dixerunt et in quodam instrumento publico quod exhibuerunt et quod Bernardus de Rotura, tabellio, inquisivit et Guillelmus de Lana, juratus sub ipso, scripsit.» M. Millardet, qui a rencontré l'expression «estrument enquerid» dans un acte de Mont-de-Marsan de 1318 (*Recueil de textes... landais*, p. 24), le traduit (*Glossaire*, p. 271) par «acte reçu (en style de notaire)». C'est exact, mais en outre le mot même montre que le notaire ou tabellion procédait d'abord à un examen, en présence des parties, et c'est seulement quand tout le monde était d'accord sur le fond qu'il rédigeait ou faisait rédiger l'acte sous forme authentique.

[3] N° 244, à la fin : «Ita enim... procurator... recognovit quod ipse et alie prenominate persone erant homines franchales dicti regis..., sicut in hoc instrumento plenius continetur.»

[4] *R. G.*, t. II, n°⁸ 1636, 1637, le roi donne à Pierre Caudrier l'office de tabellion dans l'Entre-deux-Mers. N° 1084, pour récompenser Pierre Gombaud, clerc, de ses services, le roi lui donne l'office de tabellion dans tout le duché. Ce dernier exemple montre que Giry s'est trompé quand il affirme (*Manuel de diplomatique*, p. 830) que les notaires étaient toujours des laïques.

INTRODUCTION.

étrangers à la province. Si l'on en rencontre à Bayonne[1], Beaumont de Périgord[2], Bordeaux[3], Castelsarrasin[4], Castillonnès[5], Langon[6], La Réole[7], Lectoure[8], Meilhan[9], Saint-Sever[10], d'autres viennent d'Agen[11] et de Moissac[12], villes qui n'étaient pas dans la mouvance du duc d'Aquitaine (Agen n'y entra qu'en 1279). Je n'ai considéré comme notaires que ceux qui en portent le titre dans nos documents; mais à côté (et sans doute au-dessous) d'eux, nous rencontrons des scribes qui, sans avoir ce titre, rédigent des actes et leur donnent la valeur d'actes authentiques soit par l'apposition de leur sceau, soit par la souscription de leur seing manuel. Après le cas de Bernard «de Rotura», voyons celui d'Étienne de Provence : en 1256, il paraît être sous les ordres de Guillaume de Provence; il écrit une série d'actes, mais c'est le sceau (et non le seing manuel) de Guillaume qui est apposé [13]; en 1262-1263, il «reçoit» des chartes (après enquête) et c'est lui ou un autre, Austen Gaucem, qui les écrit[14]; en 1269, il prend le titre de notaire public de Bordeaux, reçoit et rédige lui-même des chartes[15]. En 1270, il accomplit les mêmes opérations, mais sans prendre le titre de notaire, dont il n'est d'ailleurs pas sûr qu'il eût besoin pour instrumenter valablement[16]. Deux autres exemples sont encore plus significatifs. Ainsi, le 19 mars

---

[1] Vital de Batz (de Vallibus), notaire en 1258, 1267, 1268, 1273 (n°ˢ 404, 414, 484-487, 496, 497); Bernard de Campene en 1275 (n° 464).

[2] Hugues «de Agia» (n° 474).

[3] Étienne ou Estève de Provence en 1269 (n° 417); Pierre Robert (n°ˢ 1-22, 174-195, 612-681); Gilbert du Mirail (n°ˢ 518-611) et Bernard «de Vareto» (n°ˢ 682-695), en mars 1274; W. Bordes en 1276 (n° 35).

[4] Sanche «de Bacudallo» (n° 451).

[5] Étienne ou Estève Viger (n° 481).

[6] Arnaud d'Arbussan (n°ˢ 366-368).

[7] Guillaume de Brive (n°ˢ 465-467, 515-517); Pierre de Bijous «cominals escriuans de La Reula» (n° 472).

[8] Pierre de Morlaas, «communis et publicus notarius Lactore» (n° 468 in fine, n° 475).

[9] W. del Prat (n° 369).

[10] Arnaud de Bouen (n° 482).

[11] Arnaud de Montberet, appelé dans le même acte «comunal notari d'Agen» et «communis notarius Agenni» (n° 468).

[12] Brun «de Bencaioun» (n° 371).

[13] N°ˢ 425-429 : «magister Guillelmus de Provincia, qui presens publicum instrumentum condidit, quod Stephanus de Provincia scripsit, et sigillum suum apposuit».

[14] N° 380 : «Esteue de Proensa, que la carta enquery, laquau Austein Gaucem escriuo» (14 déc. 1262); cf. n°ˢ 384, 385, 387-392. — N°ˢ 377, 378 : «P. de Montbisan qui la carta enquery, laquau Estenes de Proensa escriuo» (13 décembre 1262).

[15] N° 417 : «Esteues de Prouense, comunaus notaris de Burdeu»;..... «Esteue de Proensa qui la carta escriuo» (30 oct. 1269); cf. n° 477 (31 octobre 1269).

[16] N° 416 : «segont la tenor de las cartas que Estewe de Proensa n'a enquerit... E Estewe de Proensa qui la carta escriuo» (31 juillet 1270).

1274, Pierre Robert, celui des notaires de Bordeaux dont le nom revient le plus fréquemment dans notre registre, déclare qu'il a écrit et rédigé lui-même la reconnaissance d'Arnaud d'Espagne, la déclaration des maire et jurats de Saint-Émilion, etc.[1]; le même jour, il se contente de recevoir les reconnaissances de Hugues et d'Élie de Castillon, qu'il fait écrire par Pierre Gombaud, et c'est celui-ci qui appose son seing manuel à la fin de l'acte[2]. Pierre Gombaud était donc, lui aussi, tout comme le notaire, revêtu d'une autorité officielle. Le 24 décembre 1276, Arnaud d'Arbussan, «comun notaire» de Langon, est requis de constater le défaut prononcé par la cour de Gascogne contre Arnaud Bernard de Lados et ses deux fils; en conséquence, il a, dit-il, consigné l'acte sur son «papir», lui a donné sa forme publique avec «la marque de son office»; puis il en a fait expédier une grosse par Vidal del Drau, écrivain assermenté sous ses ordres au greffe de Langon[3].

Parmi les actes de reconnaissance transcrits sur notre registre, ceux qui ont été rédigés par les notaires de Bordeaux sont de beaucoup les plus nombreux. Ils se distinguent en outre des autres, de ceux qui ont été rédigés hors de Bordeaux et par des notaires non bordelais, par ce caractère que les formules sont nettement arrêtées et employées d'une façon à peu près constante. Il est donc possible de déterminer les règles suivies pour leur rédaction.

On y distingue quatre parties : la notification, le dispositif, la date et la liste des témoins.

La notification comprend trois éléments : 1° une adresse très brève : «Noverint universi quod...»; 2° la date, marquée ici par l'an du Seigneur, l'indication du jour, du mois et de l'année, sans plus; 3° l'annonce du notaire et des témoins : «in presencia mei, Petri Roberti, publici notarii civitatis Burdeg., et testium subscriptorum, ad hoc specialiter vocatorum et rogatorum».

---

[1] Nos 1 et 2 : «Et ego, predictus P. Roberti, publicus notarius civitatis Burdeg., vocatus et rogatus, ad hoc presens fui eaque conscripsi et in publicam formam redegi et signum meum apposui in testimonium premissorum.»

[2] Nos 9 et 10 : «Et ego, P. Roberti, publicus notarius civitatis Burdeg., qui hanc cartam recepi, quam ego, P. Gombaudi, de mandato dicti notarii scripsi et signum meum apposui in testimonium premissorum.»

[3] N° 366. «E jo... Arn. d'Arbussan... ei notat aquesta carta en mon papir, laqual carta Vidal del Drau, escriuaus juratz sotz min en la office de la cartalaria de Lengon, escriuo per comandement de min»; et nos 367, 368 : «laqual escriuo eu grossa nota per comandement de min».

Puis le déclarant expose son cas. On remarquera tout d'abord que sa déclaration lui est demandée impérativement. Il a été cité (*citatus*)[1] à comparaître devant le roi ou son représentant; il est sommé (*requisitus*) d'y venir, et ce qu'on lui demande, ce ne sont pas des renseignements de curiosité pure, ou de ceux qui pourraient servir à un recensement, à l'établissement d'une statistique, c'est un acte juridique destiné à régler les rapports futurs entre les particuliers et le roi. Il dépose sous serment (*juratus*). Ces termes de droit *requisitus, juratus*, figurent en tête même du dispositif : «juratus et requisitus, dixit et recognovit[2]», ou «recognovit et confessus est[3]». La déclaration une fois terminée, le notaire, qui lui donne la forme d'un «instrument public», rédige celui-ci en double expédition, l'une pour le roi, l'autre pour la partie : «et de hoc facta fuerunt duo instrumenta, quorum unum habuit dictus dominus rex et aliud predictus dominus Willelmus d'Ornon[4]»; ou bien : «hujus vero recognicionis seu confessionis sunt duo instrumenta unius tenoris confecta, quorum unum est dicto regi et aliud dicto domicello[5]». Et c'est par cette formule que se termine le dispositif.

La date comprend trois éléments : d'abord la date de lieu qui, il est vrai, est assez souvent absente, peut-être parce que, la chose allant de soi, les scribes qui ont transcrit les actes sur notre registre n'ont pas tous jugé nécessaire de répéter le nom de Bordeaux. Puis vient le rappel de la date marquée au début de l'acte : «die et anno predictis», enfin trois synchronismes destinés à renforcer cette date en rappelant que l'acte a été accompli et rédigé (actum et datum) sous la règne de tel roi d'Angleterre, sous l'épiscopat de tel archevêque de Bordeaux, pendant l'année où tel bourgeois a exercé dans cette ville les fonctions de maire. En mars 1274, la formule invariable, qui est le plus souvent absente du texte imprimé, où elle a été remplacée par des points, est ainsi conçue : «Regnante Edwardo, rege Anglie, Burdegalensi sede vacante, P. Gondomerii majore Burdeg.» Reste à déterminer quel style suivaient les notaires bordelais; je dirai cela plus loin quand j'étudierai la chronologie des actes publiés dans le présent ouvrage.

L'acte se termine par l'énumération des témoins en présence de qui les déclarations ont été reçues, liste à laquelle s'ajoute le nom du notaire lui-même et, s'il y a lieu, du scribe assermenté qui a écrit l'acte sous son ordre. Ces témoins, on l'a vu, ont été «appelés et requis», on ne dit pas comment ni par qui; ils sont

---

[1] N° 174. — [2] N° 1. — [3] N° 5. — [4] N° 16. — [5] N° 518.

souvent les mêmes, mais leur nombre varie, ainsi que l'ordre dans lequel ils sont placés. S'il y a des clercs, qualifiés maîtres, ils sont d'ordinaire mentionnés en première ligne; les chevaliers viennent après [1]. Si la liste commence par un chevalier, c'est qu'il n'y a pas de maîtres [2]. Leur nombre varie de deux à huit; il est en moyenne de cinq à six; mais, si l'on dresse la liste des témoins amenés par chaque notaire, on constate qu'il ne dépasse pas la douzaine. Parmi eux, le notaire prend ou note ceux qu'il lui plaît de faire figurer sur l'acte. Voyons par exemple ce qui se passe le même jour et au même endroit, soit le 19 mars à Bordeaux. Devant maître Pierre Robert sont présents, ici : maître Jean Gérard, maître Arnaud de Lacase, maître Arnaud Guiscard, Vital de Poudenx, chevalier, Pierre de Montravel, Jean Alegre [3]; là : maître Jean Gérard, maître Arnaud de Lacase et maître Arnaud Guiscard [4]; là encore : maître Jean Gérard, maître Arnaud de Lacase, maître Arnaud Guiscard, Vital de Poudenx, Pierre de Montravel, Jean Alegre, Vigouroux Bener [5]. Le 22 mars, devant le même Pierre Robert, figurent Pierre de Villecentud, Pierre Parran, chevaliers, Gaillard d'Arriet, damoiseau, Bernard Pierre, Pierre de Lessats, Raimond Michou de Bazas [6]; une autre fois, Vigouroux Bener, Jean Alegre, Géraud de Budos, Pierre Bertrand, Pierre et Bernard de Villecentud [7]. Le même jour, devant un autre notaire, Bernard de Varet, le personnel est différent, mais également variable : une fois, c'est Pierre Assalhit de Podensac, Raimond Arnaud, clerc, Amanieu de Casaus, Espanhon (ou Hispan) de Sis, chevaliers, Espanhon (ou Hispan) d'Artiguemère et Seignoron de Moissac [8]; une autre fois, c'est Amanieu de Casaus, chevalier, Seignoron de Moissac, de Born, Pierre Assalhit de Podensac, Raimond Brun et Gaillard de Lanne [9]. Enfin, en présence de Gilbert du Mirail, nous trouvons (toujours le 22 mars) maître Arnaud de Lacase, Vigouroux Bener, Jean Alegre, B. de Baura, Géraud de Monts, clerc, Pierre de Rions, damoiseau [10] et, une autre fois : Jean de Lalande, chevalier, Amaubin d'Ambarès le Jeune, Pierre de Montravel, Pierre de Rions, damoiseaux, Garcie Ayquem de Saint-Macaire, Jean Alegre, B. du Verger, damoiseaux, Jorun de Lassale [11].

Ces témoins n'étaient pas les premiers venus; ils appartenaient à la classe

---

[1] N° 1 : «Testes sunt : mag. Johannes Gerardi, mag. Arnaldus de Lacasa, mag. Arnaldus Guiscardi, Vitalis de Podencs, miles, Petrus de Monterevelli, Johannes Alegre». — [2] N° 3 : «Testes sunt : P. de Leujatz, miles, P. Bertrandi de Barssiaco, Johannes Picardi, Johannes Alegre, Vigorosus Beneir, Ottho de Pardelhano». — [3] N° 2. — [4] N° 4. — [5] N° 13. — [6] 613. — [7] N° 677. — [8] N° 683. — [9] N° 694. — [10] N°° 588-596. — [11] N° 597.

lettrée, où se recrutaient les maîtres, et à cette petite noblesse qui a donné tant de zélés administrateurs aux rois de France et d'Angleterre; mais d'aucun de ceux-là nous ne connaissons rien de plus que le nom. Deux fois on rencontre celui d'un des plus célèbres jurisconsultes du temps, François Accurse [1].

Je ne quitterai pas ce chapitre des actes de reconnaissance rédigés par les notaires bordelais sans signaler un cas assez singulier. Le n° 186 est une reconnaissance faite, le 19 mars 1274, par Arnaud de Cabanac, Pons de Beautiran et Pierre de Cabanac, en présence de Pierre Robert et des témoins suivants, qui nous sont tous déjà connus : maître Arnaud de Lacase, maître Arnaud Guiscard, Jean Alegre et Jean Picard. Or le surlendemain, 21 mars, les mêmes déclarants se retrouvent devant Gilbert du Mirail pour reconnaître le même fief (n° 587); mais cette fois ils ajoutent la mention détaillée du service militaire dont ils étaient tenus solidairement envers le roi. Cette mention, à coup sûr importante, avait donc été oubliée, et par quelle faute?

Dans les paragraphes qui précèdent, je n'ai pas eu la prétention d'écrire un traité de diplomatique bordelaise. Ce ne sont pas des copies plus ou moins négligées qui peuvent servir au diplomatiste; il ne travaille avec quelque chance de réussite qu'en face des originaux. Le seul but que je me propose en ce moment est de déterminer les règles suivies par certains notaires bordelais en une circonstance particulière. Les conditions dans lesquelles les actes notariés et autres ont été transcrits dans notre registre en font des matériaux difficiles à utiliser pour ceux qui étudient soit les formules diplomatiques, soit les formes dialectales.

Portons maintenant nos regards en dehors de Bordeaux, et considérons la manière dont furent faites les reconnaissances dans la province en général. L'opération s'effectua d'ordinaire sans difficulté; mais dans certains cas elle fit naître des hésitations, même des protestations. C'est par exemple celui d'un homme touché par une citation, qui se présente et qui déclare ne rien tenir du roi, ni alleu ni fief [2]. Il semble bien qu'une erreur ait été commise là, mais par qui? Le plus souvent, la citation frappe juste, mais il y a des récalcitrants, des oublieux, peut-être des habiles ou des fourbes qui refusent de rien dire, qui ne disent pas tout, qui réclament des délais ou implorent l'indulgence royale. Il est rare de ren-

[1] N°ˢ 175-176 : «dominus Franciscus, doctor legum». — [2] N°ˢ 4, 6, 7.

contrer un opiniâtre comme Jean Marquès, lequel, requis de dire s'il possédait un alleu libre, répondit que oui, mais qu'il ne voulait pas le désigner [1]. Assez souvent, au contraire, le déclarant avoue qu'il ne sait pas, qu'il ne se rappelle plus, et il sollicite un répit. Après qu'Otton de Lomagne eut énuméré toute une suite de fiefs qu'il tenait du roi, on le questionna sur l'hommage; il répondit qu'il ne savait pas, qu'il répondrait le lendemain [2]. Même réponse faite par Guillaume Séguin, seigneur de Rions [3], et par Bertrand de Podensac [4]. Le cas de ce dernier, qui avait été interrogé le 19 mars 1274, est particulièrement intéressant, parce que nous avons sa déclaration rectifiée en effet, à la date du 20 mars [5]; les différences entre les deux actes ne laissent pas d'être notables. Raimond Bernard de Castelnau, invité à dire si quelque partie de ses fiefs a été aliénée sous forme de bien de mainmorte, déclare qu'il ne le croit pas; mais après réflexion il reconnaît que, seize ans auparavant, son père avait donné en pure aumône, au monastère de Pimbo, de huit à dix casaux dans la paroisse de Poursiugues [6]. Après avoir énuméré ses fiefs et ses charges, Sénebrun de Got ajoute : « tout cela, il l'a entendu dire et expliquer par des gens plus âgés, plus savants que lui; mais, s'il est tenu à quelques devoirs à raison de ses alleux, il est prêt à les remplir [7] », ce qui est d'ailleurs une formule très fréquente et presque de style. Géraud, comte d'Armagnac et de Fezensac, affirme qu'il ignore de qui il tient la portion qu'il possède du château de Saint-Julien [8]. Un oubli volontaire ou interprété comme une déclaration fausse pouvait entraîner la confiscation du fief; aussi voit-on le déclarant exciper d'avance de sa bonne foi et prier qu'on lui pardonne si par ignorance il a omis quelques détails : Arnaud de Gabaston a déclaré les obligations auxquelles il est tenu; si l'on en trouve d'autres, il est prêt, dit-il, à les confesser et à s'en acquitter [9]. Bernard de Monclar a reconnu sous serment qu'il est le vassal direct du roi pour le château de Monclar; mais a-t-il quelque autre fief? Possède-t-il un alleu libre sous l'autorité du roi d'Angleterre? Non, répond-il; cependant, si l'on trouve quelque chose, il prie qu'on ne lui impute pas à faute

---

[1] N° 299 : «dixit sic, sed quod noluit exprimere».

[2] N° 11 : «dixit quod nesciebat, sed mane debet respondere».

[3] N° 13.

[4] N° 177 : «super facto de Montusson, dixit quod credit se dubitare utrum teneret in allodium vel haberet in feodum...; super quo debet cras cercioratus in mane respondere».

[5] N° 557.

[6] N° 42.

[7] N° 5.

[8] N° 45.

[9] N° 54.

cette déclaration incomplète et qu'on tienne pour bon ce qu'il a dit de vrai[1]. Un autre proteste que, s'il trouvait davantage, il le révélerait volontiers[2]. Les délais sollicités sont de longueur variable : Guillaume Arnaud d'Arblade, chevalier, reconnaît qu'il tient du roi, comme duc d'Aquitaine, tout ce qu'il possède et tient dans la paroisse de Liarel; mais il a oublié la nature de ses obligations[3]. Délai lui est assigné jusqu'à l'octave de Pâques, «avant quoi il devra donner par écrit les obligations où il est tenu à cause de ces fiefs». Un bourgeois de Mont-de-Marsan, après avoir énuméré plusieurs tenures, hésite au sujet d'une dernière «et on lui donna jour de conseil jusqu'à la quinzaine de Pâques, avant quoi il devra signifier au prévôt royal de Saint-Sever, en bonne foi, ce qu'il aura trouvé[4]». Mais le délai sollicité n'est pas toujours accordé; ainsi, le 21 mars 1274, Guillaume Arnaud de Gontaud, déclarant à la place de son frère Pierre, seigneur de Biron, dont il se disait l'héritier testamentaire, prétendit ignorer de façon certaine si son frère était vassal direct du roi ou non, et il demanda un jour afin de consulter son oncle, Pierre de Gontaud; mais cela lui fut refusé[5]. Dernier exemple pour montrer la gravité des conséquences que pouvait entraîner une déclaration fausse ou incomplète : Arnaud de Gurçon, chevalier, termine sa déclaration par ces mots : s'il devait tenir plus de choses qu'il n'en a reconnu, il dit qu'il s'en remettait à la merci du roi[6]. Entourées de ces garanties, on peut tenir les déclarations pour sincères.

Une recherche plus délicate concerne la chronologie. La date, on l'a vu plus haut, est déterminée par l'an du Seigneur, la mention du roi régnant et parfois l'année de son règne, le nom de l'archevêque et celui du maire de Bordeaux. Pour nous guider, il nous faut avoir sous les yeux une table de Pâques, la suite chronologique des archevêques et des maires, l'indication du jour où commence chaque année de règne. Comme la plupart des actes transcrits sur notre registre concernent soit le prince Édouard, soit le roi Édouard Ier, j'ai dressé ces quatre listes depuis l'année 1254, où le fils aîné de Henri III commença réellement de gouverner le duché de Guyenne, jusqu'en 1281, date de la charte la plus récente qui figure dans notre texte.

---

[1] N° 206 : «fuit protestatus quod, si plus posset inveniri, hoc sibi non noceret, quin semper posset uti veritate». Cf. n°° 221, 228.

[2] N° 93.

[3] N° 96 : «dixit quod non recordabatur de deveriis».

[4] N° 130 : «est eidem data dies deliberationis usque ad quindenam Pasche, infra quam debet significasse preposito Sancti Severi, cum invenerit, bona fide».

[5] N° 333 : «et petiit diem quare habuisset recordium cum domino Petro de Gontaldo, patruo suo, que non fuit ei concessa».

[6] N° 233.

RECOGNICIONES FEODORUM IN AQUITANIA.

Deux de ces listes peuvent être établies avec toute la précision désirable : celles qui fixent l'an du règne et la date de Pâques :

	AN DU RÈGNE.		AN DU SEIGNEUR.	PÂQUES.
Henri III	39, commence le..	28 octobre	1254	12 avril.
	40	—	1255	28 mars.
	41	—	1256	16 avril.
	42	—	1257	8 avril.
	43	—	1258	24 mars.
	44	—	1259	13 avril.
	45	—	1260	4 avril.
	46	—	1261	24 avril.
	47	—	1262	9 avril.
	48	—	1263	1ᵉʳ avril.
	49	—	1264	20 avril.
	50	—	1265	5 avril.
	51	—	1266	28 mars.
	52	—	1267	17 avril.
	53	—	1268	8 avril.
	54	—	1269	24 mars.
	55	—	1270	13 avril.
	56	—	1271	5 avril.
	57	—	1272	24 avril.
Édouard Iᵉʳ	1	20 novembre	1272	
	2	—	1273	9 avril.
	3	—	1274	1ᵉʳ avril.
	4	—	1275	14 avril.
	5	—	1276	5 avril.
	6	—	1277	28 mars.
	7	—	1278	17 avril.
	8	—	1279	2 avril.
	9	—	1280	21 avril.
	10	—	1281	13 avril.

Pendant cette période, la liste des archevêques de Bordeaux contient seulement trois noms : 1° celui de GÉRAUD DE MALEMORT[1], élu en 1227 et mort en janvier ou en février 1259; 2° PIERRE DE RONCEVAUX[2], nommé directement par le pape

---

[1] *Gallia christiana*, t. II, col. 824. — [2] *Ibidem*.

INTRODUCTION.

Urbain IV le 23 mars 1262 après une vacance de trois années. Les auteurs de la *Gallia christiana* ont commis à son sujet une double erreur: d'abord, ils placent la bulle de nomination en 1261 : «bulla qua instituitur data est Viterbii die 23 Martii, anno 1 pontificatus Urbani, Christi vero anno 1261»; mais Urbain ayant été élu le 1ᵉʳ septembre 1261, le 23 mars de la première année de son pontificat appartient à l'année 1262[1]. Ensuite ils produisent, avec hésitation, il est vrai, un synchronisme emprunté, comme ils disent, «registris notariorum Burdegalensium», et qui serait ainsi conçu : «Actum fuit .vij. die introitus Februarii .m. cc. lxiij, regnante Eduardo, rege Anglie, Burdegalensi sede vacante, P. Gondaumer majore.» Date manifestement erronée, puisque, en 1263-1264, le roi d'Angleterre était Henri III, non Édouard Iᵉʳ; il faut lire «m. cc. lxxiij», ainsi que le prouve la mention de la mairie de Pierre Gondaumer (1273-1274); on était alors bien sous le règne d'Édouard Iᵉʳ. La date produite par les auteurs de la *Gallia* se rapporte à la vacance qui suivit la mort de Pierre de Roncevaux et non à celle qui précède sa nomination[2]. Pierre mourut à son tour le 3 des ides de janvier 1269[3] (11 janvier 1270). Des discordes dans le sein du chapitre amenèrent une nouvelle vacance qui dura cinq années, et qui nécessita de nouveau l'intervention pontificale : le successeur de Pierre de Roncevaux fut nommé par une bulle datée de Beaucaire le 2 des nones de septembre (4 septembre) 1275[4]. Les actes de reconnaissance transcrits dans notre registre sont donc datés pour la plupart «sede Burdegalensi vacante»; 3° Simon de Rochechouart, nommé le 4 septembre 1275, mourut le 28 octobre 1279; sa mort ouvrit une troisième vacance qui dura dix ans[5].

La suite des maires de Bordeaux nous est connue[6]; mais il importerait de dater exactement le jour où chacun d'eux est entré en charge; or cette date paraît avoir varié même dans la courte période dans laquelle je dois me renfermer. Au début, l'élection du maire et des jurats avait lieu le cinquième jour

---

[1] Potthast s'est laissé tromper aussi : *Regesta pontificum romanorum*, n° 18202. La bulle ne se trouve pas dans les *Registres d'Urbain IV*, publiés par J. Guiraud.

[2] Pierre de Roncevaux est mentionné dans la présente publication aux dates du 20 au 29 mars 1263 et du 1ᵉʳ avril 1266. Voir les n°ˢ 370, 393, 502.

[3] *Gallia christiana*, t. II, col. 825 et Animadversiones, col. xxii.

[4] *Gallia christiana*, col. 826; cf. Potthast, *Regesta*, n° 21069, et *Registres de Grégoire X*, publiés par J. Guiraud, n° 625.

[5] *Rôles gascons*, t. II, p. 317, note 1 de la colonne 1.

[6] Voir le *Livre des coutumes* (de Bordeaux), p. 405, et A. Brutails : *Maires et curés de Bordeaux*, dans les *Actes de l'Académie des sciences, belles-lettres et arts de Bordeaux*, année 1900.

après la Nativité de saint Jean-Baptiste (29 juin), ainsi qu'il appert d'une lettre de non-préjudice délivrée aux maire et jurats par le roi qu'une nécessité pressante avait obligé de renvoyer l'élection à une date ultérieure[1]. À la fin du siècle, la date fut reculée à la fête des saints Jacques et Christophe (25 juillet)[2], mais je ne saurais préciser ni les circonstances ni le moment où ce changement fut effectué. Ajoutons que le XIIIe siècle fut pour la commune de Bordeaux une époque de discordes qui mirent aux prises les principales familles de la ville, d'émeutes dont le but était de renverser le maire et les jurats d'une faction pour leur substituer les chefs de la faction rivale, enfin d'interventions royales qui avaient d'ordinaire pour conséquence de remettre la nomination du maire au choix du roi ou du sénéchal. C'est ce qui arriva une première fois en 1261[3]; la mairie resta «dans la main du roi» jusqu'en 1279[4]. Dix ans plus tard, plusieurs jurats, mécontents de l'élection de Bernard Breuter, en appelèrent au roi de France; pour les punir, Édouard Ier reprit «la mairie en sa main»[5] et jamais plus, depuis, l'élection du maire ne fut libre. A quelle époque les maires étaient-ils nommés, pendant cette mainmise de la royauté sur la mairie? En l'absence de textes formels, il faut établir le plus rigoureusement possible la chronologie des maires de Bordeaux. Pour cela, je prendrai pour base la liste de M. Brutails, qui a bien voulu me fournir quelques précisions nouvelles; je la reproduis en la complétant çà et là; comme lui, je marque les dates extrêmes qui sont fournies par les documents:

Raimond Brun de Laporte, 1er septembre 1254[6]–27 juin 1255[7].

Pierre Gondaumer, 18 août 1255–25 mai 1256.

---

[1] *Livre des coutumes* (de Bordeaux), p. 531, et *Rôles gascons*, t. I, n° 3767. Cette même lettre a été imprimée aussi par Champollion-Figeac (*Lettres de rois, reines...*, t. I, p. 84), mais avec la date fausse de 1253.

[2] Lettre adressée au roi par les jurats et la commune de Bordeaux le 10 mai 1311: «Ordinavimus quod anno quolibet jurati sint permutati et alii jurati moderni creati prima die dominica Kadragesime, quia tempus est acceptabile atque factum ad dictam creacionem faciendam, magis quam id erat in festo Jacobi et Christofori, mense Julii.» (Bibl. nat. Moreau, 659, fol. 225.)

[3] Voir plus loin, n° 449, art. 1 : «Jurati et probi homines communie Burdeg. concesserunt nobis quod nos demus et concedamus eis majorem, pro volontate nostra.»

[4] À la suite du nom de Pierre Gondaumer, maire en 1261, le *Livre des coutumes* dit : «Aissi prengo lo rey d'Anglaterra la majoria en sa man», et après Guitard de Bourg, maire en 1278-1279 : «Aissi arrendo lo rey d'Anglaterra la majoria de la vila de Bordeu», p. 405.

[5] *Livre des coutumes*, p. 406.

[6] *Rôles gascons*, t. I, n° 4295.

[7] Bibl. nat., mss. lat., n° 9136, fol. 31 v° : «Ramon Brun de la Porta major. iiij. exitus Junii 1255».

INTRODUCTION.

Arnaud-Guillaume Aimeric, 28 juillet 1256 [1]–14 avril 1257.
Guillaume Raimond Colom, 26 octobre 1257–30 mai 1258 [2].
Jean Colom, 2 octobre 1258–7 mai 1259 [3].
Arnaud Caillau, 23 décembre 1259 [4]– 2 juillet 1260 [5].
Pierre Gondaumer (pour la seconde fois), 8 septembre 1260–22 juin 1261 [6].
Guitard de Laporte, 1261.
Raimond Moneder, 14–19 décembre 1261.

Hugues de Broys, 3 janvier–27 mars 1262.
Jean de Lalinde, 15 mars [7]–24 mai 1263 [8].
Hugues de Cusances, 22 décembre 1263– 10 juillet 1264.
Raimond Marquès, 1ᵉʳ septembre 1264– 23 août 1265.
Hugues Rostan, 23 novembre 1265– 30 juin 1266.
Fortaner de Caseneuve, 23 octobre 1266 [9]–7 septembre 1267.
Pons d'Antin, 20 avril 1268–15 janvier 1270.

---

[1] Archives des Basses-Pyrénées, E 172 : «iiij°. die exitus Julii, anno Domini m°. cc°. lvj°... N. Arn. Aymeric maior».

[2] À propos de ce maire et du suivant, M. Brutails dit : «Les mentions de Guillaume Raimond Colom et de Jean Colom alternent pendant ces trois années [1257-1259]; tantôt l'un est nommé, tantôt l'autre... J'ai dû renoncer à démêler la vérité.» Je ne suis guère plus avancé que lui. Cependant je maintiens la liste donnée par le Livre des coutumes, qui place Guillaume Raimond en 1258 et Jean en 1259. Voici, pour le premier, les mentions que j'en connais : 26 octobre 1257 (Brutails); 2 décembre (Arch. Basses-Pyrénées, E 172 : «Actum fuit hoc. ij°. die introitus Decembris, a. D. m°. cc°. lvij. Regnante Henrico rege A., G. arcib. de Bord., En W. R. Colom maior»); 27 décembre (Bibl. nat., lat. 9136, fol. 4 v° : «v°. exitus Decembris a. D. 1257»); 12 janvier 1258 (Brutails), et 15 janv. (1257 v. st., Arch. histor. Gir., t. XXVII, p. 271); 30 mai (ibidem, p. 178). Mais en outre : 8 février 1259 (1258 v. st., ibid., p. 269); 23 novembre (Brutails), et 1ᵉʳ décembre 1259 (Arch. histor. Gir., t. XXVII, p. 252). Les actes publiés dans les Arch. histor. Gir. proviennent du Cartulaire de Sainte-Croix et M. Brutails estime qu'il s'y rencontre assez souvent des erreurs de date.

[3] Mentions de la mairie de Jean Colom : 2 octobre 1258 (Arch. histor. Gir., t. XXVII, p. 275); 10 janvier 1259 (ibid., p. 274); 2 mars (Bibl. nat., lat. 9136, fol. 4 v° : «ij°. die introitus Marcii, a. D. 1258» v. st.); 7 et 9 mai (Brutails). Ajoutez celle qui se trouve dans une lettre royale du 20 mai 1259 (Rôles gascons, supplément au tome I, p. ci, note 1).

[4] Arch. histor. Gir., t. XXVII, p. 173, et Gallia christiana, t. II, Instrumenta, col. 293.

[5] Il y a encore, dans le Cartulaire de Sainte-Croix (Arch. histor. Gir., t. XXVIII, p. 180), une mention du 22 avril 1261 qui est sans doute erronée.

[6] Arch. histor. Gir., t. XXVII, p. 271.

[7] Archives des Basses-Pyrénées, E 173 : «Actum fuit xv°. die introitus Marcii, a. D. m°. cc°. lxij°. Regn. Henr. rey d'Angl., P. archib. de Bordeu, Johan de Lalinda maior».

[8] Arch. histor. Gir., t. XXVII, p. 231.

[9] Je garde la date donnée par M. Brutails et qui concorde avec la date extrême de la mairie de Hugues Rostan. Mais je publie plus loin (n° 502) un acte du 1ᵉʳ avril 1266 daté de la mairie de Fortaner de Caseneuve. En 1266, Pâques étant le 28 mars, la date de 1266, que donne le document (il est vrai corrigé), est de nouveau style.

FORTANER DE CASENEUVE (pour la seconde fois), 12 avril 1270 [1]–24 juillet 1271 [2].
HUGUES DE GAMANS, 28 novembre 1271–6 juillet 1272 [3].
PIERRE GONDAUMER (pour la troisième fois), 6 août 1272–13 août 1274 [4].
BERNARD GAITAPUI, 12 novembre 1274 [5]–10 février 1275.
HENRI LE GALEIS, 7 mai–21 sept. 1275.
BRUN DE SAIA, 9 décembre 1275–26 juin 1277 [6].
GUITARD DE BOURG, 3 mai 1277 [7]–4 mai 1278.
BERNARD D'AILLAN, 14 septembre 1278–20 juin 1279 [8].
PIERRE ESTÈVE, 7 août 1279 [9]–27 mai 1280.
ROSTAN DU SOLER, 26 juin 1280–2 juillet 1281.

De cette liste ressort déjà ce fait que la mairie de Bordeaux n'a cessé d'être annuelle que pendant environ quatre ans (1270-1274), c'est-à-dire à peu près

[1] M. Brutails a emprunté cette date initiale au Cartulaire de Sainte-Croix (*Arch. histor. Gir.*, t. XXVII, p. 189). En 1270, Pâques tomba le 13 avril; le 12 avril ne peut être de 1270 que si, pour le rédacteur de l'acte, l'année commençait au 25 mars, ce que j'ai admis dans mon édition et ce que j'essaierai de justifier plus loin.

[2] La date extrême m'est fournie par un acte de la Bibl. nat. lat. 9136, fol. 3 v°. : «viij°. die exitus Julii, a. D. m°. cc. lxxj.». Il n'y a pas à tenir compte de la date fournie par les frères Delpit, *Arch. histor. Gir.*, t. V, p. 337, car le document, daté en cet endroit du 1ᵉʳ avril 1276, est en réalité de 1266. Voir plus haut, au nom de Fortaner de Caseneuve.

[3] Je m'approprie la note suivante de M. Brutails: «Hugues de Gamans aurait été maire le 2 janvier 1273, d'après une charte originale de la liasse G 2913.» Il est difficile de mettre cette date en accord avec celles de la mairie de Pierre Gondaumer, qui suit.

[4] Bibl. nat., lat. 9136, fol. 5 : «xiij°. die introitus Augusti, a. D. 1274». Le Cartulaire de Sainte-Croix marque encore Pierre Gondaumer le 6 août 1275 (*Arch. histor. Gir.*, t. XXVII, p. 169). Dans la présente publication, Pierre Gondaumer est mentionné comme maire aux dates suivantes : en 1255, 19 août (n° 479), en 1274, les 5 et 28 février (n°ˢ 174-196, 495), 16 et 20 mars (n°ˢ 1-22, 177-195), 23 et 24 mars (n°ˢ 518 et 544), 2 avril (n° 463), 11, 14, 21 et 22 mai (n°ˢ 136, 541-543).

[5] Pour le nom de ce maire et pour la date initiale de sa mairie, voir les *Rôles gascons*, t. II, n° 3. Dans la présente publication, Bernard Gaitapui est mentionné comme maire à la date du 2 janvier 1275 (n°ˢ 499 et 500). Bernard Gaitapui était un légiste toulousain (*Rôles gascons*, t. II, n° 3) et l'on peut supposer que, si le roi, qui avait alors le droit de nommer le maire (depuis l'accord du 19 ou 22 octobre 1261), plaça un étranger et un légiste à la mairie de Bordeaux, c'était afin de mieux défendre les droits de la royauté.

[6] Dans la présente publication, Brun de Saia est mentionné comme maire à la date du 10 juin 1276 (n° 36).

[7] Je garde cette date, donnée dans les *Rôles gascons*, t. II, n° 99, comme celle où Guitard de Bourg fut nommé maire, bien que son prédécesseur soit encore marqué le 26 juin. D'ailleurs, il y aurait sans doute lieu de distinguer entre la nomination du maire et sa prise de possession.

[8] Cette date du 20 juin est fournie par le Cartulaire de Sainte-Croix (*Arch. histor. Gir.*, t. XXVII, p. 270), avec l'année 1259; mais l'acte est daté : Édouard étant roi d'Angleterre et Simon archevêque de Bordeaux; il faut donc lire 1279 et non 1259.

[9] Archives des Basses-Pyrénées, E 173 : «Actum fuit .v°. die exitus Junii, a. D. m. cc. lxxx°. Regn. Eudd. rey d'Angl., Symon arcibesque de Bordeu, En P. Esteue maior.»

pendant l'absence du prince Édouard parti pour la croisade. Avant comme après cette courte période, que les élections fussent libres ou faites soit par le prince, soit par son représentant, un nouveau maire a été élu ou nommé chaque année. D'autre part, il est impossible de dire à quel moment de l'année ce nouveau maire était choisi. Quand la mairie était libre, on voit des maires encore en fonctions le 2 juillet (Arnaud Caillau, Rostan Du Soler), ce qui permettrait de supposer que l'élection avait lieu, non plus le 29 juin, mais le 25 juillet. Pendant que la mairie n'était pas libre, on voit des maires encore en fonctions le 13 août (Pierre Gondaumer, maire pour la 3ᵉ fois), le 23 août (Raimond Marquès), le 31 août (Fortaner de Casencuve, maire pour la première fois). Encore ces dates ne sont-elles pas sûres. Beaucoup d'entre elles proviennent du Cartulaire de Sainte-Croix, qui a peut-être été exécuté par un copiste négligent et dont, en outre, l'éditeur, Leo Drouyn, a trop négligé précisément la partie chronologique[1]. On aurait une sécurité plus grande si l'on pouvait s'appuyer sur un plus grand nombre de chartes originales; encore est-il arrivé qu'une charte originale soit venue jeter la perturbation dans une série qu'autrement on pouvait tenir pour régulière[2]. Il faut donc nous résigner à laisser à l'incertitude une part considérable.

À ces quatre éléments de détermination chronologique on peut en ajouter deux autres : l'itinéraire, d'abord comme prince, puis comme roi, d'Édouard Iᵉʳ pendant ses différents séjours en Gascogne; en second lieu, la suite des sénéchaux qui gouvernèrent en son nom le duché de Guyenne.

Le prince Édouard arriva pour la première fois en Gascogne en juin 1254 et il quitta la province vers la fin d'octobre 1255[3]. Il y vint une seconde fois en 1260-1261; il était à Bordeaux le 16 décembre 1260[4], le 19 (ou 22) octobre[5] et le 20 décembre 1261[6]. Il ne fit que traverser la province en 1270, quand il alla s'embarquer à Aiguesmortes pour Tunis. Pour son séjour en 1273-1274, j'ai

---

[1] Il ne donne pas les dates telles qu'elles sont dans le ms.; il les abrège le plus souvent et les marque selon nos usages modernes; mais nous sommes obligés de l'en croire sur parole.

[2] Voir au nom de Hugues de Gamans.

[3] *Rôles gascons*, Introduction au supplément du tome Iᵉʳ, p. LXXXIV.

[4] Charte de privilèges pour la ville de Bourg-sur-Mer datée : «esso fo dat per nostra man a Bordeu lo. xvj. jorn de decembre, l'an du regne del senhor reys, nostre payr, xlv.» Voir le *Complément de la statistique du dép. de la Gironde* (1847), p. 49, et la *Revue catholique de Bordeaux*, t. XII (1891), p. 518-526. Il ne faut pas oublier qu'Édouard était encore à Londres le 20 octobre (*Rôles gascons*, t. I, suppl., p. LXXXVI).

[5] Voir plus loin le n° 449.

[6] *Calendar pat. rolls, 1272-1281*, p. 193.

déjà tracé son itinéraire[1]; je le reproduirai ici en y ajoutant quelques précisions nouvelles, provenant d'ailleurs pour la plupart de notre registre :

1273. 9, 10, 11 août. Melun.	1273. 14 décembre. Lesperon.
— 27 août. Saintes.	— 28 décembre. Bouret.
— 18 septembre. Louvigny.	1274. 27 janvier. Dax.
— 23[2] et 24 septembre. Saint-Sever.	— 24 février. Lectoure[4].
— 2 octobre. Sault-de-Navailles.	— 2 mars. Lectoure[5].
— 8 octobre. Sordes.	— 20 mars. Bordeaux[6].
— 19 octobre[3]. Dax.	— 3 avril. Bordeaux.
— 22 octobre. Sault-de-Navailles.	— 25 avril. Saint-Sulpice.
— 30 novembre. Bonloc.	— 5 mai. Angoulême.

De 1254 à 1280, la suite des sénéchaux peut être établie avec certitude quant à leur nom; les dates d'entrée en charge et de sortie sont plus difficiles à déterminer; je ne fais que résumer ici ce que j'ai déjà dit ailleurs[7], en marquant, quand il y a lieu, comme pour les maires, les dates extrêmes de leur commandement :

Étienne Bauzan, 27 août 1254–janvier 1255.	Jean de Grilly, 1267.
Pierre de Bordeaux, 20 septembre 1255.	Thomas d'Ippegrave, 1er et 4 décembre 1268[10].
Étienne Longuépée, 30 septembre 1255– 11 octobre 1257[8].	Fortaner de Caseneuve, 30 octobre 1269.
Geoffroi de Lusignan, 12 juillet 1258.	Roger de Leyburne, 21 avril–15 mai 1270[11].
Drogon de Barentin, 6 novembre 1259.	
Gui de Lusignan, 1er février 1260.	Hugues de Thouberville, 5 juin 1272.
Henri de Cusances, 19 décembre 1261– 20 mars 1263[9].	Luc de Thanney, 5 juin 1272[12]–janvier 1278.

[1] Rôles gascons, t. III, introduction, p. x.
[2] Voir plus loin le n° 138.
[3] Calendar charter rolls, t. III, p. 462.
[4] Voir plus loin le n° 452.
[5] Ibid., n° 454.
[6] Livre des coutumes [de Bordeaux], p. 504.
[7] Pour les sénéchaux nommés sous le règne de Henri III, voir Rôles gascons, Supplément du tome I, p. cxix, et pour ceux d'Édouard Ier, l'Introduction du tome III.
[8] Voir plus loin le n° 398.
[9] Voir plus loin les n°s 373, 374, 384, 391.

[10] Voir plus loin les n°s 404, 415.
[11] Voir plus loin les n°s 365, 473.
[12] Rymer publie, à la date du 5 juin 1272, une lettre patentée adressée à Hugues de Thouberville, sénéchal de Gascogne, par laquelle le roi lui notifie qu'il a confié la charge de sénéchal à Luc de Thanney. D'autre part, on peut lire plus loin, sous le n° 39, une lettre de Luc de Thanney, en qualité de sénéchal, datée de Langon le 16 mars 1270 (1271 n. st.). Il est fort probable que cette dernière date a été altérée par le copiste.

| Robert Burnel, évêque de Bath et Wells[1], et Otton de Grandson, 7 février-septembre 1278. | Jean de Grilly (pour la seconde fois), 27 septembre 1278-11 mars 1286. |

Il nous faut maintenant aborder les difficultés d'ordre chronologique que présentent nos textes et, en particulier, déterminer l'époque à partir de laquelle les notaires et agents qui ont dressé les actes, les scribes qui les ont transcrits sur notre registre, faisaient commencer l'année. J'étudierai d'abord les actes de reconnaissance reçus par les maires bordelais.

Une première constatation est certaine : pour eux, l'année ne commençait pas le 25 décembre ni le 1er janvier. Prenons par exemple le groupe des cautions pour la vente du château de Sault au prince Édouard; elles forment un bloc de 23 actes presque identiques, allant du 13 décembre 1262 au 4 avril 1263 : celles qui sont datées du 19 mars (13ª die exitus Marcii)[2], du 20 mars (12ª die exitus Marcii)[3], du 23 mars (9ª die in exitu Marcii)[4], sont placées sous l'année 1262; celles du 28 mars (quarta die exitus Marcii)[5], du 29 mars (3ª die exitus Marcii)[6], du 4 avril (4ª die introitus Aprilis)[7] sont placées sous l'année 1263, ce qui permet en outre de conclure que le scribe qui a rédigé ces actes suivait le style du 25 mars[8]. J'en dirai autant du groupe formé par les nos 366-368; le n° 368 est un troisième défaut prononcé contre Arnaud Bernard de Lados, le second jour de janvier 1276, alors que le premier défaut (n° 366) est daté du 24 décembre 1276 et le second (n° 367) du 31 décembre. De la région de la Garonne, passons à celle de l'Adour. Les nos 485 et 487 sont datés de Bayonne «die Mercurii in festo Conversionis sancti Pauli in Gier, a. D. m° cc°. lx. septimo. Regn. Henrico, rege Anglie, S., episcopo Baionensi, En B. de Meis maire». La Conversion de saint Paul, qui est le 25 janvier, tombait un mercredi en l'année 1268 (qui était bissextile). Il est vrai que la liste des maires de Bayonne publiée par Balasque et Dulaurens[9] place la mairie de B. de Meis en l'année 1264, mais cette liste n'est ni assez précise

---

[1] Ce Robert Burnel est le fondateur de la bastide de Baa, près de Bordeaux (*Rôles gascons*, Introduction au t. III, p. xxx).
[2] Nos 379, 476.
[3] Nos 373, 374, 384, 391-393.
[4] N° 371.
[5] Nos 370, 372, 383, 385, 387, 388.
[6] Nos 389, 390.

[7] N° 382.
[8] Moins, il est vrai, le n° 389, qui est daté «millesimo cc. lx. secundo», ce qui est en contradiction avec les actes du 28 et du 29 mars, datés d'après le style du 25 mars. C'est pourquoi j'ai cru devoir corriger la date.
[9] *Études historiques sur la ville de Bayonne*, t. III, (1875), p. 621.

ni assez complète pour faire absolument foi; elle ne permet pas de nier que ce personnage ait pu être maire en effet le 25 janvier 1268. Les n°ˢ 496 et 497, qui sont des traités de paix passés entre les chefs des factions rivales de Bayonne, sont datés du 5 et du 12 des calendes de février (21 et 28 janvier) l'an du Seigneur 1272, sous le règne d'Édouard, roi d'Angleterre. Nous sommes très certainement ici en 1273, puisque en janvier 1272 c'est encore Henri III qui régnait[1]. Le 2 mars 1274, le roi était à Lectoure; ce jour-là, il mande à son sénéchal de mettre l'évêque et le chapitre de cette ville en possession des avantages stipulés dans deux actes de pariage qui venaient d'être conclus entre eux. Le mandement (n° 454) est daté de Lectoure «secunda die Marcii, anno regni nostri secundo», ce qui est une donnée abolument sûre; les actes de pariage (n°ˢ 452 et 453) sont datés de Lectoure « v. die exitus Februarii, anno Domini m° cc°. lxx. tercio». Peut-on douter que ces trois documents soient de la même année? Le n° 36, qui appartient à la région bordelaise, a été fait « .xª. die introitus Januarii, a. D. millesimo cc°. lxxv°. Regnante E., rege Anglie, Simon, arch. de Bord., En Brunus de Saya major». Or Simon de Rochechouart fut nommé archevêque, on l'a vu, le 4 septembre 1275, et le prédécesseur de Brun de Saya à la mairie de Bordeaux, Henri Le Galeis, était encore en fonctions le 21 septembre 1275. Le millésime 1275 est donc d'ancien style, et l'on peut affirmer que, pendant le troisième quart du xɪɪɪ⁰ siècle, il n'était pas d'usage, dans les pays gascons, de commencer l'année ni au 25 décembre ni au 1ᵉʳ janvier.

Le second point est de savoir si l'année commençait au 25 mars ou à Pâques. Si, pour résoudre cette question, nous n'avions que les documents contenus dans notre registre, nous serions fort embarrassés, car les scribes ont certainement commis des erreurs. Voyons cependant. Les n°ˢ 370-394, qui sont des actes délivrés au nom de divers seigneurs et bourgeois qui se portent garants pour la vente du château de Sault au prince Édouard, sont évidemment du même temps; il ne peut y avoir entre eux que quelques jours d'intervalle. Le n° 371 est daté «ɪx. die in exitu Marcii, a. D. millesimo cc. lx. secundo», soit du 23 mars 1263; le n° 372 : «iiij. die exitus Marcii, a. D. millesimo. cclx. tercio», soit du 28 mars 1263[2], et le n° 390 : « .iiij. die exitus Marcii, a. D. millesimo. cc. lx. iij», soit du 29 mars 1263. Entre le 23 et le 28 mars l'année a donc changé, ce qui

---

[1] Le maire était alors P. Lambert; parmi les personnes qui figurent dans ce traité se trouve le maire de 1268, Bernard de Meis. — [2] Comp. les n°ˢ 383, 385, 387, 388.

n'aurait pas eu lieu avec le style de Pâques, parce qu'en 1263 cette fête tomba le 1ᵉʳ avril. Il est vrai qu'au n° 389, qui est aussi du 29 mars, le scribe a écrit en toutes lettres : «a. D. millesimo. cc. lx. secundo[1]». En 1274, comme en 1263, Pâques tomba le 1ᵉʳ avril; or, le 26 mars («.vij. kal. Aprilis, anno gracie. m°. cc°. lxx°. quarto»), le sénéchal de Gascogne assigna une rente viagère à Arnaud Raimond de Budos, conformément à un ordre du roi donné «Vasati, anno regni nostri secundo» (n° 455). Or l'itinéraire d'Édouard Iᵉʳ montre qu'il quitta le duché vers la fin d'avril. Si la lettre du sénéchal était datée d'après le style de Pâques, il faudrait l'attribuer à l'année 1275, c'est-à-dire qu'il aurait mis plus d'un an avant d'exécuter l'ordre du roi, ce qui paraîtra fort invraisemblable. Dans les n°ˢ 678-680, qui sont des actes de reconnaissance expédiés par le notaire Pierre Robert, règne la plus fâcheuse incohérence chronologique : le n° 678 est daté «.vijᵃ. die exitus Marcii, a. D. m°. cc°. lxxiij°.»; le n° 679, «a. D. millesimo cc. lxxiiij»[2]; le n° 680, «secunda die introitus Aprilis, a. D. m°. cc°. lxxiij°»; le n° 681, «a. D. m°. cc°. lxxiij., quinto die introitus Aprilis»; le n° 695, «a. D. m°. cc°. lxxiiij, sexta die introitus Aprilis». Si l'année commençait le 25 mars, l'acte du 26 mars (n° 678) devrait être daté de 1274, comme le n° 679; si elle commençait à Pâques (1ᵉʳ avril), ceux du 2, du 5 et du 6 avril (n°ˢ 680, 681, 695), devraient être aussi datés de 1274. Il est évident qu'ici ou là une correction au texte s'impose. Je les ramène toutes au style du 25 mars, parce que c'est en somme le style généralement adopté dans les pays gascons[3].

J'arrive maintenant, et pour en finir, à un groupe de reconnaissances reçues à Bordeaux les 19, 20 et 21 mars 1274 et rédigées sous une forme abrégée et comme impersonnelle. Il comprend les n°ˢ 195-364 et l'on peut lui donner pour titre la rubrique qui précède le n° 196 : «Recogniciones facte domino regi de suis feodis per personas que sequuntur.» La date qui leur a été assignée est certaine, mais à condition de corriger le texte du manuscrit. Elle n'a été en effet donnée complètement qu'une seule fois (n° 196); partout ailleurs elle a été remplacée par un simple rappel : «eodem die» ou «eadem die»[4]. Elle est ainsi conçue : «anno ab incarnacione Domini millesimo cc. lxx. secundo (sic),

---

[1] J'ai cru devoir corriger le texte d'après le n° 370.

[2] Le scribe a oublié le jour du mois en tête de l'acte, mais à la fin il a mis : «Actum et datum Burdegale, die et anno predictis.»

[3] Voir Brutails, Introduction au *Cartulaire de Saint-Seurin*, p. xiii.

[4] Sauf de rares exceptions : n°ˢ 238, 239, 260, 264, 294, 297.

feria⁽¹⁾. ij., .xiij. die in exitu mensis Marcii». Il faut lire évidemment «millesimo cc. lxx tercio», et cela pour deux raisons : la première est que le 19 mars tomba un lundi (*feria secunda*) en 1273 v. st., et non en 1272. La seconde raison est fournie par le n° 203, dont j'ai mentionné⁽²⁾ une autre transcription d'après un texte où la date est donnée en entier (moins l'indication de la férie) : «anno Domini .m. cc. lxxiij., xiij. die exitus Marcii»⁽³⁾. Ce point acquis, il faut évidemment assigner la même date d'année (1273 v. style) au n° 253, qui commence tout simplement par les mots : «Item, feria tercia, xij. die in exitu mensis Marcii», et au n° 327 : «Item, feria .iiij°., .xj. die in exitu mensis Marcii». Comme conclusion, il n'est pas douteux qu'il ne faille attribuer tous ces actes à l'année 1274, aux mêmes dates de jour que la plupart des actes reçus et rédigés par les notaires bordelais Pierre Robert, Gilbert du Mirail et Bernard de Varet.

Ces notaires ont d'ailleurs employé des systèmes différents pour marquer le quantième pendant la seconde moitié du mois de mars 1274. Pierre Robert et Bernard de Varet comptent les jours en revenant à partir de la fin du mois⁽⁴⁾; Gilbert du Mirail compte par le jour de la semaine qui a précédé le dimanche des Rameaux⁽⁵⁾. Des actes reçus le même jour, par exemple le 20 mars, sont donc datés, par les deux premiers, de la troisième férie (mardi), douzième jour avant la fin de mars, et pour le dernier, du mardi avant les Rameaux⁽⁶⁾.

Les Delpit ont indiqué les régions de la Guyenne auxquelles se rapportent les actes transcrits sur le manuscrit de Wolfenbüttel, et dressé la statistique des actes qui se rapportent à chacune d'elles; ils reconnaissent d'ailleurs que leur classement est incertain. Il faut ajouter qu'il n'est pas exact; ils attribuent par exemple 48 actes à l'Agenais, bien qu'à l'époque où ont été reçues les déclarations même les plus récentes le comté d'Agenais fût encore sous la mouvance

---

⁽¹⁾ Mot estropié par le scribe sous la forme abrégée du mot *facta*.

⁽²⁾ Page 63, note 2.

⁽³⁾ Cet acte a été délivré «in presencia magistri Poncii Amati, notarii apostolici». Est-ce à ce Pons Amat qu'il faut attribuer aussi la rédaction des n°⁵ 196-364? En fait, cette rédaction est toute différente de celle des notaires bordelais. Voir par exemple le début du n° 196 : «Regnante Philippo, rege Francorum, Bertrando episcopo Tolosano...»

⁽⁴⁾ Pour Pierre Robert, voir les n°⁵ 2-22, 177-195, 621-681; pour Bernard de Varet, les n°⁵ 682-695.

⁽⁵⁾ N°⁵ 518-611.

⁽⁶⁾ La reconnaissance des Bordelais est datée «lo dimartz abant la Uzana, so es assaber .xij. die exitus Marcii» (*Livre des coutumes*, p. 503).

directe du roi de France. L'Agenais, du moins tel qu'il était limité au temps où il fut restitué au roi d'Angleterre (1279), est tout à fait étranger au domaine couvert par nos documents. Il en est de même pour le pays auscitain[1] et l'on serait tenté de le dire aussi pour l'Armagnac, bien que le comte soit venu reconnaître qu'il tenait du roi les comtés d'Armagnac et de Fezensac, plus le Fezensaguet[2]. Quant au Béarn, il est, si l'on peut ainsi parler, rongé par les bords, l'emprise anglaise l'enserrant à l'est par la Bigorre, à l'ouest par la Soule. D'ailleurs il serait vain le plus souvent de chercher à tracer des limites d'États ou de grands fiefs, les domaines du roi et les fiefs qui relevaient directement de lui étant répartis un peu partout sans former pour ainsi dire corps nulle part. Cependant ils étaient nombreux surtout dans trois régions : d'abord dans la vallée moyenne de l'Adour, d'Aire à Dax, dans la prévôté de Saint-Sever, dans la Chalosse, le Gabardan et le Tursan; en second lieu dans les Landes de Bazas et dans toute la partie septentrionale de l'évêché; là se trouvaient les nombreuses possessions occupées par les «hommes francs» du roi sous l'autorité du prévôt de Bazas. La troisième région avait pour centres principaux La Réole et Langon sur la Garonne, Libourne et Bourg sur la Dordogne, et surtout Bordeaux[3]; la prévôté de Barsac, sur la rive gauche de la Garonne, contenait un grand nombre d'hommes francs du roi, ainsi que la paroisse de Beychac dans l'Entre-Deux-Mers. C'est de cette troisième région que le roi tirait ses plus abondants revenus, la plus grande somme de services féodaux. Dans les Landes maritimes, ses possessions n'apparaissent qu'en des points isolés des pays de Born et de Buch, du Marensin et de la Maremne (Mimisan). Là on retrouvait l'Adour et, vers l'embouchure de cette rivière, le pays de Labourd avec Bayonne, la seconde ville du duché par son importance commerciale et politique[4].

Une carte où seraient marquées toutes les localités où le roi possédait des do-

---

[1] C'est seulement en 1290 qu'il fut déclaré par le Parlement de Paris «que l'archevêque d'Aux doit hommage au roi de France pour raison de sa temporalité» (Du Tillet, *Recueil des rangs des grands de France*, 1606, t. II, p. 184).

[2] Voir n° 45.

[3] La reconnaissance faite au nom de la ville de Bordeaux doit être cherchée dans le *Livre des coutumes*, publié par H. Barckhausen (1890).

[4] Les villes et communautés d'habitants dont les statuts ont été plus ou moins complètement transcrits dans notre registre sont les suivantes : Saint-Émilion (n° 2), Bazas (n°° 291, 456 et 457), Meilhan (n° 324), Langon (n° 332), Caudrot (n° 361), Bouglon (n° 364), Bayonne (n°° 399, 400, 405, 407, 496, 497), Bordeaux (n°° 449, 518, 519), Issigeac (n°° 481, 503), Libourne (n°° 500, 501), Bourg-sur-Mer (n° 528), Sauve-Majeure (n° 584), et enfin Mimisan (n°° 686-695).

maines ou des terres mouvant de lui (fiefs, alleus, franchises[1]) qui se trouvent dans le registre de Wolfenbüttel, indiquerait-elle tous les lieux où il possédait des terres, des droits ou des revenus dans son duché de Guyenne? Il serait difficile de le dire. Néanmoins, si l'on examine, dans les *Rôles gascons*, les listes des vassaux à qui le roi a demandé le service militaire contre les Français en 1294 et en 1299 et si on les confronte avec les déclarations reçues en 1273-1274, on constate entre les deux séries de documents un frappant parallélisme. Sans doute, il y a des différences : tous les noms d'une des séries ne se retrouvent point dans l'autre; mais nous pouvons attribuer ces divergences ou ces lacunes, pour une part du moins, à la négligence soit des notaires publics, soit des scribes royaux auxquels nous devons notre manuscrit. Pour l'usage des connétables de Bordeaux, le *Liber B*, surtout quand il avait tous ses feuillets, doit avoir été un répertoire complet des tenanciers du roi, de leurs obligations et de leurs redevances. S'il est vrai que la reconnaissance de Bordeaux ne se trouve pas dans notre registre tel qu'il nous est parvenu, cette lacune pouvait être comblée par les statuts réformés en 1261 où ils trouvaient la preuve des services d'ost et de chevauchée que la ville devait au roi. Quelles que soient les lacunes, notre manuscrit est un document inappréciable pour montrer l'importance des droits de la couronne et, par conséquent, l'étendue de l'autorité royale dans la province et sur ses frontières.

La vaste opération effectuée en mars 1274 n'est pas un événement isolé, né d'une intention soudaine et sans continuité; elle s'explique par des motifs de politique générale et n'est pas sans avoir exercé quelque influence indirecte même sur l'administration anglaise au temps d'Édouard Ier.

Avant de succéder à son père Henri III sur le trône d'Angleterre, ce prince avait, comme on sait, gouverné la Gascogne. Le roi lui avait donné le commandement de cette province par une lettre patente du 8 juin 1252[2]. Après son mariage avec Aliénor de Castille et l'abandon que son beau-père lui consentit alors de tous ses droits en Gascogne (1er novembre 1254)[3], Édouard en était devenu le «prince et seigneur»[4]. Après un assez long séjour dans le pays en 1254-1255,

---

[1] J'appelle ainsi les terres possédées par les hommes francs du roi.

[2] *Calendar of the patent rolls* (à la date). Cf. *Rôles gascons*. Supplément au t. I, p. xcvi.

[3] Rymer, à la date.

[4] C'est le titre qu'il prend dans un cyrographe publié dans Rymer à la suite de l'acte précédent : «Dominus Edwardus, illustris regis Anglie primogenitus et heres, jam regnans in Vasconia sicut princeps et dominus».

il n'y fit que de courtes apparitions en 1260-1261 et en 1270, mais il ne cessa, de près comme de loin, d'accord avec son père ou en contradiction avec lui, de travailler au maintien de l'ordre sans cesse troublé par les querelles des seigneurs et les factions des villes. Un des moyens les plus sûrs et, en tout cas, les plus équitables pour tout mettre en place, était de déterminer exactement les droits et les obligations de chacun. En nommant sénéchal Dreux de Barentin (6 novembre 1259)[1], il lui donnait l'ordre de rechercher quels étaient les droits et libertés qu'il possédait dans les cités, bourgs et villes et partout ailleurs en Gascogne, et il enjoignait (13 décembre) à tous ses sujets, «en raison de la foi et dilection par lesquelles ils étaient liés envers lui», de venir, sous serment, «quand ils en seront requis», déclarer leurs «droits, libertés et obligations»[2]. Cette mesure de politique (ou de police) générale fut peut-être rendue plus nécessaire encore par une autre considération. En 1269 le prince jura de prendre la croix. Lorsque le roi de France, son oncle, l'eut sommé de tenir sa promesse, le prince lui fit observer que ses ressources personnelles, à la vérité fort limitées, ne lui permettaient pas de lui amener un puissant contingent. Louis IX offrit alors de lui prêter l'argent nécessaire, et en effet, par un accord conclu le 27 août 1269, il s'engageait à lui avancer une somme de 70.000 livres tournois, remboursable par annuités de 10.000 livres à partir du mois de mars 1273[3]; l'emprunt contracté ainsi par le prince Édouard était gagé sur les revenus du péage de Bordeaux, qu'il s'engageait à employer exclusivement à cet usage. Il grevait ainsi lourdement l'avenir et le prince devait avoir besoin de compter sur tous les revenus qu'il tirait de ses droits comme de ses domaines; mais il lui fallait d'abord les connaître et en rappeler à tous l'existence. On s'explique donc que des reconnaissances aient été demandées et reçues en 1263[4], en 1268[5], mieux encore en 1273-1274, parce que l'avènement d'un nouveau suzerain obligeait les vassaux directs de la couronne à renouveler leurs hommages. Cette fois, les déclarations ne pouvaient plus être partielles, mais générales; elles incombaient au pays tout entier. L'opération commença donc dès que le roi fut revenu de Palestine. Nous savons à peu près comment les choses se passèrent à Saint-Sever, à Lectoure et à Bordeaux.

[1] *Rôles gascons.* Supplément au t. I, p. LXXXVIII.
[2] *Ibidem.*
[3] La lettre rédigée au nom du prince Édouard se trouve dans Rymer; celle de Louis IX a été publiée par Bentley, *Excerpta historica* (1831), p. 266.
Sur la croisade du prince Édouard, voir un mémoire de R. Rœhricht dans les *Archives de l'Orient latin*, t. I et II.
[4] Voir les n°ˢ 488-494.
[5] Voir les n°ˢ 24, 481.

Le roi était de sa personne à Saint-Sever le samedi 23 septembre 1273 [1]. Il y reçut l'hommage de l'évêque d'Aire, de l'abbé de Saint-Sever et d'un bon nombre de seigneurs landais [2]. Malheureusement les actes relatifs à ces prestations d'hommage sont d'une sécheresse excessive; ils ne contiennent qu'une déclaration de fief, celle de l'abbé de Saint-Sever [3]; le vicomte de Tartas demanda et obtint un délai de quarante jours pour faire la sienne, mais il vint cependant prêter hommage entre les mains du roi lui-même [4]. De Lectoure, où nous retrouvons le roi dans la dernière semaine de février (1274), il fit savoir au maire de Bordeaux (22 février) que, désirant s'entretenir avec lui et avec ses autres fidèles en Gascogne sur la situation des affaires dans cette province, il lui enjoignait de venir, avec douze prud'hommes, le dimanche avant les Rameaux (18 mars), «reconnaître les fiefs que la ville de Bordeaux tenait de lui, ainsi que les services et devoirs dont ils étaient tenus envers lui à raison de ces fiefs» [5]. Six jours plus tard, un notaire public de Bordeaux était à Lectoure et, en présence de témoins spécialement requis à cet effet, il faisait proclamer, par la voix du héraut et à son de trompe, un édit royal ainsi conçu : «Toute personne qui tient du roi quoi que ce soit en Lomagne, en Fezensac, en Fimarcon et en Pardiac, doit, ce même jour (28 février) ou le lendemain, se présenter devant le roi, dans la salle de l'évêque, pour lui faire hommage et fidélité et reconnaître les devoirs qui lui sont dus à raison des fiefs qu'elle tient ou doit tenir de lui, sous peine de confiscation de ces fiefs» [6]. Le volume des *Recogniciones* ne contient aucun acte de reconnaissance reçu par le notaire public le 28 février; un seul est daté du 1er mars [7]; le plus grand nombre sont datés du jour où les Bordelais firent leur déclaration (20 mars) ou de ceux qui le précédèrent et suivirent immédiatement (du 18 au 27 mars). L'édit royal, qui fut crié à son de trompe à Bordeaux, «comme il est accoutumé dans la dite ville», différait quelque peu de celui de Lectoure; il n'enjoignait pas seulement de venir déclarer les fiefs et les devoirs à raison de ces fiefs, mais aussi les alleus, addition indispensable pour la région bordelaise où le régime allodial était plus solidement et plus anciennement implanté que le régime féodal.

En effet, le mardi avant le dimanche où l'on chante *Hosanna* (20 mars 1274), le maire, accompagné des jurats et de douze prud'hommes nommés par lui, se présenta devant le sénéchal dans la nef de l'église cathédrale de Saint-André (le

---

[1] N° 138. — [2] N°ˢ 142-173. — [3] N° 140. — [4] N° 141. — [5] *Livre des coutumes*, p. 504. — [6] N° 174. — [7] N° 468.

roi étant dans le palais de l'archevêque), «en présence de nombreux abbés, prieurs, barons, conseillers des villes et des terres du Bordelais et des autres parties de la Gascogne, de beaucoup d'autres personnes ecclésiastiques et séculières», fit exposer en langue vulgaire [1] «devant toute la cour devant dite, en son nom et au nom des jurats, des douze prud'hommes et de toute la commune de Bordeaux, clairement, distinctement et véritablement», tous les faits énoncés dans l'acte, qui fut rédigé en latin; puis cet acte en latin fut lu à haute voix et remis au sénéchal à titre de réponse. Enfin le maire, les jurats et les douze prud'hommes, en leur nom et au nom de toute la commune de Bordeaux, requirent Austen Gaucem, notaire public, de leur délivrer une expédition authentique des propositions, réponses et supplications susdites; «et moi, Austen Gaucem, j'ai mis toutes ces choses en forme publique et en ai fait une charte avec mon seing pour qu'elle conserve le souvenir des faits et qu'elle fasse preuve des choses dessus dites, puis j'ai reçu l'ordre d'en donner copie à toute personne de la commune qui me le demanderait» [2]. L'opération continua jusqu'au 24 mars avec une activité qui se ralentit ensuite assez brusquement : on ne trouve plus que deux déclarations reçues le 26 mars et deux le 27, une dizaine en avril, une douzaine de mai 1274 à la fin de 1275. On peut donc dire que le travail était à peu près terminé quand Édouard Ier quitta la Gascogne pour rentrer, après quatre ans d'absence, en Angleterre [3].

La place faite par notre registre à l'histoire administrative de la Guyenne est considérable. Les informations réunies plus haut sur les manuscrits apparentés plus ou moins étroitement avec celui de Wolfenbüttel montrent qu'on en fit plusieurs copies, totales ou partielles, qu'on en invoqua souvent le témoignage, ainsi qu'il convenait d'ailleurs à un registre terrier de cette importance. Je crois en outre qu'il n'est pas téméraire de le rapprocher d'un fort intéressant monument de la législation anglaise : le statut de Gloucester (1280), qui fut rédigé à l'aide d'enquêtes et de déclarations analogues à celles de 1274.

Édouard Ier avait trouvé en effet beaucoup à réformer dans son royaume. Sans doute, la paix intérieure n'avait pas été troublée après la mort de son père; c'était

---

[1] «En romans», p. 506; les actes en dialecte gascon qui ont été transcrits sous les n°s 370-393 de notre publication sont dits rédigés «en francès».

[2] *Livre des coutumes*, p. 510.

[3] Comparer ce qui se passa après la mort d'Alfonse, comte de Poitiers (1271), quand les agents du roi de France recueillirent l'héritage du frère de saint Louis. Voir par exemple Ch.-V. Langlois, *Le règne de Philippe III le Hardi* (1887), p. 172.

un fait jusqu'à un certain point nouveau dans l'histoire d'Angleterre que l'héritier légitime fût reconnu sans conteste et que son règne commençât aussitôt, sans qu'il fût besoin de cette sorte de consentement divin et humain qu'impliquait la cérémonie du couronnement. Édouard était en Palestine quand Henri III rendit le dernier soupir à Westminster; il put la quitter sans hâte, visiter son duché de Guyenne, traverser la France et s'arrêter à Paris sans qu'aucun de ces barons, naguère encore si turbulents, fît mine de bouger. C'est la preuve que l'autorité royale était sortie de la dernière guerre civile considérablement affermie. Cependant le nouveau roi avait recueilli des plaintes nombreuses qui le décidèrent (11 octobre 1274) [1] à nommer plusieurs commissions chargées de faire une enquête sur certains «droits, privilèges et obligations» concernant «son état» et celui de ses sujets, ainsi que sur les faits et gestes de ses shériffs et baillis. Ces commissaires emportaient avec eux un questionnaire très détaillé (il comprenait en tout quarante-sept articles), qu'il peut être intéressant de comparer avec le texte de l'édit royal proclamé à Lectoure le 28 février précédent. Ils devaient en effet savoir, par les déclarations, faites sous serment, de personnes qualifiées [2], quels manoirs faisaient partie du domaine royal dans chaque comté [3], lesquels de ces manoirs avaient été possédés par les rois ses prédécesseurs, par qui ils étaient tenus actuellement et à quel titre (*quo waranto*), depuis quand, par qui et comment ils avaient été aliénés [4]; quels étaient les vassaux immédiats du roi et pour quels fiefs, combien de fiefs étaient tenus par chacun d'eux, combien de fiefs avaient été sous-inféodés, par qui et depuis combien de temps ces aliénations avaient été faites [5]; quels privilèges avaient été concédés par les rois d'Angleterre, quels étaient ceux dont on avait abusé, et depuis quand [6]; combien chaque fief devait fournir de chevaliers à l'armée royale, quelles terres et tenures avaient été données ou ven-

---

[1] Cette lettre, analysée dans le *Calendar of the patent rolls. Edward I*, t. I (1272-1281), p. 59, a été publiée en tête des *Rotuli Hundredorum* qu'a fait paraître l'ancienne «Record Commission».

[2] «Ad inquirendum per sacramentum proborum et legalium hominum».

[3] «Quot et que dominica maneria rex habet in manu sua in singulis comitatibus.»

[4] «Que eciam maneria esse solent in manibus regum predecessorum regis, et qui ea tenent nunc, et quo waranto, et a quo tempore, et per quem et quomodo fuerint alienata.»

[5] «De feodis eciam domini regis et tenentibus ejus, qui ea modo teneant de ipso in capite, et quot feoda singuli ipsorum teneant et que feoda tenere solent de rege in capite et nunc tenent per medium, et per quem medium et a quo tempore alienata fuerint.»

[6] «De hiis eciam qui habent libertates per reges Anglie sibi concessas et eis aliter usi fuerint quam facere debuissent, qualiter, a quo tempore et quomodo.»

INTRODUCTION.

dues aux religieux et autres, au préjudice du roi, par qui et depuis combien de temps [1], etc. N'est-ce pas, au fond, des déclarations toutes semblables que le roi demandait à ses vassaux et autres tenanciers de Guyenne? En Angleterre, une enquête de cette nature était d'une pratique constante et, depuis le *Domesday book*, nous en avons maints témoignages. Elle était de règle en particulier quand le roi envoyait (tous les sept ans d'ordinaire) des tournées de juges (*justiciarii itinerantes*) pour régler sur place toutes les questions de justice, de police ou de finance qui pouvaient toucher les revenus du roi ou l'ordre public. Bracton nous a conservé quelques modèles de ces *capitula itineris* qu'ils emportaient avec eux et sur lesquels ils établissaient leurs rapports adressés ensuite à la Chancellerie ou à l'Échiquier [2]. L'enquête ordonnée par Édouard Ier en 1274 fut effectuée pendant la troisième année de son règne dans chaque hundred ou centaine, et les témoignages recueillis furent consignés sur des rôles dits *Rotuli hundredorum*, qui ont été intégralement publiés et qui jettent sur la condition sociale de l'Angleterre des lumières aussi vives que nos *Recogniciones* sur la condition sociale de la Guyenne. Enfin le chapitre premier du statut de Gloucester, relatif aux franchises et libertés possédées avec ou sans titre par des particuliers ou par des communautés d'habitants, est manifestement basé sur ces enquêtes. Il ne me paraît pas douteux qu'Édouard Ier n'ait ordonné dans son duché une mesure administrative pratiquée de tout temps dans son royaume et dont la sévère application devait avoir les conséquences les plus utiles à la fois pour le fisc royal et pour la tranquillité générale. C'était un correctif nécessaire à la tendance vers l'anarchie qui était dans l'essence même du régime féodal. Il serait sans doute fort difficile de dire quelles furent exactement les conséquences de l'enquête de 1274 en ce qui concerne le bon ordre dans les finances et dans la police générale du duché de Guyenne; l'examen des *Rôles gascons* permet de constater que la paix y régna d'une façon plus régulière que pendant les vingt années précédentes, mais ce résultat peut avoir été obtenu par plusieurs moyens à la fois. En tout cas, il est intéressant de constater aussi que les mesures prises par Édouard Ier en 1273-1274 pour établir les droits de chacun procèdent du même principe et visent à obtenir des effets semblables dans deux pays si divers, mais rattachés par un lien si

---

[1] "De feodis militaribus cujuscumque feodi et terris aut tenementis datis vel venditis religiosis vel aliis in prejudicium regis, et per quos et a quo tempore."

[2] *De legibus et consuetudinibus Angliæ libri quinque*, livre III, 2e traité "de Corona", § 3. Édit. Travers Twiss (Collection du Maître des rôles), t. II, p. 240 et suiv.

puissant; elles nous révèlent une des premières pensées de ce qui devait être, somme toute, un grand règne.

Avant de clore cette Introduction, je tiens à exprimer ma gratitude envers tous ceux qui m'ont aidé dans mon travail. Je dois remercier en particulier, outre mon commissaire responsable, M. Élie Berger, membre de l'Institut, l'éminent lexicographe et historien, M. Antoine Thomas, aussi membre de l'Institut, qui a bien voulu me tirer plusieurs fois d'embarras quand je me trouvais en présence de mots difficiles ou de textes gascons obscurs, et M. Auguste Brutails, archiviste du département de la Gironde. Ce dernier n'a cessé de porter un vif intérêt à la présente publication et il n'aura pas médiocrement contribué, soit par ses conseils, soit par ses propres travaux, à la rendre utile aux travailleurs.

Charles BÉMONT.

INDEX CHRONOLOGIQUE.

Nos D'ORDRE.	DATES.		SOMMAIRES.	PAGES.
495	Avant 1189	LA RÉOLE.	Richard, comte de Poitiers, donne à cens à Pierre de Dauzac deux terrains à bâtir à Bordeaux (*Vidimus*)................................	217
196	1196 28 mai.	VAUDREUIL.	Richard Ier, roi d'Angleterre, donne à Bosdin de Casaus et à ses hoirs le château de Cros (*Vidimus*)......	60
402	1199 6 septembre.	ORIVAL.	Jean, roi d'Angleterre, donne à Vital de Ville 50 livres de revenu en monnaie angevine, à prendre sur deux baleines au port de Biarritz (*Vidimus*).....	146
407	[1206-1213] 30 novembre.	[BAYONNE].	Statuts de l'association formée entre les patrons et les mariniers de Bayonne.....................	148
448	1219	SAUVE MAJEURE.	Accord entre l'abbé de Sainte-Croix de Bordeaux et Pierre de Gabarret, de Rions, au sujet de la nasse de Barchant................................	174
447	1229 27 janvier.	WESTMINSTER.	Hommage prêté au roi d'Angleterre par Pierre de Gabarret................................	174
422	1243 27 juillet.		Raimond Qui no jura, chevalier, vend son fief de l'île de Parempuyre au seigneur de Blanquefort......	167
421	1247 31 juillet.		Mabille, femme d'Arnaud de Blanquefort, assigne à son mari une somme de cent mille sous bordelais, jusqu'à ce qu'il ait pu rentrer dans les déboursés qu'il avait faits pour la mise en défense de Blanquefort et de Bourg.....................	166
423	1251 12 septembre.		Accord passé entre Simon de Montfort, comte de Leicester, et le seigneur de Blanquefort, pour l'échange du château de Bourg...................	167
409	1253 Novembre.		Vente par l'évêque et le chapitre du Puy, au roi d'Angleterre, du château de Lourdes et du comté de Bigorre................................	155
419	1254 8 mars.		Navarra, dame de Sort, reconnaît avoir reçu du prince Édouard la pleine possession des hommes de Majescq................................	162
405	29 septembre.	BORDEAUX.	Le roi d'Angleterre Henri III interdit aux bourgeois de Bayonne toute sorte de ligues ou d'entreprises à main armée........................	148
401	15 octobre.		Thibaut de Peyrusse se reconnaît l'homme-lige du prince Édouard.........................	144
399	Novembre.	BAYONNE.	Ordonnance du prince Édouard sur la police de Bayonne................................	141

RECOGNICIONES FEODORUM. — I.

INDEX CHRONOLOGIQUE.

N°ˢ D'ORDRE.	DATES.		SOMMAIRES.	PAGES.
	1255			
479	19 août.		Promesse d'échange du château de Gramont entre le seigneur, Raimond Brun, et le prince Édouard....	209
410	18 octobre.		Gaston, vicomte de Béarn, et Amanieu d'Albret déclarent qu'ils renoncent à tous serments et conventions faits, lors de la dernière guerre, contre le roi d'Angleterre et le comte de Leicester..........	157
418	1ᵉʳ novembre.	Bois-Pouvraud.	Esquivat de Chabanais, comte de Bigorre, s'engage à répondre devant la cour du sénéchal à toute plainte portée contre lui à propos des terres qu'il tient du prince Édouard en Bigorre et en Gascogne......	162
	1256			
197	30 avril.		Étienne Longuépée, sénéchal de Gascogne, donne à Arnaud Barbe et à ses hoirs l'estage de Barbe, paroisse de Taleyson, au diocèse de Bazas (*Vidimus*).	60
418	2 juillet.	«Vituerrie».	Le prince Édouard fait mettre son sceau à l'engagement pris par le comte de Bigorre le 1ᵉʳ novembre précédent (*Vidimus*).................	162
396	28 septembre.	Dax.	Accord passé entre Étienne Longuépée, sénéchal de Gascogne, et Raimond Guillaume, vicomte de Soule.	138
434	31 octobre.	Nogaro.	Géraud, comte d'Armagnac et de Fezensac, se porte garant pour Gaillard du Soler..............	173
428	3 novembre.		Rostan du Marché, bourgeois de Bordeaux, promet fidélité au prince Édouard.................	171
427	4 novembre.		Doat de Pis, bourgeois de La Réole, promet fidélité au prince Édouard et lui fournit des cautions....	171
445	6 novembre.		Pierre Caillau, bourgeois de Bordeaux, se porte caution pour Gaillard du Soler.................	174
436	Idem.	Bordeaux.	De même Guillaume Séguin, seigneur de Rions.....	173
443	8 novembre.	Idem.	De même Ruffat Lambert, bourgeois de Bordeaux...	174
438	9 novembre.		De même Guitard de Bourg, seigneur de Verteuil...	173
439	Idem.		De même Arnaud Lambert, fils d'Amanieu Lambert, bourgeois de Bordeaux........................	173
441	Idem.		De même Bernard d'Aillan, bourgeois de Bordeaux..	173
442	Idem.		De même Pierre Lambert, bourgeois de Bordeaux...	174
426	10 novembre.		Arnaud de Ladils promet fidélité au prince Édouard et lui fournit des cautions...................	170
432	Idem.		Rudel de Bergerac, seigneur de Pujols et de Roazan, se porte caution pour Gaillard du Soler.........	173
437	Idem.		De même Gaillard de Fargues.................	173
433	13 novembre.		De même Pierre de Bordeaux, chevalier..........	173
440	14 novembre.	Bordeaux.	De même Jean Colom, bourgeois de Bordeaux.....	173
444	Idem.	Idem.	De même Pierre Brun, bourgeois de Bordeaux.....	174
431	15 novembre.		De même Gaillard de Fargues, chevalier..........	172
435	20 novembre.		De même Garcie Arnaud de Navailles, chevalier.....	173
446	Idem.		De même Fortaner, seigneur de Fenouillet........	174
425	27 novembre.		Bertrand de Ladils promet fidélité au prince Édouard et lui fournit des cautions...................	169

N°ˢ D'ORDRE.	DATES.		SOMMAIRES.	PAGES.
429	1256 3 décembre.		Pierre Vigier de Sauve Majeure promet fidélité au prince Édouard et lui fournit des cautions......	171
430	[Idem.]		De même Gaillard du Soler, bourgeois de Bordeaux..	170
411	1257 24 août.	Sauveterre-de-Guyenne.	Garcie de Navailles s'engage à procurer au roi d'Angleterre et à son fils l'occupation et la garde de la vicomté de Soule et du château de Mauléon.....	157
398	12 octobre.	Mauléon-de-Soule.	Accord passé entre le sénéchal de Gascogne, d'une part, la vicomtesse de Soule et son fils Auger, de l'autre.	140
414	1258 7 décembre.	Bayonne.	Les prud'hommes de Biarritz et d'Anglet déclarent prendre à cens les revenus que le prince Édouard devait percevoir sur les baleines, esturgeons et autres gros poissons..............................	159
412	12 décembre.		B. Garcie, seigneur de Céran, livre son château de Céran au représentant du prince Édouard et lui jure fidélité................................	158
408	1260 2 octobre.	Tarbes.	Trêves conclues entre les comtes de Leicester et de Bigorre...................................	152
449	1261 22 octobre.	Bordeaux.	Ordonnance du prince Édouard, réformant l'organisation communale de Bordeaux..................	175
394	3 novembre.		Contrat d'échange du château de Mauléon, passé entre le vicomte de Soule, Auger, et le prince Édouard.	137
400	18 novembre.	Bayonne.	Le maire et plusieurs bourgeois de Bayonne jurent d'obéir au prince Édouard..................	144
468	4 décembre.	[Agen.]	Contrat de mariage entre Raimond Séguin d'Anteras et Honor, fille de Bertrand de Roquefort, chevalier (Vidimus)......................	195
413	19 décembre.	Bordeaux.	Les jurats et la commune de Bordeaux concèdent que le maire de la ville soit à l'avenir désigné par le prince Édouard...........................	158
424	Idem.	[Idem.]	Donation faite par un bourgeois de Bordeaux au sénéchal de Gascogne d'une coupe d'émeraude qui lui avait été volée autrefois dans la maison de son aïeul et de son père...............................	168
420	1262 20 mars.	Windsor.	Henri III, roi d'Angleterre, désigne des procureurs chargés de le remplacer dans son procès avec Renaud de Pons et sa femme, Marguerite de Turenne, au sujet de l'hommage de Gensac. Il nomme les personnes chargées d'ouïr et de terminer l'affaire à Bordeaux. Il les charge de suivre l'affaire en cour de France.................................	163
420	Avril.	Bordeaux.	Procédure devant la cour de Gascogne au sujet de cet hommage.................................	163
483	6 mai.	Londres.	Le prince Édouard mande au sénéchal de Gascogne de mettre en liberté les bourgeois de Bayonne incarcérés, à condition qu'ils lui resteront fidèles (Vidimus)..	212

H.

INDEX CHRONOLOGIQUE.

N°ˢ D'ORDRE.	DATES.		SOMMAIRES.	PAGES.
	1262			
483	2 août.	BAYONNE.	Guillaume A. Douspins, bourgeois de Bayonne, promet d'observer les conditions posées par le prince Édouard le 6 mai 1262, à sa mise en liberté............	212
377	13 décembre.		Caution fournie par Guillaume Séguin, seigneur de Rions, pour la vente du château de Sault au prince Édouard...............................	128
378	Idem.		—— par Pierre de Bordeaux..................	128
375	14 décembre.		—— par Anissant de Caumont, seigneur de Sainte-Bazeille..................................	127
376	Idem.		—— par Amaubin de Barès..................	127
380	Idem.		—— par Sénebrun, sire de Lesparre...........	129
381	Idem.		—— par Bertrand, seigneur de Noaillan........	130
	1263			
379	19 mars.		—— par Guillaume de Beauville, seigneur de Langon...................................	129
476	Idem.	SAUVETERRE-DE-GUYENNE.	Arnaud Guillaume de Gramont et ses fils jurent fidélité au prince Édouard et à Gaston de Béarn........	205
373	20 mars.		Caution fournie par le comte d'Armagnac pour la vente du château de Sault au prince Édouard.........	126
374	Idem.		—— par Amanieu d'Albret....................	126
384	Idem.		—— par Amanieu de Balhade, chevalier.........	132
391	Idem.		—— par Gaillard de Fargues, damoiseau........	136
392	Idem.		—— par Gaillard du Soler....................	136
393	Idem.		—— par Bertrand de Ladils...................	137
371	23 mars.		—— par le comte de Bigorre.................	124
370	28 mars.		—— par Raimond, vicomte d'Orthe...........	124
372	Idem.		—— par Pierre de Dax, vicomte de Tartas.......	125
383	Idem.		—— par Guillaume Raimond de Marsan, chevalier.	131
385	Idem.		—— par Gaillard de Tilh, chevalier............	132
387	Idem.		—— par Pierre de Mauléon..................	134
388	Idem.		—— par Guillaume de Périsse de Momuy.......	134
389	29 mars.		—— par Auger de Mauléon, damoiseau.........	135
390	Idem.		—— par Assieu de Navailles, damoiseau.........	135
382	4 avril.		—— par Arman de Lescun, chevalier...........	131
386	8 avril.	SAULT-DE-NAVAILLES.	—— par les jurats et la commune de Sault.......	133
488	1ᵉʳ juillet.		Reconnaissance d'Anissant de Serres, de Landeron...	215
489	Idem.		—— de Guiraut de Serres, chevalier, de Landeron...................................	215
490	Idem.		—— de Frozin de Jusix......................	215
491	Idem.		—— de Gautier de Serres, chevalier, de Landeron.	216
492	Idem.		—— de Géraud de Jusix.....................	216
493	Idem.		—— de Guillaume de Forseds, chevalier, de Landeron...................................	216
494	8 juillet.		—— de Garcie des Angles, chevalier............	217

RECOGNICIONES FEODORUM IN AQUITANIA.

N°ˢ D'ORDRE.	DATES.		SOMMAIRES.	PAGES.
503	1264 4 août.	BORDEAUX.	*Vidimus* par le prieur des Dominicains de Bordeaux de trois actes relatifs à l'affaire de Bergerac : 1° Sentence arbitrale prononcée par la reine de France, Marguerite (Paris, 31 mars); 2° Ordre de la même au lieutenant du sénéchal de Gascogne d'obliger les gens d'Issigeac à reconnaître pour seigneurs Renaud de Pons et sa femme Marguerite de Turenne (Paris, 12 juin); 3° Ordre par la reine d'Angleterre au même de restituer à Renaud de Pons et à sa femme le château de Bergerac (Paris, 17 juin).	223
472	1265 26 mars.		Donation du château de Puyguilhem faite par le roi d'Angleterre à sa femme Aliénor et à son fils Édouard.	201
502	1266 1ᵉʳ avril.		Amanieu Colom, de Bourg, promet fidélité au prince Édouard.	223
459	1267 3 juin.	STANFORD.	Le prince Édouard récompense les services de Bernard Maçon, bourgeois de Bordeaux, en lui donnant Benoît, son juif de Lesparre.	185
484	23 novembre.	BAYONNE.	Jean de Sorde et sa femme déclarent qu'ils ont cédé au sénéchal du roi d'Angleterre le quart du moulin d'Ustarits, qui avait été confisqué.	213
485	1268 25 janvier.	Idem.	Guillaume Arnaud de Sault s'engage à livrer au prince Édouard la maison qu'il possède dans le défens de Sault.	214
487	Idem.	Idem.	Sanche Martin de Lahet s'engage également à lui livrer la maison qu'il possède dans le défens de Lahet.	214
409	5 février.	LONDRES.	*Vidimus* par le légat du Saint-Siège de l'acte par lequel l'évêque et le chapitre du Puy ont vendu au roi d'Angleterre le château de Lourdes et le comté de Bigorre.	155
403	13 février.	SORDE.	Sentence arbitrale sur les différends qui divisaient Ispan, seigneur de Domezain, et ses deux frères.	146
481	29 juin.		Reconnaissance de la ville d'Issigeac.	210
35	14 juillet.	WOODSTOCK.	Le prince Édouard reconnaît avoir reçu en fief de Gombaud de Tiran, damoiseau, les alleus qu'il possédait en diverses paroisses.	24
415	1ᵉʳ décembre.	DAX.	Ordonnance de police établie par le sénéchal de Gascogne avec le consentement de la cour de Dax.	159
404	4 décembre.	BAYONNE.	Vente par P. Vital de Pouillon, bourgeois de Bayonne, au sénéchal de Gascogne, d'une rente de 50 livres de monnaie angevine assignée par le roi Richard au père de Pierre Vital.	147
397	15 décembre.	SAINT-SEVER.	Donation par l'abbé de Pimbo au sénéchal de Gascogne de terrains nécessaires pour construire un château fort et une bastide.	139

INDEX CHRONOLOGIQUE.

Nos D'ORDRE.	DATES.		SOMMAIRES.	PAGES.
	1269			
417 et 477	27 mai.	WALLINGFORD.	Le prince Édouard constitue Gaston de Béarn comme arbitre dans son différend avec Pierre de Dax, vicomte de Tartas (*Vidimus*).	161 et 206
460	8 juin.	MONTGOMERY.	Ordre du roi au sénéchal de Gascogne et au connétable de Bordeaux de faire jouir Bernard Maçon des avantages attachés à la possession de Benoît, juif de Lesparre.	186
417 et 477	30 octobre.		Sentence arbitrale prononcée par Gaston, vicomte de Béarn, dans le différend qui divisait Pierre de Dax, vicomte de Tartas, et le prince Édouard.	161 et 206
	1270			
365	15 mai.	BLANQUEFORT.	Vente au prince Édouard de la moitié du château de Blanquefort.	120
402	Mai.	[BAYONNE.]	Vidimus par les évêques de Dax et de Bayonne, le chapitre, la jurande, les Dominicains, les Franciscains et les Hospitaliers de Bayonne d'une charte du roi Jean sans Terre, du 6 septembre 1199.	145
473	28 mai.		Enquête par Fortaner de Casenœuve, lieutenant du sénéchal de Guyenne, sur la guerre qui avait éclaté entre Estoban de Beaumont, chevalier, et Assieu de Caumont, damoiseau, seigneur, avec son frère, de Tournecoupe.	202
416 et 471	31 juillet.	[SAINT-SEVER.]	Reçu par l'abbé et le couvent de Saint-Sever, d'une somme de 3,000 sous de Morlaas payée par le roi à raison du pariage conclu avec le prince Édouard.	160 et 200
70	19 octobre.	*Idem.*	Reconnaissance de Garcie Arnaud, abbé de Saint-Sever.	34
	1272			
507	28 avril.	DAX.	Raimond de Maisonneuve, de Dax, s'engage à se présenter devant la cour du sénéchal pour y répondre de tout délit qu'il peut avoir commis contre Auger Robert et son parti.	233
508	2 mai.	*Idem.*	Contre-partie du serment précédent par Auger Robert de Dax.	234
504	19 mai.	[*Idem.*]	Soumission d'Auger Robert et de son parti au maire de Dax.	227
505	8 juin.	*Idem.*	Constitution par les chefs des deux partis rivaux de Dax, d'arbitres chargés de régler leurs différends.	227
470	30 juin.		Emprunt fait au prince Édouard par Arnaud de Gabaston et sa femme, Clarmonde, fille de feu Arnaud Guillaume de Marsan.	198
506	6 juillet.	DAX.	Sentence des arbitres chargés de régler les différends des deux partis rivaux de Dax.	229
	1273			
497	21 janvier.	BAYONNE.	Rétablissement de la paix entre les deux partis rivaux de Bayonne.	219
496	28 janvier.	*Idem.*	Arnaud Raimond de Pin, bourgeois de Bayonne, promet d'observer la paix imposée aux deux partis par le sénéchal et la cour de Bayonne.	218
509	14 février.	SORDE.	Conditions de la paix conclue entre Ispan, seigneur de Domezain, et ses frères.	234

RECOGNICIONES FEODORUM IN AQUITANIA.　　　　　　LIX

N°ˢ D'ORDRE.	DATES.		SOMMAIRES.	PAGES.
	1273			
23	24 avril.		Reconnaissance de Guillaume Ex de Fargues.......	20
478	14 mai.	Le Puy de Chalud, près Gurçon.	Différend entre Archambaud, comte de Périgord, et Jean Picard, châtelain de Castillon et de Gurçon, au sujet du puy de Chalud revendiqué par le roi et par le comte.	207
24	18 mai.	[Saint-Sever?]	Reconnaissance de Guillaume de Bahus, chevalier...	20
572	23 mai.		—— d'habitants de la paroisse de Guillos.......	263
573	Idem.		—— de Jean d'Ardaria de Leissatz, de la paroisse d'Hostens..................................	263
574	Idem.		—— de personnes habitant les paroisses de Moustey et de Saugnac...............................	263
461	7 août.	[Dax.]	Vente au roi par Bernard d'Auloède de la moitié de sa terre de Bordesoulle.....................	186
462	14 septembre.	Idem.	Approbation de cette vente par Bernard d'Auloède fils.	187
138	23 septembre.	Saint-Sever.	Reconnaissance de l'évêque d'Aire...............	49
139	Idem.	Idem.	—— de l'évêque de Lectoure....................	49
140	Idem.	Idem.	—— de l'abbé de Saint-Sever....................	49
141	Idem.	Idem.	—— du vicomte de Tartas......................	49
142	Idem.	Idem.	Foi et hommage de Gaillard du Soler..............	49
143	Idem.	Idem.	—— d'Arnaud Séguin d'Estang.................	50
144	Idem.	Idem.	—— de Vital de Posings.......................	50
145	Idem.	Idem.	—— de Bertrand de La Mothe..................	50
146	Idem.	Idem.	—— de Pierre Arnaud de Caupenne..............	50
147	Idem.	Idem.	—— de Vital de Caupenne.....................	50
149	Idem.	Idem.	—— de Vital de Bous.........................	50
150	Idem.	Idem.	—— de Pierre de Pruiré.......................	50
151	Idem.	Idem.	—— de Bertrand d'Amou......................	50
152	Idem.	Idem.	—— de Guillaume Bertrand de Bidios............	50
153	Idem.	Idem.	—— de Navarre de Pere.......................	50
154	Idem.	Idem.	—— d'Odon de Serres.........................	50
155	Idem.	Idem.	—— de Guillaume Arnaud de Pere..............	50
156	Idem.	Idem.	—— d'Arnaud d'Ossages.......................	50
157	Idem.	Idem.	—— de Brun de «Julent»......................	50
158	Idem.	Idem.	—— de Roland de Souslens....................	50
159	Idem.	Idem.	—— de Bernard de Lapède....................	50
160	Idem.	Idem.	Reconnaissance d'Arnaud Amanieu..............	50
161	Idem.	Idem.	—— de Bernard de «Santsiard».................	50
162	Idem.	Idem.	—— de Raimond de Campagne.................	51
163	Idem.	Idem.	—— d'Arnaud de Saint-Germain................	51
164	Idem.	Idem.	—— d'Odon de Rasik.........................	51
165	Idem.	Idem.	—— de Norman de Poylehaut...................	51
166	Idem.	Idem.	Foi et hommage d'Itard d'«Eybes»..............	51
167	Idem.	Idem.	—— de Berney de Montolieu....................	51
168	Idem.	Idem.	—— d'Arnaud Guillaume de «Garrikos»...........	51
169	Idem.	Idem.	—— de Bernard Loup de Gos...................	51

INDEX CHRONOLOGIQUE.

N°ˢ D'ORDRE.	DATES.		SOMMAIRES.	PAGES.
	1273			
170	23 septembre.	SAINT-SEVER.	Foi et hommage d'Arnaud de Maurrin............	51
171	Idem.	Idem.	—— de divers seigneurs landais................	51
172	Idem.	Idem.	Assignation à l'abbé de Larreule................	51
173	Idem.	Idem.	Foi et hommage de divers seigneurs landais........	51
41	22 octobre.	Idem.	Engagement envers le roi par Arnaud Séguin d'Estang, chevalier...............................	28
	1273 ou 1274			
42	22 octobre.	Idem.	Reconnaissance de Raimond Bernard de Castelnau...	29
43	Idem.	Idem.	—— du seigneur de Bonquet................	29
44	Idem.	Idem.	—— de Guillaume de Périsse, seigneur de Momuy.	29
45	Idem.	Idem.	—— de Géraud, comte d'Armagnac............	29
46	Idem.	Idem.	—— d'Auger de Morlaas, damoiseau...........	30
47	Idem.	Idem.	—— de Mancip de Casalonc, damoiseau.........	30
48	Idem.	Idem.	—— de Raimond de Garein, damoiseau.........	30
49	Idem.	Idem.	—— de Bertrand de Lamote, chevalier..........	30
50	Idem.	Idem.	—— de Bertrand de Lamote, fils..............	30
51	Idem.	Idem.	—— de Vital de Maurrin....................	30
52	Idem.	Idem.	—— de Bernard de Lamote, fils de Sanche.......	31
53	Idem.	Idem.	—— de Guillaume Arnaud de Cazalis..........	31
54	Idem.	Idem.	—— d'Arnaud de Gabaston..................	31
55	Idem.	Idem.	—— d'Arnaud ede Marcio...................	31
56	Idem.	Idem.	—— de Guillaume Arnaud de Saint-Aubin......	31
57	Idem.	Idem.	—— d'Arnaud d'Aurice, chevalier.............	32
58	Idem.	Idem.	—— de Guitard de Rimbez..................	32
59	Idem.	Idem.	—— de Géraud de Mondiron.................	32
60	Idem.	Idem.	—— d'Arnaud Amaniou, seigneur de Campet.....	32
61	Idem.	Idem.	—— de Fortaner de Biernede, damoiseau........	32
62	Idem.	Idem.	—— de Vital d'«Hestios»...................	32
63	Idem.	Idem.	—— de Raimond Bernard de Serres, bourgeois de Saint-Sever............................	32
64	Idem.	Idem.	—— de Bernard de Bats, seigneur de Bats en Tursan.	33
65	Idem.	Idem.	—— d'Otton de Doazit, damoiseau.............	33
66	Idem.	Idem.	—— de Raimond de Saint-Orens, damoiseau......	33
67	Idem.	Idem.	—— de Bernard de Prucret, damoiseau.........	33
68	Idem.	Idem.	—— d'Arnaud Guillaume de Crébassac, chevalier..	33
69	Idem.	Idem.	—— de Navarre, seigneur de Peyre, chevalier.....	33
71	Idem.	Idem.	—— d'Esquivat, comte de Bigorre.............	34
72	Idem.	Idem.	—— d'Arnaud Séguin d'Estang...............	35
73	Idem.	Idem.	—— d'Arnaud Loup de Lasserre, chevalier.......	35
74	Idem.	Idem.	—— de Vidal de Poudenx...................	35
75	Idem.	Idem.	—— d'Arnaud de Saint-Germain, chevalier......	36
76	Idem.	Idem.	—— d'Arnaud de Maurrin, chevalier...........	36
77	Idem.	Idem.	—— de Vital de Castalie....................	36

RECOGNICIONES FEODORUM IN AQUITANIA.

N°⁸ D'ORDRE.	DATES.		SOMMAIRES.	PAGES.
78	1273 ou 1274 22 octobre.	Saint-Sever.	Reconnaissance de Guillaume Bernard de Barban, damoiseau................................	36
79	*Idem.*	*Idem.*	—— de Vital de Cazaleta, damoiseau.............	36
80	*Idem.*	*Idem.*	—— d'Arnaud Guillaume de Labarthe............	36
81	*Idem.*	*Idem.*	—— de Boson de Lopgrate....................	37
82	*Idem.*	*Idem.*	—— de Sanche Loup, damoiseau, seigneur de Castandet.................................	37
83	*Idem.*	*Idem.*	—— de Jourdain de Bank....................	37
84	*Idem.*	*Idem.*	—— de Guillaume Ayruy de Peyre.............	37
85	*Idem.*	*Idem.*	—— d'Otton de Clarac......................	37
86	*Idem.*	*Idem.*	—— de Rolland de Souslens, damoiseau.........	38
87	*Idem.*	*Idem.*	—— de Guillot de Portet, damoiseau............	38
88	*Idem.*	*Idem.*	—— d'Arnaud d'Ossages.....................	38
89	*Idem.*	*Idem.*	—— de Raimond Guillaume de Lugautens, damoiseau, bourgeois de Mont-de-Marsan...........	38
90	*Idem.*	*Idem.*	—— de Pierre de Farbeus....................	38
91	*Idem.*	*Idem.*	—— de Pierre de Lavardac, chevalier...........	38
92	*Idem.*	*Idem.*	—— d'Otton de Doazit, chevalier...............	39
93	*Idem.*	*Idem.*	—— de Bidones de Lanavey, bourgeois de Saint-Sever.	39
94	*Idem.*	*Idem.*	—— d'Arnaud de Marguestau, chevalier..........	39
95	*Idem.*	*Idem.*	—— de Philippe de Garasset..................	39
96	*Idem.*	*Idem.*	—— de Guillaume Arnaud d'Arblade, chevalier....	39
97	*Idem.*	*Idem.*	—— d'Arnaud de Corbin, damoiseau............	40
98	*Idem.*	*Idem.*	—— de Bernard d'Onès, bourgeois de Saint-Sever..	40
99	*Idem.*	*Idem.*	—— de Bernard de Bosc, bourgeois de Saint-Sever.	40
100	*Idem.*	*Idem.*	—— de Bernard Jourdain de Larée, chevalier.....	40
101	*Idem.*	*Idem.*	—— de Bernard de Vignau, chevalier............	40
102	*Idem.*	*Idem.*	—— d'Eytz Arnaud de Serreslous..............	41
103	*Idem.*	*Idem.*	—— de Vital de Namanyn, damoiseau...........	41
104	*Idem.*	*Idem.*	—— d'Arnaud Guillaume de Dado, damoiseau	41
105	*Idem.*	*Idem.*	—— de Bernard de Lagarde, damoiseau..........	41
106	*Idem.*	*Idem.*	—— d'Arnaud Loup de Broquère, chevalier.......	41
107	*Idem.*	*Idem.*	—— de Garcie Arnaud d'Amou, seigneur de Saint-Cricq...................................	42
108	*Idem.*	*Idem.*	—— de Pierre de Bourdeux, damoiseau	42
109	*Idem.*	*Idem.*	—— de Raimond Bernard et de Bernard Raimond de Laporte...............................	42
110	*Idem.*	*Idem.*	—— de Montasieu de Laporte, bourgeois de Roquefort.....................................	43
111	*Idem.*	*Idem.*	—— de Pierre de Saint-Quentin, bourgeois de Roquefort.....................................	43
112	*Idem.*	*Idem.*	—— d'Aimeric de Ravignan, bourgeois de Perquie.	43
113	*Idem.*	*Idem.*	—— de Bernard Bosquet de Mauléon, damoiseau...	43
114	*Idem.*	*Idem.*	—— d'Arnaud Bosquet d'Ognoas...............	43

INDEX CHRONOLOGIQUE.

N°ˢ D'ORDRE.	DATES.		SOMMAIRES.	PAGES.
	1273 ou 1274			
115	22 octobre.	Saint-Sever.	Reconnaissance d'Arnaud de Lartigue, damoiseau...	44
116	Idem.	Idem.	—— d'Arnaud de Renung, damoiseau..........	44
117	Idem.	Idem.	—— de Bernard de Laporte, bourgeois de Roquefort.	44
118	Idem.	Idem.	—— de Guillaume de Gausbert...............	44
119	Idem.	Idem.	—— d'Aimeric de Bascanses, damoiseau, de Marsan.	44
120	Idem.	Idem.	—— de Pierre de Bagnères, chevalier..........	45
121	Idem.	Idem.	—— d'Arnaud Guillaume de Cère, damoiseau.....	45
122	Idem.	Idem.	—— d'Amat de Sacber, damoiseau.............	45
123	Idem.	Idem.	—— de Gautier d'Esperons, damoiseau.........	45
124	Idem.	Idem.	—— de Géraud de Prugue, damoiseau..........	45
125	Idem.	Idem.	—— d'Otton de Grians, bourgeois de Saint-Sever. .	45
126	Idem.	Idem.	—— de Guillaume de Serres-Gaston, damoiseau...	46
127	Idem.	Idem.	—— d'Arnaud Guillaume de Fortmag., bourgeois de Roquefort................................	46
128	Idem.	Idem.	—— d'Otton de Serres, damoiseau.............	46
129	Idem.	Idem.	—— de Raimond Arnaud de Puy, bourgeois de Saint-Sever....................................	46
130	Idem.	Idem.	—— de Bernard de Munhos, bourgeois de Mont-de-Marsan..................................	46
131	Idem.	Idem.	—— de Pierre de Bezandun, bourgeois de Mont-de-Marsan..................................	47
132	Idem.	Idem.	Assignation à l'official de Marsan d'avoir à comparaître à Saint-Sever, devant le prévôt royal, pour reconnaître les fiefs qu'il tenait du roi d'Angleterre...................................	47
133	Idem.	Idem.	Reconnaissance de Pierre de Bedeyssan, damoiseau..	47
134	Idem.	Idem.	—— d'Amanieu de Benquet, damoiseau.........	48
137	Idem.	Idem.	—— de l'hôpital de Bessau, au diocèse d'Aire.....	49
455	20 nov. 1273- 26 mars 1274.	Bazas.	Lettre d'Édouard Ier à Arnaud Raimond de Budos (*Vidimus*)................................	183
495	5 février.	[Bordeaux.]	Le connétable de Bordeaux déclare qu'il a mis Boufous de La Rousselle en possession d'un terrain et d'une maison situés à Bordeaux...............	217
452	24 février.	Lectoure.	Acte de pariage entre le roi d'Angleterre et l'évêque de Lectoure................................	180
453	Idem.	Idem.	Ratification de cet acte par le chapitre de Lectoure..	182
174	28 février.	Idem.	Édit royal ordonnant à tous les tenanciers du roi en Lomagne, Fezensac, Fimarcon et Pardiac, de venir à Libourne reconnaître les services qu'ils lui doivent.	52
175	Idem.	Idem.	Assignation au curateur du vicomte de Lomagne de comparaître à Bordeaux pour y répondre de tous les actes d'injustice et de violence commis au détriment du roi par le vicomte, sa famille ou ses gens.	52
176	Idem.	Idem.	—— à Otton de Gontaud, chevalier, de comparaître à Bordeaux pour y répondre d'actes d'injustice et de violence commis au détriment du roi........	53

RECOGNICIONES FEODORUM IN AQUITANIA.

N°ˢ D'ORDRE.	DATES.		SOMMAIRES.	PAGES.
	1274			
468	1ᵉʳ mars.	LECTOURE.	Reconnaissance de Bertrand de Roquefort, chevalier..	194
454	2 mars.	Idem.	Le roi ordonne de mettre l'évêque et le chapitre de Lectoure en possession de diverses rentes stipulées dans l'acte de pariage...................	182
475	4 mars.	Idem.	Les consuls de Lectoure se désistent de toute poursuite contre le roi, le sénéchal et leurs baillis à l'occasion des maux que ceux-ci ont fait subir à la ville....	205
474	8 mars.	Idem.	Donation faite au roi de la colline appelée «lo Puoch de Pico» au diocèse de Périgueux............	204
3	18 mars.	BORDEAUX.	Reconnaissance de Pierre Boqua, de Saint-Émilion, et de ses frères....................	12
1	19 mars.	Idem.	—— d'Arnaud d'Espagne, damoiseau, seigneur de Mérignac..........................	11
2	Idem.	Idem.	—— de la commune de Saint-Émilion...........	11
4	Idem.	Idem.	—— d'Amanieu Gombaud de Lesparre, damoiseau.	12
9	Idem.	Idem.	—— de Hogues de Castillon, damoiseau........	14
10	Idem.	Idem.	—— d'Élie de Castillon....................	14
11	Idem.	Idem.	—— d'Otton de Lomagne, chevalier...........	15
12	Idem.	Idem.	—— d'Olivier de Lilhan, damoiseau...........	15
13	Idem.	Idem.	—— de Guillaume Séguin, chevalier, seigneur de Rions........................	16
14	Idem.	Idem.	—— de Vivien de Podensac, chevalier..........	16
15	Idem.	Idem.	—— d'Arnaud Guillaume de Ramefort, damoiseau.	17
16	Idem.	Idem.	—— de Guillaume Bernard d'Ornon, chevalier.....	17
17	Idem.	Idem.	—— d'Amaubin de Vensac..................	17
18	Idem.	Idem.	—— de Pierre de Rions, damoiseau...........	18
177	Idem.	Idem.	—— de Bertrand de Podensac, damoiseau.......	53
178	Idem.	Idem.	—— de Bertrand de Noaillan, chevalier.........	54
179	Idem.	Idem.	—— d'Assaut de Fargues..................	54
180	Idem.	Idem.	—— de Thibaut de Noaillan, chevalier..........	55
181	Idem.	Idem.	—— de Guillaume de Noaillan, chevalier........	55
182	Idem.	Idem.	—— d'Arnaud Raimond de Budos, chevalier......	55
183	Idem.	Idem.	—— de Gaillard de Caies, damoiseau...........	55
184	Idem.	Idem.	—— de Guillaume Jourdain, damoiseau.........	56
185	Idem.	Idem.	—— de Raimond Guillaume de Cérons, damoiseau.	56
186	Idem.	Idem.	—— d'Arnaud de Cabanac, de Pons de Beautiran et de Pierre de Cabanac.................	56
187	Idem.	Idem.	—— de Raimond Garcie de Sescas, chevalier, de Noaillan.......................	56
188	Idem.	Idem.	—— de Vital de Cérons, clerc...............	57
189	Idem.	Idem.	—— de Raimond Esperd de Cérons...........	57
190	Idem.	Idem.	—— de Sénebrun, sire de Lesparre...........	57
191	Idem.	Idem.	—— de Gaucelm, sire de Castillon-de-Médoc.....	58
192	Idem.	Idem.	—— d'Aimeric de Bourg, damoiseau, de Lesparre..	58

N°⁵ D'ORDRE.	DATES.		SOMMAIRES.	PAGES.
	1274			
193	19 mars.	BORDEAUX.	Reconnaissance d'Ebrayda, dame de Veyrines et de Taudenet.............	59
194	*Idem.*	*Idem.*	—— d'Olivier de Talais..............	59
195	*Idem.*	*Idem.*	—— de Marestau Robert, chevalier...........	59
196	*Idem.*	*Idem.*	—— de Guillaume Arnaud de Cros, damoiseau....	59
197	*Idem.*	*Idem.*	—— de Raimond Barbe..............	60
198	*Idem.*	*Idem.*	—— d'Amanieu de Branne..............	61
199	*Idem.*	*Idem.*	—— d'Auger de Lugaignac, damoiseau.........	61
200	*Idem.*	*Idem.*	—— de Vigouroux de Lugaignac, damoiseau......	62
201	*Idem.*	*Idem.*	—— d'Arnaud Guillaume de Lugaignac, damoiseau.	62
202	*Idem.*	*Idem.*	—— de Pierre de Branne..............	63
203	*Idem.*	*Idem.*	—— de Marguerite de Turenne, dame de Bergerac et de Gensac.................	63
204	*Idem.*	*Idem.*	—— de Guillaume, évêque de Bazas............	64
205	*Idem.*	*Idem.*	—— de Guillaume Raimond de Gensac, damoiseau.	65
206	*Idem.*	*Idem.*	—— de Bernard de Monclar, damoiseau.........	65
207	*Idem.*	*Idem.*	—— de Guillaume Gombaud, chevalier.........	65
208	*Idem.*	*Idem.*	—— de Pierre de Saint-Michel, abbé de Saint-Ferme.................	65
209	*Idem.*	*Idem.*	—— de l'abbé de Blasimont.............	66
210	*Idem.*	*Idem.*	—— de Bertrand de Caumont, damoiseau........	66
211	*Idem.*	*Idem.*	—— de Géraud de Lamote, damoiseau, seigneur pour partie de Roquetaillade.............	66
212	*Idem.*	*Idem.*	—— d'Amanieu de Lamote, seigneur pour partie de Roquetaillade et de Langon............	67
213	*Idem.*	*Idem.*	—— d'Anissant de Caumont, chevalier, seigneur de Sainte-Bazeille.................	67
214	*Idem.*	*Idem.*	—— de Seignoron de Mauriet................	68
215	*Idem.*	*Idem.*	—— de Hugues de Mauvezin...............	68
216	*Idem.*	*Idem.*	—— de frère Guillaume, abbé de Cadouin.......	68
217	*Idem.*	*Idem.*	—— de Garcie d'Angles, d'Arnaud de Pessac et de Raimond Guillaume de Lados.............	68
218	*Idem.*	*Idem.*	—— de Garcie d'Angles................	69
219	*Idem.*	*Idem.*	—— de frère Guillaume, abbé de Rivet.........	69
220	*Idem.*	*Idem.*	—— de frère Bertrand, abbé de Fonguilhem......	69
221	*Idem.*	*Idem.*	—— d'Arnaud de Gironde, damoiseau..........	69
222	*Idem.*	*Idem.*	—— de frère Guillaume, précepteur de l'hôpital de Baulac.................	69
223	*Idem.*	*Idem.*	—— de Doat Amanieu et de Pierre de Bouglon....	70
224	*Idem.*	*Idem.*	—— de Sanche Amanieu..............	70
225	*Idem.*	*Idem.*	—— d'Arnaud de Marmande, chevalier.........	70
226	*Idem.*	*Idem.*	—— de Bertrand de Lalanne, chevalier.........	70
227	*Idem.*	*Idem.*	—— de Roger de Montbrun, chevalier..........	71
228	*Idem.*	*Idem.*	—— de Rolland Prévôt................	71

RECOGNICIONES FEODORUM IN AQUITANIA.

N°⁸ D'ORDRE.	DATES.		SOMMAIRES.	PAGES.
	1274			
229	19 mars.	BORDEAUX.	Reconnaissance d'Arnaud Viger, chevalier............	71
230	Idem.	Idem.	—— de Géraud de La Borde, chevalier..........	71
231	Idem.	Idem.	—— de Gautier de Cauzac, damoiseau..........	71
232	Idem.	Idem.	—— de Pierre Cayonel....	72
233	Idem.	Idem.	—— d'Arnaud de Gurçon, chevalier............	72
234	Idem.	Idem.	—— d'Itier de Cerre, prévôt de Trémolac........	72
235	Idem.	Idem.	—— de Guillaume Arnaud de Tontoulon, damoiseau.................................	72
236	Idem.	Idem.	—— de Raimond Bernard de Gelaus............	72
237	Idem.	Idem.	—— de Garcie Arnaud de Sescas, chevalier.......	73
238	Idem.	Idem.	—— de Guillaume Sanche de Pommiers, damoiseau.................................	73
239	Idem.	Idem.	—— de Guillaume Arnaud d'Aula.............	74
240	Idem.	Idem.	—— de Bernard de Rions, damoiseau...........	74
241	Idem.	Idem.	—— de Guillaume de Lussac, damoiseau.........	74
242	Idem.	Idem.	—— de Géraud d'Orgai, damoiseau............	75
243	Idem.	Idem.	—— de Gausbert de Vaus....................	75
244	Idem.	Idem.	—— de Pierre Surbet, procureur d'hommes francs du roi....................................	75
245	Idem.	Idem.	—— de Guillaume de La Tape, procureur d'habitants de la paroisse de Tontoulon.............	78
246	Idem.	Idem.	—— de procureurs d'hommes francs du roi dans la paroisse de Bernos........................	78
247	Idem.	Idem.	—— de procureurs d'hommes francs du roi dans les paroisses de Pompéjac, Taleyson, Escaudes et Bernos..................................	84
248	Idem.	Idem.	—— du procureur d'hommes francs du roi dans la paroisse de Bernos........................	87
249	Idem.	Idem.	—— d'hommes francs du roi dans la paroisse de Maillas..................................	90
250	Idem.	Idem.	—— du procureur d'hommes francs du roi dans la paroisse de Maillas........................	90
251	Idem.	Idem.	—— du procureur d'habitants de Bernos.........	91
252	Idem.	Idem.	—— d'Arnaud Garcie de Sescas, chevalier, déclarant les droits du roi en ce qui touche les alleus et les alleutiers dans le diocèse de Bazas.............	91
621	Idem.	Idem.	—— de Bertrand de Got, chevalier.............	280
5	20 mars.	Idem.	—— de Sénebrun de Got....................	13
6	Idem.	Idem.	—— de Gombaud de Lesparre, damoiseau........	13
7	Idem.	Idem.	—— de Raimond de Ravignan, chevalier.........	13
8	Idem.	Idem.	—— d'Amaubin de Barès, chevalier............	13
19	Idem.	Idem.	—— de Pierre de Bordeaux, damoiseau	18
20	Idem.	Idem.	—— de frère Bertrand, abbé de Fonguilhem......	19
21	Idem.	Idem.	—— d'Amanieu de Curton et d'Arnaud Bernard de Pressac, damoiseaux.......................	19

INDEX CHRONOLOGIQUE.

N°ˢ D'ORDRE.	DATES.		SOMMAIRES.	PAGES.
22	1274 20 mars.	Bordeaux.	Reconnaissance de deux frères : Pierre Ferrand et Arnaud Garcie....................	19
253	Idem.	Idem.	—— de Baionesius de Moleras, agissant au nom de sa femme....................	92
254	Idem.	Idem.	—— de Bernard de Tyaros, chevalier..........	92
255	Idem.	Idem.	—— de Raimond Barbe, procureur d'habitants de la paroisse de Taleyson....................	92
256	Idem.	Idem.	—— de Bertrand de Mons, chevalier...........	92
257	Idem.	Idem.	—— d'Étienne Cousin, prêtre.............	93
258	Idem.	Idem.	—— d'Élie de «Scodacona», chevalier...........	93
259	Idem.	Idem.	—— de Bernard de Lagupie, chevalier.........	93
260	Idem.	Idem.	—— de Gérard de Cozoux.............	93
261	Idem.	Idem.	—— d'habitants de Puyguilhem.............	94
262	Idem.	Idem.	—— de Pierre de Semela.............	94
263	Idem.	Idem.	—— d'Auger de Puchagut, chevalier...........	94
264	Idem.	Idem.	—— de Grimoard du Pic.............	94
265	Idem.	Idem.	—— de Bertrand de Panisals.............	94
266	Idem.	Idem.	—— d'Élie de Beiville.............	95
267	Idem.	Idem.	—— d'Élie d'Escourron.............	95
268	Idem.	Idem.	—— de Bos de Rochefort.............	95
269	Idem.	Idem.	—— d'Isarn de Balenx.............	95
270	Idem.	Idem.	—— de Guillaume de Beauville, damoiseau, seigneur en partie de Langon....................	95
271	Idem.	Idem.	—— de Guillaume Amanieu de La Barthe........	96
272	Idem.	Idem.	—— de Raimond de Razac.............	96
273	Idem.	Idem.	—— de Pierre de Graulet, damoiseau..........	96
274	Idem.	Idem.	—— de Pierre de Graulet, de Roquépine........	97
275	Idem.	Idem.	—— de Guillaume de Roquépine............	97
276	Idem.	Idem.	—— d'Élie de Saint-Michel et de Guillaume de La Garrigue....................	97
277	Idem.	Idem.	—— de deux frères : Guillaume et Arnaud de Maurillac.	97
278	Idem.	Idem.	—— de Gasc de Puy-Redon et de Guillaume de Monbos....................	97
279	Idem.	Idem.	—— d'Hugues de Gavaudun.............	97
280	Idem.	Idem.	—— d'Arnaud de Thénac.............	98
281	Idem.	Idem.	—— de Séguin de Gardonne.............	98
282	Idem.	Idem.	—— d'Élie de Rochefort.............	98
283	Idem.	Idem.	—— de Guillaume Doat.............	98
284	Idem.	Idem.	—— d'Arnaud Raimond d'Arroasta...........	98
285	Idem.	Idem.	—— de R. de Rochefort.............	98
286	Idem.	Idem.	—— d'Auger Brocard.............	99
287	Idem.	Idem.	—— de Bertrand Pelagus.............	99
288	Idem.	Idem.	—— de R. Gausbert, prêtre.............	99
289	Idem.	Idem.	—— d'Étienne Fralhesc.............	99

RECOGNICIONES FEODORUM IN AQUITANIA. LXVII

N°s D'ORDRE.	DATES.		SOMMAIRES.	PAGES.
	1274			
290	20 mars.	BORDEAUX.	Reconnaissance de R. de Monsac..................	99
291	Idem.	Idem.	—— des bourgeois de Bazas..................	99
292	Idem.	Idem.	—— de dame Alapardis de Lergonhagias.........	100
293	Idem.	Idem.	—— de Bertrand de Jusix, damoiseau...........	100
294	Idem.	Idem.	—— de Géraud de Jusix, damoiseau............	100
295	Idem.	Idem.	—— de Raimond Furt de Lados, chevalier.......	100
296	Idem.	Idem.	—— de Géraud de Lamote, damoiseau..........	101
297	Idem.	Idem.	—— de Guillaume de Mesmes, chevalier.........	101
298	Idem.	Idem.	—— de R. Garcie de Saint-Sauveur, damoiseau....	101
299	Idem.	Idem.	—— de Jean Marquès.....................	101
300	Idem.	Idem.	—— de Guillaume de Montprimblant, chevalier....	102
301	Idem.	Idem.	—— d'Arnaud Garcie de Sescas, chevalier........	102
302	Idem.	Idem.	—— de Bertrand de Sescas..................	102
303	Idem.	Idem.	—— de B. de Monlado.....................	102
304	Idem.	Idem.	—— de Seignoron del Got..................	102
305	Idem.	Idem.	—— de Guillaume de Sescas.................	102
306	Idem.	Idem.	—— de Gaillard de Pinsac, chevalier...........	103
307	Idem.	Idem.	—— de Gaillard de Campsagret..............	103
308	Idem.	Idem.	—— de Bernard de Lugaiguac................	103
309	Idem.	Idem.	—— de Grimoard «de Monclerico».............	103
310	Idem.	Idem.	—— de frère Guillaume «de Noriaco», moine de Condom..............................	103
311	Idem.	Idem.	—— de Doat de Lavadour...................	104
312	Idem.	Idem.	—— de P. de Scarhona.....................	104
313	Idem.	Idem.	—— de Fort de La Rui.....................	104
314	Idem.	Idem.	—— de Bernard de Marcepubs................	104
315	Idem.	Idem.	—— de Garcie de Bora.....................	104
316	Idem.	Idem.	—— du même, au nom de sa femme..........	104
317	Idem.	Idem.	—— de W. R. de Benquet..................	104
318	Idem.	Idem.	—— de Raimond de Mesmes................	105
319	Idem.	Idem.	—— d'Arnaud Guillaume de Fromadgesio........	105
320	Idem.	Idem.	—— de Bernard de Cau....................	105
321	Idem.	Idem.	—— de Guillaume Arnaud de Cunhos..........	105
322	Idem.	Idem.	—— de Pierre de Gajac....................	106
323	Idem.	Idem.	—— d'Arnaud de Trench...................	106
324	Idem.	Idem.	—— des chevaliers, bourgeois et habitants de Meilhan..................................	106
325	Idem.	Idem.	—— de tenanciers de la paroisse de Sainte-Croix, au diocèse de Bazas.....................	106
326	Idem.	Idem.	—— de tenanciers d'une paroisse non dénommée..	106
531	Idem.	Idem.	—— de Guillaume de Bladin.................	244
532	Idem.	Idem.	—— de Géraud de Monts, chevalier...........	245
533	Idem.	Idem.	—— de Gaillard Durand....................	245

INDEX CHRONOLOGIQUE.

N^{os} D'ORDRE.	DATES.		SOMMAIRES.	PAGES.
	1274			
534	20 mars.	BORDEAUX.	Reconnaissance de R. de Seuba Laura............	246
535	Idem.	Idem.	—— de Bertrand de Nouillan, damoiseau.........	246
536	Idem.	Idem.	—— de Gaucelm Raimond de Bourg............	246
552	Idem.	Idem.	—— de Bertrand de Monts, damoiseau..........	256
553	Idem.	Idem.	—— d'Élie de Laruscade, damoiseau............	256
554	Idem.	Idem.	—— de Jean de Terrefort, chevalier.............	257
555	Idem.	Idem.	—— de Gaucelm Tort, de Bourg................	257
556	Idem.	Idem.	—— de Raimond de Villenave, damoiseau........	257
557	Idem.	Idem.	—— de Bertrand de Podensac, damoiseau........	257
575	Idem.	Idem.	—— de Pierre d'Arbanats, chevalier.............	264
576	Idem.	Idem.	—— d'Aicart Forton le Jeune..................	264
577	Idem.	Idem.	—— de Thomas de Bordeu, de Bourg...........	264
578	Idem.	Idem.	—— d'Arnaud Amanieu, chevalier..............	264
579	Idem.	Idem.	—— de Guillaume d'Anedat, damoiseau, et autres..	265
580	Idem.	Idem.	—— d'Arnaud de Grissac le Jeune, chevalier......	265
581	Idem.	Idem.	—— de Pierre de Budos, chevalier..............	265
582	Idem.	Idem.	—— de Pierre de Lartigue, damoiseau...........	266
583	Idem.	Idem.	—— de Jean de Lalande, chevalier..............	266
584	Idem.	Idem.	—— de plusieurs bourgeois de Sauve-Majeure.....	267
586	Idem.	Idem.	—— de Guillaume Raimond de Noaillan, comme tuteur du captal de La Tresne................	268
641	Idem.	Idem.	—— de Gaillard de Laroque, damoiseau..........	291
642	Idem.	Idem.	—— de Bernard de Tresses, chevalier............	292
643	Idem.	Idem.	—— de Guillaume Melon, damoiseau............	292
644	Idem.	Idem.	—— d'Amanieu de Longuevis, chevalier, de Bouliac.	292
645	Idem.	Idem.	—— de dame Aupays, comme tutrice de son fils...	292
646	Idem.	Idem.	—— de Vital de Tabanac, clerc, au nom de sa mère.	293
647	Idem.	Idem.	—— de Bernard de Roquer, de Carignau, damoiseau................................	293
648	Idem.	Idem.	—— de Gaillard du Soler.....................	293
649	Idem.	Idem.	—— d'Élie Viger de Saint-Pierre...............	294
650	Idem.	Idem.	—— de Guillaume Boca de Fronsac.............	294
651	Idem.	Idem.	—— de Guillaume de Cursan..................	295
652	Idem.	Idem.	—— de Geofroi Gombaud, damoiseau...........	295
653	Idem.	Idem.	—— de Péronelle de Lamote...................	295
654	Idem.	Idem.	—— de Bernard de Laroque...................	296
655	Idem.	Idem.	—— d'Arnaud de Brantirat, de Guitres..........	296
666	Idem.	Idem.	—— d'Aicard Audoin, damoiseau...............	300
667	Idem.	Idem.	—— d'Aladis de Blanquefort..................	300
327	21 mars.	Idem.	—— d'Auger Coc, chevalier...................	107
328	Idem.	Idem.	—— d'Arnaud de Pellegrue, chevalier...........	107
329	Idem.	Idem.	—— d'Arnaud de Pellegrue et de plusieurs parçonniers...............................	107

Nos D'ORDRE.	DATES.		SOMMAIRES.	PAGES.
330	1274 21 mars.	BORDEAUX.	Reconnaissance de Bernard de Lambret, chevalier, bourgeois de Meilhan............................	108
331	Idem.	Idem.	—— de Gaillard et Pierre de Langon............	108
332	Idem.	Idem.	—— de divers habitants de Langon.............	109
333	Idem.	Idem.	—— de Guillaume Arnaud de Gontaud...........	109
334	Idem.	Idem.	—— d'Arnaud de Faye et de son fils.............	109
335	Idem.	Idem.	—— de Pierre de Noaillan, chevalier.............	110
336	Idem.	Idem.	—— de Guiot Rasseton et de son frère...........	110
337	Idem.	Idem.	—— de Géraud d'Assalhit.....................	110
338	Idem.	Idem.	—— d'hommes francs de la paroisse de Bernos....	110
339	Idem.	Idem.	—— de Raimond Bernard et de ses parçonniers....	110
340	Idem.	Idem.	—— d'Olivier de Rumbers.....................	110
341	Idem.	Idem.	—— de Gaillard Frosun.......................	111
342	Idem.	Idem.	—— de Ruffat de Berthez......................	111
343	Idem.	Idem.	—— de Simon de Montbreton..................	111
344	Idem.	Idem.	—— de R. de Cantacor.......................	111
345	Idem.	Idem.	—— d'Arnaud de Monlezer....................	112
346	Idem.	Idem.	—— de Sanche Borei.........................	112
347	Idem.	Idem.	—— de Guillaume Arnaud Bertrand.............	112
348	Idem.	Idem.	—— d'Arnaud de Cousabel....................	112
349	Idem.	Idem.	—— de Bernon de Casaubil....................	112
350	Idem.	Idem.	—— de Vital de Gauziac......................	112
351	Idem.	Idem.	—— de Vigouroux den Honoz..................	113
352	Idem.	Idem.	—— d'Élie de Puralh.........................	113
353	Idem.	Idem.	—— de Bidon de Gravetlong...................	113
354	Idem.	Idem.	—— de divers cens dus au roi dans la prévôté de La Réole..................................	113
355	Idem.	Idem.	—— de même dans la prévôté de Bazas..........	114
356	Idem.	Idem.	—— de divers tenanciers libres du roi dans la paroisse de Saint-Jean-de-Savignac.....................	115
357	Idem.	Idem.	—— de Bertrand de Beauville, damoiseau........	115
358	Idem.	Idem.	—— de cens dus au roi dans la prévôté de La Réole.	116
359	Idem.	Idem.	—— de l'hôpital de Pontdaurat.................	116
360	Idem.	Idem.	—— de Gaillard Durcan, de Langon.............	116
361	Idem.	Idem.	—— de Guillaume Lafont, pour le bourg de Caudrot......................................	117
362	Idem.	Idem.	—— de Guillaume Lafont.....................	117
363	Idem.	Idem.	—— de Vital Auriol de Caudrot................	117
364	Idem.	Idem.	—— d'habitants de Bouglon...................	117
565	Idem.	Idem.	—— de Milet de Noaillan, damoiseau...........	260
566	Idem.	Idem.	—— de plusieurs personnes déclarant ne rien tenir du roi....................................	261
567	Idem.	Idem.	—— de Gérard de Lamote, damoiseau, seigneur de La Tresne.................................	261

INDEX CHRONOLOGIQUE.

N°s D'ORDRE.	DATES.		SOMMAIRES.	PAGES.
	1274			
568	21 mars.	BORDEAUX.	Reconnaissance de Rostand de Landiras, damoiseau..	261
569	Idem.	Idem.	—— de Bonafous d'Auloède, chevalier............	262
570	Idem.	Idem.	—— de P. Guarnaut, de la paroisse de Saint-Loup..	262
571	Idem.	Idem.	—— d'Ayrin d'Auloède......................	262
587	Idem.	Idem.	—— de Pons de Bautiran, damoiseau, et autres...	268
604	Idem.	Idem.	—— de Pierre de Bétaille, comme tuteur de son fils.	274
605	Idem.	Idem.	—— de Guillaume Arnaud de Tastes, chevalier, et de plusieurs autres........................	274
606	Idem.	Idem.	—— de Pons de «Scaleta», chevalier, et plusieurs autres....................................	275
612	Idem.	Idem.	—— de Guillaume Arnaud de Syman, chevalier....	277
620	Idem.	Idem.	—— de Bernard de Poussignan, de Virelade, et de son frère, hommes francs du roi................	280
622	Idem.	Idem.	—— de Raimond de Pujol, damoiseau..........	281
623	Idem.	Idem.	—— d'hommes du roi habitant les paroisses de Virelade et de Podensac..........................	281
624	Idem.	Idem.	—— de Raimond Boziat de Prinzac............	282
625	Idem.	Idem.	—— d'hommes francs du roi dans la paroisse de Poussignan.....................................	282
626	Idem.	Idem.	—— de Garcie de Sales......................	283
627	Idem.	Idem.	—— de Bernard de Gotz.....................	283
628	Idem.	Idem.	—— d'Arnaud Vivien d'Arriets, de Saint-Morillon..	283
656	Idem.	Idem.	—— d'Amanieu de Curton et d'Arnaud Bernard....	297
657	Idem.	Idem.	—— d'hommes francs du roi dans la prévôté de Barsac..	297
658	Idem.	Idem.	—— d'hommes francs du roi dans la paroisse de Saint-Jean d'Estomptes (La Brède).............	297
659	Idem.	Idem.	—— de Bernard Tossa......................	298
660	Idem.	Idem.	—— d'hommes de Portets et de Castres.........	298
661	Idem.	Idem.	—— d'hommes francs du roi dans la paroisse de Castres.......................................	299
662	Idem.	Idem.	—— de Guillaume Raimond des Bordes, de Saint-Sève..	299
663	Idem.	Idem.	—— d'Amanieu Artaud, comme tuteur du fils de Bernard de Lataugère......................	299
664	Idem.	Idem.	—— de Raimond de Cassanhos, chevalier, de Bourg.	300
668	Idem.	Idem.	—— de Jean de Sireys, de Saint-Émilion........	302
669	Idem.	Idem.	—— de Gaillard de Lignan, chevalier...........	302
670	Idem.	Idem.	—— de Guillaume Raimond de Budos, chevalier...	302
671	Idem.	Idem.	—— d'Élie, prieur de Saint-Laurent-des-Combes...	302
672	Idem.	Idem.	—— de Pierre de Servat et de Jean Caillau.......	303
674	Idem.	Idem.	—— d'hommes francs dans la prévôté de Barsac....	303
675	Idem.	Idem.	—— d'hommes francs du roi..................	304
676	Idem.	Idem.	—— d'Arnaud de Brulhon, de Saint-Morillon......	305

RECOGNICIONES FEODORUM IN AQUITANIA.

N°ˢ D'ORDRE.	DATES.		SOMMAIRES.	PAGES.
524	1274 22 mars.	BORDEAUX.	Reconnaissance de Guillaume de Beauville, damoiseau...........................	241
525	Idem.	Idem.	—— de B. de La Gardère, abbé de Sainte-Croix de Bordeaux............................	242
526	Idem.	Idem.	—— de frère Aimeric Seyrarus de Faurga........	243
527	Idem.	Idem.	—— de l'abbé de Saint-Émilion................	243
528	Idem.	Idem.	—— des maire et jurats de Bourg-sur-Mer.......	243
529	Idem.	Idem.	—— de l'abbé de Saint-Romain de Blaye........	244
530	Idem.	Idem.	—— de l'abbé de Saint-Sauveur de Blaye........	244
558	Idem.	Idem.	—— de l'abbé de Verteuil.....................	258
588	Idem.	Idem.	—— d'habitants de la paroisse de Tresses........	269
589	Idem.	Idem.	—— d'habitants de la paroisse de La Tresne......	269
590	Idem.	Idem.	—— de frère Vital de Langon, prieur de l'hôpital de Pontdaurat............................	270
591	Idem.	Idem.	—— d'Amaubin de Blanquefort, damoiseau, comme tuteur de son neveu.....................	270
592	Idem.	Idem.	—— d'habitants de la paroisse de Pompignac......	270
593	Idem.	Idem.	—— d'Élie de Lacase, damoiseau, de la Sauve.....	270
594	Idem.	Idem.	—— de Pierre de Tabanac, chevalier, de Bourg-sur-Mer................................	271
595	Idem.	Idem.	—— de Gaillard du Puy......................	271
596	Idem.	Idem.	—— de Raimond de Marsan, chevalier..........	271
597	Idem.	Idem.	—— de Raimond Brun de Fronsac, maire de Libourne.................................	271
598	Idem.	Idem.	—— de bourgeois de Saint-Macaire.............	272
599	Idem.	Idem.	—— de Guillaume, abbé de Guîtres.............	272
607	Idem.	Idem.	—— de Guitard de Bourg, seigneur de Courréjan..	275
608	Idem.	Idem.	—— d'Arnaud Guillaume Branon, chevalier......	276
609	Idem.	Idem.	—— de Pierre Arnaud de Bédat, damoiseau......	276
611	Idem.	Idem.	—— de l'abbé de Bourg......................	277
613	Idem.	Idem.	—— de Gaillard de Contemerle et d'Amanieu Artaud de Cérons..............................	277
614	Idem.	Idem.	—— de Raimond Guillaume d'Origne............	278
615	Idem.	Idem.	—— d'Arnaud de Poiau, forgeron, de Saint-Michel..................................	278
629	Idem.	Idem.	—— de Gaillard d'Arriets, damoiseau...........	284
630	Idem.	Idem.	—— de Pierre Parran, chevalier...............	284
631	Idem.	Idem.	—— de Pierre de Villecentud, chevalier.........	284
632	Idem.	Idem.	—— de Bernard Pierre, damoiseau, et de Pierre de Leyssatz, chevalier......................	285
633	Idem.	Idem.	—— de Guillaume de Fargues, chevalier, et de Guillaume de Fargues, damoiseau................	285
634	Idem.	Idem.	—— de Pierre de Budos, damoiseau............	286
635	Idem.	Idem.	—— de Pierre Bertrand de Barsac et autres.......	286

INDEX CHRONOLOGIQUE.

N°ˢ D'ORDRE.	DATES.		SOMMAIRES.	PAGES.
636-640	1274 22 mars.	BORDEAUX.	Reconnaissance d'hommes francs du roi habitant la prévôté de Barsac....................	287
677	*Idem.*	*Idem.*	—— d'hommes francs du roi habitant la paroisse de Saint-Morillon........................	305
683	*Idem.*	*Idem.*	—— de Guillaume Raimond de Manos, de Mimisan.	310
685	*Idem.*	*Idem.*	—— de Seignoron de Moissac, chevalier.........	310
687	*Idem.*	*Idem.*	—— de Gaillard de Lamote, damoiseau..........	311
688	*Idem.*	*Idem.*	—— d'Amanieu de Puch, chevalier, viguier de Mimisan...............................	312
690	*Idem.*	*Idem.*	—— de la communauté de Mimisan.............	313
691	*Idem.*	*Idem.*	—— de Gaillard de Ligautens.................	313
692	*Idem.*	*Idem.*	—— d'Arnaud Amanieu de Campet, chevalier.....	314
693	*Idem.*	*Idem.*	—— de Lombard d'Escource..................	314
694	*Idem.*	*Idem.*	—— de Pierre de Montaner, damoiseau..........	314
518	23 mars.	*Idem.*	—— de Gaillard de Lalande, damoiseau..........	238
519	*Idem.*	*Idem.*	—— d'Amanieu Colom et de plusieurs autres bourgeois de Bordeaux........................	239
520	*Idem.*	*Idem.*	—— de Pierre Estèphe et de plusieurs autres bourgeois à qui appartenaient le port et le passage de Traget............................	240
521	*Idem.*	*Idem.*	—— de Guillaume Amanieu de Bénauge.........	241
522	*Idem.*	*Idem.*	—— d'Amanieu de Lamote, chevalier............	242
537	*Idem.*	*Idem.*	—— des habitants des paroisses du Tourne, de Tabanac, de Beaurech, etc...................	246
538	*Idem.*	*Idem.*	—— d'habitants des paroisses d'Yvrac et d'Ambarès.	248
585	*Idem.*	*Idem.*	—— de Géraud de Saya, chevalier, comme tuteur de son neveu............................	268
600	*Idem.*	*Idem.*	—— de Géraud, abbé de Sauve-Majeure.........	272
601	*Idem.*	*Idem.*	—— de Guillaume Raimond de Birac, chevalier, et autres.............................	273
602	*Idem.*	*Idem.*	—— de Milet de Bouilh, chevalier.............	273
603	*Idem.*	*Idem.*	—— de Guillaume Artus, bourgeois de Bordeaux...	273
616	*Idem.*	*Idem.*	—— d'Aimeric de Bourg, damoiseau............	278
617	*Idem.*	*Idem.*	—— d'Heliena, femme de Vigouroux Bener.......	279
618	*Idem.*	*Idem.*	—— de Jourdain de Cabanac, damoiseau.........	279
524	24 mars.	*Idem.*	—— d'Arnaud et Pierre de Tastes, damoiseaux....	241
539	*Idem.*	*Idem.*	—— de Guillaume Raimond de Birac, chevalier...	249
540	*Idem.*	*Idem.*	—— de Raimond de Bernac, damoiseau..........	249
544	*Idem.*	*Idem.*	—— de Pierre de Montpesat, chevalier..........	252
545	*Idem.*	*Idem.*	—— d'Arnaud de Montpesat, chevalier..........	253
547	*Idem.*	*Idem.*	—— de Rostand de La Rousselle...............	254
548	*Idem.*	*Idem.*	—— de Bernard d'Escoussans, seigneur de Langoiran...............................	254
549	*Idem.*	*Idem.*	—— d'habitants de la paroisse de Haux.........	255

RECOGNICIONES FEODORUM IN AQUITANIA.

N°s D'ORDRE.	DATES.		SOMMAIRES.	PAGES.
	1274			
550	24 mars.	BORDEAUX.	Reconnaissance de Pierre et d'Arnaud de Tastes.....	255
551	Idem.	Idem.	—— d'habitants de Blandirant................	256
559	Idem.	Idem.	—— d'Arnaud Monader, comme tuteur de son neveu................................	258
560	Idem.	Idem.	—— de Géraud d'Armagnac...................	258
561	Idem.	Idem.	—— de Gaillard de Castanet, damoiseau.........	259
562	Idem.	Idem.	—— d'Arnaud de Sore........................	259
563	Idem.	Idem.	—— d'Amaubin Girard de Bourg...............	260
564	Idem.	Idem.	—— de R. de Castis, de Barsac, damoiseau......	260
610	Idem.	Idem.	—— de Rostand du Soler.....................	276
619	Idem.	Idem.	—— d'Arnaud de Bouliac, chevalier............	279
546	Idem.	Idem.	Donation faite par Danderondis, femme d'un bourgeois de Bordeaux, en faveur de Rostand du Soler, autre bourgeois, des droits de prévôté qu'elle possédait dans les paroisses de Sainte-Eulalie, d'Yvrac et de Quinsac................................	254
455	26 mars.	Idem.	Assignation d'une rente annuelle et viagère au profit d'Arnaud Raimond de Budos, chevalier........	183
678	Idem.	Idem.	Reconnaissance d'hommes francs du roi dans la paroisse de Labrède.......................	306
679	Idem.	Idem.	—— d'hommes francs du roi dans la paroisse de Cabanac.................................	307
682	27 mars.	Idem.	—— d'Amanieu de Lesgor, damoiseau...........	310
686	Idem.	Idem.	—— du prieur de Mimisan....................	311
463	2 avril.	Idem.	—— de B. d'Auleède, chevalier, et promesse de vendre au sénéchal ou d'échanger au profit du roi les terres et revenus qu'il possède à Bordessoule...	187
680	Idem.	Idem.	—— de Rostand du Soler, prévôt des paroisses de Sainte-Eulalie d'Ambarès, d'Yvrac et de Quinsac..	308
451	Idem.	Idem.	—— de Raimond Dard.......................	179
450	5 avril.	Idem.	—— d'Auger de Miremont....................	178
681	Idem.	Idem.	—— de Jean de Hasar et d'habitants de la paroisse de Saint-Michel de Bias.....................	309
695	6 avril.	Idem.	—— d'Arnaud de Lesperon, de la paroisse de Bias en Born................................	315
31	24 avril.	SAINT-SEVER.	—— de Guillaume Méran.....................	22
27	25 avril.	Idem.	—— d'Amat de Sagbet......................	21
28	Idem.	Idem.	—— de Pierre Arnaud du Mus et d'Arnaud de Rimbez...............................	21
29	Idem.	Idem.	—— de Guillaume de Serres..................	22
34	Idem.	Idem.	Cession par Bertrand de Ladils, bourgeois de Bazas, au duc de Guyenne, de biens qu'il tenait jusqu'alors en franc et libre alleu................	23
26	10 mai.	Idem.	Reconnaissance de P. de Labarthe, damoiseau.....	21
541-542	11 et 14 mai.	Idem.	—— d'hommes francs habitant la paroisse de Beychac.................................	250

Nos D'ORDRE.	DATES.		SOMMAIRES.	PAGES.
	1274			
136	21 mai.	SAINT-SEVER.	Reconnaissance de Guillaume de Monteil............	48
543	22 mai.	Idem.	—— d'hommes francs habitant la paroisse de Beychac..................................	251
457	28 juin.	Idem.	—— de l'évêque et du chapitre de Bazas........	184
456	29 juin.	BAZAS.	Transaction passée entre le sénéchal de Gascogne, d'une part, le chapitre et les habitants de Bazas, d'autre part, concernant les droits du roi dans la ville......................	183
28	18 septembre.	SAINT-SEVER.	Reconnaissance de Vital de Miramont.............	19
30	Idem.	Idem.	—— de Bernard Non de Castera................	22
32	Idem.	Idem.	—— de Guillaume Arnaud de Lias..............	23
	1275			
499-500	2 janvier.	Idem.	Aicard Audoin de Bourg-sur-Mer, Pons de Lansac et son neveu abandonnent au roi d'Angleterre leurs droits sur le péage de Libourne...............	220
513	7 mars.	Idem.	Dame Douce Le Parquer vend au roi la motte de Garosse................................	236
514	17 mai.	Idem.	Brun de Bernac, chevalier, reconnaît avoir été remis en possession des terres et tenures possédées autrefois par son père Raimond Brun de Fronsac, puis confisquées par le roi d'Angleterre............	237
458	18 mai.	Idem.	Concession par le roi de terrains à bâtir sur les relais de la mer à Bayonne........................	185
464	29 juin.	BAYONNE.	Bail à cens d'un terrain à bâtir donné par le lieutenant du sénéchal à Pierre-A. de Conties........	189
511	6 août.	BORDEAUX.	Pierre de Montravel s'engage à se soumettre à la volonté du roi d'Angleterre.................	236
501	24 août.	Idem.	Tarif des droits de péage perçus au port de Libourne.	222
35	4 septembre.	Idem.	Reconnaissance de Gombaud de Tiran, damoiseau...	24
37	13 septembre.	SAINT-SEVER.	—— de Pierre, évêque d'Aire et de Sainte-Quiterie. Vidimus d'une lettre par laquelle le sénéchal de Gascogne déclare avoir concédé et livré en commende à cet évêque la caverie de Bostens........	25
465	15 octobre.	LANGON.	Vente au roi par Guillaume Raimond de Pis, damoiseau, de la moitié du château de Torrebren...	189
466	Idem.	Idem.	Vente au roi, par le même, du château de Sendets..	191
467	Idem.	Idem.	Le sénéchal promet de vendre au même ledit château à certaines conditions.........................	193
482	22 octobre.	Idem.	Assignation au vicomte de Couserans d'avoir à comparaître devant la cour du sénéchal à Saint-Sever pour dire ce qu'il tient au château de Mondied...	211
38	17 novembre.	BORDEAUX.	Reconnaissance de Guitard de Bourg le Vieux, chevalier...................................	26
510	17 décembre.	Idem.	Les procureurs de l'abbé et du monastère de Saint-Sever reconnaissent que le sénéchal de Gascogne a fait son possible pour obtenir du roi de France la confirmation du pariage précédemment conclu entre l'abbé et le roi d'Angleterre.................	235

RECOGNICIONES FEODORUM IN AQUITANIA.

N°ˢ D'ORDRE.	DATES.		SOMMAIRES.	PAGES.
36	1276 10 janvier.	BORDEAUX.	Location perpétuelle de trente sadons de terre dans la forêt royale [de Bordeaux], consentie au profit de Guillaume de Laforest par le connétable de Bordeaux...................................	25
39	16 mars.	LANGON.	Lettre du sénéchal de Guyenne, Luc de Thanney (*Vidimus*)................................	27
40	1ᵉʳ avril.		Lettre du même (*Vidimus*).................	27
33	2 avril.	BORDEAUX.	Reconnaissance d'Aude de Berrie.............	23
39	9 avril.	Idem.	—— de Guitard de Bourg, chevalier, seigneur de Breuil. *Vidimus* d'une lettre de Luc de Thanney, sénéchal, datée de Langon, le 16 mars 1276 (*date corrigée*)..................................	27
40	Idem.	Idem.	—— de maître Bernard Faur. *Vidimus* d'une lettre par laquelle ledit sénéchal lui confie la justice et la bailie de la paroisse de Pimbo, datée du 1ᵉʳ avril 1276....................................	27
366	24 décembre.	Idem.	Défaut contre Arnaud Bernard de Lados et ses fils...	121
367	31 décembre.	Idem.	Second défaut contre les mêmes...............	122
368	1277 2 janvier.	Idem.	Troisième défaut contre les mêmes............	123
369	27 ou 28 janvier.	Idem.	Assignation aux mêmes d'avoir à comparaître devant le sénéchal pour y répondre de la mort de Pierre Gaston, qui leur est imputée..................	123
689	1281 8 juin.	WESTMINSTER.	Hommage de Jourdain du Puch, damoiseau........	312

RECOGNICIONES FEODORUM

IN AQUITANIA

EDWARDO I, REGI ANGLIE, FACTE.

TABLE DES RUBRIQUES.

(*Fol. 1.*) In secundo libro intitulato per B, tractatur de pluribus recognicionibus et feudis [1].

1 (*21*). De confessione Arnaldi de Yspania, domini de Marinihaco. Debet sporlam.
2. De composicione de Sancto Emiliano.
3 (*22*). De recognicione Petri Boucade de Sancto Emiliano. De censibus ejusdem in festo Natalis Domini.   (Sporla).
4. De recognicione Amanevi Gombaudi de Sparra.   (Sporla).
5. De recognicione Senebruni de Goto.
6. De Gombaudo de Sparra.
7. De Raymondo de Ravinhano [2].
8 (*23*). De Amalvino de Baresio.   (Sporla).
9. De Hugone de Casteillon.
10. De recognicione Helie de Castellione.
11. De recognicione domini Othonis de Leomania.
12. De recognicione domini Oliverii, domini de Legnhano.   (Sporla).
13 (*24*). De recognicione Guillelmi Seguiny, domini de Rioncio.   (Sporla).
14. De recognicione Viviani de Pondensac.
15. De recognicione Arnaldi de Ramaforti [3].
16 (*25*). De recognicione domini Guillelmi Bernardi d'Ornon, militis.   (Sporla).
17. De Amalvino de Vensac [4].
18. De recognicione Guillelmi Gombaudi.   (Sporla).
19. De recognicione P. de Bordegala.   (Sporla).
20 (*26*). De abbate Fontis Guillelmi [5].   (Sporla).
22. De P. Ferrandi et Arnaldo Garcie, fratribus.   (Sporla).
23. De recognicione Vitalis de Miromonte.
24. De recognicione domini Guillelmi de Baux, militis.
25. De recognicione domini Guillelmi de Fargis.
26 (*27*). De recognicione Petri de Labarde, domicelli.
27-28. De recognicione N' Amati de Sagbet et Petri Arnaldi.
29-30. De recognicione Guillelmi de Serris et Bernardi de Casteillar.
31-32. De recognicione Guillelmi Meran et Guillelmi de Livers.

---

[1] Les numéros en chiffres arabes qui précèdent chaque article de la table des rubriques renvoient aux actes publiés dans le présent volume. Les numéros qui suivent, en *italiques* et entre parenthèses, sont ceux des folios du manuscrit; quand ils ont été marqués, ils le sont en chiffres romains dans la marge intérieure. Enfin le mot *Sporla* a été transcrit en fin de ligne, le long de la marge extérieure. Cette table, écrite d'une main postérieure à celles qui ont collaboré à la confection du manuscrit, a été dressée avec négligence; la suite des numéros montre qu'il y a des omissions et des interversions. Des erreurs manifestes dans la transcription des noms propres ont pu être corrigées dans les notes à l'aide du texte lui-même. — [2] Ms. *de Carinhano*. — [3] Ms. *Masapt*. — [4] Ms. *Gensac*. — [5] Ms. *Pontis Guillelmi*.

33-35 (28). De N' Auda de Berries, Bertrando de Ladilz et Gombaudo de Tiran.
36. De Guillelmo de La Fourest. (Sporla).
37 (29). De episcopo Adhurensi, quomodo recepit miliciam de Bausten a domino Luca de Thany, senescallo Vasconie.
38-40. De domino Guithardo de Burgo, milite, [et] Bernardo[1] Fabri, clerico.
41-42 (30). De domino Arnaldo Seguini, milite, et Bernardo de Castronovo.
43-44. De domino de Benqueto et Guillelmo de Perise.
45. De domino Geraldo[2], comite Hermen[iacensi].
46-47. De Augerio de Morlas et Mancip de Casalone, milite.
48. De Remundo [de] Garenh. (Sporla).
49-50. De domino Bertrando de Mota, milite, et Bertrando de Mota, ejus filio. (Sporla).

De prepositura Sancti Severii et de vigeria (fol. 1 v)[3].

51. De homagio heredum domini Galabruni[4] de Marenh, militis.
53 (31). De homagio domini Arnaldi de Casalis.
54. De homagio domini Arnaldi de Gavastone[5].
55-56. De homagio dominorum Arnaldi de Marcio et Arnaldi de Sancto Albino.
59. De homagio Guitardi de Montedront.
57-58. De homagio domini Arnaldi d'Urisse et Guitardi de Rimbis.
60-61 (32). De homagio Arnaldi[6] Amanevi et Forthe[ne]rii de Brenede.
62-63. De homagio Vitalis de Hestios, et Raymondi de Serris[7].
64. De homagio Bertrandi[8], domini de Baz.
65-66. De homagio Otto[nis] de Doazit et Raymondi de Sancto Horencio.
67-68. De homagio Bertrandi[9] de Pruerez et Arnaldi Guy de Trebasac, militis.

69. De homagio Navarii, domini de Peyrra, militis.
70. De homagio Garsie Arnaldi[10], abbatis Sancti Severi. (Sporla).
71 (33). De homagio comitis de Bigorre.
72. De homagio domini Arnaldi Seguyni, domini d'Estan.
73. De homagio Arnaldi Lupi de Jacesserra.
74. De homagio[11] domini Vitalis de Podenx.
75. De homagio domini Arnaldi de Sancto Germano.
76. De homagio Arnaldi Morini, domicelli.
77 (34). De homagio Vitalis de Castelie.
78. De homagio Guillelmi Bernardi de Barbas, domicelli.
79. De homagio Vitalis de Casadet.
80. De homagio Arnaldi Guillelmi de La Barta.
81. De homagio Bosson[is] de Lopgrata.
82. De homagio Sancii Lupi.
83. De homagio Jordani de Bans, filii domine Contorie de Bans[12].
84. De homagio Guillelmi Arnaldi de Peyrra.
85. Otto de Clarac, de homagio pro castro d'Artassen.
86. De homagio Rollandi de Soffleys, domicelli.
87. De homagio Guilloti de Portet, domicelli.
88. De homagio Arnaldi d'Estages, pro milicia de La Peda.
89 (35). De homagio Raymondi Guillelmi de Lugaute[n]e.
90. De homagio Petri de Harbaux.
91. De homagio domini Petri de Lavardac, pro castro d'Ayssyu.
92. De homagio domini Otto[nis] de Doaditz, militis.
93. De homagio Bidonis de Lanavey, burgensis Sancti Severi[13].
94. De homagio Arnaldi de Ma[r]questau, militis.
95. De homagio Philippi de Carasset.
96. De homagio Guillelmi Arnaldi d'Arblede.
97. De homagio Arnaldi de Corbyn, domicelli.
98. De homagio Bernardi de Dones Sancti Severi.

---

[1] Ms. *Giraldo.* — [2] Ms. *Guillelmo.* — [3] L'analyse des n[os] 51-71 a été reproduite une seconde fois dans cette table, fol. 6, puis biffée avec les mentions «Alibi», «ailleurs», «supra in prepositura Sancti Severi». — [4] Ms. *Salabruni.* — [5] Ms. *Gavarrato.* — [6] Ms. *Vitalis.* — [7] Ms. *Sentis.* — [8] Ms. *Bernardi.* — [9] Ms. *Geraudi.* — [10] Ms. *Gassiani Arnaldi.* — [11] Ms. *homagium.* — [12] Ms. *De homagio Jordani de Gans, filii domine Gauterie de Gans.* — [13] Ms. *Sancti-Severini.*

TABLE DES RUBRIQUES.

99. De homagio Arnaldi de Bosco, burgensis Sancti Severi.
100. De homagio Bernardi Jordani de Larecr, militis.

Sancti Severii (fol. 2).

101 (*36*). De homagio Bernardi du Vinhau.
102. De homagio Ezie Arnaldi de Serathes.
103. De homagio Vitalis de Namanyu, domicelli.
104. De homagio Arnaldi Guillelmi de Dado, domicelli.
105. De homagio Bernardi de Lagarde.
106. De homagio domini Arnaldi Lupi de La Broquiera.
107. De homagio Gacii Arnaldi, domini Sancti Quirici [1].
108. De homagio Petri de Bourdeaux, domicelli.
109 (*37*). De homagio Bernardi Raymondi de Porta.
110. De homagio Moutasii de Porta, burgensis de Rupe Forti.
112. De homagio Aymerici de Ravignan, burgensis de Perqueyrie.
113. De homagio Bernardi Bosquet de Maloleone in Marciano, domicelli.
114. De homagio Arnaldi Bosquet d'Onhoas. (Sporla).
115. De homagio Arnaldi de Lartiga, domicelli.
116. De homagio Arnaldi d'Arrenun [2], domicelli.
117. De homagio Bernardi de Porta, burgensis de Rupe Forti. (Sporla).
118. De homagio Guillelmi Gausbert pro hoc quod habet in parochia Argelosa et al[ibi].
119 (*38*). De homagio Aymerici de Bastansas, de milicia de Marciano. (Sporla).
120. De homagio P. de Banhere, militis.
121. De homagio Arnaldi Guillelmi de Cera.
122. De homagio Arnaldi de Sacher. (Sporla).
123. De homagio Galterii d'Esperosa, domicelli.
124. De homagio Giraldi de Prugo, seu de Biloca.

125. De Ottho[ne] de Grans [3], filio Petri de Grans, burgensis Sancti Severi.
126. De homagio Guillelmi Bernardi de Serra Gaston.
128. De homagio Ottho[nis] de Serras, domicelli.
129. De homagio Raymondi Arnaldi de Puy, burgensis Sancti Severi.
130 (*39*). De homagio Girardi [4] de Munhos, burgensis Montis Marciani.
131. De homagio Petri de Besandon, burgensis de Monte [Marciani]. Dominus de Benquet facit deverium pro ipso.
132. De officiali Marciani, qui habuit diem ad dicendum deveria que debet pro rebus quas tenet a domino rege. Item, Bernardesius de Monte, pro eodem.
133. De homagio Petri Arnaldi de Bedeissan.
134. De homagio Amanevi de Banquet, domicelli.
135. De G. Arnaldi de Semynhac, qui debet .xl. s. census pro duabus plateis [domorum].
136. De feodo Guillelmi Mathei [5], parochiani Sancti Sirici.
137 (*40*). Hic agitur de hospitali de Bessau, Adhurensis diocesis. De homagiis receptis apud Sanctum Severum, et recognicionibus serviciorum. Et secuntur dicta homagia nominatim, ut in libro continentur, sine aliqua specificando.
138. De recognicione episcopi de Aire [6].
139. De respectu dato episcopo Lectorensi.
140-173. De abbate Sancti Severi et recognicione ipsius et pluribus aliis in libro contentis.

De prepositura de Barssiacco (fol. 2 v).

174 (*41*). De proclamacione facta apud Lectorram super homagiis faciendis.
175. De assignacione facta per senescallum Vasconie domino Veziano de Blazirt, curatori vicecomitis Leomannie.
176. De assignacione diei facta per dominum

---

[1] Ms. *Sancte Quirice*. — [2] Ms. *Darremon*. — [3] Ms. *a Gran*. — [4] Dans le texte : *Bernardi*. — [5] Dans le texte : *W. de Montelh*. — [6] Ms. *archiepiscopi de Gorre*.

Lucam de Thany, tunc senescallum Vasconie, Otthoni de Gontaldo, militi, super injuriis per ipsum commissis.

177. De homagio Bertrandi de Pondensac, domicelli. (Sporla).
178 (42). De homagio Bertrandi de Novelliano, militis. (Sporla).
179. De homagio Assaudi de Fargis.
180. De domino Theobaldo de Novelliano, asserente se nichil tenere.
181. De homagio domini Guillelmi de Novelliano, militis. (Sporla).
182 (43). De Arnaldo Raymondi de Bidos, asserente se nichil tenere.
183. De homagio Gaillardi de Caies, domicelli.
184-185. De Guillelmo Jordani, asserente se nichil tenere, et Raymondo Guillemi de Seroun, similiter.
186. De feodis domini Arnaldi et Petri de Cabanaco. (Sporla).
187. De homagio domini Raymundi Gassie de Sescaux, militis [1].
188 (44). De feodo Vitalis de Seron, clerici.
189. De juramento Raymundi Espert de Seron.
190. De homagio domini Senebruni de Sparra [2]. (x. l. Sporla).
191. De homagio domini Gaucelmi, domini de Castellione in Medulco. — *Ycy est faicte mencion de Fronssac.* (c. s. Sporla).
192 (45). De feodis Aymerici de Burgo, domicelli, de Sparra. (Sporla).
193. De feodis domine Ebraide, domine de Veyrines et de Taudenet. (Sporla).
194. De feodo domini Oliverii de Thales.
195. De Marestanno Roberti, asserente se nichil tenere.

De recognicionibus factis domino regi Anglie de suis feodis, etc.
De prepositura Blanhadesii.

196 (46). De homagio Guillelmi Arnaldi de Crosio. De littera confirmacionis castri de Cros, facta Bodino de Casaus.

197. De Raymondo Barbe. (Sporla).
198. De Amanevo de Brana.
199. De feodo Augerii de Loukanhac.
200. De Vigoroso de Langnhac.
201 (47). De Arnaldo Guillelmi de Lugnac.
202. De homagio Petri de Brana.
203. De domina Margareta de Toreyna, domina Bergeriaci.
204. De feodo episcopi Vasatensis.
206. De homagio Bernardi de Monte Claro, seu de Monte Leyderio [3].
207. De Guillelmo Gombaudi, milite.
208. De abbate Sancti Fremerii.
209. De abbate monasterii Blavimontis.
210. De Bertrando de Cavomonte, domicello.
211. De Geraldo de Mota, tenente locum de Rocatailhada. (Sporla).

Vasaten (fol. 3).

212 (49). De Amanevo de Mote, domino sue partis de Rocatnilhada et de Langonio.
213. De Anessancio de Cavomonte, domino de Sancta Baisilhia. (Sporla).
214. De Senerono [4] de Mauriet.
215. De homagio domini Hugonis de Malo Vicino.
216. De abbate de Cadonhio.
217-218. De homagio Gassiani de Angul., de castro de Lados. (Sporla).
219 (50). De abbate de Riveto.
220. De abbate Fontis Guillelmi.
221. De homagio Arnaldi de Gironda. (Sporla).
222. De receptore ospitalis de Baulad [5].
223. De homagio Amanevi et Petri de Boglonio.
224. De homagio Sancii Amanevi.
225. De homagio Arnaldi de Marmande.
226. De homagio Bertrandi de Lalana, militis.
227 (51). De Rogerio de Montebruno. (Sporla).
229. De homagio Arnaldi Vigerii. (Sporla).
230. De homagio Giraldi de Labarde, militis. (Sporla).
231. De feodo Galteri [6] de Cauziac.
233 (52). De homagio Arnaldi de Corson.

---

[1] Ms. *miles.* — [2] En marge : *Videatur.* — [3] Ms. *De homagio Giraldi de Sancto Claro seu de Monte Leodegario.* — [4] Ms. *Seneronus.* — [5] Ms. *Basilia.* — [6] Ms. *Geraudi.*

235. De Guillelmo Arnaldi de Tantalone. (Sporla).
236. De homagio Raymondi Bernardi de Gelaus. (Sporla).
237. De homagio W. Arnaldi[1] [de Sescars], militis.
238. De Guillelmo Sancio de Pomeriis, domicello. (Sporla).
239. De feodo Guillermi Arnaldi d'Aula solvendo preposito de Regula.
240. De homagio Bernardi de Ryons[2], domicelli. (Sporla).
241. De homagio Guillelmi de Lusac pro hiis que habet in Gorsonio. (Sporla).
242. De homagio Geraldi d'Orgal, domicelli, de Monte Ravelli. (Sporla).
243. De homagio Gauberti de Baux pro hiis que habet in parrochia Sancti Martini. (Sporla).
244-257 (53). De censibus debitis in Vasatensi, solvendis preposito ejusdem loci, videlicet xx^{ti} libris quas debent domino regi annuatim in festo beati Michaelis persone contente in libro.
258 (62). De recognicione facta per Heliam de Scodacan, militem.
259. De recognicione facta per Geraldum de Gupia, militem.
260. De Geraldo de Cosouls. (Sporla).
261-290 (63). Sequitur de pluribus feodis et recognicionibus de Podio Guillelmi, de Longonio et de castro de Boglonio.
291 (66). De pluribus deveriis debitis domino regi in civitate Vasati.
325 (69). De prioratu Sancte Crucis prope Leunihan et quibusdam aliis.
353. De Bidone de Grevinglone.
354. De Vitali de Fonte Vaquera et quibusdam aliis.
355. De parrochianis de Treizos.
356 (72). De tenenciariis in parrochia Sancti Johannis de Sevinhac (*Savignac en Bazadois*).
357. (*Fol. 3 v*). De homagio Bertrandi de Bovisvilla, domicelli, et fratrum ejus, de Basad. et Limolio.

358. De Gaylhardo et Bernardo de Cauz et pluribus aliis de prepositura Reule.
359. De recognicione ospitalis Ponti[s]daurati.
360. De Gaillardo Durcan, de Langonio. (Sporla).
361. De recognicione Guillelmi de Fonte et quorumdam aliorum de Reula.
362. De Guillelmo de Fonte, qui manet apud Causdrotum.
363. De Vitali Aurioli, manente apud Causdrotum.
364. De Sancio Amanevo, milite, et pluribus aliis de Langonio.

Blanquefort.

365 (75). De vendicione facta domino regi Anglie de medietate castri de Blanquefort.
366-369. De processu facto contra Arnaldum Bertrandi de Lados.
371 (85). De quibusdam pactis comitis Bigorre.
370-393. De domino de Navailles[3] et pluribus convencionibus et instrumentis inde sequentibus.
394. De donacione facta domino regi per vicecomitem de Soule.
411. De castro de Maloleone[4] et pluribus aliis rebus.
398. De fidelitate et juramento factis per vicecomitem de Soule.
397. De donacione facta domino regi per abbatem et canonicos Pendulenses, diocesis Adhurensis.
399 (96). De ordinacione civium Baionensium.
400. De juramento et fidelitate factis domino regi per dictos cives.
401. De Theobaldo de Petrucia.
402. De donacione facta Vitali de Villa, et quiptacione ejusdem donacionis.
404. De balenys de Bearritz.
405-407. De pluribus instrumentis faciendis mercatoribus et civibus Baionensibus et de societate navium Baionensium.
413 (104). De littera juratorum communie Burdegale.
415. De instituto de albergatis.

---

[1] Ms. *Gassie Arnaldi*. — [2] Ms. *Lyons*. — [3] Ms. *Noailles*. — [4] En marge : *Mauléon de Sole*.

417 (*105*). De pronunciacione compromissi vicecomitis Tartacensis et domini Edwardi.
418. De juramento et obediencia factis per Esquivatum de Cabanesio, comitem Bigorre [1].
419. De carta restitucionis de hominibus de Majesc.
420 (*106*). De facto Reginaldi de Ponte et Margareta, ejus uxore, super castro de Genciaco.
423 (*107*). De donacione super castrum de Burgo et de eodem castro. *Et ibi agitur de Blancaffort.*
424. De donacione facta per Arnaldum de Subtusmuro, civem Burdegale, de cuppa smaragdis.
425 (*109*). De fidelitate et servicio Bertrandi de Ladils Vasat.
427. De fidelitate et servicio debitis domino regi per Doatum de Pinibus Reule.
428 (*110*). De fidelitate et servicio R. de Mercato.
429. De servicio et fidelitate Petri Vigerii de Silva, de Inter duo maria (*fol. 4*).
430 (*112*). De fidelitate et servicio debitis per Gaillardum de Solerio Burdegal.
431-446. De pluribus burgensibus Burdeg. fidejussoribus et obligatis pro dicto Gaillardo.
447 (*115*). De homagio Petri de Gavarret.
448. De composicione abbatis Saucte Crucis Burdegale cum Petro de Gavarreto.
449. De officio majorum [Burdegale] et eorum potestate, et qualiter debent jurare.
450 (*116*). De recognicione facta per Augerium de Miremonte, militem.
451. De recognicione Raymondi d'Ard.
452-455 (*117*). De permutacione facta cum rege per episcopum [2] et conventum Lectore.
456 (*119*). De concordia inter regem et episcopum, capitulum et habitantes Vasatenses.
457. De recognicione dicti episcopi et capituli Vasatensium de deverio debito domino regi.
458. De concessione facta Guillelmo Arnaldi de Savinhac, civis Baione, de duabus plateis.
461-462. De vendicione facta regi per Guillelmum Bauboede [3].
463. De homagio Guillelmi Baubenda, cavoirs. (Sporla).
464. De homagio Helie de Haubile.
465. De vendicione facta regi de medietate castri de Torabrent.
466. De vendicione facta regi de castro de Sendetz.
467. De restitucione facienda de dicto castro.
468. De composicione super peticione castri de Mançumvila.
469. De recognicione facta regi de castro de Miremont.
470. De recognicione Arnaldi de Ga[va]stone, militis, et uxoris sue, super .xx^m. sol. Morlanorum quos debent domino regi.
471. De recognicione abbatis et conventus Sancti Severi de .iij^m. sol. Morl.
472. De quietancia facta domino regi de castro Podii Guillelmi.
473. De inquisicione facta per Forthanerium de Casanova, gerentem vices domini Rogerii de Libornia, gerentis vices domini Edwardi in Vasconia, domino Estobono de Vicmont et quibusdam aliis inter se guerram facientibus [4].
474. De donacione facta regi de podio Pico per Petrum et Amanevum de Machinon, fratres.
475. De quietancia facta per consules Lectorenses domino regi de transgressionibus factis per gentes regis contra ipsos.
477. De composicione facta inter dominum Edwardum et vicecomitem Tartacensem super transgressionibus.
478. De processu inter castellanum de Gorsan pro domino rege Anglie, ex una parte, et comitem Petragoricensem, ex altera, super jure podii de Castellione [5].
479. De homagio Raymundi Brun, domini d'Agramont.
480. Concordancia et pacta facta inter regem et Arnaldum, dominum de Blanquefort, super castro de Bourc.
481. De recognicione fidelitatis et sacramento, et quibusdam aliis deveriis que dominus rex debet habere in villa de Yssijac.

[1] Ms. *per Doatum de Puys de Bassatz, vicecomes Bigorre.* — [2] Ms. *abbatem.* — [3] Appelé dans le texte B. *d'Auloede.* De même au numéro suivant. — [4] Ms. *faciendo.* — [5] Ms. *Caslaidz.*

482. De recognicione facta per dominum Petrum Arnaldi, cavoirs, domini de Monte (*fol. 4 v*).

483 (*134*). De carta super deliberacione civium Baionensium et capcione eorum bonorum.

484 (*135*). De quietancia facta domino regi de quarta parte molendini d'Eustaritz [1].

485-487. De quadam obligacione facta per G. Arnaldi de Saltu, P. de Saltu et Xancium Martini de Lahet.

488. De recognicione Anixancii de Serris de Landarron [2] quod tenet quedam feoda.

489 (*136*). De homagio Geraudi de Serra, militis.   (Sporla).

490. De homagio Frozini de Judix, cavoirs, de Landars.   (Sporla).

491. De homagio Galteri de Serris, cavoirs, de Landaren.   (Sporla).

492. De homagio Geraldi de Judix.   (Sporla).

493. De homagio Guillelmi de Forsedis, militis.   (Sporla).

494. De homagio Garcionis d'Anglas, militis.   (Sporla).

495. De recognicicone Boniffacii de La Roussere.   (Sporla).

497-498 (*137*). De reformacione ville Baionensis.

499. De donacione facta regi per Arnaldum Andoinh, militis, de Burgo.

500. De donacione facta domino regi per Poncium de Lansac.

501. De forma pedagii de Liborna.

503 (*140*). De quodam facto de Bregeriaco.

504 (*141*). De carta quorundam hominum de Aquis.

505. De compromisso hominum de Aquis.

506 (*142*). De pace facta inter homines de Aquis.

507-508. De juramentis factis per Raymundum Arnaldi de Novadomo de Aquis, et Augerium Roberti de Aquis.

509 (*145*). De compromisso inter Yspanum, dominum de Domedan., ex parte una, et Arnaldum Xans et Xaus Arnaldi, fratres, ex altera.

511 (*146*). De littera Petri de Monte Revello, de sacramento et oblig[acione] per ipsum factis domino Luce [3] de Tany, senescallo Vasconie, quod stabit voluntati domini regis Anglie.

512. De littera quorundam hominum Baionensium quod erunt obedientes domino regi.

513. De carta quietancie facte domino regi de mota de Garrossa per dominam Dulciam de Perquier.

514 (*147*). De carta recognicionis facte per Brunum de Barnac, militem.

515. De vendicione facta regi de quarta parte castri de Thorabren per Raymundum Thore de Pinibus, domicellum.

516 (*148*). De vendicione facta regi de castro de Sentedz.

517. De convencione facta inter dominum Lucam de Thanay, senescallum Vasconie, et Guillelmum Raymondi de Pinibus, domicellum, super castro de Sentedz.

518 (*150*). De recognicione Gaillardi de Lalaude, domicelli.

519. De exempcione Amanevi Columbi et quorumdam aliorum civium Burdegale.

520. De passagio de Trageto.

521 (*151*). De homagio Guillelmi Amanevi de Benauges.   (Sporla).

522. De homagio Symonis de Mota, militis.

523. De homagio Arnaldi et Petri de Castro, domicellorum.

524. De homagio Guillelmi de Bosville.

525. De quadam recognicione facta per B. de Lagarde, abbatem Sancte Crucis Burdegale (*fol. 5 v*).

526 (*152*). De ecclesia de Fargeria, asserente se nichil tenere a domino.

527. De abbate de Sancto Emiliano, asserente se nichil tenere.

528. De juramento fidelitatis faciendo et recipiendo in villa de Burgo.

529. De negacione abbatis Sancti Romani de Blavia, asserente se nichil tenere a domino.

530 (*153*). De abbate Sancti Salvatoris de Blavia, negante se nichil tenere.

531. De homagio Guillelmi de Bleduy et quorumdam aliorum comparciorum suorum.

---

[1] Ms. *de Saintz*. — [2] Ms. *de Sercis que Landarron*. — [3] Ms. *duce*.

532. De homagio Geraldi de Mons, militis. (Sporla).
533. De homagio Gaillardi Duran, domicelli. (Sporla).
534 (*154*). De Raymondo de Seubalaure, negante se nichil tenere; set aliqua habet in alodium.
535. De homagio Bertrandi de Noailhan, domicelli, et de domina Trancheleon, uxore Gaillardi Columbi [1]. (Sporla).
536. De Gaucelmo Raymondi de Burgo, negante se nichil tenere a domino, set habet in alodium.
537. De questa Sancti Michaelis prepositure de Inter duo maria.
538 (*155*). De homagio Guillelmi Maquau et Arnaldi Guillelmi de Cucinac et plurium aliorum.
539. De homagio G. Raymondi de Birac, militis.
540. De homagio Raymondi de Beruac, domicelli.
541-543 (*157*). De recognicione quorumdam parrochianorum de Barssaco inter duo maria.
544. De homagio Petri de Montepesato, militis. (Sporla).
545. De homagio Arnaldi de Montepesato, militis. (Sporla).
546 (*158*). De homagio Rostandi de Solerio. (Sporla).
547. De Rostando de Roqueriis, asserente se nichil tenere.
548. De homagio Bernardi d'E[s]cossan, domini de Lagoirau.
549 (*159*). De recognicione parrochie de Han. (Sporla).
550. De feodo Arnaldi et Petri de Tastis, domicelli.
551. De feodo habitatorum de Blandieit et Herbe Faverie.
552. De feodo Bertrandi de Mons et de feodo de Cadoujac.
553. De feodo Helie de La Ruscade. (Sporla).
554. De feodo Johannis de Terraforti, militis.
556. De feodo Raymundi de Villanova, domicelli.
557. De feodo Bertrandi de Pondensac, domicelli.
558. De abbate de Vertolio, asserente se nichil tenere a domino rege.
559 (*161*). De feodo Roberti de Floriac.
560. De feodo Bernardeti de Lebreto [2].
561. De feodo Gailhardi de Cassaneto.
562. De feodo Arnaldi de Sera, militis.
563 (*162*). De Amalvino Girart de Burgo, asserente se nichil tenere; tamen habet allodia.
564. De feodo Raymundi de Tastis, domicelli.
565. De feodo Mileti de Noailhan, domicelli, et domini de Correjano.
566. De Guillelmo de Castainh, Vitali de Laffaurga et pluribus aliis asserentibus se nichil tenere.
567 (*163*). De feodo Giraldi de Mota, domicelli, de questa Sancti Michaelis.
568. De feodo Rostandi de Landiras et ejus neptis. (Sporla).
571. De feodo Guillelmi de Bosvilla, de feodo Ayrini d'Auleda, Sancti Macharii, pro Guillelmo de Bouvilla (*fol. 5 v*).
572 (*164*). De feodo Petri de Mesplet, Petri Reymundi de Lucbernet et Arnaldi de Fornius, de parrochia de Guillos.
573. De recognicione Johannis d'Ardaria de Leissatz, parrochiani de Austen.
574. De recognicione Arnaldi de Poutiez et Petri de Mortilin de Mostiers.
575. De feodo Petri d'Arberaz, militis.
576. De feodo Ayquardi [3] Fortonis. (Sporla).
577 (*165*). De recognicione Thome de Bordeu [4] de Burgo. (Sporla).
578. De Ayquelmo Andronis, asserente se nichil tenere; tamen habet allodia.
579. Feodum Guillelmi d'Anedac, Amalvini [de] Junqueris et G. de Junqueris, pro hiis que habent in parrochia Sancti Germani de Cro[n]han.
580. De recognicione Arnaldi de Grissac, militis junioris.
581 (*166*). De feodo Petri de Budos, filii deffuncti Raymundi de Budos.
582. De recognicione Petri de Lartigue, domicelli, pro se et filio B. de Segur [5] et Guillelmo Amanevi. (Sporla).

---

[1] Le scribe a consacré à tort un article séparé à cette dame : *De domina Trancheleon, uxore Gaillardi Columbi*. — [2] A la suite, d'une main du XVIᵉ siècle : *Alebret*. — [3] Ms. *Richardi*. — [4] Ms. *Gordeu*. — [5] Ms. *et filio suo Guillelmo de Segur*. J'ai suivi la leçon donnée dans le texte.

TABLE DES RUBRIQUES.

583. De feodo Johannis de Landa, militis, racione uxoris sue. (Sporla).
584. De recognicione burgensium Silve majoris de Inter duo maria.
585 (*167*). De feodo Gaufridi Aymerici, cum una palea. (Sporla).
586. De feodo Petri, capitalis de Trena, domicelli. (Sporla).
587. De feodis Poncii de Bautiron, domicelli, Arnaldi de Cabanac, militis, et Petri de Cabanac de Rioncio. (Sporla).
588 (*168*). De recognicione quorumdam parrochianorum de Tressas et de Melac.
589-590. De recognicione Bertrandi de Pins, Arnaldi Barrau, W. et Bernardi de Marcat, et plurium aliorum de hospitali Pontisdaurati.
591. De recognicione Guillelmi de Blanquefort, domicelli, pro vigeria de Burgo. (Sporla).
592. De homagio Guillelmi de Moissac et Martini de La Ramougle de Pompenhac.
593. De Helia de Casa, domicello de Silva, dicente habere allodia.
594. De feodo Petri de Tavenac, militis, de Burgo, pro hiis que habet in parrochia de Podio Ysardi.
595. De censibus Gaillardi de Podio in parrochia de Noiriano.
596. De Guillelmo de Marsau, milite, dicente se habere allodia.
597. De creacione majoris Liborne et in quo festo; de censibus domini regis platearum et cayorum, singulis festis beati Thome apostoli. (Sporla).
598. De burgensibus Sancti Macharii.
599 (*170*). De abbate de Aquistris.
600. De abbate Silve Majoris.
601. De homagio G. Raymundi de Birac, militis, Raymundi Montet et Raymundi de Stagia, nomine matris sue, de Sancto Lupo.
602. De feodo Mileti de Bolio, militis, pro palude Barba.
603. De deverio portus Sancti Johannis Burdegale.
604. De feodo Petri de Betalha et Yspanie, quondam filie Ysardi de Poupenhac (*fol. 6*).
605 (*171*). De homagio G. Arnaldi de Tastis, militis, Gaillardi de Podio, domicelli, Guillelmi de Castaneda, domicelli, et Petri de Prato, parrochianorum de Bruilhac, et plurium aliorum.
606. De Poncio de Scaleta, milite, et plurium aliorum asserentium se nichil tenere; aliqui habent allodia.
607. De Guitardo de Burgo, pro hiis que tenet in parrochia de Cadaujac. (Sporla).
608 (*172*). De feodis Arnaldi Guillelmi Abramon, militis, et Vitalis Bramon, Sancti Caprasii.
609. De feodo Petri Arnaldi d'Auedac, domicelli, pro hiis que habet in parrochia Sancti Quintini.
610. De feodo Rostandi de Solio prepositure de Baresio et Sancti Petri de Quinsac.
611. De abbate de Burgo.
612. De homagio Guillelmi Arnaldi de Syman, militis.
613 (*173*). De homagio Gaillardi de Cantamerla.
614. De feodo Reymundi Guillelmi d'Orimba, domicelli.
615. De recognicione Arnaldi du Poyo, fabri Sancti Michaelis. (Sporla).
616. De Aymerico de Burgo, domicello de Sparra, asserente se habere allodia.
617. De recognicione Helione, uxoris Vigorosi Bernardi apud Alovoisiu. (Sporla).
618 (*174*). De Jordano de Cabanaco, asserente se nichil tenere.
619. De homagio domini Arnaldi de Boliaco, militis, et Gerardi de Sancto Genesio inter duo maria.
620. De hiis que tenent Bernardus de Possinhan de Villa lata et successores ejus.
621. De feodo domini Bernardi de Gutto, militis, pro hiis que habet apud Grayan.
622. De homagio Raymundi de Pujol, domicelli. (Sporla).
623 (*175*). De feodis aliquorum hominum de parrochia de Villa lata, prepositure de Barssiaco.
624. De hominibus francalibus de Baziac.
625 (*176*). De hominibus francalibus domini regis de Poussinhan.
626. De feodo Gassie de Salis.
627. De feodo Bernardi de Gotz.
628. De feodo Arnaldi Bibiani.
629. De feodo Gailhardi de Reto, pro hiis que tenet in parrochia Sancti Maurilii.

630. De homagio Petri Peiran in parrochia de Barciaco et alibi. (Sporla) (*fol. 6 v*).
631 (*177*). De homagio Petri de Villa Centuli [1]. (Sporla).
632. De homagio Bernardi Petri, domicelli, et Petri de Loissac, militis.
633. De homagio Guillelmi, [militis, et] Gaillardi de Fargis, domicelli. (Sporla).
634. De homagio Petri de Budos, domicelli.
635-640. De quibusdam tenenciariis et hominibus francalibus domini regis in parrochia de Barsiaco.
641. De homagio Guillelmi de Rupe, domicelli. (Sporla).
642-643 (*178*). De domino de Tressas, milite, asserente se nichil tenere, et de Arnaldo Guillelmi de Melon.
644 (*181*). De homagio Amanevi de Longuevis, militis, et Bernardi d'Escludet.
645. De feodo Guillelmi Raymundi Colombi, pro hiis que habet in parrochia de Reula. (Sporla).
646. De feodo Vitalis de Tabanac, prepositure de Inter duo maria.
647 (*182*). De feodo Bernardi d'Arroquer de Ravinhan, domicelli. (Sporla).
648. De feodo domini Guallardi de Solerio, militis.
649. De feodo Helie et Petri Vigerii et aliorum comparciorum suorum. (Sporla).
650-651. De feodo G. de Boca de Franciaco et G. de Cursan, quilibet cum duabus sporlis.
653-654 (*183*). De feodis G. Raymundi d'Arriano et Bernardi de Ruppe.
655-656. De feodis Arnaldi de Bartirac et Amanevi de Curton, cum duabus sporlis.
658 (*184*). De hominibus francalibus in parrochia Sancti Johannis d'Estomptis [3].
659-661. De recognicionibus Bernardi et Vitalis Tossa, fratrum, Arnaldi et Helie Regis de Barssiaco.
660. De hominibus de La Comptau.
662 (*185*). De recognicione Guillelmi Raymundi de Bordis. (Sporla).
663-664. De recognicione B. de Latinera et Guillelmi de Cassannas, militis, de Burgo.

665. De recognicione Arnaldi de Stagia et quorumdam parcionariorum suorum.
666-667 (*186*). De feodo Aycardi [2] Audoini, militis, et domine Alidi de Blanquefort, cum tribus sporlis.
668. De feodo Johannis de Sireys de Sancto Emiliano.
669 (*187*). De feodo Gaillardi de Lenyan, militis, et Petri de Cabanaco.
670. De feodo Guillelmi Raymondi de Budos. (Sporla).
671-672. De recognicione prioris Sancti Laurencii de Meris et P. de Servat et J. Calculi.
673-679 (*189*). De hominibus francalibus domini regis de Pusinhan et de Cabanaco. (Sporla).
680. De feodo Rostandi de Solio. (Sporla).
681. De feodo Johannis de Asaz et quorumdam aliorum parrochianorum Sancti Michaelis de Bias.
682 (*191*). De juramento fidelitatis Amanevi de Lesgar, domicelli. (Sporla).
683-684. De feodis Raymondi de Monos et communitatis de Memisano.
685-686. De feodis Seignoroni de Moysac, militis, et prioris de Memisano, cum sporlis.
687-688. De feodis Gaillardi de Mota, domicelli, et Amanevi de Podio, militis; cum sporlis.
689 (*193*). De homagio Jordani de Podio, domicelli. (Sporla).
690. De feodo communitatis de Memizano.
691. De feodo Gaillardi de Lugaten. et comparciorum suorum de Mimisano [4]. (Sporla).
692-693. De feodis Arnaldi Amanevi de Campet, militis, et Lamberti d'Escossa, domicelli. (Sporla).
694. De feodis P. de Montanicro, Seinhorini de Moissac et prioris de Memisano. (Sporla).
695. De feodo Arnaldi de Lesperon, de parrochia de Bios in Borno.
698. De feodo Gaillardi de Mota, de Bogio, domicelli. (Sporla).
699. De feodo domini Amanevi de Podio, militis, vigerii de Memizano. (Sporla).
700. De homagio Jordani de Podio. (Sporla).

[1] Ms. *Villa Calculi*. — [2] Ms. *de Scriptis*. — [3] Ms. *Ricardi*. — [4] Ms. *Mussano*.

RECOGNICIONES FEODORUM IN AQUITANIA.

1. *Bordeaux, [19] mars 1274. — Déclaration d'hommage et de services dus au roi d'Angleterre, duc de Guyenne, par Arnaud d'Espagne, damoiseau, seigneur de Mérignac* [1] *(folio 21).*

Confessio Arnaldi de Ispania, domini de Marinaco. — [N]overint universi quod, anno Domini millesimo ducentesimo septuagesimo tercio, [.xiij°.] [2] die exitus Marcii, in presencia mei, Petri Roberti, publici notarii civitatis Burdeg., et testium subscriptorum ad hoc specialiter vocatorum et rogatorum, Arnaldus de Ispania, domicellus, dominus de Marinhaco [3], juratus et requisitus, dixit et recognovit se tenere in feudum a domino rege Anglie, domino Hibernie et duce Aquitanie, domum suam de Marinhaco novam, cum uno pari cirothecarum sporle [4], in mutacione domini. Item, dixit et recognovit se esse hominem et militem domini regis et ducis predicti. Item, dixit et recognovit se tenere in feudum villam et homines de Botinas et custodiam saltuum, quos saltus [5] dixit quod debet custodire pro dicto domino rege; et, si invenerit aliquem venantem qui non debeat venari pro natura sua, videlicet quod non [6] sit nobilis aut jure suo debe[a]t venari, debet ipsum capere et habere equitaturam, si quam habet, et canes, et debet personam reddere castellano [7] castri Burdeg.; et, si habeat venacionem, primum quarterium debet portare dicto castellano, et de gagio terciam partem. Dixit tamen quod, quando custodit landas, debet hospitari ubicumque nox capiat eum, cujuscumque sint homines. Dixit eciam quod saltus dura[n]t de loco appellato de Sant Arredon usque ad Belinum. Et omnia ista tenet a domino rege Anglie et duce predicto cum quadraginta solidis sporle monete usualis [8]. Item, dixit quod nichil aliud tenet a dicto domino rege, nec aliquid alienaverat, nec antecessores sui; nec habet allodia; nec alia deveria debet facere dicto domino regi. Item, dixit quod debet stare juri coram senescallo Vasconie. Et de hoc facta fuerunt duo instrumenta ejusdem tenoris, quorum unum habuit dictus dominus rex, et aliud dictus Arnaldus de Ispania. Actum et datum Burdeg., die et anno predictis. Regnante Edwardo, rege Anglie, Burdeg. sede vacante, Petro Gondaumeri majore. Testes hujus rei sunt : magister Johannes Gerardi, magister Arnaldus de Lacasa, magister Arnaldus Guiscardi, Vitalis de Podences, miles, Petrus de Monterevelli, Johannes Alegre, vocati et rogati. Et ego, predictus Petrus Roberti, publicus notarius civitatis Burdeg., vocatus et rogatus, ad hoc presens fui, eaque conscripsi et in publicam formam redegi, et signum meum apposui in testimonium premissorum.

2. *Bordeaux, 19 mars 1274. — Déclaration, par le maire et les jurats de Saint-Émilion, des services dus au roi d'Angleterre, duc de Guyenne, par la commune* [9].

Composicio de Sancto Emiliano. — Noverint universi quod, anno Domini .m°.cc°.lxxiij°, .xiij°. die exitus Marcii, in presencia mei, Petri Roberti [10], ..., Johannes Arnaldi, major Sancti Emeliani, Petrus Artaudi, Johannes Nosset, Constant[inus]

---

[1] Publ. *Arch. histor. Gir.*, t. III, p. 20; cf. *Notices et extraits des mss*, t. XIV, p. 328, note 3. — [2] La date du jour, omise par le copiste, a été suppléée d'après le modèle de l'acte suivant. — [3] Voir Bauvein, *Var. Bordeloises* (édit. 1876), t. I, p. 409. — [4] En marge : *Sporla : par cirothecarum.* — [5] Ms. *custodiam* [plus un mot gratté] *saltinon, quas saltus.* — [6] La négation *non* tombe à la fois sur *sit* et sur *debeat.* — [7] Ms. *in castello.* — [8] En marge : *Sporla .xl. s.* — [9] Publ. *Notices et extraits des mss*, t. XIV, p. 378, n. 2; Guinodie, *Hist. de Libourne*, t. II, p. 479. — [10] Ici et dans les articles suivants, on remplace par des points les formules identiques qui sont données tout au long dans le n° 1.

Sicardi, Petrus Maurini et Elias Richardi, jurati dicte ville, jurati et requisiti, dixerunt et recognoverunt quod major et communia Sancti Emiliani debent et tenentur domino regi Anglie, domino Hibernie et duci Aquitanie, vel ejus senescallo in Vasconia, facere et prestare excercitum juxta foros et consuetudines Burdeg. Item, dixerunt et recognoverunt quod jurati ville predicte, in creacione majoris ipsius ville, debent eligere tres probos viros de dicta communia et, facta hujusmodi eleccione, debent ipsos presentare dicto domino regi vel ejus senescallo in Vasconia; et ipse dominus rex, vel ejus senescallus, debet alterum illorum trium quem duxerit acceptandum dicte communie in majorem concedere et eciam confirmare. Item, dixerunt quod, si aliquis judicetur, per eos debet judicari et judicatum debet domino reddi; et debent jurare in qualibet creacione senescallo. Actum et datum..... Regnante... (*fol. 21 v*). Testes hujus rei sunt: magister Johannes Gerardi, magister Arnaldus de Lacasa, magister Arnaldus Guiscardi, Vitalis de Poudenxs, miles, P. de Monte Revell[i], Johannes Alegre, vocati et rogati. Et ego, predictus P. Roberti, publicus notarius civitatis Burdeg.....

3. *Bordeaux, 18 mars 1274. — Reconnaissance de Pierre Boqua, de Saint-Émilion, et de ses frères* [1].

Recognicio P. Boqua [2], de Sancto Emeliano. — Noverint universi quod, anno Domini .m°.cc°.lxxiiij°, .xiiij°. die exitus Marcii, in presencia mei, Petri, publici notarii civitatis Burdegalensis,..... Petrus Boqua, de Sancto Emeliano, juratus et requisitus, dixit et recognovit, pro se et fratribus suis, quod ipse habet et tenet de feudo vicecomitis de Ffronciaco undecimam partem pedagii maris de Ffronciaco, in ascensu [3] et descensu, videlicet undecimam partem partis vicecomitis antedicti; et undecimam partem compnarum existencium in mari predicto, de Verneto usque a Laroqueta, videlicet undecimam partem illius partis quam dictus vicecomes habebat ibidem; et undecimam partem quarteriorum piscium, videlicet creacorum, qui capiuntur in mari predicto per homines de Ffronciaco, videlicet undecimam partem illius partis quam dictus vicecomes habebat in quarteriis antedictis. Et dixit quod ista omnia habet et tenet cum duobus solidis census annui in festo Nativitatis Domini, annis singulis exsolvendis, et cum sex denariis sporle [4]. Item, dixit quod habet et tenet ab eo domum et cayum de Ffronciaco de Podio Reinardi, cum tribus denariis census annui in dicto festo exsolvendis et duobus denariis sporle [5]. Item, quandam vineam sitam in Auginiis cum duobus denariis census solvendis in festo Natalis Domini et uno denario sporle [6]. Item, dixit quod nichil aliud tenet, nec aliquid alienaverat, nec habet allodia. Item, dixit quod non debet facere homagium, nec sacramentum fidelitatis; nec debet facere alia deveria. Et pro istis dixit quod debet stare juri coram castellano Sancti Emiliani. Actum et datum..... Regnante..... Testes hujus rei sunt: magister Johannes Gerardi, magister Arnaldus de Lacasa, magister Arnaldus Guiscardi, Vitalis de Poudenxs, miles, P. de Monterevelli, Johannes Alegre, vocati et rogati. Et ego, predictus P. Roberti, publicus notarius civitatis Burdeg......

4. *Bordeaux, 19 mars 1274. — Reconnaissance d'Amanieu Gombaud de Lesparre, damoiseau.*

Recognicio Amanevi Gumbaldi de Sparra, domicelli. — Noverint universi quod, anno Domini .m°.cc°.lxxiiij°, .xiij°. die exitus Marcii, in presencia mei, Petri Roberti, publici notarii civitatis Burdeg...... Amanevus Gombaldi de Sparra, domicellus, juratus et requisitus, dixit et recognovit quod nichil tenet a domino rege Anglie, nec habet allodia, nec aliquid alienaverat. Datum et

---

[1] Anal. *Arch. histor. Gir.*, t. III, p. 21. — [2] Appelé *Petrus Boucade* à la table des rubriques. Cf. *Rôles gascons*, t. III, à la table. Du Cange, qui mentionne le présent acte (*Glossar.*, au mot *compna*), a lu *Petrus Doati*. — [3] Ms. *assensu*. — [4] En marge: *Census annuus in festo Natalis Domini .vj. d.* — [5] En marge: *Census .ij. d. Sporl., .ij. d.* — [6] En marge: *Census, .ij. d. Sporl. .i. d.*

actum..... Regnante..... Testes hujus rei sunt: magister Johannes Gerardi, magister Arnaldus de Lacasa, magister Arnaldus Guiscardi, vocati et rogati. Et ego, predictus P. Roberti, publicus notarius civitatis Burdeg...... (fol. 22).

5. *Bordeaux, 20 mars 1274. — Reconnaissance de Senebrun de Got* [1].

Recognicio Senebruni de Goto. — Noverint universi quod, anno Domini .m°.cc°.lxxiij°, .xij°. die exitus Marcii, in presencia mei, Petri Roberti, publici notarii civitatis Burdeg.,..... Senebrunus de Goto, juratus et requisitus, recognovit et confessus est se nichil tenere immediate a domino rege Anglie, domino Hibernie et duce Aquitanie. Verum est tamen quod in parochia Sancti Martini deu Got habet quandam terram liberam seu allodium, videlicet in loco appellato Abolhoed, de quo nunquam dedit alicui censum nec sporlam. Dixit quod credebat quod, si aliquis sibi moveret questionem coram dicto rege, habet respondere; et jurisdiccionem habet racione allodiorum in talibus realibus questionibus; et eciam plus, credit quod, si delinqueret tali crimine propter quod deberet perdere personam et bona, quod Deus avertat, quod illa terra seu allodium ad dictum regem devolveretur. Dixit tamen quod ista audivit ac intellexit a majoribus suis et sapiencioribus suis, protestans nichilominus quod, si aliqua deveria debentur racione allodiorum, paratus erat adimplere. Dixit quod nichil aliud tenet nec debet tenere a domino rege Anglie, et quod nichil alienaverat, et quod, pro istis, debet facere jus coram domino rege vel senescallo Vasconie. Actum et datum..... Regnante..... Testes sunt: P. de Leujatz, miles, P. Bertrandi de Berssiaco, Johannes Picardi, Johannes Alegre, Vigorosus Beneir, Ottho de Pardelhan, vocati et rogati. Et ego, predictus P. Roberti, publicus notarius civitatis Burdeg......

6. *Bordeaux, 20 mars 1274. — Reconnaissance de Gombaud de Lesparre, damoiseau* [2].

Gombaldus de Sparra. — Noverint universi quod (*même date*) in presencia mei, Petri Roberti, ... Gombaldus de Sparra, domicellus, juratus et requisitus, dixit et recognovit quod ipse est homo et miles vicecomitis Ffronciaci. Item, dixit quod ipse tenet ab eodem quicquid habet in parochia de Sezac, excepto feudo quod tenet de domino Mileto deu Bolh in eadem parochia. Item, dixit quod tenet ab eodem quicquid habet in parochia de Cairac; idem quicquid habet in parochia de Benssac. Item, dixit quod tenet ista omnia cum centum solidis sporle in mutacione domini [3]. Dixit tamen quod illos centum solidos solvit tempore quo magister Guillelmus de Rama erat castellanus. Item, dixit quod nichil aliud tenet a domino rege et duce predicto, et quod nichil alienaverat. Dixit quod non habet allodia, nec debet alia deveria. Actum et datum..... Regnante..... Testes sunt: P. de Leujatz, Petrus Bertrandi de Barssaco, Johannes Picardi, Johannes Alegre, Vigorosus Beneir, Ottho de Pardelhan, vocati et rogati. Et ego, predictus P. Roberti, publicus notarius civitatis Burdeg. .....

7. *Bordeaux, 20 mars 1274. — Reconnaissance de Raimond de Ravignan, chevalier.*

Remundus de Ravinhano. — Noverint universi quod (*même date*) in presencia mei, Petri Roberti, ... Reimundus de Ravinhano, miles, juratus et requisitus (*fol. 22 v*), dixit quod nichil tenet a domino rege Anglie, domino Hibernie et duce Aquitanie, nec habet allodia, nec aliquid alienaverat. Et dixit quod non debet facere homagia nec sacramentum fidelitatis. Actum et datum..... Regnante... Testes sunt: P. de Leujatz, miles, Petrus Bertrandi de Barssinco, Johannes Picardi, Johannes Alegre, vocati et rogati. Et ego, predictus Petrus Roberti, publicus notarius civitatis Burdeg......

8. *Bordeaux, 20 mars 1274. — Reconnaissance d'Amaubin de Barès, chevalier, soit en son nom personnel, soit agissant comme tuteur de Pierre Amanieu de Bordeaux* [4].

---

[1] Publ. *Arch. histor. Gir.*, t. III, p. 30. — [2] Anal. *Arch. histor. Gir.*, t. III, p. 30. — [3] En marge: *Sporl. c. s.* — [4] Anal. *Arch. histor. Gir.*, t. III, p. 31.

Amalvinus de Baresio. — Noverint universi quod (*même date*) in presencia mei, Petri Roberti,....., dominus Amalvinus de Baresio, miles, tutor, ut dicitur, Petri Amanevi de Burdegala, juratus et requisitus, recognovit se tenere in feudum, nomine dicti Petri, a domino rege Anglie, domino Hibernie et duce Aquitanie, quicquid habet dictus Petrus Amanevi in Bogio, et quicquid homo tenet ab eo. Item, dixit quod tenet a domino rege Anglie et duce predicto ea que Bertrandus Calculi et Amanevus Pessac tenent ab eo apud Pessac. Item, dixit quod Petrus Amanevi est homo et miles dicti domini regis cum uno austuro sauro sporle [1], quem austurum, ut dicitur, ipse solvit, et cum uno milite de excercitu. Item, est homo et miles dicti domini regis Anglie pro hiis que tenet apud Mestras, et a Mestrasson, et a Capius, cum medio milite de excercitu et cum una lancea sporle [2], quam lanceam, ut dicitur, ipse solvit. Et dixit quod nichil aliud tenet a domino rege, nec habet allodia, nec aliquid alienaverat, nec debet facere alia deveria. Datum et actum..... Regnante..... Testes sunt : Petrus de Leujatz, miles, Petrus Bertrandi de Barssiaco, Johannes Picardi, Johannes Alegre, Vigorosus Beneir, Ottho de Pardelhan, vocati et rogati. Et ego, Petrus Roberti, publicus notarius civitatis Burdeg., vocatus et rogatus, ad hoc presens fui, eaque conscripsi et in publicam formam redegi, et signum meum apposui in testimonium premissorum.

9. *Bordeaux, 19 mars 1274.* — *Reconnaissance de Hugues de Castillon, damoiseau* [3].

Hugo de Castellione. — Noverint universi quod, anno Domini .m°..cc°..lxxiij°, .xiij°. die exitus Marcii, Hugo de Castellione, domicellus, juratus et requisitus, dixit et recognovit se tenere in feudum a domino rege Anglie, domino Hibernie et duce Aquitanie, quartam partem castri de Marchia, cum honore et pertinenciis, cum una lancea sporle, in mutacione domini, et cum uno milite de excercitu [4]. Item, dixit et recognovit quod ipse et filius Bertrandi de Novelbano et domina Trenchalco, uxor domini Gualhardi Columbi, debent, videlicet dictus Hugo, medietatem dicti militis, et dictus filius Bertrandi de Novelliano et dicta domina Trencalco, aliam medietatem. Item, dixit dictus Hugo quod nulla alia deveria debet dicto domino regi, nec habet allodia, nec aliquid ipse nec sui antecessores alienaverant de predictis. Item, dixit quod debet stare juri coram senescallo Vasconie. Actum et datum..... Regnante..... Testes hujus rei sunt : magister Arnaldus de Lacasa, magister Arnaldus Guiscardi, Johannes Alegre, Johannes Picardi, Petrus de Leujatz, miles, Vigorosus Beneir, ad hoc specialiter vocati (*fol. 23*) et rogati. Et ego, Petrus Roberti, publicus notarius civitatis Burdeg., qui hanc cartam recepit, quam ego, P. Gombaudi, de mandato dicti notarii scripsi, et signum meum apposui in testimonium premissorum.

10. *Bordeaux, 19 mars 1274.* — *Reconnaissance d'Élie de Castillon* [5].

Recognicio Elie de Castellione. — Noverint universi quod (*même date*) dominus Elias de Castellione, juratus et requisitus, recognovit et confessus fuit se tenere a domino rege Anglie, domino Hibernie et duce Aquitanie, in feudum, castrum de Podio Normanni cum suis pertinenciis et honore, ex donacione sibi facta a dicto domino rege, modo et condicione appositis in littera dicti domini regis. Item, dixit et recognovit se tenere in feudum a dicto domino rege et duce, in castellania de Castellione, manerium de Langaumaria cum pertinenciis suis. Item, dixit quod de isto ultimo feudo debet facere homagium dicto domino regi et sacramentum fidelitatis. Item, dixit et recognovit quod nichil alienaverat, nec habet allodia, nec debet alia deveria. Item, dixit quod non debet facere excercitum dicto domino regi. Item, requisitus si aliqua alia tenebat a dicto domino rege, dixit quod non. Datum et actum..... Regnante..... Testes hujus rei sunt ad hoc specialiter vocati et

---

[1] En marge : *Sporl. uno austur. sor.* — [2] En marge : *Sporl. una lancea.* — [3] *Anal. Arch. histor. Gir.*, t. III, p. 22. — [4] En marge : *Sporl. una lancea cum .i. milite de exercitu.* — [5] *Anal. Arch. histor. Gir.*, t. III, p. 22.

rogati: magister Johannes Gerardi, magister Johannes de Lacasa, magister Arnaldus Guiscardi, Vitalis de Poudenxs, P. de Monte Revelli, Johannes Alegre, et Petrus Roberti, publicus notarius civitatis Burdeg., qui hanc cartam recepit, quam ego, Petrus Gombaldi, de mandato dicti notarii scripsi et signum meum apposui.

11. *Bordeaux, 19 mars 1274.* — *Reconnaissance d'Otton de Lomagne, chevalier.*

Recognicio domini Otthonis de Leomannia, militis. — Noverint universi quod (*même date*) dominus Ottho de Leomannia, miles, juratus et requisitus, dixit et recognovit se tenere a domino rege Anglie, domino Hibernie et duce Aquitanie, quicquid habet et tenet in Feudo Marchonis, scilicet in diocesi Lectorensi, racione ducatus Aquitanie. Item, dixit quod debet facere, pro proprietatibus et feudis que tenentur ab ipso domino Otthone, unum militem de excercitu et, pro justicia et aliis jurisdiccionibus et dominacionibus quas[1] habet in Feudo Marchonis, tam super militibus quam eorum subditis, alium militem pro excercitu. Item, dixit et recognovit dictus dominus Ottho se tenere et debere tenere a dicto domino rege quicquid habet vel habere debet in Ffezenciaco; et, pro eo, debet facere jus coram ejus curia, et facere garentiam et pacem. Item, dixit et recognovit quod debet facere sacramentum fidelitatis. Item, requisitus de homagio, dixit quod nesciebat, sed mane debet respondere. Item, dixit quod nichil [aliud tenet] quod deberet tenere a domino rege, nec antecessores sui. Item, dixit quod non habet allodia. Item, dixit quod non debet alia deveria. Actum et datum..... Reguante..... Testes hujus rei sunt ad hoc specialiter vocati et rogati : Johannes Gerardi, magister Arnaldus de Lacasa, magister Arnaldus Guiscardi, Vitalis de Poudenxs, Johannes Alegre et Petrus Roberti, publicus notarius civitatis Burdeg., qui hanc cartam recepit, quam ego, P. Gombaldi, de mandato dicti notarii scripsi et signum meum apposui.

12. *Bordeaux, 19 mars 1274.* — *Reconnaissance d'Olivier de Lilhan, damoiseau*[2].

Recognicio domini Oliveri, domini de Lilhano. — Noverint universi quod (*même date*) dominus Oliverus de Lilhano, domicellus, juratus et requisitus, dixit et recognovit se tenere a domino rege Anglie, domino Hibernie et duce Aquitanie, castellarium de Lilhano et (*fol. 23 v*) forestam que dicitur Lo Mons, et totam parochiam de Lilhano, cum pertinenciis suis, et omnia que alii habent ab eodem domino de Lilhano in eadem parochia; et habet a domino rege, sibi et hominibus suis et bestiis eorumdem, cujuscumque nature sint, paduentum et esplectum quod vulgariter dicitur esplectz, per totam magnam forestam que vulgariter appellatur Lo Mons, et per saltus, et per paludes, et vias, et aquas, in eundo et redeundo. Item, idem dominus de Lilhano dixit se tenere ab eodem rege omnia que habet apud Ffontanas d'Isla, et omnia alia que alii habent ab eodem in dicta villa. Item, tenet a domino rege totam parochiam d'Eslairac, cum pertinenciis suis, et omnia que alii habent in eadem parochia ab eodem [domino] de Lilhano. Item, tenet totam villam de Goleya, cum pertinenciis suis, et ea que habet apud pontem de Guoy, et omnia que alii habent ab eodem in locis predictis. Item, tenet dominus de Lilhano a domino rege et duce predicto totam domum suam, cum pertinenciis suis, de Sancto Germano, que est sita in loco vulgariter appellato Lo Casterar de Sancto Germano; et tenet a domino rege et duce predicto quicquid habet in tota dicta parochia Sancti Germani et in parochia de Blanhan et quicquid habet alibi racione domini de Lilhano; nec aliqui habent et tenent ab eodem racione domini predicti de Lilhano. Item, tenet a domino rege et duce predicto justiciam in tota parochia de Lilhano, et in tota parochia d'Esleyrac, et in villa de Ffontanas d'Isla, et in villa de Goleya, et in omnibus hominibus quos habet in parochia Sancti Germani et alibi, racione domini de Lilhano. Item, quicquid ipse habet vel alius ab eo in palude Burdegale et

---

[1] Ms. *Que.* — [2] Anal. *Arch. histor. Gir.*, t. III, p. 23. Cf. Baurein, *Var. Bordeloises*, t. I, p. 92-94.

apud Burdegalam, racione domus de Lilhano. Et de omnibus predictis dominus de Lilhano debet facere homagium domino regi et duci predicto, et facere excercitum de uno milite, quando senescallus Vasconie mandat excercitus in Vasconia; et si dominus rex Anglie est presens, dominus de Lilhano debet facere excercitum in sua propria persona. Item, dixit dominus de Lilhano et recognovit se tenere a domino rege et duce predicto omnia supradicta cum centum solidis sporle, in mutacione domini, monete Burdeg[ale] usualis [1]. Item, requisitus de allodiis, si habeat, dixit quod non, nec aliquid ipse nec antecessores sui alienaverant de predictis, nec de hoc quod tenere debeant a domino rege et duce predicto, nec debet facere alia deveria. Item, dixit quod debet stare juri coram domino rege et duce predicto, vel coram senescallo suo Vasconie. Actum et datum . . . . . Regnante . . . . . Testes hujus rei sunt, ad hoc specialiter vocati et rogati : magister Johannes Gerardi, magister Arnaldus de Casa, magister Arnaldus Guiscardi, Vitalis de Podenxs, miles, P. de Monte Revelli, Johannes Alegre et P. Roberti, publicus notarius civitatis Burdegal., qui hanc cartam recepit; quam ego, P. Gombaldi, de mandato dicti notarii scripsi et signum meum apposui.

13. *Bordeaux, 19 mars 1274. — Reconnaissance de Guillaume Séguin, chevalier, seigneur de Rions [2].*

Recognicio Guillelmi Seguini, domini de Rioncio. — Noverint universi quod (*même date*) dominus Guillelmus Seguini de Rioncio, miles, recognovit se tenere a domino rege Anglie, domino Hibernie et duce Aquitanie, castrum de Rioncio, intus et extra, tantum quantum honor ejusdem castri tenet. Item, quicquid homines de nobili genere tenent ab eodem milite, et burgenses et laboratores intus honorem ejusdem castri, hoc excepto quod Amanevus de Curton. debet eidem racione decime. Item, dixit et recognovit se tenere quicquid habet,

vel [3] aliquis alius tenet ab eodem, in Benauges. Item, quicquid (*fol. 24*) habet, vel aliquis alius tenet ab eodem, in parochia de Villalata et de Seron et de Barssiaco [4] et d'Ilatz, et hoc quod dominus Gualhardus Columbi tenet ab eo in parochia de Bomes, et hoc quod habet et habere debet supra gravam de Podenssac. Item, dixit et recognovit quod, pro omnibus supradictis, est homo et miles dicti domini regis. Item, dixit quod omnia ista tenet cum una lancea sporle, in mutacione domini [5]. Item, dixit quod, quando dominus rex mandat excercitum in Vasconiam, ipse debet facere excercitum in sua propria persona, vel debet mittere unum militem loco sui. Item, dixit dominus Willelmus Seguini de affario de Benauges quod [6] exceptat affarium d'Ens[c]aussans. Item, dixit quod, si plus invenitur, non intendit prejudicare domino regi. Item, dixit quod nichil alienaverat de predictis, nec antecessores sui. Item, dixit quod nichil aliud tenet a domino rege. Et super allodiis debet cras cercioratus in mane respondere; et debet stare juri coram senescallo Vasconie. Actum et datum . . . Regnante . . . Testes hujus rei sunt ad hoc specialiter vocati et rogati : magister Johannes Gerardi, magister Arnaldus de Casa, magister Arnaldus Guiscardi, Vitalis de Poudenxs, miles, Petrus de Monte Revelli, Johannes Alegre, Vigorosus Bencir, et P. Roberti, publicus notarius civitatis Burdeg., qui hanc cartam recepit; quam ego, Petrus Gombaldi, de mandato dicti notarii scripsi et signum meum apposui.

14. *Bordeaux, 19 mars 1274. — Reconnaissance de Vivien de Podensac, chevalier [7].*

Recognicio Vibiani de Podensak. — Noverint universi quod (*même date*) Vibianus de Podenssac, miles, juratus et requisitus, dixit quod nichil tenebat a domino rege Anglie, domino Hibernie et duce Aquitanie. Requisitus de allodiis, si habebat, dixit quod non. Item, dixit quod ipse nec anteces-

---

[1] En marge : *centum sol. de sporla.* — [2] *Anal. Arch. histor. Gir.*, t. III, p. 23. — [3] Ms. *nec*; de même à la ligne suivante. — [4] Ms. *Bayssiaco.* — [5] En marge : *una lancea de sporla.* — [6] Ms. *quod de affario de Benauges quod.* — [7] *Anal. Arch. histor. Gir.*, t. III, p. 24, ainsi que les numéros 15 et 6.

sores [sui] nichil alienaverant [de hiis] que tenere debeant a domino rege et duce predicto. Actum et datum..... Regnante..... Testes hujus rei sunt ad hoc specialiter vocati et rogati : magister Johannes Gerardi, magister Arnaldus de Casa, magister Arnaldus Guiscardi, Vitalis de Podenxs, miles, Petrus de Monte Revelli, Johannes Alegre, Vigorosus Beneir, et Petrus Roberti, publicus notarius civitatis Burdeg......

15. *Bordeaux, 19 mars 1274.* — *Reconnaissance d'Arnaud Guillaume de Ramefort, damoiseau.*

Recognicio Arnaldi de Ramaforti. — Noverint universi quod (*même date*) Arnaldus Guillelmi de Ramaforti, domicellus, juratus et requisitus, dixit quod nichil tenebat a domino rege Anglie, domino Hibernie, duce Aquitanie; et quod nichil alienaverat. Item, dixit quod non habet allodia. Item, dixit quod non debet facere homagium domino regi et duci predicto, nec sacramentum fidelitatis. Actum et datum..... Regnante..... Testes hujus rei sunt ad hoc specialiter vocati et rogati : magister Johannes Gerardi, magister Arnaldus de Casa, magister Arnaldus Guiscardi, Vitalis de Podenxs, miles, P. de Monte Revelli, Johannes Alegre et P. Roberti, publicus notarius civitatis Burdeg...... (*fol. 24 v*).

16. *Bordeaux, 19 mars 1274.* — *Reconnaissance de Guillaume Bernard d'Ornon, chevalier.*

Recognicio domini Willelmi Bernardi d'Ornon, militis. — Noverint universi quod (*même date*) dominus Willelmus Bernardi d'Ornon, miles, juratus et requisitus, dixit et recognovit se tenere in feudum a domino rege Anglie, domino Hibernie et duce Aquitanie, quicquid habet in parochia de Gradinhan, et medietatem magne decime ejusdem parochie, et hoc quod dominus Gualhardus d'Ornon habet in eadem parochia, et hoc quod tenet dominus Willelmus Bernardi et habet in parochia de Caneyan, excepta decima ejusdem parochie. Item, dixit quod dictus Willelmus Bernardi tenet hoc quod habet in parochia de Sestras; et hoc quod dominus Gualhardus d'Ornon et dominus Willelmus Ffurt d'Ornon habent a Bolac, et quod dominus Willelmus habet in parochia de Salis et a Lausos, et hoc quod dominus Willelmus Arnaldi d'Ornon habet in parochia Sancti Martini de Blanchafort, et hoc quod dictus Willelmus Bernardi d'Ornon tenet in parochia Sancti Medardi in Arruano, et hoc quod habet in parochia Sancti Johannis d'Estomptis, et hoc quod domina Brayda, domina de Veirines, tenet in parte divisa apud Hurgtin de domo d'Ornon et in domo Ffortonis de Palu, quam dixit dictus Willelmus Bernardi quod dicta domina Braida dedit hospitali de Campariano. Et pro istis omnibus dixit et recognovit dictus Willelmus Bernardi d'Ornon quod est homo domini regis et ducis predicti. Item, dixit quod tenet omnia predicta a domino rege et duce predicto cum centum solidis sporle[1] et cum excercitu sui corporis, vel unius militis, et debet ire in vexillo domini de Blanchaford. Item, dixit quod nichil aliud tenet a domino rege et duce predicto, nec aliquid alienaverat, nec habet allodia, nec debet alia deveria. Et debet stare juri coram senescallo Vasconie. Et de hoc facta fuerunt duo instrumenta, quorum unum habuit dictus dominus rex et aliud predictus dominus Willelmus d'Ornon. Actum et datum..... Regnante..... Testes hujus rei sunt, ad hoc specialiter vocati et rogati : magister Johannes Gerardi, magister Arnaldus de Lacasa, magister Arnaldus Guiscardi, Vitalis de Podeuxs, miles, P. de Monte Revelli, Johannes Alegre, Vigorosus Beneir, et Petrus Roberti, publicus notarius civitatis Burdeg......

17. *Bordeaux, 19 mars 1274.* — *Reconnaissance d'Amaubin de Vensac*[2].

Amalvinus de Benssac. — Noverint universi quod (*même date*) dominus Amalvinus de Benssac, juratus et requisitus, dixit quod nichil tenet a domino rege Anglie, domino Hibernie et duce Aquitanie, nec habet allodia, nec aliquid alienaverat,

---

[1] En marge : *centum sol. sporle*. — [2] *Anal. Arch. hist. Gir.*, t. III, p. 25.

nec debet facere homagium nec sacramentum fidelitatis. Actum et datum..... Regnante..... Testes hujus rei sunt, ad hoc specialiter vocati et rogati : Johannes Gerardi, magister Arnaldus Guiscardi, magister Arnaldus de Casa, Vitalis de Podenxs, miles, P. de Monte Revelli, Johannes Alegre, Vigorosus [1] Beneir, et Petrus Roberti, publicus notarius civitatis Burdeg...... *(fol. 25).*

18. *Bordeaux, 19 mars 1274. — Reconnaissance de Pierre de Rions, damoiseau, gendre et héritier de feu Guillaume Gombaud* [2].

Recognicio heredis Willelmi Gombaldi. — Noverint universi quod (*même date*) Petrus de Riuncio, domicellus, juratus et requisitus, dixit et recognovit se tenere in feudum a domino rege Anglie, domino Hibernie et duce Aquitanie, racione uxoris sue, filie Willelmi Gombaldi, cum una lancea sporle in mutacione domini [3], quicquid dictus Willelmus Gombaldi habebat seu habere poterat in parochia Sancti Sulpicii in districtu de Castellione, videlicet homines, census, agrer[ias], quartos, quintos, communia, censualia, homagia et alia jura, terras cultas et non cultas, aquas, riparias, prata et virgulta, nemora et paludes. Item, in villa Sancti Emiliani et in honore, quicquid dictus Willelmus Gombaldi habebat in ea vel in eo racione dicte filie sue, uxoris dicti Petri, videlicet affevatos, vineas, terras cultas et non cultas, denarios censuales, domos, que omnia, ut dixit, dedit et quietavit dictus Willelmus Gombaldi dicto Petro cum dicta filia sua. Et habet, ut dicitur, in parochia de Brana affevatos qui debent dicto Petro denarios censuales et pedagium quod habet apud Petramfixam, et quicquid dictus miles habebat a Lodoyra usque ad Petramfixam, que omnia, ut dicitur, dictus Petrus habet et tenet et pacifice tenuit per sex annos vel amplius, et ulterius quicquid dictus miles habebat in parochia de Montaignes, videlicet affevatos et homines, census et agrer[ias]. Et omnia ista dictus Petrus [tenet] racione

uxoris sue cum dicta [4] sporla. Dixit tamen quod non debet alia deveria, nec habet allodia, nec aliquid alienaverat. Et de hoc facta fuerunt duo instrumenta ejusdem tenoris, quorum unum habet dictus dominus rex, et aliud Petrus predictus. Actum et datum..... Regnante..... Testes hujus rei sunt ad hoc specialiter vocati et rogati : P. de Leujatz, miles, P. Bertrandi de Barssiaco, Johannes Picardi, Johannes Alegre, Vigorosus Beneir, Ottho de Perdelhan, et Petrus Roberti, publicus notarius civitatis Burdeg......

19. *Bordeaux, 20 mars 1274. — Reconnaissance de Pierre de Bordeaux, damoiseau* [5].

Recognicio Petri de Burdegala. — Noverint universi quod, anno .m°.cc°.lxx.tercio, .xij°. die exitus Marcii, Petrus de Burdegala, domicellus, juratus et requisitus, dixit et recognovit se tenere in feudum a domino rege Anglie, domino Hibernie et duce Aquitanie, Tudelam cum platea que est ante eam et cum hominibus feodatariis suis qui circumquaque predictam Tudelam morantur. Item, tenet a domino rege et duce predicto vineas quecumque tenentur ab eodem in loco appellato Auprat. Item, tenet a domino rege et duce omnia alia que tenentur ab eodem in loco appellato A Talanssa. Et dixit quod omnia ista tenet cum centum solidis sporle [6]. Item, dixit et recognovit quod ipse est homo et miles domini regis. Item, debet excercitum unius militis. Item, dixit quod nichil amplius tenet a domino rege et duce predicto, et quod nichil alienaverat. Super allodiis requisitus, dixit quod habere volebat diem usque ad diem dominicam, quam diem dominus senescallus eidem concessit. Et de hoc facta fuerunt duo instrumenta ejusdem tenoris, quorum unum habuit dictus dominus rex, et aliud [7] predictus domicellus. Actum et datum..... Regnante..... Testes hujus rei sunt vocati et rogati : Petrus de Leujatz, miles, P. Bertrandi de Barssiaco, Johannes Picardi, Johannes Alegre, Vigorosus Be-

---

[1] Ms. *Vitalis*, mais voir les actes qui précèdent et qui suivent celui-ci. — [2] *Anal. Arch. histor. Gir.*, t. III, p. 31. — [3] En marge : *una lancea sporle.* — [4] Ms. *dicto (deo).* — [5] *Anal. Arch. histor. Gir.*, t. III, p. 31. — [6] En marge : *centum sol. de sporla.* — [7] Ms. *alius.*

neir, Ottho de Perdelhan, et Petrus Roberti, publicus notarius civitatis Burdeg...... (*fol. 25 v*).

20. *Bordeaux, 20 mars 1274.* — *Reconnaissance de frère Bertrand, abbé de Fontguillem*[1].

Frater Bertrandus, abbas de Fonte Willelmi[2]. — Noverint universi quod (*même date*) frater Bertrandus, abbas de Fonte Willelmi, juratus et requisitus, dixit quod ipse nichil tenet a domino rege Anglie, domino Hibernie et duce Aquitanie, nec debet tenere, nec antecessores sui tenuerant seu tenere debuerant; immo abbatiam et membra tenet libere, et quod nichil debet facere pro eisdem; et dixit quod nichil alienaverat. Actum et datum..... Regnante..... Testes hujus rei sunt ad hoc specialiter vocati et rogati : P. de Leujatz, miles, P. Bertrandi de Barssiaco, Johannes Picardi, Johannes Alegre, Vigorosus Beneir, Ottho de Perdelhan, et Petrus Roberti, publicus notarius civitatis Burdeg......

21. *Bordeaux, 20 mars 1274.* — *Reconnaissance d'Amanieu de Curton et d'Arnaud Bernard de Pressac, damoiseaux*[3].

Noverint universi quod (*même date*) Amanevus de Curton, domicellus, et Arnaldus Bernardi de Preissaco, domicellus, jurati et interrogati, recognoverunt se tenere in feudum a domino rege Anglie, domino Hibernie et duce Aquitanie, terram de Danhac. Item, dixerunt quod pro illa terra debent facere unum militem excercitus, videlicet dominus Elias de Danhac, qui est parcionarius ejusdem terre, debet facere medietatem illius militis, et dictus Amanevus et dictus Arnaldus Bernardi debent aliam medietatem. Tamen dixit dictus Amanevus quod ipse debet garantizare predictum parcionarium[4], qui est homo et miles dicti domini regis, cum una lancea sporle in mutacione domini[5]. Item, dixerunt quod nichil aliud tenent, nec tenere debent, nec habent allodia, nec aliquid alienaverant. Et debent facere jus coram senescallo Vasconie; tantum dictus Amanevus debet facere homagium et sacramentum fidelitatis. Actum et datum..... Regnante..... Testes hujus rei sunt ad hoc specialiter vocati et rogati : Petrus de Leujatz, miles, Petrus Bertrandi de Barssiaco, Johannes Picardi, Johannes Alegre, Vigorosus Bener, Ottho de Perdelhan, et Petrus Roberti, publicus notarius civitatis Burdeg......

22. *Bordeaux, 20 mars 1274.* — *Reconnaissance des frères Pierre Ferrand et Arnaud Garcie*[6].

Noverint universi quod (*même date*) Petrus Fferrandi et Arnaldus Garcie, fratres, jurati et requisiti, dixerunt et recognoverunt se tenere in feudum a domino rege Anglie, domino Hibernie et duce Aquitanie, quicquid habent in diocesi Burdegalensi ex donacione regis cum uno pari calcarium deauratorum et cum uno pari cirothecarum annuatim[7]; item, quicquid habent in diocesi Vasatensi, habent ex donacione regis cum uno scuto et cum uno pari cirothecarum sporle[8]. Item, dixerunt quod nichil alienaverant, nec habent allodia. Actum et datum..... Regnante..... Testes hujus rei sunt ad hoc specialiter vocati et rogati : P. de Leujatz, miles, P. Bertrandi de Barssiaco, Johannes Picardi, Johannes Alegre, Vigorosus Beneir, Ottho de Perdelhan, et Petrus Roberti, publicus notarius civitatis Burdeg......

23. *Saint-Sever, mardi 18 septembre 1274.* — *Reconnaissance de Vital de Miramont*[9].

Recognicio Vitalis de Miromonte[10]. — Universis presentes litteras inspecturis, Vitalis de Miramonte, salutem. Noveritis quod nos recognoscimus tenere ab illustrissimo domino rege

---

[1] Anal. *Arch. histor. Gir.*, t. III, p. 32. — [2] Ms. *Ponte Willelmi*; de même encore deux lignes plus bas. — [3] Anal. *Arch. histor. Gir.*, t. III, p. 32. — [4] Ms. *predictis parcionariis*. — [5] En marge : *una lancea sporle*. — [6] Anal. *Arch. histor. Gir.*, t. III, p. 32. — [7] En marge : *Par calcarium deauratorum et .i. par cirothecarum*. — [8] En marge : *.i. scutum et .i. par cirothecarum*. — [9] Publ. *Arch. histor. Gir.*, t. V, p. 333. — [10] Il y a *Miromonte* dans le titre et *Miramonte* dans le texte.

Anglie terram de Ranecose in parochia Sancti Martini de *(fol. 26)* Liuaus⁽¹⁾, et tenor⁽²⁾ coram domino rege facere et percipere justicie complementum, vel mandato ejusdem. Tencor eciam, quando dominus d'Esta facit deverium suum dicto domino regi, ego debeo commestioni interesse, et debeo servire cum una candela in manu⁽³⁾; et candela debet esse talis quod durare possit quousque fuerit commestio peracta dicti domini regis; et postea debeo cum servientibus commedere et coram me ponere dictam candelam ardentem et, dum commedere desisto⁽⁴⁾, ad domum propriam redire cum residuo candele; et hoc supra sancta Dei ewangelia juravi, corporaliter per me tacta, in presencia domini Petri Iterii⁽⁵⁾, militis, tenentis locum domini Luce de Thany, senescalli Vasconie, in curia Sancti Severii assignata ibidem die Lune ante festum beati Mathei ewangeliste⁽⁶⁾, quod non plura neque pauciora tenebar facere deveria racione dicte terre. In cujus rei testimonium, has litteras patentes dedi eidem domino Petro Iterii⁽⁷⁾, loco et nomine domini regis et ejus senescalli, sigillo venerabilis viri Garsie Arnaldi, abbatis Sancti Severii, signatas, qui ad preces meas sigillum suum presentibus apposuit. Datum apud Sanctum Severium, die Martis ante festum beati [Mathei] ewangeliste, anno Domini millesimo ducentesimo .lxx. quarto.

24. 18 mai 1273. — *Reconnaissance de Guillaume de Bahus, chevalier.*

Recognicio domini Willelmi de Baus, militis. — A tots aquez qui la present carte berran ni audiron⁽⁸⁾ de min, En W. de Baus, cauer, salutz. Jo vous fa asaber qe je tenc dou noble senhor lo rei de Engleterra le cau[ar]eri[e] de Baus ab sas pertenenses en la paropie de Baus, e .j. caseu a Tarigos, per loquau e cauarerie e fiu de far au dit mon senhor⁽⁹⁾ host entre ports e Garone⁽¹⁰⁾; ab .i. cauer o ab .iij. serbentes a pee⁽¹¹⁾, si cauer ne puisse auer, quant les autres cauers de la terre son mandaz, e homenadge⁽¹²⁾ e fisautad, e tort, e droit, e loy au son man citad e mandad, come dey; e asso ei⁽¹³⁾ jurad sobre les saintes ewangelis de Deiu, tocan de ma man corporaument, qe⁽¹⁴⁾ plus ne doi far au senhor, ne plus ne tenc q. jo pusca⁽¹⁵⁾ saber; asso ei dit e denunciad⁽¹⁶⁾ en la presence d'En Guitard d'Araunbes, prebost de Sen Seuer. En⁽¹⁷⁾ testimoni de bertad, es le present letre pendent sajerad deu sajed d'En Ffortaner de Baulad⁽¹⁸⁾, prior de Mimisan e vicari de San Seuer, lo die d'Assencion, anno Domini millesimo .cc .lxx. tercio.

25. Lundi 24 avril 1273. — *Reconnaissance de Guillaume Ex de Fargues.*

Recognicio domini W. Ex de Ffaurges. — A totz aquez qui la present carte berran ni audiran de nos, En W. Ex de Ffaurges, salutz. Nous vous facem asaber que⁽¹⁹⁾ tenem del fiu de nostre senhor le roi d'Engleterre la mancire de Ffaurges ab totes les apertenenses en la parropia de Arrenung⁽²⁰⁾; apres, dig que tenc une cauarerie en la paropie de Dado⁽²¹⁾, ab sas pertenenses, e .ix. casaus q. apertenen a la dite cauarerie; apres, dig que tenc .v. cassaus a Argeles, qui mouen de ladite cauarerie de Ffaurges; e per aquest dit fiu deuem far al⁽²²⁾ dit nostre senhor host entre ports e Garone⁽²³⁾, nos medis ab armes, o ab .iij. serbentes a pee⁽²⁴⁾, si nous ne podom⁽²⁵⁾ auant, e asso quant les autres cauers de la terra serrun mandaz per lo [man] del dit nostre senhor, e homenadge e fisautad, e tort, e dreit, e ley, al son man citad e mandad cum deuon. E asso auom jurad sobre les saintes ewangelis

---

⁽¹⁾ Ms. *Buaus*; mais voir n°ˢ 30-32. — ⁽²⁾ Ms. *tenear*. — ⁽³⁾ En marge : *servicium unius candele ardentis tenende coram domino rege commestioni suc.* ⁽⁴⁾ Ms. *debeo*. — ⁽⁵⁾ Ms. *It.*, suivie de quatre jambages avec un signe d'abréviation. Sur ce Pierre Itier, voir les *Rôles gascons* d'Édouard Ier, à la table. — ⁽⁶⁾ Le 17 septembre. — ⁽⁷⁾ Ms. *It.*, suivi de deux jambages avec un signe d'abréviation. — ⁽⁸⁾ Ms. *audaron*. — ⁽⁹⁾ Ms. *de far au dit de mon senhor*. — ⁽¹⁰⁾ Ms. *Garane*. — ⁽¹¹⁾ En marge : *exercitum unius militis vel .iij. servientum peditum.* — ⁽¹²⁾ Ms. *homoudge*; de même au numéro suivant. — ⁽¹³⁾ Ms. *&*. — ⁽¹⁴⁾ Ms. *qi*. — ⁽¹⁵⁾ Ms. *purra*. — ⁽¹⁶⁾ Ms. *asso et dit et denuncied*. — ⁽¹⁷⁾ Ms. *on*. — ⁽¹⁸⁾ Ms. *Bausad*; voir plus loin, n° 26. — ⁽¹⁹⁾ Ms. *qui*. — ⁽²⁰⁾ *Arrenuy* avec un signe d'abréviation au-dessus de la dernière lettre. — ⁽²¹⁾ Ms. *Dudo*. — ⁽²²⁾ Ms. *et per aquest siu deuem fat el dit nostre senhor*. — ⁽²³⁾ Ms. *Garene*. — ⁽²⁴⁾ En marge : *exercitum duorum* (sic) *militum*. — ⁽²⁵⁾ Ms. *podon*.

Diu, tocan de nostre man corporaument, que plus ne deuom⁽¹⁾ far al senhor, ni plus n'i tenem que⁽²⁾ nus puscum saber. Aso auom dit e denunciad a la presence⁽³⁾ d'En Guitard de Rombes, prebost de Sen Seuer. En testimoni de veritat es la presente letre pendent sajerade ab lo sajed de mon senhor En G. Ar.⁽⁴⁾, par la grace de Dieu abad de Sen Seuer, qui l'a pausa[d] a las nostres pregaries. Dade⁽⁵⁾ fo lo diluns plus prechein deuant la feste Philippi et Jacobi⁽⁶⁾, anno Domini millesimo ducentesimo .lxx. tercio.

26. *Saint-Sever, 10 mai 1274.* — *Reconnaissance de P. de Labarthe, damoiseau (fol. 26 v)*⁽⁷⁾. — *Recognicio P. de La Barte, domicelli.* — A tots aquez qui la presente verron e audiron de mi, En P. de La Barte, dauzed, salutz. Je vous facc assaber qe jo tenc deu noble senhor le roy d'Engleterre le cauarerie de La Barte ab sos apertenenses en la parropie de Tord., per loquau fiu e cauarerie deu far au dit mon senhor host entre portz et Garone⁽⁸⁾ ab un cauer o ab .iij. serbentes a pee⁽⁹⁾, si cauer n'i pose auer, quant les autres cauers de la terre son mandez, e homendage e fizautad, e tort, e dreit, e lei, au son man citad e manad cum dei. E asso ei⁽¹⁰⁾ jurad sobre les santes ewangelis Diu, tocan de ma man corporaument, que plus ne dei far au senhor ni plus n'i tienc que jo pusqe saber. Asso a dit [e] denunciad en la presence d'En Guitard d'Araumbes, prebost de Sen Seuer. En testimoni de veritat es le presente letre pendent sajerade deu sajed d'En Fortaner de Baulad, prior de Memissan e vicari de Sen Seuer, qui l'a pausad⁽¹¹⁾ a les meies pregaries. Dad fo a Sent Seuer, lo die d'Assencion, anno Domini millesimo .cc° .lxxiiij¹⁰.

27. *Mercredi 25 avril 1274.* — *Reconnaissance d'Amat de «Sagbet».*

Recognicio N'Amati de Sagbet. — A tots [a]quez qui la presente carte verron ni audiron de nos, N'Amad de Sagbet, salutz. Ffem bos assauer que tim del⁽¹²⁾ fiu de nostre senhor lo roi d'Engleterre la cauarerie de Sagbet, ab totas sas apertenenses, en la parropie de S. Per de Juliag, per loquau cauarerie deu far⁽¹³⁾ al dit mon senhor host .xv. dies, quant les autres caueres de la terre son mandaz, et aso entre ports e Garone⁽¹⁴⁾, quant son mandat, cum dey, ab .j. escuder ab armes⁽¹⁵⁾ que dei embiar. E aso auom jurad sobre les santes ewangelis, tocan corporaument, que plus ne deuom far al dit nostre senhor qe nous puscum saber. En testimoni de veritat es la presente letre pendent sajerade ab lo sajed de mon senhor En G. Ar., par la grace de Dieu abad de Sen Seuer, a las nostres pregaries; nous [auom] auerad aso e dit en la presence d'En Guitard d'Arrumbes, prebost de Sen Seuer, le dimerc⁽¹⁶⁾ qui ere la feste desent Marce Ewangel[ist]e, anno Domini millesimo ducentesimo .lxxiiij¹⁰.

28. *Mercredi 25 avril 1274.* — *Reconnaissance de Pierre Arnaud du Mus et d'Arnaud de Rimbez.*

Recognicio Petri Arnaldi. — A tots aquez qui la presente carte verron e audiron de nos, En P. Arn. del Mus e d'En Arn.⁽¹⁷⁾ d'Arrumbes, salutz. Nos vous fem asaber que tenem del noble senhor le rei d'Engleterre la cauarerie del Mus qui es en la parropie de Seint Martin del Mus, ab totas sas pertenensas, so es assaber que nos, En P. Ar., tenem les dous parties de la dite cauarerie, e nos, N'Ar. sobre dit, tenem la terce part, per loquau fiu e cauarerie deuom far al dit nostre senhor host entre ports e Garone⁽¹⁸⁾, ab .j. cauer o ab .iij. serbentes a pee, si cauer n'i podom auer, quant les autres caueres de la terre sou mandaz, e homendage e fizautad, e tort, e dreit, e lei, ab son man citadz e

---

⁽¹⁾ Ms. *deuon.* — ⁽²⁾ Ms. *qui.* — ⁽³⁾ Ms. *present.* — ⁽⁴⁾ Ms. *Gater*; voir les n°⁸ 23 et 27-29. — ⁽⁵⁾ Ms. *Dode.* — ⁽⁶⁾ En 1273, la fête des apôtres Philippe et Jacques (1ᵉʳ mai) était un lundi. L'acte est donc daté du lundi précédent. — ⁽⁷⁾ En marge, la mention : *Usque huc.* — ⁽⁸⁾ Ms. *Garane.* — ⁽⁹⁾ En marge : *excercitum unius militis.* ⁽¹⁰⁾ Ms. *et.* — ⁽¹¹⁾ Ms. *qui lui pausad.* — ⁽¹²⁾ Ms. *dil.* — ⁽¹³⁾ Ms. *fat.* — ⁽¹⁴⁾ Ms. *Garane.* — ⁽¹⁵⁾ En marge : *exercitum unius scutiferi.* — ⁽¹⁶⁾ Ms. *dimeng.* En 1274 en effet, la fête de saint Marc (25 avril) tomba un mercredi, non un dimanche. — ⁽¹⁷⁾ Ms. *et de Nare.* — ⁽¹⁸⁾ Ms. *Garane.*

mandadz, come deuom. E aso auom jurad sobre les seints ewangelis Dieu, tocau de nostre man corporaument, qe plus n'i deuom far al senhor, ni plus n'i tenem, que nous puscam saber. Aso auom dit e denunciad, en la presence d'En Guitard d'Arrumbes, prebost de Sen Seuer. En testimoni de veritad es la presente letre pendent sajerade ab lo sajed[1] de G. Ar., per la grace de Dieu abad de Sent Seuer, qui l'a pausa[d] a nostre[s] pregaries. Dade fo le dimerc[2] qui ert la feste sent Marc Ewangelist, anno Domini millesimo .cc° .lxx. quarto.

29. *Mercredi 25 avril 1274.* — *Reconnaissance de Guillaume de Serres.*

Recognicio W. de Serres. — A tots aquez qui la presente carte verron ni audiron de nos, En W. de Serres, salutz. Ffem vous assaber qe jo tenc[3] del fiu del noble senhor le roi d'Engleterre lo casted de Serre Gaston (*fol.* 27) ab sas apertenensas, de laquau apertenence es, e tienc .vj. cassaus en la parropie d'Eytes, en la paropie d'Enited e de Castoss e de Orgelos, .v. cassaus qe son de la medisse apertenence; e tenc la cauarerie de Vilenaue ab sas apertenences, qui es en la parropie de Seint Columbe e en la Coudutes. E de asso dei far au dit mon senhor homondage e fizautat e host, e tort, e dreit, e lei al sou mandad e citad, come dei; lequau host dei far a dit mon senhor entre ports e Garone[4] ab un homme ab armes[5] o ab .iij. serbentes a pee; e de la sobredite cauarerie de Vilenaue dei far[6] al senhor totes les mediss deuers sobredites. E asso auom jurad sobre les sents ewangelis, tocau de nostre man corporaument, qe plus ne deuom far, qe nous puscam trobar. Asso avom[7] dit e denunciad en la presence d'En Guitard d'Arrumbes, prebost de Sent Seuer. En testimoni de veritad es la presente letre pendent sajerade ab lo sajed de mon senhor En G. Ar., par la grace de Dieu abad de Sent Seuer, qui l'a pausa[d] a nostres pregaries. Dade fo lo dimerc[8] q. ere la feste sent

Marc ewang[eliste], anno Domini millesimo ducentesimo .lxx. quarto.

30. *Saint-Sever, mardi 18 septembre 1274.* — *Reconnaissance de Bernard Non de Castera.*

Recognicio Bernardi Noni. — Omnibus has litteras inspecturis, Bernardus Non de Casterar, salutem. Noveritis quod ego recognosco tenere ab illustrissimo domino rege Anglie casterarium de Brause, cum pertinenciis suis, in parochia Sancti Martini de Liaus, et teneor coram eodem domino rege facere et recipere justicie complementum, vel mandato ejusdem. Teneor insuper, quando dominus rex erit in Marsano et mittet ad venandum venatores suos in foresta seu silva de Ffaxinon, dare in prandendo sex venatoribus panem, vinum, piatum atque carnes; et debet michi pro parte domini regis per tres dies ante nunciari; et, dum pransi fuerint, debeo sequi venatores per dictam forestam illa tota die, hoc excepto quod ante occasum solis ad proprium hospicium reverti possim. Et hoc juravi supra sancta Dei ewangelia corporaliter per me facta, quod non plura neque pauciora teneor facere racione dicte terre, in presencia domini Petri Iterii, militis, tenentis locum domini Luche de Thauy, senescalli Vasconie, in curia Sancti Severii, die Lune ante festum beati Mathei ewangeliste[9] ibidem assignata. In cujus rei testimonium has litteras patentes eidem domino Petro Iterii dedi sigillo venerabilis viri, domini Garcie Arnaldi, abbatis Sancti Severii, sigillatas, loco et nomine domini regis et ejus senescalli, qui ad preces meas sigillum suum apposuit. Datum apud Sanctum Severium, die Martis ante festum beati Mathei ewangeliste, anno Domini millesimo ducentesimo .lxx. quarto.

31. *Saint-Sever, mardi 24 avril 1274.* — *Reconnaissance de Guillaume Méran.*

Recognicio Guillelmi Meran. — Omnibus presentes litteras inspecturis, Guillelmus Meran, salu-

---

[1] Ms. *sajerad*. — [2] Ms. *dimeng*. Voir la note correspondante du numéro précédent. — [3] Ms. *qui ten*. — [4] Ms. *Garane*. — [5] En marge : *exercitum unius hominis armati*. — [6] Ms. *de la sobre dite cauarerie dei far de la Vilenaue*. — [7] Ms. *auera*. — [8] Ms. *dimeng*. — [9] Le 17 septembre (la fête de Saint-Mathieu est le 21 sept.).

tem. Noveritis quod ego recoguosco tenere terram de Melian de domino rege Anglie in parochia Sancti Martini de Liaus [1], et facio [2] coram eo vel mandato ejus et recipio justiciam eodem modo. Et teneor, quando dominus d'Esta facit dicto domino regi deverium suum, si contingat dominum regem mittere venatorem suum ad forestam de Ffaxinon ad venandum in eadem, ego debeo venatori dare commestionem cum sex leporariis eadem nocte, et in crastinum teneor [3] venatorem ponere in foresta, et eundem tota die sequi, salvo quod ante occasum solis ad proprium hospicium redire possim. Et hoc supra sancta Dei ewangelia juravi quod predicta deveria debebam facere, et non plura neque pauciora, die Lune ante festum beati Marci ewangeliste, in curia Sancti Severii ibidem dicta die assignata, in presencia domini Petri Iterii, militis, tenentis locum domini Luce [de Thany], senescalli Vasconie ibidem. In cujus rei testimonium has litteras pendentes eidem domino Petro Iterii dedi sigillo domini Garcic Arnaldi, abbatis Sancti Severii, signatas, qui ad preces meas apposuit sigillum suum (*fol. 27 v*) presentibus. Datum apud Sanctum Severium, die Martis ante festum sancti Marci ewangeliste, anno Domini millesimo ducentesimo .lxx. quarto.

32. *Saint-Sever, mardi 18 sept. 1274. — Reconnaissance de Guillaume Arnaud de Lias.*

Recognicio W. Arnaldi de Linans. — Omnibus presentes litteras inspecturis Guillelmus Arnaldi de Linans, salutem. Noveritis quod ego recognosco ab illustrissimo domino rege Anglie tenere miliciam unam a Linans, cum pertinenciis suis, in parochia Sancti Martini de Lians, coram beguerio [4] de Marsano facere et recipere justicie complementum; teneor insuper facere dicto domino regi excercitum, quando beguerius de Marsan mandabit [5] excercitum pro domino rege, cum uno homine equite in armis [6] et tribus servientibus peditibus; et, si non facerem excercitum, teneor dare octo-

decim denarios et concedere in quolibet casali meo quod [7] habeo racione excercitus supradicti, et in hoc excercitu habeo participare; et non teneor racione dicte terre plura deveria neque pauciora facere. Et hoc juravi supra sancti Dei ewangelia corporaliter per me tacta, in curia Sancti Severii die Lune ante festum beati Mathei ewangeliste ibidem assignata, in presencia domini Petri Iterii, militis, loco domini Luche de Thany, senescalli Vasconie, existentis ibidem. In cujus rei testimonium has litteras patentes eidem domino Petro Iterii, loco et nomine domini regis et ejus senescalli Vasconie, sigillo venerabilis viri Garcie Arnaldi, Dei gracia abbatis Sancti Severii, dedi signatas, qui ad preces meas apposuit sigillum suum. Datum apud Sanctum Severium, [die Martis] ante festum sancti Mathei ewangeliste, anno Domini millesimo .cc. lxx. quarto.

33. *2 avril 1276. — Reconnaissance d'Aude de Berrie, fille de feu Gaillard de Berrie.*

N'Auda de Berria. — Conogude cause se que la done N'Aude de Berrie, filhe d'En Gailhart de Berrie, qui fo, reconego per sa bone, agradable e deliucre voluutat, qe tote la cauararie de Berrie, ab sas apertenansas, laquau [8] es en la parropie de Berrie, es dou fiu nostre senhor lo roi d'Engleterre, lequau erc tien ab homadge dou dit roi, e l'en deu far [9] ost e clam e sajet, loquau cauar[er]ic es en lo prebostat d'Ax [10]; lequau donc En Peer Iter, castellan d'Ax e de Sen Seuer, a arcebude en le se dou roi, saubes les drets dou roi e d'autres. Actum fuit .ij. die introitus Aprilis, anno Domini millesimo ducentesimo .lxxvj[0] [11], regnante E., rege Anglie, sede d'Ax vacante, En P. Iterii maire. Testes sunt : En W. Remon de Sescass, N'Ar. Raimon de Pin, En P., En W., En Domejun d'Antes, fraires; e Johan de Medouc, qe la carta escriuo.

34. *Montagne, près Saint-Émilion, 25 avril 1274. — Cession faite à titre perpétuel et sans*

---

[1] Ms. *in parochia Sancti Severii Martini de Liaus*. — [2] Ms. *faceo*. — [3] Ms. *tenear*. — [4] Ms. *benguerio*. — [5] Ms. *mandabat*. — [6] En marge : *exercitum unius hominis armati*. — [7] Ms. *que*. — [8] Ms. *lequau*. — [9] Ms. *star*. — [10] Ms. *en le prebostat Dax le Dax*. — [11] En 1276, Pâques tomba le 5 avril; on suit ici le style du 25 mars.

réserve, par Bertrand de Ladils, bourgeois de Bazas, au roi d'Angleterre et duc de Guyenne, de tout ce qu'il possède dans les paroisses de Lerm, Lucmau, Artiguevielle, Saint-Michel de La Prade, Sainte-Marie «de Saco», entre le Drot et le «Martalab», biens qu'il tenait jusqu'alors du roi en franc et libre alleu[1].

Bertrandus de Ladilis. — Universis Xpi fidelibus presentes litteras inspecturis, Bertrandus de Ladilis, civis Vasatensis, salutem in Vero salutari. Noveritis quod nos, non decepti, nec dolo aut metu inducti, set ex certa sciencia et pura ac propria voluntate nostra cessimus, reliquimus[2], donavimus et quietavimus et in presenti cedimus, relinquimus, donamus et quitamus, pro nobis et heredibus ac successoribus nostris imperpetuum excellenti domino nostro Edwardo, illustri regi Anglie et domino Hibernie et duci Aquitanie, quicquid habemus et tenemus et habere ac tenere debemus in parochia Sancte Marie de Heremo, in loco vulgariter appellato A Tanes, in parochia Sancti Andree de Luc-Maur; item, in parochia de Artigaveteri, in loco vocato Al Sauboar[3]; item, in parochia Sancti Michaelis prope Vasatum, in locis vocatis A Melenat et A Calon; item, in parochia Sancte Marie de Saco, in locis vocatis Dorralhan et Guros; item, inter duos amnes seu rivos, quorum unus vocatur Drotum et alius Martalab, et inter pontem de Labarta ac hospitale de Rocabrua, videlicet turrim de Lavisoun, cum pertinenciis, et alia cum omnibus juribus et pertinenciis predictorum, in quibuscumque rebus existant, sive in aquis, molendinis aut molendinariis, sive in landis aut (fol. 28) nemoribus, pascuis, herbagiis, censibus, questiis, talliis, albergatis et aliis corporalibus juribus et dominiis, quocumque nomine censeantur, volentes et concedentes quod idem dominus noster rex possit exinde facere suam omnimodam voluntatem. Que omnia recognoscimus nos quondam habuisse et tenuisse ab ipso domino rege in francum et liberum allodium; renunciantes pro nobis et heredibus ac successoribus nostris omni juri quod requirat solempnitatem in donacione aliqua sive insinuacione, vel aliam quamlibet, et omni alii juri et consuetudini per que nos aut heredes aut successores nostri possemus contra premissa venire vel aliquod premissorum. Testes hujus rei rogati a me sunt: dominus Antonius Bek, ejusdem domini regis cancellarius, dominus Lucas de Thany, senescallus Vasconie, dominus Amalvinus de Varesio, Guillelmus Arnaldi de Saubanhac, civis Baionensis, W. Arn. Columbi de Burgo, et alii plures. In cujus rei testimonium et ad perpetui roboris firmitatem presentibus apposuimus sigillum nostrum. Datum in Grandimonte prope Sanctum Emilianum, .xxv̊. die Aprilis, anno Domini millesimo ducentesimo .lxx. quarto.

35. [Bordeaux], 4 sept. 1275. — Déclaration d'hommage et de services dus au roi d'Angleterre par Gombaud de Tiran, damoiseau, en conformité avec une lettre patente délivrée par le prince Édouard, fils aîné du roi d'Angleterre, à Woodstock, le 14 juillet 1268[4].

Gombaldus de Tiran. — Conoguda causa sia que Gombaut[5] de Tiran, daudet, establitz en la presencia de maiestre Johan de Labarra, castelan de Burd[eu] en temps que aqueste carte fo faite, e de mii, W., public notarii de Bordeu, e deus testimonis plus bas en aquesta carta contenguts, monstret una lettra sajerada d[e]u saget nostre senhor N'Adouard, primer filh sa eu areire de nostre senhor le roi d'Engletere, le tenors de la quau lettera era ataus:

«Edwardus[6], illustris regis Anglie primoge-«nitus, omnibus ad quos presentes littere per-«venerint, salutem. Sciatis quod coram nobis «personaliter constitutus Gumbaldus de Tiran, «domicellus, allodia sua, ut asserebat, libera, infra «scripta, recepit de nobis per homagium ligium «et per servicium unius nisi sauri[7] constabulario «Burdegalensi qui pro tempore fuerit, ab ipso [et] «heredibus suis apud Burdegalam[8] persolven-

---

[1] Anal. Arch. histor. Gir., t. V, p. 330. — [2] Ms. relinquimus. — [3] On peut lire aussi Sanhoar. — [4] Publ. Arch. histor. Gir., t. III, p. 16 et t. V., p. 334. — [5] Ms. Gambaut. — [6] Cette lettre patente du prince Édouard a été rééditée, d'après les Arch. histor. Gir., par A.-J. L[afargue] dans la Revue catholique de Bordeaux, t. XII, 1891, p. 250. — [7] En marge : .j. nisum sorum. — [8] Ms. Bord.

«dum, nomine recognicionis, in mutacionibus do-
«minorum, volens nichilominus teneri ad servicia
«debita et consueta pro allodiis supradictis.
«Recepit enim dictus Gumbaldus a nobis Tiran et
«quicquid habet et habere debet ibidem; et
«quicquid alii de ipso tenent ibidem in feudum
«in parochia Sancti Medardi de Jales, excepta villa
«que appellatur Bosc; et quicquid dominus de
«Tiran habet in parochia Sancti Martini de
«Edinis [1] racione dominii de Tiran, excepto feudo
«quod appellatur Laforest; et quicquid habet in
«parochia Sancti-Hilarii de Autelha [2] racione ejus-
«dem dominii; et villam de Membisos in parochia
«Sancti Vincencii de Lacanau, et quicquid ab eo
«tenetur in feudum in eadem parochia; et quicquid
«habet et habere debet in parochia de Molins; et
«decimam totam d'Avalac in parochia Sancti
«Laurencii de Anedac, tam in decimis quam in
«aliis; et eciam villam de Moraret in parochia
«Sancti Laurencii de Medac; et quicquid idem
«Gumbaldus habet et habere debet in parochia de
«Cussas et de Sancta Gemma. Quod quidem homa-
«gium de omnibus et singulis supradictis, salvo
«nostro et alieno jure, in omnibus recipimus ab
«eodem. In cujus rei testimonium has litteras fieri
«fecimus patentes apud Wodestak., .xiiij°. die Julii,
«anno regni regis, domini patris nostri, quin-
«quagesimo secundo.»

En testmoignage de bertat d'aquesta causa, jo
auandiz notarie, a la pregaria e a la requesta de
l'auandit castelhan, e per voluntat e per autry deu dit
En Gumbaut, arecebui aqueste presente carte, en
audience deus [3] testimoniis en aquesta carta
contengutz. Actum fuit .iiij. die introitus Septembris, anno Domini millesimo .cc°. lxx .v'°. Regnante
E., rege Anglie, sede Burdegalensi vacante, Henr.
de Galeys, major. Testes : En P. Iterii, cano[ni]cu
de Bertulh, P. Iterii, dauzet, Johan Colom, filh
Gaillard Colom (fol. 28 v), Arn. Conte, Richard
Leprestre, P. de Mondit, e W. Bordes, qui la carta
[escriuo].

36. *10 janvier 1276.* — *Location perpétuelle
de trente sadons de terre dans la forêt royale sise
en la paroisse de Gradignan, consentie au profit de
Guillaume de Laforest par le connétable de Bordeaux,
agissant au nom du roi d'Angleterre* [4].

Guillem de Laforest. — Conoguda causa sia que
maiestre Johan de Labere, conestable de Bord[eu],
en noun e en perssona, si cum disso, dou noble
roi d'Engleterre, a dat e liurat feuamentz, au
fur [5] e a les custumas de Burd[eu], a Guillem de
Laforest, de la paropia de Gradinhan, e a ses heirs
et asson ordenhe, .xxx. sadons de terra, lesquaus
sont en la forest dou roy en la dite paropia,
entre la forest dou mediss roi, de cada part;
e a l'enves[t]it, en nom de [l']auendiss roy, ab .vj.
[den.] de sporle a muda de senhor, per lo quart
fruit rendant, an per an, portat au castet dou
roi a Bordeu, e .ij. deners; e adju[u]ar a la garda,
cada jorn que vendemihera, si i a vin[h]a. Euditz
conestables, en noun e en perssona dou roi, a le
mandat e promes estre bon senhor e portar bona
e ferme garentie de totz emparadors, sauba la
senhoria eu[s] dreitz du roi deins mentagutz e
ses autres deues [6], aitaus cum senhor deu auer
sobre son affeuat, au fur e a las custumas [7] de
Bordel por [8] les ditz affeuatz ni ses heirs ni ses
ordeniaz; ni deu ni pot mettre casat ni forcasat,
ni far autre causa per que son hoir pergos [9] sas vendas, ni acun de ses autres deues. Actum fuit .x².
die introitus Januarii, anno Domini millesimo .cc°.
.lxxv'°. Regnante E., rege Anglie, Simon, arch. de
Bord[eu], En Brunus de Saya major. Testes
sunt : Helias Carpentarii, En P. Estewe, En B. de
Becla e Gilbert du Miralh [10], qui la carte escriuo.

37. *Saint-Sever, vendredi 13 septembre 1275.*
— *Déclaration par Pierre, évêque d'Aire et de
Sainte-Quiterie, qui reconnaît avoir reçu en dépôt
et commende la caverie de Bostens et tout ce que feu
Martin de Labeyrie, official d'Aire, possédait dans
la paroisse de Bostens, aux conditions indiquées dans*

---

[1] Ms. *Sancti Martini et Edinis*. — [2] Ms. *Ancelha*. — [3] Ms. *dou*. — [4] Anal. Arch. histor. Gir., t. V, p. 336.
— [5] Ms. *ausur* (avec une abréviation). — [6] Ms. *e a ses autre deues*. — [7] Ms. *asur a las custumas*. — [8] Ms.
pore. — [9] Ms. *per (p. barré) qui son hoir pergas*. — [10] Ms. *Gilbert da Amiralh*.

un acte passé aux mêmes dates de lieu et de jour par Luc de Thaney, sénéchal de Gascogne, agissant au nom et au lieu du roi d'Angleterre [1].

Episcopus Adhurensis. — Noverint universi quod nos, Petrus, Dei gracia Adhurensis et Sancte Quiterie episcopus, recognoscimus spontanee recepisse a nobili viro Luca de Thany, senescallo Vasconie, et ex ejus tradicione, miliciam de Bausten cum pertinenciis, inter terram de Ossau, terram de Mazerel et quicquid Martinus de Laberra, officialis Adhurensis defunctus, habebat in dicta parochia Sancte Marie et in parochia Sancti Martini de Mazerelis, sub forma contenta in litteris ejusdem senescalli sigillo curie Vasconie sigillatis, quarum tenor sequitur in hec verba :

«Universis Xpi fidelibus presentes litteras [2] «inspecturis Lucas de Tany, miles, senescallus Vas-«conie, salutem. Noveritis quod, cum nos tenere-«mus in manu domini nostri regis Anglie, ducis «Aquitanie, miliciam de Bauston cum pertinenciis «in parochia Sancte Marie Magdalene de Bausten «Fedasser, inter terram de Ossau cum pertinenciis, «terram de Mazerelis, et quicquid Martinus de La «Boherie, officialis Adhurensis defunctus, habebat «in dicta parochia Sancte Marie et in parochia «Sancti Martini, tenuissemus ac die sui obitus te-«neremus et ab eo tempore citra continue usque «nunc, volentes facere graciam quam possumus «reverendo in Christo patri, domino Petro, Dei «gracia Adhurensi et Sancte Quiterie episcopo, qui «se asserebat habere, ex voluntate dicti officialis, «jus quod dictus officialis habebat et habere debe-«bat tempore sui obitus in terris predictis, con-«cessimus seu in depositum tradimus vel comen-«damus predicto domino episcopo quod ipse, salvo «jure alieno, predictam miliciam et terras nomine «dicti domini nostri habeat [3] usque ad instans fes-«tum Natalis Domini, et de eodem festo usque ad «unum annum, sub ea lege et pacto quod, nisi «usque ad tantum tempus idem dominus episcopus «optinuerit et habuerit voluntatem ipsius domini «nostri et concessionem quod predicta milicia et «terre in manu ejusdem domini episcopi rema-«neant, extunc ipse dominus episcopus debet et «promisit nobis, pro dicto [domino] nostro et ejus «vice ac nomine stipulanti et recipienti, predictam «miliciam et terras cum pertinenciis, ut dictum est, «in eodem statu in quo erant tempore confeccio-«nis presencium reducere et restituere. Nos, vel «seneschallus qui pro tempore fuerit, absque «omni contradiccione et defensione ac lite vel nos «aut successores nostri ea poterimus licite nostra «auctoritate capere et retinere (*fol. 29*) [4] jure «nostro tam diu donec per judicium curie nostre «Sancti Severii fuerit diffinitum predictam mili-«ciam et terras per nos debere esse reddendas «dicto domino episcopo vel cuicumque alii petenti [5]. «Predictis autem milicia et terris restitutis et per «nos captis secundum formam predictam, idem «dominus episcopus jus suum quod, si crediderit «in proprietate h[ab]ere, prosequitur coram nobis «vel senescallo qui pro tempore fuerit in curia «Sancti Severii, tam racione presentis concessionis «vel alio modo, aliquo jure vel possessione, usque «ad tempus restitucionis predicte vel capcionis per «nos facte, non poterit reclamare. Datum apud «Sanctum Severium in Vasconia, die Veneris post «festum Nativitatis beate Marie, anno Domini mil-«lesimo .cc°.lxx°. quinto [6].»

Que omnia contenta [7] in litteris supradictis nos, predictus episcopus, pro nobis et successoribus nostris promittimus bona fide tenere et adimplere, ipsas litteras dicto senescallo vel ei qui pro tempore fuerit reddere et restituere in omni casu et eventu, completo termino supradicto. In cujus rei testimonium sigillum nostrum presentibus duximus apponendum. Actum et datum loco, die et anno predictis.

38. *Bordeaux*, *dimanche 17 novembre 1275.* — Déclaration de Guitard de Bourg le Vieux, che-

---

[1] *Anal. Arch. histor. Gir.*, t. V, p. 335, où cependant n'a point été mentionnée la lettre du sénéchal de Gascogne transcrite dans cette déclaration. — [2] Ms. *presencialiter.* — [3] Ms. *habebat.* — [4] Il y a ici un changement de main et il se peut que le nouveau copiste ait omis des mots ou des phrases. — [5] Ms. *petitis.* — [6] Le scribe a étourdiment répété les trente derniers mots, depuis *usque ad tempus.* — [7] Ms. *Que omnibus contentis.*

valier, qui reconnaît avoir reçu du sénéchal de Gascogne, par les mains du connétable de Bordeaux, le château de La Réole, pour tout le temps qu'il plaira au roi, à condition de recevoir tous les mois, du prévôt de La Réole, une indemnité journalière de 15 sous de monnaie bordelaise [1].

Dominus Guithardus de Burgo, miles. — Universis ad quos presentes littere pervenerint, Guitardus de Burgo, miles senior, salutem eternam in Domino. Noveritis nos recepisse castrum de Regula a domino Lucha de Tany, senescallo Vasconie, per manum Johannis de La Bere, constabularii Burd[egale], dum domino nostro Edwardo, Dei gracia regi Anglie, predicto domino senescallo, vel senescallo Vasconie qui fuerit pro tempore, placuerit, custodiendum, pro quindecim solidis Burdegalensis monete qualibet die recipiendis per manus Vitalis de Miralho, burgensis Regule et prepositi ejusdem loci, ita videlicet quod pecuniam predictam de predicto preposito capiamus de mense in mensem; promittimusque predicto constabulario, vice et nomine predictorum dominorum nostrorum, regis et senescalli, quod eisdem seu ipsorum cuilibet, seu ei eorum qui pro tempore fuerit, predictum castrum cum rebus universis quas infra castrum predictum de preposito predicto recipiemus, reddemus et restituemus [2], cum ad hoc faciendum ab ipsis seu ab aliquo ipsorum fuerimus requisiti. Illud idemque promittimus pro quibuscumque heredibus nostris. Promittimus eciam eisdem et eorum cuilibet quod eorum mandatis seu cuilibet eorumdem erimus obedientes et intendentes. Ad omnia vero supradicta plenius observanda, obligamus et subicimus nos et omnia bona nostra, mobilia et immobilia, ubicumque poterint inveniri, dominis nostris regi et senescallo supradictis, ut e[s]t supra dictum. In cujus rei testimonium presentes litteras fieri fecimus patentes, sigillo nostro sigillatas. Datum Burdegale, die dominica proxima post festum sancti Martini hiemalis, anno Domini millesimo cc. lxx°. quinto (*fol. 29 b*).

39. *Bordeaux, jeudi 9 avril 1276.* — Déclaration de Guitard de Bourg, chevalier, seigneur de Breuil, qui reconnaît avoir reçu en commande du sénéchal de Gascogne, agissant au nom du roi d'Angleterre, le droit de rendre la justice dans les paroisses de Saint-Estèphe et de Cissac, aux conditions marquées dans une lettre du sénéchal Luc de Thaney, datée de Langon, le 16 mars 1271 [3].

Guitardus de Burgo, miles. — Noverint universi presentes litteras inspecturi quod nos, Guitardus de Burgo, miles, dominus de Briolio, recognoscimus spontanee quod habemus et tenemus ex commissione et commenda nobilis viri, domini Luce de Thany, militis, senescalli Vasconie, justiciam [4] et examen justicie parochie Sancti Stephani et parochie de Siçac per suas litteras patentes sub sigillo curie Vasconie in hec verba :

«Lucas de Thany, miles, senescallus Vasconie, «universis presentes litteras inspecturis, salutem. «Noveritis quod nos pro domino nostro rege[...]lie «committimus et commendamus dilecto fideli nos«tro domino Guitardo de Burgo, militi, domino «de Briolio, justiciam et examen justicie [4] parochie «Sancti Stephani et parochie de Siçac, et dicta«rum [6] parochiarum hominibus mandamus et pre«cipimus ut eidem per integrum hobediant, sicut «nobis, quousque mandatum istud duxerimus revo«candum. Datum Leng[onii], .xvj. die Marcii, «anno Domini millesimo .cc°. lxx°.»

Que omnia sic nobis commissa et commendata nos, predictus Guitardus de Burgo, promittimus domino Luce de Thany, senescallo Vasconie, nomine domini nostri regis Anglie, quandocumque placuerit, restituere, et de omnibus perceptis eidem vel constabulario Burd[egale] respondere. In quorum testimonium sigillum nostrum presentibus appendimus. Datum Burd[egale], die Jovis post festum Pasche Domini, anno ejusdem millesimo .cc°. lxx°. sexto.

40. *Mercredi 1er avril 1276.* — Reconnaissance de maître Bernard Faur, clerc, qui jure avoir

---

[1] Anal. *Arch. histor. Gir.*, t. V, p. 336. — [2] Ms. *restitucionem.* — [3] Anal. *Arch. histor. Gir.*, t. V, p. 337. — [4] Ms. *justicie.* — [5] Le ms. ajoute : *et.* — [6] Ms. *dictorum.*

reçu en commende de Luc de Thaney, sénéchal de Gascogne, agissant au nom du roi d'Angleterre, le droit de rendre la justice dans la paroisse de Pimbo, sous les réserves marquées dans la lettre dudit sénéchal[1].

Magister Bernardus Fabri, clericus. — Noverint universi presentes litteras inspecturi quod nos, magister Bernardus Fabri, clericus, recognoscimus quod nobilis vir dominus Lucas de Thany, miles, senescallus Vasconie, commisit nobis justiciam parochie de Pinba et alia quedam per suas litteras in hec verba :

«Lucas de Thany, miles, senescallus Vasconie, «omnibus ad quos presentes littere pervenerint, «salutem et dilectionem sinceram. Cum nos, no«mine illustrissimi domini nostri, regis Anglie, «domini Hibernie et ducis Aquitanie, commiseri«mus dilecto nostro clerico, magistro Bernardo «Fabri, justiciam parochie de Pinibus et ballivam «ac omnia que ad dictum dominum nostrum «........ et spectare debent ibidem et in aliis «parochiis et terris circumvicinis sub aliis ballivis «nostris non constitutis, habenda et tenenda «quamdiu dicto domino et nobis placuerit, vobis «mandamus quatinus in predictis et pertinentibus «ad predicta obediatis eidem. Datum die Mercurii «in octabis Anunnciacionis beate Marie, anno Do«mini millesimo .cc° .lxx .vj°.»

In quibus omnibus sic commissis, prout in dictis dominorum nostrorum regis Anglie et senescalli[2], durante commissione, litteris continetur, promisimus et super sancta Dei evangelia juravimus bene et fideliter nos gerere erga dictum dominum nostrum regem Anglie et senescallum[3], durante commissione predicta, sua jura promovere, et deperdita et alienata ad manum revocare ipsius. Datum die et anno predictis.

41. *Saint-Sever, dimanche 22 octobre 1273.* — Déclaration d'Arnaud Séguin d'Estang, chevalier, qui reconnaît tenir du roi sa personne et sa terre, et qui s'engage à les rendre au roi ou à son sénéchal avant la prochaine fête de Saint-Jean, sous peine d'une amende de 500 marcs.

Arnaldus Seguini d'Estan, miles. — Universis presentes litteras inspecturis, Arnaldus Seguini d'Estan, miles, salutem in Domino. Cum hoc esset quod ego obligassem personam meam et terram meam totam illustrissimo domino regi Anglie [et] domino Gastoni, vicecomiti Bearn[ii], secundum quod in quadam littera super hoc confecta, et sigillata sigillis dicti domini Gastonis, episcopi Lectorensis[4] et abbatis Figacensis[5], plenius continetur[6] et dictus dominus rex teneret dictas terram et personam ex causa predicta, idem dominus rex recredit michi personam meam et comendavit totam terram predictam michi, qui promisi dicto domino regi, solempni stipulacione interposita, restituere sibi vel senescallo suo in Vasconia dictas terram, cum fructibus inde habitis, et personam, infra festum beati Johannis Baptiste proxime venturum; et, nisi predicta persona infra dictum festum fuerit restituta, ut predictum est, (*fol. 30*) promitto per stipulationem solempnem penam quingentarum marcarum[7] dare eidem domino regi vel mandato suo. Pro quibus persona, si vixerit, vel quingentis marchis reddendis, ut dictum est, obligaverunt se principaliter, quilibet pro parte sua, dominus vicecomes Tartasensis, dominus Ffortanerius de Casa nova, Otho, dominus de Doazit, cum auctoritate cur[atoria] Arnaldi d'Amor, curatoris sui, qui juravit se non venturum contra racione minoris etatis, dominus Arnaldus Amanebi de Campet, et dominus W. Arnaldi de Saucto Albino. Nos vero omnes dicti fidejussores, renunciantes beneficio novarum constitucionum, una cum domino Arnaldo Segu[i]n presentibus apposuimus sigilla nostra in testimonium veritatis. Datum apud

---

[1] *Anal. Arch. histor. Gir.*, t. V, p. 337. — [2] *Ms. suorum.* — [3] *Ms. suos.* — [4] Cet évêque de Lectoure était Géraud II de Montcorun (*Gallia christiana*, t. I, col. 1078). — [5] L'abbé de Figeac, Gaillard de Montégut, mort en 1288, assista en 1273 au traité passé entre Gaston VII de Béarn et le roi d'Angleterre Édouard Ier (*Gallia christ.*, t. I, col. 175). — [6] Cette lettre est dans Rymer, *Fœdera*, à la date du lundi après la Saint-Michel (2 octobre) 1273. — [7] *Ms. quingemtorun marcorum.*

Sanctum Severium, die dominica post festum beati Luche, anno Domini millesimo .cc .lxx .iij°. Interlinear[e] «si vixerit» ponitur sub sigillo [1].

42. [Sans date][2]. — *Reconnaissance de Raimond Bernard de Castelnau.*

Bernardus de Castro novo. — Raymundus Bernardi de Castro novo, juratus, recognovit se tenere in feudum de domino rege Castrum novum de Theursano cum pertinenciis; item, medietatem ville de Orgoes; item, affarium seu villagium de Porcilgas [3], et medietatem mote de Rupeforti in Theursano cum suis pertinenciis. Debet pro hiis omnibus homagium et fidelitatem, stare juri coram domino in curia Sancti Severii, et ei facere excercitum inter portus et Garonam, quando alii faciunt et dominus eos mandat ad exercitum, cum equo suo, armis et scutifero uno [4], si sit sanus; si non sit, vel facere non possit, tres servientes debet mittere pro se. Aliud nescit; set, si juveniret se debere alia deveria, paratus est confiteri. Requisitus si aliquid est alienatum in manu mortua, dixit quod non credit; sed post consultus dixit quod a sexdecim annis citra alienaverat pater suus in monasterio de Piubol de octo casalibus ad decem in parochia de Porcilgas, pro D[co] et elemosina. Requisitus de allodiis, dixit se nulla habere.

43. *Reconnaissance du seigneur de Benquet.*

Dominus de Benqueto. — Dominus de Benqueto, juratus et interrogatus, dixit se tenere de domino rege totum illud quod habet apud Benquetum cum pertinenciis, videlicet medietatem barrii, et motam totam, et alia omnia que habet in toto Marciano; item, miliciam seu capmasuram de Puy Bardos cum pertinenciis, pro quibus debet homagium et fidelitatem, jus et legem in curia Sancti Severi, et excercitum de se cum armis et uno scutifero eques [5] qui portet arma sua. Requisitus de alienacione in manu mortua, dixit quod non credit aliquid alienatum. Requisitus de allodiis, dixit quod nulla habet.

44. *Reconnaissance de Guillaume de Perisse, seigneur de Monnuy.*

Guillelmus de Perisse, dominus de Monnui [6]. — Guillelmus de Perisse, dominus de Monnui, juratus, dixit se tenere de domino rege castrum de Monnui cum pertinenciis et terris que sunt in parochiis nominatis in cedula per eum tradita, cum exercitu de se, vel, si haberet justam excusacionem, de uno milite vel tribus servientibus peditibus, et jus ac legem in curia Sancti Severii. Requisitus de alienacionis, dixit quod hospitale de Jerusalem habet quedam deveria in suis hominibus et domus Sancti Geroncii [   ]s[7] in suis feudis, videlicet de A Ayest et A Clar. Requisitus de tempore alienationis, dixit a tempore antiquo de quo non recordatur. Requisitus de allodiis, dixit se nulla habere.

45 (44 bis). *Reconnaissance de Géraud, comte d'Armagnac et de Fezensac.*

Dominus G., comes Armeniaci. — Dominus G., comes Armeniaci et Fezen[ciaci], juratus et requisitus, dixit quod tenebat de domino rege Anglie comitatus predictos Armeniaci et Ffezenciaci cum pertinenciis et Fezen[za]guatum, quantum est de eo extra Tholosanum, de rivo de Rat citra, ut hoc ultimum credit, et castrum Mali Leonis cum pertinenciis, cum homagio et fidelitate et aliis con-

---

[1] C'est-à-dire que ces mots : «*si vixerit*», écrits sur l'original en interligne, sont garantis par le sceau. En marge : *non scribatur.* — [2] Les numéros 42 à 135 inclus ne sont pas datés dans le manuscrit. — [3] L'abbé Légé, qui a connu le présent acte, dit (*Los Castelnau Tursan*, t. I, p. 24) : «Portilgas n'est pas connu dans le Marsau; on aurait dû lire Pantaguan (c.-à-d. Geaune).» Mais, d'une part, la lecture est certaine et, d'autre part, le nom se retrouve dans l'*Historia Monast. S. Severi* de dom Du Buisson, t. II, p. 189. C'est Poursiugues dans les Basses-Pyrénées (voir le *Dict.* de P. Raymond). — [4] Ms. *sculstifero una.* — [5] Le solécisme *cum uno scutifero eques* a été si souvent commis par le copiste qu'on a cru devoir le conserver dans le texte. — [6] Ms. *Mo*, suivi de sept jambages (ainsi les trois fois). — [7] Un mot recouvert par une tache d'encre.

dicionibus et pactis contentis in (*fol. 3o v*) cartis seu litteris factis inter dominum regem et ipsum, de parte quam se dicit habere in castro de Sent Julian et pertinenciis. Dixit quod nescit de quo illam teneret miles cum quo permutavit eam, utrum a domino rege vel Othone de Malovicino, set libenter se certificabit et respondebit.

46 (*45*). *Reconnaissance d'Auger de Morlaas, damoiseau.*

Augerius de Morl[anis]. — Augerius de Morl[anis], domicellus, juratus et interrogatus, dixit quod tenebat de domino rege et duce castrum de Orbacave cum pertinenciis omnibus, et debet inde facere jus et legem in curia Sancti Severi coram domino, et exercitum de se, nisi haberet justam excusacionem, et tunc, cum tribus servientibus. De allodiis, nichil. De alienatis, nichil.

47 (*45* bis). *Reconnaissance de Mancip de Casalonc, chevalier.*

Mancipius de Casalonc, miles. — Mancipius de Casalonc, miles, juratus, dixit quod tenebat de domino rege miliciam de Casalonc cum pertinenciis que sunt in ipsa parochia et de Monuui et de Bassercas; et debet facere jus et legem in curia Sancti Severii, et exercitum de se, vel, si non haberet excusacionem, de tribus servientibus. De allodiis, nichil. De alienatis, nichil.

48 (*46*). *Reconnaissance de Raimond de Garein, damoiseau.*

Reymundus de Garenh. — Reymundus de Garenh, domicellus, juratus, dixit quod tenebat de domino rege et duce totam parochiam de Garenh in diocesi Adhurensi, et quatuor casalia in parochia de Brocars et unum casale in parochia de Bol., cum homagio et fidelitate, et exercitum eques in armis, si non habet excusacionem; aliter, cum tribus servientibus; et jus ac legem in curia Sancti Severi, et sporlam de una lancea[1] cum ferro deaurato et quinque libris cere in mutacione domini. Item, dicit quod homines sui de Garenh. dant pro emparamento .x. libras cere preposito Herbe Faverie annuatim. Requisitus de allodiis, nichil. De alienatis, nichil.

49 (*47*). *Reconnaissance de Bertrand de Lamothe, chevalier.*

Bertrandus de Mota. — Dominus Bertrandus de Mota, miles, dixit quod tenet de domino rege et duce locum de Mota, cum pertinenciis suis omnibus et aliis que habet in Sylvestr[ensi] et alibi, cum homagio et fidelitate, et jure ac lege in curia Sancti Severii, et exercitu de se in armis eques, vel de tribus servientibus, ut supra, inter portus et Garonam.

50 (*48*). *Reconnaissance de Bertrand de Lamothe fils.*

Bertrandus de Mota filius. — Bertrandus de Mota, filius suus, cum ejus consensu[2], juratus, dixit quod tenebat de domino rege miliciam d'Andinon cum suis pertinenciis, racione successionis materne, cum homagio et fidelitate, et jus ac legem in curia Sancti Severii, et exercitum de suo corpore cum armis, vel, si non possit, cum tribus servientibus. De allodiis, nichil. De sporla, nichil.

51 (*49*). *Déclaration de Vital de Maurrin comme tuteur de ses neveux, fils et héritiers de Galbrun de Maurrin, chevalier.*

Heredes domini Galabruni de Marrenh, militis. — Vitalis de Marrenh, tutor legitimus heredum domini Galabruni de Marrenh, militis defuncti, fratris sui, dixit juratus quod heredes predicti tenent de domino rege Anglie, cum homagio et fidelitate, et jus ac legem in curia Sancti Severi, miliciam de Marrenh, cum omnibus pertinenciis suis de Ges et de Pujader, et cum exercitu eques et armis, vel tribus servientibus, ut de illis dictum est. Item, uxor dicti defuncti, nomine Navarra[3], tenet, ut dicit idem Vitalis, de rege miliciam d'Aubanhan, cum suis pertinenciis (set ista non erat presens) cum exercitu, ut supra. De allodiis, nichil. De alienatis, nichil.

---

[1] En marge .j°. *lancea de sporla*. — [2] Ms. *concensu*. — [3] Ms. *Navarram*.

RECOGNICIONES FEODORUM IN AQUITANIA.

52 (50). *Reconnaissance de Bernard de Lamothe, fils de Sanche de Lamothe.*

Bernardus de Mota, filius Sancii. — Bernardus de Mota, filius domini Xanccii de Mota, dixit quod pater suus dedit ei affarium seu castrum de Gans, cum omnibus suis pertinenciis et aliis que habebat in diocesi Adhurensi, que omnia tenet de domino rege cum fidelitate et homagio, et jus ac legem in curia Sancti Severi, et unam lanceam de sporla in mutacione domini [1]. De alienatis nichil. De allodiis, nichil. *(fol. 31.)*

53 (51). *Reconnaissance de Guillaume Arnaud de Cazalis.*

Dominus Guillemus Arnaldi de Casalis. — Dominus Willelmus Arnaldi de Casalis, juratus, dixit quod tenet de domino rege et duce domum et locum de Casalis, cum omnibus pertinenciis suis et omnibus que habebat in parochia de Casalis et alibi, exceptis quatuor casalibus de quibus audivit dici quod tenebantur de domo de Doazit. Debet pro hiis homagium et fidelitatem, jus et legem in curia Sancti Severi, et excercitum de se vel tribus armis, vel tribus servientibus, ut supra. De allodiis, nichil. De alienatis, nichil.

54 (52). *Reconnaissance d'Arnaud de Gabaston.*

Dominus Arnaldus de Gavastone. — Dominus Arnaldus de Gavastone, juratus, dixit quod tenet de domino rege castrum de Rupe forti, de Lobinher, de Monte Galardi, de Haxetmau, et illud quod habet apud Sanctum Labayr, cum eorum pertinenciis universis et aliis que habet et tenet racione uxoris [sue] Clarmonde in Marciano, Theurssano, vel Silvestri, vel Solossa; et debet pro hiis fidelitatem et homagium, jus et legem in curia Sancti Severi, et exercitum inter portus et Garonam, se tercio de militibus. Et, si plura deveria invenirentur, paratus est ea facere et confiteri. Requisitus de allodiis, nichil. Requisitus de alienatis, dixit quod domus de Pontaut tenet [2] de dicto feudo census domorum de Hayetmau et de Lobinher, et molendinum de Lobinher, que fuerunt data in elemosina et pro anniversario per dominos de Marciano; et episcopus Adhurensis [3] tenet, ut dicitur, titulo pignoris, pro uno equo, affarium Sancti Simphoriani et alia que nescit.

55 (53). *Reconnaissance d'Arnaud de « Marcio ».*

Dominus Arnaldus de Marcio. — Dominus Arnaldus de Marcio, juratus, dixit quod tenet de domino rege castrum de Caunar [4], cum pertinenciis, et medictatem vic[arie] de Malcor, cum omnibus pertinenciis suis, et affarium de La Gast juxta Caunar [5] et omnia alia que tenet in dioc[esibus] Adhurensi et Aquensi, videlicet in Marencino et itinere Sancti Jacobi usque ad parochiam de Mar., excepto castro de Mugron et tenemento de Gardam, ubi modo est castrum de Mugron, que dixit se tenere [6] de abbate Sancti Severi; pro quibus debet homagium et fidelitatem, et jus et legem in curia Sancti Severi, et exercitum de se vel tribus servientibus, ut alii supra. Si plura deveria deberentur, paratus erit recognoscere. De allodiis, nichil. De alienatis, nichil. Post, dixit immediate quod dedit unam boeriam hospitali de Hocce Guibaut [7].

56 (54). *Reconnaissance de Guillaume Arnaud de Saint-Aubin.*

Dominus Guillehmi Arnaldi de Sancto Albino. — Dominus Willelmus Arnaldi de Sancto Albino, juratus, dixit quod tenet de domino rege tres partes castri de Pujal, cum omnibus pertinenciis, et de .xij. ad .xv. casalia in parochia de Brocars, et quicquid habet in Marciano et Theurssano apud Maurans; et nescit si sunt milicie [8] vel non; et debet inde facere homagium et fidelitatem, et jus ac legem in curia Sancti Severi, et exercitum, ut alii. De alienatis, dixit quod avus suus dedit .v. sol. renduales domui Rocide Vallis super homines Sancti Albini (set modo non percipiunt nisi .xviij. denarios);

---

[1] En marge .j². *lancea de sporla.* — [2] Ms. *tenent.* — [3] Ms. *opus Marc.* — [4] Ms. *Taunar.* — [5] Ms. *Tamar.* — [6] Ms. *que se dixit se tenere.* — [7] Sur cet hôpital, voir *Anciens hôpitaux du diocèse de Dax*, par l'abbé Foix, p. 12, note 29; et Dufourcet, *Les Landes et les Landais*, p. 266. — [8] Ms. *milicia.*

item, mater sua, circa .xij. anni sunt, super vilagio de Tribus rivis et domui del Seint Johan bladum de censu juxta duos roncinos honeratos.

57 (55). *Reconnaissance d'Arnaud d'Aurice, chevalier.*

Dominus Arnaldus d'Urisse, miles. — Dominus Arnaldus d'Urisse, miles, juratus, dixit quod tenet de domino rege miliciam d'Urisse, cum suis pertinenciis, pro qua debet domino homagium et fidelitatem, jus et legem in curia Sancti Severii, et exercitum, ut alii; item, medictatem milicie de Tort, cum pertinenciis; et debet pro ea cum suo parcionario, vocato P. de Labarta, domicello, homagium et fidelitatem, jus et legem in curia Sancti Severii, et exercitum, ut alii. De allodiis nichil. De alienatis, nichil.

58. *Reconnaissance de Guitard de «Rumbes».*

Guitardus de Rumbes. — Guitardus de Rumbes, juratus, dixit quod tenet de domino rege miliciam de Rumbes cum omnibus pertinenciis suis; et dixit quod erant de pertinenciis affarium de Munhos, de Ripperia Sancti (*fol. 31 v*) Severii in parochia de Munhos, et quatuor casalia, ac medium bedaut in parochia de Munhos. Et debet homagium ac fidelitatem, ac jus et legem in curia Sancti Severii, et unum exercitum, ut alii. Protestatur de pluribus deveriis recognoscendis si id inveniret. De alienatis, nichil. De allodiis, nichil.

59 (56). *Reconnaissance de Gérand de «Mont d'Iront».*

Geraldus de Monte d'Iront. — Geraldus de Monte d'Iront, juratus, dixit quod tenet de domino rege miliciam de Moundiront, cum omnibus pertinenciis suis, de qua milicia tenet Willelmus Arnaldi de Crebassat terciam partem, ut dixit; et debet pro ea homagium et fidelitatem, et jus ac legem in curia Sancti Severii, et exercitum, ut alii; set dictus dominus de Crebassan debet ei facere portari arma, si faciat excercitum eques cum armis, vel, si non faciat, per servientes; debet mittere suum ad suas expensas. De allodiis, nichil. De alienatis, nichil.

60 (57). *Reconnaissance d'Arnaud Amanieu, seigneur de Campet.*

Arnaldus Amanevi. — Arnaldus Amanevi, dominus de Campet, juratus, dixit quod tenet de domino rege et duce quicquid habet in parochia de Caumpeho in Marciano, et quicquid habet in parochia d'Uschac et in parochia de Cera, et partem de hiis que tenet in parochia Sancte Crucis d'Arraga, que exprimet loco et tempore, cum homagio et fidelitate, et jure ac lege in curia Sancti Severii; et debet exercitum de uno scutifero eques inter portus et Garonam. Et, si dominus rex debeat facere bellum infra dictos terminos, vel levare obsidionem de aliquo castro suo, debet eum sequi personaliter. De alienatis, nichil. De allodiis, nichil.

61 (58). *Reconnaissance de Forton de «Biernede», damoiseau.*

Fforthonerius de Biernede. — Fforthonerius de Biernede, domicellus, juratus, dixit quod tenet de domino rege et duce miliciam de Biernede, cum omnibus pertinenciis suis; et debet homagium et fidelitatem, et jus ac legem in curia Sancti Severi, et exercitum, ut alii. De alienatis nichil. De allodiis, nichil.

62 (59). *Reconnaissance de Vital d'«Hestios».*

Vitalis de Hestios. — Vitalis de Hestios, juratus, dixit quod tenet de domino rege et duce miliciam de Hestios in parochia de Lagastet, cum omnibus pertinenciis, et, ex alia parte, .v. casalia in eadem parochia; et debet homagium et fidelitatem, et jus ac legem in curia Sancti Severii, et exercitum, ut alii. De allodiis, nichil. De alienatis, nichil.

63 (60). *Reconnaissance de Raimond Bernard de Serras, bourgeois de Saint-Sever.*

Reymondus Bernardi de Serras. — Reymondus Bernardi de Serras, burgensis Sancti Severii, tenet de domino rege et duce lanam de Sestras et casalia de Gravalet, que sunt infra decos Sancti Severii; et non facit pro eis speciale servicium, nisi sicut alii burgenses Sancti Severii; item, unum casale a Serras; domum suam, viridaria et vineas tenet franca et facit de eis jus et legem coram dominis Sancti Severii.

64 *(61). Reconnaissance de Bernard de Bats, seigneur de Bats en Tursan.*
Bernardus de Batz. — Bernardus, dominus de Batz Theursan, juratus, dixit se tenere de domino rege et duce castrum de Batz in parochia Sancti Johannis de Villa, cum omnibus pertinenciis et omnibus que tenet in parochia Sancti Antonii et alibi in Theurssano, racione sue uxoris, et duo casalia in Sollossa, in vilagio de Crouhon, et unum casale a Preuhou et aliud a Bocca, pro quibus debet homagium et fidelitatem, et jus et legem in curia Sancti Severi, et exercitum, ut alii. Protestatur de plus confitendo, si id invenerit. De alienatis, nichil. De allodiis, nichil. *(Fol. 32.)*

65 *(62). Reconnaissances jointes d'Otton de Doazit, damoiseau, seigneur de Doazit et de Brassempouy, et de son curateur, Garcie Arnaud d'Amou, seigneur de Saint-Cricq.*
Otto de Doazit, domicellus. — Ottho de Doazit, domicellus, dominus de Doazit et de Branssenpuy, cum auctoritate domini Garsi[e] Arnaldi d'Amor, domini de Sancto Cirico, sui curatoris, et ipse, curatorio nomine, jurati, recognoverunt quod idem Ottho tenet in feudum immediatum de domino rege Anglie et duce Aquitanie castra predicta de Doazit et de Brassentpuy, cum eorum pertinenciis universis, ubicumque sunt[1]; et debet pro eis homagium et fidelitatem, et jus et legem in curia Sancti Severii vocatus[2], ut debet, et facere exercitum de se, alio de militibus, ut alii, et, si non posset, de duobus militibus. Protestatur de plus confitendo, si plus inveniret. De alienatis, nichil. De allodiis, nichil.

66 *(63). Reconnaissance de Raimond de Saint-Orens, damoiseau.*
Reymundus de Seint Orens, domicellus. — Reymundus de Seint Orens, domicellus, juratus, dixit quod tenebat de domino rege et duce miliciam de Seint Orens, cum pertinenciis omnibus dicte milicie; et debet inde homagium et fidelitatem, et jus ac legem in curia Sancti Severii, et exercitum de se vel tribus servientibus, ut alii. De allodiis, nichil. De alienacionibus, nichil.

67 *(64). Reconnaissance de Bernard de Prueret, damoiseau.*
Bernardus de Prueret, domicellus. — Bernardus de Prueret, domicellus, juratus, recognovit patrem suum tenere de domino rege et duce miliciam del Prueret[3], cum omnibus pertinenciis suis; et debet inde homagium et fidelitatem, et jus ac legem in curia Sancti Severii, et exercitum de se vel tribus servientibus, ut alii. De allodiis, nichil. De alienacionibus, nichil.

68 *(65). Reconnaissance d'Arnaud Guillaume de Crebassac, chevalier.*
Arnaldus Willelmi de Trebassac, miles. — Arnaldus Willelmi de Trebassac, miles, juratus, dixit quod tenet de domino rege domum suam de Trebassat cum pertinenciis suis, pro quibus facit terciam partem in exercitu milicie[4] Montdiron, ut confitetur supra dominus de Montdiron. P[reterea] tenet, ut supra, de domino rege, medietatem milicie de Maseras, cum pertinenciis; et debet cum participe suo exercitum, ut alii, de se vel tribus servientibus, in qua facit medietatem, et homagium et fidelitatem, et jus et legem in curia Sancti Severii. De alienatis, nichil. De allodiis, nichil.

69. *Reconnaissance de Navarre, seigneur de Peyre, chevalier.*
Navarrus, dominus de Peyra, miles. — Navarrus, dominus de Peyra, miles, juratus, dixit quod tenet castrum de Peyra, cum pertinenciis suis et hiis que habet in Ripperia Luy, de domino rege et duce; et debet pro hiis fidelitatem et homagium, et jus ac legem in curia Sancti Severii, et exercitum de se

---

[1] Ms. *fuit.* — [2] Ms. *vocatis.* — [3] Cette caverie est mentionnée par Dufourcet, *Les Landes et les Landais*, p. 167, sous la forme Pruret, et dans Légé, *Les Castelnau-Tursan*, t. II, p. 427. — [4] Ms. *et.*

in armis, ut alii, vel tribus servientibus. De allodiis, nichil. De alicu[atis], nichil.

70 (*66*). [*Saint-Sever, dimanche 19 octobre 1270.*] — *Reconnaissance de Garsie Arnaud, abbé de Saint-Sever* [1].

Gassias Arnaldi, abbas Sancti Severii. — Dominus Garsias Arnaldi, abbas Sancti Severii, juratus, dixit quod tenet abbaciam suam, et ipse ac conventus pro ea, de domino rege et duce Aquitanie, villam Sancti Severi, et castrum de Montclanc [2], cum omnibus juribus diversis [3] et justiciis altis et bassis spectantibus ad dictum monasterium racione dictorum locorum, et nominatim ac expresse quicquid habent et tenent ipsi vel subditi sui inter flumina de Lador et del Gavas, salva composicione facta inter eos, ex parte una, et dominum Rogerum de Leyburn[a], nomine domini regis Anglie [4]; item, affarium Sancti Germani et de Sentaralhe, et de la terra de Labarta et d'Angladas et de Sent [5] et de Cucasser, et de Rocha et de Lempnarol [6], et que habent a Bausten et in parochia de Bausiet et de Brocar et de Sancto Petro et Sancto Genesio, et alia que habent in Marciano cum suis pertinenciis; item, castra de Morganis et de La Cabra, cum suis pertinenciis, et affarium de Mugron et de Gardans et de Corsas, et prioratum de Nerbes Castet, cum suis pertinenciis, et castrum de Semprosse (*fol. 32 v*), cum pertinenciis, et affarium seu locum d'Artigabauda et de Lasbilas [7], et quicquid abbacia predicta habet in affario de Gondossa, et decimam affarii de Campanhe, et quod habent in parochiis [d']Artinguenave et de Aubanhan et de Guilos et de Belin, que omnia dicit fore in episcopatu Adhurensi; et protestatur quod, si plura sint ibi que teneat de rege, paratus est confiteri die crastina; in episcopatu Aquensi : villam de Sotis [8] et Sancti Genesii et de Bartz et de Gaven et de Marciaco et de Bras et de Siubanera, et villam de Masco et de Besos cum omnibus pertinenciis predictorum, et ecclesiam Sancti Georgii de Aurea Valle [9], cum tribus casalibus suis Burdeg[alensibus], sicut [10] prioratus de Mimisano et Saucte Eulalie de Borno et Sancti Michaelis de Bars [11]; in episcopatu Vasatensi : ecclesiam Sancti Laurencii de Rofliaco et aliquas terras. Pro hiis debet idem abbas fidelitatem domino regi et mandare curiam Sancti Severi, ut est consuetum, et exercitum de se et burgensibus [12] Sancti Severii, proviso de custodia ville racionabiliter, et jus et legem de suis bonis temporalibus in curia Sancti Severi coram domino vel suo senescallo jurato, salva composicione facta cum domino Rogero, ut predictum est; et, pro situ et loco de Mimisano, debet prior unum servientem de exercitu, et .v. solidos de sporla in mutacione domini [13].

71 (*67*). *Reconnaissance d'Esquivat, comte de Bigorre.*

Esquivatus, comes Bigorre. — Comes de Bigorra, nomine Esquivatus, juratus, recognovit quod tenet de domino rege et duce totum comitatum Bigorre; et tenetur pro eo domino regi et homagium et fidelitatem et alia deveria que continentur in litteris confectis super dicto homagio inter dominum regem et dictum comitem [14].

---

[1] Publié dans Dom Du Buisson, *Historia monasterii S. Severi*, t. II, p. 260. J'en indiquerai les variantes. — [2] Dom Du Buisson explique, t. II, p. 126, que c'est l'ancien castellum romain de Palestrion «cum castro Palestrion, subinde dicto de Montlane et nunc de Mourlane». L'emplacement du château est aujourd'hui une esplanade convertie en promenade publique. — [3] Var. *dominiis*. — [4] Cf. dom Du Buisson, t. I, p. 246. — [5] Un blanc au ms. — Ms. *Lep narol*, avec un signe d'abréviation au-dessus du *p*. Var. *Item, affarium S. Germani de Santheralhe, et de Cassere, et de La Bartha, d'Anglades, de Carcasset, de Rocha et de Lopparol.* — [7] Var. *de Artigabalda et de Sasbulas.* — [8] Var. *de Gottis.* — [9] Dom Du Buisson ajoute : *ecclesiam Sancti Cosme de Balsoner, cum villa seu villagio de Masco, in diœc. Aquensi*, t. II, p. 127. — [10] Var. *ecclesiam S. Georgii de Aurea Valle cum tribus casalibus suis; item, in episcopatu Burdegalensi, sunt.* — [11] Var. *S. Michaelis de Biars.* — [12] Ms. *burgu* (avec un trait d'abréviation). — [13] Dom Du Buisson ajoute la date : *Datum apud Sanctum Severum, die dominica post festum beati Luce, anno Domini .m .cc .lxx.* — [14] Voir *Rôles gascons*, t. 1, n°ˢ 3791 et 4274, et les corrections indiquées dans la préface du supplément, p. lx.

72 (68). *Reconnaissance d'Arnaud Séguin d'Estang.*

Dominus Arnaldus Seguin d'Estan. — Dominus Arnaldus Seguin d'Estan, juratus, dixit quod tenet de domino rege et duce castrum d'Estan, cum omnibus pertinenciis suis; item, castrum de Pujou, cum omnibus pertinenciis; item, castrum de Campet, cum pertinenciis de Campeth; item, castellar[iam] de Prat, cum suis pertinenciis. Et dixit quod in parochiis de Bedeyssan et Lanemejan, de Labeyra, de Sent Cane, de Casted, de Sobabere, de Cucasé, habet avenam, gallinam et batadam in omnibus casalibus ibidem existentibus. Item, tenet, ut supra, pedagium suum del barat de Tirapan usque Boralhan, inter Lodesam et Miudor; item, terram que fuit domini d'Ayra, que vocatur La Cerboba et Berbegueyres, in quorum quibusdam habet parcionar[ios]; item, affarium Sancti Quirici, eadem causa, et totum affarium de Gelos et de Lescreu, et affarium de Laquy, cum pertinenciis, et quicquid habet et habere debet apud Perquei, et motam suam que est ibidem, excepta una aula quam tenent francquam, et affarium de Perpiet et de Badigos, et affarium d'Ayrau, et affarium de Barque et de Carerat et de Vilasuyta, et de Debo et de Marmias et de Lasbordas, et affarium de Guambe et de Sent Marc et de Gueysa et d'Augraulet et de [1] Bayat et de Castanhet et de Montiros et de Bausseguit, et duo casalia et de Liars et Faolhede, et Augenos et Arriba breyta et de Cayssen, et affarium de Bourses et bedatum d'Ispan, et La Rochvilhon, et affarium de La Pressera et casale de Besyn, et affarium de Fforums et de Chastilhon prope Rochafford, et affarium d'Arnaud et castrum Cabra et affarium d'Arlyoy, et affarium de Tribus Rivis. Pro hiis, debet domino exercitum de se et uno milite, vel de duobus militibus, si interesse non posset, homagium et fidelitatem, jus et legem (*fol. 33*) in curia Sancti Severii. Et, cum dominus rex vult facere transitum per partes suas et mandat ei ante quod paret sibi predictum debitum, debet ei dare subtus costa [2] de Bedeyssan unam vaccam farsitam secundum morem antiquum, et panem et vinum ad commedendum illam vaccam competenter. Et protestatus fuit de post recognoscendo, si id invenerit. De alienat[ionibus], dixit quod dedit domui Sancti Johannis prope Syram partem affarii de Laquy, videlicet unam miliciam, decimam et quatuor casalia; et ipsi receperunt eum in fratrem; et ecclesie d'Ayra dedit pater suus [3] decimam de Cayssen et ipse affarium [4] de Bonhous, et tenent eum pro canonico. De allodiis, nichil.

73 (69). *Reconnaissance d'Arnaud Loup de Lasserre, chevalier.*

Arnaldus Lupi de Jasserra [5], *miles, et parcio-[na]rii.* — Arnaldus Lup de Jasserra, miles, de Beydeyssan, juratus, dixit quod tenebat de domino rege et duce, cum Petro d'Aubinhon de Lisse, presente, et cum sororio suo, Senhereto de Beydeyshan, absente, affarium seu tenementum et vetus castellare d'Arulba, in parochia Sancti Severii d'Arhulla, cum omnibus pertinenciis suis dicte parochie, et deveria que dictus Arnaldus Lupi habet apud Villamnovam, exceptis .v. casalibus que dicuntur Al Seud., que tenent de domino [de] Marciano. Debent inde domino regi homagium et fidelitatem, et jus et legem ubi alii milites de Juliaco; et, si plura deveria inveniret se debere, parati sunt recognoscere. De allodiis, nichil. De alienat., nichil.

74 (70). *Reconnaissance de Vital de Poudenx.*

Dominus Vitalis de Podenx. — Dominus Vitalis de Podenx, juratus, dixit quod tenet de domino rege et duce castrum de Podenx, cum omnibus pertinenciis suis; et sunt de pertinenciis tenementa de Hauriet et de Pruyan, et alia que habet in Salossa et apud Poudenx; ea vero que habet in Silvestri, in parochiis de Louso, de Playsy et de Cuplane obvenerunt ei racione matris sue de genere de Morlane. Et debet pro hiis homagium et fidelitatem, et jus ac legem in curia Sancti Se-

---

[1] Les mots *et de* ont été répétés au ms. — [2] Ms. *casta*; mais voir plus loin, n° 94. — [3] Le ms. ajoute *et* après *suus*. — [4] Ms. *affarius*. — [5] Appelé Arnaud Loup de Lasserre dans l'*Histoire de la vicomté de Juliac*, par Romieu, p. 178.

verii, et exercitum de se, vel uno milite cum armis, vel de tribus servientibus, si non posset interesse. De alienatis, dixit quod ipse a septem annis citra alienavit domui de Pontaut medietatem affarii de Balhes. De allodiis, nichil.

75 (*71*). *Reconnaissance d'Arnaud de Saint-Germain, chevalier.*
Dominus Arnaldus de Sent German. — Dominus Arnaldus de Sent German, miles, juratus, recognovit se tenere de domino rege et duce motam de Sancto Germano cum pertinenciis, et quicquid habet de Alosbila cum pertinenciis et in parochia Sancti Petri d'Aris, et quicquid habet in parochia Sancti Martini de Britannia, et domum et totam parochiam de Ricau, et decem casalia in parochia d'Ages et tres a Sormon, et terram totam ac feodum que habet apud Sanctum Johannem d'Ous, et tria casalia in parochia Sancti Pandeleonis de Campanhe, et quicquid habet in affario de Larenha et d'Entrezede, Cancana et de Bardyn; pro quibus debet facere jus et legem in curia Sancti Severi, vocatus ut debet, et homagium ac fidelitatem, et exercitum de uno scutifero equite, vel de duobus servientibus peditibus.

76 (*72*). *Reconnaissance d'Arnaud de Maurrin, damoiseau.*
Arnaldus de Murryn, domicellus. — Arnaldus de Murrin, domicellus, juratus, dixit quod tenet de domino rege et duce castrum de Murryn, cum omnibus pertinenciis. Est de pertinenciis Arraup et Meyrous et Mounhos et affarium Saucte Fidis quod ibi habet; et debet inde homagium et fidelitatem, et jus ac legem in curia Sancti Severii, et exercitum de se, vel uno scutifero, vel tribus servientibus. De alienatis, dixit quod domus Sancti Johannis habuit de patre suo citra viginti annos affarium del Bernet in parochia de Laqui. De allodiis [, nichil].

77 (*73*). *Reconnaissance de Vital de Castalie, pour lui et pour son père Arnaud Guillaume.*
(*Fol. 33 v*) *Vitalis de Castelie.* — Vitalis de Castenlie, pro se et Arnaldo Willelmi, patre suo qui vivit, juratus, recognovit quod tenet de domino rege et duce miliciam de Beusens, cum pertinenciis, et quicquid habent in parochia de Sancto Petro d'Aris de Losbila, et quicquid habent in tenementis de Rutretz et de La Runh et de Cantacana, et quicquid habent[1] in parochia de Caneux; pro quibus debent homagium et fidelitatem, jus et legem in curia Sancti Severii, et exercitum de se vel tribus servientibus, ut alii. De alienatis, nichil. De allodiis, nichil.

78 (*74*). *Reconnaissance de Guillaume Bernard de Barbans, damoiseau.*
Guillelmus Bernardi de Barbans. — Guillelmus Bernardi de Barbans, domicellus, juratus, dixit quod tenet de domino rege mili[ci]am de Mountbet et affarium de Foffalobar, et unum casale apud Ayest; pro quibus debet homagium et fidelitatem, et jus et legem in curia Sancti Severii, et exercitum de se in armis, vel tribus servientibus, ut alii. De alienatis, nichil. De allodiis, nichil.

79 (*75*). *Reconnaissance de Vital de Cazaletz, damoiseau.*
Vitalis de Cazaletz. — Vitalis de Cazaletz, domicellus, juratus, dixit quod tenet de domino rege et duce miliciam de Casaletz in parochia de Puyou, cum pertinenciis; item, mili[ci]am Sancti Johannis de Benqueto, cum suis pertinenciis; item, medietatem miliciarum de Lucmau et de Gauscet, cum pertinenciis; et debet pro duabus miliciis suis propriis duos exercitus de duobus hominibus armatis, vel sex servientibus, ut alii. Et dixit quod pro duabus miliciis aliis, in quibus est parcenarius, Bertrandus de Labarda dixit quod ipse et parcenarius non debet nisi unum exercitum, et homagium et fidelitatem, et jus ac legem in curia Sancti Severii. De alienatis, nichil. De allodiis, nichil.

80 (*76*). *Reconnaissance d'Arnaud Guillaume de Labarthe pour son frère, P. de Labarthe.*

---

[1] Ms. *quod habet*.

Arnaldus Willelmi de Labarta. — Arnaldus Willelmi de Labarta, filius domini P. de Labarta, juratus, dixit quod dictus dominus P. de Labarta tenet de domino rege et duce miliciam de Labarta et de Brocars, cum suis pertinenciis omnibus, et unam domum et unum casale apud Castrum novum de Salosse; et debet inde homagium et fidelitatem, et jus ac legem in curia Sancti Severii, et exercitum pro dictis miliciis, videlicet pro qualibet unum de uno homine armato[1], vel tribus servientibus, ut alii.

81 (77). *Reconnaissance de Boson de Lopgrate.*
Boso de Lopgrata. — Boso de Lopgrata, juratus, dixit quod idem tenet de domino rege et duce miliciam de Lopgrata, cum omnibus pertinenciis suis et cum omnibus[2] que habet in Theursano vel Marci[an]o, excepto solo et quadam pecia terre que habet apud Renun, et affarium d'Andon, pro quibus debet homagium et fidelitatem, et jus ac legem in curia Sancti Severii, et excercitum de se vel uno armato eques, vel tribus servientibus peditibus, ut alii. De alienatis, nichil. De allodiis, nichil.

82 (78). *Reconnaissance de Sanche Loup, damoiseau, seigneur de Castandet.*
Sancius Lupi, domicellus. — Sancius Lupi, domicellus, dominus de Castandet, juratus, dixit quod tenet de domino rege Anglie et duce castrum de Castandet, cum omnibus pertinenciis suis, et Sanctum Genh, cum pertinenciis; et tenet septem casalia de ipso in parochia deu Fort, in parochia de Loubenx tria casalia, et tria casalia [a] Andeyssan, et affarium de Las Lanas, et in Theursano medietatem de Sarrasict, salva milicia que est Geraldi de Garcys, et medietatem de Carbaye. Pro hiis, debet homagium et fidelitatem, et jus ac legem in curia Sancti Severii, et exercitum de se; si non posset interesse, de uno scutifero armato eques, vel tribus servientibus, ut alii. De alienatis, nichil. De allodiis, nichil (*fol. 34*).

83 (79). *Reconnaissance de Jourdain de Bank.*
Jordanus de Bank. — Jordanus de Bancs, filius domine Contorie de Bans, juratus, dixit quod dicta mater sua tenet de dicto rege et duce miliciam de Banks cum omnibus pertinenciis, et de Labatut cum pertinenciis, et quinque casalia in parochia Sancti Martini Demuns, et unum casale in parochia Sancti Bartholomei de Serrales, et tria casalia in parochia Sancti Vincentii d'Arcet, et decem casalia in parochia de Benquet et in affario, que tenentur per partem partidam; et debet inde facere homagium et fidelitatem, et jus ac legem in curia Sancti Severi, et exercitum de domino loci vel uno armato eques, vel tribus servientibus, ut alii. De allodiis, nichil. De alienatis, nichil.

84 (80). *Reconnaissance de Guillaume Ayruy de Peyre.*
Guillelmus Ayruy de Peyra. — Guillelmus Ayruy de Peyra dixit, juratus, quod tenet de domino rege et duce in tenutera de Peyra miliciam de Benguera cum pertinenciis; et est de pertinenciis quod habet apud Cendetz; item in parochia de Laquaem in Ripperia Luy miliciam de Ribauta cum pertinenciis; et debet domino homagium et fidelitatem, jus et legem in curia Sancti Severi; et debet exercitum pro eis, scilicet unum pro duabus miliciis predictis; et ita fecerunt sui predecessores; vel, si non posset per se facere, de uno homine armato vel tribus servientibus, ut alii. De allodiis, [nichil]. De alienatis, dixit quod domus de Regula in Silvestri tenet de dicta milicia de Ribeuta septem casalia in Ripperia Luy, de alienacione quorumdam suorum predecessorum de tempore avi sui; item, hospitale de Saut de Baubion, casale de Peyroset.

85 (81). *Reconnaissance d'Otton de Clarac.*
Ottho de Clarac. — Ottho de Clarac, juratus, recognoscit quod tenet de domino rege et duce castrum d'Artassen, cum suis pertinenciis, quod[3] dicit esse in begaria de Marsano; et dicit quod debet pro hiis homagium et fidelitatem, et jus ac

---

[1] Le Ms. répète *pro qualibet* après *armato*. — [2] Ms. *cum quibus*. — [3] Ms. *quam*.

legem in curia Sancti Severii, et exercitum de se vel uno armato, ut alii. De allodiis, nichil. De alienatis, dixit quod vendidit sterium (?) Sancti Simphoriani episcopo Adhurensi, et quod credit esse de feudo predicto.

86 (82). *Reconnaissance de Rolland de Sousleys, damoiseau.*

Rollandus de Sossleys[1]. — Rotlandus de Sossleys, domicellus, juratus, dixit quod tenet de domino rege miliciam de Sossleys cum pertinenciis in parochia de Castanhous, et unum casale quod est de pertinenciis in parochia de Nachet. Debet inde homagium et fidelitatem, et jus ac legem in curia Sancti Severii, et exercitum de se vel tribus servientibus, ut alii. De allodiis, nichil. De alienatis, nichil.

87 (83). *Reconnaissance de Guillot de Portet, damoiseau.*

Willotus[2] *de Portet.* — Willotus de Portet, domicellus, juratus, dixit quod tenet de domino rege et duce miliciam de Castanhou cum suis pertinenciis in parochia de Castanhous, pro quibus debet homagium et fidelitatem, et jus ac legem in curia Sancti Severii, et exercitum in armis, vel de tribus servientibus, ut alii. De allodiis, nichil. De alienatis, dixit quod nichil.

88 (84, 85). *Reconnaissance d'Arnaud d'Ossages.*

Arnaldus de Satges. — Arnaldus de Satges, juratus, dixit quod tenet de domino rege miliciam de Lapeda in parochia de Bassercas[3] cum pertinenciis, et quicquid habet in parochia de Bassercas, homagium et fidelitatem, et jus ac legem in curia Sancti Severii, et exercitum de se, ut alii, vel uno armato vel tribus servientibus. De alienatis, dixit quod domus de Pontaut tenet affarium d'Escurren quod dedit eis pater suus a viginti annis citra. De allodiis, nichil (*fol. 34 v*). De domo de Saltu, dixit se tenere miliciam de Sendeeda cum pertinenciis, pro qua facit fidem et fidelitatem, ac jus et legem in sua curia, et debet quolibet anno tenere castrum de Saltu per unum mensem; et habet super homines dicte milicie albergatam et civadam civasere; et ipse habet in mense, dum tenet dictum castrum, civadam civasere super homines domus de Saltu, et omnes leges que spectant ballivo.

89 (86). *Reconnaissance de Raimond Guillaume de Lugautenc, damoiseau et bourgeois de Mont-de-Marsan.*

Reymundus Willelmi de Lugautenc. — Reymundus Willelmi de Lugautenc, domicellus et burgensis de Monte Marciano, dixit quod tenet de domino rege et duce quicquid habet in parochia de Brocars cum pertinenciis, et quicquid habet in affario de Batz, et terras et feuda de Farbaus, et quicquid habet in parochia Sancti Petri deu Mont, et feuda et terras de Bielas, et cum eorum pertinenciis; et debet homagium et fidelitatem, et jus ac legem in curia Sancti Severi, ut alii de vigeria Marciani; et si alia se inveniant debere, protestatur de confitendo.

90 (87). *Reconnaissance de Pierre de Farbaus, frère de Pierre Arnaud de Farbaus.*

Petrus de Harbaus. — Petrus de Harbaus, frater Petri Arnaldi de Farbaus, juratus, dixit quod tenet de domino rege et duce totam terram quam habet in parochia Sancti Aviti prope Montem Marcianum; et debet pro hiis facere jus et legem in sua manu, et fidelitatem et homagium, et unas chirothecas de sporla in mutacione domini.

91 (88). *Reconnaissance de Pierre de Lavardac, chevalier.*

Petrus de Lavardac. — Dominus P. de Lavardac, miles, juratus, dixit quod tenet de domino rege et duce, racione uxoris sue, castrum d'Ayssyu cum pertinenciis, et quicquid habet in parochia de Leitquence, et quicquid habet in parochia

---

[1] Ici et deux fois encore plus loin : *Soffleys*. — [2] Dans le titre comme dans le texte, ce mot est écrit *Willotus*, avec un signe d'abréviation barrant la double l. — [3] Ms. *Rasserias* (deux fois).

de Marquestau, et quicquid habet in parochia de Lias; et debet pro hiis homagium et fidelitatem, et jus ac legem in curia Sancti Severii, ut alii de vigeria Marciani; et quando dominus rex tenet curiam in Marciano, debet domino regi unam vaccam vayram, vel .x. solidos Morlan.

92 (89). *Reconnaissance d'Otton de Doazit, chevalier.*

Ottho de Doazit. — Dominus Ottho de Doazit, miles, juratus, dixit quod tenet de domino rege et duce Aquitannie medietatem barrii de Benquet[1], et omnia que habet racione dominii sue partis de Benquet, pro quibus debet homagium et fidelitatem, jus et legem in curia Sancti Severi, et debet respondere de medietate exercitus domino de Benquet, et Senobrunus de Benquet et sui heredes eidem Otthoni de quarta parte exercitus predicti. Protestatur de plus dicendo, si inveniret. De allodiis, nichil. De alienatis, nichil.

93. *Reconnaissance de Bidones de Lanavey, bourgeois de Saint-Sever.*

Bidones de Lanabey. — Bidones de Lanavey, burgensis Sancti Severi, juratus, dixit quod tenet de domino rege et duce miliciam de Castellar, cum pertinenciis, et bedatum vocatum Lo Palumy, racione uxoris sue, et tria casalia apud Crunhon, et duo in costa de Pallumes, et tria casalia in milicia de Maseras, pro se ipso; pro quibus debet fidelitatem et homagium, jus ac legem in curia Sancti Severi, et exercitum, ut alii, de se vel tribus servientibus. Si quid plus inveniret, id libenter revelaret. De alienatis, dixit quod uxor sua et soror ejus, et pater et mater eorum dederunt et alienaverunt et subpendaverunt hospitali Sancti Spiritus juxta Sanctum Severium. De allodiis, [nichil].

94 (90). *Reconnaissance d'Arnaud de Marguestau, chevalier.*

Arnaldus de Marquestau. — Arnaldus de Marquestau, miles, juratus, dixit quod ipse et domina Contaria de Beria tenent de domino rege et duce Aquitannie decem casalia que habent in parochia Beate *(fol. 35)* Marie de Marquestau, cum eorum pertinenciis; item, quinque casalia in parochia d'Onhoans; item ipse pro se in parochia de Liars quatuor casalia. Et dixit quod pro decem casalibus de Marquestau debent, ipse et parcionaria sua, quando dominus rex recipit prandium in costa de Bedeyssan de domino Arnaldo Seguini d'Estan, unam lanceam et unam candelam de una rasa in lancea ardentem, et fidelitatem et homagium, et jus ac legem in curia Sancti Severi, ut alii de vigeria Marciani. De alienatis, nichil. De allodiis, nichil.

95 (91). *Reconnaissance de Philippe de Carasset.*

Philippus de Carasset. — Philippus de Carassé de Monte, juratus, recognovit se tenere cum fratre suo P. in feudum, de domino rege et duce, de septem ad[2] novem casalia in parochia Sancte Quiterie de Malheras, et quicquid habent in parochia de Sancto Petro deu Mont, et Farbaus, cum eorum pertinenciis. Et dixit quod debebat domino regi, dum transiret per iter de Marolhas, duo picheria vini et sex fogassias, et[3] exercitum de uno homine, eques vel pedes, si mandetur ei, ac jus et legem in curia de vigeria de Marciano que est in loco del Ser. De alienatis, dixit nichil, nisi quod quedam fuerunt ab antiquo data hospitali de Malhears, a tempore quo non extat memoria. De allodiis, nichil.

96 (92). *Reconnaissance de Guillaume Arnaud d'Arblade, chevalier.*

W. Arnaldi d'Arblade. — Guillelmus Arnaldi d'Arblade, miles, juratus, recognoscit se tenere in feudum de domino rege et duce Aquitanie quicquid habet et tenet in parochia de Liarel. Et dixit quod non recordabatur de deveriis. Et est ei data dies usque ad octabas Pasche, infra quas debet dedisse in scriptis deveria ad que tenetur pro eis. Item, racione uxoris filii sui, nomine Navarre, tenet de ipso domino rege et duce affarium de La Sobe cum

---

[1] Pour l'autre moitié, voir plus haut, n° 43. — [2] Ms. *aud.* — [3] Ms. *de.*

suis pertinenciis, et quicquid tenet in Baquerio et in Benqueret. Et debet pro hiis dicta Navarra unam lanceam domino regi quando veniet in Marciano, et fidelitatem et homagium, et jus ac legem in sua manu. De alienatis, nichil. De allodiis, nichil.

97 (93). *Reconnaissance d'Arnaud de Corbin, damoiseau, déclarant au nom de sa femme, Esclarmonde de Toujouse* [1].

Arnaldus de Corbyn, domicellus. — Arnaldus de Corbin, domicellus, juratus, dixit quod tenet de domino rege et duce, racione uxoris sue Esclarmondie de Tuyose, miliciam de Tuyose cum suis pertinenciis; pro qua debet, quando dominus rex facit transitum per Tuyose, associare dominum regem usque ad quercum [2] vel cassou Condal; et debet ibi habere, propter suum honorem, unum oneratum currum de fa[s]cibus; et debent trahere currum due vacce escodate, vel sine caudis, et quando erunt in dicto quercu seu cassou, debet ponere ignem in quercu; et debent hoc ita comburi, nisi vacce possint evadere; ac jus et legem in curia Sancti Severii, ut alii de vigeria.

98 (94). *Reconnaissance de Bernard d'Onès, bourgeois de Saint-Sever.*

Bernardus de Dones. — Bernardus d'Ones, burgensis Sancti Severi, juratus, dixit quod tenet de domino rege et duce miliciam d'Ones [2], cum suis pertinenciis; et sunt de pertinenciis tria casalia in parochia Sancti Simphoriani. Pro hiis, facit homagium et fidelitatem, jus et legem in curia Sancti Severi, et exercitum de se armato vel tribus servientibus, ut alii. De allodiis, nichil, nisi quod quidam, qui tenet infra decos Sancti Severii, tenet franca. De alienatis, nichil *(fol. 35 v)*.

99 (95). *Reconnaissance de Bernard de Bosc, bourgeois de Saint-Sever.*

Bernardus de Bosco, de Sancto Severo. — Bernardus de Bosco, burgensis Sancti Severi, juratus, tenet de domino rege et duce, racione uxoris sue,

miliciam de Cabanos cum pertinenciis; et sunt de pertinenciis quatuor casalia in parochia Ovis mortue; pro quibus debet homagium et fidelitatem, jus et legem in curia Sancti Severi, et exercitum de se armato, vel tribus servientibus, ut alii. De allodiis, infra decos [4] Sancti Severi habet. De alienatis, nichil.

100 (96). *Reconnaissance de Bernard Jourdain de Larée, chevalier.*

Bernardus de Larcer. — Bernardus Jordani de Larcer, miles, juratus, recognovit quod tenet de domino rege Anglie et duce castrum et miliciam de Larcer, cum pertinenciis; et est de pertinenciis palus sua que est apud Sanctum Michaelem de Lubuy, et circa .xij. casalia in parochia Sancti Johannis de Yoi in Juliac, et quod habet in parochia de Liars, et quod habet in parochia Sancti Petri Leutronee, et quod habet in parochia de Sancto P[etro] de Brustelhet, et quod habet in parochia Sancti Johannis de Curbo, et quod habet apud Sanctam Haustam in Fezensaco, et quod habet in parochia Sancti Christofori in Fezensaco, et unum casale in parochia de Cavernas a Lahita, et aliud quod habet in perrat de Poynac a Sos, et vocatur Labirya. Et pro hiis dicit se debere exercitum cum armis eques, vel tribus servientibus, ut alii, et jus ac legem in curia Sancti Severi, ut alii de vigeria, et homagium et fidelitatem. Dixit eciam per juramentum suum quod multociens requisivit dominam Constanciam quod faceret ei jus; et, quia non faciebat et deficiebat in justicia, dixit quod extunc nolebat esse de curia del Sers, immo abrenunciabat omnino; et de hoc habebat curiam in testimonium. De alienatis, dixit quod executores testamenti sui sepelierunt patrem suum contra ordinacionem suam in hospitali de La Pressera, et concesserunt ei espleytum libere et ipsi utuntur, et malo velle suo. De allodiis, nichil.

101 (97). *Reconnaissance de Bernard de Vignau, chevalier.*

---

[1] Publ. *Notices et Extraits des mss.*, t. XIV, p. 399. — [2] Ms. *quercus*. — [3] Avec un signe d'abréviation au-dessus des deux dernières lettres. — [4] Ms. *dotes*.

Bernardus de Vinhau. — Bernardus de Vinhau, miles, juratus, dixit quod tenet de domino rege et duce viginti et quinque casalia, cum pertinenciis de Castandet, in parochia de Castandet; et debet pro hiis unam lanceam de sporla domino mutanti, et jus ac legem in curia Sancti Severi de fundo, et non aliud.

102 (*98*). *Reconnaissance d'Eytz Arnaud de Sérallos.*

Eytz Arnaldi de Serallos, juratus, dixit quod tenet de domino rege et duce miliciam de Serallos, cum pertinenciis; in parochia de Sancto Bartholomeo d'Arrivans; item, duo casalia a Crunon in parochia d'Audion et unum in parochia de Serra Gaston, et aliud a Samadet, et aliud a Sendetz vocatum La Tasta. Et dixit quod debet dare domino Marciani, in mutacione domini, viginti solidos de sporla; et ipse debet eum garire de hoste de rege; et, si non faceret, ipse obligat se ad exercitum faciendum. De alienatis, dixit quod ab antiquo habet domus de Sancto Gironcio in quibusdam suis casalibus censum circa quinque vel sex sol. De allodiis, nichil.

103 (*99*). *Reconnaissance de Vital de Namanyu, damoiseau.*

Vitalis de Namanyu. — Vitalis de Namanyu, domicellus, juratus, dixit quod tenet de domino rege Anglie et duce Aquitanie, racione uxoris sue, miliciam deu Domanet a Segar, cum pertinenciis; et est de pertinenciis unum casale a Ayest, vocatum La Seuba; et duo casalia in parochia de Lapreda, et unum a Crunhon. Et dixit quod domina de Hayetmau debet eum garire de exercitu et curia et, nisi faceret, ipse citatus faciet, ut debet. De allodiis, nichil. De alienatis, nichil (*fol. 36*).

104 (*100*). *Reconnaissance d'Arnaud Guillaume de Dado, damoiseau.*

Arnaldus Willelmi de Dado, domicellus. — Arnaldus Willelmi de Dado, domicellus, juratus, dixit quod tenet de domino rege et duce miliciam de Dado in parochia de Dado, cum pertinenciis, que omnia sunt in parochia eadem; pro qua debet fidelitatem et homagium, jus ac legem in curia Sancti Severi, et exercitum de se in armis vel tribus servientibus, ut alii. Avus suus legavit censum unius casalis[1], a. xv. annis citra, ecclesie de Dado, sed retinuit sibi pascua et spatulas ferarum. De allodiis, nichil.

105 (*101*). *Reconnaissance de Bernard de Lagarde, damoiseau.*

Bernardus de La Garda. — Bernardus de La Garda, domicellus, juratus, dixit quod tenet de domino rege et duce Aquitanie miliciam de La Garda, cum pertinenciis, in parochia Sancti Martini de La Garda, pro qua debet homagium et fidelitatem, et jus ac legem, sicut alii de vigeria Marciani, et exercitum de se vel tribus servientibus, si ipse ire non possit. Item, debet facere eidem domino regi et duci pro predictis unum merle, quando venit al cassou[2] Condal. De allodiis et de al[ienatis, nichil][3].

106 (*102*). *Reconnaissance d'Arnaud Loup de La Broquera, chevalier, déclarant en son nom et au nom d'Aude de Labarthe, femme de Guillaume Raimond de Doazit.*

Dominus Arnaldus Lupi. — Dominus Arnaldus Lupi de La Broquera, miles, juratus, dixit quod tenet, ipse et domina Auda de Labarta, uxor nunc Willelmi Reymundi de Doazit, parcionar[ia] per equas partes, de domino rege Anglie et duce Aquitanie, miliciam de La Broquera in parochia de Tujosa la Blanca, cum pertinenciis suis; et est[4] de pertinenciis affarium de Mascrolas prope Montem Marcianum; et ipse [tenet] per se in parochia de Lobenx tria casalia dicta A Mansatiet. Item, pro quolibet debent facere jus et legem, ut alii de vigeria Marciani, et unum exercitum domino regi,

---

[1] Ms. *casalis ecclesie.* — [2] Ms. *castou*; mais voir plus haut, n° 97. On sait que *cassou* veut dire chêne. — [3] Le mot *nichil*, écrit en abrégé, a été transposé par le scribe à la ligne précédente entre les mots *domino* et *regi.* — [4] Ms. *sunt.* Le solécisme *et sunt... affarium* est répété encore une fois, neuf lignes plus loin.

ut alii, et homagium et fidelitatem. Item, tenet ipse per se de predicto domino rege miliciam Gos, cum pertinenciis, in parochia Sancti Quirici de Marciano; et est de pertinenciis affarium de Parenties in parochia Sancti Laurencii de Marciano, quod tenet domina Flora, filia quondam domini Senhoroni Espes, uxor domini P. d'Estoages; et ipse tenet per se quicquid habet in parochia de Benquet. Et debet pro hiis fidelitatem et homagium, et jus ac legem, ut alii [1] de vigeria, et unum scutiferum de exercitu, vel duos servientes. De allodiis, nichil. De alienatis, nichil.

107 (*103*). *Reconnaissance de Garcie Arnaud d'Amou, seigneur de Saint-Cricq en Chalosse.*

Garcius Arnaldi d'Amor. — Garcius Arnaldi d'Amor, dominus de Sancto Quirico, juratus, dixit quod tenet de domino rege et duce, racione uxoris sue, miliciam de Sancto Quirico, cum suis pertinenciis, in parochia Sancti Quirici in Solossa, et locum d'Estans, cum suis pertinenciis, in parochia de Ma.[2]; et sunt de pertinenciis duo casalia in parochia Sancti Albini, et tria casalia in parochia de Banos, et tria in parochia de Berguy in diocesi Aquensi, et tria in parochia de Hon in diocesi eadem, et terciam partem milicie de Castilhon in parochia de Brassenpuy, et in parochia de Moet duo casalia. Pro hiis, debet homagium et fidelitatem, et jus ac legem in curia Sancti Severi, et exercitum de se cum armis vel de tribus servientibus, ut alii. Et si plus posset addiscere, plus diceret. De alienatis, nichil. De allodiis, nichil.

108 (*104*). *Reconnaissance de Pierre de Bourdenx, damoiseau* [3].

Petrus de Burdenx, domicellus. — Petrus de Burdenx, domicellus, juratus, dixit quod tenet de domino rege et duce miliciam de Burdenx in parochia de Poyer in Marciano, cum omnibus pertinenciis; pro qua debet sequi in exercitum, ipse in armis, vel unus scutiferus in armis, vel unus serviens pedes, si se aliter parare non posset; et debet ire, dum facit exercitum, cum domino de Polhons; et homagium et fidelitatem, et jus et legem, ut alii de vigeria. Dixit eciam quod tenet de domino rege et duce quicquid habet et tenet, vel alii (*fol. 36 v*) de eo, in parochia Sancte Katerine de Bausten, pro deverio, ut supra; item, quicquid tenet in affario de Morelhan in parochia Sancti Quirici Marciani, et quicquid tenet in parochia Sancti Petri d'Ospian, et affarium de Guserd et affarium de Doat pro eodem deverio. De alienatis, nichil. De allodiis, nichil.

109 (*105*). *Reconnaissance de Raimond Bernard et de Bernard Raimond de Laporte, son cousin, ce dernier agissant en son nom et au nom de sa sœur.*

Reymundus Bernardi [4] [et] Bernardus Reymundi de Laporta, consanguineus suus, pro se et Donas, sorore sua, jurati, dixerunt quod dictus Bernardus Reymundi tenet vel tenere debet de domino rege Anglie et duce quicquid habet vel habere debet in parochia de Lossa, et duo casalia que debet habere apud Lucbon, set sunt obligati Garcietto de Lucbon, unum capmansum in parochia de Lossala in Gavardano, et quicquid habet in parochia de Lughau in Marciano, et quicquid habet in parochia Sancti Petri de Seint Gor in Marciano, et quartam partem villagii de Malartic in parochia Sancti Martini de Noet [5], et quicquid habent in parochia Sancte Quiterie de Lucbardes, et quicquid habent in parochia de Bausten vel habere debe[n]t, et partem terrarum quam [6] habent in parochia Sancti Petri de Cerbassan, et unum casale in parochia de Lobanhou, et terram quam habet apud Leseun in parochia de Breutanhe; et dictus Reymundus de Porta et soror sua tenent de eodem quicquid habent in parochia Sancti Simeonis in loco dicto de Bassent in Gavardano; et istud est de curia regis de Sos, et est de pertinenciis de Corbian qui est

---

[1] Ms. *alia*. — [2] Mot inachevé. — [3] *Anct. Arch. histor. Gir.*, t. V, p. 329. Dans la table des rubriques, le nom du déclarant est écrit : *Petri de Bourdeaux*. — [4] Ms. *Ber. Reymundi* (dans la marge), mais la note 1 de la page suivante montre que les deux cousins s'appelaient, l'un, Raimond, l'autre, Bernard. — [5] Ms. *S. Martini et de Noet*. — [6] Ms. *que*. Le scribe a mis les verbes tantôt au singulier, tantôt au pluriel.

in Agennesio[1]. Et ipsi omnes debent pro hiis homagium et fidelitatem, et dictus Bernardus Reymundi jus et legem, ut alii[2] de vigeria, et exercitum unius balistarii peditis inter portus et Garonam, et debent contribuere pro rata in expensis exercitus; si plus invenirent, plus confiterentur.

110 (106). Reconnaissance de Montasieu de Laporte, bourgeois de Roquefort.

Montasius de Porta. — Montasivus[3] de Porta, burgensis de Ruperforti, dixit quod habet terras et homines in parochia Sancti Petri d'Arranhous[4], videlicet quartam partem tocius parochie ejusdem, et duo casalia apud Cartos in Juliac in parochia Sancti Petri, in quibus casalibus habet partem Flora[5], filia quondam domini Senheroni Espes, et casale de Labarta in Juliac, et quicquid ipse et dicta Flora[6] habent et tenent in parochia Sancti Petri de Serbassan; que omnia pro parte sua voluit et concessit se tenere et habere de cetero a domino rege et duce pro una lancea de sporla in mutacione domini, et homagium et fidelitatem; et dixit quod debet pro hiis jus et legem, ut alii de vigeria.

111 (107). Reconnaissance de Pierre de Saint-Quentin, bourgeois de Roquefort.

Petrus de Sancto Quintino. — Petrus de Sancto Quintino, burgensis de Ruperforti, dixit quod tenuit et tenebat libere usque ad hec tempora quicquid habet in parochia Sancti Johannis de Burgonsa in Marciano et in parochia Sancte Marie de Beus, que volebat ex nunc habere et tenere de domino rege et duce in feudum cum una lancea de sporla in mutacione domini, et homagium et fidelitatem, jus ac legem, ut alii de vigeria.

112 (108). Reconnaissance d'Aimeric de Ravignan, bourgeois de Perquie.

Aymericus de Revinhan. — Aymericus de Revinhan, burgensis de Perqueyra, dixit, juratus, quod tenebat de domino rege et duce quicquid habet in parochia Sancti Martini de Tujosa Blanca, et illud quod habet in parochia d'Onhoans et de Sancta Logaria, excepto eo quod tenet de domina Constancia et de domino de Petra Longa; pro quibus debet homagium et fidelitatem, et jus ac legem, ut alii de vigeria, et exercitum de se vel uno serviente, ut alii; item, quicquid habet in parochia Sancti Petri de Gusert, exceptis duobus casalibus que tenet de domino de Laloga, et vocatur A la Hocc. De allodiis, nichil. De alienatis, nichil (fol. 37).

113 (109). Reconnaissance de Bernard de Bosquet de Mauléon, damoiseau.

Bernardus de Bosquet, de Maloleone. — Bernardus de Bosquet, de Maloleone in Marciano, domicellus, juratus, dixit quod tenebat de domino rege et duce affarium de Saumont inter Malum Vicinum et Malum Leonem, cum pertinenciis, in ipsa parochia, et affarium de Cantabana, cum pertinenciis, in Marciano; pro quibus debet homagium et fidelitatem, et jus ac legem, ut alii de vigeria, et exercitum de uno serviente. De allodiis, nichil. De alienatis, nichil.

114 (110). Reconnaissance d'Arnaud Bosquet d'Ognoas.

Arnaldus Bosquet d'Onhoas. — Arnaldus Bosquet d'Onhoas, juratus, dixit quod tenet de domino rege et duce miliciam d'Onhoas, cum suis pertinenciis que sunt in parochia Sancte Logarie et Sancti Martini

---

[1] Dans la liste des reconnaissances faites au roi d'Angleterre en 1286, après que le comté d'Agenais lui eut été restitué, on lit, sous le n° 4 : «Item, Raymundus de Porta recognovit se tenere, una cum fratribus suis, a dicto domino rege et duce [Édouard Ier], miliciam de Corbian, cum pertinenciis suis, pro qua debent facere, cum quibusdam, que habent extra diocezim Agenesii et cum aliis parcionariis unum arquerium peditem cum ballista vel mauban», etc. En marge est écrit : «Vide libro F., fol. 7 a, recto, des archives du château de Lombrière, la reconnaissance dudit Raymond de Porta et Bernard de Porta, son cousin...» (Arch. histor. Gir., t. 1, p. 352). Sos faisait partie de l'Agenais. — [2] M. alia. — [3] Ms. Montasuus. — [4] On peut lire aussi bien Arrimhous. — [5] Ms. Flore, avec une abréviation. — [6] Ms. Flore.

d'Ensist; item, affarium de Leucarelhas et de Lahita in parochia Sancti Martini de Bargues; pro quibus debet homagium et fidelitatem, et jus ac legem, ut alii de vigeria, et decem solidos de sporla in mutacione domini. Item, dixit quod domina Constancia et mater sua auferunt ei tria casalia apud Beyrias que sunt de dicto feudo regis. De allodiis nichil. De alienatis, nichil.

115 (*111*). *Reconnaissance d'Arnaud de Lartigue, damoiseau.*

Arnaldus de Lartiga, domicellus. — Arnaldus de Lartiga, domicellus, juratus, dixit quod tenet de domino rege et duce terciam partem milicie que fuit domini Gauterii d'Ayra, militis mortui; et capmisura est apud Ayra; et terre in pluribus locis Marciani, videlicet a Berbogueras et in Pinu del Mas et alibi de Marciano. Item, tenet de ipso domino rege medietatem de Garbaxes in Theursano; item, Lo Carpat de Pin; pro quibus debet homagium et fidelitatem domino regi, et jus ac legem pro hiis que sunt in Marciano, ut alii de vigeria. Data est ei dies infra quindenam Pasche ad recordum habendum et significandum in scriptis domino P. Iterii vel Guytardo de Rimbers.

116 (*112*). *Reconnaissance d'Arnaud de Renung, damoiseau.*

Arnaldus de Renum, domicellus. — Arnaldus de Renum, domicellus de Renum, tenet de domino rege et duce .viij. casalia in parochia de Sent Sevini a La Lanuce, pro quibus debet homagium et fidelitatem, et jus ac legem, ut alii de vigeria, et exercitum unius servientis. De allodiis, nichil. De alienatis, nichil.

117 (*113*). *Reconnaissance de Bernard de Laporte, bourgeois de Roquefort.*

Bernardus de Porta, de Rupeforti. — Bernardus de Porta, burgensis de Rupeforti, juratus, dixit quod tenet de domino rege et duce quicquid habet in parochia de Brocars, et quicquid habet in parochia Sancti Remigii, et affaria de Joclenher [1] et Barabilh, cum eorum pertinenciis, in parochia d'Arua, et quicquid habet in eadem parochia d'Arua; item, quicquid habet in parochia de Serbazan, et quicquid tenet in parochia Sancti Martini de Cayssem; pro hiis debet homagium et fidelitatem, et jus ac legem, ut alii de vigeria, et unam lanceam de sporla in mutacione domini [2]. De allodiis, nichil. De alienatis, nichil.

118 (*114*). *Reconnaissance de Guillaume Gausbert.*

Willelmus Gausbert. — Guillelmus Gausbert, juratus, dixit quod tenet de domino rege Anglie et duce quicquid tenet in parochia d'Argelosa, et quicquid habet in parochia de Sauboyras, et quod habet in parochia Sancti Juliani, et quod habet in parochia de Jeu et Sancti Laurencii d'Orhanhet citra Udossam versus Malum Vicinum, et quod tenet in parochia Sancti Petri de Juliac; pro quibus credit quod debet homagium et fidelitatem, et jus ac legem, ut alii de vigeria de Julhiac. Et dixit per juramentum suum quod coram domino de Juliac, tanquam vigerio domini majoris, stabat juri; et, quando dominus tenet (*fol.* 37 *v*) curiam in loco vocato La Tasta Embunida, debet facere domino in una gleba .xiij. denarios. Habet diem ad deliberandum, ut alii. De allodiis, nichil. De alienatis, nichil.

119 (*115*). *Reconnaissance d'Aimeric de Bascansas, damoiseau de Marsan.*

Eymericus de Bascansas. — Aymericus de Bascansas, domicellus de Marciano, juratus, dixit quod tenet de domino rege et duce miliciam de Bascansas, cum pertinenciis, in parochia de Bascansas, s[c]ilicet quicquid ibi habet et tenet, et quicquid habet in parochia de Sent Gor, excepta terra de Tartas, et quicquid tenet in parochia de Liblota, cum pertinenciis, et quicquid habet in parochia de Borriet, cum pertinenciis, et quicquid habet in parochia d'Arua, cum pertinenciis, et quicquid habet in parochia Sancti Martini de Noet, et quicquid habet in parochia Sancti Petri de

---

[1] Ms. *affarrade de Joclenh* (avec *h* barré). — [2] En marge *f*. *lancea de sporl*.

Serbazan, cum pertinenciis; pro quibus debet homagium et fidelitatem, et jus ac legem, ut alii de vigeria Marciani, et unam lanceam de sporlis in mutacione domini [1]; [habet] diem deliberacionis, ut alii. De allodiis, nichil. De alienatis, nichil.

120 (*116*). *Reconnaissance de Pierre de Bagnères, chevalier.*

P. de Banher., miles. — Petrus de Banhere, miles, juratus, dixit quod tenet de domino rege et duce miliciam de Molent et miliciam de Lauro, cum suis pertinenciis omnibus, pro quibus debet homagium et fidelitatem, et jus ac legem in curia Sancti Severii, et pro qualibet unum excercitum, ut alii, de se vel tribus servientibus; item, miliciam de Payres quam tenet racione dominii de Miromonte; et debet pro ea jus et legem coram dominis de Miromonte. De aliis, deliberabit et certificabitur, ut alii ballivie [2] Sancti Severi.

121 (*117*). *Reconnaissance d'Arnaud Guillaume de Cère, damoiseau, fils d'Arnaud Guillaume de Cère.*

Arnaldus Willelmi de Cera, filius Arnaldi Willelmi de Cera, domicellus, juratus, dixit quod tenet de domino rege Anglie et duce miliciam de Cera, cum pertinenciis, videlicet affarium de Cantelop, homines, terras, stagnas, saltus et nemora, aquas et paduencia, et quicquid habet in parochia Sancti Martini de Cera; pro quibus debet homagium et fidelitatem, et jus ac legem, ut alii de vigeria Marciani, cum cirothecis de sporla [3]. Et data est dies deliberacionis, ut aliis. De allodiis, nichil. De alienatis, nichil.

122. *Reconnaissance d'Amat de Sacber, damoiseau.*

Amatus de Sacber, domicellus, juratus, dixit quod tenet de domino rege et duce miliciam de Sacber, cum pertinenciis, et quicquid habet racione dicte milicie; pro qua debet facere homagium et fidelitatem, et jus ac legem, ut alii milites de Juliac [4], et exercitum; set nescit de modo. Data tamen est ei [5] dies deliberacionis, ut aliis. De allodiis, nichil. De alienatis, nichil.

123 (*118*). *Reconnaissance de Gautier d'Esperous, damoiseau.*

Gauterus d'Esperosa. — Galterus d'Esperosa, domicellus, filius Petri d'Esperosa, domicelli, juratus, dixit quod idem pater tenet de domino rege et duce partem quam habet in milicia d'Esperosa; et tenent capmansuram, cum pertinenciis, in parochia de Jeu et Sancti Juliani; item, tria casalia in Larceres au Perer in parochia Sancti Johannis de Locnee; pro quibus [6] debet homagium et fidelitatem, et jus ac legem coram domino Mali Vicini, tamquam vigerio regis; et debet domino regi quolibet anno servire de suo corpore vel uno scutifero armato eques, ad mandatum domini Mali Vicini, per quindecim dies; et servivit ipse pater suus primo domino Severico Malileonis, et post tribus senescallis. Data est dies deliberacionis et pro patre suo, ut aliis. De alienatis, nichil. De allodiis, nichil (*fol. 38*).

124. *Reconnaissance de Géraud de Prugne, damoiseau.*

Geraldus de Prugo, seu de Bilota. — Geraldus de Prugo seu de Bilota, domicellus, juratus, dixit quod tenet de domino rege et duce miliciam de Bilota, cum pertinenciis, in parochia Sancti Johannis de Larby, pro qua debet facere homagium et fidelitatem, et jus ac legem in curia Sancti Severi, et exercitum de se in armis, vel tribus servientibus, ut alii. De allodiis, nichil. De alienatis, nichil.

125 (*119*). *Reconnaissance d'Otton de Grians, bourgeois de Saint-Sever.*

Otho de Grians, de Sancto Severo. — Otho de Grians, filius Petri de Grians, burgensis Sancti Severi, juratus, dixit quod pater suus tenet de

---

[1] En marge : *una lancea de sporl.* — [2] Ms. *ballivii* (avec un trait d'abréviation au-dessus des cinq jambages). — [3] En marge : *j. par cirothecarum de sporl.* — [4] Ms. *Juniac.* Voir plus haut, n° 27. — [5] Ms. *eis.* — [6] Ms. *qua.*

domino rege et duce affarium de Grians in parochia Sancti Simphoriani, pro quo debet [1] homagium et fidelitatem, et jus ac legem in curia Sancti Severi; et dixit quod, quando dominus transit per Lahosa de Grians [2], ipse debet venire ei obviam cum uno cereo ardenti de una libra cere, et debet eum comitari usque Sanctum Severium cum ipso cereo ardenti.

126 (*120*). *Reconnaissance de Guillaume de Serres-Gaston, damoiseau.*

Willelmus de Serra Gaston. — Guillelmus Bernardi de Serra Gaston, domicellus, juratus, dixit quod tenet de domino rege et duce miliciam et locum de Serra Gastonis, cum pertinenciis, in parochia de Serra Gastonis, et terras, landas et nemora quas habet in parochia de Sancta Columba, de .vij. [3] casalibus ad .viij. et de quinque ad .vj. casalia [4] in parochia d'Eyras; pro quibus debet homagium et fidelitatem, et jus ac legem in curia Sancti Severi, et exercitum de se in armis vel tribus servientibus, ut alii. Dies deliberacionis, ut aliis. De alienacionibus [5], nichil. De allodiis, nichil.

127 (*121*). *Reconnaissance d'Arnaud Guillaume de Fortmag., bourgeois de Roquefort.*

Arnaldus Willelmi de Fortmag. — Arnaldus Willelmi de Fortmag., burgensis de Rupeforti, juratus, dixit quod tenet de domino rege Anglie et duce Aquitanie duodecimam partem tocius Cayssenes, s[c]ilicet quicquid ibi habet et tenet racione partis ipsius duodecime, pro qua parte suam fecit fidelitatem et homagium, et jus et legem ubi alii parcionarii de Cayssenes; et ipse ac alii parcionarii sui debent exercitum de uno milite, sicut scriptum est in confessionibus Vasatensis diocesis; et fecit in expensis exercitus duodecimam partem.

128 (*122*). *Reconnaissance d'Otton de Serres, damoiseau.*

Ottho de Serras, domicellus. — Ottho de Serras, domicellus, juratus, dixit quod tenet de domino rege et duce miliciam de Serras prope Saltum, cum pertinenciis suis; et sunt de pertinenciis casale quod vocatur de Nant in parochia de Castecde et duo casalia dicta [6] de Busquet in parochia de Podenx; pro quibus debet homagium et fidelitatem, et jus ac legem in curia Sancti Severi, et exercitum eques in armis vel tribus servientibus, ut alii.

129 (*123*). *Reconnaissance de Raimond Arnaud de Puy, bourgeois de Saint-Sever.*

Reymundus Arnaldi de Puy, de Sancto Severo. — Reymundus Arnaldi de Puy, burgensis Sancti Severi, juratus, dixit quod tenet de domino rege et duce duo casalia : unum vocatum Artigalonga et aliud Teyssoeres in parochia Sancti Albani; et ista duo casalia debet degarire dominus Sancti Albani, de cujus hereditate habet [7] illa pro parte partida; et alia duo in parochia de Brocars, et ista debet ei degarire dominus de Brocars, de cujus hereditate tenet ea de parte partida; et in ipsa parochia nemora et terras per medium cum domino de Brocars, et unum casale dictum Alauder in eadem parochia, et unum tenementum dictum Campbernard, et unam bartam in parochia d'Eyras. Et pro hiis, dixit se nullum servicium debere. nisi homagium et fidelitatem, et jus ac legem in curia Sancti Severi (*fol. 38 v*).

130 (*124*). *Reconnaissance de Bernard de Munhos, bourgeois de Mont-de-Marsan.*

Bernardus de Munhos, de Monte Marciani. — Bernardus de Munhos, burgensis Montis Marciani, juratus, dixit et recognovit quod fortalicia seu locus de Mounhos, cum pertinenciis omnibus existentibus in parochia de Sent Cane de Roga, sunt de feudo immediato domini regis Anglie et ducis Aquitanie; et ipse tenet predicta de eo, ita

---

[1] Ms. *pro quibus debent.* — [2] Dom Du Buisson (*Hist. mon. S. Severi*, t. I, p. 328) public, à l'année 1367, une liste de chevaliers du Marsan où l'on trouve «Odet de Grians, per a terre et caverie et gentilesse de La Houzon. Cf. Dufourcet, *Les Landes et les Landais*, p. 166 : «La House, en Sainte-Eulalie». — [3] Ms. *.viij.* — [4] Ms. *de casalibus.* — [5] En toutes lettres. — [6] Ms. *dicte.* — [7] Ms. *habent* (en abrégé).

videlicet quod dictus locus et pertinencie fuerunt olim de feudo quod dominus de Murrin tenebat de rege et duce predicto, et fuit datum in dotem dicto Bernardo, nunc viventi, cum domina Longa Bruna, sorore domini de Murrin, nomine Bernardi de Murrin; et per successionem dicte Longue Brune, avie sue et matris Bernardi deu Bernardetz, patris, spectat ad eum dicta hereditas, maxime cum dictus Bernardus Nadesius, qui nunc vivit, eum posuerit in possessionem de predictis, tamquam nepotem suum, filium primogenitum filii sui; et quia dominus de Murrin nunc tenet capmasuram, debet eum de exercitu degarire, sicut ille de cujus hereditate res descendunt predicte. Dixit eciam quod pro hiis debet facere jus et legem ubi et in curia, et secundum quod dominus de Murrin predictus, de loco Murrin et pertinenciis suis. Item, dixit quod ex successione domine Marie de Rastor, avie sue mortue, habet et tenet quicquid habet in parochia de Blanhou, et quasdam terras in parochia Sancti Martini de Bretanhe, que omnia devenerunt eidem de milicia seu castro d'Artessen; et dominus d'Artessen debet eum de omni deverio domini degarire, excepto quod debet pro hiis jus et legem in loco cur[ie], et secundum quod dominus d'Artessen, de capmasura sua et pertinenciis. Et super aliis que tenet in parochia de Bogo que non sunt de pertinenciis de Lobanhou, est eidem data dies deliberacionis usque ad quindenam Pasche, infra quam debet significasse preposito Sancti Severi, cum invenerit, bona fide.

131 *(125)*. *Reconnaissance de Pierre de Besandun, bourgeois de Mont-de-Marsan.*

P. de Besandum, de Monte. — Petrus de Besandun, burgensis de Monte, juratus, dixit quod tenet de domino rege et duce quicquid habet et tenet in territorio seu affario vocato Salhies, in parochia Sancti Petri de Monte, et quicquid habet in parochia Sancti Martini de Sera. Et dixit [1] per suum juramentum quod credebat affarium de Salhies esse de feudo de Benquet; et nescit aliquod deverium debere fieri pro eo, sed credit quod debeat degariri cum deverio quod dominus de Benquet debet, et quod debet stare juri ubi et in curia, secundum quod dominus de Benquet, de capmasura sua et pertinenciis. De affario de Serra, dixit quod descenderat de milicia de Cera; et nullum certum deverium sciebat se debere facere pro eo, set credebat stare juri pro eo in curia del Ser coram vigerio, et ita audiverat a patre suo.

132 *(126)*. *Assignation à l'official de Marsan et à Bernardesius de Mont-de-Marsan, d'avoir à comparaitre à Saint-Sever devant le prévôt royal, pour reconnaitre les fiefs qu'ils tiennent du roi d'Angleterre.*

Officialis Marciani. — Officiali Marciani est data dies ad diem Martis post instantem quindenam Pasche ad comparendum apud Sanctum Severium et recognoscendum feuda que tenet de domino rege, et pro quibus deveriis, coram domino P. Iterii, preposito Sancti Severii. Item, eadem dies est assignata Bernardesio de Monte super hoc ipso, ut vadat pro recognicione hujusmodi facienda coram preposito predicto.

133 *(127)*. *Reconnaissance de Pierre de Bedeyssan, damoiseau.*

P. de Beddeyssan, domicellus. — Petrus [2] de Beddeyssau, domicellus, juratus, recognovit se tenere de domino rege Anglie et duce Aquitanie affarium de Laserenx in parochia Sancti Aviti de Marciano, cum omnibus pertinenciis suis, et hiis que habet et habere debet in dicta parochia; item, miliciam de Boga et affarium de Munhos, cum eorum pertinenciis universis et aliis que habet vel habere debet in parochia Sancte Cauc de Boga; item, unum casale quod est in terra de Peyralonga, et omnia alia que habet *(fol. 39)* vel habere debet in parochia Sancti Quirici de Marciano; item, quicquid habet vel habere debet in parochia Sancte Logarie d'Onhoans; item, affarium de Garderes, et quicquid habet in parochia Saucte Bide, cum pertinenciis; item, duo casalia in

---

[1] Ms. *Et dixit quod.* — [2] Ms. *Paru* (avec une abréviation).

affario de Larceres, cum pertinenciis omnibus; pro quibus omnibus debet homagium et fidelitatem, et jus ac legem in curia, ut alii de vigeria Marciani, et exercitum de uno serviente cum lancea et dardo.

134 (*128*). *Reconnaissance d'Amanieu de Benquet, damoiseau.*

Amanevus[1] *de Benquet, domicellus.* — Amanevus de Benquet, domicellus, juratus, recognovit quod tenet inmediate de domino rege et duce medietatem villagii de Belis in parochia Sancte Marie de Belis; item, medietatem villagii de Lescun in parochia Sancti Petri de Marc[iano]; item, medietatem campmasi de Belhou in parochia Sancte Quiterie; item, medietatem campmasi de Reybeyra prope Montem; item, medietatem campmasi de Lagua et de Falosol et d'Autanhac, et quartam partem barrii de Benquet; pro quibus debet homagium et fidelitatem, et jus ac legem in curia Sancti Severi; et quartam partem unius militis de exercitu, de qua respondet domino de Benquet. De alienatis, nichil, excepto quod Senebrunus, frater suus, eo contradicente, vendidit affarium de Lescun predictum Bernardesio, burgensi Montis Marciani et, multociens requisitus, noluit pro predicto ei reddere. De allodiis, nichil.

135 (*129*) *Note pour rappeler une rente annuelle de 40 sous de monnaie bordelaise due par Guillaume Arnaud de Savignac.*

xl. sol. Burd. annui census W. Arnaldi de Sarinhac. — Memorandum de .xl. solidis Burdegalensium, seu .xx. solidis morell[anensium] de W. Ernaldi de Savignaco, pro duabus plateis domorum, quelibet platea de .xvj. uln[is], census annualis.

136. *21 mai 1274.* — *Reconnaissance de Guillaume de Monteil.*

W. de Montelh. — Conoguda causa sia que Will. de Montelh, de la paropia de Sent Cirez de Canessa en Borzes, reconogo e confessa, par son bon grad[2] e par sa bone voluntat, que ed ten e deu tenir afseu feuaument, aus fors e a las custumas de Bordals, de nostre senhor le rey d'Angl., totas aqueras .xx. arregas de terra ab lors apartenementz, lasquaus son costa la estadia deu medis Will. de Montelh, entre la terra de la gleysa de Sent Cirez, d'una part, e la terra de l'ospitau de Blasera, d'autra; e duran en lonc deu feu Hel. W., qui es a l'un cap en jusqua la terra del auantdit espitau de Blasera qui es a l'autre cap; e meis totas aqueras .xj. arregas e demcia de terra qui son dentz lo casau deu Montelh entre la terra Gaucem deu Montelh, d'una part, e la vinha P. de Latasta, d'autra; e duren en lonc de l'espitau en jusqua la terra Hel. W.; e meis totas aqueras .xj. joalas de vinha ab la terra en que son, ab lors apartenementz, lasquaus son aqui medis entre la vinha Gaucem de Montelh, d'una part, e la terra deu medis W. de Montelh, d'autra; e duren en lonc de la vinha P. de Latasta qui es al un cap en jusqua a la vinha deu medis Will. de Montelh, que disso que tene de N' Elias W., qui es a l'autre cap; e meis .iiij. regas de terra, lasquaus son tras lo bosc; e duren de lonc deu bosc N' El. W. en jusqua la terra P. de Labereyra, so es assaber ab .vj. den. de sporla a senhor mudant, e ab .xij. den. de cens rendeus an par an[3] lo jorn[4] de Pentacosta o l'endeman, portatz au castel de Bordeu au conestable o a son loc tenent, e esporlar e far dreit; e n'a pres e recebut bestizon de maestre Rem. de Thaleyzon, conestable deu castel de Bordeu par notre senhor[5] lo roi [d']Angl., en nom e en loc de nostre senhor lo roi d'Angl., lo quaus conestables, en nom e en loc de nostre senhor le roi d'Angl., l'en a mandat e (*fol. 39 v*) conhinguid estre bons senhor, saups les dreitz e les deuers e las senhorias de nostre senhor lo roy, losquaus ed y a e auer y deu par les fors e par las custumas de Bordals. Actum fuit .xj. die exitus Maii, anno Domini millesimo .cc. .lxx. quarto. Regnante Ed., rey d'Angleterre, Burdegalensi sede vacante, P. Gondaumere major. Testes sunt : En P. Colum de Rua noua, Amaniu Colom de La Rocela, Bonafous de La Rocera et Arn. de Sauquart, qui la carta escriuo.

---

[1] Ms. *Amanevi*. — [2] Ms. *gard*. — [3] En marge : *xij d. census*. — [4] Ms. *joron*. — [5] M. *senhore*.

137 (*130*). *Reconnaissance des terres possédées par l'hôpital de Bessau, au diocèse d'Aire, en vertu de donations faites par des chevaliers du roi d'Angleterre* [1].

De hospitali de Bessau, Adhurensis dyocesis, quod est in districtu et dominio regis Anglie. — Memorandum quod hospitale de Bessau, diocesis Adhurensis, est situm, cum juribus et pertinenciis suis, in districtu et dominio regis Anglie, et dictum hospitale, quicquid tenet, possidet ex donacione militum [2] dicti regis, videlicet terras cultas et incultas, saltus, nemora, herbas, pascua, aquas, prata, homines questales et feodatarios, et quicquid tenet in parochia Sancti Johannis de Lenquag., et quicquid tenet in parochia Sancti Martini de Cayssen; item, hospitale de Aqua nigra, cum juribus et pertinenciis suis; item, hospitale de Binsotz, cum pertinenciis suis; item, quicquid habet in parochia Sancti Arriani; item, quicquid habet in parochia de Rua; item, quicquid habet in parochia d'Armos; item, quicquid habet in parochia de Lengoussa [3], cum pertinenciis suis. Hec omnia tenet et possidet dictum hospitale ex donacione militum dicti domini regis qui pro redempcione peccatorum suorum concesserunt eidem hospitali; et, pro hiis omnibus, tenentur fratres et sorores dictorum hospitalium orare Dominum pro eodem domino rege; et idem dominus rex tenetur eos defensare ab injuriarum molestiis et ab omni violencia.

Hec sunt homagia recepta apud Sanctum Severum et recogniciones serviciorum, die Sabbati proxima post festum sancti Mathei apostoli (*23 septembre 1273*) [4].

138 (*131*). *Reconnaissance de l'évêque d'Aire.*
Nota. Episcopus de Aire [5]. — Episcopus de Aire [6] venit et recognovit in presencia domini regis quod episcopatum [7] et tota temporalia sua [tenet] de predicto rege; et omnia que tenet tam in Marchiano [8] quam alibi in episcopatu, tenet de eodem. Facit sacramentum fidelitatis et dixit quod Gasto de Bearnio intravit in feodo domini regis in episcopatu suo, s[c]ilicet in medietatem justiciarie et dominii de villa Sancte Quiterie de permissione ultimi predecessoris sui; et habuit ab antiquo duas partes paagii de predicta villa.

139. *Répit accordé à l'évêque de Lectoure pour faire sa reconnaissance.*
Episcopus Lectorensis [9]. — Episcopus Lectorensis habet respectum de sacramento fidelitatis faciendo [10] in partibus suis, cum dominus rex ibidem venerit.

140 (*132*). *Reconnaissance de l'abbé de Saint-Sever.*
Abbas Sancti Severi. — Abbas Sancti Severi fecit fidelitatem domino regi et recognovit se tenere abbatiam suam et temporalia sua de domino rege; et recognovit quod, quando dominus rex [mandat] exercitum suum, pro tenementis suis que tenet citra landas, videlicet versus donum suam, mittet exercitum suum ibidem, si rex velit; et, pro terris quas tenet ultra landas, facit exercitum domino regi ibidem, ad voluntatem regis.

141 (*133*). *Assignation donnée au vicomte de Tartas pour venir déclarer les services qu'il doit au roi.*
Dies datus est vicecomiti Tartacensi ad .xl. dies, ad ostendendum servicia sua. Et idem venit, et rex recepit homagium suum, et fidelitatem fecit idem (*fol. 4o*) vicecomes Tartacensis [de] Mouquor et de Ees, salvo jure domini regis et aliorum.

142. *Foi et hommage de Gaillard de Soler.*
Et Gualhardus de Soler. fecit fidelitatem pro parte predictorum quam tenet; et dominus rex recepit homagium.

---

[1] Publ. par l'abbé Foix dans *Rev. de Gascogne*, 1909, p. 182. — [2] Ms. *quicquid tenet et possidet ex donacione ex militibus.* — [3] L'abbé Foix a lu *Burgossa*, qu'il corrige en *Bergossa*. — [4] Pour la date, voir l'itinéraire d'Édouard I*er* dans *Rôles gascons*, t. III, p. x. — [5] Ms. *Acre*. — [6] Ms. *Archiepiscopus de Acre*. — [7] Ms. *archiepiscopatum*. — [8] Ms. *Marcham*. — [9] Ms. *Leator[e]n[sis]*, dans le titre et dans le texte. — [10] Ms. *de sacramenti fidelitate faciend*.

143. *Foi et hommage d'Arnaud Séguin d'Estang.*
Arnaldus de Sigen d'Estan. fecit fidelitatem et rex recepit homagium; habet diem predictum ad ostendendum servicia.

144. *Hommage de Vital de Posings.*
Vitalis de Posings venit et dominus rex recepit homagium; et habet diem predictum ad consimilia faciendum.

145. *Foi et hommage de Bertrand de La Mote.*
Bertrandus de La Mote fecit fidelitatem et dominus rex recepit homagium; et habet diem predictum ad premissa facienda.

146. *Foi et hommage de Pierre Arnaud de Caupenne.*
Petrus Arnaldi de Copan, dominus de Copan, fecit fidelitatem et dominus rex recepit homagium; et habet diem predictum ad premissa facienda.

147. *Foi et hommage de Vital de Caupenne.*
Vitalis de Copan fecit fidelitatem et dominus rex recepit homagium; et habet predictum diem ad premissa facienda.

148. *Foi et hommage de Ricium (?) de Barilhes.*
Riciun[1] de Barilhes fecit fidelitatem et dominus rex recepit homagium; et habet predictum diem ad premissa facienda.

149. *Foi et hommage de Vital de Bous.*
Vitalis de Bous fecit fidelitatem et dominus rex recepit homagium; et habet predictum diem.

150. *Foi et hommage de Pierre de Pruiré.*
Petrus de Pruire fecit fidelitatem et dominus rex recepit homagium; et habet predictum diem.

151. *Foi et hommage de Bertrand d'Amou.*
Bertrandus de Amur fecit fidelitatem et dominus rex recepit homagium; et habet predictum diem.

152. *Foi et hommage de Guillaume Bertrand de Bidies.*
Willelmus Bertrami de Bidies fecit simili modo; et habet predictum diem.

153. *Foi et hommage de Navarre de «Pere».*
Navarius de Pere fecit simili modo; et habet predictum diem.

154. *Foi et hommage d'Odon de Serres.*
Odonus de Serris fecit simili modo; et habet predictum diem.

155. *Foi et hommage de Guillaume Arnaud de «Pere».*
Willelmus Arnaldi[2] de Pere fecit simili modo; et habet predictum diem.

156. *Foi et hommage d'Arnaud d'Ossages.*
Arnaldus de Sages fecit simili modo; et habet predictum diem.

157. *Foi et hommage de Brun de «Julent».*
Brunus de Julent fecit simili modo; et habet predictum diem.

158. *Foi et hommage de Roland de Souslens*[3].
Rolandus de Suflenks fecit simili modo; et habet predictum diem.

159. *Foi et hommage de Bernard de Lapède.*
Bernardus de La Pede fecit simili modo; et habet predictum diem.

160. *Foi et hommage d'Arnaud Amanieu.*
Arnaldus Amanevi[4] fecit simili modo; et habet predictum diem.

161. *Foi et hommage de Bernard de «Santsiard».*

---

[1] Ms. *Ric.* plus trois jambages, avec un signe d'abréviation; de même n° 173. — [2] Ms. *Ar.* plus trois jambages, sans signe d'abréviation. — [3] Cf. n° 86. — [4] Ms. *Amani*, avec le signe de l'abréviation *er* au-dessus de *n*.

Bernardus de Santsiard fecit simili modo; et habet predictum diem.

162. *Foi et hommage de Raimond de Campagne.*
Reymundus de Campania fecit simili modo; et habet predictum diem.

163. *Foi et hommage d'Arnaud de Saint-Germain.*
Arnaldus de Sancto Germano fecit simili modo; et habet predictum diem.

164. *Foi et hommage d'Odon de Rasik, au nom de sa femme.*
Odonus de Rasik, pro uxore sua, fecit simili modo; et habet predictum diem.

165. *Foi et hommage de Norman de Poylohaut.*
Normannius de Pullohaut fecit simili modo; et habet predictum diem.

166. *Foi et hommage d'Itard d'«Eybes».*
Itardus de Eybes fecit simili modo; et habet predictum diem.

167. *Foi et hommage de Berney de Montolieu.*
Berney de Monte Oliveti [1] fecit simili modo; et habet predictum diem.

168. *Foi et hommage d'Arnaud Guillaume de «Garrikos».*
Arnaldus Willelmi de Garrikos fecit simili modo; et habet predictum diem.

169. *Foi et hommage de Bernard Loup de Gos.*
Bernardus Lupi de Gos fecit simili modo; et habet predictum diem.

170. *Foi et hommage d'Arnaud de Maurrin.*

Arnaldus de Murrin fecit simili modo; et habet predictum diem.

171. *Foi et hommage de divers seigneurs landais.*
Bos de Laborate, Geraldus de Mundeyrin, Bernardus Jordani de Lareer, Unaldus de Sis, Arnaldus de Martank, Arnaldus Willelmi de La Cassaigne, Bernardus de Campaing, Eutentun [2] de Sancta Cruce, Gassornardus [3] de Amur, dominus de Sambrek., Bernardus de Poyane, Oddo de Do[a]sit junior, Vitalis de Steyes, Remundus Arnaldi de Puy, Bernardus de Serres, Arnaldus de Gavastona et Claramunda, uxor ejus, Willelmus Arnaldi de Sancto Albino, Petrus Arnaldi de Bazadon., Sainz Lupus de Castandet, Oddo de Clerac.

172 (*134*). *Délai accordé à l'abbé de Larreule pour venir déclarer ce qu'il tient du roi.*
Abbas de La Riole habet diem in .xi. dies ad ostendendum ea que tenet de domino rege; et, si non faciet, procedat rex contra eum secundum quod justicia suadebit (*fol. 40 v*).

173 (*135*). *Foi et hommage de divers seigneurs landais.*
Adhuc de homagiis. — Willelmus Polite de Mummuye, Petrus de Beynguers, R[e]ym[undus] de Sancto Symeone, Willelmus Bernardi de Serre Gaston., Willelmus de Portet, Bideld. de Cascl., Garsius de Sancto Monte, Willelmus Reymund Abbatis, Benet de Necict, Bertramus de Peree, Willelmus Arnaldi de Bello loco, Riciun de Garyn, Geraudus de Cuncirales, Seguinus du Puy, Peyrinar [4] de Cesauveyl., Gaylardus deu Mun, Bernardus [de Rykau, Arnaldus de Mun, Bernardus del Muys, Ger. Arnaldus de Gylato, Petrus de La Barte] [5], [Bernardus] de Lapede, Arnaldus Alemaund de Venked, Arnaldus Willelmi de Kaversaco, Fortenetus de Vernede, Petrus de Labarte, Arnaldus Guillelmi de Savenuy, Bernardus de Laparedere, Mastyn

---

[1] Appelé *Bernerus de Monte Olivo* dans les *Rôles gascons*, t. II, n° 289 (à l'année 1279). — [2] Lecture douteuse. — [3] Lire *Garsias Arnaldi*? — [4] Transcription douteuse. Ms. *Pey.* avec quatre jambages et le signe d'abréviation *ar* ou *ra*. — [5] Les mots entre [ ] ont été ajoutés dans la marge. Le prénom qui devrait précéder *Lopede* a été omis par le scribe.

de Casalun, Reymundus Garsii de Tuseurs, Reymundus Bernardi de Castello novo, Arnaldus de Seres, Bernardus de Bares, Jordanus Sanos, dominus de Castellard, Petrus[1] de Greaute, Willelmus Bernardi de Barueles, Gyraldus de Geles, Bernardus de Bosco, Willelmus Bernardi de Verdeles, dominus de Tynayle.

---

174 (*136*). *Lectoure, 28 février 1274.* — *Proclamation du notaire public de Bordeaux notifiant un édit du roi d'Angleterre qui enjoint à tous ceux qui tiennent quoi que ce soit de lui en Lomagne, Fezensac, Fimarcon et Pardiac, de venir à Lectoure lui prêter hommage et fidélité et reconnaître les services qu'ils lui doivent*[2].

Proclamacio Lectore super homagium. — Noverint universi quod, anno Domini millesimo .cc. septuagesimo tercio, ultima die Ffebruarii, in presencia mei, Petri Roberti, publici notarii civitatis Burdegalensis, et testium subscriptorum ad hoc specialiter vocatorum et rogatorum, fuerunt verba que secuntur, cum tuba et per preconem, in civitate Lectorensi, ex parte domini nostri, domini Edwardi, regis Anglie, pupplice promulgata et proclamata : «Ex parte domini regis Anglie et ducis Aquitanie et «curie sue edicitur, requiritur, precipitur et man-«datur quod, quicumque citatus, eciam si, presens, «sit alias non citatus, tenet aliquid a domino rege «et duce, veniat hodie vel cras per totam diem ad «dominum regem, in aula episcopi Lectorensis, «facturus sibi homagium et fidelitatem, et alia de-«veria que eidem facere debent, racione feudorum «que tenent seu tenere debent a domino rege et «duce predicto, sub pena amissionis et incursionis «feudorum, sive sint de Leomaunia, sive de Fezen-«sac, sive de Feudo Marchionis, sive de Perdiaco». Actum et datum in civitate predicta, die et anno predictis. Regnante eodem Edwardo, rege Anglie, sede Burdegalensi vacante, Petro Gondameri majore. Testes sunt hujus rei vocati et rogati : Jordanus Paute, Reymundus de Bonofonte, Reymundus Panssa. Et ego, predictus Petrus Roberti, publicus notarius civitatis Burdegalensis, vocatus et rogatus, ad hoc presens fui eaque conscripsi et in publicam formam redegi et signum meum apposui in testimonium premissorum.

175 (*137*). *Lectoure, 28 février 1274.* — *Assignation au curateur du vicomte de Lomagne d'avoir à comparaître à Bordeaux, le lundi avant les Rameaux (19 mars), devant le roi ou son représentant, pour y répondre de tous les actes d'injustice ou de violence commis au détriment du roi par le vicomte, sa famille ou ses gens.*

Vicecomes Leomannie. — Noverint universi quod, anno Domini millesimo .cc .lxx. tercio, ultima die Ffebruarii, in presencia mei, Petri Roberti, publici notarii civitatis Burdegalensis, et testium subscriptorum ad hoc specialiter vocatorum et rogatorum, dominus Lucas de Thany, miles, senescallus Vasconie, assignavit diem peremptorium domino Veziano de Blazirt, militi, curatori Viziani, vicecomitis Leomannie, apud Burdegalam, videlicet diem Lune ante Ramos Palmarum, ad respondendum domino nostro regi Anglie, vel ejus locum tenenti, super controversiis, injuriis et oppressionibus quas idem vicecomes, seu ejus familia, vel gentes ipsius, intulerant eidem domino regi et gentibus suis; quam diem idem curator acceptavit; et promisit quod, predicto die, apud Burdegalam, tam ipse quam dictus vicecomes comparerent coram dicto domino nostro rege, vel ejus locum tenente (*fol. 41*), et quod procederent in dicto loco super premissis et aliis que a dicto vicecomite peterentur. Datum et actum Lectore, die et anno predictis. Regnante Edwardo, rege Anglie, sede Burdegalensi vacante, Petro Gondaummeri majore. Testes hujus rei sunt : dominus Franciscus, doctor legum, Willelmus Remundi de Pinibus, dominus Ottho de Leomaunia, Fforthonerius de Casanova, milites, Amanevus de Pomeriis, canonicus[3] Bayonensis, magister Bertrandus de Sancto Upo, magister Bernardus Gathapuy, dominus Willelmus, abbas de Bella Pertica, ad hec spe-

---

[1] Ms. *Petro.* — [2] Publ. *Notices et Extraits des mss*, t. XIV, p. 311. — [3] Ms. *canonn*, sans aucun signe d'abréviation; voir le numéro suivant.

cialiter vocati et rogati. Et predictus P. Roberti, publicus notarius civitatis Burdegalensis, vocatus et rogatus, ad hec presens interfui eaque conscripsi et in publicam formam redegi et signum meum apposui in testimonium premissorum.

176 (138). *Lectoure, 28 février 1274. — Assignation à Otton de Gontaud, chevalier, d'avoir à comparaître à Bordeaux, le lundi avant les Rameaux (19 mars), devant le roi ou son représentant, pour y répondre de tous les actes d'injustice ou de violence qu'il est accusé d'avoir commis au détriment du roi.*

Assignacio diei facta per dominum Lucam de Thany, senescallum Vasconie, Otthoni de Gontaldo, militi, super injuriis per ipsum commissis. — Noverint universi quod, anno Domini millesimo .cc .lxx. tercio, ultima die Ffebruarii, in presencia mei, [P.] Roberti, publici notarii, civitatis Burdegalensis, et testium subscriptorum, ad hec specialiter vocatorum et rogatorum, dominus Lucas de Thany, miles, senescallus Vasconie, assignavit diem peremptorium domino Otthoni de Gontaldo, militi, apud Burdegalam, videlicet diem Lune ante Ramos Palmarum, ad respondendum domino regi Anglie, vel ejus locum tenenti, super injuriis, rapinis, invasionibus et oppressionibus quas idem Ottho, seu gentes ipsius, olim dicebantur intulisse predicto domino nostro regi et gentibus suis; quam diem idem Ottho spontance acceptavit, et promisit, sub pena mille librarum monete Burdegalensis, quod predicto die in dicto loco compareret, et quod super premissis et aliis que ab eo peterentur per dictum dominum nostrum regem, vel ejus locum tenentem, staret juri coram dicto domino nostro rege, vel ejus locum tenente; et hec promisit dictus Ottho sub obligacione bonorum suorum, datis ab eo super hoc fidejussoribus: dominis Otthone de Leomannia, Veziano de Blasirt, Fforthonerio de Casanova, militibus, et Willelmo Remundi de Pinibus, domicello, qui se et sua super hoc in solidum obligarunt, et renunciaverunt beneficiis novarum constitutionum de fid[ejussore] de duobus sive de pluribus reis debend[o], et epistole divi Adriani, et omni alii juri et juris [aut] legum auxilio; quam penam tam dicti principales quam dicti fidejussores promiserunt se soluturos et reddituros eidem domino nostro regi, vel ejus locum tenenti, quociens contra factum esset et, ea soluta vel non soluta, predicta obligacio nichilominus in sua firmitate existat. Datum et actum Lectore, die et anno predictis. Regnante Edwardo, rege Anglie, sede Burdegalensi vacante, P. Gondammeri majore. Testes hujus rei sunt : magister Arnaldus Guiscardi, Amanevus de Pomeriis, canonicus Bayonensis, Ffortho de Serris, magister Bernardus Ffabri, dominus Franciscus, doctor legum, dominus Willelmus, abbas de Bella Pertica, magister Arnaldus de Casa, Gaucelmus de Leujano, ad hoc specialiter vocati et rogati. Et ego, predictus Petrus Roberti, publicus notarius civitatis Burdegalensis, vocatus et rogatus, ad hoc presens fui, eaque conscripsi et in publicam formam redegi, et signum meum apposui in testimonium premissorum.

177 (139). *Bordeaux, 19 mars 1274. — Reconnaissance de Bertrand de Podensac, damoiseau*[1].

Bertrandus de Podensac, domicellus. — Noverint universi quod, anno Domini millesimo .cc .lxx. tercio, .xiij°. die exitus Marcii, in presencia mei, P. Roberti, pupplici notarii civitatis Burdegalensis, et testium subscriptorum, ad hoc specialiter vocatorum et rogatorum, Bertrandus de Podensac, domicellus, juratus *(fol. 41 v)* et requisitus, dixit et recognovit spontanea voluntate se tenere in feudum a domino nostro rege Anglie, domino Hibernie et duce Aquitanie, castrum de Podensac cum pertinenciis suis, et quicquid habet in parochia de Podensak, excepta medietate hominum quos habet in parochia de Seron. Item, dixit et recognovit idem Bertrandus quod tenet in feudum a domino rege et duce predicto, racione ducatus, quicquid habet in parochia d'Ilac; et ista dixit quod tenet et debet tenere a domino rege et duce

---

[1] Anal. *Arch. histor. Gir.*, t. III, p. 25.

predicto cum una lancea de sporla [1], et cum homagio et exercitu sui corporis vel unius militis. Super facto de Montussan, dixit quod credit se dubitare utrum teneret in allodium vel haberet in feudum a domino nostro rege et duce predicto; super quo debet cras cercioratus in mane respondere. Item, dixit quod in ducatu Aquitanie non habet allodia. Item, dixit quod ipse nec antecessores sui aliquid non alienaverant de predictis, quod debeant tenere a domino rege et duce predicto. Item, dixit quod nulla alia deveria debet facere domino regi preter deveria superius nominata. Et [de] hoc facta fuerunt duo instrumenta ejusdem tenoris, quorum unum habuit dictus dominus rex et aliud Bertrandus predictus. Datum et actum Burdegale, die et anno predictis. Regnante Edwardo, rege Anglie, sede Burdegalensi vacante, P. Gondomeri majore. Testes hujus rei sunt : magister Arnaldus Guiscard, magister Arnaldus de Lacasa, Johannes Alegre, Johannes Lopiquart, Petrus de Leujatz, miles, Vigorosus Bener, ad hoc specialiter vocati et rogati. Et ego, predictus P. Roberti, publicus notarius civitatis Burdegalensis, ad hoc presens fui, eaque conscripsi et in publicam formam redegi, et signum meum apposui in testimonium premissorum.

178 (*140*). *Bordeaux, 19 mars 1274.* — *Reconnaissance de Bertrand de Noaillan, chevalier* [2].

Bertrandus de Novelliano, miles. — Noverint universi quod (*même date*) in presencia mei, Petri Roberti, ... dominus Bertrandus de Novelliano, miles, juratus et requisitus, dixit et recognovit spontanea voluntate se tenere in feudum a domino nostro rege Anglie, domino Hibernie et duce Aquitanie, castrum de Novelliano cum pertinenciis suis, cum una lancea sporle [3] et homagio, et cum exercitu sui corporis vel unius militis. Et dixit et recognovit quod quicquid habebat in parochia de Salis debebat tenere a domino nostro rege Anglie et duce predicto cum uno austuro sauro vel cum sexaginta solidis monete Burdegalensis [4]. Et dixit plus quod, si plura deveria deberet facere pro premissis, non intendebat domino prejudicare. Item, dixit quod non habet allodia in diocesi Burdegalensi. Item, quod super facto de Salis debet cras cercioratus respondere. Item, dixit quod ipse nec antecessores sui non alienavera[n]t de premissis quod tenere debeant a domino rege Anglie et duce predicto. Actum et datum ..... Regnante ..... Testes hujus rei sunt : magister Arnaldus Guiscardi, magister Arnaldus de Lacasa, Johannes Alegre, Johannes Picardi, P. de Leujatz, miles, Vigorosus Bener, ad hoc specialiter vocati. Et ego, predictus Petrus Roberti..... (*fol. 42*).

179 (*141*). *Bordeaux, 19 mars 1274.* — *Reconnaissance d'Assaut de Fargues* [5].

Assaudus de Ffargis. — Noverint universi quod (*même date*) in presencia mei, P. Roberti, ... dominus Assaut de Ffargis, juratus et requisitus, dixit et recognovit se tenere et tenere debere a domino rege Anglie, domino Hibernie et duce Aquitanie, omnes terras quas ipse habet in parochia de Sulternis, de Bomis et de Pajoliis in allodio. Et dixit et recognovit quod, quando dominus rex mandat bellum campestre, dictus Assaut debet juvare cum cum armis; et dixit quod ipse debet stare juri coram suo preposito de Barssineo. Item, dixit quod nichil aliud tenebat a dicto domino rege. Item, dixit quod ipse nec antecessores sui aliquid alienaverant. Item, dixit quod nulla alia deveria debet facere domino regi et duci predicto, nec habet plura allodia. Actum et datum ..... Regnante ..... Testes hujus rei sunt : magister Arnaldus de Lacasa, magister Arnaldus Guiscardi, Johannes Alegre, Johannes Picardi, Petrus de [Le]ujatz, miles, Vigorosus Bener, ad hoc specialiter vocati et rogati. Et ego, predictus P. Roberti.....

---

[1] En marge : *una lancea de sporl.* — [2] Anal. Arch. histor. Gir., t. III, p. 25. — [3] En marge : *una lancea de sporl.* — [4] En marge : *unum austurum vel .xl. s.* Il y a bien *sexaginta* (en toutes lettres) *solid.* dans le texte, et *.xl. s.* dans la marge. — [5] Anal. Arch. histor. Gir., t. III, p. 26.

180 (*142*). *Bordeaux, 19 mars 1274. — Déclaration de Thibaut de Noaillan, chevalier* [1].

Dominus Theobaldus de Novelliano, miles. — Noverint universi quod (*même date*) in presencia mei, Petri Roberti,..... dominus Theobaldus de Novelliano, miles, juratus et requisitus, dixit et recognovit quod nichil tenebat a dicto domino rege Anglie. Item, dixit quod nulla allodia habebat; et dixit et recognovit quod omnia que habebat erant de pertinenciis domus de Novelliano. Actum et datum ..... Regnante ..... Testes hujus rei sunt : magister Arnaldus de Lacasa, magister Arnaldus Guiscardi, Johannes Alegre, vocati et rogati. Et ego, predictus Petrus Roberti.....

181 (*143*). *Bordeaux, 19 mars 1274. — Recomnaissance de Guillaume de Noaillan, chevalier* [2].

Dominus Willelmus de Novelliano, miles. — Noverint universi quod (*même date*) in presencia mei, Petri Roberti,..... dominus Willelmus de Novelliano, miles, juratus et requisitus, dixit et recognovit spontanea voluntate se tenere in feudum a domino rege Anglie, domino Hibernie et duce Aquitanie, racione ducatus [predicti], quicquid habet in parochia de Sancto Machario et de Sancta Fflorenssa, et de Conquas et de Pujous, excepta decima quam habet a Pujous, quam dixit se tenere ab archiepiscopo Burdegalensi. Et dixit et recognovit quod [pro] istis rebus debebat domino duci unum marbotinum sporle in mutacione domini [3]. Item, dixit quod in ducatu Aquitanie non habebat allodia, et quod nichil tenebat aliud a dicto domino duce. Et dixit et recognovit quod ipse tenebat ista omnia nomine suo et Galhardi de Novelliano, fratris sui. Et postea dixit quod affarium de (*fol. 42 v*) Pojous tantum tenebat a domino duce cum uno pari cirothecarum de sporla [4]. Et alia omnia superius scripta dixit et recognovit quod tenebat a domino de Benauges.

Item, dixit quod nulla alia deveria debet facere domino regi et duci predicto [5]. Et dixit quod ipse [6] nec antecessores sui aliquid alienaverant de predictis quod debeant tenere a dicto domino rege. Actum [et] datum ..... Regnante ..... Testes hujus rei sunt : magister Arnaldus Guiscardi, magister Arnaldus de Casa, Johannes Alegre, Johannes Picardi, P. de Leujatz, miles, Vigorosus Bener, ad hoc specialiter vocati et rogati. Et ego, predictus P. Roberti .....

182 (*144*). *Bordeaux, 19 mars 1274. — Déclaration d'Arnaud Raimond de Budos, chevalier* [7].

Arnaldus Reymundi de Budos. — Noverint universi quod (*même date*) in presencia mei, Petri Roberti,..... Arnaldus Remundi de Budos, miles, juratus et requisitus, dixit et recognovit se nichil tenere a domino rege Anglie, domino Hibernie et duce Aquitanie. Item, dixit quod non habebat allodium, nec aliquid alienatum fuerat quod tenere deberet a dicto domino rege. Item, dixit quod debet stare juri coram senescallo Vasconie. Item, dixit quod non debet facere homagium nec sacramentum fidelitatis dicto domino regi. Datum et actum ..... Regnante ..... Testes hujus rei sunt : magister Arnaldus de Lacasa, magister Arnaldus Guiscardi, Johannes Alegre, Johannes Picardi, P. de Leujatz, miles, Vigorosus Bener, vocati et rogati. Et ego, predictus P. Roberti .....

183 (*145*). *Bordeaux, 19 mars 1274. — Reconnaissance de Gaillard de Caies, damoiseau* [8].

Gualhardus de Caies, domicellus. — Noverint universi quod (*même date*) in presencia mei, P. Roberti, ... Gualhardus de Caies, domicellus, juratus et requisitus, dixit et recognovit se tenere a domino rege Anglie, domino Hibernie et duce Aquitanie, quicquid habebat in parochia de Barssiaco. Item, dixit quod non habebat allodia nec

---

[1] Anal. Arch. histor. Gir., t. III, p. 26. — [2] Anal. Arch. histor. Gir., t. III, p. 26. — [3] En marge : *unum marbotinum annuum sporle.* — [4] En marge : *unum par ciroth.* — [5] Ms. *predictis.* — [6] Ms. *ipsi.* — [7] Anal. Arch. histor. Gir., t. III, p. 26. — [8] Anal. Arch. histor. Gir., t. III, p. 26.

aliquid fuerat alienatum de juribus et deveriis dicti domini regis. Item, dixit quod debet stare juri coram preposito de Barssiaco et eidem preposito tenetur prestare sacramentum fidelitatis. Et pro istis debet facere jura predicta, sicut predicti milites de Barssiaco. Item, dixit quod nulla alia deveria facere debet. Actum et datum..... Regnante...... Testes hujus rei sunt : magister Arnaldus de Lacasa, magister Arnaldus Guiscardi, Johannes Alegre, Johannes Picardi, P. de Leujatz, miles, Vigorosus Bener, vocati et rogati. Et ego, predictus P. Roberti.....

184 (*146*). *Bordeaux, 19 mars 1274.* — *Déclaration de Guillaume Jourdain, damoiseau* [1].

Willelmus Jordani, domicellus. — Noverint universi quod (*même date. Fol. 43*) in presencia mei, P. Roberti, ... Guillelmus Jordani, domicellus, juratus et requisitus, dixit et recognovit se nichil tenere a domino rege Anglie. Requisitus de allodiis si habebat, dixit quod non. Item, dixit quod nichil alienaverat quod tenere debeat a domino rege. Item, dixit quod debet stare juri coram preposito de Barssiaco, et quod debet sibi prestare sacramentum fidelitatis. Item, dixit quod nulla alia deveria debet eidem facere. Datum..... Regnante..... Testes hujus rei sunt : magister Arnaldus de Lacasa, magister Arnaldus Guiscardi. Et ego, predictus P. Roberti.....

185 (*147*). *Bordeaux, 19 mars 1274.* — *Déclaration de Raimond Guillaume de Cérons, damoiseau* [2].

R. Willelmi de Seroun, domicellus. — Noverint universi quod (*même date*) in presencia mei, P. Roberti,..... Reymundus Willelmi de Seroun, domicellus, juratus et requisitus, dixit et recognovit quod nichil tenebat a domino rege Anglie. Item, requisitus si fuerat aliquid alienatum de hoc quod pertineret domino regi predicto, dixit quod non. Item, requisitus si debebat facere sibi homagium vel sacramentum [fidelitatis], dixit quod non. Dixit eciam [quod], quando stabit juri coram preposito de Barssiaco, hoc facit per violenciam. Item, dixit quod fecerat sacramentum fidelitatis preposito de Barssiaco. Datum et actum..... Regnante..... Testes hujus rei sunt : magister Arnaldus de Lacasa, magister Arnaldus Guiscardi, Johannes Alegre, vocati et rogati. Et ego, predictus P. Roberti.....

186 (*148*). *Bordeaux, 19 mars 1274.* — *Reconnaissance d'Arnaud de Cabanak, de Pons de Beautiran et de Pierre de Cabanac* [3].

Dominus Arnaldus de Cabanak, Poncius de Bautirano et P. de Cabanak. — Noverint universi quod (*même date*) in presencia mei, P. Roberti,..... dominus Arnaldus de Kabanac [4], Poncius de Bautirano et Petrus [de] Cabanak, jurati et requisiti, dixerunt et recognoverunt se tenere in feudum a domino rege Anglie feudum de Lyla, in quacumque parte sit; et nichil alienaverant. Datum et actum ..... Regnante..... Testes hujus rei sunt : magister Arnaldus de Lacasa, magister Arnaldus Guiscardi, Johannes Alegre, Johannes Picardi, vocati et rogati. Et ego, predictus P. Roberti.....

187 (*149*). *Bordeaux, 19 mars 1274.* — *Reconnaissance de Raimond Garcie de Sescas, chevalier, de Noaillan* [5].

Dominus Reymundus Gassie de Sescars. — Noverint universi quod (*même date*) in presencia mei, P. Roberti, ... dominus Reymundus Garssie de Sescars, miles, de Novelliano, juratus et requisitus, dixit et recognovit quod omnia que habebat in parochiis de Novelliano et de Leujatz tenebat a domino de Novelliano. Item, dixit quod nichil tenebat a domino rege Anglie (*fol. 43 v*) in dictis parochiis, vel in diocesi Burdegalensi, nisi illud quod habet in parochia Sancti Simphoriani, quod dixit se tenere, una cum omnibus illis que habebat vel habere debe[b]at in diocesi Vasatensi,

---

[1] Anal. Arch. histor. Gir., t. III, p. 27. — [2] Anal. Arch. histor. Gir., t. III, p. 27. — [3] Anal. Arch. histor. Gir., t. III. p. 27. — [4] En 1277, ce même Arnaud se reconnaît vassal de l'archevêque de Bordeaux pour sa terre de Cabanac (Baurein, *Var. Bordeloises*, t. III, p. 110). — [5] Anal. Arch. histor. Gir., t. III, p. 27.

in parochia d'Uzesta, cum uno pari cirothecarum sporle⁽¹⁾, cum homagio. Item, dixit quod debet facere sacramentum fidelitatis. Item, dixit quod nichil aliud tenebat nec tenere debe[b]at a domino rege Anglie; et dixit quod debet facere jus coram senescallo Vasconie de hoc quod habet in parochia Sancti Simphoriani; et [pro] hoc quod habet in diocesi Vasatensi, dixit quod debet facere jus coram preposito de Vasato. Item, requisitus de allodiis, si habebat, dixit quod non. Item, dixit et recognovit quod nichil alienaverat de hoc quod tenere deberet a domino rege Anglie, nec alia deveria debet facere. Datum et actum..... Regnante..... Testes sunt : magister Arnaldus de Lacasa, magister Arnaldus Guiscardi, Johannes Alegre, Johannes Picardi, P. de Leujatz, miles, Vigorosus Bener, vocati et rogati. Et ego, P. Roberti.....

188 (150). *Bordeaux, 19 mars 1274.* — *Reconnaissance de Vital de Cérons, clerc* ⁽²⁾.

Vitalis de Siron, clericus. — Noverint universi quod (*même date*) in presencia mei, P. Roberti, ... Vitalis de Seron, clericus, juratus et requisitus, dixit et recognovit se tenere a domino rege Anglie, domino Hibernie et duce Aquitanie, in feudum francale, racione ducatus, duas partes cujusdam vinee que sunt in parochia de Seron, in loco vulgariter appellato Au Cayron. Et dixit quod terciam partem dicte vinee emerat Petrus Assalhit a quibusdam parentibus dicti clerici, [et] quod idem clericus tenebat dictam terciam partem dicte vinee a dicto Petro cum quatuor solidis monete usualis, annui census. Item, dixit et recognovit quod stagiam quondam patris sui, que est in parochia de Seron, tenebat a dicto domino. Item, dixit et recognovit quod tenet a dicto domino quandam peciam terre que est in dicta parochia, in loco appellato Allaroiga. Item, dixit et recognovit quod debet stare juri pro rebus predictis coram preposito de Barssiaco, et debet sibi facere sacramentum fidelitatis. Et dixit et recognovit quod non habebat aliqua allodia, et quod nichil alienaverat quod tenere deberet a dicto domino rege. Et dixit et recognovit quod nulla alia deveria debet facere domino regi. Actum et datum..... Regnante..... Testes sunt hujus rei : magister Arnaldus de Lacasa, magister Arnaldus Guiscardi, Johannes Alegre, Johannes Picardi, Petrus de Leujatz, miles, Vigorosus Bener, vocati et rogati. Et ego, predictus P. Roberti.....

189 (151). *Bordeaux, 19 mars 1274.* — *Reconnaissance de Raimond Esperd de Cérons*⁽³⁾.

Reymundus Esperd de Seron. — Noverint universi quod (*même date*) in presencia mei, P. Roberti,..... Ramundus Esperd de Seron, juratus et requisitus, dixit et recognovit quod nichil tenebat a domino rege Anglie. Dixit tamen et recognovit quod erat (*fol. 44*) homo suus, et quod debet stare juri coram preposito de Barssiaco et eidem prestare sacramentum fidelitatis: et dixit [quod debet] eum sequi, una die, cum armis per preposituram de Barssiaco, ad expensas suas proprias. Item, dixit et recognovit quod debet facere unam racionabilem commestionem domino preposito de Barssiaco. Item, dixit et recognovit quod non debet facere alia deveria, nec habet allodia, nec aliquid ipse nec antecessores sui alienaverant quod⁽⁴⁾ deberent tenere a dicto domino rege. Actum et datum..... Regnante..... Testes sunt hujus rei : magister Arnaldus de Lacasa, magister Arnaldus Guiscardi, Johannes Alegre, Johannes Picardi, vocati et rogati. Et ego, predictus P. Roberti.....

190 (152). *Bordeaux, 19 mars 1274.* — *Reconnaissance de Senebrunus, sire de Lesparre*⁽⁵⁾.

Dominus Senebrunus, dominus Sparre. — Noverint universi quod (*même date*) in presencia mei, Petri Roberti,..... dominus Senebrunus, dominus Sparre, juratus et requisitus, confessus fuit se tenere castrum de Lesparra, cum honore et pertinenciis universis dicti castri, cum decem libris sporle in mutacione domini⁽⁶⁾, a domino

---

⁽¹⁾ En marge : *unum par cirot. de sporl.* — ⁽²⁾ *Anal. Arch. histor. Gir.*, t. III, p. 27. — ⁽³⁾ *Anal. Arch. histor. Gir.*, t. III, p. 28. — ⁽⁴⁾ Ms. *que.* — ⁽⁵⁾ *Anal. Arch. histor. Gir.*, t. III, p. 28. — ⁽⁶⁾ En marge : *.x .li. de sporla.*

rege Anglie, domino Hibernie et duce Aquitanie; item, costam cum uno austuro sporle in mutacione domini[1]. Item, dixit et recognovit quod debet facere dicto domino homagium et sacramentum fidelitatis in mutacione domini. Item, dixit et recognovit quod debet exercitum de duobus militibus; et, si dictus dominus rex sit in exercitu, ipse debet facere personaliter exercitum in propria persona cum uno scutifero. Item, dixit quod nulla allodia habet, nec ipse nec antecessores sui aliquid alienaverant de predictis. Et debet stare juri coram senescallo Vasconie. Et de hoc facta fuerunt duo instrumenta ejusdem tenoris, quorum unum habuit dictus dominus rex, et aliud dominus Senebrunus de Sparra. Datum et actum..... Regnante..... Hujus rei testes sunt: magister Johannes Gyrardi, magister Arnaldus de Lacasa, magister Arnaldus Guiscardi, Vitalis de Pode[n]s, miles, Petrus de Monte Revelli, Johannes Alegre, Vigorosus Bener, Amalvinus de Baresio[2], junior, Petrus de Leujatz, miles, specialiter vocati et rogati. Et ego, predictus P. Roberti.....

191 (153). *Bordeaux, 19 mars 1274. — Reconnaissance de Gaucelm, sire de Castillon-de-Médoc*[3].

Dominus Gaucelmus, dominus de Castellione in Meduleo. — Noverint universi quod (*même date*).... dominus Gaucelmus de Castellione, dominus de Castellione, juratus et requisitus, recognovit et confessus fuit se tenere in feudum a domino rege Anglie, domino Hibernie et duce Aquitanie, castrum de Castellione in Meduleo[4], cum honore suo et pertinenciis suis universis, ubicumque sint, infra honorem vel extra, et quicquid habet alibi, habebat, vel alius nomine suo tene[b]at; dixit quod totum tenet a domino rege Anglie cum centum solidis sporle in mutacione domini[5], et cum exercitu sui corporis vel unius militis, exceptis decimis suis quas [ipse] vel aliquis nomine suo tene[b]at. Item, dixit et recognovit quod terram[6] quam (*fol. 44 v*) olim tenebat a vicecomite de Franciaco, dixit quod tenet a domino rege et duce predicto cum quinque solidis sporle[7]. Item, dixit et recognovit se tenere quicquid generaliter habet et habere debet infra diocesim Burdegalensem a domino rege cum predictis deveriis, excepto illo[8] quod habet apud Solacum. Et dixit et confessus fuit quod nichil alienaverat a predictis nec antecessores sui. Et dixit quod non habet allodia, nec alia deveria debet facere dicto regi. Et dixit quod ipse debet stare juri coram senescallo Vasconie. Actum et datum..... Regnante..... Testes sunt: magister Johannes Girardi, magister Arnaldus de Lacasa, magister Arnaldus Guiscardi, Vitalis de Podens, P. de Monte Revelli, Johannes Alegre, vocati et rogati. Et ego, predictus P. Roberti.....

192 (154). *Bordeaux, 19 mars 1274. — Reconnaissance d'Aimeric de Bourg, damoiseau, de Lesparre*[9].

Aymericus de Burgo, domicellus. — Noverint universi quod (*même date*) in presencia mei, Petri Roberti,..... Aymericus de Burgo, domicellus, de Sparra, juratus et requisitus, dixit et recognovit spontanea voluntate quod ipse habet et tenet a domino rege Anglie, domino Hibernie et duce Aquitanie, omnes et singulas terras et homines existentes in Meduleo, in districtu Sparre, in locis appellatis A Escurat et Sepian, et totum feudum usque ad ymum[10] maris, et feudum de Cambayrac, et feudum de Tortoron, et feudum de Bessau, et feudum d'Ordenac, et omnes homines in dictis feudis existentes; et eciam decimam in Lilhano. Et omnia ista dixit quod habebat et tenebat a vicecomite de Fronciaco, dum vicecomes existebat, cum centum solidis de sporla[11]; et erat propter ista homo et miles vicecomitis antedicti. Item, dixit quod non habebat allodia, nec debet facere alia deveria preter illa superius memorata. Datum et actum..... Regnante..... Testes

---

[1] En marge: *unum austurum de sporl.* — [2] Ms. *Bareser.* — [3] Anal. Arch. histor. Gir., t. III, p. 28. — [4] Ms. *Mededulco.* — [5] En marge: *c. s. de sporl.* — [6] Ms. *recognovit se tenere terram.* — [7] En marge: *.v. s. sporl.* — [8] Ms. *illud.* — [9] Anal. Arch. histor. Gir., t. III, p. 29. — [10] Ms. *ymun.* — [11] En marge: *.c. s. de sporl.*

hujus rei sunt: magister Johannes Girardi, magister Arnaldus de Lacasa, magister Arnaldus Guiscardi, Vitalis de Podenks, miles, P. de Monte Revelli, Johannes Alegre, vocati et rogati. Et ego, predictus Petrus Roberti.....

193 (155). *Bordeaux, 19 mars 1274. — Reconnaissance d'Ebrayda, dame de Veyrines et de Taudenet* [1].

Domina Ebrayda, domina de Beyrines. — Noverint universi quod (*même date*) in presencia mei, Petri Roberti,..... domina Ebrayda, domina de Beyrines et de Taudenet, jurata et requisita, dixit et recognovit et confessa fuit se tenere a domino rege Anglie, domino Hibernie et duce Aquitanie, in feudum, quicquid habet in parochia de Mayrinhac. Item, dixit et recognovit et confessa fuit se tenere a domino rege Anglie et duce predicto quemdam censum quem dixit se habere super quibusdam domibus de Subtus [2] muro, in media carreria, in parochia Sancte Eulalie versus partem del estier. Item, dixit et recognovit pro omnibus rebus supradictis, quod debet facere homagium domino regi et duci predicto. Et dixit (*fol. 45*) quod omnia ista tenet a dicto domino rege et duce predicto, racione ducatus, cum .xi. solidis sporle, in mutacione domini [3]; et dixit quod debet facere unius militis excercitum. Item, dixit et recognovit quod olim predicta deveria solvit domino regi et duci predicto. Item, dixit et recognovit quod nulla alia deveria debet facere dicto domino regi, nec habet allodia, nec aliquid alienaverat de premissis, nec antecessores sui. Item, dixit quod pro omnibus supradictis debet stare juri coram senescallo Vasconie. Et de hoc facta fuerunt duo instrumenta ejusdem tenoris, quorum unum habuit dictus dominus rex, et aliud dicta domina Ebreyda. Actum et datum... Regnante... Testes hujus rei sunt: magister Johannes Girardi, magister Arnaldus de Lacasa, magister Arnaldus Guiscardi, Vitalis de Poude[n]ks, miles, P. de Monte Revelli, Johannes Alegre, vocati et rogati. Et ego, predictus P. Roberti.....

194 (156). *Bordeaux, 19 mars 1274. — Reconnaissance d'Olivier de Talais* [4].

Dominus Oliverus de Thales. — Noverint universi quod (*même date*) in presencia mei, Petri Roberti,..... dominus Oliverius de Thales [5], juratus et requisitus, recognovit et dixit se tenere a domino rege Anglie, domino Hibernie et duce Aquitannie, castrum de Thalesio; [et omnia alia que continentur in carta domini regis Anglie; item, quod nichil alienaverat] [6], nec habet allodia; et debet facere jus coram senescallo Vasconie. Actum et datum... Regnante... Testes sunt: magister Johannes Girardi, magister Arnaldus de Lacasa, magister Arnaldus Guiscardi, Vitalis de Podens, miles, Petrus de Monte Revelli, Johannes Alegre, vocati et rogati. Et ego, predictus P. Roberti.....

195 (157). *Bordeaux, 19 mars 1274. — Déclaration de Marestan Robert, chevalier* [7].

Marestannus Roberti, miles. — Noverint universi quod (*même date*) in presencia mei, Petri Roberti, ... dominus Marestanus Roberti, miles, juratus et requisitus, dixit quod nichil tenebat a domino rege Anglie. Dixit tamen quod omnia que habebat tenebat a domino Gassione de La Marcha. Actum et datum..... Regnante..... Testes hujus rei sunt: magister Johannes Giraldi, magister Arnaldus de Lacasa, magister Arnaldus Guiscardi, vocati et rogati. Et ego, predictus P. Roberti.....

Recogniciones facte domino regi Anglie de suis feodis per personas que sequuntur.

196 (158 et 159). [*Bordeaux* (?)], *lundi 19 mars 1274. — Reconnaissance de Guillaume Arnaud de*

---

[1] Anal. Arch. histor. Gir., t. III, p. 29. Cf. *Invent. sommaire de la Jurade*, t. IV, p. 394. — [2] Ms. *Subtra*. La paroisse de Sainte-Eulalie était hors les murs de Bordeaux. La rue Dejus-lo-Mur (*subtus murum*) longeait le mur romain entre ce mur et le ruisseau (*estier*) du Peugue (L. Drouyn, *Bordeaux vers 1450*, p. 207). — [3] En marge: *xl. s. de sporl.* — [4] Anal. Arch. histor. Gir., t. III, p. 29. — [5] Ici, comme dans le titre, on lirait plutôt *Chales*. — [6] Les mots entre [ ] ont été ajoutés dans la marge. — [7] Anal. Arch. histor. Gir., t. III, p. 29.

Cros, damoiseau, qui produit une charte de Richard Ier, roi d'Angleterre, du 28 mai 1196 [(1)].

Arnaldus de Crosio, domicellus. — Regnante Philippo, rege Ffrancorum, Bertrando, episcopo Tholosano, anno ab incarnacione Domini millesimo .cc .lxx°. tercio [(2)], feria [(3)] .ij., xiij° die in exitu mensis Marcii. Noverint universi quod Guillelmus Arnaldus de Crosio, domicellus, juratus, recognovit spontannie et concessit (*fol. 45 v*) quod ipse tenebat et debebat tenere, et antecessores sui tenuerant, in feudum, inmediate seu in capite, ab illustri rege Anglie, domino Hibernie et duce Aquitanie, domino Edwardo, et ab ejus antecessoribus, castrum de Cros [(4)], cum honore ad ipsum castrum pertinente, et se debere inde facere dicto domino regi homagium et fidelitatem et jus coram ipso vel ejus senescallo immediate pro eodem feodo, et nichil plus, nisi sicut continetur in littera donacionis et concessionis quam rex Ricardus fecit Bedino de Casaus, ejus predecessori, et suis heredibus, de eodem castro, per suas patentes litteras quas exhibuit in hec verba :

«Ricardus, Dei gracia rex Anglie, dux Norman-«nie, Aquitannie, comes Andegavie, archiepiscopis, «episcopis, abbatibus, comitibus, baronibus, jus-«ticiis, vicecomitibus, senescallis, prepositis, bal-«livis, et omnibus ministris et fidelibus suis, salu-«tem. Sciatis nos dedisse et concessisse et presenti «carta nostra confirmasse dilecto nostro Bosdino de «Casaus et heredibus suis, pro homagio et servicio «suo, castellum de Cros, cum honore ad idem cas-«tellum pertinente, tenendum de nobis et heredibus «nostris. Quare volumus et firmiter precipimus «quod idem B., et heredes sui post eum, predictum «castellum cum honore habe[a]nt et tene[a]nt de «nobis et heredibus nostris bene et in pace,

«libere et quiete, integre, plenarie et honorifice, in «bosco, in plano, in pratis, in pascuis, in vivariis «et stagnis, in aquis et molendinis, in virgultis et «vineis, et in omnibus locis et rebus ad id cas-«tellum pertinentibus, cum omnibus libertatibus «et liberis consuetudinibus suis et cum omni inte-«gritate sua. Testibus : Galfrido de Leysynhan [(5)], «Willelmo de Mauleon, Petro de Pratellis, Willelmo «de Stagno et pluribus aliis. Dat. per manum «magistri Eustachii, Sar[is]beriensis decani, tunc «agentis vicem cancellarii, apud Vallem Rodolii [(6)], «.xxviij. die Maii, anno .vij. regni nostri.» (Vaudreuil, le 28 mai 1196).

Insuper, predictus Willelmus Arnaldi, requisitus si tenebat aliquid in allodium liberum sub posse aut dominio dicti domini regis, dixit quod non. Testes sunt : Bertrandus de Ladys, Bernardus de Monte Quocuto, Reymundus Cosinus, Gaillardus de Podio, Reymundus Marcasius, Benafors de Cunbos, Petrus Mangoun et Poncius [(7)] Amati, qui inde instrumentum recepit.

197 (160). *19 mars 1274.* — *Reconnaissance de Raimond Barbe, qui produit une charte du sénéchal de Gascogne, Étienne Longuépée, du 30 avril 1256.*

Reymundus Barbe. — Item, eodem die, Reymundus Barbe, juratus, recognovit spontannie et concessit se tenere et debere [tenere] etc. in feudum inmediate ab illustri domino rege Anglie etc. casale seu stagium vocatam de Barbe, in parochia de Talezon, diocesis Vasatensis, cum pertinenciis omnibus ejusdem stagie, et se debere inde, in mutacione domini, .iiij. solidos burdegalensium [(8)] ; et super hoc exhibuit quasdam litteras per quas Arnaldus Barbe, qui fuit, pro se et successoribus suis

---

[(1)] Anal. Arch. histor. Gir., t. III, p. 19. — [(2)] Ms. secundo (avec une abréviation). Voir la note suivante. — [(3)] Ms. fca (avec une abréviation). La mention de la férie conduit à corriger la date de l'année. En 1272, date marquée par le scribe, c'est-à-dire en 1273 n. st., le 19 mars (13° jour à partir de la fin du mois) tombait un dimanche; en 1274 (1273 v. st.), il tombait un lundi (*feria secunda*). Le scribe avait sans doute sous les yeux une minute où la date était écrite en chiffres romains (*millesimo .cc. lxx .iij*) et il l'a interprétée comme s'il avait lu *.lxxij*. — [(4)] Ms. *Orts*; mais voir l'acte de Richard qui suit, et comp. avec le nom du déclarant. — [(5)] Ms. Testes : *Galfridus de Leysynhan*. — [(6)] Ms. *Vallem Rodor*. — [(7)] Ms. *Prepositus*. Partout ailleurs, dans les *Recogniciones*, ce témoin est appelé *Poncius* et non *Prepositus*. — [(8)] En marge *.iiij. s. B. spor*l.

recepit eandem stagiam in sporlam a domino Stephano [1] Longespey, senescallo Vasconie, quarum tenor sequitur in hec verba:

«Stephanus Longespeye, senescallus Vasconie, «universis presentes litteras inspecturis vel audi- «turis, salutem. Noveritis quod anno Domini mille- «simo .cc .lvj°, dominica proxima ante festum apo- «stolorum Philippi et Jacobi [2], Arnaldus Barbe, pro «se et successoribus suis, stagiam suam que vulga- «riter appellatur Stagia de Barbe, in parochia de «Tayleson, Vasatensis diocesis, et cuncta allodia sua «que obtinet racione patrimonii sui recepit a no- «bis [3], pro illustri domino nostro, domino Edwardo, «illustris regis Anglie primogenito, pro quatuor «solidis Burdegalensium de sporla in mutacione «domini, de qua stagia eundem Arnaldum inves- «timus, salvo jure predicti domini nostri Ed- «wardi, ac eciam alieno. In cujus rei testimonium «(fol. 46) presentes litteras sigillo quo dictus do- «minus noster utitur [4] in Vasconia et sigillo nostro «fecimus sigillari. Datum die et anno predictis.»

Dixit insuper se debere dicto domino regi pro predicta stagia fidelitatem juratam. Requisitus si tenebat aliquid in allodium in dominio vel sub posse dicti domini regis, dixit quod non. Testes predicti.

198 (161). *19 mars 1274*. — *Reconnaissance d'Amanieu de Branne* [5].

Amanevus de Brana. — Item, eadem die, Amanevus de Brana, juratus, recognovit spontannee et concessit quod ipse tenebat etc. in feudum, inmediate [6] ab illustri rege Anglie etc., quicquid habet in parochia de Brana, excepto usque ad quatuor jornalia terre que dixit se tenere ab Artaldo de Narigano, et exceptis una domo et casale que sunt inter ecclesiam et portum de Brana, et usque ad tria journalia terre que sunt prope suam stagiam

Reg. [7] que dixit se tenere a domo de Silva Majori. Item, recognovit quod tenebat, ut supra, quicquid ipse Amanevus habet in parochia de Luganhac [8]; item, quicquid habet in parochia de [9] Narigiano, Burdegalensis diocesis; item et quicquid habet in parochia de Sancta Terra, ejusdem diocesis Burdegalensis; item, quicquid habet in parochia Sancti Quintini, preter stagiam seu maris (*sic*), de qua dixit se tenere usque ad medietatem illius quam tenet Vitalis de Mars ab Artaldo predicto; pro quibus omnibus feodis, terris et tenementis, recognovit quod debebat cum suis parcionariis, videlicet cum Petro de Brana, Augero de Luganhac, Arnaldo Guillelmo de Luganhac et domino Waltero de Luganhac, cum suis parcionariis, Elya Gaillardi et heredibus Reymundi de Brana, Vigorosio de Luganhac, filio Bertrandi de Melhormorte [10], transvehere [11] apud Branam, per aquam de Dordonia [12], [dictum regem], se tercio de militibus; qua de causa, quando [13] ibi transire voluerit, debebat habere juncatam in navi seu vase in quo ipse dominus rex vellet transire, de festo Pasche Domini usque ad festum beati Martini, et de eodem festo beati Martini paleam usque ad festum Pasche, omnibus vicibus. Debebat eciam pro predictis dicto domino regi fidelitatem facere, et recipere jus coram eo vel ejus ballivo. Requisitus idem Amanevus si tenebat aliquid in allodium vel debebat tenere a dicto domino rege, dixit quod non. Testes predicti.

199 (162). *19 mars 1274*. — *Reconnaissance d'Auger de Lugaignac, damoiseau* [14].

Augerius de Lucganhac, domicellus. — Item, eodem die, Augerius de Lukenhac [15], domicellus, juratus, recognovit quod ipse tenebat etc. in feodum inmediate ab illustri domino rege [16] Anglie etc. quicquid habebat in parochia Sancti Philippi de

---

[1] Ms. *Philippo* (en toutes lettres); de même trois lignes plus loin. — [2] La fête des apôtres Jacques et Philippe est le 1er mai. — [3] Ms. *recepit a sporlana nobis.* — [4] Ms. *utatur.* — [5] Publ. *Arch. histor. Gir.*, t. III, p. 32. — [6] Ms. *in medio.* — [7] Faut-il lire *Regule?* — [8] Ms. *Linghac.* — [9] Ms. *in.* — [10] Je crois qu'on doit lire *Molhormorte,* nom très répandu dans le pays bordelais: (L. Drouyn, *Variétés Girondines*, t. Ier, p. 33). — [11] Ms. *transveheret.* — [12] Ms. *Deidonia.* — [13] Ms. *quia ibi transire voluerit et debebat.* — [14] Publ. *Arch. histor. Gir.*, t. III, p. 33. — [15] M. *Laikenhac.* — [16] Ms. *regi.*

Brana, Vasatensis diocesis, et quicquid habet in parochia Sancti Martini de Narigano, Burdegalensis diocesis; pro quibus omnibus recognovit quod debebat cum suis parcionariis, Amanevo de Brane et aliis in precedenti instrumento nominatis, transvehere apud portum de Brane per aquam de Dordonia [1] dictum regem se tercio de militibus, et debebat juncare, tempore estatis, vas in quo dominus rex vellet transire et, tempore yemali, paleare. Debebat eciam sibi fidelitatem jurare, et jus facere et recipere coram preposito Blanhadesii pro rege. Requisitus si tenebat etc., dixit quod non. Testes predicti.

200 (*163*). *19 mars 1274.* — *Reconnaissance de Vigouros de Lugaignac, damoiseau*[2].

Vigerosus de Luganhac. — Item, eodem die, Vigerosus de Luganhac, domicellus, juratus, recognovit quod ipse tenebat etc. in feudum inmediate[3] ab illustri rege Anglie etc. quicquid habet in parochia Sancti Stephani de Brana, apud Sanctum Emulianum, et quicquid habet in parochia de Luganhac, exceptis (*fol. 46 v*) duabus estagiis cum pertinenciis, videlicet Arnaldi de Pessaco et Arnaldi Roberti, quas dixit se tenere a Vigerosio de Ranhas, et exceptis usque ad unum jornale terre quod dixit se tenere a Bernardo de Luganhac; pro quibus omnibus que etc. tenet a dicto domino rege in feudum, ut dictum est, recognovit quod debebat eundem[4], cum suis parcionariis, transvehere apud portum de Brana; et debet eciam fidelitatem juratam, et jus facere et recipere coram preposito Blanhadesii pro rege. Item, debebat pro hiis que tenebat a domino rege in parochia de Luganhac, pro regressu retornove[5] seu in adjutorium excercitus, quando dominus Geraldus de Monte Trepitanti[6] faciebat excercitum dicto domino regi Anglie, sex solidos, octo denarios, quos solvere debe[b]at eidem domino Geraldo una vice, et alia vice non; et sic continue, si idem dominus Geraldus faceret plu[r]ies obsequium excercitus prefato domino regi. Requisitus si tenebat etc., dixit quod non. Testes predicti.

201 (*164*). *19 mars 1274.* — *Reconnaissance d'Arnaud Guillaume de Lugaignac, damoiseau*[7].

Arnaldus Guillelmi de Luganhac. — Item, eodem die, Arnaldus Willelmi de Luganhac, domicellus, juratus, recognovit quod ipse tenebat etc. in feodum inmediate ab illustri domino rege Anglie etc., quicquid habet et tenet in parochia Sancti Stephani de Brana, exceptis usque ad septem jornalia terre que dixit se tenere ab heredibus Elye de Blanhac; item, et quicquid habet in parochia Sancti Albini, excepta vinea que vocatur Apud planterium de Sancto Albino, et usque ad alia quatuor jurnalia, inter terram et pratum que dixit se tenere ab eisdem heredibus Helie de Blanhac, et usque ad quatuor jurnalia terre que dixit se tenere ab Amanevo de Brana, et usque ad quatuor alia jurnalia de carrigario que dixit se tenere a Raymundo de Prato de Crespat, et una estagia que est infra cruces Sancti Albini quam dixit se tenere a domo Sancte Crucis Burdegalensis. Item, recognovit similiter quod tenebat a dicto domino rege quicquid habet in parochia de Luganhac, exceptis duabus partibus unius estagie que est inter[6] Vigerosum de Luganhac, a quo dixit se eas tenere, et inter stagiam que fuit Arnaldi de Landa; pro quibus omnibus que tenet sic ab ipso domino rege recognovit quod debebat cum suis parcionariis transvehere etc., ut supra recognovit Augerus[8] de Luganhac. Debebat eciam fidelitatem juratam et jus facere et recipere coram preposito Blanhadesii pro rege. Item, debebat pro hiis que tenebat a domino rege, ut dictum est, in parochia Sancti Albini et de Luganhac, pro regressu retornove, seu in adjutorium excercitus, quando dominus G. de Monte Trepitanti faciebat excercitum dicto domino regi Anglie, sex solidos, octo denarios, quos solvebat eidem domino G. etc.,

---

[1] Ms. *Dortercia.* — [2] Publ. *Arch. histor. Gir.*, t. III, p. 33. — [3] Ms. *in medio.* — [4] Ms. *eidem.* — [5] Ms. *retornaeve.* Voir le n° suivant. — [6] Sur la motte de Mont-Tremblant et ses seigneurs, voir L. Drouyn, *Variétés girondines*, t. Ier, p. 38. — [7] Publ. *Arch. histor. Gir.*, t. III, p. 34. — [8] Ms. *inr* (avec une abréviation); de même à la ligne suivante. — [9] Ms. *August.*; mais voir plus haut, n° 199.

ut supra in precedenti instrumento. Insuper, recognovit quod tenebat sub dominio et posse predicti domini regis Anglie, in allodium liberum, quicquid habet in parochia de Naugia, et debebat proinde facere jus coram eo et alia deveria que debent facere alii allodiarii diocesis Vasatensis. Testes predicti.

202 (*165*). *19 mars 1274*. — *Reconnaissance de Pierre de Brana*[1].

P. de Brana. — Item, eodem die, Petrus de Brana, juratus, recognovit quod ipse tenebat etc., in feodum inmediate ab illustri domino rege Anglie etc., quicquid habet in parochia Sancti Stephani de Brana, exceptis una estagia que fuit R[aymundi] Odonis, et quadam alia stagia que est apud portum de Brana, quas dixit se tenere a domo Silve Majoris. Tenebat similiter a dicto domino rege quicquid habet in parochia de Sancta Terra et in parochia de Mauries, exceptis quatuor vel quinque stagiis desertis, quas dixit se tenere ab Artone. Tenebat similiter a dicto domino rege quicquid habet in parochia de Luganhac, preter id quod habet in vinea et prato Elye de Bursac; pro quibus omnibus que tenet ab ipso domino rege, ut dictum (*fol. 47*) est, recognovit quod debebat cum suis parcionariis transvehere apud portum de Brana per aquam de Dordonia dominum regem predictum, se tercio de militibus; et debebat juncare, tempore estatis, vas in quo dictus rex vellet transire et, tempore yemis, paleare. Debebat eciam eidem fidelitatem juratam, et jus facere et recipere coram preposito Blanhadesii pro rege. Testes predicti.

203 (*166*). *19 mars 1274*. — *Reconnaissance de Marguerite de Turenne, dame de Bergerac et de Gensac*[2].

Domina Margareta de Turenna, domina Brageriaci. — Item, eodem die, nobilis domina. Margarita de Turenna, domina Brageriaci et Genciaci, jurata, recognovit spontannee et concessit quod ipsa tenet et debet tenere, et antecessores sui tenuerant ab antiquo in feodum inmediate, seu in capite, ab illustri domino rege Anglie, domino Hibernie et duce Aquitannie, domino Edwardo, et suis successoribus, castrum Brageriaci, cum castellania et pertinenciis, videlicet castro de Monte Acuto, castro de Gardona, castro de Bridoyra, castro Montis Leyderii, cum pertinenciis omnibus ipsorum castrorum, terris et tenementis Bay[a]nesii[3], affario de La Barde, et toto eo quod Guillelmus Reymundi de Sancto Legerio tenet ab ipsa cum jurisdiccione alta et bassa. Recognovit quod tenet similiter quicquid habet apud Ysigiacum, et in terris et tenementis Marmontesii, castro de Cunhac cum honore et pertinenciis, castro de Birou cum pertinenciis, castro de Badafol cum pertinenciis, vicecomitatu de Castellione cum pertinenciis, videlicet castris de Castellione, de Podio Normani[4], cum eorum castellaniis et pertinenciis omnibus, preter affarium de Gurson[5] quod non est de ipso vicecomitatu. Omnia que ipsa habet et tenet, vel al[i]us ab ea, suove nomine, in predictis et pro predictis, sint in dominio[6] sive in proprietate ipsius, sive in juribus feodagiorum, recognicionibus et baniamentis[7], in quibuscumque castellaniis et locis totum, et quicquid homines Thel-

---

[1] Publ. *Arch. histor. Gir.*, t. III, p. 35. — [2] Publié par Justel, *Histoire de la maison de Turenne*, preuves du livre I, p. 58 et 59, d'après ce qu'il appelle les «Archives de la ville de Bordeaux, f°s 36 et 37». Le texte publié par Justel est moins détaillé que celui des *Recogniciones*. D'autre part, il est daté d'une façon plus précise : *Noverint universi quod anno Domini .m.cc.lxxiij., .xiij. die exitus mensis Marcii, in presencia magistri Poncii Amici* (corr. *Amati*), *notarii apostolici...*, ce qui confirme la correction proposée plus haut, à la date du n° 196. Ce texte a été réimprimé, d'après Justel, par Élie de Biran, dans le *Bulletin de la Soc. hist. et archéol. du Périgord*, t. XV, p. 103. E. de Biran renvoie en outre à une copie de Lespine qui est conservée à la Bibliothèque nationale, fonds du Périgord, tome 126, fol. 146. Enfin une rédaction très abrégée de notre texte est dans *Arch. histor. Gir.*, t. III, p. 35. Comp. *Rôles gascons*, t. II, n°s 126, 713, 714, 1412 et Du Cange, *Glossar.*, au mot *Feudagium*. — [3] Ce nom est écrit *Baianosii* dans le texte publié par Justel, et *Baionosii* dans celui d'Élie de Biran. — [4] Ms. *Podiosnoiam*, avec une abréviation. — [5] Ms. *Garson*. Justel et Élie de Biran donnent la bonne leçon. — [6] Ms. *sunt in domanium*. — [7] Ms. *haniamentis*.

cum suis parcionariis tene[n]t apud Clarummontem racione sui dominii de Brageriaco, recognovit quod tenet et debet tenere a prefato domino rege[1]. Pro quibus omnibus et affario de Monte Revelli, si ipsum teneret, debebat dicto domino regi Anglie facere homagium ligium et fidelitatem juratam, ac obsequium excercitus cum tribus militibus et per .xl.[2] dies, ad expensas suas; et post .xl. dies, predictis completis, rex potest eos retinere, si velit, ad expensas suas, et ducere per omnia loca in quibus sibi debent excercitus in Vasconia. Insuper, recognovit predicta domina Margarita quod tenet similiter ab eodem domino rege in feodum inmediate castrum de Genciaco, cum pertinenciis, videlicet castrum de Montuir[3], jure feondagii, in honore de Turri, quod garentit[4] sibi Willelmus de Genciaco, et domo Bernardi de Genciaco Auriola que fuit[5]. Tenet similiter ab eodem castrum de Castro Maurone[6] cum honore et pertinenciis, et quicquid habere debet apud Regulam, intus villam et extra villam, racione honoris castri. Et pro hiis castris, videlicet de Genciaco et de Castro Maurone, cum eorum pertinenciis et aliis rebus supra proxime recognitis, eadem domina recognovit et dixit quod debebat similiter facere homagium ligium dicto domino regi et fidelitatem juratam, et obsequium excercitus cum uno milite, et jus facere et recipere per pares suos coram eo et in sua curia Vasatensi[7]. Et protestata fuit eadem domina Margarita quod, si posset inveniri quod plura ipsa deberet seu debere[t] tenere et in pluribus deveriis qualitercumque quam supra recognoscat, quod hoc sibi non noceat, quin valeat uti veritate. Testes predicti (fol. 47 v).

204 (167). 19 mars 1274. — *Reconnaissance de Guillaume, évêque de Bazas*[8].

Dominus W., episcopus Vasatensis[9]. — Item, eodem die, dominus Guillelmus, Dei gracia episcopus Vasatensis, recognovit spontannee quod tenet in feodum inmediate, et sui antecessores tenuerunt ab illustri domino rege Anglie et ab ejus antecessoribus manerium vocatum de Belders[10] cum omnibus suis juribus et pertinenciis, que habebat ibi et habuit Petrus de Sancto Lobercio, miles, et quod debet proinde pro sporla in mutacione domini regis centum solidos Burdegalensium[11], et unum servicium excercitus et non aliud. Interrogatus et requisitus si tenebat plura vel debebat tenere in feudum inmediate a dicto domino rege, vel sui antecessores tenuerunt aut debuerunt tenere ab eo vel a suis antecessoribus, dixit quod non tenebatur respondere ulterius, pro eo quia erat spoliatus per dominum regem vel [senescallum] sua justicia Vasatensi et multis aliis, donec restitutus fu[er]it[12]; set, responsione sibi facta, paratus erat facere quod deberet; et adjecit, ut dixit, quod predictam recognicionem fecerat ex gracia, cum non tenetur, racione predicta. Testes predicti.

---

[1] La phrase *Omnia que..... Pro quibus* manque dans Justel et dans Élie de Biran. C'est peut-être une interpolation. Marguerite de Turenne avait pour mari Élie Rudel, qui me paraît être désigné par les mots *homines Thel.* (corr. *Hel[ie Rudelli]*?); cette allusion détournée serait plutôt le fait d'un glossateur. — [2] Dans le *Bulletin du Périgord*, on lit *sexaginta dies* (deux fois); mais Justel a, comme notre texte, *.xl. dies* (deux fois). — [3] Dans le *Bulletin du Périgord*, Élie de Biran cite ce passage de l'abbé Lespine : « Marguerite de Turenne rendit hommage... pour raison des châteaux et châtellenies de Bergerac et de Mouleydier, Montucq, Montaut, Bridoire, Castillon, etc. » *Montuir* serait-il une forme de Montaut ou de Montcuq altérée par le copiste ? — [4] Ms. *garentis*. — [5] Cette fin de phrase (*et domo... que fuit*) a été manifestement altérée par le copiste. En outre, tout le passage (*videlicet castrum de Montuir... que fuit*) manque dans Justel et dans Élie de Biran. — [6] Ms. *Castromantorie*. De même 28 mots plus loin. La bonne leçon est dans Justel et dans Élie de Biran (sous la forme *Castromourone*). — [7] Justel et Élie de Biran ont lu *in sua curia Vasconiensi*, qui doit être une mauvaise leçon. La fin de l'acte manque dans leur copie. — [8] *Anal. Arch. histor. Gir.*, t. III, p. 36. — [9] Guillaume de Pis, évêque de Bazas depuis 1266 (*Gallia christ.*, t. I, col. 1200; cf. *Bibl. Éc. des chartes*, 1887, p. 540). — [10] On lit dans les *Rôles gascons* (t. II, n° 215, p. 60) : « super affario de Bolder, quem episcopus recognoscit se ab antiquo a rege et duce... tenere et tenet... » — [11] En marge : .c. s. de sporl. — [12] Voir *Rôles gascons*, t. II, n° 215.

205 (*168*). *19 mars 1274*. — *Reconnaissance de Guillaume Raimond de Gensac, damoiseau*[1].

W. Reymundi de Genciaco, domicellus. — Item, eodem die, Guillelmus Reymundi de Genciaco, domicellus, juratus, recognovit quod ipse tenet etc. in feodum inmediate ab illustri domino rege Anglie etc. castrum de Pugioliis, castrum de Roaza[2] et castrum de Pelagrua, cum eorum castellaniis et pertinenciis omnibus, et quicquid habet in diocesi Vasatensi et tenet, ipse vel alius ab eo, scilicet in juribus feodagiorum, homagüs, mero et mixto imperio, vel aliis quibuscumque; pro quibus omnibus debet facere dicto domino regi Anglie homagium ligium, fidelitatem juratam, et facere jus et recipere coram eo et suo mandato. Insuper, recognovit quod tenet similiter ab eo honorem de Turri, in diocesi Burdegalensi, et quod debet pro eo facere servicium domino regi Anglie, homagium ligium, fidelitatem juratam et excercitum. Tamen de eodem excercitu debet ipsum garentire domina Margarita de Turenna[?], domina Brageriaci et Genciaci, et ipse contribuere et facere adjutorium eidem domine in ipso excercitu, quatenus respicit honor de Turri jus baronie de Genciaco. Testes predicti.

206 (*169*). *19 mars 1274*. — *Reconnaissance de Bernard de Monclar, damoiseau*[4].

Bernardus de Monteclaro, domicellus. — Item, eodem die, Bernardus de Monteclaro, seu de Monte Leyderio, domicellus, cum auctoritate et assensu domine Agnetis, matris sue, tutricis legitime, et in cujus manu pater qui fuit dicti Bernardi eum dimiserat nutriendum, qui presens ibidem hec ita fieri concessit et auctorizavit, juratus, recognovit quod ipse tenet etc. in feodum inmediate ab illustri domino rege Anglie etc. castrum de Monteclaro sine castellania[5], cum honore et pertinenciis, et

quod debet pro eo facere dicto domino regi homagium ligium et fidelitatem juratam. Requisitus si tenebat aliud in feodum vel in allodium liberum sub dominio dicti domini regis Anglie, dixit quod non. Tamen fuit protestatus quod, si plus posset inveniri[6], hoc sibi non noceret, quin semper posset uti veritate. Testes predicti.

207 (*170*). *19 mars 1274*. — *Reconnaissance de Guillaume Gombaud, chevalier*[7].

Willelmus Gombaldi, miles. — Item, eodem die, dominus Guillelmus Gombaldus, miles, juratus, recognovit quod ipse tenet etc. in feodum inmediate ab illustri domino rege Anglie etc. quicquid habet in honore castri de Gorson, et quod debet pro eo dicto domino regi in mutacione domini sporlam .xij. denariorum[8], fidelitatem juratam, et facere et recipere jus coram eo in Gorsonesio[9]. Testes predicti.

208 (*171*). *19 mars 1274*. — *Reconnaissance de Pierre de Saint-Michel, abbé de Saint-Ferme*[10].

Ffrater P., abbas Sancti Fremerii[11]. — Item, eodem die, ffrater P., divina permissione abbas Sancti Ffremerii, pro se et toto conventu monasterii sui, juratus, recognovit et dixit quod in vita seu legenda sancti Ffremerii invenitur quod Ffremundus, qui tunc temporis erat rex Burdegale[12], fundavit abbathiam eorum de monachis nigris et in ipsius fundacione dedit eidem abbathie quicquid habebat (*fol. 48*) et est inter Duregiam et Drotum, unde quicquid habet ibi abbathia, et ipse abbas et conventus, tenent totum illud, cum justicia alta et bassa, et [cum] omnibus aliis suis juribus et pertinenciis tenent et eorum antecessores tenuerunt a domino rege Anglie, domino Hibernie et duce Aquitannie, et suis antecessoribus inmediate, ex causa

---

[1] Publ. *Arch. histor. Gir.*, t. III, p. 36. — [2] Ms. *Boara*, mais voir plus loin, n° 209, vers la fin. — [3] Ms. *Catena* avec un signe d'abréviation. — [4] *Anal. Arch. histor. Gir.*, t. III, p. 36. — [5] Corr. *sive castellaniam?* — [6] Ms. *si plus possent innovari.* — [7] *Anal. Arch. histor. Gir.*, t. III, p. 37. — [8] En marge : *.xij. d. sporl.* — [9] Ms. *Gozosensio* ou *Gorosensio.* — [10] Publ. *Arch. histor. Gir.*, t. III, p. 37. — [11] Pierre Ier de Saint-Michel, abbé de Saint-Ferme (*Gall. christ.*, t. I, col. 1218). — [12] Ms. *qui cum a temporis etas rex Burdegale.* En marge : *Nota de rege Burdegalo.*

donacionis predicte. Et ipse abbas et couventus debent pro eo orare ad Deum pro anima ejus donatoris et successorum suorum, et facere et recipere jus coram domino rege et suis eidem domino et cuilibet alii conquerenti. Testes predicti.

209 (*172*). *19 mars 1274.* — *Reconnaissance de [Guillaume ou Thomas] d'Agen, abbé de Blasimont* [1].

Abbas Blavimontis. — Item, eodem die, frater de Agenno [2], divina permissione abbas monasterii de Blavomonte, pro se et toto conventu ejusdem monasterii juratus, recognovit spontanuee [et] concessit quod tenet et antecessores sui tenuerunt ab antiquo in feodum inmediate ab illustri rege Anglie etc. castrum de Blavimonte, cum justicia alta et bassa et omnibus suis pertinenciis; et quod tam ipse et couventus debent pro eo tradere dicto domino regi Anglie vel suo senescallo in Vasconia, si requirantur, unum conmonachum eorum, presbiterum an[te]hac seu paratum, cum una equitatura et garcione suo, qui eat et stet cum eis, ad eorum expensas, et celebret eis missas et dicat horas quandiu eis placuerit. Debent eciam tradere ipsum castrum ipsi domino, [j]rato et paccato; item et orare ad Deum pro eo, et facere et recipere jus coram eo. Item, recognovit similiter idem abbas quod tenet ab eodem domino rege in feodum inmediate quicquid ipse vel conventus eorum [seu] monasterium habet in parochiis de Blavimonte, de Marinbac, de Labatia, de Clerfac] et in honore castri de Pugioliis et castri de Roaza, sub deveriis supradictis. Testes predicti.

210 (*173*). *19 mars 1274.* — *Reconnaissance de Bertrand de Caumont, damoiseau* [3].

Bertrandus de Covomonte. — Item, eodem die, Bertrandus de Cavomonte, domicellus, juratus, recognovit quod tenet in feodum inmediate ab illustri domino rege Anglie etc. quicquid ipse habet et tenet, vel aliquis ab eo, in castro de Boglonio et honore; item et in parochiis de Cavenhan [et] de Samasano, excepta decima quam dixit se tenere ab episcopo Vasatensi; item et in parochiis de Codz et de Boglonio, sint terre, vinee, oblie, homines, nemora, aque, sive quecumque alia; pro quibus omnibus debet facere eidem domino regi homagium ligium, tam pro se quam pro Arnaldo de Marmanda, Petro de Lobenx, Arnaldo Bernardi de Laurq. et Petro Grimoardi [4], unum militem excercitus. Insuper, recognovit idem Bertrandus quod tenet similiter ab eodem domino nostro rege Anglie terras, vineas, nemora, oblias, prata, aquas, molendina et quicquid ipse tenet de feodo d'Argento; pro quibus debet eidem domino regi facere suam partem in commestione d'Argento, cum aliis hominibus de Boglonio. Debet eciam tam pro hiis quam pro hominibus supradictis que tenet, ut dictum est, a domino rege, facere et recipere [jus] coram eo vel coram suo senescallo. Requisitus si tenebat aliquid in allodium liberum sub posse aut dominio dicti domini regis, dixit quod non. Testes predicti. A. B. C.

211 (*174*). *19 mars 1274.* — *Reconnaissance de Géraud de Lamotte, damoiseau, seigneur en partie de Roquetaillade* [5].

Geraldus de La Mota, domicellus. — Item, eodem die, Geraldus de La Mota, domicellus, dominus sue partis de Roketalhada, juratus, recognovit quod tenet etc. in feodum inmediate ab illustri domino rege Anglie etc. quicquid ipse habet et tenet, et habere et tenere debet, vel Arnaldus R. de La Mota, suus avunculus, vel frater ejusdem Arnaldi R., vel sui milites vel burgenses [6] (*fol. 48 v.*) de Roquatalhada, vel sui affevati [7] tenent ab ipso alicubi in episcopatibus [8] Vasatensi, Burdegalensi et Adhurensi, sive census, pedagia, justicie,

---

[1] Anal. *Arch. histor. Gir.*, t. III, p. 37. — [2] Le nom de cet abbé a été omis par le copiste. La *Gall. christ.*, t. I, col. 1217, mentionne Guillaume en 1267 et en 1306; mais on a signalé un Thomas, abbé de Blasimont, dans un acte du 2 mars 1268 tiré des archives de Laubesc (Drouyn, *Variétés Girondines*, t. III, p. 29). — [3] Publ. *Arch. histor. Gir.*, t. III, p. 38. Cf. R. L. Alis, *Histoire de Caumont*, p. 20. — [4] Ms. *Grimoardi*. — [5] Anal. *Arch. histor. Gir.*, t. III, p. 38. — [6] Ms. *Burdeg*. Voir le n° suivant. — [7] Ms. *affovati*. — [8] Ms. *episcopatu*.

homines, terre culte vel inculte, aque, nemora, prata, vel quelibet alia, excepta sua parte decime quam habebat in parochia d'Anisian [1], diocesis Vasatensis, quam dixit se tenere ab ecclesia Vasatensi. Pro quibus omnibus supradictis recognovit et dixit idem Geraldus quod debebat esse baro et homo ligius domini regis Anglie et, in mutacione domini, .l. solidos Burdegalensium de sporla [2]. Debebat eciam ipse cum suis parcionariis de Rokatalhada dicto domino regi obsequium excercitus de uno milite armato perpuncto et gamone, vel, si militem non mittebant pro se in ipso excercitu, unus de ipsis dominis debebat facere ipsum excercitum de sua persona. Requisitus si tenebat aliquid in allodium etc., dixit quod non. Testes predicti.

212 (175). *19 mars 1274.* — *Reconnaissance d'Amanieu de Lamotte, seigneur pour partie de Roquetaillade et de Langon* [3].

Amaneus de Mota, domicellus. — Item, eodem die, Amaneus de Mota, domicellus, dominus sue partis de Roquatalhada et de Laugonio, juratus, recognovit quod tenet etc. in feudum inmediate ab illustri domino rege Anglie etc. quicquid habet et tenet et habere et tenere deberet, ipse vel fratres sui [4], seu milites sui seu burgenses sui de Roquatalhada, de Laugonio, seu affevati [5] sui tenent ab eo ibi vel alibi in episcopatibus Vasatensi, Burdegalensi et Adhurensi seu Marciano, si[n]t redditus, pedagia, justicie, homines, terre culte vel inculte, aque, nemora, prata, vel quelibet alie possessiones, ubicumque fuerint, excepta decima de Bolcaurano in affario del Tus, quam dixit se tenere a domino de Labreto [6], et [7] excepta parte sua decime de Lobzac, quam dixit se tenere ab episcopo Vasatensi. Item, recognovit et dixit quod tenet de affario quod fuit Bernardi de Bovisvilla medietatem parve justicie de Longonio et medietatem de fferro crudo [8], et feodum de Boler tenere similiter et pro hiis affarii ipsius Bernardi [9]. Idem Amaneus deberet esse suus miles et homo suus cum .l. solidis sporle in mutacione domini [10]. Et istud homagium et sporlam fecit et solvit domino Johanni de Greyliaco post donum sibi factum per dominum regem Anglie de predicto affario. Recognovit insuper dictus Amaneus de Mota quod debet esse, pro omnibus supradictis que tenet a domino rege, ut dictum est, suus baro et homo ligius cum [11] .l. solidis Burdegalensium de sporla in mutacione domini, cum suo parcionario. Debet eciam ipse cum omnibus suis parcionariis de Roquatalhada facere dicto regi obsequium excercitus de uno milite armato perpuncto et gamone, vel, si illud obsequium excercitus non faceret de milite, debebat unus ex ipsis parcionariis illud facere personaliter. Requisitus si tenebat aliquid in allodium liberum etc., dixit quod non. Testes predicti. A. B. C.

213 (176). *19 mars 1274.* — *Reconnaissance d'Anissant de Caumont, chevalier, seigneur de Sainte-Bazeille* [12].

Item, eodem die, nobilis vir Anessancius de Cavomonte, miles, dominus de Sancta Basilia, juratus, recognovit quod tenet etc. inmediate ab illustri domino rege Anglie etc. quicquid habet apud Sanctam Basiliam, Landarronum [13] et alibi in diocesi Vasatensi; pro quibus omnibus debet facere domino regi Anglie homagium ligium et fidelitatem juratam. Debet eciam ipse cum suo parcionario pro predictis obsequium excercitus de duobus militibus sub hac forma et manerio (*sic*) quod, si ipsi parcionarii velint illud [14] facere pro se quilibet (*fol. 49*), hoc possunt, vel unus ex eis, sit miles vel domicellus, cum uno milite pro ambobus; debentque ipsi par-

---

[1] Ms. *Damasian*, mais le second *a* paraît avoir été exponctué. — [2] En marge : *.l. s. sporl.* — [3] Anal. Arch. histor. Gir., t. III, p. 38. — [4] Géraud de Lamotte, dont il est question dans l'acte précédent, était un de ces frères (*Rôles gascons*, t. II, n° 293). — [5] Ms. *affevatus.* — [6] Ms. *Labreto.* — [7] Ms. *ex.* — [8] Du Cange a cité ce passage dans son *Glossar.*, au mot *Ferrum Crudum.* — [9] Je transcris littéralement cette phrase évidemment corrompue.— [10] En marge : *.l. s. sporl.* — [11] Ms. *et.* — [12] Anal. Arch. histor. Gir., t. III, p. 39. Cf. R. L. Alis, *Histoire de Sainte-Bazeille*, p. 57. — [13] Ms. *Landarconum.* — [14] Ms. *eam.*

ciarii ambo .x. libras Burdegalensium de sporla [1] in mutacione domini solvere in una bursa alba, vel in duabus bursis, quilibet centum [solidos], si per se velit esporlare. Testes predicti.

214 (*177*). *19 mars 1274.* — *Reconnaissance de Segnoron de Mauriet* [2].

Seneronus de Mauriet. — Item, eodem die, Seueronus de Mauriet, juratus, recognovit quod tenet etc. in feodum immediate ab illustri [3] domino rege Anglie etc. quicquid habet apud Baslada; pro quo feodo et aliis que dominus de Baslada tenet ab eodem domino rege in feodum, idem dominus de Baslada facit et debet unum militem de scuto et unam lanceam de sporla in mutacione domini predicto domino regi. Requisitus si tenebat aliud in feodum vel in allodium liberum sub posse aut dominio dicti domini regis Anglie, dixit quod non. Testes predicti.

215 (*178*). *19 mars 1274.* — *Reconnaissance de Hugues de Mauvezin* [4].

Dominus Hugo de Malovicino. — Item, eodem die, dominus Hugo de Malovicino, juratus, recognovit quod tenet etc. in feodum immediate ab illustri domino rege Anglie etc. castrum de Malovicino, cum justicia alta et bassa et omnibus suis pertinenciis, et quicquid habet in diocesi Vasatensi, excepta una domo quam dixit se habere infra villam de Sancta Basilia et eam tenere a dominis ville ejusdem; pro quo castro et aliis recognitis debet facere dicto domino regi homagium ligium et fidelitatem juratam, et obsequium excercitus de uno milite; vel dominus dicti castri debet ipsum obsequium facere personaliter. Debet eciam facere et recipere jus coram preposito de Regula. Requisitus si tenebat aliquid in allodium, dixit quod non. Testes predicti.

216 (*179*). *19 mars 1274.* — *Reconnaissance de frère Guillaume, abbé de Notre-Dame de Cadouin* [5].

Ffrater W., abbas de Caduino. — Item, eodem die, ffrater Guillelmus, abbas beate Marie de Caduino, juratus, pro se et pro toto suo conventu, recognovit et dixit quod fundatores abbatie de Cadu[i]no fuerunt dominus [de] Baynaco, et dominus de Byronio [6], et dominus rex Anglie qui tunc temporis erat rex, qui rex fecit monasterium et claustra edificari suis sumptibus regiis et suis privilegiis decoravit. Et dixit quod quicquid abbatia de Cadu[i]no habet et tenet, totum tenet in allodium liberum sub posse et dominio domini regis Anglie, excepto [7] quod ipsa abbacia reddit militibus de Sancto Germano, pro affario de Arneyral., .x. solidos de [a]captamento et .v. solidos censuales pro affario de Pubeton., et excepto quod eadem abbatia debet domino de Bregeriaco [8] .xx. solidos de acaptamento, domino Petro de Guntaldo, domino de Byronio [9], .v. solidos, preposito de Themol[ac] .xx. solidos censuales, domino de Bugarok .x. solidos censuales, et tribus domicellis et Geraldo de Buccia .v. solidos, Geraldo de Bedis .v. solidos, Poncio de Longovado .v. solidos. Et hec debet abbacia supradictis dominis pro terris quas tenet ab eis in affario de Las in posse et dominio dicti domini regis Anglie. Testes predicti.

217 (*180*). *19 mars 1274.* — *Reconnaissance de Garcie d'Angles, d'Arnaud de Pussac, son frère, et de Raimond Guillaume de Lados* [10].

Garssias de Angul. et A. de Pussac [11]. — Item, eodem die, Garcias de Angul. et Arnaldus de Pussac, fratres, milites, et Raymundus W. de Lados, jurati, recognoverunt quod tenent etc. in feodum immediate ab illustri domino rege Anglie etc. medietatem castri de Lados, intus et extra, cum omnibus suis pertinenciis; pro quo feodo debent facere dicto domino regi Anglie homagium

---

[1] En marge: *sporl. .x. li.* — [2] Anal. *Arch. histor. Gir.*, t. III, p. 39. — [3] Ms. *illustro.* — [4] Anal. *Arch. histor. Gir.*, t. III, p. 39. — [5] Traduit par Dessalles dans *Annales de la Soc. d'agric. de la Dordogne*, t. XXVIII (1867), p. 213. Cf. *Gall. christ.*, t. II, col. 1539 et preuves, B. col. 499. — [6] Ms. *Byronto.* — [7] Ms. *exceptis.* — [8] Ms. *Bregeriaci.* — [9] Ms. *Byronto.* — [10] Anal. *Arch. histor. Gir.*, t. III, p. 39. — [11] Ms. et *P. de Ffussac.*

ligium, fidelitatem juratam. Debent eciam ipsi cum eorum parcionariis, dominis alterius medietatis dicti castri, facere dicto domino regi Anglie obsequium excercitus (*fol. 49 v*) de uno milite vel de uno domicello, qui sit dominus, in toto[1] vel in parte, dicti loci. Testes predicti.

218 (*181*). *19 mars 1274*. — *Reconnaissance de Garcie d'Angles*[2].

Garsias de Angul. — Item, eodem die, Garcias de Angul., juratus, recognovit quod tenet etc. in feodum immediate ab illustri domino rege Anglie etc. quicquid habet in parochia de Ozozalet, cum uno pari cirothecarum de sporla in mutacione domini[3], quod debet, pro eo, dicto domino regi. Recognovit insuper quod tenet ab eodem domino rege in allodium liberum et sub ejusdem dominio et posse quicquid idem Garcias habet apud Milhanum, excepto uno bordili cum casali, quod dixit se tenere in feodum a Bernardo de Tyorans[4]. Testes predicti.

219 (*182*). *19 mars 1274*. — *Reconnaissance de frère Guillaume, abbé de Rivet*[5].

Ffrater W., abbas de Riveto. — Item, eodem die, frater Guillelmus, abbas de Riveto[6], juratus, pro se et toto suo conventu, recognovit quod abbacia de Riveto tenet in allodium libere, sub dominio et posse domini regis Anglie, quicquid habet in diocesi Vasatensi, ita quod neminem alium in dominum recognoscunt nec faciunt aliquid deverium, excepta eorum parte de .v. libris cere quam debet pro hiis que tenet abbatia apud Bedilhan. Testes predicti.

220 (*183*). *19 mars 1274*. — *Reconnaissance de frère Bertrand, abbé de Fonguilhem*[7].

Ffrater Bertrandus, abbas Fontis Willelmi[8]. — Item, eodem die, ffrater Bertrandus, abbas [de] Fonte Guillelmi, juratus, pro se et toto suo conventu, recognovit quod abbacia Fontis Guillelmi[9], et quicquid eadem abbacia habet et tenet in diocesibus Vasatensi et Burdegalensi sub posse et dominio [et] de districtu domini regis Anglie tam ab ipso vel aliquo vivente, aliquid non tenebant, nec in aliquo deverio se recognoscebant teneri nec tenebantur. Testes predicti.

221 (*184*). *19 mars 1274*. — *Reconnaissance d'Arnaud de Gironde, damoiseau*[10].

Arnaldus de Gyronda, domicellus. — Item, eodem die, Arnaldus de Gyronda, domicellus, juratus, recognovit quod tenet etc. in feodum inmediate ab illustri domino rege Anglie etc., ipse cum suis parciariis, affarium de Lobeux, ut credit. Item, tenet ipse solus ab eodem domino rege affarium de Ulabrocel et quicquid habet apud Causdrotum; pro quibus omnibus debet facere dicto domino regi Anglie homagium ligium, fidelitatem juratam et obsequium excercitus de uno milite, ut alii barones de Vasconia, in sporlam unius paris cirothecarum albarum in mutacione domini[11]. Recognovit insuper quod tenet in allodium liberum, sub posse et dominio ac districtu dicti domini regis, unam domum apud Regulam. Et protestatus fuit quod, si plura possint inveniri quod ipse deberet tenere, vel in pluribus deveriis aut majoribus teneretur[12], quod presens recognicio sibi non noceret, quin posset uti veritate. Testes predicti.

222 (*185*). *19 mars 1274*. — *Reconnaissance de frère Guillaume, précepteur de l'hôpital de Baulac*.

---

[1] Ms. *totum*. — [2] Anal. Arch. histor. Gir., t. III, p. 39. — [3] En marge : *.i. par cirothecarum de sporl*. — [4] Ms. *Gyorans*. — [5] Anal. Arch. histor. Gir., t. III, p. 40. La *Gallia christ.*, t. I, col. 1219, ne contient aucun nom d'abbé de Rivet antérieur au xve siècle. Sur cette abbaye, voir la *Revue catholique de Bordeaux*, t. II, p. 4, 33, 125, etc. — [6] Ici, comme dans le titre : *Liveto*; mais, plus loin, on lit *Riveto*. — [7] Anal. Arch. histor. Gir., t. III, p. 40. — [8] Cet abbé est marqué dans la *Gallia christ.*, t. I, col. 1222, aux années 1271 et 1272. Cf. plus haut, n° 20. — [9] Le copiste a laissé la phrase inachevée. — [10] Publ. Arch. histor. Gir., t. III, p. 40. — [11] En marge : *j. par cirotec. de sporl*. — [12] Ms. *tenentur*.

Ffrater W., preceptor hospitalis de Baulad[1]. — Item, eodem die, ffrater Guillelmus, preceptor de hospitali de Baulad, juratus, recognovit quod quicquid habet et tenet dictum hospitale, vel ipse pro eo, totum est allodium liberum sub posse et dominio ac districtu domini regis Anglie; ita quod neminem alium in dominum recognoscunt, vel in aliquo se teneri. Testes predicti.

223 (186). *19 mars 1274*. — *Reconnaissance de Doat Amaneu et de Pierre de Bouglon*[2].

Doatus Amaneus et P. de Bocglonio. — Item, eodem die, Doatus Amaneus et Petrus de Boglonio[3], jurati, recognoscunt quod ipsi et eorum parcionarii tenent etc. in feodum inmediate ab illustri domino rege Anglie etc. castrum de Boglonio cum pertinenciis, et quicquid habent in diocesi Vasatensi, exceptis hiis que tenent inter Sanctam Basiliam et Marmandam, que dixerunt se tenere a dominis Sancte Basilie; pro quo castro et aliis supra [re]cognitis ipsi et eorum parciarii debent facere dicto domino regi Anglie homagium ligium et fidelitatem juratam et obsequium excercitus de uno milite. Testes predicti (*fol. 5o*).

224 (187). *19 mars 1274*. — *Reconnaissance de Sanche Amanieu*[1].

Sancius Amanevi. — Item, eodem die, Sancius Amaneus, juratus, recognovit quod tenet etc. in feodum inmediate ab illustri domino rege Anglie etc. quicquid habet in parochia de Mozerol et in parochia de Codz. Tenet insuper ipse et sui parciarii ab eodem domino rege castrum de Boglonio cum pertinenciis; pro quo cum suis parciariis et pro aliis que ipse solus habet in dictis parochiis, debet facere dicto domino regi Anglie homagium et fidelitatem juratam, et obsequium excercitus de uno milite[5]. Requisitus si tenebat aliquid in allodium liberum, dixit quod non. Testes predicti.

225 (188). *19 mars 1274*. — *Reconnaissance d'Arnaud de Marmande, chevalier*[6].

Arnaldus de Marmanda. — Item, eodem die, Arnaldus de Marmanda, miles, juratus, recognovit quod tenet etc. in feodum inmediate ab illustri domino rege[7] Anglie etc. suam partem de Boglonio, et quicquid ibi habet et in pertinenciis, et quod debet pro eo facere domino regi homagium ligium et fidelitatem juratam, et facere et recipere jus coram eo. Debet eciam pro eo feodo obsequium excercitus, de quo eum garentit[8] Bertrandus de Cavomonte. Insuper, recognovit idem dominus Arnaldus quod tenet similiter ab eodem domino rege Anglie castrum de Talhacavat[9] cum pertinenciis, et[10] quod debet pro eo facere dicto domino regi, tam pro se quam pro suis parciariis, videlicet Theobaldo de Rumodz et Arnaldo de Caster, homagium ligium, fidelitatem juratam, et jus facere et recipere coram eo, et obsequium excercitus de uno milite[11]. [Testes:] Bertrandus de Cavomonte, Vitalis de Mirallo, W. Arnaldi de Augul[is], Bertrandus de Lados[12], Petrus Amalvinus et Petrus de Lengonio. P[er] A. B. C.

226 (189). *19 mars 1274*. — *Reconnaissance de Bertrand de Lalanne, chevalier*[13].

Bertrandus de Lalana, miles. — Item, eodem die, Bertrandus de La Lana, miles, juratus, recognovit quod ipse tenet in feodum inmediate ab illustri domino rege Anglie, racione eorum que tenet in Gorsonesio[14] et que fuerunt vicecomitis de Castillione, et predecessores ipsius Bertrandi tenuerunt ab antiquo [a] vicecomite de Castellione

---

[1] Ici et quelques mots plus loin, on lit nettement *Bacilad*, mais voir plus loin, n° 246, où le mot est écrit plusieurs fois *Bauladz*. Sur cet hôpital, voir d'ailleurs O'Reilly, *Histoire de Bazas*, p. 336, et *l'Etat des paroisses du dioc. de Bazas*, par A.-D. Virac dans *Bazas et son diocèse* (1863). — [2] Anal. *Arch. histor. Gir.*, t. III, p. 41. — [3] Ms. *Bosonio*. — [4] Anal. *Arch. histor. Gir.*, t. III, p. 41. — [5] En marge : *exercitus unius militis*. — [6] Anal. *Arch. histor. Gir.*, t. III, p. 41. — [7] Ms. *regi*. — [8] Ms. *garentt*; voir une formule analogue plus haut, n° 203. — [9] Ms. *Calbacanal*. — [10] Ms. *eo*. — [11] En marge : *exercitus unius militis*. — [12] Ms. *Ladas*. — [13] Anal. *Arch. histor. Gir.*, t. III, p. 41. — [14] Ms. *Corsonesio*.

[et] ab ejus antecessoribus in Gorsonesio [1] stagiam Petri Yterii, cum suis pertinenciis, que est in parochia Sancti Medardi. Et debet inde facere dicto domino regi homagium ligium et fidelitatem juratam, et facere et recipere jus coram eo et in curia sua. Testes predicti.

227 (*190*). *19 mars 1274.* — *Reconnaissance de Roger de Montbrun, chevalier, de Montravel* [2].

Rogerus de Monte Bruno, miles, de Monte Revello. — Item, eodem die, Rogerus de Monte Bruno, miles, de Monte Revello, juratus, recognovit quod ipse tenet in feodum inmediate ab illustri domino rege Anglie, racione dominii quod habet in Gorssenesio et vicecomes de Castellione [3] ibi solebat habere, terras, aquas, landas, nemora, possessiones alias quas habet in Gorssonesio [4]; et quod debet proinde duas cirothecas albas de sporla [5] seu de acaptamento in mutacione domini, fidelitatem juratam, et facere et recipere jus coram eo[dem] domino rege in curia sua. Testes predicti.

228 (*191*). *19 mars 1274.* — *Reconnaissance de Roland Prévôt* [6].

Rollandus Prepositi. — Item, eodem die, Rotlandus Prepositus, juratus et requisitus si tenebat vel debebat tenere, aut sui antecessores tenuerunt aliquid in feodum inmediate vel in allodium liberum a domino rege Anglie, vel sub ejus dominio, respondit quod non; protestando tamen quod, si posset contrarium in aliquo inveniri, quod hoc sibi non noceret, quin posset uti veritate. Testes predicti (*fol. 50 v*).

229 (*192*). *19 mars 1274.* — *Reconnaissance d'Arnaud Viger, chevalier* [7].

Arnaldus Vigerii, miles. — Item, eodem die, Arnaldus Vigerii, miles, juratus, recognovit quod tenet ab illustri domino rege Anglie in feodum inmediate terras, prata, nemora, stagias et alias res quas habet in parochia de Layjac et de M[i]uzac, cum homagio ligio quod inde debet facere, et duabus cirothecis albis de acaptamento [8], prout alias recognovit, et in carta quam ego, notarius infrascriptus, inde scripsi, plenius continetur. Testes predicti.

230 (*193*). *19 mars 1274.* — *Reconnaissance de Géraud de La Barde, chevalier* [9].

Geraldus de La Barde. — Item, eodem die, Geraldus de Labarde, miles, recognovit quod ipse tenet ab illustri domino rege Anglie in feodum inmediate homines, terras, prata, nemora, possessiones et alias res quas habet in parochia Sancte Marie de Loyshac et in parochia beati Yllarii de Minzac; et quod inde debet facere dicto domino regi homagium et duas cirothecas albas [de] acaptamento [10], prout alias recognovit, et in carta quam ego, notarius infrascriptus, inde scripsi, plenius continetur. Testes predicti.

231 (*194*). *19 mars 1274.* — *Reconnaissance de Gautier de Cauzac, damoiseau* [11].

Galterus de Cauzac. — Item, eodem die, Galterus de Cauzac, domicellus, juratus, recognovit quod tenet etc. in feodum inmediate ab illustri domino rege Anglie etc. terras et tenementa que ipse tenet et sui tenuerunt in parochia Sancti Martini de Sivert, diocesis Vasatensis, et in parochia Sancte Crucis de Lavinhac et d'Artiu; pro quibus omnibus debet solvere, annis singulis, in die sancti Martini yemalis, .ij. solidos preposito de Regula; et idem prepositus debet illos recipere ab ipso vel ejus nuncio. Et hec vel simile dixit contineri [12] in rotulis castri de Regula. Debet eciam fidem juratam. Testes predicti.

---

[1] Ms. *Gorsonesio.* — [2] Anal. *Arch. histor. Gir.*, t. III, p. 42. — [3] Ms. *Castelliano.* — [4] Ms. *Garssonesio.* — [5] En marge : *unum par cirothecarum sporle.* — [6] Anal. *Arch. histor. Gir.*, t. III, p. 42. — [7] Anal. *Arch. histor. Gir.*, t. III, p. 42. — [8] En marge : *.j. par cirothecarum albarum de sporla.* — [9] Anal. *Arch. histor. Gir.*, t. III, p. 42. — [10] En marge : *.j. par cir. albarum de acapte.* — [11] Anal. *Arch. histor. Gir.*, t. III, p. 42. — [12] Ms. *conqin,* avec un signe d'abréviation.

232 (*195*). *19 mars 1274*. — *Reconnaissance de Pierre de Cayonel*[1].

P. de Cayonel. — Item, eodem die, Petrus de Cayonel, juratus et requisitus super hoc, dixit quod nichil tenebat a domino rege Anglie in feodum immediate nec in allodium, nec [homagium] facere debebat; set ea que habebat in honore Podii Willelmi tenebat totum a Grimoardo de Balenx[2] et ab Hugone de Gavaudun[3], filio qui fuit Geraldi de Gavaudun. Testes predicti.

233 (*196*). *19 mars 1274*. — *Reconnaissance d'Arnaud de Gurçon, chevalier*[4].

Arnaldus de Gorson, miles. — Item, eodem die, Arnaldus de Gorson, miles, juratus, recognovit quod tenet in feodum immediate ab illustri domino rege Anglie, racione dominii quod vicecomes de Castellione solebat habere in Gorssenesio, et rex habet suam ibidem, unam stagiam in parochia Sancti Petri in Gorssonio[5], et unam pleiduram in castellario ad pedem montis de Gorsson[6], et duo casalia prope ipsum castellare; pro quibus omnibus debet facere dicto domino regi homagium sine aliqua sporla et fidelitatem juratam, et facere et recipere jus coram eo. Dixit eciam quod tenebat ab abbathia Sancti Medardi[7] quatuor stagias que erant de honore de Gorsson; et, si plura tenere deberet quam recognovit idem miles, dixit quod super hoc staret misericordie domini. Testes predicti.

234 (*197*). *19 mars 1274*. — *Reconnaissance d'Itier de Cerre, prévôt de Trémolac, ordre de Saint-Benoît*[8].

Iterius de Cerre. — Item, eodem die, Iterius de Cerre, prepositus de Them[ol]aco, ordinis sancti Benedicti, juratus et requisitus super hoc, dixit quod nullum feodum tenet a domino rege Anglie, quod sibi displicet, nec ulla deveria seu servicia tenetur ei facere, nisi pro ipso domino exorare sabbato et die lune qualibet septimana. Testes predicti.

235 (*198*). *19 mars 1274*. — *Reconnaissance de Guillaume Arnaud de Tontoulon, damoiseau*.

W. Arnaldi de Tantalone. — Item, eodem die, Guillelmus Arnaldi de Tantalone, domicellus, juratus, recognovit quod (*fol. 51*) tenet et cetera in feodum inmediate ab illustri domino rege Anglie etc. castrum de Tantalone cum castellania et pertinenciis suis omnibus, sive in Marciano vel alibi, affarium de Artigol et de Camperlan, et quicquid habet in diocesi Vasatensi, preter affarium de Saubo de Brecarac, quod[9] dixit se tenere ab archiepiscopo Burdegalensi, et preter affarium de Capscus quod dixit se debere tenere a domino Gastone de Bearnio[10]. Et pro hiis omnibus debet facere dicto domino regi Anglie homagium ligium et fidelitatem juratam, ac facere et recipere jus coram eo in curia sua. Insuper recognovit idem Guillelmus Arnaldi quod tenet similiter in feodum ab eodem domino rege Anglie suam partem castri de Blogouio cum pertinenciis, et quod debet pro eo facere dicto domino regi Anglie homagium ligium et fidelitatem juratam, et jus in manu sua facere et recipere. Debet eciam pro eodem feodo, tam pro se quam pro Reymundo Bernardi de Gelaus[11], suo parciario, de sporla, unum equum album vel centum solidos morlanorum[12]. Dixit eciam quod mater sua fecerat fieri pro eo obsequium excercitus, cum non deberet. Testes predicti.

236 (*199*). *19 mars 1274*. — *Reconnaissance de Raimond Bernard de Gelaus.*

---

[1] Anal. Arch. histor. Gir., t. III, p. 42. — [2] Ms. Galenx. Sur ce personnage, voir les *Rôles Gascons*, t. III, n°ˢ 2139, 3382 (75). — [3] Ici et plus loin, on lit *Cavaudini*; dans les deux cas, il y a un accent tombant sur un des quatre jambages de la désinence. — [4] Anal. Arch. histor. Gir., t. III, p. 43. — [5] Ms. Garssonio. — [6] Ms. Gorsson. — [7] Saint-Méard-de-Gurçon était un prieuré conventuel. On le trouve désigné dans le *Dictionnaire du V˘ᵉ de Gourges* par les dénominations : *Monast. S. Medardi abbatie* (1122), *S. Medardus de abbatia* (1382), *S. Méard l'Abbacial* (1657). — [8] Anal. Arch. histor. Gir., t. III, p. 43; de même le n° suivant. — [9] Ms. *que*. — [10] Ms. *Bernes*. — [11] Ms. *Celaus*. — [12] En marge : *unus equs albus vel c. sol. morl.*

Reymundus Bernardi de Gelaus. — Item, eodem die, Reymundus Bernardi de Gelaus, juratus, recognovit quod tenet et cetera in feodum inmediate ab illustri domino rege Anglie etc. partem suam de Boglonio, et quod debet proinde facere dicto domino regi homagium ligium, fidelitatem juratam, et jus in manu sua et curia sua [1] facere et recipere. Debet eciam sporlam, set de ea ipsum garentit Guillelmus Arnaldi de Tantalone [2] qui tam pro se quam pro eodem Reymundo solvit; pro hiis que ibi tenent, ambo unum equum album vel .c. solidos morlanorum de sporla [3]. Testes predicti.

237 (200). *19 mars 1274.* — *Reconnaissance de Garcie Arnaud de Sescas, chevalier* [4].

W. Arnaldi de Sescars, miles. — Item, eodem die, Garsias Arnaldi de Sescars, miles, juratus, recognovit quod tenet in allodium liberum, sub dominio et districtu domini regis Anglie, quicquid habet apud Ylon, excepta fossata seu villata. Et ea que sunt in ea ipsa fossata dixit quod tenebat in feodum a domino de Lebreto. Item, tenet similiter in allodium quicquid habet in tota parochia beate Marie de Huzesta, excepto affario de Brust quod tenet a vicecomite de Gavardano [5], et excepto eo quod tenebat circa cimiterium seu sacratum dicte ecclesie beate Marie de Husesta. Requisitus utrum tenet plura in allodium, dixit quod sic, set super hoc volebat habere consilium, et peciit diem ad respondendum et consulendum usque in crastinum, quod fuit sibi concessum. Testes predicti.

238 (201). *19 mars 1274.* — *Reconnaissance de Guillaume Sanche de Pommiers, damoiseau, pour lui et ses cohéritiers, Pierre de Pommiers et Pierre Amaniou de Pommiers* [6].

W. Sancius de Pomeriis. — Item, Willelmus Sancius de Pomeriis, domicellus, juratus, recognovit quod ipse cum suis parcionariis, videlicet Petro de Pomeriis et Petro Amanevo de Pomeriis, tenet etc. in feodum inmediate ab illustri domino rege Anglie etc. castrum de Pomeriis cum honore, et totum illud quod ipsi parciarii et ipse habent in parochia de Maurihazeks et Incauda et apud Tremblet, et pedagium quod percipiunt per terram de Gargas, apud Regulam; item, quicquid habent in parochiis de Messalhos et de Cauribac; item, quicquid habent et habere debent a Ffoylhet, et in Loutragio, et in Fonte Guillelmi; item, medietatem decime ecclesie de Aures, et quicquid habent vel habere debent apud Seyurac et honorem, apud Boyriors, et in parochiis Sancti Petri [de] Castehz, Sancte Fflorencie de Aruscha, de Maurihac et de Delhezon; item, quicquid tenet ab eis in feodum Guillelmus de Arsok; item, quicquid (*fol. 51 v*) tenet ab eis similiter in feodum Garcias de Lomages; item, quicquid tenet ab eis dominus Petrus de Burdegala; item, totum feodum quod tenet ab ipsis Bertrandus de Civac [7], miles, in parochia de Todmag [8]; item, quicquid ipsi habent in parochia de Sorsac et apud Bernoyl, et quicquid habent et habere debent in parochia Sancte Ffidis. Et pro hiis omnibus supradictis debent facere dicto domino regi Anglie obsequium excercitus de uno milite, ex se ipsis, de quo michi placuerit. Debent eciam .ccc. solidos Burdeg. de sporla in mutacione domini [9]. Item, debent unum cibum domino regi predicto cum .x. militibus, quando veniet in Vasconia, apud castrum Redorte; si ipse eis [non] precepit qualis cibus, debet esse cum carnibus porcinis et vaccinis, cum caulibus et cinapi et cum gallinis assatis; et, si unus de dominis eorum sit miles, debet servire domino regi cum caligis rubeis de scarleto et calcaribus deauratis, sive sotularibus, dum dominus commedit; et, si aliquis eorum non sit miles, unus eorum debet servire dicto domino regi, dum commedit, cum caligis albis de scarleto [10] et calcaribus argentatis. Et cum

---

[1] Ms. *sue*. — [2] Ms. *Cantaleone*. — [3] En marge : *c. s. sporl.* — [4] Anal. *Arch. histor. Gir.*, t. V, p. 243. — [5] Ms. *Cavardano*. — [6] Publ. *Arch. histor. Gir.*, t. V, p. 242. — Sur le château et la juridiction de Pommiers, voir L. Drouyn, *Var. Girond.*, t. III, p. 242. — [7] Ou *Cujac*. — [8] Ou *Todinag*. Delpit a lu *Codinagt*. — [9] En marge : *.ccc. sol. Burd. de sporl.* — [10] Le mot *écarlate* caractérisa d'abord la finesse du tissu et non la couleur qu'on lui donnait à la teinture (Weckerlin, *Le drap escarlate au moyen âge*, 1905).

isto deverio predictus Willelmus Sancius dixit et asseruit quod ipse et sui parciarii debent tenere totum illud quod Willelmus Reymundi de Genciaco tenet apud Pugiols et deverium quod ipse accipit racione de Pugiols; item, magnam justiciam de castro et honore de Redorte[1]; item, magnam justiciam et parvam de Labrisa, salva justicia suorum affivatorum et suorum hominum, quam dixit se tenere. Et peciit idem Guillelmus Sanccius sibi et suis parciariis restitucionem facere fieri, vel judicium curie de predictis. Testes predicti.

239 (202). *19 mars 1274.* — *Reconnaissance de Guillaume Arnaud d'Aula*[2].

W. Arnaldi d'Aula. — Item, W. Arnaldi d'Aula, juratus, recognovit etc. in feodum inmediate ab illustri rege Anglie etc. quicquid habet in parochia de Sybert, et quod debet proinde solvere annuatim, in festo sancti Martini yemalis, apud castrum de Regula, preposito loci ejusdem, .xij. denarios[3] et nichil aliud. Requisitus si tenebat aliquid in allodium liberum, dixit quod non. Testes predicti.

240 (203). *19 mars 1274.* — *Reconnaissance de Bernard de Rions, damoiseau, en son nom et au nom de son beau-frère, Raimond de Montaut*[4].

Bernardus de Ryouns[5]. — Item, eodem die, Bernardus de Ryons, domicellus, juratus, recognovit quod [ipse et] Reymundus de Monte alto[6], pro uxore sua Maria et sorore dicti Bernardi, tenent etc. in feodum inmediate ab illustri domino rege Anglie etc. castrum de Blauhac, et quicquid habent et habere debent in Blanedesio, per mare et per terram, et quicquid habent apud Ronzan[7] et in honore; item, quartam partem castri de Halbas, sine burgo, et homines de Laloguida; et quicquid habent inter Dordo[n]ya[m], in parochiis Sancte Terre, Sancti Laurencii et Sancti Sulpicii, et apud insulam de Brana. Pro quibus omnibus alter ipsorum debet facere dicto domino regi Anglie homagium ligium, et fidelitatem juratam, et obsequium excercitus de uno milite, vel de se, quod magis alteri ipsorum placuerit. Debent eciam pro eisdem feodis .l. solidos in denariis et unam lanceam de sporla in mutacione domini[8]. Et istud homagium et fidelitatem ac sporlam predictis Bernardus [de] Ryons et Reimundus de Monte alto dixerunt quod fuerunt facta dicto domino regi Anglie alia vice qua fuit in Vasconia et transfretavit. Insuper, idem Bernardus et dictus Reymundus [dixerunt] quod ipsi deberent tenere in feodum inmediate ab eodem domino rege castrum de Sav[i]uhac[9], cum honore et suis pertinenciis ac dominio dicti loci, cum homagio ligio quod ambo[10] ipsorum inde facere[n]t dicto domino regi, et cum uno bove vayr (*fol. 52*) de sporla[11]; et pecierunt sibi de hoc facere fieri restitucionem et, eis restitutis, optulerunt se paratos facere predicta deveria, vel ante, si hoc congruum fuerit eos debere facere hec prius; vel pecierunt de hoc fieri justicie complementum. Testes predicti.

241 (204). *19 mars 1274.* — *Reconnaissance de Guillaume de Lussac, damoiseau, fils de feu Guillaume de Lussac, chevalier*[12].

W. de Lussac[13], domicellus. — Item, eodem die, Guillelmus de Lussac, domicellus, filius quondam

---

[1] Ms. *de castro de honor et de Redorte.* — [2] Anal. *Arch. histor. Gir.*, t. V, p. 244. — [3] En marge : *.xij. d. census annui preposito Regule.* — [4] Anal. *Arch. histor. Gir.*, t. V, p. 245. — [5] Ms. *Lyouns* et, un peu plus loin, *Lyons*; la bonne leçon est donnée à la fin de l'acte. — [6] Ms. *Monte albo*, ici et encore plus bas, dans le même acte. Mais ce personnage est évidemment le même qui est mentionné dans une lettre du sénéchal Jean de Grilly du 5 juillet 1279 (et non 1289), qui est publiée dans *Arch. histor. Gir.*, t. III, p. 144. Il y est appelé «Raymundus de Monte alto, dominus pro parte de Blanhac». Cf. Drouyn, *Var. Girondines*, t. II, p. 12. — [7] Ms. *Roaram.* — [8] En marge : *.l. s. et .j. lancea de sporla.* — [9] Dans la lettre de Jean de Grilly mentionnée plus haut, on lit : «super loco de Sauhac et pertinenciis, qui locus est inter Vasatum et Regulam». — [10] Ms. *ambee*, avec un signe d'abréviation. — [11] En marge : *.j. bos vayr de sporla.* — [12] Anal. *Arch. histor. Gir.*, t. V, p. 245. — [13] Ms. *Byssac* et, sept mots plus loin, *Bissac.* La bonne leçon est donnée ensuite avec le nom du père du damoiseau.

Guillelmi de Lussac, militis defuncti, juratus, recognovit quod ipse tenet in feodum inmediate ab illustri domino rege Anglie, racione dominii quod vicecomes de Castellione olim habuit in Gorssonesio et idem rex tenet nunc in manu sua, quicquid idem domicellus habet et tenet in Gorssonesio, sint terre, nemora vel possessiones quelibet alie, exceptis stagia vocata Alciadamaria Velha, vel stagiis quas habet in loco qui appellatur eu Artigas in parochia Sancti Martini [de] Lerm [1], et excepta una pecia terre que est ubi vocatur Au Granolhet, que omnia sic exceptata dixit se tenere a comite Petragoricensi. Item, recognovit idem Guillelmus quod tenet similiter ab eodem domino rege, raciouc predicta, totam terram que fuit olim Oliveri de Lussac, militis, in Gorssonesio, illis rebus exceptis quas [2] idem Oliverius habebat in parochia Beate Marie de Montels. Tenet similiter idem W. et tenere debet ab eodem domino rege in feodum inmediate quicquid habet in parochiis Beate Marie de Lophac et Beati Yllarii de Minzac. Pro quibus omnibus debet eidem domino regi homagium ligium, cirothecas albas de sporla in mutacione domini [3]. Testes predicti.

242 (205). *19 mars 1274.* — *Reconnaissance de Gérard d'Orgal, damoiseau, de Montravel* [4].

Gerardus d'Orgal, domicellus. — Item, eodem die, Geraldus d'Orgal, domicellus, de Monte Revello, juratus, recognovit quod ipse tenet in feodum inmediate ab illustri domino rege Anglie, racione dominii quod vicecomes de Castellione olim habuit in honoribus de Gorssonesio et de Monterevello et quod idem rex tenet nunc in manu sua, terras, vineas, prata, nemora, possessiones, pedagia, homines et alia jura, quicquid habet in districtibus castrorum et honorum predictorum, in parochiis del Fleys, de La Roqueta et Sancti Aviti de Tyzac, exceptis terris et possessionibus quas dixit se habere in dicta parochia de Fleys, quas tenet a domino Armando Prepositi, milite; pro quibus omnibus debet eidem domino regi facere homagium ligium et fidelitatem juratam, et .xxx. solidos Petragoricensium [5] [sporle] in mutacione dominorum. Item, dixit idem Guillelmus quod ipse tenet similiter ab eodem domino rege octavam partem pedagii de Fleys, in mari et in terra, sub deveriis antedictis, excepto quod dominus rex, vel mandatum suum, recepit ad manum suam et tenet, pro suo libito voluntatis, partem illam pedagii predicti quam dictus domicellus et ejus predecessores solebant ibidem in mari percipere et habere. Vidit, peciit et supplicavit sibi super hoc justiciam exhiberi. Testes predicti.

243 (206). *19 mars 1274.* — *Reconnaissance de Gausbert de Vaus* [6].

Gausbertus. — Item, eodem die, Gausbertus de Vaus, juratus, recognovit quod tenet in feodum inmediate ab illustri domino rege Anglie, racione dominii quod vicecomes de Castellione olim habuit in Gorssonesio, omnes illas terras, prata et nemora que [7] idem Gausbertus habet (*fol. 52 v*) in parochiis Sancti Martini de Lerm [8] et Sancti Petri de Carssac. Et debet pro eo facere dicto domino regi homagium ligium et fidelitatem juratam, et .xiij. s. et .viij. d. de sporla [9], in mutacione domini, et jus facere et recipere coram eo in manu ipsius et sue curie. Testes predicti.

Census [10] *solvendi annuatim preposito Vassatensi.*

244 (207). *19 mars 1274.* — *Reconnaissance de Pierre de Surbet, agissant comme procureur de plusieurs hommes francs des paroisses de Soubiac, d'Artiguevieille et de Sauros* [11].

---

[1] Ms. *S. Martini Lerius.* Ce nom se trouvant sous la forme : *S. Martini de Heremo* dans le *Dictionn. du dép. de la Dordogne*, du vicomte de Gourgues (au mot S.-Martin-de-Gurçon), la correction paraît s'imposer. — [2] Ms. *quod.* — [3] En marge : *.j. par cirotecarum.* — [4] Anal. *Arch. histor. Gir.*, t. V, p. 246. — [5] Ms. *de Perogorum.* En marge : *.xxx. s. de Petrag. de sporla.* — [6] Anal. *Arch. histor. Gir.*, t. V, p. 246. — [7] Ms. *quod.* — [8] Ms. *Lerin*, ou *Lerni*, avec un accent sur un des trois jambages; voir au n° 241. — [9] En marge : *.xiij. s. viij. d. de sporla.* — [10] Ms. *Sensus.* — [11] Publ. *Arch. histor. Gir.*, t. V, p. 246.

Item, eodem die, Petrus de Sorbet, procurator Gaillardi de Sorbet, Guillelmi del Claus, Johannis de La Glise, Arnaldi de La Glise, Guillelmi de Lugat, Johannis de Gaillart, Arnaldi de Lugat, parochianorum Sancte Praxedis de Sobyac, Vitalis Lambrot, Petri Lambrot, Arnaldi Lambrot, Petri de Langlade, Arnaldi de Langlade, Vitalie de Langlade, Marie del Faure, Petri del Bernet, parochianorum Sancti Laurencii de Artigavelba, Bidonis de La Glise, pro se et pro Arnaldo de La Glise, suo nepote, parochianorum Sancti Laurentii de Sauros, auctoritate potestatis et licencie per eos sibi concesse in quodam procuratorio quod exhibuit in forma publici instrumenti inquisiti per B. de Rotan, tabellionem, ut in ipso instrumento visum fuit contineri, juratus, recognovit et dixit quod in predicta parochia Sancte Praxedis de Saubiac[1] etc. erant et sunt .viij. stagie, videlicet : stagia Petri del Sorber, et stagia Fortonis del Sorber, stagia W. de Claus, stagia Garcie de Claus, stagia Johannis de Ecclesia, stagia Arnaldi de Ecclesia, stagia W. Lugat, stagia Arnaldi de Lugat; et has .viij. stagias, cum pertinenciis carum, domini, quorum ipse erat procurator, tenebant et eorum antecessores tenuerunt ab antiquo, in feodum inmediate ab illustri domino rege Anglie, domino Hibernie et duce Aquitanie, domino Edwardo, et ab ejus antecessoribus, et debebant pro eis solvere annuatim, in festo sancti Michaelis, vel in octabis, dicto domino regi, vel suo preposito Vasatensi[2], .x. solidos de illis viginti libris quas omnes homines francales Vasatenses debent et solvunt annuatim termino et personis predictis, scilicet : Petrus del Sorber pro casali del Claus, cum pertinenciis, terris cultis et incultis, in dicta parochia Sancte Praxedis, .ix. denarios burdegalenses solvere annuatim apud Vasatum, in festo predicto sancti Michaelis vel in octabis, obsequium excercitus, sicut villa Vasatensis, sacramentum fidelitatis preposito mutanti, et ipse prepositus ei, quod eum custodiat a vi, de se et aliis, suo legali posse. Item, debet partem suam unius procuracionis debite, semel in anno, eidem preposito, cum suis servientibus; et idem prepositus potest et debet in eum exigere omnem justiciam, parvam et magnam; nec idem tenet ab alio aliquid, nec tenetur in aliquo deverio, exceptis duabus concatis terre quas tenet ab Amaneo de Mossiaco, et sub quo debet tenere focum vivum, et exceptis tribus jurnalibus terre que[3] tenet a Bertrando de Ladils[4], et excepto quod [i]idem Petrus et Forto del Sorber debent dicto Amaneo, pro hiis que tenent ab ipso, .lxiiij. s. Burdeg. Forto[5] del Sorber debet similiter pro dicto casali de Claus cum pertinenciis, .ix. d. et alia deveria, ut supradictus Petrus, nec aliquid tenet ab alio quam a rege, exceptis similiter duabus concatis terre quas tenet a dicto Amaneo de Mossiaco et tribus jornalibus terre a Bertrando de Ladils. Et Guillelmus de Claus debet similiter, cum suo fratre Garcione, pro dicto casali, .xviij. d. solvere annuatim, termino et personis predictis, et alia deveria excercitus, in procuracione et sacramento, et de justicia; nec aliquid tenet ab alio in dicta parochia, exceptis quibusdam aliis feodis, pro quibus debet Bertrando de Ladils[6] .ij. d. Burdeg., et tenere sub eo focum vivum; ecclesie Vasatensi, unum quartale frumenti; (fol. 53) Willelmo[7] de Lafurcade, .ij. d. Burdeg.; A[rnaldo de] Sancta Presextia, .vj. d. Burdeg.; Remundo Morlan., .ij. d. Burdeg. Item, Johannes de Ecclesia et Arnaldus de Ecclesia tenent in feodo inmediate a dicto domino rege quicquid habent in dicta parochia Sancte Praxedis, et debent inde, quisque eorum, .ij. s. Burdeg. solvere termino et personis predictis, et alia deveria excercitus, in procuracione et sacramento et justicia. Item, Guillelmus de Lugat tenet similiter ab eodem domino rege quicquid habet, cum .xviij. d. Burdeg. quos debet solvere termino et personis et aliis deveriis supradictis; excipitur quod tenet a Remundo Morlani et suo fratre, pro quo[8] debet sibi .j. den. Morlanensem, et id[9] quod tenet

---

[1] En marge, d'une main du xvie siècle : *Saubiae est en la prevosté et justice de Bazas*. — [2] Ms. *Vasconie*; mais voir la rubrique qui précède le présent numéro. — [3] Ms. *quas*. — [4] Ms. *Ladalo*; mais voir huit lignes plus loin. — [5] Ms. *Fortis*. — [6] Ms. *Ladals*. — [7] Ms. *Willelmus*. — [8] Ms. *qua*. — [9] Ms. *eo*.

a cantore Vasatensi, pro quo debet .xiij. den., obol. Morlan. Item, Arnaldus de Lugat tenet similiter a dicto domino rege quicquid habet in dicta parochia, cum .xviij. denariis quos debet, et aliis deveriis supra contentis; excipitur quod tenet alia feoda, pro quibus debet Remundo Morlani predicto .xviij. den. Morl.; cantori Vasatensi .iiij. den. Morlan., et Beate Marie [Vasatensi] .iij. den. et obol. Morlan., cum suis parciariis. Item, Johannes de Gaylharde tenet a dicto domino rege feoda in dicta parochia cum .iiij. sol. Burdeg., quos inde debet annuatim in festo [beati] Martini, vel octabis; nec debet excercitum, nec cavalogadam, nec albergadam. Item, Willelmus Remundus de Garn, nomine uxoris sue, et Moneu[s] de Lugat, pro se, tenent similiter a dicto domino rege quicquid habent in stagia de Lugat; et debent inde solvere annuatim dominus Willelmus Remundus .iiij. s. Burd., et dictus Moneus alios .iiij. s., termino et personis predictis, et alia deveria excercitus, sacramenti, in procuracione et de justicia supradictis. — Insuper, recognovit dictus procurator Petrus quod in parochia dicti Sancti Laurencii de Artigaveteri erant .iiij. stagie, videlicet : stagia R. del Anglada, stagia Petri del Anglada, stagia Vitalis Lambrot et stagia Ffabri de Artigaveteri; et has quatuor stagias, cum pertinenciis earum, domini, quorum ipse erat procurator, tenebant et eorum antecessores tenuerunt ab antiquo[1]. Et i[s]ta idem procurator recognovit [quod tenet] in feodum inmediate ab illustri domino rege Anglie, domino Hibernie et duce Aquitannie, domino Edwardo, et ab ejus antecessoribus; et debebant pro eisdem estagiis, cum pertinenciis, solvere annuatim, in festo beati Michaelis, vel in octabis, dicto domino regi, vel suo preposito Vasatensi, .iiij. sol. Burdegalensium de illis viginti libris quas omnes homines francales[2] Vasatenses debent et solvunt in dicto festo, annuatim, dicto domino regi, videlicet : stagia Fabri, xij. d.; stagia Vitalis Lambrot .xij. d.; stagia Petri de[l] A[n]glada, .xij. d., et Arnaldus del Anglada, pro alia stagia, .xij. d. Et debebant etc. pro eisdem estagiis, semel in anno, procurare prepositum Vasatensem, cum suis servientibus errantibus, et istius procuracionis seu cibi[3] quilibet dictorum .iiij. stagiorum debebat persolvere suum quartum. Item, debebant facere juramentum fidelitatis preposito Vasatensi, quandocumque constituebatur de novo; et ipse prepositus debebat similiter eis jurare quod esset bonus et legalis et eos custodiat de violencia, a se et ab aliis, suo posse. Debebant eciam plus esse et erant justiciabiles ipsius domini regis, de magna justicia et parva; et in hiis deveriis dixit quod tenebantur domino regi et nulli alii in aliquo; exceptis .ij. s., .iij. d. et obolo Morlan., quos stagia Fabri debet abbati [de] Fonte Willelmi pro terra de La Grange et de La Gotere, quam tenet ab eodem abbate, et .iiij. s., vj. d. Morl. Reymundo Marchesii; et exceptis feodis que dictus Vitalis Lambrot tenet ab abbathia Fontis Guillelmi, videlicet duabus concatis terre pro quibus (fol. 53 v) solvit ei .xvij. s., .iiij. d., obolum Morlan., et feodis que tenet Reymundus Marchesii, pro quibus solvit, cum suis parciariis, eidem R. .iij. s., .vj. d. Morlan.; et exceptis feodis que Petrus de Langlada tenet a dicta abbatia Fontis Guillelmi, pro quibus solvit cum suis parciariis .x. d. Morlan.; et feodo de La Grange, pro quo ipse pro se solvit dicte abbatie .xv. d., obol. Morl., et feodis que tenet a Vitali Lambrot et suis fratribus, exceptis[4], pro quibus solvit eis .xij. d. Morl., et exceptis feodis que tenet a Guillelmo de Fforcade, cui debet proinde .j. d. Morl.; exceptis eciam feodis que tenet Arnaldus de Soboars, pro quibus solvit eidem .vi. d. Morl. — Insuper, predictus procurator recognovit quod dicti Vitalis de Lambrot et Petrus de Langlade et Arnaldus de Langlade debent dicto domino regi Anglie solvere annuatim, in dicto festo sancti Michaelis, vel suo preposito Vasatensi, unum quartale avene, pro terris et tenementis que ipsi habent in eadem parochia Sancti Laurencii de Artigaveteri, in loco vocato Al Bernet, videlicet quilibet de ipsis Vitalis Lambrot, Petrus de Langlada et Arnaldus de Langlada suum tercium. Recognovit similiter dictus procurator

---

[1] En marge : *Adhuc census de prepositura Vasatensi.* — [2] Ms. *francilles.* — [3] Ms. *sibi.* — [4] Plusieurs mots omis.

quod dictus Petrus del Barnet tenet a dicto domino rege in feodum, immediate, terras quas habet in dicta parochia, et debet proinde dicto domino regi persolvere annuatim, in dicto festo sancti Michaelis, .vj. d. Burd., vel suo preposito Vasatensi. — Preterea, recognovit dictus procurator quod Bydonus de Ecclesia tenet a dicto domino rege similiter in feodum quicquid habet in parochia predicta Sancti Laurencii de Sauros, excepto uno jornali terre quod tenet de ecclesia de Sauros, et alio jornali a Petro de Sauros, et a Vitali Githani tribus jornalibus, et a Garcione de Githani una cartalada vasadali; et debet pro hiis, que sic tenet ab eodem domino rege, .ij. s. solvere annuatim, termino et personis predictis, et alia deveria excercitus, in procuracione, et de justicia; et quod est casatus sub rege. Item, Arnaldus de Ecclesia tenet similiter ab ipso domino rege quicquid habet in dicta parochia, cum .ij. s. Burd., termino et personis et aliis deveriis predictis, excepto uno jornali terre quod tenet ab ecclesia de Sauros, et aliud a Petro de Sauros, et tria jornalia que tenet a Vitali [de] Githani et Petro de Pomeriis, et una cartalada vasadanti, et tribus jornalibus a Petro de Lane. — Ita enim et in hunc modum dictus Petrus del Surbet, procurator, pro se et pro aliis, procuratorio nomine, recognovit quod ipse et alie prenominate persone erant homines franchales dicti domini regis, tenebant ab eo predicta feoda et cum deveriis, sicut in hoc instrumento plenius continetur. Testes: Bertrandus de Ladils de Monte Coguto, Reimundus Cosyn, Gaillardus de Podio, Russinollus d'Orta et Geraldus Amanens.

245 (208). *19 mars 1274. — Reconnaissance de Guillaume de La Tape, procureur, agissant au nom de plusieurs habitants de la paroisse de Tontoulon* [1].

Adhuc census in prepositura Vasatensi. — Item, eodem die, Guillelmus de Latape [2], procurator, ut asseruit, hominum parochie de Tantalon, videlicet: Vitalis de Esparra [3], Petri de Esparre et Labere, Petri de Lesparra, sui consanguinei, et Garcie de Lesparre, et Bernardi de La Tapa, pro se et Arnaldo de La Tapa, et Forcii de La Tapa de Tantelon, ad hoc datus et constitutus, cum quodam instrumento publico, quod exhibuit, sue procuracionis inquisito per B. de Rotan, tabellionem, prout ibi visum fuit contineri, juratus, recognovit quod idem Guillelmus de La Tape, cum suis parciariis, et dictus Vitalis de Sparra, cum suis parciariis, debent .ij. s. Burdeg. annuatim (*fol. 54*) in festo sancti Martini solvere preposito Vasatensi pro domino rege Anglie, pro terris et tenementis que ipsi tenent et sui antecessores tenuerunt ab antiquo in feodum immediate ab eodem domino rege Anglie in parochia de Tantelon. Item, recognovit idem procurator quod dominus Garcias de Lesparre debet .xij. d. Burdeg. annuatim in dicto festo beati Martini solvere eidem preposito pro terris quas ipse Garcias tenet et sui antecessores tenuerunt ab antiquo in feodum immediate a dicto domino rege Anglie in parochia de Tantelon supradicta. Testes predicti.

246 (209 et 210). *19 mars 1274. — Reconnaissance de Jean de Bernos, prêtre, de Vital de Laserte, d'Avril de Greville et de Pierre de «Via Maleira», procureurs agissant au nom de plusieurs hommes francs de la paroisse de Bernos* [4].

[1] *Adhuc census in prepositura Vasatensi.* — Item, eodem die, Johannes de Bernos [5], presbiter, Vitalis de Serta, et Aprilis de Grevilh, et Petrus de Via Maleira, procuratores hominum parochie Beate Marie de Bernos, ut asseruit [6], videlicet Bernardi de Bernos, presbiteri; pro se et suis fratribus, et R. de Bernos, sui avi, Arnaldi de Casens et Gilberti, sui nepotis, Menaldi de Cassens., pro se et Menaldo de Bernos, Ramundi de Cassenes, Fforcii de Cassenes, eorum fratris, Vitalis de La Via, W. de

---

[1] Anal. Arch. histor. Gir., t. V, p. 250. — [2] Ms. *La Cape*; de même aussi, plus loin, *Cantalon* ou *Cantelon*; mais *Cantalon* étant très certainement une mauvaise graphie pour *Tantelon* (Tontoulon), on doit aussi lire *La Tape*. — [3] Ms. *Experta*; mais ce Vital est, plus bas, nommé *de Sparra*. — [4] Publ. Arch. histor. Gir., t. V, p. 250-252. — [5] Ici, et encore plus loin, on lit *Bernos*; mais voir les n°s 248-251. — [6] Ms. *asseruit*.

La Via, W. de Cassenes, pro se et Vitali de Prad., Petri de Hugas, Johannis de Hugas, Doati de La Serra, Vitalis de Laubarede, Doati de Laubarede, Johannis de Laubarede, pro se et Johanne de Laubarede, filio Petri de Laubarede qui [fuit, Arnaldi de Labad, pro se et Willelmo de Labad, suo fratre, et Johannis de Labad, ipsorum fratris, Geraldi Sabaterii, Arnaldi de Argelsede et Garcie, sui fratris, Johannis de Argelsede, Vitalis de Genoartiga, Petri de Genoartiga, Arnaldi de Genoartiga, Johannis de Grevilh, Vitalis de Grevilh, Johannis de Grevilh et Reymundi de Grevilh, Johannis de Bernaded. et Arnaldi de Bernaded., Johannis de Via Meylora, Arnaldi de Lagota, Raymundi de Vitali, Vidoti de Vitali, Vitalis de Garaut, Petri de Greyville et Arnaldi de Greyville predicti, procuratores ad hoc dati et constituti et quilibet eorum in solidum, prout in quodam instrumento quod exhibuerunt pro pupplico, et per Bernardum de Rotan, tabellionem, scripto, secundum ipsius instrumenti continenciam visum fuit contineri, jurati, recognoverunt spontanee et concesserunt quod homines parochie de Bernos proximo supra [1] nominati sunt homines francales illustris domini regis Anglie et ducis Aquitannie, et tenent et sui antecessores tenuerunt ab antiquo in feudum inmediate ab eodem domino rege et duce Aquitannie et suis antecessoribus quicquid habent, exceptis que inferius excipiuntur. Et debent ipsi domino regi pro ipsis feodis .l. sol. Burd. annuatim in festo sancti Michaelis, vel in octabis, de illis viginti libris quas francales Vasatenses solverunt quolibet anno in dicto festo, quos .l. sol. Burdeg. ipsi solverunt et tenentur solvere annuatim et in dicto termino eidem domino regi, vel suo preposito seu mandato, in dicta parochia de Bernos vel apud Vasatum. Et idem dominus rex habet supra eosdem homines et excercet omnem justiciam, magnam et parvam. Debent eciam ipsi homines dicto domino regi facere obsequium excercitus, sicut villa de Vasato. Item, debent facere procurare bis in anno prepositum Vasatensem cum suis servientibus errantibus.

Item, debent eidem preposito, pro dicto domino rege, facere sacramentum fidelitatis, quandocumque de novo est constitutus, et ipse prepositus debet eis jurare primo quod eos custodiat ab injuria et violencia de se et aliis suo [2] posse.

[2] Petrus de Genoartiga et Willelmus de Genoartiga, Arnaldus de Genoartiga et Vitalis de Genoartiga, Petrus de Genoartiga et Arnaldus de Genoartiga tenent et debent tenere in feodum (fol. 54 v) inmediate a domino rege, ut dictum est, quicquid habent et tenent in parochia de Bernos alicubi, sive terre, vince, nemora, plana, pascua, padoenta, segetes, molaria, vel quodlibet aliud; pro quibus omnibus debent eidem domino regi, vel suo mandato, de predictis .l. sol. Burdeg., .x. .sol. .vj. d. solvere annuatim in dictis festo et loco, s[c]ilicet : pro .ij. .s. .ix.d. Petrus [et] Willelmus .xx. d., Arnaldus .x. d., Vitalis .ij. .s. .ix. d., Petrus .xv. d., et Arnaldus .xv. d. Sunt justiciabiles sui. Debent eciam obsequium exercitus et partem suam in dictis procuracionibus seu alleganciis prepositi et sacramentum fidelitatis eidem preposito, sicut predictum est.

[3] Arnaldus d'Argelsede [3] et Garcias, ejus frater, et Johannes de Argelsede, eorum consanguineus, tenent et debent tenere in feudum inmediate ab eodem domino rege Anglie quicquid habent in dicta parochia de Bernos, pro .iiij. sol., .vj. d. ob., quos de predictis .l. sol. Burdeg. solverunt quolibet anno, in festo et locis predictis, ipsi domino regi vel suo mandato; scilicet dictus Arnaldus .xxij. .d. ob., Garcias, ejusdem frater, .x. d., et Johannes d'Argelselde .xx[i]j. d.; et sunt ejus [4] justiciabiles. Debent ei obsequium exercitus et suam partem in dictis duabus procuracionibus seu albe[r]gatis prepositi, et sacramentum fidelitatis eidem preposito, sicut supradictum est. Ab hiis excipitur quod predictus Arnaldus de Argelsede dixit se tenere in feodum ab abbatia seu domo Fontis Guillelmi terciam partem miliciarii d'Artegavelha. Insuper, idem Arnaldus tenet et debet tenere a dicto domino rege in feodum inmediate, ex alia parte, medietatem illius tocius quod idem

---

[1] Ms. *infra*. — [2] Ms. *sui*. — [3] Ms. *de Dorgelsede*. — [4] Ms. *eis*; de même trois mots plus loin.

dominus rex habet in parochia de Codz, in loco vocato Affermat, cum .ij. sol. Burdeg. census, quod inde debet.

[4] *Adhuc census in prepositura Vasatensi.* — Johannes de Greville, Vitalis de Greville, Johannes de Greville et Vitalis de Greville juniores, P. de Greville et Arnaldus de Greville tenent et debent tenere in feodum inmediate ab eodem domino rege quicquid habent et tenent in parochia de Bernos, sint terre, vinee, nemora, plana, aque, molaria, vel aliud; excepto quod Petrus de Greville et Arnaldus de Greville tenent in feodum a domina d'Arcinal, vel ab illo qui domum d'Arcinal tenebit, usque ad sex jurnalia terre culte et inculte, in loco vocato Abtirant, pro .viij. d. Burdeg. de feodo annuatim, et excepto quod idem Arnaldus tenet similiter in feodo de Amaneo de Sescars usque ad .x. jurnalia terre culte et non culte in loco vocato A Labatud, in dicta parochia, pro .x .sol. Burdeg. de feodo annuatim, medietatem in festo sancti Martini et aliam medietatem in festo sancte Marie Augusti; et pro predictis feodis que predicti feodotarii tenent a domino rege Anglie, ut dictum est, ipsi debent ei vel sui mandato, de predictis .l. sol. Burdegal., dictus Johannes de Greville cum Geraldo, suo nepote [1], et dictus Vitalis cum Matheo de Greville et Guissino .ij. .sol. vj. d., et dictus Johannes et Vitalis fratres .ij. .sol. .ix d., et dictus Petrus de Greville et Arnaldus de Greville .iij. .sol. .viij d. per medium solvere annuatim in festo beati Michaelis et loco ac personis predictis. Sunt justiciabiles domini regis. Debent ei obsequium excercitus. Faciunt suam partem in duabus procuracionibus debitis per annum preposito Vasatensi et eidem juratam fidelitatem, sicut est supradictum. Preter hoc, predicti Johannes et Vitalis de Greville tenent a predicto domino rege in feodum inmediate quicquid habent et tenent in parochia de Gods, de affario de Sernhac, cum .xij. d. Burdeg. de feodo quos inde debent predicto domino regi vel suo mandato (*fol. 55*).

[5] Arnaldus de Bernadede et Johannes de Bernadede, suus nepos, tenent et debent tenere in feodum inmediate ab eodem domino rege Anglie quicquid habent in parochia de Bernos; et debent pro eo, de predictis .l. sol. Burdeg., .iiij. .sol. .vj d. solvere annuatim in festo et locis ac personis predictis. Sunt justiciabiles ipsius domini regis. Debent ei obsequium excercitus. Faciunt suam partem in duabus procuracionibus debitis per annum preposito Vasatensi et [e]idem juratam fidelitatem, sicut est supradictum.

[6] Petrus de Via Moleira, procurator predictus, dixit, pro se et pro aliis, ut procurator, quod ipse et Johannes, suus frater, tenent et debent tenere in feodum inmediate ab eodem domino rege Anglie quicquid habent et tenent in parochia de Bernos, excepto usque ad unum jornale terre quod dixit ipse Petrus quod ipse et frater suus predictus tenebant a domo de Arcinal, cum .vj. d. Burdeg. quos inde debent ipsi domui; et pro hiis que ipsi tenent a domino rege predicto, debent de predictis .l. sol. Burdeg. .ij. .sol .viij d., obolum Burdeg. solvere annuatim in festo et locis ac personis predictis; videlicet: dictus P. .xxij .d, et Johannes .x. d., obolum. Sunt justiciabiles ipsius domini regis. Debent ei obsequium excercitus. Faciunt suam partem in dictis duabus procuracionibus debitis preposito Vasatensi et eidem juratam fidelitatem, sicut est supradictum.

[7] *Adhuc in prepositura Vasatensi.* — Item, Aprilis de Lagota et Arnaldus de Lagota tenent et debent tenere in feodum inmediate ab eodem domino rege Anglie quicquid habent in parochia de Bernos; et debent pro eo, de predictis .l. sol. Burdegal., dictus Aprilis .iij. s. .xj. d. et dictus Arnaldus similiter .iii. s. .xj. d. solvere annuatim in festo ac locis et personis predictis. Sunt justiciabiles ipsius domini regis. Debent ei obsequium excercitus et faciunt suam partem in dictis procuracionibus debitis, et prestant sacramentum fidelitatis preposito Vasatensi pro rege, sicut est supradictum.

[8] Reymundus de Vidas, frater Guillelmi de Vidats, [et Vidotus] de Vidal, frater Johannis de Vidal, tenent et debent tenere in feodum inmediate ab eodem domino rege Anglie quicquid habent in parochia de Bernos [2]; et debent pro eo

---

[1] Après *nepote*, le ms. ajoute *tenent*. — [2] Ms. *Bernes*.

de predictis .l. sol. dictus Reymundus .iij. sol. .vj. d. et dictus Vidotus .ij. s. vj. d. solvere annuatim in festo et locis ac personis supradictis. Sunt justiciabiles ipsius domini regis. Debent ei obsequium exercitus. Faciunt suam partem in dictis duabus procuracionibus et jurant preposito Vasatensi, sicut est supradictum. Preter hec, dictus Reymundus de Vidal pro se debet eidem domino regi in predicto festo .ij. sol. Burdeg. pro hiis similiter que tenet ab eodem in feodum in parochia supradicta.

[9] Vitalis de Barrant tenet et tenere debet in feodum inmediate ab eodem domino rege Anglie quicquid habet in dicta parochia de Bernos[1], et debet pro eo, de predictis .l. solidis, .ij. sol. solvere termino et locis ac personis predictis. Est justiciabilis dicti domini regis. Facit ei obsequium excercitus et suam partem in dictis duabus procuracionibus, et jurat preposito Vasatensi, ut est superius supradictum.

[10] Et predicti procuratores asseruerunt quod predicta feoda, que sic tenebantur a rege, debebant dictos .l. solidos del affar de Greville pro uno feodo domini[c]o, et omnes predicti feodotarii debebant contribuere in duabus commestionibus de Greville, de albergata prepositi et suorum servientium qui cum eo stant in mensa sua; ita quod predicti homines de Greville (*fol. 55 v*) non debebant nisi predictas duas albergatas. Preterea, predicti procuratores, quo supra nomine, recognoverunt spontanee et concesserunt quod homines infra nominati predicte parochie de Bernos[2] sunt similiter homines francales prefati domini regis Anglie et ducis Aquitanie; et tenent et eorum antecessores tenuerunt ab antiquo in feudum inmediate, ab eodem domino rege Anglie et suis antecessoribus, quicquid habent preter exceptata inferius; et debent pro eo .l. sol. Burdeg. annuatim, in festo beati Michaelis, vel in octabis, de illis viginti libris quas francales Vasatenses solverunt quolibet anno, in dicto festo, predicto domino regi, vel suo mandato, in ipsa parochia, vel apud Vasatum. Et habet idem dominus rex supra eosdem homines et exercet, seu prepositus Vasatensis pro eo, omnem justiciam magnam et parvam. Debent eciam ipsi homines facere dicto regi obsequium excercitus, et procurare bis in anno prepositum Vasatensem cum suis servientibus errantibus, vel illis qui secuntur prepositurum[3]. Item, debent ipsi preposito facere pro rege sacramentum fidelitatis, quandocumque de novo est constitutus, et ipse prepositus, versa vice, et primo, eisdem.

[11] Johannes Hugos[4] debet domino regi Anglie et solvit preposito Vasatensi pro eo .ij. sol. .iij. d. de predictis .l. solidis, termino et loco predictis, pro omnibus que habet[5] et tenet in feodum inmediate a dicto domino rege, exceptis feodis que habet et tenet a Gaylardo de Podio, et exceptis duabus quartaladis terre quas habebat ubi vocatur A Bigarossa, et tenebat a Matheo de Montegoudi totum, cum .x. sol. Burdeg. in feodum.

[12] Petrus Hugos[6] et frater ejus debent .ij. sol. .iij. d., et tenent quicquid habent a dicto domino rege, excepto usque ad sex quartaladas terre, vel plus, quas habent in loco vocato A Hugos et tenebant a Bertrando de La Dils cum .xxx. sol. Burd. de feodo.

[13] Vitalis de La Serte, procurator predictus, dixit pro se quod debet .iij. sol. Burdeg. pro omni eo quod habet, et tenet illud a domino rege, excepto usque ad .v. jurnalia terre, vinee et sostrat[7], que ipse et Doatus[8] de Laserte tenent in parochia de Bernos, apud casale de La Serte, a Reymundo Garcia de Sancto Salvatore et suis parciariis, cum .ij. .sol. .vj. d. Burdeg. de feodo.

[14] *Adhuc in prepositura Vasatensi.* — Doatus de La Serte debet .iiij. sol. .vj. d. pro omni eo quod habet; quod totum tenet a dicto domino rege, preter contenta in precedenti proximo excepcione de .v. jurnalibus terre et vinee, et preter terras quas tenet in feodum ab hospitali de Baulatz, apud dictum casale de La Serte cum .ij. .sol. Burdeg., et preter

---

[1] Ms. *Bernes.* — [2] Ms. *Bernes.* — [3] Ms. *prepositaturam.* — [4] Le même que *Johannes de Hugas,* nommé au n° 1 du présent article? — [5] Ms. *pro omnibus que omnia habet.* — [6] Le même que *Petrus de Hugas,* nommé au même endroit? — [7] Ms. *vince esostrat.* — [8] Ms. *Dotatus.*

terram cultam et non cultam quam tenet in feodum a Petro de Ladils, cum .iiij. d. Burdeg. apud Certum casale et extra.

[15] Johannes del Aubarede debet .iij. .sol. .x. d. et obolum pro omni eo quod habet; quod totum tenet a dicto domino rege, exceptis usque ad .iiij. jurnalia terre, in loco vocato A La Berneda, in parochia de Bernos, que tenet a Petro del Dron, cum .xx. d. Burdeg., et exceptis .x. arregiis seu sulcis vince quas tenet ab hospitali de Bauladz, apud casale del Aubarede, cum .xij. d. Burdeg., et exceptis .xx. arregiis seu sulcis [1] terre quas tenet a Bonefacio de Cunhos, in loco vocato Aspetecul, cum .xiiij. d. Burdeg. de feodo.

[16] Doatus del Albarede debet .iij. sol. et .iij. d. pro omni eo quod habet; quod totum tenet in feodum (fol. 56) inmediate a dicto domino rege, et hii .iij. .sol. .iij. d. sunt de predictis .l. solidis. Item, debet preter hec eidem domino regi, pro se et suis parciariis, .ij. sol. Burdeg. pro terra quam tenet ab eodem in feodum in loco, vocato Allug, in parochia de Cuzos; excipitur quod idem Doatus tenet .xiiij. sulcos[3] terre a Guillelmo de Grenth., filio Sancii qui fuit, cum .viij. d. Burdeg. apud casale del Aubarede.

[17] Alter Johannes de Aubarede debet .xix. d., obolum, pro omni eo quod habet; quod totum tenet ab eodem domino rege in feodum inmediate, exceptis duobus jurnalibus terre que tenet ab hospitali de Bauladz, al Dug. de Cor., cum sex sol. Burdeg. de feodo.

[18] Vitalis de Aubarede debet .ij. .sol. .iij. d. pro omni eo quod habet; quod totum tenet a dicto domino rege Anglie in feodum inmediate, exceptis tribus estironibus quos tenet a Bonefacio de Cunhac, in loco vocato Aspetecul, cum .xv. d. Burdeg., et exceptis terris quas tenet a Petro Delluin et suis parciariis in diversis locis, in parochia de Bernos, cum .xviij. d. Burdeg., et excepta terra quam tenet in feodum ab hospitali de Bauladz, in loco vocato A la Trenessia, cum .vj. d. Burdeg., et exceptis .xij. arregiis terre seu sulcis, quas tenet a Gaillardo de Bernos, cum .iiij. d. Burdeg. in feodo.

[19] *Adhuc in prepositura Vasatensi.* — Guillelmus et Johannes de Labad et Arnaldus de Labad, clericus, frater eorum, debent dicto domino regi Anglie .iij. sol., videlicet quilibet eorum .xij. d., pro omni eo quod habent; quod totum tenent a dicto domino rege, exceptis .iiij. jurnalibus terre que dictus Guillelmus tenet ab hospitali de Bauladz in dicta parochia de Bernos, cum .xij. sol. Burdeg.; et excepta dimidia quartalada terre quam dictus Johannes del Abbad tenet ab Amaneo de Noalhano, in parochia de Linhan, cum .xiij. d. Burdeg.

[20] Arnaldus de Cassenes debet .xviij. d. pro omni eo quod habet; et tenet totum a dicto domino rege, excepto casali de La Serre cum suis pertinenciis, quod tenet a Petro de Ladils et Arnaldo de Ladils cum .xviij .d. Burdeg.; et exceptis .x. arregiis terre que sunt infra corigiam de Ladils, quas tenet a Menaldo de Turre[3], cum .iiij. d. Burdeg.

[21] Guillelmus de Cassenes, nepos dicti Arnaldi, debet .xviij. d., et tenet quicquid habet a dicto domino rege in feodum inmediate.

[22] Doatus de Cassenes debet .vij. d., et Guillelmus de Cassenes, suus nepos, .iij. .sol. .ix. d.; et tenent in feodum inmediate a dicto domino rege quicquid habent, exceptis .xij. estironibus terre quos tenent a Menaldo de Bernos, presbitero, in ipsa parochia de Bernos, ubi vocatur Al Cassones, cum .iij. d. Burdeg. in feodum, et exceptis .iiij. estironibus[4] terre et vinee, sicut sunt inter terram de feodo de Folsinanno, ex una parte, et casili[5] de La Via, ex altera, et novem arregiis terre in loco vocato Al Cassons; quod dictus W. totum tenet a Menaldo de Bernos cum .xij. s. Burdeg. de feodo.

[23] Vitalis de Prato debet tres solidos, et tenet in feodum inmediate a dicto domino rege quicquid habet, exceptis tribus jurnalibus terre, que[6] tenet a Petro de La Roqua, in loco vocato A la Place dels Feus, cum .xviij. d. Burdeg. de feodo.

[24] Reymundus de Cassones debet .ij. .sol. .vij. d., obolum, et Ffortis de Cassones .xiij. d., obolum, hoc salvo quod, quando Johannes, eorum frater, responde[bi]t cum eis et recipiet suam partem, persolvet similiter partem sibi contingen-

---

[1] Ms. *arregiis consulas.* — [2] Ms. *sulcas.* — [3] Ms. *Turri.* — [4] Ms. *esterionibus.* — [5] Ms. *casilie* — [6] Ms. *quos.*

tem de predictis deveriis. Et tenent ipsi, Reymundus et Fortis, in feodum inmediate a domino rege Anglie quicquid habent, excepta (*fol. 56 v*) una pecia saltuum seu lande quam tenet a Bernardo de Montegoudi, in loco vocato Arroigorsa, cum .iiij. sol. Burdeg. de feodo, [et] excepto uno jurnali terre quod est a La Corege de Ladils, quod tenet a Bertrando de Ladils et a suis parciariis, cum .viiij .d. Burdeg., et exceptis tribus estironibus terre qui [1] sunt supra dictam correge de Ladils, quos ipse Reymundus et Menaldus, suus consanguineus, tenent a Gaylardo et ab Arnaldo de Ladils, fratribus, cum octo denariis Burdeg., et excepto uno jornali terre quod ipsi Reymundus et Ffortis, fratres, et dictus Menaldus, eorum consanguineus, tenent a Petro de Ladils in loco vocato Al Sazalham, cum .ij. d. Burdeg., et duobus jornalibus terre que [2] ipsi R. et F. et Menaldus tenent a Thoma de Vinhas in loco vocato Cassenes, cum .ij. .sol., .vj. Burdeg., et .xij. estironibus terre quos ipsi tenent ab Arnaldo Escuder, presbitero, in loco dicto Al Cassenes, cum .iij. d. Burdeg., et exceptis saltibus seu landis que ipsi tenent in feodum a Jordano del Artiga et a suis parciariis, prope le Montellus de Bernos, cum .vj. d. Burdeg.; item, exceptis .xv. jornalibus terre cum pertinenciis, que dictus Reymundus de Cassenes, cum suis parciariis, tenet a nobili domina Constancia in feodum, in parochia de Bernos de ultra Syronem, cum .ij. solidis Burdeg. de feodo.

[25] Guillelmus de La Via debet .xviij. d. et Vitalis de La Via, suus nepos, .xviij. d.; et tenent in feodum inmediate a domino rege Anglie quicquid habent, excepta terra quam tenent ab ecclesia Sancti Johannis de Vasato, in loco vocato A La Hoscirciora, cum .xviij. d. Burdeg., de feodo et landa quam tenent similiter a Bernardo de Montecogud., in loco Arrogorsa, cum .iiij. s. Burdeg.

[26] Menaldus de Cassenes debet dicto domino regi .ij .sol. .iij. d., et tenet in feodum inmediate ab eo quicquid habet.

[27] *Adhuc in prepositura Vasatensi.* — Menaldus de Bernos debet dicto domino regi .ij. sol.; et tenet in feodum inmediate ab eo quicquid habet, exceptis vinea et terra quas habet prope molendinum Petri de Bernos; et tenet ab eo in feodum .ij. sol. Burdeg.

[28] Item, dixerunt dicti procuratores quod, ad solvendum predictos .l. solidos feodi quos proxime nominati francales debebant, ipse Johannes de Bernos, presbiter, et unus de procuratoribus supradictis, ipse et sui fratres, et Reymundus de Bernos, eorum consanguineus, et eorum nepotes, Reymundus de Bernos, presbiter, et sui fratres, [debent] solvere .xij. d. feodi, in predicto termino, pro parte quam [3] tenebant in affario de Labarica, citra Sironem, et pro parte quam tenebant in molendino de Labarie, sicut est illud de Barriaca, inter terram hominum de Bernos, ex omnibus partibus, et ultra Syronem, sicut est inter terram hominum de Casseux, ex una parte, et terram Sancte Marie, ex altera. Item, et pro terra quam tenet al Bariac, inter terram hominum de Cassenes, ex una parte, et terram ejusdem Johannis de Bernos, presbiteri, et fratrum suorum, ex altera, cum omnibus pertinenciis earumdem terrarum, sine omni alio deverio, quod non debebant inde facere alicui preter dictos .xij. denarios, persolvendos in termino supradicto.

[29] Item, Gayllardus Sabaterii debebat similiter .xij. d. de feodo pro terris quas tenebat in loco vocato Al Sostar, in parochia predicta de Bernos. Item, Guillelmus de Truch., filius Sancii qui fuit, debet similiter .vj. d. de feodo solvere in predicto termino (*fol. 57*) pro sex jurnalibus terre quos habet et tenet in parochia de Bernos supradicta. Ita enim et in hunc modum sepefati Johannes de Bernos, presbiter, Vitalis de La Serre, Aprilis de Greville et Petrus de Via Molara, procuratores pro se ipsis, suo nomine proprio, et pro aliis, procuratorio nomine, recognoverunt et concesserunt quod omnes persone superius nominate erant francales memorati domini regis Anglie, et tenebant et eorum antecessores tenuerunt ab eodem et a suis antecessoribus in feodum inmediate omnia supradicta feoda et quicquid habent in parochia predicta de Bernos, et in parochiis de Cozos et de Taleyzon, exceptis feodis superius

---

[1] Ms. *que.* — [2] Ms. *quos.* — [3] Ms. *cum pertin.* (avec une abréviation) *quam.*

exceptatis. Et debebant ipsi francales omnes predicta deveria pro eisdem feodis, ut superius est expressum. Testes predicti.

247 (210 *bis*). *19 mars 1274.* — *Reconnaissance de Pierre de Montaner, de Pierre de Laguer et de Pierre de Cabanes, procureurs agissant au nom d'hommes francs du roi dans les paroisses de Pompéjac, de Taleyson, d'Escaudes et de Bernos* [1].

[1] *Adhuc census in prepositura Vasatensi.* — Item, eodem die, Petrus de Montaner, Petrus del Laguar et Petrus de Cabanes, procuratores hominum de parochiis infrascriptis, videlicet : Johannis de Mames [2], W. Arnaldi de Mames, pro se et fratre suo, W. de Monteneyr, R. Arnaldi de Mames, W. de Mames, Arnaldi de Mames, Vitalis de Mames, et alterius Arnaldi de Mames, et alterius Petri de Mames [3], in parochia Sancti Saturnini de Pompegiac; item, Johannis de Comed et alterius Johannis de Comed, et Arnaldi de Comed, Guillelmi de Lugnac, Gilberti de Bronac [4], pro se et Bernardo de Brenac et Bernardo de Brenac, suo consanguineo, et Arnaldi de Brenar, pro se et Johanne de Brenar, suo consanguineo, de parochia de Taloizane; item, Guillelmi de Cabanes et Guillelmi de Lugarossa, Fforcii de Lugarossa et Johannis de Lugarossa, de parochia de Capseus; item, Arnaldi de Lugbert, et alterius Arnaldi de Lugbert, et Petri de Lugbert, pro se et Petro, suo nepote, de parochia d'Escauzas; item, Arnaldi del Sauboar, pro se et Vitali de Sauboar, et pro Arnaldo de Laguazade, et pro Garcia de Laguazade, et pro Guillelmo de Laguazede de parochia de Bernos, ad hoc dati et constituti procuratores, prout dixerunt, et in quodam instrumento publico quod exhibuerunt et quod Bernardus de Rotura, tabellio, inquisivit, et Guillelmus [de] Lana, juratus, sub ipso scripsit, secundum ipsius instrumenti continenciam visum fuit contineri, jurati, recognoverunt spontanee et concesserunt quod omnes persone infra proximo nominate sunt homines francales domini regis Anglie et ducis Aquitanie illustrissimi; et tenent et sui antecessores tenuerunt ab antiquo in feodum inmediate ab eo et suis predecessoribus quicquid habent et tenent in parochia de Pombegiac, et in parochia de Taleyzon, sicut est totum inter parochiam de Bernos, ex una parte, et parochiam de Pissac, ex altera, et sicut itur de Las Viras Comtals, que sunt ultra Sironem, donec sursum parochiam de Marinbalt; nec aliquid tenent in feodum ab alio domino in dictis parochiis, preter inferius exceptata. Et debent ipsi francales, pro feodis que sic tenent a rege, triginta quatuor solidos Burdegalensium per particulas infra expressas [5] de illis viginti libris Burdeg. quas omnes francales Vasatenses debent solvere annuatim in festo beati Michaelis, vel in octabis, domino regi, vel suo preposito vel mandato. Et idem dominus rex, vel ejus prepositus Vasatensis pro eo, habet supra eos et exercet justiciam magnam et parvam; et debent eciam ipsi homines facere dicto domino regi vel suo senescallo obsequium exercitus, sicut villa de Vasato, et procurare bis in anno preposito Vasatensi, cum suis servientibus errantibus, seu cum quibus regit et ducit causas et negocia sue prepositure; item sacramentum fidelitatis preposito qui est ibi pro rege. Persone sunt (*fol.* 57 *v*) hee :

[2] Petrus de Monteneyr predictus, Guillelmus de Monteneir, sunt casati et habitantes in terra quam tenent a domino rege predicto, sicut assignatur inter ecclesiam de Pompegiac, ex una parte, et iter Molei, ex altera; et debent in partem solucionis predictorum .xxxiiij .s. de predictis .xx. libris, .v. solidos Burdeg. solvere annuatim, in termino et personis predictis, jus, excercitum', suam partem dictarum duarum procuracionum seu albergatarum, et sacramentum fidelitatis, ut superius est expressum; nec aliquid tenent ab aliquo, excepto uno jurnali terre quod idem Petrus tenet fivaliter a Petro de Casted Lebeire, in parochia de Marinbald [6].

[3] Guillelmus Arnaldi de Mames est similiter

---

[1] *Anal. Arch. histor. Gir.*, t. V, p. 256. — [2] Ms. *Marnes*, mais voir plus bas, § 3. — [3] Le premier Pierre de Mames a été omis par le copiste. — [4] Le copiste a écrit ce mot successivement *Bronac*, *Brenac* et *Brenar*. — [5] Ms. *expn.*, avec un signe d'abréviation. Le mot *expressas* est écrit en toutes lettres au § 10. — [6] Ms. *Makinbald*.

casatus in terra regis, a quo ipse tenet, ut supra, quicquid habet in parochiis de Pompegiac [1] et de Taleyson, excepto uno jurnali terre quod tenet ab ecclesia de Pompegiac, et debet inde, in partem solucionis predictorum .xxxiiij. solidorum, .vj. denarios Burdegalenses solvere, termino et personis predictis. Debet jus, exercitum, suam partem dictarum procuracionum et sacramentum, ut superius est jam dictum.

[4] Petrus de Mames et Johannes, frater ejus, tenent a dicto domino rege in feodum immediate quicquid habent in dictis parochiis de Pompegiac et de Taleyzon [2]; et debent pro eo, in partem solucionis dictorum .xxxiiij. s., .xx. d. solvere, termino et personis predictis, jus, exercitum, suam partem dictarum procuracionum et sacramentum, sicut est supradictum.

[5] *Adhuc census in prepositura Vasatensi.* — Guillelmus de Mames tenet a dicto domino rege quicquid habet in dictis parochiis de Pompegiac et de Taleyson, excepto usque ad .xij. jurnalia terre que ipse et Arnaldus de Mames tenent ab Arnaldo de Ladils et Amaneo de Noalhan in parochia de Taleyson; pro quo feodo quod sic tenet a rege debet ci, in partem solucionis .xxxiiij. solidorum, .iij. sol., .ij. d. Burdeg. solvere, termino et personis predictis, jus, exercitum, suam partem procuracionum et sacramentum, sicut est supradictum. Debet preterea [3] dicto domino regi et eodem termino solvere annuatim .xij. d. de feodo pro hiis que tenet ab ipso.

[6] Arnaldus de Mames est casatus in terra dicti domini regis et tenet ab eo quicquid habet in parochiis [4] de Pompegiac et de Taleyson, usque ad .xij. jurnalia que ipse et Willelmus de Mames tenent ab Arnaldo de Ladils et Amaneo de Noalhan, ut in precedenti exposicione continetur; et debet regi, in partem solucionis dictorum .xxxiiij. solidorum, .iij. s., .ii. d. solvere, termino et personis predictis, jus, exercitum, suam partem dictarum duarum procuracionum et sacramentum, sicut est supradictum. Item, debet eidem in eodem termino solvere .xij. d. Burdeg. in feodum pro terris quas tenet ab ipso ibidem.

[7] Arnaldus de Lugbert [5], qui vocatur de Mames, tenet a dicto domino rege in feodum inmediate quicquid habet in parochiis de Pompegiac et de Taleyson predictis, et debet inde, [in] partem solucionis dictorum .xxxiiij. solidorum, .iiij. d. solvere, termino et personis predictis, jus, exercitum, suam partem procuracionum et sacramentum, sicut est supradictum.

[8] Vitalis de Lugbert est casatus in terra quam tenet a dicto domino rege, et tenet (*fol. 58*) ab eo quicquid habet in parochiis de Pompegiac et de Taleyson; et debet inde .ij. solidos solvere, termino et personis supradictis, jus, exercitum, suam partem procuracionum et sacramentum, sicut est supradictum.

[9] Arnaldus de Mames est casatus super terram quam tenet a dicto domino rege, et tenet ab eo quicquid habet in dictis parochiis de Pompegiac et de Taleyson, exceptis feodis que tenet a Ffortrat d'Agun et a suis parciariis et a Johanne Comet; et debet dicto domino regi, pro eo quod tenet ab eo, in partem solucionis dictorum .xxxiiij. solidorum, .ij. d. solvere, termino et personis predictis, jus, exercitum, suam partem duarum procuracionum, et sacramentum, sicut est supradictum. Preter hec, debet idem Arnaldus domino regi, dicto termino annuatim, .j. d. de feodo.

[10] Petrus de Mames est casatus super terram quam tenet a dicto domino rege, et tenet ab eo quicquid habet in dictis parochiis de Pompegiac et de Taleyson; et debet inde, in partem solucionis dictorum. xxxiiij. solidorum, .ij. d. solvere, termino et personis predictis, jus, exercitum, suam partem procuracionum predictarum et sacramentum, sicut est supradictum. Preter hec, debet eidem domino regi, in eodem termino, .j. d. de feodo. Insuper, predicti procuratores recognoverant spontanee et concesserunt quod omnes persone infra proximo nominate sunt homines francales dicti domini regis, et tenent ab eo in feodum inme-

---

[1] Ms. *Pongeiac.* — [2] Ms. *Tantaleyzon.* — [3] Ms. *paroch.*, ce qui ne donne aucun sens. — [4] Ms. *parochia*; de même treize lignes plus bas. — [5] Ms. *Amou de Lugbert*, mais voir plus haut, § 1.

diate quicquid habent in parochia Sancti Petri de Taleyson, exceptis que excipiuntur; et debent, pro ipsis feodis que sic tenent ab eodem domino rege, .xxvj. s. per particulas infra expressas, de illis viginti libris Burdegalensium quas[1] omnes francales debent solvere annuatim in festo sancti Michaelis, vel in octabis, dicto domino regi, vel suo preposito. Et ipse dominus rex habet supra eos magnam justiciam et parvam. Debent eciam eidem domino exercitum, et procurare bis in anno prepositum Vasatensem cum suis servientibus, et eidem facere sacramentum fidelitatis, sicut est de aliis supradictum et sequitur.

[11] Petrus de Laguar predictus, Garçonnus de Laguar et Guillelmus de Laguar sunt casati super terras quas tenent a dicto domino rege in feodum inmediate, et tenent ab eo quicquid habent in parochia de Taleyson supradicta, inter domum de Montanhey, ex una parte, et vadum de Gualampeze et domum Draconi de Mames, ex altera, et quicquid habent in ipsa parochia, exceptis feodis que dictus Petrus tenet a Raymundo de Morlanis, et hiis que dictus Garcionus tenet ab eodem Raymundo; item, ab Arnaldo Bernardi de Pansac et ab hominibus de Cazenx; et exceptis hiis que dictus W. tenet a dicto rege Morlanis et ab hominibus de Casenx, pro eo quod tenent a rege. Debent ei dictus Petrus, .xxj. d., dictus Garcionus .xxj. d. et dictus W. .iij. s. .vj. d. solvere annuatim, in termino et personis predictis, jus, exercitum, suam partem procuracionum et sacramentum fidelitatis, sicut est de aliis supradictum.

[12] Guillelmus del Brenar, Bernardus del Brenar, Arnaldus del Brenar et Johannes del Brenar sunt casati super terras quas tenent a dicto domino rege in feodum inmediate; et tenent ab eo quicquid habent inter domum Petri de La Cosane, ex una parte, et vadum de Gualempeze, ex altera, vel alibi, in parochia de Talayson (fol. 58 v), exceptis feodis que dictus W. tenet a Petro de Pessac et ab Arnaldo Bernardo de Pessac et a Guillelmo et ab Arnaldo de Mames; exceptis que dicti Bernardus et Arnaldus tenent in feodum a Petro de Pessac, et exceptis que dictus Johannes tenet ab eodem Petro de Pissac et R. Barbe; et debent, pro hiis que tenent a rege, dictus Willelmus .ij. sol., .vij. d., obolum, et dicti Bernardus, Arnaldus et Johannes del Brenar, quilibet eorum, .xvij. d., obolum Burdeg. solvere annuatim, in termino et personis predictis, jus, exercitum, suam partem dictarum duarum procuracionum, sacramentum fidelitatis, sicut est de aliis francalibus supradictum.

[13] Johannes Comed et alter Johannes Comed sunt casati super terras quas tenent a dicto domino rege in feodum inmediate. Et tenent ab eo quicquid habent de divisis comitalibus[2] et de ultra Sironem, donec ad parochias de Marimbad, de Pissac et de Bernos, vel alibi in parochia de Talayson[3]; exceptis feodis que tenent a Gailardo de Podio et a Petro de Ladils et a Bernone de Algas; et debent pro hiis que sic tenent a domino rege dictus Johannes .iij. sol., dictus Arnaldus .iij. sol., vj. d., et alius Johannes predictus .v. sol., .iij. d. Burdeg. solvere annuatim, in termino et personis predictis, jus, exercitum, suam partem dictarum procuracionum et sacramentum fidelitatis, sicut est de aliis francalibus supradictum.

[14] *Adhuc census in prepositura Vasatensi.* — Item, predicti procuratores recognoverunt spontance et concesserunt quod in parochia Sancti Martini de Capseus erant due estagie, videlicet de Cabanes et de Lugaiossa; in parochia Sancte Marie d'Escauzes una stagia vocata de Lugbert; in parochia Sancte Marie de Bernos, due, videlicet stagia Del Saboar et de Lagaaded.; et hee quinque stagie cum pertinenciis tenebantur a domino rege Anglie in feodum inmediate; et homines habitantes ibidem erant homines francales ipsius domini regis, et debebant pro istis stagiis .xxvj. solidos, de .xx. libris quas francales Vasatenses debent solvere annuatim dicto domino regi, vel suo preposito. Erant de justicia magna et parva. Debebant eidem exercitum et procurare bis in anno prepositum Vasatensem cum suis servientibus, et sacramentum fidelitatis, sicut est de aliis francalibus supradictum. De .xxvj. solidis predictis,

---

[1] Ms. *quos.* — [2] Comp. au § 1 : *las Viras comtals.* — [3] Ms. *Taylayston.*

debent solvere Petrus de Cabanes predictus .ij. sol. Burdeg., et Guillelmus de Lugaiossa .ij. sol. pro stagia de Cabanes, Gaylardus de Lugaiossera .ij. sol., Fortis de Lugaiossa .ij. sol., et Willelmus de Lugaiossa .ij. sol. pro stagia de Lugaiossa, Arnaldus de Lugbert .xviij. d., Petrus de Lugbert .xviij. d., Arnaldus de Lugbert .xviij. d., et alius Petrus de Lugbert .xviij. d. pro stagia de Lugbert, Arnaldus de Sauboar .iiij. sol., et Vitalis de Saboar .ij. sol. pro stagia de Saboar, Arnaldus de Laguaded .xij. d., Willelmus de Laguaded et Garcias de Laguaded .ij. sol. pro stagia de Laguaded. Et quilibet eorum hominum debet facere et recipere jus in manu dicti domini regis et sui prepositi, exercitum et suam partem procuracionum predictarum, et facere sacramentum predictum. Nec ab aliquo vivente tenebant aliquid, nisi ab ipso domino rege, exceptis .x. estironibus terre quos Arnaldus et Vitalis de Sauboar tenent ab Amaneo de Moysiaco in parochia de Bernos, in loco vocato Abtenblador., cum .iii. d. Burdeg., et exceptis .xii. jurnalibus terre quos dictus Gaylhardus de Lugaiossa et Fortis et Willelmus, sui filii, tenent a domo de Arcumalo, in duobus locis in parochia de Capseus, in loco vocato A Lagaiossera, cum .vj. d. Burdeg. de feodo, quolibet anno, in festo sancti Martini, et exceptis .vij. estironibus terre quos dictus Petrus de Cabanes tenet a domino W. de Cabanes, cum .iiij. d. Burdeg. (*fol. 59*) de feodo. Ita enim et in hunc modum predictus Petrus de Montanear, Petrus de Laguar et Petrus de Cabanes pro se, suo nomine proprio, et pro omnibus personis dictarum parochiarum supranominatis, procuratorio nomine, recognoverunt eos[1] esse homines francales dicti domini regis, esse suos feodatarios et de predictis feodis teneri ad deveria, prout in hoc instrumento plenius continetur. Testes predicti.

248 (211). *19 mars 1274.* — *Reconnaissance d'Arnaud de Lacase, procureur, agissant au nom d'hommes francs du roi dans la paroisse de Cudos* [2].

Adhuc census in prepositura Vasatensi. — [1] Item, eadem die, Arnaldus de Casa, procurator homiuum parochie Sancti Johannis de Cuscis, videlicet: Menaldi de Sarciag, Bernardi Marted, Johannis de Casa, Garcie de Langlade, Guillelmi de Rival, Vitalis del Artigua, Guillelmi del Artigua, Guillelmi de Maures, Rixendi de Sarciag, Guillaunoni[3] de Langlade, Agnetis de Lapujade, Marquesie de Sarciag, pro Martha, matre sua, Guillelmi de Mauros, Arnaldi Amanevi et Willelmi[4], filii fratris, Vitalis de Casa, Reymundi de Casa, Guillelmi de Mauros, Johannis de Mauros[5], Geraldi de Mauros et Reymundi de Mauros, ad hoc datus et constitutus procurator, ut asseruit et in quodam instrumento quod exhibuit pro publico, et quod Bernardus de Rotura, tabellio, inquisivit et Guillelmus Lana, juratus, sub ipso scripsit, secundum continenciam ipsius instrumenti visum fuit contineri, juratus, recognovit spontanee et concessit quod omnes predicti, pro quibus ipse procur[abit] et proponet, sunt homines francales domini regis Anglie et ducis Aquitannie, et tenent ab eodem in feodum immediate terras et tenementa infrascripta, pro quibus debent ei, vel suo mandato, .xxx. sol. Burdeg. de illis .xx. libris quas omnes francales Vasatenses debent sibi solvere annuatim in festo beati Michaelis, vel infra octabas. Excipitur dominus Gillamotus del Anglade qui in hiis nichil debet solvere, quia est mandat[us] parochie. Debent cciam ipsi homines ipsi domino regi exercitum et bis procurare in anno suum prepositum Vasatensem cum suis servientibus, et jurare ei fidelitatem[6], et ipse eisdem predictis.

[2] Guillelmus de Mauros, Geraldus de Mauros et R. de Mauros tenent ab ipso domino rege in feodum immediate terram appellatam Le Sius, sicut est ubi vocatur Al Noguer Domenga, inter terram Johannis de Cabanac, ex una parte, et [terram] hominum de Casa, ex altera, et inter terram Arnaldi de Cabanac et viam vocatam La Gleyzera,

---

[1] Ms. *recognoverunt et eos*. — [2] Anal. *Arch. histor. Gir.*, t. V, p. 259. — [3] Appelé plus bas *Gillamotus*. — [4] Ms. *Guills* (avec une abréviation) *de Mauros, Arn. Amaneus et Wills* (avec une abréviation). — [5] Ms. *Guillelmus de Marnos, Johannes de Marnos*. — [6] Ms. *fedelitatem*.

inter terram de La Compre, sicut est inter dictam viam et inter terram Johannis de Cabanac, et inter terram Petri Guillelmi de Cabanac, et inter terram Arnaldi de Cabanac, inter terram de La Boirie, sicut est inter terram de Casa, et inter terram W. de Cabanac, et inter terram hominum de Mauros; item, terram vocatam Al Piczat, sicut est inter terram Petri Willelmi, de Cabanac, et inter terram hominum de Dron, et inter terram Arnaldi de Cabanac et viam vocatam A Viestube; item, terram de Viestube, sicut est inter terram hospitalis de Baulade et terram hominum d'Arriol et terram Petri de Casa. Et pro hiis feodis debent, de predictis .xxx. solidis., .ij. s. solvere annuatim, in termino et personis predictis, exercitum et suam partem procuracionum, et sacramentum, sicut est supradictum. Et sunt casati sub ipso rege in suis feodis antedictis (fol. 5g v).

[3] Dicti Arnaldus Amaneus et Guillelmus Amaneus, fratres, tenent similiter unam peciam terre a Buscos, sicut est inter terram Garcie de Larmal[1] et Johannis [de Larmal?] et inter terram Donati de Buscos; item, terra[m] que est inter terram ejusdem Donati de Buscos et viam ecclesie, et inter terram sanctuarii ecclesie; item, a La Sale, unam peciam terre, sicut est inter vineas dicti Garcie et Johannis de Laremal, et inter terram Petri Arnaldi de Pedio et inter terram Arnaldi de Claus; item, terram a La Coste, sicut est inter viam fontis et ecclesie, et inter terram Raimundi de Sarcias et terram Arnaldi de Claus. Et debent pro hiis feodis, de dictis .xxx. solidis, solvere .ij. s. annuatim, dictis termino et personis, et dicta deveria exercitus, in procuracionibus, sacramenti.

[4] *Adhuc in prepositura Vasatensi.* — Guillelmus et Galhardus et Johannes et Reymundus de Mauros[2] predicti, et Menaldus de Mauros tenent similiter casale de Mauros quod durat usque ad rivum del Dron et terram de Podio, et ascendit per La Geteyre usque ad terram d'Auzinhe et descendit per terram de Marques; item, terram a Pradihei, sicut est inter terram d'Auzinhou, collateralem terre Agnetis de La Pujade; item, .xx. regas terre a Lespiaub; item, unam peciam terre in prato d'Auzinhou, collateralem terre Widoti de La Taste; item, .iij. estirones terre a La Plasse; item, unam peciam terre al Perei de Bazed.; item, aliam peciam terre a Camalhou, sicut est inter terram Johannis de Casa et durat[3] a terra Reymundi de Prato usque ad rivum; item, .xviij. regas terre ibidem a Camalhou, inter terram Petri W. de Cabenac et terram Willelmi de Cabanag; item, unam peciam terre Absioguerreu, sicut est inter viam veterem de Camalhou et terram dicti W. de Cabanag; item, aliam peciam terre que ex omnibus suis partibus [est] inter terram hominum del Dron et terram de Cabanag; item, .xx. regas terre et quandam aliam peciam terre que est inter terram ipsorum hominum del Dron, ex omnibus partibus, et R. del Dron; item unam peciam terre al Sorbei de Cabanag, sicut est inter terram Petri Guillelmi de Cabanag et terram W.; item, .x. regas terre apud Cabanag, inter carreriam de Cabanag et terram Arnaldi de Cabanag; item, in platea de Cabanag, .x. regas terre inter terram dicti Petri W. et terram Arnaldi de La Case; item, aliam peciam terre ibidem, inter terram dicti Petri Guillelmi; item, ibidem, unam peciam terre que est inter terram Petri de Case et terram Willelmi de Mauros; item, in platea de Aurebat, unam peciam terre que est inter terram hominum de Case; item, ibidem, aliam peciam terre inter terram Arnaldi de Cabanag et terram Vitalis de Casa; item, aliam ibidem peciam terre que est inter terram dicti Arnaldi et terram hominum de Case; item, al Pizat, unam peciam terre que est inter terram dicti Arnaldi de Cabonag et terram hominum de Mauros; item, a Biesube, aliam peciam terre que est inter terram hominum d'Arriol et terram Petri Guillelmi de Cabenag et terram hominum de Casa; item, a Encal .x. regas terre que se tenent cum via publica. Et pro hiis feodis debent ipsi feodotarii, de dictis .xxx. solidis, solvere .iiij. s. annuatim, dictis termino et personis, s[c]ilicet dictus W. .xij. d., Menaldus .xij. d., Johannes .xij. d.,

---

[1] Nom écrit six lignes plus loin *Laremal*; comp. n° 247, § 14 : *domo de Arcumalo*. — [2] Ms, *Marcos*, trois fois. — [3] Ms. *ducat*.

Galhardus .vj. d. et Reymundus .vj. d. Et sunt omnes casati in dictis feodis, preter dictum Johannem. Debent eciam alia deveria predicta exercitus, in procuracionibus et sacramenti (*fol. 60*).

[5] Vitalis de Casa tenet similiter .iij. estirones terre apud Viesilve, inter terram de Marcos, et terram Johannis de Casa, et inter terram Arnaldi de Casa; item, tenet à La Forcade de Claus decem septem regas terre inter terram Petri W. de Cabanag et viam; item, alias .xvij. regas terre inter terram Petri W. et Johannis de Casa. Et debet proinde, de dictis .xxx. solidis, solvere .vj. d. annuatim in dicto termino et personis, et alia deveria predicta exercitus, in procuracionibus, et sacramenti.

[6] Reymundus de Casa tenet similiter in platea de Cabanag .xvij. regas terre inter terram Johannis de Casa et Vitalis de Casa; item, tenet apud Auriebad quindecim regas terre inter terram ipsius Arnaldi procuratoris et inter terram Dujonis de Casa, et debet proinde, [de] dictis .xxx. solidis, solvere .iij. d. annuatim, dictis termino et personis, et alia deveria predicta de exercitu, in procuracionibus et sacramenti.

[7] *Adhuc census in preposituva Vasatensi.* — Arnaldus de Casa tenet similiter apud Auriebad .v. regas terre inter terras Remundi et Vitalis de Casa et rivum; item, tenet infra casale suum .iij. estirones terre et .viij. regas; tamen domus in qua manet non est in dictis tribus estironibus nec in .viij. regis[1]; et debet pro hiis, de dictis .xxx. solidis, solvere .iij. d. annuatim, dictis[2] termino et personis, et alia deveria predicta exercitus, in procuracionibus et sacramenti.

[8] Dicti Bernardus de Marted et Menaldus de Sarciag, cum suis parcionariis, videlicet Guillelmo[3] de Sarciag, Martha, Rixendo[4] et Garcia de Veerr. et Guillelmo[5] de La Rivel, tenent similiter casale de Sarciag, cum terris cultis et incultis ad ipsum casale pertinentibus, quod est inter rivum de La Marthede, aliquibus terris interpositis, et inter terram Amauey de Mosiaco, domicelli, et inter terram hominum d'Alerera, et inter terram Sancti Johannis et Reymundi Marquesii. Item, tenet apud Bieuseube terram que est inter terram Petri de Casa, et inter terram hominum d'Arrios, et inter terram hominum de Marcos. Et est ipsa terra de pertinenciis dicti casali[s], excepta parte vince quam predictus Bernardus de Marted tenet ab alio domino. Et debent pro hiis, de dictis .xxx. solidis, solvere .xij. s. annuatim, dictis termino et personis, s[c]ilicet: Bernardus de Marted, nomine suo et uxoris sue, .vj. s., W. de Sarciag .xij. d., Menaldus .xij. d., Martha .xij. d., Rixendus .xij. d., Garcias de La Veyr .xij. d. et Guillelmus de Larquad .xij. d. Debent eciam alia deveria predicta exercitus, in procuracionibus et sacramenti.

[9] Idem Arnaldus de Casa et Johannes de Casa tenent similiter casale de Casa cum pertinenciis, sicut est inter casale del Anglade et viam publicam; et debet pro eo, de dictis .xxx. solidis, solvere .v. s. annuatim, termino et personis predictis; s[c]ilicet: Arnaldus .ij. s. .vj. d., et Johannes .ij. s. .vj. d. Debent eciam alia deveria predicta exercitus, in procuratione et sacramenti (*fol. 60 v*).

[10] Guillelmus del Anglade tenet similiter casale del Anglade, sicut est inter aliud casale del Anglade, quod tenetur et movet de Sancto Johanne, et inter casale Johannis de Casa, pro quo casali cum aliis terris cultis et incultis ad ipsum casale pertinentibus[6]; hiis exceptis que ab aliis dominis tenet. Ipse debet mandare pro negocio domini regis, vel mandati sui, apud Salviag unum hominem francalem et alium apud Artigam veterem, sicut[7] francales de Cuzos. Debet exercitum[8], nisi prepositus Vasatensis, vel mandatum suum, ipsum requirat ad aliud negocium faciendum. Debet suam partem in procuracionibus et sacramentum fidelitatis, ut de aliis jam est dictum.

[11] Vitalis de Artiga et Guillelmus, nepos suus, tenent similiter casale del Artigue, cum terris cultis et incultis pertinentibus ad ipsum casale quod est inter rivum de Artiga et inter padoentum et inter

---

[1] Ms. *regiis*. — [2] Ms. *dicto*. — [3] Ms. *Guillelmus*. — [4] Ms. *Rixenda*; mais voir à la fin de l'article. — [5] Ms. *Gills*, avec une abréviation. — [6] Phrase inachevée au manuscrit. — [7] Ms. *et*. — [8] Ms. *exercitus*.

viam communem, quadam landa interposita; et debent pro eo, de dictis .xxx. solidis, solvere annuatim .xj. s. per medium, termino et personis predictis. Debent eciam alia deveria predicta exercitus, in procuracionibus et sacramenti.

[12] Agnes de La Pujade tenet similiter casale deu Lug, sicut est inter terram d'Auzinham et viam communem; et debet pro eo, de dictis .xxx. solidis, solvere .ij. s. annuatim, termino et personis predictis, et alia deveria exercitus, et in procuracionibus, sacramenti.

[13] Vitalis de Larmal et Ffortis de Larmal, fratres, nichil tenent a domino rege; tamen debent solvere annuatim, termino et personis predictis, pro cabernio et amparantivo, .ij. s. monete Burdegalensis; pro quibus dominus rex, vel [1] mandatum suum, debet ipsos defendere ab omni injuria sui ipsius et aliorum qui eis vellent facere injuriam, molestiam vel gravamen; aliud deverium non habent.

[14] *Adhuc census in prepositura Vasatensi.* — Garcias de Larmal et Johannes de Larmal, fratres, nichil tenent a domino rege; tamen debent solvere annuatim .ij. s., sicut in proximo dictum est de aliis prenominatis. Ita enim et in hunc modum predictus Arnaldus de Casa, tam pro se quam pro aliis, procuratorio nomine, recognovit quod omnes prenominate persone erant francales dicti domini regis Anglie, et tenebant ab eo feoda predicta et sub deveriis supradictis que inde solebant facere et solvere, ei vel mandato suo, ut superius hoc plenius continetur. Testes predicti.

249 (212). *19 mars 1274.* — *Reconnaissance de plusieurs hommes francs du roi dans la paroisse de Maillas* [2].

Item, eodem die, Johannes de Comeres, procurator Arnaldi de Comeres, Bernardus de Comeres, Petrus de Comeres, pro se et Willelmo de Comeres, ad hoc datus et constitutus procurator, ut asseruit et in quodam instrumento quod exhibuit pro publico per Bernardum de Rotura, tabellionem, inquisito et per W. de Lana sub ipso juratum scripto, secundum ipsius instrumenti contineneciam visum [3] fuit contineri, juratus, recognovit spontanea et concessit quod ipse et Arnaldus de Comeres et alii prenominati sunt et debent esse homines francales domini regis Anglie et ducis Aquitannie, et tenent ab eo in feodum inmediate terras et tenementa sua in parochia Beate Marie de Malhas; pro quibus debent suo preposito Vasatensi, semel quolibet anno, exercitum [4], quando ipsum facit villa Vasatensis. Item, debent unam comestionem mandatam preposito Vasatensi pro domino rege, ad quam (*fol. 61*) comestionem idem prepositus potest venire et secum ducere de quatuor personis usque ad sex. Debent eciam mandare, ad mandatum domini, omnes alios de parochia supradicta. Testes predicti.

250 (213). *19 mars 1274.* — *Reconnaissance d'Arnaud Arroial, procureur agissant au nom de plusieurs hommes francs du roi dans la paroisse de Maillas* [5].

Item, eo[dem] die, Arnaldus Arroial, procurator Vitalis de Arrabaud, pro se et Arnaldo, suo nepote, Arnaldi Arabaud, Menoti d'Eychedanges, Willelmi [6] de Ychedrugol, Geraldi de Gui, Arnaldi de Gui, Johannis [7] de Prato, Vitalis de Gui, Gailhardi de Manteny, Petri del Ba et Johannis [8] d'Arroial, parochianorum Beate Marie de Malhans, Vasatensis [diocesis], ad hoc datus et constitutus, prout asseruit [et in quodam instrumento publico quod Bernardus de Rotura, tabellio, inquisivit] et Guillelmus [de] Lana, juratus sub ipso, scripsit, secundum continenciam ejusdem carte visum fuit contineri, juratus, recognovit spontanea et concessit quod ipse et omnes alii prenominati sunt et debent esse homines francales domini regis Anglie, nomine ducatus Aquitannie, et tenent in feodum inmediate stagias, domos, terras, vineas, possessiones, landas, nemora, padoentia, molinas, aquas, et jura et deveria universa que ipsi habent et possident in parochia predicta Beate Marie de Malhons, excepto quod Johannes de Prato et Ar-

---

[1] Ms. *et.* — [2] Anal. *Arch. histor. Gir.*, t. V, p. 261. — [3] Ms. *invisum.* — [4] Ms. *exercitus.* — [5] Anal. *Arch. histor. Gir.*, t. V, p. 261. — [6] Ms. *Wills* (avec un signe d'abréviation). — [7] *Johannes.* — [8] Ms. *Johannes.*

naldus de Gui et Geraldus de Gui tenent in feodo a priore de Capseus usque ad sex jurnalia terre, pro .iij. d. feodi annuatim, in festo beati Martini, in loco vocato vulgariter A Brurer; pro quibus omnibus ipse procurator et alii homines predicti debent dicto domino regi, vel ejus mandato, .xxiiij. s. Burdeg. [solvere] de illis viginti libris quas omnes francales Vasatenses debent sibi solvere annuatim in festo beati Michaelis, vel in octabis; de quibus .xxiiij. s. Vitalis d'Arrebut debet solvere .xxiij. d., Petrus del Ba alios .xxiij. d., et quilibet aliorum .xxij. d. Debent eciam facere dicto domino regi obsequium exercitus, quando cives Vasatenses eidem faciunt exercitum. Debent dare preposito domini regis in diocesi Vasatensi et servientibus cum ipso commorantibus duas procuraciones sive comestiones annuas, termino [predicto], et juramentum fidelitatis eidem preposito facere et prestare [et] pro omnibus mandatis fidejussores[1] dare eidem. Et idem prepositus potest et debet exercere altam et bassam justiciam in eosdem. Tenentur eciam ipsi homines dare mandato domini regis decimam frugum suarum in campis, et non aliarum rerum[2], excepto horum que tenent dicti Johannes et sui parciarii a priore de Capseus. Fuit facta feria .ij^a., .xiij. die in exitu Marcii[3]. Testes, etc.

251 (214). *19 mars 1274. — Reconnaissance d'Arnaud del Crenek, procureur, agissant au nom de divers habitants de la paroisse de Bernos*[4].

Item eodem die, Arnaldus del Crenek, procurator Vitalis de Camps, et W. del Crenek., parochianorum Beate Marie de Bernos, juratus, recognovit quod dictus W. del Crenek., et idem Arnaldus tenent in feodum immediate a domino rege Anglie terras in parochia predicta; pro quibus debent eidem annuatim, in festo sancti Michaelis, .xij. d. Burdeg. Item, dictus Vitalis et Willelmus de Camps tenebant similiter ab eodem terras in dicta parochia, pro quibus debebant similiter in dicto festo sancti Michaelis annuatim .xij. [d.]; exhibens idem procurator super hiis quoddam instrumentum pro publico inquisitum per B. de Rotura, tabellionem, et scriptum per W. de Lana, juratum sub ipso, secundum continenciam ipsius instrumenti, in quo[5] qualiter ipsi[6] constituebant procurare, et recognicio continebatur predicta. Testes predicti.

252 (215). *19 mars 1274. — Déclaration d'Arnaud Garcie de Sescas, chevalier, sur les droits et obligations dont les alleus et alleutiers sont tenus envers le roi d'Angleterre, en qualité de duc de Guyenne, dans le diocèse de Bazas*[7].

Item, eodem die, Arnaldus Garcias de Sescars, miles, requisitus et interrogatus super juribus (fol. 61 v) et deveriis que dominus rex Anglie, racione sui ducatus Aquitannie, habebat et debebat habere in allodiis et personis ea tenentibus in diocesi Vasatensi, in presencia domini Anesancii de Cavomonte, Arnaldi de Gironda, et plurium aliorum militum et domicellorum ac burgensium dicte diocesis, et de eorum voluntate, habito consilio cum prenotatis et aliis qui presentes erant, respondit et dixit quod omnes allodiarii, seu qui habebant allodia in dicta diocesi, debebant domino regi Anglie, si mandet campum seu bellum campestre, vel ei mandetur, inter portus et flumen Garonne[8], vel inter ipsum flumen Garonne et flumen Charentonne[9], vel suo castro obsesso, velit succurrere, omnes allodiarii debent, suis expensis, ad ipsum venire et cum eo esse per unum diem et exinde ad expensas ipsius regis, si eos velit retinere.

Item, debent pro ipsis allodiis ipsi allodiarii stare

---

[1] Ms. *fidejussoris*. — [2] Après *rerum*, le copiste a ajouté les mots *Testes predicti*, qui sont tout à fait hors de leur place. — [3] Ms. *.vj. die in exitu Marcii*. Cette date, qui correspond au lundi 26 mars de l'année 1274, est en contradiction avec les premiers mots de l'acte : «Item, eo[dem] die», qui obligent à remonter jusqu'au n° 196; or celui-ci, à la suite de beaucoup d'autres, porte la date «feria .ij^a., .xiij. die in exitu mensis Marcii», qui correspond au lundi 19 mars. — [4] Anal. Arch. histor. Gir., t. V, p. 261. Le nom du procureur est écrit une fois *Crenek* et deux fois *Crench*. — [5] Après *in quo*, il faut sous-entendre *continebatur*, qui est exprimé dans la proposition suivante. — [6] Ms. *ipse*. — [7] Anal. Arch. histor. Gir., t. V, p. 261. — [8] Ms. *Garconne* (deux fois). — [9] Ms. *Harenton*.

juri coram ipso domino rege et eorum subditi [1] coram eis qui habent justiciam altam et bassam. Testes predicti.

253 (216). Mardi 20 mars 1274. — *Reconnaissance de Baionesius de Moleras, agissant au nom de sa femme, Seguina, fille de feu R. de Florrac* [2].

Item, feria tercia, .xij. die in exitu mensis Marcii, Baionesius de Moleras, juratus, recognovit quod ipse pro Seguina [3], uxore sua, filia que fuit R. de Florrac, tenet cum suis parciariis in feodum inmediate ab illustri domino rege Anglie unum casale apud Bloder, quod casale vocatur Le Casau Seguret; et debet proinde annuatim dicto domino regi, vel suo mandato, portare apud Vasatum .xij. d. monete currentis Burdeg. et solvere in festo sancti Michaelis, vel in octabis. Item, tenet in allodium liberum medietatem domus sue in civitate Vasatensi; item, unam peciam vinee in loco vocato Apud Baubiet. Testes : Petrus Mangon, W. Amaneus, W. Garcie Andronis, Elia de Sancto Michaele et Poncius Amati, qui inde sacramentum recepit.

254 (217). 20 mars 1274. — *Reconnaissance de Bernard de Tyaros (Tivras?), chevalier* [4].

Item, eadem die, Bernardus de Tyaros, miles, juratus, recognovit quod ipse tenet ab illustri domino rege Anglie, etc. in feodum inmediate unam estagiam del Cadenh, del Caudanhet et de Labruteria, cum pertinenciis, et quicquid habet apud Pelagrua, nomine domine Beatricis, uxoris sue, pro quibus debet eidem unum par cirotecarum albarum in mutacione domini [5]. Testes predicti.

255 (218). 20 mars 1274. — *Reconnaissance de Raimond Barbe, procureur, agissant au nom de divers habitants de la paroisse de Taleyzon* [5].

Adhuc in prepositura Vasatensi. — Item, eodem die, Reymundus Barba, procurator Bernardi de Casanova, pro se et Johanna, uxore sua, et Arnaldi [7] de Talayson, Johannis [8] Arrostanch, Petri [9] de Talayson, pro se et W. de Talayson, cum suo consanguineo, et Petri [10] de Labat, parochianorum Sancti Petri de Talayson, ad hoc datus et constitutus procurator per eos, ut asseruit [et] in quadam carta quam exhibuit pro publica, quam Bernardus de Rotura, [tabellio, inquisivit et W. de Lana sub ipso scripsit] [11], secundum continenciam ejusdem carte [12] visum fuit contineri, juratus, recognovit spontanee et concessit quod predicti Arnaldus de Talayson et Lambreda, soror sua, uxor dicti Bernardi, debent dicto domino solvere annuatim, in festo sancti Michaelis, .vj. d. Burdeg. pro medietate molendini novi quam tenent ab eo in feodum inmediate in dicta parochia. Item, Petrus de Talayson debet dicto domino regi .iiij. d. Burdeg. pro se et W., suo consanguineo, solvere annuatim, dicto termino, [pro terra] de La Garpe et de La Lane que est in dicta parochia. Item, Johannes Arrostanch debet eidem domino regi .ij. d. Burdeg. solvere annuatim, dicto domino et termino, pro terra Carpe, que est in eadem parochia [13]. Petrus de Labat debet similiter eidem domino regi .iiij. d. Burdeg. solvere annuatim *(fol. 62)*, dicto termino, pro terra quam tenet racione uxoris sue a dicto domino rege in feodum inmediate. Testes predicti.

256 (219). 20 mars 1274. — *Reconnaissance de Bertrand de Mons, chevalier* [14].

Bertrandus de Montibus, miles. — Item, eodem die, Bertrandus de Montibus, miles, juratus, recognovit spontanee et concessit quod ipse tenebat et debebat tenere, et antecessores sui tenebant in feodum inmediate ab illustri domino rege Anglie, etc., justiciam magnam et parvam Sancti

---

[1] Ms. *subditis*. — [2] Anal. Arch. histor. Gir., t. V, p. 262. — [3] Ms. *Seguini*. — [4] Anal. Arch. histor. Gir., t. V, p. 262. — [5] En marge : *W. de Tyharos .f. par cirotecarum de sporla*. — [6] Anal. Arch. histor. Gir., t. V, p. 262. — [7] Ms. *Arnaldo*. — [8] Ms. *Johannes*. — [9] Ms. *Petrus*. — [10] Ms. *Petrus*. — [11] Les mots entre crochets, nécessaires au sens, ont été suppléés sur le modèle du n° 249. — [12] Après *carte*, le scribe a ajouté *script*. — [13] Ms. *pro terra que est in eadem Carpe*. — [14] Anal. Arch. histor. Gir., t. V, p. 262.

Albini in Baianesio [1], cum terris et rebus aliis ac omnibus [2] que sunt in burgo et parochia predicta Sancti Albini. Item, tenebat et tenet similiter ab ipso domino rege dominium et omnes terras que habet in parochia de Montimadaled, excepto Lomopodi Veteri quod tenet a Guillelmo Reymundi de Sancto Desiderio, et justicia ecclesie ipsius de Mommadalet, quam tenet a Bernardo de Bovisvilla, domino de Limolio [3], et suis fratribus, et a domina Marquesia, uxore que fuit domini Gastonis de Gontaldo. Item, tenet ab eo quicquid habet in parochia de Cavare et Sancti Quintini et alibi, inter Drotum et Dordoniam, excepto quod habet in castro de Montibus quod tenet a domino Brageriaci. Et pro hiis omnibus feodis idem Bertrandus debet esse miles et homo dicti domini regis et facere jus coram ipso. Testes predicti.

257 (220). 20 mars 1274. — *Reconnaissance d'Étienne Cousin, prêtre.*

Stephanus Cosini. — Item, eodem die, Stephanus Cosini, presbiter, juratus, recognovit quod tenebat in feodum immediate a domino rege Anglie terram vocatam A La Brolia, in parochia de Monteacou, in Baianesio, inter terram et molendinum en La Fornaquia [4] que habet in honore de Racopine; pro quibus omnibus debet dicto domino regi .v. sol. de sporla in mutacione domini [5]. Testes predicti.

258 (221). 20 mars 1274. — *Reconnaissance d'Élie de «Scodacan», chevalier* [6].

Helias de Scodacan, miles. — Item, eodem die, Elias de Scodacan, miles, juratus, dixit [7] quod nichil tenebat nec debebat tenere in feodum immediate a domino rege Anglie; immo tenebat a Bernardo de Bovisvilla, domino de Limolio [8], et suis fratribus, et a domina Marquesia, uxore que fuit domini Gastonis de Gontaldo, quicquid ipse habebat apud Rocapinam et in honore, excepto feodo quod tenebat a Guillelmo R. de Sancto Desiderio, et quicquid habebat in Baianensi; pro quibus omnibus erat eorum miles et debebat eis unam lanceam de acapte. Testes predicti.

259 (222). 20 mars 1274. — *Reconnaissance de Bernard de Lagupie, chevalier* [9].

Bernardus de Gupia, miles. — Item, eodem die, Bernardus de Gupia, miles, juratus, recognovit quod tenebat in feodum immediate a domino rege Anglie quicquid habet in parochia d'Artru, in parochia de Bellopodio et in parochia Castelinovi, in parochia de Gelagupia, in parochia de Talhacavat et in parochia de Sybyrt, et quicquid habet sub ejus dominio, preter unam domum apud Sanctam Basiliam et unam vineam apud Bellumpodium; pro quibus omnibus debet ei facere unum militem excercitus quando fit exercitus ab aliis militibus Vasatensibus, cum suis parciariis, scilicet domina de Pinu, et Cantore de Gupia, et Petro de Gupia et sorore sua, Bernardo Hugonis, milite, et B. Hugonis, nepote suo, Vitali de Mas et aliis jornaleriis [10] qui debent facere partem eos contingentem in exercitu antedicto. Testes predicti.

260 (223). 20 mars 1274. — *Reconnaissance de Gérard de Cozoux* [11].

Gerardus de Cozoux. — Item, Geraldus de Cozoux, eodem die, juratus, recognovit quod tenebat in feodum (*fol. 62 v*) immediate a domino rege Anglie quicquid habet in castellariis et honore de Racopina; item, quicquid habet in ecclesia in Beanghas, scilicet unum quarterium dominii, et quicquid habet in eadem parochia, excepto quod habet apud Podium Montis et tenet a Bernardo de Bovisvilla, domino de Limolh, et suis parciariis. Item, tenet ab ipso domino rege quicquid habet inter Drotum [12] et Dordoniam, exceptis feodis que

---

[1] Ms. *Barssanesio*; mais voir les deux n°s suivants. — [2] Ms. *hominibus* (en abrégé). — [3] *Limosch.* — [4] Delpit a lu *Fornagera* et c'est sous cette forme que le mot a passé dans le *Dict. du dép. de la Dordogne* par le vicomte de Gourgues. — [5] En marge : *v. s. de sporla*. — [6] Anal. *Arch. histor. Gir.*, t. V, p. 263. — [7] Ms. *interdixit.* — [8] Ms. *Limols.* — [9] Anal. *Arch. histor. Gir.*, t. V, p. 263. — [10] Delpit a fait imprimer *tornaleriis*, qui donne un sens plus satisfaisant. — [11] Anal. *Arch. histor. Gir.*, t. V, p. 263. — [12] Ms. *Dracum.*

tenet a domino de Brageriaco⁽¹⁾ et a domino de Montisferand., in loco vocato Apud Podium Lecou, et excepto quod habet in honore de Cauzati; pro quibus omnibus que sic tenet a rege debet ei facere homagium et unam lanceam sporle⁽²⁾ in mutacione domini. Requisitus super allodiis, dixit se nullum habere. Testes predicti.

261 (224). 20 mars 1274. — *Reconnaissance d'habitants de Puyguilhem* ⁽³⁾.

Item, eodem die, Grimoardus de Pico, Augerius de Podio Acuto, Guillelmus de Clairac et W. de Clarage, pro se et aliis eorum parciariis, tradiderunt in scriptis quod talia erant deveria que debebant facere homines de Clarage et de Podio Acuto domino regi Anglie, de Podio Willelmi et honore : quando ipsum castrum de Podio Willelmi fuit destructum⁽⁴⁾, videlicet quando rex mandabat exercitum Aldeberto vel suo generi, idem Aldebertus, vel suum genus, mandabat⁽⁵⁾ .viij. de Clarigat vel de Podio Acuto, quod venient secum, quia rex mandaverat sibi exercitum; et tunc dominus trahebat tam de castro quam de honore exercitum; et unus burgensis ibat cum eis, qui faciebat eis missiones⁽⁶⁾ pro castro et honore quas gentes⁽⁷⁾ castri et honoris debebant persolvere. Postquam nunc ipsum castrum fuit destructum et tractatus habitus quod dictus Adelbertus escambiaret seu permutaret cum domina regina Anglie⁽⁸⁾ sua jura que habebat in dicto castro, et propter hoc dominus Ebulo de Montibus, dominus Johannes de Gralhi et abbas Sancti Ffremerii ad ipsum castrum venissent super dicto escambio, et ut dominus redigeret iocum in suum directum seu debitum statum, ipsi de Clairac et de Podio Acuto a domino rege Anglie obtinuerunt cum certis⁽⁹⁾ convencionibus quas dominus Ebulo et dominus Johannes ac abbas eis fecerunt pro domino rege,

quod dictum castrum non recedat⁽¹⁰⁾ usque de manu regis, et eos affranquiverunt in omnibus, et quitaverunt eorum pedagia et furnos. Testes predicti.

262 (225). 20 mars 1274. — *Reconnaissance de Pierre de Semela*⁽¹¹⁾.

Petrus de Semela. — Item, eodem die, Petrus de Semela, juratus, recognovit quod tenebat in feodum inmediate a domino rege Anglie affarium de Brunghag., cum pertinenciis; pro quo debet ei inde facere homagium ligium et fidelitatem juratam, et unam lanceam sporle in mutacione domini⁽¹²⁾. Testes predicti.

263 (226). 20 mars 1274. — *Reconnaissance d'Auger de Puchagut, chevalier.*

Augerius de Podio Acuto. — Item, eodem die, Augerus de Podio Acuto, miles, juratus, recognovit quod tenebat in feodum inmediate a domino rege Anglie quicquid habet apud Podium Willelmi et in honore, et se debere proinde facere predicto domino regi homagium ligium et fidelitatem juratam, et unum par cirothecarum albarum in mutacione domini. Testes predicti.

264 (227). 20 mars 1274. — *Reconnaissance de Grimoard du Pic.*

Item, Grimoardus⁽¹³⁾ de Pico, juratus, recognovit quod tenebat in feodum inmediate a domino rege Anglie quicquid habet apud Podium Guillelmi et in honore, et apud Clauexer, et se debere proinde facere dicto domino regi homagium ligium et fidelitatem (*fol. 63*) juratam, et .j. par cirotecarum albarum in mutacione domini⁽¹⁴⁾. Testes predicti.

265 (228). 20 mars 1274. — *Reconnaissance de Bertrand de Panisals*⁽¹⁵⁾.

⁽¹⁾ Ms. *Bornagiaco*. — ⁽²⁾ En marge : *j*ᵃ. *lancea sporle*. — ⁽³⁾ Publ. *Notices et Extraits des mss*, t. XIV, p. 381. — ⁽⁴⁾ Il y a peut-être une allusion à cet événement dans les *Rôles gascons*, t. 1, n° 3773. — ⁽⁵⁾ Ms. *mandabit*. — ⁽⁶⁾ Ms. *missionem*. — ⁽⁷⁾ Ms. *gens*. — ⁽⁸⁾ Aliénor de Provence, femme de Henri III; voir plus loin, n° 472. — ⁽⁹⁾ Ms. *domino regi Anglie cum certis*. — ⁽¹⁰⁾ Ms. *recedant*. — ⁽¹¹⁾ Anal. *Arch. histor. Gir.*, t. V, p. 264. — ⁽¹²⁾ En marge : *j*ᵃ. *lancea sporle*. — ⁽¹³⁾ Ms. *Grinoardus*. — ⁽¹⁴⁾ En marge : *j. par cirotecarum albarum*. — ⁽¹⁵⁾ Bertrand de Panisals est plusieurs fois mentionné dans les *Rôles gascons* (voir la table du t. III).

Bertrandus de Panisars. — Item, eodem die, Bertrandus de Panisars, pro se et fratribus suis, juratus, recognovit quod tenet a domino rege Anglie in feodum inmediate quicquid habet apud Podium Guillelmi et in pertinenciis, exceptis que tenet in parochia de Lesthac et de Hemvilla ab Arnaldo de Maurelhac; pro quibus que sic tenet a domino rege debet ei unum mensem castellanie, et jus facere et recipere coram eo. Testes predicti.

266 (229). *20 mars 1274*. — *Reconnaissance d'Élie de Beiville.*

Helias de Beivile. — Item, eodem die, Elias de Baivile, juratus, recognovit quod ipse et Willelmus, frater suus, tenent in feodum inmediate a domino rege Anglie feodum de Laboeria, cum .vj. s. obliarum quolibet anno et .vj. s. de acapte in mutacione domini [1], quos inde debent eidem. Item, tenent similiter ab eo in feodum de Lacassa Armadia cum .vj. solidis quos inde debent. Item, tenent ab eo .iij. solidos de firma de molino fabrili cum una quartonata terre; item, .ij. solidos, .ij. d. de pleidura castri Podii Willelmi; item, .ij. solidos de Lugac; item, .ij. solidos de una sexteriata terre apud Naugiac. Debent eciam pro hiis feodis .xiiij. solidos de acapte in mutacione domini. Insuper, dixit quod ipse Elias et frater suus predicti habebant in allodium liberum oblias et terras quas eorum pater et mater et ipsimet adquisierant, pro quibus recognoverunt quod debebant facere jus et recipere coram eo, et exnunc recepit in feodum inmediate ab ipso, cum uno [2] pari cirothecarum albarum quas pro sporla exinde reddere promisit in mutacione domini, et obsequium exercitus pro omnibus supradictis. Testes predicti.

267 (230). *20 mars 1274*. — *Reconnaissance d'Élie d'Escourron* [3].

Helias d'Escorro. — Item, eodem die, Elias d'Escorro, juratus, recognovit quod tenebat in feodum inmediate a domino rege Anglie quicquid habet apud Podium Willelmi et in honore, excepto manso Cornar et manso [4] Girardeno et casale de Mercadili et Filholia et pleidura castri de Podio Guillelmi; pro quibus, que tenet a dicto domino rege, debet ei facere fidelitatem juratam et unum mensem castellani, et quando alii; et debet [5] idem garentire R. Brasc et Heliam, fratrem suum, de eo. Debet eciam facere jus et recipere coram ipso. Requisitus idem Helias si tenebat aliquid in allodium libere, dixit quod non. Testes predicti.

268 (231). *20 mars 1274*. — *Reconnaissance de Bos de Rochefort* [6].

Bos de Rocaford. — Item, eodem die, Bos de Rocaford, juratus, recognovit quod ipse et frater suus tenebant in feodum inmediate a domino rege Anglie quicquid habeba[n]t apud Podium Guillelmi et in honore; et debebant ei inde facere fidelitatem juratam et jus facere et recipere coram eo. Requisitus si tenebat aliquid alibi in feodum vel in allodium liberum, dixit quod non. Testes predicti.

269 (232). *20 mars 1274*. — *Reconnaissance d'Isarn de Balenx* [7].

Sarnes de Balenx. — Item, eadem die, Sarnes de Balenx, miles, juratus, recognovit quod ipse et Americus de Biron tenebant et tenent in feodum inmediate a domino rege Anglie castrum de Montefferando, cum honore et pertinenciis, et quicquid habent apud Biron et in honore; pro quibus omnibus debent ei facere homagium ligium et fidelitatem juratam, et jus facere et recipere coram eo. Testes predicti (*fol. 63 v*).

270 (233). *20 mars 1274*. — *Reconnaissance de Guillaume de Beauville, damoiseau, seigneur en partie de Langon* [8].

Guillelmus de Bovisvilla, domicellus, et dominus de Lingonio. — Item, eodem die, Guillelmus de Bovisvilla, domicellus, dominus sue partis de Lengonio, juratus, dixit quod dominus Roge-

---

[1] En marge : *.vj. s. de acapte*. — [2] Ms. *una*. — [3] *Anal. Arch. histor. Gir.*, t. V, p. 264. — [4] Ms. *mansa*. — [5] Ms. *debent*. — [6] *Anal. Arch. histor. Gir.*, t. V, p. 265. — [7] *Anal. Arch. histor. Gir.*, t. V, p. 265. Isarn de Balenx est mentionné dans les *Rôles gascons* (voir la table du t. III). — [8] *Publ. Arch. histor. Gir.*, t. V, p. 265.

rus de Gaverreto, avus suus paternus[1], divisit cum domino Petro de Gavarreto, fratre suo, patre Bernardi de Bovisvilla, qui fuit, quod habebat apud Langonium, justiciam et pedagia et alia deveria que eis debentur apud Langonium vel in honore, et ipsi habebant vel habere debebant ibidem, in parochia Sancti Petri a Monte et in pertinenciis, et in parochia Sancti Lupercii et pertinenciis, salvo castellario Sancti Lupercii, quod dictus dominus Rogerus habuit ad suam partem, pro terris et rebus aliis quas[2] dominus Petrus pro eo tunc habuit in avantagium. Diviserunt eciam inter se et milicias, de quibus habuit dictus Rogerus solummodo duas, scilicet : unam Bertrandi de Ladils et aliam Arnaldi de Ladils; et dictus dominus Petrus habuit, sicut frater primogenitus, miliciam domini Amanei de Lebreto, domini Petri de Mota, Guillelmi Amanci de Pomeriis et Vigerii de Monzano; et de omnibus hiis debebant similiter unius militis exercitum domino regi Anglie, quem debebat facere Petrus de Gavarreto, pater Bernardi de Bovisvilla, qui fuit; qua particione facta pro avantagiis et terra quam pater ipsorum Petri et Rogeri habuit in Burd[egalesio], et per hanc divisionem post habuit totum dictus dominus Petrus racione patris ipsorum[3], fuit factum compromissum taliter, super terra eadem, cum esset in Burdegalesio, et terra ex parte patris, quod, si idem dominus Petrus de Gavarreto decederet sine herede masculo, quod ejus terra devolveretur ad dictum dominum Rogerum, suum fratrem, et ejus heredes; et, versa vice, quandocumque dominus Rogerus de Gavarreto, pater Petri de Gavarreto, patris ejusdem Guillelmi de Bovisvilla, moreretur sine herede, quod dominus Bernardus de Bovisvilla haberet terram ipsius, que fuerat dicti patris eorum in Burdegalesio. Unde dixit dictus W. de Bovisvilla quod dictus Bernardus de Bovisvilla, filius dicti domini Petri, fratris primogeniti dicti Rogeri, avi sui paterni, seu ejus locum tenens[4] in predictis, debet garentire ipsi Guillelmo eaque habet ipse et tenet de predictis. Que omnia recognovit se tenere in feodum inmediate a domino rege Anglie, et se debere proinde facere eidem fidelitatem juratam, et jus facere et recipere coram eo de homagio et sporla. Tamen dixit quod debebat cum garentire dictus Bernardus de Bovisvilla, dominus Sancti Macarii, seu successor ipsius B. de Bovisvilla, ut est dictum. Testes predicti.

271 (234). 20 mars 1274. — *Reconnaissance de Guillaume Amanieu, de Géraud Amanieu et d'Amanieu de La Barthe*[5].

Recognicio castri de Blogonio. — Item, eodem die, Guillelmus Amanei, Geraldus Amanevi et Amaneus de La Barta, jurati, recognoverunt quod tenebant, ipsi et eorum parciarii, in feodum inmediate a domino rege Anglie castrum de Blogonio, cum pertinenciis, et quicquid habebant in diocesi Vasatensi, exceptis que tenent inter Sanctam Basiliam et Marmandam a domino Sancte Basilie; et debent inde facere, ipsi una cum Doato Amaneo et Petro de Blogonio, eorum parciariis, unum homagium ligium, et fidelitatem juratam, et obsequium exercitus de uno milite. Testes predicti.

272 (235). 20 mars 1274. — *Reconnaissance de Raimond de Razac.*

Reymundus de Rosac. — Item, eodem die, Reymundus de Rosac, juratus, recognovit quod tenet in feodum inmediate a domino rege Anglie quicquid habet in parochia de Pertusio et de Listinac (*fol. 64*) et in honore Podii Guillelmi; et debet inde facere dicto domino regi fidelitatem juratam et jus coram eo, et unum par cirotecarum de sporla in mutacione domini. Testes predicti.

273 (236). 20 mars 1274. — *Reconnaissance de Pierre de Graulet, damoiseau.*

P. de La Gravelet, domicellus. — Item, eodem die, Petrus de La Gravelet, domicellus, juratus, recognovit quod tenet in feodum inmediate a domino rege Anglie quicquid habet apud castrum Podii Willelmi et in honore, excepto quod habet apud

---

[1] Ms. *paterno.* — [2] Ms. *que.* — [3] La phrase *qua particione... fuit factum* est incomplète. — [4] Ms. *tenent* (avec une abréviation). — [5] Les numéros 271-273 ont été analysés dans *Arch. histor. Gir.*, t. V, p. 266.

mansum Gerarding; et debet proinde facere domino regi fidelitatem juratam, et jus facere coram eo, et unum mensem castellanie, quando aliis castellanis mandatur. Testes predicti.

274 (237). 20 mars 1274. — *Reconnaissance de Pierre de Graulet, de Roquépine* [1].

P. *de Graulet de Racopina.* — Item, eodem die, Petrus de Graulet de Racopina, pro se et W., fratre suo, et Carbo de Somessac, jurati, recognoverunt quod tenent in feodum inmediate a domino rege Anglie, cum eorum parciariis, quicquid habent in parochia de Monhos, excepto quod habent mansum Gerardene, quod tenent a Grimoardo de Pico. Et debent, pro predictis que sic tenent a domino rege Anglie, eidem facere, alter de ipsis parciariis quem dominus rex preelegerit aut magis voluerit, homagium ligium et .xxx. sol. sporle, in mutacione domini [2], et ille qui homagium fecerit debet aliis suis comparciariis sua feoda garentire. Testes predicti.

275 (238). 20 mars 1274. — *Reconnaissance de Guillaume de Roquépine.*

W. *de Rocapina.* — Item, eodem die, W. de Rocapina, juratus, recognovit quod ipse, nomine uxoris sui filii, et que fuit Gauteri de Fferris, militis, tenet in feodum inmediate a domino rege Anglie quedam feoda apud Podium Willelmi et in honore; pro quibus debet eidem domino regi unum mensem castalanie in dicto castro, quando mandatur aliis castellanis. Item, idem W. recognovit quod ipse et W. Seguini, cum omnibus aliis Seguinenquis, debent pro hiis que habent apud Podium Willelmi et in honore alium mensem castalanie, in dicto castro, dicto domino regi seu domino Podii Willelmi. Testes predicti.

276 (239). 20 mars 1274. — *Reconnaissance d'Élie de Saint-Michel et de Guillaume de La Garrigue.*

Helias de Sancto Michaele. — Item, eodem die,

Elias de Sancto Michaele et W. de Lagarruga, jurati, recognoverunt quod ipsi tenent in feodum inmediate a domino rege Anglie quicquid habent apud Podium Willelmi et in honore, cum uno mense castalanie [3] quem inde habent facere domino regi, racione Podii Willelmi, et cum hoc mense debent suos subditos garentire. Excepit dictus W. quod non tenet a domino rege medietatem stagie de La Maganhia et unam enmeratam terre in parochia de Lestinhac. Debent eciam pro predictis facere domino regi fidelitatem juratam, et jus coram ipso. Testes predicti.

277 (240). 20 mars 1274. — *Reconnaissance des frères Guillaume et Arnaud de Maurillac.*

W. *et Arnaldus de Maurelhac.* — Item, eodem die, Guillelmus et Arnaldus de Maurelhac, fratres, jurati, recognoverunt quod tenent in feodum inmediate a domino rege Anglie quicquid habent in honore castri de Podio Willelmi; et debent inde facere unas cirotecas de sporla in mutacione domini [4], fidelitatem juratam, et jus facere et recipere coram eo. Testes predicti.

278 (241). 20 mars 1274. — *Reconnaissance de Gasque de Puy-Redon, au nom de son fils Arnaud, et de Guillaume de Monbos.*

Gasquenus de Podio Rotondo. — Item, eodem die, Gasquenus de Podio Rotondo, nomine Arnaldi, filii sui, et W. de Monbos, parciarius ejusdem Arnaldi, jurati, recognoverunt quod dicti Arnaldus et W. tenent in feodum inmediate (*fol. 64 v*) a domino rege Anglie quicquid habent in parochia de Mombos; et debent inde facere dicto domino regi, seu domino Podii Willelmi, unum mensem de castellania, quando alii castellani ipsum servicium faciunt, et unas cirotecas albas de sporla in mutacione domini [5], fidelitatem juratam, et jus facere et recipere coram eo. Testes predicti.

279 (242). 20 mars 1274. — *Reconnaissance de Hugues de Gavaudun.*

---

[1] Les numéros 274-279 ont été analysés dans *Arch. histor. Gir.*, t. V, p. 267. — [2] En marge : *xxx. s. sporl.* — [3] En marge : *j. mens. de sporle.* — [4] En marge : *j. par cirotec.* — [5] En marge : *j. par cirotecarum albarum de sporla.*

Hugo de Gavauduno. — Item, eodem die, Hugo de Gavauduno, juratus, recognovit quod ipse, nomine uxoris sue, tenet in feodum [1] inmediate a domino rege Anglie in honore Podii Willelmi; unde debet unum mensem castellanie. Item, tenet similiter in eodem honore, pro se ipso; unde debet unas cirotecas albas in mutacioue domini [2], et garentire Petrum de Caironel et Willelmum de Caironel; debet eciam ei [3] facere pro predictis fidelitatem juratam et jus coram ipso. Testes predicti.

280 (243). *20 mars 1274.* — *Reconnaissance d'Arnaud de Thénac, pour lui et pour ses frères* [4].

Arnaldus de Tenac. — Item, eodem die, Arnaldus de Tenac, juratus, recognovit quod ipse et fratres sui tenent in feodum inmediate a domino rege quicquid habent apud Podium Willelmi et in honore; et debent inde facere unum mensem castellanie, quando alii castellani faciunt illud servicium domino Podii Willelmi, et garentire Eliam Beneth et W. Guicard ex eo; debent eciam pro predictis fidelitatem juratam domino regi Anglie, et jus facere et recipere coram eo. Testes predicti.

281 (244). *20 mars 1274.* — *Reconnaissance de Séguin de Gardonne.*

Seguinus de Gardona. — Item, eodem die, Seguinus de Ga[r]dona, juratus, recognovit quod tenet in feodum inmediate a domino rege Anglie quicquid habet apud Podium Willelmi et in honore; et debet proinde facere dicto domino regi Anglie unas cirotecas de sporla in mutacione domini [5], fidelitatem juratam, et jus facere et recipere coram eo. Testes predicti.

282 (245). *20 mars 1274.* — *Reconnaissance d'Élie de Rocheford.*

Helias de Roquaford. — Item, eodem die, Helias de Roquaford, juratus, recognovit quod tenet in feodum inmediate a domino rege Anglie quicquid habet in honore sui castri de Podio Willelmi; et debet inde unum mensem castellanie, sicut alii milites ejusdem castri, et unam quarteriam avene, quolibet anno, fidelitatem juratam, et jus facere et recipere coram eo. Testes predicti.

283. (246). *20 mars 1274.* — *Reconnaissance de Guillaume Doat, fils de Monachus de Soumensac.*

W. Doati, filius Monachi de Somensac. — Item, eodem die, W. Doatus, filius Monachi de Somensac, procurator constitutus ab ipso coram preposito Podii Willelmi, ut [6] asseruit, juratus, recognovit quod pater suus et ejus nepotes tenent in feodum inmediate a domino rege Anglie quicquid habent apud Podium Willelmi et in honore, excepto [7] manso de Bressach; et debent proinde facere unum mensem castellanie, sicut alii milites in dicto castro, fidelitatem juratam, et jus facere et recipere. Testes predicti.

284 (247). *20 mars 1274.* — *Reconnaissance d'Arnaud Raimond d'Arroasta.*

Arnaldus Raimundi d'Arroasta. — Item, eodem die, Arnaldus R. d'Arroasta, juratus, recognovit quod tenet in feodum inmediate a dicto domino rege Anglie quicquid habet apud Podium Guillelmi et in honore, exceptis manso Maralhena et manso Scorreni; et debet inde dicto domino regi unum mensem castellanie, sicut alii milites in dicto castro, et .ix. solidos obliarum annuarum, et .vj. s. de acapte in mutacione domini [8], fidelitatem juratam, et jus facere et recipere coram eo. Testes predicti (*fol. 65*).

285 (248). *20 mars 1274.* — *Reconnaissance de R. de Rocheford.*

Item, eodem die, R. de Roquaford, juratus, recognovit quod tenet in feodum inmediate a domino rege Anglie boariam de Lausac, in parochia de Flaugiac; et debet proinde facere eidem pro do-

---

[1] Cette tenure n'a pas été autrement déterminée. — [2] En marge : *j. par cirotecarum sporle.* — [3] Ms. *eum.* — [4] Les numéros 280-285 ont été analysés dans *Arch. histor. Gir.*, t. V, p. 267-268. — [5] En marge : *j. par cirotecarum sporle.* — [6] Ms. *et.* — [7] Ms. *exceptis.* — [8] En marge : *.vj. s. de acapte.*

...mino de Podio Willelmi .ij. cirotecas albas de acapte in mutacione domini [1], fidelitatem juratam, et jus facere et recipere coram eo. Testes predicti.

286 (249). 20 mars 1274. — *Reconnaissance d'Auger Brocard* [2].

Augerus Brocard. — Item, eodem die, Augerus Brocard, juratus, recognovit quod ipse et Arnaldus Brocard tenent in feodum [3] inmediate a domino rege Anglie; unde debent eidem domino Podii Willelmi unum mensem castellanie, sicut alii milites ejusdem castri, et garentire Oliverum de Gardona de eo. Debent eciam fidelitatem juratam, et jus facere et recipere coram eo. Testes predicti.

287 (250). 20 mars 1274. — *Reconnaissance de Bertrand Pelagus.*

Bertrandus Pelagus. — Item, eodem die, Bertrandus Pelagus, juratus, recognovit quod tenet in feodum inmediate a domino rege Anglie duas pleiduras, seu localia domorum, pro quibus debet eidem unum mensem castellanie, sicut alii milites ejusdem castri de Podio Willelmi, fidelitatem juratam, et jus facere et recipere coram eo. Testes predicti.

288 (251). 20 mars 1274. — *Reconnaissance de R. Gausbert, prêtre.*

R. Gausbertus, presbiter. — Item, eodem die, R. Gausbertus, presbiter, recognovit quod tenet in feodum inmediate a domino rege Anglie quicquid habet in parochiis Sancte E[u]lalie, Sancti Sulpicii, Sancti Aviti [et] de La Roqueta, et pleiduras de Racopanota; pro quibus debet cum suis parciariis unum mensem castellanie, sicut alii milites in castro Podii Willelmi, fidelitatem juratam et jus facere et recipere coram eo. Testes predicti.

289 (252). 20 mars 1274. — *Reconnaissance d'Étienne Frahese.*

Stephanus Ffrahese. — Item, eodem die, Stephanus Ffrahese, juratus, recognovit quod tenet in feodum inmediate a domino rege Anglie quicquid habet in honore Podii Willelmi; et debet inde mensem unum castellanie eidem, pro domino de Podio Willelmi, sicut alii milites, fidelitatem juratam, et jus facere et recipere coram eo. Testes predicti.

290 (253). 20 mars 1274. — *Reconnaissance de R. de Monsac.*

R. de Monsac. — Item, eodem die, R. de Monsac, juratus, recognovit quod tenet in feodum inmediate a domino rege Anglie quicquid habet in parochia Sancte Eulalie et Sancti Sulpicii, in honore Podii Guillelmi; et debent proinde ipsi domino regi, racione sui dominii de Podio Willelmi, unum mensem castellanie, sicut alii milites ejusdem castri, fidelitatem juratam, et jus facere et recipere coram eo. Testes predicti.

291 (254). 20 mars 1274. — *Reconnaissance des obligations que les bourgeois de Bazas ont envers le roi* [4].

Deveria debita domino regi in villa Vasatensi. — Item, eodem die, Bertrandus de Ladils, Doatus de Pinibus, Arnaldus Guitarinus, Galhardus de Podio et Bernardus de Monte Coguto, R. Cosini et R. Marquesii, cives de Vasato, pro se et omnibus aliis civibus et habitatoribus ville ejusdem de Vasato, jurati, recognoverunt quod dominus rex Anglie habet ista deveria in villa Vasatensi [5] : (1) In primis, quando dominus rex venit apud Vasatum, omnes cives Vasatenses jurant ei fidelitatem et obedienciam, salvo jure Ecclesie; illud idem faciunt senescallo suo, quociens senescallus mutatur. Similiter et rex et senescallus jurant dictis civibus Vasatensibus quod sit bonus dominus eis, et teneat consuetudines, et custodiat eos de omni injuria, de se et aliis, pro posse suo. (2) Item, habet dominus rex exercitum in villa predicta, de qualibet domo unum hominem, ubi aliquis homo inhabitat. (3) Item, quando

---

[1] En marge : *j. par cirotecarum de acapte.* — [2] Les numéros 286 et 287 ont été analysés dans *Arch. histor. Gir.*, t. V, p. 268. — [3] Même observation qu'au numéro 279. — [4] Publ. *Notices et extraits des mss.*, t. XIV, p. 386. — [5] Les numéros des articles sont marqués dans la marge du manuscrit en chiffres romains.

placet domino regi vel senescallo suo, preconiza[n]tur in villa Vasatensi, per preconem ejusdem ville, ea que sibi placent preconizari. (4) Item, quando dissencio [1] est in villa Vasatensi vel terra Vasconie, consuevit rex vel senescallus (*fol. 65 v*) suus trahere obstagia; tamen dicunt quidam quod non de jure hoc sit in usu. (5) Item, quando dominus rex vel senescallus suus habet guerram cum aliquibus, juste vel injuste, potest intrare villam Vasatensem cum armis et sine armis, et ire et redire, et potest habere et tenere claves portarum ville et ponere ibi custodes suos de nocte et de die. (6) Item, de querelis vel gentis sue seu familie domus sue, tenentur cives Vasatenses coram ipso litigare et stare juri in diocesi Vasatensi vel Burdegalensi. (7) Item, si dominus rex, vel senescallus suus, facit cavalgatam, et cives Vasatenses sint [2] cum eo vel eciam in exercitu, si aliquis de dictis civibus capiat militem, debentur sibi dari .c. solidi Morlanorum et ipse reddere militem; si capiat domicellum, .l. sol. Morlanorum; si capiat burgensem, .xx. sol. Morlanorum; si capiat rusticum, .v. sol. Morlanorum; de [e]quo, sellam vel .x. sol. Morlanorum; de bobus, porcis, medietatem; asini et bestie minute sunt eorum qui capiunt eos [3]. (8) Item, ex quo cives Vasatenses sunt extra villam pro exercitu faciendo usque adventum eorum, rex et senescallus habent justiciam totaliter super ipsis. (9) Item, si dominus episcopus Vasatensis et capitulum, quando tenent justiciam, deficerent alicui de civibus in justicia facienda, tunc dominus rex vel senescallus debet eos mandare quod faciant justiciam et, si deficiant, tunc ipsi debent facere justiciam in hac causa. Testes : Arnaldus Garcias de Sescars, Reimundus Forti de Lados et Arnaldus Bernardi de Serris, milites, magister Arnaldus Guiscardi et magister Guillelmus Arnaldi de Caussenx et Poncius Amati qui instrumentum recepit.

292 (255). 20 mars 1274. — *Reconnaissance de dame Alapardis de Lergonhagias* [4].

Domina Alapardis de Lergonhagias. — Item, eodem die, domina Alapardis de Lergonhagias, jurata, recognovit quod tenet in feodum immediate a domino rege Anglie quicquid habet apud Podium Willelmi cum pertinenciis; et debet inde cum Ayd., suo parciario, unum mensem castellanie, quando alii qui debent illud servicium similiter illud faciunt. Testes : Walterus de Thanacher, castellanus de Regula, Petrus de Mangon, prepositus de Pelagrua, Bernardus de Pinibus de Regula, Augustus Cas, miles, et Galhardus de Podio Vasaten[sis].

293 (256). 20 mars 1274. — *Reconnaissance de Bertrand de Jusix, damoiseau.*

Bertrandus de Juzidz, domicellus. — Item, eodem die, Bertrandus de Juzidz, domicellus, juratus, recognovit quod tenet in feodum immediate a domino rege Anglie quicquid habet apud Milbanum; pro quibus debet eidem domino regi fidelitatem juratam et unam lanceam sporle in mutacione domini [5], et jus facere et recipere coram eo. Testes predicti, Gaiterus de Tancy.

294 (257). 20 mars 1274. — *Reconnaissance de Géraud de Jusix, chevalier.*

Geraldus de Juzidz, miles. — Item, Geraldus de Juzidz, miles, juratus, recognovit quod tenet in feodum immediate a domino rege Anglie quicquid habet apud Guilharegos, mota excepta; item, quicquid habet in Mirohaut et in parochia Sancti YHarii de Montegodi; et quod debet inde facere domino regi predicto fidelitatem juratam, et jus facere et recipere in manu sua, et unam lanceam sporle in mutacione domini [6]. Et hoc dixit similiter contineri in instrumento inde confecto per manum Petri Picardi de Regula. Protestatur tamen quod, si plura inveniantur esse debita in recognicione vel in deveriis, quod hoc non noceat. Testes predicti.

295 (258). 20 mars 1274. — *Reconnaissance de Raimond Furt de Lados, chevalier.*

Reymundus Furti de Lados, miles. — Item,

---

[1] Ms. *discensio*. — [2] Ms. *sine*. — [3] Ms. *ea*. — [4] Les numéros 292-297 ont été analysés dans *Arch. histor. Gir.*, t. V, p. 268. — [5] En marge : *j. lancea de sporle*. — [6] En marge : *j. lancea sporle*.

eodem die, R. Ffurti de Lados, miles, juratus, recognovit quod tenet in feodum immediate a domino rege Anglie quicquid habet apud Milhanum, et quod debet inde eidem facere homagium ligium, fidelitatem juratam et unas cirotecas sporle in mutacione domini[1], et jus coram ipso. Requisitus si tenebat aliquid in allodium liberum sub eo dominio, dixit quod sic : quicquid habet in parochia de Gaugiac. Testes predicti (*fol. 66*).

296 (259). *20 mars 1274.* — *Reconnaissance de Géraud de La Mothe, damoiseau*[2].

Geraldus de Mota, domicellus. — Item, eodem [die], Geraldus de Mota, domicellus, filius quondam Galhardi de Mota, juratus, recognovit quod tenet in feodum immediate a domino rege Anglie quicquid habet apud Castrum novum de Mames[3] et in honore, et in parochiis de Grescos et de Larliga, de Sancto Severino de Galada, de Heremo, de Bernos, de Cuzos, de Lautra[n]ge, Beate Marie de Roqua, Sancte Marie de Milhans; pro quibus omnibus debet eidem facere homagium ligium et fidelitatem juratam, jus coram eo, et, pro sporla, cum suis parciariis, .c. sol. Burdeg.[4]. Insuper, recognovit quod tenet similiter in feodum ab eodem quicquid habet [apud] Roquatalhada. Tamen dixit quod de deveriis[5] que non debentur Amaneus de Mota ipsum garentit et solvit ea pro se et pro ipso Geraldo, pro hiis que tenent ibidem. Testes predicti.

297 (260). *20 mars 1274.* — *Reconnaissance de Guillaume de Mesmes, chevalier.*

Item, Guillelmus de Mames, miles, juratus, recognovit quod tenet in feodum immediate a domino rege Anglie quicquid habet apud Castrum Novum, et in parochia d'Arriet et Debarsey; et pro hiis debet dicto domino regi homagium ligium et fidelitatem juratam, et jus facere et recipere coram eo, et pro sporla, cum suis parciariis, .c. sol. Burdeg.[6]. Insuper, recognovit quod tenet in feodum similiter ab eodem quicquid habet in diocesi Adburensi; pro quibus debet, cum suis parciariis, unum militem exercitus armatum perpuncto, gomone et lancea, coltello[7], clipeo et ense; vel [si] unus de parciariis ipsis sit miles vel domicellus, debet illud obseqnium facere personaliter et armatus dictis armis. Testes predicti.

298 (261). *20 mars 1274.* — *Reconnaissance de R. Garcie de Saint-Sauveur, damoiseau.*

R. Garcias de Sancto Salvatore. — Item, eodem die, R. Garcias de Sancto Salvatore, domicellus, juratus, recognovit quod tenet in feodum inmediate a domino rege Anglie quicquid habet, ipse cum suis parciariis, in parochia Sancti Salvatoris, excepto affario[8] de Artign. et excepta decima Sancti Salvatoris. Item, tenet similiter ab eodem domino rege quicquid [habet] in parochia de Fluguer., Sancti Petri de Fflaugiac., de Bernos, tenementa de Agu; item, quicquid habet in parochia de Marimbald et de Ussas del God et in parochia de Pessinhac, apud Rival et Ruffiac; item et affarium de Blogonio Veteri. Pro quibus omnibus debet dicto domino regi homagium ligium et fidelitatem juratam, et jus coram eo. Debet eciam, ipse cum suis parciariis, pro affario Sancti Salvatoris, .c. sol. Burdeg. de sporla[9]. Testes predicti.

299 (262). *20 mars 1274.* — *Reconnaissance de Jean Marquès.*

Johannes Marquesius. — Item, eodem die, Johannes Marquesius, juratus, recognovit quod ipse tenet in feodum inmediate a domino rege Anglie quicquid habet apud Agusan, apud Podium Ensenhac et Luganhac; et quod debet inde dicto domino regi .j. marbotinum auri in mutacione domini[10]. Requisitus si tenebat aliquid in allodium liberum, dixit sic, set quod noluit exprimere. Testes predicti.

---

[1] En marge : *.j. par cirotecarum de sporle.* — [2] Les numéros 296-299 ont été analysés dans *Arch. histor. Gir.*, t. V, p. 269. — [3] Ms. *Mamg.* — [4] En marge : *c. s. de sporla.* — [5] Ms. *dicta deveria.* — [6] En marge : *c. s. de sporla.* — [7] Ms. *catello.* — [8] Ms. *affarium.* — [9] En marge : *c. s. de sporla.* — [10] En marge : *.j. marabotinum auri de sporla.*

300 (263). *20 mars 1274. — Reconnaissance de Guillaume de Montprimblant, chevalier* [1].

G. de Monte Trepidanti, miles. — Item, eodem die, G. de Monte Trepidanti, miles, juratus, recognovit quod tenet in feodum inmediate a domino rege Anglie medietatem castri de Blauhac, et quicquid habet in honore de Beaza cum suis parciariis; et debent inde dicto domino regi homagium ligium et fidelitatem juratam, et jus facere et recipere coram eo, obsequium exercitus de .j. milite, .l. sol. sporle in mutacione domini [2]. Requisitus si tenebat aliquid in allodium sub dominio dicti domini regis, dixit quod non. Testes predicti (*fol. 66 v*).

301 (264). *20 mars 1274. — Reconnaissance d'Arnaud Garcie de Sescas, chevalier.*

Arnaldus Garc. de Sescars, miles. — Item, eodem die, Arnaldus Garcias de Sescars, miles, recepit in feodum inmediate a domino rege Anglie affaria [3] de Habaret, de Saless., de Samagia, cum pertinenciis predictorum locorum, excepto pedagio quod habet ibi et dixit se tenere a domino de Lebreto [4], que omnia affaria dixit quod tenuerat hactenus in allodium; et promisit quod, pro ipso feodo, exnunc facere[t] dicto domino regi homagium ligium, fidelitatem juratam, jus coram eo, et unas cirotecas albas de sporle in mutacione domini [5]. Testes [predicti].

302 (265). *20 mars 1274. — Reconnaissance de Bertrand de Sescas.*

Bertrandus de Sescars. — Item, eodem die, Bertrandus de Sescars, juratus, recognovit quod tenet in feodum inmediate a domino rege Anglie quicquid habet in parochia Beate Marie de Husesta, exceptis vinea et terra quas [6] tenet a W. de Podio, et vinea et terra quas tenebat ab ipsa ecclesia, et hiis que tenet ab hominibus del Brust, de Petro de Pissac, filii Petri de Pissac. Item, tenet similiter ab eodem domino rege in feodum affarium de Saleyss. et de Sescars, et quod habet in parochia de Pugibol; pro quibus omnibus debet ei homagium ligium, fidelitatem juratam, et jus facere et recipere coram eo, et unas cirotecas sporle in mutacione domini [7]. Testes predicti.

303 (266). *20 mars 1274. — Reconnaissance de B. de Monlado* [8].

B. de Monlado. — Item, eodem die, B. de Monlado, juratus, recognovit se tenere [9] in feodum inmediate a domino rege Anglie, et debet eidem proinde que alias recognovit se tenere ab eo, et ei debere prout in instrumento per me, Poncium Amati, inde confecto plenius continetur. Testes predicti.

304 (267). *Mardi, 20 mars 1274. — Reconnaissance de Segueron del God.*

Senheronus del God. — Item, eodem die, feria .iij²., .xij. die in exitu mensis Marcii, regnante Philippo, rege Ffrancorum, Bertrando, episcopo Tolosano, anno ab incarnacione Domini millesimo .cc°. lxxiij°., Senheronus del God, juratus, recognovit quod tenet in feodum inmediate a domino rege Anglie quicquid habet in parochia Beate Marie de Husesta, excepta decima; et debet inde dicto domino regi Anglie homagium ligium, fidelitatem juratam, et jus facere coram eo et recipere, et unas cirotecas in mutacione domini [10]. Testes sunt [11] : Galterus de Thany [12], castellanus de Regula, Petrus Magister [13], prepositus de Pelagrua, Bernardus de Pinibus de Regula, Augerus Cat, miles, Galhardus de Podio de Vasato, et Poncius Amati.

305 (268). *20 mars 1274. — Reconnaissance de Guillaume de Sescas.*

---

[1] Les numéros 300-302 ont été analysés dans *Arch. histor. Gir.*, t. V, p. 269. — [2] En marge : *.l. s. de sporle.* — [3] Ms. *affarium.* — [4] Ms. *La Brota.* — [5] En marge : *.j. par cirotecarum de sporle.* — [6] Ms. *que*; de même à la ligne suivante. — [7] En marge : *j. par cirotecarum de sporle.* — [8] Les numéros 303-305 ont été analysés dans *Arch. histor. Gir.*, t. V, p. 270. — [9] L'espèce de tenure n'est pas spécifiée. — [10] En marge : *.j. par cirotecarum de sporle.* — [11] Ms. *Testes predicti*; mais le mot *sunt* a été ajouté à la fin, après la liste des témoins. — [12] Appelé *Walterus de Thanacher* au n° 292. — [13] Appelé *Pierre Mangon* au n° 292.

Guillelmus de Sescars. — Item, eodem die, W. de Sescars, juratus, recognovit quod tenet in feodum inmediate a domino rege Anglie quicquid habet in parochia Beate Marie de Husesta et alibi, in diocesi Vasatensi, exceptis vineis et terris quas tenet in dicta parochia a W. de Podio et ab ipsa ecclesia et ab hominibus de Brust et dominis de Pissac et eorum hominibus; et, pro hiis que sic tenet a dicto domino rege, debet ei homagium ligium, fidelitatem juratam, et jus facere et recipere coram eo, et .j. cirotecas de sporle in mutacione domini. Testes predicti.

306 (269). *20 mars 1274. — Reconnaissance de Gaillard de Pinsac, chevalier* [1].

Galhardus de Pinsac, miles. — Item, eodem die, Galhardus de Pinsac, miles, juratus, recognovit quod tenet in feodum inmediate a domino rege Anglie pro estagiis, terris, vineis, aquis, molendinis, nemoribus, plateis cultis et incultis, et aliis que habet in parochia de Alhas, in loco vocato Aziza, que omnia tenet in feodum inmediate a domino rege Anglie. Debet inde [2] .iij. s. Morlanorum de feodo solvere annuatim [3] domino regi vel preposito [4] Vasatensi *(fol. 67)* pro eodem domino rege, et infra prepositurum Vasatensem. Exhibuerunt [5] super premissis ipsi procuratores quandam cartam scriptam per W. de Prato, cartolarium de Milhano, prout in ea visum fuit contineri. Testes predicti [6].

307 (270). *20 mars 1274. — Reconnaissance de Gaillard de Campsegret.*

Galhardus de Campsogredi. — Item, eodem die, Galhardus de Campsogredi, juratus, [recognovit] et dixit se nichil tenere in feodum inmediate a domino rege Anglie vel in allodium liberum sub suo dominio. Testes predicti.

308 (271). *20 mars 1274. — Reconnaissance de Bernard de Lugaignac.*

Bernardus de Lugenhac. — Item, eodem die, Bernardus de Lugenhac, juratus, recognovit quod tenet in feodum inmediate a domino rege Anglie quicquid habet in parochia de Lugenhac, excepta quarta parte decime quam tenet ab abbate Sancti Ffremerii; pro quibus debet, cum suis parciariis, transvehere apud portum de Brana, per aquam Dordonie [7] dictum dominum regem, se tercio de militibus, in vase juncato, tempore estatis, et paleato, tempore yemali. Debet eciam eidem fidelitatem juratam, et jus facere et recipere coram eo seu ejus preposito in Blan[a]des[io]. Preterea debet idem Bernardus pro predictis, de torno exercitus seu adjutorio, domino G. de Monte Trepidanti, .v. sol. de obsequiis dominorum exercit[ui] prestitorum, videlicet : pro obsequio unius exercitus .v. sol., et pro secundo obsequio exercitus facto, nichil, et sic deinceps continue. Testes predicti.

309 (272). *20 mars 1274. — Reconnaissance de Grinoard de «Monclerico».*

Grimoardus de Monclerico. — Item, eodem die, Grimoardus de Monclerico, juratus, dixit quod nichil tenebat nec debebat tenere in feodum inmediate a domino rege Anglie, seu in allodium, de hiis que habebat sub ejus dominio, nec in aliquo deverio tenebatur. Testes predicti.

310 (273). *20 mars 1274. — Reconnaissance de frère Guillaume «de Noriaco», ou du Puy, moine de Condom, agissant comme procureur de Géraud de Laur, également moine de Condom, et du prieur de Caudrot.*

Frater W. de Noriaco, seu de Podio, monachus Condomii. — Item, eodem die, frater W. de Noriaco, seu de Podio, monachus Condomii [8], procurator Geraldi de Lauro, monachi similiter Con-

---

[1] Les numéros 306-310 ont été analysés dans *Arch. histor. Gir.*, t. V, p. 270. — [2] Ms. *ei*. — [3] En marge : *.iij. s. Morlanorum census annui*. — [4] Ms. *solvere annuatim in dominica milite preposito*. — [5] Ms. *exhibentes*. — [6] En marge : *Memorandum quod usque ad hoc signum* (signe formé de deux triangles accouplés) *nichil est per ordinem in alio registro*. Ce signe ne se retrouve pas ailleurs dans notre manuscrit. — [7] Ms. *per aquam de Bordonea*. — [8] Ms. *Gondom* avec le signe d'abréviation *er* (deux fois); plus loin, *abbatis Gondomerii*.

domii et prioris de Causdroto[1], prout in quibusdam litteris, sigillo venerabilis abbatis Condomii sigillatis, quas exhibuit et quarum transcriptum tradidit sub sigillo officialis capituli Burdegalensis, sede vacante, visum fuit contineri, juratus, requisitus si dictus prior, racione sui prioratus, tenebat aliquid vel debebat tenere in feodum inmediate a domino rege Anglie aut in allodium liberum sub ejus dominio, dixit se nescire; dixit tamen se audivisse dici, et ita invenitur scriptum in missali ecclesie apud Causdrotum, quod Sendoma de Taurinhac[2] dedit in elemosinam dicto prioratui illud quod hodie tene[n]t idem prior et archiepiscopus Burdegalensis apud Causdrotum. Testes predicti.

311 (274). 20 mars 1274. — *Reconnaissance de Doat de Lavadour*[3].

Doatus de Lavadour. — Item, eodem die, Doatus de Lavadour, qui manet in parochia de Maderac, juratus, recognovit quod tenet in feodum inmediate a domino rege Anglie quicquid habet in parochia predicta de Maderac et apud Massanes, et debet inde solvere annuatim domino regi vel suo preposito, in festo sancti Martini, .xij. d. de corrage. Testes predicti.

312 (275). 20 mars 1274. — *Reconnaissance de P. de «Scarhona».*

P. de Scarhona. — Item, eodem die, P. de Scarhona, juratus, recognovit quod tenet in feodum inmediate a domino rege Anglie quicquid habet apud Maderach, cum .xij. d. quos inde debet solvere annuatim domino regi, vel suo preposito, in festo sancti Martini; et (*fol. 67 v*) dominus rex et suus prepositus debet sibi imparare predicta, ne injuria sibi fiat. Testes predicti.

313. 20 mars 1274. — *Reconnaissance de Fort de La Rui.*

Fortis de La Rui. — Item, eodem die, Fortis de La Rui, juratus, recognovit quod debet domino regi Anglie solvere annuatim, in festo sancti Martini, vel suo preposito de Regula, .xij. d. pro capite suo. Testes predicti.

314 (276). 20 mars 1274. — *Reconnaissance de Bernard de Marcepuhs.*

Bernardus de Marcepuhs. — Item, eodem die, Bernardus de Marcepuhs, juratus, recognovit quod debet domino regi Anglie .xij. d. et amparamenta solvere annuatim eidem, vel suo preposito de Regula, in festo sancti Martini. Testes predicti.

315 (277). 20 mars 1274. — *Reconnaissance de Garcie de Bora, déclarant au nom de Pierre de La Capera.*

Garcias de Bora. — Item, eodem die, Garcias de Bora, juratus, recognovit pro Petro de La Capera, quod idem Petrus debet dicto regi Anglie, pro terris quas tenet ab eo in parochia de Maderac, .xij. d. solvere annuatim eidem, vel suo preposito de Regula, in festo sancti Martini. Testes predicti.

316 (278). 20 mars 1274. — *Reconnaissance du même Garcie de Bora, déclarant au nom de sa femme, Vitalie Beton.*

Item, eodem die, Garcias de Bora predictus, juratus, recognovit, pro Vidali[a] Beton, uxore sua, quod debet domino regi Anglie, pro vinea quam tenet ab ipso in parochia de Maderac[4], .xij. d. obliarum annuatim solvere eidem, vel suo preposito de Regula, in festo Omnium Sanctorum. Testes predicti.

317 (279). 20 mars 1274. — *Reconnaissance de W. R. de Benquet.*

Item, eodem die, W. R. de Benqueto, juratus, recognovit quod tenet in feodum inmediate a domino rege Anglie partem quam habet apud Cayssein et apud Mansurt et apud Castrum novum de Mames[5], et quicquid habet in pertinenciis

---

[1] Ms. *Causdreto*. — [2] Ms. *Sendoma et Taurinhac*. — [3] Les numéros 311-317 ont été analysés dans *Arch. histor. Gir.*, t. V, p. 271. — [4] Ms. *Moderac*. — [5] En marge, d'une main du xvi° siècle : *Castetnau de Mames*.

predictorum locorum, vel alibi, in diocesibus Vasatensi et Adhurensi, per se vel cum parciariis; pro quibus omnibus debet : pro affario Castri novi, partem suam in obsequium exercitus de uno milite; pro affario Castri novi, suam partem in .c. solidis qui proinde debentur de sporla[1]; pro aliis omnibus, debet dicto [domino] regi homagium ligium, fidelitatem juratam, et jus facere et recipere coram eo. Testes predicti.

318 (280). 20 mars 1274. — *Reconnaissance de Raimond de Mesmes*[2].

Raimundus de Mames. — Item, eodem die, Raimundus de Mames, juratus, recognovit quod tenet in feodum inmediate a domino rege Anglie duodecimam partem castri de Caysein, et facit inde domino regi duodecimam partem in obsequio exercitus de uno milite sibi debito, pro omni servicio, [in] castro eodem. Item, tenet in feodum inmediate quicquid habet in parochia de Gescos; item, quartam partem de Leyssen, cum Arnaldo de Montelongo, suo parciario, et quicquid habet in parochia Castri novi et, inter terram[3] ibidem, pastinum vocatum casale Forcead, et quicquid habet in parochia de Heremo, et, inter terram ibidem, duas estagias vocatas Abays; item, unam vineam apud Bolderium, que fuit Petri de Brenar, pro .c. sol. sporle[4], quos inde solvit et debet dicto domino regi de Bolderun. Item, tenet ab eo quicquid habet in diocesibus Vasatensi et Adhurensi, excepta una boaria et una vinea quam tenet a Guillelmo [et] Arnaldo de Mota, fratribus; et, pro hiis que sic tenet ab eodem domino rege, debet ei homagium ligium, fidelitatem juratam. Testes predicti.

319 (281). 20 mars 1274. — *Reconnaissance d'Arnaud Guillaume de «Fromadgesio»*[5].

Arnaldus W. de Fromadgesio. — Item, eodem die, Arnaldus Guillelmi de Ffromadgesio, juratus, recognovit quod tenet in feodum a domino rege Anglie duodecimam partem quam habet in castro de Cayssein, cum pertinenciis; et debet inde eidem facere duodecimam partem in obsequio exercitus de (*fol. 68*) uno milite qui pro toto castro debetur. Testes predicti.

320 (282). 20 mars 1274. — *Reconnaissance de Bernard de Cau.*

Bernardus de Cau. — Item, eodem die, Bernardus de Cau, juratus, recognovit quod tenet in feodum inmediate a domino rege Anglie quicquid habet in parochia de Gajac, cum .vj. servientibus exercitus quos ipse et sui parciarii inde debent. Excepit unam concatam terre et dimidiam vince quas[6] tenet a Sancto Johanne, ut dixit. Item, [tenet] similiter ab eodem domino rege quicquid habet in ambitu molinarii del Cau, et quicquid habet in parochia Sancti Salvatoris, cum. xij. solidis quos contribuit R. Garcias de Sancto Salvatore ad solvendum sporlam que inde debetur[7]. Item, tenet ab ipso domino rege quicquid habet in parochia de Halhains et nominatim francdatum de Auza, cum ob. morlan. quem[8] inde debet, et quartam partem prati de Boldere. Requisitus idem B. si tenebat aliquid in allodium sub dominio dicti domini regis, dixit quod non. Testes predicti.

321 (283). 20 mars 1274. — *Reconnaissance de Guillaume Arnaud de Cunhos, déclarant au nom de sa femme, Bertrande de Boarac, et de Segneron de Pinsac, déclarant pour Agnès de Boarac.*

W. Arnaldi de Cunhos. — Item, eodem die, W. Arnaldi de Cunhos, pro uxore sua, Bertranda de Boarac, et Senheronus de Pinsac, pro Agnete de Boarac, jurati, recognoverunt quod predicte mulieres tenent in allodium liberum, sub dominio domini regis, quicquid habent in parochiis Sancti Martini de Sescars, Sancti Petri de Cassiholz, Sancte Fidis, et quicquid habent in Benaigensi. Testes predicti.

---

[1] En marge : *c. s. de sporla pro parte sua; querantur alibi parciarii sui*. — [2] Anal. *Arch. histor. Gir.*, t. V, p. 271. — [3] Ms. *cetam*. — [4] En marge : *c. sol. de sporla*. — [5] Les numéros 319-321 ont été analysés dans *Arch. histor. Gir.*, t. V, p. 272. — [6] Ms. *et dimidiam et vinee que*. — [7] En marge : *xj. s. sporl*. — [8] Ms. *quod*.

322 (284). *20 mars 1274.* — *Reconnaissance de Pierre de Gajac* [1].

P. de Gajac. — Item, eodem die, Petrus de Gajac, juratus, recognovit quod tenet in feodum inmediate a domino rege Anglie quicquid habet in parochia de Gajac, cum deverio debito domino regi de parochia de Gajac, in quo fecit partem suam, et quicquid habet in parochia de Haylanx, preter unam vineam cum suo parciario, cum .j. d. morlan. quem inde debet solvere annuatim in carniprivio preposito Vasatensi. Item, tenet ab eo stagium de Lulha, pro qua debet, cum suis parciariis, .ij. solidos sporle, quos soluit R. Garcias de Sancto Salvatore contribuere. Item, tenet ab eodem domino rege partem quam habet in stagia de Budemer, pro qua debet, cum suis parciariis, .iiij. solidos morlan. solvere annuatim apud Vasatum vel apud Bolqueram, in festo beatorum Petri et Pauli apostolorum, preposito regis in Vasatesio, vel ejus mandato. Testes predicti.

323 (285). *20 mars 1274.* — *Reconnaissance d'Arnaud de Trench.*

Arnaldus del Trench. — Item, eodem die, Arnaldus del Trench et Johannes de La Roqua, jurati, recognoverunt quod tenent in feodum inmediate a domino rege Anglie quicquid habent in parochia de Gajac, exceptis usque ad sex regas terre et vinee quas dictus Arnaldus tenet a magistro R. de Talayson, et exceptis .iiij. bessanis terre quas dictus Johannes de Sancto Johanne de Vasato tenet. Testes predicti.

324 (286). *20 mars 1274.* — *Reconnaissance faite au nom du château et de la ville de Meilhan* [3].

Sanccius de Fagia. — Item, eodem die, Sanccius de Fagia, R. Garcie de Sancto Salvatore, Bertrandus de La Molorea, R. Furti de Lados et Garcias dels Angles, pro se ipsis et castro et villa de Milhano, et omnibus militibus, burgensibus et habitatoribus loci ejusdem, pro quibus omnibus dixerunt se (*fol. 68 v*) mandatos [3] et tam pro se quam pro eis venisse, jurati, recognoverunt et dixerunt quod, exceptis quibusdam feodis que aliqui predictorum tenent a domino rege Anglie, alii a priore de Milhano, et alii inter se, unus ab alio, omnes tenent libere, sub dominio domini regis Anglie, quecumque habent apud Milhanum [4] in castro et castellania et pertinenciis, vel alibi, cum infrascriptis deveriis que idem dominus habet in dicto castro et villa, et ipsi debent domino regi predicto. In primis, habet idem dominus rex quod potest de predicto castro et villa in foris facere guerram, juste vel injuste, et omnes milites, burgenses et alii habitatores ibidem tenentur juvare eumdem de predicta guerra. Item, tenentur custodire castrum ipsum et villam eorum expensis, et in personis et corporibus propriis; et eorum familie de[bent] guettas et equinguertas. Item, tenentur claudere ipsum locum palo et creno [6] congrue, videlicet lissas et barbecanas et barrerias [6] de guerra vicina. Item, habet dominus rex et potest et debet exercere in eos omnem jurisdictionem et justiciam altam et bassam, incurrimentum in eorum personis et rebus, ubicumque sint. Item, habet sic manaticum [7] pro eorum domibus burgi jurati, sicut consuetum est. Item, habet supra burgenses dicti loci specialiter... [8].

325 (287). *20 mars 1274.* — *Reconnaissance de divers tenanciers de la paroisse de Sainte-Croix, au diocèse de Bazas* [9].

Quidam tenenciarii in parochia Sancte Crucis, Vasatensis diocesis. — Item, eodem die, Helias Rotlandi, rector sive administrator prioratus Sancte Crucis prope Leuviham, diocesis Vasatensis, pro abbathia de Liguhsi, Petragoricensis diocesis, et Vitalis de Manso et dictus Helias, pro se et Guil-

---

[1] Les numéros 322 et 323 ont été analysés dans *Arch. histor. Gir.*, t. V, p. 272. — [2] *Publ. Notices et extraits des mss*, t. XIV, p. 384. — [3] Ms. *mandates*. — [4] En marge, d'une main du XVIe siècle : *Milhan en Bazad*. — [5] Mot relevé par Du Cange, qui cite tout le passage d'après le «Registre des fiefs de Guyenne conservé à la Chambre des Comptes de Paris, coté JJ. rub. fol. 32 v°». — [6] Ms. *barrenas*. Du Cange a lu : *barreyras*. — [7] Mot relevé par Du Cange, d'après la même source. — [8] Inachevé. — [9] *Anal. Arch. histor. Gir.*, t. V, p. 272.

lelmo, fratre suo, et Guillelmo, nepote eorum, Petrus Bacon, pro se et participibus [1] suis, Vitalis de Gasconha, R. de Sancta Cruce, Doatus de Lapujade, pro se et nepotibus suis, Fortis Bec, Johannes de Abbatia, pro se et fratribus suis, Petrus de Lacausade, Fortis Bacon, W., frater ejus, Guillelmus de Saubiac, pro se et sorore sua et partici[pi]bus suis qui presentes non erant, jurati, recognoverunt quod tenent in feodum inmediate a domino rege Anglie quicquid habent in parochia [2] Sancte Crucis, diocesis Vasatensis; et debent pro ipsa parochia dicto domino regi vel ejus locum tenenti, in castro de Regula, quinquaginta solidos monete Burdeg. cur[rentis], indivise, et v. sol. pro una stagia vocata de Camlor solvere annuatim in dicto castro, in festo beati Michaelis vel in crastino. Debent eciam eidem fidelitatem juratam, et jus facere et recipere coram eo. Et dominus rex debet [res] et bona eorum et parochie predicte, vel ejus locum tenens in castro Regule, custodire et defendere tanquam sua. Testes predicti.

326 (288). 20 mars 1274. — *Reconnaissance de divers tenanciers d'une paroisse non dénommée.*

Item, eodem die, Gassias de Casted., R. et Arnaldus, fratres, Bernardus de Moraus, Petrus de Moraus, Bos de Granhou, P. de Granhou, Bertrandus de Sancto Michaele, Senherom Vasco, tutor datus cum carta filio Arnaldi Reymundi de Juzidz, Flors de Morans, Bertrandus de Juzidz, Aissivus de Moneto, Arnaldus Laganar, Arnaldus W. dels Angles et Gauterius de Gausac, jurati, recognoverunt quod tenent in feodum inmediate a domino rege Anglie quicquid habent in parochia de . . . [3].

327 (289). *Mercredi* 21 *mars* 1274. — *Reconnaissance d'Auger Cot, chevalier.*

Augerius Cot, miles. — Item, feria iiij*., xj. die in exitu mensis Marcii, Augerius Cot, miles, juratus, recognovit (*fol.* 69) quod tenet in feodum inmediate a domino rege Anglie castrum de Pelagrua [4] cum castellania et pertinenciis, et quicquid habet in parochia dels Angels, et in parochia del Roqueta et de Salvinhac, in loco appellato A La Mocaberto; et pro hiis omnibus debet dicto [5] domino regi fidelitatem juratam, et jus facere et recipere coram eo. Debet eciam, ipse cum suis parssionariis, pro omnibus, s[c]ilicet Arnaldo de Pelagrua, Armando [6] de Pelagrua, R. de Pelagrua, et Bernardo [7] de Lugass. pronum obsequium [8] execrcitus de uno milite. Testes : W. de Mames [9], et Petrus de Novelliano, milites, Vitalis de Miganh et W. Vivent.

328 (290). 21 *mars* 1274. — *Reconnaissance d'Arnaud de Pellegrue, chevalier.*

Arnaldus de Pelagrua, miles. — Item, eadem die, Arnaldus de Pelagrua, miles, juratus, recognovit quod tenet in feodum inmediate a domino rege Anglie castrum de Pelagrua, et quicquid habet ibidem et in castellania et in pertinenciis, exceptis usque ad decem conquatas in terra, nemore et prato que tenet a W. R. de Gensiaco; et debet proinde dicto domino regi, pro predictis que tenet ab eo, fidelitatem juratam, et jus facere et recipere coram eo. Debet eciam coram eo, cum suis parssionariis, in dicto castro, obsequium exercitus de uno milite. Testes predicti.

329 (291). 21 *mars* 1274. — *Reconnaissance d'Arnaud de Pellegrue et de plusieurs de ses parçonniers à Pellegrue.*

Arnaldus de Pelagrua et quidam parciarii sui. — Item, eadem die, Arnaldus de Pelagrua, Reymundus de Pelagrua, Bernardus de Logarstiz, nomine sue uxoris, jurati, recognoverunt quod tenent [10] in feodum inmediate a domino rege Anglie quicquid habent apud castrum de Pelagrua et in honore, et quicquid habent in parochia dels Angels, in terris, hominibus, a[grer]iis, cum eorum parcionariis de

---

[1] Ms. *principalibus*. — [2] Ms. *parochiis*. — [3] Inachevé. — [4] En marge, d'une main du xvi[e] siècle : *Pelegrue*. — [5] M. *obd.*, avec un signe d'abréviation. — [6] Ms. *Armardus*. — [7] Ms. *Bernardus*. — [8] Le copiste a répété ici le mot *debet*. En marge : *exercitum de uno milite*. — [9] Ms. *Manes*; mais voir n°s 335, 339, etc. — [10] Ms. *juratus, recognovit quod tenet.*

Milhano, qui habuerunt ea que ibi habent a dominis de Pelagrua ex maritagio; et debent, ipsi cum eorum parciariis omnibus insimul, obsequium exercitus de uno milite; tamen dixerunt quod eorum antecessores fecerunt et reddiderunt istum militem exercitus domino regi Anglie, donec ad tempus quo idem dominus rex Anglie precepit eis quod illud obsequium exercitus de uno milite facerent Helie Rudelli, domino Brageriaci, et ab eo tempore citra ipsi fecerunt ipsum exercitum ipsi[1] domino Helie Rudelli et, post mortem ejus, domino Rudello, [filio] suo, et post mortem ejusdem Rudelli, Guillelmo Ramundi de Genciaco, filio ejusdem Rudelli[2], donec ab ipso [tempore] in quo incepit ibi edificari bastida, quo tempore dominus Hugo de Turbeville[3] inhibuit eisdem recognoscentibus et omnibus aliis eorum parciariis ne ulterius facerent dictum obsequium exercitus de uno milite predicto[4] W. Ramundi. Testes predicti.

330 (292). *21 mars 1274*. — *Reconnaissance de Bernard de Lambret, chevalier, de plusieurs bourgeois [de Meilhan] et habitants de la paroisse d'Aillas*[5].

Bernardus de Lambret. — Item, eadem die, Bernardus Lambret, miles, Doatus de Boverez, Ffortis del Seguer et Arnaldus de Riparia, procuratores Vitalis, dicti Gastariol, Bernonis, fratris sui, Monini de Ariza, Arnaldi de Labescal, R. de Mota, Doati Mota del Seguer, Galhardi de Lait-Savoidaitz, A. Bidonis de Caduuh, Bidoti de Moissac, War[ini], fratris sui, W. de Bosco, Willelmi de Ariza, Vitalis, fratris Monimeri de Tramalhag, Arnaldi del Boscadge et W. de Bernes, qui manet in parochia de Alhas, ad hoc dati et constituti, recognoverunt quod prenominati omnes, cum eorum parciariis, quod tenentur sequi eundem dominum de omni guerra, per unum diem, extra eorum hospicia, ita tamen quod possi[n]t ipso[6] die redire retro ad eadem hospicia, et cum eorum expensis. Tamen, si dominus [rex] velit eos retinere per totum diem, potest hoc facere; et tenetur tunc eis in expensis providere et, in crastinum, possunt ipsi burgenses inde redire. Et, cum hiis deveriis idem dominus debet omnes predictos milites, burgenses et alios, eorum personas et res per totum suum posse garentire; et ipsi[7] tenentur jus facere coram eo vel suo preposito apud Milhanum, ut dixerunt. Testes: W. de Bovisvilla, dominus sue partis de Longonio, Arnaldus Garcias de Sesscars, miles, Ramundus Cosini, magister Galhardus de Burdegala, et Poncius Amati.

331 (293). *21 mars 1274*. — *Reconnaissance de divers habitants de Langon*.

Petrus de Longonio. — Item, eadem die, Galhardus de Lengonio et Petrus de Longonio, filii quondam Galhardi (*fol. 69 v*) de Lengonio, jurati, recognoverunt quod tenent in feodum immediate a domino rege Anglie, racione domini Bernardi de Bovisvilla, quiequid habent in parochia Sancti Lupercii et sextam partem nasse veteris de Scotarac, cum vj. d. Burdeg. de sporla[8], quam inde debent et solvu[n]t dicto domino regi. Et idem dominus rex, racione dicti Bernardi de Bovisvilla, [debet] inde reddere medietatem Willelmo de Bovisvilla. Item, recognoverunt quod tenent similiter, ipsi et eorum parciarii, Petrus de Lengonio, domicellus, Johannes de Lengonio, Vitalis de Lengonio et Giralda[9] de Lengonio, uxor domini R. W. de Bria, nassam vocatam Galhardeuga, cum unis caligis rubeis de scarleto[10], quas dictus Petrus de Lengonio, domicellus, filius quondam Fforcii de Lengonio, debet et solvit, pro se et omnibus suis parciariis, dicto domino regi, racione dicti Bernardi de Bovisvilla, et ipsi parciarii contribuunt et faciunt postmodum dicto Petro quisque suam partem de sporla predicta. Testes predicti.

---

[1] Ms. *ipso*. — [2] Pour cette succession des seigneurs de Bergerac, voir *Rôles gascons*, t. I, suppl., p. cxi. — [3] Sans doute lorsque Hugues de Touberville fut sénéchal de Gascogne, entre 1270 et 1272 (*ibid.*, p. cxix). — [4] Ms. *predictis*. — [5] *Anal. Arch. histor. Gir.*, t. V, p. 283. — [6] Ms. *ipsi*. — [7] Ms. *ipse*. — [8] En marge: *vj. d. B. de sporla*. — [9] Ms. *Geraldus*. — [10] En marge: *et eciam cum unis caligis rubeis de scarleto*.

332 (294). *21 mars 1274.* — *Reconnaissance de divers habitants de Langon* [1].

Deveria regi debita in villa de Lengonio. — Item, eadem die, Galhardus de Lengonio et Petrus de Lengonio, filii quondam Galhardi de Lengonio, P. Amalvini, Petrus Vigoresus et Galhardus d'Urta, pro se ipsis et villa de Lengonio et omnibus habitatoribus loci et ville ejusdem, jurati, recognoverunt quod dominus rex Anglie habet in dicta villa et loco et personis ibi habitantibus deveria infrascripta: in primis, dixerunt quod dominus rex predictus habet in dicta villa, racione sui ducatus Aquitanie, exercitum. Item, quando senescallus venit de novo, jurat eis, et ipsi sibi, et prestant sacramentum fidelitatis, sicut est consuetum. Item, et habet ibi quod potest facere preconizari ibi que sibi placuerit pro suis negociis. Item, habet quod potest inde facere placitum et guerram, juste vel injuste. Item, habet ibi quod ad ipsum [sit] recursus pro justicia, si domini [3] loci ejusdem dicuntur deficere in justicia [3] facienda. Item, habet ibi et utitur obstageriam, tamen non de jure. Preterea, dixerunt quod idem dominus rex habet in dicta villa et personis inibi habitantibus, racione domini Bernardi de Bovisvilla, quartam partem tocius justicie alte, videlicet in .lxvj. solidis, vj. d., [pro] justicia parva que est domini de Mota, et .lx. s. qui [4] remanent, et omnibus incurrimentis, quartam partem per manum parve justicie [5]. Item, habet quod habitatores ville ejusdem tenentur eam claudere palo, creno et barreriis [6] congrue; tenentur eam custodire eorum expensis de guerris et esquinguerris, cum subest causa. Item, tenent[ur] ipsum juvare [7], pro ejus exheredacione evitanda, prout in carta Lengonii dixerunt plenius contineri. Et, cum hiis deveriis et quibusdam aliis que dixerunt deberi, set non recolebant de eis, domini de Lengonio debent habitatores ejusdem loci, personas et res eorum, ubicumque sint in Vasatesio vel Burdegalesio, in eorum posse, racione districtus de Lengonio, garentire. Insuper, dixerunt predicti recognoscentes quod pro aliis que homines et habitatores dicte ville et loci [habent] in allodiis sub dominio dicti domini regis, ipsi debent ei facere, pro hiis que habent in Burd[egalesio], sicut alii de Burd[egalesio], et, pro hiis que habent in Vasatesio, sicut alii de Vasatensi. Testes predicti.

333 (295). *21 mars 1274.* — *Reconnaissance de Guillaume Arnaud de Gontaud, déclarant au nom de son frère Pierre, seigneur de Biron* [8].

W. Arnaldi de Gontaldo. — Item, eadem die, W. Arnaldi de Gontaldo, juratus, pro Petro de Gontaldo, fratre suo, [domino] de Biron, cujus se dixit esse ordenerium in testamento [9], dixit se nescire pro certo quod dominus frater suus tenet [10] aliquid in feudo immediate a domino rege Anglie, vel aliter, set petiit diem quare [11] habuisset recordium cum domino Petro de Gontaldo, patruo suo, que non fuit ei concessa. Testes predicti.

334 (296). *21 mars 1274.* — *Reconnaissance d'Arnaud de Faye et de son fils Guillaume* [12].

Arnaldus de Fagia. — Item, eadem die, Arnaldus de Fagia, pro se et W., fratre suo, juratus, recognovit quod tenet [13] in feodum immediate a domino rege Anglie, in parochia de Marserust, tres pecias terre: unam in loco vocato apud *(fol. 70)* Marphoc, cum una mensura veteri frumenti et uno barili vini cum tercia parte aque, que [14] inde debet; aliam apud Lugat, cum una punheria frumenti rasa quam inde debet, et terciam [15] apud estagiam Ecclesie, cum una punheria [16] rasa frumenti quam [17] inde debet solvere annuatim, tem-

---

[1] Publ. *Notices et extraits des mss*, t. XIV, p. 383, et *Arch. histor. Gir.*, t. V, p. 284. — [2] Ms. *dci* en abrégé. — [3] Ms. *custodia*. — [4] Ms. *que*. — [5] Le scribe paraît avoir brouillé cette fin d'article. — [6] Ms. *palo, trenc et baneriis*; voir plus haut, n° 324. — [7] Ms. *jurare*. — [8] *Anal. Arch. histor. Gir.*, t. V, p. 284. — [9] Transcription douteuse. Ms. *testco*, avec une abréviation. — [10] Ms. *tex*. — [11] Ms. *quam* (avec une abréviation), — [12] *Anal. Arch. histor. Gir.*, t. V, p. 284. — [13] Ms. *tex*. — [14] Ms. *cum. j. mens. veter. frumenti et unius barili vini cum tercia parte aque que*. — [15] Après *terciam*, le mot *partem* a été à la fois rayé et exponctué. — [16] Ms. *punheriam*. — [17] Ms. *qua*.

pore vendemiarum[1], eidem domino regi, vel suo mandato. Testes predicti.

335 (297). *21 mars 1274.* — *Reconnaissance de Pierre de Noaillan, chevalier*[2].

P. de Novelhano, miles. — Item, eadem die, Petrus de Novelhano, miles, juratus, recognovit quod tenet in feodum inmediate a domino rege Anglie quicquid habet in parochia de Pissac; et debet ei homagium ligium, fidelitatem juratam, et unas cirothecas de sporla in mutacione [domini][3]. Testes : Vitalis de Miganh, Willelmus de Mames et Willelmus Vivent, et Poncius Amati, notarius.

336 (298). *21 mars 1274.* — *Reconnaissance de Guiot de Rasseton et de son frère.*

Bidotus de Rassetonio. — Item, eadem die, Bidot [de] Rasseton,[4] et R., frater ejus, jurati, recognoverunt quod tenent in feodum inmediate a domino rege Anglie affarium de La Fortina et de Civate; et debent, ipsi et Vitalis de Cruce, cum aliis eorum parciariis, solvere annuatim, in festo sancti Martini, .vij. s. vj. d. Morl. pro predictis et aliis que tenent apud Gozet, de censu, et octo mensuras frumenti et octo mensuras avene ad[5] mensuram veterem; solver[unt] frumentum ad mensuram rasam[6] et avenam ad mensuram currentem; et de hiis omnibus Bidotus et R. dixerunt quod debebant solvere medietatem et dictus Vitalis et eorum parciarii aliam medietatem. Testes predicti.

337 (299). *21 mars 1274.* — *Reconnaissance de Géraud d'Assalhit.*

Geraldus de Assalhit. — Item, eadem die, Geraldus de Assalhit, juratus, recognovit quod tenet in feodum inmediate a domino rege Anglie omnia bona, quecumque sint illa, ex parte dominii quod habet in castro de Boglonio, racione Galharde de

Ecclesia, uxoris sue[7], sub tali tributo seu deverio quod debet facere partem suam in commestione vocata[8] d'Argento, quod pro ipso feudo d'Argento debent ipsi domino regi. Testes predicti.

338 (300). *21 mars 1274.* — *Reconnaissance de divers hommes francs du roi de la paroisse de Bernos.*

P. et Ar. d'Arriol. — Item, eadem die, Petrus d'Arriol, Arnaldus d'Arriol, qui manent in parochia Beate Marie de Bernos, jurati, recognoverunt quod tenent in feodum inmediate a domino rege Anglie et duce Aquitanie casale d'Oriol, cum omnibus suis pertinenciis, cum .vij. s. de questa, quos inde debent annuatim in festo sancti Michaelis, Burdegalensis monete, et eorum parte quam faciunt in commestione debita preposito Vasatensi, sicut alii francales ejusdem parochie, et cum obsequio exercitus quem eorum quilibet qui focum vivum ibi tenebat[9] debet. Testes : Galhardus de Burdegala, R. Cosini.

339 (301). *21 mars 1274.* — *Reconnaissance de Raimond Bernard et de ses parçonniers.*

Item, eadem die, Ramundus Bernardi, juratus, recognovit quod ipse et sui parciarii tenent in feodum inmediate a domino rege Anglie stagium de Pujols in parochia de Terssac, cum uno barili vini[10] .xx. cartonum, cum tercia parte aque, quod inde debent dicto domino regi, racione sui dominii de Milhano. Testes : W. de Mames, Petrus de Nohalhan, milites, Vitalis de Miganh et W. Vivent.

340 (302). *21 mars 1274.* — *Reconnaissance d'Olivier de Rumbers.*

Oliverus de Rumbers. — Item, eadem die, Oliverus de Rumbers, juratus, recognovit quod tenet in feodum inmediate a domino rege Anglie molen-

---

[1] Ms. *undecimarum*. — [2] Les numéros 335-340 ont été analysés dans *Arch. histor. Gir.*, t. V, p. 284-285. — [3] En marge : *.j. par cirothecarum de sporl.* — [4] On lit plutôt *Bidocus de Rassetonio* dans le titre, et *Ridoc Basseton* dans le texte. — [5] Ms. *et.* — [6] Ms. *rossam.* — [7] Ms. *racione Galhardi* (sic) *de Elia, ux. sua;* mais voir plus loin, n° 364. — [8] Ms. *vocato.* — [9] Ms. *qui factum unum ibi tenerat.* — [10] En marge : *unum barile vini.*

dina que habet supra Cyronem in parochia Sancti Johannis de Godez, et quartam partem terrarum de Serinac, totum cum duobus solidis Burdegalensium quos inde debet solvere annuatim in festo sancti Michaelis, vel infra octabas, preposito Vasatensi. Item, tenet[1] ab eodem similiter quicquid habet[2] in parochia Sancti Romani de Lartiga, cum .j. [pari] cirothecarum de sporla in mutacione (*fol. 70 v*) domini[3]. Testes predicti.

341 (*303*). 21 mars 1274. — *Reconnaissance de Gaillard Frosun et de son frère Amanieu*[4].

Gualhardus Frosun. — Item, eadem die, Galhardus Ffrosiun, juratus, recognovit quod ipse et Amaneus, frater ejus, tenent in feodum inmediate[5] a domino rege Anglie quicquid habent apud Vasatum et in honore, apud Causdrotum et in honore, apud Sanctum Macarium et in honore, in parochia de Lessadz et apud Benauges[6] et in honore, apud Silvam et Inter duo Maria. Et debet inde facere pro predictis obsequium exercitus, sicut gen[te]s de Burd[egalesio] et de Vasato faciunt [et, si non] posset ipse facere obsequium ipsum personaliter, debet mittere pro se unum hominem equitem, armatum perpuncto, cappello et gomone et lancea et spata[7]. Insuper, recognovit quod tenet in allodium liberum, sub dominio dicti domini regis, quicquid habet[8] apud Sanctum Martinum de Curton, [apud] Sanctum Gervasium, apud Mosiacum de Gloyros, apud Dauzat et apud Borssa, in diocesi Adhurensi; ita quod nichil debet[9] inde facere sibi nec alicui alii viventi. Testes predicti.

342 (*304*). 21 mars 1274. — *Reconnaissance de Ruffat de Berthez.*

Ruffatus de Bret[e]nx. — Item, eadem die, Aruffatus de Bretenx, juratus, recognovit quod ipse et Vigorosus de Bretenx et alii sui parciarii in diocesi Vasatensi, videlicet Geraldus de Cau, et Geraldus et Petrus Arnaldi de Artigamala, tenent in feodum inmediate a domino rege Anglie tenementum de Bretenx; et debent facere obsequium exercitus de uno serviente, quando homines de Hoiosio et de Vasato vadunt pro dicto domino rege in exercitum, fidelitatem juratam, et jus coram eo. Debent eciam inde facere, quandocumque idem dominus rex venit de Anglia in Vasconia[m], unam libram cere. Hanc autem[10] libram cere cepit dominus castri de Oiosio ex dono regis, ut dicit; et hec sciunt, quia prepositruam Vasatensem[11] tenuerunt. Testes predicti.

343 (*305*). 21 mars 1274. — *Reconnaissance de Simon de Montbreton.*

Simon de Montbreton. — Item, eadem die, Simon de Monthebretone, juratus, recognovit quod tenet in feodum inmediate a domino rege Anglie quicquid habet et habere solet in honore de Gorson, et specialiter in parochia Sancti Martini Alerri et Sancti Petri de Carssac; et debet ei inde facere .j. [par] cirothecarum de sporla in mutacione domini[12], et jus et legem in manu sua. Testes predicti.

344 (*306*). 21 mars 1274. — *Reconnaissance de R. de Cantacor.*

R. de Cantacor. — Item, eadem die, R. de Cantacor, juratus, recognovit quod ipse et sui parciarii, Ramundus et Bernardus ac Arnaldus W. de Cantacor[13], tenent in feodum inmediate a domino rege Anglie stagiam de Cantacor, cum pertinenciis, in parochia Sancti Johannis de Codz, cum .xij. d. Burdeg. quos inde debent annuatim de censu; item, quicquid habent apud Cogutmont cum eodem deverio et vendis quas inde debent solvere, si res venditur. Testes predicti.

---

[1] Ms. *tenent.* — [2] Ms. *quicquid quod habet.* — [3] En marge : *j. par cirothecarum de sporla.* — [4] Les numéros 341-344 ont été analysés dans *Arch. histor. Gir.*, t. V, p. 285-286. — [5] Ms. *in medio.* — [6] Ms. *Berauges.* — [7] Ms. *sperata* (avec le *p* barré). — [8] Ms. *habent.* — [9] Ms. *debent.* — [10] Ms. *hanc causam.* — [11] Ms. *Vasatum.* — [12] En marge : *j. par cirothecarum sporle.* — [13] Ms. *Cantatoremp* (avec une abréviation).

345 (*307*). *21 mars 1274.* — *Reconnaissance d'Arnaud de Moulezer*[1].

Arnaldus de Moulezer. — Item, eadem die, Arnaldus de Moulezer, juratus, recognovit quod tenet in feodum inmediate a domino rege Anglie quicquid habet in parochia de Maderac, cum .xij. d. monete curribilis quos inde debet solvere annuatim turri de Regula in festo sancti Martini. Testes predicti.

346 (*308*). *21 mars 1274.* — *Reconnaissance de Sanche Borei.*

Sanccius Borei. — Item, eadem die, Sanccius Borei, juratus, recognovit quod ipse et Bidou Borei, frater suus, Arnaldus Borei, eorum consanguineus, tenent in feodum inmediate a domino rege Anglie in parochia Sancti Subini quicquid tenent de terra del Casaliz, et de nemore del Cacalh, et de nemore quod est prope affarium W[2]. Reg., et de terra et nemore que sunt a Labreza, et apud Gravairon prope affarium W. Roc, et affarium Pictavini de Pinibus qui fuit, et (*fol. 71*) de terra que est apud Labizaa; pro quibus omnibus debet idem Sanccius, cum aliis predictis, .v. sol. solvere annuatim, in festo sancti Michaelis, domino regi, vel suo mandato. Testes predicti.

347 (*309*). *21 mars 1274*. — *Reconnaissance de Guillaume Arnaud Bertrand.*

W. Arnaldus Bertrandi. — Item, eadem die, Guillelmus Arnaldus Bertrandi, juratus, recognovit quod tenet in feodum inmediate a domino rege Anglie duo jurnalia prope Labinhaga, et affarium Reymundi de Feoment[3] qui fuit, et tria jurnalia terre apud Podium Cralbey, cum .v. solidis quos inde debet solvere annuatim, in festo sancti Michaelis, ei, vel suo mandato. Testes predicti.

348 (*310*). *21 mars 1274*. — *Reconnaissance d'Arnaud de Cousabel.*

Arnaldus de Cousabel. — Item, eadem die, Arnaldus de Cousabel, juratus, recognovit quod tenet in feodum inmediate a domino rege Anglie quicquid habet apud Milhanum cum deverio quod inde debet, sicut unus alius burgensis dicti loci. Item, recognovit quod ipse et Doatus del Causabil tenent similiter ab eo in feodum quicquid tenent de nemore del Perer in parochia de Vidalh et tenemento del Cogutmont, cum una mensura et dimidia utaria [seu] veteri[4] de frumento ad rasum, et una dimidia avene ad mensuram predictam currentem, et uno barili vini .xxiiij. quarteriorum, quos inde debent solvere annuatim, in estate, regi, vel suo mandato. Testes predicti.

349 (*311*). *21 mars 1274*. — *Reconnaissance de Bernon de Casaubil.*

Bernon de Casaubil. — Item, eadem die, Bernon de Casaubil, juratus, recognovit quod tenet in feodum inmediate a domino rege Anglie quicquid tenet de nemore del Perer in tenemento del Cogutmont, cum duabus mensuris utaribus seu veteribus[5], una rasa frumenti et alia avene ad cumulum seu currenti, et .xv. quarterionibus vini puri; que omnia inde debet solvere annuatim, in estate, regi, vel suo mandato. Testes predicti.

350 (*312*). *21 mars 1274*. — *Reconnaissance de Vital de Gauziar et de ses parçonniers.*

Vitalis de Gauziar. — Item, eadem die, Vitalis de Gauziar et Ramundus, filius W., pro eodem patre suo, et Arnaldus, pro se, jurati, recognoverunt[6] quod ipsi et omnes eorum parciarii tenent in feodum inmediate a domino rege Anglie quicquid tenent de nemore del Perer; et debent ipsi inde Vitalis, W., Arnaldus et Petrona, eorum parciaria, unam mensuram rasam frumenti et .xv.

---

[1] Les numéros 345-350 ont été analysés dans *Arch. histor. Gir.*, t. V, p. 286. — [2] Ce *W.* paraît être exponctué. — [3] Ms. *feomt*, avec un trait d'abréviation au-dessus de la lettre *m*. — [4] Ms. *ucoria veteri*; mais voir la note suivante. — [5] La phrase *cum duabus mensuris... ad cumulum* a été reproduite par Du Cange, v° *utareus*, d'après un «Registre des fiefs d'Aquitaine à la Chambre des comptes de Paris marqué JJ rub. fol. 33 v°». — [6] Ms. *recognovit*.

quartones vini solvere annuatim, in estate, regi, vel ejus mandato. Testes predicti.

351 (*313*). *21 mars 1274*. — *Reconnaissance de Vigoros del Honoz et de plusieurs autres* [1].

Vigorosus deu Honoz. — Item, eadem die, Vigorosus deu Honoz, filius Bidonis deu Honoz, Arnaldus deu Honoz et R. de Honoz, jurati, recognoverunt quod tenent in feodum inmediate a domino rege Auglie quicquid tene[n]t de nemore del Perer in tenemento de Cogutmont; et debe[n]t inde omnes insimul quatuor mensuras utares bladi [2], videlicet duas frumenti rasas et duas avene currentes, et .xxxij. quartones vini puri solvere annuatim, in estate, domino regi, vel suo mandato. Testes predicti.

352 (*314*). *21 mars 1274*. — *Reconnaissance d'Élie de Puralh.*

Helias de Puralh. — Item, eadem die, Helias de Puralh, juratus, dixit quod ipse habebat terram et redditus in honore Podii Willelmi [3], de quibus nec ipse nec suum genus non recognoverat aliquem in dominum, nec aliquid deverium inde factum fuerat [4]; paratus enim erat facere quod debet; et ibidem recepit [5] ea in feodum inmediate a dicto domino rege, et promisit inde facere dicto domino regi (*fol. 71 v*) fidelitatem juratam et jus coram eo, et alia deveria communiter debita pro aliis feodis que alii tenent in honore Podii Willelmi [6]. Testes predicti.

353 (*315*). *21 mars 1274*. — *Reconnaissance de Bidon de Gravetlong.*

Vidon. de Gravetlong. — Item, eadem die, Vidon. de Gravetlong, juratus, recognovit quod ipse cum suis consanguineis et cum Sanccio et Guillelmo, nepotibus suis, debet dicto domino regi Auglie unam mensuram utaream [7] et rasam frumenti, et aliam mensuram avene currentem, et .xxxij. quartones vini puri, et .ij. s. Morlan., in festo sancti Geraldi [8], pro nemore del Perer et pro prato quod tenet obliale in tenemento de Cogutmont, solvere annuatim, bladum et vinum in estate et pro capcione, et .ij. sol. Morlan., et pro obliis, in dicto termino, domino regi, vel ejus mandato. Testes predicti.

354 (*316*). *21 mars 1274*. — *Reconnaissance de divers cens dus au roi dans la prévôté de La Réole.*

Census debiti regi in prepositura de Reula. — [1] Item, eadem die, Vitalis de Ffonte Vaqueria, et omnes alii infra nominati, jurati, recognoverunt quod debebant domino regi Auglie deveria infrascripta pro feodis infra expressis que tenebant ab eo in feodum inmediate, videlicet : idem Vitalis, .xij. d. obliarum, pro duabus concatis terre et octava punheria [9] bladi, quod de ipsa terra que est in parochia de Siberto [debet] solvere annuatim preposito de Regula pro rege, vel mandato suo, in eadem parochia in festo Pasche; item, .v. d. obol. de acapte [10] et duodecimam partem preter vendas. Et Petrus de Ffonte Vaqueria debet similiter .xviij. d. obliarum solvere annuatim dicto preposito in dicta parochia et in festo Pasche, pro duabus concatis terre et una pecia prati quas [11] tenet a dicto domino rege, et octavam punheriam bladi terre predicte.

[2] Petrus Sabri de Levinhac debet .vj. d. obliarum solvere annuatim personis et loco ac termino predictis, pro duabus concatis et ennerata [12] terre et una pecia prati quas tenet a domino rege, et octavam punheriam bladi quod inde exierit.

[3] Petrus Geraldi debet .xviij. d. obliarum pro una ennerata terre, sine blado quod inde non

---

[1] Les numéros 351-354 ont été analysés dans *Arch. histor. Gir.*, t. V, p. 287. — [2] Dans Du Cange à l'endroit cité plus haut (n° 349, note 5) : «quatuor mensuras utarinas seu veteres bladi.» — [3] Ms. *Pud. W.* — [4] Ms. *inde factum si dat.* — [5] Ms. *recebit.* — [6] Ms. *Podii W.* — [7] Ms. *ucaream*; voir Du Cange, au même endroit. — [8] La fête de saint Géraud est le 3 octobre. — [9] Ms. *punbria.* — [10] En marge: *.v. d. et ob. de acapte.* — [11] Ms. *que*; le solécisme a encore été répété sept fois. — [12] Ce mot est écrit cinq fois de suite de la même façon, avec le signe de l'abréviation *er* surmontant le quatrième jambage.

debet; idem debet .iiij. d. obliarum pro una concata terre quam cum predicta ennerata terre tenet a domino rege et octavam bladi solvere personis, loco et termino supradictis.

[4] Arnaldus de Labadia debet .iiij. d. ob. et octavam bladi pro una concata terre et una pecia prati quas tenet in dicta parochia, solvere personis[1], loco et termino antedictis.

[5] Guillelmus de Caulorn .viij. d. et octavam bladi pro duabus concatis terre quas tenet ibidem, solvere personis, loco et termino antedictis.

[6] Guillelmus de Saubzac .iiij. d. et octavam bladi pro una concata terre; item, .xvj. d. pro quodam prato, solvere personis, loco et termino antedictis.

[7] Bernardus Guillelmus Garssi, xiiij. d. ob. pro una ennerata terre et una pecia prati; item, .x. d. et octavam bladi pro tribus conquatis terre quas tenet in dicta parochia, solvere personis, loco et termino antedictis.

[8] Guillelmus Baco .xv. d. et octavam bladi, pro tribus conquatis terre et uno prato que tenet ibidem, solvere personis, loco et termino antedictis.

[9] Guillelmus de La Nauza, .iiij. d. et octavam bladi pro una conquata terre; item, ij. d. pro uno prato, solvere personis, loco et termino antedictis.

[10] Petrus de Barra .vij. d. ob. et octavam bladi pro una conquata et quadam enpeusalata seu quarta parte conquate[2], et una pecia prati quas tenet ibidem, solvere personis, loco et termino antedictis.

[11] Reymundus de Ugorn .vij. d. ob. et octavam bladi pro una conquata et una espeusalata terre quas tenet ibidem, solvere personis, loco et termino antedictis; item, idem Reymundus pro Johanne deu Ugorn, fratre suo, recognovit quod idem Johannes debet .iiij. d. et octavam bladi pro una conquata terre quam tenet ibidem, solvere personis, loco et termino (*fol.* 72) antedictis.

[12] Fforto Bacouins .vij. d. et octavam bladi pro tribus enneratis et una pecia prati quas tenet ibidem, solvere personis, loco et termino antedictis.

[13] P. Geraldi recognovit pro Bernoto Geraldo, filio suo, quod idem Bernotus debet octo d. et octavam bladi pro duabus conquatis terre quas tenet ibidem, solvere personis, loco et termino antedictis.

[14] Ffort Abot .iiij. d. et octavam bladi, pro una conquata terre et una pecia prati, solvere personis, loco et termino antedictis.

Harum recognicionum ita factarum, ut superius continetur, sunt teste[s] : Vitalis de Miganh, Galhardus de Podio, Willelmus Vivent, Galhardus de Burdegala et Arn. [d'Arim]bels et Poncius Amati, notarius.

355 (*317*). 21 *mars* 1274. — *Reconnaissance de divers cens dus au roi dans la prévôté de Bazas.*

Census debiti regi in prepositura Vasati. — Item, eadem die, Petrus de Couat et Petrus Faber, procuratores Arnaldi et Fforcii de Brevas, fratrum, Arnaldi de Monteforti, Guillelmi[3] de Queirou, Bernoni de Plan, Petri[4] del Plan et Guillelmi del Plan, Mononii de Camoiaus, Johannis[5] de Angel., Guillelmi del Plan, filii quondam R., Johannis Tapierii, parochianorum parochie de Trez[i]gs, ad hoc dati et constituti procuratores, jurati, recognoverunt quod prenominati omnes, cum eorum parciariis, tenent in feodum inmediate a domino rege Anglie stagiam de Bugeram, cum omnibus terris et pertinenciis ejusdem stagie in parochia de Tresigues, et debent inde .iij. s. Morlan. feodi solvere annuatim apud Vasatum vel apud Bolqueiram, in festo apostolorum beatorum Petri et Pauli[6], preposito dicti domini regis, vel ejus mandato; et super hiis dicti procuratores exhibuerunt quandam cartam pro pupplica scriptam per B. de Rotura, tabellionem, secundum continenciam carte predicte. Testes : W. de Mames, P. de Noilhan, milites, Vitalis Miganh et Willelmus Vivent.

---

[1] Ms. *predicto.* — [2] Du Cange a donné ce passage (au mot *Espeusalata*), d'après le Registre mentionné plus haut, n° 349. — [3] Ms. *Guillelmus.* — [4] Ms. *Petrus.* — [5] Ms. *Johannes.* — [6] Le 29 juin.

356 (*318*). *21 mars 1274.* — *Reconnaissance de divers tenanciers libres du roi dans la paroisse de Saint-Joan-de-Savignac*[1].

Quidam tenenciarii domini regis in parochia Sancti Johannis de Savinhac. — Item, eadem die, Arnaldus de Moulezer et Guillelmus de Lo Lom, procuratores Guillelmi Espan, Petri Bet, Vitalis de Lo Lom, Garcie Arsi, Dujonis Poncii, Guillelmi de Paginaliis, Bliardi de La Casa, Petri d'Artogamala, Vitalis de La Ffargua, Dujonis Arroda, Arnaldi Gueita, Johannis Tuit, Bidonis del Ffort, Hugueti de Savinhac, Petri de Savinhac, R. Abireu, Petri de Campet, Bernardi Presens et Johannis de Trancfort, parochianorum parochie Sancti Johannis de Sivinhac, ad hoc dati et constituti procuratores, prout in quadam carta quam exhibuerunt pro publica, scripta per Petrum d'Agiet, notarium de Regula, secundum continenciam ipsius carte usitatum fuit contineri, jurati, recognoverunt quod prenominati omnes homines sunt liberi domini regis Anglie et tenent in feodum inmediate ab ipso quicquid habent in dicta parochia Sancti Johannis de Savinhac : nemora, plana, culta, ubicumque sint; pro quibus omnibus quisque eorum debet facere dicto domino regi exercitum et cavalgatam, venire ad sua mandata de die et de nocte; debet eciam quisque eorum unam gallinam tradere annuatim, in festo Natalis; nec debent nec possent alienare predicta feoda sine voluntate domini; et crediderunt quod, si contingfer]et aliquod vendi cum voluntate domini, quod dominus debet inde habere vendas, et habeat. Eandem recognicionem predicti Arnaldus de Moulezer[2] et Willelmus de Lelom fecerunt eciam de omnibus hiis que teneba[n]t in parochia supradicta. Ipsi Arnaldus et Guillelmus recognoverunt insuper quod tenent similiter a dicto domino rege in parochia de Bissano[3] unam peciam vince et usque ad medium jurnale terre, et quicquid habent apud Pontem deauratum[4]. Item, predictus Johannes de Terraforti, juratus, fecit eandem recognicionem quam dicti procuratores fecerunt pro eo ibidem, pro omnibus que idem Johannes habet in dicta parochia de Savinhac[5], et adjecit (*fol.* 72 v) quod debet turri de Regula duodecim denarios solvere annuatim in festo sancti Martini yemalis. Testes predicti.

357 (*319*). *21 mars 1274.* — *Reconnaissance de Bertrand de Beauville et de ses frères*[6].

Recognicio Bertrandi de Bovisvilla et fratrum suorum; et ibi loquitur de facto de Limolio. — Item, eadem die, Bertrandus de Bovisvilla, domicellus, juratus, recognovit quod ipse et sui fratres : R. de Bovisvilla, archidiaconus Agenensis, et Bernardus de Bovisvilla, canonicus Petragoricensis, tenent pro indiviso in feodum inmediate a domino rege Anglie castellarium de Sancta Gemma[7], cum parochiis de Nuron, de Montchac et de Curiis, et alio honore; item, pedagium terre quod percipitur[8] apud Regulam; item, eandem parochiam de Nuron in qua est bastida; item, Laudarroatum et parochiam de Larrera, parochiam de Las Clotas, de Balaiagas, de Dioulivol[9] cum pertinenciis, parochiam Sancte Columbe[10] et quicquid habet alibi in diocesi Vasatum. Et pro hiis omnibus ipse Bertrandus et sui fratres debent obsequium exercitus cum uno milite, quando dictus dominus rex mandabit eis exercitum in castro de Duras et alia terra faciet exercitum. Preterea, recognovit dictus Bertrandus, pro se et dictis fratribus suis, quod ipsi tenent in feodo inmediate a domino rege Anglie predicto quicquid habent in Bajanesio et Marmontesio et pertinenciis, et medietatem dominii de Limolio quam tenebant; item, Allugasendres, Paunatz, Sanctam Alvieram, Alaus; item, medietatem parrochie de Cussac et plures alias parochias in honore de Limolio. Item, tenent similiter a domino rege quicquid habent alibi in diocesi Petragoricensi. Et [pro] omnibus predictis dixerunt quod habebant, ipse et sui fratres, magnam justiciam et parvam. Et pro hiis omnibus supradictis que sic tene[n]t a dicto domino in diocesi Petragoricensi, ipsi fratres, salvo

---

[1] Anal. *Notices et extraits des mss*, t. XIV, p. 344. — [2] Ms. *Velozei.* — [3] En marge, d'une main du xvi[e] siècle : *La Bessane.* — [4] Ms. *Pontum dealtat;* en marge, de la même main : *Pontem deauratum.* — [5] Ms. *Sauhag.* — [6] Anal. Arch. histor. Gir., t. V, p. 288. — [7] Ms. *Sancta Genua.* — [8] Ms. *percipiatur.* — [9] Ms. *Dioulo vel.* — [10] Ms. *Sancte Columbes.*

15.

quod domina Marquesia, uxor Guillermeti Fferiolli, habet partem suam in Bajonesio et Marmontesio, debet,[1] dicto domino regi homagium ligium et fidelitatem juratam. Testes predicti.

358 (320). *21 mars 1274. — Reconnaissance de divers cens dus au roi dans la prévôté de La Réole* [2].

Census debiti regi in prepositura de Regula. — Item, eadem die, Galhardus del Cau, filius Bernardi [3] del Cauz, et Geraldus del Cauz, filius Reymundi del Cau, et Petrus del Cau, filius Bertrandi del Cau, pro se et Petro de Cau, qui fuit, jurati, recognoverunt quod tenent in feodum inmediate quicquid habent in parochia de Podio Barbatz et in parochia Pontis Deaurati et in parochia de Maderach, exceptis vineis quas dixerunt se nunc tenere [4] in parochia de Maderac; unam partem a Geraldo de Pinsac, milite, aliam partem ab ecclesia de Maderac, aliam partem a filia que fuit Sercii de Castet, militis; exceptis casali [5] de Lagrava, quod movet a Galhardo de Pinsac, milite, et vinea de Ffreisse, que movet de Deu Bedun, et uno alio casali quod [6] est prope bo[c]riam de Moissac, et una pecia terre quam tene[n]t in eadem parochia de Maderac ab Arnaldo de Rusan, notario de Lengonio. Item, tenent ab eodem domino rege quicquid habent [apud] Castrum Andorta et in honore, exceptis duabus domibus infra castrum que movent ab Amaneo de Pomeriis, et duobus sol[i]s seu plateis que movent a genere de Castet. Et pro hiis omnibus supradictis que sic tenent a dicto domino rege, debent eidem .xx. solidos monete currentis communiter Burdegale, quos debe[n]t deferre ad turrim de Regula et ibi solvere per se ipsos vel eorum nuncios annuatim, in festo sancti Martini. Debent eciam eidem facere fidelitatem juratam, et jus coram eo, et vendas [7] persolvere, si aliqua de predictis vendantur. Testes predicti.

359 (321). *21 mars 1274. — Reconnaissance de l'hôpital de Pontdaurat* [8].

Recognicio hospitalis Pontis Deaurati. — Item, eadem die, Galhardus de Burdegala et frater Vitalis de Lengonio, jurati, recognoverunt pro hospitali Pontis Deaurati, et quod illa bona que ipsi habent temporalia in diocesi *(fol. 73)* Vasatensi habent ex elemosinis a personis devotis Deo, mortuis atque vivis, in remissionem suorum peccaminum misericorditer sibi factis usuique pauperum ibidem degencium dedicatis; et ita diucius possederunt [9] pacifice et quiete, nec aliud jus ordinarium sive extraordinarium fuerunt facere aliquo tempore assueti illustri domino regi vel suis, nisi ipsum, uxoremque suam atque familiam et alios benefactores suos suis vigiliis, elemosinis et oracionibus commendare. Et fuit data dies ipsis Galhardo [10] et fratri Vitali ad certificandum se super predictis dies Lune post octabas instantis Pasche Domini [11], apud Longenium. Testes predicti.

360 (322). *21 mars 1274. — Reconnaissance de Gaillard Durcan, de Langon.*

Galhardus Durcan de Longonio. — Item, eadem die, Galhardus Durcan de Langonio, juratus, recognovit quod ipse [12] et Caritor, sua uxor, tenent in feodum inmediate a domino rege Anglie, racione Bernardi de Bovisvilla, qui fuit, totam illam domum que est in loco vocato in vico Sancti Gervasii de Longonio, cum .ij. solidis census quos inde debet solvere annuatim, in festo Natalis Domini, et .ij. denariis sporle [13] in mutacione domini. Tantum [14] de predictis duobus solidis census ipsi persolverunt quolibet [anno] medietatem, s[c]ilicet .xij. d. Guillemus de Bovisvilla [15]. Item, tenent similiter ipsi conjuges a dicto domino rege, racione dicti Bernardi, .xviij. arreas terre in parochia Sancti Petri de Monte, cum .iiij. d. Morl. quos inde debe[n]t solvere annuatim in festo sancti Laurencii, et .ij. d. Burdeg. de sporla in muta-

---

[1] Ms. *debeat.* — [2] Anal. Arch. histor. Gir., t. V, p. 288. — [3] Ms. *Bernardus.* — [4] Ms. *quas dixit nunc se nunc tenere.* — [5] Ms. *casalis.* — [6] Ms. *que.* — [7] Ms. *vendis.* — [8] Anal. Arch. histor. Gir., t. V, p. 289. — [9] Ms. *possiderent.* — [10] Ms. *Galhaldo.* — [11] Lundi 9 avril 1274. — [12] Ms. *ipse tenet.* — [13] En marge : *.ij. d. de sporla.* — [14] Ms. *tm.*, avec une abréviation; de même encore à la fin de l'acte. — [15] Phrase altérée par le copiste.

cione domini. Tantum dicti conjuges persolverunt dicto Guillelmo de Bovisvilla medietatem dicti census .iij. d. Morl. Testes predicti.

361 (323). 21 mars 1274. — *Reconnaissance de Guillaume Lafont et de plusieurs autres bourgeois de Caudrot pour le bourg de Caudrot* [1].

Recognicio Guillelmi de Fonte et quorumdam aliorum. — Item, eadem die, Guillelmus de Ffonte, Vitalis Auriol et Vitalis Edon, qui venerant ad mandatum domini regis Anglie pro se et burgensibus de Causdroto, ut dixerunt, recognoverunt quod ipsi debebant dicto domino regi exercitum quando homines de Regula faciebant, et erant de eorum baneria, et quod dominus rex habebat magnam justiciam super eos. Testes predicti.

362 (324). 21 mars 1274. — *Reconnaissance personnelle de Guillaume Lafont.*

Item, eadem die, W. de Ffonte, qui manet apud Causdrotum, juratus, recognovit quod tenet in allodium liberum sub dominio domini regis Anglie quicquid habet de camino seu de itinere mercadili usque ad Garonam, apud Causdrotum, exceptis sex domibus et tribus casalibus et una stagia que tenet ibidem ad archiepiscopo Burdegalensi et priore Causdroti. Testes predicti.

363 (325). 21 mars 1274. — *Reconnaissance de Vital Auriol de Caudrot* [1].

Vitalis Aurioli de Causdroto. — Item, eadem die, Vitalis Aurioli, qui manet apud Causdrotum, juratus, recognovit quod ipse et Bernardus Auriollus, suus frater, tenent in allodium liberum, sub dominio domini regis Anglie, .x. deneratas [3] vinee in honore de Gironda, et .xij. sadones terre in parochia Sancte Petronille, et .ix. sadones terre in parochia Sancti Petri de Cassiol. Testes predicti.

364 (326). 21 mars 1274. — *Reconnaissance des tenures possédées par divers habitants de Bouglon et des obligations dont ils étaient tenus envers le roi d'Angleterre.*

[*Recognicio*] *deveriorum de Boglonio* [4]. — Item, eadem die, Sancius [2] Amaneus, miles, Petrus Escuder, presbiter, Reymundus W. de Argenten et Arnaldus de Ros, procuratores universitatis proborum hominum de Boglonio, prout hoc visum fuit contineri in quodam instrumento per Petrum de Lar, notarium Castri Gelosii [6], recepto, secundum ipsius instrumenti continenciam, cum ipsi procuratores ad infrascripta pro eis agenda insufficientes viderentur [7], ipsi Sancius Amaneus, P. Escuder, R. W., et Arnaldus [de] Ros [8] dederunt fidejussores Geraldum Asserit, P. Mesalha, Senherionum de Lobenx, Arnaldum de Monte longo, Amaneum [9] d'Auriola, Bernardum [10] Marquesii, Johannem [11] de Cantiran, quod universitas de Boglonio et omnes persone infrascripte nominatim habebunt gratam et ratam recogicionem quam dicti procuratores facient de feodis que (*fol. 73 v*) [tenent, et] ipsi procuratores vel eos constituentes et persone inferius nominate et predicti fidejussores omnes et quilibet in solidum se super hoc obligarunt, sub omni renunciacione et cautela. Et, hiis prebabitis, dicti Sancius, P. Escuder, R. W. et Arnaldus debent se super hoc similiter obligare. Recognoverunt spontanee et concesserunt quod omnes persone inferius nominate sunt feodotarii domini regis Anglic et ducis Aquitanie de feodis infra expressis que tenent ab ipso inmediate et cum deverio infrascripto: videlicet Guillelmus de Sargas, Arnaldus Bernardi de Lados et Marquesius quicquid habent in parochia Sancti Petri de Caurenac; item, feodum Petri de Lare, feodum Johannis Emolini, feodum Petri de Saubeus, feodum Willelmi Samart, feodum de La Salebert; item, in parochia de Covenhan, quicquid habent et tenent

---

[1] Anal. *Notices et extraits des mss*, t. XIV, p. 386. — [2] Anal. *Arch. histor. Gir.*, t. V, p. 289. — [3] Ms. *deneratos*. — [4] Ici et une fois encore dans le texte (ligne 5), il y a au ms. *de Longonio*; mais ligne 16, et partout ailleurs ensuite, il y a *Boglonio* ou *Boglonium*, qui est la bonne leçon. — [5] Le mot est écrit *Sanceus* et *Sanccius*. — [6] Ms. *Castri Gelesii*. — [7] Ms. *cum ipsum procur. ad infrascripta pro eis agenda insufficiens videretur*. — [8] Ms. *Arnaldus Bos*. — [9] Ms. *Amaneus*. — [10] Ms. *Bernardus*. — [11] Ms. *Johannes*.

118   RECOGNICIONES FEODORUM IN AQUITANIA.

Johannes de Cantiran [et ?] de Lapiac Aboras, de camino insursum apud Bassac et apud Ffiguers; item, quicquid habet Petrus Bacana cum suis parciariis in dictis locis; item, quicquid habet Oliverus de Rembers apud Boras et quicquid habet Bernardus de Nairies apud Ffiguers, quicquid habet Arnaldus Bernardi de Pinssac apud Boras, apud Rassac, apud Ffiguers et apud Ffontelli; quicquid habet Guillelmus Arnaldi de Bosco et sui parciarii apud Ffiguers, excepto feodo Templi; quicquid habet Petrus de Suiguers cum suis parciariis in dicta parochia; quicquid habet Donatus W. de Suiguers cum suis parciariis apud Suiguers; item, quicquid habet R. Garcias de Sancto Salvatore, Bertrandus de Angelis, R. Furti de Lados et Bernardus de Mota apud Suiguers, apud Garra, apud Boglonium Vetus et apud Boglonium; quicquid habet Guillelmus Arnaldi de La Roqua apud Suiguers, stagia de Pisguiraut; item, quicquid habent Seguinus et Blanca, neptis sua, W. R. de Sancta Matha et sui consanguinei in parochia de Garin et Sancti Stephani de Boglonio; quicquid habet Senheronus del Espict apud Ffroncent; quicquid habet Jordanus de Navarca apud Ffontaet; quicquid habet Ricardus de Mazerus apud Samadetum; quicquid habet Geraldus Escuder apud Armases; quicquid habe[n]t Petrus de Laulenx et Arnaldus Bernardi de Lan apud Ffoncent, apud Godz et apud Alan, ipsi et eorum parciarii, salvo dominio castri; quicquid tenet Bertrandus de Cavomonte a Vitali Fabro; quicquid habet idem R. W. d'Argenton apud Boglonium, apud Siguers et apud Boglonium Vetus [1], excepta una domo pro qua debet R. B. de Gallano .iij. d. Morlan. census; quicquid habet Galharda de Ecclesia, uxor dicti Geraldi Asserit, apud Boglonium intus et extra; quicquid [tenet] Amaneus d'Aureolla predictus [2] pro Jordana Grimoardi, uxore sua, apud Boglonium intus vel extra; quicquid habet idem Arnaldus de Ros et sui nepotes apud Boglonium et apud Argenton, exceptis medio solo domus qui movet seu tenetur a Bertrando de Cavomonte et uno cirali quod tenetur a Geraldo Assi; quicquid habet Arnaldus de Monte Segeu apud Boglonium, excepta [3] domo in qua manet, que movet a Guillelmo Arnaldi de Tantalou; quicquid habet Ffolguetus de Moupin apud Boglonium Vetus; quicquid habuit B. de Saviac Sevin et frater ejus in parochia Boglonii Veteris; quicquid habent W. R. de Castas et Vasiata de Castas apud Boglonium Vetus; quicquid habet Galhardus de Sancto Lupercio apud Boglonium et apud Alonum, exceptis feodo et domo que tenet [4] ab aliis dominis; quicquid habet Petrus Grimoardus apud Boglonium et apud Cavenhan, exceptis que tenet [5] a Bertrando de Cavomonte; quicquid habe[n]t Petrus de Pins et Centullus, suus nepos, apud Boglonium et apud Boglonium Vetus; item, .ij. s. Morl. quos habet de censu Bernardus Escuder [pro] una pecia terre, feodum Donati d'Assi, feodum de Varlaor, feodum de La Faringua, feodum de Parablenqua; item, quicquid habet Bernardus (fol. 74) Rivens cum suis parciariis apud Garin; item, quicquid [apud] Samadir Bauric et Alareg; item, quicquid habet Bertrandus Mezalba apud Ffontem et apud Gaisun, oblie, terre et nemora; item, quicquid habet Doatus de Ros apud Boglonium, excepta media domo; item, quicquid habet Petrus de La Ffragia, pro se et pro uxore sua, apud Boglonium vel apud Garin, exceptis quibusdam feodis que tenet a Bertrando de Cavomonte; item, prata que Willelmus Mezalba habet apud Boglonium et terra vocata de Lavenbonhauca et oblie; item, terre quas Arnaldus Armesses et sui parciarii similiter tenent inde; item, quicquid habet Johannes de Tilh apud Boglonium; item, terre, vince et oblie R. de Masur, terre, vince et oblie Arnaldi de Darbaor, terre, vince et oblie Guillelmi de La Fozia et Marie de Sancto Quintino, feodum de La Serga; item, terre, vince et oblie Bertrandi de Samason et Ramundi de Samazan; item, terre, vince, nemora Guillelmi de Ecclesia; item, terre, vince et oblie Arnaldi de Ladils et unum solum domus apud Boglonium; item, terre, vince, nemora et prata Petri Masalha et Senheroni de Lobenx, et quod tenent apud Gors, et oblie; item, quicquid habet Garcias de Lan apud Garin, feodum

---

[1] Ms. *Boglonium veterem*. — [2] Ms. *predictis*. — [3] Ms. *exceptis*. — [4] Ms. *tenent*. — [5] Ms. *tenent*.

de La Casa; item, terre, vinee et nemora Vitalis de Casa; item, .ij. s. Morl. census Petri de Samazan; item, quicquid habent Vitalis Escuder et suus nepos apud Boglonium Vetus; item, quicquid habet Petrus Mazalha apud Boglonium, exceptis duabus peciis vinee et uno solo domus, que tenet a R. B. de Galans, feodo de Talhacavat et toto eo quod tenet apud Cavenhan a Bertrando de Cavomonte, et exceptis domibus quas[1] habet infra castrum de Boglonio et una pecia vinee, domibus eciam aliis quas tenet infra castrum et extra a Guiraldo Assarit; item, exceptis aliis duabus peciis vinee quas tenet ab Arnaldo Bernardi de Pins; item, una pecia de trilha quam tenet a Centullo de Pins; item, una pecia vinee quam tenet a Fasdina Lespateuga; item, terre et oblie Ramundi Balhac apud Rassac et apud Suiguers; item, .ij. s. Morl. census Johannis Barbeiador; item, quicquid Maria de Garin [habet] in parochia Boglonii Veteris; item, quicquid habent R. de Cavesola et Garcias de La Folia apud Armases; item, quicquid habe[n]t R. de Vairon et sui parciarii in parochia d'Armases; item, una pecia vinee et alia pecia terre quas habet Petrus apud Armases et in honore; item, due pecie vinee quas habent R. Escuder et Willelmus de Masselan apud Armases; item, terre et nemora Bidonis de Vivan; item, terre et vinee Willelmi de La Fossa et suorum parciariorum; item, terre Petri Cogot et Petri de Forno Garcia; item, stagia de Monte Coguto et Arnaldi de Montelongo apud Bosonum; item, quicquid habet Willelmus Vivens de Suigueris, d'Armases, d'Argenton et de Boglonio Veteri, excepta una vinea quam tenet ab uxore Amanevo et una pecia terre quam tenet ab uxore Raymundi Furti de Lados, et medietate unius domus et unius casalis, et una pecia terre quas tenet ab uxore Geraldi Asserit; item, quicquid habent[2] Arnaldus de Molent et ejus uxor Fercia et Argenton in parochia Boglonii intus et extra; item, terre Bernardi Labart apud Cavenhan; item, oblie Johannis de Cornados in eadem parochia de Cavenhan; item, terre et vinee Petri Fforced apud Boglonium Vetus et apud Rassac; item, quicquid habet Guillelmus de Mezelha apud Boglonium et in honore, exceptis que tenet ab Amenetis, racione suorum filiorum, et a Geraldo Assarit et Guillelmo Arnaldi de Tantalon et a R. Bernardi de Gelas et a domino de Cavomonte; item, quatuor solidi obliarum quos Blanca de Lobenx, uxor Sancii Amanei, habet in parochia de *(fol. 74 v)* Sigurs et tres oboli quos habet in parochia de Gotzs[3] et terre, nemora, que ipsa et Arnaldus de[4] Gruncionca habent in eadem parochia de Gotzs. Omnes persone prenominate sunt et debent esse de predictis feodis que habent et tenent vel tenentur ab eis qualitercumque in predicta parochia de Sigueris, apud Fontelli in parochia de Garin, et apud Boglonium Vetus, et apud Boglonium Fortacabet, apud Samadetum[5], et apud Armases in parochia de Argenton, in parochia de Godz et apud Alanum, apud Ffrontemi et apud Caysun et apud Basonum et locis predictis, sint[6] terre, vinee, nemora, prata, pascua, oblie, census, domus, stagie, aque, molendina vel molendinaria, aut queque alia, quocumque nomine censeantur[7], feodotarii inmed[iati] et eorum antecessores fuerunt domini regis Anglie et suorum antecessorum; et debent pro predictis omnibus in hoc instrumento puplico superius tactis et expressis, ac quibusdam aliis que similiter predicti procuratores dixerunt teneri in feodo inmediate a domino rege Anglie sub isto eodem deverio (tamen, de eis non recordebantur ad presens) prefato domino regi, racione sui ducatus Aquitanie, unam commestionem apud Argenton in mutacione domini, eidem cum centum militibus, de pane, vino, carnibus bovinis et porcinis, cum caulibus et cinapi; item, de gallinis assatis cum oniunibus seu sepe et agresto, sine feno[8], sine avena et sine candelis. Debent omnes ipsi jus facere in manu ejus, sicut domini, de omnibus supradictis. Horum omnium premissorum sunt testes : Petrus de Novelhano, miles, Bernardus de Montecoguto et Ramundus Cosyn de Vasato, B. de Mames, Grimoardus de Monberto,

---

[1] Ms. *que* (quatre fois). — [2] Ms. *habeant*. — [3] Ms. *Gretzs;* mais voir quinze mots plus loin. — [4] Ms. *ac*. — [5] Ms. *Ffamadetum*. — [6] Ms. *fuit*. — [7] Ms. *quecumque nomine senseantur*. — [8] Ms. *fone*.

ffrater W. de Neriaco, monachus Condomii[1], Petrus de Vincolis, presbiter de Causdroto, et Poncius Amati, notarius.

---

365 (327). *Blanquefort, 15 mai 1270.* — *Vente de la moitié du château et de l'honneur de Blanquefort au prince Édouard par Alaide, dame de Blanquefort, avec le consentement de son mari, Bernard Trencaléon*[3].

Blanquaffort[3]. — Omnibus presentes litteras inspecturis, tam presentibus quam futuris, Rogerus de Leyburnia, vices gerens domini Edwardi in Vasconia, salutem in Vero Salvatori. Notum facimus universis quod in nostra presencia constituti domina Aladis, domina de Blancafort, et Bernardus Trenchaleo, vir suus, unus[4] ipsorum cum voluntate et assensu alterius, de sua bona et libera voluntate, pro se et heredibus seu successoribus suis, vendiderunt, quitaverunt et concesserunt inperpetuum predicto domino nostro Edwardo et heredibus seu assignatis suis medietatem castri de Blaucafort[5], cum honore et baronnis et dominiis predicti castri medietatem contingentibus seu pertinentibus, et omnibus suis redditibus et deveriis, quecumque sint vel esse debeant, sicut sunt : homines, prata, pascua, molendina, molendinaria, justicie, census, sporle, queste, homagia, nemora, decime, aggrerie, et cum omnibus et singulis rebus aliis predicte medietati et dominio castri in ipsa medietate afferentibus[6] et pertinentibus, et que possunt vel debent aliquatenus pertinere[7], quecumque sint et quocumque nomine censeant[ur], necnon et quicquid juris vel racionis dicta domina et vir ejus predictus habebant vel habere debebant, simul vel separatim, in medi[et]ate castri superius annotati cum pertinenciis ejusdem. Et de ipsa medietate castri cum suis pertinenciis superius expressatis et aliis pertinendis vel expressandis, predicta domina Aladis, cum assensu dicti Bernardi Trenchaleonis, viri sui, et idem vir suus, cum voluntate domine predicte, pro se et heredibus suis, posuerunt et miserunt in veram et corporalem possessionem predictum dominum Edwardum, et eundem dominum Edwardum fecerunt et constituerunt verum dominum et certum in omnibus possessorem, nulla retencione eis vel suis in toto vel (*fol. 75*) in parte facta aliquatenus in premissis. Promiserunt insuper dicta domina et dictus vir suus, de medietate castri predicti cum honore et baronnis, justicia et aliis pertinenciis suis cujuscumque condicionis existant, et eciam de jure et accione seu racione eis in ipsa medietate[8] castri cum suis pertinenciis competentibus vel competituris, de quo presens littera fuit facta dicto domino et heredibus seu assignatis suis, portare bonam et firmam de omnibus imparatoribus garentiam, exceptis tamen et formissis de presenti vendicione hominibus et tenementis predicte domine olim datis in maritagio, in parochia de Kantenac, a parentibus suis, priusquam ad manum ipsius domine dicti castri medietas eveniret. Sciendum autem est quod [in] hujusmodi vendicione et gurpimento dicta domina Aliadis et vir suus predictus usumfructum medietatis predicti castri de Blancaford cum suis pertinenciis in ipsa medietate retinuerunt, ad vitam suam vel alterius ipsorum superviventis. Et nos, predictus dominus Rogerus de Leyburna, vice et nomine nostri domini supradicti, pro fidelibus serviciis que dicta domina et predictus vir suus predicto domino nostro et suis hactenus impenderunt, dedimus et concessimus[9] eisdem domine Aladi et Bernardo Trencaleoni usumfructum alterius medietatis castri predicti cum omnibus deveriis et dominiis et deveriis ad aliam medietatem pertinentibus, habendum et tenendum et possidendum dicte domine et viro suo predicto usumfructum tocius predicti castri, cum dominio, homagiis,

---

[1] Ms. *Candomii.* — [2] Publ. *Notices et extraits des mss*, t. XIV, p. 453. — [3] En marge, d'une main du xvie siècle : «1270. *Videndum.*» — [4] Ms. *unius.* — [5] En marge, les deux annotations suivantes, qui paraissent écrites au xvie siècle : «*Videsis inferius homagium alie medietatis f° ix[xx].vj*»; «*La semblable lettre est r[épét]ée ou livre de Guienne marqué* B, *f°* cxix. v°.» La première de ces annotations renvoie à notre ms. où le fol. ix[xx].vj. est aujourd'hui clxxviij. Voir plus loin, n° 667 (627). — [6] Ms. *affirentibus*. — [7] Ms. *et posse vel debere aliquatenus pertinere*. — [8] Ms. *inmedietate*. — [9] En marge : *Nota bene dictam concessionem*.

hominibus, pratis, pascuis, molendinis, molendinariis, justiciis, censibus, sporlis, questis, nemoribus, decimis, aggreriis et universis suis pertinenciis ad vitam ipsorum [1] et cujuslibet ipsorum superviventis; ita tamen quod predictus dominus Edwardus, seu aliquis pro eo, dictam dominam seu dictum virum suum, seu alterum ipsorum superviventem de usufructu dicti castri cum honore, baroniis, justicia et rebus seu dominiis ad dictum castrum spectantibus non debet, casu aliquo vel negocio, aliquatenus dissadire; immo debent et tenentur dictus dominus et sui predictum usumfructum et explectum dimittere et facere habere dicte domine et viro suo predicto et utrique ipsorum superviventi pacifice et quiete, et ferre eisdem bonam et firmam de omnibus emparatoribus garentiam, et auxiliari et valere de se ipso et suis senescallis [2] et ballivis suis et omnibus aliis qui, durante vita sua vel alterius ipsorum superviventis [3], eis in predictis vel aliquo predictorum inferrent vel inferre procuraverint aliquam injuriam vel gravamen. Tamen, dicti vir et uxor, durante vita sua vel alterius ipsorum superviventis, non debent nec possunt, per se vel per alios, aliquod facere vel impetrare propter quod castrum predictum et omnia predicta, post eorum obitum, ad dictum dominum Edwardum et suos, sine impedimento a parte ipsius domine vel sui viri predicti premissis vel alicui [4] premissorum posito, non valeant revenire. Hanc autem vendicionem concesserunt et fecerunt dicta domina [et] vir suus predictus sub forma superius annotata predicto domino Edwardo et heredibus seu assignatis suis, pro decem milibus libris monete Burdegalensis quas ei[s] solvimus et tradimus de pecunia nostri dominii supradicti, de qua [5] pecunie quantitate se tenuerunt plenarie per solutos et per pacatos. Promiserunt eciam dicti vir et uxor supra sacrosancta Dei euvaugelia fide prestita corporali, se contra hujusmodi vendicionem vel aliquod premissorum, aliqua arte vel ingenio, jure seu

facto vel alias imposterum non venturos. In quorum testimonium dicta domina Alaïd et Bernardus Trencaleonis, vir suus, presentem cartam sigillis suis patentibus sigillarunt. Et nos, ad eorum instanciam, sigillum nostrum in presenti carta duximus apponendum. Testibus : domino Amaneo de Labreto, Arnaldo Willelmi Aimerici, Bernardo d'Alhan, domino Bruno de Sadia (*fol. 75 v*), milite, Helia Carpentarii, Willelmo Gaugerii, magistro Willelmo de Rama, canonico Sancti Severini [6] Burdegalensis, domino Ffortanerio de Cazanova, majore Burdegale, magistro Helia Moynere, qui sigilla sua presenti carte apposuerunt, ad instanciam utriusque partis, in testimonium premissorum. Et super hoc facta sunt duo [7] paria litterarum, quorum unum par remanet penes dominum et aliud par penes conjuges supradictos. Datum apud Blancafort, die Jovis ante Ascencionem Domini, anno ejusdem millesimo .cc°. .lxx°. Et nos, Rogerus de Leiburna, vice et nomine dicti domini nostri, juravimus ad sancta Dei evangelia predicta omnia et singula compleri. Datum ut supra. Et istud instrumentum est in custodia Arnaldi Willelmi Aymerici.

366 (328). *24 décembre 1276.* — *Défaut prononcé par la cour de Gascogne à Langon contre Arnaud Bernard de Lados, chevalier, Arnaud Bernard de Lados, damoiseau, son fils légitime, et Pierre de Lados, son fils bâtard, accusés d'avoir tué Pierre Gaston* [8].

Deffectus contra Arnaldum Bernardi de Lados, militem, et filios suos, accusatos de morte P. Gaston. — Conoguda causa sia que, l'an de la grace Nostre Senhor Jhu Xpist millesimo e .cc°.lxx°. e.vj., la vespre de la Natiuitat de l'an medies, lo senhor En P. Aman. de Pomeis, cauoir, En Bibian Bonfilz [9], tenentz [10] la justice de Lengon, ad aisso deputat e auantsader del noble senhor En Lucas de Thanay, senescau [11] de Gasconie, segont que apparet per la

---

[1] En marge : *Nota ad vitam*. — [2] Ms. *et suis et senescallis*. — [3] Ms. *ipsorum et superviventis*. — [4] Ms. *aliquo*. — [5] Ms. *quibus*. — [6] Ms. *Sancti Severii*. — [7] Ms. *dua*. — [8] *Anal. Notices et extraits des mss*, t. XIV, p. 438. — [9] Ms. *Bibian Baufilz*; un peu plus loin : *Biban Bonfilh*. — [10] Ms. *tenementz*. — [11] Ms. *senescaul*; partout ailleurs le mot est abrégé : *sen*.

lettre patente sagerade del saget de la court de Gasconha, comp[ar]oiren a Lengon per devant min, Arn. d'Arborsan, comun notari de quera medissa vila, en deuant les test[i]monis en aquesta carta plus bas escriutz, e i demoreren [1] entro a la hora de vespres, per vezer si N'Arn. Bernard de Lados [2], cauoirs, ni Arn. Bern. de Lados, donzeds, ses filhs, ni P. de Lados, filh bord del dit N' Arnaud Bern. de Lados, cauoir, viren al dreit per deuant ledit senescau o son loctenent en la vile de Lengon; al qual loc e al qual jorn l'auantdit senhor En Lucas, senescau de Gasconha, les aue fetz [3] cridar que fossen e vengossen, segont que il medess En P. Aman. e'N Bibians dicharen, a respondre e estar a dreit de la mort de P. Gaston, don [4] eran nominat et aperat. Alqual jorn lo auantdit N'Arn. Bernard de Lados, cauoirs, ni Arn. Bernard, ses filhs, ni P., ses filhs bord, ni vengoren ni compariren, ni hom [5] per lor, deuant les medess En P. Aman. ni En Bib[i]an Bonfilh, estantz e tenentz loc de l'auantdit senescau, quant ad aqued cas; don lo mediss [6] En P. Aman. e'N Bibians Bonfilh les tengoren per defalhit, quant [ad] aquet jorn; [els feron cridar a la crida de Lengon que a la octaua d'aqued mediss jorn] [7] vengossen e comparissen [8] par deuant ledit senescau a Lengon o deuant son loctenent a respondre e estar a dreit de la mort l'auandeit [P. Gaston; ed aisso lo mediss En P. Aman. arequero a min, auantdit notari, de las parts de l'auantdeit] senhor senescau, carta de mon office de testimonage; laqual carte e [9] laqual arequeste jo ei mes en la publialh [10] forma, en la maneira que en aqueste present carta es contencut. Testes : En Galhard de Lengon, En P. de Lengon, ses cosins, En R. W. de Lengon, N'Arn. [11] Bener, En Bern. de Lamota, En Ram[on] de Laporta, En Bern. Flama, En W. Blanquet, R. de Sales, Guirald de Cabanas, En P. de Lengon, filh qui fo d'En Forts;

e jo, auant diz Arn. d'Arbussan, qui, a la pregaria dels auanditz En P. Aman, En Bibian Bonfilh, ei notat aquesta carta en mon papir, laqual carta Vidal del Drau, escriuans jurats sotz min en la office de la cartalaria de Le[n]gon, escriuo per commandement de min. Actum dicta die, in vigilia Nativitatis Domini, anno ut supra. Regnante Edwardo, rege Anglie [12], Guillelmo, episcopo Vasatensi.

367 (329). *31 décembre 1276. — Second défaut prononcé contre Arnaud Bernard de Lados, chevalier, et ses deux fils.*

Secundus deffectus. — Conoguda causa sia que, l'an [13] de la grace Nostre Senhor [m. cc. lxx. vj], la vespre de l'an neu [14], En P. *(fol. 76)* Aman. de Pomers, cauoir, qui diss que era per sin e en nom e en persona d'En Bibian Bonfilh, fo et comparei a Langon par deuan min, Arn. d'Arbussan, comunal notari de quele medisse vile e deuant [15] les testimonis en aquesta carta plus bas escriutz, e i demored entro a la hora de vespres, per veizer si N'Arn. Bern. de Lados, cauoir, ni Arn. Bern. de Lados, donzed, ses filhs, ni P. de Lados, filhs bord [16] del dit N'Arn. Bern. de Lados, cauoir, viron al dreit a Lengon sobre la querele de la mort P. Gaston [17], don eran acusat; alqual jorn lo auantdit N' Arn. Bern. ni lo deit son filhz ne vengoren [18] ni compariren, ni hom [19] per lor, par deuant lo mediss En P. Aman. per sin è per l'auantdits En Bibian Bonfilhz, estantz e tenentz [20] loc del senhor En Lucas de Tany, senescau de Gasconhe, quant ad aqued cas [21]; don [22] lo mediss En P. Aman. les tengo [23] per defalhidz quant ad aqued die; els fedz [24] cridar a la crida de Lengon que a la ottaua de [a]qued mediss jorn comparissen a Lengon par deuant lodit senhor senescau o son loc tenent a respondre [e] estar a dreit de la mort de l'auandit

---

[1] Ms. *douereren.* Voir l'acte suivant. — [2] Ms. *Las dos.* — [3] Ms. *las aue fetez.* — [4] Ms. *dau.* — [5] Ms. *hom.* — [6] Le scribe a mis tantôt *mediss,* tantôt *medess.* — [7] Les mots entre crochets ont été restitués à l'aide de l'acte suivant. — [8] Ms. *comparisson.* — [9] Ms. *a.* — [10] Ms. *bublialh.* — [11] Ms. *Naren.,* avec un signe d'abréviation. — [12] Ms. *regni Edwardi reg. Angl.* — [13] Ms. *la au.* — [14] Ms. *de Lun nuu.* — [15] Ms. *divant.* — [16] Ms. *abord.* — [17] Ms. *de la mar e P. Gascon.* — [18] Ms. *ni lui deit son filhs en vengoren.* — [19] Ms. *en hom.* — [20] Ms. *tenentez.* — [21] Ms. *quant e aqued cas.* — [22] Ms. *de.* — [23] Ms. *tenge.* — [24] Ms. *fedez.*

P. Gaston. Ed aisso lo mediss En P. Aman. arequero a min, auantdit notari, de les parts de l'auandit senhor senescau, carta de mon offici de testim[on]age. Testes : En R. W. de Brian, cauoirs, En P. Guirald, En R. de Laporta, En W. Arn. d'Aissur, E[n] W. de Milhan, N'Arn. Bernon de Flamma, [En] W. Arn. de Cambet, En Bern. Amaubin, e jo, auantdit Arn. d'Arbussan, qui, a la pregaria e a la requesta [de l'auantdit En P. Aman., ei notat aquesta present carta en mon papir, en la maneira que en la](1) present carta es contengut, e i ei mes lo signe de mon (2) offici; laqual carta Vidal del Dran, escriuantz juradz sotz (3) min en lo offici de la cartalaria de Lengon, escriuo en grossa nota per commandement de min. Actum dicta die, anno Domini millesimo .cc.lxxvj¹⁰. Regnante Edwardo, rege Anglie, Guillelmo episcopo Vasatensi.

368 (*330*). 2 *janvier* 1277. — *Troisième défaut prononcé contre Arnaud Bernard de Lados, chevalier, et ses deux fils.*

Tercius deffectus. — Coneguda causa sia que, l'an de la grace Nostre Senhor .m. cc. lxx°.vj¹⁰., le secun jorn de l'entrant de joner, En P. Aman. de Pomeis(4), cauoir, qui(5) diss que era per sin en nom e en persona d'En(6) Bibian Bonfilh, fo e compari par deuant min, Arn. d'Arbussen, notari de Lengonio, e deuant les testimones en aquesta carta plus bas escriutz, a l'auandita vile de Lengon, e [i] demored entro a la hora de vespres, per vezer si Arn. Bern. de Lados, cauoir, ni Arn. Bern. de Lados, donzed, ses filh, ni P. de Lados, filh bord. del dit N. Arn. Bern. de Lados, cauoir, viren al dreit a Lengon par deuant le senhour En Lucas de Thaney, senescau de Gascunhe, o son loc tenent, sobre la querelhe de la mort P. Gaston, don eran(7) acusat; alqual jorn li auant dit N'Arn. Bern. ni ly deit son filh ni vengoren ni compariren, ni hom per lor(8), deuant lo medess En P. Aman., per sin e per l'auantdit(9) En Bibian Bonfilh, estantz e tenentz lok del dit senhor senescau, quant ad aqued cas; don (10) lo mediss En P. Aman. les (11) [a] tengut per defalhandz quant [ad] aqued jorn, e les fedes cridar a la crida de Lengon que (12) a la ottaua de qued mediss jorn comparisson a Lengon per deuant (13) ledit senescau o son loc tenent, a respondre e estar a dreit de la mort de l'auandit P. Gaston. Ed aisso le mediss En P. arequero a min, auantdit notari, de les parts de l'auandit senescau, carta de mon (14) office de testimonage. Testes : En Ramon W. de Brion, cauoir, N'Amaubin de Brion, W. de Milhan, En Brun Duran, En W. Arn. d'Aissurt, En P. Guirald, En P. Ranetcaual de Tholosa, W. Lengeuiu, P. de Lacart, e jo, auanditz Arn. d'Arbussan, qui a la pregaria e a la requesta de l'auandit En P. Aman. e[i] notat aquesta present carta en mon (*fol.* 76 v) papir e mes en publial forma (15); laquel carta Vidal del Dran, escriuantz juradz sotz (16) min en l'offici de la cartolaria de Lengon, escriuo en grossa nota per commandement de min. Actum dicta die, anno ut supra. Regnante Edwardo, rege Anglie, Guillelmo, episcopo Vasatensi.

369 (*331*). 27 *ou* 28 *janvier* 1277. — *Nouvelle assignation adressée par le prévôt de la bastide de Saint-Osbert à Arnaud Bernard de Lados et à son fils par l'intermédiaire de Raimond Furt de Lados, frère d'Arnaud Bernard* (17).

Adhuc de processu mortis P. Gaston. — Coneguda causa sia que, [en] presencia de min, W. del Prad, notari de Milhau, e de les testimonis de[j]jus escriuts (18), le dimercles apres la (19) Conversion de seynt Paul, En Bibians Bonfilh, perbost de la bastida de Sent Ausberg, diss e enquiri E[n] R. Furt de Lados, cauoir, ab una lettre de poder del senhor (20) En Lucas de Thany, senescau de Gasconie, qui agos adeit N'Arn. Bern. de Lados, cauoir,

---

(1) Phrase restituée par analogie avec la rédaction suivie dans l'acte qui précède et dans l'acte qui suit. — (2) Ms. *men*. — (3) Ms. *fatz*. — (4) Ms. *Pameis*. — (5) Ms. *que*. — (6) Ms. *del*. — (7) Ms. *erat*. — (8) Ms. *ni ham per lei*. — (9) Ms. *l'auant en dit*. — (10) Ms. *din*. — (11) Ms. *las*. — (12) Ms. *qui*. — (13) Ms. *deyant*. — (14) Ms. *ma*. — (15) Ms. *messe en bublial forma*. — (16) Ms. *sadz*. — (17) Publ. *Notices et extraits des mss*, t. XIV, p. 489. Sur la bastide de St-Osbert, voir *Rôles gascons*, t. III, p. cxv. — (18) Ms. *escriutes*. — (19) Ms. *lo*. — (20) Ms. *seghor*.

son fraire, En Arn. Bern., fillh del mezeis N'Arn. B., marmonad e Pier de Lados, filh bord del meziss N'Arn. Bernard, en quest digeus qui ven apres la Conversion de seynt Paul, a Bordel, per deuant ledit senescau, sobr[e] la mort de Pier Gaston, del qual il son enculpad ab lor meinades, segont que [1] es contengut en la lettra del senescal [2]. E encara lo diss plus lo ditz Bibians que, si'l jorns lo semlaua breus, que ed li dera [3] jorn, segon la costuma [4], per .viij. jorns. El ditz En R. Furt espono e diss que eit ne sabe, [ne] lo dit ses fraire, ne lo dit son filh, ont e[ran], ne sabe on s'els anez quere [5]. El dit Bibians diss lo plus [6] al dit En R. Furt que, si eit lo bole auer a un jorn, que eit li dera; e lo ditz En Ramon Furt diss que ja no se ascimera [7] auer lo dit son fraire ne ses filhs a nul jorn. E d'aquestas paraulas [8] desus dites arequeri a min [9], desus ditis notaris, lo ditis Bibians, par deuer de mon offici, que l'en fes carta; e jo, a la sua requesta, en ei feit [10] aquesta carta de testimoni. [Testes]: En W. Arn. dels Angols, En Bonafos de Cunhos, En Arn. de Juxis, cauoirs, R. W. de[l]s Angols, W. Arn. de Cunhos [11], Bern. de Pelagrua, e min, desus ditis notaris. Actum fuit quinta die exitus Januarii, anno Domini m°. cc°. lxx. vj°. [Regnante] Edwardo, rege Anglie, Willelmo, episcopo Vasatensi [12].

370 (332). 28 mars 1263. — *Acte, incomplet du commencement, par lequel Raimond, vicomte d'Orthe, se porte garant des conventions relatives à la vente du château de Sault au prince Édouard, fils aîné du roi d'Angleterre, qui ont été passées entre le sénéchal de Gascogne, d'une part, et, de l'autre, Garcie Arnaud de Navailles et Marie Bertrand, sa femme, sœur du défunt seigneur de Sault* [13].

...(*Fol. 85*) de Saut ab ses apertenementz, e sobre tota lor autra terra, e sobre mutz autres articles, per aissi cum tut l'auantdit combent e article son contengut en una carta escriuta en ffrances, tenor cujus continetur in ista carta inferius de verbo ad verbum. C'es assaber que l'auanditz Ramons, vescomes d'Orta, es tengutz per l'auantdit Garcia Arn. de Nauałhas e per la dita dona, sa molher, souz pena deuz auantditz .l. marcz, de tenir les combens en la dita lettra contengutz, saub e exceptat de las .c. libr. de Morl. de la dona Na Maria Bertran, sor qi fo deu senhor de Saut; e excepta[t] deus [14] .xxx. mil s. de Morl. contengutz en l'auantdita lettra, dous quaus En Garsia Arn. de Nauałhas deu dar seguirtatz a l'auantdit senescauc. Et [15], per major fermeutat, l'auantditz viscomes d'Orta a mes [16] son saget pendent a cesta carta. Actum fuit quarta die exitus Marcii, anno Domini. m. cc. lx. tercio [17]. Regn. Henry, rey d'Angleterra, P. arch. de Bordeu, Johan de La Linda, major. Testes sunt : Arn. de Lescun, cauoirs, P. de Maulioun, cauo[i]rs, Arn. W. de Mauleon, donzel, W. R. de Marsan, cauoir, W. Pelissa de Mountmire, Austein Gaucem, e Estenes de Proensa qui la carta escriuo.

371 (333). 23 mars 1263. — *Caution analogue fournie pour le même objet par Esquivat de Chabanais, comte de Bigorre.*

Comes Bigorre. — Conoguda causa sia que N'Esquivat de Cabaneys, comps de Biguora [18], par sa bone e agradable e deliura voluntat, a mandat e autreiat e promes e s'es obligatz per ferma e leiau stipulacion, per sin e per ses [19] successours, sotz pena de .c. marcz d'esterlings, au noble baron, a mon senhor Henri, senhor de Cuzances, senescauc

---

[1] Ms. *segont qui.* — [2] Le mot est écrit ici en toutes lettres. — [3] Ms. *la deua.* — [4] Ms. *corduma.* — [5] Ms. *onte ne sabe en sols anez quere* (on ne savait s'il le irait chercher). — [6] Ms. *lo plus que.* — [7] Ms. *asiemeria.* — [8] Ms. *pabauras.* — [9] Ms. *mon.* — [10] Ms. *e nafeit.* — [11] Ms. *Cunhes.* — [12] Dans le ms., la fin du fol. 76 est en blanc; puis on saute au fol. 85; il y a donc une lacune de huit feuillets. Le dernier feuillet manquant contenait le commencement du n° 370. Voir ce qu'en dit Delpit dans les *Notices et extraits des mss*, t. XIV, p. 447. — [13] Publ. Arch. histor. Gir., t. III, p. 10. — [14] Ms. *deux.* — [15] Le mot est écrit ici en toutes lettres. — [16] Ms. *nos.* — [17] Ms. *millesimo .cc.l. tercio*; mais la liste des maires de Bordeaux dressée par M. Brutails montre que Jean de La Linde fut maire en 1263, non en 1253. La date des numéros 370-393 a été calculée d'après le style du 25 mars. — [18] Le ms. ajoute &. — [19] Ms. *ces.*

de Gasconha⁽¹⁾, cesta obligacion arecebent en nou e en loc de nostre senhor N'Audoart, qu'En Garsias Arn. de Naualhas e la dona Na Maria Bertran, sa molher, e lor successor tendran e garderan fermament per totz temps totz les combentz e se[u]gles feits⁽²⁾ e agutz entre l'auantdit nostre senhor N'Audoart eus ⁽³⁾ auantditz En Garsias Arn. e la dita dona, sa molher, sobreu castet de Saut, ab sas⁽⁴⁾ apertenances e sos apertenementz, e sobre tote lor autre terre, e sobre moutz autres articles, per aissi cum tut l'auantdit combent e article son contengut en una carta escriuta en frances, tenor cujus continetur in ista carta inferius. C'es assaber que, si ende[u]ine en acun temps que l'auantdit Garsia Arn. ni la dita dona, sa molher, o ascunz d'etz, bingossan contraus combens en cesta carte contengutz o contra acun d'eus, l'auantditz N'Esquiuatz deu e a promes fermament e s'es obligatz⁽⁵⁾, sotz obligament de totz ses biens moebles e nomobles, ou que sian, pagar a l'auantdit nostre senhor N'Audoart, o a son senescauc, o a son mandament, les auantdit .cc. marcz, a la somonsa dudit nostre senhor N'Audoart, o de ses hers, o de son senescauc, o de son mandament, senes tot contradit e senes tot[a] excepcion e se[ne]s tot prolongament⁽⁶⁾; pero laor⁽⁷⁾ lo meziss N'Esquiuat aure pagat les auantditz .cc. marcz, aissi cum desus est dit, e sui ben⁽⁸⁾ seren quiti de l'auantdit⁽⁹⁾ obligament. Et ad majorem hujus rei firmitatem nos, predictus Esquivatus, huic presenti puplico instrumento sigillum nostrum duximus apponendum. Datum et actum .ix. die in exitu Marcii, anno Domini millesimo .cc.lx. secundo. Regnante Henrico, rege Anglie, P., Burdegalensi archiepiscopo, Johanne de La Linde, majore. Testes hujus rei sunt : Augerius de Loit, P. Ar. de Moibiele, Garsia Arn. del Barard, Arn. W. de Moibilie, W. A. d'Aungar, Bibianus de Bornet. Et ego, Brunus de Bencaioun, publicus notarius Mosiaci, qui hoc instrumentum condidi et scripsi, et sigunm meum apposui (fol. 85 v).

372 (334). 28 mars 1263. — Caution analogue fournie par Pierre de Dax, vicomte de Tartas⁽¹⁰⁾.

Conoguda causa sia qu'[el] senhor En Peire, vescoms⁽¹¹⁾ de Tartas, per sa bona e agradabla e deliura voluntat, a mandat e autreiat e promes e s'es obligatz per ferma e leiau stipulaciou, per sin e per ses successors, sotz pena de .c. marcz d'esterlinges, ou noble baron, a mon senhor En Henr., senhor de Cuzances, senescauc de Gasconha, cesta obligacion arecebent en non e en loc de nostre senhor N'Odoart, qu'En Garsias Arn. de Naualhs⁽¹²⁾ e la dona Na Maria Bertran, sa molher, e lor successor tendran e garderan fermament per totz temps totz les combens e sengles feitz e agutz entreu deuantdit nostre senhor Edward ens auantdits ⁽¹³⁾ En Garsia Arn. de Naualhas e la dita dona, sa molher, sobreu castet de Saut, ab ses appurtenances, e sobre tot lore autre terre, e sobre moutz autres articles, e per aissi cum li auantdit cumbent e article son contengut en una carta escriuta en ffrances, tenor cujus continetur in ista carta inferius de verbo ad verbum. C'es assaber que l'auantditz senhor En Perres, vescoms de Tartas, es tengutz per l'auantdit En Garsia Arn. de Naualhas e per la dita dona, sa molher, sotz pena deus auantditz .c. marcz, de tener les combens en l'auantdita lettra contengutz, sauh e exceptat de las .c. libr. de Morl. de la dona Na Maria Bertran, sor qui fo au senhor ⁽¹⁴⁾ de Saut, e exceptat deus ⁽¹⁵⁾ .xxx. mill. sòl. de Morl. contengutz en l'auantdita lettra, deus quaus l'auantdits En Garsia Arn. de Naualhas deu dar segurtatz a l'auantdit senescauc. E per major fermetat, l'auantditz viscomtz de Tartas a mes son saget pendent en cesta carta present. Actum fuit .iiij. die exitus Marcii, anno Domini millesimo .cc.lx. tercio. Regn. Henr., rey d'Angl., P., arch.⁽¹⁶⁾ de Burdeu, Johan de La Linda major. Testes sunt: N'Arn. de Lescun, cauoirs, Austen Gaucem, P. de Maulchon, cauoirs, W. R. de Marsam, cauoirs, W. Pelissa de Mountmire, Ramon vescomps d'Orte, Esteues de Proensa qui ha carta escriuo.

⁽¹⁾ Ms. *Gaschona.* — ⁽²⁾ Ms. *fortes.* — ⁽³⁾ Ms. *eux.* — ⁽⁴⁾ Ms. *sos.* — ⁽⁵⁾ Le ms. ajoute *et.* — ⁽⁶⁾ Ms. *perlongament*, avec un p barré. — ⁽⁷⁾ Ms. *per ho lau*; voir une formule identique dans les numéros suivants. — ⁽⁸⁾ Ms. *bon.* — ⁽⁹⁾ Ms. *la auandit.* — ⁽¹⁰⁾ Anal. Arch. histor. Gir., t. III, p. 11. — ⁽¹¹⁾ Ms. *vescoins.* — ⁽¹²⁾ Ms. *Maualhs.* — ⁽¹³⁾ Ms. *eux auant dites.* — ⁽¹⁴⁾ Ms. *senesh* (avec une abréviation). — ⁽¹⁵⁾ Ms. *deux.* — ⁽¹⁶⁾ Ms. *arcile.*

373 (335). 20 mars 1263. — *Caution analogue fournie par Géraud, comte d'Armagnac et de Fezensac.*

Comes [*Armaniaci*]. — Conoguda causa sia qu'En Girautz, senhor d'Armanhac e de [Fe]sensac, par sa bona e agradable e deliura voluntat, a mandat e autreiat e promes e s'es obligatz per ferma e leiau stipulacion, per sin e per ses successors, sotz pena de .cc. marcz d'esterlinges, au noble baron, a mon senhor [Henry] de Cuzances, senescauc de Gascona, cesta obligacion arecebent en nom e en loc de nostre senhor Edward, qu'En Garsia Arn. de Naualhes e [1] la dona Na Maria Bertran, sa molher, e lor successor tendran e garderan fermament per totz temps tot lor combens e sengles feitz e agutz entreu deuantdit nostre senhor Edward eus auantditz [2] En Garsia Arn. e [3] la deita dona, sa molher, sobreu castet de Saut ab ses appertene[me]ntz, e sobre tot lor autre terra, e sobre moutz autres articles, per aissi cum tut lui auantdit combent e article son contengut en una carta escriuta en ffrances, tenor cujus continetur in ista carta inferius de verbo ad verbum. C'es assaber que l'auantdiz En Guir., senhor d'Armanhac, es tengutz per l'auantdit Garsia Arn. [4] de Naualhes e per la dita dona, sa molher, sotz pena deus deitz .cc. marcz, de tener les combens en l'auantdita lettra contengutz, saub e exceptat de las .c. libr. de Morl. de la dona Na Maria Bertran, sor qui fo au senhor de Saut, e exceptat deus [5] .xxx. mil. sol. de (*fol. 86*) Morl. contengutz en ladita lettra, deus quaus l'auantditz Garsia Arn. de[u] dar segurtatz au dit senescauc. Actum fuit .xij. die exitus Marcii, anno Domini millesimo .cc.lx. secundo. Regn. H. rey d'Angleterra, P., arch. de Bordeu, Johan de La Linda, major. Testes sunt : Gailhartz de Faurgas [6], donzetz, Rudeu [7] de Brigerac, Senhoron de Maur, cauoirs, Bertran de Segonsac de La Fforcaria, P. de Mauleon, Galhart de Milh[an], cauoirs, e Esteues de Proensa qui la carta escriuo.

374 (336). 20 mars 1263. — *Caution analogue fournie par Amanieu d'Albret.*

Amaneus de Labreto. — Conoguda causa sia que N'Amaneus de Labret, per sa bona e agradabla e deliura voluntat, a mandat e autreiat e promes e s'es obligatz per ferma e leiau stipulacion, per sin e per ses successors, soz pena de .c. marcz d'esterlinges, a noble baron mon senhor Henr., senhor de Cusances, senescauc de Gasconha [8], cesta obligacion recebent en nom e en loc de nostre senhor Edward, qu'En Garsias Arn. de Naualhas e la dona Na Maria Bertran, sa molher, e lor successor tendran e garderan fermament per totz [temps] les combentz e se[n]gles feitz e agutz entre l'auantditz nostre senhor Edward eus auantditz Garsias Arn. de Naualhas e [9] la deita dona, sa molher, sobreu castet de Saut ab ses apertenementz e sobre tot lore autre terre, e sobre moutz autres articles, per aissi cum luy auantdit combent e article sont contengut en una carta escriuta in ffrances, tenor cujus continetur in ista carta inferius de verbo ad verbum. C'es asaber qe l'auantditz N'Amaneus de Labret es tengutz per l'auantdit Garsia Arn. de Naualhas e per la dita dona, sa molher, soutz pena deus auantditz .c. marcz, de tener les combens en la auantdita lettra contengutz, saub e exceptat de las .c. libr. de Morl. de la dona Na Maria Bertran, sor qi fo au senhor [10] de Saut, e exceptat deus .xxx. mil. sol. de Morl. contengutz en l'auantdita lettra, deus quaus En Garsia Arn. de Naualhas deu dar segurtatz a l'auantditz senescauc. E, per major fermeutat, l'auantdit N'Amaneus de Labret a mes son saget pendent en ceste presente carta. Actum fuit .xij. die exitus Marcii, anno Domini millesimo .cc.lx. secundo. Regn. Henr., rey d'Angleterre, P., arch. de Bordeu, Johan de La Linda, major. Testes sunt : En Guiraut, senhor d'Armanhac, En Senhor[on] de Maur, cauoirs, Arn. Guill. de Mauleon, donzet [11], Galhart deu Soler, Guill. R. de Budos, cauoirs, Esteues de Proensa qui la carta escriuo.

---

[1] Le ms. ajoute *de*. — [2] Ms. *eux auantdites*. — [3] Ms. *de*. — [4] Ms. *per la auanditz Gersia Ara*. — [5] Ms. *deux*. — [6] Ms. *Poagas*; mais voir plus loin, n° 391. — [7] Ms. *Rudou* (avec une abréviation). — [8] Ms. *Gasgonha*. — [9] Le ms. ajoute *de*. — [10] Ms. *sabor*. — [11] Ms. *donzeti*.

375 (*337*). *14 décembre 1262. — Caution analogue fournie par Anissant de Caumont, seigneur de Sainte-Bazeille.*

Anixancius de Cavomonte, dominus de Sancta Basilia. — Conoguda causa sia qu'En Aniassans de Caumont, senhor de Senta Baselha, per sa bona e agradabla e deliura voluntat, a mandat e autreiat e promes e s'es obligatz per ferma e leiau stipulacion, per sin et per ses successors, soz pena de .l. marcz de bons e de leiaus[1] esterlings neus, au noble baron, a mon senhor Henr. de Cusances, senescauc de Gasconha[2], acesta obligacion recebent en non e en loc de nostre senhor Edward, qu'En Garsias Arn. de Naualhas e la dona Na Maria Bertran, sa molher, e lor successor tendran e garderan fermement per totz temps totz les combens e sengles feits[3] e agutz entre l'auantdit[4] nostre senhor Edward eus deuantditz En Garsia Arn. e la deita dona, sa molher, sobreu castet (*fol. 86 v*) de Saut ab ses apertenementz, e sobre tote lor autre terre, e sobre moutz autres articles, per aissi cum tut li auantditz[5] combent e article son contengut en una carta escriuta en ffrances, tenor cujus continetur in ista carta inferius ad verbo ad verbum. C'es assaber que, si diui[n]e en acun temps que l'auantdit[6] Garsia Arn. o[7] l'auantdita dona, sa molher, o acun d'etz, bingossan contraus combens en aquesta carta contengutz, o contra acun d'etz, l'auantditz N'Aniassans de Caumount deu e a promes fermament e s'es obligatz, sotz obligament de totz ses biens moebles e nomobles, on que sian, pagar [l. marcz] a l'auantdit nostre senhor N'Odoart, o a ses heirs, o a son senescauc, o a son comandement[8], senes tot contradit e se[ne]s tota excepcion e se[ne]s tot alongement; pero laor lo meziss N'Aniassans aure pagat las auantditz .l. marcz, per aissi cum desus est dit, e sui ben serren quiti de l'auantdit obligament. E, per major fermentat, l'auantditz N'Aniassans a mes son saget pendent en cesta presenta carta. Actum fuit .xiiij.

die introitus Decembris, anno Domini millesimo .cc.lx. secundo. Regn. Henr., rey d'Angleterra, P., arch. de Bordeu, Johan de La Linde, major. Testes sunt : En W. R. Colom, En Garsia[9] Arn., abat [de] Sen Seuer, Fortun de Bosco[10], maiestre W. de Proensa, W. de La Marta, Galhart de Mountpesat, Esteues de Proensa qui la carta escriuo.

376 (*338*). *14 décembre 1262. — Caution analogue fournie par Amaubin de Barès.*

Amalvini de Bares. — Conoguda causa sia que N'Amaubins de Bares, per sa bona, agradabla e deliura voluntat, a mandat e autreiat e promes e s'es obligatz per ferma e leiau stipulacion, per sin e per ses successors, soz pena de .l. marcz de bons[11] e leiaux esterlinges, au noble baron, au senhor Henr., senhor de Cusances, [senescauc] de Gasconha, cesta obligacion recebent en non et en loc de nostre senhor Edward, qu'En Garsias Arn. de Naualhas e la dona Na Maria Bertran, sa molher, e lor successor tendran e garderan fermament per totz temps totz les conbens e se[n]gles feitz e agutz entre l'auant dit[12] nostre senhor N'Audoart, e les auantditz Garsia Arn. e la dita dona, sa molher, sobreu castet de Saut, ab ses apertenementz[13], e sobre tot lor autre terra, e sobre moutz autres articles, per aissi cum tut li auantdit combent e article son contengut en una carta escriuta en ffrances, tenor cujus continetur in ista carta inferius de verbo ad verbum. C'es assaber qe, si diu[i]ne en acun[14] temps qe l'auantdit[15] Garsia Arn. ne la dita dona, sa molher, o acun de[us] bengossan[16] contraus combentz en cesta carta contengutz, o contra acun d'etz, l'auantditz N'Amaubins de Bareys deu e a promes fermament e s'es obligatz, sotz obligamentz de totz ses bens mobles et nomobles, on que sian, pagar a l'auantdit nostre senhor N'Audoart, ou a ses hers, o a son senescauc, o a son comandement, les auantditz .l. mars d'esterlinges, a la somonsa de nostre senhor N'Audoart o de ses

---

[1] Ms. *des bones des leiaus*. — [2] Ms. *Gasgonha*. — [3] Ms. *combienz e sougles feites*. — [4] Ms. *entre deuantdit*. — [5] Ms. *auantdite*. — [6] Ms. *lauantditas*. — [7] Ms. *en*. — [8] Ms. *o de son senescauc o de son comandement*. — [9] Ms. *Gersia*. — [10] Ms. *Noren* (avec l'abréviation *er*) *de Bueso*; mais voir n° 380. — [11] Ms. *bones*. — [12] Ms. *deuantdit*. — [13] *aportenementz* en toutes lettres. — [14] Ms. *acui*. — [15] Ms. *qe lauantdita*. — [16] Ms. *beringossan*.

heirs, o de son senescauc, o de son comandement, senes tot contradit e se[nc]s tota excepcion e senes tot alongement; pero laor lo meziss N'Amaubins de Bareys aure pagat les auantditz. l. marcz, per aissi cum desus est dit, et sui ben seren [1] quiti de l'auantdit obligament. E, per major fermetat, l'auantditz N'Amaubins a mes son sagel pendent en cesta carta. Actum fuit .xiiij. die introitus Decembris, anno Domini millesimo .cc.lx. secundo. Regn. Henr., rey d'Angl., P., arch. de Bordeu, Johan de La Linde, major (*fol. 87*). Testes sunt : P. de Bordeu, cauoir, Garsia Arn., abat de Sen Seuer, N'Austen Auger, Aycart Forton, cauoirs, Jaufre deu Mas, maiestre W. de Proensa qui la carta escriuo.

377 (*339*). *13 décembre 1262.* — *Caution analogue fournie par Guillaume Séguin, seigneur de Rions.*

Willelmus Seguini, dominus de Riuncio. — Conoguda causa sia que En W. Segin, senhor de Rions, per sa bona e agradabla e deliura voluntat, a mandat e autreiat e promes e s'es obligatz per ferma e leiau stipulacion, per sin et per ses successors, sotz pena de .c. marcz de bons e de liaux esterlinges, au noble baron, mon senhor Henr., senhor de Cusances, senescauc de Gasconha, cesta obligacion recebent en non e en loc de nostre senhor N'Audoart, qu'En Garsias Arn. [2] de Naualhas e la dona Na Maria Bertran, sa molher, e lor successor tendran e garderan fermament per tut temps totz les combens e sengles feits [3] e agutz entre l'auantdit nostre senhor Edouart eus [4] deuantditz Garsia Arn. e la dita dona, sa molher, sobreu castel de Saut ab sos apertenementz, e sobre tot lor autre terre, e sobre moutz autres articles, per a[i]ssi cum tuit lui auantdit combent e article son [con]tengut en una carta escriuta en ffrances, tenor cujus continetur in ista carta inferius de verbo ad verbum. C'es assaber qe, si s'endeuine en dengun temps qe l'auantditz [5] Garsia Arn. ni la dita dona, sa molher, o acun d'es, bingossau contraus combentz en cesta carta contengutz, o contra acun d'etz, l'auantditz En W. Se-

gin a promes fermament e s'es obligat[z], sotz obligament de totz ses bens mobles e nomobles, on qe sian, pagar a l'auantdit nostre senhor Edward, o ses hers, o a son senescauc, o a son comandement, les auantditz .c. marcz d'esterlinges, a la somonsa de l'auantdit nostre senhor Edward, o de ses hers, o de son senescauc, o de son comandement, ses tot contradit e ses tot excepcion e ses tot alongament; pero laor lo ditz En W. Segin aure pagat les auantditz .c. marcz, per aissi come desus est dit, e sui ben seren quiti de l'auantdit obligament. E, per major fermetat, l'auantditz En W. Segin a mes son sagel pendent en cesta present carta. Actum fuit .xiij. die introitus Decembris, anno Domini millesimo .cc.lx. secundo. Regn. Henr., rey d'Angl., P. arch. de Bordeu. Johan de La Linde, major. Testes sunt : Senebrun, senhor de Lesparra [6], Amaubyn de Bares. W. R. Colom [7], Arn. W. Aymeric, Carboneu de Carinhan, Gombaut Centot, cauoir, e P. de Montbisan qui la carta enquery, laquau Estenes de Proensa escriuo.

378 (*340*). *13 décembre 1262.* — *Caution analogue fournie par Pierre de Bordeaux.*

P. de Burd. — Conoguda causa sia que le noble bars [P.] de Burdeu, per sa bona e agradabla e deliura voluntat, a mandat e autreiat e promes, e s'es obligatz per ferma e leiau stipulacion, per sin e per ses successors, soz pena de .c. marcz de bons [8] e leiaux esterlinges, au noble senhor Henr., senhor de Cusances, senescauc de Gasconha, aquesta obligacion recebent en non e en loc de nostre senhor Edward e de ses hers, qu'En Garsia Aru. de Naualhas e la dona Na Maria Bertran, sa molher, e lor successor tendran e garderan fermament per totz temps totz les combens e sengles feitz e agutz entreu deuantdit nostre senhor N. Audoart eus deuantditz En Garsia Arn. e la dita dona, sa molher, sobreu castel de Saut ab ses apertenementz e sobre tot lor autre terre e sobre moutz (*fol. 87 v*) autre[s] articles, per [a]issi cum sunt

---

[1] Ms *seien*. — [2] Ms. *Garsias Narn*. — [3] Ms. *feites*. — [4] Ms. *eaux*. — [5] Ms. *la vanditus*. — [6] Ms. *de les Sparra*. — [7] Ms. *Calom*. — [8] Ms. *bones*.

tuit l'auantdit combent e article contengut en una carta escriuta en ffrances, tenor cujus continetur in ista carta inferius de verbo ad verbum. C'es assaber qe, si endiuine en acun temps que l'auantdit En Garsia Arn. ni l'auantdita dona, sa molher, o lor hers, o ascun d'etz, vengossan contraus combens en questa carta contengutz, o contra aucun d'es, l'auantditz En P. de Bordeu deu e a promes fermament e s'es obligatz, soz obligament de totz ses biens mobles e nomobles, on que sian, pagar a l'auantdit nostre senhor N' Audoart, o a ses hers, ou a son senescauc, o a son comandement, les auantditz .c. marcz d'esterlinges, a la somonsa deu deuant dit nostre senhor N' Audoart, o de ses hers, ou de son senescauc, o de son comandement, senes tut contradit e se[ne]s tute excepcion e senes tut alongament; pero lao[r] lo meziss En P. de Bordeu aure pagat les auantditz. .c. marcz, per aissi cum desus est dit, e sui ben serren quiti deu deuantdit obligament. E, per major fermeta[t] de questa causa, l'auantditz En P. de Bordeu a mes son saget pendent en aquesta carta. Actum .xiij. die introitus Decembris, anno Domini millesimo .cc.lx°. secundo. Regu. Henr., rey d'Anglaterra, P., arch. de Bordeu, Johan de La Linde, major. Testes sunt : Senebrun, senhor de Lesperra, W. Seguin, senhor de Rions, Amaubin de Barres, senhor de Montfferran, W. R. Colum [1], Arn. W. Aimeric, Carboneu de Carinhan, Gombaut Santot, cauoir, e P. de Montbissan qui la carta escriuo.

379 (341). *19 mars 1263. — Caution analogue fournie par Guillaume de Beauville, seigneur de Langon.*

Willelmus de Beuvilla, dominus de Lingonio. — Conoguda causa sia [2] qu'En W. de Beuvilla, senhor de Lengon, per sa bona e agradabla e deliura voluntat, a mandat e autreiat e promes e s'es obligatz per ferma e leiau stipulacion, per sin e per sos successors, soz pena de .l. marcz d'esterlinges, au noble baron, a mon senhor Henri, senhor de Cu-

sances, senescauc de Gasconha, cesta obligacion recebent en nou e en loc de nostre senhor Edward, q'En Garsia Arn. de Naualhas e la dona Na Maria Bertran, sa molher, e lor successor tendran e garderan fermament per tot temps totz les combenz e sengles feitz e agutz autre l'auantdit nostre senhor N' Odoart, eus auantditz Garsia Arn. de Naualhas e la dita dona, sa molher, sobreu castet de Saut ab ses apertenementz, e sobre tote lor autre terra, e sobre moutz autre[s] articles, per aissi cum tuit li auantdit combent e article son contengut en una carta escriuta en [3] ffrances, tenor cujus continetur in ista carta inferius. C'es assaber qe l'auantditz W. de Beuvilla es tengutz per l'auantditz Garsia Arn. de Naualha[s] e per la dita dona, sa molher, soz pena des auantditz .l. marcz, de tener les combens en l'auantdita lettra contengutz, saub e exceptat de la[s] .c. libr. de Morl. de la dona Na Maria Bertran, sor qui fo deu senhor de Saut, e exceptat deus [4] .xxx. mil. sol. de Morl. contengutz en l'auantdita lettra, deus [5] quaus l'auantditz Garsia Arn. deu dar segurtatz a l'auantdit senescauc. E, per major fermeutat, l'auantditz W. de Beuvilla a mes son saget pendent en cesta presenta carta. Actum fuit .xiij. die exitus Marcii, anno Domini millesimo .cc.lx. secundo. Regu. Henr., roi d'Anglaterra, P., arch. de Bordeu, Johan de La Linda, major (*fol. 88*). Testes sunt : Galhart deu Soler, senhor de Mau, cauoirs, P. de Mauleon, cauoirs, Galard de Tilh, cauoirs, Bertran de Segoirsac de la Forcaria, W. de La Roca, cauoirs, Estewes de Proensa qui la carta escriuo.

380 (342). *14 décembre 1262. — Caution analogue fournie par Sénebrun, sire de Lesparre.*

Senebrunus, dominus de Sparra. — Conoguda causa sia que lo noble bars En Senebrun, senhor de Lasparra, per sa bona e agradabla e deliura voluntat, a mandat e autreiat e promes e s'es obligatz per ferma e leiau stipulacion, per sin et per ses successors, soz pena de .c. marcz de bons [6] e leiaux esterlinges neus, a noble

---

[1] Ms. *Tolum*. — [2] Ms. *Conogude cause sia*. — [3] Ms. *de*. — [4] Ms. *deux*. — [5] Ms. *deux*. — [6] Ms. *bones*.

baron, a mon senhor Henry, senhor de Cuzances, senescauc de Gasconha, acesta obligacion recebent en non e en loc de nostre senhor Edward, qu'En Garsia Arn. de Naualhas[1] e la dona Na Maria Bertran, sa molher, e lor successor tendran e garderan fermament per tot temps totz les combenz e sengles feits[2] e agutz entreu deuantdit nostre senhor N' Audoart eus deuantditz En Garsia Arn. e la dita dona, sa molher, sobreu castet de Saut ab ses apertenementz, e sobre tote l'autre terre, e sobre moutz autres articles, per aissi cum tuit lui auantdit combent e article son contengut en una carta escriuta en ffrances, tenor cujus continetur in ista carta inferius. C'es assaber qe, si end[e]uine en acun temps que l'auantdit[3] Garsia Arn. ni l'auantdita dona, sa molher, o acun d'etz, vingossan contraus combens en aquesta [lettra] contengutz, o acontra acun d'etz, l'auantdit En Senebruns deu e a promes fermament e s'es obligatz, soz obligament de totz ses bens mobles e nomobles, o qe sian, pagar a l'auantdit nostre senhor N' A[u]doart. o a ses hers, o a son[4] senescauc, o a son comandement, les auantditz .c. marcz d'esterlinges, a la somonsa de l'auantdit nostre senhor N' Audoart, o de ses hers, o de son senescauc, o de son comandement, ses tot contradit e ses tut excepcion e ses tut alongament; pero laor lo mesis En Senebruns aure pagat les anantditz .c. marcz, per aissi cum desus est dit, e sui ben serren quiti de l'auantdit obligament. E, per major fermetat, l'auantditz En Senebruns a mes son saget pendent en cesta presenta carta. Actum fuit .xiiij. die introitus Decembris, anno Domini millesimo .cc.lx. secundo. Regn. Henr., rey d'Angleterra, P., arch. de Bordeu, Johan de La Linda, major. Testes sunt : W. R. Colom, Garsia Arn., abat de Sent Seuer, Ffortun de Bosco, magistre (sic) W. de Proensa, Galhart de Montpesat, e Esteue de Proensa que la carta enquery, laquau Austein Gaucem escriuo.

381 (343). *14 décembre 1262. — Caution analogue fournie par Bertrand, seigneur de Noaillan.*

Bertrandus, dominus de Noalhan. — Coneguda causa sia qu'En Bertran, senhor de Noalhan, per sa bona e agradabla e deliura voluntat, a mandat e autreiat e promes e s'es obligatz per ferma e leiau stipulacion, per sin e per ses successors, sotz pena de .l. marcz[5] de bons e leiaus esterlinges, au noble baron, au senhor Henry, senhor de Cusances, senescauc de Gasconha, aquesta obligacion recebent en non e en loc de nostre senhor N' Audoart e de ses hers, qu'En Garsia Arn. de Naualhas e la dona Na Maria Bertran, sa molher, e lor successor tendran e garderan fermament per totz temps totz les combentz e se[n]gles faits[6] e agutz entreu deuantdit nostre senhor N' Audoart eus deuantditz En Garsia Arn. e la dita dona *(fol. 88 v)*, sa molher, sobreu castet de Saut ab ses apertenementz, e sobre tut lor autre terre, e sobre moutz autres articles, per aissi cum sunt tuit li auantdit combent e article contengut en una carta escriuta en ffrances, tenor cujus continetur in ista carta inferius de verbo ad verbum. C'es assaber [que], si s'e[n]deuine en acun temps que l'auantditz En Garsia Arn. ni l'auantdita dona, sa molher, o lor heir, o acun d'es, vengossan contraus combens en questa carta contengutz, o contra acun d'etz, l'auantditz En Bertran, senhor de Noalhan[7], a promes fermament e s'es obligatz, soz obligament de tot[z] ses bens mobles e nomobles, o que sian, pagar a l'auantdit nostre senhor N' Audoart, o a ses hers, o a sou senescauc, o a son comandement, les auantditz .l. marcz d'esterlinges, a la somonsa de nostre senhor N'Audoart, o de ses hers, o de son senescauc, o de[8] son comandement, senes tot contradit, e senes tut excepcion, e senes tut alongament; pero laor l'auantditz [Bertran] aure [pagat] les auantditz .l. marcz, per aissi cum desus est dit, e sui ben seren quiti deu deuantdit obligament. E, per major fermetat de questa causa, l'auantditz En Bertrans a mes son saget pendent en aquesta carta. Actum .xiiij. die introitus Decembris, anno Domini millesimo .cc.lx. secundo. Regn. Henr., rey d'Angleterra, P. arch., de Bor-

---

[1] Ms. *Maualhas.* — [2] Ms. *feites.* — [3] Ms. *laauantdita.* — [4] Ms. *sos.* — [5] Ms. *sotz pena de pena .l. marcz.* — [6] Ms. *faites.* — [7] *Nolham.* — [8] Ms. *a.*

deu, Johan de La Linda, major. Testes sunt : En Senebruns, senhor de Lespara, W. Seguin, senhor de Rions, Amauvinus de Bares, senhor de Montfferan, W. R. Colom, Arn. W. Americ, Carboneu de Carinhan, Gombaut Sentot, cauoir, e P. de Montbissan qe la carta escriuo.

382 (344). *4 avril 1263. — Caution analogue fournie par Arman de Lescun, chevalier.*

Armanus de Lescun, miles. — Conoguda causa sia q'En Arman de Lescun, cauoirs, e la dona Na Clarmontz, sa molher, per lour bones e agradables e deliuras[1] voluntat[z], a[u] mandat e autreiat e promes e son obligat per ferma e leiau stipulacion, per li e per lors successors, cadauns per le tot[2], per vita e per mort, soz pena de .cc. marcz d'esterlinges, au noble baron, a mon senhor Henry, senhor de Cusanc[e]z, senescauc de Gasconha, cesta obligacion recebent en non e en loc de nostre senhor N'Audoart, qu'En Garsia Arn. de Naualhas e la dona Na Maria Bertran, sa molher, e lor successor tendran[3] e garderan fermament per totz temps totz les combens e sengles feitz et agutz entre l'auantdit nostre senhor N'A[u]doart eus auantditz En Garsia Arn. e la dita dona, sa molher, sobreu castet de Saut ab ses apertenementz, e sobre tot[e] lor autre terre, e sobre moutz autres articles, per aissi cum tut li auantdit combent e article son contengut en una carta escriuta en ffrances, tenor cujus continetur in ista carta inferius de verbo ad verbum. C'es assaber que l'auantdit N'Arnant de Lescun e la deita dona[4] Na Claramontz, sa molher, son tengut per l'auantdit En Garsia Arn. de Naualhas e per la dita dona, sa molher, soz pena deuz auantditz .cc. marcz d'esterlynges ; de tener les combeutz en l'auantdita lettra contengutz, saub e exceptat de las .c. libr. de Morl. de la dona Na Maria Bertran, sor qui fo au senhor de Saut, e exceptat deus[5] .xxx. mil. sol.[6] de Morl. contengutz en l'auantdita lettra, deus quaus l'auantdit En Garsia Arn. deu dar

segurtatz a l'auantdit senescauc. E, per major fermetat, l'auantditz *(fol. 89)* N'Armant[7] de Lescun a sagerat aquesta carta ab sou saget. E per so qe l'auantdita dona Na Claromons no aue saget, En Garsias Arn., abes de Sen Seuer, a la pregaria[8] e a la requesta de la medissa dona Na Claramont, a pausat son saget en acesta carta pendent. Actum fuit .iiij. die introitus Aprilis, anno Domini millesimo .cc.lxiij. Regn. Henr. rey d'Angleterra, P., arch. de Bordeu, En Johan de La Linda, major. Testes sunt : En Galhart de Tilh, cauoir. En P. de Mauleon, donzet, N'Araquait de Brus, cauoir, Colabrun de Marcen, En Sans Aner de Gerzerest, En Bernard de Mont, cauoir, e Austen Gaucem qui la carta escriuo.

383 (345). *28 mars 1263. — Caution analogue fournie par Guillaume Raimond de Marsan, chevalier.*

Willelmus Raimundi de Marsan, miles. — Conoguda causa sia qu'En W. Aramon de Marsan, cauoirs, per sa bona e agradabla e deliura voluntat, a mandat e autreiat e promes e s'es obligatz per ferma e leiau stipulacion, per sin e per ses successors, soz pena de .l. marcz de sterlinges, a noble baron, a mon senhor Henry, senhor de Cuzances, senescauc de Gasconha, cesta obligacion recebent eu non e en loc de nostre senhor N'Audoart, qu'En Garsia Arn. de Naualhas e la dona Na Maria Bertran, sa molher, e lor successor tendran e garderan fermament per totz temps totz les combenz e sengles feitz e agutz entre le deuantdit nostre senhor N'Audoart cu deuantdit En Garsia Arn. e la dita dona, sa molher, sobreu castet de Saut ab ses apertenementz, e sobre tot lor autre terre, e sobre moutz autres articles, per aissi cum tuit li auantdit combent e article son contengut en una carta escriuta en ffrances, tenor cujus continetur in ista carta inferius de verbo ad verbum. C'es assaber qe l'auantdit En W. Arramon de Marsan es tengutz

---

[1] Ms. *deliuratz.* — [2] Ms. *par lietz e par lors successors senescauc de Gasconha, cesta obligacion recebent en non e en loc de nostre senhor n'Audoart, qu'En Garsia Arn. de Naualhas e la dona Na Maria Bertran, cadauns per le tot.* Le scribe a étourdiment copié ce membre de phrase incomplet en l'empruntant à ce qui suit. — [3] Ms. *tendram.* — [4] Ms. *la deita terra dona.* — [5] Ms. *deux.* — [6] Ms. *solh.* — [7] Ms. *Narn.* — [8] Ms. *pregarias.*

per l'auantdit⁽¹⁾ En Garsia Arn. de Naualhas e per la dita dona, sa molher, soz pena deus ⁽²⁾ auantditz .l. marcz, de tener les combens en l'auantdita carta contengutz, saub e exceptat de las auantditas ⁽³⁾ .c. lib. de Morl. de la dona Na Maria Bertran, sor qui fo au senhor de Saut, e deus .xxx. mill. sol. de Morl. contengutz en la auantdita lettra, deus ⁽⁴⁾ quaus l'auantditz En Garsi[a] Arn. d[e]u dar ⁽⁵⁾ segurtatz a l'auantdit ⁽⁶⁾ senescauc de Gasconha. Actum fuit .iiij. die exitus Marcii, anno Domini millesimo .cc.lxiij. Regn. Henr., roi d'Angleterra, P., arch. de Bordeu, Johan de La Linda, major. Testes sunt : Ramon, vescoms ⁽⁷⁾ d'Orta, W. Pelisa de Montmir, P. de Mauleon, Arn. W. de Mauleon, donzet, Austein Gauscem, N'Assius de Naualhas, e Estewes de Proensa qui la carta enqueri, la quau lo ditz Austein Gaucem escriuo. C'es assaber que, per major fermetat, l'auantditz ⁽⁸⁾ En W. Ramon de Marsan a sagerat aquesta carta ab son saget.

384 (346). 20 mars 1263. — Caution analogue fournie par Amaneu de Balhade, chevalier.

Amaneus de Balhada, miles. — Conoguda causa sia que N'Amaneu de Balhada, cauoirs, per sa bona e agradabla e deliura voluntat, a mandat e autreiat e promes e s'es obligatz per ferma e leiau stipulacion, per sin e per ses successors, soz pena de .l. marcz d'esterlinges, au noble baron, a mon senhor Henr., senhor de Cuzances, senescauc de Gasconha, cesta obligacion recebent en non e en loc de nostre senhor N'Audoart, qu'En Garsias Arn. de Naualhas e la dona Na Maria Bertran, sa molher, e lor successor tendran e (*fol. 89 v*) garderan fermament per tot temps totz li combenz e sengles feitz e agutz entre l'auantdit nostre senhor N'Audoart eus auantditz En Garsia Arn. e la dita dona, sa molher, sobreu castet de Saut, e sobre tot lor autre terre, e sobre moutz autres articles, per aissi cum tuit li auantdit combent e article son [con]tengut en una carta escriuta ⁽⁹⁾ en ffrances, tenor cujus continetur in ista carta inferius de verbo ad verbum. C'es assaber que l'auantditz N'Amaneu de Balhada es tengutz per l'auantdit Garsia Arn. de Naualhas ⁽¹⁰⁾ e per la deita sa molher, soz pena deus ⁽¹¹⁾ auantditz .l. marcz, de tener les combens en l'auantdita lettra contengutz, exceptat de las .c. libr. de Morl. de la dona Na Maria Bertran, sor qui fo au senhor de Saut, et ⁽¹²⁾ exceptat deus. xxx. mil. sol. de Morl. contengutz en l'auantdita lettra, de[s] quaus l'auantditz En Garsia Arn. d[e]u dar segurtatz a l'auantdit senescauc. E, per major fermetat, l'auantditz N'Amaneu de Balhada a mes son saget pendent en cesta present carta. Actum fuit .xij. die exitus Marcii, anno Domini millesimo .cc.lx. secundo. Regn. Henr. rey d'Angleterra, P., arch. de Bordeu, Johan de La Liude, major. Testes sunt : Galhard de Tilh, W. R. de Budos, cauoirs, Bes, parocan de Lengon, P. de Budos, cauoir, P. Amaubyn de Langon, Ramon de Lamota de Lengon, e Estewes de Proensa que la carta enquery, laquau Austein Gaucem escriuo.

385 (347). 28 mars 1263. — Caution analogue fournie par Gaillard de Tilh, chevalier.

Galhardus de Tilio, miles. — Conoguda causa sia qu'En Galhard de Tylh., cauoirs, per sa bona e agradabla e deliura ⁽¹³⁾ voluntat, a mandat e autreiat e promes e s'es obligatz per ferma e leiau stipulacion, per sin e per ses successors, soz pena de .l. marcz d'esterlinges, au noble barown, mon senhor Henr., senhor de Cusances, senescauc de Gasconha, cesta obligacion recebent en non e en loc de nostre senhor Edward, qu'En Garsias Arn. de Naualhas e la dona Na Maria Bertran, sa molher, e lor successor tendran e garderan fermament per tot temps totz les combentz e sengles feitz e agutz entre l'auantdit nostre senhor Edward eus deuantditz En Garsia Arn. e la dita dona, sa molher, sobreu castet de Saut ab ses apertenementz, e sobre tota lor autra terra, e sobre moutz autres articles, per aissi cum li auantdit combent e article son [con]-

---

⁽¹⁾ Ms. *lauantditas.* — ⁽²⁾ Ms. *deux.* — ⁽³⁾ Ms. *auantditz.* — ⁽⁴⁾ Ms. *deux.* — ⁽⁵⁾ Ms. *dart.* — ⁽⁶⁾ Ms. *a la auantdit.* — ⁽⁷⁾ Ms. *vascoms.* — ⁽⁸⁾ Ms. *lo lauantditz.* — ⁽⁹⁾ Ms. *escriutat.* — ⁽¹⁰⁾ Ms. *Noualha.* — ⁽¹¹⁾ Ms. *deux.* — ⁽¹²⁾ La conjonction *et* est écrite ici en toutes lettres, *e* trois lignes plus bas, partout ailleurs &. — ⁽¹³⁾ Ms. *deliurat.*

tengutz en una carta escriuta en ffrances, tenor cujus continetur in ista carta inferius de verbo ad verbum. C'es assaber qe l'auantdit En Gailhartz de Tilh.[1] es tengutz per l'auantdit En Garsia Arn. e per la dita dona Na Maria Bertran, sor qe fo au senhor de Sautz, [de tener les combens en l'auantdita lettra contengutz, saub] e exceptat deus .xxx. mil. sol. de Morl. contengutz en l'auantdita lettra, des quaus l'auantditz En Garsia Arn. d[e]u dar segurtatz a l'auantdit senescauc. E, per major fermetat, l'auantditz En Gailhartz de Tilh. [a] fet sagerar[2] acesta presenta carta ab lo saget d'En Garsia Arn., abat de Sen Seuer, loquaus l'i meto a la sua requesta. Actum fuit .iiij. die exitus Marcii, anno Domini millesimo. cc. lx. tercio. Regn. Henr. rey d'Angleterra, P. arch. de Bordeu, Johan de La Linda, major. Testes sunt: P. de Mauleon cauoir, Arn. W. de Mauleon, donzet, W. R. de Marsan, cauoir, W. Pelissa de Montmir, Ramon, viscoms d'Orta, Austein Gaucem, e Estewesde Proensa que la carta enqueri, laquau le detz (*fol. 90*) Austein Gaucem escriuo.

386 (348). *Sault-de-Navailles, mercredi 18 avril 1263.* — *Cautions analogues fournies par divers seigneurs, par les jurats et la commune de Sault, par les hommes de Castelnau-Chalosse et de Monségur.*

A totz aquetz qi cestas lettras veiran e audiran, En Guiraut de Montacut, N'Arn. d'Oniurent, N'Aramons d'Essages, En Navar de Peira, En W. Arriu de Peira, En W. Bertran de Berias, Ffortun[3] d'Estompis, N'Arn. de Seint Jors, Dened de Seiras, En W. Ber. de Salhas, e N'Amanou de Gahertz, Bern. de Ricau, Niclaus[4] Menau de Ricau, En W. Arramon de Steissit, En W. d'Estiuaux, En W. Pelissa de Monmi[r], En Bertrans d'Amors, Garsion de Saumont, Sans Aner de Garzarest, Nicholau de Cazalon, cauoir, e Douzeron, deu castet de Saut e de la honor e de la[s] appurtenances, e lui jurat[5] de Saut e la comune, [e] tuit li autre home de Saut, e lo senhor de Saut, e N'Arn. de Lapeda de Castet Serradyn e de la honor, e N'Aramon, W. de Vilencua, eu senhor de Sant Julian, eu senhor de Stiber, eu senhor de Cleades, eu senhor de Morlana, de Samedéd e de la honor, En Gailhartz de Guoza, cauoirs, de Bont e de la honor, e tuit li cauoir e homme de Castetnau de Silossa[6] e de Montsegur, e tuit li autre homme, casterans e autres deus deuantditz castet e locz, salutz en Nostre Senhor. Sapian tuit que nos em tenguit e auem mandat e promes e jurat sobreus sens ewangelis Deu, en obligamentz de nostres bens moebles e nomobles, present [e] auendoris, cadauns[7] per le tot, per vita e per mort, per comandement e a la requesta de noble baroun, mon senhor En Garsias Arn. de Naualhas e de la dona Na Maria Bertraus, sa molher, a noble baroun, a mon senhor Henr., senhor de Cusances, senescauc de Gasconha, cesta obligacion e cest combent e segrament arrecebent en non e en loc de nostre senhor N'Audoard, qe l'auantditz En Garsias Arn. de Naualhas e la dita dona, sa molher, e lor heir tendran e garderan fermament per tutz temps totz les combens e sengles contengutz en una lettra escriuta en ffrances sobre[u]s combens de Saut, tenor cujus continetur in ista carta inferius de verbo ad verbum. C'es assaber qe nos, auantditz cauoir, donzetz, casterans e autres hommes deus castetz e des locz desusditz, auem jurat[8] sobreus sans ewangelis Deu e em tenguit nos e nostre heir qe nos e nostre her tendrem[9] per tot temps e garderem e ferem le sagrament eus combens de l'auantdita lettra, per aissi cum en l'auantdita lettra dessus es[10] contengutz. E nos, En Garsias Arn. de Naualhas, e Na Maria Bertran, sa moilher, a la requesta deus auantditz cauoirs e donzetz, casteran et autres hommes, auem mes nostres sagetz pendentz en cesta presenta lettra, e en testmoignance que nos los ac auem comandat. E d'aquestas causas desus ditas e d'acestz combens desusditz son testimonis l'ond[r]able paire Navare, abesque d'Ax, En Bern. Johan, archidaqes de Brancet, e En Doatz Garsias, abes de Pontaut, e N'Arn. de Lescun, cauoir, liquau an sagerat cesta presenta lettra de lor sagetz pendentz ab lo saget

---

[1] Ms. *Telh.* — [2] Ms. *fet far sagerar.* — [3] Ms. *Ffortan.* — [4] Ms. *Roclaus.* — [5] Ms. *juratat.* — [6] Ms. *Ffilossa.* — [7] Ms. *cadamus.* — [8] Ms. *juratz.* — [9] Ms. *dendrom.* — [10] Ms. *est.*

de l'auantdita communa de Saut. Datum apud Saltum, die Mercurii ante festum beati Marchi Ewangeliste, mense Aprilis, anno Domini millesimo .cc.lx. tercio (*fol. 90 v*).

387 (*349*). 28 mars 1263. — *Caution analogue fournie par P. de Mauléon, damoiseau.*

P. de Maloleone, domicellus. — Conoguda causa sia qu'En P. de Mauleon, donzet, per sa bona, agradabla e deliura voluntat, a mandat e autreiat e promes e s'es obligatz per ferma et leiau stipulacion, per siu e per ses successors, soz pena de .l. marcz d'esterlinges, au noble baron, a mon senhor Henr., senhor de Cusances, senescauc de Gasconha, cesta obligacion arrecebent en non et en loc de mon senhor N' Audoard, que En Garsias Arn. de Naualhas e la dona Na Maria Bertran, sa molher, e lor successor tendran e garderan fermament per tot temps totz les combens e sengles feitz e agutz entreu deuantdit nostre senhor N' A[u]doart eus deuant ditz En Garsias Arn. e la dita dona, sa molher, sobreu castet de Saut ab ses apertenementz, e sobre tot lor autre terra, e sobre moutz autres articles, per aissi cum tuit li auantdit combent e article son contengutz en una carta escriuta en ffrances, tenor cujus continetur in ista carta inferius de verbo ad verbum. C'es assaber que l'auantditz En P. de Mauleon es tengutz per l'auantditz En Garsia Arn. de Naualhas e per la deita dona, sa molher, en pena deus auantditz .l. marcz, de tener les combens en l'auantdita lettra contengutz, saub e exceptat de las .c. libr. de Morl. de la dona Na Maria Bertran, sa molher, sor qui fo au senhor de Saut, e ⁽¹⁾ deus .xxx. mil. sol. de Morl. contengutz en l'auantdita lettra, deus quaus l'auantditz En Garsia Arn. de Naualhas d[e]u dar segurtatz a l'auantdit senescauc. E, en testmoignance e per major fermetat, l'auantditz En P. de Mauleon a sagerat acesta carta ab son saget. Actum fuit .iiij. die exitus Marcii, anno Domini millesimo .cc. lx°.iij. Regn. Henr., roi d'Angleterra, P., arch. de Bordeu, Johan de La Linda, major. Testes sunt : W. Pelissa, Ramon, vescoms d'Orta, Austein Gaucem, Arn. W. de Mauleon, donzet, W. R. de Marsam, cauoirs, Assius de Naualhas, danzet, e Estewes de Proensa qui la carta enquery, laquau Austein Gaucem desus deitz escriuo.

388 (*350*). 28 mars 1263. — *Caution analogue fournie par Guillaume Pelisse de Montmir, damoiseau.*

Willelmus Pelissa de Montmir, domicellus. — Conoguda causa sia qu'En W. Pelissa de Montmir, danzetz, per sa bona e agradabla e deliura voluntat, a mandat e autreiat e promes e s'es obligatz per ferma e leiau stipulacion, per sin et per ses successors, soz pena de .l. marcz d'esterlinges, au noble senhor Henr., senhor de Cusances, senescauc de Gasconha, cesta obligacion recebent en non e en loc de nostre senhor N' Audoart, qu'En Garsia Arn. de Naualhas e la dona Na Maria Bertran, sa molher, e lor successor tendran ⁽²⁾ e garderan fermament per tut temps totz les combentz e sengles feitz e agutz entreu dauantdit nostre senhor N' Audoart eus⁽³⁾ auantditz En Garsia Arn. e la dita dona, sa molher, sobreu castet de Saut ab ses apertenementz, e sobre tot lor autra terra e sobre moutz autres articles, per aissi cum tuit li auantdit combent e article son contengut en una carta escriuta en ffrances, tenor cujus continetur in ista carta inferius, de verbo ad verbum. C'es assaber que l'auantditz En W. Pelissa⁽⁴⁾ es tengutz per l'auantdit En Garcia Arn. de Naualhas e per la deita dona, sa molher, soz pena deus⁽⁵⁾ auantditz .l. marcz, de tener les combens en l'auantdita lettra contengutz, exceptat de las auantditas .c. lib. de Morl., de la dona Na Maria Bertran, sor qui fo au senhor de Saut, e deus .xxx. mil. sol. (*fol. 91*) contengutz en l'auantdita lettra, deus quaus l'auantditz En Garsia Arn. d[e]u dar segurtatz a l'auantditz senescauc. C'es assaber que, a la requesta de l'auantdit En W. Pelissa, En Garsia Arn., abes de Sen Seuer, a sagerat acesta carta de son saget. Actum fuit .iiij. die exitus Marcii, anno Domini millesimo .cc.lx.iij. Regn. Henr., roi d'Angl., P., arch. de Bordeu, Johan de La Linda, major. Testes sunt : Ram., viscoins

---

⁽¹⁾ Ms. *de*. — ⁽²⁾ Ms. *dendran*. — ⁽³⁾ Ms. *eux*. — ⁽⁴⁾ Ms. *W. En Pelissa*. — ⁽⁵⁾ Ms. *deutz*.

d'Orta, P. de Mauleon, Arn. W. de Mauleon, danzetz, Austein Gaucem, Assius de Naualhas, W. R. de Marsan, e Estewes de Proensa qui la carta enqueri, laquau lo detz Austein Gaucem escriuo.

389 (351). 29 mars 1263. — *Caution analogue fournie par Auger de Mauléon, damoiseau.*

Augerus de Maloleone, domicellus. — Conoguda causa sia que N' Augers de Mauleon, danzet, per sa bona e agradabla e deliura voluntat, a mandat e autreiat e promes e s'es obligatz per ferma e leiau stipulacion, per sin e per ses successors, soz pena de .c. marcz d'esterlinges, au noble baron, a mon senhor Henr., senhor de Cuzanc[e]z, senescauc de Gasconha, acesta obligacion recebent en non e en loc de nostre senhor N' Audoart, qu'En Garsia Arn. de Naualhas e la dona Na Maria Bertran, sa molher, e lor successor tendran e garderan fermament per totz temps, totz les combentz e sengles feitz e agutz entre l'auantdit nostre senhor N' Audoart eus auantditz En Garsia Arn. e la dita dona, sa molher, sobreu castet de Saut ab ses apartenementz, e sobre tote lor autre terre, e sobre moutz autres articles, per aissi cum tuit lui auantdit combent e article son contengut en una carta escriuta en ffrances, tenor cujus continetur in ista carta inferius de verbo ab verbum. C'es assaber que l'auantditz[1] N'Augers de Mauleon es tengutz per l'auantdit[2] En Garsia Arn. de Naualhas e per la dita dona, sa molher, sotz pena deus[3] auantditz .c. marcz, de tener les combens en l'auantdita lettra contengutz, exceptat de las .c. libr. de Morl. de la dona Na Maria Bertran, sor qui fo au[4] senhor de Saut, e exceptat des .xxx. mil. sol. de Morl contengutz en l'auantdita lettra, deus quaus l'auantdit En Garsia Arn. d[e]u dar segurtatz a l'auantdit senescauc. E, per major fermetat, l'auantditz N' Augers de Mauleon a mes son saget[5] en cesta carta pendent. Actum fuit .iij. die exitus Marcii, anno Domini millesimo .cc. lx. tercio[6]. Regn. Henr., rei d'Angl., P., arch. de Bordeu, Johan de La Linda, major. Testes sunt : Arn. W. de Mauleon, donzetz, W. Pelissa de Montmir, Belonquir de Peira Pertussa, Garsia Arn., abat de Sen Seuer, W. Arn. d'Auguar[7], e Estewes de Proensa qui la carta enqueri, laquau Austein Gaucem escriuo.

390 (352). 29 mars 1263. — *Caution analogue fournie par Assieu de Navailles, damoiseau.*

Assivus de Navalhas, domicellus. — Conoguda causa sia qe N' Assius de Naualhas, dandetz, per sa bona e agradabla e deliura voluntat, a mandat e autreiat e promes e s'es obligatz per ferma e leiau stipulacion, per sin e per ses successors, sotz pena de .c. marcz d'esterlinges, au noble baroun, a mon senhor Henr., senhor de Cusances, senescauc de Gasconha, ceste obbligacion recebent en non e en loc de nostre senhor N' Audoart, qu'En Garsias Arn. de Naualhas e la dona Na Maria Bertran, sa molher, e lor successor tendran e garderan fermament per totz temps totz les combenz e sengles feitz e agutz entreu deuantditz nostre senhor N' Audoart eus deuantditz En Garsia Arn. e la dita [dona], sa molher, sobreu castet de Saut ab ses apertenementz[8], e sobre tota lor autra terra, e sobre moutz autres articles, per aissi cum tuit li (*fol. 91 v*) auantdit combent e article son contengut en una carta escriuta en ffrances, tenor cujus continetur in ista carta inferius de verbo ad verbum. C'es assaber que l'auantdit N' Ass[i]us de Naualhas es tengutz per l'auantdit En Garsia Arn. de Naualha[s] e per la deita dona, sa molher, soz pena deus auantditz .c. marcz, de tener les combenz en l'auantdita lettra contengutz, exceptat de las .c. libr. de Morl. de la dona Na Maria Bertran, sor qui fo au senhor de Saut, e exceptat deus .xxx. mil. sol. de Morl. contengutz en l'auantdita lettra, des qua[u]s l'auantdit En Garsia Arn. d[e]u dar segurtatz a l'auantdit senescauc. E, per major fermetat, l'auantdit N' Assius a mes son saget en acesta presenta carta. Actum fuit .iij. die exitus Marcii, anno Domini millesimo

---

[1] Ms. *lauantdita.* — [2] Ms. *lauantdita.* — [3] Ms. *deux.* — [4] Ms. *aut.* — [5] Ms. *sachet.* — [6] Ms. *secundo* en toutes lettres; mais voir plus haut la note 17 du n° 370. — [7] Ms. *Dinguar*; mais voir plus haut, n° 371. — [8] Ms. *aportenementz* en toutes lettres.

.cc.lx.iij. Regn. Henr., roy d'Angleterra, P., arch. de Bordeu, Johan de La Linda, major. Testes sunt: P. de Mauleon, cauoirs, Arn. W. de Mauleon, donzetz, W. R. de Marssam, cauoirs, W. Pelissa de Montmir, Ram., vescoms d'Orta, Austein Gaucem e Estewes de Proensa que la carta enquery, laquau Austein Gaucem escriuo.

391 (353). 20 mars 1263. — *Caution analogue fournie par Gaillard de Fargues, damoiseau.*

Galhardus de Ffargis, domicellus. — Conoguda causa sia que En Galhartz de Ffaurgas, donzetz, per sa bona e agradabla e deliura[1] voluntat, a mandat e autreiat e promes e s'es obligatz per ferma e leiau stipulacion, per sin e per ses successors, soz pena de .l. marcz d'esterlinges, au noble baron, a mon senhor Henr., senhor de Cusanc[e]z, senescauc de Gasconha, cesta obligacion recebent en non e en loc de nostre senhor N'Audoart, qu'En Garsias Arn. de Naualhas e la dona Na Maria Bertran, sa molher, e lor successor tendran et garderan fermament, per totz temps, totz les combenz e sengles feitz e agutz entre l'auantdit nostre senhor Edouard eus auantditz En Garsia Arn. e la dita dona, sa molher, sobreu castet de Saut ab ses apertenementz, e sobre tot lor autre terre, e sobre moutz autres articles, per aissi cum tuit li auantdit combent [e] article son contengut en una carta escriuta en ffrances, tenor cujus continetur in ista carta inferius de verbo ad verbum. C'es assaber que l'auantdiz En Galharts de Ffaurgas es tengutz per l'auantdit Garsia Arn. de Naualha[s] e per la dita dona, sa molher, sotz pena deus auantditz .l. marcz, de tener les combens en l'auantdita lettra contengutz, saub e exceptat de las .c. libr. de Morl. de la dona Na Maria Bertran, sor qui fo au senhor de Saut, e exceptat deus .xxx. mil. sol. de Morl. contengutz en l'auantdita lettra, deus quaus En Garsias Arn. de Naualhas d[e]u dar segurtatz a l'auantdit senescauc. E, per major fermetat, l'auantditz En Galharts de Ffaurgas a mes son saget pendent en cesta presenta carta. Actum fuit .xij. die exitus Marcii, anno Domini millesimo .cc.lx. secundo. Regn. Henr., roy d'Angl., P., arch. de Bordeu, Johan de La Linda, major. Testes sunt: G. d'Armanac, Rudeu de Bergerac, Senhoron de Ma, cauoirs, Bertran de Segonzac de La Fforcaria, P. de Mauleon, Galhart de Tilh, cauoirs, e Esteues de Proensa que la carta escriuo.

392 (354). 20 mars 1263. — *Caution analogue fournie par Gaillard Du Soler.*

Galhardus de Soler. — Conoguda causa sia[1] que Galhart de Soler, per sa bona e agradabla e deliura voluntat, a mandat e autreiat e promes e s'es obligatz per ferma e leiau stipulacion, per sin e per ses successors, soz pena de .c. marcz d'esterlinges, au noble baroun, a mon *(fol. 92)* senhor Henr., senhor de Cusances, senescauc de Gasconha, cesta obligacion recebent en non e en loc de nostre senhor Edward, q'En Garsia Arn. de Naualhas e[3] la dona Na Maria Bertrau, sa molher, e lor successor tendran et garderan fermament, per totz temps, les combentz e se[n]gles feitz e agutz entre l'auantdit senhor N'Audoart eu[s] auantditz En Garsia Arn. e la dita dona, sa molher, sobreu castet de Saut, ab ses apertenementz, e sobre tut[4] lor autre terre, e sobre moutz autres articles, per aissi cum tuit li auantdit combent e article son contengut en una carta escriuta en ffrances, tenor cujus continetur in ista carta inferius de verbo ad verbum. C'es assaber que l'auantditz En Galhartz deu Soler es tengutz per l'auantdit[5] En Garsia Arn. de Naualhas e per la dita dona, sa molher, sotz pena deus auantditz .c. marcz, de tener les combentz en l'auantdita carta contengutz, saub e exceptat de las .c. libr. de Morl. de la dona Na Maria Bertran, sor qui fo au senhor de Saut, e exceptat deus[6] .xxx. mil. sol. de Morl. contengutz en l'auantdita lettra, deus quaus En Garsia Arn. deu dar segurtatz a l'auantdit senescauc. E, per major fermetat, l'auantditz En Galhartz deu Soler a mes son saget pendent en cesta presenta carta. Actum fuit .xij. die exitus Marcii, anno Domini millesimo .cc.lx. secundo. Regn. Henr., roi d'Angleterra, P., arch. de Bordeu, Johan de La Linda, major. Testes sunt : Senhoron deu Maur, P. [de]

---

[1] Ms. *deliurat.* — [2] Ms. *Conoguda cause se.* — [3] Ms. *a.* — [4] Ms. *sobre sor tut.* — [5] Ms. *auantdita.* — [6] Ms. *deux.*

Mauleon, cauoirs, Arn. W. de Mauleoun, Galhart de Tilh, cauoir, Beraut de Got, cauoir, W. Arn. de Tilh, dondet, et Esteues de Proensa que la carta enquery, laquau Austein Gaucem escriuo.

393 (355). *20 mars 1263. — Caution analogue fournie par Bertrand de Ladils.*

Bertrandus de Ladils. — Conoguda causa sia[1] qu'En Bertrau de Ladelis, per sa bona e agradabla e deliura voluntat, a mandat e autreiat e promes e s'es obligatz, per ferma e leiau stipulaciou, per siu e per ses successors, sotz pena de .l. marcz d'esterlinges, au noble baroun, mon senhor Henr., senhor de Cussances, senescauc de Gasconha, cesta obligacion recebent en non e en loc de nostre senhor N'Audoart, qu'En Garsias Arn. de Naualhas e la dona Na Maria Bertran, sa molher, e lor successor tendran e garderan fermament per tot temps totz les combentz e sengles feitz e agutz entre l'auantditz nostre senhor N'Audoart e los auantditz En Garsia Arn. e la dita dona, sa molher, sobreu castet de Saut ab ses apertenementz, e sobre tot lor autre terre, e sobre moutz autres articles, per aissi cum tuit li auantditz combent e article son contengutz en una carta escriuta en ffrances, tenor cujus continetur in ista carta inferius de verbo ad verbum. C'es assaber que l'auantditz Eu Bertran [es tengutz, per l'auantdit En Garsia Arn. de Naualhas e per la dita dona, sa molher, de tener les combentz en l'auantdita carta contengutz, saub e exceptat de las .l. libr. de Morl. de la dona Na Maria Bertran], sor qui fo au senhor de Saut, e exceptat deus[2] .xxx. mil. sol. de Morl. contengutz en l'auantdita leitra, deus quaus l'auantditz En Garsias d[e]u dar segurtatz a l'auantdit senescauc. E, per major fermetat, l'auantdit En Bertrans de Ladilis a mes son saget pendent en cesta presenta carta. Actum fuit .xij. die exitus Marcii,

anno Domini millesimo .cc.lx. secundo. Regn. Henr., rei d'Angleterra, P., arch. de Bordeu, Johan de La Linda, major. Testes sunt : Senhor[on] de Maur, P. de Mauleon, cauoirs, Galhart de Soler, Arn. W. de Mauleon[3], douzetz, Galhart de Tilhi, Beraut deu Got, cauoirs, W. Arn. de Tilhi, e Estewes de Proensa que la carta escriuo.

394 (356). *3 novembre 1261. — Contrat d'échange passé entre Auger, vicomte de Soule, et le prince Édouard, fils aîné du roi d'Angleterre. Le vicomte lui cède le château de Mauléon et la vicomté de Soule en échange de Laharie, de Saubusse, de Sos, d'Angoumé et du Marensin*[4].

Augerius, vicecomes de Seula. — Universis Xpi fidelibus presentes litteras visuris[5] vel audituris, Augerius, filius quondam (*fol. 92 v*) domini Ram. Guillelmi, quondam vicecomitis de Seula, salutem. Sciatis quod ego, non vi, non dolo metuve inductus, set pure et spontanea voluntate, dedi et concessi in excambium[6] et perpetue quietavi, pro me et heredibus meis, inclito domino meo[7], domino Edwardo, illustris regis Anglie[8] primogenito, et heredibus suis castrum de Maleone, et totum vicecomitatum de Seula cum honore et omnibus pertinenciis suis, et totum jus quod habui vel habere debui in hereditate quondam domini Ram. Guillelmi, quondam vicecomitis de Seula, patris mei, in predicto vicecomitatu; et hanc quiptacionem et donacionem feci dicto domino meo et heredibus suis, pro me et heredibus meis, pro villis suis de Ffarina, de Sambusa, de Sas et de Engomer[9], et pro tota terra de Marencino, cum omnibus pertinenciis suis, quas [michi] dictus dominus meus[10] in escambium pro dicta hereditate concessit; promittens, ad sancta Dei ewangelia prestito corporaliter juramento, quod per me vel per alium contra quiptacionem vel donacionem

---

[1] Ms. *Conoguda cause sc.* — [2] Ms. *deux.* — [3] Ms. *Maules.* — [4] En marge, d'une main du xviᵉ siècle : *Don fait au roy d'Angleterre de Mauléon de Sole.* Le présent acte a été copié une seconde fois, mot pour mot, sous le numéro suivant. Je donnerai ici les quelques variantes de cette seconde copie. — [5] N° 395 : *inspecturis.* — [6] N° 395 : *escambium.* — [7] Le mot *meo* manque dans le n° 395. — [8] Le mot *Anglia* est ajouté d'après le n° 395. — [9] Les mots *et de Engomer* manquent dans le n° 395. — [10] N° 395 : *cum omnibus pertinenciis suis et totum jus quas michi dictus dominus meus.*

predictam nullo tempore veniam; et super premissis bonam et firmam garentiam eidem portabo. Et ad hec me et omnia bona mea in quibuscumque locis consistant eidem domino meo et heredibus suis obligo per presentes sigillo meo [1] proprio sigillatas. Datum et actum tercia die Novembris, anno Domini millesimo .cc. sexagesimo primo.

395 (*357*). *Reproduction littérale du numéro précédent.*

396 (*358*). *Dax, mardi 28 septembre 1256.* — *Accord passé entre Étienne Longuépée, sénéchal de Gascogne au nom du prince Édouard, et Raimond Guillaume, vicomte de Soule, relativement aux menaces de mort que ledit vicomte avait échangées avec Guillaume Arnaud de Tardets, chevalier, et au traité de paix récemment conclu entre eux et leurs partisans* [2].

Vicecomes de Seula. — Universis presentes litteras inspecturis, S. Longespeye, senescallus Vasconie, G., vicecomes Bearnii, P. de Bordigala, P., vicecomes Tartacensis, Garsias Arnaldi de Navalhas, major et communitas Aquensis, salutem. Noveritis quod, anno Domini millesimo .cc. .lvj., .vj. die kal. Octobris [3], super controversia que vertebatur inter nos, dictum S. Longespeie, senescallum Vasconie pro domino nostro Edwardo, illustris domini regis Anglie filio, ex una parte, et Ram. Guillelmi, vicecomitem Seule, super pluribus defectibus de stando juri et super pluribus questionibus [4] inter dominum vicecomitem Seule, ex una parte, et Guillelmum Arnaldi de Tarda, militem, pro se et suis, ex altera parte. Tandem ita super predictis extitit ordinatum quod dictus Ram. Guillelmi [5], vicecomes Seule, cum curia sua de Seula et militibus et aliis hominibus de Seula, juraverunt, ad sancta Dei ewangelia corporaliter tacta, quod pacem et fidelitatem (*fol. 93*) domino Edwardo et locum suum tenentibus in Vasconia, et dicto Guillelmo Arnaldi de Tarda et suis valitoribus pacem fideliter et firmiter observabit; ita videlicet quod, si dictus vicecomes, vel Augerius, vel Arnaldus Ramundi, ejusdem filii legitimi, vel Arnaldus Ramundi, ejusdem filius [il]legitimus, vel Vincencius de Ffon, vel Arnaldus de Ffons, vel Arnaldus Ramundi, Oliverus [6] Arnaldi, vel [Bernardus] ejus ffrater, interficerent aliquem de istis, videlicet Guillelmum [7] Arnaldi de Tarda, militem, vel Arnaldum Sancii de Gaucem, vel Ramundum Arnaldi de Tarda, vel Arnaldum Guillelmi de Saugues, vel Arnaldum Guillelmi d'Esqueles, vel Garsiam [8] Arnaldi de Maundinarisquel, vel Garsiam Arnaldi de Havarat, vel Petrum [9] de Mandeviu, quod pro dicto homicidio totum vicecomitatum suum Seule ponit sub juramento pro se et Augerio, primogenito filio suo, predicto domino nostro Edwardo, et tota curia Seule et milites et ceteri predicti vicecomitatus extunc essent predicto domino Edwardo obedientes et tanquam domino fideliter intendentes, quos dictus vicecomes tunc a juramento quo sibi tenerentur denunciat absolutos. Et si dictus Guillelmus [Arnaldi de Tarda, vel] Arnaldus Sancii de Gaucem, vel Ram[undus] Arnaldi de Tardes, vel Arnaldus Guillelmi de Saugues, vel Arnaldus [Guillelmi] d'Esqueles, vel Garsias Arnaldi de Mandiarisquete, vel Garsias Arnaldi de Havart interficerent vicecomitem Seule supradictum, vel Augerium, vel Arnaldum Ram[undi], ejusdem filios legitimos, vel Ar-

---

[1] Le mot *meo* manque dans le n° 395. — [2] Publ. *Notices et extraits des mss*, t. XIV, p. 450. — [3] Ms. *millesimo .cc.lxvj. kal. Octobris*. Mais Étienne Longuépée a été sénéchal de Gascogne en 1256-1257 (*Rôles gascons*, t. I, suppl., p. cxix), non en 1266; en outre, l'acte est daté, à la fin, du mardi avant la Saint-Michel de l'année 1256, qui est précisément le 6 des cal. d'octobre. Il faut donc répéter le quantième du jour après celui de l'année. — [4] Ms. *senescallum Vasconie pro illustri domino rege nostro, domino Edwardo, ex parte una, et super pluribus defectibus de stando juri contra Ram. Guillelmi, vicecomitem Seule, et super pluribus questionibus*. Phrase inintelligible et incorrecte, puisqu'elle fait régner Édouard I*er* déjà en 1266. J'ai donc remanié le titre du prince Édouard, supprimé un mot (*contra*) et rangé les autres dans un ordre acceptable. — [5] Ms. *ordinatum quod factum quod dictus Ram. Guillelmi*. — [6] Ms. *Elaver*. — [7] Ms. *Gualterum*; partout ailleurs, dans le présent acte, le nom est Guillaume Arnaud. — [8] Ms. *Garsian* (deux fois). — [9] Ms. *Petrus*. Cf. Jaurgain, *La Vasconie*, t. II, p. 473.

naldum Ram[undi], ejusdem filium illegitimum, vel Vincencium de Ffons, vel Arnaldum de Ffons, vel Arnaldum Ram[undi], Oliverum [Arnaldi], vel Bernardum, ejus fratrem, eo ipso esset proditor probatus in tota terra illustris regis Anglie et predicti domini Edwardi; et quicquid dictus Guillelmus Arnaldi de Tarda vel aliquis de suis sibi ad invicem pacem infringerent, debet fieri emenda et recipi infra .xv. [dies] ad arbitrium domini Gastonis, vicecomitis Bearnii, Petri de Bordigala et Petri Catbau [1], civis Burdigalensis, in civitate Aquensi; et, si aliquis istorum interesse non posset, quod idem posset ponere alium loco sui; si vero de aliquo istorum humanitus contigisset, duo vel unus qui superstes esset predicta omnia terminaret. Et sciendum quod nos, predictus S. de Longespeye, senescallus Vasconie, nomine predicti domini nostri, domini Edwardi, et nos, Gasto, vicecomes Bearnii, et nos, P., vice[comes] Tartacensis, et nos, Garsias Arnaldi de Navalhas, promisimus predictum Guillelmum Arnaldi juvare [2] ad expensas proprias et recipere ipsum et ejus valitores in castris nostris et in tota terra nostra; et similiter, si predictus Guillelmus Arnaldi, vel aliqui de suis, secundum formam superius nominatam predictam pacem infringeret, nos tenemur dictum vicecomitem juvare ad expensas proprias, et ipsum et ejus valitores recipere in castris nostris et in tota terra nostra. Et sciendum quod pro homicidiis perpetratis ex parte vicecomitis Seule in homines Guillelmi Arnaldi de Tarda, tenetur vicecomes predictus mittere in peregrinacionem transmarinam Guillelmum Arnaldi de Sivas, Bertrandum d'Uriart, milites, et Sancium Arnaldi de Seintz, et Garsiam Arnaldi de Serrite, domicellos; si tamen pro ipso ire nollent, expellet eos de tota terra sua et exclusos tenebit, et jurabit ad sancta Dei evangelia quod bona fide laborabit quod eant ultra mare. Et supra [pre]dictis tenendis et fideliter observandis, supradicti vicecomes Seule, pro se et suis, et Garsias Arnaldi de Tarda, pro se et suis, prestiterunt super sacrosancta Dei ewangelia juramentum. Et in testimonium promissorum, nos, predicti S. Longespeye, senescallus Vasconie, G., vicecomes Bearnii, Petrus de Burdigala, Petrus, vicecomes Tartacensis, Garsias Arnaldi de Navalhas, major et communitas Aquensis sigilla nostra presentibus duximus apponenda. Datum Aquis, die Martis ante festum beati Michaelis, anno Domini millesimo .cc. quinquagesimo sexto.

397 (359). *Saint-Sever-de-Gascogne, samedi 15 décembre 1268.* — *L'abbé de Pimbo, au diocèse d'Aire, et les chanoines de cette abbaye donnent en pleine propriété et pour toujours à Thomas d'Ippegrave, sénéchal de Gascogne pour le prince Édouard, les terrains nécessaires pour élever un château fort et construire une bastide. L'abbé se réserve certains cens sur les habitants anciens ou nouveaux; il en partage d'autres avec le prince, ainsi que le droit de rendre la justice.*

Guillelmus Arnaldi de Sengoineto. — Omnibus Xpi fidelibus presentes litteras inspecturis, Guillelmus Arnaldi de Sengoineto, abbas de Pendulo [3] diocesis Adhurensis, magister Guillelmus de Brus et Ramundus de Maureas, Sancius de Labatut, Bernardus de Biolas et Petrus de Porta, con[canonici] ejusdem ecclesie, salutem in Eo qui est omnium vera salus. Noverit universitas vestra quod, de consensu et expressa voluntate omnium aliorum concanonicorum nostrorum, dedimus et concessimus, donacione imperpetuum valitura, domino Thome *(fol. 93 v)* de Ippegrava, senescallo Vasconie, loco domini nostri, domini Edwardi, pro se et heredibus suis, locum seu plateam in districtu et terra nostra, ad faciendum et construendum domum fortem seu castrum, ubi dictus senescallus vel alii ab eo missi duxerint eligendum, habendum et possidendum perpetuo tanquam suum. Item, damus et concedimus eidem domino Thome, nomine quo supra, locum seu plateam ad bastidam seu populacionem novam [4] faciendum ibidem, ubi dictus dominus Thomas vel missi sui

---

[1] Ms. *Talhan.* — [2] Ms. *predicto Guillelmo Arn. jurare.* — [3] Ms. *abbas de Pendulen.* On peut hésiter entre deux transcriptions : *abbas de Pendulo*, ou *abbas Pendulensis.* — [4] Ms. *novauam.*

magis videri[n]t expedire; et hoc damus et concedimus donacione pura et simplici, quantum ad proprietatem et dominium, nullo penitus jure in premissis nobis retento. Volumus eciam et concedimus quod juxta dictum, arbitrium seu voluntatem duorum bonorum virorum electorum, videlicet unius ab ipso domino Thoma senescallo et alterius[1] a nobis, dentur et concedantur[2] terre, nemora et possessiones nostre sub annuo censu illis qui venient ad habitandum in populacione seu basti[d]a ibidem construenda, exceptis vineis, viridariis et boeriis nostris; ita quod illi qui has terras seu nemora tenebunt de nobis faciant de ipsis feodis nostris justiciam coram nobis, quocienscumque de ipsis fuerit altercatum. Item, damus et concedimus eidem senescallo, nomine quo supra, quod dominus Edwardus et heredes sui habeant in omnibus habitatoribus nostris qui nunc habitant circa ecclesiam nostram et franci vocantur, medietatem omnium jurium, deveriorum seu firmanagiorum que in ipsis habemus. Et ipse dominus Edwardus et heredes sui habeant omnia firmanagia seu censa que[3] illi qui venient ad habitandum in dicto loco dabunt pro solis seu plateis domorum suarum. Retinemus autem nobis et ecclesie nostre omnia casalia nostra cooperta cum omnibus habitantibus casalia predicta, habenda et possidenda a nobis et ecclesia nostra, sicut hactenus habere consuevimus et possidere. Volumus tamen et concedimus, racione defensionis et tutele jurium nostrorum et ecclesie nostre, dicto domino senescallo, nomine quo supra, in quolibet foco vivo in predictis casalibus, singulis annis, sex denarios Morlanenses, unam raseriam[4] avene et unam gallinam, solvenda et restituenda annuatim in festo Omnium Sanctorum. Ad hoc volumus et concedimus quod dictus dominus Edwardus et heredes et successores sui habeant et possideant imperpetuum duas partes justicie loci predicti, et nos seu ecclesia nostra terciam, recipiendam per manum ballivi dicti domini Edwardi, qui singulis annis jurabit quod nobis et successoribus nostris de dicta tercia parte in facie fideliter respondebit : justiciam tamen sanguinis et murtri plene et integre eidem domino Edwardo et suis pleno jure in omnibus predictis duximus concedendam; ita quod tamen balli[vi] ejusdem domini Edwardi in dicto loco constituti sentencias per nos datas inter feodotarios nostros fac[iant] execucioni mandari. Retinemus nobis et successoribus nostris communem justiciam in canonicis et clericis seu familia abbatis et canonicorum ecclesie nostre que nunc est vel pro tempore fuerit, excepta justicia sanguinis et murtri quam, sicut in aliis dictum est, plene et integre eidem domino Edwardo et suis duximus concedendam. In quorum omnium testimonium et majoris roboris firmitatem, nos, predictus abbas, et dictus dominus Thomas ad nostri instanciam, sigilla nostra presentibus duximus apponendum. Datum apud Sanctum Severum in Vasconia, die Sabbati post festum beate Lucie virginis, anno Domini millesimo .cc. lx. octavo.

398 (360). *Mauléon-de-Soule, le 11 octobre 1257. — Étienne Longuépée, sénéchal de Gascogne pour le prince Édouard, promet de tenir et de faire observer par le prince les accords et conventions passés en son nom par Gaston, vicomte de Béarn, avec Marquise, vicomtesse de Soule, et Auger, son fils. De son côté, Auger promet d'être bon et loyal envers le prince et d'aller en Angleterre pour faire ratifier avant la mi-carême la paix conclue avec le sénéchal. Si l'accord n'était pas ratifié, Gaston de Béarn rendrait le château de Mauléon à Auger de Soule et celui de Béloscar, avec la Soule, au sénéchal.*

S. Longespeye. — Conogude cause se que nos, N'Esteuen Longespeye, senescal de Gasconha per l'ondrat senhor N'Audoart, prometem e autriem a noble baroun En Gaston[5], vescoute de Bearn, que nos toutz aquels[6] combentz que el aue[7] datz ni autreiatz ni juratz per nos a l'ondrada dona[8] Na Marchessa, vescomtessa de Seula, e a N'Auger, son filh[9], e a son autre heret, que nos coupliam e tengam e fazam complir e tener

---

[1] Ms. *videlicet unum ab ipso domino Th. sen. et alio.* — [2] Ms. *concedend.* — [3] Ms. *qui.* — [4] Ms. *unum rafferium.* — [5] Ms. *Gascan.* — [6] Ms. *aqueles.* — [7] Ms. *auant.* — [8] Ms. *donc.* — [9] Ms. *fah.*

(fol. 94) a nostre senhor N'Audoart, e tenrem[1] a nostre poder la paz, segon que es contengut e ordenat entre lo deuantdit En Gaston e la vescometessa de Seula e N'Auger, son filh[2], so es assaber qu'el noble baron e senhor N'Esteuen Longespeye, senescauc de Gasconha, s'es auengutz[3] ab la dona Na Marchessa, vescountessa de Seula, e ab N'Auger, son filh[4], en tal manera que l'auantdita dona Na Marchessa e N'Auger donent per les costz e per las messions qu'el senescauc a ffet sobre N'Auger, per dit de l'auantdit senescal e de mon senhor En Gaston e del senhor euesque de Lascar, e qe les pagen per aqueles dias que etz trobaran[5], e que N'Augers dan segurtatz que bons e leiaux se a mon senhor N'Audoard, sous encoriment[6] de corps e de terra, per dit e per couoisensa d'aquetz trois sobredits[7]; e que N'Augers an en Engleterra, si sous counseils l'ag da, si que de qui a mey[8] caresme pusce esser[9] anatz e tornatz sa[u]b e segur del rei e del[s] sans, a bona fe, en son poder, [per] pregar e clamar merce a mossenhor N'A[u]doard que pleisza la patz que N'Augers a parlada a mon senhor le senescauc; e, si N'Augers no anaua en Engleterra, q'i trametra sous messages e le senescal qu'el tenga saubs[10]; e segurs les messages del rei e del son poder. E, si la paz plaz a mon senhor N'Audoard, que N'Audoard areda a N'Auger Sonfroi e Bolascar e la terra, saub son droit que i aue auantz que aquel turbel fost. E, si per aue[n]ture la paz ne plase a mon senhor N'Audoard, que mon senhor En Gastons les ag deu far assaber per lumes deuant le di a ma dauna la vescountessa e a N'Auger, en tal manera que N'Auger e ma dauna puescan pausar[11] al chastel atantz cauuers e atantz hommes e atantz blat e atanta pommada e atantz garnimentz cum hi n' i a sons cauuer banera portant, e dentz aquel di no deuen bie[r] sobre lor; e deu aredder mon senhor En Gaston al senesc. Beloscar ab atanta garnizo e hommes cum hi n' i a son baron; e, de qi en la, que podan obrar[12] tan come sa vuilhan e pausar garnizon N'Auger e ma dona, si poden; e mon senhor En Gaston[13] a jurat a ma dauua e a N'Auger e sas lettras que les n'a dat, ab son saiele, qu' el chastel les areda aissi come soubre dit [es], e quels ag deu far jurar a sa cort aquels[14] que N'Auger e ma dauna vulhan; e, si mon senhor N'Audoart no vol[15] prener la patz e N'Auger vole fermar jurament al senescal e a sos clamantz per conoisensa de la cort de Sent [Seuer], lo senescal lo deu far jujament [en] cort a N'Auger bonament de si medis[16] e de queles ou N'Auger serra clamantz per la cort de Sen Souer, scus li e sens home de sa meisoun e de sa mainada[17] que no sia al jurament e que le sen[escal] no embarga ni faza embargar que la cort ni faza lo jujament. E si, par auenture, dedenz l'auantditz mey[18] quaresme, N'Auger e ma dauna no serren[19] auengutz ab monsenhor[20] N'Audoart per patz[21] ou per jurament, mon senhor En Gaston es tengutz d'arredre lo chastel del Malleon a l'auantdit Auger ou a ma dauna ou a son beret en la[22] octaua de Pasqua, e la sen[escal] lo chastel de Belloscar e l'autra terra de Seula qu'el i tien. En testimoni de las auantditas causas e per que aissi sia tengut fermament come sobre[23] dit es, nos, dit sen[escal], N'Esteuen Longespeye, e nos, dit En Gaston, vescounte de Bearn, fam pausar quiscadun[24] en questas lettras nostras saieles. Datum apud Malleonem, .v. idus Octobris, anno Domini millesimo .cc. l. septimo (fol. 94 v).

399 (361). *Bayonne, novembre 1254. — Ordonnance du prince Édouard, duc de Gascogne, pour la ville de Bayonne. Le prince interdit à l'avenir toute confrérie, confédération ou ligue des bourgeois les uns contre les autres ou contre leur seigneur naturel. Il se réserve de nommer chaque année le maire de la ville.*

---

[1] Ms. *terchem*. — [2] Ms. *fah*. — [3] Ms. *auantgutz*. — [4] Ms. *flogh*. — [5] Ms. *ele troboran*. — [6] Ms. *sens e coraument*. — [7] Ms. *de queiz trois sobres dites*. — [8] Ms. *moy*. — [9] Ms. *esset*. — [10] Ms. *quelz tenga saulos*. — [11] Ms. *e ma dauna puescan enquele meos puescan pausar*. — [12] Ms. *abrar*. — [13] Ms. *Gasconh*. — [14] Ms. *aqueles*. — [15] Ms. *novel*. — [16] Ms. *de si medas*. — [17] Ms. *sui mainoda*. — [18] Ms. *mes*. — [19] Ms. *serren*. — [20] Ms. *messouch*. — [21] Ms. *parz*. — [22] Ms. *le*. — [23] Ms. *solom*. — [24] Ms. *quis cadam*.

142 RECOGNICIONES FEODORUM IN AQUITANIA.

Formule du serment que doivent prêter tous les habitants âgés de plus de quinze ans, et liste des bourgeois qui l'ont prêté dans l'église cathédrale de Bayonne. Le serment d'observer la présente constitution sera renouvelé tous les ans à chaque changement du maire[1].

Ordinacio civium Bayonensium. — In nomine Patris et Filii et Spiritus sancti, amen! Notum sit omnibus, tam presentibus quam futuris, quod dominus Edwardus, illustris regis[2] Anglie primogenitus et heres, jam regnans in Vasconia sicut princeps et dominus, deliberato consilio, [pro] communi utilitate Baionensium, voluit[3] et disposuit et precepit suis fidelibus civibus urbis Baionensis quod facerent et reformarent inter se pacem et concordiam, ut essent unanimes de cetero et concordes, et in urbe sua subditi sui pace perpetua fruerentur. Cujus disposicioni et preceptis acquievit concorditer totus populus Baionensis; et omnes de civitate predicta, pro se et heredibus et successoribus suis, a quinto decimo anno et supra, tactis[4] sacrosanctis ewangeliis, singulariter juraverunt quod nunquam facient ulterius conspiracionem, confratriam, confederacionem, conjuracionem, ligacionem, seu inprisiam aliquam, vel levatam, vel aliquod genus seu speciem aut materiam inprisie vel levate, modo aliquo vel ingenio seu forma, alter[5] contra alterum aut suum dominum naturalem; quod quicumque per se vel per alium facere vel consentire aut attemptare presumpserit, puniatur tanquam proditor et perjurus, et privabitur a vicinitate[6] et habitacione predicte imperpetuum civitatis; et ipse et omnes res ejus, tam mobiles quam inmobiles, incurrentur contra dominum regem[7], ad faciendum quicquid voluerit de eisdem. Renunciaverunt omnes quoque et singuli in principio juramenti omnibus constitutionibus, conspiracionibus et inprisis, quascumque fecerant, tenuerant vel habuerant cum aliquo extraneo[8] vel vicino; et quiptaverunt se et absolverunt se ab omnibus [pactis][9], convencionibus seu ligamentis que verbo, vel nutu, vel assensu, seu juramento per se vel per alium credebantur fecisse vel conspirasse alteri[10] contra alteros usque modo. Insuper, cives inferius annotati juraverunt omnes et singuli super [sancta] sanctorum [Dei][11] in Baionensi ecclesia sub hac forma: «Ego N. juro et concedo et obligo me domino meo regi Anglie et ejus primogenito domino Edwardo, quod persona mea et omnia bona mea, tam mobilia quam inmobilia, incurrantur, si contigerit me transgredi antedicta»; quorum nomina sunt hi : Michael de Mans, Johannes d'Ardir, Lambertus de Putz, P. A. de Luk, W. A. de Luc, W. A. de Lapus[13], P. de Villa, Laurencius de Pujane[14], P. W. del Castere[15], W. de Saubinag[16], A. deu Luk, A. deu Morar, Andreas de Merca, P. de Perer, Johannes d'Arder junior, Johannes de Castetgelos, G. J. de Seubist, P. A. de Sok[17], P. de Pinsole, Ar. W. de Leburgeire[18], A. W. deu Parbase[19], P. d'Arnadeu, W. de Luc, Amatus de Sarros, P. W. de Ffurno, B. deu Barad[20], Ram. del Pins, J. de Seubist, filius Dominici, J. de Corbillo, P. Ram. de Puis[21], W. de Moncue, Poncius de Merca, filius Petri, Ar. P. de Pui[22], Amatus de Merca, filius Amati, W. P. de Laugar, Poncius de Bensal, P. W. de Noger, A. de Bensal, W. de Lifaus[23], P. de Rauzedz[24], junior, Fferardus de

---

[1] Publié dans Rymer, «ex autographo» et dans le *Livre des Établissements* (de Bayonne), p. 26, d'après le registre AA 1 des Archives municipales, mais sans la liste des bourgeois qui ont prêté le serment. Cf. Balasque et Dulaurens, *Études historiques sur Bayonne*, t. II, p. 155. Dans notre ms., l'ordonnance du prince Édouard a été transcrite une seconde fois sous le n° 367 (406 de l'édition); j'en donnerai ici les variantes, ainsi que celles de Rymer et du *Livre des Établissements*. — [2] Ms. *rex*. — [3] Ms. *valuit*. — [4] Rymer: *pretactis*. — [5] Ms. *aliter*. — [6] N° 406 : *civitate*. — [7] Rymer, les *Établiss*. et le n° 406 : *erga dominum Eduuardum*. — [8] N° 406 : *extranio*. — [9] Le mot *pactis* ajouté par Rymer, les *Établiss*. et le n° 406. — [10] N° 406 : *alter*. — [11] Le mot *Dei* ajouté par le n° 406. — [12] Rymer : *Ego vero*; les *Établiss*. : *Ego talis*. — [13] N° 406 : *W. Ar. deu Puis*. — [14] N° 406 : *Laur. de Pulan*. — [15] N° 406 : *P. W. de Lecesterre*. — [16] N° 406 : *Saubanhac*. — [17] N° 406 : *P. A. de Sonst*. — [18] N° 406 : *A. W. de Brugerx*. — [19] N° 406 : *A. R. deu Probast*. — [20] N° 406 : *Bern. deu Barat*. — [21] N° 406 : *P. R. deu Paidz*. — [22] N° 406 : *R. de Puit*. — [23] N° 406 : *W. deus ifaus*. — [24] N° 406 : *P. de Rairedz*.

Pyn, Baquer de Sal[i]es, P. Andreas de Luc, Michael de Marnos[1], P. dels Pins, R. Dudrandi de Villa, G. Aleman, W. A. de Bazatz, P. A. deu Bilar[2], Thomas Doumaju[3], P. de Maverned, J. de Morton,[4], P. de Beinsol, Salvatus de Villa[5], Peregrinus de Salvanac[6], B. d'Ardir, P. de Senters, A. de Binag[7], P. R. de Benesce, Dominicus de Villa, W. de Villa, A. de Lesperon, Fforcius deu Cassos[8], Johannes de Lebone[9], W. A. de Galherdic[10], B. de Dado, Arn. G. Cordi, W. A. de Maverned, Bernardus de Sok[11], Bonushomo d'Ardir, P. de Gaueret, P. de Montgaurin[12], A. de Conties, P. J. de Artos, P. J. de Troncon, J. de Pin, P. de Rest[13], A. de Bescami, P. de Puyane, R. W. de Merca, W. A. de Sen Pandelon, Michael de Sescosse, P. de Sen Per[14], G. de Soubist, Laurence de Mimizan, P. W. de Lacluse, J. de Beryn, P. A. de Cazenova, filius, J. P. de Memizan, P. d'Arosse, W. R. de Le Mote (fol. 95), P. A. de Larras, W. G. d'Artisson[15], P. de Sordoe, P. W. deu Taur.[16], B. dels Ffraisses, W. P. de Lisbay[17], B. de la Gue[18], P. A. de Bensol, Garsia d'Ax, W. de Labat, P. deu Burhan[19], Anissans de Rybere, J. de Sortoile[20], B. Mi. de Giestede, P. Ar. de Gauberdyn, Ffrancs de Saives, W. de Luc, Ga. A. de Loron, B. deu S. An.[21], Mi[chael] de Bassessan, W. de Conties, P. de Salies, P. A. Beguies, Bonushomo de Perdics, J. de Ffoston[22], J. de Sancto Johanne, J. de Seniantz, P. A. d'Onesse, G. A. de Boglon, B. [de] Burgo, P. de Namad, W. A. de Bergers, R. de Tremelet, Michael de Galhart, R. de Jaces, senex, Orguilh de Mount Gauryn, R. de Jaces, junior, Bernardus de Baiona[23], P. J. deu Bet, P. Bcer, Johannes de Langlade, P. de Laffont, W. P. de Torn, W. A. de Ffaget[24], Arnaldus de Bearnio, W. J. d'Ariou, P. W. Massan, P. de La Lane, W. A. de Sendetz[25], P. de Ffrancia, B. d'Estivans, W. de Senteres, J. de Menta, gener Baquerii, R. B. de Sort, P. W. d'Argilers, R. B. de Perer, A. deu Bosc, W. d'Ozerd[26], P. A. de Uhart, A. deu Fist, J. Gendre, W. P. de Maverned, P. de Batz[27], A. de Martre, A. R. d'Ardir, J. de Sordoe, Amad d'Ardir, Gos A. de La Plume[28], P. de Boglon, W. A. de Neders, Dominicus de Pin[29], P. A. de Boniort, P. de Serres, P. W. d'Ariou, W. Vanier, Dominicus de Grado[30], Ga. A. de Labat, W. A. d'Auribat, W. de Serralenque, A. W. de Ffite, A. de Bestezon, W. A. de Labat, W. A. d'Auribat, W. R. Bartes[31], R. A., W. J. et W. de Bardos, fratres, P. W. de Menta, J. et Amatus de Conties, B. de Gemebrede[32], W. de Prat, Dominicus d'Arbine, B. de Senebrun, P. J. de Lansuc, R. A. de Salies, filius Juliani[33], P. de Bous, P. Gast, W. de Marsan, et P. W. filius ejus, Johannes de Ffossatz[34], P. A. Deuditz et filius ejus, W. de Bencos, P. A. de Gado, Anetus de Onque[35] et filius ejus, G. de Maslag, P. Esteuen, A. de Mauerned, P. Serrer, P. de Mauerned, P. Galiot, Michael et P. de Cazenave, Dominicus de Galhartz, Dominicus de Gorbith, Arnaldus W. d'Arramos[36], P. d'Ortes, filius W., R. Arn. de Mondiron[37], W. P. de Bilefranque, W. de Labatut, J. Doins, R. A. de Sancto Johanne, Dominicus d'Oidei[38], Johannes de Luc, Stephanus de

---

[1] N° 406 : *Manot.* — [2] N° 406 : *de Biler.* — [3] N° 406 : *demafin.* — [4] N° 406 : *J. de Notey.* — [5] N° 406 : *Saubat de Bile.* — [6] N° 406 : *de Saubinhac.* — [7] N° 406 : *Arn. Daubinhac.* — [8] N° 406 : *de Cassos.* — [9] N° 406 : *de Bene.* — [10] N° 406 : *de Logardie.* — [11] N° 406 : *B. de Soutz.* — [12] N° 406 : *P. de Montgaurin.* — [13] N° 406 : *P. d'Orest.* — [14] N° 406 : *P. de Sent Peir.* — [15] N° 406 : *d'Artusson.* — [16] N° 406 : *deutaurin.* — [17] N° 406 : *de Lesbai.* — [18] N° 406 : *de Lagues.* — [19] N° 406 : *P. deu Binan.* — [20] N° 406 : *J. de Sorolle.* — [21] N° 406 : *B. de Sansaner.* — [22] N° 406 : *de Voston.* — [23] N° 406 : *P. de Baron.* — [24] N° 406 : *W. A. de Faced.* — [25] N° 406 : *W. A. de Tendetz.* — [26] N° 406 : *W. d'Ozort.* — [27] N° 406 : *P. de Basatz.* — [28] N° 406 : *Ga. A. de Plume.* — [29] Ms. *W. A. de Neders de Amcus* (trait d'abréviation au-dessus de la première syllabe) *de Pin.* Au n° 406 on lit : *P. de Boglon, W. A. de Pur, P. A. de Boniort.* — [30] N° 406 : *Domenjou de Gado.* — [31] N° 406 : *W. R. Dartos.* — [32] N° 406 : *de Genebrede.* — [33] Ms. *R. A. de Ffalies, filius Juliani;* cf. n° 406 : *A. de Salies, filius Johannis.* — [34] N° 406 : *J. de Ffossad.* — [35] N° 406 : *Acuto de Siq.* — [36] N° 406 : *A. W. Derromes.* — [37] N° 406 : *P. d'Ortes, A. de Mont dno* (écrit comme l'abréviation de *domino*). — [38] N° 406 : *Dominicus Audei.*

Cazenove, filius Johannis, Michael de Godyn, P. J. de Garraus, G. d'Ax, A. de Balembitz [1], P. de Biane, W. d'Ax, Fforcius Escam, [2], Arnaldus de Salva terra, Aneto d'Angled, Fforcius de Lipossa et filius ejus, Nadus de La Gos [3], Amatus de Taron [4], W. A. de Larras, Arnaldus W. de Garraus, P. de Artigelonge, P. de Larrocau [5], P. J. de Lecluze, P. J. de Larrocau, P. Doumans, P. J. de Fferiagen [6], A. de Lesperon, Arnaldus R. de Corbesson [7], et W. de Saubanhon. Isti et omnes alii juraverunt quod erunt fideles, favorabiles et benigni adjutores et auxiliatores, intendentes et respondentes, pro suo legali posse, majori quem dominus Edwardus vel pater ejus aut eorum successores vel eorum mandatum constituerit in Baiona. Et voluerunt et consenserunt omnes cives de Baiona [8], pro se et heredibus et successoribus suis, quod hoc juramentum pro supradictis omnibus fideliter observandis renovetur ab universis civibus civitatis qui pro tempore fuerint, quolibet anno, in principio majorie. Et ut predicta pacta et sacramenta melius et firmius ac fidelius ab omnibus observentur, fecit fieri (fol. 95 v) hunc cirographum et dividi inter se et dictos cives suos, sigillatum [9] ex utraque parte sigillo suo et sigillo comune Baionensis [10]; quem quicumque presumpserit in aliquo violare, iram et indignacionem ejus et penam superius scriptam se noverit incursurum. Actum Baione, mense Novembri, anno Domini .m. cc°. l°. iiij°.

400 (362). *Bayonne, 18 novembre 1261. — Promesse faite sous serment par le maire et plusieurs bourgeois de Bayonne d'obéir au prince Édouard et de le servir fidèlement.*

Universis Xpi fidelibus presentes litteras inspecturis [11], S., Dei gracia Baionensis, et N., eadem gracia Aquensis episcopi, salutem in Domino. Noveritis quod constituti in presencia nostra dilecti nostri Johannes d'Ardir, major, et Arnaldus R. d'Ardir, P. W. de Latesterre, Laurencius de Bile, P. de Monte de Ray, Poncius junior, P. de Monte, P. A. de Basse Sar., P. Johannis de Menorto, P. d'Abat, Raquerius de Lalcis, Domengon de Galhart et Arnaldus de Matre, cives Baionenses, promiserunt inclito viro domino Edwardo, illustris regis Anglie primogenito, et, prestito ad sancta Dei ewangelia corporaliter juramento, firmaverunt quod deinceps eidem domino et heredibus ac omnibus senescallis et ballivis suis fideles, obedientes et respondentes erunt, et personam ipsius, honorem et jura ejusdem in quocumque loco consistant, defendent, promovebunt et fideliter observabunt, et coram ipso domino ac ballivis suis omnibus de se querelantibus stabunt juri. Et ad hec omnia fideliter et integre observanda, personas suas et heredum suorum et omnia bona sua, mobilia et inmobilia, presencia et futura, eidem domino et heredibus suis sub incurramento personarum et rerum expresse obligarunt. In quorum testimonium, nos, episcopi predicti, sigilla nostra una cum sigillis predictorum presentibus apponi fecimus, ad supplicacionem et instanciam eorumdem. Datum apud Baionam, .xviij. die Novembris, anno Domini millesimo .cc°.lx°. primo.

401 (363). *15 octobre 1254. — Thibaut de Peyrusse reconnaît avoir reçu du prince Édouard les châteaux de «Montferran de Bardac», de Gazax, de Mascaras et «d'Oloeges», qu'il tiendra de lui en hommage lige, et il s'engage à livrer ces châteaux au roi ou à son fils, en temps de guerre, à la première sommation.*

Theobaldus de Petrucia, miles. — Conogude cause se que Tetbautz de Peirosa, cauoirs, per sa bona e agradabla voluntat, per sin e per totz ses heires, a pres [12] de nostre senhor N'Adoard

---

[1] N° 406 : *A. de Lalenbitz.* — [2] N° 406 : *Fort Esquiuan.* — [3] N° 406 : *Nod. de Lagos.* — [4] N° 406 : *Ama de Tart.* — [5] N° 406 : *P. de La Roquau.* — [6] N° 406 : *P. J. de Feriangan.* — [7] N° 406 : *A. R. de Corbassan.* — [8] Ms. *Et ut voluerunt et consenserunt omnis civis de Baion.* La bonne leçon est dans Rymer, dans les *Établiss.* et dans le n° 406. — [9] Ms. *sigillant;* de même aussi n° 406. — [10] Rymer ajoute *sub sigillis Edwardi et communie Baion. pendentibus a serico texto variis coloribus.* — [11] Ms. *Universis Xpi fidelibus presentes litteras inspectur. Universis Xpi fidelibus ad quos presentes littere pervenerint.* — [12] Ms. *vemanent apres.*

[filh de nostre senhor Henry][1], per la grace de Dieu roy d'Angl. en quet temps regnant, totz les castetz en cesta carta mentaugutz, ab toz lors apertenementz, so es assaber : Montferran de Bardac, Gazacz, Masquerans, d'Oloeges; los quaus castetz ab lors apertenementz l'auanditz En Tebaus a pres, per sin e per totz ses heires, deu dit nostre senhor roy d'Angl., ab un austor[2] que mediss En Tebaut e sui her ne deu dar e rendre au dit nostre senhor le roy d'Angl. e a ses hers, a senhor mudant; e que n'es e'n deu estre l'auantditz En Tebautz e sui her, ne deuen estre home lige[3] e cauoir a nostre senhor le roy d'Angl. e a ses hers, [e jurar] au ditz nostre senhor le roy d'Angl. fidiutat perdurabla en totz autras causas, contra totz homes e femnas, e que de la senhor[i]a ni [de] la fideutat de lui ni de ses hers no's partira[4] ni encontra lui ni ses hers ni sa senhoria ni de sus hers no sera[5], ab geinh ni ses geinh, ni en neguna autra maneira; e que et [e] sui her garderan fieument[6] a la raiau corona d'Anglaterra honor, vita e menbres contra totz homes e femnas qui puscan viure e morir, e que fera dreit a ses corelhans a Sent Seuer dens la cort[7] de nostre senhor le roy, o de [son] senescauc, o de son[8] comandement. Et (fol. 96) totz acestz auanditz combens a autreiat, per medissa maneira que desus es dit ni en cesta present carta es contengutz, a nostre senhor N'Audoart, auantnat filh e her deu dit nostre senhor le roy, sauba la grant senhoria deu dit nostre senhor le roy desus mentagut; et [a] autreiat e prometo l'auanditz En Tebautz que et balhera e liurera totz les auanditz castetz e cadaun d'etz, sens tot contrast, au deit nostre senhor le roy e a ses hers, o ad quet qui par lui sera, e a l'auandit N'Audoard e a ses hers e a son comandement, en temps que guerra agos. E totz acestz auanditz combens leiaument[9] gardar e tener, deu far jurar l'auanditz En Tebautz a totz[10] les homes deus auanditz castetz e de las honors[11] deu[s] mediss castetz, que per medissa maneira que desus es dit ac tengan, e que encontra no vengan en negun loc ni en negun temps, e que, si lo mediss En Tebautz ni sui her en acun temps vine contra la fidautat de nostre senhor le roy d'Angl. o de nostre senhor N'Audoard o de lors hers, it, d'aqui en la, au deitz En Tebautz ni sos hers no obediran, mas los castez desus ditz a nostre senhor N'Aud[o]ard, o a lurs hers, o a lur comandement, o ad acum d'etz, arredran, e a eiz obediran cum a senhors. C'es assaber que l'auanditz En Tebautz, per sin e per totz sos[12] hers, a mandat e autreiat e jurat sobreus euuangelis Deu que tot[s] les combens en acesta carta contengutz fermament e ses[13] tot eufranchement tendra e gardera, e que encontra no vindra en negun loc ni en negun temps. Actum fuit .xv^e. die introitus Octobris, anno Domini millesimo ducentesimo quinquagesimo quarto. Regn. Henr., roy d'Augl., G., arch. de Bordeu, Ramon Brun de La Porta, major. Testes sunt : Sire Estewe Barstan, adonques senescauc de Gasconha per nostre senhor le roy, James Louel, sire Philleppes d'Arsi, sire Roger de Machaut, senescauc de Cestere, En Barnard de Sanguineda, cauoir, N'Arramon Brun[14] de La Porta, En W. R. Colom[15], N'Amaneu Colom, En Sangui Barda, En Colom de Bort, En W. R. Colom, En W. Artus, Gilbert deu Miralhz qui la carta escriuo.

402 (364). *Mai 1270.* — *Vidimus d'une charte par laquelle Jean, roi d'Angleterre, donne à Vital de Ville 50 livres de revenu en monnaie angevine à prendre sur deux baleines au port de Biarritz en échange du revenu que le roi Richard lui avait assigné sur la sècherie de poissons dans l'île de Guernesey (Orival, 6 septembre 1199)*[16].

---

[1] Mots suppléés par conjecture. — [2] En marge : *j. austurum de sporl.* — [3] Ms. *no deuen estere homeligo.* — [4] Ms. *pertinera.* — [5] Ms. *nos sera.* — [6] Ms. *fieumens.* — [7] Ms. *tert.* — [8] Ms. *sen.* — [9] Ms. *leiaumens.* — [10] Ms. *totes.* — [11] Ms. *honeis.* — [12] Ms. *nos.* — [13] Ms. *sos.* — [14] Ms. *Naramanbrin.* — [15] Ms. *Talem.* — [16] Publ. *Notices et extraits des mss*, t. XIV, p. 420. Un fragment de la charte de Jean sans Terre a été publié dans les pièces justificatives de l'*Histoire générale des pêches* par Noël de La Morinière, t. I (1815), p. 383 (d'après les *Rotuli Chartarum*).

N. et S., Dei gracia Aquensis et Baionensis episcopi, capitulum quoque, major, jurati communie, conventus fratrum predicatorum et fratrum minorum de Baiona, preceptor hospitalis Sancti Johannis et prior hospitalis Sancti Spiritus in capite pontis ipsius civitatis, universis Xpi fidelibus has presentes litteras inspecturis et audituris, salutem in salutis perpetue conditore. Litteram patentem [1] domini Johannis, illustris regis Anglie, vidimus sub hac forma : «Johannes, Dei gracia rex Anglie, «dominus Hibernie, dux Normannie et Aquitan«nie, comes Andegavie, archiepiscopis, episcopis, «comitibus, baronibus, justic[iariis], senescallis, «prepositis et omnibus ministris et ballivis suis [2], «salutem. Sciatis nos dedisse et presenti carta «nostra confirmasse Vitali de Villa et heredibus «suis .l. libras redditus Andeg. in duabus ba«leinis [3] in portu de Beiarid [4], in excambium «redditus quem rex (*fol. 96 v*) Ricardus, frater «noster, ei dedit in siccacione piscium in insula «de Generei [5]; ita quod, si predicte due ba«leine [6] valeant per annum plus quam .l. libras «And. [7], ipse Vitalis de superplusagio nobis et «heredibus nostris, et heredes sui fideliter respon«debunt post eum. Et [8] si predicte baleine non «valeant in uno anno .l. libras And., ipse Vitalis et «heredes sui recuperent in anno sequenti defectum «in superplusagio precii sui ultra .l. libras [9]. Quare «volumus [10] et firmiter precipimus quod predictus «Vitalis, et heredes sui post eum, habeant et «teneant prefatum redditum de nobis et heredibus «nostris bene, libere et quiete, integre et ho«norifice, sine omni vexacioue. Hiis testibus : «Rogero de Laceio [11], Pagano de Rupeforti, W. de «Stagno. Datum per manum [12] H., Cant. archie«piscopi, cancellarii nostri, apud Aurivallem [13], «sexto die Septembris, regni nostri anno primo.»

In cujus rei testimonium nos apposuimus sigilla nostra huic transcripto littere antedicte, mense [14] Maii, anno Domini millesimo .cc.lx. decimo.

403 (365). *Sorde, 13 février 1268. — Sentence arbitrale prononcée par les abbés de Sorde et d'Arthous et par Pierre Left, clerc, agissant au nom du prince Édouard, sur les querelles et affaires d'intérêt qui divisaient Ispan, seigneur de Domezain, et ses deux frères : Arnaud Sanche et Sanche Arnaud.*

Ispanus, dominus de Domedan. — Notum sit omnibus presentes litteras inspecturis quod, cum inter Yspannum, dominum de Domedan, ex una parte, et Arnaldum Sanxii et Sanxium [15] Arnaldi, fratres suos, ex altera, esset materia dissensionis exorta super diversis injuriis, querelis, debitis et rebus aliis, tandem, pro bono pacis, compromise-

---

[1] En réalité, l'acte de Jean sans Terre, qui va suivre, n'est pas une *lettre patente*, mais une *carta*. Elle a été publiée par Th. D. Hardy, p. 17 des *Rotuli Chartarum*. Le texte de Hardy permet de corriger plusieurs grosses erreurs dans la transcription de notre ms. — [2] Cette énumération ne se trouve pas dans les *Rotuli Chartarum*, où on lit seulement : *Johannes etc., Dei gracia, etc., omnibus ad quos presens scriptum pervenerit, salutem.* — [3] Ms. *ballivis* ou *ballinis*, en toutes lettres; la bonne leçon est fournie par *Rot. Chartar.* — [4] Ms. *in portu de Burd.*; la bonne leçon est dans *Rot. Chartar.* — [5] *Rot. Chartar* : *in insul. Generau et Geresei* (Guernesey et Jersey). — [6] Ms. *baleme*; dans *Rot. Chartar.* : *si cetus illi.* — [7] Le mot *And.* (pour *Andegavensium*) manque dans *Rot. Chartar.* — [8] En marge : *Querendum est utrum ista donatio valeat plus .l. lib. Andegav., nam de superplusagio debet responderi regi.* — [9] Dans *Rot. Chartar.*, la phrase *Et si... ultra .l. libras* a été rejetée à la fin, avant l'annonce des témoins. — [10] La formule *Quare volumus...* et la liste des témoins manquent dans *Rot. Chartar.* — [11] Ms. *Rogin. de Ffateio*, nom certainement altéré. La correction proposée est au moins vraisemblable; Roger de Lacy, connétable de Chester, était en effet, en septembre 1199, avec le roi Jean (*Rot. Chartar.*, p. 14, col. 2). — [12] Ms. *magnum.* — [13] Ms. *Eupem annuall.* Le premier mot est sans doute une forme, défigurée par le copiste, de *Rupem*, ce qui fait penser à La Roche-Andely. D'autre part, l'itinéraire du roi Jean (*Rot. litt. pat.*, publ. par Th. D. Hardy, t. 1) nous montre que, le 6 septembre 1199, ce roi était à Orival. Les deux localités sont d'ailleurs assez voisines. — [14] Ms. *menses.* — [15] Ms. *Manxen*; la même faute est répétée plusieurs fois dans le présent acte. Quand on voit le scribe écrire deux fois *Mordue* pour *Sordue*, il est clair qu'il a confondu les majuscules initiales de ces deux mots. J'ai donc partout corrigé *Manx.* en *Sanx.*

runt in venerabiles viros abbates Sorduc[1] et Artosii et dominum Petrum Left, clericum, qui super reformacione hujus controversie vices domini Edwardi, illustris regis Anglie primogeniti, gerebat; ita quod quicquid ipsi tres judicio vel arbitrio super predictis injuriis vel querelis terminarent, ipsi fideliter imposterum observarent, prestito ab eis corporaliter juramento ad sancta Dei euvangelia. Insuper, predictum compromissum sub pena .c. lb. Morl. observare compromiserunt et fidejussores[3] ex utraque parte dederunt, videlicet: ex parte dicti Yspani accesserunt Bertrandus de Lasale, Ramundus de Castellione, burgenses Sorduc; ex parte Arnaldi Sanxii et Sanxii Arnaldi, Guillelmus Arnaldi de La Gerne et Arnaldus Guillelmi Basiu, burgenses ejusdem ville; qui fid[ejussores] predicti, si partes hinc vel inde in aliquo contra arbitrium predictorum trium delinquerent, predictam penam ab illa parte cujus existunt fide[jussores] predicto domino Edwardo[3] fideliter solvere promiserunt, et nichilominus facere arbitrium in suo robore[4] perdurare. Ordinaverunt itaque predicti abbates et dominus[5] P. et taliter sunt arbitrati quod usque ad hanc diem deponerent omnes injurias et rancores, et pacis osculum incontinenti darent[6], et Arnaldus Sanxii et Sanxius Arnaldi in omnibus jurisdiccione, proprietate et possessione[7] in tota terra predicti Yspani temperate se habeant et modeste; et, quia super debitis erant mutue peticiones hinc et inde, eas sibi invicem[8] remittant et quietent, solutis[9] predictis Arnaldo Sanxii et Sanxio Arnaldi, pro vadiis que predictus Yspanus de domino rege pro excercitu Malileonis receperat[10], .c. solidis Morl. infra quindenam Pasche. Et tenetur predictus Yspanus eos liberare ab[11] obligacione .vj. lb. Morl., quas predicti apud Sorduam solvere tenebantur, et centum et decem solidos apud Salvam terram; et dictus Yspanus predictis fratribus suis tenetur solvere xx. lbr. Morl. die qua filius suus matrimonium

(fol. 97) consummabit, et Arnaldus Sanxii bladum quo ecclesiam spoliaverat restitueret ibidem. Verumptamen, si contra pacem vel arbitrium istud aliquo modo venirent, nisi infra .viij. dies se corrigerent, perjuri[12] remaneant, et nichilominus predicta pena .c. lb. solvatur, prout superius est expressum. Et, ut istud arbitrium ratum et stabile permaneat, nos, predicti arbitri[13], sigilla nostra presentibus duximus apponenda, et sigilla predictorum Yspani et Arnaldi Sanxii, pro se et Sanxio Arnaldi, fratre suo. Datum apud Sorduam, .xiij. die Ffebruarii, anno Domini .m°.cc°.l°. septimo.

404 (366). *Bayonne, mardi 4 décembre 1268.* — *Vente par P. Vital de Pouillon, bourgeois de Bayonne, au prix de 1500 sous de Morlaas, à Thomas d'Ippegrave, sénéchal de Gascogne pour le prince Édouard, d'une rente de 50 livres de monnaie angevine assignée par le roi Richard à Vital de Ville, père dudit P. Vital de Pouillon, sur les îles de Jersey et de Guernesey et échangée par le roi Jean contre une rente de même somme à prendre sur les deux premières baleines prises au port de Biarritz*[14].

P. Vitalis de Polhon, civis Bayonensis. — In nomine Domini, amen. Conogude cause se a totz aquetz qui son e qui serran e qui queste presente carte berran e audiran que En P. Eidern de Pollon, ciptadan de Baiona, a venud e quitad e guerpid, per sin e per ses hers e per ses successors e per son ordench, a mon senhor En Thomas d'Ypegrave, senescauc de Gascona, en loc e en nom de nostre senhor Edd. e de ses hers, aqueres cinquante lb. d'Angeuis d'arrande[15] que lo roy Richard aue dades d'arrende a N'Bidau de Biele[16] de funt[17], pair deudit En W. de Polhon, en les ycles de Ge[r]nesay e de Geresci, e lesquaus .l. lb. d'arrande le roy Johan apres aue assignat e confermat[18] audit En W. de Biele, en cambi de les auanditz l. lb. d'Augeuins[19], sobre las duas balenes prumer prises eu port de Bearridz, cascun an, per. m. e

---

[1] Ms. *Morduc* (deux fois). — [2] Ms. *fidem*. — [3] Ms. *Edmundo*. — [4] Ms. *arbitrio in suo robere*. — [5] Ms. *domino*. — [6] Ms. *dederunt*. — [7] Ms. *passione*. — [8] Ms. *in vicere*. — [9] Ms. *molutis*. — [10] Ms. *receperant*. — [11] Ms. *ab ab*. — [12] Ms. *per viri*. — [13] Ms. *arbiterii*. — [14] Publ. *Notices et extraits des mss*, t. XIV, p. 421. — [15] Ms. *arrandre*. — [16] *Biole* (trois fois). — [17] Ms. *de suot*. — [18] Ms. *de e assigna e conferma*. — [19] Ms. *Dageuuis*.

per v°. sol. de Morl. que le ditz senescauc l'en a datz e pagatz, si que l'auandit En P. Vidau de Polhon s'en es tengutz e reconegutz per le roy pagatz en bons deners contantz. E'n renuncia ed mediss En P. V.[1] a l'auanditas lettres de la donacion e a la confirmacion des auanditz reis, e'n deuesti se mediss e totz ses hers e son ordeuch, per totz temps, e casse[2] e reuoca a niente les auantditz lettres, e renuncie a tot baliage e a tot dreit que et aue e auer deue en totas aqueres auanditas causes, en negun manere, e met en corporau possession e en perpetuau senhoria l'auandit senescauc, per nom de mon senhor N. Adoart e de ses hers, e a promes sobre totz sos bens[3] mobles e nomobles, presens [e] auenders, e obligat[4] si mediss e ses hers de portar leiau garentie a totz temps. Actum Baione, die Martis[5] post festum sancti Andree apostoli, mense Decembris, anno Domini m°.cc°.lx°.viij°. Regn. Henr., rei d'Angl., S., episcopo Baione, En P. de Vile, maire. Testes sunt : En Bertran de No[a]lham, N' Amaneu de Baslade, En W. de Caupene, cauoirs, En Bertran de Ladius, En P. Arn. de Biele, En Ber. de Mes, N' Auger de Gauerret, En P. de Martre, En P. de Biele, Eu R. Johan de Bissauduu, En Johan de Sorduc, En P. Arn. d'Uhart, Eu Martin de Saint Johan, En Johan de Sordoe, En W. de Garraus, En Johan deu Breuar, e jo, W. deu Batz, puplic notari de Baiona qui queste carte escriuo he i pausei mon senhan[6].

405 (366 bis). *Bordeaux, 29 septembre 1254. — Le roi d'Angleterre Henri III, pour ramener la paix dans la ville de Bayonne, interdit aux bourgeois, sous les peines les plus sévères, de faire à l'avenir aucune sorte de confrérie, de conjuration ou d'entreprise à main armée*[7].

Henricus, Dei gratia rex Anglie, dominus Hibernie, dux Normannie, Aquitanie, et comes Audegavie, omnibus ad quos presentes littere pervenerint, salutem. Sciatis nos, pro communi utilitate et tranquillitate civitatis nostre et tocius populi Baionensis, et ad instanciam ejusdem populi, districcius inhibuisse ne quis ipsorum de Baiona, aut aliorum fidelium nostrorum, presumat de cetero facere in civitate nostra Baionensi confratriam aut confederacionem, nec conspiracionem, nec conjuracionem, nec imprisiam aliquam vel levatam, aliquo modo vel ingenio. Et hoc prohibemus (*fol. 97 v*) universaliter omnibus et singulis de predicta civitate Baionensi, sub pena personarum et rerum suarum, tam mobilium quam immobilium. Et si aliquis hoc quoquo modo facere de cetero presumpserit, tanquam falsarius noster et proditor punietur, et omnes res ejus, tam mobiles quam immobiles, erunt nostre. In cujus rei testimonium, has litteras civibus predicte civitatis fieri fecimus patentes. Teste me ipso, apud Burd[egalam], .xxix. die Septembris, anno regni nostri .xxxviij[8].

406 (367). *Répétition littérale du n° 399*[9].

407 (368). *30 novembre* [*1206-1213*]. — *Statuts de l'association formée entre les patrons et les matelots de la marine marchande de Bayonne*[10].

(Fol. 99.) *Societas navium Baionensium.* — In nomine Patris et Filii et Spiritus Sancti, amen. Reguante illustrissimo J., rege Anglie felicis me-

---

[1] Ms. *en P. W.* — [2] Ms. *case.* — [3] Ms. *so beis.* — [4] Ms. *obligaut.* — [5] Ms. *Martii.* — [6] Ms. *senhair.* — [7] Publ. *Notices et extraits des mss.*, t. XIV, p. 411. — [8] Ms. *xxviij.* La correction a été faite par Delpit. — [9] Cet acte occupe la fin du fol. 97 et tout le recto du fol. 98. — [10] Publié pour la première fois, d'après notre ms., par Lappenberg, *Rheinisches Museum für Jurisprudenz* (1836); puis, d'après la copie de Lappenberg, dans le *Recueil des lois maritimes* de Pardessus, t. IV, p. 283. Lappenberg et Pardessus ont ajouté au texte un copieux commentaire. De Pardessus procèdent en outre Balasque et Dulaurens (*Études historiques sur Bayonne*, t. 1, p. 439, avec une analyse qui équivaut presque à une traduction) et G. Fagniez (*Documents relatifs à l'histoire de l'industrie et du commerce en France*, t. I, p. 118). Je renvoie pour le commentaire à ces divers éditeurs, n'ajoutant que les notes indispensables à l'intelligence de certaines locutions, et les corrections nécessaires. Je dois à M. Antoine Thomas plusieurs des explications qui vont suivre.

morie[1], anno quo Assius de Navallis[2] fuit electus in episcopum Baionensis ecclesie, in festo beati Andree apostoli, rectores et naute navium Baionensium constituerunt inter se societatem, que dicitur *Societas navium*, de assensu et voluntate tocius populi Baionensium, ad honorem Dei et beate Marie et omnium sanctorum, salvo jure[3] et fidelitate domini sui, regis Anglie, et suorum heredum, et, cum fuerit, ad eorum inimicos infestandos. Hanc quidem societatem concesserunt et assecuraverunt tenere et observare inviolabiliter pro bono pacis et utilitate navigii, si[c]ut inferius est subscripta. Quam quicumque servare noluerit non debet juvari ab aliis, cum indiguerit in necessitatibus navis sue; immo, quicumque prestarent ei vel navi sue auxilium punietur in .x. lb. Morl. erga societatem [4].

Hec est igitur constitucio Societatis navium : [1] Quod nullus rector vel nauta navis[5] presumat affretare navem suam, nisi primo boglata fuerit. Si vero due, vel tres, vel plures, boglate fuerint, possunt affretare : bollonem de sivat[6], pro duobus solidis turronensium, si fuerit hominis advene; trossellum de lana .iiij.^{or} quintallorum, pro tribus solidis; trossellum de curamo[7], pro .iiij.^{or} solidis; sariam de cera, pro tribus solidis; tracam [8] de coriis pilosis[9], pro .xviij. d.; tracam de coriis tanatis, pro duobus solidis; milliarium de cullo hominis advene, pro .v. solidis, et erit proprium portitoris; cavallum, mulum, runcinum, mulam, pro .xx. solidis, et erit proprium portitoris; trossellum de cordubanis, pro iiij^{or} solidis [10]; trossellum de stamine .iiij^{or}. quintallorum, pro uno sol[ido]; trossellum de lino .iiij^{or}. quintallorum, pro tribus solidis; maliudum de buxo, pro .vj. d., et sit proprium portitoris[11]; quintallum de uncturis[12], pro .vj. d.; quintallum de cepo, pro .vj. d.; quintallum de ferro, pro .vj. d.; trossellum de canapi, pro .iij. solidis; trossellum de cordatis .iiij^{or}. peciarum et dimidie, pro .iij. solidis; quintallum de olemandis et de ficubus, pro .ix.d.; milliarium [13] de lieno [14], pro .iij. solidis; carcam de carnibus bovinis, pro .iij. solidis.

[2] Cum autem naves fuerint parate ad siglandum apud Punctam [15], siglent et navigent quotquot fuerint parate. Si tamen aliqua remaneret, relique que siglaverint non faciant partem illi. Si autem pro malo ingenio vel ex industria remaneret [16], debet egressis partem facere et egresse nunquam ei, nisi egressus ejus impediretur [17] in portu aut casu aut venti [18] defectu, ne posset cum aliis navigare. Quod si sic remanserit, debet esse

---

[1] Le présent acte a donc été rédigé sous le règne de Jean sans Terre, mais transcrit, tel qu'il nous est parvenu, après la mort de ce roi. — [2] La *Gallia christ.* met en doute l'existence de cet évêque de Bayonne. On peut cependant, avec Balasque et Dulaurens, placer Assieu de Navailles entre Bernard de Lacarre, qui figure en 1206 dans une transaction entre le chapitre cathédral et l'hôpital du Bout-du-pont (*Ét. sur Bayonne*, t. I, p. 328), et Raimond de Luc, nommé dans une transaction datée du 16 mai 1213 (*ibid.*, p. 339, 484). C'est pourquoi j'ai marqué les années 1206 et 1213 comme étant les dates extrêmes entre lesquelles doit être placée la rédaction du document. Cf. *Recherches sur la ville et sur l'église de Bayonne, manuscrit du chanoine Veillet*, publié par l'abbé Dubarat et l'abbé Daranatz, t. I (1910), p. 78. — [3] Ms. *juro*. — [4] Voir P. Viollet, *Histoire des institutions politiques et administratives de la France*, t. III, p. 151. — [5] Ms. *Quod nullus rector vel nautarium presumat*. — [6] Ms. *bollon.* (avec un trait barrant la double *l*) *desivat* ou *desinat*. Ces mots ont défié jusqu'ici toutes les tentatives d'explication. — [7] Ms. *curanio*. Voir Du Cange au mot *coramen*, *coriamen*. — [8] Ce mot signifie dizaine (A. Thomas, *Mélanges d'étymologie française* (1902), p. 61, et Godefroy, mots *Dacre* et *Tacre*). — [9] Ms. *philosis*. — [10] Ms. *trossellum de cordubanis .xviij. duo denar. pro .iiij^{or}. solid.* — [11] Le scribe répète, en les altérant, les six derniers mots : *pro .vj. d. et sit proprii portitoris*. — [12] Les précédents éditeurs ont tous lu *vuccuris*, mot qui n'a aucun sens et sur lequel on a disserté vainement. *Unctura* est le français *ointure*, que donnent Du Cange (*unctura*) et Godefroy. Nombreux exemples dans *La Coutume de Royan au moyen âge*, par Musset (1905); ainsi, p. 73 : «le quintal d'outure si est ainsi comme l'en le trait du porc». — [13] Ms. *millar*. — [14] Corr. *ligno?* — [15] Ms. *Puttam*; mais voir plus loin, art. 8 et 11. — [16] Ms. *ramaneret*. — [17] Ms. *impederetur*. — [18] Ms. *veteri*.

socia cum egressis de naulo et freto quod sumpserint. Res quoque et mercandise que affretabuntur in navibus que debent navigare in Rupellam, vel Burdegalam, vel Roianum, vel Oleronem, aut inter duas terras, [debent] esse de societate.

[3] Item, navis que ad navigandum in Flandriam affretabitur, facere debet de rebus affretatis in Rupellam partem reliquis [1]; set relique nullam faciant sibi porcionem.

[4] Item, navis que affretabitur de Rupella in Flaudriam [2], de freto quod exinde habuerit nulli faciet porcionem [3].

[5] Sciendum est preterea [4] quod trossellus qui Baionam apportatus fuerit de Rupella solvet pro freto vel naulo .vj. s. Morl.; miliare de cupro, .iiij^{or}. sol.; miliare de allecibus, .xij. d. Morl.; milliare de stagno, .iij^{or}. s.; milliare de plumbo, duos solidos et .vj. d.; quintallum de borra, .viij. d. Morl.; honus vel carca anguillarum, .ij. s.; filum de canape, .vj. d.; miliare de congris [5], .viij. s.; miliare de marlucio [6] .iij. s.

[6] Item, naves que invenerint se in Flandria [7], si de eadem aigada vel mareia siglaverint in veniendo [8] Baionn[e] vel Rupelle [9], debent esse socie freti sui. Si tamen aliqua illarum haberet penes se res vel mercaturas, quas posset (*fol. 99 v*) ostendere affretasse in pannis, in funibus [10], antequam alie naves ibi applicuerint, debent integre esse sue; set de residuis faciet aliis porcionem. Porro, naves Baionenses, ubicumque fuerint, debent se juvare [11] et auxiliari adinvicem in suis negociis et necessitatibus pro cujusque comodo et honore, ac exaltacione domini sui, regis Anglie, et suorum, viriliter et potenter.

[7] Item, navis que in Yspanniam navigabit possidebit integre quod portabit. Si autem in aliquo portu Yspannie alique naves congregate fuerint, debent esse socie, quotquot insimul fuerint, de Faro usque ad Sanctum Sebastianum, ad navigandum in Rupellam [12], vel Burdegalam, vel [13] Baionam. Si tamen ea que primo applicuerit aliquid acciperet [14], suum erit, si de eadem aigada siglaverit vel mareia.

[8] Item, si aliqua navium de paratis siglare apud Punctam siglaverit et postea redierit ex inprosperitate temporis vel aure, si remanentes aliquid freti interim receperint, debet inde particeps esse.

[9] Item, si aliqua navium, que ad navigandum in Flandriam nichil [15] affretaverit, aliquod pactum de redditu super se proinde retinuerit, punietur in .x. lb. Morl., si poterit inde probari.

[10] Denique omnia ista spoponderunt [16] o[b]servare et tenere ad honorem, firmitatem et conservacionem fidelem domini sui, regis Anglie, et suorum. Quod quicumque non fecerit, in .x. lb. Morl. punietur.

[11] Naves autem que venient ante portum Puncte cum turpi tempore debent ingredi portum quamcicius [17] poterunt; quarum ea que primo intraverit, expectet aliam quam cito fuerit infra portum. Si de mane intraverit, expectet usque ad noctem, si necesse fuerit. Si de vespere, expectet per spacium unius mareie [18] vel aigade ante cabanas de Puncta.

[12] Et quelibet [19] navis faciet navi socie compotum, infra triduum ex quo fuerit exbonerata, de [20] omnimoda societate.

[13] Si forte aliqua navium fuerit necligens vel deficiens in hiis pactis et inde probata fuerit, statim in .c. solidis punietur; et, si proinde placitaverit et devicta fuerit, in .x. lb. sine misericordia [21] condempnetur.

[14] Sane, si aliquis rectorum navium vel nautarum dedignaverit instituere computatorem vel talliatorem in freto recipiendo, ab aliis debet poni.

---

[1] Ms. *reliquimus*. — [2] Ms. *Flaudrinam*. — [3] *porciorem*. — [4] Ms. *pretaria*. — [5] Ms. *congruis*. — [6] Ms. *marlicio*. — [7] Ms. *Flamperria*. — [8] Ms. *veniendi*. — [9] Ms. *Eupelle*. — [10] Ms. *fnibus*. — [11] Ms. *jurari*. — [12] Ms. *Eupellam*. — [13] Ms. *nob*. (avec *b* barré). — [14] Ms. *acciperit*. — [15] Ms. *mel*. — [16] Ms. *sposponderunt*. — [17] Ms. *quem cicius*. — [18] Ms. *marerie*. — [19] Ms. *quilibet*. — [20] Ms. *et*. — [21] Ms. *sine oia*, erreur de copiste pour *mia* (abréviation de *misericordia*).

[15] Insuper, caveat sibi ne super convicinis vel eorum mercimoniis ponatur aliquid forum ab aliquo, nisi quod comode ab eis haberi poterit.

[16] Debent quoque se coadunare ubique, tam in mari quam in terra, pro suo comodo et honore domini sui, regis Anglie, sublimando, bona fide et pro bona intencione.

[17] Nec pretermittendum est quod, si aliqua navis veniret ante portum Puncte que auxilio indigeret, rectores et naute navium debent illico squipare unum batellum[1] vel duos, vel quotquot erunt necessarii; et debent festinare in adjutorium dicte navis pro[2] eadem et rebus in ea contentis salvandis. Set sumptus proinde factos debe[n]t solvere merces navis; que si tenues fuerint, naves juvent eam[3] in sumptibus, secundum arbitrium custodis[4]. Quicum[que] autem rectorum vel nautarum, ex quo ei jussum fuerit a custode, renuet[5], rector in .v., marinarius in .iij. solidis condempnetur, si tamen rectum et justum exonium pretendere non valeret; et quicumque hanc penam solvere noluerit vel pignora defenderit, pro duplo debet pignorari.

[18] Ceterum, si quis hujus societatis socius fuerit alicubi inpeditus, alii ei auxilientur et valeant, prout commodius[6] poterunt sine suo magno dispendio et gravamine.

[19] Sta[tu]tum est eciam ne quis rector navium ducat secum marinarium, nisi sit de hac societate; si tamen advenam voluerit habere, poterit, dummodo habeat eum in juraminibus, ut alios universos, coram rectoribus navium[7].

[20] Quicumque poterit, habeat immunicionem ferream; et quilibet marinarius, quicumque fuerit, custos vel (fol. 100)[8] dominus duodecime partis navis, habeat imunicionem ferream, et alii, quicumque poterunt bono modo, vel ad minus perpunctum et capellum de ferro, ut possint defendere[9] [se] ab inimicis et effugare hostes domini sui, regis Anglie, si tempus guerre ingruerit.

[21] Taliter debet eciam quilibet rectorum navem suam affretare, ne naute sui suam amittant caritatem[10]; quod si faceret, restitui debet eis.

[22] Item, rectores debent cavere summo opere, ne in locacione navium suarum ponat aliquis[11] malum[12] forum, dolosum vel cavillosum, unde sibi vel sociis suis possit infamia generari, quia quicumque hoc faceret, in .x. lb. turonn. punietur.

[23] Et quocienscumque preco ville erit eis necessarius pro negocio societatis et navigii, debet eis dari a majore. Et quicumque de dicta societate eum audierit, debet statim accedere ad locum quem preco nominabit : si non, rector in .xij., vel nauta in .vj. d. punietur[13].

[24] Si quis vero de concivibus Baione et domini sui, regis Anglie, fidelibus, hanc societatem nondum assecu[r]averit quando Baionam venerit, vel alicu[b]i quo duo vel tres de custodibus societatis fuerint congregati, ostendatur ei societas et modus ac materia; qui si voluerit esse de consortio aliorum, stet[14] par aliis et de consortio sicut unus. Sin autem, redigatur in scriptis et nuncietur aliis ipsius protervitas et despectus, cui nullus sociorum prebeat auxilium vel consilium in necessitatibus navis sue, quousque societatem, sicut alii, assecuraverit observare. Quod quicumque fecerit, ex quo notuerit[15], in .x. lb. Morl. punietur.

[25] Item, quilibet rector, quando affretabit navem suam, debet eam affretare salvis societatis convencionibus sive pactis, et quod possit auxiliari sociis, sicut superius[16] est expressum.

[26] Statuerunt eciam inter se quod, si quis rector indiguerit festinanter carpentario ad opus navis sue, eum accipiat de quacumque fabrica aliarum navium de societate voluerit, dummodo ejus

---

[1] Ms. batallum. — [2] Ms. per. — [3] Ms. navis in nos eas. — [4] Ms. custodiend. — [5] Ms. renebit. — [6] Ms. commedius. — [7] Ms. ut alios universa quorum rectores navium. — [8] Il y a trois quarts de ligne en blanc entre vel et dominus. — [9] Ms. denf[er]e. — [10] Ms. admittant caritatem. — [11] Ms. aliquid. — [12] Ms. molum. — [13] De même, dans les Rôles d'Oléron, art. 12 (Pardessus, t. I, p. 332), mais dans un cas différent, l'amende du patron est double de celle d'un matelot. — [14] Ms. stat. — [15] Ms. seruerit; la correction est de Pardessus. — [16] Ms. exp[er]ius.

amorem[1] retineat et suum salarium reddat ei. Cui si quis de societate contradixerit vel carpentarium ire cum eo non permiserit, mararam solvet custodibus.

[27] Si quis rector de societate esset in aliquo portu, quo[2] non posset navem ad suum libitum affretare, quod affretaret eam prout posset melius, de consilio rectorum aliorum presencium.

[28] Caveant quoque tam rectores quam marinarii neve pasciscantur aut promittant[3] nec vestem, nec marcham, nec calciamentum, nec unus aliquis cuiquam magistro vel operario[4] pro fabrica navis sue, nisi tantammodo diurnum salarium quod dari eis consuevit, quia quicumque hoc faceret in marchia punietur[5].

[29] Quia vero proceres civitatis Baionensis viderunt et recognoverunt quod istud est ad profectum et bonum tocius ville Baionensis et utilitatem officii navigandi et honorem ac exaltacionem domini sui, regis Anglie, duxerunt presens [scriptum] sigillo sue communie roborandum.

408 (369). *Tarbes, 2 octobre 1260.* — *Trêves passées entre les comtes de Leicester et de Bigorre*[6].

Treuge inter comites[7] *Leycestrie et Bygorre.* — Anno Domini millesimo ducentesimo .lx., secundo die Octobris, coram nobis, Geraldo[8], Dei gracia Lectorensi, et Companho[9], eadem gracia Oloronensi[10] episcopis, et aliis nobilibus et testibus infrascriptis, super discencionibus et guerris inter dominum Symonem, comitem Leicestrie, ex una parte, et dominum Esquivatum, comitem Bigorre, ex altera, super comitatu Bigorre, hactenus treuge fuerunt inite et firmate[11] per dominos Jaufredum de Lezinhan et Guillelmum de Valencia, fratres, Drogonem de Valentino, tunc senescallum Vasconie, Philippum Marmium[12] et magistrum Thomam de Pulesdam, ex parte dicti comitis Leicestrie, et dominum Gastonem, vicecomitem Bearni, ex parte domini Esquivati, sub hac forma (*fol. 100 v*) : videlicet quod dictus dominus comes Lecestrie aut sui assignati bene et pacifice habeant et teneant a predicto termino usque ad Natale Domini, anno Domini millesimo .cc°.lx°. primo, totum castrum de Lurda cum burgo [Tarvie]que[13] tenuit tempore confeccionis istarum treugarum, una cum terris, vineis, molendinis, pedagiis, mercatis et terris laboriosis ad corpus dicti castri et burgi pertinentibus; ita insuper quod militibus, burgensibus et aliis qui ad tuicionem dicti castri et burgi cum dicto comite Leicestrie hucusque fuerunt et tenuerunt, edificia predicta, possessiones et redditus et vince, ubicumque fuerint in comitatu Bigorre [et] a quocumque detineantur, libere restituantur; et eodem modo fiet de hiis qui se tenent cum domino Esquivato, si per homines dicti domini comitis Leicestrie eis aliquid fuerit ablatum[14]; super quibus, si fiat aliqua controversia[15], hoc per viros fidedignos de consensu per tunc electos, absque mora disceniatur. Idem eciam dominus comes Leicestrie et sui assignati usque ad predictum festum Natalis Domini libere et pacifice tenebunt et habebunt burgos et burgensibus pertinentia[16], ita quod dicti burgenses super omnibus bonis suis, mobilibus et inmobilibus, per totum comitatum Bigorre constitutis, plenam et liberam habeant administracionem, et quod predicti burgenses usque[17] ad predictum festum Natalis

---

[1] Ms. *amorem*; comp. plus haut, art. 21, le mot *caritatem*. — [2] Ms. *quod*. — [3] Ms. p[er]mittant. — [4] Ms. op[er]ac[i]o. — [5] La traduction de Balasque : «les maîtres et matelots prendront garde de ne se promettre dans leurs engagements réciproques, veste, cape ou chausse; à chacun son salaire journalier; toute contravention sera punie du prix d'une cape» est inadmissible. — [6] Marca, *Hist. de Béarn*, p. 831, donne de cet acte une traduction en français qui a été reproduite par Davezac-Macaya dans ses *Études histor. sur le Bigorre*, t. II, p. 25 (1823). — [7] Ms. *communitates*. — [8] Le nom est ici en toutes lettres; dans la copie utilisée par Marca, il n'y avait sans doute que l'initiale G, que Marca a interprétée comme désignant Guillaume II, prédécesseur de Géraud II de Moulezun. — [9] Ms. *Comphano*. Il s'agit de Compain, évêque d'Oloron. — [10] Ms. *Oloran*. — [11] Ms. *firmitate*. — [12] Ms. *Metrimum*; mais voir Marca et *Rôles gascons*, t. I, suppl., à la table. — [13] Ms. *quam*. — [14] Ms. *oblatum*. — [15] Ms. *contraversia*. — [16] Ms. *burgos et burgen. pertinentibus*. — [17] Ms. *et quod inda* (avec une abréviation) *burgen. inque* (avec une abréviation).

Domini ubicumque voluerint libere mercentur et mercandisas suas deferant [1], prout unquam [2] melius et liberius fecerunt, et extraneos mercatores cum suis mercandisis recipiant; et hoc idem liceat mercatoribus et burgensibus dicti domini Esquivati. Dominus eciam Petrus de Antino cum omnibus castris suis, prediis et possessionibus per totum comitatum Bigorre constitutis, et ceteri milites Bigorrenses, et servientes, et omnes alii qui cum domino comite Leicestrie retroactis temporibus se tenuerunt, et alii qui hinc ad firmacionem istarum treugarum dicto domino comiti Leicestrie se noluerunt inclinare, cum omnibus possessionibus suis cum dictis treugis comprehendantur. Hoc est eciam tactum et conventum in hiis treugis quod dictus dominus comes Leicestrie et sui assignati, durantibus treugis et in termino treugarum, dictos castrum et burgenses de Lurda et burgenses de Tarvia omnibus suis necessariis, tam victualibus quam aliis, secundum quod volueri[n]t, possint communire; et hoc idem facere possint omnes isti qui fidelitati dicti domini Leicestrie se inclinant vel usque ad firmacionem treugarum se noluerint incliuare, dum tamen in fine treugarum castrum de Lurda cum armaturis et armatis [3], quot ibi fuerint tempore firmacionis harum treugarum, secundum condicionem et qualitatem et numerum et non ultra, remaneat communitum; set, si necesse fuerit, novi homines et similes dignitate, condicione et numero pari [4] tunc ibidem substituantur. De domibus eciam Convenensis [5] episcopi seu electi confirmatis, taliter est ordinatum quod idem dominus, in proximo adventu suo postquam fuerit confirmatus, domos suas liberet et absque condicione aliqua recipiat. Et, si quis hoc idem restituere denegaverit, ad mandatum domini Edwardi sive sui senescalli prefato domino, post suam confirmacionem, vel vicario qui nunc est, absque aliqua reclamacione restituetur; et ad requisicionem dicti domini electi, dominus Edwardus vel suus senescallus possit partem renitentem ad restitucionem (*fol. 101*) in forma premissa compellere, presentibus treugis non obstante hujus conpulcione nichilominus in suo robore duraturis. Hoc eciam est tactum et conventum quod durantibus treugis non possit compelli dictus dominus Esquivatus ad respondendum vel judicium subeundum [6] super hiis que tenet [7] in comitatu Bigorre vel ipso comitatu, nisi in presencia dicti domini nostri Edwardi, cum in Vasconia venerit, set idem dominus Esquivatus pro aliis factis suis, ut ceteri barones Vasconie, secundum quod facere debet, coram domino senescallo Vasconie teneatur respondere; ita tamen quod dominus Edwardus, a tempore dictarum treugarum initarum, in proprietate comitatus Bigorre nichil ulterius, durantibus treugis, possit vendicare, nec dominus comes Leicestrie vel aliquis pro eo, durantibus treugis, se impinget. Super hiis que tenet dominus Esquivatus aut sui in comitatu Bigorre, ad istas treugas ex parte domini Esquivati firmiter et inviolabiliter observandas, juravit, tactis sacrosanctis Dei euvangeliis, dictus Esquivatus, pro se et omnibus valitoribus suis, undecumque fuerint. Item, juravit Jordanus, frater suus, et, ad hujus rei majorem securitatem, juraverunt, tactis sacrosanctis euvangeliis Domini: R. Garsie de Levitania, A. Guillelmi de Barbazan [8], R. de Bonot, filius R. de Bonot, Guillemus Garsie de Causaing, R. de Malbez[i]n, ita quod, si dominus Esquivatus vel aliquis de valitoribus suis, undecumque fuerint, faceret aliquid contra dictas treugas aut dampnum daret, dicti milites, ad requisicionem senescalli Vasconie, traderent se in obstagio apud Vasatum [9] domino senescallo vel ejus attornato [10], nec recedent ab aliquo loco absque voluntate et licencia senescalli; ad quod ita faciendum dicti milites per sacramentum suum corporaliter prestitum se astrinxerunt [11], volentes et concedentes quod si, quod absit, contra premissa venirent in

---

[1] Ms. *defecerant* (avec l'abréviation de *er*). — [2] Ms. *nunquam*. — [3] Ms. *castra et Lurda toti dni* (avec une abréviation) *armaturis et armatis*. — [4] Ms. *perari*. — [5] Ms. *Contuen*. Il s'agit ici de Géraud Ier d'Andiran, évêque de Comminges. — [6] Ms. *sub eundem*. — [7] Ms. *tenent*. — [8] Ms. *Barbanza*. Plus loin, p. 154, 2e colonne, *Barbanzac*; puis, p. 155, 1re colonne, au bas, *Barbazan*. — [9] Ms. *Vascon*. — [10] Ms. *conrico* (avec une abréviation). — [11] Ms. *abstrinxerunt*.

aliquo, dictus senescallus Vasconie vel ejus attornatus ipsos[1] ad plenariam satisfaccionem, modis omnibus quibus voluerit, possit compellere. Ad quam compulsionem, si necesse fuerit, faciendam, juravit dominus Gasto, vicecomes Bearni, tactis sacrosanctis euvangeliis, quod sumptibus suis propriis dominum senescallum Vasconie vel ejus assignatum contra dictos milites viriliter et fideliter juvabit in omnibus; super quo domino Droconi de Barentino[2], tunc senescallo Vasconie, idem dominus Gasto litteras suas tradidit patentes, valituras per totum tempus treugarum, quicumque fuerit senescallus. Insuper, dictus dominus Gasto, vicecomes Bearni, faciet observari et teneri dictas treugas et, si dominus Esquivatus vel aliquis de valitoribus suis facerent aliquod malum contra treugas istas, postquam dictum maleficium fuerit cognitum et extentum[3] per arbitros electos vel majorem partem[4] eorum, dictus dominus Gasto tenetur dictum maleficium et dampnum emendare infra mensem, postquam super hoc fuerit requisitus; ad quod fideliter faciendum et juramentum corporaliter prestitum se astrinxit, obligans ad hoc domino comiti Leicestrie omnes terras [et] possessiones quas tenet in Vasconia, quod dominus Edwardus vel ejus senescallus possit ipsum compellere ad dictam emendacionem plenarie faciendam, si contra premissa veniret in aliquo; et hoc fiet de terris illorum qui sunt obligati pro dicto comite Leicestrie, si a parte dicti domini dampnum fuerit datum, et infra tempus superius expressum ad requisicionem arbitrorum non fuerit emendatum. Dominus eciam Rogerus, comes Fuxensis[5], juravit pro se et suis, tactis sacrosanctis euvangeliis, quod premissas treugas fideliter observabit et observari faciet pro se et suis, ita[6] tamen quod pro delictis aliorum valitorum comitis Bigorre non teneatur pro emendacione dampni, ad requisicionem arbitrorum (fol. 101v), ultra trescentas marcas argenti; et, si minus fuerit maleficium, secundum estimacionem delicti factam per arbitros, ad emendacionem remaneat obligatus de predictis trescentis marchis; et ad hoc se obligat una cum aliis, ita quod, soluta pena ab uno, alii sint et ipse super [hoc] absoluti. Quando omnes predicti nobiles ad premissorum emendacionem et observacionem sunt obligati, et quilibet eorum in solidum, predictis treugis [durantibus], dominus Esquivatus pro se et valitoribus suis juravit quod non, absque assensu et voluntate burgensium, burgum Tarvie ingrediatur[7], vel castrum aut burgum de Lurda, excepto [quod] Arn[aldus] Guillelmi de Barbanzac possit intrare burgum[8] et villam Tarvie, causa[9] jur[i]um et reddituum suorum quos habet in dicta villa, prius cum prestito juramento quod non inquiret, aut faciet, nec procurabit aliquod quod cedat vel possit cedere in dampnum dicti comitis Leicestrie aut hominum Tarvie. Preterea dictus Esquivatus[10] pro se et valitoribus suis juravit quod, durantibus treugis, dictum castrum de Lurda aut burgum Tarvie in manu sua non capiet, nec per aliquos de suis capi permittet, quamquam dicti castellani et burgenses se nol[l]ent eisdem, durantibus treugis, inclinare; nec, dictis durantibus treugis, aliquid attemptabit[11] vel attemptari procurabit in prejudicium dicti comitis Leicestrie, seu illorum qui fidelitati sue inclinant, per quod dicte treuge possint in aliquo infringi. Simili modo, non procurabit dictus dominus comes Bigorre[12] [quod], durantibus treugis, aliquid attemptaret vel attemptari faceret super quo posset aperte convinci; non posset petere aut audiri in jure seu peticione sua, quousque ad cognicionem dictorum arbitrorum de dampnis quibus coram eis esset convictus, ad eorum mandatum esse[t] conquerentibus plenarie satisfactum. Et hoc similiter fiat de domino comite Leicestrie, quod in jure suo non audiatur, donec dampnum, si quod fuerit a parte sua datum, et per arbitros extentum et convictum[13], ad eorum

---

[1] Ms. *epos* (avec une abréviation). — [2] Ms. *diaconhi de Lecientina*. — [3] Ms. *extinctum*. — [4] Ms. *vel majores partes*. — [5] Ms. *Fusensis*. — [6] Ms. *item*. — [7] Ms. *dominus Esquivatus nec aliquis de fratribus jurant absque assensu et voluntate burgensium burgos tam ne ingrediatur*. — [8] Ms. *burgos*. — [9] Ms. *tam*. — [10] Ms. *Tarvie dictus R. dictus Esquivatus*. — [11] Ms. *attempnabit*. — [12] Ms. *comes Leicestrie*. — [13] Ms. *extinctum et convinctum*.

requisicionem legitimam fuerit emendatum. Pro parte siquidem dicti domini comitis Leicestrie, ad premissas treugas inviolabiliter observandas, juraverunt[1], tactis sacrosanctis euvangeliis, dominus Jaufredus de Lezinhan, Guillelmus de Valencia, fratres, dominus Drogo de Barentino, tunc senescallus Vasconie, et procuratores dicti comitis in animam ejusdem, scilicet Philippus de Marmiun[2] et magister Thomas de Potartesdon, qui sub eisdem condicionibus sunt astricti quibus dominus Gasto et comes Fuxi sunt obligati, hoc adjecto quod isti nobiles procurabunt quod dominus comes Leicestrie factum eorum in premissis ratificabit, et hoc citra secundam dominicam Quadragesime ad arbitros electos et ad Vasatum[3] demandabit. Procurabunt insuper quod dominus Edwardus infra dictum terminum mandet litteris suis patentibus senescallo suo Vasconie, vel ejus locum tenenti, quod idem senescallus, ad requisicionem arbitrorum, compellat utramque partem[4] ad ea omnia complenda que in premissis treugis sunt comprehensa. Juravit dominus Drogo, tunc senescallus Vasconie, quod fideliter ex parte utraque[5]. Hec autem littere in manu domini Amanevi de Lebreto tradentur custodiende. Et ad hujus rei majorem[6] securitatem, pro parte domini comitis Leicestrie sunt inventi fid[ejussores] subscripti : dominus Arnaldus Guillelmi de Maurean, A. Segin[7] d'Astan, A. de Caupena[8], qui secundum quod dominus Gasto est astrictos sunt obligati; et plus, quod ponent se in ostagio apud Nugarol, nec exiliunt, donec dampnum a parte domini comitis Leicestrie illatum legitime fuerit emendatum. Dominus eciam *(fol. 102)* Peregrinus de Levitania et Petrus d'Antin sub eisdem condicionibus et obligacionibus se astrinxerunt[9] domino Esquivato, comiti Bigorre, quibus dominus Ramon Garsie de Levitania [et] Arnaldus Guillelmi de Barbazan domino comiti Leicestrie sunt [ob]ligati. Hoc eciam est actum et conventum quod, si dominus Edwardus, vel ejus senescallus, aut aliquis loco sui, per districcionem super partem delinquentem faciendam, misas fecerint aut expensas, aut eciam arbitri super hiis electi, quod ea omnia, dum tamen fuerint moderata, a parte[10] delinquente, sine dilacione, si per ejus defectu fiant expense, hiis qui misas fecerint debeant rependi[11]; ad quod senescallus Vasconie, vel ejus attornatus, partem delinquentem per omnimodam cohortacionem debet compellere. Arbitri[12] electi et jurati ex parte domini comitis Leicestrie sunt : dominus Guillelmus Suredordum et Petrus de Audino; ex parte vero domini Esquivati, sunt: dominus W. de Caudarasa[13] et Johannes de Lorda; qui, [cum] a parte lesa fuerint requisiti, statim conveniant apud Tarviam pro emendacione dampni, prout justum fuerit, facienda; quorum enim judicio, vel majoris partis eorum stabitur. Quod si discordes fuerint, absque mora conveniant apud Nozarou coram dominis G., Lectorensi, et [B.], Lascurrensi episcopis, et domino Amanevo de Lebret, arbitris ad hoc super hoc electis; quorum enim judicio vel majoris partis eorum stabitur absque contradiccione. Et est sciendum quod pretextu istarum treugarum, post finem illarum, nemini possit fieri prejudicium in jure quod sibi competit in comitatu Bigorre, vel competere poterit in futurum. In quorum omnium robur et testimonium, presenti scripto penes dominum comitem Leicestrie residenti dictus dominus Esquivatus et nobiles pro parte sua jurati sigilla sua apposuerunt et sigillo domini Lectorensis episcopi in majus testimonium idem communiri fecerunt. Datum et consummatum apud Tarviam[14], anno et tempore supradictis.

409 (370). Londres, *5 février 1268.* — *Inspeximus délivré par le cardinal Ottobon, légat du Saint-Siège en Angleterre, d'un acte par lequel l'évêque et le chapitre du Puy ont, en novembre 1253, vendu à Henri III, roi d'Angleterre, le châ-*

---

[1] Ms. *juratum.* — [2] Ms. *Marmian.* — [3] Ms. *Vascon.* (pour la seconde fois). — [4] Après *partem*, le scribe ajoute *datas.* — [5] Le scribe a laissé cette phrase inachevée. — [6] Ms. *amorem.* — [7] Ms. *Asengin.* — [8] Ms. *Campena.* — [9] Ms. *astingerunt.* — [10] Ms. *aperte.* — [11] Ms. *refindi.* — [12] Ms. *arbitrii.* — [13] Ms. *Caudacasta.* — [14] Ms. *tatviam.*

teau de Lourdes et le comté de Bigorre au prix de 3,200 livres de monnaie pougeoise [1].

Episcopus Anicyensis. — Ottobonus [2], miseracione divina Sancti Adriani diachonus cardinalis, apostolice sedis legatus in Anglia, universis Xpi fidelibus presentes litteras inspecturis, salutem in Domino. Noveritis nos inspexisse litteras B. [3], Dei gracia episcopi, decani, et capituli Anicyensis, sigillis suis signatas, sicut eorum in premissionibus et subscripcionibus [4] prima facie apparebat, non cancellatas, non abolitas, nec in aliqua parte sui viciatas aut corruptas, in hec verba : « Universis « Xpi fidelibus presentes litteras inspecturis, B., « Dei gracia episcopus, decanus et capitulum Ani-«cyenses, rei geste noticiam cum salute. Universi-«tati vestre presentibus facimus manifestum quod «nos, considerantes ecclesiam nostram adeo depres-«sam esse onere [5] debitorum quod merito timen-«dum erat ipsam vix liberari posse propter vora-«ginem usurarum, et quod feodum nostrum de «castro de Lorde et comitatu Bigorre, et domi-«nium quod habemus in ipsis castro de Lorde et «comitatu predicto parvam utilitatem et fructum «minimum, tam propter locorum distanciam quam «propter tenuem valenciam [6], nobis et ecclesie «nostre pariunt [7] et reportant; item, quod dominus «forcior et potencior in partibus illis et ante adja-«centibus, quantum ad ipsius castri de Lorde et «comitatus predicti regimen, ad tenendam pacem «et justiciam faciendam, propter potencie sue ma-«gnificenciam et proximitatem, plus prodesse va-«leret [8] quam nos, minus potentes et agentes in «remotis, possemus, in maxima nostri et ecclesie «nostre utilitate, debitorum exhoneracione et alio «commodo evidenti, necnon pro melioranda condi-«cione nostra et [in] ecclesie nostre et incolarum «dictorum castri de Lorde et comitatus Bigorre et

«eciam vicinorum prof[i]cuum, tam dictum feodum «quam dominium illud vendimus pro precio trium «millium et ducentarum librarum (*fol.* 102 v) Po-«diensis monete domino H., illustri regi Anglie, «imperpetuum, ut suam inde faciat voluntatem, «et, ex causa vendicionis ejusdem, prefata feodum «et dominium eidem domino regi concedimus im-«perpetuum pro precio memorato. Ex causa siqui-«dem vendicionis illius, concedimus, donamus, «concessimus eidem domino regi imperpetuum «omne jus et omnes acciones utiles et directas, «quod et quas nomine nostri et ecclesie nostre ha-«bebamus et habere poteramus [9] quoquo modo in «castro de Lorde et comitatu Bigorre supradictis, «et quicquid servicii, usagii, redevancie et obe-«diencie nobis et ecclesie nostre a quibuscumque, «occasione feodi et homagii, debebatur de eis et in «eis, de ipsorum et in ipsorum appendenciis et «pertinenciis universis. Hoc autem solum excipi-«mus quod predictus dominus rex non possit ad «commissionem pape [10] canonis cessacionem agere «usque ad diem hodiernum factam contra domi-«nos et possessores castri et feodi memorati. Dives-«tivimus autem nos, vel quasi, de supradictis sci-«licet feodo et dominio, omni jure et accione quod «et quam habebamus et habere poteramus [11], no-«mine nostri et ecclesie nostre, in omnibus et sin-«gulis supradictis, et de hiis omnibus supradictis «dictum dominum investivimus, vel quasi, pre-«fata scilicet feodum [et dominium], cum omnibus «ad ea pertinentibus, in eumdem penitus transfe-«rentes; mandantes et precipientes expresse do-«minis dictorum castri de Lorde et comitatus «Bigorre et tenentibus et possidentibus castrum «de Lorde et comitatum supradictum, quod quic-«quid servicii, redivancie, usagii et obediencie «nobis et ecclesie nostre, occasione feodi et domi-

---

[1] Publié, moins la déclaration du cardinal légat, par Charles Rocher, *Les rapports de l'Église du Puy avec la ville de Girone en Espagne et le comté de Bigorre*. Le Puy, 1873, p. 191, d'après une transcription faite par Bréquigny sur le ms. du Brit. Mus. Julius E 1, fol. 228. Cf. Bémont, *Simon de Montfort*, p. 78. — [2] Ms. *Ottobonis*. — [3] Bernard III de Ventadour, évêque du Puy, 1251-1254. — [4] Ms. *subspeccionibus* (en abrégé). — [5] Ms. *honore*. — [6] Ms. *quam propter retinere valenciam*. — [7] Ms. *permittunt* (lecture d'ailleurs incertaine). Dans ce cas comme dans le précédent, je suis le texte publié par Rocher. — [8] Ms. *valent*; c'est aussi la leçon donnée par Rocher. — [9] Ms. *poterimus*. — [10] Ms. *pp.* avec une abréviation. Rocher a lu *propter*. Le texte paraît altéré. — [11] Ms. *poterimus*.

«nii debebatur de eis et in eis, fiant et exhiben-
«tur⁽¹⁾ de cetero imperpetuum eidem domino regi
«Anglie, vel ejus mandato. Porro ipse idem domi-
«nus rex Anglie, ad relevanda debita supradicta,
«et ad faciendum alias⁽²⁾ ecclesie nostre profectum,
«nobis satisfecit⁽³⁾ in numerata pecunia, plene et
«integre, de precio⁽⁴⁾ memorato. Nos autem idem
«procium totaliter convertimus in ipsorum releva-
«cionem⁽⁵⁾ et alias in utilitatem ecclesie nostre, et
«conversum esse totaliter confitemur. Cum igitur
«attendamus evidenter dictum precium conferre
«nobis et ecclesie nostre, ad predictorum maxime
«debitorum exhoneracionem, majus comodum et
«valenciam grandiorem quam⁽⁶⁾ feodum et domi-
«nium dictorum castri de Lorde et comitatus Bi-
«gorre, promittimus omnes, per stipulacionem
«solempnem, bona fide, pro nobis et successoribus
«nostris, predicto domino regi Anglie, nos dictam
«vendicionem, concessionem, et donacionem, et
«cessionem, [et] investituram imperpetuum sibi
«et heredibus et successoribus suis inviolabiliter
«servaturos, et contra per nos vel alium, in judicio
«vel extra, directe per officium judicis sive cujus-
«cumque superioris auctoritate, in modum denun-
«ciacionis vel quocumque modo alio non venturos.
«Adicimus etenim per eandem stipulacionem quod,
«si vellet aliquis contravenire, vel superior aliquis
«cujuscumque auctoritatis ex officio suo ad denun-
«ciacionem aliquam vel quocumque modo alio
«inpugnare vel retractare⁽⁷⁾ predicta, nos eisdem
«consensum, assensum, vel auctoritatem nulla-
«tenus preberemus. Item, tam pro nobis quam
«pro successoribus nostris, renunciamus, ex certa
«sciencia in hoc facto, [bona] fide, excepcioni non
«numerate et non habite pecunie, doli et in factum,
«rei minori precio vel minus dimidio justi precii
«vendite subsidio, beneficio autentici «hoc jus por-
«rectum», restitucionis in integrum, et omni auxi-
«lio et beneficio nobis super hujus[modi] compe-
«tentibus vel competituris, tam jure canonico⁽⁸⁾
«quam civili, que nobis vel successoribus nostris

«possent competere (fol. 103) modo aliquo, vel
«prodesse. In cujus rei testimonium sigillis nostris
«presentes litteras sigillamus. Testes ad hoc vocati
«sunt : G., archidiaconus Lugdunensis⁽⁹⁾, Arman-
«dus⁽¹⁰⁾ de Polemniaco, abbas Sancti Petri, Estorgius
«de Monteacuto, abbas Segureti, Poncius de Glau-
«vannas, thesaurarius, P. de Roca, Mauricius de
«Sancto Bonento foris decani, Bertrandus Maleti,
«P. Marescalli, canonici Anicyenses, magister
«Guido, canonicus Sancti Gregorii Anyciensis,
«magister Johannes Capellani, canonicus Sancti
«Pauli Lugdunensis, et Giraldus de Sancto Eu-
«gendo⁽¹¹⁾, clericus. Datum anno Domini mille-
«simo .cc°.l°. tercio, mense Novembris.»

Et in hujus rei testimonium, presentibus sigillum nostrum fecimus apponi. Datum London.,
nonas Februarii, pontificatus domini Clementis,
pape .iiij., anno tercio.

410 (371). *18 octobre 1255. — Gaston, vicomte
de Béarn, et Amanieu d'Albret déclarent qu'ils re-
noncent à tous serments, pactes et conventions faits
lors de la dernière guerre soutenue en Gascogne contre
le roi d'Angleterre et le comte de Leicester* ⁽¹²⁾.

· Vicecomes Bearnii et dominus de Lebreto. —
Omnibus presentes litteras inspecturis, G., Dei
gracia vicecomes Bearni, et Amaneus de Lebrato,
salutem. Noveritis quod nos remittimus, quiptamus
et adsolvimus omnes convenciones et pacta et juramenta, in scriptis vel sine scriptura, usque ad
diem presentem, cum quibuscumque habita occasione guerre mote in Vasconia⁽¹³⁾ contra dominum
regem Anglie vel contra comitem Leicestrie, adinvicem, decernentes, si qua instrumenta super
hoc confecta fuerint, ea de cetero non valere. In
cujus rei testimonium sigilla nostra presentibus
duximus apponenda. Datum anno Domini millesimo
.cc°.l°. quinto, in festo beati Luce euvangeliste.

411 (372). *Sauveterre-de-Guyenne, 24 août
1257. — Garcie de Navailles s'engage, sous la foi

⁽¹⁾ Ms. *exhibiantur*. — ⁽²⁾ Ms. *aliquis*. Je reproduis le texte de Rocher. — ⁽³⁾ Ms. *satisfacto*. — ⁽⁴⁾ Ms. *predicto*.
— ⁽⁵⁾ Ms. *revelacionem*. — ⁽⁶⁾ Ms. *quem*. — ⁽⁷⁾ Ms. *inpignare vel retracitare*. — ⁽⁸⁾ Ms. *canonici*. — ⁽⁹⁾ Ms. *Lundu*.
— ⁽¹⁰⁾ Ms. *Arn*. — ⁽¹¹⁾ Ms. *Eungendo*. — ⁽¹²⁾ Publ. *Notices et extraits des mss.*, t. XIV, p. 442. — ⁽¹³⁾ Ms. *Vasconie*.

du serment, à aider le roi d'Angleterre et son fils, le prince Édouard, à occuper et à garder la vicomté de Soule et le château de Mauléon, même s'il devait avoir guerre avec eux au sujet de Sault-de-Navailles.

Garsia de Navalhas. — Noverint universi presentes litteras inspecturi vel audituri quod nos, Garsia de Navallas, anno Domini millesimo .cc° .l°. septimo, in die beati Bartholomei apostoli, apud Salvam terram in episcopatu Oleronensi, presentibus episcopis Lascurrensi, Oleronensi et Aquensi, et domina Matha et multis aliis, juravimus et ad sacrosancta [1] Dei euvangelia corporaliter tacta¹ promisimus quod nos, bona fide et absque omni malo ingenio, juvabimus et procurabimus quod dominus rex Anglie et dominus Edwardus habeant totum vicecomitatum de Seula et castrum de Mauleon et predicta in pace retineant; et in predictis consistemus mandato seu locum tenenti predictorum domini regis Anglie et domini Edwardi, sicuti [2] fuit ordinatum in presencia domine Mathe [3] et predictorum patrum. Si vero, pro facto de Saut, contingeret nos habere guerram seu discordiam cum predictis domino rege et domino Edwardo, juravimus [quod] propter hoc non dampnificaremus eosdem aliqua occasione in rebus vicecomitatus de Seula seu in castellis predicti vicecomitatus. In cujus rei testimonium, sigillum nostrum presentibus duximus apponendum. Datum et [actum] anno et die predictis.

412 (373). *12 décembre 1258.* — *B. Garcie, seigneur de Céran, livre son château du Seron à Ispan de Domezain, représentant du prince Édouard, pour tout le temps que durera la guerre de Mauléon. Il promet fidélité au prince et aux siens.*

B. Garsio, dominus del Seron, super liberacione castri cum mota de Seron. — Universis presentes litteras inspecturis, B. Garsio, dominus del Seran, salutem. Sciatis quod ego, non vi, non dolo metuve inductus, set pure et spontanea voluntate, castrum meum cum mota del Seran tradidi et liberavi domino Yspano de Domezau [4], loco et nomine illustris domini nostri, domini Edwardi, habendum et tenendum, quamdiu eidem domino Edwardo necesse fuerit, durante guerra inter ipsum et ipsos de Maloleone, promittentes (*fol. 103 v*), sub incurramento corporis et rerum, quod eidem domino Edwardo et suis fidelis ero, et honorem ipsius et comodum pro viribus procurabo, inimicos ipsius et adversarios quantum potero fideliter impugnando. Et ad hoc fideliter observandum [5], omnia bona mea mobilia et inmobilia obligo per presentes, sigillo proprio consignatas. Datum .xij. die Decembris, anno Domini millesimo .cc° .l°. octavo.

413 (374). *Bordeaux, 19 décembre 1261.* — *Les jurats et prudhommes de la commune de Bordeaux concèdent que le maire de la ville soit à l'avenir désigné par le prince Édouard* [6].

Littera juratorum et communie Burdeg[alensium]. — Hoc est transcriptum littere juratorum et proborum hominum commune Burd[egalensis] : Universis presentes litteras inspecturis, jurati et probi homines commune Burd[egalensis], salutem. Sciatis quod nos concessimus viro magnifico, domino nostro Edwardo, illustris regis Anglie primogenito, quod ipse nobis det et concedat majorem pro voluntate sua, et quod idem major percipiat, nomine dicti domini Edwardi, omnes proventus et exitus ad majoriam pertinentes, et exinde faciat sumptus ad majoriam pertinentes. Et si quid defuerit quod ex proventibus compleri non possit, ad illud supplendum fiet, per majorem et juratos, tallia, ut fieri consuevit [7]; et quod supererit de proventibus pertinentibus ad majoriam predictam, erit dicti domini Edwardi. In cujus rei testimo-

---

[1] Ms. *sacrosanctam.* — [2] Ms. *secuti.* — [3] Ms. *Mathie.* — [4] Ms. *Domerau.* — [5] Ms. *observanda.* — [6] Publ. *Notices et extraits des mss*, t. XIV, p. 358. — [7] La phrase *Et si quid... consuevit* a été copiée deux fois à la suite, chaque fois dans une rédaction différente : *Et si quidem* (ou *si quid inde*) *defuerit, quod ex proventibus compleri non possit, ad illud supplendum fiet per majorem, tam de justiciaria quam de aliis, et exinde faciat sumptus ad majoriam pertinentes. Et si quid defuerit quod ex proventibus compleri non possit, et idem supplendum fiet per majorem et juratos tallia ut fierit consuevit.* J'ai essayé d'établir un texte correct à l'aide de ces deux rédactions.

nium, has litteras eidem domino nostro concessimus, sigillo predicte commune sigillatas. Datum apud Burd[egalam], .xix. die Decembris, anno Domini millesimo ducentesimo .j[x]°. primo.

414 (375). *Bayonne, samedi 7 décembre 1258. — Les prudhommes de Biarritz et d'Anglet déclarent prendre à cens du sénéchal de Gascogne les revenus que le prince Édouard devait percevoir sur les baleines, esturgeons et autres gros poissons, ainsi que les revenus dont P. Vital de Pouillon et ses hoirs jouissaient en vertu du privilège concédé par le roi Jean sans Terre. L'accord sera valable jusqu'à la prochaine fête de saint Jean*[1].

Assensa recepta per homines de Bearritz et quosdam alios a domino Edwardo, de quibusdam juribus, ut patet infra. — Conogude cause se a toz qu'En R. de Gardaga, e En Pelegrin de Casterar, e En P. de Larraeche, e En Paschau deu Port, e En[2] P. de Herteberri, En Arn. de Horteberri, e En Gaysat de Jouerri an accessat, per lor e per los autres prodomes de Bearritz e d'Angled, de quest present die entreu ad aqueste primera feste de sent Johan Baptiste qui serra, de mon senhor En Thomas d'Epigraue, senescauc de Gasconha, totz les dreituages que nostre senhor N'Audoard ha sobre les balenes e sobre les balenatz eus cau[er]aces[3] qui pres serran[4] de si a l'auandite feste sen Johan, eu[s] portz[5] de B[e]jarritz e d'Angletz, e totz les dreituages qu'En P. Vidau de Polhon e ses hers i ssolen auer per arazon dou privilegi dou roy Johan, en tau maneira que les auanditz prodomes deuien dar a l'auan[di]t senescauc e a sson mau qui sas lettres portera: de cascune balene biele[6] .xl. lb. Morl., e de balenat o de cauerac .x. lb. Aissi l'ag han los auandiz prodom[e]s autreiat leiaument e fermament[7] sobre totz lor bens mobles e inmobles, presens e aue[ni]durs, on[8] que sian. Actum Baionie, die Sabbati post festum sancti Nicholai en dezemer[9], anno Domini .m°. cc°. l°. octavo. Regn. Henr., rey [d'] Angl., S., episcopo Baione, En P. de Biole, maire. Testes sunt: En Bertran de Ladius, maistre R. de Taylezon[10], En B. de Meis, En R. Johan de Bizandon, En Arn. W. de Perrer, e jo, Vidal de Batz, puplic notari qui questa carte escriui e j'i pausei mon senhau (*fol. 104*).

415 (376). *Dax, samedi 1ᵉʳ décembre 1268. — Ordonnance de police établie par le sénéchal de Gascogne avec le consentement de la cour de Dax: il est interdit de se loger de force dans les maisons ecclésiastiques ou religieuses, de commettre sur la terre du roi des vols ou des saisies-gageries à main armée. Au premier cri de* «*biafora*», *les bourgeois doivent se mettre à la poursuite des malfaiteurs*[11].

Ax. Institutum de albergatis. — Establit es per mon senhor En Thomas de Ypegraue, senescauc de Gasconha, ab autrey de la cort d'Ax, [que] no aubergi nulhs[12] forcerrement mazon d'ordyn ue d'euglizie, ne lors homis ni nulh homi autru; e casqun qui o fera .xx. s. [daunera] au senhor; e qui aubergatz fera forceirement, autres .xx. s., si no cride ord[r]e o biefore lore que aubergatz sera; e que les baillius fecen jurar aqueste cause ferme[13]; e que tut seguien le crit e l'ordre quant l'audirau; qui no a fera, .vj. s. daunera. De medisse forme es establit que, si nulhs hom sey arraubeire en la terre, que tuit segui[en] l'ordre e le crit, entro que[14] l'araubedor aien atent, si poden; e aquet que no garisque per la dite ley deus .xx. s., mas que eston pres en le poder deu senhor, entro[15] qu'en fassa far jutgement; e qui l'ordre no sigura .vj. s. se donnera. E se de terre e de loc de autre senhorie ben ab armes per arraubar o per tort far en la terre deu roi, que cascun[16], de calque senhorie sien, seguien[17] le crit e l'ordre comunaument; e qui n'o fera, .vj. s. se daunera. E que les ballius

---

[1] Publ. *Notices et extraits des mss*, t. XIV, p. 422. — [2] Ms. *Em.* — [3] Huit lignes plus bas, le mot est écrit *cauerac*. — [4] Ms. *qui apres serray*. — [5] Ms. *portez*. — [6] Ms. *valone luele*. — [7] Ms. *beilannens e feremainh*. — [8] Ms. *eu*. — [9] Ms. *deuzemer*. — [10] Ms. *Tayleron*. — [11] Publ. *Notices et extraits des mss*, t. XIV, p. 397. — [12] Ms. *no aubergius*. — [13] Ms. *forme*. — [14] Ms. *outre que*. — [15] Ms. *entre*. — [16] Ms. *crascun*. — [17] Ms. *senguien*.

facent jurar aquestas causes segont que desus sont ditez; e que de questes sobre ditz qui aubergueren[1] forcerrement o arrauberen, se tornas lo senhor ad aquestez en qui poder tornerin[2]. E asso es autreiat[3] tant com lo ditz En Thomas sera senescauc de Gasconhe. In quorum testimonium nos, N., Dei gracia Aquensis episcopus, et Thomas, senescallus predictus, necnon major et consilium Aquenses sigillis nostris hanc cedulam fecimus sigillari. Actum Aquis, sabbato in crastino beati Andree apostoli, anno Domini millesimo .cc°. sexagesimo octavo.

416 (377). *31 juillet 1270.* — *L'abbé et le monastère de Saint-Sever reconnaissent avoir reçu la somme de 3,000 s. de Morlaas qui leur était due par suite du pariage conclu le même jour avec le prince Édouard*[4].

Abbas Sancti Severi. — Conogude cause se qu'En Garsias Ar., abes, eu combentz de Sent Seuer eu Gasconhe[5], arreconogoren per lor bona voluntat qui an arrecebut .iij.mil. sol. de Morlans en bons deners comtatz per las mans majestre Arn. de Bruss, canouge de Seint Seuerin de Bordeu, e d'En Bertran de Ladius, ciptadan de Basatz, so es assaber per arrazon de l'ascaumnhe e de la ordinacion que lo mediss abbas e combens arreconogoren que au fet ab la partida[6] nostre senhor Eddeuard ou deu roi d'Angl., segont la tenor de las cartas que Estewe de Proensa[7] n'a enquerit. Ed es assaber qu'En Doatz de Dado, oberers, e En Bernartz de La Lana, celerers, ab voluntat e ab autrei deus auantditz abat e combent, arreconogoren que la partz deuz ditz senhors roi e N' Audoart, e lo mediss abbas e combens, los an balhat e liurat amedoas las cartas feitas sobre la ordinacio[8] deu deuantdit Estheuen[9], la una de las quaus cartas le[s] deuantdit obrers e celerers, ab voluntat e ab autrei deus auantditz abat e combent, an mandat e promes per ferma e leiau stipulacion que arredran e balheran e liureran[10] au comandement de nostre senhor N' Adoart, laor sire Rogers de Leyburn. aia dat e autreiat au[s]ditz abat e combent letra ab son saget pendent, ab sagrament de confirmaciou e ratificacion, cum et vou e autreia e conferma totas les causas e seg[u]les contengudas en las auantditas cartas e s' oblige a eds que tengue e complisca totas las medissas causas e las lor fasse tenir a bona fee; e laor[11] lo mediss sire Rogers los aia agut letras deu senhor N' Adowart de confirmacion e ratihabitacion (*fol. 104 v*), ab voluntat e ab autrei e ab segrament de sa molher, en laquau lettra sia lo sagetz d'acun abesque pro proansa deu sagrament, e lettra de medissa confirmacion e ratihauitacion deu roi d'Angl., ab voluntat e autrei e ab segrament, o autres comandementz de nostre senhor Edward [e] de sa molher[12], en laquau lettra sia le sagetz d'acun abesque pro proansa del segrament; e laor lo medis sire Rogers, o autre comandement de nostre senhor N'Audoart, los aia agut lettras pendentz de confirmacion e ratihabitacion deu roi de Ffransa, si auer les pot, a bona fide; e laor li homme de Momissan se sian obligat au[s] mediss abat e combent ab carta de reudre, au per an, lo jor de la seint Johan Baptista, las .xv. lb. de Morl. de cens contengudas en las auantditas cartas; e laor it aian cobrat[13] la lettra que En B. Masson, ciptadans de Bordeu, a de la donacion de las medissas .xv. lb. de Morl. de cens, e aia dat a lor carta de perpetuau comptansa de tota arre que demandar[14] ni corelhar i pogos. Actum fuit ultima die Julii, anno Domini millesimo .cc°. .lxx°. Regn. Henr., roi d'Angl., Burdegalensi sede vacante, Fortaner de Cassanoua, major. Testes sunt : Guiraut de Castetnau[15], W. de Listrac, P. Raynaut, clerk,

---

[1] Ms. *sobre dites qui aubongueren.* — [2] C'est-à-dire : que le seigneur se tourne vers ceux au pouvoir de qui ils seront. — [3] Ms. *autreiaut.* — [4] L'acte de pariage (31 juillet 1270) a été publié par Dom du Buisson, *Hist. monast. S. Severi*, t. I, p. 234-254, d'après un vidimus de 1380. — [5] Ms. *Gaschone.* — [6] Ms. *pardida*. — [7] Ms. *de deperouse.* La lecture des actes publiés par Dom Du Buisson prouve la nécessité de cette correction. Voir d'ailleurs plus loin le n° 471. — [8] Ms. *ordinatis.* — [9] Ms. *Esthivinhe.* — [10] Ms. *liuereran.* — [11] Ms. *e la lor.* — [12] Ms. *melher.* — [13] Ms. *combiat.* — [14] Ms. *demandar.* — [15] Ms. *Casset nau.*

Bern. d'Arblada, cauoirs, B. de Sen Giard, W. R. de Baura e Estewe de Proensa qui la carta escriuo.

417 (378). 3o octobre 1269. — Sentence prononcée par Gaston, vicomte de Béarn, arbitre désigné par un compromis du 27 mai 1263, dans le différend qui divisait Pierre de Dax, vicomte de Tartas, et le prince Édouard.

Pronunciacio compromissi vicecomitis Tartacensis et domini Edwardi, facta per dominum Gastonem, vicecomitem Bearnii. — In nomine Domini, amen. Conogude cause se que, cum contens e discordia agossan estat, sa en areire, entre le noble baron En P., vesconte de Tartas, d'una part, e entre acunes gentz de nostre senhor n'Audoart, d'autra part, per arazon de contens qui foren[1] mogut, sa en areire, entre lo mediss vescunte [e] acuns deus sos, e entre acunas e la gentes deu denantdit nostre senhor n'Audoart, e de forsetz e de trespas feitz, sa en arere, per lo dit vescunte e per los sos au dit nostre senhor n'Audoart e ad acuns deus sons; e l'auantdit nostre senhor n'Audoart se sia compromes deus auanditz contens e trespas en le noble bars senhor, En Gaston, vescounte de Bearn., per aissi[2] cum jo, Esteues de Prouense, comunaus notaris de Bordeu, en testimoni en cesta carta mentagutz[3], viren[4] estre contengutz en una lettra patenta deu mediss compromes, sagerade deu saget de denantdit nostre senhor Edd., la tenors de laquau es aytaus :

«Edduuardus, illustris regis Anglie primoge-
«nitus, universis ad quos presentes littere parve-
«nerint, salutem in Domino. Noveritis quod nos,
«quantum ad nos pertinet, compromittimus in
«dilectum consanguineum et fidelem nostrum,
«dominum Gastonem, viccecomitem Bearni, super
«contencionibus que mote fuerunt inter nos et
«quosdam de nostris, ex parte una, et dominum
«P. d'Ax, vicecomitem Tartacensem, ex altera, et
«ecclesiam, super transgressionibus nobis per
«eundem vicecomitem et suos factis, exceptis dun-
«taxat advocacionibus militum de Borno, qui de
«nobis se advocant. In cujus rei testimonium has
«nostras litteras fieri fecimus patentes. Datum apud
«Walyngeford, .xxvij. die Maii, anno Domini mil-
«lesimo .cc°. .lx°. tercio[5].»

E l'auantditz vescouns de [Tartas] fes compromes deu mediss contens e trespas en l'auandit senhor En Gaston; es assaber que l'auanditz En Gastons, arrecebuda sufficient probacion e testimoniage par (fol. 105) segrament de barrons, de cauoirs, de caperaus, de Templers, de Hospitaliers, de bordes, de laboradors, e de plusurs bonas gentz e dignas de fe, e auditz les ditz[6] testmoyns e diligenment examinatz per segrament, e trobada per los mediss testimonis la vertat de la causa, aguda sobre asso deliberacion diligent, e consell de barrons e de cauors e de bordes e des clercs e de moutz autres hommes discretz, diss e pronunciet son dit en la presensa deu noble baron, senhor En Fortaner de Casanoua, adonc senescauc de Gasconha[7], e de sire W. de Montgauger, constabularii de Bordeu; le quau dit[8] disso e pronunciet en aquesta maneira : so es assaber que le vanditz vescoins donga e paga .vj. mil. sol. de Morl.[9] a nostre senhor N'Audoart, e que l'auanditz vescoins e li cauoir e las gentz de sa terra siau quiti per totz temps de totas causas las quaus siau fetes[10] per arradon de mediss contens e trespas, en jusqua que acesta carta fo feita; e disso meis e pronuncie[t] par son dit, en la presence dens auanditz sen[escauc] e conestable, per lo poder a li dat [par] nostre senhor N'Audoart, segon la tenor de l'auandita letra deu compromes, que et vole e dide, eu non e en loc de nostre senhor N'Audoard, que l'auanditz vescoins aia e cobre[11] totas las causas e senglas de que dessaditz era estatz par nostre senhor N'Audoard o per acun deus sos, per arradon deus auanditz contens e trespas, ne contrestantz aucuns contens o acuns trespas qui nat o feit siau

---

[1] Ms. *ferent*. — [2] Ms. *pro aussi*. — [3] Ms. *montaguts*. — [4] Ms. *vre* (abréviation de *vostre*). — [5] Ms. m°. cc°. lo. tercio. — [6] Ms. *les deutz*. — [7] Ms. *Gaschona*. — [8] Ms. *le quant deit*. — [9] En marge, d'une main du xvie siècle : *Nota .vj. m. sol. de Morl.; ab urbe Morlaas dicuntur.* — [10] Ms. *de totas causas qui passodas siau fetes.* — [11] Ms. *cobre*.

de la hora que mediss vescons de la[s] medissas causas fo desaditz, en jusqua au jorn que cesta carta fo feita, saups e exceptatz lo auoamentz deus cauoirs de Born⁽¹⁾ que de nostre senhor N'Audoart s'auoent⁽²⁾; deus quaus lo mediss senhor En Gastons arre no a vougut⁽³⁾ dire, per so ca deus mediss auoamentz en lui no era estat compromes especiaument. Diss e pronunciet per son dit lo mediss En Gastons, en loc de nostre senhor N'Audoard, per orradou de l'auandita letra deu compromes, que lo mediss vescoins aia e cobre lo castet aperat Usar ab sas apertenansas, e tota la justidia, gran e pauca, de Born, ab la justice de Mimisau; e cobre ses homes questaus e francaus, e la montauha e la costa de Bi[s]carosa e de Biars, eu pleit vescomtau cu ffrementau, e totas las autres causas e se[n]gles que aue ni tene, lo jorn e la hora que per l'auandit senhor o per acun deus sos ne fo dessaditz; pero aquest dit diss e pronuncie[t] en tau condicion e en tau maneira que l'auandiz vescoins totas las auanditas causas aia en cobransa⁽⁴⁾ e torne en sadina de proprietat, eu punt⁽⁵⁾ e en l'estament e en la maneira que las medissas causas aue e tene en sadine lo jorn e la hora que fo dessaditz; e ad aquest deit, l'auanditz vescoins s'es⁽⁶⁾ tengutz a bien pagat e l'a recebut en la manera que pronunciatz es, aissi cum desus es dit, e paguet los auanditz .vj. mil. sol. de Morl. audit sire W. de Mongauger, lequaus reconogo qu'eus aue recebutz en loc de nostre senhor N'Audoard. Actum fuit .ij°. die exitus Octobris, anno Domini .m°.cc°.lx°.ix°. R[egn]. Heur., rei d'Angl., P., arch. de Bordeu, Pons d'Artin, major. Testes sunt : W. Segu[i]n, senhor d'Arrions, Bertran de Ladiliis, Bern. Francon *(fol. 105 v)*, N'Od de Doassidz, cauoirs, Doat de Puys de Basatz, En Bern. de Coarasa, cauoirs, e Estcue de Proensa qui la carta escriuo.

418 *(379)*. «*Nenius Prevell*», 1ᵉʳ *novembre 1255.* — *Esquivat de Chabanais, comte de Bigorre,* s'engage à se présenter devant la cour du sénéchal de Gascogne pour y répondre sur toute plainte qui pourrait être portée contre lui par Gaston de Béarn et autres, concernant les terres qu'il tient du prince Édouard en Bigorre et en Gascogne. — Le prince Édouard fait mettre son sceau à une copie de cet engagement le 2 juillet 1256.

Comes Bigorre. — Esquivatus de Chabanesio, comes Bygorre, universis presentes litteras inspecturis, salutem. Noveritis quod nos concessimus viro illustri, domino Edwardo, illustris regis Anglie primogenito, quod nos viro nobili, domino Gastoni, vicecomiti Bearni, et aliis de nobis conquerentibus coram suo senescallo Vasconie, quandocumque fuerimus moniti competenter⁽⁷⁾, respondebimus; videlicet de terris et tenementis Bigorre et Vasconie que tenemus a dicto domino Edwardo, et coram dicto senescallo juri parebimus. In cujus rei testimonium, presentes litteras dicto domino Edwardo tradidimus patentes. Datum apud Nenius Prevell., prima die Novembris, anno domini regis predicti .xl.⁽⁸⁾. — Nos autem Edwardus, illustris regis Anglie primogenitus, ut curie nostre Vasconie nota fiat obligacio presens, huic transcripto ipsius sigilli nostrum apponi fecimus. Datum Vituerrie, secunda die Julii, anno regni domini patris nostri supradicti supradicto.

419 *(380).* 8 *mars 1254.* — *Navarra, dame de Sort,* reconnaît que le prince Édouard lui a restitué la pleine possession des hommes de Magescq; elle s'engage à les tenir aux mêmes conditions que le prince, sans rien changer à leur condition et sans les grever de plus lourdes obligations.

Carta restitucionis de hominibus de Majesc. — Conoguda causa sia que la dona Na Navarra de Sortz arreconogo, per⁽⁹⁾ sa bona voluntat, que, come nostre senhor N'Audoartz agos pres e emperat e banit en sa man los homes de Majesc per dreit que entende que i deue auer; e [e]n apres lo mediss

---

⁽¹⁾ Ms. *deu cauoirs de Bern.* — ⁽²⁾ Ms. *sa voant.* — ⁽³⁾ Ms. *no anougat.* — ⁽⁴⁾ Ms. *e cobre en sia.* — ⁽⁵⁾ Ms. *eu pent*, c'est-à-dire au point, en l'état et en la manière que. — ⁽⁶⁾ Ms. *esse.* — ⁽⁷⁾ Ms. *competentes.* — ⁽⁸⁾ La 40ᵉ année du règne de Henri III commença le 28 octobre 1255. — ⁽⁹⁾ Ms. *pro* (en abrégé) et plusieurs fois encore dans la suite de l'acte.

nostre senhor N'Audoart deus mediss hommes meto l'auandita⁽¹⁾ dona Na Navarra en la medissa sadina e en mediss poder que era n'era lo die que nostre senhor N'Audoart e ses comandementz en sa man ac prengo⁽²⁾, ni ac emperat, ni ac banyt, aissi que era·us tenga per medissa maueira que deuant los teno, tant enjusca en la cort d'Ax deu mediss nostre senhor N'Adoart sia intrat, e determinat, e conogut, tant per enquestas feitas e a far quant per autres certenetatz, si⁽³⁾ mediss nostre senhor N'Audoart i a dreit; e aquesta sadina a⁽⁴⁾ feita, aissi cum era areconogo, l'auanditz nostre senhor N'Adoart, saups⁽⁵⁾ totz sos droitz [que] i a o auer los deue, aissi que per anament de temps en autra maueira sui dreit no y puscan estre⁽⁶⁾ amermat, ni deperir, ni menhs⁽⁷⁾ baler; e l'auandita dona a mandat e autreiat e promes fermament au mediss nostre senhor N'Audoart que era auanditz hommes no agreugera ni d'[eu]s major questa ni majors deuers ne prendra que prene auant que nostre enhor N'Adoart en sa man los prengos ni·us banis; e de so la obligat sin e tot sos⁽⁸⁾ biens mobles e nomobles, on que ssian. Actum fuit hoc .viij°. die introitus Marcii, anno Domini. m°.cc°.l°. tercio. Regn. Henr., roi d'Angl., G. arch. de Bordeu, N'Arramon de La Porta, major. Testes sunt : majestre Bern. d'Yson, officiaus de Basatz, magestre Bertran Lenguihaire, Garsie Ferran, R., arcidiagne de Loutrange, W. Joh. de La Tasta, Demenjon de Campanhac, e majestre W. de Proensa qui aquesta carte escriuo.

420 (*381*). *Bordeaux, dans le cloître de l'archevêché, pendant le mois de Pâques 1262* ⁽⁹⁾. — *Procédure passée devant la cour de Gascogne, en présence de quatre commissaires désignés par lettres royales datées de Windsor, 21 et 23 mars 1262, dans l'instance engagée entre Renaud de Pons et sa femme, Marguerite de Turenne, d'une part, et les* procureurs de Henri III (*constitués par acte du 20 mars 1262*), *d'autre part, au sujet de l'hommage que lesdits Renaud et Marguerite réclamaient du roi d'Angleterre pour le château de Gensac, les deux parties étant finalement d'accord pour accepter l'appel en cour de France interjeté par lesdits Renaud et Marguerite* ⁽¹⁰⁾.

Factum Reginaldi de Ponte et Margarete, ejus uxoris, super castro de Genciaco. — Omnibus has litteras inspecturis, R., Dei gracia episcopus Vasatensis⁽¹¹⁾, Amanevus⁽¹²⁾ de Lebreto, P. de Bordegala et Johannes de La Linda⁽¹³⁾, salutem in Domino. Noverit universitas vestra quod, cum curia Vasconie⁽¹⁴⁾ de mandato domini regis Anglie esset apud Burdegalam, in nostra presencia, in prato domini Burdegalensis archiepiscopi congregata, comparuerunt coram nobis Reginaldus de Ponte et Margarita, uxor ejus, ex una parte, et magister Guillelmus de La Rama et Arnaldus de Bogio, cum litteris procuratoriis domini (*fol. 106*) regis Anglie, ex parte ipsius domini regis, quarum litterarum tenor talis est :

«Henricus, Dei gracia rex Anglie, dominus Hi«bernie, dux Aquitanie, universis Xpi fidelibus «presentes litteras inspecturis, salutem. Noveritis «quod nos dilectos clericos nostros magistros «Arnaldum de Buhs et Guillelmum de La Rama, «utrumque eorum in solidum, ita quod non sit «condicio melior occupantis, nostros constituimus «et ordinamus procuratores in omnibus causis quas «habemus et habere possumus contra Reginaldum «de Ponte et Margaritam, uxorem ejus, et quas «iidem Reginaldus et Margarita habent et habere «possunt contra nos, racione castri de Genciaco et «pertinenciarum ipsius et qualibet alia racione, «coram venerabili patre episcopo Vasatensi et di«lectis et fidelibus nostris Amanevo de Lebreto, «Petro de Burdegala et Johanne de La Linda, senes«callo nostro Lemovicensi, Caturcensi et Petrago«ricensi, a nobis in dictis causis judicibus deputa-

---

⁽¹⁾ Ms. *meto a l'auandita.* — ⁽²⁾ Ms. *prerengo* (la première syllabe en abrégé). — ⁽³⁾ Ms. *sin.* — ⁽⁴⁾ Ms. *au.* — ⁽⁵⁾ Ms. *samps.* — ⁽⁶⁾ Ms. *estra.* — ⁽⁷⁾ Ms. *meules.* — ⁽⁸⁾ Ms. *sas.* — ⁽⁹⁾ En 1262 Pâques tomba le 9 avril. — ⁽¹⁰⁾ Publ. *Notices et extraits des mss*, t. XIV, p. 429-431. Cf. *Rôles gascons*, t. I, suppl., p. cxv. — ⁽¹¹⁾ Raimond III, évêque de Bazas, n'est pas mentionné dans la *Gallia christ.* (t. I, col. 1200) après l'année 1261. — ⁽¹²⁾ Ms. *Amato* (avec une abréviation); mais voir 26 lignes plus loin. — ⁽¹³⁾ Ms. *Lalonda.* — ⁽¹⁴⁾ Ms. *Visconie.*

"tis, quantum ad diem [1], a nobis vel de mandato "nostro eisdem Reginaldo et ejus uxori apud Bur-"degalam assignatum, scilicet a festo Pasche instanti "in unum mensem, et quantum ad diem sequentem "et dies subsequentes, si contingat dictum diem "continuari; dantes eisdem procuratoribus nos-"tris et alteri eorum in solidum speciale man-"datum et liberam potestatem agendi, defendendi, "proponendi, excipiendi, et ulterius faciendi "quod pro parte viderint expedire; ratum et fir-"mum habentes et habituri quicquid super pre-"missis per predictos procuratores nostros, vel alte-"rum eorum, coram predictis judicibus, vel eorum "aliquibus seu aliquo qui presens fuerit, dictis die "et loco et diebus continuandis, nomine nostro, "actum fuerit seu procuratum. Et hec premissa "illis quorum interest et interesse potest tenore "presencium intimamus. In cujus rei testimonium "presentibus sigillum nostrum duximus apponen-"dum. Datum apud Windesoram [2], .xx. die Marcii, "anno Domini .m° cc°.lx°. primo»;

Quibus litteris et eciam litteris commissionis ad nos a domino rege Anglie directis, quarum tenor talis est :

"Henricus, Dei gracia rex Anglie, dominus Hi-"bernie, et dux Aquitanie, venerabili in Christo "patri Vasatensi episcopo, Amanevo de Lebreto, "Petro de Burdegala et Johanni [3] de La Linda, "senescallo suo Lemovicensi, Caturcensi et Petra-"goricensi, salutem. Cum Reginaldo de Pontibus et "Margarite, uxori ejus, certum diem prefixerimus "apud Burdegalam a die Pasche in unum mensem, "ad exhibendum eis plenam justiciam, secundum "foros et consuetudines curie nostre Vasconie, "super questione quam ipsi moverunt contra nos "in curia Ffrancie, super eo quod [i]idem Reginal-"dus et Margarita petunt a nobis homagium suum "seu fidelitatem admitti pro castro de Genciaco "cum pertinenciis, assignavimus et constituimus "vos, loco nostri, ad audiendum et terminandum "questionem predictam in curia nostra predicta, "et ad exhibendum eis et quibuscumque aliis et "querentibus et jus sibi vendicantibus in premissis,

"plenam et celerem justiciam, vice nostra, secun-"dum foros et consuetudines predicte curie nostre "Vasconie, ratum habentes et habituri quicquid "vos omnes, duo vel unus vestrum, dictis die et "loco et diebus continuandis super premissis, no-"mine nostro, duxeritis vel duxerit faciendum; "et hoc parti adverse et aliis omnibus quorum "interest vel interesse potest sign[ific]amus. In "cujus rei testimonium presentibus sigillum nos-"trum duximus apponendum. Datum apud Wyn-"desore, .xx°. die Marcii, anno Domini mille-"simo .cc°.lx°. primo.»

"Henricus, Dei gracia rex Anglie, dominus Hi-"bernie, et dux Aquitanie, venerabili in Christo "patri Vasatensi episcopo, Amanevo de Lebreto, "Petro de Burdegala et Johanni de La Linda, "senescallo suo Lemovicensi, Caturcensi et Petra-"goricensi, salutem. Cum assignaverimus vos, loco "nostri, ad audiendum et terminandum questio-"nem quam Reginaldus de Pontibus et Margarita, "uxor ejus, movent contra nos in curia Ffrancie, "super eo quod iidem Reginaldus et Margarita "petunt a nobis homagium suum seu fidelitatem "admitti pro castro (fol. 106 v) de Genciaco cum "pertinenciis, et certum diem eis super premissis "prefix[er]imus apud Burdegalam, a die Pasche in "unum mensem ad justiciam [4] eis exhibendam, "secundum foros et consuetudines curie nostre "Vasconie, nos, potestatem nostram et mandatum "in hac parte ampliare volentes, ne ob defectum "curie predictos Reginaldum et quoscumque alios "in dicto castro et ejus pertinenciis jus sibi aliquod "vendicantes, vel questionem quamcumque mo-"vere volentes, ad nos oporteat recursum [5] habere, "vos ad questionem seu questiones hujusmodi au-"diendas et terminandas, et eciam ad constituen-"dum curiam de baronibus Vasconie, si opus "fuerit, super eisdem questionibus, constituimus "et ponimus, loco nostri; ita quod vos omnes, "tres, duo vel unus vestrum, dictis die et loco "et diebus continuandis, et eciam, si opus fuerit, "ulterius prefigendis, in premissis procedere va-"leatis, donec commissionem istam revocandam

---

[1] Ms. *quantum ad idem*. — [2] Ms. *Vindvor*. — [3] Ms. *Johanne*. — [4] Ms. *instanciam*. — [5] Ms. *incursum*.

«duxerimus vel alteri committendam. In cujus rei «testimonium presentibus sigillum nostrum duxi- «mus apponendum. Datum apud Wyndesore .xxiij. «die Marcii, anno Domini millesimo .cc°.lx°. primo»; in jure exhibitis et ostensis[1], peciit pars dictorum Reginaldi et Margarite dictas litteras sibi tradi et ostendi; que per judicium curie Vasconie eis tradite et ostense fuerunt; et quibus habitis et inspectis, et deliberacione habita super eis, proposuit pars dictorum Margarite et Reginaldi quod, cum Rudellus[2] junior, pater quondam dicte Margarite, cujus ipsa filia et heres legitima existebat, haberet et possideret, tempore mortis sue, castrum de Genciaco cum pertinenciis suis, petebat quod nos, nomine predicti domini regis, admitteremus ab ipsis de predicto castro cum pertinenciis homagium, fidelitatem, seu et ipsos saiziremus de eisdem bursiis cum nobis juramentum[3] per dictam litteram domini regis quod nos faceremus cuilibet conquerenti super predicto castro cum pertinenciis suis justicie complementum; dominus Rudellus, frater predicti patris dicte Margarite, qui presens erat in curia, proposuit coram nobis quod, cum dictus dominus rex ipsum dissaizivisset de dicto castro cum pertinenciis suis, petebat seisinam dicti castri cum pertinenciis per nos sibi restitui, cum ipse paratus esset, postquam ei restituta fuisset saizina predicta que eidem oblata fuerat, ut predictum est, conquerentibus respondere, asserens predictam Margaritam et virum suum audiendos non esse, quousque ipse, qui spoliatus fuerat, fuisset plenarie restitutus. Necnon quidam alii nobiles, racione successionis, jus sibi vendicabant in castro predicto cum pertinenciis, et peticiones suas proposuerunt in dicta curia Vasconie coram nobis. Quibus propositis, procuratores predicti petiverunt diem ad deliberandum super peticionibus antedictis; et, cum multa fuissent hinc inde proposita super deliberacione predicta, [utrum dies predicta] dari debere[t] vel non, tandem, de voluntate partis[4] judi[c]ium super hoc postulantis, per judi[c]ium curie nostre Vasconie extitit judicatum quod dies predicta dari non debebat. Deinde, reiterata peticione a parte dictorum Reginaldi et uxoris sue super homagium et fidelitatem et saizinam predictam[5], cum pars dictorum Margarite et Reginaldi asse[re]ret judicatum fuisse in curia regis Franc. ipsos debere admitti, quam fidelitatem pro dicto castro cum pertinenciis dicebant non debere impediri[6] per ipsum dominum regem Anglie, si presens esset, nec ex parte dicti domini regis aliquod impedimentum debere prestari, procuratores ipsius domini regis responderunt quod, licet ipsi proponerent ita judicatum esse, non erat certum, nec ipsi in curia ostendebant ita esse; set, secundum usus et consuetudines curie Vasconie, petebant sibi inspeccionem dicti castri cum pertinenciis concedi, et multis hinc inde propositis super inspeccioue predicta, aut dari deberet aut denegari; et nos (fol. 107) petivimus a partibus utrum, secundum potestatem nobis a domino rege datam, nollent recipere judicium curie Vasconie, utrum predicta esset vis concedenda vel eciam deneganda; qui responderunt quod parati[7] erant recipere judicium secundum potestatem a dicto domino rege nobis concessam et suas propositas raciones; unde nos, deliberacione super [hoc] habita diligenti cum baronibus et aliis sapientibus Vasconie, per consuetudinem curie Vasconie judicavimus predictam inspeccionem concedendam esse. Qua pronunciacione facta, dicti Reginaldus et ejus uxor dixerunt quod ei stare nolebant, immo super hoc ad curiam illustris regis Franc. appellarunt; quod judicium dicti procuratores domini regis acceptarunt et dictus Reginaldus, pro parte sua, super [hoc] idem judicium acceptavit. Et in testimonium premissorum, nos, predicti judices, sigilla nostra, una cum sigillis domini Girardi de Blavia, domini Se-

---

[1] Suite de la phrase : *Quibus litteris...*, p. 164, col. 1. — [2] Ms. *Rudelli.* — [3] Les mots *bursiis cum nobis juramentum* ne donnent aucun sens. — [4] Ms. *parcium*; mais il y plus loin *postulantis.* — [5] Ms. *super homagium et fidelitate et saizina predicta.* — [6] Ms. *et fidelitatem pro dicto castro cum pertinenciis quod dicebant non debere impedire.* — [7] Ms. *aperte.*

nebruni de Sparra, domini Edwardi de La Mota de Rocatalbada, domini Guillelmi de Seguini de Rioncio, Guillelmi de Bovisvilla, domini de Lingonio, Guillelmi, domini de Cavomonte, domini Bertrandi de Novelliano, domini Amalvini de Abaresio, Bernardi d'Escociano, domini de Legoran, P. domini de Sorona, domini Arnaldi de Marmanda, Sancti Severi et Sordue abbatum, prioris Regule[1], magistri Arnaldi Peyrer, sacriste Sancti Severini de Burdegala, precentoris et operarii Vasatensis[2], majoris Burdegale, Baionensis, Aquensis, Sancti Emiliani et Burgi majorum, qui presentes aderant[3], presentibus duximus apponenda. Datum et actum in mense Pasche, apud Burdegalam, in prato domini archiepiscopi Burdegalensis, anno Domini .m°.cc°.lx°. secundo.

421 (382). *31 juillet 1247.* — *Mabille, femme d'Arnaud de Blanquefort, déclare que, en vue d'indemniser son mari des dépenses faites pour la défense des châteaux et seigneuries de Blanquefort et de Bourg, elle lui assigne une somme de cent mille sous bordelais sur les revenus desdits châteaux et seigneuries, jusqu'à ce qu'il ait pu rentrer dans ses déboursés.*

Blancafort. — Conogude cause se que Na Mabila, molher de N'Arnaut de Blancafort, per sa bona e agradabla voluntat, no per forsa, ni per paor, ni per acun decebement ad asso[4] amenada, ni per autra causa, mas per son proprii mouement e feita certana de son droit, arreconogo que N'Arnaut de Blancafort, sos[5] maritz, a mes[6] e pagat, e de sos propriis deners, en las obras[7] que a fet eu castet de Blancafort e eus molins en l'asarita de Penhs, que En Galhard Colom[8], sa en rere, tene, eu sauuament e en la defension deu castet de Blancafort e de la honor e deu castet e de la senhoria de Borc defendre e saubar e arretener[9] de mantz trebalhans e de mantas guerras, .c. mil. sol. de Bordeu, losquaus la medissa[10] Na Mabilla, per sa bona voluntat, a mandatz e autre[i]atz e assignatz a l'auandit N'Ar. de Blancafort e a ses heirs e a son ordench sobreu castet e[11] la senhoria e la honor de Blancafort, ab totas sas apertenansas, e sobreu castet de Borc, e sobre la senhoria e la honor de mediss[12] castet, e sobre totes sos apertenementz, e l' ac en a tot obligat e mes en poder e en febre (sic) sadina e en verai possession, per far totas las proprias voluntatz de lui e de ses heirs e de son ordench, d'aquest[s] auantditz .c. mil. sol., en mort e en vita, en tau manera que et e ses heirs e son ordench[13] ac aian e ac tengan e ac possediscan tot, quausque auenture, ni quausque cas ni quausque accidentz i abingos e no i abingos, e n'aiau e n'arrecebchan tot l'usufruit e l'issida[14] e l'espleit, lequau [usu]fruit e laquau[15] issida e l[oquau] espleit era, medissa[16] Na Mabilia, lor[17] a dat per sa bona voluntat, purament e simplament, e sens tota condicion, ens a faitz lur, aissi que nous sian ne puscan estre contat en seuta[18] ni en pague, nius mediss N'Ar., ni ses heirs, ni ses ordenchs, de las auanditas no prenga[19] possession en jusqua tant que les auanditz .c. mil. sol. pague homme entegrament en bons deners comtatz, e senes tot amermament, au mediss N'Arn. de Blancafort, o assos hers, o a son ordench; e la medissa Na Mabilia en aquesta causa apertement (*fol. 107 v*) conoissentz ses profeit eu melhorament deu castet e de la senhoria de Borc, e de castet e de la senhoria de Blanquefort ab lurs[20] apertenementz, aissi cum fermament [a] autreiat e ma[n]dat e promes e fet combent ou mediss N'Ar. de Blancafort que era contraus combentz ni contra las causas contengutz e contengudas no bindra, ni torbament ni encombrament n'i metra per sin, ni per aguna[21] autra persona, en cort de gleisa ni seglar, ni en acun loc; e a renunciat a tot dreit escriut e no escriut de lois e de decretz[22] generau e especiau, e a tota arrendon, e a tot priuilegi, e a tot excepcion, e a tot for[23], e a tota custuma,

---

[1] Ms. *Roule.* — [2] Ms. *Vacon.* — [3] Ms. *adherant.* — [4] Ms. *assao.* — [5] Ms. *noz.* — [6] Ms. *amoz.* — [7] Ms. *abras.* — [8] Ms. *que eis Balhard. Colom.* — [9] Ms. *arrecenor.* — [10] Ms. *medassa.* — [11] Ms. *a.* — [12] Ms. *medass.* — [13] Ms. *ses ordench.* — [14] Ms. *tot lu fu fruit e l'assida.* — [15] Ms. *le quau.* — [16] Ms. *medassa.* — [17] Ms. *las.* — [18] Ms. *seutat*; voir une formule semblable au n° 450. — [19] Ms. *perga.* — [20] Ms. *hirs.* — [21] Ms. *aiguena.* — [22] Ms. *detrois.* — [23] Ms. *fort.*

e a tot us⁽¹⁾, e a totas ajudas, e a totz defendementz per que contra pogos venir; e a promes e jurat sobre[u]s sanz⁽²⁾ euangelis Deu corporaument tocats⁽³⁾ que contra no biudra, en acun loc ni en acun temps. Actum fuit hoc ultima die Julii⁽⁴⁾, anno Domini .m°.cc°.xl°.vij. Regn. H., roi d'Ang[l]. G.⁽⁵⁾, arch. de Bordeu, W. Condoumer, major. Testes sunt : P. de Bordeu, le Proshomme, P. de Bordeu, le Mancips, Aman. de La Marcha, P. de Bertran, maiestre P. Ffrancon, Gilbert deu Miralh, e maestre W. de Procusa qui acesta carta escriuo.

422 (383). *27 juillet 1243. — Raimond Qui no jura, chevalier, de Blanquefort, vend son fief de l'île de Parempuyre à Arnaud, seigneur de Blanquefort, au prix de 20 sous de rente sur les hommes que ledit Arnaud possède à Calariz* ⁽⁶⁾.

Conogude cause se que N'Arrams Qui no jura⁽⁷⁾, cauors de Blancafort, a quiptat e dat e gurpit, per sin e per totz los sos, per totz temps, a N'Ar., senhor de Blancafort, e a son ordenh e a totz sos successours, en escaumbe, lo feus de la yla de Parampuira e totas las senhorias que aue sobreus homnes qui son tenesser ni affeuat deu mediss feus, loquau[s] et tene d'En Bernard de Blancafort, filh qui fo de N'Amaubin de Blancafort, loquaus a quitat e gurpit, per sin e per totz les sos, a l'auandit Arn., senhor de Blancafort, e a son ordenh e a totz sos successours, per totz temps, tota la senhoria eu droit que aue en mediss feus, e sobreus hommes qui son affeuat ni casat deu mediss feus. E l'auanditz N'Arremous Qui no jura a mandat e conuengut portar bona e ferma garentia a l'auandit N'Ar., senhor de Blancafort, e a son ordench e a sos successors, portar bona e ferma garentia de la proprietat e de[us] feus de totas aquestas auandit[a]s causas, de totz emparadors⁽⁸⁾; e l'auanditz Bernard de Blancaford a l'en mandat e conuengut portar bona e ferma garantie de tots hommes e de totas femmas qui neguna causa demandessau ni empe[t]ressan de part senhoria. E es assaber que in escaumbe⁽⁹⁾ de quest auandit feus, l'auanditz N'Ar., senhor de Blancafort, a dat a l'auandit N'Arrams⁽¹⁰⁾ Qui no jura e assou ordenh e a sos hers, per sin e per totz ses successors e per son ordenh, e per totz temps, .xx. sol. d'arenda sobre[u]s hommes que mediss Arn., senhor de Blancafort, a a Calaritz; lesqus[u]s et bougo que lui auandit homme e lur her, e aquit qui tiendran las tengudas que li mediss home tenen⁽¹¹⁾, arredan et paguen a l'auandit N'Arrams Qui no jura e a son ordench a sos hers, cada an⁽¹²⁾, a la Santa Maria de miehs Aost; e aquest .xx. sol. sotsmeto lo mediss N'Ar., senhor de Blancafort, a la senhoria e a la juridiccion de l'auandit Bern. de Blancafort e que sian⁽¹³⁾ deu feus deu mediss. Bern. per totz temps; e d'aquestz auanditz .xx. s. d'arenda l'auanditz N'Ar., senhor de Blancafort, a mandat e conuengut portar bona et ferma garentia a l'auandit N'Arramon Qui no jura de la proprietat, e a l'auandeit B. de tot homme que arrei demandos de par senhoria. Actum fuit hoc .v°. die exitus Julii, anno .m°.cc°.xl. tercio. Regn. H., roi d'Angl. G., arch. de Bordeu, W. Gondaumer, major. Testes sunt : N'Aiquem Andron de Lort, lo Mancips, N'Ar. Espanha, W de Procusa, lo Mancips, W. Pelotan, W. de Baranhon, e *(fol. 108)* maiestre W. de Procusa qui aquesta carta escriuo, laquau l'auanditz N'Ar., senhor de Blancafort, e N'Arramon⁽¹⁴⁾ Qui no jura, e'N Bern. de Blancafort, prometoren sagear ab lor sagetz.

423 (384). *12 septembre 1251. — Accord conclu entre Simon de Montfort, comte de Leicester, et Arnaud, seigneur de Blanquefort, pour l'échange du château de Bourg; constitution d'arbitres* ⁽¹⁵⁾.

Factum castri de Burgo. — Conoguda causa sia⁽¹⁶⁾

⁽¹⁾ Ms. *uss*, avec une abréviation. — ⁽²⁾ Ms. *sannz*. — ⁽³⁾ M. *totas*. — ⁽⁴⁾ Ms. *ultima die exitus Julii*. — ⁽⁵⁾ Ms. *e*. — ⁽⁶⁾ Publ. *Arch. histor. Gir.*, t. III, p. 2. — ⁽⁷⁾ Ms. *que N Rams de noiura*; mais voir quatorze lignes plus loin. — ⁽⁸⁾ Ms. *temperadors*. — ⁽⁹⁾ Ms. *E ess assaber que in escaumbe*. — ⁽¹⁰⁾ Ms. *na Rams*. — ⁽¹¹⁾ Ms. *tenu*. — ⁽¹²⁾ Ms. *cadoam*. — ⁽¹³⁾ Ms. *de l'auandit Ber. de Blancafort autrei e que sian*. — ⁽¹⁴⁾ Ms. *e na Ramon*. — ⁽¹⁵⁾ Publ. par fragments dans *Notices et extraits des mss*, t. XIV, p. 441 et dans *Arch. histor. Gir.*, t. III, p. 4. Copié une seconde fois au n° 480, dont je donnerai ici les principales variantes. — ⁽¹⁶⁾ Ms. *Conogude cause sia*.

que Simons de Montfort, coms de Leycestre, d'una part, per nostre senhor lo roi d'Angl., e N'Ar., senhor de Blancafort, per Na Mabila, sa molher, e per sin mediss, d'autra part, per lur bona e agraciabla voluntat, an fet autal acort e atau pausament entre etz[1] deu castet de Borc e de las senhorias e deus deuers e des dreitz e de tot quant lo mediss N'Ar. per [l'a]uandita Na Mabilia, ni per sin mediss ni en autra maneira, ni era medissa Na Mabila aue ni auer deue en mediss castet de Borc, ni en la honor ni en sos [apertenements], ni sobreus cauoirs, ni sobre[u]s bordes, hommes, habitants, ni habitadors en mediss castet ni en la honor ni eus apertenementz deu mediss castet. So es assaber que per totas aquestas causas deuant mentagudas l'auandit N'Ar., senhor de Blancafort, deu arrecebre, per non d'escamnhe, de l'auantdit comte, per non de nostre senhor le roi, en tau manera cum li arbitre en aquest carta mentagut daran l'escamnhe que le mediss arbitre diran. Liquau arbitre son aquest, so es assaber : de la part de l'auandit comte, W. de Celas, e de la part N'Ar. de Blancafort, Guillemet Feriol. Lo deit deus quaus dos esligitz de la una part e de l'autra arbitres, la una part a l'autra a promes fermament per leiau stipulacion gardar e tener seues enfranchament tot aquo que acordablement ne diran. Liquau[3] arbitre juren sobreus sauntz euuangelis Deu que leiaument sobre aquest escamnhe digan lor dit; pero, si abine que acuns d'aquetz dos arbitres estre ne pogos e no i fos, laor lo locs ou dias serron assignat per lur dit dire[3], aquere partida de laquau l'arbitre i defa[l]hire ni pot e deu ades aqui mediss autre metre; e si aquet qui arbitre auandit ou aquit qui camnhat i sseran, eissi cum es auandit, no's podon acorder a lur dit dire, entramedui i deuen esligir lo ters trencador, e aquo ou que aquet s'acordere ab l'un d'aquest dos[4], deu estre tengut de cada part. E Na Mabilia auandita, molher de l'auandit N. Ar. de Blancafort, a[5] autreiat e confermat l'acort que feitz sere[6] entre l'auandit Arn. e

l'auandit comte de la terra de la medissa Na Mabilia, aissi cum era apertement apareissent e contengut en una carta feita per la man de maiestre P. Tarrana[7], cartolari[8] de La Seuba; de laquau medissa Mabilia e de totz autres hommes e femmes lo mediss N'Ar. de Blancafort deu e a promes far estar quitas e estables, e seues torbament, per totz temps, a l'auandit comte e a nostre senhor le roi, totas las auanditas causas, segont lo deit deus auanditz arbitres; e d'asso la obligat[9] siu e totas la suas causas, mobles e nomobles, on que ssian. E l'auanditz coms per nostre senhor le roi a mandat e autreiat e promes que las causas que en l'escamnhe li arbitre diran que sian[10] a l'auandit N'Ar. liurades lo fera auer fermament de partz nostre senhor le roi. Actum fuit hoc .xij. die introitus Septembris, anno Domini .m°. cc°. l. primo. Regn. Henr., roi d'Angl., G., arch. de Bordeu, Aman. Colom, major. Testes sunt : Telbautz, priors[11] de Reula, fraire Prebost, ajudaire de l'ospitau Sen Johan de Bordales[12], N'El. Rudeu de Bragairac lo jones, Gaston[13] de Goutaut, P. Bertran de Blancafort, N'Amaubin de Bares, Galhart Denjon, W. d'Asneiras[14], Telberi de Gourart[15], P. Calhau, Galhart deu Soler, Hel. Barba, Arn. Maiensan, e maiestre (fol. 108 v) W. de Proensa qui aquesta carta escriuo.

424 (385). 19 décembre 1261. — Donation absolue et sans réserve faite par Arnaud de Dessous-le-Mur, bourgeois de Bordeaux, au sénéchal de Gascogne pour le prince Édouard, d'une coupe d'émeraude qui avait été volée autrefois dans la maison de son aïeul et de son père, et qui était actuellement en la possession du frère hospitalier des Dominicains de Bordeaux[16].

In nomine Domini, amen. Noverint universi hoc presens publicum instrumentum visuri vel audituri quod Arnaldus de Subtus Muro, civis Burdegalensis, de sua bona et libera voluntate, non vi, vel dolo, vel metu, vel circumspeccione aliqua ad hoc inductus, vel alia causa, set proprio motu, pro

---

[1] Ms. en que es. — [2] Ms. laquau. — [3] Ms. dira. — [4] Ms. das. — [5] Ms. e. — [6] Ms. feit fete. Je donne la leçon du n° 480. — [7] Ms. Tairana. — [8] Ms. cartolami. — [9] Ms. e dosso al obligat. — [10] Ms. fian. — [11] Ms. Telbautz, prioris. — [12] N° 480, comandaire de l'ospitau Sen Johan en Bordales. — [13] Ms. Gastot. — [14] Ms. Asnenas. N° 480. Ansneiras. — [15] N° 480. Telb. de Gonsenc. — [16] Anal. Arch. histor. Gir., t. III, p. 9.

se et coheredibus suis et omnibus et singulis heredibus suis et coheredibus suorum, dedit, concessit perpetuoque concessit nobili viro domino Henrico de Couranciis, tunc senescallo Vasconie pro inclito domino Edwardo, illustris regis Anglie primogenito, et omni ejus mandato exhibitori hujus publici instrumenti, totum jus et omnem racionem quod et quam ipse et ejus coheredes vel eorum aliqui vel aliqua habebant vel habere debebant in cuppa smaragdinis sive alterius lapidis preciose quam, sicut asseruit, quidam perdicionis filii olim de domo quondam R. de Subtusmurum, antiqui avi sui, et Petri, quondam patris sui, cum rebus aliis rapuere; que cuppa in potestate hered[is] Petri et Arnaldi Calculi quondam, sub fratris Ramundi, ospeciani ordinis fratrum predicatorum, custodia existere dicebatur; constituens ipsum et omnem suum mandatum, exhibitorem presentis instrumenti, inde verum[1] et certum procuratorem in rem suam, sine omni retencione quam non fecit sibi vel alicui alteri persone; dans ei nichilominus et concedens omnes acciones et singulas, reales, personales, juxta pretorias et civiles, ordinarias[et] extraordinarias, sibi competentes aut competit[ur]as contra predictos heredes et contra Ramundum predictum, et contra quamcumque personam, racione vel occasione cuppe predicte; promittens firmiter, per solempnem et legitimam stipulacionem, predicto domino senescallo se nichil[2] fecisse vel dixisse in preterito, [aut] facturum vel dicturum[3] in futuro quominus predicta donacio et cessio, et omnia et singula supradicta immobili gaudeant firmitate; renuncians eciam, ex sua certa sciencia, omni legi dicenti quod donacio excedens summam quingentorum solidorum non valet sine insinuacione, et omni legi dicenti [quod] propter immensitatem potest donacio revocari, et omni alii legi dicenti quod propter ingratitudinem potest donacio revocari, et omni alii juri, scripto et non scripto, canonico et civili, divino [et] humano, tacito et expresso. edicto et edendo, omni racioni, privilegio et excepcioni, quibus obviari posset predictis vel alicui predictorum. Promisit [eciam] et juravit, [t]actis corporaliter sacrosanctis euvangeliis, se predicta omnia et singula rata et incommota perpetuo servaturum et se nunquam contra venturum, per se vel per aliquam personam, aliquo loco vel tempore, aliquo jure vel aliqua racione. Actum fuit hoc .xiij°. die exitus Decembris, anno Domini .m°. .cc°. lx°. primo. Regnante domino Henrico, rege Anglie, Burdegalensi sede vacante, Ramundo Monetarii, majore. Testes sunt: Guitardus de Burgo, Ar. W. Aymericy, Petrus de Salerio, Ramundus Geuterii, Helias Monerii, Ramundus Aymerici et magister Guillelmus de Provincia qui hoc instrumentum recepit, quod Willelmus Johannis scripsit.

425 (386). 27 novembre 1256. — *Bertrand de Ladils promet au prince Édouard et à ses hoirs sa fidélité, pleine et sans réserve, et lui fournit des cautions qui s'engagent, au cas où il violerait son serment, à payer chacun cent marcs de bons esterlings*[4].

Bertrandus de Ladils. — Noverint universi hoc presens instrumentum publicum visuri vel audituri quod ego, Bertrandus de Ladilhs[5], non vi, non metu, non dolo inductus, set spontanea mea voluntate, promisi domino meo Eduuardo, illustris regis Anglie primogenito, et heredibus suis bonam fidem et fidelitatem illesam, honorem debitum et servicium fidele, prestito super sancta Dei euvangelia corporaliter juramento, promittens, sub religione prestiti juramenti, quod eidem domino Edwardo et heredibus ac ballivis suis consilium et auxilium contra omnes mortales pro posse meo tribuam et impendam, et circa promocionem negociorum suorum diligenciam omnimodam adhibebo, nec ero in consilio vel auxilio cum procurantibus diminucionem commodi sui vel honoris; et, si possem aliquos perpendere procurantes dampnum supradicti *(fol. 109)* domini Edwardi vel heredum sive ballivorum suorum, eos in quantum

---

[1] Ms. *Wm.* — [2] Ms. *vel.* — [3] Ms. *jecturum.* — [4] Delpit (*Arch. histor. Gir.*, t. III, p. 6) renvoie à une copie de cet acte prise par Bréquigny dans le registre de la bibliothèque Cottonnienne marqué Julius E 1, fol. 12. — [5] Ms. *La Delhs.*

potero reprimam et a malo proposito totis viribus coartabo, et super hoc ipsum dominum Edwardum et suos, quamcicius potero, premuniam, sicut fidelis homo debet verum dominum suum in talibus premunire; nec cum suis aut cum suorum inimicis [1] societatem iniam ac familiaritatem aliquam, ad dampnum vel exheredacionem ipsius domini Edwardi vel heredum sive ballivorum suorum; nec ipsius domini Edwardi vel heredum sive ballivorum suorum malefactores aliquatenus receptabo ad dampnum ipsius domini Edwardi vel heredum sive ballivorum suorum; a fidelitate vero sua et heredum suorum domino non recedam. Et omnia supradicta generaliter et singula singulariter promisi fideliter observare, obligans me et mea mobilia et inmobilia, presencia et futura; promittens, sub fidelitate prestiti juramenti, quod contra predicta vel predictorum aliquod non veniam, re videlicet vel verbo; et, si contra aliqua vel aliquod predictorum venero, et super hoc in curia Vasconie fuero convictus vel, citatus [2] secundum foros et consuetudines Vasconie, contumax fuero, vel noluero in dicta curia Vasconie stare juri, volo et concedo quod memoratus dominus Edwardus, vel heredes sui aut ballivi sui [3], sive senescallus Vasconie qui pro tempore fuerit, corpus meum capiat et incarceret, et incarceratum teneat, et voluntatem suam de me faciat, tamquam de malefico proditore et, a die quo super hoc in curia Vasconie fuero convictus, ut predictum est, vel contumax judicatus, vel noluero stare juri secundum leges et consuetudines Vasconie, omnia bona mea, tam mobilia quam inmobilia memoratus dominus Edwardus, vel sui, habeat [4] confiscata et de illis, ut dominus, suam faciat [5] voluntatem. Et pro singulis supradictis observandis et fideliter complendis dedi fidejussores : Heliam de Blanhac, Arnaldum Garsie de Sescars, Poncium de Pomeriis, W. Mota, P. de Pinibus, Guillelmum [6] de Pinibus, Vitalem Duran, Galhardum Duran, quemlibet pro centum marchis bonorum et legalium sterlingorum eidem domino Edwardo vel suis heredibus solvendorum, si contra predicta vel aliqua predictorum venero, et in curia Vasconie fuero inde convictus, vel si contumax fuero ibidem judicatus, vel juri stare noluero; qui pro dictis summis, videlicet quilibet pro parte sua, predicta omnia bona sua, mobilia et inmobilia, dicto domino Edwardo et suis heredibus obligarunt. Et renuncio in omnibus supradictis doli et in factum accioni [7] et excepcioni, et juri dicenti generalem renunciacionem non valere, et omni juris scripti et non scripti, promulgati et promulgandi beneficio seu auxilio, per quod predicta vel aliquod predictorum possent vel posset annullari, seu eciam nulla dici. Et si ego, Bertrandus, abiero et in vita mea non fuero convictus in curia Vasconie super aliquo articulo fideliter non observato, ad quem presenti scripto me obligavi, ut superius continetur, fidejussores mei, post mortem meam, de factis meis non occasionentur, nisi super eisdem fuero convictus; et omnia bona mea et catalla libera sint et soluta. Actum fuit quarto die exitus Novembris, anno Domini .m°.cc°. .lvj°. [8] Regnante Henrico, rege Anglie, G., Burdegalensi archiepiscopo, Arnaldo W. Aymerici, majore. Testes sunt : Aymes de Escoalies, P. de La Rama, Bonafusus de Cumches, Arnaldus de Pinibus, Seneronus Gasc [9] de Podio, senior, R. Marquesii et magister Guillelmus de Provincia qui presens publicum instrumentum condidit, quod Stephanus de Provincia scripsit et sigillum suum apposuit.

426 (387). *10 novembre 1256.* — *Engagement semblable pris par Arnaud de Ladils* [10].

Arnaldus de Ladils. — Noverint universi hoc presens publicum instrumentum visuri vel audituri quod ego, Arnaldus de Ladillis, burgensis de Vasato, non vi, non metu, non dolo inductus [*l'acte*

---

[1] Ms. *nec cum suis aut cum suis aut suorum inimicis.* — [2] Ms. *vitatus.* — [3] Ms. *suis.* — [4] Ms. *habeant.* — [5] Ms. *faciant.* — [6] Ms. *Guilhauna.* — [7] Ms. *accionem.* — [8] Ms. *.m°.cc°.lxvj°.* La correction s'impose, puisque l'archevêque de Bordeaux G[éraud] mourut en 1259 et qu'Arnaud Guillaume Aimeric était maire en 1256. Voir d'ailleurs la date des numéros suivants. — [9] Ms. *Severinus Gastos;* mais voir le n° 427. — [10] Anal. Arch. histor. Gir., t. III, p. 7.

continue ensuite (*fol. 109 v*), dans des termes identiques à celui qui précède, jusqu'à :] et de illis, ut dominus, faciat voluntatem. Et pro singulis supradictis observandis et fideliter adimplendis, dedi fidejussores [1] : Arnaldum de Ladilhs, filium Bomoti, Brunetum de Ladilhs, Arnaldum Ayquelmi, Ramundum Marquesii, seniorem, Ramundum W. Marquesii, Marquesium, quemlibet pro centum marchis bonorum et legalium sterlingorum; item, Menaldum de Aquis, Heliam de Rupe, Arnaldum de Montagut [2], Ramundum W. de Orta, Matheum de Montagut, Ramundum de Cozin, Petrum de Bernes, Petrum Cambri, quemlibet pro. l. marchis bonorum et legalium sterlingorum eidem domino Edwardo, vel suis heredibus, solvendorum si contra predicta vel aliquod predictorum venero, et in curia Vasconie inde fuero convictus, vel si contumax fuero ibidem judicatus, vel juri stare noluero; qui, pro dictis summis [*la suite comme au numéro précédent, jusqu'à la date*]. Actum fuit .x°. die introitus Novembris, anno Domini millesimo .cc°.l.vj°. Regnante... Testes sunt : Bernardus Grimoardi, Petrus de Podio (*fol. 110*), Galhardus de Podio, Senebrunus de Turre, Bernardus d'Ancombes, Vitalis Bononi et magister Guillelmus de Provincia...

427 (388). *4 novembre 1256.* — *Engagement semblable pris par Doat de Pis, bourgeois de La Réole* [3].

Doatus de Pinibus. — Noverint universi hoc presens instrumentum publicum visuri vel audituri quod ego, Doatus de Pinibus, burgensis de Regula [*la suite comme au numéro 425, jusqu'au nom des fidéjusseurs*] dedi fidejussores : P. Bruny de Barciaco, Bernardum d'Alhau, Guillelmum Arnaldi Moneder, Ramundum Aymericy, Johannem Columbi, filium quondam Walteri Columbi, Petrum Stephani, cives Burdegalenses, quemlibet pro. c. marchis bonorum et legalium sterlingorum; item, Arnaldum de Pinibus, Fortem W. Esclau, Ramundum del Miralh, Ramundum Segini, Senhorondum Gasc, Stephanum de Montlerits, Arnaldum de La Mota, juniorem, burgens[es] Regule, Ramundum [4] Guillelmi Auquerii de Sancto Machario, quemlibet pro quinquaginta marchis bonorum et legalium sterlingorum eidem domino Edwardo, vel suis heredibus, solvendorum, si contra predicta vel aliquod predictorum venero, et in curia Vasconie fuero inde convictus, vel si contumax fuero ibidem judicatus, vel juri stare noluero; qui pro dictis (*fol. 110 v*) summis [*la suite comme au n° 425, jusqu'à la date*]. Actum fuit .iiij. die introitus Novembris, anno Domini .m°.cc°.l°.vj°. Regnante... Testes sunt : Rostandus de Mercato, Arnaldus de Ladilhs, P. Usclat, P. Calhau, nepos quondam Ramundi Rostandi [5], Pictavinus Esclau, Galhardus Pian et magister Guillelmus de Provincia...

428 (389). *28 novembre 1256.* — *Engagement semblable pris par Rostand du Marché, bourgeois de Bordeaux* [6].

Rostandus de Mercato. — Noverint universi hoc presens publicum instrumentum visuri vel audituri quod ego, Rostandus de Mercato, burgensis Burdegale, [*la suite* (*fol. 111*) *comme au n° 425, jusqu'au nom des fidéjusseurs*] dedi fidejussores : Rostandum de Puteo, Petrum Bruny de Barciaco, quemlibet pro centum marchis bonorum et legalium sterlingorum eidem domino Edwardo, vel suis heredibus, solvendorum, si contra predicta vel aliquod predictorum venero, et in curia Vasconie fuero inde convictus, vel si contumax fuero ibidem judicatus, vel stare juri noluero; qui pro predictis summis [*la suite comme au n° 425, jusqu'à la date*]. Actum fuit .iij. die exitus Novembris, anno Domini .m°.cc°. l°.vj°. Regnante... Testes sunt : P. Vigerii de Silva, Guillelmus Arnaldi Monetarii, Ar. mercatores (sic), P. Bruni de Barciaco, Ramundus de Campis, Stephanus de Lopa et magister Guillelmus de Provincia...

429 (390). *3 décembre 1256.* — *Engagement semblable pris par Pierre Vigier de La Sauve* [7].

---

[1] Ms. *eidem* au lieu de *fidejussores*. — [2] Ms. *Domont agut.* — [3] Publ. *Arch. histor. Gir.*, t. III, p. 5. — [4] Ms. *Ramis.* — [5] Ms. *Bostandus.* — [6] Ms. *Bostandi.* — [7] *Anal. Arch. histor. Gir.*, t. III, p. 7.

Petrus Vigerii de Silva. — Noverint universi hoc presens instrumentum publicum visuri vel audituri quod ego, Petrus Vigerii de Silva [*la suite (fol. 111 v) comme au n° 425, jusqu'au nom des fidéjusseurs*] dedi fidejussores : Johannem Columby, Galhardum de Solerio, P. Vigerii de Areis, Heliam Vigerii, filium quondam Constantini Vigerii de Silva, quemlibet pro centum marcis bonorum et legalium sterlingorum, et Petrum Calculi et Petrum Vigerii Grossum, quemlibet pro quinquaginta marchis eidem domino Edwardo, vel suis heredibus, solvendis si contra predicta vel aliquod predictorum venero, et in curia Vasconie fuero inde convictus, vel si contumax fuero ibidem judicatus, vel juri stare noluero; qui pro dictis summis [*la suite comme au n° 425, jusqu'à la date*]. Actum fuit .iij. die introitus Decembris, anno Domini .m°.cc° .l°.vj°. Regnante... Testes sunt : Petrus de Solerio, Petrus Stephani, Helias Vigerii de Burdegala, Vigorosus Croucardi, Johannes Assivius et magister Guillelmus de Provincia...

430 (*391*). *Sans date.* — *Engagement semblable pris par Gaillard du Soler, bourgeois de Bordeaux* [1].

Galhardus de Solerio. — Universis Xpi fidelibus presens scriptum visuris vel audituris, Galhardus de Solerio, civis et burgensis Burdegalensis, salutem. Noverit universitas vestra me, non vi, non metu, non dolo inductum, set spontanea voluntate, promisisse domino Edwardo, illustris regis Anglie primogenito et speciali domino meo, et heredibus suis bonam fidem et fidelitatem illesam [*la suite (fol. 112) comme au n° 425, jusqu'à :*] non recedam. Et omnia supradicta generaliter et singula singulariter promisi fideliter observare, obligans me et mea [bona], presencia et futura, promittens, sub fidelitate prestiti juramenti, quod contra predicta vel aliquod predictorum, non veniam, re videlicet vel verbo. Et, si contra aliqua vel aliquod predictorum venero, et super hoc in curia Vasatensi fuero convictus vel, vocatus secundum leges et consuetudines Vasconie, contumax fuero, vel noluero in dicta curia Vasconie stare juri, volo et concedo quod memoratus dominus Edwardus, vel heredes sui aut ballivus, sive senescallus qui pro tempore fuerit, corpus meum capiat et incarceret et incarceratum teneat, et voluntatem suam de me faciat, tamquam de malifico proditore, et a die quo super hoc in curia Vasconie convictus vel contumax fuero judicatus, ut predictum est, vel noluero stare juri secundum leges et consuetudines Vasconie, omnia bona mea, tam mobilia quam inmobilia, memoratus dominus Edwardus, vel sui [heredes], habeant confiscata et de illis, ut dominus, suam faciant voluntatem [2].

431 (*392*). *Lundi 15 novembre 1256.* — *Gaillard de Fargues, chevalier, se porte caution pour Gaillard du Soler de l'engagement pris par ce dernier envers le prince Édouard* [3].

Gaillardus [4] de Faurgis, miles, universis presens scriptum visuris vel audituris, salutem in Domino. Cum Galhardus de Solerio, civis et burgensis Burdegale, se et bona sua obligaverit domino Edwardo, illustris regis Anglie primogenito, sub forma cujusdam littere, tenor cujus in ista littera inferius continetur de verbo ad verbum, nos, predictus Galhardus de Ffargis, omnia [bona] nostra, mobilia et inmobilia, dicto domino Edwardo et heredibus suis pro centum marchis sterl. bonorum et legalium obligavimus, pro omnibus predictis et singulis a parte dicti G. de Solerio fideliter servandis, prout superius est expressum ; et si ego, Galhardus, abiero et in vita mea non fuero convictus in curia Vasconie super aliquo articulo non fideliter observato ad quem presenti scripto me obligavi, ut superius continetur, fidejussores mei, post mortem meam, de factis meis non occasionentur, nisi super aliquibus minime fideliter observatis fuero vocatus, vel calumpniatus, sive convictus, et omnia bona mea libera sint et soluta. In cujus rei testimonium, presenti scripto sigillum nostrum nos, idem Galhardus, duximus apponen-

---

[1] Anal. Arch. histor. Gir., t. III, p. 7. — [2] Le scribe a laissé cet acte inachevé. — [3] Anal. Arch. histor. Gir., t. III, p. 7; de même pour les n°s 432-446. — [4] Ms. *Guillelmus*; mais voir plus loin, même acte.

dum. Datum die Lune post festum beati Martini yemalis, anno Domini .m°.cc°.l°. sexto.

Les actes qui suivent, du n° 432 (393) au n° 446 (407), étant rédigés dans des termes identiques à ceux du n° 431, sauf le nom de la caution, le chiffre de la somme pour laquelle cette caution s'oblige et la date, je me contenterai de reproduire ces trois éléments :

432 (393). 10 novembre 1256. — Rudel de Bergerac, seigneur de Pujols et de Roazan, caution pour 100 marcs.

Rudellus de Brageriaco, dominus de Pojols[1] et de Roazan,... pro centum marcis sterl... (fol. 112 v). Actum in vigilia beati Martini yemalis, anno Domini .m° .cc° l° sexto.

433 (394). Lundi 13 novembre 1256. — Pierre de Bordeaux, chevalier, caution pour 200 marcs.

P. de Burdegala, miles..... pro ducentis marcis... Datum die Lune post festum beati Martini yemalis [même année].

434 (395). Nogaro, 31 octobre 1256. — Géraud, comte d'Armagnac et de Fezensac, caution pour 300 marcs.

G., comes Armaniaci et Fezenciaci... pro .ccc. marcis sterl.... Datum et actum apud Nogairou in vigilia Omnium Sanctorum [même année].

435 (396). Lundi 20 novembre 1256. — Garcie Arnaud de Navailles, chevalier, caution pour 200 marcs.

Garsias [Arnaldi] de Navalhes[2], miles,... pro ducentis marcis sterl... Datum feria secunda ante festum beate Katerine martyris [même année].

436 (397). Bordeaux, lundi 6 novembre 1256. — Guillaume Séguin, seigneur de Rions, caution pour 200 marcs.

(Fol. 113) Guillelmus Seguini, dominus de Rioncio, ... pro ducentis marcis sterl... Datum et actum apud Burdegalam, die Lune ante festum beati Martini yemalis [même année].

437 (398). Vendredi 10 novembre 1256. — Gaillard de Fargues, du diocèse de Bordeaux, caution pour 100 marcs.

Galhardus de Ffaurgis, Burdegalensis diocesis, ... pro centum marcis sterl... Actum die Veneris ante festum beati Martini yemalis [même année].

438 (399). Jeudi 9 novembre 1256. — Guitard de Bourg, seigneur de Verteuil, caution pour 100 marcs.

Guitardus de Burgo, dominus de Bertolio[3], filius domini Johannis de Burgo, quondam defuncti,... pro centum marchis sterl... Datum et actum die Jovis ante festum beati Martini yemalis [même année].

439 (400). Bordeaux, jeudi 9 novembre 1256. — Arnaud Lambert, fils d'Amanieu Lambert, bourgeois de Bordeaux, caution pour 100 marcs.

Arnaldus Lamberti, filius Amanevi Lamberti, civis et burgensis Burdegale,... pro centum marcis sterl... (fol. 113 v). Datum et actum Burdegale, die Jovis ante festum sancti Martini yemalis [même année].

440 (401). Bordeaux, mardi 14 novembre 1256. — Jean Colom, bourgeois de Bordeaux, caution pour 100 marcs.

Johannes Columby, civis et burgensis Burdegale, ... pro centum marcis sterl... Actum Burdegale, die Martis post festum beati Martini yemalis [même année].

441 (402). Bordeaux, jeudi 9 novembre 1256. — Bernard d'Aillan, bourgeois de Bordeaux, caution pour 100 marcs.

Bernardus d'Alhan, civis et burgensis Burdegale,... pro centum marcis sterl... Datum Bur-

---

[1] Ms. Poiels (deux fois). — [2] Le mot Arnaldi est ajouté dans la partie de l'acte qui n'a pas été reproduite ici. — [3] M⁹. de Berdalio.

degale, die Jovis ante festum Omnium Sanctorum [*même année*].

**442 (*4o3*). *Bordeaux, 9 novembre 1256. — Pierre Lambert, bourgeois de Bordeaux, caution pour 100 marcs.*

Petrus Lamberti, civis et burgensis Burdegale, ... pro centum marcis sterl... Datum et actum Burdegale, die Jovis ante festum beati Martini yemalis [*même année*].

**443 (*4o4*). *Bordeaux, 8 novembre 1256. — Ruffat Lambert, bourgeois de Bordeaux, caution pour 100 marcs.*

Ruffatus Lamberti, civis et burgensis Burdegale, ... pro centum marcis sterl... (*fol. 114*). Datum et actum Burdegale, in octabis Omnium Sanctorum [*même année*].

**444 (*4o5*). *Bordeaux, mardi 14 novembre 1256. — Pierre Brun, bourgeois de Bordeaux, caution pour 100 marcs.*

P. Bruni, civis et burgensis Burdegale, ... pro centum marcis sterl... Datum Burdegale, die Martis post festum beati Martini yemalis [*même année*].

**445 (*4o6*). *Bordeaux, 6 novembre 1256. — Pierre Cailhau, bourgeois de Bordeaux, caution [le scribe a omis de dire pour quelle somme].*

P. Calbau, civis et burgensis Burdegale... Datum Burdegale, die Lune ante festum beati Martini yemalis [*même année*].

**446 (*4o7*). *Lundi 20 novembre 1256. — Fortaner, seigneur de Fenouillet, au diocèse d'Agen, caution pour 100 marcs.*

Fforto Anerii, dominus de Ffenolhod, Agennensis diocesis, ... pro centum marchis sterl... (*fol. 114 v*). Datum die Lune ante festum beate Katerine [*même année*].

**447 (*4o8*). *Westminster, 27 janvier 1229. — Hommage prêté au roi d'Angleterre par Pierre de Gabarret.*

Homagium Petri de Gavarreto. — Henricus, Dei gracia rex Anglie, dominus Hibernie, dux Aquitanie, comes Andegavie, omnibus ad quos presentes littere pervenerint, salutem. Sciatis nos recepisse homagium dilecti et fidelis nostri Petri de G[a]varreto de omnibus terris, villis et castris que ipse et antecessores sui juste tenuerunt temporibus regis avi nostri R., regis, avunculi nostri, et domini J., regis, patris nostri. Et volumus quod ipse terras, villas et castra predicta teneat et possideat bene et in pace, sicut antecessores sui ea juste tenuerunt temporibus predictorum regum. In cujus rei testimonium has litteras nostras fieri fecimus patentes. Teste me ipso [apud] Westmonasterium[1], .xxvij. die Januarii, anno regni [nostri] tercio decimo.

**448 (*4o9*). *1219. Sauve Majeure, dans la maison voisine de l'Infirmerie. — Accord conclu entre l'abbé de Sainte-Croix de Bordeaux et Pierre de Gabarret de Rions, au sujet de la nasse de Barchant[2].*

Composicio abbatis Sancte Crucis Burdegalensis cum Petro de G[a]varreto. — Guillelmus, permissione divina abbas ecclesie Sancte Crucis Burdegalensis, P. de G[a]vared d'Arrions et P. Andron, major Burdegale, omnibus has litteras inspecturis, salutem in Domino. Insinuacione presencium cognoscant presentes pariter et futuri quod, cum gravis altercacio esset inter dominum Willelmum, abbatem ecclesie Sancte Crucis Burdegalensis, Ramundum deu Maurini, priorem, et ecclesiam Sancti Macharii, ex una parte, et dominum P. de G[a]varred, nobilem virum, ex altera, super quadam nassa[3] de Barchant, quam homines deu Brien ab abbate ecclesie Sancte Crucis Burdegalensis fideliter possidebant, et ecclesia Sancti Macharii diu quiete et pacifice possidebat[4], de prudencium vi-

---

[1] *Wellm* (avec une abréviation). — [2] Publ. *Notices et extraits des mss*, t. XIV, p. 427. L'abbé était alors Guillaume II Gombaud; voir l'*Histoire de l'abbaye de Sainte-Croix de Bordeaux* (p. 114) par A. Chauliac, qui n'a pas utilisé le présent acte. — [3] Ms. *massa*. — [4] Ms. *possedebant*.

rorum consilio et assensu et voluntate parcium, in manibus P. de Rupe d'Arioms, militis, [et] P. Andron, majoris[1] Burdegale tunc existentis, compromiserunt, ponentes cauciones firmissimas, quod quicquid arbitri jam dicti super recompensacione nasse dicerent utraque pars ratum et firmum habere[t]. Forma igitur pacis [ab] arbitris taliter fuit in publico declarata : quod Guillelmus, tunc existens abbas ecclesie Sancte Crucis Burdegalensis, G. deu Maurin[2], tunc prior Sancti Macharii, pro se et ecclesia sua, omnia jura que habebant super nassam de Barchant domino Petro de Gavared et heredibus suis perhenniter aptaverunt, et eciam totum quod feodati ejusdem nasse tenebantur facere de jam dicta nassa ecclesie Sancti Macharii, de cetero faciant domino P. de Gavarred superius nominato, retenta tamen aqua quam ecclesia Sancti Macharii juxta eandem nassam habebat et eciam subtus nassam superius nominatam. Ipse vero P. de Gavarred sepedictus, pro se et pro suis heredibus, omnia jura que habebat super nassam de Laberniac, que est super villam Sancti Macharii, domino abbati Guillelmo, priori, et ecclesie Sancti Macharii firmiter acquittavit in perpetuum possidendam, ac eciam cum premissis ecclesie Sancti Macharii .xl. solidos super betam del Bersada annualiter assignavit; ita quod ecclesia Sancti Macharii illos .xl. solidos de prima piscacione que in beta de La Berseda piscabatur, sine contradiccione aliqua percipiet[3], prout in pacto fuit racionabiliter ac firmiter deducendo concessum; et, si forte in primo anno .xl. solidos de beta prefata ecclesia Sancti Macharii percipere nequiverit, de secundo anno .xl. solidi ecclesie Sancti Macharii debent restitui vel de tercio et quarto, et sic de aliis, antequam dictus P. de Gavarred vel heredes ipsius, de beta de La (fol. 115) Bersada aliquid percipiat vel aliquis nomine ipsius, donec ecclesia Sancti Macharii per singulos annos .xl. solidorum integre habeat complementum. Hujus rei testes sunt : Vitalis de Bilare, camerarius ecclesie Sancti Maccharii, W. de Laubergaria, monachus, Rogerus de Gavarred, Armandus de Moutpesat, Amaneus de Rupe de Rions, Arnaldus Garsie, R. W. de Casias, milites, Vitalis Ayquem, Vitalis Gurrant et Jordanus d'Argades, Arnaldus Ayquem, P. Costautini, W. Gurrant, R. Costantini et plures alii. Ut autem ratum et firmum permaneat, et ne aliqua imposterum super composicione facta possit questio suboriri, sigillis domini Guillelmi, abbatis ecclesie Sancte Crucis Burdegalensis, Petri Gavarred, nobilis viri, Petri de Rupe de Rions, militis, et Petri Andron, tunc existentis majoris[4] Burdegalensis, presentem cartam fecimus roborari. Datum in domo que est juxta infirmariam ecclesie Silve Majoris, anno Domini millesimo ducentesimo .xix. ff[5] dominicali littera currente.

449 (410). Bordeaux, 22 octobre 1261. — Ordonnance du prince Édouard, fils aîné du roi d'Angleterre Henri III, réformant l'organisation communale de Bordeaux[6].

[Hec sunt statuta domini Edwardi, primogeniti domini Henrici, illustrissimi regis Anglie, domini Hibernie, ducis Aquitanie, ad reformacionem status civitatis et comunie Burdegalensis, .xxij°. die mensis Octobris[7], anno Domini .m°.cc°.lxj°.

[1] In primis, sciendum est quod jurati et probi homines comunie Burdegalensis concesserunt nobis quod nos demus et concedamus eis majorem, pro voluntate nostra, et quod idem major percipiat,

---

[1] Ms. *majore*. — [2] Appelé Raimond seize lignes plus haut. — [3] Ce passage : *quadraginta solidos... percipiet*, a été cité par Du Cange, *Gloss.* au mot *Beta* 2, d'après le «Reg. feud. Aquit. sign. J. J. rub., fol. 46 r° ex Cam. Comput. Paris». — [4] Ms. *majore*. — [5] La lettre dominicale de l'année 1219 est en effet F. — [6] Publ. dans *Notices et extraits des mss*, t. XIV, p. 353 et dans le *Livre des Bouillons* (*Archives municipales de Bordeaux*, 1867), p. 378. Il y en a une traduction en dialecte gascon dans le *Livre des Coutumes* (même collection, 1890), p. 497. Je donnerai les variantes fournies par le *Livre des Bouillons*. — Le préambule et le premier paragraphe, qui sont placés ici entre crochets, manquent dans notre manuscrit; ils ont été suppléés par Delpit d'après une copie prise par Bréquigny sur le ms. Cotton. Jul. E. 1. Ils se trouvent aussi dans le *Livre des Bouillons*. — [7] Dans le *Livre des Bouillons*, la date du jour est le 19 octobre.

nomine nostro, omnes proventus et exitus ad majoriam pertinentes, tam de justiciaria quam de aliis⁽¹⁾, et exinde faciat sumptus ad majoriam pertinentes. Et si quid defuerit quod ex proventibus compleri non possit, ad illud supplendum fiet per majorem et juratos tallia, ut fieri consuevit, et quod supererit⁽²⁾ de proventibus ad majoriam predictam erit nostrum].

[2] Item, statuimus quod, si forte major⁽³⁾ aliquis, tempore majorie sue, male se habuerit in officio suo, aut in aliquo gravaverit aliquem de communia, ille qui ipsum quod male in officio suo se habuerit accusare voluerit et qui se gravatum senserit, ab eodem poterit appellare ad dominum vel ad senescallum, aut ad illum qui ad hoc fuerit ab ipsorum altero deputatus, et conqueri de majore, toto tempore majorie [sue], si voluerit, et toto anno sequenti et non ultra, nisi forte accusans vel conquerens absens fuerit illo anno post majoriam finitam; qui, postquam redierit, poterit accusare vel conqueri⁽⁴⁾, dummodo infra .xl. dies post adventum suum querelam suam proposuerit coram altero predictorum. Et major, tempore majorie sue et post, ut dictum est, tenebitur coram domino vel senescallo aut ad hoc deputato respondere super hujusmodi querelam et plenarie stare juri; accusans vero et conquerens, pendente accusacione et lite hujusmodi, erit totaliter exemptus, cum omnibus bonis suis, a jurisdiccione majoris, et respondebit interim querelantibus in curia domini vel senescalli, aut ad hoc, ut dictum est, deputati, nisi forte accusans vel conquerens, accusacione hujusmodi vel lite pendente, in aliquo excesserit⁽⁵⁾; de hiis enim oportebit ipsum coram majore plenarie⁽⁶⁾ respondere; et, si forte major ipsum in aliquo gravaverit, poterit super hujusmodi gravamine ad dominum appellare vel ei conqueri, ut super est expressum; et alias⁽⁷⁾, ut dictum est, tenebitur ei respondere et stare juri coram domino vel ejus mandato.

[3] Item, major quilibet jurabit in presencia populi, in creacione sua, super sancta Dei ewangelia et reliquias, ut moris est majorem jurare, apud Sanctum Andream, quod omnia jura domini, quecumque et ubicumque sint, infra metas civitatis Burdegalensis vel extra, pro suis viribus, conservabit illesa; et omnia que alienata sciverit et dicere poterit, tam ab antiquo tempore quam a novo, domino vel mandato suo denunciabit et manifestabit. Et cum dominus vel mandatum suum repetere ea voluerit⁽⁸⁾, ipse domino consulet bona et eum diriget et juvabit, ut⁽⁹⁾ inde possit dominus vel mandatum suum recuperare jus suum. Consimile juramentum jurabit singulis [annis] unusquisque juratorum post hujusmodi juramentum majoris.

[4] Item, si quis jura vel possessiones⁽¹⁰⁾ domini ab antiquo vel de novo tanquam alienata⁽¹¹⁾ tenuerit, sicut inquiri potuerit per majorem et juratos et alios fide dignos, de (fol. 115 v) eisdem coram domino, vel mandato suo, respondeat apud Burdegalam, et habeat inde dominus satisfacciones suas, secundum quod justum erit.

[5] Item, si dominus, vel mandatum suum, aliquem accusaverit quod sigillum domini vel monetam suam falsaverit, accusatus teneatur super hiis in curia domini respondere apud Burdegalam, sine reclamacione majoris.

[6] Item, dominus vel senescallus suus ponant clericum communitatis pro se, ad expensas ipsius communitatis⁽¹²⁾, qui omnia jura domini conservet et scribat, et qui majori et juratis, salvo jure domini in omnibus, sit intendens. Eumdem vero dominus aut senescallus poterunt amovere et alium constituere, pro sue voluntatis arbitrio; major vero et jurati poterunt unum vel plures pro eis ponere, prout eis videbitur expedire.

[7] Item, nullus fiat deinceps civis Burdegalensis, nisi ibidem teneat domum, focum et propriam familiam continue, sicut ceteri cives Burdegalenses.

⁽¹⁾ Dans le texte gascon : *tant de justicia quant d'autras causas.* — ⁽²⁾ Var. *superaverit.* — ⁽³⁾ En marge : *De majore Burdeg.* — ⁽⁴⁾ Ms. *conquerere.* — ⁽⁵⁾ Var. *consenserit.* — ⁽⁶⁾ Var. *plene.* — ⁽⁷⁾ Ms. *et aliis* — ⁽⁸⁾ Ms. *ei noluerit.* — ⁽⁹⁾ Ms. *et.* — ⁽¹⁰⁾ Var. *si quis juratus possessiones.* — ⁽¹¹⁾ Ms. *alienati.* — ⁽¹²⁾ Var. *ponant clericum ad expensas communitatis.*

[8] Item, omnes cives Burdegalenses per singulas parochias describantur, et fiant inde rotuli duplicati[1], quorum una pars integra penes dominum remaneat et alia penes communiam; ita quod, si quis moriatur, cancelletur in rotulo parochie sue. Si vero aliquis civis novus efficiatur, subscribatur in rotulo parochie in qua elegerit se mansurum.

[9] Item, in qualibet parochia eligantur duo jurati aut alii boni viri[2], quolibet anno, per dominum, vel mandatum suum, ad conservandum jura domini in custuma vinorum, bona fide et prestito juramento; ita videlicet quod, si aliquis civis voluerit [custumare] vina, et receptores custume non sint certi de ipso, dimittat vadium quousque per predictos viros expediatur an custumam solvere debeat an non. Si vero dicti duo viri maliciose concivem suum gravare vellent, idem civis per testimonium majoris poterit liberari a custuma, sicut decet.

[10] Item[3], si aliquis de familia domini, aut senescalli, aut castellani, aut alicujus manentis in castro ex parte domini, alicui de communia verba contumeliosa dixerit, vel manus in ipsum violentas injecerit[4], aut alias[5] eidem injuriosus extiterit, et passus injuriam inde conqueri voluerit, dominus, vel senescallus, vel qui major in castro fuerit ex parte domini, ad requisicionem majoris Burdegalensis, vel injuriam passi, eidem tenetur facere justicie complementum.

[11] Item, si aliquis de communia alicui existenti in familia domini, vel senescalli, vel eorum de castro, ut dictum est, consimiles injurias intulerit, licet passus [injurias] civis Burdegalensis existat, major Burdegalensis injuriantem habeat in castro ad jus coram domino, vel senescallo, vel illo qui major fuerit ex parte domini in castro, vel eorum mandato, et ibi fiat in curia domini justicie complementum[6], secundum foros et consuetudines Burdegalenses.

[12] Item, si aliquis civis, racione ballivie vel assense, domino, vel mandato suo, in aliquo teneatur respondere, respondeat et stet juri super hoc coram domino, vel mandato suo, sine reclamacione majoris.

[13] Item, si aliquis miles, vel domicellus, aut eorum heredes, cives Burdegalenses fieri voluerint, non poterunt cives fieri sine domini licencia speciali.

[14] Item, si dominus, aut senescallus, aut alterius eorum mandatum, voluerint construere castrum alicubi in civitate Burdegalensi, dominus, aut senescallus, aut eorum mandatum, ut dictum est, faciat taxari domos[7], plateas et edificia ad opus dicti castri necessaria per probos viros civitatis Burdegalensis, et major et jurati ipsos dirigent in hoc et juvabunt bona fide ad premissa habenda pro foro racionabili et communi; et dominus, vel ejus mandatum, tenetur solvere precium predictorum.

[15] Item, sciendum est quod in omnibus casibus in quibus cives Burdegalenses tenentur facere jus coram domino, vel mandato suo, ut superius est expressum, tenentur respondere et stare juri in civitate Burdegalensi[8], nec alibi in judicium debent trahi, nisi forte racione ballivie vel assense; si vero dominus, vel mandatum suum, conquerctur[9] de ipsis, vel de aliquo ipsorum, tunc tenebuntur[10] facere jus coram domino, ubicumque in diocesi Burdegalensi vel in Vasconia eos fecerit evocari.

[16] Item, communia Burdegalensis equitatus et exercitus faciat domino suo, sicut debet.

[17] Item, ordinacio et arbitrium et dictum domini regis, patris nostri, prolata inter Galhardum Columbi et amicos ejus (fol. 116), ex una parte, et Galhardum de Solerio et amicos ejus, ex altera, super pace et concordia inter se in civitate Burdegalensi tenenda et conservanda, in sua remaneant firmitate, sicut in instrumentis inde confectis

---

[1] Ms. *publicati*. En marge : *Hic notatur de ordinacione et de exoneracione contrarotulatoris Sancti Eligii Burdegalensis*. — [2] Var. *duo viri jurati*. Dans le texte gascon : *sian eslegit dui baron jurat o autre bon baron*. — [3] En marge : *Nota pro jurisdiccione domini et majoris Burdeg*. — [4] Texte gascon : *o sas mans en luy sanglentas aya gitat*. — [5] Var. *aliter*. — [6] Var. *[qui] ibi faciet justicie complementum*. — [7] Ms. *domum*. — [8] Var. *stare juri coram domino in civitate Burdegalensi*. — [9] Var. *unde dominus vel mandatum suum conquerentur*. — [10] Var. *tunc enim tenebuntur*.

plenius continetur, ita quod per aliquod premissorum valeant nullatenus infirmari.

[18] Item, rotulus et stat[uta] civitatis Burdegalensis per discretos viros clericos et laicos, ad hoc ex parte domini deputatos, diligenter investigentur; et, si qua inveniantur racioni dissona aut domino contraria, penitus deleantur, et que approbanda fuerint approbentur; et, si qua obfuerint[1] que, predictorum virorum consideracione, domino[2] et communie utilia censeantur, addantur et approbata ac addita confirmentur, et permaneant in eternum. Hec autem redigantur in scriptis, et fiant inde tres libri, quorum unus remaneat penes dominum, alius penes communiam, tertius vero in aliqua majorum ecclesiarum Burdegalensium reponatur ad habendum recursum.

Ut autem premissa robur perpetue firmitatis obtineant, sigillum nostrum presenti scripto duximus apponendum, volentes ut in eodem scripto predicte communie sigillum appendatur. Datum per manum nostram, apud Burdegalam, anno Incarnationis dominice millesimo ducentesimo .lxj°., mense et die prescriptis.

450 (*411*). 5 *avril 1273 ou 1274*. — *Auger de Miramont, chevalier, reconnaît tenir le château de Miramont du roi d'Angleterre comme duc de Guyenne. Il reconnaît en outre avoir reçu du sénéchal de Gascogne, à titre de prêt, la somme de 100 marcs d'argent, qu'il s'engage à rendre à la prochaine Pentecôte, et lui devoir une autre somme de 1.500 sous de Morlaas que le sénéchal a été autorisé à dépenser dans ledit château occupé par lui à la suite d'une saisie judiciaire. L'affaire pourra être réglée devant le connétable de Bordeaux, tenant la place du sénéchal*[3].

Augerius de Miromonte, miles. — Conegude cause se[4] que N'Augers, cauoirs, de Miramont, filhs de N'Auger de Miramont, a reconegut e confessat[5], per sa bona e agradabla e deliuera voluntat, que et ten lo castet[6] de Miramont ab totas sas apertenansas, so es [assaber] tot so que et i a e auer i deu, ses tot meia, de nostre senhor le roi d'Angl., per razon del dugat de Guiaine; e a reconegut e confessatz lo ditz N'Augers que lo senhor En Luchas de Tany, adonc senescaus de Gascona[7], ten, per razon del dit senhor roi, en sazina, lo dit castet[8] ab totas sas apertenansas, per razon de la senhoria e per razon d'aucunas clamors e defautas[9]; e a rreconegut e confessatz lo ditz[10] N'Augers que lo ditz seneschauc l'a prestat dels deners del [dit] senhor le roi, e en loc de lui, .c. marc. d'argent, le[s]quals le ditz N'Augers a rreconegut que a agutz e recebutz de lui entegrament en prest, en bons esterlings comtatz, e ses[11] tot decebement e ses tot menhs comte[12]; e reconogo qu'els a mes a son profit, e'n renunciet a la excepcion de no agutz e de no recebutz[13] esterl., e de no comtat e de no pagat auer e de menor pretz[14] e de menhs comte, e d'engan et de no tornatz a son profit[15]; par les quals auantditz .c. marc. lo ditz N'Augers l'a obligat generalment touz ses biens e totas sas causas mobles e nomobles[16], on que sian, e nominadement[17] e expressament a l'en obligat lo dit castet ab totas sas apertenansas, en tau mancira[18] qu'els ditz N'Augers lo deu pagar les auantditz .c. marc. a la primera Pentecouste. Et si et al dit terme nel pagaua les .c. marc. auantditz, lo ditz N'Augers vel e autrea[19] qe lo dit sen[e]schaus, per razon del dit senhor roi, tenga et possedisca, d'aqui [en] avant, paziblement, lo dit castet ab totas sas apertenansas, e prenga e receba totas les arrendas[20] e les[21] senhorias et la[s] assidas[22] e totas las dreituras al dit castet apertenantz, tant troa que[23] sia pagatz be e entegrament dels auanditz .c. marc.

---

[1] Var. *deffuerint*. — [2] Ms. *dominio*. — [3] Le présent acte a été transcrit une seconde fois plus loin, n° 469 (*429*). J'en donnerai ici les principales variantes. Les mots entre crochets sont également empruntés au n° 469. — [4] Var. *Conoguda causa sia*. — [5] Ms. *confessit*. Var. *confessat*. — [6] Ms. *tenet lo castat*. Var. *ten le castet*. — [7] Var. *adoncs senescauts de Gasconha*. — [8] Ms. *castat*. — [9] Var. *de acunas autras clamors e defautas*. — [10] Ms. *les ditz*. — [11] Ms. *sess*. Var. *senes*. — [12] Var. *mens conte*. — [13] Var. *arrecebutz*. — [14] Var. *prez*. — [15] Var. *profeit*. — [16] Var. *moblas e no moblas*. — [17] Var. *nompnadement*. — [18] Var. *en tal manera*. — [19] Ms. *autrea*. Var. *autreio*. — [20] Var. *las rendas*. — [21] Var. *las*. — [22] Var. *essidas*. — [23] Var. *tant tro que*.

e de .m¹. v⁶. sol. de bons Morlans pluz⁽¹⁾, par razon de las obras q'el dit senescauc i aure feit⁽²⁾, o de tant cum aure mes en las ditas obres jusca la dita summa dels .m¹. c. v. cens sol. auantditz; lesquals .m¹. e v⁶. sol de Morl. le ditz N'Augers vel e autria que le dit senescaus meta en las ditas obras, de la primeira festa de l'Asumpcion Saucta Maria d'Aost en auant, si al dit terme pagat ne l'aue les .c. marcz auantditz, seus que lesditz fruitz, ni las rendas⁽³⁾, ne les issidas que degue autre per lui⁽⁴⁾ n'a prendre nel deut estre pres ni comtat en solta ni en paga ne per usura, en deguna cort seglar ni de glisa, ni en degun autre loc en degun temps. E es assaber que pagatz al dit senescalc per le dit N'Augers, ou per autra persona par lui, auant le terme o apres, les auantditz .c. marcz e les auantditz .m¹. e .v⁶. sol. de las ditas obras o tant come [en] las ditas obras serra mess jusca la dita summa, lo dit N'Augers (fol. 116 v) deu estre quitz⁽⁵⁾ dels auantditz .c. marcz e de les auantditz .m. e v⁶. sol. de las ditas obras, e cobrara ceste presente carta⁽⁶⁾, o autre [persona] par lui. E loditz castetz⁽⁷⁾, ab totas sas apertenansas, deu estre e remaner en la medissa sazina del dit senhor al mediss punt e al mediss estament en que i era lo dia qe cesta carta fo feita. E lo mediss senescals vel e autreia que lo mediss N'Augers pusca acesta causa deliurar ab lo castelan de Bordel, lequal castelau le mediss⁽⁸⁾ senescals establis en son loc a prener la dita summa o las ditas summas en la maniera⁽⁹⁾ que desus es dit, e arendra acesta carta al dit N'Auger, lui pagat del tot entegrament en la maniera que dit es. E es assaber⁽¹⁰⁾ qe totas acestas causas desus ditas e se[n]gles tener e garder e complir be, loialment e fermement, a jurat⁽¹¹⁾ lo dit N'Augers sobre⁽¹²⁾ les sans ewangeles⁽¹³⁾ Deu corporalment tocatz. Testes sunt : En Bertran de Noalhan, senhor de Noalhan, En P. de Buzos⁽¹⁴⁾, N'Ar. Garsias de Sescars, cauoirs, En Bertran de Ladilhs, En Jordan Pansa⁽¹⁵⁾, Ram.⁽¹⁶⁾ del Miralh, maiestre Bern. Faur, clercs, e Bern. Gasc qui la carta escriuo. Actum fuit quinto die introitus Aprilis, anno Domini .m°. cc°. lxx. tercio. Henrico, rege Anglie defuncto, vacante sede Burdegalensi, Rostando, priore de Sant Macharii. E es assaber⁽¹⁷⁾ que le dit sen[escals] a mes e pausat⁽¹⁸⁾ lo saget de la cort de Gasconha⁽¹⁹⁾, e lo dit N'Augers a pausat le son propri⁽²⁰⁾ saget en acesta presente carta, per maiu fermetat⁽²¹⁾ e certenetat de cesta causa [e] en tesmoignage de veritat; laquals carta a e deu auer integra e plena e ferma valor e fermetat e auctoritat ab les auantditz sagetz o sens les auantditz sagetz. Actum ut supra.

451 (412). *4 avril 1273 ou 1274.* — *Raimond Dard reconnaît devant W. R. de Batz, lieutenant du bailli de Saint-Clar pour le roi d'Angleterre, qu'il tient la moitié de la «frandat del chaizet» dudit roi pour une rente annuelle de 2 sous de Morlaas payable le 15 août et une arrière-acapte de 5 sous ou d'un merle blanc, payable à chaque changement de seigneur*⁽²²⁾.

R. Dard. — Notum sit qu'En Ramon Dard, de son bon grat, ne forsat, ni constrenh, ni decebutz, reconog e dihs e autreget bonament a'N W. R. de Batz, que era en loc d'En P. Arn. de Caupena, qui adones era bailles de Sent Clar per lo⁽²³⁾ senhor roi d'Engl., q'el tenia la maitat de tota⁽²⁴⁾ la freudat del chaizet de l'auandit⁽²⁵⁾ senhor roi d'Engl., e que l'en deu far .ij. s. de Morl.⁽²⁶⁾, c'es assaber⁽²⁷⁾ cad'an a la Santa Maria de meg Aost. E reconog e diss⁽²⁸⁾ e autreget lo dihs⁽²⁹⁾ R. Dard que el e sos gasalbars deuo far a l'auantdi[t]s senhor roi d'Angl., de tota la auantdita freudat del chizet, .v. s. de Morl.⁽³⁰⁾ o

---

⁽¹⁾ Var. *plus*. — ⁽²⁾ Var. *faitz*. — ⁽³⁾ Var. *arrendas*. — ⁽⁴⁾ Var. *ni las issidas qu'el ditas* (sic) *senescals ou autra persona per lui*. — ⁽⁵⁾ Var. *quites*. — ⁽⁶⁾ Var. *e cabror* (sic) *acesta presenta carta*. — ⁽⁷⁾ Ms. *lesditz castetz*. Var. *E lo dits castets*. — ⁽⁸⁾ Ms. *le mess diss*. Var. *lo mediss*. — ⁽⁹⁾ Var. *maneira*. — ⁽¹⁰⁾ Ms. *assals*. — ⁽¹¹⁾ Ms. *ac juratz*. — ⁽¹²⁾ Ms. *sels*. Var. *sobre*. — ⁽¹³⁾ Ms. *le santz euangelis*. — ⁽¹⁴⁾ Var. *Buzess*. — ⁽¹⁵⁾ Ms. *Pousana*. Var. *Pausa*. — ⁽¹⁶⁾ Var. *N'Aramon*. — ⁽¹⁷⁾ Ms. *assas*. — ⁽¹⁸⁾ Ms. *peusat*. Var. *pauzat*. — ⁽¹⁹⁾ Ms. *la court de Gasconhan*. Var. *la cort de Gasconha*. — ⁽²⁰⁾ Var. *lo seen propre*. — ⁽²¹⁾ Var. *per maiu fluetat* (sic). — ⁽²²⁾ Anal. Arch. histor. Gir., t. III, p. 328. — ⁽²³⁾ Ms. *la*. — ⁽²⁴⁾ Ms. *tata*. — ⁽²⁵⁾ Ms. *auantdehs*. — ⁽²⁶⁾ *Moral*. — ⁽²⁷⁾ Ms. *cessals*. — ⁽²⁸⁾ Ms. *dilhs*. — ⁽²⁹⁾ Ms. *dilhs*. — ⁽³⁰⁾ Ms. *Moral*.

.1. merle blanc[1] de riere acapte a senhor mudant. E reconog e diss [e] autreget le di[t]hs R. Dard, si negun obligament auia fach, per razo de la ditha maitat de l'auantdita franda del chized, a neguna autra persona, ab carta e sens carta, [o] en altera manera, saluu a l'auandith senhor roi d'Engl., que forsatz e costrech o auia fach; e ab aquestas senhorias saluas e retengudas W. R. de Batz predich per l'auantditz senhor roi d'Angl. mandegne bona e ferma garantia de tots[2] enparadors e de partz de senhoria de la ditha maitat de l'auantdita frandat del chizet a N. R. Dard auantdith e a son ordein. E aqui meich lo dit R. Dard mandeg e pleuig per la fe de son cors, e jureg sobre sans euangelis de Deu tocatz corporalment, que totes les auantdithas causas e se[n]glas aia e tengua e garde e serue, e que encontra ne venga ni venir no i feissa, ni o reuoque ni reuocar ne o ffassa, en part ni en tout, en degun temps, en deguna maneira. Hoc fuit actum mense Aprilis, quarto die[3] introitus, anno ab incarnacione Domini .m°. cc°. lxx°. tercio. Regnante Philippo, rege Ffranc., Bertrando, episcopo Tholosano. Hujus rei sunt testes : R. Deumerbat, capelanus de Sen Clar, En Bonet Ffaure, En Bern. Arquer, En P. Ug, balle de Sent Clar, et Sancius de Bacudallo, publicus notarius Castri Saraceni[4] qui hanc cartam scripsit.

452 (413). *Lectoure, 24 février 1274. — Acte de pariage entre le roi d'Angleterre et l'évêque de Lectoure*[5].

Permutacio abbatis et conventus Lectore facta cum rege. — Notum sit omnibus presentes litteras inspecturis quod reverendus pater G., Dei gracia Lectorensis episcopus, vocatis[6] qui vocari poterant et debebant de capitulo Lectorensi, et habito diligenti tractatu (*fol. 117*) cum ipso capitulo suo Lectore, videns et considerans maximam et evidentem utilitatem ecclesie sue, permutavit et nomine permutacionis tradidit[7] cum consensu et expressa voluntate predicti capituli sui, pro se et successoribus suis, illustri domino Edwardo, Dei gracia [regi Anglie], domino Hibernie et duci Aquitanie, pro se [et] heredibus seu successoribus suis, medietatem tocius dominii, justiciatus et jurisdiccionis alte et basse quam habet et tenet, habere et tenere debet in civitate et suburbiis Lectorensibus, cum commissis seu incurrimentis, excercitibus et cavalgatis, pedagiis, leudis et vadiis seu penis, nundinis seu mercatis, macellis, furno, et aliis juribus ac deveriis ad dictam medietatem pertinentibus, quocumque nomine censeantur, nundina die Lune in privicarnio duntaxat excepta, necnon medietatem illius partis quam habet et tenet in molendino de Rappassat, cum pertinenciis suis, pro .c. libris rendalibus monete usualis Burdegale; quas .c. libras idem dominus rex, pro se et heredibus et successoribus suis, tenetur assignare eidem episcopo, pro se et successoribus suis, infra quadriennium continuum completum, a data presencium, in episcopatu suo vel in diocesi Agenensi citra Garonam, ad arbitrium bonorum virorum; pro quibus .c. libris assignavit et tradidit in presenti idem dominus rex dicto episcopo tres pogesias[8], seu pitas, seu tres partes unius denarii Burdegalensis, pedagii, cum honore et pertineneciis suis, de illis tribus denariis

---

[1] En marge : *v. s. Morl., vel .j. merulam album*. Le merle blanc n'est pas seulement un animal de conte bleu. On lit dans l'*Ornithologie européenne* de Degland et Gerbe, 2ᵉ édit. (1867), t. I, p. 400 : «Le plumage du merle offre de fréquentes variétés. On trouve des sujets entièrement blancs, d'autres tapirés de blanc, avec la queue ou la région parotique blanche; d'autres sont couleur isabelle; il en est enfin dont le plumage est gris de lin.» Je dois ce renseignement à M. Fréd. Guitel, professeur à la Faculté des sciences de Rennes. — [2] Ms. *tote*. — [3] Ms. *dies*. — [4] Ms. *Castri faraceni*. — [5] Publ. *Gallia Christ.*, t. I, Instrum., p. 175 «ex registro Burdegalensi» (cf. col. 1078); mais notre texte est plus détaillé, surtout vers la fin. Réimprimé d'après la *Gallia Christ.* dans l'*Hist. de Gascogne* de Monlezun, t. VI, p. 397. Cf. Druilhet, *Archives de la ville de Lectoure* (*Archives historiques de la Gascogne*, fasc. 9, 1885), p. 9. — [6] Ms. *vocatus*. — [7] Ms. *tradat*. — [8] Ms. *pogasias*; mais plus loin il y a toujours *pogesias*. Il s'agit de la monnaie pougeoise, ou du Puy.

et obolo quas habet in pedagio suo de Milhano, per ipsum episcopum et successores suos cum suo honore, commissis et incurrimentis et pertinenciis, pacifice possidendas, quousque predicte centum libre, ut predictum est, fuerint assignate; et extunc dictus dominus rex constituit se, nomine dicti domini episcopi, dictas tres pogesias possidere. Qua assignacione de centum libris facta, dicte tres pogesie redeant et revertantur libere penes dictum dominum regem et successores suos, et idem dominus episcopus reddere et liberare easdem tres pogesias eidem domino regi et successoribus suis, vel senescallo suo Vasconie, teneatur; si vero assignacio predictarum centum librarum, ut predictum est, facta non fuerit [ante] predictum tempus, extunc idem episcopus et successores sui [eas] habe[a]nt et teneant perpetuo, racione permutacionis predicte, cum honore, incurrimentis et pertinenciis suis[1]. Et sciendum [est] quod idem episcopus, nomine suo et ecclesie sue et successorum suorum, dedit, donavit et cessit, ex causa permutacionis predicte, predicto domino regi, heredibus et successoribus suis, omne jus et omnem accionem personaliter realem et mixtam quod vel quam idem episcopus, nomine suo et ecclesie sue, habeat et habere debeat et poterit contra quoscumque, racione medietatis predicte; et dictum dominum regem posuit[2] idem episcopus in possessionem vel quasi omnium predictorum, et dedit domino regi predicto vel alii, nomine suo, auctoritatem et potenciam intrandi in possessionem vel quasi premissorum; ac constituit idem episcopus se possidere, nomine dicti domini regis, ex nunc, predictam medietatem dominii, justiciatus et jurisdiccionis pertinenciarum ipsorum. Promisit eciam idem episcopus, per stipulacionem solemnem, se portaturum bonam et firmam guerentiam contra quoscumque de omnibus predictis et singulis, obligans super hoc se et successores suos et bona ecclesie, ubicumque existant, et predicta omnia et singula se servare et non contra venire ad sancta Dei evangelia juravit. Idem vero dominus rex promisit [et] solemni stipulacione firmavit eidem episcopo, pro se et successoribus suis, se portaturum bonam et firmam garentiam contra quoscumque de predictis redditibus, assignacione, seu modo quo predictum est assignatum[3]. Et dominus Luchas de Taney, miles, senescallus Vasconie, in animam predicti domini regis, de speciali mandato ipsius et eo presente, juravit ad sancta Dei evangelia corporaliter tacta ipsum dominum regem predicta omnia et singula servaturum et contra non venturum, aliqua racione vel causa[4]. Et senescallus Vasconie qui pro tempore fuerit, in primo adventu suo, cum (fol. 117 v) fuerit requisitus per episcopum vel ejus certum mandatum, tenetur jurare se integre servaturum permutacionem predictam, et non contra venturum, et jura et libertates Lectorensis ecclesie defensare, ut tenetur; et ballivi qui pro tempore fuerint apud Lectoram pro dicto domino rege et episcopo tenentur jurare quod unus alteri bonam et legitimam computacionem, uno quoquo mense, vel secundum quod inter eos melius et utilius fuerit ordinatum, reddent de exitibus, proventibus et redditibus qui exibunt vel exire poterunt de premissis. Et successores predicti episcopi, in sua creacione, tenebuntur facere senescallo Vasconie, vel certo mandato suo, juramentum, nomine domini regis predicti, de servandis convencionibus memoratis et juribus ipsius domini regis, ut tenentur, salvandis. Et de hoc facta fuerunt, de parcium voluntate, duo instrumenta ejusdem tenoris, quorum unum habuit idem dominus rex et aliud dominus episcopus. Datum et actum Lectore[5], in capitulo ecclesie Lectorensis, .v. die exitus Februarii, anno Domini .m°. cc°. lxx°. tercio. Regnante eodem Edwardo, rege Anglie, sede Burdegalensi vacante, P. Gondomeri, major[e] Burdegalensi. Testes hujus

---

(1) La phrase *Qua assignacione... pertinenciis suis* manque dans *Gallia Christ.* et dans Monlezun, où elle est remplacée par *etc.* — (2) Ms. *possuit.* — (3) Ms. *assignandum.* Tout le passage, depuis *Promisit eciam* jusqu'à *assignatum*, manque dans *Gallia Christ.* et dans Monlezun. — (4) La *Gallia Christ.* et Monlezun arrêtent ici le dispositif de l'acte qui, dans leur rédaction, se termine par les mots *servaturum, et jura et libertates ecclesie Lactorensis defensare, etc.*; puis on passe tout de suite à la date. — (5) Ms. *Lectoren.*

rei sunt ad hoc specialiter vocati et rogati : dominus Thomas de Clare, Amalviuus de Varesio, Stephanus Fferiou de Tonenx, dominus Otto de Pardalhan, dominus Otto de Leomannia[1], Fforta[ne]rius de Casanova, milites, Petrus de Pomeriis, archidiaconus Leomaunie, magister Jordanus, archidiaconus Lectorensis, magister P. Michael et plures alii canonici[2] ejusdem Lectorensis [ecclesie], dominus Ffranciscus, doctor legum, magister Johannes Dominici, magister Guillelmus Gauger, magister Arnaldus Guiscardi, magister Arnaldus de La Case. In quorum omnium testimonium et perpetuam roboris firmitatem, predicti domini rex, episcopus et capitulum presentibus sigilla sua apposuerunt: volentes, consencientes[3], approbantes et mandantes quod presens scriptura, sive presens publicum instrumentum, apparentibus predictis sigillis, vel eorumdem aliquo, vel non apparentibus,[4] tantam auctoritatem habeat et ejusdem firmitatis existat ac si predicta sigilla apparerent.

453 (414). *Même date.* — *Ratification par le chapitre de Lectoure du pariage conclu entre l'évêque et le roi d'Angleterre.*

Capitulum ecclesie Lectorensis. — Notum sit omnibus presentes litteras inspecturis quod venerabile capitulum ecclesie Lectorensis, vocatis qui vocari poterant et debebant de ipso capitulo, et habito diligenti tractatu cum reverendo patre domino G., episcopo ejusdem ecclesie, videntes et considerantes maximam et evidentem utilitatem ecclesie sue, permutaverunt et nomine permutacionis tradiderunt, cum consensu et expressa voluntate predicti episcopi, pro se et successoribus suis, illustri domino Edwardo, Dei gracia regi Anglie, domino Hibernie et duci Aquitanie, pro se, heredibus et successoribus suis, medietatem tocius dominii, justiciatus et jurisdiccionis alte et basse [*la suite comme au numéro précédent*], pro sexaginta libris rendalibus usualis monete Burdegalensis; quas .lx*s*. libras idem dominus rex, pro se, [heredibus] et successoribus suis, tenetur assignare eidem capitulo, pro se et successoribus suis, infra quadriennium a data presencium in episcopatu Lectorensi vel [in] diocesi Agennensi citra Garonam, ad arbitrium bonorum virorum; pro quibus .lx*s*. libris assignavit et tradidit in presenti idem dominus rex dicto capitulo unam pogesiam, seu unam pitam, seu quartam partem unius denarii Burd., pedagii, cum honore et pertinenciis suis, commissis et incurrimentis omnibus, de illis tribus denariis et obolo quos habet in pedagio suo de Milhano[5]; necnon et decem libras rendales dicte monete quas quolibet anno incipiant de dicto pedagio domini regis percipere et colligere in festo Pasche, dictas pogesiam seu pittam cum honore et pertinenciis, commissis et incurrimentis, et decem libras rendales per ipsum capitulum et successores suos pacifice possidendas quousque predicte. lx*s*. libre, ut predictum est, eidem capitulo (*fol.* 118) fuerint assignate; et exnunc idem dominus rex constituit se dictas pogesiam et decem libras nomine dicti capituli possidere. Qua assignacione de .lx*s*. libris predictis facta, dicte pogesie et decem libre rendales redeant et revertantur libere penes dominum regem et successores suos; et idem capitulum reddere et liberare easdem pogesiam et. x. libras eidem domino regi et successoribus, seu senescallo suo Vasconie, teneantur. [*La suite* (*fol.* 118 v) *comme au numéro précédent*, mutatis mutandis, *jusqu'à la fin.*]

454. *Lectoure*, 2 *mars* 1274. — *Ordre du roi d'Angleterre au sénéchal de Gascogne de mettre l'évêque et le chapitre de Lectoure en possession du denier de monnaie bordelaise sur le péage royal de Meilhan et des* 10 *livres de rente annuelle stipulés dans l'acte de pariage passé entre le roi, d'une part, l'évêque et le chapitre de Lectoure, d'autre part.*

Pro episcopo et capitulo Lectorensibus. — Edwardus, Dei gracia rex Anglie, dominus Hibernie et dux Aquitanie, dilecto et fideli suo Luche de Thany,

---

[1] Ms. *Lemovi* (avec une abréviation); dans *Gallia Christ.* et Monlezun : *Leoman.*; voir en outre le numéro suivant. — [2] Ici s'arrête définitivement le texte donné par *Gallia Christ.* et par Monlezun. — [3] Ms. *conscientes.* — [4] Le ms. ajoute les mots *predictum instrumentum.* — [5] Ms. *Milhalo.*

RECOGNICIONES FEODORUM IN AQUITANIA.

senescallo suo Vasconie, salutem. Mandamus vobis quatinus inducatis reverendum patrem G., Dei gracia episcopum Lectorensem, et capitulum ejusdem loci, in pacifica possessione (sic) unius denarii Burdegalensis pedagii nostri quod habemus apud Milhanum et .x. librarum ejusdem monete rendalium annuatim, videlicet de tribus pogesiis seu pittis dicti denarii memoratum episcopum, ac de una pogesia et decem libris predictis rendalibus dictum capitulum, habendarum et possidendarum per eos vel alios, suo nomine, secundum continenciam cartarum inter nos et predictos episcopum et capitulum confectarum de permutacione facta cum eis super medietate dominii, justiciatus et jurisdiccionis que habebant in civitate et suburbio Lectorensi. Et nos dictam tradicionem et liberacionem eis factas gratas habemus et acceptas. In cujus rei testimonium has litteras nostras fieri fecimus patentes. Datum Lectore, secunda die Marcii, anno regni nostri secundo.

455 (415). *26 mars 1274.* — *Le sénéchal de Gascogne assigne sur les revenus du péage ou coutume de Labouheyre, une rente annuelle et viagère de 20 l. de monnaie bordelaise dont le roi d'Angleterre est tenu envers Arnaud Raimond de Budos, chevalier.*

Universis[1] has litteras inspecturis, Lucas de Thany, senescallus Vasconie, salutem. Noveritis nos recepisse litteras incliti domini nostri regis Anglie in hec verba :

«Edwardus, Dei gracia etc., dilecto et fideli suo
«Luce de Thany, senescallo suo Vasconie, salutem.
«Arnaldo Remundi de Budos, militi, tenemur .xx.
«libras Burdegalensis monete percipiendas annua-
«tim, quamdiu vixerit, assignare, prout in litteris
«nostris plenius continetur. Et ideo vobis manda-
«mus quod eidem Arnaldo dictas .xx. libras perci-
«piendas modo predicto in competenti loco nostro
«assignetis; nos enim assignationem quam eidem

«feceritis in hac parte ratam habemus et acceptam.
«Datum Vasati[2], anno regni nostri secundo.»

Nos igitur, hujus auctoritate mandati [concessimus] prefato militi, quamdiu vixerit, [quod] predictas .xx. libras percipi[a]t annuatim in festo sancti Michaelis super exitibus pedagii seu custume de Herbafavere, et mandamus ballivis quibuscumque qui ibidem pro tempore fuerint quod in eodem festo annis singulis dictas .xx. libras solvant et liberent militi predicto de exitibus memoratis; de residuo predictorum exituum volumus constabulario Burdegalensi responderi. In cujus rei testimonium presentes litteras fieri fecimus patentes, in quibus sigillum curie Vasconie duximus apponendum. Datum .vij. kl. Aprilis, anno gracie m°. cc°. .lxx°. quarto.

456 (416). *Bazas, 29 juin 1274.* — *Transaction passée entre le sénéchal de Gascogne, d'une part, l'évêque, le chapitre et les habitants de Bazas, d'autre part, concernant les droits qui appartenaient au roi dans la ville et la résistance armée qui avait été faite au viguier royal*[3].

Concordia inter regem et episcopum, capitulum et habitatores ville Vasatensis. — Noverint universi quod, cum dissensio[4] et discordia esset inter nos, Lucham de Taney, militem, senescallum Vasconie, nomine, vice et auctoritate domini nostri, domini Edwardi, Dei gracia illustrissimi regis Anglie, domini Hibernie et ducis Aquitanie, ex una parte, et nos, Guillemum, Dei gracia episcopum et capitulum ecclesie Vasatensis[5] et habitatores civitatis et ville de Vasato, ex altera, super deveriis et juribus que nos in dicta civitate et villa dominum regem asserebamus habere et quibus uti volebamus, et resistencia cum armis per predictos nobis facta in vigeriam civitatis et ville ejusdem, dampnis et transgressionibus hinc inde factis, datis et illatis; tandem, pro bono pacis et concordie, inter nos amicabiliter fuit actum taliter et

---

[1] Le scribe a mis en marge le titre suivant, qui ne convient plus ici : *Pro eisdem episcopo et capitulo.* — [2] Ms. *Vascone.* Ce séjour du roi Édouard Ier à Bazas entre le 20 nov. 1273 (où commença la seconde année de son règne) et le 26 mars 1274 n'a été marqué ni dans l'itinéraire de Gough ni dans l'introduction au tome III des *Rôles gascons*, p. x. — [3] Publ. *Notices et extraits des mss*, t. XIV, p. 393. — [4] Ms. *discensio.* — [5] Ms. *Vascon.*

concorditer ordinatum quod videlicet omnia sint cassa et irrita, et quod infacta habeantur quecunque facta sunt a festo proximo beati Johannis Baptiste citra, racione vel occasione hujus facti, dissencionis vel discordie que erant inter nos usque ad diem hodiernam hinc inde, scilicet quantum ad emendam faciendam dicto domino regi vel nobis, senescallo, vel gentibus nostris, per episcopum et capitulum Vasatenses[1] et habitatores civitatis et ville de Vasato vel ejus adherentes; item, quantum ad emendam (fol. 119) faciendam nobis, episcopo et capitulo, et habitatoribus supradictis et nobis adherentibus, per senescallum et gentes suas et ei adherentes; hoc excepto quod de privato ad privatum fiat jus per vos, seuescallum, de hiis que ad jurisdictionem nostram pertinent, et per nos[2], episcopum et capitulum, de hiis que ad jurisdictionem vestram pertinent, et excepto quod pro honore dicti domini regis nos, episcopus[3] et capitulum, assentamus quod in manu predictorum domini regis, et senescalli pro eo, remaneat fortalicium et ambitus castri de Heremo, ad sumptus nostros proprios custodiendum, donec de voluntate memorati domini regis constet seu appareat de restitucione nobis facienda vel non. Significata igitur veritate occisionis que facta fuit in dicta discordia ante portas ville de Vasato per habitatores et defensores, ut dicitur, civitatis et ville ejusdem, duorum scutiferorum, videlicet Petri Denuerii et Guillelmi Drudi de Batz qui in comitiva senescalli ibi erant, dicimus tamen et protestamur quod de predicta occisione non possimus nos inculpari et nostri, et quod juri nostro in predicto castro, salvo honore domini regis, nobis vel Ecclesie prejudicium generetur, et quod interim nos, episcopus, per prepositum vel attornatum nostrum, redditus et obvenciones dicti castri et pertinencias percipimus[4], custodibus dicti castri in necessariis competentibus providendo. In quorum testimonium nos, predicti senescallus, nostrum sigillum curie Vasconie, et [nos], episcopus et capitulum et communitas ville, sigilla nostra presentibus duximus apponenda. Actum et datum apud Vasatum[5], dominica post quindenam beatorum apostolorum Petri et Pauli, anno gracie millesimo cc°.lxx°. quarto.

457 (417). 28 juin 1274. — *Reconnaissance, par l'évêque et le chapitre de Bazas, des droits et devoirs que le roi d'Angleterre a coutume de pratiquer et de percevoir dans la ville de Bazas*[6].

Recognicio episcopi et capituli Vasatensium de deveriis debitis domino regi. — Noverint universi quod nos, Guillelmus, Dei gracia episcopus Vasatensis[7], de assensu et conveniencia capituli ecclesie Vasatensis et ad requisicionem[8] nobilis viri Luce de Taney, militis, senescalli Vasconie, nomine et loco excellentissimi principis Edwardi, Dei gracia regis Anglie, domini Hibernie et ducis Aquitanie, presentem hanc avocacionem[9] seu recoguicionem facimus de juribus et deveriis quibus dux Aquitanie usque ad hec tempora usus est[10] in civitate et villa Vasatensi, juxta conscienciam nostram in verbo episcopi, prout hoc scimus vel credimus, in hunc modum; quod, quando venit ibi, vel senescallus suus, jurant[11] eidem regi et senescallo suo fidelitatem, salvo jure et dominio ecclesie Vasatensis, omnes cives et habitatores civitatis, [s]et recepto primo ab eis juramento consueto. Item, usus est excercitu in dicta civitate et, postquam cives fuerunt extra districtum civitatis eundo in excercitum et redeundo de excercitu, habent justiciam super omnes de excercitu, donec ad districtum redierit civitatis. Item, preconizatur ibidem per preconem ville, quando convocat excercitum et quando convocatur populus ad jurandum regi et senescallo. Item, quando sedicio[12] est inter cives quam episcopus [et capitulum] sedare non possunt, ad requisicionem eorum [rex vel senescallus] aliquando obsides extraxerunt[13]; alias habere non debent. Item, quando rex habet guerram cum aliquibus de

---

[1] Ms. *Vascon.* — [2] Ms. *per vos.* — [3] Ms. *episcopum.* — [4] Ms. *participiamus.* — [5] Ms. *Vascon.* — [6] Publ. *Notices et extraits des mss*, t. XIV, p. 391. — [7] Ms. *Vascon.* — [8] Ms. *reassicionem.* — [9] Ms. *presentis hujus vocacionem.* — [10] Ms. *usurus est.* — [11] Ms. *juravit.* — [12] Ms. *sedita.* — [13] Ms. *extratraxerunt.*

Vasconia, vel senescallus ipsius nomine, possunt intrare villam et exire cum armis et sine armis; nunquam tamen debent habere claves portarum nec usi sunt habere. Item, super excessibus commissis per dictos cives contra ipsum vel senescallum suum, vel aliquem de domo sua, usi sunt vocare in jus et fidejussores accipere et facere justitiam. Dicimus tamen quod, cum prestitum est dictum juramentum duci vel senescallo, contradixerunt[1] episcopus et capitulum, dicentes illud prestari in prejudicio ecclesie Vasatensis. Assentamus insuper quod, si per enquestam de plano faciendam per fidedignos suspicione carentes poterit inveniri memoratum ducem vel senescallum suum habere debere vel excercuisse alia plurave deveria quam prescriptum est in predicta civitate et villa nostra Vasatensi, illa possit excercere licite et habere, sicut sibi debitum invenitur et eciam excercuisse, salvo jure ecclesie. Actum et datum sabbato post quindenam beatorum Petri et Pauli, anno Domini .m°. .cc°. .lxx°. quarto. In *(fol. 119 v)* [cujus] rei testimonium nos, predicti episcopus et capitulum, sigilla nostra presentibus duximus apponenda[2].

458 (418). *Saint-Sever, 18 mai 1275. — Concession faite par le roi d'Angleterre à Guillaume Arnaud de Savignac, bourgeois de Bayonne, de deux terrains à bâtir dans cette ville sur les relais de la mer, à condition d'y construire des maisons et de payer au roi un cens annuel.*

W. Ar. de Savinhac. — Universis presentes litteras inspecturis, Lucas de Thany, senescallus Vasconie, salutem in Domino. Noveritis quod, attendentes utilitatem evidentem domini nostri Edwardi, Dei gracia regis Anglie, et domini Hibernie et ducis Aquitanie illustris, et merita ac obsequia dicto domino nostro impensa per W. Arnaldi de Savinhac, civem Baione, concedimus eidem et heredibus suis duas plateas seu solos[3] domorum, quamlibet seu quemlibet de .xvj. ulnis, ad ulnam Baione in consi[mi]libus usitatam, in latitudine, et de careria seu via que est ante domum Pontmerii usque ad ymum maris, in longitudine, de basa que est in littore maris Baione que est coram domo Petri de Ffranc., senioris, et domo Pontmerii memorati; ita quod dictus [W.] Arnaldi in dictis plateis domos construat et domino nostro predicto et heredibus suis solvat[4] ipse et sui heredes de annuo censu decem solidos Morl., vel .xx. Burdeg., in festo Natalis Domini, castellano ejusdem domini nostri regis Baione[5] qui pro tempore fuerit, pro qualibet seu quolibet de plateis aut solis predictis. Et recognoscimus eundem W. Arnaldi pro predictis plateis aut solis et eorum ingressu nobis solvisse quinquaginta libras Morl. ante ingressum predictum, salvantes et retinentes eidem domino nostro et heredibus suis vendas et captagia ac similia jura que domini feudorum habent in suis feudis apud Baionam. In cujus rei testimonium etc. Datum apud Sanctum Severum, .xv. kl. Junii, anno Domini millesimo .cc. .lxx. quinto.

459 (419). *Stanford, 3 juin 1267. — Le prince Édouard, pour récompenser de ses services Bernard «Macoyns», bourgeois de Bordeaux, lui fait don de Benoît, son juif de Lesparre, avec tous les profits qu'il en retire*[6].

Edwardus, Dei gracia illustris regis Anglie primogenitus, omnibus ad quos presentes littere pervenerint, salutem. Sciatis quod, pro fideli et laudabili servicio quod dilectus et fidelis noster Bernardus Macoynis, civis noster Burdegalensis, nobis impendit, dedimus et concessimus eidem Bernardo Benedictum, judeum nostrum de Sparra, habendum et tenendum eidem Bernardo, quamdiu vixerit, una cum omnibus talliagiis et[7] deveriis que idem judeus nobis facere tenetur; et, si forte dictus judeus Bernardum eumdem prevenerit moriendo, volumus et concedimus quod idem Bernardus, quamdiu vixerit, heredes ipsius judei habeat una cum talliagiis et deveriis eorumdem. Volumus insuper et concedimus quod, si dictus Bernardus ante dictum judeum diem extremum clauserit, heredes

---

[1] Ms. *conduxerunt*. — [2] Ms. *sunt appensa*. — [3] Ms. *solos*. — [4] Ms. *salvat*. — [5] En toutes lettres. — [6] Publ. *Notices et extraits des mss*, t. XIV, p. 425. — [7] Ms. *in*.

predicti Bernardi predictum judeum, quamdiu vixerit, habeant et teneant una cum talliagiis et deveriis supradictis; in heredibus[1] ejusdem judei tamen, ipso judeo mortuo, nichil poterunt vindicare. In cujus rei testimonium has litteras nostras fieri fecimus patentes. Actum apud Stanford., .iij. die Junii, anno regni domini regis, patris nostri, .l°. primo.

460 (420). *Montgomery, 7 juin 1269.* — *Ordre du prince Édouard au sénéchal de Gascogne et au connétable de Bordeaux de faire jouir Bernard «Mayconis» des avantages attachés à la possession de Benoît, juif de Lesparre.*

Benedictus Judeus de Sparra. — Edwardus, illustris regis Anglie primogenitus, dilectis et fidelibus suis senescallo Vasconie et castellano Burdegale, salutem. Cum nuper dederimus et concesserimus dilecto et fideli nostro Bernardo Mayconis[2], civi Burdegalensi, Benedictum, judeum nostrum de Sparra, prout in littera nostra quam inde habet plenius continetur, vobis mandamus quatinus dictum Bernardum de dicto judeo, secundum tenorem littere nostre predicte, gaudere permittatis, nullas consuetudines, talliagia seu deveria aliqua a dicto judeo exigentes, set ipsum et sua a vi et injuria custodiatis et defendatis. Datum apud Montgomerii, .vij. die Junii, anno regni domini regis, patris nostri, .liij°.

461 (421). [*Dax,*] *7 août 1273.* — *Vente faite au roi par Bernard d'Auloede de la moitié de sa terre de Bordessoule, au prix de 3,000 sous de Morlans que lui a payés le sénéchal.*

Vendicio facta regi per B. d'Auloede. — Conogude cause se qu'En B. d'Auloede, per sa bone e agradable e deliure voluntat, per si e per totz ses hers et[3] per tout son ordench, a benut, liurat, quitat, gurpit e desemparat per are e per totz temps a mon senhor En Luc. de Thaney, sen. de (*fol. 120*) Gaschona per non du noble senhor, mon senhor Ed., roi d'Angl., e a sses heirs e a son ordench, la maitat de tot l'afar de Bordessoles, ab sas apertiensas, loquau afar s'esten[4] de Bordessoles trouqu'au Sequos, e aissi cum lo camiu deu coms de Pemtius mostre e es proprimens de l'afar de Bordessolos entrou l'arriu de Cortilhars e deu cab de Cortilhars en fore trou W. Son, e de W. Son trou barat d'Agreu e dou barat deu Greu trou Sanct Juzan, e d'aqui auant trou le serre de Colaures, e d'aqui en fore trou Le Bormioze, e de La Bermioze trou bat Fauerie, e deu bad Fauere trou Lait Bordales, e de Lait Bordales trou Peirefite, e de Peirefite trou Luc Palhe, e de Luc Pailhe trou Luc Bornet d'Ainhos, e es hi La Offeire[5]; in quau Luc Palhe e Luc Bernet le dit B. aue la maitat ab l'ospitau de Cazalis[6]. Totes aques logs mentaucnts[7] son de l'afar de Bordes ab sas apertiensas segent, e deuques lougs son pobladz[8]. Joh. de Bordesoles ayque son nebod Arn. de Bordessoles e ses f[r]airs e lor filhs Berner de Bordessoles, Giraut son fraire, Bartholomiu e ses frairs e lor filhs e lor filhes e niboses, so es assaber Beitarag, Pruet e Prueron, lesquaus homis desus dites son questaus a merce, segont que lo dit En B. disso[9], dousquaus hommes e femmes, f[i]lhs e] filhes e de totas lasditz cauzas ab lor apertiensas lo dit En B., per si e per [totz so]s heirs e per tot son ordench, la maitat, e nomarademens e expressemens totes les terres e deuers que aue ne auer deue in so que l'espitau de Cazalis uze de lesditz cauzes. E queste bente [es] estade feite per .iij. milhe sd. de bon[s] Morl. que le dit seneschauc ne l'a dat ne pagat, deusquaus lo deuant dit En B. d'Auloede reconogo que ere bei estat pagat deu tout enterremens en bons denérs comtatz, renuncians a le excepcion de no comtat e de no pagat auer e de menor predz[10] e d'ingan; e de la maitat deudit affar e dous ditz homez e de totes lesdites cauzes ab lor apertenenses lo deuant dit En B. an mes lo dit sen. per non deu[11] dit roi d'Angl. en bone e verraie e corporau possession, e a l'en feit

---

[1] Ms. *herentibus.* — [2] Le mot est écrit ici *Mayconis,* et au numéro précédent *Macoynis.* — [3] Ici en toutes lettres; partout ailleurs le mot est abrégé. — [4] Ms. *seston.* — [5] Cf. au n° 463 : *La Oisseira.* — [6] Ms. *Cozalis.* — [7] Ms. *mentamcts.* — [8] Ms. *pablatz* (habitants). — [9] Ms. *desso* (disait). — [10] Ms. *predez.* — [11] Ms. *dut.*

e establit certan e vertader senhor, possessor e actor en tote arrei en sas proprias cauzes, e a l'en manat⁽¹⁾ [e] promes portar bona e ferme garentie de totz deman[a]dors e de totz ⁽²⁾ emparadors, toutes hores que au dit roi o a sses heirs o a son ordeinch o a son seneschauc o a lor logtien plaira, a lor messions, aus dies que beira per le garantie portar; e a manat e promes que james contra la deuantdit bente ne ira ne fera bier par si ni par nulhe autre persone, ab ginh ne senes ⁽³⁾ ginh, en nulhe curt seglar ne d'eglize; e que aissi ag tien que ag jurat sobre les santz euangeles Diu corporaumens tocadz, e nomerademens an obligat totes les soes cauzes mobles e nomoebles, [qu]aus que ssien, prezens e abenidors ⁽⁴⁾; [lasquaus] maizons, terres, possessions e autres causes benudes desus dites lodit En B. reconogo qe tie de mon senhor le roi d'Angl. par une lanse [d']esporle a mude de senhor. Actum fuit .vij ͣ. die meusis Augusti, anno Domini .m°. .cc. .lxx°. tercio. Regnant le deuantdit Ed., roi d'Angl., le sede d'Ax ⁽⁵⁾ vacant, En Per Iter maire. Testes sunt ⁽⁶⁾ : mon senhor En Giraut, abesque de Lectore ⁽⁷⁾, lodit En Per Iter maire, N'Auger Mote, N'Auger de Mauleon, En Galhart Dorns, N'Auger de Cazales, N'Ar. Luk de Bezandun, En Per Assaut, N'Auger Arrebort, En P. de Tosse, e Joh. de Medoc qui la carta escriuo (*fol. 120 v*).

462 (422). [*Dax,*] *14 septembre 1273.* — *Approbation par Bernard d'Auloède de la vente faite par son père au roi d'Angleterre.*

Approbacio Bernardi, filii Bernardi d'Auloede, de vendicione regi per dominum patrem suum facta. — Conogude cause se que B. d'Auloede, fil d'En B. d'Auloede, cauoir, per sa bona e agradable e deliuere voluntat, per si e per totz ses heirs e de par tot son ordeinch, a affermat e laudat e quitat perpetuaumens a mon senhor En Lucas de Taney, senescauc de Gasconhe, per non de noble senhor, mon senhor Ed., roi d'Angl., e a sses heirs e a son ordeinch, tote aquere bente que le dit ⁽⁶⁾ son pa[i]r a fet au dit sen[escauc] de la maitat de tot l'afar de Bordessoles ab sas apertenenses, segont ques contienent par cartre de cartelari del compre deu dit affair ab sas appertenenses, e a acquitat tot droit e tote arraizon e tot[e] accion e tote demane reaune personau que demanar ne corelhare hi podisse en nulhe cort seglar ne d'eglize. Actum fuit .xiiij. die introitus Septembris, anno Domini .m°. .cc°. .lxx°. tercio. Regnant lo deuantdit Ed., roi d'Angl., le sede d'Ax vacant, En Per Iter maire. Testes sunt : En Fortauer de Cazenoue, En Guitard d'Arrenbers, e Joh. de Medok qui la carta escriuo.

463 (423). *2 avril 1273 ou 1274.* — *B. d'Auloède, chevalier, de l'honneur de Belhade, reconnaît tenir du roi les personnes, terres et revenus qu'il possède à Bordessoule. Il promet au sénéchal de les lui vendre ou échanger, au profit du roi d'Angleterre, à des conditions fixées par des arbitres; les deux parties s'engagent à exécuter fidèlement la décision prise par ces arbitres avant la fête de N.-D. à la mi-août.*

Conogude cause se qu'En B. d'Aulacida, cauoirs, de la honore de Baslada, disso, confesso, reconogo que et tene e deue[tener en fe]us ⁽⁹⁾ de nostre senhor lo roi d'Angl., ab una lansa d'esporle ⁽¹⁰⁾ a senhor [mudan]t, totz los homnes, questas, talhas, cens e esporles, agreiras, boses, landas, paduentz, acquas, ribeiras, molins, molinaris, pesqueiras, terras coulas [o]heremas, deuers, dreituras, senhorias, e totas las autres causas entegrement que l'auantditz En B. auc e auer deue ne tene ne possede ne tenir ne posseder deue en aucune manere, lo dia que cesta carta fo feita, en tout l'afar de Bordessolas ⁽¹¹⁾, deu barat de Gr[e]u entro a la serra ⁽¹²⁾ de Colauras e deu camin per lo quau hom iss de Greu e de Sabras bert Gurgielh, e bert Brutiausas e La Bermose e la serra ⁽¹³⁾ de Colauras; e plutz Pruct, Prueton, Luc Bordales e Peirafita entro ⁽¹⁴⁾ a Luc Palha, e la meitat de Luc Pailha, Luc Bernet

---

⁽¹⁾ Ms. *mairat.* — ⁽²⁾ Ms. *toutes.* — ⁽³⁾ Ms. *siens.* — ⁽⁴⁾ Ms. *abiediens.* — ⁽⁵⁾ Ms. *Dare.* — ⁽⁶⁾ Ms. *sont.* — ⁽⁷⁾ Ms. *de Lectoren.* — ⁽⁸⁾ Ms. *la dit.* — ⁽⁹⁾ Il y a ici un trou dans le parchemin. — ⁽¹⁰⁾ En marge : *B. d'Auleide .j. lanc. de sporl.* — ⁽¹¹⁾ Ms. *Bordessolas salas.* — ⁽¹²⁾ Ms. *ferra;* mais voir trois lignes plus loin et comp. lo n° 461. — ⁽¹³⁾ Ms. *serras.* — ⁽¹⁴⁾ Ms. *en qo.*

d'Anhos⁽¹⁾, La Oisseira, e Bettarat ab totas⁽²⁾ las apertenenses de totas e cadauna de las sobre deitas causes; de lasquaus sobreditas causas e de partida d'eras⁽³⁾ le mediss En B. a mandat e promes e feit combent expre[s], per sin e per ses hers e per son ordench e per totz ses successors, au noble senhor En Lucas de Thaney, senescauc de Gasconha, adonc⁽⁴⁾ recebent aquest combent e promeza per non deu dit nostre senhor le roi d'Angl., que et⁽⁵⁾ l'en fera venda o eschaumpnhe e l'en prendra e l'en arrecebra venda o eschampnhe per lo dit e per l'esgart d'En Bertran de Ladius, e de N'Arn. Lup de Besandon, cauoir, de maistre B. Faure, clerc, et d'En P. Assarit de Podensac, o de la major partida de lor qui present seren. E l'auantditz senescaus a mandat e promes au dit En B. per non de nostre senhor le roi d'Angl., que et de totas la[s] sobreditas causas o de partida ly dera per maneira de venda o d'escamp[n]he per lo lor dit e lor⁽⁶⁾ esgar, e per la major partida de lor qui present serren, laquau vende o eschampnhe que li deuantdit⁽⁷⁾ didedor, o la major partida de lor qui present serran, diran e esgarderan que l'auantditz sen[escaus] e ses logstenens per le dit nostre senhor le roi d'Angl., ne deuga d'aquestas auantditas (fol. 121) cauzas o de partida⁽⁸⁾ au mediss En B. de lo dauantditz senescaus per le dit nostre senhor le roi d'Angl.⁽⁹⁾. Eu deuantditz En B. per sin, e per ses heirs, e per son ordench, e per totz ses successours a mandat e autreiat e promes fermement gardar, tenir e complir e ses encontrevenir, sous pena cadauns de .c. marcs d'esterlings nous, lesquaus la partida qui ne tendre ne gardere ne arrecebre lo deit e l'esgart deus auantditz didedors, de tots ensams⁽¹⁰⁾ o de la major partida de lor qui present seran⁽¹¹⁾, sobre la venda o sobre l'eschampnhe⁽¹²⁾ de las deuantditas causas, o sobre aucune partida de las medisses causes, es tenguda e s'es obligada de dar o de pagar a l'autra partida tenent e gardent lo dit e l'esgart qu'el mediss didedor auren dit e esgardat sobre la venda⁽¹³⁾ o sobre l'escampne de las auantditz causas, o sobre acuna d'eras, loquau dit e esgart lui mediss didedor pogassen dire e esgardar o la major partida de lor qui present serren, las partz presentz o non presentz ; laquau pena pagada e no pagada, cadauna de las medissas partidas son tengudas⁽¹⁴⁾ e son obligadas de tenir e de complir lo dit e l'esgart que li didedor o la major partida de lor diran o esgarderan o auren dit e esgardat sobre la vende [o sobre]⁽¹⁵⁾ l'escampnhe de les causas desus ditas, o sobre acuna partida d'eras⁽¹⁶⁾ ; [e aqu]este deit e aqueste esgard l'auantdit didedor o la major⁽¹⁶⁾ partida de lor deue auer dit e esgardat entre issi e aquesta primera festa Sancta Maria de mechs Aoste. E per totas les causas e se[n]gias en aquesta carte contengudas fermament tenir e complir, le mediss⁽¹⁷⁾ sen[escauc], per non du dit nostre senhor le roi d'Angl., eu deuantdit En B. d'Aulcida, per sin e per ses heirs e per son ordench, an obligatz la una partz a l'autra e aus ditz didedors totz lor biens tant mobles quant nomobles, on que ssian; eu deuantditz sen[escaus], per non du dit nostre senhor le roi d'Angl., a mandat e promes, en⁽¹⁸⁾ veritat deu sagrement, que de so que aue fait au dit nostre senhor le roi, que et bien e fidaument totas las ditas causas e cadauna d'eras tendra e gardera ; eu deuant ditz En [B.] d'Aulaeda a mandat e autreiat, per sin e per ses heirs e per son ordench, e jurat, sobres santz euangelis Deu tocatz corporaument, que et bon e fideument totas las sobres ditas causas e cadauna d'eras tendra⁽¹⁹⁾ e guardera e complira e contra ne vindra ne ferra venir, per sin ne per deguna⁽²⁰⁾ autra persona, en deguna cort, seglar ne de glisa, ne en degun loc

---

⁽¹⁾ Ms. Thanhos. — ⁽²⁾ Ms. tatas. — ⁽³⁾ Ms. de partidas d'iras. — ⁽⁴⁾ Ms. a dent. — ⁽⁵⁾ Ms. qui est (est ajouté en interligne). — ⁽⁶⁾ Ms. les. — ⁽⁷⁾ Ms. qui lui demandat. — ⁽⁸⁾ Ms. pardite (avec p barré). — ⁽⁹⁾ Cette phrase doit se comprendre ainsi : le sénéchal promet audit B. de lui donner, par manière de vente ou d'échange, ce que les arbitres (didedor) ou la majorité d'entre eux diront que le sénéchal ou son lieutenant doit lui donner. — ⁽¹⁰⁾ Ms. de totz ensams. — ⁽¹¹⁾ Ms. serant. — ⁽¹²⁾ Ms. sobre la grede o sobre laschamphe. — ⁽¹³⁾ Ms. sobor la vendat. — ⁽¹⁴⁾ Ms. tengudos. — ⁽¹⁵⁾ Ms. terre. — ⁽¹⁶⁾ Ms. mager. — ⁽¹⁷⁾ Ms. messdit. — ⁽¹⁸⁾ Ms. et. — ⁽¹⁹⁾ Ms. tendre. — ⁽²⁰⁾ Ms. devguna.

[ne] en degun temps⁽¹⁾. Actum fuit .ij. die introitus Aprilis, anno Domini .m°. .cc°. .lxx°. tercio. Regnant Ed., roi d'Angl., sede Burdegalensi vacante, P. Gondamer major. Testes sunt : maiestre Ramon de Thalazon, conestable de Burdeu⁽²⁾, maiestre Pons Amat, clers, N'Aramos Marques de Bazatz⁽³⁾, Gairaut de Rizona⁽⁴⁾, maiestre P. de Ajuuinsan, clers, e W. de Cautalop qui la carta enqueiri, laquau Arn. Fouchier escriuo.

464 (424). *Bayonne, 29 juin 1275.* — *Bail à cens d'un terrain à bâtir donné par le lieutenant du sénéchal à Pierre A. de Conties.*

Helias de Haubile. — In Dei nomine, Amen. Sobude causse sie a tots que mou senhor⁽⁵⁾ N'Alies de Haubile, cauoir, tienlog de senescau en Gascoinhe, e maire e chastelein de Baione, e sen[escau] de les terres de Labort, de Goosse e de Seignaues eu log e en [nom] dou haut prince, nostre senhor N'Adoart, noble roi d'Engl., conechent lo bei e l'amendement de l'auantdit nostre senhor roi, ha dat e deliurat e afliuat a 'N Per A. de Contes⁽⁶⁾ e a ses heirs tote aque[s]te place e son au cap de la rue Orbe, lequau place es assignade entre le forn e les mazons qui son deu mur deu castel e la mediche arue par darer, de la une part, *(fol. 121 v)* enbert occident, e lo [cap] du barad qui arere es deu castel, de l'autra part, exceptades dues aunes enberd lo mess disperuie *(sic)*, e assi cum de la rue auant ensus enberd lo mur deu castad, exceptades tres aunes de mur deu castel enfore enberd la dite place e sou; l'a dat per poblar e per far mazon ou autres obres que lo⁽⁷⁾ mediss En P. A. e sous hers con[e]cheran quaus sien plus aprofitables a mediss En P. A. e a sou[s] heirs. E lo dit En P. A. ni sous heirs⁽⁸⁾ no deu liurar ni poblar no plus haut que le forn, quis toque ab lo mur dou castel, es; lequau

donacio e afliuament, assi cum desus es assignad, a feit a l'auantdit En P. A. e a sous heirs per .x. sol. des bons Morl. de ces que deu en dar e pagar cascun an lo die de Nadau a chastell[ein] de nostre senhor le roi d'Angl., e per .xx. sol. de Morl. d'esporle a mude de roi, loquau si a place, aissi cum desus es assignade, en non e en log de l'auantdit noble nostre prince, senhor roi d'Engl., l'auantdit messangnier N' Alyes l'a promes a saubar e a garantir de tous emperadors e de part seignorie, e de portar bone e ferme garentie per feus de alo. Asso fo feit a Baione, lo die de la feste deus apostes sen Per e sen Pau, anno Domini .m°. .cc°. .lxxv°. Regnant Ed., roi [d']Angl., En S. de Hath., abesque [de Baio]ne⁽⁹⁾, N'Aleis sobredit, maire. Test. son de queste cause : En R. de Miralh, E[n   ]⁽¹⁰⁾, En G. de Luc, N'Arnaud de Plaieday, En Pasqua de Garraus, [   ] Corder, N' Oliver de Lest, En W. de Burdeu, N' Arnaud de Martre, P. de Camp[e]luhe, A. de Cornau, En Bartholomiu de Le Lane, e jo, B. de Campene, notari public de Baione qui queste carte escriui he i pausi quest mon seingnau.

465 (425). *Langon, 15 octobre 1275.* — *Vente au roi, par Guillaume Raimond de Pis, damoiseau, du quart du château de Torrebren et de ses dépendances*⁽¹¹⁾.

Venditio facta regi de quarta parte⁽¹²⁾ castri de Torrabren. — Noverint universi quod Guillelmus Ramundus⁽¹³⁾ de Pinibus, domicellus, filius domini Guillelmi Ramundi de Pinibus, defuncti, pro se et suis heredibus et successoribus et ordin[i]o, vendidit et titulo pure et perfecte vendicionis tradidit, quantum potuit cum hoc publico instrumento, et tradere precise convenit nobili viro domino Luce de Thany, militi, senescallo Vasconie, hanc vendicionem nomine domini sui, domini Edwardi, Dei gra-

---

⁽¹⁾ Ms. *en deguna auqe loc en degune temps*. — ⁽²⁾ Ms. *maiestre Ramon de Thalaron, magestre Aubert, conestable de Burdeu*. En avril 1274 le connétable de Bordeaux était Raimond de Taleyson (*Rôles gascons*, t. III, p. xxxviii). — ⁽³⁾ Ms. *Baratz*. Voir Raimond Marquès de Bazas *ibidem*, à la table des tomes I et III. — ⁽⁴⁾ Appelé Gérard de Risona *ibidem*. — ⁽⁵⁾ Ms. *Moisen*. — ⁽⁶⁾ Lecture douteuse. — ⁽⁷⁾ Ms. *la*. — ⁽⁸⁾ Ms. *heiras*. — ⁽⁹⁾ Simon de Hatze, évêque de Bayonne 1259-1275 (*Gallia Christ.*, t. I, col. 1315). — ⁽¹⁰⁾ Les blancs marquent la place d'un trou dans le parchemin. — ⁽¹¹⁾ *Anal. Arch. histor. Gir.*, t. V, p. 335. Les n°⁵ 465-467 ont été copiés une seconde fois sous les n°⁵ 515-517; on en donnera ici les variantes. — ⁽¹²⁾ Ms. *medietate*; n° 515 : *quarta parte*. — ⁽¹³⁾ En toutes lettres.

cia regis Anglie, domini Hibernie et duci[s] Aquitanie, pro se et suis heredibus et successoribus et ordin[i]o, a quibus voluerit ementi et recipienti, quartam partem castri de Torabren, cum quarta parte castellanie, honoris, dominii, tenencie et districtus, et omnibus suis pertinenciis, et quicquid habebat et habere debebat, pro diviso vel indiviso, in die confeccionis istius instrumenti, salva, si evenerit, successione generis sui in predicto castro et castelania et suis pertinenciis supradictis, sicut est totum in diocesi Auxitana; videlicet suam quartam partem totam in castro et loco, pedagium, jurisdiccionem et justiciam altam et bassam, seu merum et mixtum imperium, homagia et fidelitates militum et castellanorum, feudagia et jura feodorum, homines, questas, census et servicia, terras cultas et incultas, nemora, prata, pascua, padoenta, aquas, rivos et fontes, moliuaria, molendina seu loca molendinorum, et omnia alia deveria in quibuscumque personis et rebus consistant, et quocumque nomine censeantur[1]; que omnia idem Guillelmus Ramundi[2] venditor spontane[e] recognovit et in veritate confessus fuit quod tenebat tempore vendicionis et tam ipse quam antecessores sui tenuerant et tenere debuerant in feodum immediatum seu in capite a dicto domino rege et duce et a suis antecessoribus, et sub deverio homagii ligii, fidelitatis jurate, exercitus de uno milite, quem ipse et sui parciarii, domini dicti castri, pro hiis que ibi habebant in Torrebrenesio seu in honore dicti castri habebant vel habere debebant[3] (fol. 122), et juris ac legis domino et cuilibet conquerenti in manu ejusdem domini regis et ducis, seu ejus locum in Vasconia tenentis; hanc inquam vendicionem fecit ita predictus venditor pro sex centum libris monete currentis Burdegale, quas in precium et pro precio dicte vendicionis recognovit se habuisse et recepisse in pecunia numerata a predicto emptore et re ipsa numerando recepisse. Quod si predictum castrum et res vendite valent plus dicto precio nunc aut valerent[4] in futurum, totam illam magis valenciam dedit idem venditor predicto emptori, nomine quo supra, titulo pure et perfecte et irrevocabilis donacionis inter vivos. Et promisit de predicta vendicione et donacione et omnibus contentis in eis facere et prestare bonam et firmam ac legalem guarentiam, secundum jura et foros ac consuetudines Vasconie, predicto emptori et dicto domino suo regi et duci, suisque heredibus, successoribus et ordinio, ac quibus voluerit, de se et omnibus aliis viventibus et quibuscumque personis, ac salvare in judicio et extra ubique, obligans super hoc se et sua, nomine pignoris et ypothece, specialiter et expresse; deditque idem venditor predicto emptori ac concessit licenciam ac plenam et liberam potestatem intrandi et accipiendi per se vel per alium vel alios quos voluerit, sua propria auctoritate, licite et sine omni requisicione et ex[pectacione], quandocumque sibi placuerit, possessionem et seisinam vel quasi omnium predictorum et dona[torum et vendi]torum, et ea retinendi; ac ipsa omnia et singula se nomine predicti emptoris et domini [sui regis et] ducis in presenti constituit possidere; et, se destituens omni jure quod haberet vel habere posset in predictis quoquo modo in proprietate et possessione, predictum emptorem, nomine quo supra, inde investivit, et verum dominum ac possessorem constituit atque fecit; et mandavit et injunctum esse voluit per hoc publicum instrumentum omnibus militibus et castellanis ac habitatoribus dicti castri, et aliis omnibus qui in eodem castro de Torrebren et in Torrebrenesio aliquid habuerunt[5] et tenuerunt ab eo vel sub eo, et qualitercumque sibi in aliquo tenerentur racione sui dominii dicti castri et loci, quod exnunc in posterum predicto domino regi et duci ipsique senescallo, ac quibus voluerit imperpetuum in omnibus et per omnia, sicut consueverint et debuerint eidem venditori et suis successoribus facere, respondeant et intendant; dicens et asserens quod hactenus non fecit, nec dixit, nec dicet, nec faciet de cetero quare dicta vendicio debeat non valere. Renunciavit quidem[6] dictus Guillelmus Ramundus venditor, pro se et suis heredibus, successoribus et ordin[i]o, certus et prudens de facto et jure

---

[1] Ms. *cenceantur*. — [2] En toutes lettres. — [3] Plusieurs mots ont été sautés par le scribe en passant d'une page à l'autre. — [4] Ms. *valuerint*. — [5] Ms. *haberent*. — [6] Ms. *qd*, avec une abréviation.

super premissis omnibus et singulis, non numerate pecunie, non habite nec recepte, seu numeracionis future, doli et in factum accioni et excepcioni, et cuilibet alii subsidiare, legibus et juribus quibus cavetur deceptis citra dimidiam precii justi subveniri et posse agi ad supplementum justi precii vel contractum rescindi; item et quibus cavetur donacionem ex causis ingratitudinis posse revocari, vel factam ultra valorem quingentorum aureorum vel solidorum non valere sine insinuacione legali, omni foro, usui et consuetudini, statuto et observancie patrie et privilegio crucis sumpte et assumende, auxilio, favori et beneficio juris scripti et non scripti, canonici et civilis, editi[1] vel edendi, causis et defensionibus, racionibus et aliis quibuscumque propter que predicta vel aliquod predictorum, in toto vel in parte, possent revocari, anullari vel infringi vel eis aliquatenus derogari, aut idem venditor posset aliquatenus in contrarium facere vel venire. Et in testimonium veritatis omnium premissorum et singulorum, dictus venditor sigillum suum presenti publico instrumento promisit appendere; hoc acto quod cum sigillo vel sine sigillo, non posito vel apposito, aut eo destructo[2] vel abolito, *(fol. 122 v)* et in omni casu vel eventu, plena fides huic instrumento, in judicio et extra, ubique adhibeatur, nec possit aliqua racione impugnari, vel ejus fidei derogari. Et voluit et concessit dictus Guillelmus Ramundus de Pinibus quod, si dicto domino senescallo videbatur quod presens instrumentum indigeat correctione aliqua, in adventu suo possit ibi emendari et corrigi, salva tamen substancia[3] ipsius instrumenti. Hujus rei sunt testes vocati et rogati: nobilis vir, dominus Anasancius de Cavomonte, Otho de Pardalhano et Vitalis de Filartigia, milites, Petrus Amanevi de Pomeriis et Guillelmus Arnaldi de Gontaldo, domicelli, frater Petrus Guigo, monachus monasterii Sancti Mauricii de Blavimonte, Ramundus de Miralho, burgensis de Regula, magister Arnaldus Guiscardi[4] et Poncius Amati, clerici. Et ego, Guillelmus Brivaten[sis][5], notarius publicus Regule, qui, vocatus et rogatus, de voluntate et consensu utriusque predictorum contrahencium, hanc cartam scripsi et [in] publicam formam redegi, et signum meum apposui. Hoc fuit actum, positum et concessum apud Lingonium, in domo prioris que est juxta ecclesiam beate Marie, xv. die mensis Octobris in introitu, anno ab incarnacione Domini m°. cc°. lxxv°. Dicto domino Edwardo rege Anglie, Philippo, priore de Regula, diocesis Vasatensis.

466 (426). *Langon, 15 octobre 1275. — Vente au roi par Guillaume Raimond de Pis du château de Sendets.*

Vendicio facta regi de castro de Santedz. — Noverint universi quod Guillelmus Ramundus de Pinibus, [domicellus], filius domini Guillelmi de Pinibus, defuncti, pro se et suis heredibus, successoribus et ordinio, vendi[dit et titulo] pure et perfecte vendicionis tradidit cum hoc publico instrumento, et tradere precise convenit nob[ili viro] domino Luce de Tany, militi, senescallo Vasconie, castrum de Sentedz, cum castellania, honore, dominio, tenencia et districtu et omnibus pertinenciis suis, et quicquid ibi habebat et habere debebat in die confeccionis illius instrumenti, sicut est totum in diocesi Auxitana, inter honorem castri de Torrebreu et inter castrum de Sossio et villam Montis regalis in Agennesio, et terram aliam Agennensem; videlicet jurisdiccionem et justiciam altam et bassam, mixtum vel merum imperium, homagia, fidelitates militum et castellanorum, feudagia et jura feudorum, domos, terras cultas et incultas, vineas cum locis in quibus sunt, medietatem molendini, nemora, prata, pascua, padoenta, aquas, rivos et fontes, molinaria, stagna, viveria, questas, census, servicia, oblias et omnia alia deveria, sive sint in personis vel rebus aliis quibuscumque consistant et quocumque nomine censeantur. Que omnia idem venditor spontanee recognovit et in veritate confessus fuit quod tene-

---

[1] Ms. *edidi*. — [2] Ms. *districto*. — [3] Ms. *sba* (avec *b* barré). Dans l'acte suivant, le mot est écrit *scia* avec une abréviation, en toutes lettres au n° 515. — [4] Ms. *Arnaldus de Guiscardi*. — [5] Ce nom est écrit *Brivatimi* (avec deux accents) au n° 466, *Bruatum* (sans accent) au n° 467, *Brivatensis* aux n°ˢ 515-517.

bat, tam ipse quam antecessores sui tenuerant, a dicto domino rege Anglie et duce Aquitanie et a suis antecessoribus, in feodum inmediatum seu in capite, sub deverio homagii ligii et fidelitatis jurate, et uno pari cirothecarum albarum pro sporla seu acapte [1] in mutacione domini, ac juris et legis domino et cuilibet conquerenti in manu ipsius domini sui regis et ducis et ejus locum tenentis, que proinde tenebatur facere et debebat. Hanc, inquam, venditam fecit ita predictus venditor pro [2] mille libris monete currentis Burdegale, quas in precium et pro precio dicte vendicionis recognovit se habuisse et recepisse in pecunia numerata a predicto emptore et re ipsa numerando recepisse. Quod si predictum castrum et res vendite valent plus dicto precio nunc, aut valerent in futurum, totam illam magis valenciam dedit idem venditor predicto emptori, nomine quo supra, titulo pure et perfecte et irrevocabilis donacionis inter vivos. Et promisit de predicta vendicione et donacione et omnibus contentis in eis facere et prestare [3] bonam et firmam ac legalem garentiam, secundum jura et foros et consuetudines Vasconie predicto emptori et dicto domino suo regi et duci suisque heredibus, successoribus et ordinio, ac quibus voluerit, de se et omnibus aliis viventibus (fol. 123) et quibuscumque personis, ac salvare in judicio et extra ubique; obligans super hoc se et sua, nomine pignoris et ypothece, specialiter et expresse; deditque idem venditor predicto emptori ac concessit licenciam et plenam ac liberam potestatem intrandi et accipiendi, per se, vel alium, vel alios quos voluerit sua propria auctoritate, licite et sine omni requisicione et expectatione, quandocumque sibi placuerit, possessionem et seizinam vel quasi omnium venditorum et donatorum, et ea retinendi [4], ac ipsa omnia et singula se nomine predicti emptoris et domini sui regis et ducis in presenti constituit possidere; et, se destituens omni jure quod haberet et posset habere in predictis quoquomodo, in proprietate et possessione, predictum emptorem, nomine quo supra, inde investivit et verum dominum ac possessorem constituit atque fecit; et mandavit et injunctum esse voluit per hoc publicum instrumentum omnibus militibus et castellanis [5] et habitatoribus dicti castri, et omnibus aliis qui in eodem castro de Torrabren in Torrabrenesio aliquid haberent et tenerent ab eo vel sub eo, qualitercumque sibi in aliquo tenerentur racione sui dominii dicti castri et loci, quod exnunc imposterum predicto domino regi et duci, ipsique senescallo, ac quibus voluerit imperpetuum, et omnibus et per omnia, sicut consueverunt et debuerunt eidem venditori et suis successoribus, [respon]deant, obediant et intendant; dicens et asserens quod hactenus non fecit [nec dixit], nec faciet nec dicet de cetero quare dicta vendicio debeat non valere. Re[nunciavit] quidem [6] dictus Guillelmus Ramundus venditor, pro se et suis heredibus, successoribus et ordinio, certus et prudens de facto et jure super premissis omnibus et singulis, non numerate pecunie, non habite nec recepte, seu [7] numeracionis future, doli deinde et in factum accioni et excepcioni [8], et cuilibet alii subsidiare, legibus et juribus quibus cavetur deceptis circa dimidiam justi precii subveniri et posse agi ad supplemententum dicti precii, vel contractum rescindi; item, et quibus cavetur donacionem ex causis ingratitudinis posse revocari, vel factam ultra valorem quingentorum aureorum vel solidorum non valere [9] sine insinuacione legali, omni foro, usui, consuetudini, statuto et observancie patrie, privilegio crucis assumpte et assumende, auxilio, favori et beneficio juris scripti et non scripti, canonici et civilis, editi vel edendi, causis et defensionibus, racionibus et aliis quibuscumque, propter que predicta vel aliquod predictorum, in toto vel in parte, possent [10] revocari, anullari vel infringi, vel eis aliquatenus derogari, aut idem vendicare posset aliquatenus, in contrarium facere vel venire. Et in testimonium veritatis omnium premissorum et singulorum, dictus ven-

---

[1] Ms. *acapite*; de même au n° 516. — [2] Ms. *quod*. — [3] Ms. *portare et facere et portare*. — [4] Ms. *retinenti*. — [5] Ms. *taslanis*. — [6] Ms. *qd*, avec une abréviation; de même au n° 516. — [7] Ms. *spei*. — [8] Ms. *accionem et incepcionem*; de même au n° 516. — [9] Ms. *valore*. — [10] Ms. *possens*.

ditor sigillum suum presenti publico instrumento promisit appendere; hoc acto quod cum sigillo non posito vel apposito aut eo destructo vel abolito, et in omni casu et eventu, fides plena huic instrumento in judicio et extra ubique adhibeatur, nec possit aliqua racione inpugnari, vel ejus fidei derogari. Et voluit et concessit dictus Guillelmus Ramundus de Pinibus quod, si dicto domino senescallo videbitur quod presens instrumentum indigeat correccione aliqua, in adventu suo possit ibi emendari et corrigi, salva tantum substancia ipsius instrumenti. Hujus rei testes sunt vocati et rogati : nobilis vir Anasansius [1] de Cavomonte, Ottho de Pardelhano et Vitalis de Filartigna, milites, Petrus Amavevi de Pomeriis et Guillelmus Arnaldi de Gontaldo, domicelli, ffrater Petrus Guigo, monachus monasterii Sancti Mauricii de Blavimoute, Ramundus de Miralho, burgensis de Regula, magister Arnaldus Guiscard et Poncius Amati, clerici, et ego, Guillelmus Brivatensis, notarius (*fol. 123 v*) publicus Regule, qui vocatus et rogatus, de voluntate et consensu utriusque predictorum contrahencium, hanc cartam scripsi et in publicam formam redegi, et signum meum apposui. Hoc fuit actum, positum et concessum apud Lingonium, in domo prioris que est juxta ecclesiam beate Marie, quintadecima die mensis [in] introitu Octobris, anno ab incarnacione Domini .m°. cc°. lxx°. quinto. Regnante dicto domino Edwardo, rege Anglie, Philippo priore de Regula, diocesis Vasatensis.

467 (427). *Langon, 15 octobre 1275.* — *Le sénéchal de Gascogne promet de rendre à Guillaume Raimond de Pis le château de Sendets si, dans l'espace de quatre ans à partir de la prochaine Toussaint, il a payé au roi la somme de 1,000 livres de monnaie bordelaise.*

Restitucio facienda [de] castro [de] Sentd[e]z. — Noverint universi quod nobilis vir dominus Lucas de Taney, miles, senescallus Vasconie, promisit bona fide, loco, vice et nomine domini sui Edwardi, Dei gracia regis Anglie, domini Hibernie et ducis Aquitanie suisque heredibus et successoribus et ordinio [2], et convenit nobili viro Guillelmo Ramundi de Pinibus, domicello, filio domini Guillelmi Ramundi de Pinibus, defuncti, pro se suisque heredibus, successoribus et ordinio solemniter et legitime stipulanti et recipienti, quod, si idem Guillelmus Ramundi, vel sui heredes, successores aut ordinium, persolverint de festo proximo venienti Omnium Sanctorum usque ad quatuor annos proxime sequentes post dictum festum continuos et integros mille libras monete currentis Burdegale dicto domino suo regi, ejusve [3] senescallo qui pro tempore fuerit, vel constabulario Burdegale pro dicto [domino] rege, ipse dominus rex et senescallus [4] et heredes ipsius regis et successores et ordinium reddent et restituent [seu] tradent, et reddere, restituere seu tradere tenentur, absque omni dilacione et excepcione juris vel facti, in pace et sine litis strepitu aliquo judiciario, ad ipsius Guillelmi Ramundi vel ejus ordinii, seu ejus heredis seu heredum requisicionem, castrum de Sentd[e]z cum castellania et jurisdiccione et suis pertinenciis eidem Guillelmo Ramundo suisque heredibus, successoribus et ordinio; quod castrum cum castellania et [5] pertinenciis idem dominus [Guillelmus] Ramundi vendidit dicto domino senescallo, nomine dicti domini sui regis, pro certo precio, prout plenius continetur in carta vendicionis ipsius quam ego, notarius infrascriptus, eadem die vendicionis facte coram eisdem testibus inde recepi; reddet seu eciam tradet, seu reddi vel tradi faciet idem dominus senescallus, vel alius senescallus qui pro tempore fuerit in Vasconia, vel ejus locum tenens hoc facere teneatur, ipsam cartam vendicionis quam, in eo casu quo predicta persolucio facta esset, voluit non valere dictus senescallus nec aliquo modo ipsam vendicionem nec dictum instrumentum obtinere roboris firmitatem. Et promisit

---

[1] Ms. *Amasancius*; n° 516, *Anastancius*. — [2] Après *ordinio*, le scribe ajoute les mots *solemniter et legitime stipulanti et recipienti, quod idem Guillelmus*, empruntés par inadvertance à la phrase suivante. — [3] Ms. *episcopove*; je suis la leçon du n° 516. — [4] Ms. *ipse dominus et senescallus et rex*. — [5] Ms. *cum*.

idem dominus senescallus bona fide eidem Guillelmo Ramundi solempniter stipulanti, quod super hoc eundem Guillelmum Ramundi et suos heredes, successores vel ordinium faciet habere litteras patentes predicti domini regis Anglie et ducis, hoc idem promittentes modo consimili vel equivalenti, et suo sigillo regio sigillatas[1], ab hinc usque ad instans festum [Pasche] Domini proximo[2] venientis. Promisit eciam idem dictus [dominus] senescallus bona fide appendere suum sigillum curie Vasconie presenti publico instrumento; hoc acto quod cum sigillo vel sine sigillo hoc presens instrumentum valeat et in omni casu et eventu ei stetur et plena fides ei adhibeatur et in nullo, in totum vel in partem, impugnari valeat, infringi, anullari, vel ejus fidei in aliquo derogari. Fuit actum eciam quod de hoc fiant duo instrumenta alphabete A. B. C. D. divisa[3], quorum unum haberet dictus Guillelmus Ramundi cum sigillo curie Vasconie sigillatum, aliud haberet dictus dominus senescallus cum sigillo dicti Ramundi sigillatum, modo consimili valiturum[4]. Hujus rei sunt testes vocati et rogati : nobilis vir Anasancius de Cavomonte, Ottho de Pardelbano, Vitalis de Filartigua, milites; Petrus Amanevi de Pomeriis, Guillelmus Arnaldi (fol. 124) de Gontaldo, domicelli; frater P. Guigo, monachus monasterii Sancti Mauricii de Blavimonte, Ramundus de Miralbo, burgensis de Regula, magister Arnaldus Guiscardi et Poncius Amati, clerici. Et ego, Guillelmus Brivatensis, notarius publicus Regule, qui vocatus et rogatus, de voluntate et consensu dictorum contrahencium, hanc cartam scripsi et in publicam formam redegi, et signum meum apposui. Hoc fuit actum, positum et concessum apud Lingonium in domo prioris juxta ecclesiam Beate Marie, .xv. die [in] introitu mensis Octobris, anno ab incarnacione Domini millesimo .cc. lxx^{mo}. quinto. Regnante dicto domino, rege Edwardo Anglie, Philippo priore[5] de Regula,

diocesis Vasatensis. Nos vero, dictus Guillelmus Ramundi de Pinibus, ad majorem securitatem huic publico instrumento sigillum nostrum proprium duximus apponendum; quo sigillo corroso, fracto, deleto in toto vel in parte, presens instrumentum, cum sit verum et publicum, semper optineat roboris firmitatem.

468 (428). *Lectoure, 1er mars 1274.* — *Bertrand de Roquefort, chevalier, reconnaît avoir reçu du sénéchal de Gascogne la somme de 100 livres de monnaie bordelaise représentant la moitié de la dot qu'il avait donnée à sa fille Honor, lors de son mariage avec feu Raimond Séguin de Mansonville, damoiseau, ledit sénéchal étant actuellement en possession de la part qui revenait légitimement à Raimond Séguin dans le château de Mansonville et ses dépendances en l'évêché de Lectoure, en vertu d'un acte passé devant le notaire public d'Agen le 4 décembre 1261. Il déclare en même temps qu'en raison du paiement de cette somme, il renonce à tout droit que lui ou sa fille aurait pu réclamer sur ce château et ses dépendances.*

Conq..... castri de Mançumvilla. — Notum sit quod, cum En Bertrans de Rocafort, cauuer, demandes per nome de Na Honors, sa filha, molher que fo d'En Rams Seigni de Mançumuila, danzedz, per arrazon del maridage assiguade a l'auantdita Honors par lo deuantdit son marid, al senhor En Lucas de Thaney, cauuer, senescauc de Gasconha, .cc. xxv. liuras d'Arnaudenx o la valor d'aqueras, per arrazon quar lo deuantdit sen[escauc] a la partida que il deuantdit Ramon[6] Seigni aue e auer deue[7] sa enrer en la partida de lo castet e de la honur[8] de Mançumuila e en las apertenensas en l'abescat[9] de Lactora, laqual partida lo[10] deuantdit En Bertrans dize estre obligade[11] a l'auantdita Na Honors, sa filha, e assi per la summa desus dita; lasquals cauzas io, notari desus escript, vi ester contengudas en la carta del

---

[1] Ms. *hoc idem promittens et modo consimili vel equivalenti suo sigillo regio sigillatas.* — [2] Ms. *proxemio.* — [3] Ms. *divissa.* — [4] Ms. *aliud haberet dictus dominus senescallus sigillo dicti Guillelmo Ramundi modo consimili sigill. cum sigill. valiturum.* — [5] Ms. *prioris.* — [6] Ms. *Romon.* — [7] Ms. *deuen.* — [8] Ms. *hanur.* — [9] Ms. *la bastat.* — [10] Ms. *la.* — [11] Ms. *obligada.*

maridage del deuantdit Ramon Seguin e de la dita sa molher, feita per la man maiestre Arn. de Montberet, comunal notari d'Agen, de laqual la tenor es aitals :

«In nomine sancte Trinitatis. amen. Notum sit «qu'En Ramon[1] Seguin d'Anteras, filh deu senhor «En Guilhem Arn. d'Anteras, ab auctoritas e cou- «silh e expres assentiment del mezis son paire, «s'es donadz e autreiadz per maridz e per «espos[2] per palauras de presen a Na Honors, «filha de senhor En Bertran de Rocafort[3]; e la «medissa Na[4] Honors, ab auctoritad del mezis «senhor En Bertran, son paire, es se donada e «autreiade per molher e per esposa per palauras[5] «del present al mezis En Ramon Seguin d'Anteras, «alqual En Ramon Seguini d'Anteras l'auantdit «senhor En Bertrans de Rocafort[6] donet en dot, «ab la preditha sa filha, en bos deners comtats, «.xxv. libr. de Morl. e .c. libr. d'Ar.; lasquals «auantdithas .xxv. libr. de Morl. e .c. libr d'Ar. «l'auantdits senhor En Bertrans de Rocafort «donet en dot al predit En Ramon[7] Seguin «ab la preditha sa filha en aquesta maneira «que, si s'endeuenia[8] que desanes de la me- «dissa sa filha auant que del predigs En Ramon «Siguini senes (fol 124 v) heret que no i remasses «paruentis de lor matrimoni, e si heret i auia ed «aquel desanaua senes autre heret de son matri- «monii prouenent e defendent, que la mitadz de «las dithas .xxv. libr. de Morl. e de las dithas .c. «libr. d'Arn. tornesos e auengosso, ses tota excep- «cio e ses tot demanament de dregs, al digs En «Bertran de Rocafort[9] o a ses hers o a son or- «dench, ne contrastant[10] aquela general costuma «que es en l'abescat d'Agenes, que diz[11] que «totas las causas moblas que son donades en dot «al marid son del mezis marid per far totas sas «voluntadz, en qualque maniera[12], primerement

«desanc de la molher auant que del marid ab «heret o s[e]nes heret, e no contrastant acuna «autra excepcion o razon de fag, o de dreg, o de «custuma, o de usage, o d'establiment de la vila «o de terra, fagz sa enrere e per aguant fazedor en «alcun temps. E si cauza era que de la ditha Na «Honors desanes[13] auant que del degs son marid «En Ramon Siguin e hers i rremenia de lor matri- «moni nadz, e d'aquel heret desanaua senes heret «autre que ne agues de leal matrimonii o senes[14] «testament, que no fos vengudz a la etat de far «testament, la dita midat de las dithas sommas «de .xxv. libr. de Morl. e de .c. libr. d'Ar. tor- «nesson e venguesson a l'auantdigz senhor En «Bertran de Rocafort[15] e a ses hers o a son or- «dench, [no contrastant] la ditha general custuma «ou autra custuma, excepcion ou razon de fags e «de dregs, per laqual despendre se poguesso lo «digs En Ramon Siguin, o l'auantdigs ses paire, «en alcun temps; e expressement ne contreestant «alcun prescripcio que par longuessa de temps per «aenant i pogue endeuenir en alcun temps; en la «qual mitad de las dithas sommes de .xxv. libr. de «Morl. e de .c. libr. d'Ar., so es assaber .xij. libr. «e .x. sol. de Morl. e .l. libr. d'Ar., redre e «restitant (sic) al digs En Bertran de Rocafort «e a sez hertz o a son ordench, si de la ditha sa «filha desanaua auant que del digs En Ramon «Segui, senes heret que non remangues de lor «matrimoni paruent o enqueras ab heret[16] que «i remazes[17] del mezis[18] lor matrimonii del qual «heret desancs [sencs] autre heret que no agues «de leial matrimonii o senes testament que ne «fos vengudz a etad de far testament, en la ma- «neira que predigs es, lo mezis En Ramon Seguins, «ab auctoritad e cosselh e expres consentement de «l'auantdigs En W. Arnaud d'Anteras, obliguero «(sic) al mezis En Bertran de Rocafort[19], tots ses

---

[1] Les mots qu'En Ramon ont été répétés par le copiste. — [2] Ms. per marediz e per espes. — [3] Ms. Batefort. — [4] Ms. ana. — [5] Ms. paularas. — [6] Ms. Racoford. — [7] Ms. las quals comiuas auant dithas de .xxv. libr. de Morl. e de .c. libr. d'Ar. l'auant digas senhor En Bertrans de Racaford donet en dot al pregads En Ramon. — [8] Ms. en la questa maneira que si sendeconia. — [9] Ms. Racafort. — [10] Ms. contrasitant. — [11] Ms. en lo bescat Dagenes que dodiz. — [12] Ms. demanoir. — [13] Ms. de senes. — [14] Ms. sones. — [15] Ms. Racofort. — [16] Ms. herei. — [17] Ms. iromazes. — [18] Ms. mazis. — [19] Ms. Racafort.

«bes mobles e nomobles, reals e personals, presents «e auendors[1], des qualsque personas sian possedid «o per on que sian, per tots logs; de quals .xxv. libr. «de Morl. e de lasquals .c. libr. d'Ar. e de tots e de «cadaun les autres conuentes auantdigs lo pre-«digs[2] En Ramon Seguin, ab auctoritat del «predigs[3] son paire, e lo meziss son pair per «nome del meziss En Ramon Seguin, son filh, se «tengon per be pagat; e renuncieren ne a la «excepcion de no comtat e de no pagat auer et a «(fol. 125) totas autras excepcions de tots[4] en-«gans e de error e decepcio; lasquals .xxv. libr. «de Morl. e lasquals .c. libr. d'Ar. l'auantdigs En «Ramon Seguins, ab auctoritad del predigs[5] son «paire, lauzero e autregoro a la ditha Na Honors, «molher del digs En Ramon Seguin, sobre tots les «bes mobles et nomobles, presents e auendors, «des qualsque personas sian possedidz e per on «[que] sian, lonh [o] pres[6], par tots logs; e volgo «e expressament autregoro que la mesissa[7] dona «Na Honors ne fos pagada tota primeira deuant «totas personas o deuant tots[8] autres deutors e «crezedors, en qualque maniera, primerament de-«sanes del predigs[9] En Ramon Seguin auant que «[de] la ditha dona Na[10] Honors, ab heret o seus «heret. E si causa [era] que del meziss En Ramon[11] «Seguin desanes auant que la ditha Na Honors «sencs heret que no i rema[n]gues paruents de lor «matrimonii, e si heret i avia de lor matrimonii, «e d'aquel[12] heret de[sanes] senes autre heret «de son matrimonii, e [si] endebines[13] que de la «ditha Na Honors que cobres e agues mais de lor «bes e de lor cauzsas [s]obra las .xxv. libr. de «Morl. e [s]obra las dithas .c. libr. d'Ar. lxxv. libr.

«d'Ar., que fos[14] per tot en[15] deniers comtas «.xxv. libr. de Morl. e .clxxv. libr. d'Ar.[16], e per «razo de general costuma, laqual es faitha, ap-«probada e usada, perseguita e entrodutha[17] en «lo ebescat d'Agenes en benefici e en fauor de «femmes, laquals custuma didz que, quant femma «pucella va a marid e del marid primerement de-«sana auant que de la molher ses beret que no i «a agud, que cobra son auer moble demblat[18] des «bes de son marid, i oltra[19] las dithas .lxxv. libr. «d'Ar. per razo de la ditha custuma ni per razo de «debia[20], la meziss Na Honors demandar ni requere «ne pusca els bes del meziss En Ramon Seguin «son marid et del digs[21] son paire, si tot heret «agud non auia, so es assaber que fosso per tot «.xxv. libr. de Morl. e .c. e .lxxv. libr. d'Ar. ses «plus; a quals conuents faire, tener e compler «tot en la maniera que predigs es, a la preditha Na «Honors, lo predichs En Willem Arn. d'Anteras e «li meziss En Ramon Seguins, maridz de la mezissa «Na Honors, obliguero se, cada[u]us par[22] lo tot, «ses personas et tot[s] lors bes mobles e nomobles, «presentz e auendors e per tots logs; e volgo e «autregoro[23] que ela ne fos[24] pagada tota pri-«meira deuant tots autres deutors e crezidors e «deuant[25] totas autras personas. E renuncieren ne «a lo nouelor constitucion de dus reus[26] que didz «que, quant son dui ou plosors deutors cabaliers, «que cada[u]us deu estre conuenguds o quitis «ab que pague sa part[27] per counte de personas. El «predigs En Guillem Arnaud d'Anteras renunciet «ne a la nouela constitucio de fermezas[28], laquals «dits que primerament deu estre conuengadz lo «pri[n]cipals caballers que las fermansas, e a

---

[1] Ms. *arondrous*. — [2] Ms. *pregids*. — [3] Ms. *pregids*. — [4] Ms. *totas*. — [5] Ms. *pregids*. — [6] Ms. *prees* (loin ou près). — [7] Ms. *valgo e expressament aueregero que la meississa*. — [8] Ms. *totas*. — [9] Ms. *desanes e del pregids*. — [10] Ms. *va*. — [11] Ms. *mezissin Ramon*. — [12] Ms. *e de la quel*. — [13] Ms. *endchanes* (s'il arrivait que). — [14] Ms. *sit*; voir, un peu plus loin : *que fosso per tot*. — [15] Ms. *ou*. — [16] C'est-à-dire ce qui ferait en deniers 25 l. de Morlaas et 175 l. d'Arnaudins. — [17] Ms. *perseritha e entredutha*. — [18] C'est-à-dire qu'elle recouvre ses biens meubles doublés par ceux de son époux. — [19] Ms. *joaltra* (et en outre). — [20] Ms. *deblat*, c'est-à-dire le doublement, dont il a été question plus haut. — [21] Ms. *degs*. — [22] En toutes lettres. — [23] Ms. *autregso*. — [24] Ms. *que ala nefes*. — [25] Ms. *deuantas*. — [26] Correspond au latin *De duobus reis*, titre d'une nouvelle insérée au Code de Justinien, VIII, xl, nov. 49. — [27] Les mots *sa part* ont été répétés par le scribe. — [28] Ms. *fermeros*; quatorze mots plus loin on lit *fermansas*. Cette phrase signifie que le principal débiteur doit être mis en cause avant les cautions.

«totas autras benefices de dregs e de custumas per
«que⁽¹⁾ countre pogues venir en alcun manera.
«E d'aisso foren⁽²⁾ fathes duas cartas de una me-
«zissa substancia, diuisas per A. B. C. D., de las
«quals lo dits En Ramon Seguins ac la una, e lo
«predigs senher En Bertrans de Rocafort, per si
«mezis et per la ditha sa filha, ac l'autra. Aisso
«fo aiss[i] fags .iiij. dias a l'intrat de Decembre.
«Testimonis son de las dithas causas : lo senhor
«Nicholaus de Rocafort, priors del Port Sancta
«Maria, Sans de Pins, canonges de Sent Cabrasie.
«N'Arnaudz Daurier, capelas de Rocafort⁽³⁾, Vi-
«dals del Colombier, Gassies de Galard, Guillem
«Arnaudz de Caucenx, Pelegris de Sent Mezart,
«et ego, Arnaldus de Mouberer, communis nota-
«rius Agennii, qui hanc cartam scripsi utriusque
«consensu, anno Domini .m°. cc°. sexagesimo
«primo. Regnante domino Alfonso, comite Tholo-
«sano, Guillelmo Agennensi episcopo.»

E es assaber (*fol. 125 v*) qu'el deuantdits En
Bertrans, per nome de si e de l'auantdita Na
Honors, sa filha, a feit fin e padz e acorde ab l'auantdit sen[escauc] per .c. libr. de la monada corssable
de Bordeu, que lo dit sen[escauc] l'en a dadas e
pagadas e redudas enteirament en bos deniers com-
tadz, per tot lo dreit e per tota la razon e accion
e demanda que lo dit En Bertrans e ⁽⁴⁾ la dita Na
Honors, sa filha, aguessan e auer poguessan ⁽⁵⁾ per
la razon de l'auantdita dot o maridage sobre la
partide q'el digs En Ramon Seguins auia o auer
podia o deuia en alcuna manera en predigs castel
de Mançu[m]uila, e en la honor e en las apertenensas del mezis castel en l'abescat⁽⁶⁾ de Lactora,
de lasquals .c. libr. lo dit Bertrans reconog que
n'era estadz ben ⁽⁷⁾ pagadz compleidamentz del tut;
renuncian a la excepcion de no comtad e de no
pagad auer, e de no tornadas a son profeit, e d'engan ; per lasquals .c. libr. al predit En Bertran
pagadas en la maniera que desus es contengud, lo
predigs En Bertrans, per nome de si e de l'auantdita Na Honors, sa filha, a donat e autrciat et ⁽⁸⁾
quitad al dit senescauc, receben per noble senhor
Audoart⁽⁹⁾, per la gracia de Diu roi d'Anglaterra,
e dux de Guayna, e per nome de lui, tot dreg, e
tota razon, e tote accion, e tote compulsion, e tota
querelha, e tota demanda real e personal, perpe-
tualment, qu'el predigs En Bertrans e ⁽¹⁰⁾ la ditha
Na Honors, sa filha, aguessan ni auer poguessan
per razon de la dita dot o del digs maridage e obligacion en la partida que predigs En Ramon Seguin
auia o auer deuia o podia el castel e en la honor,
o en los apertinensas de Mançunuila en l'abescat
de Lactora. E l'en a mes lo predigs En Bertrans,
per nome de si e de la predita Na Honors, sa filha,
en bona e verçaia e pazibla e corporal possession e
sazina ; e l'[e]n a fags e establid procurador ; e l'en
a fait, per nome de si e de la ditha sa filha, cession
del tot ; e a mandat e promes lo predigs En Bertrans sos ⁽¹¹⁾ obligament de tots ses bes, que, si lui
heret o lui successor del predigs En Ramon Seguin,
ni en alkun temps cobrauan per dregs ou per costuma lo dreit e la partida q'el dig Rams Seguyn
auia o auer deuia o podia el digs castel e en las
honors e en las apertinensas de Mançunuila en
l'abescat de Lactora⁽¹²⁾, que el En Bertrans reddera e
paguera, ses tot contrast, las .c. libr. al predit senhor
roi d'Anglaterra e a son loctenent en Gascunha.
Empero ⁽¹³⁾, si lo cas endeuenia qu'el predigs En
Bertrans pagues e reddes ⁽¹⁴⁾ las dithas .c. libr. al
predit senhor roi e a son loctenent en Gascunha,
lo mezis En Bertrans s'a aretengud e saluad contra
aquera persona o personas que tendria o tendrian
la partida del dit En Ramon Seguin del dit castel
de Ma[n]çumuila, ni las honors, ni las apertenensas
de lui en l'abescad de Lactora tot le dregs que el a
per nome de si ne de l'auantditha Na Honors, sa
filha, de las preditas causas par arazon de dot e de
maridadge o par autre dreit, ni en alcuna autra
maniera. E per tots les combentz e sengles en
aquesta presenta carta contengudz far e auer e tenir

⁽¹⁾ Ms. *per dc.* — ⁽²⁾ Ms. *feren.* — ⁽³⁾ Ms. *Rapelas de Rocafort.* — ⁽⁴⁾ Ms. *a.* — ⁽⁵⁾ Ms. *paguessan.* — ⁽⁶⁾ Ms. *lo bescat.* — ⁽⁷⁾ Ms. *bone.* — ⁽⁸⁾ En toutes lettres. — ⁽⁹⁾ Ms. *Scaudoart.* — ⁽¹⁰⁾ Ms. *en.* — ⁽¹¹⁾ Ms. *ses.* — ⁽¹²⁾ Ms. *en las apertinementz de Mancumuila en l'abescat de de Lactora.* — ⁽¹³⁾ Ms. *Empere.* — ⁽¹⁴⁾ Ms. *pogues e reddas* (le dernier mot précédé du signe *p* barré en interligne).

bonament, e en padz, e ses totz plags, e senes tot enbargament, al predigs sen[escauc] recebent per nom del predigs senhor roi d'Angleterra es fiansa e tengut pel tot lo fonhe (sic) En Bernart Trencaleon e que en a obligat si mezis, e tots ses bes, e totes sas causas mobles et nomobles, presents e auenidors[1], on[2] que sian, en tots logs, e es tengudz per lo tot, per via e per mort; e renunciad a la noual constitucio «Presente» e a tot[3] dregs, escrigs e no escrigs, que valer ni ajudar le pogs per venir encontra. El digs En Bertrans a mandad e promes e jurat sobres sens euangelis de Diu tochatz corporalment, que, tot assi cum desus es digs, o tendra e encontra no vindra, ni venir no fera, per si mezis ni per autra persona, en alcuna cort seglar ni de glisa, en alcun loc, ni en alcun temps, ni en alcun[a] manera. E d'aisso foren faitas duas cartas d'una mezissa substancia, de lasquals lo digs senescauc ag la una, e le predigs senhor En Bertrans de Rocafort[4] l'autra, per si e per la ditha Na Honors, sa filha. Aisso fo[5] fags, accordat e pausat a Lactora, le primer jorn del mes de Marcs, anno ab incarnacione Domini .mº. .ccº. .lxxmº tercio. Regnante domino Eduuardo, rege Anglie predicto, Veziano, vicecomite Leomannie, Geraldo (fol. 126), episcopo Lectorensi. Hujus rei sunt testes : lo senhor N'Ugs d'Arrocafort, prior del Port Sancta Maria, maiestre Arnaud de La Casa, maiestre Bernard Ffaur, maiestre Adam, le clerk del dit senescal, Robert de Strantona, Audoard de Talaher; et ego, Petrus de Morlanis, communis et publicus notarius Lactore, qui hanc cartam scripsi et in publicam formam redegi utriusque consensu; et hoc signo meo signavi in testimonium veritatis.

469 (429). *Répétition, sauf des variantes purement littérales, du nº 450.*

470 (430). *30 juin 1272. — Arnaud de Gabaston et sa femme Clarmonde, fille de feu Arnaud Guillaume de Marsan, reconnaissent avoir reçu du prince Édouard, à titre de prêt, la somme de 20,000 sous de Morlaas, pour laquelle ils ont livré en garantie le château de Louvigny et ses dépendances, jusqu'au complet remboursement de la somme empruntée.*

(Fol. 126 v). Recognicio Arnaldi de Gavaston., militis, et uxoris sue, de .xxᵐ. solidis Morl. quos debent regi. — Conoguda[6] causa sia que N' Arn. de G[a]uaston, cauoirs, e la dona Na Claremont, sa molher, fili[a] de N' Arn. W. de Marssan, qui fo, entram[7] d'un acort e de una voluntat, ne forssat ni costrent, ni decebut, ni per frau ni per bauzia[8], ni per alcuna decepcion ad asso amenat, mas de leur bone grat e bona voluntat, e lor propri manement, e lor cert saber, en lor bona consciense, au reconegut e autreiat e confessat que deuen al noble senhor N'Audoart, e a son loc tenent en Gasconha, .xx. milia sol. de bons Morl., lasquals reconogorent e autreicrent qu'el noble senhor, En Lucas de Thaney, l'adoncs sen[escals] de Gasconha per l'auantditz nostre senhor N'Audoart, lor a dalz[9] e liuradz e ballatz, en nome e'n persona del mediss senhor N'Audoart, en bons deniers comtatz, delsquals tots auantditz .xx. milia sol. de Morl. lo mediss senhor N'Arn. de Gasconha e la medissa[10] dona Na Claramont, sa molh[er], se son tengut e reconogut per ben pagat e per ben content e abondos[11] del tut; e n'an expressament renunciat a tota excepcion de no comtatz e de no pagatz e no agutz e de no recebut les dits .xx. mil. sol. perfeitament[12] e entegrament, e de tot menhs recebut[13] e de bauzie e d'engan, e ab benefici del senatusconsult velleian e a la pistola, e de las noeras constituciones e de restitucion en entegre[14]; per lesquals

---

[1] Ms. *auenidoras*. — [2] Ms. *en*. — [3] Ms. *tote*. — [4] Ms. *Racafort*. — [5] Ms. *so*. — [6] Ms. *Conaguda*. — [7] Ms. *entran*. — [8] Ms. *ni per frane ni per banne*; j'emprunte la formule équivalente du nº 481. — [9] Ms. *lor a sostadats*. — [10] Ms. *lo mediss*. — [11] Ms. *sa son tengut e reconogut per bon pagat e bon entent e abondes* (content et satisfait). — [12] Ms. *profeitament*. — [13] Ms. *de tots monhs conte*. — [14] Pour le sénatus-consulte Velléien, voir le Code de Justinien, liv. IV, tit. xxix : «ad senatusconsultum Velleianum»; pour l'épître de l'empereur Hadrien, les Institutes, liv. III, tit. xx : «de fidejussoribus», art. 4; pour la restitution en entier, le Code, liv. II, tit. xxi : «de in integrum restitutione minorum xxv annis».

RECOGNICIONES FEODORUM IN AQUITANIA.   199

.xx. mil. sol de Morl. la medissa dona Na Claramentz, ab autrei e ab voluntat e ab expres consentiment e assentement del mediss N'Arn. de G[a]uasthon, son marid, e et ab era entram [1], e de un acord e de una voluntad, an baillat e liurat e obligat e mes en sazina e en plene e paizible e corporale possession e tenente ades presentiment, de palaura e de fet, al dit senhor En Luchas de Thaney, senescale (*fol.* 127) de Gasconha, loquals ag arrecebo en nom e en persona de l'auantdit nostre senhor N'Audoart, lo casted aperat lo castet de Lobinhon pres de La Reula de Saubestre, en l'abesquat de Lescar, ab totas las senhorias, els droitz, els usagez, e las apertenensas al mediss castet de Lobinhon apertenentz e apertenedurs [3], quals que sian, ni ou que ssian [?] ni esser [4] degen, complidamentz, per tots logs, e espressament totz les sagramentz e homages e leialtatz e feialtatz, ad auer, e a tener, e a uzar, e a collhir, que hom deu a la medissa dona per l'auandit castet ni per sas apertenensas, a recceber e a posseder plenamentz e en padz, e ses contrast d'alcuna persona o de personas, tant entro que la medissa dona Na Claramentz, ou sin her, o son tornaleir, renden e pagan al mediss senhor N'Audoart e a sson loctenent en Gasconhe totz les auanditz .xx. mil. sol. de Morl., complidament e entregrement, ses tota diminucion; s'es que volen lo mediss N' Ar. de G[a]uaston ni l'auandita dona Na Claramontz que, [si] nulhs us ni fruitz ni reccepcious ni gauzentes al mediss senhor N'Audoart, ni home pur lui, agen ni 'n prengan del dit castet de Lobinhen ni de las apertenentz del mediss castet, en alcun temps, ni en alcun loc, ni en alcuna hora, lo pusca esser demandat ni entendit per osoure, ni comptad en solta [5] ni en paga de l'auandita deuta [6]; car la medissa dona Na Claramontz, ab autrei e ab voluntat del dit son marid ag a [7] tot dat in pura donacion per la garde o per l'emparente [8] del mediss castet e de sas apertenensas. E l'an autreiat e promes e mandat lo dit castet ab totas sas jurisdicciones e sas apertenensas saluar e audorgar e garantir e far auer e tener e posseder planament e en padz e ses contrast de totz demandors e torbadors que re i demandessan per neguna dreitura en cort, saubs les droitz e las senhorics saubas del mediss senhor N'Audoart; dichoren e reconogoren qu'el mediss castet de Lobinhen, ab totas ses apertenauses, man de lui e de sa senhorie. E per totz aquestz obligamentz e articles e combentz en la present carta contengutz fermament tener e gardar e complir, lo mediss N'Arn. de G[a]uaston e la medissa dona Na Claramontz, sa molh[er], an expressamment renunciat a tota maniera de dreit escriut, de leis e de canon, general e special, diuin e human, tazible e express, velh e noet, fait e a far, e a tots fors e a totas custumas faitas e a fair, e a totas autras cartas e contracartas, e a totz escriutz sagoratz e a sagerar, e a tots priuilegis empetratz e [a] empetrar, e a totas excepcions e accions, reals e personals e mixtes, per que contra l'abalhament, ni'l l[i]urament, ni l'obligament del dit casted, ni contra la reccepcion de la somma [9] dels auantdits .xx. mil. sol. de Morl., ni contra la donaciou ni la quitance dels auantdits us e fruitz e esplezt e gauzentes, o contra las causas els combentz els articles en la presenta carta contengudas e contengutz, pogesson vier, ensemps [10] o depertidament, o l'autra persona o personas per lor o per alcun de lor, en alcun temps o eu alcun loc, per neguna maniera. E la medissa dona Na Cla[ra]montz, de sa bona conscience e de son cert saber, reconoisset [11] que ne era defraudade, ni decebude, ni enganade in aisso, de tot ni de pardide,

---

[1] Ms. *entrain* (avec un accent au-dessus d'un des trois jambages). Le texte veut dire : et lui avec elle, [tous deux] ensemble. — [2] Ms. *apertonedunas*. — [3] Ms. *ni ou quession*. — [4] Ms. *asser*. — [5] Ms. *salta*. — [6] Le sens de cette phrase me paraît être le suivant : Arnaud de Gabaston et sa femme veulent que, si le prince Édouard ou quelqu'un de ses gens prend les fruits du château de Louvigny, cela ne puisse être revendiqué ni compris comme étant un intérêt de l'argent prêté (*osoure* = *usura*), ni un commencement de remboursement. — [7] Ms. *marlaga*. — [8] Ms. *per la gards o per la emparente* (pour la garde ou pour la protection). — [9] Ms. *samina*. — [10] Ms. *ensempers* (avec p barré); c'est-à-dire ensemble ou séparément. — [11] Ms. *reconoissentz*.

e que n'a [1] expressament renunciat ad aqued dreit qui di que de obligamentz que molh[er] face, estan al poder son marid, ne deu auer valor. E per tot aisso (*fol. 127 v*) far e tener e complir e gardar, lo mediss N'Arn. de G[a]uaston e la dita sa molh[er] an obligat totas lor causas et totz lor biens mobles e nomobles, a qualque part que sien, ni on [3] que sien ni esser degen, per totz locs. E obligan, per lo dit combent tener, totz lor hers e hereters e tornaliers e successo[r]s, qui en les bens del dit N'Arn. de G[a]uaston e de la dona N'Esclarmonde volran herater ni sesintrar ni succidir; e ag an jurat sober les santz euangelis nostre senhor Deu corporalement tocatz. E l'auantdit senhor En Lucas de Thaney, senescals de Gasconha, arecebuda [5] la sezina e la possession del dit casted e de ses apertinences els combentz desus escriutz per l'auantditz nostre senhor N'Audoart, a reconogut e autreiat e promes e mandat e s'en es expressement obligatz a la medissa dona Na Clarmont que, tota hora que era [4] o sin her, si era no i era viuent, o sin hereter tornaleir del dit casted, si era o sin her no eran en vita, volen solber [5] lo mediss casted ab [5] ses apertenences, qu'el mediss senhor N'Audoartz e ses loctenentz en Gasconha [lo] lor rendra et lor dera [7] a ssolber per les auantditz .xx. mil.sol. de Morl., ses tota dilacion e ses nulh contrast. E a plus [8] autreiat e expressament promes e mandat, que d'aisso lor fera dar lettre del senhor En Thomas de Clares, tenent lo loc del senhor N'Audoart en Gascunhe, e del roi d'Anglaterra, e del consell nostre senhor N'Audoart d'Anglaterra d'aissi a la primera festa de Nadal qui ben. E s'es plus obligatz per lo mediss senescals, en nome e en persone de l'auandit nostre senhor N'Audoart, que, tant qant lo ditz senhor N'Audoatz o ses locs tenentz tendra lo dit casted obligat per les auantditz .xx. mil. sol. de Morl., en nulha man nel metra, mas en sa propria man o de son her. E tot aisso a [9] jurat lo mediss senhor En Lucas sober les santz euangelis Deu corporalment tocatz. Testes sunt: En Brunus de Saie, cauoirs, En Bertran de Ladilhs, filhs d'En W. Arn. qui fo, En P. Calhau, En Amaneu Colom de Borg, ciudadan de Bordel, En Ramon del Miralh, borzes de La Regula, En Bern. Faur, clerc, En Bernard de Gauaston, archidiaques del Feusmarcs, e N'Arn. de Arbussan qui questa carta enqueri e son senhal i pauzet, laqual Ramon de Latraue, clerc, escriuan [10] jurat en l'offici del tabellionarii de Langon, escriuo per comandement de lui. Actum ultimo die Junii, anno Domini .m°. cc°. .lxx.mo secundo. Regnante Henrico, rege Anglie, Guillelmo, episcopo Vasatensi.

471 (431). *31 juillet 1270*. — *L'abbé et le monastère de Saint-Sever reconnaissent avoir reçu la somme de 3,000 s. de Morlaas qui leur était due par suite du pariage conclu ce même jour avec le prince Édouard* [11].

Recognicio abbatis et conventus Sancti Severi de [tribus millibus sol.] Morl. quos receperunt de rege. — Conoguda [12] causa sia qu'En Garsias Arn., abas, eu combentz deu moster Sent Seuer en Gasconhe, arreconogoren per lor bona voluntat que it [au] arrecebut .iij. mil. sol. de Morl. [13] en bons deniers contatz per las mans maiestre Arn. de Bois, canonge Sent Seuerin de Bordeu, e d'En Bertran de Ladius, ciptadan de Basatz [14]; so es assaber par arradon de l'eschampne e de la ordinacion que lo mediss abbas e combentz arreconogoren que au feit ab la partida nostre senhor N'Audoart e deu roi d'Anglaterra, segont [15] la tenor de las cartas

---

[1] Ms. *qui na*; c'est-à-dire qu'elle a expressément renoncé. — [2] Ms. *en*. — [3] Ms. *arecobuda*. — [4] Ms. *hera*. — [5] Ms. *sober*. — [6] Ms. *ob*. — [7] Ms. *dira*. C'est-à-dire : s'ils veulent racheter (*solber*) le château, le prince Édouard ou son lieutenant le leur donnera au prix de 20,000 l. — [8] Ms. *pluis*. — [9] Ms. *als*. — [10] Ms. *esauan*. — [11] Déjà publié plus haut, n° 416; les différences entre les deux textes sont purement verbales. — [12] Ms. *Conaguda*. — [13] Dans l'acte de pariage, c'est 3,500 sous de Morlaas que devaient recevoir et que reconnaissent avoir reçus l'abbé et le couvent. — [14] Ces deux personnes se retrouvent dans une charte d'Édouard Ier qui a été transcrite dans l'acte de pariage : *magistri Arnaldi de Bogio et Burgundi* (corr. *Bertrandi*) *de Ladils, civis Basatensis* (I, 256). — [15] Ms. *segent*.

que Estewe de Proensa n'a enquerit; e es assaber qu'En Doatz de Dado[1], obrers, e En Bernartz de La Lana, celarers, ab voluntat e ab autrei deus auantditz abat e combent, arreconogoren que la partz deus dits senhors roi [e] N'Audoart e lo mediss abbas e combentz lor an bailhat (fol. 128) e liurat ambedas las cartas[2] feitas sobre la ordinacion deu dauantdit escaumuhe, la dona de lasquals cartas los dauantdit[3] obrers e celarers ab voluntat e autrei deus auantdits abas e combent a[n] mandat e promes, per ferma e leiau[4] stipulacion, que arrendran e balheran e liueran, au comandement de nostre senhor N'Audoart; laore sire Rogers de Leiburne arra dat e autreiat aus deidz abat e combent lettra ab son saget pendent, ab segrament de confirmacion e ratificacion, cum et veu e autrea e conferma[5] totas las cauzas et se[n]glas contengudas en las deuantditas cartas, e se[6] oblige a edz que tengua e complisca totas tas medissas causas e las lor fasse tener a bone fe; e laor[7] lo medisse sire Rogers les ara agut lettra[8] deu senhor N'Audoart de[9] confirmacion e ratihabitacion, ab voluntat e ab autrei e ab sagrament de sa molher, en laquau lettra sia[10] lo sagedz d'acun ebesque per proanssa deu sagrament, e lettra de medissa confirmacion e ratihabitacion deu roi d'Anglaterra, ab voluntat e ab autrei e ab sagrament de sa molher, en laquau lettra sia[11] lo sagedz d'acun ebesque, per proanssa deu sagrament; e laor lo mediss sire Rogers e autre comandementz de nostre senhor N'Audoart las ara agut lettras pendentz de confirmacion e ratificacion du roi de Franssa, si auer las put, a bona fe; e laor li home de Memissau se sian obligat au mediss abat e combent ab carta de rendre, an per an, lo jorn de sent Johan Baptista, las .xv. libr. de Morl. de cens contengudas en las auantditas cartas; e laor it aian cobrat[12] la[13] letra que Ber. Masson, ciptadans[14] de Bordeu, a de[15] la donacion de las medissas .xv. libr. de Morl. de cens, e ara dat a lor carta de perpetuau quitanssa de tota arre que demandar ni corelhar i pogos. Actum fuit ultima die Julii[16], anno Domini millesimo ducentesimo lxx^{mo}. Regnante H., rei d'Angl., Burdegalensi[17] sede vacante, Fortaner de Casanoua major. Testes sunt : Guirant de Castedfau[18], Guill. de Listrac, P. Rainaut clerc, Bernard d'Arblada, cauoirs, Bernard de Seint Siart, Guill. Ramon de Baura, e Estewe de Proensa qui la carta escriuo.

472 (432). *26 mars 1265.* — *Donation absolue et sans réserve faite au roi d'Angleterre Henri III, à sa femme Aliénor et à son fils Édouard, du château de Puyguilhem, avec ses droits et revenus, et avec le terrain nécessaire pour y construire une bastide*[19].

Quitacio facta [*regi*] *de castro Podii Willelmi.* — Coneguda causa sia qu'En Augir de Pughagud, En Grimoart de Picou, En Helies de Sent Miquel, En Arn. Brocar, En Augir Brocart, En Arn. de Sent Miquel, cauoir, de Pugh Guill[em], En Peir Ferran e la dona N'Ampaiss, molher d'En Helies d'Arrocafort[20], N'Arn. Arramon, P. del Grauled, W. Porcel, Helies[21] de Vaiuila, Estewe Faur del mediss loc, tot per una voluntat e per un[22] acort e per un[23] assentiment, l'auns ab assentiment e ab voluntat del altre, ne forsat, ni constrent, ni decebud, ni amenad ad aisso[24] per degun mal ginh ni per degun decebament, ma de lor bona [e] agradera voluntad[25], de lor proprii mouement, per

---

[1] Ms. *Quedado*; mais voir le n° 416 et l'acte de pariage (I, 254). — [2] Ms. *les an bailhat e liurat e amades las cartas.* — [3] Ms. *lo danquedit.* — [4] Ms. *lauau.* — [5] C'est-à-dire une lettre disant comment il veut et confirme. — [6] Ms. *so.* — [7] Ms. *e la or lor.* — [8] Ms. *lettras.* — [9] Ms. *e.* — [10] Ms. *sis.* — [11] Ms. *fia.* — [12] Ms. *orbrat.* — [13] Ms. *lc.* — [14] Ms. *captadans.* — [15] Ms. *da.* — [16] Ms. *Junii*; mais voir plus haut, n° 416; d'ailleurs l'acte de pariage est daté *ultima die Julii.* — [17] Ms. *Burgeg.* — [18] Dans l'acte de pariage : *Guiraut de Castelnau.* — [19] Anal. *Notices et extraits des mss*, t. XIV, p. 380. Cf. M. Vigié, *Les Bastides du Périgord*, p. 62 (extrait des *Mémoires de l'Académie des sciences et lettres de Montpellier*; section des lettres, 1907). — [20] Ms. *Arracafort.* — [21] Ms. *Hebes.* — [22] Ms. *una.* — [23] Ms. *una.* — [24] Ms. *issio.* — [25] Ms. *de lor bons agraderas volentad.*

lor e per tots lor presents e auendors, per tots temps, an dad e aquitad e gurpid e franquid francament, en franca e en pura donacion, aissi cum melhs ni plus ferm pusca ni dei ester fet ni dit ni entendut, per deguna maniciria, al noble e hourad senhor, a senhor Henric, per la gracia de Deu roi d'Anglaterra, e [a] la dona N'Elienor, sa molher, e al senhor (*fol. 128 v*) N'Audoart, lor filh e lor heres, e a lor ordench e a lor comanudement, per far e per ordinar totas lor voluntads, cum de lor proprie causa, totsles peadg[e]s [1] e les justices, els gadges, els fors, e les liudes, e las questas, e les deuers, e les dreit[ur]adges, e les senhorias, e les issides [e] intrades que id an ni auer deuen a Pugh W., ni auen, ni culhen, ni auer ni culher deuon, id ni nulha personna per lor, a Pugh W., els deuers del marcad e de les mezuras de blad e de vin, e de totas autras cauzas. E an lor dad plus e quiptad francament, en la maniera que desus es dit, totas les planaduras, els corps, els menementz, e les plasses, e les maissons, els sols, e tota la peira que s dedins lo castcd de Pugh W.; so es assaber aissi cum va de la tor Gombaldenga enjusca la tor de Sent Miquel, e les medisses tors, alt e bas, del cel en jusqua terra, ab tots les [9] dreiturages que an ni auer deuen per totas parts. E an lor dat plus, francament, en la maniera que desus es nomiad, totas las terres qu'el dits [3] senhor reis, ni l'auandita dona, sa molher, ni l senhor N'Audoars, lor filhs, e lor baillius, auran mester a far una bastida clausa en marcadil fora lo castcd de Pugh W., saubades e exceptades les senhorias que it en a per nom d'oblias ni autra maniera, en tots lor feus e en tot[a]s lor terras, de fora ni dins lo borc de Pugh W., de la gliza en for per nomme d'oblias, lasquals totas cauzas soberditas e senhorias e deuers e dreit[ur]ages, tot aissi cum desus sunt destinctad ni esaut, li auandit cauoir ab tots lor [5] parseners que desus suut escriut, a conuengud e autreiad e promes fermament al dit senhor roi e [a] la dona, sa molher, e al senhor N'Audoart, lor filh [e] heres, e a lor

ordench e a lor comanudement. francament a saluar [3] e a garantir, cum causa donada francament, de totas personas que lor i feissen nulh de mau. E tot aisso, aissi cum soberdit es, tener ferm e estable, id an mes e obligat sober totas lor cauzas mobles e nomobles, presents [e] auendors, e an promes e autreiat ly auandit cauoir, ab lor parsoneris soberdits, al dit senhor rei e a la dita dona arcina, sa molher, e al senhor N'Audoart, lor filh, que it deran a feus totas las terras e rius els bocs, que id auen [en] la honor de Pugh W. ni al for e la custuma de la bastida Santa Fe, a la requesta de lor bailliu o de son attornad [6] en tots aqued e aqueras qui son [7] acazad a Pugh W., ni si vendran acazar, ni en la honor de Pugh W. Testimoni son [8] : lo religios hom En P., per gracia de Deu abes de lo Sent Fremer, e sire Ebles [8] de Monts, En P. de Sent Miquel, monges, Gausbert del Viuer, caperan de Cambon, Ramon de Carreuel, cauoirs, Sens de Somensac, N'Aldebert Preuost, cauoir, G. Assarid, Ramon Gausbert, caperan de Brenac, P. de Comanagues, W. Maurin, Helies Faure, e P. de Bujous, cominals escriuans de La Reula, qui la carta escriuo. Actum .vj°. die exitus Marcii, anno Domini m°.cc°.lx°. quinto. Henrico rege, Helia Aucher, priore de Regula.

473 (433). *28 mai 1270. — Fortaner de Casenenve, lieutenant de Roger de Leiburne, sénéchal de Gascogne pour le prince Édouard, ayant reçu l'ordre de faire cesser la guerre qui avait éclaté entre Estoban de Beaumont, chevalier, et Arsieu de Cunont, damoiseau, seigneur, avec son frère Guillaume Bernard, de Tournecoupe, se rend de sa personne à Tournecoupe, puis à Plieux et, par ses menaces, oblige Arsieu à promettre de se présenter aux premières assises de la cour de Gascogne, à Langon ou à Saint-Macaire, et de subir la sentence prononcée par ce tribunal.*

Inquisicio facta per Forthanerium de Casanova, gerentem vices domini Rogeri de Lyburna, gerentis vices domini Edwardi in Vasconia, de domino Esto-

---

[1] Ms. *poadgs*. — [2] Ms. *totas las*. — [3] Ms. *dites*. — [4] Ms. *totas lars*. — [5] Ms. *soluar*. — [6] Ms. *attornard* — [7] Ms. *sun*. — [8] Ms. *sum*. — [9] Ms. *oble*.

bono de Bitmont et quibusdam aliis inter se guerram facientibus. — Noverint universi, presentes pariter et futuri, quod, anno ab incarnacione Domini millesimo ducentesimo septuagesimo, quarta die exitus mensis Maii, nobilis vir dominus Fortanerius (*fol. 129*) [de] Cazanova, accedens personaliter apud castrum de Tornacopa, Lectorensis diocesis, dicens se gerere vices nobilis viri, domini Rogerii de Leyburna, gerentis vices incliti domini Edwardi in Vasconia, convocavit coram se dominum Estobanum de Bitmont, militem, et Guillelmum Bernardi de Cutmont, domicellum, loco, vice et nomine Arcivii de Cutmont, fratris sui, dominos de Tornacopa; quibus in judicio constitutis coram predicto domino Fortanerio, idem dominus Fortanerius dixit se recepisse mandatum a predicto domino Rogero literatorie ut moneret et requireret dictum dominum Estobonum et Arcivum de Cutmont[1] supradictos, qui guerrabant seu debella[ba]nt, ut, nomine dominii dicti domini Edwardi et ex parte ipsius domini Edwardi, [filii] domini regis, quilibet suas aulas, domos et fortalicias quas habebant in castro de Tornacopa, cum quibus et de quibus guerram, insultum et mala[2] jam facere inter se dicebantur, eidem traderent et deliberarent; quod si facere contradicerent, vel dictum mandatum implere negligerent, easdem aulas, domos et fortalicias armata manu capere festinaret. Cujus auctoritate mandati dictus dominus Fortanerius volens fungi, monuit et requisivit dictum dominum Estobonum et dictum dominum Guillelmum Bernardi, loco, vice et nomine dicti Arcivi, fratris sui, ex parte dictorum domini Edwardi et dicti Rogerii et sua, ut dictus dominus Estobonus, suam, et dictus W. Bernardi, fratris sui et suam, aulam de Tornacopa sibi recipienti dictas aulas, loco, vice et nomine predictorum[3] idem Guillelmus [Bernardi], quod dictus Arcivus veniret ad primam assisiam dicti domini Rogerii que erit apud Longo[nium] vel Sanctum Macharium[4] et, si illam contingeret prolongari[5], quod veniret ad sequentem primam, quicquid dictus dominus Rogerius vel ejus locum tenens cum curia Vasconie cognoverit facturus, si ea que facta sunt et recepta per dictum dominum Fortanerium non sufficerent juxta forefacta per ipsum Arcivum dicto Estobono illata, et super omnibus aliis ipsum Arcivum tangentibus, prout in quodam instrumento super predictis per notarium infrascriptum confectum plenius continetur. Et [cum] hoc infra tres dies dictus Guillelmus Bernardi fieri promisisset, predictus Arcivus, racione dicte promissionis, coram predicto domino Fortanerio accedente apud castrum de Plius, prope ecclesiam dicti castri, proposuit se paratum esse dictam promissionem, quam predictus frater suus eidem fecerat, adimplere. Cui Arcivo, cum omnes articuli, et promissiones, et singula capitula, et pacta, et convenciones in dicto instrumento contenta, et tenor tocius instrumenti de verbo ad verbum fideliter perlectus, et quecumque in ipso instrumento continentur, essent manifesta et exposita, dictus Arcivus, auditis et intellectis predictis omnibus diligenter, habitoque tractatu seorsus cum amicis suis et consilio suo, sponte ratificavit, approbavit et confirmavit omnia que acta fuerant per dictum fratrem suum super premissis cum dicto Fortanerio, dicta die, promittendo[6], firma atque solempni stipulacione dicto domino Fortanerio, sub obligacione omnium bonorum suorum, et jurando super sancta Dei evangelia, tenere, complere et inviolabiliter observare omnia et singula contenta in dicto instrumento, prout dictus Guillelmus B. promisit eundem Arcivum facturum et completurum, et secundum quod melius in ipso instrumento continetur sive eciam declaratur[7]. Pro quibus omnibus tenendis et inviolabiliter observandis, dictus Arcivus bona sua omnia dicto domino Fortanerio obligavit. W. Odo de Montealto, et dictus Vitalis de Filartiga se constituerunt fidejussores, pro dicto Arcivo, ut ad dictam assisiam idem Arcivus coram dicto domino (*fol. 129 v*) Rogerio, vel ejus locum

---

[1] Ms. *Encomont*. — [2] Ms. *male*. — [3] Je copie littéralement cette phrase, depuis *monuit et requisivit;* elle a été altérée par le copiste. — [4] Ms. *Sanctum Marcharium*. — [5] Ms. *prolongare*. — [6] Ms. *premitenda*. — [7] Ms. *continentur, sive eciam declarentur*.

tenente, veniat, et eciam ad sequentem, si primam assisiam contigerit prolongari, et quod ibi faciat secundum quod dictus dominus rex, vel ejus locum tenens, una cum curia Vasconie, cognoverit faciendum, prout in dicto instrumento plenius continetur, uterque eorum bona sua dicto domino Fortanerio propter hoc obligando. Preterea dictus Arcivus protestando dixit quod istam promissionem et obligacionem faciebat salvo jure suo et salvo jure vicecomitis Leomanie. Dicti vero fidejussores obligaverunt se ad solvendum centum libras chapotensium[1], si ad dictam assisiam dictus Arcivus non venerit, et cognicionem dicti domini Rogerii, vel ejus locum tenentis, et curie Vasconie non tenuerit, sicut in dicto instrumento plenius[2] declaratur. Actum anno, mense, die et loco quibus supra. Testes sunt : magister W. Drio, clericus, Raimundus de Garres, En G. de Galardo et Ger. de Galardo, Odo de Cazanova, domicelli, dominus B. de Balirihyn, miles, Ficius de Sancta Maria, W. de Claus, Raymundus de La Bitan, P. de Berraco, Galhardus de Rupe, Stephanus Arquerii et ego, W. de Luco, communis notarius Lactorensis, qui hanc cartam scripsi.

474 (434). 7 mars 1274. — *Donation faite au roi par les deux frères, P. et Amanieu de Machinon, de la colline appelée «lo Puoch de Pico» au diocèse de Périgord, où doit s'élever une bastide.*

Donacio facta regi de podio de Pico per P. et Amaneum de Machinnon, fratres. — Notum sit omnibus presentibus pariter [et] futuris qu'En P. de Machinon e N' Amaneus de Machinon[3], fraires, no forsat, no destrech, no decebut, mas de lor bona, pura e agradabla voluntat e acort, de lor drech, an dat, autreia[t], doneren[4] i autreiren, en non e en titol de perfitha e de no reuocabla donacio, perpetualmen, per lor e per tots lor hereters e per tots lor successors, al honerat e al noble senhor N' Adoard, per la gracia de Deu reis d'Angl., senhor d'Irlanda, dux de Guayna, i a tot son heret, so es assaber lo puoch apelat vulgarment[5] lo puoch de Pico, del diocese de Peireg[ort], peusatz en la paroquia de S. Seui, entre lo rio del Drot, d'una part, e entre la frautat, d'autra, per far bastida e poblacio; se es assaber tan quan mestier[6] ne serra a far la bastida e la poblacio, que lodith senhor rois fassa vila al dith puoch e desuiro[7], e aia e uze plainer senhoria perpetualmen, el e sos her[e]tz, reis d'Anglaterra, o si successors. Tamen li dith[8] P. e N' Amanieus de Machinno retengren, a lor i a lor heret, .ij. ayrials al dit puoch, el loc o mais volien en luoc couenable, deliures e quits de tot so e de tot son seruaesi, mays ly auandith donador recebent e prenent[9] a fieus de luoctenens domini regis predicti .j. arial al dith puoch per far forn; e d'aco son tengut de redre cada an .ij. sol. de ces a la festa de Totz Sans, e .ij. sol. d'acaptes, senhor mudan; e promeiro e obligueiro ly auandih donador lor e totz [lor] bes mobles e nomobles, per far bona e ferma guerentia de l'auandith puoch e de ses apertenences, de lor mes[10] e de lor heret e de totas personas que alcuna causa i demendessa[n]. Es, enaissi cum es dith, li auantdith P. e N' Amaneus de Machinon desuestiren lor[11] en la ma del senhor Hyzarn de Balenx, cauallier, en non de se e d'En Aymeric de Biron, donzel, delqual[12] li auantdith donador reconegre e confessero se tenier a feus per non de la castalania[13] de Monferan l'auandith puoch, pouseren en corporal possession, vel quasi, l'amat en Crist lo senhor B. Reuelho, capella de Barbas, en nom e en persona del auantdih noble rei d'Anglaterre, del dit puoch e de sas apertenenssas, aissi cum desobre es dith; e l'auandith senhor Hyzarn, per se[14] e per lo dith Aymeric, de part senhoria, li a e tenc aquesta donacio (*fol. 130*) [per] bona i acceptable, e la autreiat, e la lauet, e la aproet per bona, e la hat ferma; e volt que l'auantdith reys haia e uze alta e bassa senhoria el dith [luoc e]

---

[1] Ms. *cahapotensium*. — [2] Ms. *plenitas*. — [3] Ms. *Domachinon*. — [4] Ms. *de neren*. — [5] Ms. *utlagamment*. — [6] Ms. *mesterier*. — [7] Afin que le roi puisse faire une ville au dit puch et aux environs. — [8] Ms. *Tam. lo dith*. — [9] Ms. *recembre* (avec le *b* barré) *e prent* (en abrégé). — [10] Pour leurs mandataires. — [11] Ms. *deuistens lor*. — [12] Ms. *delquals*. — [13] Ms. *castalion*. — [14] Ms. *so*.

en sas apertenensas. Aisso fo aissi acordat e fath .vij. dies a l'intran del mes de marchz. Test.: lo comandaire de Nausanas, dominus Bertrans de Mons, caualieus, Vidal de Migranh, prebost de Belmon⁽¹⁾, magister P. de Morlas, H., capellas de Santa Crotz, maiestre Hel. Rotbert, et ego, Hugo de Agia, communis notarius Bellimontis, qui hanc cartam scripsi, anno Domini .m°. cc°. lxx°. tercio. Regnante domino Edwardo, illustri rege Anglie, Helia, Petragoricensi episcopo⁽²⁾. Tali signo signavi.

475 (435). *Lectoure, 4 mars 1274. — Les consuls de Lectoure se désistent de toute poursuite contre le roi d'Angleterre, son sénéchal de Gascogne et leurs baillis, à l'occasion des maux que ceux-ci ont fait subir à la ville, et ils déclarent qu'ils ont reçu à ce sujet pleine satisfaction*⁽³⁾.

Quitacio facta per consules Lectorenses domino regi de transgressionibus factis a gentibus regis contra ipsos. — Notum sit quod nos, Bertrandus Gignarii, Guillelmus Bertrandi de Plumassano, Petrus de Calveto, Forcius de Genesia, Raimundus Sancii d'Engalin, Dominicus de Comino, consules Lactorenses, pro nobis et successoribus nostris in consulatu, absolvimus et quitamus illustrissimum dominum Edwardum, Dei gracia regem Anglie, dominum Hibernie, ducem Aquitannie, et dominum Lucham de Taney, senescallum Vasconie, et ballivos dicti domini regis et pro ipso in diocesi Lactorensi, et familias et fautores ipsorum, de omnibus transgressionibus nobis per predictos factis, vel per aliquem predictorum, vel alicui de universitate Lactorensi, et de dampnis ac injuriis nobis vel alicui de universitate predicta illatis hactenus, habentes predictos et singulos a predictis et singulis penitus immunes; quam quitacionem nos, predicti consules, facimus pro nobis et successoribus nostris in consulatu et pro singulis de universitate predicta, recognoscentes nobis de predictis et singulis fuisse integre satisfactum. Actum fuit hoc apud Lactoram in aula Arnaldi Guillelmi et Raimundi Guillelmi de Dulceto, fratrum, quarto die introitus mensis Marcii, anno ab incarnacione Domini .m°.cc°.lxx° tercio. Regnante domino Edwardo, rege Anglie predicto, Beziano vicecomite Leomannie, Geraldo⁽⁴⁾ episcopo Lectorensi. Hujus rei sunt testes: magister Bernardus Gaytapo, dominus legista, magister Arnaldus de Casa, magister Petrus Michaelis, canonicus Lectorensis, dominus Odo de Pardelhano, dominus Raimundus Arnaldi de Cavanhano, milites, Jordanus Pansa, Arnaldus Guillelmi de Dulceto, Raimundus Guillelmi, frater ejus, Galterus de Cartoralhil et plures alii et ego, Petrus de Morl., communis et publicus notarius Lactorensis, qui hanc cartam scripsi et in publicam formam redegi utriusque consensu et hoc signo meo proprio signavi in testimonium veritatis.

476. (436). *Sauveterre de Guyenne, en l'église de l'hôpital, lundi avant les Rameaux (19 mars) 1263. — Arnaud Guillaume de Gramont et ses fils, Arnaud Guillaume et Auger, jurent d'être vassaux fidèles et loyaux serviteurs du prince Édouard et de Gaston de Béarn, et ils s'engagent à répondre devant les juges royaux de toute plainte depuis le temps de leur soumission à Nicolas de Meulles, sénéchal de Gascogne.*

Conegude cause sie que nos, N'A. W.⁽⁵⁾ de Gramont, e A. W. e Auger, nostres filhs, auem⁽⁶⁾ jurat sober sentz al nostre noble senhor N'Audoart, [filh deu]⁽⁷⁾ roi d'Anglaterre, e al noble senhor En Gasto de Bearn⁽⁸⁾, que lieus bassages, e fideus e seruidors lous serram, e aus clamans qui son du temps en que nos fem abience ab lo senhor En Nichole de Moles, senescauc en Gasconha⁽⁹⁾, e deu sons de casted e de terre, si clamantz hi eisseuien, asponeram⁽¹⁰⁾ a for et a ley en la ma del

---

⁽¹⁾ Ms. *Belmen*. — ⁽²⁾ Élie, évêque de Périgueux depuis 1269 (*Gallia christ.*, t. II, col. 1476, où est mentionné notre n° 474). — ⁽³⁾ Publ. *Notices et extraits des mss*, t. XIV, p. 395. — ⁽⁴⁾ Ms. *Gerallo*. — ⁽⁵⁾ Ms. *Na A. W.* — ⁽⁶⁾ Ms. *auen*. — ⁽⁷⁾ Addition nécessaire puisque l'acte est de l'année 1263, alors que régnait Henri III, père du prince Édouard. — ⁽⁸⁾ Ms. *Casto de Beran*. — ⁽⁹⁾ Nicolas de Meulles fut sénéchal de Gascogne en 1243-1244. Cf. *Rôles gascons*, t. I, suppl., p. cxix. — ⁽¹⁰⁾ Et aux plaintes, s'il s'en produisait (du verbe *eisir*), nous répondrons.

soberdit nostre senhor rey; e si no ac flazom, que fossem traides e perjurs. E sober tot ço son tiengutz[1] per nos en calor e an ac jurat, sober sentz, qu'eus ac fazen thier : En W. A. de Sout, filh major hereter d'En B. Faizagasa, son fraire, En B. de Gramont[2], N'Alub[3] de Sen Martin, En P. Gassi Dilfraire[4], N'Ar.[5] d'Arraute, En Juran Bast, Nauar, son fraire, Casmarro Gasa de Legher, En W. B. de Cohubieta. So fo feit en presencia[6] de la (*fol. 130 v*) cort de Saubaterre en la glisa de l'ospitau, en maa e en presence d'En Vidau de Toloffe, baille e message de senior. Testimoni[7] : En P. B. de Tholose, En B. de Sanceuer, En P. Colomes, En S. d'Eissas, En B. d'Oreite qui la carta escriuo[8]. Ce fo feit lo dilus dauant Arrams[9], anno Domini .m°. .cc°. .lx°. secundo.

477 (437). 30 octobre 1269. — *Sentence arbitrale prononcée par Gaston de Béarn, agissant en vertu d'une lettre patente du prince Édouard (de Wallingford, 27 mai 1269), dans le différend qui avait mis aux prises le prince et Pierre de Dax, vicomte de Tartas : ce dernier est condamné à payer 6,000 sous de Morlas au prince, qui devra le remettre ensuite en possession de tous les biens dont il l'avait dépossédé*[10].

Composicio facta inter dominum Edwardum et vicecomitem Tartacensem[11], *super transgressionibus.* — In nomine Domini, amen. Coneguda causa sia que, cum contens e discordia agissam esta[ts], sa en reire, entre noble baron En P., vescomte de Tartas, d'una part, e entre acunas gentz de nostre senhor N'Audoard, d'autra part, per arrason de conte[n]s qui foren[12] mogut, sa en reire, entre lo mediss vescounte e acuns deu[s] sos, e entre acunas de las gentz de deuandit nostre senhor N'Audoart, e de forfeidz e de trespas feitz, sa en areire, per l'auandit viscounte e per les sos an dit nostre senhor N'Audoart e d'acuns deux sons; e l'auanditz nostre senhor N'Audoartz se sia compromes deus auantditz contens e trespas en lo noble barron, lo senhor En Guaston, viscomte de Bearn, per aissi cum so Estewe de Proensa, cominaus notaris de Bord[eu], eu[s] testi[mo]nii en questa carta mentagut viren estre contengut en acuna lettra patenta de mediss compromes, sagerada deu saget deu deuandit nostre senhor N'Audoart, la teno[r] de laquau es aitaus :

«Edwardus, illustris regis Anglie primogenitus, «universis ad quos presentes littere pervenerint, «salutem in Domino. Noveritis quod nos, quan-«tum ad nos pertinet, compromittimus in dilectum «consanguineum et fidelem nostrum, dominum «Gastonem, vicecomitem Bearn., super contencio-«nibus que mote fuerint inter nos et quosdam de «nostris, ex parte una, et dominum P. d'Ax, vice-«comitem Tartacensem, ex altera, et eciam super «transgressionibus nobis per eundem vicecomitem «et suos factis, exceptis duntaxat advocacionibus «militum de Boru. qui de nobis se advocant. In «cujus rei testimonium has litteras nostras fieri «fecimus patentes. Datum apud Walyngford., «.xxvij die Maii, anno regni domini patris «nostri .I°. tercio.»

E l'auandit viscons se fos compromes deus mediss contens e trespas en l'auantdit senhor En Gastons[13], [so] es assaber que l'auantditz senhor En Gastons[14] a recebuda sufficient probacio e testimoniage per sagrament de baroms, de cauoirs, de caperans, de Templers, de Hospitalers, de bordes, de laboradors, e de plusors bona[s] gentz e de dignas de fe, e auditz les mediss testimonis e diligenment examinatz e per sagramentz, e trobada per lo[s] mediss testimonis la vertad de la causa, aguda sobre asso deliberacion diligent e conseilh de barons, e de cauoirs, et de bordes, e de clercs, e de motz autrez hommes discretz, disso e pronunciet son dit en la presencia deu noble baron, lo senhor En Fortaner de Casanoua, adonc senescauc de Gasconha, e de [15] sire W. de Mon-

---

[1] Ms. *notiengutz*. — [2] Ms. *Grament*. — [3] Ms. *na Alub* (*Alub* est pour *Lub*, Loup). — [4] Corr. *son fraire?* — [5] Ms. *Na Ar*. — [6] Ms. *presencio*. — [7] Ms. *TT*. — [8] Ms. *qui la carta ab son seruan*. — [9] Ms. *lo dibes dauant Arraus*. — [10] Répétition du n° 417. — [11] Ms. *Tartas*. — [12] Ms. *faven*. — [13] Ms. *Bascons*. — [14] Ms. *Bascons*. — [15] Ms. *a*.

gauger[1], conestable de Bordeu, loquau deit disso e pronunciet en aquesta maneira : so es assaber que l'auandit viscoms dongua e pague .vj. mil. sol. de Morl. a nostre senhor N'Audoart, e que l'auandit viscoms e ly cauoir e la gens de sa terre sian quiti per totz temps de totas cauzas que passadas sian ni feitas per arradon deus mediss contens e trespas enjusca au jorn que cesta carta fo feita; e disso, jurat e pronunciet per son deit[2] e en la[3] presenssa deus auandditz senescauc e conestable, per lo poder a lui dat de nostre senhor N'Audoart, segont[4] la tenor de l'auandita lettra de compromes, que et vole e mide (fol. 131), en nom e en log de nostre senhor Ed., que l'auanditz viscoms aia e cobre totas las causas e senglas de que dissaditz era estatz per nostre senhor N'Audoart e per acun deus ses per arradon deus auantditz contens e trespas, no contrastantz acuns contens e acuns trespas qui nat e feit sian de la hora qu'en mediss viscoms de las medissas causas fo dessadidz enjusca au jorn que cesta carta fo feita, saubs e exceptatz les auoamentz deus cauoirs de Born[5] qui de nostre senhor N'Audoart s'auoant, deus quaus lo mediss senhor Gastons aue noa vogut dire, per so car de mediss auoamentz en lui ne era compromes especialment. Diss e pronunciet per son dit lo mediss senhor En Gastons, en loc de nostre senhor N'Audoart, per arradon de l'auandita lettra deu compromes, que lo mediss viscoms aia e cobre lo casted aperat Usar ab sas apertenensas e tota la justida, grant e pauca, de Born, saup la justidia de Memissan, e cobre ses homnes questaus e francs, e la montanha, e la costa de Biscaressa e de Biars, en pleit vescomitau, eu fromentiu, e totas las autras causas e se[n]glas que aue ni tene lo jorn e la hore que per l'auandit senhor o per acun d'eus ses ne[6] fo dissadidz; pero aquest[7] dit disso[8] e pronunciet en tau coudicion e en tau manera que l'auandit vescoms totas las medissas causas aia e cobre e usa e torne en sadina de proprietat[9], eu punt e en l'estament e en la manera que las medissas causas aue e tene en sadina, lo jor e la hore qu'en fo dessadidz. E d'aquest dit l'auandit vescoms es se tengudz a bien pagatz, e l'a recebutz en la manera que pronunciatz es, aissi cum desus es dit, e paget les auantditz .vj mil. sol. de Morl. audit sire W. de Montgauger, loquaus reconogo queus aue recebutz en loc nostre senhor N'Audoart. Actum fuit secunda die exitus Octobris, anno Domini .m°. .cc. [lx°.] nono. Regnante Henr. rei d'Anglaterra, P. arch. de Bord[en], Pons d'Audin, major. Testes sunt : Guill. Seguin, senhor d'Arriontz, Bertran de Ladius, Bernard Francon, N'Od. de Doassidz, cauoirs, Doad de Pins de Basadz, En B. de Coarasa, cauoirs, e Estewe de Proenssa qui la carta escriuo.

478 (438). *Le puy Chalud, près de Gurçon. 14 mai 1273. — Différend entre Archambaud, comte de Périgord, et Jean Picard, châtelain de Castillon et de Gurçon pour le roi d'Angleterre, au sujet du puy Chalud que revendiquaient le roi et le comte. Le comte, qui avait laissé occuper le puy par ses gens, les armes à la main, consent, sous le coup des menaces faites par maître Jean Dominique, juge royal, à ne rien entreprendre qui puisse avoir l'air d'une prise de possession jusqu'au 24 mai suivant, jour où la cause doit être plaidée au fond, à condition que, de leur côté, le sénéchal de Gascogne et ses gens s'abstiennent aussi de tout fait nouveau* [10].

Processus inter castellanum de Gorsson[11] pro domino rege Anglie, ex una parte, et comitem Petragoricensem, ex altera, super jure podii de Cashuz. — Noverint universi quod, convenientibus coram domino Arnulpho de Marelh, archidiacono Petragoricensi, et magistro Johanne Dominici, clerico et judice illustrissimi regis Anglie et ducis Aquitanie,

---

[1] Ms. *lo Mongauger*. — [2] Ms. *juras e pronuncie per son dat*. — [3] Ms. *per le*. — [4] Ms. *segent*. — [5] Ms. *horn*. — [6] Ms. *no*. — [7] Ms. *aquesta*. — [8] Ms. *dies*. — [9] Ms. *e usia e torne en sadina de propri de proprietat*. — [10] Publ. *Notices et extraits des mss*, t. XIV, p. 436. Voir à la Bibl. nat., dans le vol. 373 du fonds Moreau (fol. 333) et au tome IX du fonds du Périgord (fol. 200), une lettre de janvier 1276 par laquelle le vicomte de Castillon reconnaît que le puy Chalud était assis en la seigneurie de Montpont et appartenait au comte de Périgord. — [11] Ms. *Gorssan*.

nobili viro Arcambaldo[1], comite Petragoricensi, ex una parte, et Johanne Picardi, castellano de Castellione et de Gorson[2] pro dicto domino rege Anglie et duce Aquitanie, ex altera, super controversia que coram archidiacono et magistro Johanne inter predictas partes amicabiliter examinari et tractari debebat, desuper terminis et finibus de Gorsson et de Monte Pao, et specialiter super monte seu podio de Caslutz, hac die presenti colecta ad hoc et specialiter assignata in predicto podio, de conductu parcium predictarum et nobilis viri domini Luce de Thaney, militis, senescalli Vasconie, coram quo actum fuerat ut, ab illa die conductus usque ad presentem, nichil per alterutram parcium vel utramque fieret in dicto monte novum vel injuriosum vel prejudiciale. Cum pars utraque contenderet possidere podium supradictum, sicut hec omnia ibi dicta fuerunt, dictus magister Johannes, intellecto per dictum comitem et alios fide dignos quod gentes ipsius comitis, cum[3] armis et sine armis, in magna multitudine erant in dicto podio nomine dicti comitis, taliter quod nec dictus magister cum comitiva (fol. 131 v) sua, ad tractandum dictum negocium juxta conductum senescalli predicti et parcium, nec[4] pars predicta castellani de Castellione, sine magno periculo ibi declinare vel esse poterant, et quod Petrus Maugero, prepositus dicti domini regis, missus per dictum magistrum Johannem ad dictum podium, asserebat[5] se fugatum fuisse per dictas gentes comitis, armatas et clamantes contra ipsum tanquam inimici, requisivit iste magister Johannes et monuit tercio et pluries predictum comitem quod predictas gentes suas cum armis suspectas avocaret dumtaxat et a dicto podio exire et recedere faceret inde, taliter quod ipse magister, cum sua comitiva, et pars, cum consilio et testibus suis, juxta formam que actum fuerat coram senescallo, ascendere [et] intrare possent dictum podium et ibi esse ad examinandum et tractandum negocium memoratum. Et cum comes predictus, deliberato consilio, respondisset se non facturum requisicionem judicis supradicti, idem judex, tam auctoritate predicti domini regis quam predicti senescalli, quorum locum et vices gerere se dicebat, precepit domino comiti, sub pena feodorum et bonorum omnium que a predicto domino rege et sub dominio ipsius et potestate habebat et tenebat, et sub debito[6] fidelitatis qua idem comes regi tenebatur predicto, item sub pena eorum omnium que minus facere seu committere ipsi domino regi et errario seu fisco suo poterat, item et sub ea majori[7] pena quam ipse judex eidem comiti ad presens imponere poterat, quod novitates factas in dicto podio post conductum ipsius et senescalli Vasconie, et predictum presens factum hominum armatorum nomine suo in dicto podio existencium, violencias et injurias in prejudicium dicti domini regis et contra conductum ipsius et senescalli, et alia, si forsitan injuriosa aliqua ibi fecerat vel[8] prejudicialia dicto domino regi vel suis, amoveret vel reintegraret rem et negocium, ac reduceret in statum in quo erat tempore conductus ipsius et senescalli predicti; inhibens nichilominus, sub eadem pena, dictus judex comiti memorato ne in dicto podio, in cujus sazina seu possessione senescallus et castellanus de Castellione supradicti, nomine dicti domini sui regis, se in presenti esse asserebant, et aliis de quibus controversia consimiliter habebatur inter eos, injuriam novam vel violenciam[9] faceret vel inferret, donec, examinato et terminato negocio, prout inter partes predictas et senescallum sepe tactum est, fuisset conductum. Tunc dictus comes cum predictis archidiacono et magistro Johanne, judice et castellano de Castellione, collecto termino, videlicet die Mercurii ante instans festum Penthecostes[10], ad examinandum et terminandum dictum negocium in podio supradicto, promisit, voluit et concessit quod, negocio existente quoad possessionem et proprietatem dicti podii et aliorum in discordia contentorum, in statu et jure in quo nunc est vel esse debet, quantum ad dictum dominum regem et

---

[1] Ms. *Arcobaldo*. — [2] Ms. *Gorsan*. — [3] Ms. *vel*. — [4] Ms. *et*. — [5] Ms. *offerebat*. — [6] Ms. *debite*. — [7] Ms. *magori*. — [8] Ms. *in*. — [9] Ms. *ad injuriosum novum vel violencium*. — [10] 24 mai.

ipsum comitem, nichil facient, ipse vel sui homines vel subditi, quod possessionem vel factum aliquod sapiat de novo, usque ad diem Mercurii supradictum, dummodo senescallus[1] et alie gentes ipsius domini regis cessent vel supersedeant quod aliquid novi non fiat ibidem pro eis. Actum fuit prope dictum podium de Chaslutz a parte de Gorsson, .xiiij°. die introitu[s] mensis Maii, anno Domini millesimo ducentesimo .lxx°. tercio. Regnante Edwardo, rege Anglie, Guilelmo, episcopo Vasatensi. Presentibus et vocatis testibus : domino Helia de Castellione, Guillelmo Gombaldi, Iterio Espleitad et P. Gauterii, Augerio de Ffleis, Guillelmo Raigassa, Bertrando de La Lana, Augerio Coc, militibus, Petro de Oleta, rectore ecclesie de Monte Revelli, B. de Curiis, P. Augerio del Ffleys, Augerio de Gorsson, Petro Pferandi (*fol. 132*) et Arnaldo Garsia, domicello, Johanne de Ffloribus, et me, Geraldo Austen, notario publico, qui hanc cartam scripsi et signo meo signavi.

479 (439). 19 août 1255. — *Promesse d'échange du château de Gramont entre le seigneur, Raimond Brun, et le prince Édouard* [2].

Raimundus [Bruni], dominus d'Agramonte. — Conegude cause sie que N'Arramons Brun de Gramont, filhs qui fo de N'Arramon Brun, loquaus fo senhor d'Agramont, e de Na Heleria, sa molher, loquaus disso que es e estre deue dreitz e leiaus[3] hers e senhor du casted de Gramont e en la honor e eus apertenences, a mandat e autreiat e promes e s'es obligatz, siu e totz ses hers, e totas las suas causas e de ses hers, moblas e nomoblas, presentz e auenidiuras, al noble senhor Ed., de l'autisme rei d'Angl. auant nat e her, a ses hers e a tot son comandament, que et demandera e ensigra son dreit et son heritage en la cort deu medisse nostre senhor Eduuard e de son comandement, enteyrament[4] e senes tota deffeiuta, e senes tota ganda, a tota la voluntat de mediss nostre senhor Ed. e de son comandement, deu casted de Gramont ab ses apertenentz, tant cujusca[5] sentencia diffinitiua, so es finaus judgamentz, sia dada e pronunciade en la medissa cort deu dreit que et i demanda e y demandera. E si, auant que finaus judgamentz ne fos feitz, et mure, et obliga sos hers ad aquet mediss dreit enseguir e demandar en aquesta auantdita forma, aissi que aquet deus mediss hers qui auant natz sere, quaus que auant natz y aparescos e fos paroentz ben viuen, ac enseguia e ac demande en l'auantdita cort enjusca diffinitiua sentencia sia dada[6], e que et, ne sos heirs[7], ne fara acort, ni combent, ni gurpiment, ne relaxation a neguna persona, ab gench ne ses[8] gench, ne en deguna maneria; pero que, que so auenga, lo m[e]diss N'Arramon Brun, per siu e per totz ses heirs, au dat e autreiat a l'auantdit nostre senhor Ed. e a ses hers, eu escamp[n]he, tot lo dreit e l'auadou que et a, ne auer deu, ne que et o ses hers, per judgament ou en autra maneira, poira conqueire eu castet de[9] Gramont ni en ses apertenementz, so es assaber per escampne qu'eu mediss nostre senhor Ed. o ses comandementz l'en deuga, loquau et [a] e deu prendre a coneguda de l'ebesque d'Ax, e de l'abat de Sordua, e deu viscomte de Tartas, e d'En W. Arn. de Tardetz, si tut eran paroent[10], o de quetz d'etz que paroent seren, ab d'autres que it medissen e substituissen en loc de quetz qui aparoent no i seren; e a mandat e autreiat e promes lo mediss N'Aramon Brun, per sin e per ses hers, a l'auandit nostre senhor Edward e a ses hers, e jurat, sobres santz euangelis Deu, que et totas las causas e senglas en aquesta carta contengudas fermas tendra e gardera e encontra ne vindra. Actum fuit .xiij. die exitus Augusti, anno Domini .m°. .cc°. quinquagesimo quinto. Regn. Henr., rei d'Angl., G., archib. de Bord[eu], En P. Gondamer, major. Testes sunt : N'Arn. Garsias de Sesquars, Savaric de Lonzugunhan, P. Calhau,

---

[1] Ms. *dummodo per sen. et alie gentes.* — [2] Anal. *Notices et extraits des mss*, t. XIV, p. 442. — [3] Ms. *que era estre deue deus dreitz aleias* (avec un signe d'abréviation sur la dernière syllabe). — [4] Ms. *ateyrament*. — [5] Ms. *eniu ssa*. — [6] Ms. *diffi mema sentencia au sia dada*. — [7] Ms. *heris*. — [8] Ms. *sa*. — [9] Ms. *deu*. — [10] Ms. *si tut en ra* (avec un signe d'abréviation) *paroent*, c'est-à-dire si tous étaient visibles, présents.

Robert de Roam[1], Arn. Tacon, Guill. Seguin de Faugueiras, Arn. Seguin de Latugeira, Helies d'Engolesme, e maiestre W. de Proensa qui la carta enqueri, laquau W. de Cantalop escriuo.

480 (440). *Répétition du numéro 423.*

481 (441). 29 juin 1268. — *Reconnaissance de la ville d'Issigeac*[2].

Recognicio communitatis ville d'Eyssijac, quod dominus rex debet habere in eadem villa sacramentum fidelitatis et quedam alia deveria. — Coneguda causa sia als presents e als auenidors[3] qui cesta presenta carta veiron e au[d]iron, que tuth li prohome e lo cominals de Yssijac e sengle del cominal, tuth et cadau[n]s, per lor propria e agradable voluntat, non enduth per frau ni per bauzia ni per degun costreguament, mas en senguen veritat drethura, reconoisson e autreion a l'ondrat e noble senhor N'Audoart, primer engendrat e heretir del noble roi d'Angl., que il ha per anti[q]uitat en la vila d'Eyssijac sagrement de feutat e de feudement e de totz homes, saluat e retengut la seig[n]horia e la dreithura del dega e del moster del dith loc, dedentz e defora, en aital manieira qu'el seig[n]her reis auantdithz, en sa noueltat[4], e ses loestenentz el dugat de Aguiayna, cant requerra[5] e queste sagrament (*fol. 133*) lo voldra[6] auer dels auandithz prozhomes eu cominal, el, ho tenentz son loc, cum sobradith es, deu jurar a lor premeirament qu'il los defendra, de si e d'autrui, de tot domnage, e las bonas custumas que il ont e que il auront lor gardet e lor amelhoret, a bona fe, a l'esgart de sa cort e del dega e de l'auandith cominal, e que las males lor oste e lor tolha de tot; e en apres, li prohome deuen li far lo sagrement sobredith, qu'el gard[er]on son corps e sas gentz qui per lui esseron e sas dreituras de tort e de forsa, dedentz e defora, a lor poder, saluada e retenguda, tota via e per totz locs, la sengnoria e la drethura del degan e del moster sobradith. Item, reconoisson li prohome el cominals auandith qu'el deuon ost e canalgada al dith senhor N'Audoart e a son loetenent en Agu[i]ayna contre totz homes qui lo volguissan desherater, ni toldre sas dreithuras, ni enfragner la pas, aitant cum lo bescatz de Perregort[7] ie e dura, ho en autre[8] loc, qu'el poscon anar o retornar en .j. jor d'ost en areire a lor maisos[9]. Item, reconogoren qe l'auandith senhor[10] N'Audoart deu auer cada an, a la festa de sant Marti de yuern e dedenz l'ottaua[11] appro la ditha festa, .xij. den. de captench de cada foc; e per aisso, no los deu gagiar, mas peignorar appro la ditha ottaua e eupougnar los prenghs per los dith .xij. den. dedenz la ditha vila; e ab aquestas[12] causas lo dith senhor e ses locstenentz[13] deu les defendre e gardar de tot damnage de totz homes, a son leial poder, enaissi cum desus es dith. E l'auandith senhor, ni home per lui, ne lor pot demandar ni deu deguna autra causa de drethurage, mas aisso que sobradith es, si non per lor voluntat. E de so sont fathas .ij. cartas d'una tenor qu'el comandementz del dith segnor deu auer e gardar la soa[14], e lui prodome del dith loc, la lor. Aisso fo fath e acordat .ij. dias a l'essit de Jung. Hujus rei sunt testes : W., capelas[15] de Yssijac, Golhartz de Sant Sibra[16], capelas de Montsagel, Steph. Cosis, prestre, maiestre R., capelas de Montaust, maiestre P. de Morlac, Arn. de Sant-Sibra, la[i]es, R. Vigualer, Ar. Sudre e An.[17] Bertrans, ses fraire, Steph. Fregeira, Ar. de Porilhac, Hel. Boquer, P. Guairratz, W. de Poch Albet, G. Sauret, B. Frageira, R. Lapeire, W. Marbue, W. Beraut, Rother Bel[18], Ar. de Pis, Ar. Bonet, Hel. Delfau, B. Viger, G. de Romanor, Arn. de Nausanas, P. Helias, Hel. Laboeria, Steph. Manent, G. Audax, et ego Stephanus Vigerii, publicus notarius Castilh[o-

---

[1] Ms. *Derroam.* — [2] Publ. *Notices et extraits des mss*, t. XIV, p. 379. — [3] Ms. *auendoris.* — [4] Ms. *nocletat.* — [5] Ms. *requerea.* — [6] Ms. *voldrat.* — [7] M. *Porregorg.* — [8] Ms. *autra.* — [9] Ms. *maises.* — [10] Ms. *seglir.* — [11] Ms. *obtaua* (deux fois). — [12] Ms. *equestas.* — [13] Ms. *loxtenentz.* — [14] Ms. *foa.* — [15] Ms. *capolas.* — [16] Ms. *Seant Sibra.* — [17] Corr. *Arn*[*aud*]? — [18] Ms. *Rolberbel.*

RECOGNICIONES FEODORUM IN AQUITANIA.

nensis], qui hoc scripsi et signum [meum] apposui consensu parcium. Anno gracie millesimo ducentesimo .lx°. octavo. Regnante domino Alfonso, comite Pict[aviensi] et Thol[osano], Petro, Agennensi episcopo [1].

482 (442). 22 *octobre 1275*. — *Arnaud d'Espagne, vicomte de Couserans, est assigné devant la cour du sénéchal, à Saint-Sever, pour dire ce qu'il tient à Mondied, château qui, à ce que prétendait le sénéchal, relevait directement du roi, mais que Pierre Arnaud d'Araus déclarait tenir en fief dudit Arnaud d'Espagne.*

P. Ar. d'Araus, dominus castri de Mondied. — Conegude cause se que, cum En P. Ar. d'Araus, cauoirs, senhor de Mondied, ere en presence de noble baron, mosenhor En Lucas de Thaney, sen[escal] de Gascon[he], loqual senhor afermaue e dize en cort qu'el castedt de Mondied, ab sas apertenanses, ere en la senhorie e del destreit del mout al[t] seynor son Edouuard, per la grace de Diu rei d'Angl., e senhor e dug de Guyayne [2], e de son fiu seis meiagh [3], e de lui [4] deue estre tengutz ab deuer de homonage e de feialtad e de seruisis de host e de cort e d'autres, e per so que mandat en cort a son sen[hor] plusors vedez [5] lo dit senhor de Mondied per auer de l'auandit castedt degude reconnossence, cum del fiu del rei, e dels deuers qui n' eren acustumatz de far e'n deuen far, e a itals [6] (*fol. 133 v*) demandas lo dit En P. Ar. dis e aferma e autreia, de son bon grad, que et tene, e son pair, e son pap [7], e ses auncestres auen tengut en fiu, seis meiagh [8], de noble baron N'Arn. d'Espaie, vescoms de Cozerans, e de son pair e de ses auncestres, lo dit casted de Mondied ab sas apertenences, aissi cum estat en lo bescat de Lescar e en l'arcediagnad [9] de Soubestre, en la parochie de Sen Jaque [10] de Mondied, e [de] Sen Martin de Turober e de Sen Martin de Nueles, e ab l'afar de Placi en [la] parochie de Sen P. d'Anzag, e ab so que a en la parochie Sen Johan de Baliers; lasquals cauzas totes, si cum ed mediss En P. Ar. las aue e las tene en las dites parochies, dis que eran de les apertenences del dit casted, e per tot so deue l'en [11] fair dreit en sa manh, per la razon del fiu, [a] qui arrey ly demandaue, e une lance d'esporle a mude[n]se de seignor, e no plus. E aqueste sporle aue pagade al dit senhor N'Arn. d'Espaie, loqual mustre aquit present, e aquero mediss aue feit al dit senier En Rodger de Cominge, son pair [12]; loqual dis que ere vengudz en temps del comte Symon per lui [13] en la cort de son sen[escal] per portar garentie de l'auantdit fiu. E aqui mediss lo dit senhor lo sen[escal], en nom del rei son senhor soberdit, demanda al dit senhor N'Arn. d'Espaye de qui tene [14] so que aue en l'auandit loc de Mondied, el dit cauer auoaue de lui [15]; el dit senhor N'Arn. respon que son senhor paire ere vengudz el temps del comte Symon, si cum desus es dit, deuant lui [16], e en la cort de son sen[escal], si aue feit arrecognoscense alguna, o qual, o no, non ere serts, ni ed no aue vistes sas cartas ni ses escriuts; mas, al jorn q'el seyner s'en sera asertadz [17], en responera volunters e' n fra son deuer. El dit senhor lo sen[escal] sober asso assigna jorn al dit senhor N'Ar., al qual tornas deuant lui [18] o deuant son loc tenant o son comandement, per far reconnoissence degude de l'auantdit fiutage [19] e del deuer [20] acostumatz, e qu'en de[u] far, so es assaber lo didemenge de la quinzene de Pasch, prusmanh [21] qui ben, al mediss log de Sent Seuer. El dit senhor N'Ar. accepta e

---

[1] Pierre Jorland, évêque d'Agen, 1264-1270 (*Gallia Christ.*, t. II, col. 919). — [2] Ms. *Gyuayne*. — [3] Qu'il était de son fief sans intermédiaire, dans sa mouvance directe. — [4] Ms. *luis*. — [5] Ms. *piutz nors vedez*. — [6] Ms. *e oisso*. — [7] Son aïeul. — [8] Ms. *en fiu fiu feis meiagh*. — [9] Ms. *arrediagnad*. — [10] Ms. *Sen Jage*. — [11] Ms. *lou*. — [12] Arnaud était fils de Roger III de Comminges, vicomte de Couserans et comte de Pailhars, et de Grisa, fille et héritière d'Arnaud d'Espagne, seigneur de Montespan (J. de Jaurgain, *La Vasconie*, t. II, p. 328). — [13] Ms. *luis*. — [14] Ms. *ed de quit tene.* — [15] Ms. *luis.* — [16] Ms. *luis.* — [17] Ms. *quel seyner len deu sen sera asertadz.* — [18] Ms. *luis.* — [19] Ms. *de l'auant siuage*; cf. *affeutage*, au n° 495. — [20] Ms. *douer*. — [21] Ms. *pousmah*, avec une abréviation; mot équivalant au latin *proximum*; il se retrouve à la phrase suivante.

recebo lo dit assignament de jorn. Actum fuit lo dimars prusmanh apres la festo Sen Luc euangeli[st]e, anno Domini .m°. ducentesimo .lxx°. quinto. Regn. Eduuardo, rei d'Angl., En G. Ar., abad de Sen Seuer. De asso deuen estre feites[1] .ij. cartes partides per A. B. C., la una obs del dit senhor lo sen[escal], e l'autre obs del dit senhor N'Ar. Testes sunt, qui eren presents en la ditha cort : lo dit senhor En G. Ar., abad de Sen Seuer, mosenhor En Johan d'Ax, vescomte de Tartas, En Rodger de Peires, message del roi de Ffrance, N'Ar. de Gauaston, En P. Iter, En Bertran de La Mota, W. R. de Doazid, N'Arn. Lub. d'Aspremont, W. R. de Bodz, W. de Posones, W. de Caupene, B. de Puyne, En W. Ar. de Casol, cauers, En W. Feriol, W. Ar. de Montauser, P. Ar. de Caupene, Guitard d'Arrimbes, B. de Badz, Fouquet d'Aurisse, donzedz, En Bidones de Lauency, P. Neulet, Ponts Amad, clergs, e jo, Arn. de Bouen, notari public de Sent Seuer, qui la presente carta escriui de voluntat del dit sen[escal] e de N'Ar. d'Espaye e d'En P. Ar. d'Araus[3] soberdits, e y pause mon seyal.

483 (443). *Bayonne, 2 août 1262.* — *Guillaume A. Douspins, bourgeois de Bayonne, promet d'observer fidèlement les conditions posées par le prince Édouard à sa mise en liberté par une lettre patente datée de Londres, le 6 mai 1262.*

Carta super deliberacione W. A. Douspins, civis Bayonensis[3] *et bonorum suorum capcione.* — Sobude cause se que ici, En Guillem A. Douspins, ciptad[as] de Baion., ei jurat sober le corps s. Leon[4] de Baion., que tierei e leaument garderei, a mon leiau poder, tot aco qui es contengud e escriut en la lettre patente de noble senhor Eduuard, primer (*fol. 134*) engendrat de noble rei d'Angleterre, qui es apres contengud[e] e escriute en queste mediss carte, la tenor de laquau es atau :

«Edvardus, illustris regis Anglie primogenitus, «dilecto et fideli domino suo Henrico de Gusanc., «senescallo suo Vasconie, salutem. Cum nuper, «in presencia domini regis, patris nostri, et ejus «consilii, fuissemus constituti super negocio civium «nostrorum Baionensium qui sunt in presencia «nostra, tractantes per consilium memorati domini regis et nostrum, ordinatum fu[e]rit et «provisum quod, accepta bona securitate et cau«cione sufficienti de parendo juri in curia nostra «nobis et nostris de se conquerentibus, secundum «foros et consuetudines ejusdem civitatis Baione, «et ut de cetero sint fideles nobis et devoti, et «quod non machinentur aliquod malum in dam«pnum nostrum et civitatis nostre predicte, ipsos «imprisonatos deliberamus, nos vero, consilio do«mini regis memorato, sicut decet, adquiescentes, «vobis mandamus quatinus, sine dilacione aliqua, «capta ab eisdem imprisonatis securitate et cau«cione sufficienti, ipsos a prisona nostra omnino «deliberetis. In cujus rei testimonium has litteras «nostras fieri fecimus patentes. Datum London. «vj°. die Maii, anno regni domini regis, patris «nostri, .xlvj¹°.»

Empero, si l'auandit En W. Ar. anaui encontre lo dit segrement e no compli lesditz mandementz qui son contengudz en la soberdita lettre de monsenhor Edouuard, que la persone de mi fosse encorse, e totz les meis bes, en quauque part jous aie[5] a Baione e hi autres logs, moblas o nomoblas, presentz e auendors, e la mie persone armantes[6], cum sobredit es, e tots mes hers, e tots les nostres bes fossen encors audit senhor e a son comandement, seis que jo ni mes hers no's podossen defener ni debossen[7] per priuilegi de crodz prise[8] o a prener, ne per queus dossen a ordre[9], ni per esser[10] sodzmes a autre seignorie o autre log, ni per for, ni per custume, ni per negun establiment fait o a far, ni per nul dreit escriut, ni per nulha autra causa qui sobre aquo a

---

[1] Ms. *feictes.* — [2] Ms. *Ataus.* — [3] Ms. *super deliberacione civium Bayon.* — [4] Ms. *S. Laon.* — [5] En quelque part que je les aie. — [6] Que ma personne reste (du verbe *remaner*). — [7] Ms. *podosson defener ei debossem.* — [8] Ms. *prisse.* — [9] Ms. *dossom a ordie* (c'est-à-dire : ni par le fait qu'ils se donneraient à un ordre religieux). — [10] Ms. *per oere.*

nos podes ajudar e valer per bier encontre en cort seglar⁽¹⁾ ni de gliza. E tot aco jo, En W. Ar. sob[re]dit, autrehi e [ei] autreiat fideumentz e a bone fe, per mi mediss ni per mes hers, e'n ei renunciad a totes aquestas auanditas causas e a cascune de eres⁽²⁾ de mei bon grad. E si tant abie, ço que Dius no don, que jo no tengesse e no complisse tot aco cum sob[re]dit es, jo'm accedi e reconog per traïder e perjurii, en tots cors e en tots logs. E per major fermedad de tier e de complir totz aques combentz, cum sobrodit es, ei dadz segurs e caucions En P. de Cauairres, En Guillem de Saubaignhas, lo jouen, ab autrei de son pair e de sa mair, lesquaus l'autreian per primeire ço que⁽³⁾ dat l'aien douant a mariadge⁽⁴⁾, En W. Ar. de Saubaigohas, son fraire, En Bernabe de Perer, En Bernard Arn., R. de Guarret, En Johau de Seubist, filh d'En P., En Pelgrin de Pincola, N'Ugues de Marer, En Guillem Aninte, filh d'En Par., En Bonshomme de Perdies, En P. de Sars, En W. de Saubaignhion e dous defors la biela, En B., senhor de Garro, N'Auger de Sasbuni, En Guillem Arn. de Faed, En Ar. R. de Luc, en log d'En Labhaner qui no podo esser, En Bertrau de Lane, cauer, d'Aorte. Pero, si jo mediss, En W. Ar., no'm accedi segont la forma desus dita, les auanditz segurtatz e totz les bens, en quauque part edz les aien a Baion. o hi autres [logs], fussen e armantossen, lors personas e totz lors bens, audit seguor encorsses, e a son comandement, aissi cum no's podessen ni no's debossen defener per priuilegi de crodz preze o a prener, ni per queus dossen a ordre, ni per esser⁽⁵⁾ sodzmes a autre senhor o autre iog, ni per for, ni per custume, ni per negun establement fait o a far, ni per nul dreit escriut o non escriut, ni per degune autre cause qui sober aco a lor podes (fol. 134 v) ajudar ne valer per bier encontre en cort seglar ne de gliza; quar las ditas segurtatz an renunciad a totas aquestas auanditas causas e a ascune des eres, per lor bon grad.

E si abie que jo, En W. Ar., trepassis ni anas encontre aques combentz, ço que Dius no doni, que aques meis segurtatz sobreditz fossen quites de totz aquedz combentz e de totas las obligacions ab mon cors rendu⁽⁶⁾, mort ou viu, a senhor o a son comandement. E tot asso auem⁽⁷⁾ autreiad, nos, los datz segurs per lo dit En W. Ar., per thier e per complir lesditz combentz en log de lui, se ed cre⁽⁸⁾ defalhent. Empero que fossen de tot quites ab mon cors [mort] o biu, que re dessen⁽⁹⁾ a senhor, o a son man, cum dit es. Actum Baione, anno Domini .mº .ccᵐᵒ .lxº. secundo, quarto non. Augusti. Regnante dicto domino H., rege Anglie, S. de Hach., episcopo Baionensi, Johanne d'Ardir, majore. Testes sunt: En Gaston, vescomple de Bearn⁽¹⁰⁾, Iodit En Sanz Hach., episcopo Baionensi, En P., vescomte de Tartas, N'Amaubin de Bares, cauer, fra Galbard d'Ossau, Pons deus Predicadors, fra Johan de Pelegrue, frai Ar. W. de Poies Gasse, N'Arnaut deu Pins, fra P. A. de Sapporencs, guardian dous frais menors, fra R. W. de Morgans, custodi, P. de Perer, filh d'En P. A. d'Uchart, En P. Ramon de Benessa, En B. de Giestede, En Bidau de Sarrelonque, N'Aramon W. de Sen Lebun, En Beraut Del God, En War. de Morbieu, cauer, En Johan d'Ardir, N'Arnaut Ramon, son frair, En Johan de Notton, En Laur. de Biella, Petrus Ar. de Seyguinissa, publicus notarius, qui hoc scripsit, signo suo apposito.

484 (444). *Bayonne, 23 novembre 1267. — Jean de Sordes et sa femme, Raimonde de Liposse, déclarent que, pour obtenir le pardon de leur seigneur, ils ont cédé au sénéchal du roi d'Angleterre le quart du moulin d'Ustaritz qui avait été confisqué, et ils s'engagent à lui en garantir l'entière possession.*

Quitacio facta domino regi de quarta parte molendini d'Eustaritz per Johannem de Sordoe et ejus uxorem. — In nomine Domini, amen. Sobude

---

⁽¹⁾ Ms. *seglan* (deux fois). — ⁽²⁾ Ms. *e a cascue de hers*. — ⁽³⁾ Ms. *co quo*. — ⁽⁴⁾ Ils l'autorisent avant qu'ils l'aient donné en mariage. — ⁽⁵⁾ Ms. *cere*. — ⁽⁶⁾ Ms. *mon cors a rendu*. — ⁽⁷⁾ Ms. *aueu*. — ⁽⁸⁾ Ms. *vere*. — ⁽⁹⁾ Ms. *ab son corsobiu q. re dissen*. (C'est-à-dire: qu'ils fussent quittes si mon corps est livré, mort ou vif, sans avoir rien à donner au seigneur). — ⁽¹⁰⁾ Ms. *vescompta de Beiard*.

cause sie a totz qu'En Johan de Sordoe e N'Arramonda de Liposse, sa molher, han quitad francamentz, en bona amor e ab lor bon grat, tot lor quart deu molin d'Ustiariz, per lor e per los lors, ab totz ses dreitz e ab sas apertiensas, per aissi cum edz les hi hauen o auer les hi deuen, entegrament lo tot, a mosenhor En Johan de Grilli, senescauc de Gascona par nom de mon senhor N'Audoart, lor mediss e tots les lors desueston e despoderan [1], e l'auandit sen[escal] meten en corporau possession e en perpetuau senhorie; e han feit queste quitance d'aqued quart de molin per la perdonance [2] que lor senhor haue au dict En Johan de Sordoe, cum l'auantdit quart de molin foss est[ad] adjurad per encors que foss deu seignor. E sober so han lo soberdit En Johan de Sorde e N'Arramonda, sa molher, renunciad a tot dreit escriut e no escriut, e a tot for e a custume de bicle, e a totas autres arres que ajudar los podossen ne valer a vier [3] encontre en cort seglar ne de glize. En son se obligatz, sober totas lor causas, de portar bona e leiau garentie au senhor de tot home qui arrei hi doman[da]s. Actum Baione, die Mercurii [in] festo Sancti Clementis en Noucmer, anno Domini .m°. ducentesimo .lx°. septimo. Regn. Henrico, rege [Anglie], S., episcopo Baionensi, En B. de Meis, maire. Testimonis sunt de queste cause : N'Ar. de Seubist, N'Auger Bochert, En P. Ar. de Sares, En Guillem Ar. deu Casted [4], En A. de Liposse, e jo, W. de Bladz, public notari de Baion., qui queste carte escriui ni hei paussi mun seignau.

485 (445). *Bayonne, mercredi 25 janvier 1268. — Guillaume Arnaud de Sault s'engage sous serment à livrer au prince Édouard ou à son sénéchal, à leur première réquisition, la maison qu'il possède dans le défens de Sault* [5].

W. Ar. de Saltu. — In nomine Domini, amen. Sabude cause sic [6] a tots que jo, W. A. de Saut, me obligaui e 'm son [7] obligad a mon seingnor [8] N'Audoart, o a son senescaut de Gascunhe, o [ad] aqued que per monsenhor N'Audoart serra senescauc de Gascunhe, de arreder e de liurar la mie mazon de Saut per dujarren [9] aquere qui es dedens lo barad [10], quauque hore que (fol. 135) edz me lo damandaran [11], e com que edz lor proprias personas o l'un de lor me lo domanan [12], irat e pagat, seis tot contredit. E, per major fermetat de so tier e complir leiaument, jo, l'auandit W. A. de Saut, hei ag jurad sober [13] les santz euangelis tocadz ab ma man dextre, e pleuid [14] e formad sober totas mas causas, mobles e nomobles, ont que sian, per tots logs. Actum Baione, die Mercurii [in] festo Conversionis sancti Pauli en Gier, anno Domini .m° cc° lx°. septimo. Regn. Henrico, rege Anglie, S., episcopo Baionensi, En B. de Meis, maire. Testimoniis [15] son de queste cause : En B. de Meis, maire, En P. A. d'Uhart [16], En P. d'Uguhri [17], Johan Bebz [18], En Domenjo d'Argualatz [19], En Johan de Memizan, En W. A. de Sant Pau, e jo, W. de Bladz [20], public notari de Baion., qui ceste carte escriuo, he pauzei mon seingnau [21]).

486 (446). *Répétition de l'acte précédent.*

487 (447). *Bayonne, mercredi 25 janvier 1268. — Sanche Martin de Lahet s'engage, sous serment, à livrer au prince Édouard ou à son sénéchal, à leur première réquisition, la maison qu'il possède dans le défens de Lahet.*

---

[1] Ms. *despodoran* (ils s'en dépossèdent eux et tous les leurs). — [2] Ms. *per le perdonante*. — [3] Ms. *ne valer ne avier*. — [4] Ms. *dun Casted*. — [5] Le scribe a copié deux fois le même acte à la suite. On notera ici les variantes fournies par le n° 486. — [6] N° 486 : *se*. — [7] N° 486 : *sum*. — [8] N° 486 : *senhor*. — [9] Les mots *per dujarren* (ou *diuarren*) manquent dans le n° 486. — [10] Ms. *batad*, la bonne leçon est dans le n° 486. — [11] N° 486 : *domaneran*. — [12] Ms. *domaman*; n° 486 : *lo domanen*. — [13] N° 486 : *sobore*. — [14] Ms. *pleina*; n° 486 : *pliu[i]d*. — [15] N° 486 : *testimonis*. — [16] N° 486 : *de Duhart*. — [17] N° 486 : *Duguri*. — [18] N° 486 : *Beliz*. — [19] N° 486 : *En Domenjon d'Argulas*. — [20] N° 486 : *Balz*. — [21] N° 486 : *qui queste carte escriuo ni hei pausei mon signau*.

Sancius Martini de Lahert. — Sabude cause sie a tots que jo, Sans Martin de Lahet, me obligaui e'm son obligad a mon senhor N' Audoart e au senescauc de Gasconhe o ad aqued qui per mon senhor N'Audoard serra en Gasconhe, de arreder e deliurar la mei mazon de Lahet, aquere qui es dedens lo barad, quauque hore que edz me le domaneran, e cum que edz lors proprias personas o l'un de lor me lo demauien, irad e pagad, sens tot contradit. E, per major fermetad de so tier e complir leiaumentz, jo, l'auandit S. Martin de Lahet, hei ag jurad sobre les sautz euangels tocatz ab ma man dextre, e pleuid et fermad sober totas mas causas, moblas e nomoblas, on que sian, per tots locs. Actum Baione, die Mercurii [in] festo Conversionis sancti Pauli en Gier, anno Domini .m°. ducentesimo .lx°. vij°. Regn. Henrico, rege Anglie, S., episcopo Baionensi, et B. de Meis, maire. Testimonis son de queste cause : En B. de Meis, maire, En P. Arn. d'Uchard, En P. d'Uguri, Johan Behz, En Domejon d'Arguilatz, En Johan de Memizan [1], En W. Ar. de Saut Pau, e jo, W. de Batz, public notari de Baion., que queste carte escriui, ni hei pauzei mon signau.

488 (448). *1ᵉʳ juillet 1263.* — *Reconnaissance d'Anissant de Serres, de Landeron* [2].

Carta recognicionis Anessancii de Serris de Landarron, quod tenet a domino [rege] *quedam feoda intus scripta.* — Coneguda causa sia qu'En Anasans de Ceiras, cauoirs, de Landeron, lo prodome, de sa bona [e] agredeira volentad, per sin e per tots [3] les ses, per totz temps, a reconegud e autreiad que ed ten, esporalment e per homiadge, de nostre senhor *(fol. 135 v)* N'Audoart e dels sos, tot quant que ed a ni ten, ni auer ni tener deue [4], so es assaber a [5] Garn, a Montagudin [6], e en Borderas, e a Sent Johan de Montgauzi, e a Judix, e a Seiras, e au Cabor, e a Bedpugh, e a Maluezin, e a Cors, e a Sent Biban, e a Paolbac,

e a Sibirt, e a Montyrad pres Baccafera, el sol que a [en] la bastida de Montsegur, per uns gans blancs senes seda [7], que reconogo qu'eu deu dar a nostre senhor Edouuard e als ses, per homenage e per esporle a senhor mudant. Testimoni : Hel. Auchers, priors de La Reula, En G. de Cerras, En Forzin de Judix, En W. de Forceds, En Gauter de Ceiras, En Bertran de Ladils, En P. de Pins de Guilhaumassa [8], En Vidal del Miralh, En P. de Judix [9], e P. de Bujous qui la carta escriuo. Actum prima die Julii, anno Domini .m°. ducentesimo .lx°. tercio, Henrico, rege Anglie, Helia Aucher, priore de La Reula.

489 (449). *1ᵉʳ juillet 1263.* — *Reconnaissance de Guiraut de Serres, chevalier, de Landeron.*

Geraldus de Serras, miles. — Coneguda causa sia qu'En Guiralt de Cerras [10], cauoirs, de Landeron, per sa bona [e] agradeira voluntad, per sin e per tots [11] les ses, per totz temps, a reconogud e autreiad que ed ten [12] esporlament e per homenadge, de nostre senhor N'Audoart e del [s] ses, tot quant que et a, ni tien, ni auer ni tener de[u] in la paropia de Ceiras [13], e de Sent Johan de Montgauzi, e d'Auzcroloed, e de Sent Laur., e de Sent Miquel, e de Sent Biban, e d'Andralt [14] e de Cuirs [15], el sol que a dins la bastida de Montsegur, per uns gans blancs senes seda [16], que reconogo qu'eu deu dar [17], per esporle et per hommadge, a nostre senhor N'Audoart e als ses, al senhor mudant. Testimoni : N'Elyes Aucher, priors de La Reula, N'Anasan de Seiras, En Frezin de Judix, En W. de Forsseds, En Gauter de Seiras [18], En Bertran de Ladils, En P. de Pins de Guilhaunassa, Vidal del Miralh, G. de Judix, e B. de Bujous qui la carta escriuo. Actum prima die Julii, anno Domini .m°. ducentesimo .lx°. iiij°., Henrico rege Anglie, Helia Aucher, priore de Regula.

490 (450). *1ᵉʳ juillet 1263.* — *Reconnaissance de Frozin de Jusix.*

---

[1] Ms. *Memgan.* — [2] Anal. Arch. histor. Gir., t. III, p. 13. — [3] Ms. *totes.* — [4] Ms. *deuen.* — [5] Ms. *ab.* — [6] Ms. *Mont a gadin.* — [7] Ms. *senes soda.* En marge : *i. pari cyroth. de sporla.* — [8] Ms. *Guilhaunassa.* — [9] Ms. *Judax.* — [10] Ms. *Terras.* — [11] Ms. *totas.* — [12] Ms. *deu.* — [13] Ms. *Teiras.* — [14] Ms. *drandralt.* — [15] Ms. *Juirs* (*Cors* au numéro précédent). — [16] En marge : *j. par cyroth. sporle.* — [17] Ms. *dart.* — [18] Ms. *Reisas*

Frozinus de Judix. — Coneguda causa sia[1] qu'En Frozin de Judix, cauoirs, de Landaron, de sa bona [e] agradeira volentat, per sin e per tots[2] les ses, per totz temps, a reconegud e autreiat que eu ten esporlement per homadge, de nostre senhor N'Audoart e dels ses, tot quant que ed a, ni [ten], ni auer ni tener deu en la paropia de Murom, el sol que a dins la bastida de Montsegur, per. c. sol de Bord. que reconoge qu'eu deu dar, per esporle[3] e per homadge, a nostre senhor N'Audoart e als sos, a senhor mudant. Testimonii : N'El. Aucher, priors[4] de La Reula, N'Anasans de Cerras, Guiralt de Cerras, En Guillem de Forsseds, En Gauter de Ceiras, En Bertran de Ladils, Petrus de Pins de Guillamassa, Vidal del Miralh, G. de Judix, et Petrus de Bujous qui la carta escriuo. Actum prima die Julii, anno Domini .m° .cc°° .lx°, tercio. Henrico rege Anglie, Helia Aucher, priore de La Reule.

491 (451). *1ᵉʳ juillet 1263.* — *Reconnaissance de Gautier de Serre, chevalier, de Landeron.*

Gualterus de Serris. — Coneguda[5] causa sia qu'En Gauter[6] de Scires, cauoirs, de Landaron, de sa bona [e] agradeira volentad[7], per sin e per totz les ses e per totz temps, a reconegud e autreiat que ed ten, esporlament e per homadge, de nostre senhor N'Audoart e del[s] ses, tot quant que ed a, ni ten, ni auer ni tener deu a la paropia Sent Laurens, e de Sent Biban, e a Bacafera, el sol dins la bastida de Montsegur, per una lansa d'esporle[8] e homage[], que reconogo qu'eu deu dar a nostre senhor N'Audoart e als ses, a cada senhor mudant. Testimonii *(fol. 136)* : N'El. Aucher, prior de La Reula, N'Anasans de Cerras, En G. de Serres, Frazen de Judix, Guillem de Forssedes, Bertran de Ladils, P. de Pins de Guilhanassa, Vidal del Miralh, G. de Judix, e P. de Bujous qui la carta escriuo. Actum prima die Julii, anno Domini millesimo ducentesimo .lx°. tercio, Henrico rege Anglie, Helia Aucher, priore.

492 (452). *1ᵉʳ juillet 1263.* — *Reconnaissance de Géraud de Jusix.*

Ger. de Judix. — Conegude cause sie qu'En G. de Judix a reconegud e autreiad, per sin e per tots les ses, per tots temps, que ed ten, e ly sin, esporlament [e] per homiadge, de nostre senhor N'Audoard e dels ses, tot quant que ed a, ni tien, ni auer ni tener deu en la paropia de Sent Biban, e de Guilherages, e de Santa Gemma, e de Sent Alari, e de Montagodin, el son sol dins Montsegur, per una lansa que reconego, per sin[10] e per tots les ses, qu'eu deue dar, per esporle e per homidadge, al dit senhor Edouuard [e] als ses, a cada senhor mudant. Testimonis : N'Anasans de Cerras, G. de Cerras, cauoir, Frozin [de] Judix, Gauter de Cerras, Guillem de Forseds, En Bertran de Ladils, P. de Pins de Guilhaumassa, Vidal de Miralhe e P. de Bujous qui la carta escriuo. Actum prima die Julii, anno Domini .m° .cc° .lx° .iij°. Henrico, rege Anglie, Helia Aucher priore.

493 (453). *1ᵉʳ juillet 1263.* — *Reconnaissance de Guillaume de Forseds, chevalier, de Landeron.*

W. de Forseds, miles. — Coneguda causa sia qu'En W. de Forsseds, cauoirs, de Landaron, a reconegud e autreiad, per sin et per les ses, [per tots] temps, que ed e li siu tenen, esporlament e per homiadge, de nostre senhor N'Audoart e dels ses, tot quant que ed a, ni ten, ni auer ni tener deu en la paropia Sent Micquel, e a Sent Laurens, e a Forsseds, e a Sent Bib[i]an, e a Sancta Gema, e en Guilheiragues[11], el sol que a dins la bastida de Montsegur, per uns gans senes seda blancs[12], que reconego qu'eu deu dar al dit senhor N'Audoart e als ses, a cada senhor mudant, per esporle e hommiadge. Testimonis : N'Elies Aucher, prior de La Reula, En G. de Cerras, En Frozin de Judiz, En Gauter de Cerras, Bertran de Ladilhs, P. d Pins de Gualhamassa, Vidal de Miralh, G. de Judix e P. de Bujous qui la carta escriuo. Actum prima die

---

(1) Ms. *Conegude cause sia*. — (2) Ms. *tot*. — (3) En marge : *c. s. sporl.* — (4) Ms. *prioris*. — (5) Ms. *Conegude*. — (6) Ms. *Bautir.* — (7) Ms. *volemetad*. — (8) En marge : *j. lancea de sporl*. — (9) Ms. *deimage*. — (10) Ms. *fin*. — (11) En marge, d'une main du xvıᵉ siècle : *Guilleragues*. — (12) En marge : *par cyroth. de sporl*.

Julii, anno Domini .m° .cc° .lx°. tercio. Henrico, rege Anglie, Helia Aucher, priore.

494 (454). 8 juillet 1263. — *Reconnaissance de Garsie des Angles, chevalier.*

Garsias deus Angl., miles. — Coneguda causa sia qu'En Garcion des Anglas, cauoirs, a reconegud e autreiad que ed e li sui, per tots temps, tenen, esporlament e per homiadge, de nostre senhor Eduuard e dels ses, tot quant que ed a, ni ten, ni auer ni tener deu a la paropia d'Aurez, en la ed (*sic*) ni en la honor enjusca la bastida de Monsegur, el sol que a dius la bastida de Montsegur, per uns gancs blancs senes seda [1] que ed reconego qu'eu deu dar al dit senhor N'Audoart e als ses, per homiadge e per esporle, a cada senhor mudant. Testimonii son : G. de Cerras [2], Ramon de Pins de Curton, G. de Judix, e Bertran de Ladils, e Bertran Faure, e Bertran Segrestau, e P. de Bujous qui la carta escriuo. Actum .viij°. die introitus Julii, anno Domini .m° .cc° .lx°. tercio. Henrico, rege Anglie; Helie Aucher, priore de Regula.

495 (455). 5 février 1274. — *Le connétable de Bordeaux, maître Raimond de Talaison, déclare qu'il a inféodé à Bonafous de la Rousselle un terrain et une maison situés dans le quartier de la Rousselle à Bordeaux, aux charges et redevances déterminées par une lettre patente scellée du sceau de Richard, comte de Poitiers. Il promet de lui être bon seigneur et de ne rien ajouter aux obligations susdites* [3].

Bonafusus de Rocella [4]. — Coneguda causa sia que maiestre Ramon de Thalaizon, clercs, conestables de Bord[eu] per nostre senhor lo rei d'Anglaterra, reconego per sa bona voluntat qu'En Bonefos de La Rossera [5] lo mostred en la presencia des testimonis plus bas en (*fol. 136 v*) aquesta carta contenguts, lo [6] jorn en quau aquesta carta fo feita, una lettra patenta, sagerada deu saget deu senhor En Richart, compte de Peiteus, qui fo, la tenor de laquau es ataus :

«Ricardus, comes Pict., filius regis Anglie, se-«nescallis, prepositis, justiciis et omnibus ballivis «suis, salutem. Sciatis quod ego dedi et concessi «Petro de Dauzac plateam que est a domo forti [7] «et plateam usque ad domum Agnes de Fruuzac, «ad unum denarium de censu et .vj denarios de «sporla [8]. Et volo et precipio quod secure intrent in «eam, pro eo, qui intrare [9] voluerint; et precipio «omnibus civibus Burd[egalensibus] quod Petrum «de Dauzac et omnes res suas custodiant et defen-«dant et protegant. Testibus : Roberto de Mont-«miral [10], comitis [11] Pictavensis senescallo, Boscalli «Abterone, Raimundo [12] de Salis, Johanne clerico, «Johanne Chabet, Johanne Biuernam, Raimundo [13] «Guiraudon, Petro de Cordalon, apud Regu-«lam [14]. »

E es assaber que de questa auautdita plassa e de la maisson que desus es asseliada, laquaus plassa e maissons es eu [15] La Rossera, si come l'auandeitz En Bonafos [16] disso, entre la maison En Pey Beger de La Rossera, d'una part, eu camin cominau, d'autra, aissi cum dura e ten de lonc de la grand arrua deuant, jusca a la yma de la mar, l'auanditz maiestre Ramons, en nom e en loc, si cum disso, de nostre senhor lo rei d'Anglaterra, a bestit feaument lodit En Bonafos de La Rossera, loquaus arrecebo aqueste affeutage per sin e per ses hers e per son ordenelh, a l'auandit exporle a senhor mudant, e ab l'auantdit dener de cens, rendant an per an, lo jorn de la festa Sent Seurin, portat e rendut au conestable de Bordeu o a sson loctenen au casted deudit nostre senhor lo rei a Bordeu, e esporlar, e far dreit aqui mediss. E en aquesta maniera l'auant-

---

[1] En marge : *par cyroth. sporl.* — [2] Ms. *Terras.* — [3] Publ. *Arch. histor. Gir.*, t. III, p. 18. — [4] Ms. *Recella.* — [5] Ms. *Bonefas de la Rossera.* — [6] Ms. *lor.* — [7] Ms. *fortis.* — [8] Ms. *sporlee.* — [9] Ms. *instare.* — [10] Ms. *Montminal.* — [11] Ms. *et* (abrégé). Robert de Montmirail, sénéchal de Poitou, est mentionné à l'année 1185 (Richard, *Hist. des comtes de Poitou*, t. II, p. 234, 236); il succédait à Guillaume Chapon, qui paraît avoir été sénéchal de 1181 à 1184 (*ibid.*, p. 204, 230). — [12] Ms. *Reamundo.* — [13] Ms. *Reamundo.* — [14] Cette charte doit être placée entre l'année 1185, où Robert de Montmirail était sénéchal de Poitou, et 1189, où le comte Richard prit le titre de roi d'Angleterre. — [15] Ms. *et* (en abrégé). — [16] Ms, *Bonafes* (deux fois).

ditz maiestre Aramons, en nom e en loc, sicum disso, deudit nostre senhor le rei, a l'en mandat e promes estre bons senher, e portar bona e ferma garentia de partz senhoria eus dreitz deudit nostre senhor lo roi desus mentagutz, e ses autres deuers, ataus cum senher les deu auer sobre son affeuat, aus fors e a la[s] custumes de Bordaleis. Actum fuit quinta die introitus Februarii, anno Domini .m°. cc°. lxx°. iij°. Regn. Edd., rei d'Anglaterra, sede Burdegalensi vacante, P. Gondamer major. Testes sunt : En P. Calhau, N'Amanieu [1] Colom, N'Arostanh Colom, Arn. Johan Fuster, Guiraut de Rizona, clerk., W. de Montreveu, daudet, e Austen Gaucem qui la carta escriuo.

496 (456). *Bayonne, 28 janvier 1273. — Arnaud Raimond de Pin, bourgeois de Bayonne, s'engage, par serment et sans réserve, à observer les conditions de la paix imposée par le sénéchal de Gascogne et la cour de Bayonne entre Jean d'Ardir, Bernard de Meis, P. A. de Biele, d'une part, Guillaume Arnaud de Saubaignac, Martin de Saint-Jean, et lui-même, d'autre part.*

Arn. R., civis Baionie. — In nomine Domini, amen. Sabude cause sic a totz aquetz qui son e serran, que ieo, Arn. Arramon de Pin, ciptadan de Baion., autrei e hei autreiad de thier e de complir e de seruar aquere patz e auience [2] qui es estade trobade e asseciade par lo noble baron mon senhor En Lucas de Thany, senescauc de Gasconha, entre En Johan d'Ardir, e En Bern. de Meis, e En P. A. de Biele [3], de la una part, e En W. Arn. de Saubaignac, e En Martin de Sen Johan, e mi [4] medissh, de l'autre; e [2] autrei, per mi mediss, touz les articles e ascuns, per aissi cum son escriutz e contengutz, e tols les cass en las premeires cartas feitas [6] de aquere auience per la man de maistre

Vidau de Badz, public notari de Baione; e autrei, per mi e per les mes, e per ma compaignie, e per mon pan, e per mon vin [7], e per mon mandement que aissi ag treti leaumentz cum deuant [es] estat trobad en la cort de Baione. E si, per auenture, so que ja Dius ne donit ni *(fol. 137)* no man [8], jo, o ma meignada qui ab min seran ni esteran a mon pan o a mon vin, o autre per mon man, contra aquestas causas o alcuna de aquesz que primermen sont estades trobades en les autres primeris cartas, vinen [9], buil e autrei leaiments que mon cors e mes aueris, mobles e nomobles, ont que sian, per mar o per terra, sien encors al noble senhor, nostre senhor N' Audoart, per la grace de Deu roi d'Anglaterra, e al ses, cum despeciador [10] de paz, per loquau sic tengut de aqui en auant, en tot loc e en tot cortz, ont jo foss trobat [11], e no m'en podosse defener per nul custume, ne per franquessa de terra, ne de ciptad, ne de vile, ne de bore, ni de casted, ni per priuileg de glisia, ni de sa[l]bitat, ni de croz prisa ne a prener, ni per nul autre priuilegi de d[re]it escriut ni no escriut, ne par apel de autri segnor; a lasquaus causes tolas e sengles jo renunci de mont a grat; e especialement buil que de tot log e de tot corz ont jo fos trobat ni acusat de aquestas causas, sic tramis e manad, per far e per [12] prener ço que hauri deseruid, a la cort de l'auandit nostre senhor N'Audouart, o de son senescauc de Gasconha; e so que ei jurad de tier e de complir lauamentz sobre les santz enangelis corporaumentz tocadz ab man dextre. Empero es asaber que, si alcun o alcuns de ma maignada fazen encontra alcuna de questas auandites o alcuna d'eras e jo los liurarei [13] morsz o pres al major, jo e mes causas em [14] quitis e absentes deus mefeyz que aqued o aques hauri fet. Questa obligacion deu durar entre las partidas entro mon senhor N'Audoart, rei d'Engleterre, aie ordeinat en alcuna

---

[1] Ms. *Namaneiu*. — [2] Ce mot veut dire convention. — [3] Ms. *Blecle*, mais voir le n° suivant. — [4] Ms. *eimi*. — [5] Ms. *eu*. — [6] Ms. *en la premeires cartz feitz*. — [7] C'est-à-dire par ceux qui mangent mon pain et boivent mon vin. — [8] Ms. *mi nomam* (que Dieu ne le donne ni le commande). — [9] C'est-à-dire : s'ils viennent, moi ou ma maisnie, contre ces choses, je veux... — [10] Ms. *de peciadez*. — [11] Ms. *our foss trobat*. — [12] Ms. *por* (en toutes lettres). — [13] Ms. *levarei* (et si je les livrais au maire, morts ou prisonniers). — [14] Ms. *eni* (trois jambages et un accent).

maneira d'establiment⁽¹⁾ de les perdides de la dita biela⁽²⁾ de Baiona. Actum Baion. en cort par deuant le maire eus juratz, quinto kal. Ffebruar., anno Domini. m°. ducentesimo .lxx°. secundo. Regn. Edd., rege Anglie, S., episcopo Baionensi, En P. Lambert, maire. Testes sunt : le mediss meire, En P. de Ffrance, En B. de Sen Johan, En Bartholomiu d'Enesse, En Arn. de Biclar, En Miqueu de Laguillon, eus autrez juratz, eu maiestre de Sen Johan escriua l'acort, e jo, Vidau de Baz, public notari de Baion., qui queste carte escriui, hei pauzei mon signau signaui.

497 (457). *Bayonne, 21 janvier 1273.* — *Rétablissement de la paix entre les deux factions rivales de Bayonne, qui s'engagent à respecter les conditions imposées jusqu'à ce que le roi d'Angleterre juge bon de les modifier*⁽³⁾.

Super refformacione ville *Bayone*⁽⁴⁾. — In nomine Domini, amen. Sabude cause [se] a totz aques que sun e qui serran, que nos⁽⁵⁾, En Johan d'Ardir, e En P. Arn. de Biele⁽⁶⁾, e En Bern. de Meis, ciptadans de Baion., por⁽⁷⁾ nos e por totz les nostres que ab nos seran, ni esteran a nostre pan ni a nostre vin, fermam⁽⁸⁾, prometam e obligam nos al noble baron, nostre senhor En Lucas de Thaneis, senescauc de Gasconha, en log e en non⁽⁹⁾ de nostre molt noble senhor N'Audoart, per la grace de Diu rei d'Angleterre, e de ses hers e de [ses] successors, que⁽¹⁰⁾ nos ne feram ne moueram⁽¹¹⁾, ne far ne mouer feram⁽¹²⁾ contende, ni trabail, ni leuade en la biele⁽¹³⁾ de Baion. ne defor, par quei lo dit nostre seignor en la biele⁽¹⁴⁾ de Baion., ni alcuns ciptadans d'era, ne ⁽¹⁵⁾ especialment En Willem Arn. de Sabinac, ni En Ma[r]tin de Sent Johan, ni⁽¹⁶⁾ N'Arn. R. de Pin, ne alcuns de lour amigs [pusquen prener dam ni dampnage; e que nos no deram en escot ni en apert ab mal geiu ni]⁽¹⁷⁾ in altra maniera cosseil, ni ajude, ne fauor, a nul home, que fes ni monos, ni far ni mouer fes⁽¹⁸⁾ contente, ni trabail, ni leuad[e] en la dita biela⁽¹⁹⁾ ni defore, per qui lo dit nostre senhor ni alcuns des ciptadans⁽²⁰⁾ d'era, ni especialment les deuandits⁽²¹⁾ En W. Arn. de Saubingnac, ni En Martin de Sent Johan, ni Arn. R. de Pin, ni alcuns de lors amigs (*fol. 137 v*), prenguessen mal ni dampnage, auant lo perseguiram e prenerem⁽²²⁾ lealment a nostre le[a]l poder, el liurerem al major de la dite biele⁽²³⁾ por far de lui so que dira⁽²⁴⁾, cum despeciador de paz, loquau promettam de tier e de gardar a nostre poder leialment en la dita biela⁽²⁵⁾; e promettam⁽²⁶⁾ meis que nos no ne feram ne procur[ar]am nulh dampnage a l'auantdit nostre senhor en escot ni en apert⁽²⁷⁾, per que id perde terra, ni honor, ni senhoria. E si, per auentura, so que ja Dius no man [ni] no don, nos, ni nostra maguada⁽²⁸⁾ qui ab nos serran, ni esteran a nostre pain ni a nostre vin, o autre per nostre man, vinen encontra questas causas o alcuna d'eras, volem⁽²⁹⁾ e ottream que nostres cors [e nostres] auers⁽³⁰⁾, mobles e nomobles, ont que sian, en terre ou en mar, sien encours al senhor, nostre auantdit duc, e al[s] es, cum depeciador de paz, por per lesquals siam tennud d'aqui en auant, en tot

---

⁽¹⁾ Ms. *de bestament* (jusqu'à ce que le roi ait arrangé par un règlement quelconque l'affaire des partis à Bayonne); au n° 497, on lit *estatument*, et au n° 498, *estament*. — ⁽²⁾ Ms. *biela*. — ⁽³⁾ Publ. *Notices et extraits des mss*, t. XIV, p. 418. — ⁽⁴⁾ La rédaction de cet acte et du suivant en partie identique, permet de combler des lacunes et de proposer des corrections au texte, parfois incorrect, de l'un et de l'autre. — ⁽⁵⁾ Ms. *nes*. — ⁽⁶⁾ Ms. *Bicle*. — ⁽⁷⁾ En toutes lettres (quatre fois). — ⁽⁸⁾ Ms. *fermane*. — ⁽⁹⁾ Ms. *en log e emen* (en abrégé). Au n° suivant : *en loc e en non*. — ⁽¹⁰⁾ Ms. *quos*. — ⁽¹¹⁾ Ms. *no nementtram*. — ⁽¹²⁾ Ms. *ne mouer ne feran*. — ⁽¹³⁾ Ms. *bicle*. — ⁽¹⁴⁾ Ms. *biele*. — ⁽¹⁵⁾ Ms. *captadans de crane*. — ⁽¹⁶⁾ Ms. *de*. — ⁽¹⁷⁾ Les mots entre crochets ont été suppléés à l'aide du n° suivant. — ⁽¹⁸⁾ Ms. *que ses ni mauos ni far ni mouer ses*. — ⁽¹⁹⁾ Ms. *biecla*. — ⁽²⁰⁾ Ms. *captadans*. — ⁽²¹⁾ Ms. *les dius*. — ⁽²²⁾ Ms. *promettam*; correction indiquée par la lecture du numéro suivant (mais au contraire nous les poursuivrons et prendrons). — ⁽²³⁾ Ms. *biecle*. — ⁽²⁴⁾ Ms. *de luis so que dira*. — ⁽²⁵⁾ Ms. *bicla*. — ⁽²⁶⁾ Ms. *promecio* (avec un signe d'abréviation). — ⁽²⁷⁾ Ms. *en aparat*; de même au numéro suivant (nous promettons de ne faire ni procurer aucun dommage à notre seigneur en secret ou publiquement). — ⁽²⁸⁾ Ms. *nos a nostra naguada*. — ⁽²⁹⁾ Ms. *volam*. — ⁽³⁰⁾ Ms. *aures*.

log e en tot cort, ont trobassz fossem, e no[s] no podessum defener per nul for, ne per nule custume, ni per franquessa de terra, ni [de] ciptad, ni de biele, ne de borg, ni de casted, ni per priuilegi de glize ni de saubetat, ni de croiz prise ni de a prener, ni per nule autre auctori de priuilege de dreit escriut, ni per apel de autre senhor, a las totas quals causas e sengleis nos renunciam de nostre bone grat, e especialment holom que de tot log e de tote cort ont fossem trobat[1] ni acusat de questas causas siam trames e manadz[3], pur far e pur descriut ço que hauram desernid, a la cort de l'auandit nostre senhor N'Audouuard o de son senescauc de Gasconha[3]. E aso nos auem[4] jurad de tener e de complir bonamens, sobre les santz euangelis corporalment tocads ab nostres mans dexters. Empero es assaber que, si alcun o alcuns de nostre meignade fazon contra [que]stas causas sobredites o alcuna de eras, [e] nos lo ne liueram morz o pris al major, nos e nostres causas em[6] quites e abseus deu meffeit que aqued o aquedz hau[r]in fet. Questa obligacion, per aissi cum desus es diuisada, es durable entre les partides entreou mon senhor N'Audoart, rei d'Anglaterra, aye ordinat en aucune manere de l'estatument de las partidas de la dita biele de Baione. So fu fet e otreiad a Baione, en la cort, par deuant le auandit Lucas de Thaney, senescauc de Gasconha, .xij°. kl. Ffebr., anno Domini .m°. ducentesimo. lxx°. secundo. Regn. Edd., rege Anglie, S., episcopo Baionensi, En P. Lambert majore. Hujus rei testes sunt : dominus S., Dei gracia episcopus Baionensis, et W. Arn. d'Iure, et Dominicus de Gauigag[6], et duodecim jurati Baion., et dominus Bertrandus de Ladilis, et quamplures alii, clerici et alii, et ego, Vitalis de Vallibus, publicus notarius Baion., qui inter lineam superius prope mediam cartam co autre per nostres et hanc presentem cartam scripsi; et in testimonium veritatis apposui meum signum.

498 (458). *Répétition de l'acte précédent*[7].

499 (459). *2 janvier 1275. — Donation pure et simple au roi d'Angleterre par Aicard Audoin, chevalier, de Bourg, de tous ses droits sur le péage de Libourne*[8].

Donacio facta regi per Aiquardum Audoinh, militem, de Burgo, de jure quod idem miles habebat in pedagio Lyburnie. — Coneguda causa sia qu'En Aiquart Audoinh, cauoers, de Borc[9], per sa bona voluntat, per sin e per totz ses hers e per tot son ordench, a dat, donat, quitat e liuerat al noble senhor roi d'Angleterre e a ses hers e a son ordench, per vertadeira donacion[10] fete entro eus vius, no inuita[11], ni cuberta, ne revocadsaura per acuna desagradelhat, puramens e simplemenz, e ses tote condicion, tot le dreit e la radou e l'accion e la domanda reau e personau qu'eu mediss N'Eiquart aue ni auer deiue e pode en acune manere (*fol. 138 v*) cu peage deu port ni eu la vile de Leyburna, en mar e en terra, per sin mediss, o per nome o per aradou de son linage, o en acuna autre maneira, lo jorn[12] en quau cesta carta fo feta, e leuamens[13], en bona e vervaia corporau possession e sadina, e en tot lo dreit en que it verra[14], ni estre deiue o pode, e l'en a feit vertader senhor e certan possessor en sa propria causa, sanz acune aretenament, que no i a fet aissin ni a ses[15], ni en tot ni en partida, e l'en a feit cession de tot en tot. E ceste donacion, quitadon e cession desusdeita a[16] feit per les granz scruices, e per les granz biens, e per les merites queu mediss cauoirs reconego que a pres e recebuit de lui, e aten e espera[17] auer. E renunciat sobre so ad aqued dreit qui di que donacions post estre reuocada per desagrada-

---

[1] Ms. *trabat.* — [2] Ms. *sian tromes e monadz.* — [3] Ms. *son senor de Garsconha.* — [4] Ms. *aso qui aueni.* — [5] Ms. *eui.* — [6] Dans la rédaction du numéro suivant, on lit : W. Arn. d'Euren et Dominicus de Gauicg. — [7] Cette rédaction ne diffère de la précédente que dans la forme littérale. Elle se continue sur le fol. 138. — [8] Anal. Arch. histor. Gir., t. V, p. 399. — [9] Ms. *Broc.* — [10] Ms. *danacion.* — [11] Corr. *finta*, comme au n° suivant? — [12] Ms. *joura.* — [13] Ms. *leuamens.* — [14] Ms. *vena.* — [15] C'est-à-dire : sans aucune retenue pour lui ni pour les siens. — [16] Ms. *au.* — [17] Ms. *e aceuse espera.*

bletat, e [a]d aquet autre dreit qui [di] que post estre reuocada per immensitat, e [a]d aquet autre que di que donacions feita ses insinuacion de jugge pus estre reuocade, e tot autre dreit escriut e no escriut, e a tot fur, e a tota custuma, e a tota excepcion e defension, per que it o acuns d'etz pogos venir[1] en cort seglar ni de glise. Actum fuit .ij° die introitus Januarii, anno Domini .m°. ducentesimo .lxx°. quarto. Regn. Edd., rei d'Anglaterra, Burdegalensi sede vacante, En B. de Gatapuis[2] major. Testes sunt : N'Elias Carpentarii, maistre Poinz de Yla, En Jordan de Acre, maistre W. de Varti, calonges de Valensa, N'Arn. W., Emeric, [N'Amioet][3] de Montpayon, cauoer, Guiraud de Risona[4], clerc, maiestre Johan Geraut, clerc, B. Seguin, clerc, En Gaucem Teit[5] de Borc, En Gilbert de Mirailh qui la carta escriuo.

500 (460). 2 janvier 1275. — *Donation pure et simple au roi d'Angleterre par Pons de Lansac, damoiseau, et son neveu Guillemot, de tous leurs droits sur le péage de Libourne*[6].

Poncius de Lansac, domicellus, super pedagio de Lyborna. — Conegude cause sie[7] que Ponz de Lansac, danzet, filh En Guillem Amaubin, cauoer, de Borc[8], qui fo, per sin [e] per tots ses hers e per tot son ordench, e per Guillmot, filh N'Amaubyn de Lansac, qui fo, nebot deu mediss Ponz, ensemps[9] ab N'Aiquart Audoinh, cauoer, de Borc, oncre[10], sicum et eu mediss Ponz disseren, deu mediss Guillmot, e per tot[s] les hers e per tot l'ordench deu mediss Guillmot, a dat, donat, quitat e liurat al noble senhor rei d'Anglaterra e [a] ses hers e [a] son ordench, en pura donacion faite entre eus vius, no finta, ni cuberta, ni reuocadura[11] per acuna desagradabletat, purament e simplament e ses acuna condicion, tota[12] part eu dreit e la radon e l'accion e la demanda reau e personau, queu deitz Ponz en ditz ses neps[13] e cadaunz d'euz[14] auen ni auer deuen per lor mediss, o per nom o per arradon de lor linage, o en acuna autra[15] mancira, eu peage deu port de Leyburn, e de tute[16] la vile, en mar e en terre, le jorn en quau cesta carta fu feite, e l[e]aumens, en bone e en veraie corporau possession e sadine[17], e[18] tot lo dreit en que it veran ni estre poden o deuen en acuna maneira, e l'en an[19] fet vertader senhor e certan possessor en sa proprie cause, ses acun aretenement[20] que no i an fet a lor ni a cadaun de lor, en tot ni en[21] pertida, e l'en an[22] fet, per lor e per le deit[23] Guillmot, cession de tot en tot. E cesta donacion, quidadon e cession susdita[24] a feit lo dit Ponz ab voluntat e ab autrei deu dit N'Aiquart Aldoinch per les grantz seruices e per les grantz bens e per les grantz merites que et a pres e' agut, e aten e espera auer deu mediss senhor rei. E'n renuncieren lo dict Ponz e N'Aiquart sobre so ad aquet[25] dreit qui di que donacions post estre reuocade per desagradabletat[26], e ad aquet autre dreit[27] que di que post estre reuocada per inmensitat (*fol. 139*), e ad aquet[28] autre dreit qui di que donacions feite[29] ses insinuacion de jugge post estre reuocade, e a tot autre dreit escriut e no escriut, a tot fur e a tota excepcion e defension per [que] it o acuns d'etz pogossen venir en cort seglar o de gliza. E es assaber que questa donacions, quitandes e cessions fo[30] feita en la presencia deu conestable de Borc, juge ordinari douz dict Ponz e Guillimot, loqua[u]s, com juges ordinaris, a dat e autreiat, e mes sa auctoritat[31] e son dreit. Actum

---

[1] Ms. *per que contra la pagas venu.* Voir l'acte suivant. — [2] Ms. *Satapuis.* Sur ce maire de Bordeaux, voir *Rôles gascons*, t. II, n° 3. — [3] Addition empruntée au n° suivant. — [4] Ms. *Gerad de Usona.* Voir le n° suivant. — [5] On lit *Tort* au numéro suivant. — [6] Anal. Arch. histor. Gir., t. V, p. 330. — [7] Ms. *sia*. — [8] Ms. *Broc*. — [9] Ms. *ensemps*, avec le *p* barré. — [10] Ms. *entre*. Aicard Audoinh, oncle maternel de Guillemot, avait donc épousé une sœur de Pons de Lansac. — [11] Ms. *irrevocadura*. — [12] Ms. *tata*. — [13] Ms. *nops*. — [14] Ms. *de tutz*. — [15] Ms. *autrei*. — [16] Ms. *tutz*. — [17] Ms. *sedine*. — [18] Ms. *eu* (ou *en*). — [19] Ms. *lanant*. — [20] Ms. *acune areceeuement*. — [21] Ms. *o*. — [22] Ms. *lanan*. — [23] Ms. *dreit*. — [24] Ms. *cession e susdita*. — [25] Ms. *iquet*. — [26] Ms. *reuocade e per segradabletat*. — [27] Ms. *e de aquet autrei dreit*. — [28] Ms. *e daqued e de aquet*. — [29] Ms. *feites*. — [30] Ms. *so*. — [31] Ms. *auctorizat*.

fuit secunda die introitus Januarii, anno Domini .m°.cc°.lxx°. quarto. Regn. Edd., rege Anglie, Bord. sede vacante, En Bern. de Gatapuz[1], majore. Testes sunt : N'El. Carpenter, magister Ponz de La Ila, maiestre W. de Warti, calongis de Valensa, N'Arn. W. Emerici, N'Amioet de Mont Paon, cauoer, Guiraud de Rizona, clerc, maiestre Johan Geraud, Bern. Sigin, clerc, En Gaucem Tort, de Borc, En Gilbert de Mirath qui la carta escriuo.

501 (*461*). 24 août 1275. — *Tarif des droits de péage perçus au port de Libourne*[2].

Forma pedagii Liborne. — Coneguda causa sia qu'En Ayequart Audoin, cauo[e]rs, e Ponz Amauin, donzet, filh d'En W. Amauin, cauoer, de Borc, qui fo, en la presencia de min., W. Bordes, cartulari de Bordeus, e deus testimonis plus [bas] en aquesta carta contengut, ni per forssa ni per pour ni per acun deccuement[3] a sso amenat, mas per lor bonez voluntatz, dissoren e testimoniegeren a maiestre Joan de Labere, conestable de Bordeu, [qui] aquest testimoniage a recebut, si cum disso[4], e autreiat per nom de nostre senhor le roi d'Angleterra e de ses hers, e jureren[5] lo ditz N'Ayquart e lo dit Pons sobre sanz euuangelis Deu, que eu temps que dissoren que Per de Saloobee, de la paropia de Fozera que es ara[6] aperada Leyborna, era probost deu dit En W. Amaubin, qui fo, e de dona N'Empeira[7], maire qui fo deu dit N'Ayquart Audoin, a cuillir lo pedage deu port de Fozera que es ara aperatz lo port de Leyborne, que lo deit P. de Salaboe, par non deu dit En W. Amauin, que fo, de la mazon de Lanssac, e de la dita N'Empeira e deu dit N'Ayquart, que lodiz auc pris e auc custumat[8] a prendre de peatge e de costuma eu temps que dissoren que lo dit P. de Salaboc[9] lo culhe eu port de Fezera[10], ara aperat lo port de Leyborna, id es assaber : de douzena de relhas de fer, iij .d.; de quintau de acer, iij .d.; de quintau d'estangh, iij .d.; de quintau de cobre, iij .d.; de quintau de plom, iij .d.; de caudera, j .d.; de padera, mealha; d'ola d'aram[11], mealha; de dozena de moutoninas[12], o de crabas, o de boc[13], o de crestit, o de motons ab pel, o vius o morts, iij .d., o d'aqui e mins per lo for; de ben viu o de vaque, .j .d.; de cuir de beu o de vaque, .j. d.; de fless de draps de lin a arossin, .xij .d.; de fless de drap de lin, a ayne, .vj .d.; [de] colers de draps de lin, mealha; [de] austors que sia estat comprats, xij .d.e, si le esperuer va auant de guide, es quites; de cauaut que sia estat comprat o monat per vendre, .j .d.; de egue, .j .d.; de drap de lin que si[a] estat comprat por[14] vestir, o en autre manera que porte au cot, que non sia tailhat, mealha; porcz vius, mal[h]a; truge, malhe; dozena de porsz, .iij .d.; borras, .j .d.; fllassade, .j d.; feis de veire, .j. veire o malha; de trassa d'olas de terra, quant le aines le porte, une ola, la gensor saup une o de la trasse, .j .d.[15]. E de tot so desus mentagut, ly auauntdit N'Aiquart Audoin e Ponz Amauin, en la presencia de min. auantdit W. *(fol. 139 v)* Bordes e deus testimonis plus bas en

---

[1] Ms. *En Berener de Chahapuz.* — [2] Publ. *Notices et extraits des mss*, t. XIV, p. 377, et Guinodie, *Hist. de Libourne*, t. II, p. 391. — [3] Ms. *desseboment.* — [4] Ms. *dissot.* — [5] Ms. *jure rem.* — [6] Ms. *avera.* — [7] Ms. *Empopia*; mais voir plus loin. — [8] Ms. *auen custumatz.* — [9] Écrit plus haut *Salaboe* et *Saloobee.* — [10] Écrit plus haut *Fozera.* — [11] Ms. *de la daram.* — [12] Ms. *moutominas.* — [13] Ms. *bosc.* — [14] Ms. *port.* — [15] Le tarif du port de Libourne peut être résumé comme suit : la douzaine de barres de fer paiera 3 d.; le quintal d'acier, d'étain, de cuivre, de plomb, 3 d.; une chaudière, 1 d.; une poêle, 1 maille; une marmite d'airain, 1 maille; la douzaine de peaux de mouton, de chèvre, de bouc, de mouton châtré, de mouton avec la peau, mort ou vivant, 3 d. ou au-dessous, selon le tarif; un bœuf vivant ou une vache, 1 d.; le cuir de bœuf ou de vache, 1 d.; la charge de draps de lin à dos de roncin, 12 d.; transportée à dos d'âne, 6 d.; portée au cou, 1 maille; un autour qu'on vient d'acheter, 12 d.; pour l'épervier qui sert de guide, on ne doit rien; un cheval qu'on vient d'acheter ou qu'on mène vendre paiera 1 d.; une jument, 1 d.; un drap de lin acheté pour vêtement ou autrement, qu'on porte sur les épaules et en pièce, 1 maille; un porc vivant et une truie, 1 maille; une douzaine de porcs, 3 d.; la bure et les étoffes de laine grossière, 1 d.; pour une charge de verre, on donnera un verre ou 1 maille; pour une « trasse » de marmites en terre portée à dos d'âne, une marmite, la plus jolie de toutes, moins une, ou 1 d.

aquesta carta mentagutz, dissoren e meteren[1] en l'auandit segrament que fet an, que l'auant[dit] En W. Amaubin, qui fo, per la meisson de Lansac[2], e de la dita dona N'Empeira, que fo, e le mediss N'Ayquart Audouin, auen agut e arecebut, per la man de l'auantdit P. de Salaboc, en temps que dissoren que era perbost en l'auantdit[3] port, l'auandit[4] peadge e customa de las auantditz causas anteradement[5], aissi cum bienen[6] a l'auantdit port anciament aperat de Fozera, ara[7] aperat le port de Leyburna, enjusca [lo] jorn que nostre senhor le rei d'Anglaterra ac aue pris e fet prendre a sa man. Actum fuit octava die exitus Augusti, anno Domini .m°.cc°.lxx°quinto. Regn. Ed., rei [d']Angl., sede Burdegalensi vacante, Henr. Le Galeis major. Testes : N'Elias Carpenter, Auger de Pratueil, Gui Fflement, Arn. de Saia, Arn. Bralhet, Pelegrin Guarin, e W. Bordes qui la carta escriuo.

502 (462). *1er avril 1266.* — *Amanieu Colom de Bourg promet de servir fidèlement le prince Édouard, sans lui tenir rancune d'avoir été par lui mis en prison*[8].

Amaneus[9] *Columbi de Burgo.* — Coneguda causa sia que N'Amanieu Colom[10] [filh de... Colom[11]] de Borc, que fo, per sa bona voluntad, a mandat e promes que et seruira bonament, confideument, cum bordes, nostre [senhor] N'Audouuard, e que per sin ni per acuna autre persona, per occasion de sa prison en laquau, sicum l'auantdit N'Amanieu[12] disso, lodit senhor l'a[13] tengut, au mediss senhor ni a sa terra nulh dampnage ni fara[14] ne ly procu[ra]ra, per sin ni per autra persona, en neguna manere. E de so a n'obligat sin e tot[as] las suas causas, mobles e nomobles, on que sian; e que

l'ac jurat sobre sanz euangelis Deu. E de so sunt fid[ejussores] e tengut per lodit N'Amanieu[12] Colom : e En P. Gondomer[16], e En P. Colom, fraire, En Johan Colom e N'Arostan Colom, cadauns per lo tot. Actum fuit prima die Aprilis, anno Domini .m°.cc°.lxvj°[17]. Regn. H. rei d'Angl., P., arch.[18] de Bordeu, En Fortaner de Casanoua major. Testes sunt : maistre Arn. de Beus, En Fortaner de Casanoua, N' Ar. Lambert, En Bern. de Alian, N'Ar. W. Emeryc, N'Elias de Camps, N'Arostan de Soler, En Gilbert del Miralh qui la carta escriuo.

503 (463). *Bordeaux, 4 août 1264.* — *Vidimus délivré par le prieur des Dominicains de Bordeaux, le trésorier du chapitre de la cathédrale et l'archiprêtre de Buch et Born, de trois actes relatifs à la restitution par le roi d'Angleterre et son fils, le prince Édouard, à Renaud de Pons et à sa femme, Marguerite de Turenne, du château de Bergerac et de ses dépendances, saisis après la mort d'Élie Rudel, père de Marguerite. Le premier de ces actes (Paris, 31 mars 1264) contient la sentence arbitrale prononcée dans ce procès par la reine de France, Marguerite. Dans le second (Paris, 17 juin 1264), la reine d'Angleterre Aliénor enjoint à Pierre de Bordeaux, lieutenant du sénéchal de Gascogne pour le roi d'Angleterre, d'opérer la restitution conformément à la sentence arbitrale de la reine de France. Dans le troisième (Paris, 12 juin 1264), la reine de France enjoint en outre au même Pierre de Bordeaux de contraindre les gens d'Issigeac à reconnaître pour seigneurs Renaud de Pons et à sa femme, et à leur obéir comme ils étaient tenus de le faire du vivant d'Élie Rudel*[19].

Brageriacum. — Universis presentes litteras

---

[1] Ms. *emeters.* — [2] Ms. *Lassac.* — [3] Ms. *la auandit.* — [4] Ms. *la auandit.* — [5] Ms. *aiceradement.* — [6] Ms. *bernen* (comme elles venaient autrefois à Fozera). — [7] Ms. *area.* — [8] Anal. Arch. hist. Gir., t. V, p. 337. — [9] Ms. *Ara.*; mais voir plus loin le texte lui-même. — [10] Ms. *Calom.* — [11] Addition nécessaire au sens. — [12] Ms. *Namaneui.* — [13] Ms. *lo.* — [14] Ms. *faire.* — [15] Ms. *Namaneui.* — [16] Ms. *Gandomer.* — [17] Ms. *m°.cc°.lxx.vj°*. Mais puisque le roi régnant en Angleterre est Henri et que son fils Édouard n'est encore qualifié que de «senhor», il est clair qu'il faut corriger la date donnée par le manuscrit. L'année de la mairie de Fortaner de Caseneuve rend la correction certaine. — [18] Ms. *archid.* — [19] Seul le premier de ces actes a été publié dans les *Notices et extraits des mss*, t. XIV, p. 435.

inspecturis, frater Willelmus, humilis prior fratrum predicatorum Burdegale, G., thesaurarius Burdegale, et magister Arnaldus, archipresbyter de Bogio et de Borno, salutem in Domino. Noverit universitas vestra nos vidisse et diligenter inspexisse et verbo ad verbum perlegisse quamdam litteram contrasigillo illustrissime regine Ffrancie sigillatam, cujus tenor talis est :

«Noverint universi ad quos venerit presens «scriptum quod, cum inter Henricum, Dei gracia «regem Anglie illustrem, et Eduuardum, ejus «filium primogenitum, ex parte una, et Reginal«dum de Pontibus [1] et Margaritam, ejus uxorem, «ex altera, super castro Brageriaci ac ejus perti«nenciis, ac restitucione eorumdem, in curia do«mini nostri regis Ffrancie questio fuisset diucius «agitata, tandem, de voluntate et assensu [2] par«cium predictarum, nos, Margarita, Dei gracia «Ffrancie regina, que a predictis partibus plenam «et liberam potestatem ordinandi seu componendi «super premissa questione habebamus, prout in «ipsarum parcium litteris plenius continetur, pro «bono pacis, discordiam, que inter partes predictas «vertebatur, amicabiliter ordinando seu eciam com«ponendo, suscepimus terminandam. Diligenti ergo «deliberacione [3] habita, bonorum communicato «consilio, de voluntate et assensu [4] parcium pre«dictarum, pro bono pacis, super ipsa discordia «sic duximus ordinandum : In primis volumus et «ordinamus quod predicti Reginaldus et Margarita, «ejus uxor, prefatos regem Anglie et Eduuardum, «ejus filium, faciant quitari et deliberari a domino «nostro rege Ffrancie de quatuor (fol. 140) milibus «libris Turronensium, in quibus dictus Edwar«dus ex causa mutui tenebatur eidem. De sex vero «milibus libris Turronensium residuis satisfa«cient predicti Reginaldus et Margarita, uxor ejus, «Templo, Parisiis, pro ipsis rege et Edwardo, in «quibus dictus Edwardus tenetur dicto Templo; «et de dicta quietacione sex milium librarum Tur«ronensium a Templo predicto facienda [5] dabunt «illustrem regem Ffrancie, dominum nostrum pre«dictum, fidejussorem et principalem debitorem, «et procurabunt dicti Reginaldus et Margarita, «ejus uxor, apud ipsum dominum regem, quod de «acquitacione dictarum quatuor millium librarum «Turronensium supradicta suas dabit litteras pa«tentes. Item, volumus et ordinamus quod dicti «Reginaldus et Margarita, ejus uxor, prefatos re«gem Anglie et ejus filium quitent et penitus «liberent omnibus fructubus perceptis et qui «percipi poterant ab ipso rege et ejus filio vel «eorum mandato, de redditibus, pertinenciis [6], «exitibus quibuscumque castri Brageriaci [7] et «pertinenciis [8] ejusdem, et Genciaci et perti«nenciis ejusdem, et jurent se contra dictam qui«tacionem et deliberacionem imposterum non ven«turos [9]. Item, volumus et ordinamus quod predicti «Reginaldus et ejus uxor, ratione [10] aliquorum «que milites, vel burgenses, vel homines de «Brageriaco et ejus pertinenciarum, et specialiter «Audebertus Prepositi et sui, fecerunt contra eos, «adherendo prefato regi [11] et ejus filio et fovendo «partem ipsorum, an eis adherencium seu foven«cium, eis per se vel per alios in aliquo non noce«bunt nec nocumentum aliquod procurabunt, aut «aliqua [arte] vel ingenio machinabuntur eis inferre; «immo, si aliqui [12] ex causis predictis aliquod no«cumentum eis volunt inferre, ipsi Reginaldus et «ejus uxor, si hoc scirent, bona fide dampnum «eorum impedirent. Item, ordinamus quod ipsi «Reginaldus et ejus uxor prefatis hominibus ran«cores perceptos ex causis predictis et odia, quam«quam coram nobis remiserint, adhuc remittant. «Item, ordinamus quod ipsi Reginaldus et Marga«rita, ejus uxor, specialiter et expresse, Audeberto «Preposito et suis, licet jam remiserint, adhuc re«mittant omnem rancorem et accionem injuriarum «quas contra dictum Audebertum et suos ex cau«sis predictis hactenus habuerunt, et super hoc «dabunt litteras suas patentes dicto Audeberto et

---

[1] Ms. *Pantibus*. — [2] Ms. *ascensu*. — [3] Ms. *dilacione*. — [4] Ms. *ascensu*. — [5] Ms. *faciendo*. — [6] Ms. *pertinentibus*. — [7] *Brangeriaci*. — [8] Ms. *pertinentibus*. — [9] Ms. *venturum*. — [10] Ms. *accione*. — [11] Ms. *Regin[aldo]*. — [12] Ms. *aliquos*.

«suis, et dominum nostrum regem Ffrancie pre-
«dictum requirent, bona fide, quod ibi sigillum
«suum apponi faciat; jurabunt eciam quod pre-
«dictis Audeberto et suis predicta omnia superius
«contenta inviolabiliter observabunt. Item, jurabunt
«predicti Reginaldus et ejus uxor quod bona fide
«laborabunt quod illi, quibus alique donaciones
«facte fuerint per dominum Edwardum de terra
«que quondam fuit domini Elie Rudelh, seu de
«scambio faciendo in aliis, seu compensacione fa-
«cienda, donacionibus eisdem renunciabunt et quod
«instrumenta confecta super eisdem donacionibus
«redderent dicto Edwardo; et si eos donatorios ad
«hoc forte inducere non poterunt, bona fide labo-
«rabunt dicti Reginaldus et ejus uxor quod eadem
«instrumenta tradantur in manibus nostris, in
«festo Assumpcionis beate Marie proximo venturo,
«aut infra octabas ejusdem festi, ad ordinandum
«de contentis in ipsis instrumentis quod nobis de
«prudentum consilio visum fuerit esse bonum; et
«ad hec facienda compellent[1] predictos donatorios
«ipsi Reginaldus et ejus uxor, prout videbitur fa-
«ciendum. Item, cum dictus Edwardus majori et
«juratis et communitati de Brageriaco dicatur quas-
«dam libertates seu franchesias in terra que
«fuit[2] dicti Elie Rudelh, et locis quibusdam
«aliis extra dictam terram, concessisse[3], et inde
«predictas suas litteras dedisse et fecisse eisdem
«hominibus quas[dam] pacciones et promis-
«siones, et Galterus Prepositus, miles, Americus
«de Prato Novo et Petrus Sinquennal (fol. 140 v),
«burgenses de Brageriaco, procuratores majoris,
«juratorum et tocius communitatis de Brage-
«riaco, voluerunt et concesserunt coram nobis,
«nomine suo et tocius communitatis, quod dictus
«Edwardus reddat et restituat Reginaldo et ejus
«uxori antedictis castrum de Brageriaco cum om-
«nibus ejus pertinenciis, non obstantibus aliquibus
«paccionibus, questionibus, promissionibus, jura-
«mento, vel aliis quoquo modo vallatis, quod dictus
«Edwardus non possit dictum castrum cum suis
«pertinenciis extra manum suam ponere; et pro-
«miserunt dicti procuratores quod in dicto parlia-
«mento Pentecostes reddent nobis litteras dicti
«Edwardi super habendo majori et communia in
«villa de Brageriaco, et quibusdam aliis consue-
«tudinibus vel libertatibus vel franchisiis in terra
«que fuit dicti Elie Rudelli et locis aliis ubicumque
«sibi concessis, et de hiis que[4] dicunt dicti bur-
«genses sibi fuisse concessa ab eodem Edwardo in
«villa Brageriaci vel alibi, in terra que fuit dicti
«Elie, nomine communitatis Brageriaci, coram
«nobis expresse renunciaverunt, et eundem Ed-
«wardum ab omni concessione et paccione penitus
«quitaverunt, ordinamus quod dicti Reginaldus
«et ejus uxor procurent bona fide quod predicte
«littere a prefatis burgensibus nobis[5] reddantur
«in termino memorato [et] ipsos ad hoc com-
«pellant[6], prout nobis videbitur faciendum. Item,
«cum Reginaldus et ejus uxor predicti pro castro
«Brageriaci et ejus pertinenciis regi Anglie homa-
«gium facere teneantur, volumus et ordinamus
«quod senescallus predictorum regis Anglie et ejus
«filii Edwardi in Vasconia fidelitatem ipsorum Re-
«ginaldi et ejus uxoris recipiat, nomine et vice
«ipsorum regis Anglie et ejus filii Edwardi, quous-
«que prefati Reginaldus et ejus uxor predicto regi
«vel ejus filio Edwardo vel heredibus eorum homa-
«gium faciant. Item, volumus et ordinamus quod
«predicti rex Anglie et ejus filius Edwardus resti-
«tuant vel restitui faciant plene et integre Regi-
«naldo et Margarete, ejus uxori, vel eorum man-
«dato, castrum Brageriaci cum ejus pertinenciis,
«prout predicta ad manus ipsorum regis, vel ejus
«filii, vel alterius, de mandato eorundem, deve-
«nerunt, salvo jure alieno et jure dicti regis
«Anglie et heredum suorum quod habebant in
«tempore predicti Elie Rudelh, patris predicte
«Margarite, predicti rex et heredes sui. Item,
«quod predicti rex Anglie et ejus filius Edwardus
«rancores conceptos ex predictis causis vel aliis et
«omnes acciones sibi competentes contra dictum
«Reginaldum et ejus uxorem exortas, a tempore
«prefati Elie Rudelh, puro corde et bona volun-
«tate eisdem remittant. Item, quod juramenta que
«milites, burgenses et homines Brageriaci pre-

---

[1] Ms. *compellunt*. — [2] Ms. *fuerit*. — [3] Ms. *concessione*. — [4] Ms. *ut de hiis qui*. — [5] Ms. *non*. — [6] Ms. *compellunt*.

«stiterunt et fecerunt[1] predictis regi Anglie et
«Edwardo, nomine predictorum castri et pertinen-
«ciarum, quando ipsum castrum cum pertinenciis
«in manibus suis ceperunt, salvo jure ipsius regis
«et heredum suorum, si quod in predictis recipien-
«dis juramentis antedictis habe[b]ant tempore Elie
«Rudelh predicti, [rex Anglie et Edwardus] pre-
«dictis militibus burgensibus et hominibus remit-
«tant. Item, quod dictus rex Anglie et Edwardus
«de premissis Reginaldo et Margarite, ejus uxori,
«contingentibus litteras suas patentes eis concedant.
«De concessu antedicto, expressa voluntate parcium
«predictarum, retinemus nobis potestatem usque
«ad duos annos specificandi et declarandi si aliquod
«dubium vel obscurum circa premissa emerserit vel
«aliquod premissorum. Hanc autem ordinacionem
«nostram dicti Reginaldus et Margarita, ejus
«uxor, constituti personaliter coram nobis, ratam
«et gratam habentes, promiserunt se omnia et
«singula supradicta, juramentis ab eis corpora-
«liter prestitis[2], inviolabiliter servaturos et se
«contra eadem in futurum modo aliquo non ven-
«turos. Actum est hoc Parisiis, feria secunda post
«dominicam qua cantatur *Letare Jerusalem*, anno
«Domini millesimo ducentesimo .lx°. tercio. In cujus
«rei testimonium presenti scripto sigillum nos-
«trum duximus apponendum.»

Item, vidimus, inspeximus et legimus quandam
litteram patentem sigillo magno illustris regine
Anglie sigillatam, cujus tenor talis est :

«A., Dei gracia regina (*fol. 141*) Anglie, domina
«Hibernie, ducissa Aquitanie, dilecto sibi Petro
«de Burdegala, tenenti locum senescalli in Vasco-
«nia, salutem et dileccionem. Cum per quandam
«composicionem castri Brageriaci et pertinencia-
«rum ejusdem inter karissimum dominum nostrum
«H., Dei gracia regem Anglie illustrem, et Edwar-
«dum, primogenitum nostrum, ex parte una, et
«Reginaldum de Pontibus et Margaritam, ejus
«uxorem, factam, iidem Reginaldus et Margarita,
«ejus uxor, dictum castrum cum omnibus perti-
«nenciis recuperare debebant, mandamus vobis et
«precipimus quatinus castrum predictum cum

«omnibus pertinenciis predictis secundum tenorem
«litterarum excellentissime domine et sororis nostre
«M., Dei gracia regine Ffrancie, deferenti delibe-
«retis seu deliberari faciatis, sine difficultate et
«dilacione quacumque. Actum Parisiis, die
«Martis post Trinitatem, anno Domini millesimo
«cc°. lx°.iiij°.»

Item, vidimus et legimus quandam litteram
patentem sigillo magno illustris regine Ffrancie
sigillatam, cujus tenor talis est :

«Margarita, Dei gracia Ffrancie regina, nobili
«viro et karissimo domino suo, domino P. de Bur-
«degala, tenenti locum senescalli Vasconie, salu-
«tem et sincere dileccionis affectum. Cum questio
«diu agitata inter illustrem regem Anglie, karissi-
«mum fratrem nostrum, et dominum Edwardum,
«ejus primogenitum, nepotem nostrum karissi-
«mum, ex una parte, et Reginaldum de Pontibus
«et Margaritam, ejus uxorem, ex altera, per nos,
«cui dicte partes plenariam nuper dederunt potes-
«tatem, amicabiliter sit sopita, prout in litteris[3]
«confectis super ipsa convencione plenius conti-
«netur, vobis mandamus quatinus, formam com-
«posicionis observantes quam sub contrasigillo
«nostro vobis misimus, terram que fuit Elie
«Rudelh, patris predicte Margarite, et quam tem-
«pore mortis sue possidebat, videlicet castrum
«Bregeriaci cum omnibus pertinenciis ejusdem et
«omnibus aliis, prout ad manum dicti regis Anglie
«et Edwardi, ejus filii, aut alterius de mandato
«eorumdem, devenerit, dictis Reginaldo et ejus
«uxori restituatis et in corporalem possessionem
«predictorum inducatis eosdem, et loca que vide-
«ritis expedire et neccesse fuerit ad hujusmodi ad-
«implendum sine dilacione aliqua accedatis;
«declinetis eciam apud Issijac[4], injungentes et
«precipientes ejusdem loci hominibus quod pre-
«dictis Reginaldo et ejus uxori ex nunc obediant
«in hiis in quibus tenebantur obedire Elie Rudelh,
«tempore quo vivebat. Datum Parisiis. ij. idus
«Junii, anno Domini .m°. cc°. lx°. quarto.»

Et ut predicta omnia fidem faciant perpetuam,
nos, predicti prior, thesaurarius et archipresbyter,

---

[1] Ms. *et pertinuerunt fecerunt*. — [2] Ms. *prestatis*. — [3] Ms. *mulieris*. — [4] Ms. *exigat*.

presenti scripto sigilla nostra duximus apponenda. Actum fuit Burdegale, quarta die introitus Augusti, anno Domini millesimo. cc°. lx°. quarto.

504 (464). *19 mai 1272.* — *Dix bourgeois de Dax déclarent qu'ils se sont livrés au maire, prévôt et châtelain de Dax, pour qu'il les retienne en prison pendant quinze jours; si, cette quinzaine écoulée, la paix n'a pas été conclue entre eux, ils fourniront des cautions suffisantes de se présenter en justice selon les fors et coutumes de Dax.*

Carta quorumdam hominum de Aquis. — Conegude cause sie que N' Auger Arrobert, En P. de Tosse, En W. de Relung, Arn. W. de Dax, Perequin Arrobert, Johan du Big, En W. Jorn. de Somordz, En Johan de Payon, e Arn. W. Perquet, ciptadans d'Ax, so son liuerat agrademcent a mon senhor N' Ar. Seguin d'Estan, maire, probost e castellan d'Ax, en tau manere que los tingue .xv. dies dins [1] la maison d'En Aru. Segu[i]ntz, arquidiagne [2] d'Ax, au prison [3]; e se negun s'en isse ni eceproad (sic), qu'en pagas .c. sol. per cada bedz que s'en issira e que tornas arere; empero s'ess n'anaue, que amantosi a lui, com a son senhor, encors le cors [e] l'auer; e, passadz les .xv. dies, se paz no's fayra [4] ab l'autre perdida, qu'en donion segurtadz abondoses a conagude de prohomis d'[e]star a dreit, segon que doueran [5] pous fors d'Ax e per les custumes, segent les forfais que fet aurin o encarcadz serin [6]. Empero si en emitant le dit N' Ar. Seiguin ere mudat [7] de queste senhorie, it (*fol. 141 v*) fussen tinguitz de so ad autre [8] senhor. In quorum testimonium nos, N., Dei gracia Aquensis episcopus, ad instanciam dictarum parcium, sigillo nostro una cum sigillo dicti domini A. Seguin, presentem litteram fecimus sigillari. xiiij. kl. Junii, anno Domini m°. cc°. lxx°. secundo.

505 (465). *Dax, mercredi 8 juin 1272.* — *Constitution, par les chefs des deux factions rivales de Dax, d'arbitres chargés de régler leurs différends. Garanties qu'ils donnent pour l'avenir* [9].

Compromissum hominum de Aquis. — Noverint universi quod nos, Augerius Roberti, pro nobis et omnibus sociis, amicis, consiliariis, valitoribus et manutenentibus nostris, et nos, Remundus Arnaldi de Domonova, pro nobis et omnibus sociis, amicis, consiliariis, valitoribus et manutenentibus nostris, super omnibus querelis, occasionibus, demandis, rancoribus quas habemus vel habuimus vel habere potuimus adinvincem usque in hodiernum diem, et super omnibus injuriis, dampnis, interesse, homicidiis, mortis, plagis et transgressionibus quibuscumque a nobis seu ab aliquo de consortibus seu familiaribus nostris inter nos factis seu perpetratis, compromittimus alte et basse, prestito ad sancta Dei ewangelia sacramento, scilicet : nos, dictus Augerus Roberti, in dominum Augerum de Cazalibus, militem, et Johannem de Pujol [10], civem Aquensem, pro nobis et parte nostra, et nos, dictus Remundus Arnaldi, in nobilem virum, dominum Petrum de Aquis, vicecomitem Tartasensem [11], et dominum Remundum Roberti, militem, fratrem ejusdem vicecomitis, pro nobis, ex parte nostra, et nos insimul in magistrum Bonetum de Sancto Quintino, communem [arbitrum] et mediatorem utriusque partis, promittentes, sub virtute prestiti juramenti et sub incursu omnium bonorum nostrorum, mobilium et inmobilium, ubicumque existant, que omnia incursa ad opus domini regis esse volumus et concedimus pro nobis et heredibus nostris, si contra dictum laudum, arbitrium, vel quamcumque ordinacionem per dictos arbitros seu per tres illorum faciendam venerimus, vel quicquam contra faceremus, seu arbitrium eorum non compleverimus, vel pacem non firmaverimus, seu firmatam non tenuerimus, seu teneri per nos et omnes nostros consortes, fautores, et familiatores teneri non fecerimus bona fide, quod dictis illorum arbitrorum vel trium

---

[1] Ms. *fous*. — [2] Ms. *arquidiagno*. — [3] Ms. *au poren*. — [4] Ms. *sa pas noz fayr*. — [5] Ms. *deuaran*. — [6] Ms. *o en carcadz ferin*. — [7] Ms. *mundat* (en abrégé). — [8] Ms. *a daut*. — [9] Publ. *Notices et extraits des mss*, t. XIV, p. 400. — [10] Ms. *Pynol*; mais voir le n° suivant. — [11] Ms. *Toracen*.

eorum parebimus et eorum arbitrium observabimus, tam de preteritis transgressionibus et forisfactis quibuslibet omnibus pacis injuriam emendando, quam de futuris de cetero per nos vel aliquem de nostris, ut supradictum est, minime faciendo. Volumus eciam et concedimus quod, si de cetero per aliquem de illis qui in discordia, contencione et malivolencia inter nos habita et suborta nobiscum fuerit contencio aliqua, bellum, plage, rapine, spoliaciones, homicidia, seu transgressiones alique hinc inde fiant[1] vel moveantur ad turbacionem pacis seu concordie nostre, malefactores seu turbatores hujusmodi pacis inter nos per dictos arbitros faciende, tam nos, si assensum prebeamus verbo vel facto, permissione vel connivencia, ante factum vel post factum, receptando, consulendo, manutenendo, protegendo, seu quocumque modo fovendo, quam ipsi malefactores, non obstante foro vel consuetudine qualibet[2], ad voluntatem domini regis Anglie vel senescalli Vasconie, qui tunc fuerit, non solum pecuniaria, set corporali pena plectamur. Volumus eciam quod alii qui occasione murdri vel homicidii in dicta discordia perpetrati a civitate Aquensi sentencialiter sunt banniti, [per] compromissum hujusmodi ad civitatem Aquensem minime revocentur, excepto Garsia Arnaldi, cujus reconciliacionem seu revocacionem in predictorum voluntatem ponimus arbitrorum; nec eciam intendimus quod in hujusmodi compromisso jus, leges, gagia, pene, seu incursus rerum vel corporum ad dominum regem spectancia deducantur. Et si contigerit, quod absit, quod quecumque plage, furta, rapine, homicidia, verberaciones, pugno, palma, lapide, baculo, cultello, gladio, seu quocumque alio instrumento perpetrata fuissent per aliquem de illis qui in societate [vel] familiaritate nostra vel contencione nobiscum fuerint, vel de cetero in societate vel familiaritate nostra f[i]unt, vel quoscumque alios de quibus suspicio contra nos vel alterum nostrum oriatur, inquisicioni per dominum senescallum (fol. 142) Vasconie et majorem Aquensem faciende nos supponimus, quacumque consuetudine seu libertate qualibet nobis vel civibus Aquensibus concessis non obstante, scilicet, si maleficio facto assensum prebuerimus, vel si malefactores inmediate ante factum et post factum receptaverimus, nec ab inquisicione hujusmodi liceat amicos vel inimicos recusare, nisi intencione hactenus inter nos habita cum aliqua parte fuerit evidenter, vel causa manifesta et notoria de cetero emerserit per quam possent inimici vel suspecti alterius partis merito reputari. Et nos, Vitalis de Luca, et Petrus de Tosse, et Johannes de Pujol, et fautores et valitores et consortes[3] dicti Augeri Roberti et partis sue, et nos, Johannes de Ba[la]mbitz, et Petrus de Domonova, et Johannes de Derun de Domonova, et Johannes de La Basta, et Petrus de Aquis, Fferaudus de Ponte, Arnaudus de Ponte, Petrus de Duana, Petrus Arnaldi de Sancto Paulo, Petrus de Domonova, Manaudus de Aquis, Dominicus de Sanctis, Johannes de Lanamana, Petrus Arnaldi de Barreria, Petrus Remundi de Balembritz, Bernardus de Nausach, et Petrus Arnaldi d'Ayes, Dominicus de Caupena, Johaunes de Caupena, Guillelmus de Bilort, Vitalis de Groin, Guillelmus Ramundi de Balambitz, Dominicus de Come, Dominicus de Nalettes, Johannes de Petris, Petrus Arnaldi de Lospule, Arnaldus de Saut, Perotus d'Escebet, Johannes de Bristowe, Martinus de La Liete, Ramundus Arnaldi de Bediosse, Andreotus de Nalettes, Ramundus Arnaldi de La Baste, Guillelmus Arnaldi et Remundus Arnaldi, fratres, de Cassou, Garsias Arnaldi de Campis, fautores, valitores et consortes Remundi Arnaldi de Domonova et partes sue, predictis compromisso, ordinacioni et obligacioni concessimus et expressum consensum prebemus, scilicet quilibet pro se; et nos et omnia bona nostra obligamus ad premissam pacem tenendam, sumendam et complendam, prout dicti arbitri[4] ordinaverint, et ad emendas faciendum de transgressionibus preteritis et omnes articulos infrascriptos complendos et bona fide servandos. De aliis autem que in compromisso hujusmodi non continentur vel exprimuntur, si eosdem delinquere contigerit, ex eorum delicto

---

[1] Ms. ficiant. — [2] Ms. qua anu:. — [3] Ms. et valitores et fautores consortes. — [4] Ms. arbitrii.

teneri nolumus nec debemus. In cujus rei testimonium presentibus litteris sigilla nostra apposuimus una cum sigillis omnium arbitrorum et sigilla nobilis viri, domini Thome de Clara [1], gerentis vices domini nostri Edwardi et domini Luce de Tancy, senescalli Vasconie, apponi procuravimus. Ad majoris roboris firmitatem et tam dictum compromissum quam arbitrium per dictos arbitros proferendum in papiro Aquensis curie peti[vi]mus registrari. Et nos, predicti Thomas de Clara et Lucas de Tancy, ad instanciam dictarum parcium sigilla nostra una cum sigillis earum parcium et predictorum arbitrorum duximus apponenda; ita tamen quod per compromissum hujusmodi seu per arbitrium proferendum, jura, leges, gagia, penas, seu incursus rerum et corporum domino regi debitas quitare non intendimus nec deducere in hujusmodi compromisso. Et nos, Remundus Guillelmi de Barreria et Petrus, ejus filius, premissis concessimus obligatos nos ad omnia, prout superius est expressum. Datum Aquis, die Mercurii proxima ante Pentecosten, anno Domini millesimo ducentesimo .lxx°. secundo.

506 (466). *Dax, mercredi 6 juillet 1272.* — *Sentence prononcée par les arbitres chargés de régler les différends entre les deux factions rivales de Dax* [2].

Pax facta inter homines de Aquis. — Universis presentes litteras inspecturis, Petrus de Aquis, vicecomes de Tartas, et Remundus Roberti, et Angerius de Casalibus, milites, Johannes de Pujol, civis Aquensis, et magister Bonetus [3] de Sancto Quintino, salutem in Domino. Noveritis quod, cum discensio et discordia seu controversia (*fol. 142 v*) suborta fuisset inter Augerum Roberti et nonnullos alios cives Aquenses, ex parte una, et Remundum Arnaldi de Domonova et multos cives alios, pro parte altera, de quibus contencione seu discordia multe spoliaciones, plage, verbera, rapine, strages corporum, destruccio rerum, et nonnulle alie transgressiones fuerant subsecute, tandem super predictis omnibus et singulis dicte partes et eorum valitores, consortes et manutenentes in nos, juramento prestito, compromiserunt, ut in compromisso confecto inter ipsos die Mercurii proxima ante festum Pentecostes, anno Domini .m°. ducentesimo .lxx.° secundo, et sigillis nobilium virorum domini Thome de Clara, gerentis vices illustris regis Anglie in hac parte, et domini Luce de Thaney, senescalli Vasconie et militis, et dictarum parcium sigillato et in papiro Aquensis curie registrato, plenius continetur; unde nos, volentes rancoris et cisanatis [4] eorumdem materiam amputare et tranquillitatem parcium providere, ordinamus et arbitramur, videlicet in hunc modum : quod Remundus Arnaldi, pro se et omnibus valitoribus, consortibus et manutenentibus suis, ac eciam omnes consortes, valitores et manutenentes ipsius remittant, quittent liberaliter Augero Roberti et omnibus sociis, valitoribus et manutenentibus suis, omnes injurias, dampna, transgressiones que idem Augerus et sui eidem Remundo et suis fecerunt, intulerunt, irrogaverunt seu eciam perpetraverunt [5], et quicquid rancoris, odii, indignacionis conceperunt [6] contra ipsos; et idem Angerius et sui valitores, manutenentes et consortes eidem Reymundo et suis, vice versa, indulgeant, remittant et quitent [7] omnes injurias, dampna, transgressiones que idem Reymundus Arnaldi et sui eidem Augero et suis fecerunt et intulerunt, irroga[verun]t seu eciam perpetra[verun]t, et quicquid rancoris, odii vel indignacionis conceperunt [8] contra ipsos usque in hodiernum diem. Et quia [9] per fide dignos et per papiros civitatis Aquensis invenimus quod, die Sabbati in vigilia Pasche, anno Domini .m°. ducentesimo .lxx°. primo [10], Reymundo Arnaldi de Domonova existente in officio majoris civitatis Aquensis, vocatis coram ipso quibusdam de civitate juratis ad tractandum super quibusdam negociis que eisdem emersisse dicuntur,

---

[1] Ms. *Elera*. — [2] Publ. *Notices et extraits des mss*, t. XIV, p. 402. — [3] Ms. *Boireitus*. — [4] Forme corrompue du mot *zizanie*. — [5] Ms. *irrogaverant seu eciam perpetraverant*. — [6] Ms. *conceperant*. — [7] Ms. *quitant*. — [8] Ms. *conceperant*. — [9] Ms. *que*. — [10] Le samedi 23 avril 1272, si l'on suit ici le style de Pâques.

Augerus Roberti in eundem[1] Remundum Arnaldi irruit, percusciendo ipsum in capite cum cultello, volumus quod idem Augerus, pro injuria, dampno et transgressione predictis, teneatur[2] eidem Reymundo Arnaldi in centum marcis sterlingorum solvendis, si de dicti Reymundi Arnaldi voluntate procedat et super hoc fidejussores ydoneos det eidem. Item, quia Petrus de Tosse, eadem die, in eundem Reymundum tunc majorem, evaginato gladio, irruit, percusciendo ipsum in manu et brachio cum cultello, ordinamus quod ipse, tanquam bannitus, a civitate Aquensi exeat citra quatuor dies, nec civitatem predictam appropinquet a iiii[or]. leucis citra usque ad annum completum, a festo beati Michaelis proximo venturo ultra, nisi ab eodem Reymundo Arnaldi, cui super hoc potestatem concedimus, fuerit revocatus. Et quia[3] idem Reymundus Arnaldi [P.] Peregrin contra ipsum Reymundam evaginato gladio irruentem percussit cum cultello in facie, volumus quod, ob amorem et graciam ejusdem Petri Peregrini, dictus Reymundus Arnaldi dictum P. de Tosse, qui de parentela dicti P. Peregrini existit, in festo beati Michaelis vel citra, si eidem Reymundo Arnaldi placuerit, revocet et reconciliet civitati predicte. Item, quia[4] Bernardus Cabet eundem R. Arn. cum cultello quodam parvo vulnere percussit in collo, et idem Reymundus eundem Bernardum station in facie acriori vulnere repercussit, volumus quod injuria illa sine ulteriori emenda remittatur hinc inde. Item, quia Garsias Arnaldi de La Luca percussit cum cultello Guillelmum Raymundi de Balembitz inter humeros plaga acerrima et periculosa infra treugas quas ego Bonetus[5], tunc gerens (fol. 143) vices domini senescalli in Vasconia in hac parte, inveneram et receperam inter partes, nichilominus inhibendo ne citra certum terminium assignatum adinvicem quicquam mali facerent vel eciam atte[m]ptarent, volumus quod idem Garsias Arnaldi eidem Guillelmo Remundi septem libras Morlan., quas pro dampnis et expensis dicte plage se fecisse juravit, restituat infra mensem et, pro injuria sibi facta, in quingentis solidis Morl. teneatur eidem solvendis, ad graciam[6] et voluntatem ejusdem Guillelmi Raymundi; penam autem eidem Garsie debitam et Arnaldo Guillelmi et Johanni Caubitz, qui contra inhibicionem predictam et bannum regis Francie discurrendo per civitatem arma portarunt, gracie relinquimus domini senescalli; omnes autem alias plagas hinc inde factas, a quibus et cuicumque facte fuerint, quia easdem graves et periculosas non intelleximus, et ex levitate seu pocius temeritate juventutis afirmate percepimus esse factas, sine alia emenda remitti volumus et proferimus arbitrando. Item, quia per inquisicionem super hoc factam habuimus quod, propter seducionem seu discencionem inter dictos Augerum Roberti et complices suos, ex parte una, et Ramundum Arnaldi de Domonova et suos, ex altera parte, subortam, per quosdam de societate ejusdem Remundi Arnaldi, Petrus dictus Dos, clericus, occisus fuit, nec adhuc propter occisionem illam aliquis est bannitus, volumus et arbitramur quod Johannes Brenar, Menandus de Rivera, P. de Messoer, Dominicus Maurat, Dominicus de Naleitis, Perotus Eskevit, Dominicus Berus, qui predicte occisioni interfuerunt, citra quatuor dies a civitate exeant, ut banniti, nec ibidem redeant quousque unus illorum confessus fuerit, secundum civitatis Aquensis consuetudine[m], dicti homicidii se fuisse auctorem[7]; ex tunc autem omnes alii, preterquam dicti[8] homicidii auctor[9], possint ad civitatem libere revenire; ita tamen quod de injuria facta ecclesie in occisione clerici ad arbitrium Aquensis episcopi satisfaciant competenter; et quia idem Remundus Arnaldi aliquos de illis qui predicte occisioni fuerunt postmodum receptavit, precipimus ut alicui de parentela dicti defuncti, eunti ad Terram sanctam pro salute anime predicti defuncti, qui super hoc litteras Templi vel Hospitalis de peregrinacione facta reportet, septem libras Morl. erroget, vel alii cunti ibidem, si de parentela ejusdem quisquam[10] ire noluerit, vel saltem de dictis septem libris .lx. s. matri et parentibus

---

[1] Ms. eisdem. — [2] Ms. teneantur. — [3] Ms. quod. — [4] Ms. quod. — [5] Ms. Bonetus. — [6] Ms. gracia. — [7] Ms. se ore dicere. — [8] Ms. dictis. — [9] Ms. forcior. — [10] Ms. quicquam.

pauperibus ejusdem defuncti largiatur, et residuas quatuor libras per testimonium domini Aquensis [1] episcopi et parentum dicti defuncti eroget executoribus crucis in subsidium Terre sancte. Pro morte Johannis Monachi, qui communi congressu de nocte hinc inde per utramque partem facto et per socium dicti Augerii Roberti incepto, fuit occisus, nec constat nec probare [2] possimus quis eum interfecerit, et licet presumpciones juris validas contra pacem dicti Remundi Arnaldi habeamus, quia tamen, ex confessione ejusdem defuncti, necnon [3] ex confessione aliquorum de societate Augerii Roberti existencium, presumpciones facti contra partem ejusdem Augerii habemus, ordinamus quod idem Remundus Arnaldi centum sol. Morl., et idem Augerus Roberti alios centum sol. Morl. cuidam pediti eunti ad Terram sanctam, pro salute anime dicti defuncti, errogent, qui litteras Templi vel Hospitalis de testimonio peregrinacionis facte reportet; et nichilominus idem Remundus Arnaldi patri et matri dicti defuncti pro emenda donet quadraginta sol. Morl. citra instans festum Omnium Sanctorum, et .xx. sol. ad unam refeccionem fratribus minoribus faciendam, et .xx. sol., x. den. ad distribucionem quingentorum pauperum, scilicet cuilibet pauperi obolum. Refeccio autem fratrum citra .xv. dies fiat, distribucio pauperum citra eundem terminum, et instanti passagio pro dictis *(fol. 143 v)* defunctis mittantur [pedites], vel pecunia, ut dictum est, liberetur. Item, pro morte Arnaldi de Vico, qui per aliquos de societate dicti Reymundi fuit occisus, quia illi qui occisioni predicte [interfuerunt] sunt banniti a civitate Aquensi, et per fide dignos comperti sumus quod idem Remundus Arnaldi occisionis hujus modi culpabilis non existit, nichil aliud ordinamus. Ob reverenciam tamen parentum ejusdem defuncti, ordinamus quod idem Remundus Arnaldi cum duodecim sociis fide dignis juret super tumulum sancti Vincencii quod occisioni predicte mandatum, assensum [4] vel autoritatem non dedit, nec post factum malefactores dicti homicidii receptavit, nec receptari fecit nec faciet, quamdiu occisores [5] exules fuerunt vel banniti; post modum autem eosdem sibi receptare licebit. Item, de Garsia Arnaldi, qui pro morte Menaudi [6] de Resse quam fecisse dicitur, est bannitus, quia nobis constat quod idem Menaudus eundem Garsiam cum quodam ense vulneravit, et statim idem Garsias eundem Menaudum sine intervallo aliquo repercussit, dicimus quod, post annum elapsum a festo beati Johannis Baptiste proximo computando, revocetur, dum tamen consensus matris ejusdem et fratris super hoc habeatur, et elimosinam mille pauperibus pro salute anime ipsius defuncti, scilicet cuilibet pauperi obolum, antequam civitatem Aquensem intret, faciat erogari. Item, volumus et arbitramur quod Petrus Arnaldi, dominus de Sancto Paulo, qui dominum Bernardum pro premissis omnibus [7], reddat citra festum Assumpcionis beate Marie, sex libras, sexdecim solidos, octo denarios Morl., quia [8] idem Bernardus dicta bona sua, per dictum dominum de Sancto Paulo consumpta et extracta, tantum [9] valere in presencia nostra juramento firmavit. Item, volumus et ordinamus quod omnia alia dampna, interesse, expense, injurie quecumque facta fuerint inter partes, penitus remittantur, secundum formam superius prenotatam. Et quia indignum et dissonum equitati [est] ut qui a[u]ctores delicti non fuerunt pene participes efficiantur, volumus et ordinamus ut, quicquid ex alterutra parte vel a quibuscumque de societate eorumdem raptum, ablatum fuerit quibuscumque personis que de dissencione seu discordia predicta non fuerint, per raptores et ablatores, si inventi fuerint et sint solvendo [10], sin autem, per principales capitaneos, sine deliberacione aliqua, restituatur et emendetur [11]; et nisi per eos qui dampnum receperunt requisiti emendare voluerint,

---

[1] Ms. *Arn.*; mais voir l'*Histoire des évêques de Dax* par l'abbé Degert, p. 138, note. Le copiste a confondu l'abréviation *Aqu.* avec celle d'*Arn.* — [2] Ms. *probari.* — [3] Ms. *tamen* (en abrégé). — [4] Ms. *assessum.* — [5] Ms. *occisione.* — [6] Ms. *Menaude.* — [7] Phrase laissée incomplète par le copiste. — [8] Ms. *que.* — [9] Ms. *tunc.* — [10] Passage altéré par le copiste. — [11] Ms. *restituantur et emendentur.*

vel accusati[1] et postmodum in judicio super hoc convicti fuerint, eos decernimus venisse contra hujusmodi arbitrium, et penam in compromisso in nobis facto contentam incurrisse. Item, ordinamus ut omnes advene qui in discordia seu dissencione predicta fuerunt, qui non sunt in predicta civitate possessores immobilium, vel aliquod ministerium non habent de quo sustentari valeant, vel dominos qui eos apparent, vel ducerent[2] vel necessaria administrent, a civitate Aquensi citra octo[3] dies recedant, nec ibi redeant[4] nisi sufficientem caucionem seu[5] fidejussores ydoneos prestiterint quod umquam malum, dampnum seu gravamen non inferant nec procurent inferri; et, si extunc ibidem inventi fuerint, tam ipsi quam eorum receptatores, banno in predicta civitate generaliter facto, capiantur [per] prepositum vel majorem, ad voluntatem domini senescalli Vasconie, corporaliter vel realiter puniendi. Item, addimus quod pars contra partem, aliquis de parte sua contra aliquem de parte altera, in aliena causa esse non presumat, dissencione, lite, rixa, causa vel in judicio, nisi forte talis fuerit cui, racione propinque consanguinitatis, deesse non possit. Item, si alter alterum invasit et percussit, et statim (fol. 144) repercuciatur modo consimili[6] ab altero, illum qui primo percussus fuit teneri minime arbitramur occasione hujusmodi arbitrii, dum tamen modum armis seu qualitate vulneris non excedat[7]. Item, volumus et ordinamus quod, si aliquis hereditatem suam seu bona immobilia sua vendere seu distrahere vel alienare totaliter [voluerit], et presumpcio violenta contra ipsum haberi possit quod hoc faciat occasione maleficii perpetrandi, s[cilicet] ut, perpetrato maleficio, possit recedere, ut perpetuo [sit] fugitivus, et bona ipsius in manu domini capiantur[8] et teneantur, donec sufficienter caveat quod dampnum aliquod seu injuriam alicui non inferat vel faciat vel inferri procuret. Item, volumus quod omnes ex utraque parte super tumulum sancti Vincencii jurent quod de cetero alter contra alterum seu ad invicem contra dominum conspiracionem[9], confratriam, confederacionem, conjuracionem, ligacionem seu impressam aliquam non faciant nec fieri permittant seu procurent[10], nec quod fiat[11] assencient quoquo modo. Et quicumque, per se vel per alium, tacite vel expresse, premissa vel aliquod premissorum facere, consentire vel attemptare presumpserit, corporaliter punietur et, tanquam proditor et parjurus, ipso facto sit privatus imperpetuum a civitate et habitacione civitatis Aquensis, et ipse [et] omnes res ejusdem, tam mobiles quam immobiles, domino regi sint incurse, [ad] faciendum quicquid voluerit de eisdem. Et si quas conjuraciones, ligaciones, vel impressas inter se fecerint, volumus quod quitent se adinvicem de premissis, nec teneantur ad easdem de cetero observandas. Et, si contra premissa vel aliquod premissorum vel eciam de hiis que in compromisso in nos facto continentur aliquis contraire presumpserit, ipso facto decernimus eundem omnibus bonis suis mobilibus et immobilibus esse privatum, sine spe recuperacionis habende, que omnia in manu domini confiscentur ad voluntatem suam omnimodam faciendam, non obstantibus omnibus consuetudinibus, foris, privilegiis, seu libertatibus concessis seu concedendis eisdem, si super hoc per testes ydoneos convinci poterunt, vel adeo manifestum fuerit quod nulla possit tergiversacione celari. Hanc autem obligacionem usque ad decem annos durare volumus et mandamus, ita tamen quod, in fine dicti decennii, senescallus Vasconie et major Aquensis, qui pro tempore fuerunt, predictam obligacionem pro voluntate sua valeant prorogare, si suspicionem justam vel causam legitimam viderint per quam possit oriri pacis turbacio, seu periculum aliquod civitati vel domino[12] imminere; et nos potestatem corrigendi, addendi, minuendi, emendandi usque ad quindecim dies retinemus. Item, quia nobis constat quod Arnaldus Guillelmi de Aquis, Arnaldus du Bic, Guillelmus de Rob., P. deu Monge,

---

[1] Ms. *acusaverint*. — [2] Passage altéré par le copiste. — [3] Ms. *octos*. — [4] Ms. *recedant*. — [5] Ms. *se*. — [6] Ms. *consimilo*. — [7] Ms. *dum tamen in modum arma seu qualitate vulneris non excedat*. — [8] Ms. *capientur*. — [9] Ms. *suspiracionem*. — [10] Ms. *procurabunt*. — [11] Ms. *fiant*. — [12] Ms. *dominio*.

P. Peregrin, Dominicus de La Casse, Vitalis de Santes et quidam alii, eorum complices, fregerunt domum Fferaudi de Henc, et fustam seu marremium combusserunt, et idem Fferaudus valorem dicte fuste juravit ad decem solidos Morl., volumus quod per predictos cives infra quindecim dies, dicti decem solidi restituantur eidem. Item, quia datum[1] est nobis intelligi quod consuetudo civitatis Aquensis talis est ut, si plures occisioni alicujus interfuerint et major pars eorum probare poterit per testes quod[2] predicte occisionis rei non fuerunt, quia unus illorum nominatus predictam mortem fecit, licet idem reus hoc inficietur, alii non tenentur propter hoc, licet superius arbitrati fuerimus quod propter mortem Petri Dosse, clerici, Johannes Bronar, Menaudus de Rivera, Petrus Massoer, Dominicus de Nalettes, Perotus Eskovet, Dominicus Borus, qui occisioni predicti clerici interfuerunt, exeant civitatem Aquensem, volumus et ordinamus quod, si consuetudo contraria fuerit, consuetudini relinquatur si probari poterit quis illorum homicidium perpetravit. In cujus rei testimonium presenti scripto sigilla nostra una cum sigillis dictarum parcium (fol. 144 v) et domini Luce de Taney, senescalli Vasconie, apposuimus et fecimus apponi. Datum apud Aquis, die Mercurii in octabis apostolorum Petri et Pauli, anno Domini millesimo ducentesimo .lxx°. secundo.

507 (467). *Dax, jeudi 28 avril 1272. — Raimond Arnaud de Maisonneuve de Dax s'engage par serment et sous caution à se présenter devant la cour du sénéchal de Gascogne ou de son lieutenant pour y répondre de tous les actes délictueux qu'il peut avoir commis, lui et son parti, envers Auger Robert et son parti*[3].

Remundus Arnaldi de Domonova, de Aquis. — Noverint universi quod ego, Remundus Arnaldi de Domonova, juro et promitto, ad sancta Dei ewangelia prestito sacramento, quod super omnibus contencionibus, guerris, plagis, homicidiis, murdris, transgressionibus, rapinis, spoliacionibus et quibuscumque forefactis occasione discordie inter me et meos, ex parte una, et Augerum Roberti et suos, ex altera, mote et suborte, in civitate et confinio [Aquensi] per me, seu aliquem[4] de meis, de consensu vel permissione mei, factis, stabo et parebo juri coram senescallo Vasconie vel quocumque vices ejus gerente, secundum foros et consuetudines civitatis Aquensis, et cavebo ad exgardium, voluntatem vel arbitrium ejusdem senescalli et magistri Bonetti, decani de Bogio[5], gerentis vices domini in hac parte, ne de cetero per me, vel per aliquem de illis quos avoare voluero, discordie, contenciones vel malefacta predicta fiant vel moveantur ibidem. Super hoc me voluntati ejusdem Bonetti reddo et submitto, ubicumque et quandocumque ei[6] placuerit hostagiis vel carceri mancipandum; et hec omnia et singula promitto me facturum et completurum sub pena ducentarum marcarum solvendarum domino regi Anglie vel mandato suo, si in aliquo premissorum defecero, vel in predictis[7] defecero, sicut superius est expressum. In cujus rei testimonium presenti scripto sigillum meum apposui, et sigillum domini vicecomitis de Tartas et prioris Hospitalis Sancti Spiritus de Aquis procuravi apponi. Datum apud Aquis, die Jovis proxima post Pascha, anno Domini millesimo ducentesimo .lxx°. secundo. Et pro premissis complendis et fideliter observandis, dedi fidejussores infrascriptos eidem Bonetto, nomine regis domini Anglie recipienti : dominum Galhardum de Tylio, militem, et Remundum de Campet, domicellum, qui pro premissis tenendis et observandis, ad instanciam meam, obligarunt se et omnia bona sua domino regi Anglie et magistro Bonetto, sub pena predicta. Et nos, dicti Gualhardus et Remundus, ad instanciam dicti Ramundi Arnaldi, predictam penam domino regi Anglie vel certo mandato suo solvere[8] promittimus, si idem Remundus defecerit in aliquo premissorum; et sigillum domini Aquensis episcopi apponi procuravimus in testimonium hujus rei. Et nos, dictus episcopus, ad instanciam dictorum fidejussorum,

---

[1] Ms. *dictum*. — [2] Ms. *qui*. — [3] Publ. *Notices et extraits des mss*, t. XIV, p. 398. — [4] Ms. *per meus. aliquem*. — [5] Ms. *Burgio*. — [6] Ms. *cum*. — [7] Ms. *in predicta*. — [8] Ms. *soliturus*.

presenti scripto sigillum nostrum duximus apponendum. Datum anno, die et loco predictis.

508 (468). *Dax, lundi 2 mai 1272.* — *Contre-partie du serment précédent donnée par Auger Robert, de Dax, en son nom et au nom de son parti.*

Ogerus Roberti de Aquis. — Noverint universi quod ego, Ogerus Roberti, juro et promitto ad sancta Dei evangelia prestito juramento, quod super omnibus contencionibus, guerris, plagis, homicidiis, murdris, transgressionibus, rapinis, spoliacionibus, et quibuscumque aliis forefactis occasione discordie inter me et meos, ex parte una, et Remundum Arnaldi de Domonova et suos, ex altera, mote et suborte in civitate et confinio Aquensi per me [scu] aliquem de meis, de consensu, connivencia, vel permissione mei, factis, [stabo] et parebo juri coram senescallo Vasconie, vel vices ejus gerente, et premissa emendabo secundum consuetudinem et leges civitatis Aquensis; nec[1] villam seu confinium civitatis Aquensis intrabo vel appropinquabo a Ssordua citra, vel Bayona citra, infra octabas instantis Pentecostes; nec sustinebo, pro posse meo, quod Petrus de Tosse, Arnaldus Guillelmi de Aquis, Johannes du Bic, Guillelmus Roberti, Arnaldus Dabert predicta loca intrent citra predictum terminum, vel appropinquent a Ssordua vel Baiona citra, nec dampnum, molestiam, plagam, mortem, gravamen, seu transgressionem aliquam per me seu aliquem de meis, et specialiter de superius nominatis, non inferam nec faciam, nec fieri in (*fol. 145*) inferri sustinebo vel procurabo dicto Remundo Arnaldi vel alicui de suis vel de societate sua, termino supradicto. Et ad hoc obligo me sub incursu omnium bonorum meorum mobilium et immobilium, ubicumque inventa fuerint, pro me et Guillelmo, fratre meo, per senescallum Vasconie, vel ejus vices gerentem, capiendorum et in manu domini ponenda et perpetuo retinendorum. Et ego, dictus Ogerus[2] Roberti, ad premissa tenenda, complenda pro me et dicto fratre meo Guillelmo[3], obligo omnia bona mea, prout idem Remundus superius obligavit. Volumus eciam quod ista obligacio in papiro Aquensis curie registretur in firmitatem hanc ac si in plena curia facta fuisset. In cujus rei testimonium presenti scripto sigillum domini N., Aquensis episcopi, procuravimus apponi. Et nos, episcopus, etc. Datum apud Aquis, die Lune post octabas Pasche, anno Domini .m°. .cc°. .lxx°. secundo.

509 (469). *Sorde, 13 février 1253.* — *Sentence arbitrale réglant les conditions de la paix entre Hispan, seigneur de Domezain, d'une part, et Arnaud Sanche et Sanche Arnaud, ses frères, d'autre part*[4].

Compromissum inter Ispannum, dominum de Domedan, ex parte una, et Arnaldum Sanxii et Sanxium Arnaldi, fratres, ex altera. — Notum sit omnibus presentes litteras inspecturis quod, cum inter Yspannum, dominum de Domedan, ex una parte, et Arnaldum Sanxii et Sanxium Arnaldi, fratres suos, ex altera, esset materia dissencionis[5] exorta super diversis querelis, injuriis, debatis[6] et rebus aliis, tandem, pro bono pacis, compromiserunt in venerabiles viros abbates Sordue et Artos et dominum Petrum Lef, clericum, qui[7] super reformacione hujusmodi controversie[8] vices domini Edwardi, illustris regis Anglie primogeniti, gerebat, ita ut[9] quicquid ipsi tres judicio vel arbitrio super premissis injuriis vel querelis terminarent ipsi fideliter imposterum observarent, prestito ab eis corporaliter juramento ad sancta Dei evangelia; insuper predictum compromissum sub pena centum librarum Morl. conservare compromiserunt et fidejussores ex utraque parte dederunt; videlicet, ex parte dicti Yspanni accesserunt Bertrandus de La Sala et Remundus de Castellione, burgenses Sordue, ex parte Arnaldi Sanxii et Sanxii Arnaldi, Willelmus Arnaldi de La Reule[10] et Arnaldus Willelmi Basin, burgenses ejusdem ville; qui fidejus-

---

[1] Ms. *vero.* — [2] Ms. *Guillelmus.* — [3] Ms. *Ogero.* — [4] Répétition du n° 403. — [5] Ms. *discouvencionis.* — [6] Ms. *debitis.* — [7] Ms. *cujus.* — [8] Ms. *conversione.* — [9] Ms. *item.* — [10] Appelé au n° 403 *de La Gerne*, sans doute par erreur.

sores predicti, si partes hinc vel inde in aliquo contra arbitrium predictorum trium delinquerent, predictam penam ab illa parte cui existunt fidejussores predicto domino Edwardo fideliter solvere promiserunt, et nichilominus facere arbitrium in suo robore perdurare. Ordinaverunt itaque predicti abbates et dominus P. et taliter sunt arbitrati quod ad hanc diem deponerent omnes injurias et rancores, et pacis osculum incontinenti darent[1], et Arnaldus Sanxii et Sanxius Arnaldi in omnibus jurisdiccione, proprietate et possessione in tota terra predicti Yspanni temperate se habeant[2] et modeste; et quia super debitis erant mutue peticiones hinc inde, eas sibi invicem remittant et quietent, solutis predictis Arnaldo Sanxii et Sanxio Arnaldi, pro vadiis que predictus Yspannus a domino rege pro exercitu Malilionis receperat, centum solidis Morl. infra quindenam Pasche; et tenetur predictus Yspannus eos liberare ab obligacione sex librarum Morl. quas predicti apud Sorduam solvere tenebantur, et centum et decem solidis apud Silvam Terram; et dictus Yspannus predictis fratribus suis tenetur solvere viginti libras de Morl. d[i]e qua filius suus matrimonium consummabit, et Arnaldus Sanxii bladum quo ecclesiam spoliaverat restitueret eidem. Verumptamen, si contra pacem et arbitrium istud aliquo modo venirent, nisi infra octo dies se corrigerent, perjuri remaneant, et nichilominus predicta pena centum librarum solvatur, prout superius est expressum. Et ut istud arbitrium ratum et stabile permaneat, nos, predicti arbitri, sigilla nostra duximus apponenda et sigilla predictorum Yspanni et Arnaldi Sanxii, pro se et pro Sauxio Arnaldi, fratre suo. Datum apud Sorduam, .xiij°. die Ffebruarii, anno Domini .m°. cc°. l°. secundo.

510 (470). *Mardi 17 décembre 1275.* — Les procureurs de l'abbé et du monastère de Saint-Sever reconnaissent que le sénéchal de Gascogne a fait tout son possible pour obtenir du roi de France la confirmation du pariage précédemment conclu entre le roi d'Angleterre et l'abbé de Saint-Sever[3].

Universis Xpi fidelibus presentes litteras inspecturis, Guillelmus Reymundi de Mondiet, sacrista, (*fol. 145 v*) et Doatus de Dado, operarius monasterii Sancti Severii, diocesis Adhurrensis, salutem. Notum facimus quod nos, procuratores venerabilis abbatis tociusque conventus predicti monasterii Sancti Severii dati in hiis, spontanee recognoscimus, vice et nomine eorumdem abbatis et conventus ac nostro, quod nobilis vir dominus Lucas de Taney, miles[4], senescallus Vasconie, fecit suum posse, bona fide et sincere[5], nomine domini regis Anglie, domini Edwardi, super litteris patentibus[6] de confirmacione et ratificacione domini regis Ffrancie confirmatis et ratificatis, permutacionem seu excambium inter dictos abbatem et conventum et nos, ex parte una, de medietate justicie Sancti Severii[7] et jurisdiccionis[8], [et] dominum nostrum regem Anglie seu alios, ejusdem nomine, ex altera, prout in cartis inde confectis plenius continetur, factum, ac alias pacciones et cetera ibi contenta tangentibus[9]. Unde absolvimus, quo supra nomine, pro suis et[10] nostris successoribus, et quitamus et perpetuo [relaxamus] dictum dominum nostrum regem et suos heredes et ordinium, dictum senescallum et omnes alios, ipsius nomine, ab omni promissione et obligacione dictis abbati et conventui ac nobis qualitercumque facti[s], adhucque cognoscimus quod[11] omnes conventiones facte et inite[12] super premissis ex parte dicti domini regis Anglie, prout continetur in carta quam Stephanus de Provincia inde fecit, sunt complete, obligacione[13] hominum de Mimisano, quam nondum habuimus,

---

[1] Ms. *dederunt.* — [2] Ms. *habebant.* — [3] L'acte de pariage a été publié dans l'*Historia monasterii S. Severi* de dom Du Buisson, t. 1, p. 234-254. — [4] Ms. *Lucas de Tany; miles, de Tancy.* — [5] Ms. *et habere* (en abrégé: *he*). — [6] Ms. *pendentibus.* — [7] Après *S. Severii*, le copiste ajoute les mots *et quibusdam aliis*, placés entre guillemets, ce qui équivaut à en marquer la suppression. — [8] Ms. *jurisdictionem* (en abrégé). — [9] Ms. *tabendus* (en abrégé). — [10] Ms. *suisque.* — [11] Ms. *hujusque cognoscimus et quod.* — [12] Ms. *inhibite.* — [13] Ms. *obligaciones.*

dantaxat excepta, ita quod inde sumus bene contenti. In cujus rei testimonium sigilla nostra duximus apponenda presentibus. Actum et datum die Martis ante festum beati Thome Apostoli, anno Domini .m°. .cc°. lxx°. .quinto.

511 (*471*). *Bordeaux, mardi 6 août 1275*. — *Pierre de Montravel s'engage par serment et sous caution à se soumettre entièrement à la volonté du roi d'Angleterre.*

Littera Petri de Monte Revello de sacramento et obligacione per ipsum factis domino Luce de Tany, senescallo Vasconie, quod stabit voluntati domini regis Anglie. — Universis Xpi fidelibus presentes litteras inspecturis, Petrus de Monte Revello, filius quondam domini Willelmi de Monte Revello, militis, salutem. Noveritis quod nos spontanee et libere, nec in aliquo circumventi, promisimus et super sancta Dei evangelia tacta per nos corporaliter juravimus nobili viro, domino Luce de Taney, senescallo Vasconie excellentissimi domini nostri Edwardi, Dei gracia regis Anglie, presenti et hoc recipienti, quod stabimus alte et basse voluntati dicti domini regis super omnibus que aliqua racione, causa, vel facto fecerimus vel fuerunt usque ad diem presentem facta et super quibus nos tenemur[1] vel videremur teneri eidem domino nostro, nec contra voluntatem suam expressam nunquam veniemus, immo eam servabimus et servare promittimus nostro posse, sub pena convencionali mille marcarum[2] sterlingorum argenti, datis fidejussoribus domino Bruno[3] de Saya, Petro Iterii et Willelmo de Monte Revello, fratre nostro, militibus, qui, pro nostris precibus et mandato, quod nos teneremus predicta[4], ut superius sunt expressa, dicto domino seneschallo, quo supra nomine recipienti, se constituerunt pro nobis, obligaverunt et teneri voluerunt, sub pena trescentarum marcarum dicto domino nostro regi committenda et solvenda, sub omni renunciacione et cautela, quisque in solidum, si nos, quod absit, contra premissa veniremus vel in aliquo faceremus. Nosque, predicti Brunus de Saya, Petrus Iterii et Willelmus de Monte Revello, milites, nos obligantes ita ut dictum est, una cum sigillo dicti Petri de Monte Revello, presentibus appendimus sigilla nostra in testimonium veritatis. Datum Burdegale, die Martis in festo Transfiguracionis, anno Domini .m°. .cc°. .lxx°. quinto.

512 (*472*). *Bayonne, 13 novembre 1261*. — *Répétition du n° 400* [5].

513 (*473*). *7 mars 1275*. — *Dame Douce Le Parquer, fille de feu Jean Le Parquer, chevalier, vend au roi la motte de Garosse avec tous ses droits et revenus, situés en l'honneur de Dax, pour le prix de 4 livres et 10 marcs sterling, à raison de 13 s. et 4 d. le marc.*

Carta quitacionis facta domino regi de mota de Garosse per dominam Dulciam de Parquer. — Coneguda cause sie que la dona Na Douse Le Parquer, filhe d'En Johan Lo Parquer, cauer, qui fo, per si e per tots ses heirs e per tot son ordench, per sa bon[e], agradable e deliure voluntad, a donat[6], liurat, quitat, gurpit e deshemperat, per are e per tots temps, a N'Elis de Hubile, cauer, ten[en] log de seneschauc per mon senhor En Lucas de Tany, senescauc de Gascunha per nom de noble senhor nostre senhor Edward, rey d'Anglaterra, e aus hers e a lor ordeach dou dit rei, tote la mote de Garosse, ab lo log en que es, ab sa proprietat, ab[7] tots les[8] droits, e deuers, e senhor[i]es, e areudes, e boscs, e hermps, e lanes, e augues, e pascous, e padoens, e molins, e moliars, homis e femmis, e fius, e tot[e]s les autres causes qui a ledite[9] mote apertenoren, tot atant cum ere ni[10] lo dit En Johan Le Parquer hi

---

[1] Ms. *super omnibus super quibus aliqua racione, causa vel facto que fecerimus vel fuerunt usque ad diem presentem nos tenemur.* — [2] Ms. *marcas.* — [3] Ms. *domini Bruni.* — [4] Ms. *quod nos teneremur predicto.* — [5] Il y a seulement quelques interversions dans les noms des bourgeois. L'acte (*fol. 146*) est daté *Anno Domini m° .cc°. lxx°. primo*, mais la date exacte est celle de l'année 1261, comme au n° 400. Voir *Notices et extraits des mss*, t. XIV, p. 414. — [6] Ms. *donat.* — [7] Ms. *ob.* — [8] Ms. *lo.* — [9] Ms. *qui tale dite.* — [10] Ms. *no.*

auen ni auer deuen, in quauque maneire fos ni estre[1] podes l'esquantme[n]t ; e les sobredites cauzes son en l'onor[2] d'Ax. E queste bente [es] estade feite per .iiij. .li. e .x. mars de sterlings, de[3] .xiij. .s. e .iiij. deners le marc, qu'en l'a dat e pagat; deus quaus le deuantdite done, Na Douse, recouogo que ere [es] ben[4] estade pagada dou tot enterins e'ns bons deners countades; renuncians a la excepcion de no countat e de no pagat auer, e de menor[5] predz e d'ingan; e de l'auandite[6] mote, ab log en que es, e de totas les deuandites cauzes ab lor apertenences e de cadaune[7] d'eras le deuantdite[8] done Na Douse an mes ledit N'Elies, en log dou dit rei, en bone e en verrai, corporau possession, e an feit e establit lodit roi certan e vertader senhor e possessor e actor en tut arrei en ses proprics causas; e a l'en manat e promes portar bone e ferme garentie de tots demanedors e de tots emperadors franquemens[9] ; per loquau garantie et obligat sa persona e tots les soes causes, mobles e nomobles, on que seien, presens e abediens ; e a renunciat ledite done Na Douse, en queste[s] cauzes sobredites en queste carte contineud[es] e in cadune per si, a totes fors e a tot[e]s costumes de biele e de lerre, feites o a far (fol. 146 v), benefices de droits tant a leis[10] quant a decrez, a tot dreit escriut e no escriut, a le pistole d'Endirran[11], a tote croz[12] pris[e] e a prener, a tote lettre d'apostole[13] o d'autre jugge impetrade o a impetrar, a totes noeles constitucions, a[14] tote excepcion e ajude [e] defendement qui ad ere pod[e]sse valer ni ajudar per bier encontre questes causes en queste carte contineudes, en tot [o] en[15] pertide; e a manat e promes contre le deuantdit[e] bente no ira ni fra bier, per si ni per nulh autre persone[16], ab ginh ni ses ginh[17], en nulh cort seglar ni de glize; e que issi ag tien que a ag jurat sobre les saintes euangels Diu corporaumens tocadz. Actum fuit .vij*. die introitus Marcii, anno Domini .m°.cc°.lxx*. quarto. Regn. Eduuard., rei d'Angl., le sede d'Ax vacant, En Gilbert de Mares, maire. Testes sunt : En B. d'Antes, tien log de maire[18], N'Aramon Arn. de Mazonnoue, En P. de Dosse, En Demonjon e En Mathieu de Mirabon, frairs, En W. R. de Balemb[i]z, En Johan de Cassou, En P. Big, N'Aramon Arn. d'Arcibeire, En P. de Darnabes, En W. Arn. de Saubainag, N'Amat Soubre, ciptadans de Baione, e Johan de Medouc qui la carta escriuo.

514 (474). *17 mai 1275*. — *Brun de Bernac, chevalier, reconnaît être rentré en possession, par les mains du connétable de Bordeaux agissant au nom du sénéchal de Gascogne, des terres et tenures possédées par son père, Raimond Brun de Fronsac, et qui avaient été confisquées en punition de certains crimes commis au détriment du roi.*

Carta recognicionis facte per Brunum de Barnac, militem, quod magister Johannes de Labere[19]*, constabularius Burdegale, restituerat eidem omnes terras suas que pro quibusdam transgressionibus fuerant capte ad manum regis.* — Conoguda causa sia qu'En Bruns de Bernac, cauoir, filh N'Arramon Brun de Ffronsac, qui fo, reconogo, per sa bona voluntat, que maiestre Johan de Labere, conestable de Bordeu en nom e en persona du noble senhor En Lucas de Taney, senescaue de Gasconha, l'a balhat e liurat, per comandement du noble senhor Edd., rei d'Angl., totas las terras eus tenementz qu'eu dit N' Arramon Brun, paire qui fo deu dit, aue ni tene, ni'u mediss senhor a pres a sa man[20] per acun trespas que, si com es dit, lo ditz N' Arramon Brun aue fait contre dit senhor, a tener, a possedir e a uzar totas aquestas medissas cauzas e cadauna[21] d'eras, so es [a] saber aqueras que foren deu dit R. Brun que son a Fronsac[22] e a Bonaffont; de que dou, si cum dissoren, cada a[n], una escarta[23] de siuada a la mesura de Fronsac, e

---

(1) Ms. *nostre* (au lieu de *ni estre*). — (2) Ms. *en l'amor*. — (3) Ms. *do*. — (4) Ms. *bone*. — (5) Ms. *mener*. — (6) Ms. *e le auandit*. — (7) Ms. *cadoume*. — (8) Ms. *lo deuant dit*. — (9) Ms. *framquemes*. — (10) Ms. *quitat a leis*. — (11) Il s'agit ici de l'épître de l'empereur Hadrien; voir plus haut, n° 470. — (12) Ms. *credez*. — (13) Ms. *de pistole*. — (14) Ms. *la*. — (15) Ms. *em*. — (16) Ms. *presene*. — (17) Ms. *ab guhne sies ginh*. — (18) Ms. *marie*. — (19) Ms. *La Bore*. — (20) Ms. *appres assamant*. — (21) Ms. *cauduna*. — (22) Ms. *Gronsac*. — (23) Ms. *escarpra*.

.j. gallina e fogassa; e W. Faur aitant[1] per siu e per l'ostage W. Airant e Rem. Texun; e W. de Prat deuen aitant; e W. deu Prat, e P. Johan, e Amaubin de Bonafont, e Ayquem Amaubin ab lors[2] parsoners, deuen una esquarta de siuada e una gallina e una fogassa; e Ayquem R. de[u] aitant; e P. deu Segensac deu .v. sol. de sporl. per una deyma[3] que ten aqui mediss; e P. de Pin deu megh quarta[4] de siuade e una gallina; e Hel. de La Ffrenha deu aitant; e Andreu de Carbonera deu .iij. capons e megh quarta de siuada[5], e sobreu mayne e demindanuda (sic) .j. quarta de siuada; e W. de Sirac megh quarta de syu[a]da; e Arn. Cauat de Galgon una quarta de siuada; e i es lo mant de Bernac ab sas apertenensas ab lo molinar, en tau manere e en tau forma qu'au[6] dit senhor rei o a sses hers o a sson seneschauc o a sson comand[a]ment plaira, le ditz En Brunz, o ses hers o sos ordench au mediss senhor roi[7] o a sses hers o a sson ordench [deu] reidre e leisar bonament e en pais, sens tot contrast, aissi que per aradon de cesti autri qu'eu dit senhor lo fet, per issi com desus es dit, arre lo mediss En Bruns ni ses ordench ne pusqua demandar ni enbargar per aradon de feit de proprietat ni de possession, ni per acuna autra causa per que aqueras medissas causas e caduna d'eras lo dit senhor reis, o sos[8] (fol. 147) hers o sos senescauc o sos[9] comand[a]ment ne pusque prendre[9] e sadir e auer a ssa man deliuerament, ses tot juciament e ses apeu d'autra[10] cort seglar o de glisa, aquestas medissas causas a su voluntat. E a mandat e a promes le ditz En Bruns qu'eu[s] homes deu mediss senhor no grenera en acuna causa, ni los defendra a sson leau poder. E per tutz aces auanditz coubents leiaumentz tener e complir, lo ditz En Bruns a l'obligat sin e ses hers e totas las suas causas, mobles e nomobles, on que sian, e qu'el

ac jurat[11] sobreus santz euangelis Deu. E de so sunt feitas doas cartas d'una tenor apres auer ops dudit senhor rei. Actum fuit quinta decima[12] die exitus Maii, anno Domini .m°. .cc°. lxx. quinto. Regn. Edd., rei d'Angl., Burdegalensi sede vacante, Henr. Le Galeis major. Testes sunt : R. de Talansa lo Mancip, Ber. Peir, clerc, R. du Pui, clerc, Ber. Caumadre[13], Rostand Peire, Galcem[14] Bonon, e Gilbert deu Mirahl qui la carta escriuo.

515 (475). *Répétition du n° 465. — Le titre seul diffère.*

Vendicio facta regi de quarta parte castri de Torranbreu per Reynaundum de Pinibus, domicellum[15].

516 (476). *Répétition du n° 466. — Le titre seul diffère*[16].

Vendicio facta de castro de Sendetz.

517 (477). *Répétition du n° 467. — Le titre seul diffère.*

Convencio facta inter dominum Lucham de Thany, senescallum Vasconie, et Guillelmum Ramundi de Pinibus, domicellum, super castro de Sendetz[17].

518 (478). *Vendredi 23 mars 1274. — Reconnaissance de Gaillard de Lalande, damoiseau*[18].

Recognicio Galhardi de La Landa, domicelli, quod tenet a domino rege quamdam domum in castro Burdegalensi et quedam alia. — Notum sit quod anno Domini .m°. .cc°. lxxiij°, die Veneris ante Ramos Palmarum, in presencia mei, Gilberti de Mirallo, publici notarii Burdegalensis, et testium subscriptorum ad hoc vocatorum et rogatorum, Galhardus de Lalande, domicellus, juratus et requisitus, recognovit se tenere et debere tenere a domino duce quamdam domum, cum edificiis et pertinenciis

---

[1] Quatre fois de suite ce mot est écrit *artant*. — [2] Ms. *e ab lorns*. — [3] Ms. *per madeyma* (pour une dîme ?). — [4] Ms. *quarton*, avec un signe d'abréviation au-dessus de la désinence; plus loin, le mot est écrit quatre fois *quartan* en toutes lettres. — [5] Ms. *desiuauda*. — [6] Ms. *qu'en* (avec une abréviation). — [7] *le ditz en Brunz assez hers o assos ord. ni mediss senhor roi*. — [8] Ms. *assos*. — [9] Ms. *pondre*. — [10] Ms. *ses apon d'autras*. — [11] Ms. *e que luc e jurat* (et il le jure). — [12] Ms'. *quinto decima*. — [13] Ms. *Ber. smr* (avec une abréviation) *Caumadre*. — [14] Lecture douteuse. — [15] L'acte se continue sur les fol. 147 v. et 148. — [16] L'acte se continue sur le fol. 148 v. — [17] L'acte se continue sur le fol. 149. — [18] Anal. Arch. histor. Gir., t. V, p. 313.

suis, que est in castro Burdegale, in qua idem domicellus inhabitat et moratur cum familia sua, et quod idem domicellus et familia sua [habent] de die et de nocte exitum liberum et ingressum; et durat in longitudinem (*fol. 149 v*) domus predicta a magna turri usque ad turrim in qua Chitres inhabitabat[1] et morabatur tempore quo vivebat; item, cayum quod Bernardus de Fflorraz, domicellus, tenet a dicto Galhardo in feudum; item, cayum quod Seguinus[2] Barba, civis Burdegalensis, tenet a domino Galhardo in feudum; item, cayum quod Brunia, uxor Willelmi de Monterebelli, domicelli, tenet de dicto Galhardo in feudum. Item, tenet cayum quod Rostandus Duran, civis Burdegalensis, tenet ab ipso Galhardo in feudum; item, duo caya que Johannes de Castellione, campsor Burdegalensis, tenet ab ipso Galhardo in feudum. Item, tenet domum in qua Willelmus Bordes, cartularius Burdegalensis, inhabitat et moratur; quam domum idem cartularius tenet ab ipso in feudum. Item, tenet omnes domos que sunt a domo Willelmi Bordes predicti usque ad domum dicti Galhardi, que[3] domus vulgariter appellatur Le Fenuga. Item, tenet a domino rege dictam domum que vocatur La Fenuga, cum edificiis et pertinenciis et exitibus suis. Item, tenet domos quas idem domicellus habet et possidet inter domum quandam Willelmi de Sancto Albino usque ad quadrivium. Item, tenet omnes alias domos cum exitibus, edificiis et pertinenciis suis, a predictis domibus suis usque ad domum Remundi Alauda, quas domos certi homines tenent ab ipso domicello in feudum. Item, tenet a domino rege novem libras reddituum turonensium apud pontem Burdegale super pedagio pontis predicti; et omnia supradicta sunt in parochia[4] Sancti Petri Burdegale. Item, tenet preposituram monete. Item, tenet ab ipso rege nemus quod vocatur Lohedensan quod est in parochia de Villanova. Item, tenet in parochia de Greian in Medulco omnes homines existentes in duobus locis in parrochia predicta videlicet et Cassat, omnes vineas, terras cultas et non cultas, et alia que dicti homines habent et possident in parochia predicta a dicto Galhardo. Et de hiis omnibus est homo et miles dictus Galhardus dicti regis[5], cum exercitu sui corporis et unius militis videlicet quadraginta dierum, dum rex, vel ejus mandatum, mandabit sibi exercitum, et cum quadraginta solidis sporle in mutacione domini. Item, [tenet] a dicto domino rege omnes domos quas Ruffatus de Lalanda, miles, patruus suus, habet subtus castrum dicti regis Burdegale, quas habet ex hereditate paterna, et cum deveriis superius nominatis; et hoc tenet ab ipso nomine ducatus Aquitanie. Item, tenet ab ipso homines et cetera que pater dicti domicelli legavit eidem Galhardo et fratribus suis in loco appellato apud Sanctum Luperculum, in parochia Sancti Johannis d'Estemptis. Item, tenet ab ipso homines de Talentar, terras et vineas, prata et nemora, et alia que dicti homines de Talentar habent et possident ab ipso G. in parochia de Cabanac; et premissa tenet et tenere debet nomine ducatus Aquitanie. Item, [interrogatus] si alienavit aliquod de juribus domini, dixit quod non; item, si habeat allodium, dixit : prout cives Burdegalenses; item, coram quo debet stare juri, dixit quod coram majore Burdegalensi. Hujus vero recognicionis seu confessionis sunt duo instrumenta unius tenoris confecta, quorum unum est dicto domino regi et aliud dicto domicello. Actum predictis die et anno, regnante Eddoardo, rege Anglie, Burdegalensi sede vacante, Petro Gondam[er]ii, majore. Testes vocati et rogati sunt : magister Arnaldus de Lacasa, Geraldus de Monte, clericus, P. Gombert, clericus, P. de Riontz, domicellus, Johannes Alegre, Rostandus de Cucujat et ego, predictus Gilbertus de Mirallo, qui presentem cartam scripsi et in publicam formam redegi et in omnibus predictis interfui, signumque meum consuetum apposui presenti, signoque meo signavi in testimonium premissorum.

519 (479). *Vendredi 23 mars 1274. — Reconnaissance d'Amanieu Colom et de plusieurs autres bourgeois domiciliés à Bordeaux. Ils déclarent que, bien qu'avec l'autorisation du roi ils se soient soustraits*

---

[1] Ms. *inhabitabatur*. — [2] Ms. *Segeinus*. — [3] Ms. *qua*. — [4] Ms. *parochiis*. — [5] Ms. *dicto regi*.

à la juridiction du maire de Bordeaux pour se mettre sous celle du sénéchal de Gascogne, ils n'ont pas renoncé aux franchises de la ville et qu'ils sont soumis aux mêmes charges que les autres bourgeois [1].

Exempcio Amanevi Columbi et quorumdam aliorum civium Burdegalensium facta per eosdem a jurisdiccione majoris. — Notum sit quod (*même date*) in presencia mei, Gilberti de Mirallo [2], ... Amanevus Columbi, P. Lamberti, P. Calhau, R. Arnaldi Monetarii, Helias [et] Petrus Vigerii, fratres (*fol. 150*), Rostandus Columbi, Bonefasus de Rocella, Willelmus Ramundi de Burgo, Ber. Vigerii de Ferreis, P. de Lujac, Ber. d'Alhan [3], junior, jurati et requisiti, dixerunt et proposuerunt quod ipsi se supposuerunt sub jurisdiccione senescalli Vasconie et ejecerunt se [4] a jurisdiccione majoris Burdegalensis, quamdiu eis placuerit; et hoc dixerunt fecisse de voluntate domini regis, in eodem statu et eisdem condicionibus et eisdem libertatibus in villa Burdegalensi, ipsi et res sue [5] vel possessiones ipsorum, in quibus erant alii cives Burdegalenses, et eadem debita tenebant[ur] facere domino regi que et villa Burdegalensis et [communitas] ejusdem loci; item, dixerunt quod dominus rex concessit eisdem casdem libertates et francitudines quas habent villa et communitas Burdegalensis. Unde, cum ipsi sint morantes Burdegale et non recesserint a debitis et consuetudinibus et libertatibus ville Burdegalensis, nisi solummodo quia se ejecerunt a jurisdiccione majoris et se supposuerunt jurisdiccioni senescalli, quamdiu eis placuerit, ipsi dicunt quod, quia illa eadem que villa et communitas Burdegalensis tenentur facere domino regi, illa eadem facientur facere dicto domino, racione ducatus Aquitanie. Et illam eandem responsionem faciunt domino regi de allodiis, possessionibus suis et rebus aliis, quam [6] villa Burdegalensis et communitas faciunt de dictis allodiis et rebus ipsorum, et eadem racione. Actum predictis die et anno. Regnante..... Testes vocati et rogati sunt : magister Arnaldus de Lacasa, Geraldus de Montz, clericus, P. Gombert, clericus, P. de Riontz, domicellus, Johannes [Alegre], Rostandus de Cucujat, et ego, predictus Gilbertus de Mirallo.....

520 (480). *Vendredi 23 mars 1274.* — *Reconnaissance de Pierre Estèphe, bourgeois de Bordeaux, et d'autres bourgeois à qui appartenaient le port et le passage de Traget* [7].

Passagium de Trageto. — Notum sit quod (*même date*) in presencia mei, Gilberti de Mirallo, ... Petrus Stephani, civis Burdegalensis, pro se et civibus quorum est portus de Trageto [8], juratus et requisitus, dixit etre cognovit quod ipsi debent transire sive passare dominum regem et senescallum suum et propriam familiam hospicii eorumdem, qui assidue morantur cum eis ad expensas eorumdem, cum arnesio proprio eorumdem, a Burdegala ad Tragetum et a Trageto ad Burdegalam. Item, si dominus vel senescallus velint ire Lingonium, ipsi debent habere et parare unum barcellum, cum octo tiratoribus et uno gubernatore, et ipsum portare Lingonium vel versus Lingonium; et si ipse dominus vel senescallus volunt homines retinere et barcellum citra illam marcam, ipsi debent eis facere impensas, alioquin homines possint reverti cum barcello suo, et ipsi dominus et senescallus nichil eis dare tenentur. Et propter hoc recipiunt dicti cives de Trageto [9] bladum in parochiis determinatis, et naulum consuetum, et abironem; et debent esse dictorum civium omnes portus qui [10] sunt de Laureomonte usque a Salarga. Actum predictis die et anno. Regnante..... Testes vocati et rogati sunt : magister Arnaldus de La Casa, P. de Rioncio [11], domicellus, Vigorosus [12] Bener, Johannes Alegre, Bernardus de Baura, Geraldus de Montz, clericus, et ego, predictus Gilbertus de Mirallo.....

---

[1] Publ. *Notices et extraits des mss*, t. XIV, p. 362. — [2] Ici et dans les n°ˢ suivants, les points remplacent des formules identiques à celles du n° 518. — [3] Ms. *Dalhani*. — [4] Ms. *recesserunt se*; voir quatorze lignes plus bas. — [5] Ms. *ipsi et res suas*. — [6] Ms. *quam responsionem*. — [7] *Anal. Arch. histor. Gir.*, t. V, p. 314. — [8] Ms. *Tragerio*. — [9] Ms. *Stageto*. — [10] Ms. *que*. — [11] Ms. *Riancio*. — [12] Ms. *Rigorosus*.

521 (481). *Vendredi 23 mars 1274.* — *Reconnaissance de Guillaume Amanieu de Bénauge*[1].

Willelmus Amanevi de Benauges. — Notum sit quod (*même date*) in presencia mei, Gilberti de Miralho,..... Willelmus Amanevi de Benauges, juratus et requisitus, dixit et recognovit se tenere et debere tenere a (*fol. 150 v*) domino duce omnes terras, stagias, possessiones, et alias res quas habet vel habere debet apud Sanctum Macharium et apud locum appellatum Crossenhan, cum duobus cirothecis albis. Item, requisitus si alienavit aliquid de juribus domini regis, dixit quod non. Item dixit quod, quicquid in Bennagesio habet, habet in allodio libero. Item, coram quo debet stare juri, dixit quod coram senescallo. Hujus vero recognicionis seu confessionis[2] sunt duo instrumenta unius tenoris confecta, quorum unum est dicto domino, et aliud est dicto Willelmo. Actum predictis die et anno. Regnante..... Testes vocati et rogati sunt : magister Arnaldus de La Casa, P. de Rioncio[3], domicellus, Bigorosus Bener[4], Johannes Alegre, B. de Baura, Geraldus de Montz, clericus, et ego, predictus Gilbertus de Miralho.....

522 (482). *Vendredi 23 mars 1274.* — *Reconnaissance d'Aimon de Lamotte, chevalier*[5].

Aymo[6] *de Mota, miles.* — Notum sit quod (*même date*) in presencia mei, Gilberti de Miralho,..... Aymo de Mota, miles, juratus et requisitus, dixit se habere in libero allodio suum maynile de Sancto Andrea quod[7] est in loco appellato In nomine Domini et Dels Ayguat. Requisitus si tenet vel tenere debet aliquid de dicto domino, dixit quod non. Requisitus coram quo debet stare juri, dixit quod coram castellano de Burgo. Actum predictis die et anno. Regnante..... Testes vocati et rogati sunt : magister Arnaldus de La Casa, P. de Rioncio, domicellus, Bigorosus[8] [Bener], Bernardus de Baura, Geraldus de Montz, clericus, et ego, predictus Gilbertus de Miralho.....

523 (483). *Samedi 24 mars 1274.* — *Reconnaissance d'Arnaud et de Pierre de Tastes, damoiseaux.*

Arnaldus et Petrus de Tastis[9], *domicelli.* — Notum sit quod, [anno] Domini millesimo ducentesimo .lxx°. tercio, die Sabbati ante Ramos Palmarum, in presencia mei, Gilberti de Miralho,..... Arnaldus et Petrus de Tastis, domicelli, jurati et requisiti, dixerunt se tenere omnia que habent vel habere debent apud Sanctum Macharium et in honore de abbate Sancte Crucis Burdegalensis, excepto quodam solo a R. Meloquin[10]; et quod quicquid habent vel habere debent in Bennaugesio tenent de vicecomitatu de Benauges. Actum predictis die et anno. Regnante..... Testes vocati et rogati sunt : magister Arnaldus de La Casa, Paulin de Lega, Geraldus de Montz, clericus, P. de Rioncio, domicellus, Petrus d'Angladas, W. Remundi de Noalhano, miles, et ego, predictus [Gilbertus de Miralho].....

524 (484). *Jeudi 22 mars 1274.* — *Reconnaissance de Guillaume de Beauville, damoiseau*[11].

Guillelmus de Bovisvilla. — Notum sit quod, anno Domini millesimo ducentesimo .lxx°. tercio, die Jovis ante Ramos Palmarum, in presencia mei, Gilberti de Miralho,..... Guillelmus de Bovisvilla, domicellus, juratus et requisitus, dixit quod ipse tenet (*fol. 151*) et tenere debet a domino duce castrum de Auston cum pertinenciis suis, videlicet illa que habet et tenet et habere debet in ipso castro cum pertinenciis suis et illa que habet vel habere debet in parochia[12] de Auston; item, homines, census, questas, terras, prata, nemora, paduencia, redditus, et cciam quicquid idem domicellus habet et habere debet in parochia d'Austen; item, homines, census,

---

[1] Anal. Arch. histor. Gir., t. V, p. 315. — [2] Ms. *confecciomis.* — [3] Ms. *P. de aiuncio.* — [4] Ms. *Bern.* — [5] Anal. Arch. histor. Gir., t. V, p. 315. — [6] Appelé *Symon* à la table des rubriques. — [7] Ms. *que.* — [8] Ms. *Bigoresus.* — [9] Ms. *Castis*, ici et dans le texte. — [10] Appelé plus loin, n° 550, *Remundus Molenquini.* — [11] Anal. Arch. histor. Gir., t. V, p. 298. — [12] Ms. *aparr.*

questas[1], saltus, nemora, paduencia, deveria, jura, aquas et alia que idem domicellus habet in parochia de Cabanac et in parochia de Viliangres; item, medietatem hominum, questarum, reddituum, jurium et deveriorum et aliarum rerum suarum que habet vel habere debet in parochia de Guilhens, que fuerunt domini P. de Mota, militis, defuncti, fratris[2] domini Rostandi de La Mota, defuncti; quam medietatem, ut dixit, domina Geralda, uxor quondam dicti Petri, habuit, et fuerunt tradite dicte domine pro osculo suo. Que omnia premissa idem domicellus dixit quod habet et habere debet et eidem obvenit racione domus de Landirans; pro quibus idem domicellus facit et debet facere dicto domino terciam partem exercitus unius militis et terciam partem .xx. solidorum sporle, in mutacione domini, et dominus de Landirans duas partes residuas exercitus dicti militis et dicte sporle, pro rebus quas habet vel habere debet in Burdegalensi diocesi, racione dicte domus de Landirans. De quibus rebus quas habet et tenet dictus domicellus, racione domus de Landirans, ut superius est dictum, vos, domine dux, predictum W. de Bovisvilla, domicellum, cum tercia parte dicti hominis d'ost vobis facienda, et cum tercia parte predictorum .xx. solidorum, investivistis[3] et homagium recepistis ab ipso. Protestatur tamen prefatus W. de Bovisvilla quod, si forte inveniatur quod idem W. in Burdegalensi diocesi teneat vel tenere debeat a vobis, domine dux, ipse est paratus vobis facere quod debebit. Dicit tamen et proponit predictus W. de Bovisvilla quod ipse debet habere medietatem tocius terre et omnium rerum et bonorum que dominus de Landirans habet racione successionis paterne et materne in Burdegalensi et Vasatensi[4] diocesibus[5]. Item, Willelmus de Bovisvilla petit et est in causa coram senescallo vestro Vasconie, et, si[6] dictam medietatem ipsam Willelmum coram senescallo vestro optinere contingat, ipse Willelmus paratus est vobis facere de dicta medietate, dum obtinuerit, deveria que debebit. Requisitus si alienavit aliquid de juribus domini, dixit quod non; item, coram quo debet stare juri, dixit coram senescallo. Hujus vero recognicionis seu confessionis[7] sunt duo instrumenta unius tenoris confecta, quorum unum est dicto domino et aliud domicello predicto. Actum predictis die et anno. Regnante..... Testes vocati et rogati sunt: magister Arnaldus de La Casa, P. de Rioncio, domicellus, Bigorosus Benerii, Johannes Alegre, Bernardus de Baura, Geraldus de Montz, clericus, et ego, predictus Gilbertus de Miralho.....

525 (485). *Jeudi 22 mars 1274. — Reconnaissance de B. de Lagardère, abbé de Sainte-Croix de Bordeaux*[8].

B. de La Gardera, abbas Sancte Crucis de Burdegala. — Notum sit quod (*même date*) in presencia mei, Gilberti de Miralho,..... B. de Lagardera, abbas ecclesie[9] Sancte Crucis Burdegalensis, requisitus, dixit quod ecclesia predicta, seu membra ad ipsam ecclesiam pertinencia, nec tenent, nec tenere debent a dicto domino duce Aquitanie, set ea que habent [sunt] libera. Item, requisitus a quo tenet justiciam de Maquau et de Solac et de Sancto Machario, dixit quod a domino papa[10]. Actum (*fol. 151 v*) predictis die et anno. Regnante..... Testes vocati et rogati sunt: Johannes de La Landa, miles, et Amal[v]inus de Bares, junior, P. de Monte Reveu, P. de Rioutz, domicelli, Garcia[11] Aquelm de Sancto Machario, Johannes Alegre, Remundus deu Verger, domicellus, Jorun de Lassala, et ego, predictus Gilbertus de Miralho.....

---

[1] Ms. *questus.* — [2] Ms. *fratres.* — [3] Ms. *involvistis.* — [4] Ms. *Vascon.* — [5] Le ms. ajoute: *quam medietatem terre, rerum et bonorum ad domum de Landirans racione successionis paterne et materne pertinencium.* — [6] Ms. *sic.* — [7] Ms. *confecionis.* — [8] Anal. Arch. histor. Gir., t. V, p. 219. Bernard de Lagardère, abbé de Sainte-Croix depuis 1267, mourut le 12 mai 1277 (Chauliac, *Histoire de l'abbaye de Sainte-Croix de Bordeaux*, 1910, p. 126; le présent acte n'a pas été mentionné par l'auteur. — [9] Ms. *abbas sancte ecclesie.* — [10] Voir dans Chauliac le chapitre v: revendication de Soulac par l'abbaye de St-Sever (p. 106-112). — [11] Ms. *Gaycia.*

526 (486). *Jeudi 22 mars 1274.* — *Reconnaissance de frère Aimeric Seyrarus de Fargues* [1].

Super ecclesia de Ffargan. — Notum sit quod (*même date*) in presencia mei, Gilberti de Miralho,..... frater Aymericus Seyrarus de Faurga, requisitus, dixit quod ecclesia de Faurga nichil tenebat nec tenere debebat a domino duce. Actum predictis die et anno. Regnante...... Testes vocati et rogati sunt : Johannes de La Landa, miles, Amal[v]inus de Barres, junior, P. de Mont Reven, P. de Riontz, domicelli, Ga[r]cia Ayquelmi de Sancto Machario, Johannes Alegre, Remundus deu Verger, domicellus, Jorum de Lassala, et ego predictus Gilbertus de Miralho.....

527 (487). *Jeudi 22 mars 1274.* — *Reconnaissance de l'abbé de Saint-Émilion* [2].

Abbas Sancti Emiliani. — Notum sit quod (*même date*) in presencia mei, Gilberti de Miralho,..... abbas Sancti Emiliani, requisitus, dixit quod ecclesia Sancti Emiliani nichil tenet nec tenere debet a domino duce; tamen dixit quod quedam tenet a domino vicecomite Ffronciaci, que debet dare in scriptis castellano de Ffronsac in quindena Pasche. Actum predictis die et anno. Regnante..... Testes vocati et rogati sunt : Johannes de La Landa, miles, Amalvinus de Barres, junior, P. de Mont Raveu [3], domicellus, P. de Riontz, domicellus, Garcia [4] Ayquelmi de Santo Machario, Johannes Alegre, R. deu Verger, domicellus, Jorun de Lassala, et ego, predictus Gilbertus de Miralho.....

528 (488). *Jeudi 22 mars 1274.* — *Reconnaissance faite par le maire et les jurats de Bourg-sur-mer des privilèges et obligations de la ville* [5].

Notum sit quod (*même date*) in presencia mei, Gilberti de Miralho,..... Ayquardus Fforton [6], major, et Gaucemnus Fforton, et Willelmus Fforton, jurati et requisiti pro communia de Burgo, dixerunt in primis : dum dominus rex venit primo in Vasconia, juratur [7] ab eo, dum est sistens et coram senescallo suo, ve[l] a senescallo suo, dum ipse non est presens, qui pro tempore veniet, quod villam et jus custodiet et defendet, et de se et de alio, ab omni injuria, [et quod] servabit foros et consuetudines suas. Nos juramus ei et senescallo fidelitatem. Item, dixerunt quod dicta villa non habet terras nec possessiones communes, secundum (*fol.* 152) quod habent ville Lombardie [8] et multe alie; ipsi non possunt dicere quod ipsi seu universitas habeant in feudum a domino rege, cum, secundum nostram consuetudinem, non sit feudum nisi sit ibi sporla sive investitura [9]. Item, dixerunt se habere ab eo, ut a domino et principe, usum carreriarum, platearum, usum murorum, fossatorum et aliarum rerum que in jure dicuntur universitatum; item, usum fluminis ad piscandum, navigandum, et ad cetera necessaria et utilia eisdem. Item dixerunt se habere libertates plurimas que tam circa personas quam circa res consistunt. Item, dixerunt se habere majoriam et juratam cum pertinentibus ad eandem. Item, dixerunt et recognoverunt pro se et universitate de Burgo, quod debent facere domino regi deveria et condiciones que continentur in privilegio quod dictus dominus

---

[1] *Anal. Arch. histor. Gir.*, t. V, p. 299. — [2] *Anal. Arch. histor. Gir.*, t. V, p. 299. — [3] Ms. *P. de Mont Ramon.* — [4] Ms. *Gaycia.* — [5] Publ. *Notices et extraits des mss*, t. XIV, p. 368. Réédité, avec une traduction française, par l'abbé F. Lacoste, *La commune de Bourg avant 1789*, dans la *Revue catholique de Bordeaux*, t. XII, 1891, p. 563. Cf. L. Drouyn, *La Guyenne militaire*, t. I, p. 69, et E. Maufras, *Histoire de la ville de Bourg-sur-Gironde* (nouv. édit., 1904), p. 32-52. Une charte de privilèges, accordée à la ville par le prince Édouard, le 16 déc. 1261, a été publiée dans l'*Essai de complément de statistique de la Gironde* (1847), p. 49; une confirmation, datée du 12 mai 1378, est dans *Arch. histor. Gir.*, t. XIII, p. 19-22. Cf. *Inventaire sommaire des archives départementales antérieures à 1789. Gironde*, série E, supplément, t. II (1901), p. 56. — [6] Ms. *Fforton.* — [7] Ms. *jurato.* En marge : *Juramentum fidelitatis faciendum et recipiendum in villa de Burgo.* — [8] Ms. *Lambardie.* Tout ce passage, depuis *Item dixerunt quod* jusqu'à *cum pertinentibus ad eandem*, se retrouve dans la reconnaissance de la ville de Bordeaux au roi d'Angleterre (*Livre des Coutumes*, p. 506-7). Cf. Brutails, dans la préface au *Cartul. de Saint-Seurin*, p. lxvi. — [9] Ms *sive in Vascon.*

rex dedit et concessit dicte universitati de Burgo suo sigillo sigillatum [1]. Item, dixerunt quod quisquis burgensis de Burgo pro [2] omnibus [vinis] vinearum [3] suarum et reddituum, parum vel multum, tenetur domino regi et aliis dominis de Burgo in duobus denariis; et, pro illis duobus denariis, omnia vina cujuscumque burgensis libera sunt, sive honerentur sive vendantur ad tabernam, dum tamen de vineis suis sive de redditibus sint. Item, dixerunt quod quecumque persona emerit vina in villa de Burgo, pro revendendo [4] seu pro honerando, debet, de quolibet dolio empto, unum denarium dicto domino regi [5] et aliis dominis de Burgo. Item, dixerunt quod atiqui sunt in villa de Burgo, ut carnifices, qui [6] certa deveria reddunt dicto domino regi et aliis dominis de Burgo. Item, dixerunt quod alii feudatarii et tenensores [7] in palude de Barba et in villa certa deveria reddunt dicto domino regi et aliis dominis de Burgo, que omnia veniunt ad manum castellani de Burgo, de quibus ipse castellanus certificare poterit dominum regem, et quod ipsi feudatarii dicte paludis de Barba sunt racione Mileti de Bolio et aliorum qui cum eo partem capiunt in dicta palude de Barba. Hujus vero recognicionis seu confessionis [8] sunt duo instrumenta unius tenoris confecta, quorum unum est dicto domino et aliud dicto Ayquarto Fforton. Actum predictis die et anno. Regnante..... Testes vocati et rogati sunt: Johannes de La Landa, miles, Amalvinus de Barres, junior, P. de Mont Reveu, P. de Riontz, domicelli, Ga[r]cya Ayquelmi de Sancto Machario, Johannes Alegre, R. deu Verger, domicellus, Jornun de Lassale, et ego, predictus Gilbertus de Miralho.....

529 (489). *Jeudi 22 mars 1274.* — *Reconnaissance de l'abbé de Saint-Romain de Blaye* [9].

Abbas Sancti Romani de Blavia negavit dictam ecclesiam quicquam tenere a domino rege. — Notum sit quod *(même date)* in presencia mei, Gilberti de Miralho,..... abbas Sancti Romani de Blavia, requisitus, dixit quod ecclesia Sancti Romani nichil tenet nec tenere debet a domino duce. Actum predictis die et anno. Regnante..... Testes vocati et rogati sunt: Johannes de La Landa, miles, Amalvinus de Barres, junior, P. de Mont Reveu, P. de Riontz, domicelli, Garcia [10] Ayquelmi de Sancto Machario, Johannes Alegre, R. de Verger, domicellus, Jornun de Lassala, et ego, predictus Gilbertus de Miralho.....

530 (490). *Jeudi 22 mars 1274.* — *Reconnaissance de l'abbé de Saint-Sauveur de Blaye* [11].

(*Fol. 152 v*) *Abbas Sancti Salvatoris de Blavia negavit dictam ecclesiam quicquam tenere a domino rege.* — Notum sit quod *(même date)* in presencia mei, Gilberti de Miralho,..... abbas Sancti Salvatoris de Blavia, requisitus, dixit quod ecclesia Sancti Salvatoris de Blavia nichil tenet nec tenere debet a domino duce. Actum predictis die et anno. Regnante..... Testes vocati et rogati sunt: Johannes de La Landa, miles, Amalvinus de Bares, junior, P. de Mont Reveu, P. de Riontz, domicelli, Garcia Ayquelmi de Sancto Macario, Johannes Alegre, R. [de] Verger, domicellus, Jorun de Lassala, et ego, predictus Gilbertus de Miralho.....

531 (491). *Mardi 20 mars 1274.* — *Reconnaissance de Guillaume de Bladin, de la paroisse de Haux, et de ses parçonniers* [12].

Willelmus de Bladin et quidam alii parochiani de Hau. — Notum sit quod, anno Domini millesimo ducentesimo lxxiiij°., die Martis ante Ramos Palmarum, in presencia mei, Gilberti de Miralho,..... Willelmus de Bladin, de parochia de Hau, pro se et parcionariis suis, scilicet pro Galhardo de Bladin, presbytero, et pro Galcelmo de Manhac de parochia de Hau, et pro Willelmo de Bladin, fratre dicti Galhardi, et Willelmo de Bat, filio

---

[1] Ms. *sigillata*. — [2] Ms. *pre*. — [3] Ms. *viniarum*. — [4] Ms. *reverendo*. — [5] Ms. *dictum dominum regem*. — [6] Ms. *que*. — [7] Ms. *tonensores*. — [8] Ms. *confecionis*. — [9] Anal. Arch. histor. Gir., t. V, p. 300. — [10] Ms. *Gaicia*; de même encore au n° suivant. — [11] Anal. Arch. histor. Gir., t. V, p. 300. — [12] Anal. Arch. histor. Gir., t. V, p. 272.

quondam Arnaldi de Bat, de parochia de Tavanac [1], et Ramundo de Peis, de parochia de Tavanac, et Arnaldo de Ryquent, filio quondam R. Auquent [2] de Tavanac, juratus et requisitus, per juramentum suum recognovit totas terras quas habet cum pertinenciis suis predictis in parochia de Torne, et de Tavanac, et de Hau, et de Logorian, et de Capian, et de Baurigh, exceptis illis que tenet de ecclesia Beati Andree Burdegalensis in dicta parochia de Hau, et excepto hoc quod tenet de R. de Casted in dicta parochia de Tavanac, se tenere a domino rege Anglie, racione ducatus Aquitanie, cum duabus ferraturis, quarum una debet esse ad opus equi et altera ad opus palefridi, redditurus preposito de Interduomaria in quolibet excercitu. Requisitus si ipse vel antecessores sui, ut sciret vel crederet, alienaverit aliquid de juribus dicti ducis, dixit per juramentum quod non; item, si habebant allodium, dixit quod non; item, coram quo debet stare juri, dixit quod coram preposito [de] Interduomaria; item, si tenebant a dicto duce vel debebant sibi aliquid debitum facere, dixit quod non. Hujus vero recognicionis seu confessionis [3] sunt duo instrumenta unius tenoris confecta, quorum unum est dicto domino et aliud dicto Willelmo de Bladin. Actum anno et die predictis. Regnante..... Testes vocati et rogati sunt: magister Arnaldus de La Casa, Bigorosus Bener, Johannes Alegre, P. de Riontz, domicellus, Galhardus Duran, domicellus, R. de Silva Laura, clericus, Willelmus de Baura, Geraldus de Montz, clericus, et ego, predictus Gilbertus de Miralho.....

532 (*492*). Mardi 20 mars 1274. — Reconnaissance de Gérand de Monts, chevalier [4].

(Fol. *153*) Geraldus de Montz. — Notum sit quod (*même date*) in presencia mei, Gilberti de Miralho,..... Geraldus de Montz, miles, juratus et requisitus, dixit se tenere et debere tenere a domino duce Aquitanie feudaliter cum .v. solidis sporle, in mutacione domini [5], stagiam cum pertinenciis suis in qua ipse moratur, que est apud Montz in parochia de Cadujac [6], et nemora; item, nemus quod appellatur Vital Arman, et partem quam idem miles habet et percipit in pasquerio foreste par[ochialis] de Villanova cum pertinenciis dicte forreste, et nemus appellatum Au Bosc, et tres partes molendini novi existentis in dicta parochia de Cadujac cum verneto et pertinenciis dicti molendini. Item, juratus et requisitus si ipse tenebat vel tenere debebat amplius de dicto domino duce, dixit quod non; item, si ipse et antecessores sui alienaverunt aliquid de juribus dicti domini, dixit quod non; item, si habebat allodium, dixit quod non. Requisitus coram quo debet stare juri, dixit quod coram senescallo domini. Hujus vero recognicionis seu confessionis [7].....
Actum predictis die et anno. Regnante..... Testes vocati et rogati sunt: magister Arnaldus de La Casa, Bigorosus [8] Bener, Johannes Alegre, P. de Riontz, domicellus, Galhardus Duran, domicellus, R. de Silva Laura, clericus, B. de Baura, Geraldus de Montz, clericus, et ego, predictus Gilbertus de Miralho.....

533 (*493*). Mardi 20 mars 1274. — Reconnaissance de Gaillard Duran [9].

Galhardus Duran. — Notum sit quod (*même date*) in presencia mei, Gilberti de Miralho,..... Galhardus Duran, filius Willelmi R. Duran, domicelli, juratus et requisitus, dixit [et] recognovit dictum patrem suum tenere et debere tenere domum suam de Arruano et omnia alia bona que habet in parochia Sancti Medardi in Arruano, excepto feodo quod tenet a filiis et heredibus Bosonis de Rupe, domicelli defuncti, a domino duce Aquitanie, cum una lancea sporle in mutacione

---

[1] Ce mot est ici partout écrit *Cavanac*. — [2] Le nom du père est bien écrit *Auquent*, et le nom du fils *Ryquent* (la dernière syllabe en abrégé). — [3] Ms. *confecionis*. — [4] Anal. *Arch. histor. Gir.*, t. V, p. 273. — [5] En marge : *.v. s. de sporl.* — [6] Ms. *Cadynac*; mais voir quelques lignes plus bas. Le voisinage de Villenave [-d'Ornon] justifie en outre la correction. — [7] Ms. *confeccionis*. — [8] Ms. *Rigorosus*. — [9] Anal. *Arch. histor. Gir.*, t. V, p. 273.

domini [1]. Requisitus si pater suus vel antecessores sui alienarunt aliquid de juribus dicti domini, dixit quod non; item, si habebat allodium, dixit quod non; item, coram quo debet stare juri, dixit quod coram senescallo. Hujus vero recognicionis seu confessionis [2]..... Actum predictis die et anno. Regnante..... Testes vocati et rogati sunt : magister Arnaldus de La Casa, Bigorosus Bener, Johannes Alegre, P. de Riontz, domicellus, B. de Baura, Geraldus de Montz, clericus, et ego, predictus Gilbertus de Miralho.....

534 (494). *Mardi 20 mars 1274.* — *Reconnaissance de R. de Scuba Laura* [3].

(*Fol. 153 v*) *R. de Scuba Laura*. — Notum sit quod (*même date*) in presencia mei, Gilberti de Miralho,..... R. de Scuba Laura, juratus et requisitus si tenebat vel tenere debebat aliquid a domino duce Aquitanie, dixit quod non; tamen dixit quod habet in allodium terram in qua domus sua est in parochia de Salabeu, et casale de Borani de Fonte Salamon, et pratum, et albaredain, et omne illud quod habet in parochiis de Tressis et de Artingiis. Actum predictis die et anno. Regnante..... Testes vocati et rogati sunt : magister Arnaldus de La Casa, Bigorosus Bener, Johannes Alegre, P. de Riontz, domicellus, P. de Baura, Geraldus de Montz, clericus, et ego, predictus Gilbertus.....

535 (495). *Mardi 20 mars 1274.* — *Reconnaissance de Bertrand de Noaillan, damoiseau, et de Trancaléon, femme de Gaillard Colom* [4].

Bertrandus de Noalhan, domicellus, et domina Trenchaleo, uxor Galhardi Columbi. — Notum sit quod (*même date*) in presencia mei, Gilberti de Miralho,..... Bertrandus de Noalhan, domicellus, et domina Trencaleon [5], uxor Galhardi Columbi, jurati et requisiti, recognoverunt quod ipsi tenent et debent tenere a domino duce Aquitanie quartam partem castri de La Marqua in Medulco, et deveria cum honoribus et pertinenciis ejusdem castri, et quartam partem justicie ejusdem castri, cum introitu et exitu ejusdem castri; item, locum qui dicitur Savinilhan, cum una lancea [de] sporla in mutacione domini, et exercitum unius militis, una cum Hugone de Castellione; scilicet idem Hugo medietatem, et ipsi ambo aliam medietatem; item, homagium pro feudo de Lassala. Requisitus si ipsi vel antecessores sui alienaverunt aliquid de juribus domini, dixerunt quod non per juramentum suum; item, si habebant allodium, dixerunt quod non. Requisiti coram quo debent stare juri, dixerunt quod coram senescallo. Hujus vero recognicionis seu confessionis [6]..... Actum predictis die et anno. Regnante..... Testes : magister Arnaldus de La Casa, Bigoros Bener, Johannes Alegre, P. de Riontz, domicellus, B. de Baura, Geraldus de Montz, clericus, et ego, predictus Gilbertus de Miralho.....

536 (496). *Mardi 20 mars 1274.* — *Reconnaissance de Gaucelm Raimond de Bourg* [7].

Gaucelmus R. de Burgo. — Notum sit quod (*même date*) [*fol. 154*] in presencia mei, Gilberti de Miralho,..... Gaucelmus Ramundi de Burgo dixit se nichil tenere nec tenere debere a domino duce Aquitanie; tamen dixit quod habebat allodia, de quibus debet respondere dicto domino vel ejus locum tenenti [8], in quindena Pasche instantis. Requisitus si alienavit aliquid de juribus domini, dixit quod non. Actum fuit predictis die et anno. Regnante..... Testes vocati et rogati sunt : magister Arnaldus de La Casa, Bigoros Bener, Johannes Alegre, P. de Rioncio [9], domicellus, B. de Baura, G. de Montz, clericus, et ego, predictus Gilbertus de Miralho.....

537 (497). *Vendredi 23 mars 1274.* — *Reconnaissance des habitants des paroisses de Tourne, de Tabanac, de Beaureck, de Gambes, de Saint-*

---

(1) En marge : *j. lancea sporle.* — (2) Ms. *confeccionis.* — (3) Anal. *Arch. histor. Gir.*, t. V, p. 273. — (4) Anal. *Arch. histor. Gir.*, t. V, p. 273. — (5) Ms. *domina de Trencaleon.* — (6) Ms. *conficionis.* — (7) Anal. *Arch. histor Gir.*, t. V, p. 274. — (8) Ms. *tenente.* — (9) Ms. *Riolio.*

Caprais, de Quinsac, de Camblanes, de Cenac, de Léognan, de Loupes, de Sadirac, de Bonnetan, de Madirac, de Sallebœuf, de Saint-Quentin, de Sainte-Eulalie-d'Ambarès, de Floirac, de Fargues, de Pout, de Cursan, de Nérigean, de Lombaut et de Tresses [1].

Bonellus de Torne et parochiani de Torne et aliarum parochiarum. — Notum sit quod, anno Domini millesimo ducentesimo .lxxiij°., die Veneris ante Ramos Palmarum, in presencia mei, Gilberti de Miralho,..... Bonellus de Torne, pro se et parochia de Torne; item, Guillelmus Soc de Tavanac, pro se et parochia de Tavanac; item, P. de Claus de Cambas, pro se et parochia de Cambas; item [   ] [2] de Margot de Sancto Caprasio, pro se et parochia de Sancto Caprasio; item, P. Assiu de Quinsac, pro se et parochia de Quinsac; item, Bernardus deu Claus, de Camplans, pro se et parochia de Camplans; item, W. de Montz, de Senac, pro se et parochia de Senac; item, Gaucelmus Garlilh de Beninhau; item, P. de Taudin de Lopa, pro se et parochia de Lopa; item, W. Stephani de Sadirac, pro se et parochia de Sadirac; item, W. de Las Madiras, de Bonetan, pro se et parochia de Bonetan; item, P. de Manhan, de Mandarac, qui alias dicitur Cavoiac, pro se et parochia ejusdem loci; item, P. de Fonte, de vico appellato d'Avinhau, de parochia de Salabeu [3], pro se et aliis commorantibus in dicto vico d'Avinhan [4]; item, Helias Fabri de Sancto Quintino, pro se et aliis ejusdem parochie; item, Arnaldus de Brosterar, de Boliac, pro se et aliis ejusdem parochie et de Floirac et de Ffaurgis; item, R. Simon deu Pot, pro se et aliis parochianis ejusdem loci; item, Arnaldus de Pouilh, pro se et aliis parochianis; item, P. de Gacins de Lobaut, pro se [et] hominibus commorantibus in loco appellato Lo Caigh., et Cuirinhan in parochia de Nairjano, et loco appellato Durananda, in parochia de Tressis [5], dixerunt et recognoverunt, pro se et aliis supradictis, se debere domino regi Anglie, racione ducatus Aquitanie, quadraginta libras, que vulgariter appellantur «questa regis [6]», a festo sancti Michaelis usque ad festum Omnium Sanctorum, et solvuntur apud Silvam-Majorem preposito domini regis; ita scilicet quod parochia, que tunc non solverit, solvet gagium .v. solidorum pro toto anno, et quod est certum et scitum quod queque parochia questam solvit: parochia de Torne habet solvere .x. s.; parochia de Tavanac, .xv. s.; parochia de Beauregio [7], .lx. s.; parochia de Cambis, .lxx. s.; parochia Sancti Caprasii, .iiij. libr.; parochia de Quinsac, .iiij. libr.; parochia de Camplans, .lx. s.; parochia de Senac, .xxx. s.; vicus de Podio Salati in parochia de Trena, .iiij. s.; parochia de Lenhan, .xl. s.; parochia de Lopa, .l. s., de quibus solvit [8] stagia de La Batut, cum suis torneriis, que est in parochia de Camarssae, .xv. s.; parochia de Sadirac, .iiij. libr.; parochia de Bonetan (fol. 154v), .xx. s., et propter hoc debet dicta parochia de Bonetan octo s. in festo beati Hillarii; parochia de Madirac, que alias dicitur Corcorac, .iiij. s.; locus appellatus d'Avinhan, in parochia de Salabove, .xx. s.; parochia Sancti Quentini, .xx. s.; parochia Saucte Eulalie in Baresio, .l. s.; parochia de Boliac, .xx. s.; parochia de Fflurac, .iiij. s.; parochia de Ffaurgis, .x. s.; parochia deu Pot [9], .xx. s., et preter hoc debet octo solidos semel in

---

[1] Anal. Arch. histor. Gir., t. V, p. 315. Un fragment a été publié dans Notices et extraits des mss, t. XIV, p. 345. — [2] Un nom en blanc. — [3] Comp. Arch. histor. Gir., t. III, p. 115 : «un vicul en la parropia de Salabeu qui es deyt Davinhan». — [4] Ms. vico de Davinhau. — [5] Arch. histor. Gir., t. III, p. 115 : «un vicul en la parropia de Narijan qui es deyt Tuzinhan;... item meys, un vicul en la parropia de Tressas qui es deyt Durmanda». — [6] En marge : Questa .xl. libr. Sur cette contribution de 40 livres imposée par le roi Jean, voir les Enquêtes sur les doléances adressées à Henri III par les habitants de l'Entre-deux-Mers en 1236-1238, enquêtes qui ont été publiées en latin dans la Gallia Christiana, t. II, Instrum., col. 189-193, et en gascon dans Arch. histor. Gir., t. III, p. 101-127. La rédaction en gascon est d'ailleurs plus détaillée que le texte latin; on y trouve en particulier, p. 115, une liste des paroisses de l'Entre-deux-Mers entre lesquelles fut réparti l'impôt des 40 livres. Il y a donc lieu de comparer avec cette liste le présent numéro 537. — [7] Ms. par. de lan Regio. — [8] Ms. solvunt. — [9] Ms. deu Pac.

adventu regis, nam qui dicuntur sporla sive capdenium [1]; parochia de Cursano, .xl. s., et preter hoc debet .xx. s. in adventu regis, nam qui dicuntur sporla seu captennium; parochia de Lobaut, .ij. s., et preter hoc debet octo solidos in adventu regis, nam qui dicuntur sporla sive captennium; locus appellatus Lo Gaich in parochia de Lobaut, .xij. d.; locus appellatus Curinhas in parochia de Narriano, x. s.; locus appellatus Durianda, in parochia de Tressis, .xij. d. Item, dixerunt et recognoverunt, pro se et parochianis et parochiis et locis predictis, quod domiuus rex habet in hominibus commorantibus in locis predictis justiciam, et debent excercitum secundum quod homines minores [2] possunt et debent facere. Item, debent jurare fidelitatem secundum quod populus Burdegalensis. Item, dominus rex debet habere prepositum inter duo Maria et idem prepositus debet habere duos servientes [3]; unum debet habere ab Uberta supra, et alium a[b] Uberta citra [4], custodiendo terram et citando homines; et quod illi servientes debent recipi et procurari per domos, ita quod unus in una domo semel in anno. Item, prepositus,

se altero [cum] equis et cum uno garcione, debet recipi per poallos et procurari semel in anno [5]; et quod pro premissis habent libertatem pascuorum, nemorum, viarum, aquarum, paduentorum, saltuum et ceterorum hujusmodi; et quod ita sunt liberi et habent terras suas modo predicto francas et liberas et quod de ipsis suam possunt facere voluntatem; et quod homines ab Uberta supra commorantes debent facere jus apud Silvam Majorem et coram preposito de Inter duo Maria, et citra commorantes, apud Burdegalam [6]. Hujus vero recognicionis seu confessionis [7] sunt plurima instrumenta unius tenoris confecta, quorum unum est dicto domino et alia parochiis prenotatis. Actum predictis die et anno. Regnante... Testes sunt: magister Arnaldus de La Casa, Geraldus de Montz, clericus, P. Gombert [8], clericus, P. de Riuncio, domicellus, Johannes Alegre, Rostandus de Cucujat, et ego, predictus Gilbertus de Miralho....

538 (498). *Vendredi 23 mars 1274.* — *Reconnaissance de divers habitants des paroisses d'Yvrac et d'Ambarès* [9].

---

[1] *Arch. histor. Gir.*, t. III, p. 119 : «li cens et li esporle desobre escriutz foren assignat de las parropias per la protection et deffension de eras, que es aperat captenhs en romans». — [2] Ms. *morines* ou *morines*. Delpit propose avec raison (t. V, p. 316) de lire *minores*. Il justifie cette leçon par un rapprochement avec un passage des enquêtes où il est dit que le «roi Charles», au temps où il «chassa les Sarrasins», récompensa les nobles «qu'il avait pris à sa solden, en leur donnant des terres en fief, et «les petites gens qui l'avaient suivi gratuitement», en leur donnant des terres libres : «minoribus autem, qui gratis venerant... liberas tradidit possessiones et eos francos, id est liberos, constituit» (*Notices et extraits des mss*, t. XIV, p. 345, note). Sans doute ceux qui déposèrent en 1236-1238 n'avaient que des idées vagues sur le «roi Charles» et sur l'origine des fiefs, mais si l'on compare le texte des enquêtes avec celui du présent acte, on se persuade que l'on conservait nettement en 1274 le souvenir de ce qui s'était fait et dit quelque trente-huit ans auparavant. — [3] Les «jurés» appelés à témoigner dans les enquêtes de 1236-1238 déclarèrent qu'au temps des rois Henri II et Richard il n'y avait pour toute la terre du roi dans les archevêchés de Bordeaux et d'Auch qu'un seul sénéchal et «un prebost entre dos mars, am dos mandadors» (p. 119); ces deux «mandadors» ou sergents sont aussi appelés «citadors» ou «serquadors del exces» (p. 116). — [4] Il s'agit du ruisseau alors appelé Lubert, aujourd'hui Gestas. Voici ce qu'en dit L. Drouyn (*Arch. histor. Gir.*, t. XXII, p. 307) : «ruisseau qui divise l'archiprêtré d'Entre-deux-mers en deux parties à peu près égales. La partie située à l'orient du Lubert s'appelait *Ultra Lubertum*; la partie occidentale, *Citra Lubertum*. Ce ruisseau se jette dans la Dordogne au-dessous de Vayres.» En dialecte gascon, ces deux parties étaient distinguées par les expressions de Lubert «dedintz» et de Lubert «deffora» ou «desobre» (*Arch. histor. Gir.*, t. III, p. 116 et 118). Voir plus loin, n° 544. — [5] Cet article : *Item, prepositus... semel in anno*, a été reproduit dans le *Glossaire* de Du Cange, au mot *Poiallus*, d'après le registre de la Chambre des Comptes de Paris coté JJ. rub., fol. 16 r°. — [6] De même, dans les enquêtes de 1236-1238 : «item, que no sian menat en jutgament sino a La Scuba de Lubert desobre, et de Lubert et dintz (corr. dedintz) vers Bordeu» (p. 118). — [7] Ms. *confeccionis*. — [8] Ms. *Gombus* (avec une abréviation). — [9] Anal. Arch. hist. Gir., t. V, p. 317.

Amalvinus de Maquau et quidam alii parochiani d'Ivrac [1] et de Baresio. — Notum sit quod (*même date*) in presencia mei, Gilberti de Miralho,..... Bernardus de Moneto, domicellus, nomine uxoris, et Amal[vi]nus de Maquau, tutor, ut dixit, Willelmi de Maquau, nepotis sui, et Rostandus de Cucujat, clericus, nomine Arnaldi Willelmi de Cucujat, fratris sui, ut dixit, Danderon, uxor R. Arn. Mayensan, et Willelmus R. de Nouat, domicellus, jurati et requisiti, dixerunt et recognoverunt se tenere et debere tenere a domino duce omnes terras quas habent vel habere debent in parochia de Ivrac et de Baresio; pro quibus debent facere sibi exercitum, videlicet : Danderonis, uxor (*fol. 155*) Ramundi Arnaldi, quartam partem exercitus de Baresio, aliam quartam partem Amalvinus de Maquau pro dicto Guillelmo de Maquau, Rostandus de Cucujat, pro dicto fratre suo, quartam partem, Willelmus R. de Nouat aliam aliam partem. Tamen, si aliquis eorum sit miles, ipsi debent de milite facere exercitum. Requisitus si alienaverint aliquid de juribus domini, dixerunt quod non; item, si habeant allodium, quod debe[n]t stare in scriptis domino, vel ejus mandato, in quindena Pasche. Hujus vero recognicionis seu confessionis [2]..... Actum predictis die et anno. Regnante... Testes vocati et rogati sunt : magister Arnaldus de La Casa, P. de Rioncio, domicellus, Bigorosus Bener, Johannes Alegre, B. de Baura, Geraldus de Montz, clericus, et ego, predictus Gilbertus de Miralho...

539 (*499*). *Samedi 24 mars 1274. — Reconnaissance de Guillaume Raimond de Birac, chevalier.*

Ramondus de Birac. — Notum sit quod, anno Domini millesimo ducentesimo .lxxiiij°., die Sabbati ante Ramos Palmarum, in presencia mei, Gilberti de Miralho,..... Willelmus R. de Birac, miles, juratus et requisitus, dixit et recognovit quod ipse debet domino duci [3] Aquitanie terciam partem exercitus cum Gombaudo et Bernardo, fratribus suis, et cum B. et Ramundo Sentot, fratribus, et filiis [4] Gombaudi Sentot, militis, et cum Perdelia, sorore dicti Willelmi Ramundi de Birac, et cum Willelmo de Semenac et fratre suo, nepotibus ejusdem Guillelmi Ramundi, pro illis rebus quas tenent a dicto domino in parochia Sancti Lupi. Requisitus si alienavit [5] aliquid de juribus domini, dixit quod non; item, si habeat allodium, dixit quod non; item, coram quo debent stare juri, dixit quod coram senescallo. Hujus vero recognicionis seu confessionis [6]..... Actum predictis die et anno. Regnante..... Testes sunt vocati et rogati : magister Arnaldus de La Casa, Petrus de Rioncio, domicellus Bigorosus Bener, Johannes Allegre, B. de Baura, Geraldus de Montz, clericus, et ego, predictus Gilbertus de Miralho.....

540 (*500*). *Samedi 24 mars 1274. — Reconnaissance de Raimond de Bernac, damoiseau, dit le comte de Bernac* [7].

Ramundus de Bernac, domicellus, dictus comes de Bernac. — Notum sit quod (*même date*) in presencia mei, Gilberti de Miralho,..... Ramundus de Bernac, domicellus, dictus comes de Bernac, juratus et requisitus, dixit et recognovit se tenere et debere tenere a domino duce partem illius terre de qua Johannes de Sancto Lupo debebat eidem domino terciam partem exercitus unius militis; et aliam vero partem terre dixit quod tenet, racione empcionis, Willelmus d'Ayressan, gener Ramundi Alauda, civis Burdegalensis, qui emit unam vineam et unum casale [8]; et in eadem terra sunt morantes P. de Museias et Ramundus de Museias et habent stagias. Et de eadem terra emit olim Willelmus Ramundus du Veger unam peciam terre in qua fecit vineam, et de cadem terra emit olim Vivianus de Sancto Lupo unam peciam, et dictus Petrus de (*fol. 155 v*) Musias unam peciam prati apud Pratum Mortes in parochia Sancti Lupi, et filiastra Petri de Junquar tenet unum casale et unam vineam. Item, requisitus si alienavit aliquid de juribus domini, dixit quod non; item, si habeat allodium, dixit quod non;

---

[1] Ms. *de Durac*. — [2] Ms. *confeccionis*. — [3] Ms. *duce*. — [4] Ms. *filius*. — [5] Ms. *alienarunt*. — [6] Ms. *confeccionis*. — [7] Anal. Arch. histor. Gir., t. V, p. 318. — [8] Ms. *gasale*.

item, coram quo debet stare juri, dixit quod coram senescallo. Hujus vero recognicionis seu confessionis⁽¹⁾..... Actum predictis die et anno. Regnante..... Testes vocati et rogati sunt: magister Arnaldus de La Casa, P. de Rioncio, domicellus, Bigorosus Bener, Johannes Alegre, Bernardus de Baura, Geraldus de Montz, clericus, et ego, predictus Gilbertus de Miralho.....

541 (501). *11 mai 1274. — Reconnaissance de plusieurs hommes francs du roi dans la paroisse de Beychac*⁽²⁾.

Parrochiani de Barssaco⁽³⁾. — Conoguda causa sia que, en l'an de l'encarnacion .m. cc. lxx. iiij., en l'onsen die de l'entran de Maii, N'Audouuard, roi d'Anglaterra, la sea de Burdeu vacant, En P. Gondamer, major, en la presencia de min, Gilbert de Miralh, publiau notarii de Bordeu, e deus testimonis plus bas en acesta carta mentagutz, espeçiament⁽⁴⁾ aperatz e pregatz, juratz e requeritz⁽⁵⁾, reconeguren⁽⁶⁾ e confediren, per lour bonas e agradabl[e]z voluntatz, Arn. de Larssan, e Bigorous de Larssan, e Robert Amabin, e P. Gaucem, e P. Guiraut, e R. de Waires, e P. de Ayquem, e W. de Montz, e Arn. Gaucem, [e] R. Gaucem, [e] Robert Arramoun, e Arn. Beudoinh, e W. Robert, e R. Johan, e Arn. Johan, e Ramon Baudoinh deu Poiau, e W. Bairan, e Vidau deu Trengh, et W. Vidau, e H. W. Hugon, e W. Bilan, e P. Vilan, e P. Baudoinh de Laffant, e Peire Berart, e P. Vilan de Laumar, e Ramon de Pout, e Arn. de La Testa, e Galh. Baudoinh, e Robert de Lassus, e W. de Pastis, et W. de La Landa, e P. de Montz, e Arn. Maurin, e W. Mairin, e Ramon de Larsan, carpenters, e P. de Lases le plus veilh, e P. R., e Arn. Cosin, filh Robert Cosin, e Arn. Johan de la parr[opia] de Baissac, per etz e per totz autres homes de la medissa parochia, que it e acuns d'etz sount e deuen estre, e lor antecessor sunt estat ansianement homme francau de lors cors de nostre senhor le roi d'Angl. per arradon deu dugat de Guiania, per arradon de acunas causas que sin ancessor an agut e tengut, it e cadauns per sin, an e ten[e]n e deuen tener deu mediss nostre senhor lo roi per arradon deu dit dugat, en la dite paropia, e que it mediss sont home francau deu mediss roi per arradon deu dit dugat, e per arradon de las medissas causas que an en la medissa⁽⁷⁾ parropia, e per ataus s'auorren e s'auoen, per lasquaus causas meuen e deuen meure deudit roi, e que per aqueras medissas causas deuen far it e cad[a]uns d'etz, au mediss senhor rei, ost⁽⁸⁾ per aissi com li autre home d'Entre de[u]s mars, e que deuen arecebre cad an, en quatre locs dens la medissa parropia, lo probost d'Entre de[u]s mars, sin ters, a dar e peruedir aissi ters, cadauna de las quatre beis, a menjar e a beure, per l'arradon desusdita; loquaus auantdit locs de *(fol. 156)* Baissac dissoron sole ansianament estre operat «la cambra deu rei». Apres, jurat e requerut si auen⁽⁹⁾ alienat acuna causa deus deuers⁽¹⁰⁾ deu dit senhor, dissoren que no; apres, si deuen far autre deuer au rei⁽¹¹⁾, dissoren que no; apres, deuant cui deuen far dreit, dissoren que deuant lo probost d'Entre de[u]s mars⁽¹²⁾. E de so sont feitas deus cartas d'una tenor, de lasquaus es la una au dit senhor rei e l'autra aus dits parr[opians]. Actum fuit die et anno predictis. Testes sunt aperatz⁽¹³⁾ e pregatz: maiestre Gombaut Beuocat, Vidau Baudoinh, clerc, Esteue de Duras, Hel. Purssan, Arn. Faur de Wairac, clerc, Arn. Brun de Salanhac, P. Ass[i]ou de La Landa, e jo, auantdit Gilbert deu Miralh, qui la presente carta escriui ni en⁽¹⁴⁾ publari forma la retornei, e en totas las auanditas causas fui, lo senhau meu acustumat a la present pausei, e deu meu senhau la senhai⁽¹⁵⁾ en testimonage de las auanditas causas.

⁽¹⁾ Ms. *confecionis*. — ⁽²⁾ Anal. Arch. histor. Gir., t. V, p. 331. — ⁽³⁾ On lit dans le titre *Barssaco* et, dans le texte, *Baissac*. Comme la paroisse désignée par ces noms se trouvait dans l'Entre-deux-Mers, on ne peut l'identifier avec Barsac. — ⁽⁴⁾ Ms. *expeciamentz*. — ⁽⁵⁾ Ms. *requerunt*. — ⁽⁶⁾ Ms. *doneguren*; mais voir au n° suivant. — ⁽⁷⁾ Ms. *medita*. — ⁽⁸⁾ Ms. *est*. — ⁽⁹⁾ Ms. *auon*. — ⁽¹⁰⁾ Ms. *doues*. — ⁽¹¹⁾ Ms. *doua eu rei*. — ⁽¹²⁾ Ms. *denen des mars*. — ⁽¹³⁾ Ms. *aporatz*. — ⁽¹⁴⁾ Ms. *ni e en*. — ⁽¹⁵⁾ Ms. *senhor*.

542 (502). *Lundi 14 mai 1274. — Reconnaissance de plusieurs hommes francs du roi dans la paroisse de Beychac.*

Quidam parochiani de Baissac. — Coneguda causa sia que, en l'an de l'encarnacion. m.cc.lxx.iiij°., eu dialuns apres l'Ascension de Nostre Senhor, en la presencia de min, Gilbert deu Miralh, publian notari de Bordeu, e deus testimonis plus bas en acesta carta mentagutz, ad asso aperatz e pregatz, Robert Cosin, W. de Lassent deu Poiau, e W. de Barbarosse, e W. de Treugh, e P. de Montz de La Landa, de la parr[opia] de Baissac, jurat e requerut, recongoren e confederen que it e cadauns[1] d'etz sont[2] e deuen estre, e lor aucessor sunt estat ansianament homme franceu de lors cors de nostre senhor lo roi d'Angl. per arradon deu dugat de Guiaina, per acunas causas que sui ancessor an agut[3] e tengut e it e cad[a]uns per sin an e tenen, e deuen tener deu mediss senhor rei, per arradon deu dit dugat, en l'auandita paropia, e per aitaus s'auoren[4] e s'auoen, lasquaus medissas causas tenen e deuen tener deu mediss rei per l'arradon desus dita; e que per aqueras medissas causas deuen far it e cad[a]uns d'es au mediss senhor, ost, per aissi cum li autre homes d'Entre deus mars; e que deuen arecebre cada an, en quatre locs[5] dens la medissa paropia, lo probost d'Entre de[u]s mars, si ters, e dar e perueder aissi ters, cadauna de las iiij beis[6], a manjar[7] e a beire per l'arradon desus dita; loquaus auanditz locs de Bassac it dissoren que solo estre ancianament aperatz[8] «la cambra du roi». En apres, an autreiat, ratificat e confermat e autreian, ratifiuen, e confermen, e auoen la iracoueiscensa e l'auoement que li autre paropiant de la dite paropia de Baissac an fet au dit rei, tant per lor, tant per les autres de la medissa parr[opia], per aissi cum es[9] contengut en carta faita per la man de min, auandit Gilbert de Miralh. En apres, jurat e requerut si auc[10] alienat deus deuers[11] deu dit senhor roi, dissoren que no; apres, deuant que deuen faire dreit, dissoren que deuant lo probost d'Entre deus mars. E de so sont faitz deus cartas d'una tenor, de lasquaus es une[12] au dit senhor roi e l'autre ausditz paropiantz. Actum fuit die et anno predictis. Regn. Edd., roi d'Angl., Burdegalensi sede vacante, En P. Gondamer major. Testes aperatz e pregatz sunt: Robert de Benquenas, N'El. Auqueir, P. deu *(fol. 156 v)* Treugh de Sen Arremedi, W. Guiraut deus Paus, W. Miles de Tropeita, Vidau Baudoinh, clerc, e jo, auandit Gilbert deu Miralh, qui la present carta escriui[13] e en publian forma la retornei[14], e en totas las auanditas causas fui, lo meu senhau acustumat a la présente pausei, de mon senhau lo senhal en testimoniage de las ditas causas.

543 (503). *Mardi 22 mai 1274. — Reconnaissance de plusieurs hommes francs du roi dans la paroisse de Beychac.*

Quidam parochiani de Barssaco. — Coneguda causa sia que en l'an de l'encarnacion .m.cc.lxx.iiij[15], eu dimars apres la Pentecoste que plus pres es passada, en la presencia de min, Gilbert de Miralh, publian notarii de Burdeu, e deus testimonis plus bas en acesta carta mentagutz, ad asso aperatz e pregatz, P. de Montz, filh Rion Baudoina, e Arn. de Las Vinas, e Ffortz de Montz, e P. de La Casa, filh P. de La Casa, e Arn. Baudoinh deu Treugh, e W. Baudoinh, faure, de la parropia[16] de Baissac, jurat e requerut, reconogoren e confederen per lors sagrementz que it e cad[a]uns d'etz sunt e deuen estre e lor ancessor sont estat home[17] franceu de lors cors de nostre senhor lo roi d'Engl. par radon deu dugat de Guiaina, per acunas causas que lor ancessor an[18] agut e tengut, it e cad[a]uns per sin, an e tenen e deuen tener de mediss senhor

---

[1] Ms. *e a donus*. — [2] Ms. *saatz*. — [3] Ms. *augut*. — [4] Ms. *souoren*. — [5] Ms. *lecs*. — [6] Ms. *lecs*. — [7] Ms. *moniar*. — [8] Ms. *aparatz*. — [9] Ms. *les*. — [10] Ms. *si an auc*. — [11] Ms. *deu deus*. — [12] Ms. *uns*. — [13] Ms. *escriuii*. — [14] Ms. *recemei*. — [15] Ms. *m.cc.lxxiij*. J'ai cru devoir corriger la date, le présent acte faisant partie d'un groupe de reconnaissances faites en 1274. — [16] Ms. *de la parru* (avec un signe d'abréviation au-dessus de la dernière lettre). — [17] Ms. *homo*. — [18] Ms. *en*.

per aradon deudit dogat en ladite par[ropia], e per aitas s'auoren[1] e s'auoen, lasquaus medissas causas tenen e deuen tener deu mediss senhor rei; e que per aqueras causas deuen far, it e cad[a]uns d'etz, au mediss roi, ost, per aissi cum li autre home d'Entre de[u]s Mars, e que deuen[2] arecebre, cada an, en quatre locs dentz la medissa parropia, le perbost d'Entre de[u]s mars, si ters, e dar e perueder, aissi ters, cadaune de las .iiij. bes[3], a menjar e a beure, per l'arradon desus dita; loquaus auanditz locs de Bassac[4] dissoren que sole estre aperatz ancianament « la cambra deu roi ». E autreiat, e ratifiat, e confermat, e autreien, ratifien, e confermen, e auoen, de lor bon grat, l'auoacion e l'arreconoscenza que lor autre paropiant de la dite parropia de Baissac au fet audit roi, tant per lor, tant per les altres de la medissa paropia, per aissi cum es contengut en [la] carta feita per la man de min, auandit Gilbert de Miralh. Apres, jurat e requerut si an arre alienat deus deuers[5] deu dit senhor, dissoren per lor segrament que no; apres, deuant cui deuen[6] far dreit, dissoren que deuant lo perbost d'Entre de[u]s Mars. E de so sunt feites duas cartas d'una tenor, de lasquaus es l'una audit senhor rei e l'autra ausditz homes. Actum fuit die et anno predictis. Regn. Edd., rei d'Angl., Burdegalensi sede vacante, P. Gondamerii major. Testes aperatz e pregatz sunt : Arn. d'Escos, R. de Jales, clerc, Arn. Gasc deu Mont de Marssau, W. de La Porta, clerc, P. de Fferradre de Sent Preget, Vid[au] Bandoinh, clerc, e jo, auanditz Gilbert de Miralh, qui la presente carta escriui e en publiau forma la retornei, e en totas las ditas causas fui, lo meu senhau acostumat a la presente pausei, e de mon senhau lo senhai en testimoniage de las auanditas causas.

544 (504). *Samedi 24 mars 1274.* — *Reconnaissance de Pierre de Montpesat, chevalier*[7].

Petrus de Montepesato. — Notum sit quod, anno Domini .m°.cc°.lxxiij°., die Sabbati ante Ramos Palmarum, in presencia mei, Gilberti de Miralho, publici notarii Burdegalensis, et testium subscriptorum, Petrus de Montepessato, miles, juratus et requisitus, dixit quod ipse habet et tenet et tenere debet a domino rege Anglie, racione ducatus Aquitanie, domum suam et stagium in qua idem moratur in parochia de Salabove; item, homines, questas, egrerias, feoda, milicias, res et alia jura et deveria que idem miles habet in parochiis[8] de Salabove et de Calhau, excepto uno de tribus feudis quod tenet Bertrandus de Salabove, domicellus, de ipso milite, in dicta parochia et in parochiis[9] de Calhau et Sancti Germani, quod feudum exceptum tenet idem miles de dominis de Torne; et duo residua feuda tenet idem miles a domino rege; (*fol. 157*) et exceptis decimis suis quas idem miles tenet ab archiepiscopo Burdegalensi in feudis. Item, tenet idem miles a predicto domino rege molendinum suum cum pertinenciis suis quod est in parochia Sancti Germani. Item, tenet a dicto. rege homines, questas, agrerias, nemora, aquas, paduencia, possessiones et res, et alia jura et deveria que idem miles habet in parochia de Calhau, excepta decima ipsius parochie quam tenet ab archiepiscopo Burdegalensi in feudum. Item, tenet ab eodem domino rege homines, questas, egrerias, res, possessiones, et alia jura et deveria que idem miles habet in locis vulgariter appellatis A Poiaus, in parochiis de Ponpenhac et de Salabove. Item, tenet a dicto domino rege homines, questas, agrerias, possessiones, res, jura et deveria universa que ipse habet in parochiis de Ivrac et de Artigas; item, agrerias quas habet in palude de Javostans et deu Sah, in parochia d'Ison. Item, dixit idem miles quod ipse tenet ab ipso domino rege quandam landam que est inter ecclesiam de Tressas et de Ponpenhac[10]; item, feudum quod P. de Betalha, civis Burdegalensis, tenet ab ipso milite, et quandam plateam lande quam ipse habet ibidem, et dictum

---

[1] Ms. *saueren*. — [2] Ms. *deuent*. — [3] Ms. *cadoune de las .iiij. bos.* — [4] Ms. *Bassoc*. — [5] Ms. *doues*. — [6] Ms. *de non*. — [7] *Anal. Arch. histor. Gir.*, t. V, p. 319. — [8] Ms. *parochia*, en toutes lettres. — [9] Ms. *parochia*, en toutes lettres. — [10] Ms. *Peupenhac*.

feudum quod dictus civis tenet ab ipso inter ecclesiam de Tressas et ecclesiam de Ponpenhac. Item, tenet ab ipso domino rege piscarias, census et jura et deveria que habet apud [Sanctum] Macharium de ponte d'Aubiac usque ad Drotum[1], tam in mari quam in terra. Item, tenet a domino rege feudum quod Willelmus de Quinsac, domicellus, tenet ab ipso milite in parochia de Camairac et quibusdam aliis locis. Item, tenet seu tenere debet idem miles a dicto domino duce totam justiciam, altam et bassam, de Lauransa usque ad aquam que vocatur Lubert[2] et de passu de Birac usque ad ecclesiam de Bonetan; et pro premissis omnibus idem miles debet fideliter homagium. Et [ipse et] Armandus de Montepisato, miles, debent facere predicto domino regi excercitum unius militis; ita tamen quod, quando alter ipsorum facit excercitum in propria persona, alter post ipsum excercitum hujusmodi facere debet. Et debet eciam idem P. de Montepisato solus domino regi predicto, pro predictis omnibus, .I. solidos sporle in mutacione domini; qui .I. solidi sunt monete currentis Burdegale. Requisitus si alienavit aliquid de juribus domini, dixit quod non; item, si habebat allodium, dixit quod non credebat; item, coram quo debet stare juri, dixit quod coram senescallo. Hujus vero recognicionis sive confessionis..... Actum predictis die et anno. Regnante Edwardo, rege Anglie, Burdegalensi sede vacante, P. Gondamerii majore. Testes vocati et rogati sunt : magister Arnaldus de La Casa, magister Johannes Guiraut, P. Roberti, Arn. Gombaut, clericus, P. Gombaut, clericus, Geraldus de Montz, clericus, et ego, predictus Gilbertus de Miralho, qui presentem cartam scripsi et in publicam formam redegi, et in omnibus predictis interfui, signumque meum consuetum presenti apposui, signoque meo signavi in testimonium premissorum.

545 (505). Samedi 24 mars 1274. — Reconnaissance d'Armand de Montpesat, chevalier[3].

Armandus[4] *de Montepesato, miles...* — Notum sit quod (*même date*) in presencia mei, Gilberti de Miralho,..... Armandus de Monte Pisato, miles, juratus et requisitus, dixit et recognovit quod ipse habet et tenet a domino rege, racione ducatus Aquitanie, et habere et tenere debet ab ipso domum suam et stagiam ubi ipse inhabitat et moratur in parochia de Salabeu[5]; item, homines, questas et egrerias, jura [et] alia deveria, possessiones ac milicias que ipse per se (*fol. 157 v*) vel per alium habet et tenet et possidet in eadem parochia; item, homines, questas, agrerias, possessiones, feoda et jura que ipse habet in parochia de Calhou, exceptis decimis suis quas habet et tenet feodaliter ab archiepiscopo Burdegalensi; item, homines de Poious, qui homines sunt de medietate de Ponpenhac et de Salabove; exceptis hominibus de Castainh, et excepto feodo quod R., dictus comes de Bernac, domicellus, habet et tenet ab ipso milite in parochiis de Salabove et de Calhau[6], et medietate molendini vulgariter appellati de Montgalhar, siti in parochia de Salabove, et agreriis ad ipsum feodaliter spectantibus exceptis; item, quod habet et tenet ab ipso domino rege quasdam landas et terras sitas inter ecclesias de Pompenhac et de Tressas. Et pro predictis omnibus[7] debet idem Arnaldus dicto domino regi .L. solidos monete currentis Burdegale, [pro] sporla[8], in mutacione domini. Et dixit quod debent, tam A[r]mandus quam P. de Monte Pisato, milites, pro premissis, excercitum unius militis: ita quod alter ipsorum debet facere in persona sua, alter ipsorum post eum immediate, quando mandator excercitus. Item, tenet dictus miles a predicto rege prata que Willelmus R. de Ju[n]queiras et Willelmus de Ju[n]queiras tenent ab ipso in parochia Saucti Germani. Item, dixit quod ipse et dictus P. de Monte Pisato tenent et tenere debent a dicto domino rege justiciam altam et bassam, a ponte de Castainh usque ad aquam vulgariter ap-

---

[1] Ms. *Drotum*. — [2] Voir plus haut, n° 537. — [3] Anal. Arch. histor. Gir., t. V, p. 320. — [4] Ici on lit au ms. *Armandus*; de même à la colonne précédente, ligne 14; plus loin, à la ligne 3, *Amandus*; à la ligne 27, *Arn.*; à la table des rubriques, *Arnaldus*. — [5] Ms. *Salobeu*. — [6] Ms. *Calahau*. — [7] Ms. *hominibus* — [8] En marge : *.l. s. sporl.*

pellatam Lubert[1] in parochia de Bonetau, usque ad passum de Birac, cum decimis supradictis. Requisitus si alienavit aliquid de juribus domini, dixit quod non; item, si habet allodium, dixit quod non; item, coram quo debet stare juri, dixit quod coram senescallo. Hujus vero recognicionis seu confessionis..... Actum predictis die et anno. Regnante... Testes vocati et rogati sunt : R. Arn. Maiensan[2], P. de Riontz, domicellus, P. Roberti, Geraldus de Montz, clericus, Arn. de Poiau, faber, magister Arn. de La Casa, et ego, predictus Gilbertus de Miralho.....

546 (506). *Samedi 24 mars 1274.* — *Donation faite par Danderondis, femme de Raimond Arnaud Mayensan, bourgeois de Bordeaux, et avec son autorisation, en faveur de Rostand du Soler, aussi bourgeois de Bordeaux, des droits de prévôté qu'elle possédait dans les paroisses de Sainte-Eulalie, d'Yvrac et de Saint-Pierre-de-Quinsac dans l'Ambarès[3].*

Rostandus de Solio. — Notum sit quod (*même date*) in presencia mei, Gilberti de Miralho,.... Danderondis, uxor Raymundi Arnaldi Mayensan, civis Burdegalensis, donavit, dedit, concessit et quitavit imperpetuum, cum voluntate dicti Raymundi Arn., mariti sui, Rostando de Solio, civi Burdegalensi, filio quondam domini Rostandi de Solio, defuncti, et ejus heredibus et successoribus, vera et pura donacione facta inter vivos, nullo casu ingratitudinis vel alias revocanda, prepositurarn quam habet et habere debet, ut dixit, in parochia Sancte Eulalie in Baresio et in parochia de Yvraco[4] et Sancti Petri de Quinsac in Baresio, cum omnibus pertinenciis et deveriis, quocumque nomine censeantur, spectantibus vel pertinentibus ad prepositurarn camdem, quam prepositurarn predicta Dandorendis tenebat et tenere debebat a domino rege Anglie cum una lancea sporle, in mutacione domini[6]; unde de dicta[6] prepositura et ejus pertinenciis ipsa devestivit se in manu dicti regis, cum voluntate dicti sui mariti, ut dixit et confessa fuit, totaliter, simpliciter et de plano, supplicans eidem domino, humiliter et devote, ut eundem Rostandum, filium dicti Rostandi predicti, de predicta prepositura et ejus pertinenciis predictis investiat[7] de propriis rebus suis. Actum predictis die et anno. Regnante... (*fol. 158*). Testes vocati et rogati sunt : magister Arnaldus de La Casa, P. Roberti, W. de Vilacentut, miles, Geraldus de Mont, clericus, G. de Mont Tremblant, miles, Bertrandus de Casaubon[8], Galhardus deus Paus, et ego, predictus Gilbertus de Miralho.....

547 (507). *Samedi 24 mars 1274.* — *Reconnaissance de Rostand de La Rousselle[9].*

Rostandus de Requeris. — Notum sit quod (*même date*) in presencia mei, Gilberti de Miralho,..... Rostandus de Requeris, juratus et requisitus, dixit se nichil tenere a domino duce Aquitanie, neque antecessores sui tenuerunt nec tenere debuerunt aliquid quod ipse tene[b]at vel habebat. Item, requisitus de allodiis, dixit quod nullum habet allodium; item, coram quo debet stare juri, dixit quod coram senescallo. Actum fuit predictis die et anno. Regnante.... Testes vocati et rogati sunt : G. de Mont Tremblant, magister Arnaldus de La Casa, W. R. de Sis, domicellus, Galhard Colom, filh N'. Arn. Colomi, Guiraut de Montz, clericus, P. Roberti, et ego, predictus Gilberti de Miralho.....

548 (508). *Samedi 24 mars 1274.* — *Reconnaissance de Bernard d'Escoussans, seigneur de Langoiran[10].*

Bernardus d'Escossan[11], dominus de Logoiran. — Notum sit quod (*même date*) in presencia mei, Gilberti de Miralho,..... Bernardus d'Escossan, dominus de Logoiran, juratus et requisitus, dixit et recognovit quod ipse tenet et tenere debet a do-

---

[1] Ms. *locum vulgariter appellatum Labert*; mais voir le numéro précédent. — [2] Ms. *Maiousan.* — [3] Anal. Arch. histor. Gir., t. V, p. 320. — [4] Ms. *Livraco.* — [5] En marge : *una lancea sporl.* — [6] Ms. *unde debita*. — [7] Ms. *investiatur cum.* — [8] Ms. *Causaubon.* — [9] Anal. Arch. histor. Gir., t. V, p. 321. — [10] Anal. Arch. histor. Gir., t. V, p. 321. — [11] Ms. *de Cossan* (deux fois).

mino duce Aquitanie castrum de Logoiran cum honore et pertinenciis suis, et omnia deveria que sibi et parcionariis suis in quibusdam, racione dicti castri seu pertinenciarum dicti castri, [pertinere debent]. Item, quod ipse tenet a dicto domino duce quicquid habet vel habere debet in parochia de Logoiran, de Listrac et de Hau, scilicet omnem justiciam altam et bassam dictarum parochiarum, et omnia alia quecumque habet vel habere debet in dictis parochiis cum parcionariis suis in quibusdam; excepta stagia Ramundi de Brujar, deu Turne, et excepto quodam solo quod tenet apud Lo Turne et prato de Fauce Torterua, que non tenet a domino duce. Item, quod tenet et tenere debet a [dicto] domino quicquid habet vel habere debet in Silva majore vel circa Silvam vel sui parcionarii in quibusdam, et quicquid aliquis vel aliqua tenet in dicto loco vel ab eo vel a suis parcionariis in quibusdam. Item, quod tenet et tenere debet a dicto domino quicquid habet vel habere debet seu parcionarii sui in quibusdam habent vel aliquis vel aliqua tenet ab eo vel ab eis in parochia de Bauregio, excepta tamen decima de Bauregio et feodo de Juncquerias. Item, quicquid habet vel habere debet apud Lingonium, excepta justicia. Pro quibus omnibus supradictis debet dicto domino facere[1] homagium et centum solidos sporle[2] in mutacione domini, monete currentis, et excercitum in propria persona, si compos vel sanus fuerit; sin autem, ipse debet mittere unum militem armatum loco sui. Item, dixit se tenere a dicto domino rege omnia illa quecumque ab eo vel a suis parcionariis in quibusdam tenentur in parochia de Rioncio[3] et Sancti Hillarii et in parochia de Lobaut, de Sadirac et de Cursan, et quod debet prestare juramentum fidelitatis et stare juri coram senescallo. In omnibus supradictis dixit quod sunt parcionarii sui in quibusdam Seginus de Puteo, racione[4] uxoris sue, Geraldus de Monte Tremblant et quidam alii. Hujus vero recognicionis seu confessionis..... Actum fuit predictis (*fol. 158v*) die et anno. Regnante..... Testes vocati et rogati sunt : magister Arnaldus de La Casa, P. d'Anglades, miles, R. de N[o]alhan, Paulin de Lisa, Geraldus de Montz, clericus, Rostandus de Roquer, W. R. de Sis, et ego, predictus Gilbertus de Miralho.....

549 (*509*). *Samedi 24 mars 1274. — Reconnaissance de plusieurs habitants de la paroisse de Haux*[5].

Quidam parochiani de Hau. — Notum sit quod, anno Domini .m°. cc°. lxxiij°., die Sabbati ante Ramos Palmarum, in presencia mei, Gilberti de Miralho,.... Galhardus de Bladin, capellanus de Hau, Willelmus de Bladin, de parochia de Hau, jurati et requisiti, pro se et parochianis de Hau, dixerunt quod tota parochia de Hau debet domino duci Aquitanie, pro bonis que habent in ipsa parochia, unam vacam vairam et unum circulum gallinarum sporle, in mutacione domini[6], et excercitum. Hujus vero recognicionis seu confessionis..... Actum predictis die et anno. Regnante..... Testes vocati et rogati sunt: G. de Mont Tremblant, magister Arnaldus de La Casa, W. Ramundi de Sis, domicellus, Galhard Colom, filh N'Arn. Colom, Guiraut de Montz, clerc, P. Roberti, et ego, predictus Gilbertus de Miralho.....

550 (*510*). *Samedi 24 mars 1274. — Reconnaissance de Pierre et d'Arnaud de Tastes, damoiseaux*[7].

Arnaldus et Petrus de Tastis[8], *domicelli.* — Notum sit quod (*même date*) in presencia mei, Gilberti de Miralho,..... Arnaldus et Petrus de Tastis, domicelli, jurati et requisiti, dixerunt se tenere omnia que habent vel tenere debent apud Sanctum Macharium et in honore abbacie Sancte Crucis Burdegale, excepto quodam solo a. Remundo Molenquini; et quicquid habere debent in Benaugesio[9], tenent a vicecomitatu de Benauges. Actum fuit predictis die et anno. Regnante..... Testes vocati

---

[1] Ms. *fagere*. — [2] En marge : *c. s. sporl*. — [3] Ms. *Riencio*. — [4] Ms. *racionis*. — [5] Anal. *Arch. histor. Gir.*, t. V, p. 322. — [6] En marge : *una vacca vaira et j. circulus gallinarum sporle*. — [7] Anal. *Arch. histor. Gir.*, t. V, p. 323. — [8] Ici, comme plus haut, au n° 523, on lit au ms. *Castis*. — [9] Ms. *Bennaresio*.

et rogati sunt : magister Arnaldus de La Casa, Paulin de Lisa, Guiraut[1] de Montz, clerc, P. de Riontz, daudet, P. d'Anglades, R. W. de Noalhan, milites, et ego, predictus Gilbertus de Miralho.....

551 (511). Samedi 24 mars 1274. — Reconnaissance d'habitants de Blandiaut[2].

Habitatores de Blandiaut. — Notum sit quod (*même date*) in presencia mei, Gilberti de Miralho,..... Willelmus de Stagiis, pro se et habitatoribus de Blandiaut, ut dixit, qui locus est in territorio Herbe Faverie et de Boricos[3], juratus et requisitus, dixit quod ipsi sunt in territorio Herbe Faverie et subsunt immediate domino regi Anglie racione ducatus Aquitanie, et tenent immediate ab eodem domino et tenere debent terras, possessiones, tenementa et paduenta que ipsi *(fol. 159)* tenent et tenere debent in parochia Sancti Johannis de Sauters, in territorio antedicto, et de Boricos[4]; et quod pro predictis debent sibi facere excercitum et solvere pro rata sua pecuniam et alia in quibus sibi tenentur burgenses et habitatores Herbe Faverie et de Boricos et territorii predicti. Item, quod debent stare juri coram ipso domino vel ballivo Herbe Faverie et de Boricos, et omnibus querelantibus de eisdem. Item, requisitus per juramentum si alienaverit aliquid de juribus domini, dixit quod non credebat; item, si haberet allodia, dixit quod non. Hujus vero recognicionis seu confessionis..... Actum fuit predictis die et anno. Regnante..... Testes vocati et rogati sunt : magister P. de Memisau, clericus, Vitalis de Rocatalhada[5], Godefrei de Tancy, Johan Lucas, Guiraut de Montz, clerc, P. de Condom, mercer, et ego, predictus Gilbertus de Miralho.....

552 (512). Mardi 20 mars 1274. — Reconnaissance de Bertrand de Mons, damoiseau[6].

Notum sit quod, anno Domini .m° .cc° lxxiij°, die Martis ante Ramos Palmarum, in presencia mei, Gilberti de Miralho,..... Bertrandus de Montz, domicellus, juratus et requisitus, recognovit se tenere et debere tenere a domino duce Aquitanie stagiam in qua dictus domicellus moratur, in parochia de Cadau[j]ac, et nemora cum pertinenciis ipsius stagie existencia juxta predictam stagiam, et partem quam accipit in pasquerio de foresta de Villanova, et quartam partem molendini novi existentis in dicta parochia de Cadau[j]ac, scilicet cum quinque solidis sporle in mutacione domini. Requisitus si ipse vel antecessores sui alienavit aliquid de juribus domini, dixit quod non; item, coram quo debet stare juri, dixit quod coram senescallo Vasconie. Hujus vero recognicionis seu confessionis..... Actum fuit predictis die et anno. Regnante..... Testes sunt vocati et rogati : magister Arnaldus de La Casa, Bigorosus Bener, Johannes Alegre, B. de Baura, P. de Rioncio, domicellus, Geraldus de Montz, clericus, et ego, predictus Gilbertus deu Miralh,.....

553 (513). Mardi 20 mars 1274. — Reconnaissance d'Élie de Laruscade, damoiseau[7].

Notum sit quod (*même date*) in presencia mei, Gilberti de Miralho,..... Helias de Laruscada, domicellus, juratus et requisitus, dixit se tenere a domino duce, racione vicecomitatus Ffronciaci, vigeriam quam habet in parochia de Laruscada, et de Cavinihaco, et Cummariani, et locis vulgariter appellatis Seugars et Fenestrac, in parochia de Sezac[8]; item, vianum in locis predictis et loco[9] vocato Mauriac, in parochia d'Issens, quod vianum debet fieri castro et castellanie de Burgo; item, duo sola domorum in *(fol. 159 v)* dicto castro de Burgo; item, quicquid habet vel habere debet[10] inter naudam de Fonte Augart, prout durat a rivo Ffuder, ex parte una, et naudam Coucendina, ex altera; et prout durat deu Lomedio, ex parte una, et Sayam, ex parte altera, cum juribus et deveriis predictorum locorum que dictus Helias habet vel habere debet in locis predictis, pro quibus debet facere homagium et .xx. solidos sporle in mutacione domini;

---

[1] Ms. *Gaur.* — [2] Anal. Arch. histor. Gir., t. V, p. 322. — [3] Ms. *Balices.* — [4] Ms. *Borices* (trois fois). — [5] Ms. *Rotucalhdo.* — [6] Anal. Arch. histor. Gir., t. V, p. 274. — [7] Anal. ibid. — [8] Ms. *Seugars, que Fenestrac in paroch. de Segac.* — [9] Ms. *et locis predictis de loco.* — [10] Ms. *item habet quicquid vel habere debet.*

item, locum vulgariter appellatum Varet in parochia Sancti Martini, cum omnibus juribus et deveriis in castellania Ffronciaci, cum homagio et .xxx. sol. sporle in permutacione domini. Requisitus si alienavit aliquid de juribus dicti dominii, dixit quod non; item, si habebat allodium, dixit quod non; item, coram quo debet stare juri, dixit quod coram senescallo Vasconie. Hujus vero recognicionis seu confessionis..... Actum predictis die et anno. Regnante..... Testes vocati et rogati sunt : magister Arnaldus de La Casa, Bigorosus Bener, Johannes Alegre, P. de Rioncio, domicellus, Geraldus de Montz, clericus, B. de Baura, et ego, predictus Gilbertus de Miralho.....

554 (514). *Mardi 20 mars 1274. — Reconnaissance de Jean de Terrefort, chevalier*[1].

Johannes de Terraforti, miles. — Notum sit quod (*même date*) in presencia mei, Gilberti de Miralho,..... Johannes de Terraforti, miles, juratus et requisitus, dixit quod ipse tenet a domino duce, racione vicecomitatus Ffronciaci, mandariam de Bia, in parochia de Seissac, et ma[n]dariam de Tynades et de Sivrac et de Marssas, et quod pro istis mandariis et tenementis est miles et homo ipsius, et quod debet .vij. solidos sporle in permutacione domini; que debet adimplere, recepto et habito mandato domini. Requisitus si alienavit aliquid de juribus domini, dixit quod non; item, si habet allodium, dixit ita : duo maneria, videlicet mauerium de Terraforti et mauerium de Mota, in parochia Sancti Andree, et quicquid habet in parochia Sancti Laurencii et castellania de Burgo; quod debet stare juri coram senescallo de Burgo. Hujus vero recognicionis seu confessionis..... Actum predictis die et anno. Regnante..... Testes vocati et rogati sunt : magister Arnaldus de La Casa, Bigorosus Benerii, Johannes Alegre, B. de Baura, P. de Rioncio, domicellus, Guiraldus de Montz, clericus, et ego, predictus Gilbertus de Miralho,.....

555 (515). *Mardi 20 mars 1274. — Reconnaissance de Gaucelm Tort de Bourg*[2].

Gaucelmus Tort de Burgo. — Notum sit quod (*même date*) in presencia mei, Gilberti de Miralho,..... Gaucelmus Tort de Burgo, juratus et requisitus, dixit quod ipse tenet et tenere debet a domino duce[3], cum .xij. denariis sporle in permutacione domini, in mari coram Burgo; item, stagiam de Logenhac cum pertineneiis suis, et octavum quod partitur cum domino Mileto deu Bulh in loco vulgariter appellato Barba, cum tribus solidis sporle in mutacione domini, cum homagio. Requisitus si alienavit aliquid de juribus domini, dixit quod non; item, si habet allodium, dixit quod non, et quod debet stare juri coram majore de Burgo, cujus burgensis existit. Hujus vero recognicionis seu confessionis..... Actum predictis (*fol. 160*) die et anno. Regnante..... Testes vocati et rogati sunt : magister Arnaldus de La Casa, Bigorosus Benerii, Johannes Alegre, P. de Rioncio, domicellus, Geraldus de Montz, clericus, B. de Baura, et ego, predictus Gilbertus de Miralho.....

556 (516). *Mardi 20 mars 1274. — Reconnaissance de Raimond de Villenave, damoiseau*[4].

Ramundus de Villanova, domicellus. — Notum sit quod (*même date*) in presencia mei, Gilberti de Miralho,..... Ramundus de Villanova, domicellus, juratus et requisitus, dixit, nomine patris sui, dictum patrem suum nichil tenere nec debere tenere a domino duce, et quod nichil alienaverat de juribus domini, et quod nullum habebat allodium. Actum predictis die et anno. Regnante..... Testes vocati et rogati sunt : magister Arnaldus de La Casa, Bigorosus Benerii, Johannes Alegre, P. de Rioncio, domicellus, Geraldus de Montz, clericus, B. de Baura, et ego, predictus Gilbertus de Miralho.....

557 (517). *Mardi 20 mars 1274. — Reconnaissance de Bertrand de Podensac, damoiseau*[5].

---

[1] Anal. *Arch. histor. Gir.*, t. V, p. 274. — [2] Anal. *Arch. histor. Gir.*, t. V, p. 275. — [3] La tenure n'est pas déterminée. — [4] Anal. *Arch. histor. Gir.*, t. V, p. 275. — [5] Autre rédaction du n° 177.

Bertrandus de Podensac. — Notum sit quod (*même date*) in presencia mei, Gilberti de Miralho, ..., Bertrandus de Podensac, domicellus, juratus et requisitus, dixit quod ipse tenet et debet tenere a domino duce Podenciacum cum honore et pertinenciis suis, excepta medietate hominum de Se[ro]us[1] quam tenet ab alio domino, et quicquid habet in parochia d'Ilatz et de Montuissan et Inter duo Maria, et omnes milicias que ab ipso tenentur, ubicumque sint, cum una lancea in sporla in mutacione domini, et facere personaliter excercitum cum gonjone et perpuncto[2], si sit sanus; et, si sanus non esset, quidam domicellus debet facere pro ipso illud idem, vel miles debet facere illud excercitum, sub eadem forma, dum fuerit miles. Requisitus si tenet vel tenere debet plus a dicto domino, dixit quod non; item, si alienavit aliquid de juribus domini, dixit quod non; item, si habet allodium, dixit quod non; item, coram quo debet stare juri, dixit quod coram domino vel senescallo suo. Hujus vero recognicionis vel confessionis ..... Actum die et anno predictis. Regnante ..... Testes vocati et rogati sunt : magister Arnaldus de La Casa, Bigorosus Bener, P. de Rioncio, domicellus, Johannes Alegre, B. de Baura, Geraldus de Montz, clericus, et ego, predictus Gilbertus de Miralho, ...

558 (*518*). *Jeudi 22 mars 1274.* — *Reconnaissance de l'abbé de Verteuil.*

Notum sit quod, anno Domini m°. cc°. lxxiij°., die Jovis ante Ramos Palmarum, in presencia mei, Gilberti de Miralho, ... abbas de Bertolio[3], juratus et requisitus, dixit quod ecclesia sua de Bertolio et membra ipsius sunt libera et quod nichil debent facere domino regi, nisi orare et pro ipso et pro genere suo. Actum predictis (*fol. 160 v*) die et anno. Regnante ..... Testes vocati et rogati sunt : Johannes de Landa, miles, Amalvinus de Barres, junior, P. de Montz Reveu, P. de Riontz, domicelli, Ga[r]cia de Sancto Machario, Johannes Alegre, R. deu Verger, domicellus, Jorum de Lassala, et ego, predictus Gilbertus de Miralho, ...

559 (*519*). *Samedi 24 mars 1274.* — *Reconnaissance d'Arnaud Moneder, comme tuteur de son neveu Robert de Floriac.*

Notum sit quod, anno Domini m°. cc°. lxxiij°., die Sabbati ante Ramos Palmarum, in presencia mei, Gilberti de Miralho, ... Arnaldus Monetarius, tutor, ut dixit, Roberti de Floriac, nepotis sui, juratus et requisitus, dixit quod dictus Robertus tenebat et tenere debebat a domino duce, cum tercia parte unius excercitus unius militis, homines deu Treugh in parochia Sancti Lupi, cum stagiis et pertinenciis ipsorum hominum; et quod nullum allodium credit dictum Robertum habere; et quod nichil alienavit, et quod nichil aliud tenebat a dicto duce, nec antecessores sui tenuerunt; et quod debet stare juri coram senescallo. Hujus vero recognicionis sive confessionis ..... Actum predictis die et anno. Regnante ..... Testes vocati et rogati sunt : magister Arnaldus de La Casa, P. de Rioncio, domicellus, Bigorosus Bener, Johannes Alegre, B. de Baura, Geraldus de Montz, clericus, et ego, predictus Gilbertus de Miralho, ...

560 (*520*). *Samedi 24 mars 1274.* — *Reconnaissance de Géraud d'Armagnac, comme tuteur de Bernadet Eideu, fils et héritier d'Amanieu d'Albret.*

Notum sit quod (*même date*) in presencia mei, Gilberti de Miralho, ... Geraldus d'Armanhac, tutor, ut dixit, Bernadeti Eideu, filii et heredis quondam domini Amanevi de Lebreto, juratus et requisitus, dixit quod idem Bernadetus de Lebreto, domicellus[4], tenet et tenere debet a domino duce villam seu castrum Castri Gelosii, cum omnibus suis juribus et pertinenciis, territorio et districtu, citra aquam que dicitur Avancia[5], citra rivos de Lavalhs; item, castrum de Albans, cum omnibus suis juribus et pertinenciis et tenementis; item, Castrum novum de Sarnesio, cum omnibus juribus

---

[1] Cf. n° 177 *excepta medietate hominum quos habet in parochia de Seron*. — [2] Ms. *perpioncto*. — [3] Ms. *Bertalio* (deux fois). — [4] *En marge* : *Hommage du s. de Lebret*. — [5] Ms. *Mancia*.

suis et pertinenciis, districtu et jurisdiccione, excepto affario [1] quod vocatur Burunha; item, castrum de Lebreto, cum suo districtu, territorio, jurisdiccione; item, illud quod habet vel habere debet in parochia Colon et de Lucser et d'Argelosa et de Pontons; item, affarium de Luopoter, cum omnibus pertinenciis; item, affarium de Saunsaco, et de Lugor, et de Manor, cum omnibus pertinenciis; item, affarium parochie de Pisols, sex domibus exceptis; item, terram de Marempne [2], cum omnibus juribus et pertinenciis. Pro quibus omnibus dictus Bernadetus Eideu est homo dicti domini, et debet facere excercitum duorum militum (*fol. 161*) et viginti librarum monete currentis sporle in mutacione domini. Item, requisitus si ipse vel antecessores sui alienaverint aliquid de juribus domini, dixit quod non; item, si nichil aliud tenetur facere dicto domino, dixit quod non; item, si habebat allodium, dixit quod non, ut credebat; item, coram quo debet stare juri, dixit quod coram domino vel mandato suo. Hujus vero recognicionis seu confessionis..... Actum predictis die et anno. Regnante...... Testes vocati et rogati sunt : magister Arnaldus de La Casa, P. d'Angladas, W. R. de Noalhan, milites, Paulinus de Lisa, Geraldus de Montz, clericus, Rostanh de Roquerio [3], W. R. de Sis, et ego, predictus Gilbertus de Miralho.....

561 (521). *Samedi 24 mars 1274. — Reconnaissance de Gaillard de Castanet, damoiseau, fils et héritier de feu Raimond Guillaume de Castanet, chevalier* [4].

Notum sit quod (*même date*) in presencia mei, Gilberti de Miralho,..... Galhardus de Cassan[e]to, domicellus, filius quondam et heres Raimundi Willelmi de Cassaneto, militis defuncti, juratus et requisitus, dixit et recognovit se tenere et debere tenere a domino duce in feudum omnes terras et jura que Iterius den Bruilh habuit vel habere debuit in parochia de Talis, in loco appellato A Laregue, et alibi in eadem parrochia; item, omnes terras et jura que Constancius Solieldi habuit vel habere debuit in parochia Sancti Christofori de Meduleo; item, omnes terras et jura que Willelmus Eymerici de Guisquet, miles, de Cosnaco, habuit vel habere debuit in parochia Sancti Discentz vel eorum pertinenciis universis, cum uno asturio [5] sauro vel mutato, senescallo [6] ipsius domini in mutacione domini Burdigale exsolvendo. Requisitus si alienavit aliquid de juribus domini, dixit quod non; item, si debet facere aliud dicto domino, dixit quod non; item, coram quo debet stare juri, dixit quod coram senescallo; item, si habebat allodium, dixit quod habebat, que sequuntur : scilicet quicquid habet vel habere debet in parochia de Prinliac, excepto feodo de Tartugueire, de Sauquat, de Cairon, et quicquid habet a Canquihac, in parochia Sancti Theorlodii; et quod de istis allodiis faciet domino secundum quod alii milites de Burdegalesio. Hujus vero recognicionis seu confessionis..... Actum predictis die et anno. Regnante ..... Testes vocati et rogati sunt : Willelmus Furt de Cassaneto, miles, Aymericus de Burgo, Galhardus de Casaneto, frater Willelmus Efurt, magister Arnaldus de La Casa, Bigorosus Bener, P. Roberti, Geraldus de Montz, clericus, et ego, predictus Gilbertus de Miralho......

562 (522). *Samedi 24 mars 1274. — Reconnaissance d'Arnaud de Sore* [7].

Notum sit quod (*même date*) in presencia mei, Gilberti de Miralho,..... Arnaldus de Sera, miles, juratus et requisitus, dixit se tenere a domino duce omnia que habet et habere debet, scilicet Argelosam cum pertinenciis suis que sunt in parochia Sancti Andree de Argelosa (*fol. 161 v*); item, omnia que habet et habere debet, racione Argellose, in parochia Sancti Johannis de Sera, cum x. sol. sporle in mutacione domini. Requisitus si debeat facere aliud deverium, dixit quod non; nisi homagium, et hoc, racione Agnetis, uxoris sue; item,

---

[1] Ms. *asserio*. — [2] Ms. *Meropne*. — [3] Ms. *Sequerio*. — [4] Anal. Arch. histor. Gir., t. V, p. 323. — [5] Ms. *osterio*. — [6] Ms. *sicariu* (trois jambages surmontés d'une abréviation). — [7] Anal. Arch. histor. Gir., t. V, p. 323.

si alienavit aliquid de juribus domini, dixit quod non; item, si habet allodium, dixit quod non; item, coram quo debet stare juri, dixit quod coram senescallo. Hujus vero recognicionis seu confessionis..... Actum predictis die et anno. Regnante..... Testes vocati et rogati sunt : Willelmus de Ffurt de Cassaneto, miles, Aymericus de Burgo, Galhardus de Cassaneto, frater W. Ffurt, magister Arnaldus de La Casa, Bigorosus Bener, P. Roberti, Geraldus de Montz, clericus, et ego, predictus Gilbertus de Miralho.....

563 (523). *Samedi 24 mars 1274. — Reconnaissance d'Amaubin Girart de Bourg* [1].

Notum sit quod (*même date*) in presencia mei, Gilberti de Miralho,..... Amalvinus Girart, de Burgo, juratus et requisitus, dixit se nichil tenere nec tenere debere a domino duce; tamen dixit quod habet allodia, scilicet que secuntur : quandam vineam apud Ramafort, in parochia de Lalivarda; item, super Podium de Cantarana, .iiij. frusta [2] terrarum; et quod de illis allodiis debet facere domino secundum quod alii burgenses facient. Requisitus si alienavit aliquid de juribus domini, dixit quod non; et quod debet stare juri coram majore de Burgo. Actum predictis die et anno. Regnante.... Testes vocati et rogati sunt : Willelmus Ffurt de Cassaneto, miles, Aymericus de Burgo, Galhardus de Cassaneto, frater Willelmus Ffurt, magister Arnaldus de La Casa, Bigorosus Bener, P. Roberti, Geraldus de Montz, [et ego, predictus Gilbertus de Miralho].....

564 (524). *Samedi 24 mars 1274. — Reconnaissance de R. de Tastes, de Barsac, damoiseau* [3].

Notum sit quod (*même date*) in presencia mei, Gilberti de Miralho, ... R. de Tastis, domicellus, de Barssiaco, juratus et requisitus, dixit quod ipse habet et tenet et tenere debet a domino duce, racione ducatus Aquitanie, terras, vineas, agrerias, possessiones, paduencia, et aquas, et jura et deveria que idem domicellus habet et habere debet in parochiis de Barssiaco, et de Prinhac, et de Ilhatz, cum quibusdam cirotecis albis; exceptis tamen quibusdam feodis que habet et tenet in eisdem parochiis a domino de Laudirans, Galhardo de Faurgiis, domicello, et Galhardo de Lobenc, milite. Et pro premissis debet idem R. prepositos dicti domini regis de Barssiaco juramentum fidelitatis prestare, et sequi ipsum prepositum expensis ipsius prepositi, per unam diem, per ejus prepositurum, si eidem, in ipsa prepositura, molestia [4] aliqua inferetur; et idem prepositus habet pro predictis et excerceet altam et bassam justiciam in eundem. Et debet idem domicellus dare et solvere predicto domino regi predictas cirothecas sporle in mutacione domini. Requisitus si alienavit aliquid de juribus domini, dixit quod non; item, coram quo debet stare juri, dixit quod coram preposito de Barssac. Hujus vero recognicionis seu confessionis..... Actum predictis die et anno. Regnante..... (*fol. 162*). Testes vocati et rogati sunt : magister Arnaldus de La Casa, P. Roberti, Bernut de Vilacentut, miles, et ego, predictus Gilbertus de Miralho,.....

565 (525). *Mercredi 21 mars 1274. — Reconnaissance de Milet de Noaillan, damoiseau* [5].

Notum sit quod, anno Domini m°. cc°. lxxiij°., die Mercurii ante Ramos Palmarum, in presencia mei, Gilberti de Miralho,..... Miletus de Noalhan, domicellus, juratus et requisitus, recognovit, pro se et domino [de] Carrejiano, quod dominus dicti loci tenet et debet tenere a domino duce Aquitanie quicquid dictus dominus ejusdem loci de Correjano et ipse Miletus habent, racione dicti loci, et quicquid habent in parochiis de Cadaujac et de Villanova et in parochia de Leuvihan, et quicquid ab ipso tenetur racione dicte domus in dicta parochia vel alibi, et deveria que habet in foresta regis in dicta parochia Villenove, cum .l. solidis sporle in mutacione domini, et cum homagio. De quibus deveriis dixit idem Miletus quod ipse debet, pro se et pro domino Bertrando

---

[1] Anal. Arch. histor. Gir., t. V, p. 323. — [2] Ms. *frustra*. — [3] Anal. Arch. histor. Gir., t. V, p. 324. — [4] Ms. *molestio*. — [5] Anal. Arch. histor. Gir., t. V, p. 289.

de Novelliano, facere medietatem, et dominus Guitardus de Burgo aliam medietatem, pro parte sua ejusdem loci. Item, dixit quod dominus de Correjano debet unam lanceam sporle dicto domino duci in mutacione domini, et excercitum pro sola Burd[egalensis] que est in parochia Sancti Progecti Burdegalensis, cum omnibus pertinenciis dicte sole, quisquis, ipse vel ab ipso, nomine et racione dicte sole, aliquid teneat, tam intus quam extra. Et ex istis deveriis recognovit et dixit idem Miletus quod debet facere, pro se et domino Bertrando de Noalhano, medietatem, et heredes domine Marquessie de Correjano debent facere aliam medietatem. Juratus et requisitus si alienavit aliquid de juribus domini, dixit quod non; item, si habebat allodium, dixit quod non; item, coram quo debet stare juri, dixit quod coram domino vel senescallo suo. Hujus vero recognicionis seu confessionis..... Actum predictis die et anno. Regnante..... Testes vocati et rogati sunt : magister Arnaldus de La Casa, Bigorosus Benerii, Johannes Alegre, B. de Baura, Guiscardus de Batalha, Galhardus de Montinhac, Galhardus de Podio, et ego, predictus Gilbertus de Miralho......

566 (526). *Mercredi 21 mars 1274. — Reconnaissance de plusieurs personnes qui déclarent ne rien tenir du roi et être justiciables du seigneur de Noaillan*[1].

Notum sit quod (*même date*) in presencia mei, Gilberti de Miralho,..... Guillelmus de Castainh, P. deu Castainh, Guillelmus de Tastis, B. de Tastis, W. de Tastis, P. deu Castainh, Vitalis de Laffaurga, jurati et requisiti, dixerunt per juramentum quod nichil tenebant nec tenere debebant a domino; item, requisiti coram quo debent stare juri, dixerunt quod coram domino de Novelliano, et quod sic consueverunt facere. Actum predictis die et anno. Regnante......... Testes vocati et rogati sunt : magister Arnaldus de La Casa, Bigorosus Bener, Johannes Alegre, B. de Baura, Guiscardus de Betalha, Bernardus de Montinhac[2], Galhardus de Podio, et ego, predictus Gilbertus de Miralho..... (*fol. 162 v*).

567 (527). *Mercredi 21 mars 1274. — Reconnaissance de Gérard de Lamothe, damoiseau, de La Tresne*[3].

Notum sid quod (*même date*) in presencia mei, Gilberti de Miralho,..... Geraldus de Mota, domicellus, de Trena, juratus et requisitus, recognovit se tenere et debere tenere a domino duce quicquid habet vel habere debet, et quicquid ab ipso tenetur in parrochia de Senac, excepta decima quam dixit se tenere ab archiepiscopo Burdegalensi, et excepta justicia magna et parva quam dixit se tenere a capitali de La Trena; item, quicquid habet vel habere debet in parochiis de Salabeu, de Pompenhac, et quicquid habet vel habere debet in parochia de Camplanis, prout durat et se extendit usque ad aquam molendini de Ponte in parochia de Latrena; de quibus debet facere dicto domino duci unum par cirothecarum in mutacione domini, et homagium, et dare fidem; item, pro hiis que habet in dicta parochia de Camplanis, debet dare .x. denarios ad questam que fit in festo beati Michaelis. Requisitus si alienavit aliquid de juribus domini, dixit quod non; item, coram quo debet stare juri, dixit quod coram senescallo; item, si habebat allodium, dixit quod non. Hujus vero recognicionis seu confessionis ..... Actum predictis die et anno. Regnante:..... Testes vocati et rogati sunt : magister Arnaldus de La Casa, Bigorosus Bener, Johannes Alegre, B. de Baura, Guiscart de Batalha, B. de Montinhac, Galhardus de Podio, et ego, predictus notarius.....

568 (528). *Mercredi 21 mars 1274. — Reconnaissance de Rosiand de Landivas, damoiseau, pour lui et pour sa nièce.*

Notum sit quod (*même date*) in presencia mei, Gilberti de Miralho,..... Rostaudus de Landirans, domicellus, pro se et nepte sua, juratus et requisitus, recognovit et dixit se tenere et debere tenere a domino duce Aquitanie quicquid habent

---

[1] Anal. *Arch. histor. Gir.*, t. V, p. 290. — [2] Ms. *Montinhac*, mais voir les numéros 565 et 567. — [3] Anal. *Arch. histor. Gir.*, t. V, p. 290; de même les n°ˢ 568 et 569.

et possident, vel habere debent, ipsi vel aliquis nomine eorumdem, in honore et districtu de Landirans, cum una laucea sporle in mutacione domini, cum excercitu unius militis; item, quicquid habent vel possident, et aliquis nomine eorumdem, in honore et districtu de Rupecissa, de Lingonio, vel aliquo alio [loco] in diocesi Vassatensi, que ad deverium eorumdem de Mota pertinent et pertinere debent, cum viginti et quinque solidis sporle in mutacione domini, et cum excercitu unius militis, cum Amanevo de Mota et Geraldo de Mota, domicellis, parcionariis suis. Requisitus si alienavit aliquid de juribus domini, dixit quod non; item, si habent allodium, dixit quod non; item, coram quo debent stare juri, dixit quod coram dicto domino vel senescallo suo. Hujus vero recognicionis seu confessionis..... Actum predictis die et anno. Regnante..... Testes vocati et rogati sunt : magister Arnaldus de La Casa, Bigorosus Bener, P. de Riontz, domicellus, P. de Cabanac de Rioncio, domicellus, Geraldus de Montz, clericus, Johannes Alegre, B. de Baura, et ego, predictus notarius,....

569 (529). *Mercredi 21 mars 1274. — Reconnaissance de Bonafos d'Auloède, chevalier.*

(*Fol. 163*). Notum sit quod (*même date*) in presencia mei, Gilberti de Mirallio,..... Bonafosus d'Aulaeda, miles, juratus et requisitus, recognovit se tenere a domino duce, racione B. de Bouvila, illud quod habet cum fratre suo in pedagio Sancti Macharii, cum .x. solidis sporle in mutacione domini. Requisitus si alienavit aliquid de juribus domini, dixit quod non; item, si habet allodia, confessus fuit quod habet in Benagesio [et] in parochia Sancti Macharii, que allodia debet dare in scriptis dicto domino, vel ejus locum tenenti, in quindena instantis Pasche. Item, requisitus coram quo debet stare juri, dixit quod coram senescallo. Hujus vero recognicionis sive confessionis..... Actum predictis die et anno. Regnante..... Testes vocati et rogati sunt : magister Arnaldus de La Casa, Bigorosus Bener, P. de Riontz, domicellus,

P. de Cabanac de Rioncio, domicellus, Geraldus de Montz, clericus, Johannes Alegre, B. de Baura, et ego, predictus Gilbertus de Miralho,.....

570 (530). *Mercredi 21 mars 1274. — Reconnaissance de P. Guarnaut, de la paroisse de Saint-Loubès, et de son frère* [1].

Notum sit quod (*même date*) in presencia mei, Gilberti de Miralho,..... P. Guarnaut, de parochia Sancti Lupi, juratus et requisitus, Guarnaut, fratres [2], jurati et requisiti, recognoverunt et dixerunt, pro se et heredibus [suis] ejusdem parochie Sancti Lupi, quod ipsi debent domino duci .xx. solidos censuales, quolibet anno solvendos in crastino Nativitatis Domini, in cimiterio dicte ecclesie, preposito de Inter duo Maria, vel ejus mandato, pro quibusdam terris que sunt in dicta parochia; et quod idem dominus habet et habere debet ibidem magnam justiciam et parvam in multis hominibus et sicut in omnibus hominibus. Requisiti si debent dicto domino aliud deverium, dixerunt quod non; item, si alienaverunt aliquid de juribus domini, dixerunt quod non; item, si habebant aliquod allodium, dixerunt quod non; item, coram quo debent stare juri, dixerunt quod coram preposito [de] Inter duo Maria. Hujus vero recognicionis seu confessionis..... Actum predictis die et anno. Regnante,..... Testes vocati et rogati sunt : magister Arnaldus de La Casa, Bigorosus Bener, P. de Riontz, domicellus, P. de Cabanac de Rioncio, domicellus, P. de Montz, clericus, Johannes Alegre, B. de Baura [3], et ego, predictus Gilbertus de Miralho,.....

571 (531). *Mercredi 21 mars 1274. — Reconnaissance d'Ayrin d'Aulède* [4].

Notum sit quod (*même date*) in presencia mei, Gilberti de Miralho,..... Ayrinus d'Auleda, domicellus Sancti Macharii, juratus et requisitus, recognovit se tenere a domino duce, racione B. de Bouvila, illud quod (*fol.* 63 v) habet in pedagio [5] Sancti Macharii, cum .x. solidis sporle, in muta-

---

[1] Anal. Arch. histor. Gir., t. V, p. 291. — [2] Le prénom d'un des frères a été omis par le scribe. — [3] Ms. B. de Laur. — [4] Anal. Arch. histor. Gir., t. V, p. 291. — [5] Ms. podagio.

cione domini. Requisitus si alienavit aliquid de juribus domini, dixit quod non; item, si habet allodia, dixit et confessus fuit quod habet in Benaugesio et in parochia Sancti Macharii, que debet dare in scriptis [regi] vel ejus locum tenenti, hodie vel cras; item, coram quo debet stare juri, dixit quod coram rege, vel suo mandato. Hujus vero recognicionis seu confessionis...... Actum predictis die et anno. Regnante..... Testes vocati et rogati sunt: magister Arnaldus de La Casa, Bigorosus Bener, P. de Riontz, domicellus, P. de Cabana[c] de Rioncio, domicellus, Geraldus de Montz, clericus, Johannes Alegre, B. de Baura, et ego, predictus Gilbertus de Miralho.....

572 (532). 23 mai 1273. — *Reconnaissance de plusieurs habitants de la paroisse de Guillos*[1].

Notum sit quod, anno Domini m°.cc.lxx°.iij., nona die exitus Maii, in presencia mei, Gilberti de Miralho,..... Petrus de Mesplet, et P. Ramundi de Lucbernet, et Arnaldus de Ffurquis[2], de parochia de Guilhos, jurati et requisiti, recognoverunt et confessi fuerunt, pro se et aliis hominibus de dicta parochia de Guilhos, quod sunt homines domini regis Anglie et se advocant ab eo, et, quod, tam ipsi presentes quam alii parochiani de Guilhos, tenent et tenere debent quicquid habent et possident in dicta parochia de Guilhos a dicto domino rege, racione ducatus Aquitanie, cum duobus denariis[3] sporle in mutacione domini; et quod debent facere sibi excercitum prout alii homines de terra; et quod debent stare juri coram senescallo suo. Hujus vero recognicionis seu confessionis..... Actum fuit dictis die et anno. Regnante..... Testes vocati et rogati sunt: Willelmus de Burgo, Gaucelmus Fabri, carpentarii, R. d'Av[a]ron, Geraldus de Monte, clericus, Willelmus Vaquerii, Guillelmus de Labrossa, et ego, predictus Gilbertus de Miralho.....

573 (533). 23 mai 1273. — *Reconnaissance de Jean d'Ardaria de Leissatz, de la paroisse d'Hostens, pour lui et pour les hommes de Leissatz et de Curton*[4].

Notum sit quod (*même date*) in presencia mei, Gilberti de Miralho,..... Johannes d'Ardaria de Leissatz, parochianus de Austen, pro se et hominibus de Leissatz et de Curton, de la parochia[5] d'Austen, juratus et requisitus, recognovit et confessus fuit quod ipse et alii homines de Leissatz et de Curton quod sunt homines dicti regis et se advocant ab ipso, et quod quicquid habent in dicta parochia et possident, tenent et tenere debent a dicto domino rege, racione ducatus Aquitanie, et quod debent facere sibi excercitum, prout alii de terra, et stare juri coram senescallo. Hujus vero recognicionis seu confessionis..... Actum fuit dictis die et anno. Regnante..... Testes vocati et rogati sunt: Willelmus de Burgo, Gaucelmus Fabri, carpentarii, R. d'Avaron, Geraldus de (*fol. 164*) Monte, clericus, W. Vaquerii, Guillelmus de Labrossa, et ego, predictus Gilbertus de Miralho.....

574 (534). 23 mai 1273. — *Reconnaissance de plusieurs personnes habitant les paroisses de Moustey et de Saugnac*[6].

Notum sit quod (*même date*) in presencia mei, Gilberti de Miralho,..... Arnaldus de Pontititz[7] et Petrus d'Omorcilia[8], parochiani de Morsters, jurati et requisiti, recognoverunt et confessi fuerunt, pro se ipsis et omnibus hominibus parochiarum de Mosters et de Saunhaco, Vasatensis[9] diocesis, quod sunt homines domini regis Anglie et se advocant ab eo, et quod, tam ipsi presentes quam alii parochiani dictarum parochiarum tenent et tenere debent a dicto domino rege, racione ducatus Aquitanie, quicquid habent et possident in dictis parochiis, et quod debent sibi facere excercitum, prout alii homines de terra, et stare juri coram senescallo. Et est sciendum quod de hoc sunt duo instrumenta unius tenoris confecta,

---

[1] Anal. Arch. histor. Gir., t. V, p. 324. — [2] À la table des rubriques: *Fornius*. — [3] Ms. *deveriis*. — [4] Anal. Arch. histor. Gir., t. V, p. 324. — [5] Ms. *paropia*. — [6] Anal. Arch. histor. Gir., t. V, p. 324. — [7] Corr. *de Pontibus?* — [8] À la table des rubriques: *Petrus de Mortilia*. — [9] Ms. *Vasaton*.

quorum unum est dicto domino, et aliud hominibus prenotatis. Actum predictis die et anno. Regnante..... Testes vocati et rogati sunt: Guillelmus de Burgo, Gaucelmus de La Ila, carpentarii, magister P. de Cubsac, Gaucelmius Fabri de Sancto Projecto, G. de Montz, clericus, et ego, predictus Gilbertus de Miralho......

575 (535). *Mardi 20 mars 1274.* — *Reconnaissance de Pierre d'Arbanats, chevalier* [1].

Notum sit quod anno Domini m°.cc°.lxx°iij°., die Martis ante Ramos Palmarum, in presencia mei, Gilberti de Miralho,..... Petrus d'Arberatz [2], miles, juratus et requisitus, dixit se tenere et [tenere] debere a domino duce Aquitanie quicquid habet in parochiis d'Arberatz et de Porteto, exceptis feudis que tenet ab aliis dominis, videlicet cum uno pari cirothecarum in permutacione domini, et quod debet in qualibet permutacione senescalli solvere xij. denarios francalibus de Porteto. Requisitus si alienavit aliquid de juribus domini, dixit quod non; item, si habet allodium, dixit quod non; et quod debet stare juri coram senescallo. Hujus vero recognicionis seu confessionis..... Actum predictis die et anno, Regnante..... Testes vocati et rogati sunt: magister Arnaldus de La Casa, Bigorosus Benerii, Johannes Alegre, P. de Rioncio, domicellus, Geraldus de Montz, clericus, B. de Baura, et ego, predictus Gilbertus de Miralho......

576 (536). *Mardi 20 mars 1274.* — *Reconnaissance d'Aiquart Forton le Jeune* [3].

Notum sit quod (*même date*) in presencia mei, Gilberti de Miralho,..... Ayquardus Fortonis, junior, juratus et requisitus, recognovit quod ipse tenet a domino duce Aquitanie, racione vicecomitatus Fronciaci [4], quoddam cayum in rupe apud Burgum, cum .vj. denariis sporle in mutacione domini [5] et cum .vj. denariis censualibus in vigilia (*fol. 164 v*) Natalis Domini; item, aliud cayum apud Proaladon, cum .vj. denariis sporle in mutacione domini et [6] cum .vj. denariis censualibus in vigilia Natalis Domini annuatim reddendis. Item, requisitus si alienavit aliquid de juribus domini, dixit quod non; item, si habebat allodium, dixit quod non; item, coram quo debet stare juri, dixit quod coram majore de Burgo. Hujus vero recognicionis seu confessionis..... Actum predictis die et anno, Regnante..... Testes vocati et rogati sunt: magister Arnaldus de La Casa, Bigorosus Bener, Johannes Alegre, P. de Rioncio, domicellus, B. de Baura, Geraldus de Montz, clericus, et ego, predictus Gilbertus de Miralho......

577 (537). *Mardi 20 mars 1274.* — *Reconnaissance de Thomas de Bordeu, de Bourg* [7].

Notum sit quod (*même date*) in presencia mei, Gilberti de Miralho,..... Thomas de Bordeu, de Burgo, juratus et requisitus, recognovit et dixit se habere in allodium quandam vineam ad locum appellatum ad Fontem de Mauryn, subtus Sanctum Michaelem in honore de Burgo; item, quod tenet a domino duce Aquitanie unum cayum subtus Sanctum Girontz, prout durat a domo sua usque ad mare, racione vicecomitatus Fronciaci, cum uno denario sporle in permutacione domini, et cum tribus obolis censualibus in vigilia Natalis Domini annuatim reddendis. Requisitus si alienavit aliquid de juribus domini, dixit quod non; item, si habet amplius allodium, dixit quod non; item, coram quo debet stare juri, dixit quod coram majore de Burgo supradicto. Hujus vero recognicionis seu confessionis..... Actum predictis die et anno, Regnante..... Testes vocati et rogati sunt: magister Arnaldus de La Casa, Bigorosus Bener, Johannes Alegre, P. de Rioncio, domicellus, B. de Baura, Geraldus de Montz, clericus, et ego, predictus Gilbertus de Miralho......

578 (538). *Mardi 20 mars 1274.* — *Reconnaissance d'Arnaud Amanieu, chevalier, comme tuteur de son neveu, Ayquelim Andron* [8].

---

[1]. Anal. Arch. histor. Gir., t. V, p. 275. — [2] Appelé *Poncius* par Du Cange, au mot *Boeria*, § 1. — [3] Anal. Arch. histor. Gir., t. V, p. 275. — [4] En marge: *Nota de vicecomite Ffronciaci*. — [5] En marge: *vj.d. sporell (sic), et .vj.d. censuales*. — [6] Ms. *item*. — [7] Anal. Arch. histor. Gir., t. V, p. 275. — [8] Anal. Arch. histor. Gir., t. V, p. 275.

Notum sit quod (*même date*) in presencia mei, Gilberti de Miralho,..... Arnaldus Amanevi, miles, tutor, ut dixit, Ayquelmi[1] Andronis, nepotis sui, juratus et requisitus, dixit nepotem suum nichil tenere nec debere tenere a domino duce; dixit tamen quod habet allodia libera, scilicet quicquid habet in palude d'Ambes. Requisitus si alienavit aliquid de juribus domini, dixit quod non; item, coram quo debet stare juri, dixit quod coram domino de Blavia. Actum predictis die et anno. Regnante..... Testes vocati et rogati sunt : magister Arnaldus de La Casa, Bigorosus Bener, Johannes Alegre (*fol. 165*), P. de Rioncio, domicellus, B. de Baura, Geraldus de Montz, clericus, et ego, predictus Gilbertus de Miralho.....

579 (*539*). *Mardi 20 mars 1274.* — Reconnaissance de Guillaume d'Anedat, damoiseau, d'Amaubin de Jonqueyre, de Raimond-Guillaume de Jonqueyre, damoiseau, et de Raimond-Guillaume, fils de Bertrand de Jonqueyre[2].

Notum sit quod (*même date*) in presencia mei, Gilberti de Miralho,..... Guillelmus d'Anedat, domicellus, Amalvinus [de] Junqueiras, R. Willelmi de Junqueiras, filius quondam Rostandi de Junqueiras, domicellus, et [R. Willelmi de Junqueiras[3]], filius quondam Bertrandi de Junqueiras, jurati et requisiti, dixerunt et recognoverunt se tenere et debere tenere a domino duce res et hereditates quas habent vel habere debent in parochia Sancti Germani de Cronhon et de Bauregio, cum uno excercitu unius militis, omnes insimul; ita quod unus predictorum faciens excercitum potest garentire alios. Item, dixit predictus R. Willelmi de Junqueiras, filius quondam Bertrandi de Jonqueiras, quod quicquid habet in parochia de Cronhs et Sancti Germani de Camersac est allodium suum, preter illa de quibus ipse, cum aliis prenotatis, debet predictum excercitum et preter illa que tenet in feudum ab aliis dominis, vel alio modo; pro quibus allodiis debet stare juri cuilibet querelanti coram dicto domino, vel mandato suo. Item, dixit quod habet novem denarios census in parochia de Salabeu quos reddit Arnaldus de Castaneda ejusdem parochie. Requisiti si alienaverunt aliquid de juribus domini, dixerunt quod non; item, si habent plura allodia, dixerunt quod non, et quod debent stare juri coram dicto domino, vel ejus mandato. Hujus vero recognicionis seu confessionis..... Actum predictis die et anno. Regnante..... Testes vocati et rogati sunt: magister Arnaldus de La Casa, Bigorosus Bener, Johannes Alegre, P. de Rioncio, domicellus, B. de Baura, Geraldus de Montz, clericus, et ego, predictus Gilbertus de Miralho.....

580 (*540*). *Mardi 20 mars 1274.* — Reconnaissance d'Arnaud de Grissac le Jeune, chevalier[4].

Notum sit quod (*même date*) in presencia mei, Gilberti de Miralho,..... Arnaldus de Grissac, miles, junior, juratus et requisitus, recognovit quod tenet et debet tenere a domino duce Aquitanie, racione domini de Blancafort, mercatum de Seitosac cum uno pari cirothecarum sporle in mutacione domini. Requisitus si tenet vel debet tenere plus a dicto domino, dixit quod non; item, si alienavit aliquid de juribus domini, dixit quod non; item, si habebat allodium, dixit quod non; item, coram quo debet stare juri, dixit quod coram castellano de Burgo. Hujus vero recognicionis seu confessionis..... Actum predictis die et anno. Regnante..... Testes vocati et rogati sunt : magister Arnaldus de La Casa, Bigorosus Bener, Johannes Alegre, domicellus, P. de Rioncio, domicellus, B. de Baura, Geraldus de Montz, clericus, et ego, predictus Gilbertus de Miralho..... (*fol. 165 v*).

581 (*541*). *Mardi 20 mars 1274.* — Reconnaissance de Pierre de Budos, chevalier[5].

Notum sit quod (*même date*) in presencia mei, Gilberti de Miralho,..... P. de Budos, miles, filius R. Guillelmi de Budos, defuncti, juratus et requisitus, recognovit se tenere et debere tenere a domino duce quicquid habet vel habere debet in

---

[1] Ms. *Ayquelimi.* — [2] *Anal. Arch. histor. Gir.*, t. V, p. 275. — [3] Nom omis par le copiste; voir huit lignes plus bas. — [4] *Anal. Arch. histor. Gir.*, t. V, p. 276. — [5] *Anal. Arch. histor. Gir.*, t. V, p. 276.

parochia d'Austen[1] et quicquid habet vel habere debet in parochia de Lassatz, excepto feudo quod tenet a domino de Landirans, et excepto illo quod tenet a domino de Novelhano, videlicet cum uno pari cirothecarum in mutacione domini; et quod debet esse pro hiis suus miles et suus homo. Hujus vero recognicionis sive confessionis..... Actum predictis die et anno. Regnante..... Testes vocati et rogati sunt : magister Arnaldus de La Casa, Bigorosus Bener, Johannes Alegre, P. de Rioncio, domicellus, B. de Baura, Geraldus de Montz, clericus, et ego, predictus Gilbertus de Miralho.....

582 (542). *Mardi 20 mars 1274.* — *Reconnaissance de Pierre de Lartigue, damoiseau*[3].

Notum sit quod (*même date*) in presencia mei, Gilberti de Miralho,..... P. de Lartiga, domicellus, juratus et requisitus, recognovit se tenere et debere tenere a domino duce, racione vicecomitatus de Castellione, totum illud quod W. R. habebat vel habere debebat in parochiis de Beuver, et Sancte Columbe, et Sancte Margarete, et de Castellione, de quibus tenetur facere dicto domino, pro se et filio B. de Segur et Guillelmo Amanevo, parcionariis suis, .v. solidos sporle in mutacione domini. Item, quod habet vel habere debet idem P. de Lartiga in parochia Sancti Stephani de Lassa, tenet ab ipso domino, racione dicti vicecomitatus de Castellione, excepto uno jornali[3] terre que est ad locum vocatum Ad Sanctum Fortem[4], et excepta una stagia que est in vico Sancti Stephani de Lassa, scilicet cum duobus [solidis] et .vj. d. sporle in mutacione domini; et quod nichil aliud sibi tenetur facere. Requisitus si alienavit aliquid de juribus domini, dixit quod non; item, si habebat allodium, dixit quod non; item, coram quo debet stare juri, dixit quod coram castellano[5] de Castellione. Hujus vero recognicionis seu confessionis..... Actum predictis die et anno. Regnante..... Testes vocati et rogati sunt : magister Arnaldus de La Casa, Bigorosus Bener, Johannes Alegre, B. de Baura, B. de Montinac, Galhardus de Podio, et ego, predictus Gilbertus de Miralho.....

583 (543). *Mardi 20 mars 1274.* — *Reconnaissance de Jean de Lalande, chevalier*[6].

Notum sit quod (*même date*) in presencia mei, Gilberti de Miralho,... Johannes de La Landa, miles, juratus et requisitus, dixit et recognovit se tenere et debere tenere a domino duce Aquitanie, racione Fine[7], uxoris sue, quondam filie domini Ayquelmi[8] Andronis, militis de Burgo, junioris, defuncti, quicquid habet vel habere debet, vel aliquis habet et tenet seu habere et tenere debet [ab ipso] et apud Burgum, in castro[9] et castellania, intus et extra castrum, in terra, et in mari, et insulis, quicquid habet vel habere debet vel alius (*fol. 166*) habere et tenere debet ab ipso in loco vulgariter appellato Ambes inter duo maria, in quibuscumque locis existant, [cum] pedagiis, custumis, redditibus, proventibus, exitibus, justiciis, jurisdiccionibus, vigeriis altis et bassis, hominibus et homagiis, questis, talleis, pascuis, paludibus, terris, pratis, vineis, nemoribus, saltibus, marreiis, ribagiis, molendinis, aquis dulcibus et salsis, piscariis et quibuslibet aquarum rivulis, et aliis explectis et deveriis quibuscumque. Item, dixit quod tenet et debet tenere, nomine predicte uxoris sue, a dicto domino

---

[1] Ms. *Austen*. — [2] Anal. *Arch. histor. Gir.*, t. V, p. 276. — [3] Ms. *jornalio*. — [4] On lit dans la préface au cartulaire de Saint-Seurin, publ. par A. Brutails, p. xix : «Parmi les documents qui permettent de constater la croyance à saint Fort, le premier en date est une reconnaissance de 1274 qui signale dans la paroisse de Saint-Étienne-de-Lisse un lieu-dit de ce nom». — [5] Ms. *castelliano*. — [6] Anal. *Arch. histor. Gir.*, t. V, p. 276. Dans *l'Inventaire sommaire de la Jurade*, t. I, p. 118, le présent acte est analysé comme suit sous l'année 1554 : «Jean de Lalande, chevalier, au nom de Naffine (*lire :* Na Ffine) Andron, fille de N'Ayquem Andron, rendit hommage au souverain de la Guyenne, en 1273, de tous iceux lieux appelés Ambès, Entre-deux-Mers, où il y avoit, comme à présent, moulins à eaux douces, bois, palus, padouens, pêcheries, coutumes, péages et justice haute, basse et moyenne.» — [7] Ms. *Gine* ou *Xine* (*Christine* dans Delpit). Le vrai nom, sans doute estropié par le copiste, a été corrigé d'après l'analyse mentionnée dans la note précédente et d'après le n° 654. — [8] Ms. *Ayquelini* (quatre jambages et deux accents). — [9] Ms. *castrum*.

duce, quicquid habet vel habere debet in castellania de Fronciaco, in terra et in mari, et quicquid in dicta castellania alius ab ipso habet, exceptis decimis quas dixit quod tenet a domino archiepiscopo Burdegalensi. Item, dixit quod tenet et debet tenere, racione dicte uxoris sue, a dicto domino duce, racione dominii de Blankaford, quicquid ipse tenet et tenetur ab eo in tota castellania de Burgo, excepto hoc quod habet in parochia de Setsac, quod tenet, ut dixit, a domino B. de Blancafort de Auzengia, et quod debet facere dicto domino duci homagium ligium pro omnibus supradictis, et J. solidos monete Burdegalensis sporle in mutacione domini vel vassalli. Item, dixit quod habet et tenet a dicto domino duce, racione vicecomitatus de Castellione, nomine predicte uxoris sue, quicquid habet vel habere debet, vel alius habet ab ipso, in loco vulgariter appellato Inter Dordoniam [1], exceptis decimis quas habet et tenet, ut dixit, a domino archiepiscopo Burdegalensi; que predicta tenet a dicto domino cum centum solidis sporle in mutacione domini. Requisitus si ipse vel antecessores dicte domine uxoris sue alienaverat aliquid de juribus domini ducis, dixit quod non, nec credebat. Requisitus si habebat allodium, dixit quod non; et debet stare juri coram senescallo. Hujus vero recognicionis seu confessionis..... Actum predictis die et anno. Regnante..... Testes vocati et rogati sunt : magister Arnaldus de La Casa, Bigorosus Bener, Johannes Alegre, B. de Baura, P. de Riontz, domicellus, G. de Montz, clericus, et ego, predictus Gilbertus de Miralho.....

584 (544). *Mardi 20 mars 1274.* — *Reconnaissance de plusieurs bourgeois de Sauve-Majeure* [2].

Notum sit quod (*même date*) in presencia mei, Gilberti de Miralho,..... Helias Carpentarii, R. Helie, Arnaldus de La Landa, Willelmus R. de Sancto Petro, Helias de Tast, Willelmus Barraui, junior, Ramundus de Puteo, Geraldus Bonafus, Petrus Alegre, P. Johannis, filius P. Johannis, Arnaldus, filius P. de Basatz, Willelmus Sauner, B. de Mercato, burgenses Silve Majoris de Inter duo maria, pro se et burgensibus ipsius loci, jurati et requisiti, recognoverunt et confessi fuerunt quod quilibet ipsorum debet domino regi Anglie, racione ducatus Aquitanie, unum panem et unam gallinam semel in vita domini ducis, prima vice quod ipse dominus veniet apud Silvam Majorem; ita tamen quod ipse dominus dux debet servare ipsos burgenses ab omni injuria et violencia de se et omnibus aliis, et quod sint immunes et liberi ab omni excercitu, et ab omni cavalgata, et ab omni questa et tallea, et ab omni genere laboris et missionibus. Et, si contingeret quod abbas de Silva, vel quilibet alius, litigabat, vel temptabat eisdem burgensibus facere injuriam, vel aliquem ipsorum vel aliquem [3] de familia eorumdem judicio aggravare, dicti burgenses et quilibet ipsorum possunt appellare ad dictum dominum ducem, vel ad suum ballivum, apud Burdegalam vel alibi, ubi dicti burgenses vel aliquis ipsorum crederet quod utilius et melius esset ballivis ejusdem domini; et quod dictus dominus vel ballivus suus debet dictos burgenses vel quemlibet eorumdem judicare [4] secundum foros et consuetudines Burdegalenses, et ipsos et quemlibet ipsorum servare ab omni injuria et (*fol. 166 v*) violencia. Requisiti per juramentum si debent facere predicto domino aliquod debitum nisi prenotatum, dixerunt quod non; item, si habent allodia, dixerunt quod dicta villa Silve Majoris, ut communitas, non habebat allodium. Hujus vero recognicionis seu confessionis..... Actum predictis die et anno. Regnante..... Testes vocati et rogati sunt : magister Arnaldus de La Casa, Bigorosus Bener, Johannes Alegre, B. de Baura, P. de Riontz, domicellus, P. de Montz, clericus, et ego, predictus Gilbertus de Miralho.....

---

[1] Ms. *Inter Dozdamom*. La leçon *Inter Dordoniam* est une correction de Delpit; elle est vraisemblable, mais il faut alors supposer qu'ici *locus* a le sens de pays, non de localité. Cf. Brutails, note sur le mot «Locus» dans la *Revue historique de Bordeaux*, 1910, p. 361. — [2] Publ. *Notices et extraits des mss*, t. XIV, p. 370. — [3] Ms. *aliquum*. — [4] Ms. *judicari*.

585 (545). *Vendredi 23 mars 1274.* — *Reconnaissance de Géraud de Saya, chevalier, comme tuteur de Geofroi, neveu et héritier de B. Aimeric de Bourg* [1].

Notum sit quod, anno Domini .m°. cc°. lxxiij°, die Veneris ante Ramos Palmarum, in presencia mei, Gilberti de Miralho,..... Geraldus de Saya, miles, tutor, ut dixit, Gaufredi, nepotis et heredis B. Aymerici de Burgo, juratus et requisitus, dixit dictum Gaufredum tenere et debere tenere a domino duce Aquitanie medietatem dominii quam dictus B. habebat vel habere debebat apud Borc, cum omnibus juribus et dominiis et redditibus dicte medietati pertinentibus; et medietatem vigerie de Burgo, cum omnibus deveriis et redditibus dicte vigerie pertinentibus; et medietatem feudi quod filius R. de Cantamerla tenet a dicto B. apud Borc [2], in mari et in terra; et medietatem feudi quod filius Amanevi Gombaudi tenet a dicto B. apud Borc; item, medietatem terre quam idem B. habebat, vel habere debebat in tota castellania de Burgo [3], et cum una palea [4] sporle in mutacione domini et homagio plano. Item, requisitus si dictus G. vel B. alienaverunt aliquid de juribus domini, dixit quod non; item, si habebat allodium, dixit quod non; item, coram quo debet stare juri, dixit quod coram castellano de Burgo. Hujus vero recognicionis seu confessionis..... Actum predictis die et anno. Regnante..... Testes vocati et rogati sunt : magister Arnaldus de La Casa, Bigorosus Bener, Johannes Alegre, B. de Baura, P. de Riontz, domicellus, G. de Montz, clericus, et ego, predictus Gilbertus de Miralho.....

586 (546). *Mardi 20 mars 1274.* — *Reconnaissance de Guillaume Raimond de Noaillan, comme tuteur du captal de La Tresne, damoiseau* [5].

Notum sit quod, anno Domini .m°. cc°. lxxiij°., die Martis ante Ramos Palmarum, in presencia mei, Gilberti de Miralho,..... Guillelmus Ramundi de Novelliano, tutor, ut dixit, P., capitalis de Trena, domicelli, juratus et requisitus, recognovit et confessus fuit quod idem P. tenet et debet tenere a domino duce Aquitanie castrum de Trena cum pertinenciis suis; item, homines, questas, possessiones, justicias altas et bassas, census, prata, vineas, agrerias, jura et deveria que ipse habet et habere debet in parochia de Trena, et in parochia de Quinsac, et in parochia de Cambas, et in parochia de Senac, et in locis appellatis A Muhac, A La Mesura et A Cantalop; item, agrerias et alias res quas habet in parochia de Tressas; item, omnia illa que tenentur et movent a dicto domicello; item, insulam Galhardi de Bordeu; item, que habet et que tenentur ab ipso in parochia de Boliaco, de Lohaut (*fol. 167*), et de Tavanac, et de Cambas; item, omnia que habet vel debet habere in parochiis et locis predictis; item, feudum de Sarcignan, quod movet et tenetur ab ipso domicello; scilicet totum cum centum solidis sporle in mutacione domini, et facere homagium et excercitum proprii corporis; vel, si non possit ire, debet [6] dicto domino, vel ejus mandato, dare unum militem armatum qui eat pro ipso. Item, requisitus per juramentum si habebat allodium, dixit quod non; item, si alienavit aliquid de juribus domini, dixit quod non, ut credebat; item, coram quo debet stare juri, dixit quod coram senescallo. Hujus vero recognicionis seu confessionis..... Actum fuit predictis die et anno. Regnante..... Testes vocati et rogati sunt : magister Arnaldus de La Casa, Bigorosus Bener, Johannes Alegre, P. de Rioncio, domicellus, B. de Baura, G. de Montz, clericus, et ego, predictus Gilbertus de Miralho.....

587 (547). *Mercredi 21 mars 1274.* — *Reconnaissance de Pons de Beautiran, damoiseau, d'Arnaud de Cabanac, chevalier, et de Pierre de Cabanac, damoiseau* [7].

---

[1] Anal. Arch. histor. Gir., t. V, p. 317. — [2] Ms. Bord. — [3] Les mots *vel habere... de Burgo* ont été transcrits à la fin du dispositif. — [4] Ms. *proalea* (la première syllabe en abrégé). La table des rubriques donne la bonne leçon, qui désigne sans doute une pelle. Voir Du Cange, au mot *Palea*, n° 4. — [5] Anal. Arch. histor. Gir., t. V, p. 277. — [6] Ms. *set* (en abrégé). — [7] Anal. Arch. histor. Gir., t. V, p. 291. Voir plus haut, n° 186, une déclaration analogue, mais faite le 19 mars et devant maître Pierre Robert.

Notum sit quod, anno Domini .m°. cc°. lxxiij°., die Mercurii ante Ramos Palmarum, in presencia mei, Gilberti de Miralho,.... Poncius de Bautiran[1], domicellus, et Arnaldus de Cabanac, miles, et Petrus de Cabanac, domicellus, de Rioncio, jurati et requisiti, recognoverunt quod ipsi tenent et debent tenere a domino duce Aquitanie feudum de Lila[2] pro omnibus locis, ubicumque se extendit; et quod debent sibi facere excercitum unius militis, sive unus illorum, sicut consuetum est in Burdegalesio[3]. De quo excercitu dixerunt quod dictus Poncius debet facere medietatem, Arnaldus de Cabanac quartam partem et predictus P. de Cabanac aliam quartam partem. Et nullum aliud deverium dixerunt se dicto duci facere, excepto dicto Petro de Cabanac qui recognovit se facere et debere, pro parte sua, duo paria cirothecarum sporle in mutacione domini. Requisiti si alienaverant aliquid de juribus domini, dixerunt quod non; item, si habebant allodia, dixerunt quod nulla habebant. Item, requisiti coram quo debent stare juri, dixerunt quod coram senescallo Vasconie. Hujus vero recognicionis seu confessionis..... Actum predictis die et anno. Regnante..... Testes vocati et rogati sunt : magister Arnaldus de La Casa, Bigorosus Bener, Johannes Alegre, B. de Baura, Guisquart de Betalha, B. de Montanbac, Galhardus de Podio, et ego, predictus Gilbertus de Miralho.....

588 (548). *Jeudi 22 mars 1274.* — *Reconnaissance de plusieurs habitants de la paroisse de Tresses*[4].

Notum sit quod, anno Domini .m°. cc°. lxxiij°., die Jovis ante Ramos Palmarum, in presencia mei, Gilberti de Miralho,..... Bernardus Poiron, R. de Bosco, P. de La Bauria, B. Helie, Bertrandus de Melac, P. Fforton, P. deu Planter, de parochiis[5] de Tressas et de Melac, jurati et requisiti, pro se et aliis de parochiis predictis, recognoverunt et dixerunt se tenere et debere tenere a domino duce totas terras, cum pertinenciis suis, quas[6] habent in predictis parochiis cum unius excercitu militis. Requisiti si alienaverunt aliquid de juribus domini, dixerunt quod non; item, si habent allodium, dixerunt quod non; item, coram quo debent stare juri, dixerunt quod coram (*fol. 167 v*) preposito [de] Inter duo maria. Hujus vero recognicionis seu confessionis..... Actum predictis die et anno. Regnante..... Testes vocati et rogati sunt : magister Arnaldus de La Casa, Bigorosus Bener, Johannes Alegre, B. de Baura, Geraldus de Montz, clericus, P. de Rioncio, domicellus, et ego, predictus Gilbertus de Miralho.....

589 (549). *Jeudi 22 mars 1274.* — *Reconnaissance de diverses personnes habitant la paroisse de La Tresne*[7].

Notum sit quod (*même date*) in presencia mei, Gilberti de Miralho,..... B. de Pins, Arnaldus Bairan, W. et B. de Marcat, Helias de Tastis, W. Bairan, P. Gombaudi de Silva, jurati et requisiti, dixerunt et recognoverunt se tenere et debere tenere a domino duce Aquitanie laicium de Trena, pro quo debent facere et reddere ei, vel mandato suo, .vij. brosses oneratos de circulis extractis ab eodem bosco vel luco, in festo beati Michaelis, conductos ad portum de Cambis; tamen dixerunt quod parcionarii sui de parochia de Lobaut debent deferre et trahere dictos circulos ad dictum portum de Cambis. Requisiti si alienaverunt aliquid de juribus domini, dixerunt quod[8] non; item, si habent allodia, dixerunt quod non; item. coram quo debent stare juri, dixerunt quod coram preposito de Inter duo maria. Hujus vero recognicionis seu confessionis..... Actum predictis die et anno. Regnante..... Testes vocati et rogati sunt : magister Arnaldus de La Casa, P. de Rioucio, domicellus, Bigorosus Bener,

---

[1] Ms. *Bautiron.* — [2] Ms. *Liba*; mais voir plus haut, n° 186. — [3] Ms. *Burdegala*, en toutes lettres. — [4] Anal. *Arch. histor. Gir.*, t. V, p. 300. — [5] Ms. *parochia*; mais quatorze mots plus loin il y a *parochiis.* — [6] Ms. *que.* — [7] Anal. *Arch. histor. Gir.*, t. V, p. 300. — [8] Ms. *que.*

Johannes Alegre, B. de Baura, Geraldus de Montz, clericus, et ego, predictus Gilbertus de Miralho.....

590 (550). *Jeudi 22 mars 1274. — Reconnaissance de frère Vital de Langon, prieur de l'hôpital de Pontdaurat*[1].

Notum sit quod (*même date*) in presencia mei, Gilberti de Miralho,..... frater Vitalis de Lengonio[2], frater hospitalis Pontisdaurati, juratus et requisitus, dixit, pro dicto hospitali et fratribus ejusdem hospitalis, quod quicquid ipsi habent et hospitale habet de temporalibus in diocesi Vasatensi habent ex elemosinis a personis Deo devotis, mortuis atque vivis, misericorditer sibi factis usui pauperum ibidem degencium, et quod ita possederunt et adhuc possident illa bona. Actum predictis die et anno. Regnante..... Testes vocati et rogati sunt : magister Arnaldus de La Casa, P. de Rioncio, domicellus, Bigorosus Bener, Johannes Alegre, B. de Baura, Geraldus de Montz, clericus, et ego, predictus Gilbertus de Miralho..... (*fol. 168*).

591 (551). *Jeudi 22 mars 1274. — Reconnaissance d'Amaubin de Blanquefort, damoiseau, comme tuteur et au nom de son neveu, B. de Blanquefort*[3].

Notum sit quod (*même date*) in presencia mei, Gilberti de Miralho,..... Amalvinus de Blankafort, domicellus, tutor, ut dicit, B. de Blankafort, nepotis sui, juratus et requisitus, dixit et recognovit, racione dicti nepotis sui, dictum nepotem suum tenere et debere tenere a domino duce, racione vicecomitatus Ffronciaci, vigeriam de Burgo, cum homagio et cum .xxx. s. sporle in mutacione domini. Requisitus si alienavit ipse, vel predecessores sui, aliquid de juribus domini, dixit quod non; item, si habet allodium, dixit quod non; item, coram quo debet stare juri, dixit quod coram senescallo Vasconie. Hujus vero recognicionis seu confessionis..... Actum predictis die et anno. Regnante..... Testes vocati et rogati sunt :

magister Arnaldus de La Casa, P. de Rioncio, domicellus, Bigorosus Bener, Johannes Alegre, B. de Baura, Geraldus de Montz, clericus, et ego, predictus Gilbertus de Miralho.....

592 (552). *Jeudi 22 mars 1274. — Reconnaissance de plusieurs personnes habitant la paroisse de Pompignac*[4].

Notum sit quod (*même date*) in presencia mei, Gilberti de Miralho,..... Willelmus de Moissac et Martinus de Larramonenga, de parochia de Pompenhac, jurati et requisiti, dixerunt et recognoverunt, pro se et pro P. de Larramonenga, se tenere et debere tenere a domino duce omnes stagias in quibus habitant et morantur, in loco appellato A Larramonenga, in parochia de Pompenhac, et terras et vineas quas ibidem habent et possident; pro quibus iidem tres homines debent facere dicto domino, vel ejus mandato, excercitum unius hominis deferentis unum cultellum et duo tela; et debent esse sui homines pro predictis. Requisiti si alienaverunt aliquid de juribus domini, dixerunt quod nichil; item, si habent allodium, dixerunt quod non; item, coram quo debent stare juri, dixerunt quod coram preposito de Inter duo maria. Hujus vero recognicionis seu confessionis..... Actum predictis die et anno. Regnante..... Testes vocati et rogati sunt : magister Arnaldus de La Casa, P. de Rioncio, domicellus, Bigorosus Bener, Johannes Alegre, B. de Baura, Geraldus de Montz, clericus, et ego, predictus Gilbertus de Miralho.....

593 (553). *Jeudi 22 mars 1274. — Reconnaissance d'Élie de Lacase, damoiseau, de Sauve-Majeure*[5].

Notum sit quod (*même date*) in presencia mei, Gilberti de Miralho,..... Helias de Casa, domicellus de Silva, **juratus** et requisitus super allodiis, dixit se habere in allodio omnia que habet vel habere debet in parochia de Haurgas, excepto hoc

---

[1] Anal. Arch. histor. Gir., t. V, p. 300. Voir plus haut, n° 359 (acte daté du 21 mars). — [2] Ms. *Lenganio*. — [3] Anal. Arch. histor. Gir., t. V, p. 300. — [4] Anal. Arch. histor. Gir., t. V, p. 300. — [5] Anal. Arch. histor. Gir., t. V, p. 301.

RECOGNICIONES FEODORUM IN AQUITANIA. 271

quod tenet a capellano de Ffaurgas et a Boisone de Latrena, milite, et quicquid habet in parochia de Complanis, et in parochia de Cambis, et in parochia de Sancto (*fol. 168 v*) Caprasio, et in parochia de Narriano, et in parochia de Cremhon et de Camarsac[1] et de Lopa. Actum predictis die et anno. Regnante..... Testes vocati et rogati sunt : magister Arnaldus de La Casa, P. de Rioncio, domicellus, Bigorosus Bener, Johannes Alegre, B. de Baura, Geraldus de Montz, clericus, et ego, predictus Gilbertus de Miralho.....

594 (*554*). *Jeudi 22 mars 1274. — Reconnaissance de Pierre de Tabanac, chevalier, de Bourg-sur-Mer*[2].

Notum sit quod (*même date*) in presencia mei, Gilberti de Miralho,..... Petrus de Tabanac, miles, de Burgo, juratus et requisitus, dixit quod ipse tenet et tenere debet a domino duce, racione vicecomitatus de Ffronciaco, parvam justiciam quam habet et excercet in homines commorantes in loco vulgariter appellato A La Meleira, in parochia de Podio-Yzarndi, cum .vj. denariis sporle in mutacione domini. Requisitus si alienavit aliquid de juribus domini, dixit quod non; item, si habebat allodium, dixit quod non; item, coram quo debet stare juri, dixit quod coram castellano de Burgo. Hujus vero recognicionis seu confessionis ..... Actum predictis die et anno. Regnante..... Testes vocati et rogati sunt : magister Arnaldus de La Casa, P. de Rioncio, domicellus, Bigorosus Bener, Johannes Alegre, B. de Baura, Geraldus de Montz, clericus, et ego, predictus Gilbertus de Miralho.....

595 (*555*). *Jeudi 22 mars 1274. — Reconnaissance de Gaillard du Puy.*

Notum sit quod (*même date*) in presencia mei, Gilberti de Miralho,..... Galhardus de Podio, juratus et requisitus super allodiis, dixit se habere .vij. solidos censuales in parochia de Nairijano. Actum predictis die et anno. Regnante..... Testes vocati et rogati sunt : magister Arnaldus de La Casa, P. de Rioncio, domicellus, Bigorosus Bener, Johannes Alegre, B. de Baura, Geraldus de Montz, clericus, et ego, predictus Gilbertus de Miralho.....

596 (*556*). *Jeudi 22 mars 1274. — Reconnaissance de Raimond de Marsan, chevalier.*

Notum sit quod (*même date*) in presencia mei, Gilberti de Miralho,..... Ramundus de Marsam, miles, juratus et requisitus, dixit se nichil tenere nec debere tenere a domino duce; dixit tamen quod habebat allodia, super quibus est sibi assignata dies post quindenam Pasche. Requisitus si alienavit aliquid de juribus domini, dixit quod non; item, coram quo debet stare juri, dixit quod coram (*fol. 169*) castellano de Burgo. Actum predictis die et anno. Regnante ..... Testes vocati et rogati sunt : magister Arnaldus de La Casa, P. de Rioncio, domicellus, Bigorosus Bener, Johannes Alegre, B. de Baura, Geraldus de Montz, clericus, et ego, predictus Gilbertus de Miralho.....

597 (*557*). *Jeudi 22 mars 1274. — Reconnaissance de Raimond Brun de Fronsac, maire de Libourne*[3].

Notum sit quod (*même date*) in presencia mei, Gilberti de Miralho,..... Raimundus Branii de Ffronsac, major de Leyburna, juratus et requisitus, dixit quod villa, portus de Leyburna et communia debent facere excercitum domino regi Anglie in diocesi Burdegalensi et in diocesi Vasatum, et quod idem dominus rex habet duodecim denarios census, in festo beati Thome martyris exsolvendos[4], in quolibet solo dicte ville ad mensuram

---

[1] Ms. *Camarsot*. — [2] *Anal. Arch. histor. Gir.*, t. V, p. 301; de même aussi les n°ˢ 595 et 596. — [3] Publ. *Notices et extraits des mss*, t. XIV, p. 375. Guinodie, *Histoire de Libourne*, t. I (1845), p. 350, a réédité le texte d'après «le registre coté B, f° 128, au château de l'Ombrière». Il en a, dit-il, trouvé la copie dans les archives de l'hôtel de ville de Libourne. C'est le «Dénombrement» mentionné dans l'*Inventaire sommaire des Archives départementales. Gironde*, série E, supplément, t. III (1905), p. 143 (E. suppl. 4182). — [4] En marge : *Nota. Lybornia. Quantum reddere tenetur domino nostro regi per annum*.

dicte ville mensurato, vel majus si solum excedat mensuram predictam, vel minus, si non sit ibi dicta mensura, et .xij. denarios sporle in mutacione domini; et quelibet caya octo brasas et dimidiam in amplum habencia et in longum duodecim, cum vasis existentibus ibidem, a parte anteriori usque ad ymum[1] maris, .x. solidos census annui, solvendos in dicto festo beati Thome, vel magis[2], si dicta caya excedant mensuram predictam, et, si non sit ibi dicta mensura, minus, cum decem solidis sporle in mutacione domini. Item[3], dixit quod ipsi debent facere duodecim juratos in dicta villa, et illi duodecim jurati, in creacione majoris, debent eligere duos probos homines dicte communie, et ipsos probos homines debent presentare senescallo Vasconie, in castro Burdegalensi, vel ejus locum tenenti, vel constabulario Burdegalensi; qua presentacione facta, dominus senescallus, vel ejus locum tenens, vel constabularius Burdegalensis, debet eis dare unum de predictis duobus hominibus in majorem, in die beate Marie Magdalene vel in crastinum. Item, requisitus si habent allodium, dixit quod non; item, si alienaverunt aliquid de juribus domini, dixit quod non; item, coram quo debent stare juri, dixit quod coram ipso domino vel senescallo. Hujus vero recognicionis seu confessionis..... Actum predictis die et anno. Regnante..... Testes vocati et rogati sunt: Johannes de La Landa, miles, Amalvinus de Barres, junior, P. de Mont Reveu, P. de Riontz, domicelli, Gacia Ayquelmi de Sancto Machario, Johannes Alegre, R. deu Verger, domicellus, Jorun de Lassala[4], et ego, predictus Gilbertus de Miralho.....

598 (558). *Jeudi 22 mars 1274.* — *Reconnaissance de plusieurs bourgeois de Saint-Macaire, agissant pour eux et pour les autres bourgeois de la ville*[5].

Notum sit quod (*même date*) in presencia mei, Gilberti de Miralho,..... Garcia Ayquelmi[6] de Sancto Machario, Vitalis Ayquem, Galhardus de Rupe, Bernardus Ayquem, pro se et aliis de villa Sancti Macharii[7], jurati et requisiti, dixerunt quod ipsi non tenent in villa Sancti Macharii, nec in dominio nec in honore, aliquid a domino rege. Tamen, si sint aliqui vel aliquis burgensis ville Sancti Macharii qui habent et tenent aliquas domos et res que sunt (*fol. 169 v*) de feudo B. de Bovisvilla, ballivus domini regis qui moratur apud Sanctum Macharium[8], scit illa que sunt in feudo dicti B.; scit eciam idem ballivus deveria que debent facere illi qui res tenent de feudo dicti B. de Bovisvilla, racione illarum rerum quas tenent de feudo predicto. Actum predictis die et anno. Regnante..... Testes vocati et rogati sunt: Johannes de La Landa, miles, Amalvinus [de Barres], Jornun de Lassala, et ego, predictus Gilbertus de Miralho.....

599 (559). *Jeudi 22 mars 1274.* — *Reconnaissance de Guillaume, abbé de Guitres*[9].

Notum sit, quod (*même date*) in presencia mei, Gilberti de Miralho,..... Willelmus, abbas de Aquistris, requisitus, dixit quod abbaciam de Aquistris et omnia membra ipsius abbacie habet libera. Requisitus de justicia, dixit idem. Actum predictis die et anno. Regnante..... Testes vocati et rogati sunt: Johannes de La Landa, miles, Amalvinus de Barres, junior, P. de Mont Reveu, P. de Riontz, domicelli, Johannes Alegre, R. de Verger, domicellus, Jorun de Lassala, et ego, predictus Gilbertus de Miralho.....

600 (560). *Vendredi 23 mars 1274.* — *Reconnaissance de Géraud, abbé de Sauve-Majeure*[10].

Pro abbate Silve majoris. — Notum sit quod, anno Domini m° cc°. lxxiii., die Veneris ante Ramos Palmarum, in presencia mei, Gilberti de Miralho,.....

---

[1] Ms. *ymam.* — [2] Ms. *majus.* — [3] Le présent article se retrouve dans le texte des privilèges accordés par le prince Édouard à Libourne en 1270. Voir Guinodie, t. 1, p. 349. — [4] Guinodie : *Jokus de La Salla.* — [5] Publ. *Notices et extraits des mss.*, t. XIV, p. 385. — [6] Ms. *Gacia Ayquelini* (quatre jambages et deux accents). — [7] En marge : *Nota de burgensibus Sancti Macharii.* — [8] Ms. *apud seneschallum Machar.* — [9] *Anal. Arch. histor. Gir.*, t. V, p. 301. — [10] *Anal. Arch. histor. Gir.*, t. V, p. 317.

Geraldus, abbas Silve Majoris[1], requisitus, dixit et confessus fuit quod domus Silve Majoris debet domino regi et duci Aquitanie, pro dicta domo et membris ipsius, videlicet cotidie celebrare missam pro defunctis de genere ipsius domini; item, celebrare missam cotidie beate Marie pro vivis; et quod debent providere eidem domino, dum erit apud Silvam Majorem, et dare sibi duplicem prebendam de bonis que ipse abbas habebit; item, uxori domini regis, aliam prebendam, si presens sit. Actum predictis die et anno. Regnante..... Testes vocati et rogati sunt : magister Arnaldus de La Casa, Geraldus de Montz, clericus, P. Gombaut, clericus, P. de Riontz, domicellus, Johannes Alegre, Rostandus de Cucujac[2], et ego, predictus Gilbertus de Miralho.....

601 (561). *Vendredi 23 mars 1274.* — *Reconnaissance de Guillaume Raimond de Birac, chevalier, de R. Montet et de Raimond de Lestage, agissant au nom de sa mère, veuve de P. de Lestage, chevalier*[3].

Notum sit quod (*même date*) in presencia mei, Gilberti de Miralho,..... Guillelmus Ramundi de Birac, miles, et R. Montet et Ramundus de Stagia, nomine matris sue, uxoris quondam P. de Stagia, militis, jurati et requisiti, recognoverunt se debere et facere [debere] domino duci excercitum cujusdam scuderii cum runcino[4], pro rebus quas[5] tenent et tenere debent a dicto domino in parochia Sancti Lupi, et in parochia de Artigiis, et in parochia de Tressis, et in parochia de Ffloirac, et in parochia de Pompenhac, exceptis illis rebus quas tenent ab aliis dominis[6] in dictis parochiis. Item, requisiti si alienaverunt aliquid de juribus domini, dixerunt quod non; item, coram quo debent stare juri, dixerunt quod coram preposito de Inter (*fol. 170*) duo Maria. Hujus vero recognicionis seu confessionis..... Actum predictis die et anno. Regnante..... Testes vocati et rogati sunt : magister Arnaldus de La Casa, Geraldus de Montz, clericus, P. Gombaut, clericus, P. de Riontz, domicellus, Johannes Alegre, Rostandus de Cucujac, et ego, predictus Gilbertus de Miralho.....

602 (562). *Vendredi 23 mars 1274.* — *Reconnaissance de Milet de Bouilh, chevalier*[7].

Notum sit quod (*même date*) in presencia mei, Gilberti de Miralho,..... Miletus de Bolio[8], miles, juratus et requisitus, dixit se tenere a domino rege Anglie, cum homagio et .v. solidis sporle in mutacione domini, totum illud quod habet, vel habere debet, vel tenetur ab ipso, in palude de Barba, racione dominii de Blancaforti et racione castellanie de Burgo. Item, requisitus si alienavit aliquid de juribus domini, dixit quod non; item, si habebat allodia, super quibus est sibi assignata dies in quindena Pasche, coram domino vel mandato. Hujus vero recognicionis seu confessionis..... Actum predictis die et anno. Regnante..... Testes vocati et rogati sunt : magister Arnaldus de La Casa, Geraldus de Montz, clericus, P. Gombaut, clericus, P. de Riontz, domicellus, Johannes Alegre, Rostandus de Cucujac, et ego, predictus Gilbertus de Miralho.....

603 (563). *Vendredi 23 mars 1274.* — *Reconnaissance de Guillaume Artus, bourgeois de Bordeaux*[9].

Notum sit quod (*même date*) in presencia mei, Gilberti de Miralho,..... Willelmus Artus, civis Burdegalensis, qui habet medietatem in portu Sancti Johannis de Ponte[10], juratus et requisitus, dixit quod portant[11] dominum regem et senescallum suum et propriam familiam eorundem cum

---

[1] Géraud II de Condom, abbé de Sauve-Majeure de 1271 à 1277 (*Gall. christ.*, t. II, col. 872). — [2] Ms. *Cusinac*; de même au n° 603; mais voir les n°s 518, 519, 537, 538. — [3] *Anal. Arch. histor. Gir.*, t. V, p. 318. — [4] Ms. *runcineo*. — [5] Ms. *que*. — [6] Ms. *dominiis*. — [7] *Anal. Arch. histor. Gir.*, t. V, p. 318. — [8] Voir *Les seigneurs du Cubzaguais et le château de Bouilh depuis le XIIIe siècle*, dans la *Revue catholique de Bordeaux*, t. XII (1891), p. 232. — [9] *Anal. Arch. histor. Gir.*, t. V, p. 318. — [10] En marge : *lo pont S. Johan*. C'est le port des Pèlerins, près du pont St-Jean. Cf. L. Drouyn, *Bordeaux vers 1450*, p. 160, 340, 389. — [11] Le scribe a omis d'autres déclarants.

navibus suis; et propter hoc habent jura et percipiunt[1] medietatem reddituum et pertinenci[ar]um dicti portus ex donacione dicti domini regis. Actum predictis die et anno. Regnante..... Testes vocati et rogati sunt : magister Arnaldus de La Casa, Geraldus de Montz, clericus, P. Gombaut, clericus, Johannes Alegre, Rostandus de Cucujac, et ego, predictus Gilbertus de Miralho.....

604 (564). *Mercredi 21 mars 1274.* — *Reconnaissance de Pierre de Bétaille, comme tuteur de son fils Pierre, pour les biens que ce dernier possédait du chef de sa mère défunte, Yspania, fille d'Isarn de Pompignac, et pour lesquels il était tenu à certains services avec sa tante Péronelle*[2].

Notum sit quod, anno Domini .m°. cc°. lxxiij°., die Mercurii ante Ramos Palmarum, in presencia mei, Gilberti de Miralho,..... Petrus de Betalha, pater et tutor, ut dixit, Petri de Betalha, filii sui et Yspanie, quondam filie Ysarndi de Pompenhac[3], juratus et requisitus, recognovit et dixit dictum filium suum tenere et debere tenere (*fol. 170 v*), racione dicte matris sue defuncte, totas terras, vineas, domos, prata, census, albare[da]s, egrerias et nemora que habet vel habere debet in dicta parochia de Pompenhac a domino duce Aquitanie. Pro quibus debet sibi facere, una cum Petronilla, sorore sue matris predicte, excercitum unius armigeri[4], pro totis terris et deveriis que fuerunt dicti Ysarndi. Requisitus si alienavit aliquid de juribus domini, dixit quod non; item, si habet allodium, dixit quod non; item, coram quo debet stare juri, dixit quod coram preposito de Inter duo Maria. Hujus vero recognicionis seu confessionis..... Actum predictis die et anno. Regnante..... Testes vocati et rogati sunt : magister Arnaldus de La Casa, P. de Rioncio, domicellus, Bigorosus Bener, Johannes Alegre, B. de Baura, Geraldus de Montz, clericus, et ego, predictus Gilbertus de Miralho.....

605 (565). *Mercredi 21 mars 1274.* — *Reconnaissance de Guillaume Arnaud de Tastes, chevalier, d'Élie de Lacase, damoiseau, de Gaillard du Puch, damoiseau, de Guillaume de Castanède, damoiseau, de Pierre de Prat et autres habitants de la paroisse du Brulhet, de Jean de Loupès, de P. de Lalande, prêtre, d'Arnaud de Bellefond, de B. Vigoros, de B. Vital, de la paroisse de Saint-Germain-du-Puch*[5].

Notum sit quod (*même date*) in presencia mei, Gilberti de Miralho,..... Guillelmus Arnaldi de Tastis, miles, Galhardus de Podio, domicellus, Guillelmus de Castaneda, domicellus, et Petrus de Prato, pro se et parochianis deu Brulhet, Johannes de Lopa, P. de La Landa, presbiter, Arnaldus de Bonofonte[6], defuncti, B. Bigorosi, B. Vitalis, jurati et requisiti, recognoverunt se debere et debere facere domino duci excercitum unius servientis, cum runcino et cum lancea, quociens communis excercitus Vasconie sequitur dictum dominum vel ejus mandatum. Dictus vero miles recognovit se tenere omnes possessiones quas habet vel habere debet in prepositura de Inter duo Maria, racione predicti excercitus; et dictus Galhardus de Podio se [et] omnes possessiones suas quas habet in parochia Sancti Germani et Sancti Quintini, racione eadem, excepta vineata quam idem G. habet in parochia Sancti Germani, quam tenet, ut dixit, a domino de Variis, et excepto feudo quod tenet a domina Petronilla de Lamota; et dictus Helias de Cassis[7], domicellus de Silva, omnes possessiones quas habet in eadem parochia Sancti Germani eadem racione. Dictus G. de Castaneta tenet omne illud quod habet apud Segrensan eadem racione, exceptis saltu et prato de Camilhan que tenet a domino abbate Silve Majoris, et vinea quam tenet ab ecclesia Sancti Germani in loco vulgariter appellato Au Bedat; et certis pratis que tenet ab ecclesia d'Avaron, que sunt inter bedatum, ex parte una,

---

[1] Ms. *et percipiunt que habent.* — [2] Anal. Arch. histor. Gir., t. V, p. 291. — [3] C'est-à-dire fils de lui et d'Yspania, fille d'Ysarn de Pompignac. — [4] En marge : *Nota Petrum de Betalha. j. armegerum (sic) de exercitu*. — [5] Anal. Arch. histor. Gir., t. V, p. 291. — [6] Le copiste a omis un nom, sans doute celui du père défunt d'Arnaud de Bellefond. — [7] Cet Élie de Cassis (corr. *Casa?* voir plus haut, n° 593) aurait dû être mentionné en tête du présent acte.

et rivos[1], ex altera. Dictus vero Arnaldus deu Brulhet[2] tenet stagiam suam racione dicti excercitus; dictus Johannes de Lopa tenet stagiam suam eadem racione; dictus presbiter, in eadem parochia, stagiam suam et omnes possessiones quas habet ibidem, eadem racione; excepto feodo quod tenet a domino Petro d'Avedat, domicello, in loco vulgariter appellato A Canejan, et excepta terra quam habet a Cressan. Arnaldus de Bonofonte tenet stagiam suam et omnes possessiones quas habet ibidem eadem racione. B. Vitalis tenet stagiam suam eadem racione. B. Bigorosi tenet stagiam suam eadem racione. Petrus de Prato tenet stagiam suam eadem racione, videlicet racione predicti excercitus. Et omnes isti supradicti sunt de parochia Sancti Germani de Podio, excepto dicto presbitero. Item, requisiti si alienaverunt (fol. 171) aliquid de juribus domini, dixerunt quod non; item, si deberent domino aliquod deverium, dixerunt quod non; item, coram quo debent stare juri, dixerunt quod coram preposito de Inter duo Maria. Hujus vero recognicionis seu confessionis..... Actum predictis die et anno. Regnante..... Testes vocati et rogati sunt : magister Arnaldus de La Casa, P. de Rioncio, domicellus, Bigorosus Bener, Johannes Alegre, B. de Baura, Geraldus de Montz, clericus, et ego, predictus Gilbertus de Miralho.....

606 (566). *Mercredi 21 mars 1274.* — *Reconnaissance de Pons de «Scaleta», chevalier, d'Aubert de Comps, chevalier, de Mon de Lamote, chevalier, de P. Viger, damoiseau, de Gaucelm Guilhem de Saint-Gervais, chevalier, de P. Gombaut de Labatut, de P. Auger, d'Amanieu de Saint-Aubin, d'Auger de «Prato Veteri», de Guillaume Séguin de Marcamps, de Guillaume Arnaud de Saint-Laurent, d'Amanieu de Saint-Ciers, de Robert Gombaud du Marché de Bourg, de Gaucelm Imbert, d'Élie de Bayon, de Gaucelm Ayquelm de Lamote, de Raimond Girard, de Gaucelm Gaymiar, de Guillaume Aicard*[3].

Notum sit quod (*même date*) in presencia mei, Gilberti de Miralho,..... Poncius de Scaleta, miles, Aubertus de Comps, miles, et Mon de Mota, miles, P. Vigerii, domicellus, Gaucelmus W. de Sancto Gervasio, miles, Petrus Gombaudi de Labatut, P. Augerii, Amanevus de Sancto Albano, Augerius de Prato Veteri, W. Segini de Marcamp, W. Arnaldi de Sancto Laurencio, Amanevus de Sancto Sircz, Robertus Gombaudi de Mercato, de Burgo, Gaucelmus Hinberti, Helias de Bayon, Gaucelmus Ayquelmi[4] de Mota, Remundus Girardi, Gaucelmus Gaymiar et Willelmus Ayquardi, jurati et requisiti, dixerunt se nichil tenere nec tenere debere a domino duce; tamen dixit dictus Robertus Gombaudi habere allodia, super quibus est ei assignata dies in rotulo castellani de Burgo. Requisitus si alienavit aliquid de juribus domini, dixit quod non; item, coram quo debent stare juri, dixit quod coram castellano de Burgo. Actum predictis die et anno. Regnante..... Testes vocati et rogati sunt : magister Arnaldus de La Casa, P. de Rioncio, domicellus, Bigorosus Bener, Johannes Alegre, B. de Baura, Geraldus de Montz, clericus, et ego, predictus Gilbertus de Miralho.....

607 (567). *Jeudi 22 mars 1274.* — *Reconnaissance de Guitard de Bourg, seigneur de Courréjan*[5].

Notum sit quod, anno Domini m° cc° lxxiij°, die Jovis ante Ramos Palmarum, in presencia mei, Gilberti de Miralho,..... Guitardus de Burgo, dominus de Corrajano pro parte sua, juratus et requisitus, recognovit se tenere et debere tenere a domino duce Aquitanie quicquid habet vel habere debet, vel tenetur ab ipso, in parochia de Cadaujac et in parochia de Lounham, et quicquid habet vel tenetur ab ipso in floresta de Villanova et in forestagio, cum .xxv. solidis sporle in mutacione domini, cum homagio. Item, recognovit quod tenet et tenere debet a domino duce illud quod habet in affario de sola[6] que est in parochia Sancti Projecti Burdegalensis, cum octava parte unius lancee

---

[1] Ms. *rivus*. Saint-Germain-du-Puch est situé entre deux ruisseaux : le Gestas (ou Lubert) et la Souloire. — [2] Ms. *Brulhoc*. — [3] Anal. *Arch. histor. Gir.*, t. V, p. 292. — [4] Ms. *Ayquelini* (quatre jambages et deux accents). — [5] Anal. *Arch. histor. Gir.*, t. V, p. 301. — [6] Ms. *Sala*, mais voir n° 565.

sporle in mutacione domini, et cum octava parte unius excercitus. Requisitus si alienavit aliquid de juribus domini, dixit quod non; item, si habebat allodium, dixit quod non; item, coram quo debet stare juri, dixit quod coram senescallo. Hujus vero recognicionis seu confessionis (fol. 171 v)..... Actum predictis die et anno. Regnante..... Testes vocati et rogati sunt : magister Arnaldus de La Casa, Bigorosus Bener, Johannes Alegre, B. de Baura, Geraldus de Montz, clericus, P. de Rioncio, domicellus, et ego, predictus Gilbertus de Miralho.....

608 (568). *Jeudi 22 mars 1274.* — *Reconnaissance d'Arnaud Guillaume Bramon, chevalier, et de Vital Bramon, damoiseau*[1].

Notum sit quod (*même date*) in presencia mei, Gilberti de Miralho,..... Arnaldus Guillelmi Bramon, miles, et Vitalis Bramon, domicellus, jurati et requisiti, recognoverunt se tenere et debere tenere a domino duce omnes homines, census, questas, stagias, vineas, terras, possessiones, molendinum, prata, et ceteras res et jura que tenent et tenere debent in parochia de Sadirac, et Sancti Caprasii, et de Camarssac, et de Canac, et de Hau, et de Narjiano [et] Sancti Quintini; pro quibus dictus Arnaldus Willelmi Bramon debet facere dicto domino, pro se et dicto fratre suo, excercitum proprii corporis et unius armigeri[2], et quod nichil plus antecessores generis dictorum fratrum, pro rebus quas tenebant a dicto duce, que sunt in parochiis antedictis, eidem domino temporibus retroactis fecerunt. Requisiti per juramentum si alienaverunt aliquid de juribus domini, dixerunt quod non; item, si habebant allodium, dixerunt quod non; item, coram quo debent stare juri, dixerunt quod coram dicto domino vel ejusdem senescallo. Hujus vero recognicionis seu confessionis..... Actum predictis die et anno. Regnante ..... Testes vocati et rogati sunt : magister Arnaldus de La Casa, Bigorosus Bener, Johannes Alegre, B. de Baura, Geraldus de Montz, clericus, P. de Rioncio, domicellus, et ego, predictus Gilbertus de Miralho.....

609 (569). *Jeudi 22 mars 1274.* — *Reconnaissance de Pierre Arnaud du Bedat, damoiseau*[3].

Petrus Arnaldus deu Bedat. — Notum sit quod (*même date*) in presencia mei, Gilberti de Miralho,..... Petrus Arnaldi d'Anedat, domicellus, juratus et requisitus, dixit se tenere et debere tenere a domino duce omnes stagias, homines feudatar[ios], census, prata, nemora, molendinum, jura, et res alias que habet vel habere debet in parochia Sancti Quintini, et in parochia deu Pot, et de Curssan, et d'Avaron, et de Narjano[4], et Sancti Germani, et de Lopa, et de Lonhan, et de Sadirac, et de Faurgis, et de Bonetan, cum excercitu tantum, et quod predecessores sui nichil aliud fecerunt pro predictis rebus omnino, nisi tantum excercitum, vel consueverunt facere. Requisitus per juramentum si alienavit aliquid de juribus domini, dixit quod non; item, si habet allodium, dixit quod non; item, coram quo debet stare juri, dixit quod coram senescallo. Hujus vero recognicionis seu confessionis ..... (*fol. 172*). Actum predictis die et anno. Regnante..... Testes vocati et rogati sunt : magister Arnaldus de La Casa, Bigorosus Bener, Johannes Alegre, B. de Baura, Geraldus de Montz, clericus, P. de Rioncio, domicellus, et ego, predictus Gilbertus de Miralho.....

610 (570). *Samedi 24 mars 1274.* — *Reconnaissance de Rostand de Soler*[5].

Rostandus de Solio. — Notum sit quod, anno Domini .m°. .cc°. lxxiij°., die Sabbati ante Ramos Palmarum, in presencia mei, Gilberti de Miralho, ... Rostandus de Solio, filius quondam Rostandi de Solio, juratus et requisitus, dixit se tenere et debere tenere a domino duce Aquitanie prepositurum Sancte Eulalie in Baresio, et de Ivraco, et Sancti Petri de Quinsac in Baresio, cum omnibus pertinenciis, juribus et deveriis ad dictam prepositurum spectantibus seu pertinen-

---

[1] Anal. Arch. histor. Gir., t. V, p. 302. — [2] En marge : *exercitus proprii corporis et j. armigeri.* — [3] Anal. Arch. histor. Gir., t. V, p. 302. — [4] Ms. *Variano.* — [5] Anal. Arch. histor. Gir., t. V, p. 302.

tibus, quocumque nomine censeantur, cum una laucea sporle in mutacione domini[1]. Et pro hiis debet stare juri coram domino vel ejus mandato. Hujus vero recognicionis seu confessionis ..... Actum predictis die et anno. Regnante ..... Testes vocati et rogati sunt : magister Arnaldus de La Casa, P. Roberti, B. de Villa Centut, miles, Geraldus de Montz, clericus, G. de Montremblant, miles, Bertrandus de Casaubon, Galhardus deus Paus, et ego, predictus Gilbertus de Miralho.....

611 (571). Jeudi 22 mars 1274. — Reconnaissance de l'abbé de Bourg-sur-Mer [2].

Notum sit quod, anno Domini .m° .cc° .lxxiij°., die Jovis ante Ramos Palmarum, in presencia mei, Gilberti de Miralho,..... abbas de Burgo [3], requisitus, dixit quod ecclesia de Burgo nichil tenet nec tenere debet a domino duce. Actum predictis die et anno. Regnante..... Testes : Johannes de La Landa, miles, Amalvinus de Barres, junior, P. de Mont Reveu, P. de Riontz, domicelli, Gacia Ayquelmi de Sancto Machario, Johannes Alegre, R. deu Verger, domicellus, Joriun de Lassala, et ego, predictus Gilbertus de Miralho.....

612 (572). Bordeaux, 21 mars 1274. — Reconnaissance de Guillaume Arnaud de Syman, chevalier [4].

Notum sit quod, anno Domini .m° .cc° .lxxiij°., undecima die exitus Marcii, in presencia mei, Petri Roberti, publici notarii Burdegalensis, et testium subscriptorum ad hoc specialiter vocatorum et rogatorum, Guilhelmus Arnaldi de Syman, miles, juratus et requisitus, dixit et recognovit quod ipse de omnibus terris, stagiis, possessionibus, nemoribus, et aliis rebus quas tenet et tenere debet a domino rege Anglie, duce Aquitanie [5], que sunt in parochia Sancti Caprasii, et in parochia de Cambis, et in parochia de Quinsac, et in parochia de Maynac, et in parochia de Bauregio, et in parochia de Tavanac, debet excercitum de armigero sive de escudero et de uno runcino, et homagium. Dixit quod nichil alienavit nec debet facere alia deveria, et debet stare juri coram preposito de Inter duo Maria, et debet facere sacramentum (fol. 172 v) fidelitatis. Datum et actum Burdegale, die et anno predictis. Regnante ..... Testes hujus rei sunt : Raymon de Thalamon, cantor Sancti Severini, Amalvinus de Barresio, junior, Galhardus Columbi, junior, Guillelmus Ramon de Birac, Amalbinus de Maquau, ad hoc specialiter vocati et rogati, et ego, predictus notarius Burdegalensis, ad hoc presens fui, eaque conscripsi et in publicam formam redegi, [et] signum meum apposui in testimonium premissorum.

613 (573). Bordeaux, 22 mars 1274. — Reconnaissance de Gaillard de Cantemerle et d'Amanieu Artaud de Cérons [6].

Galhardus de Cantamerla. — Noverint universi quod, anno Domini .m° .cc° .lxxiij°., decima die exitus Marcii, in presencia mei, Petri Roberti, ... Galhardus de Cantamerla, juratus et requisitus, dixit et recognovit quod ipse habet et tenet a domino rege Anglie, nomine ducatus Aquitanie, terras, vineas, possessiones, agrerias, census, jura et deveria que ipse habet in parochia de Ceron [7], de Ylatz, de Pontensac et Sancti Macharii, excepto feudo quod habet et tenet a Geraldo de Montetremulo, milite, in parochia de Ceron et de Barsiaco, [et] excepto feudo quod habet in parochia de Podensac a Bertrando de Podensac, domicello. Item, Amanevus Artaudi de Seron, domicellus, juratus et requisitus, dixit quod ipse habet et tenet ab ipso domino rege, nomine dicti ducatus, terras, vineas, possessiones, agrerias, census, jura et deveria universa que ipse habet in parochiis de Lassatz, et de Ylatz, et de Ceron, et de Podensac, excepto feudo quod habet in parochia de Seron a Bertrando de Pinsac, domicello. Pro predictis autem possessionibus, juribus et deveriis

---

[1] En marge : sporl. j. lancea. — [2] Anal. Arch. histor. Gir., t. V, p. 301. — [3] Le nom de cet abbé n'est pas dans la Gallia Christ. — [4] Anal. Arch. histor. Gir., t. V, p. 293. — [5] Ms. seu ducis Aquitanie. — [6] Anal. Arch. histor. Gir., t. V, p. 293. — [7] Ms. Fferon (trois fois).

que idem Gualhardus et Amauevus habent in allodio a predicto domino rege, et pro aquis et paduenciis quibus ipsi et eorum animalia utuntur in parochiis antedictis [et] tenentur infra metas prepositure de Barsiaco, [debent] preposito de Barsiaco juramentum fidelitatis facere et prestare, [et] pro omnibus mandatis fidejussores dare eidem preposito [1]; et idem prepositus habet et excercet altam et bassam justiciam in eisdem; et tenentur sequi [2] eum per unam diem, si eidem in eadem prepositura aliqua violencia inferatur. Item, dixerunt quod non habent allodia, nec aliquid alienaverant, nec debent facere alia deveria. Datum et actum Burdegale, die et anno predictis. Regnante ..... Testes hujus [rei] sunt : Petrus de Villa Centuldi, Petrus Parran, milites, Galbardus d'Arrieto, domicellus, B. Petri, Petrus de Leysatz, Ramundus Michou de Vasatz, vocati et rogati, et ego, predictus notarius.....

614 (574). *Bordeaux, 22 mars 1274.* — *Reconnaissance de Raimond Guillaume d'Origne* [3].

Ramundus Guillelmi d'Orinha. — Noverint universi quod (*même date*) in presencia mei, Petri Roberti,..... Ramundus Guillelmi d'Orinha, domicellus, juratus et requisitus, dixit et recognovit se tenere et tenere debere a domino rege Anglie, nomine ducatus Aquitanie, omne illud quod habet in parochia de Seron, excepta decima quam tenet a Burdegalensi archiepiscopo, et excepto feodo quod tenet a Bertrando de Pinsac; et tenet ab eodem domino rege terras, vineas, paduencias, prata, nemora, aquas, portus, gravas, vias, et omne illud quod habet in parochia de Podensac et in parochia d'Ylatz, et omne illud quod habet in parochia de Salers, et omne illud quod habet in parochia de Villalata. Et pro predictis idem Ramundus debet esse homo et domicellus (*fol. 173*) domini regis Anglie, et debet facere juramentum fidelitatis preposito suo de Barssiaco, et debet ipsum prepositum sequi in prepositura de Barssiaco cum armis per unam diem, et debet dare eidem fidejussores pro omnibus mandatis et eciam pro premissis. Idem prepositus habet altam et bassam justiciam super eum. Dixit eciam quod nichil alienaverat, nec habet allodia. Actum et datum Burdegale, die et anno predictis. Regnante ..... Testes hujus rei sunt : Petrus de Villa Centuldi, Petrus Parran, milites, Gualhardus d'Arrieto, domicellus, vocati et rogati, et ego, predictus notarius.....

615 (575). *Bordeaux, 22 mars 1274.* — *Reconnaissance d'Arnaud du Poiau, forgeron, de Saint-Michel* [4].

Arnaldus de Poiati, faber Sancti Michaelis. — Noverint universi quod (*même date*) in presencia mei, Petri Roberti,..... Arnaldus deu Poiau, faber Sancti Michaelis, juratus et requisitus, dixit et recognovit se tenere a domino rege Anglie et duce Aquitanie, racione ducatus, terciam partem cujusdam pecie terre in parochia de Gradinhan, in loco vulgariter appellato Au Bosquaten, inter viam communem de Bracinan, ex parte una, et iter commune quod [5] tendit versus Leunhan, ex altera, cum duobus denariis sporle in mutacione domini, et cum duobus solidis census annuatim solvendis in festo Omnium Sanctorum apud castrum Burdegale. Item, dixit quod nichil aliud tenet ab ipso domino rege Anglie, nec aliquid alienaverat, nec habet allodia. Et de hoc facta fuerunt duo instrumenta ejusdem tenoris... Datum et actum Burdegale, die et anno predictis. Regnante ..... Testes hujus rei sunt : Petrus de Villa Centula, Petrus Parran, milites, Gualhardus d'Arreito, domicellus, B. Petri, P. de Lussatz, miles, Ramundus Michou de Vassatz, ad hoc specialiter vocati et rogati, et ego, predictus Petrus Roberti...

616 (576). *Bordeaux, 23 mars 1274.* — *Reconnaissance d'Aimeric de Bourg, damoiseau, de Lesparre* [6].

---

[1] Ms. *pro omnibus mandatis fidejussores seu dare eidem preposito.* — [2] Ms. *siqui.* — [3] Anal. *Arch. histor. Gir.*, t. V, p. 302. — [4] Anal. *Arch. histor. Gir.*, t. V, p. 302. — [5] Ms. *que.* — [6] Anal. *Arch. histor. Gir.*, t. V, p. 302.

Eymericus de Burgo, domicellus, de Sparra. — Noverint universi quod, anno Domini .m°. cc°. lxx°. .iij°., nona die exitus Marcii, in presencia mei, Petri Roberti,..... Aymericus de Burgo, domicellus, de Sparra, juratus et requisitus, dixit se habere in allodio totum illud quod ipse habet [in parochia] de Carquans, et totum illud quod ipse habet in parochia de Bertholio, excepto molendino de Latodella, et totum illud quod ipse habet in parochia Sancti Stephani, et totum illud quod ipse habet [in parochia] de Cadorna. Item, dixit quod non habet plura allodia, nec aliquid alienaverat. Datum et actum Burdegale, die et anno predictis. Regnante..... Testes hujus rei sunt : Guillelmus Furti de Cassanet [1], Ramundus Vigerii, milites, Geraldus de Cassaneto, Gilbertus de Miralh, Bigorosus Bener, vocati et rogati, et ego, predictus notarius.....

617 (577). *Bordeaux, 23 mars 1274.* — *Reconnaissance d'Heliena, femme de Vigouroux Bener* [2].

Heliena, uxor Bigorosi Bener. — Noverint universi quod (*même date*) in presencia mei, Petri Roberti,..... Heliena, uxor Bigorosi Bener, cum assensu dicti mariti sui, jurata et requisita, dixit et recognovit se tenere a domino rege Anglie seu duce Aquitanie, racione ducatus, totum illud quod habet in loco appellato A lo Bosin et A la Mota, cum duodecim denariis sporle in mutacione domini regis Anglie. Item, dixit se habere in allodio unam peciam terre in loco (*fol. 173 v*) appellato A l'Aubareda, in parochia de Barssiaco; item unam peciam terre in loco appellato Au puch de Grava, in eadem parochia. Item, dixit se habere in allodio, in parochia de Barssiaco, medietatem planterii vulgariter appellati Le Planter de l'Aubareda [3], cum pertinenciis suis et cum medietate viridarii, et omnes affevatos de Longars, et affarium de Piadetz in dicta parochia, et omnem terram lavratam [4] que est citra lo Syron, usque ad ecclesiam de Varressac, et exceptis casale Petri Gyraldi, et quadam pecia terre que est apud Podium de Grava, et aliud frustum [5] terre, in loco appellato A l'Aubareda [6]. Que predicta allodia predicta domina cepit a domino totum in feudum cum uno pari cirothecarum albarum, et promisit pro predictis se facturam jus coram preposito de Barsiaco. Dixit eciam quod nichil alienaverat, nec credit magis habere allodia, nec alia tenere a domino rege ; et, si sciret quod plus deberet tenere a domino rege, non intendit ipsum prejudicare. Dixit tamen quod dominus rex debet eam et bona ejus ab omni injuria et violencia defendere et bonam garentiam asportare. Et de hoc facta fuerunt duo instrumenta ejusdem tenoris..... Datum et actum Burdegale, die et anno predictis. Regnante..... Testes hujus rei sunt : Guillelmus Furti de Cassaneto, Ramundus Vigerii, milites, Gualhardus de Cassaneto, Gilbertus de Miralh, ad hoc specialiter vocati et rogati, et ego, predictus Petrus Roberti.....

618 (578). *Bordeaux, 23 mars 1274.* — *Reconnaissance de Jourdain de Cabanac, damoiseau* [7].

Jordanus de Cabanaco, domicellus. — Noverint universi quod (*même date*) in presencia mei, Petri Roberti,..... Jordanus de Cabanaco, domicellus, juratus et requisitus, dixit et recognovit quod non tenet aliquid a domino rege Anglie, seu duce Aquitanie, nec habet allodia, nec aliquid alienaverat. Dixit tamen quod debet stare juri coram preposito de Barssiaco et ei facere sacramentum fidelitatis, et debet dare fidejussores in omnibus mandatis et habere super eum magnam et parvam justiciam. Et dixit quod debet sequi eum sicut ceteri milites prepositure [de] Barssiaco faciunt et debent facere. Datum et actum Burdegale, [die et anno predictis]. Regnante..... Testes hujus rei sunt : Guillelmus Ffurti de Cassaneto, Ramundus Vigerii, milites, Galhardus de Cassaneto, vocati et rogati, et ego, predictus notarius.....

619 (579). *Bordeaux, 24 mars 1274.* — *Re-*

---

[1] Ms. *Cussanet*. — [2] *Anal. Arch. histor. Gir.*, t. V, p. 303. — [3] Ms. *de Laubaureda*. — [4] Pour *lavratam*, *laboratam*, i. e. toute la terre cultivée. — [5] Ms. *frustrum*; cf. n° 563, *frustra terrarum*. — [6] Ms. *A Labaureda*. — [7] *Anal. Arch. histor. Gir.*, t. V, p. 318.

connaissance d'*Arnaud de Bouliac*, *chevalier*, *et de Géraud de Saint-Genès*, *damoiseau*[1].

Arnaldus de Boliaco, *miles*, *et Geraldus de Sancto Genesio*. — Noverint universi quod, anno Domini .m°.cc°.lxxiij°., octava die exitus Marcii, in presencia mei, Petri Roberti,..... dominus Arnaldus de Boliaco, miles, Geraldus de Sancto Genesio, domicellus, jurati et requisiti, dixerunt et recognoverunt se tenere a domino rege Anglie, seu duce Aquitanie, racione ducatus, omnia que habent in parochiis de Boliaco, de Tressis, de Pompenhaco, de Sancto Lupo, de Ffloirac, de Carignan[2], de Trena, de Lobaut, de Camplanis, de Cavarar, et de Sancto Albino, et de Naujan, exceptis decimis et feudis que tenent ab archiepiscopo Burd[egalensi], et a domino de Turne, et a domino captali de Trena[3], et a domino de Blanhaco. Et pro istis debent facere excercitum unius militis vel sui corporis. Dixerunt eciam quod nichil alienaverant, nec habent allodia, nec alia deveria debent facere. Dixerunt eciam quod debent facere jus coram senescallo Vasconie. Datum et actum Burdegale, die et anno *(fol. 174)* predictis. Regnante..... Testes hujus rei sunt: Vitalis Prohome, Augerius de Ffarvarneto, W. Arnaldus de Sina, Garcias de Segur, Ramundus de Casa, clericus, vocati et rogati, et ego, predictus notarius.....

620 (*580*). *Bordeaux*, *21 mars 1274*. — *Reconnaissance de Bernard de Poussignan*, *de Virelade*, *et de son frère*, *hommes francs du roi dans la prévôté de Barsac*[4].

Bernardus de Possinhan, *de Villalata*. — Noverint universi quod, anno Domini .m°.cc°.lxxiij°., undecima die exitus Marcii, in presencia mei, Petri Roberti,..... Bernardus de Possinhan, de Villalata, [cum] fratre suo, jurati et requisiti, dixerunt et recognoverunt quod ipsi sunt homines francales domini regis et tenent ab ipso septem sazones terre et vinee, et propter hoc debent paduire vias, aquas, vineas, nemora, prata et alia paducentia[5]. Item, dixerunt quod debent dare fidejussores pro omnibus mandatis, et debent facere talia deveria sicut ceteri homines francales prepositure de Barsiaco faciunt et debent facere. Item, dixerunt quod nichil alienaverant, nec habent allodia, nec debent facere alia deveria. Et de hoc facta fuerunt duo instrumenta ejusdem tenoris..... Actum et datum Burdegale, die et anno predictis. Regnante..... Testes hujus rei sunt: Bigorosus Bener, Johannes Alegre, Geraldus de Budos, P. Bertrandi, P. de Villa de Centud, B. de Villa Centud, ad hoc specialiter vocati et rogati, et ego, Petrus Roberti.....

621 (*581*). *Bordeaux*, *19 mars 1274*. — *Reconnaissance de Bertrand de Got*, *chevalier*[6].

Bertrandus de Goto. — Noverint universi quod, anno Domini. m°. cc°. lxxiij°., tertia [decima][7] die exitus Marcii, in presencia mei, Petri Roberti,..... dominus Bertrandus de Goto, miles, juratus et requisitus, dixit et recognovit se tenere a domino rege Anglie totam terram de Grayam quam dominus episcopus Agennensis dederat sibi. Item, dixit quod dominus rex Anglie, cum littera sua, de tota predicta terra eum investivit. Item, dixit quod debet facere pro predicta terra domino regi dimidium militem excercitus. Item, dixit quod nichil alienaverat, nec habet allodia, nec debet facere alia deveria. Et de hoc facta fuerunt duo instrumenta ejusdem tenoris, quorum unum habuit dictus dominus rex, et aliud dictus dominus Berardus[8]. Datum et actum Burdegale, die et anno predictis. Regnante..... Testes hujus rei sunt: Hugo de Roqua, domicellus, Petrus de Leujatz, miles, magister Nicholaus, clericus, ad hoc specialiter vocati et rogati, et ego, predictus Petrus Roberti.....

---

[1] Anal. Arch. histor. Gir., t. V, p. 324. — [2] Ms. *Bavignan*. — [3] Ms. *domino de captare de Terrena*. — [4] Anal. Arch. histor. Gir., t. V, p. 293. — [5] Passage cité par Du Cange, au mot *Paduire*, d'après le « Regestum homagiorum nobilium Aquitan. fol. 9 ». Comp. plus loin, n° 623: « tenent... aquas et paducncia quibus utuntur. » — [6] Anal. Arch. histor. Gir., t. V, p. 327. — [7] Si l'année commence au 25 mars, il faut modifier ici le chiffre soit de l'année, soit du jour. Je suppose que le copiste, qui a écrit *tercia* en toutes lettres, a omis le mot *decima*. — [8] Il y a bien ici *Berardus*, et plus haut, dans le texte ainsi que dans le titre, *Bertrandus*.

622 (582). *Bordeaux, 21 mars 1274. — Reconnaissance de Raimond de Pujols, damoiseau*[1].

Ramundus de Pujol, domicellus. — Noverint universi quod, anno Domini .m° .cc° .lxxij°., undecima die exitus Marcii, in presencia mei, Petri Roberti,..... Ramundus de Pujol, domicellus, juratus et requisitus, dixit et recognovit se tenere in feudum a domino rege Anglie, domino Hibernie et duce Aquitanie, prata et alboredas, aquas et stagias, et vineas de Pujou, et stagias et vineas, terras et nemora, et aquas et prata que homines dicti domicelli habent et possident, et nemus quod est in loco vulgariter appellato In Casali Vitalis Arquerii, et terras Artigie Escamilhon usque ad terminos de Lida, et stagias hominum de Supercamp, et vineas et casalia deus Escuderis, et stagias et nemus et vineas *(fol. 174 v)* dictorum hominum deus Escuderens, et terram et nemus et stagias de Ffraissiet, et que tenet et possidet in loco vulgariter appellato A Lafor, inter domos de Ffrayssinet, ex uno latere, et domos deu Pujou, ex altero, et terram et nemus que idem domicellus habet et tenet in loco appellato Artiga Arregeir, et terras quas habet juxta vineas de Ffraissinet, et terras, et nemora, et aquas, et prata que habet in loco appellato A La Ffonteira, et nemus quod est in loco vulgariter appellato A Laffossa, et nemora et terras d'Artiguina Vitalis, que durant de Pujou usque ad Fossacava et Alicto, et terras de Lascariogades que durant de loco appellato A Prade usque au Pujou. Et hec omnia tenet a domino rege pro quinque obliis quas dictus Ramundus de Pujol, domicellus, debet ferre in loco appellato Au Muret in festo Natalis Domini et debet tradere hominibus domus deu Muret. Debet ferre .xij. oblias, in crastinum dicti festi, apud castrum Burdegale[2] cum aliis deveriis et terris que ipsa domus tenet a domino rege seu duce Aquitanie, et debet dare unam lanceam sporle in mutacione domini. Item, dixit quod nichil aliud tenet a domino rege, nec habet allodia. Item, dixit quod nichil alienaverat. Item, dixit quod debet facere homagium et sacramentum fidelitatis, et debet stare juri coram castellano Burdegale pro rebus supradictis. Actum et datum Burdegale, die et anno predictis. Regnante..... Testes hujus rei sunt : Bigorosus Bener, Johannes Alegre, Geraldus de Budos, Petrus Bertrandi, P. de Villa de Centud, Bernardus de Villa Centud, vocati et rogati, et ego, predictus notarius.....

623 (583). *Bordeaux, 21 mars 1274. — Reconnaissance de plusieurs hommes du roi habitant les paroisses de Virelade et de Podensac*[3].

Quidam homines domini regis, parrochiani de Villalata. — Noverint universi quod (*même date*) in presencia mei, Petri Roberti,..... Bernardus Calculi, Ramundus Guillelmi, Vitalis Costalli, Guillelmus Costalli, P. Costalli, P. de Baucs, Bernotus Faber, Guillelmus de Casteneth, Vitalis de Betoatz, Guillelmus Gadanher de Baux, parrochiani de Villalata et de Podensac, jurati et requisiti, dixerunt et recognoverunt quod ipsi sunt homines domini regis Anglie seu ducis Aquitanie, videlicet : Bernardus Calculi, pro stagia in qua ipse moratur, et quibusdam terris et vineis quas tenet a dicto domino rege in loco vulgariter appellato A Baux; dictus vero Reymundus Guillelmi, pro quibusdam terris et vineis que sunt in locis vulgariter appellatis Au Brau et Au Sauben. Dicti vero Guillelmus Costalli et Vitalis Costalli et P. Costalli habent et tenent ab ipso domino rege medietatem stagie[4] in qua ipsi morantur, et medietatem casalis et vinee existencium in eadem stagia. Dictus vero Petrus de Baux habet et tenet ab ipso domino rege quasdam terras et vineas suas in locis appellatis Au Brau et Au Saubon. Item, dictus Bernotus[5] et Guillelmus de Castanhet personas suas tantum tenent ab ipso domino rege Anglie, et Vitalis de Betoatz personam suam tantum tenet ab ipso. Predicti vero Guillelmus et Remundus Gadonher, fratres, tenent et habent ab eodem domino rege stagiam in qua[6] morantur in loco vulgariter

---

[1] Anal. *Arch. histor. Gir.*, t. V, p. 294. — [2] En marge : *census .xij. obliarum in castro Burdegale in crastino festi Nativitatis Domini.* — [3] Anal. *Arch. histor. Gir.*, t. V, p. 294. — [4] Ms. *stagii.* — [5] Ms. *dominus* (en abrégé) *Gerunstus;* mais voir dix-huit lignes plus haut. — [6] Ms. *in aqua.*

appellato A Gadanher, et terras et vineas que sunt in locis appellatis Au Brau et Au Saubon (*fol. 175*). Item, iidem homines tenent ab eodem domino rege aquas et paduencia quibus utuntur. Pro quibus omnibus prepositus domini regis apud Barssiacum habet et excercet in eis altam et bassam justiciam; et dant fidejussores eidem preposito pro omnibus mandatis; et sequntur ipsum prepositum armati, per dictam preposituram, dum sunt per eum requisiti. Et omnes isti predicti homines debent facere preposito de[1] Barssiaco sacramentum fidelitatis. Item, Guillelmus de Cornali de Villalata, senior, juratus et requisitus, dixit quod ipse est homo domini regis Anglie et tenet corpus suum ab ipso domino rege; item, tenet ab eo stagiam in qua moratur; item tenet ab ipso .xxx. regas vinee et quadraginta regas terre. Item, dixit quod de hoc debet facere sacramentum fidelitatis preposito de Barssiaco et dare fidejussores pro omnibus mandatis; et habet super eo magnam justiciam et parvam, et debet sequi dictum prepositum una die cum armis, per preposituram, ad suas expensas proprias, dum fuerit per eum requisitus. Item, Guillelmus de Cornali, nepos dicti Guillelmi, qui est parsionarius suus, debet facere dictum deverium quod dictus avunculus suus facit et debet facere. Item, dixerunt dicti homines quod nichil alienaverant, nec habent allodia, nec tenent aliud, nec debent facere alia deveria; et debent stare juri coram preposito de Barssiaco. Et dixerunt quod pro istis omnibus dictus dominus rex debet eos[2] defendere ab omni injuria et garentiam asportare. Et de hoc facta fuerunt duo instrumenta ejusdem tenoris. Actum et datum Burdegale, die et anno predictis. Regnante..... Testes hujus rei sunt: Bigorosus Bener, Johannes Alegre, Geraldus de Budos, Petrus Bertrandi, P. de Villa Centud, B. de Villa Centud, vocati et rogati, et ego, predictus Petrus Roberti.....

624 (584). *Bordeaux, 21 mars 1274.* — *Reconnaissance de Raimond Boziat de Prinzac et de plusieurs autres hommes liges et francs du roi* [3].

Raimundus Boziat de Prinzac et quidam alii homines franceales domini regis. — Noverint universi quod (*même date*) in presencia mei, Petri Roberti,..... Raimundus Boziatus de Prinzac, Ramundus Martini, Ramundus d'Omozas, P. Montazin, Guillelmus Bogesii, Ramundus de Siran, jurati et requisiti, dixerunt et recognoverunt quod ipsi sunt homines ligii francii domini regis Anglie, seu ducis[4] Aquitanie, et tenent corpora ab eo, et paduencia, aquas, itinera regalia. Item, dixerunt quod corpora eorum sunt in proteccione dicti domini regis. Item, dixerunt quod, quando prepositus de Barssiaco habet dissencionem, seu fit[5] injuria domino regi, ipsi homines sequntur cum armis dictum prepositum ad defendendum jurisdiccionem et dominium dicti domini regis. Item, dixerunt quod ipsi debent facere et faciunt preposito de Barssiaco alia deveria, prout faciunt alii homines domini regis existentes in dicta prepositura de Barssiaco. Dixerunt tamen quod terras, stagias, domos, nemora, prata et alias possessiones, quas proprie habent prenominati homines, tenent a diversis dominis sub certis censibus, juribus et deveriis que faciunt eis, prout imposita sunt ab antiquo. Item, dixerunt et recognoverunt quod ipsi tenentur facere preposito de Barssiaco alia deveria, sicut homines existentes[6] in prepositura de Barssiaco faciunt. Item, dixerunt quod homines non habent allodia, nec aliquid alienaverant. Actum et datum Burdegale, die et anno predictis. Regnante..... Testes sunt: Bigorosus Bener, Johannes Alegre, Geraldus de Budos, Petrus (*fol. 175 v*) Bertrandi, P. de Villa Centud, vocati et rogati, et ego predictus notarius.....

625 (585). *Bordeaux, 21 mars 1274.* — *Reconnaissance de plusieurs hommes francs du roi dans Poussignan* [7].

---

[1] Ms. *in.* — [2] Ms. *eis.* — [3] Anal. Arch. histor. Gir., t. V, p. 295. — [4] Ms. *duce.* — [5] Ms. *sicut.* — [6] Ms. *except*; de même au n° suivant. La correction est fournie par le n° 673, qui est une seconde transcription du n° 625. — [7] Anal. Arch. histor. Gir., t. V, p. 296.

Homines francales domini regis de Possinhan. — Noverint universi quod (*même date*) in presencia mei, Petri Roberti,..... Petrus de Larouqui[r], Ramundus de La Roqueir, Petrus de Surssans, pro se et Vitali de Surssans, Arnaldus Cosin, Guillelmus Filhon, pro se et P. de Filhon, fratre suo, et Petrus de Cassans, jurati et requisiti, dixerunt et recognoverunt quod ipsi homines sunt francales de Possinhan et tenent corpora eorum a domino rege Anglie seu duce Aquitanie. Item, dixerunt et recognoverunt quod dictus dominus rex habet super eos magnam et parvam justiciam, et debent sibi dare, vel mandato ipsius, fidejussores ad ipsius mandatum. Item, dixerunt et recognoverunt quod ipsi tenentur facere preposito de Barsiaco illud idem quod faciunt et debent facere ceteri homines existentes in prepositura de Barsiaco. Item, dixerunt quod nichil alienaverant, nec habent allodia, nec debent facere alia deveria. Item, dixerunt quod dictus dominus rex debet eos defendere ab omni injuria, violencia, et garentiam asportare. Et de hoc facta fuerunt duo instrumenta ejusdem tenoris..... Actum et datum Burdegale, die et anno predictis. Regnante..... Testes : Bigorosus Bener, Johannes Alegre, Geraldus de Budos, P. Bertrandi, P. de Villa Centud, B. de Villa Centud, vocati et rogati, et ego, predictus notarius.....

626 (586). *Bordeaux, mercredi 21 mars 1274.* — *Reconnaissance de Garcie de Sales* [1].

Garsias de Sales. — Noverint universi quod, anno Domini .m°.cc°.lxxiij°, die Mercurii ante Ramos Palmarum, in presencia mei, Petri Roberti,..... Guarsias de Sales, juratus et requisitus, dixit et recognovit se tenere in feodum a domino rege Anglie, domino Hibernie et duce Aquitanie, quicquid habet in parochia de Salternis et de Pujols, exceptis feudis que tenet de dominis alienis, et exceptis feudis que ipse dixit se tenere a Guillelmo Arnaldi de Sescars, domicello. Item, ipse dixit quod debet facere domino regi sicut ceteri [2] homines francales faciunt et debent facere. Item, dixit quod, pro istis, dominus rex debet eum defendere ab omni violencia et garentiam asportare. Item, dixit quod nichil alienaverat, nec habet allodia. Et de hoc facta fuerunt duo instrumenta ejusdem tenoris..... Datum et actum Burdegale, die et anno predictis. Regnante..... Testes sunt : Bigorosus Bener, Johannes Alegre, Geraldus de Budos, P. Bertrandi, P. de Villa Centud, Bernardus de Villa Centud, vocati et rogati, et ego, predictus Petrus Roberti..... (*fol. 176*).

627 (587). *Bordeaux, mercredi 21 mars 1274.* — *Reconnaissance de Bernard de Gotz* [3].

Noverint universi quod (*même date*) in presencia mei, Petri Roberti,..... Bernardus de Gotz, juratus et requisitus, dixit et recognovit se tenere a domino rege Anglie quicquid habet et tenet in parochia de Barssiaco, cum uno pari cirothecarum sporle in mutacione domini [4]. Item, dixit quod, pro istis, debet facere jus coram preposito de Barssiaco, et nichil aliud habet [5] nec tenet a dicto domino rege. Actum et datum Burdegale, die et anno predictis. Regnante..... Testes sunt : Bigorosus Bener, Johannes Alegre, Geraldus de Budos, vocati et rogati, et ego, predictus notarius.....

628 (588). *Bordeaux, mercredi 21 mars 1274.* — *Reconnaissance d'Arnaud Vivien d'Arriets, de Saint-Morillon, homme franc du roi* [6].

Arnaldus Bibiani d'Arieto, de Sancto Maurilio. — Noverint universi quod (*même date*) in presencia mei, Petri Roberti,..... Arnaldus Bibiani d'Arieto de Sancto Maurilio, juratus et requisitus, dixit et recognovit se tenere a domino rege Anglie stagiam cum terris et vineis que sunt circa, videlicet supra iter; et amplius tenet idem Arnaldus ab ipso domino rege, in dicta parochia, arregatges in loco vulgariter appellato A Gita Pena, et prope ecclesiam unam peciam terre. Et de omnibus istis debet esse

---

[1] Anal. Arch. histor. Gir., t. V, p. 296. — [2] Ms. ceteris. — [3] Anal. Arch. histor. Gir., t. V, p. 296. — [4] En marge : par cyrothecarum sporle. — [5] Ms. dixit. — [6] Anal. Arch. histor. Gir., t. V, p. 296.

homo francalis domini regis Anglie cum deveriis que facit et debet facere preposito de Barssiaco, videlicet [dare] fidejussores ad omnia mandata sua; et debet jurare eidem pacem in mutacione prepositi; et amplius sequitur idem Arnaldus dictum prepositum ad suum mandatum, ad expensas ejusdem prepositi. Actum et datum Burdegale die et anno predictis. Regnante..... Testes sunt : Bigorosus Bener, Johannes Alegre, Geraldus Budos, vocati et rogati, et ego, predictus notarius.....

629 (589). *Bordeaux, 22 mars 1274. — Reconnaissance de Gaillard d'Arrieta, damoiseau*[1].

Galhardus d'Arieta, domicellus. — Noverint universi quod, anno Domini .m°.cc°.lxxiij., decima die exitus Marcii, in presencia mei, Petri Roberti,..... Gualhardus d'Arieta, domicellus, juratus et requisitus, dixit et recognovit se tenere a domino rege Anglie, seu duce Aquitanie, quicquid habet et tenet seu possidet in parochia Sancti Maurilii et in parochia de Barssiaco et in parochia de Pujol, exceptis illis que[2] tenet de alienis dominis. Item, dixit quod debet stare juri coram preposito et habet super eum magnam justiciam et parvam, et debet eidem facere et prestare sacramentum fidelitatis et cum sequi per prepositurum cum armis, una die, ad expensas dicti prepositi. Item, dixit quod, si alia deveria debet facere domino regi, non intendi[t] ipsum regem in aliquo prejudicare. Dixit eciam quod non habet allodia, nec aliquid alienaverat. Datum et actum Burdegale, die et anno predictis. Regnante.... Testes hujus rei sunt : Petrus Parran, B. de Mercato, Guillelmus de Sancto Severio, ad hoc specialiter vocati et rogati, et ego, predictus notarius.....

630 (590). *Bordeaux, 22 mars 1274. — Reconnaissance de Pierre Parran, chevalier*[3].

Petrus Parran, miles. — Noverint universi quod (*même date*) in presencia mei, Petri Roberti,..... Petrus Parran, miles, juratus et requisitus, dixit et recognovit se tenere a domino rege (*fol. 176 v*) Anglie, domino Hibernie et duce Aquitanie, omne illud quod ipse habet et tenet et possidet in parochia de Budos, et in parochia de Pujol, et in parochia de Barssiaco, et in parochia d'Ylatz, et in parochia de Salternes, exceptis feodis que tenet ab aliis dominis, videlicet feodum quod tenet ab archiepiscopo Burdegalensi in parochia de Budos, et feodum quod tenet ab Arnaldo Guillelmi de Marssellhas, milite[4], in parochia de Barssiaco. Et hoc dixit se tenere a domino rege Anglie predicto cum uno pari cirothecarum sporle in mutacione domini[5]; et insuper est homo dicti domini regis Anglie; et de hiis[6] [debet] dictus miles facere et accipere jus et fidejubere in manu prepositi de Barssiaco. Item, dixit quod habet super eum magnam et parvam justiciam et super homines ejusdem militis. Item, dixit quod debet facere sacramentum fidelitatis in mutacione cujuslibet prepositi. Item, dixit quod nichil alienaverat, nec habet allodia. Datum et actum Burdegale, die et anno predictis. Regnante..... Testes hujus rei sunt : Galhardus d'Arrieta, domicellus, Ramundus de Pujols, Remundus de Montibus, Arnaldus de Saucias, Gaucelmus de Domaissan, Amanevus Artaudi, vocati et rogati, et ego, predictus notarius.....

631 (591). *Bordeaux, 22 mars 1274. — Reconnaissance de Pierre de Villecentud, chevalier*[7].

Petrus de Villa Centuli, miles. — Noverint universi quod (*même date*) in presencia mei, Petri Roberti,..... Petrus de Villa Centuldi, miles, juratus et requisitus, dixit et recognovit[8] se tenere a domino rege Anglie, domino Hibernie et duce Aquitannie, quicquid habet et habere debet et possidet[9] in parochiis de Pujol, et de Barssiaco, et d'Ilatz, et de Linhan, et de Prinhaco, exceptis feodis que tenet ab aliis dominis, videlicet feodum quod tenet ab archiepiscopo Burdegalensi in parochia d'Ilatz, et excepto feodo quod tenet[10] a

---

[1] Anal. Arch. hist. Gir., t. V, p 303. — [2] Ms. qui. — [3] Anal. Arch. histor. Gir., t. V, p. 304. — [4] Ms. militem. — [5] En marge : *j. par cirotecarum sporle*. — [6] Ms. hujus. — [7] Anal. Arch. histor. Gir., t. V, p. 304. — [8] Ms. dixerunt et recognoverunt. — [9] Ms. habent et habere debent et possident. — [10] Ms. tenent.

domino de Girone in parochia de Barssiaco, et excepto feodo quod tenet[1] a domino de Girone[2] in parochia de Barssiaco, et excepto feodo quod tenet[3] a domino de Monte Prunhera in eadem parochia de Barssiaco et excepto feodo quod dictus Petrus de Villa Ceutuld tantummodo[4] tenet a domino de R[i]oncio in eadem parochia de Barsiaco. Et ob hoc dixit[5] se esse hominem et militem domini regis, et se habere et tenere[6] predicta cum uno [pari] cirothecarum sporle in mutacione domini[7]. Et de istis debet facere jus in manu preposili de Barssiaco, et fidejubere in omnibus mandatis ipsius prepositi. Dominus rex debet habere super eo magnam et parvam justiciam et debet facere sacramentum fidelitatis. Item, dixit[8] quod nichil alienaverat, nec habet plus allodia, nec debet facere alia deveria. Datum et actum Burdegale, die et anno predictis. Regnante ..... Testes hujus rei sunt: Gualhardus d'Arrieto, domicellus, Ramundus de Pujols, Bern. de Montibus, Arnaldus de Sauciras[9], vocati et rogati, et ego, predictus notarius.....

632 (592). *Bordeaux, 22 mars 1274.* — *Reconnaissance de Bernard Pierre, damoiseau, et de Pierre de Leyssatz, chevalier*[10].

Bernardus Petri, domicellus, et Petrus de Leyssatz, miles. — Noverint universi quod (*méme date*) in presencia mei, Petri Roberti,..... Bernardus Petri, domicellus, et Petrus de Leyssatz[11], miles, jurati et requisiti, dixerunt et recognoverunt se tenere et habere allodia insimul de Budes. Item, dixit dictus Petrus quod ipse habet, pro se et heredibus suis, quedam allodia in parochia de Austen, in loco appellato Alloyssat, videlicet homines, terras, et alias res. Item, dixerunt quod pro istis allodiis[12] debent facere domino regi talia deveria sicut ceteri milites de Barssiaco et de prepositura faciunt (*fol.* 177) et debent facere. Et dixerunt quod non habent allodia plura, nec aliquid alienaverant. Datum et actum Burdegale. die et anno predictis. Regnante..... Testes hujus rei sunt: Gualhardus d'Arrieto, domicellus, Ramundus de Pujols, B. de Montibus, vocati et rogati, et ego, predictus notarius.....

633 (593). *Bordeaux, 22 mars 1274.*—*Reconnaissance de Guillaume de Fargues, chevalier, et de Gaillard de Fargues, damoiseau*[13].

Guillelmus, [miles], et Gailhardus de Fargis, domicellus. — Noverint universi quod (*méme date*) in presencia mei, Petri Roberti,..... Guillelmus de Ffaurgis, miles, et Gualhardus, domicellus[14], jurati et requisiti, dixerunt et recognoverunt se tenere a domino rege Anglie, domino Hibernie et duce Aquitanie, castrum de Ffaurgis cum suis pertinenciis universis, et eciam possessiones, homines, redditus, jura et deveria universa, quecumque sint et quocumque nomine censeantur, que ipsi habent et possident in parochiis de Prinhac, de Salternas[15], de Barssiaco et de Tholena, Burdegalensis diocesis, et apud Lingonium. Item, dictus miles tenet a predicto domino rege homines, possessiones, redditus, jura et deveria que habet in parochiis de Sent Corme et de Birac, diocesis Vasatensis. Item, tenet a predicto domino rege homines, possessiones, redditus, jura et deveria que habet in parochia de Rions, diocesis Adurensis, et in ipsa diocesi Adurensi. Item, dominus Gualhardus habet et tenet a predicto domino rege homines, possessiones, jura et deveria que habet in dictis parochiis de Sent Corme, et de Birac, et de Escaudes, et de Artigola, dicte diocesis Vasatensis, et de Laugaut et de Bigorssa, dicte diocesis Adurensis. Et pro predictis omnibus idem miles et domicellus predictus debent dicto domino regi quilibet ipsorum quinquaginta solidos sporle in dominorum hinc inde mutacione et excer-

---

[1] Ms. *tenent*. — [2] Ms. *Circione*. — [3] Ms. *teneat*. — [4] Il y a donc eu au moins deux déclarants. — [5] Ms. *dixerunt*. — [6] Ms. *se habent et tenent*. — [7] En marge : .i. *par ciroth. sporle.* — [8] Ms. *dixerunt*. — [9] Ms. *discuciras*. — [10] Anal. Arch. histor. Gir., t. V, p. 304. — [11] Ms. *Loyssatz*. — [12] Le ms. ajoute *que*. — [13] Anal. Arch. histor. Gir., t. V, p. 304. — [14] Ms. *Guillelmus de Ffaurgis, domicellus, et Gualhardus*. — [15] Ms. *Salduas*.

citum unius militis, ita tamen quod, dum contingit alterum ipsorum facere excercitum antedictum, alter ipsorum ad faciendum excercitum hujusmodi non tenetur. Item, dixerunt quod nichil alienaverant, preter Galhardum[1], qui alienaverat quedam apud Barssiacum[2], nec habent allodia nec debent facere alia deveria, nec aliud tenentur [facere] a dicto domino rege seu duce predicto. Et de hoc facta fuerunt duo instrumenta ejusdem tenoris..... Datum et actum Burdegale, die et anno predictis. Regnante..... Testes hujus rei sunt : Gualhardus d'Arrieto, domicellus, Ramundus de Pujols, Bern. de Montibus, Arnaldus de Saucinas, Gaucelmus [de] Danmeissan, Amanevus Artaudi, ad[3] hoc specialiter vocati et rogati, et ego, predictus notarius.....

634 (594). *Bordeaux, 22 mars 1274. — Reconnaissance de Pierre de Budos, damoiseau*[4].

Petrus de Budos, domicellus. — Noverint universi quod (*même date*) in presencia mei, Petri Roberti,..... Petrus de Budos, domicellus, juratus et requisitus, dixit et recognovit se tenere a domino rege Anglie et duce Aquitanie quicquid habet in parochiis de Budos, de Hilatz, de Pujos et de Salternas, exceptis feodis que tenet ab aliis dominis in parochiis antedictis, et excepta inclina quam[5] tenet a Gualhardo de Grossinhac, milite, que est in parochia de Budos. Item, dixit quod debet stare juri coram preposito de Barssiaco. Item, dixit quod debet stare [juri] et tenetur facere (*fol. 177 v*) talia deveria sicut ceteri milites de Barssiaco faciunt et debent facere. Item, dixit quod non habet allodia, nec aliquid alienaverat, nec aliud tenet a dicto domino rege. Datum et actum Burdegale, die et anno predictis. Regnante..... Testes hujus rei sunt : Galhardus d'Arrieto, domicellus, Ramundus de Pujols, Bern. de Montibus, vocati et rogati, et ego, predictus notarius.....

635 (595). *Bordeaux, 22 mars 1274. — Reconnaissance de Pierre Bertrand de Barsac et d'Amanieu de Villecentud, chevalier, de Gérand de Budos et de Gaillard de Budos, damoiseaux*[6].

Quidam tenentes a domino rege in parochia de Barssiaco et de quibusdam aliis. — Noverint universi quod (*même date*) in presencia mei, Petri Roberti,..... Petrus Bertrandi de Barssiaco, miles, juratus et requisitus, dixit et recognovit se tenere a domino rege Anglie, domino Hibernie et duce Aquitanie, nomine ducis Aquitanie, terras, vineas, possessiones, census, jura et deveria que habet in parochia de Barssiaco, excepto feodo quod habet et tenet in eadem parochia a P. Bigoros, burgensi de Lingonio, et excepto feodo quod habet et tenet in ipsa parochia [ab] Amanevo de Villa Sentud, milite, et exceptis feudis que habet et tenet in eadem parochia a Guillelmo de Ffaurges, P. de Villa Sentuldi, Bern. de Villa Sentuldi, Petro Parran, militibus, priore de Barssiaco, Armando de Montepezato, milite, Bertrando de Podensac, domicello, Vitali Seguin, Petro de Vasato, Guillelmo Ramundi, Bernardo et Gualhardo de Solerio, cive Burdegalensi. — Item, Amanevus de Villa Sentuldi, miles, juratus et requisitus, dixit et recognovit quod ipse habet et tenet a predicto domino rege, nomine ducatus, terras, vineas, possessiones, agrerias, census, jura et deveria universa que idem Amanevus habet in parochiis de Barssiaco, de Prinhac, de Tholena, de Ffaurgis, de Salternas, de Bomes[7] et Sancti Leodegarii, excepto feodo quod habet et tenet in dicta parochia de Barssiaco a domino de Logoiran, et exceptis feodis que habet et tenet in ipsa parochia de Barssiaco a Gualhardo de Monte Tremulo, Guillelmo de Faurgis[8], militibus, excepto feodo quod tenet in parochia de Prinhaco a Bertrando de Podensac, domicello, et excepto feodo quod habet in dicta parochia de Ffaurgis, et excepto feodo quod habet idem Amanevus in dicta parochia a domino de Cronone. — Item, Geraldus de Budos, domicellus, juratus et requi-

---

[1] Ms. *Galhardus*. — [2] Le ms. ajoute : *Johannem de Perqoir cum* (?) *preposito de Barssiaco*. — [3] Ms. *de*. — [4] Anal. Arch. histor. Gir., t. V, p. 304. — [5] Ms. *que*. — [6] Anal. Arch. histor. Gir., t. V, p. 304. — [7] Ms. *Romes*. — [8] Ms. *Saurgis*.

situs, dixit et recognovit se tenere a domino rege Anglie seu duce Aquitanie, racione ducatus, homines, terras, questas, vineas, possessiones, census, jura et deveria universa que ipse habet et tenet et possidet in parochiis de Cabanaco, de Balizac, de Lassatz[1], de Landirans, Sancti Michaelis de Rivoffrigido et de Budos, excepta decima quam habet et tenet in dicta parochia de Budos a Petro de Novelliano[2], milite, et excepto feodo quod habet in eadem parochia de Budos a Guillelmo Ramundi Columbi, pupillo, et excepta decima quam habet in ipsa parochia de Budos ab archiepiscopo de Burdegala. — Item, Gualhardus de Budos, juratus et requisitus, dixit et recognovit se tenere a domino rege Anglie seu duce, racione ducatus, terras, vineas, possessiones, census, jura, deveria universa que ipse habet et possidet in parochiis de Salternas, de Pujol, de Barssiaco, excepto feodo quod habet in dicta parochia de Salternas a Guillelmo de Ffaurgis, milite, et feodo quod tenet in ipsa parochia de Salternas a castellano de Pujol, et excepto feodo quod tenet a Petro de Villa Centuldi, milite, in parochia de Pujol. Pro predictis autem possessionibus, juribus et deveriis que prenominati P. Bertrandi et Amanevus de Villa Centuldi, milites, Geraldus et Gualhardus de Budos, domicelli, habent et tenent a dicto domino rege in dictis parochiis, ipsi tenentur preposito de Barssiaco infra preposituram de Barssiaco juramentum fidelitatis facere et prestare, et pro mandatis omnibus dare fidejussores eidem preposito, qui prepositus habet et excercet (*fol. 178*) altam et bassam justiciam in eosdem. Tenentur eciam sequi per unam dictum prepositum si in dicta prepositura sibi aliqua injuria inferetur. Premissa vero ffrancaliter tenent a dicto domino rege, racione ducatus Acquitanie, cum deveriis antedictis, tanquam allodia. Item, dixerunt quod nichil alienaverant nec magis habent allodia, et debent facere talia jura et deveria sicut ceteri milites de prepositura de Barssiaco faciunt et debent facere. Et pro istis dixerunt quod dictus dominus rex debet eos et bona eorum ab omni injuria et violencia defendere, bonam garentiam asportare. Datum et actum Burdegale, die et anno predictis. Regnante . . . . . Testes hujus rei sunt : Gualhardus d'Arieto, domicellus, Bern. de Montibus, Arnaldus de Sauciras, Gaucelmus [de] Dameyssau, Amanevus Artaudi, ad hoc specialiter vocati et rogati, et ego, predictus notarius . . . . .

636 (596). *Bordeaux, 22 mars 1274. — Reconnaissance de divers hommes francs du roi habitant la prévôté de Barsac*[3].

Quidam homines domini regis de prepositura de Barssiaco. — Et sunt possessiones quas homines domini regis Anglie, domini Hibernie et ducis Aquitanie, habent et tenent ab eodem domino rege infra fines sive limites parochie de Barssiaco, quorum nomina inferius continentur :

[1] Petrus de Puteo, de Barssiaco, juratus et requisitus, dixit et recognovit quod ipse habet et tenet a dicto domino rege duodecim sazones terre et quadraginta regas[4] vince.

[2] Item, Arnaldus d'Ordi, ... duodecim sazones terre.

[3] Guillelmus Garsie . . . . . . quindecim sazones terre et viginti regas vince.

[4] Constancius de Puteo, ... quadraginta regas vince et viginti sazones terre.

[5] Petrus de Possinhan, ... quadraginta regas terre.

[6] Gualhardus de Carturco, ... duodecim sazones terre et quatuor regas vince.

[7] Vitalis de Pujol, ... tresdecim sazones terre et duas regas vince.

[8] Bidotus de Grava, ... quinque sazones terre.

[9] Petrus de Tossa, ... quinque sazones terre et vince.

[10] Ffortho de Gotz, de Barssiaco, ... decem sazones terre et vince.

[11] Petrus de Saugnet de Barssac, ... terras, possessiones, et omnia que habet in parochia de Salternas, excepto feodo quod tenet ab

---

[1] Sur cette paroisse aujourd'hui disparue, voir Baurein, *Var. Bordeloises*, t. III, p. 128. — [2] Ms. *Novelliano*. — [3] Anal. *Arch. histor. Gir.*, t. V, p. 305. — [4] Ms. *rogas*, et ainsi presque partout ailleurs dans le présent acte.

Arnaldo de La Baneira; item, quindecim regas terre ubi est stagia in qua moratur; item, omnes terras quas habet a Pojous, excepta decima de Salternis quam[1] tenet ab archiepiscopo Burdegalensi[2].

[12] Arnaldus Raimundi de Mirabello de Barssiaco, ... terras [et] possessiones quas habet in dicta parochia de Salternis, excepto feodo quod tenet in dicta parochia de Salternis de domo de Ffonte Guillelmi, et excepta decima quam[3] habet apud Salternas quam[4] tenet ab archiepiscopo Burdegalensi.

[13] Petrus de Pujou, ... omnes et singulas terras, et vineas, et possessiones quas habet in parochia de Barssac, excepta stagia in qua moratur, et exceptis novem regis[5] vineæ.

[14] Guarcias Bernardi, ... omnes terras, vineas, et possessiones quas habet in dictis parochiis de Barssiaco et de Lassatz, excepta stagia in qua moratur, quam tenet a priore de Barssiaco, excepta quadam vinea quam tenet a Bernardo de Montibus, et excepta quadam terra quam tenet a domina Maria de Montepesato.

[15] Raimundus Maurini de Barssiaco (*fol. 178 v*) ..... duodecim sazones terre culte.

[16] Guillelmus Johannis, ... viginti regas terre culte.

[17] Vitalis de Grava, ... omnes terras [et] possessiones quas habet in locis appellatis A Seron et A Villa Sentud.

[18] Remundus Micol, ... unam peciam terre in loco appellato A Longars, et aliam peciam terre in loco appellato A La Perreyra; item, duas pecias terre in loco appellato Ad Puteum de Villa Sentud.

[19] Item, dictus Garsias Bernardi, omnia que habet et tenet in parochia de Lessatz.

[20] Vitalis de Mensura, ... quatuordecim sazones terre in parochiis de Barssac et de Seron.

[21] Constancius de Barssac, ... terras, et vineas, [et] possessiones quas habet in dicta parochia de Barssac, excepta stagia sua.

[22] Guillelmus Raimundi de Marssan, duodecim sazones terre et decem regas terre et vineæ.

[23] Raimundus de La Ffossa, junior, duodecim sazones terre et viginti regas vineæ.

[24] Petrus Iterii de Barssac, ... octo regas terre.

[25] Arnaldus de Vinea Sola et frater ejus, ... viginti septem regas terre.

[26] Petrus Denarii, ... decem sazones terre.

[27] Guillelmus de Barssac, ... octo sazones terre et vineæ.

[28] Gombaudus deu Claus, ... sexdecim sazones terre, et decem et septem regas vineæ; et Arnaldus de Vinea Sola, filius Guillelmi de Vinea Sola, ... decem sazones terre.

[29] Guillelmus Vigerii, ... viginti sazones terre in parochia de Barssiaco et totam terram quam habet in parochia de Seron.

[30] Petrus de Porgat, ... quatuor sazones terre et octo regas vineæ.

[31] Guillelmus de Latinera, ... omnes terras [et] vineas quas habet in dicta parochia de Barssiaco, excepta stagia cum suis pertinenciis in qua moratur, et exceptis quibusdam aliis terris quas habet et tenet a Petro Molier, presbitero. Raimundus de Laffoza, filius Raimundi de Laffoza, senioris, ... octo sazones terre et vineæ.

[32] Bernardus Andree, pro se et Vitalia, sorore sua, ... omnes terras, vineas, et possessiones et stagiam quas habet in parochiis de Barssiaco et de Prinhaco, excepto feodo quod tenet a Petro Sancii de Villa Senduldi, et exceptis feodis que tenet ab ecclesia de Barssiaco.

[33] Guillelmus A[y]quelmi et Bernardus Ayquelmi, pro eis et pro Vitali Ayquelmi, consanguineo eorum, ... triginta regas terre.

[34] Petrus Johannis de Barssac, ... quatuordecim sazones terre.

[35] Raimundus Amerii, ... sex sazones terre.

[36] Petrus Ferra, ... duodecim regas terre.

---

[1] Ms. *que*. — [2] Voir les comptes de l'archevêché de Bordeaux (*Arch. histor. Gir.*, t. XXII, p. 107). — [3] Ms. *que*. — [4] Ms. *que*. — [5] Ms. *regiis*; de même au § 22.

[37] Guarsias Blanc, pro se et pro Petro, fratre suo,..... sexdecim regas terre.

[38] Arnaldus de Mota,..... quadraginta regas terre et decem regas vinee.

[39] Petrus Martini,..... quinque sazones terre et omnes terras quas habet in parochia de [I]latz.

[40] Bernardus Tossa,..... quinque sazones terre et omnes terras et possessiones quas habet in parochia d'Ylatz.

[41] Bonetus de Cosnac de Barssac,..... omnes terras quas habet in eadem parochia d'Ilatz, et octo sazones terre in parochia de Barssac, et quatuordecim regas vinee in eadem parochia.

[42] Item, Raimundus Micol,... tutor, ut dicitur, Vitaline, filie quondam Bernardi Ramundi defuncti, dixit se tenere, nomine dicte filie, octo sazones terre.

[43] Bernardus de Casteras, pro se et pro eadem et pro Petro de Castera de Barssac, (fol. 179)..... medietatem omnium bonorum suorum et, ultra hoc, stagiam quam habet in parochia de Barssiaco.

[44] Bernardus de Montibus,..... omnes terras lavratas quas habet in parochia de Barssiaco, excepta terra de La Longars; item, dixit quod habet allodia in parochia de Prinhaco, in loco appellato A Labat et de Hormuha, et in parochia de Sancto Serrano A Ssaleis et Au Pas.

[45] Arnaldus de Segas, juratus et requisitus, dixit se nichil tenere a domino rege Anglie.

[46] Petrus de Sauguet, juratus et requisitus, dixit se tenere a domino rege Anglie omnes terras lavratas quas habet in parochiis de Pujous et de Salternas, excepto casali quod habet apud Salternas in loco vulgariter appellato A La Braneira, quod tenet ab Arnaldo de La Braneira. Item, dixit se tenere in parochia de Barssiaco stagiam suam in allodio.

Pro quibus possessionibus et tenementis prenominati homines, nec non et pro paduenciis et aquis, quibus tam ipsi quam animalia sua utuntur, sunt et esse debent homines francales dicti domini regis, et tenentur pro eodem, domino regi [et] preposito de Barssiaco ipsius domini regis, juramentum fidelitatis facere et prestare, et dare fidejussores eidem preposito pro omnibus mandatis; et idem dominus rex pro premissis habet et debet excercere altam et bassam justiciam in eosdem.

[47] Item, sciendum est quod Ramundus de Bezalz, Arnaldus de Vasato, Vitalis Ordei, Guillelmus de Vinea Sola, Vitalis de Pesquit, Arnaldus de Latinera, Guillelmus Ramundi Bernardi, Costallus Servat, Petrus de Las Segas, Ffortho Marssan, R. Marssan, Arnaldus de Vasato et Arnaldus de Maloburgo sunt et esse debent homines francales dicti domini regis[1] pro aquis et paduenciis tantummodo[2] supradictis, et facere et prestare, tanquam ceteri prenominati homines, dicto domino regi jura et deveria suprascripta. Et omnes homines supradicti debent juvare et sequi dictum prepositum pro premissis, si in dicta prepositura aliquibus aliqua injuria inferetur.

[48] Item, Arnaldus Porgat, juratus et requisitus, dixit et recognovit quod ipse habet et tenet ab ipso domino rege octo sadones terre in dicta parochia de Barsiaco cum juribus et deveriis antedictis.

Item, dixerunt prenominati homines quod, pro predictis, dictus dominus rex Anglie debet eos et bona eorum defendere ab omni injuria et violencia, et garentimi asportare. Item, dixerunt nichil aliud tenere a domino rege Anglie, nec alia deveria sibi facere; nec habent allodia; nec ipsi nec antecessores eorum aliquid alienaverant. Et de hoc facta fuerunt duo instrumenta ejusdem tenoris... Actum et datum Burdegale, die et anno predictis. Regnante.....

---

[1] Ces gens paraissent être devenus «hommes du roi» en 1243. Du moins trouvons-nous dans le *Calendar of the patent rolls. Henry III, 1232-1247*, p. 405, une lettre royale du 6 sept. 1243 sommant Géraud de Montremblant de venir dire de quel droit il prétendait que ces hommes lui appartenaient. Pareille assignation lui avait été déjà faite trois fois sans résultat. En conséquence, le roi avait pris possession de ces hommes et il déclare qu'il les «gardera en sa main» tant que ledit Géraud ne serait pas venu faire droit devant sa cour. — [2] Ms. *dummodo*.

Testes hujus rei sunt : Bigorosus Bener, Johannes Alegre, Geraldus de Budos, Petrus Bertrandi, P. de Villa Centud, ad hoc specialiter vocati et rogati, et ego, predictus Petrus Roberti.....

637 (597). *Bordeaux, 22 mars 1274. — Reconnaissance de plusieurs hommes francs du roi habitant la prévôté de Barsac* [1].

Quidam homines francales domini regis in prepositura de Barssiaco. — Noverint universi quod (*même date*) in presencia mei, Petri Roberti,..... Vitalis deu Got, Guillelmus deu Got, Petrus deu Got, Vitalis deu Got, jurati et requisiti, dixerunt et recognoverunt se tenere a domino rege Anglie, domino Hibernie et duce Aquitanie, terras, possessiones, et nemora, et omnia alia que ipsi habent et habere debent cum quinque solidis annui censu, qui [2] quinque census sunt scripti in rotulo castri domini regis Burdegale; et illi [3] quinque solidi debent solvi in festo beati Michaelis preposito de Barssiaco ; et illi[s] qui reddent illos quinque solidos prepositus debet dare eisdem .ix. denarios vel prandium. Item, dixerunt quod propter hoc sunt homines francales domini regis Anglie, exceptis feodis quod dixerunt se tenere de alienis dominis. Item, dixerunt quod ipsi debent facere eadem deveria que homines francales de prepositura (*fol. 179 v*) de Barssiaco faciunt et debent facere. Actum et datum Burdegale, die et anno predictis. Regnante..... Testes hujus rei sunt : Johannes Alegre, Bigorosus Bener, Geraldus de Budos, vocati et rogati, et ego, predictus notarius.....

638 (598). *Bordeaux, 22 mars 1274. — Reconnaissance de plusieurs hommes francs du roi habitant la prévôté de Barsac* [4].

Quidam homines francales domini regis in prepositura de Barssiaco. — Noverint universi quod (*même date*) in presencia mei, Petri Roberti,..... Vitalis de Pinu, Vitalis Gaucelmi, Bernardus Raimundi, Bernardus Laurencii, Petrus deu Bas, Petrus Ffabri, pro se et Ramundo Ffabri, ffratre suo, Guillelmus Reginaldi, Petrus de Rua, jurati et requisiti, dixerunt et recognoverunt quod ipsi tenent corpora eorum, aquas, et paduencia, et herbas a domino rege Anglie, seu duce Aquitanie, et pro hiis dixerunt se esse homines francales [dicti domini regis, et quod debent facere eadem deveria que homines francales] [5] de prepositura de Barssiaco faciunt et debent facere. — Item, Bernardus de Braquadez, pro se et pro Petro de Broquatz, fratre suo, Guillelmus de Broquatz, Ramundus Wiffelmi, Amanevus Doati, Bernardus deu Costar, jurati et requisiti, dixerunt et recognoverunt se esse homines francales domini regis Anglie. Item, dixerunt quod propter res francales quas ipsi et heredes eorum tenuerunt et tenent, [tenent] a domino rege Anglie corpora eorum. Item, dixerunt quod debent facere excercitum, sicut predicti homines, et alia deveria preposito de Barssiaco sicut alii homines francales de prepositura de Barssiaco faciunt et debent facere. Et propter hoc dixerunt quod dictus dominus rex debet eos et bona eorum defendere ab omni injuria et violencia, et bonam garentiam asportare. Dixerunt eciam quod nichil alienaverant, nec habent allodia, nec debent facere alia deveria. Et de hoc facta fuerunt duo instrumenta ejusdem tenoris.... Actum et datum Burdegale, die et anno predictis. Regnante..... Testes hujus rei sunt : Bigorosus Bener, Johannes Alegre, Geraldus de Budos, Petrus Bertrandi, Petrus de Villa Centud, Bernardus de Villa Centud, vocati et rogati, et ego, predictus notarius.....

639 (599). *Bordeaux, 22 mars 1274. — Reconnaissance de plusieurs hommes liges et francs du roi habitant la prévôté de Barsac* [6].

Quidam homines francales domini regis in prepositura de Barssiaco. — Noverint universi quod (*même date*) in presencia mei, Petri Roberti,..... Guillelmus Durandi, Arnaldus Petri, Bern. de Latinera, Ramundus de Seron, Ramundus de

---

[1] *Anal. Arch. histor. Gir.*, t. V, p. 398. — [2] Ms. *quos.* — [3] Ms. *illos.* — [4] *Anal. Arch. histor. Gir.*, t. V, p. 398. — [5] Les mots entre crochets ont été suppléés par conjecture sur le type de l'acte précédent. — [6] *Anal. Arch. histor. Gir.*, t. V, p. 308.

Hagir, Ramundus de Las Bordas, jurati et requisiti, dixerunt et recognoverunt se tenere a domino rege Anglie, domino Hibernie et duce Aquitanie, corpora eorum, aquas, herbas et paduencia. Item, dixerunt se esse homines ligii francales dicti domini regis. Item, dixerunt quod dominus rex habet super eos magnam et parvam justiciam, et debent dare fidejussores pro omnibus mandatis. Item, dixerunt quod debent sequi prepositum de Barssiaco, seu mandatum ipsius, sicut ceteri homines francales de prepositura de Barssiaco et infra preposituram. Item, dixerunt quod pro istis dominus rex debet eos defendere ab omni violencia et injuria, et bonam garentiam asportare. Item, dixerunt quod nichil alienaverant nec habent (*fol. 180*) allodia, nec debent facere alia deveria, et debent stare juri coram preposito de Barssiaco. Datum et actum Burdegale, die et anno predictis. Regnante..... Testes hujus rei sunt: Bigorosus Bener, Johannes Alegre, Geraldus de Budos, vocati et rogati, et ego, predictus notarius.....

640 (*600*). *Bordeaux, 22 mars 1274. — Reconnaissance de plusieurs hommes francs du roi habitant la prévôté de Barsac*[1].

Quidam homines francales domini regis in prepositura de Barsaco. — Noverint universi quod (*même date*) in presencia mei, Petri Roberti,..... Guillelmus Pujhol, Bernardus Pujhol, pro se et Raimundo Feureirer, tutor, ut dicitur, P. Amalvini de parochia de Prinhac, jurati et requisiti, dixerunt et recognoverunt quod ipsi sunt homines francales domini regis Anglie, et tenent corpora eorum, et terras, paduencia, prata, nemora, saltus, vineas, stagias et domos, et alia bona que habent in parochia de Prinhac et de Salternas. Item, dixerunt quod prepositus de Barssiaco habet super eos justiciam altam et bassam et, quando aliquis conqueritur de ipsis, iidem homines debent dare fidejussores seu cauciones ydoneas dicto preposito de stando juri coram ipso. Item, dixerunt quod debent sequi cum armis dictum prepositum per preposituram de Barssiaco. Item, dixerunt quod ipsi faciunt alia deveria consueta que alii homines francales de Barssiaco et de parochia de P[u]jols faciunt et debent facere. Item, dixerunt quod nichil alienaverant, nec habent allodia. Datum et actum Burdegale, die et anno predictis. Regnante ..... Testes hujus rei sunt: Bigorosus Bener, Johannes Alegre, Geraldus de Budos, vocati et rogati, et ego, predictus notarius.....

641 (*601*). *Bordeaux, 20 mars 1274. — Reconnaissance de Gaillard de Lavoque, damoiseau*[2].

Gailhardus de Rupe, domicellus. — Noverint universi quod, anno Domini .m°. cc°. lxxiii°., duodecima die exitus Marcii, in presencia mei, Petri Roberti,..... Galhardus de Rupe, domicellus, juratus et [requisitus], dixit et recognovit se tenere in feudum a domino rege Anglie, domino Hibernie seu duce Aquitanie, quicquid ipse habet in parochia de Cambis, excepta decima et feudo de Junquers. Item, quicquid habet in parochia de Quinsac tenet a domino rege Anglie, excepto prato et artiga. Item, dixit quod tenet a domino rege Anglie quicquid habet in parochia de Floriaco, et quicquid habet in parochia de Lenhan, et quicquid habet et tenet apud Montinhac in Medulco, et quicquid habet et tenet in parochia Sancti Caprasii, et hoc quod tenet in parochia d'Avarren et in loco appellato A Ssent Geremes, in parochia d'Avarriano; et quicquid tenet in parochia de Bauregh et ea quo Marestanus debet tenere ab eo. Item, dixit quod, pro istis supradictis, ipse est homo et miles dicti domini regis Anglie. Item, dixit quod debet viginti solidos sporle in mutacione domini. Item, dixit quod debet facere excercitum in sua propria persona, vel unius militis. Item, requisitus de allodiis si habebat, dixit quod non. Item, dixit quod nichil aliud tenet a domino rege Anglie seu duce Aquitanie. Item, dixit quod nichil alienaverat, nec alia deveria debet facere. Actum et datum Burdegale, die et anno predictis. Regnante..... Testes hujus rei sunt: Petrus (*fol. 180 v*) de Leujatz[3], miles, Petrus Bertrandi de Barssiaco,

---

[1] Anal. Arch. histor. Gir., t. V, p. 308. — [2] Anal. Arch. histor. Gir., t. V, p. 277. — [3] Ms. *Beynatz*.

Johannes Picardi, Johannes Alegre, Bigorosus Bener, Ottho de Pardelhan, vocati et rogati, et ego, predictus Petrus Roberti.....

642 (*602*). *Bordeaux, 20 mars 1274.* — *Reconnaissance de Bernard de Tresses, chevalier* [1].

Bernardus de Tressas, miles. — Noverint universi quod (*même date*) in presencia mei, Petri Roberti,..... Bernardus de Tressas, miles, juratus et requisitus, dixit et recognovit quod nichil tenet a domino rege Anglie. Item, dixit quod non habet allodia, nec aliquid alienaverat, et quod non debet facere homagium nec sacramentum fidelitatis. Actum et datum Burdegale, die et anno predictis. Regnante..... Testes hujus rei sunt : Petrus de Leujatz, miles, Petrus Bertrandi de Barssiaco, vocati et rogati, et ego, predictus Petrus Roberti.....

643 (*603*). *Bordeaux, 20 mars 1274.* — *Reconnaissance de Guillaume de Melon, damoiseau* [2].

Arnaldus Willelmi de Melon, domicellus. — Noverint universi quod (*même date*) [3] Arnaldus Willelmi de Melon, domicellus, juratus et requisitus, dixit et recognovit quod nichil tenet a domino rege Anglie. Item, dixit quod non habet allodia, et quod non debet facere homagium nec sacramentum fidelitatis. Actum et datum Burdegale, die et anno predictis. Regnante... Testes sunt : [Petrus de Leujatz, miles] [4], Petrus Bertrandi de Barssiaco, vocati et rogati, et ego, predictus Petrus Roberti.....

644 (*604*). *Bordeaux, 20 mars 1274.* — *Reconnaissance d'Amanieu de Longuevis, chevalier, de Bouliac* [5].

Amaneus de Longuevis, miles, de Boliac. — Noverint universi quod (*même date*) in presencia mei, Petri Roberti,... Amaneus de Longuevis, miles, de Boliac, juratus et requisitus, dixit et recognovit quod ipse debet et tenetur facere excercitum domino regi Anglie, una cum Bernardo d'Angludet, milite, parsionario suo. Item, dixit quod ambo debent facere excercitum, videlicet dictus Amaneus, una vice, pro se et suo parsionario predicto, et dictus parsionarius suus, pro se et pro dicto Amaneo, alia vice, pro rebus quas dixit se tenere a domino rege Anglie in parochia de Boliac, exceptis rebus quas tenet a capitali de Trena et a domino Turris et Sancti Severi[n]i et Sancti Andree. Item, dixit se tenere a domino rege Anglie res quas habet in pallude Sancti Lupi. Item, dixit quod nichil aliud tenet a domino rege Anglie, nec habet allodia, nec aliquid alienaverat, nec debet alia deveria. Actum et datum Burdegale, die et anno predictis. Regnante... Testes sunt : Petrus de Leujatz, miles, Petrus Bertrandi de Barssiaco, Johannes Picardi, Johannes Allegre, Bigorosus Bener, vocati et rogati, et ego, predictus Petrus Roberti..... (*fol. 181*).

645 (*605*). *Bordeaux, 20 mars 1274.* — *Reconnaissance de dame Aupays, tutrice de son fils, Guillaume Rainond Colom* [6].

Domina N'Aupays, tutrix G. R. Columbi, filii sui. — Noverint universi quod (*même date*) in presencia mei, Petri Roberti,..... domina N'Aupays, tutrix Guillelmi Ramundi Columbi, filii sui, ut dicitur, jurata et requisita, dixit et recognovit quod ipsa tenet, nomine dicti filii sui, in feudum a domino rege Anglie, domino Hibernie et duce Aquitanie, cum una laucea sporle in mutacione domini [7], quicquid habet a domino rege Anglie de porta Subtus Muro usque ad portale novum de Cayferna; item, dixit quod tenet a domino rege quicquid habet in parochia de Beicla, excepta decima, cum uno austurre sauro census [8], solvendo die beate Marie de medio Augusti. Item, dixit quod tenet a domino rege Anglie unam stagiam et dimidiam in feudo de Valantinban, quam tenet a domino rege

---

[1] Anal. Arch. histor. Gir., t. V, p. 278. — [2] Anal. Arch. histor. Gir., t. V, p. 278. — [3] Le scribe a omis la formule *in presencia*... — [4] Mots suppléés sur le modèle du n° précédent. — [5] Anal. Arch. histor. Gir., t. V, p. 278. — [6] Anal. Arch. histor. Gir., t. V, p. 278. — [7] En marge : *lancea sporle.* — [8] Ms. *consualis*. En marge : *unam austurum saurum census.*

Anglie. Item, dixit quod Helias Geraudi [et] Guillelmus de Sancto Remigio tenent unam stagiam ejusdem feudi cum suis tornalariis. Item, dixit quod Ffortho Bogesii et Johanna de Raols et P. d'Yson tenent unam stagiam ejusdem feudi cum suis tornaleriis. Item, dixit quod Helias de Balatinhan et Arnaldus de La Landa tenent unam stagiam ejusdem feudi cum suis tornelariis. Item, dixit quod Fortho Carpentarii tenet mediam stagiam ejusdem feudi cum suis tornelariis[1]. Et pro omnibus istis supradictis, dixit quod predictus Guillelmus Ramundi Columbi debet unum armigerum excercitus cum omnibus suis parsionariis. Item, dixit quod dictus Guillelmus Ramundi Columbi tenet a domino rege Anglie, seu duce Aquitanie, quicquid habet in parochia de Budos, racione affarii de Benaujas, cum quinque solidis sporle in mutacione domini[2]. Item, dixit quod nichil aliud tenet nec debet [tenere] a domino rege Anglie nec de predicto, nec aliquid alienaverat. Item, requisita de allodiis, dixit quod nesciebat, tamen habuit diem pro consilio usque ad diem dominicam. Et de hoc facta fuerunt duo instrumenta ejusdem tenoris...... Actum et datum Burdegale, die et anno predictis. Regnante..... Testes hujus rei sunt : Petrus de Laujatz, miles, Petrus Bertrandi de Barssiaco, Johannes Picardi, Johannes Alegre, Bigorosus Bener, Ottho de Pardelhan, vocati et rogati, et [ego], predictus P. Roberti.....

646 (606). *Bordeaux, 20 mars 1274. — Reconnaissance de Vital de Tabanac, clerc, au nom de sa mère, Contoria de Tabanac*[3].

Vitalis de Tabanaco, clericus. — Noverint universi quod (*même date*) in presencia mei, Petri Roberti,..... Vitalis de Tabanac, clericus, juratus et requisitus, per juramentum recognovit quod domina Comptoria de Tabanaco, mater sua, tenet in feudum a domino rege Anglie, domino Hibernie et duce Aquitanie, racione ducatus, quicquid habet cum sororibus suis in parochiis de Camarsac,

de Salabove et de Lopa; et pars predictarum rerum facit partem suam excercitus[4] unius militis, quam facit dominus Arnaldus Guilhelmi Bramon. Alia vero predicta domina, cum sororibus suis, tenet in allodio. Item, dixit quod nichil alienaverat. Item, dixit quod debet stare juri coram preposito de Inter duo maria. Item, dixit quod debet facere sacramentum fidelitatis. Actum et datum Burdegale, die et anno predictis. Regnante..... [Testes hujus rei sunt] : Petrus de Laujatz, miles, Petrus Bertrandi de Barssiaco, Johannes Picardi, Johannes Alegre, Bigorosus Bener (*fol. 181 v*), Ottho de Pardelhan, vocati et rogati, et ego, predictus notarius.....

647 (607). *Bordeaux, 20 mars 1274. - Reconnaissance de Bernard d'Arroquer de Carignan, damoiseau*[5].

Bernardus d'Arroquer de Karinhan. — Noverint universi quod (*même date*) in presencia mei, Petri Roberti,..... Bernardus d'Arroquier de Karinhan, domicellus, juratus et requisitus, recognovit se tenere in feudum a domino rege Anglie omnes vineas et terras et pratum quod ipse habet in parochiis de Torne et de Tavanaco. Et pro istis debet eidem facere fidelitatem, et debet unam ferraturam unius equi sporle in mutacione domini[6], videlicet de ferris et clavibus. Item, dixit quod nichil aliud tenet nec debet tenere, nec quod non habet allodia, nec aliquid alienaverat; et debet stare juri coram preposito de Inter duo maria; et debet facere homagium et sacramentum fidelitatis. Actum et datum Burdegale, die et anno predictis. Regnante ..... Testes sunt : P. de Laujatz, miles, P. Bertrandi de Barsiaco, Johannes Picardi, Johannes Alegre, vocati et rogati, et ego, predictus notarius.....

648 (608). *Bordeaux, 20 mars 1274. — Reconnaissance de Gaillard de Soler*[7].

Dominus Gualhardus de Solerio. — Noverint uni-

---

[1] Le scribe a mis indifféremment *tornalariis* et *tornelariis*. — [2] En marge : *sporl. .v. sol.* — [3] Anal. Arch. histor. Gir., t. V, p. 278. — [4] Ms. *excercitum*. — [5] Anal. Arch. histor. Gir., t. V, p. 278. — [6] En marge : *ferratura unius equi sporle*. — [7] Anal. Arch. histor. Gir., t. V, p. 278.

versi quod (*même date*) in presencia mei, Petri Roberti,..... dominus Gualhardus de Solerio, juratus et requisitus, dixit et recognovit se [nichil] tenere in feudum a domino rege Anglie, domino Hibernie et duce Aquitanie; tamen dixit et recognovit se esse homo domini regis Anglie, racione castri de Belino cum honore et pertinenciis ipsius. Item, dixit et recognovit quod debet ei excercitum de persona sua, vel de uno milite. Item, dixit quod debet eidem unam lanceam sporle in mutacione domini [1]. Item, dixit et recognovit quod ipse est homo ejusdem domini regis Anglie et ducis Aquitanie pro affario de La Fforest cum pertinenciis suis, et pro affario de Corberac cum pertinenciis suis, et pro affario de Las Comas cum pertinenciis suis. Item, dixit et recognovit quod debet ei, quolibet anno, in festo sancti Michaelis, pro predictis, unum austurum saurum [2] apud castrum Burdegale portatum. Item, dixit quod, si contingeret quod dictus dominus rex, vel mandatum suum, inveniret quod dictus Gualhardus debet plus tenere ab eo, dominus Gualhardus posset hoc invenire. Item, dixit quod nichil alienaverat. Super allodiis requisitus, dixit quod ipse est paccatus de responsione aliorum burgensium Burdegale [3]. Item, dixit et recognovit dictus dominus Gualhardus de Solerio quod dictus dominus rex investivit eum de omnibus rebus predictis cum predictis deveriis [4]. Et de hoc facta fuerunt duo instrumenta..... Actum et datum Burdegale, die et anno predictis. Regnante..... Testes hujus rei sunt: Johannes Picardi, Bigorosus Bener, Johannes Alegre, Amalbinus de Barresio junior, Petrus Bertrandi de Barssiaco, Oliverus de Lilhan [5], milites, vocati et rogati, et ego, predictus P. Roberti.....

649 (609). *Bordeaux, 20 mars 1274. — Reconnaissance d'Élie Viger de Saint-Pierre, en son nom et au nom de son frère, Pierre Viger* [6].

Helias Vigerii de Sancto Petro. — Noverint universi quod (*même date*) in presencia mei, Petri Roberti,..... Helias Vigerii de Sancto Petro, nomine suo et Petri Vigerii, fratris sui [7], juratus et requisitus (*fol. 182*), dixit et recognovit se tenere, una cum parssionariis suis, in feudum a domino rege Anglie, domino Hibernie et duce Aquitanie, nomine ducatus, domum suam de Sancto Petro Burdegale sitam inter domum Ramundi de Camperiano, ex parte una, et portum Sancti Petri, ex altera, prout durat in longum dicta domus cum pertinenciis suis a magna carreria [8], ex parte anteriori, usque ad ymum [9] maris, ex parte posteriori, cum duodecim denariis sporle in mutacione domini [10]. Et dixit quod nichil aliud debet facere dicto domino regi racione dicte domus. Super allodiis requisitus, dixit quod ipse est contentus responsione aliorum burgensium. Et de hoc facta fuerunt duo instrumenta ejusdem tenoris..... Actum et datum Burdegale, die et anno predictis. Regnante..... Testes sunt hujus rei: Johannes Picardi, Bigorosus Bener, Johannes Alegre, Amalbinus de Barresio junior, P. Bertrandi de Barssiaco, Oliverus de Lilhan, milites, vocati et rogati, et ego, predictus Petrus Roberti.....

650 (610). *Bordeaux, 20 mars 1274. — Reconnaissance de Guillaume Boca de Fronsac* [11].

Guillelmus Boca de Fronciaco. — Noverint universi quod (*même date*) in presencia mei, Petri Roberti,..... Guillelmus de Boca de Frunciaco, juratus et requisitus, recognovit se tenere in feudum a domino rege Anglie, domino Hibernie et duce Aquitanie, tres homines a Romanhac [12] et unum hominem a Rions [13], cum decima parte cujusdam militis de excercitu, racione castellanie [14] Ffronciaci; et tenet vineam de Grava, cum octo denariis de obliis [15] exsolvendis annuatim in festo

---

[1] En marge: *exercitum de uno milite.* — [2] En marge: *census in festo sancti Michaelis unius* (corr. *unus*) *austurus.* — [3] La réponse des bourgeois de Bordeaux est dans le *Livre des Coutumes*, p. 508. — [4] Ms. *denariis.* — [5] Ms. *Lohan.* — [6] Anal. Arch. histor. Gir., t. V, p. 279. — [7] Ms. *fratre suo.* — [8] Ms. *correria.* — [9] Ms. *ymam.* — [10] En marge: *xij. d. sporl.* — [11] Anal. Arch. histor. Gir., t. V, p. 279. — [12] Ms. *Arromanhac.* — [13] Ms. *Arrions.* — [14] Ms. *castalanie.* — [15] En marge: *viij. d. obliarum.*

Nativitatis Domini, et cum den. [1] sporle ad castrum Fronciaci. Item, tenet terram de Cortes, cum duobus s. de obliis [2] exsolvendis in festo Pasche annuatim ad castrum Burdegale. Item, tenet vineam de Podiocoqut, apud Sanctum Emilianum, cum quarto fructuum portato infra villam. Item, tenet terram d'Anguille, cum tribus denariis [de] obliis portatis apud Ffronciacum in festo Natalis Domini, et cum duobus denariis sporle [3]. Item, tenet stagiam Arnaldi Boquerii et Petri Boquerii cum suis pertinenciis, cum uno pari cirothecarum albarum sporle [4], ad castrum Fronciaci. Item, dixit quod nichil tenet, nec habet allodia, nec aliquid alienaverat, nec debet facere alia deveria. Item, dixit quod debet stare juri coram castellano Ffronciaci. Actum et datum Burdegale, die et anno predictis. Regnante..... Testes hujus rei sunt : Johannes Picardi, Bigorosus Bener, Johannes Allegre, Amalbinus de Baresio, junior, P. Bertrandi de Barssiaco, Oliverus de Lilhan [5], domicellus, vocati et rogati, et ego, predictus notarius.....

651 (611). *Bordeaux, 20 mars 1274. — Reconnaissance de Guillaume de Cursan* [6].

Guillelmus de Cursan. — Noverint universi quod (*même date*) in presencia mei, Petri Roberti,..... Guillelmus de Cursan, juratus et requisitus, dixit et recognovit quod ipse debet excercitum de suo corpore domino regi Anglie stagia, et de nemore, et de vineis que tenet et tenere debet in parochia de Boliac, exceptis feudis que tenet a captano de Trena et Amanevo de Taudiars. Item, dixit quod non habet allodia, nec aliquid alienaverat, nec aliud tenet a domino rege Anglie memorato. Actum et datum Burdegale, die et anno predictis. Regnante..... Testes sunt : Johannes Picardi, Bigorosus Bener, Johannes Alegre, vocati et rogati, et ego, predictus notarius.....

652 (612). *Bordeaux, 20 mars 1274. — Reconnaissance de Geofroi Gombaud, damoiseau.*

Gaufridus Gombaudi. — Noverint universi quod (*même date*) in presencia mei, Petri Roberti (*fol. 182 v*)..... Gaufridus Gombaudi, domicellus, juratus et requisitus, dixit et recognovit se tenere a vicecomite de Ffronciaco, racione domine Yspanie de Burgo, matris domini vicecomitis, medietatem decime parochie Sancti Mariani en Borzes [7]; item, quicquid habet in parochia Sancti Bibiani [8], excepta domo de Biano quam [9] non tenet ab eo. Et de hoc debet eidem homagium et duos solidos sporle in mutacione domini [10]. Item, quicquid habet et habere debet apud Ffronciacum et citra tenet ab eo cum homagio et cum duobus solidis sporle in mutacione domini, racione vicecomitis antedicti. Item, dixit quod nichil aliud tenet, nec habet allodia, nec aliquid alienaverat, nec aliud debet facere domino regi memorato. Actum et datum Burdegale, die et anno, predictis. Regnante ..... Testes hujus rei sunt : Johannes Picardi, Johannes Alegre, Bigorosus Bener, Amalbinus de Baresio, junior, Petrus Bertrandi de Barssiaco, miles, Oliverus de Lilhan [11], domicellus, vocati et rogati, et ego, predictus notarius.....

653 (613). *Bordeaux, 20 mars 1274. — Reconnaissance de Péronelle de Lamote et de Gaillard d'Eyrans, damoiseau.*

Petronilla de Mota et Galhardus d'Ariano. — Noverint universi quod (*même date*) in presencia mei, Petri Roberti, ... Petronilla de Mota et Galhardus d'Ariano, domicellus, nomine Guillelmi Ramundi d'Arriano, patris sui, jurati et requisiti, dixerunt et recognoverunt se tenere a domino rege Anglie, domino Hibernie et duce Aquitanie, omnia bona que ipse habet in parochiis Sancti Quintini et de Varon, et omne illud quod predicta Petronilla dividit in parochia de Sancto Germano cum Guillelmo Raymundi d'Ayrano, excepta decima de Sancto Quintino. Item, dixit dominus Gualhardus quod Guillelmus Ramundi, domicellus, tenet

---

[1] Le chiffre des deniers a été omis. — [2] En marge : *.ij. s. obliarum*. — [3] En marge : *.ij. d. sporl*. — [4] En marge : *par cyrothecarum sporle*. — [5] Ms. *Dalhan*. — [6] Anal. Arch. histor. Gir., t. V, p. 280; de même le n° suivant. — [7] *Enboyzes*. Il s'agit ici du pays de Bourg, ou Bourgès. — [8] Ms. *Sancti Buliani*. — [9] Ms. *que*. — [10] En marge : *.ij. s. sporl. Item, .ij. s. sporl*. — [11] Ms. *Liulham*.

et tenere debet a domino rege Anglie seu duce Aquitanie omnia bona que ipse habet in parrochiis de Sancto Quintino, d'Avaron, de Narjano[1], de Sancto Germano, et de Sancto Caprasio, et de Cambis; videlicet quod dicta domina Petronilla et dictus domicellus debent facere de premissis, eidem domino regi, semel in anno, excercitum unius militis spacio quadraginta dierum, dum ab ipso, vel ejus mandato, fuerint requisiti. Et Gualhardus d'Ayrano, filius dicti Guillelmi Ramundi, domicelli, recognovit quod omnia et singula premissa pater suus tenebat ab ipso domino rege. Verumtamen, si ipsi possint addiscere[2] quod amplius teneant ab ipso domino rege vel ei plus facere debeant de premissis, dum certi[3] fuerint, parati sunt illud certificare ipsi domino vel ejus locum tenenti et, si aliquid deest, fideliter adimplere. Item, dixerunt quod nichil alienaverant de premissis. Actum et datum Burdegale, die et anno predictis. Regnante..... Testes sunt: Johannes Picardi, Bigorosus[4] Bener, Johannes Alegre, Amalbinus de Baresio junior, Petrus Bertrandi de Barssiaco, miles, Oliverus de Lilhan[5], domicellus, vocati et rogati, et ego, predictus notarius.....

654 (614). *Bordeaux, 20 mars 1274. — Reconnaissance de Bernard de Laroque*[6].

Bernardus de Rupe. — Noverint universi quod (*méme date*) in presencia mei, Petri Roberti, ... Bernardus de Rupe, juratus et requisitus, dixit et recognovit se tenere in feudum a domino rege Anglie, domino Hibernie et duce Aquitanie, quicquid habet in parochiis Sancti Petri de Quinsac in Baresio, et de Bassens, et Sancte Eulalie[7] in Baresio, Ingrava in Baresio, excepto hoc quod tenet a venerabili domino Amalbino de Baresio; excepto illo[8] quod tenet a Johanne de La Lande et domina Fina, uxore ejus; excepto [illo quod tenet ab][9] Ayquelmo Guillelmi de Dampiano, domicello; excepto illo quod tenet a Poncio de Cantamerla, et excepto illo quod tenet de N'Alaide[10] de Virac, et excepto illo quod tenet ab Arnaldo Petri de Coquiac, et excepto illo quod tenet a Johanne de Sancto Lupo. Item, dixit quod tenet omnia que habet in dictis parochiis, preter illa que excipiuntur, cum duodecim denariis et cum excercitu (*fol. 183*). Item, dixit quod nichil aliud tenet, nec debet facere alia deveria; et nichil alienaverat, nec habet allodia. Et pro istis debet stare juri coram senescallo Vasconie. Actum et datum Burdegale, die et anno predictis. Regnante..... Testes sunt: Johannes Picardi, Bigorosus Bener, Johannes Alegre, vocati et rogati, et ego, predictus notarius.....

655 (615). *Bordeaux, 20 mars 1274. — Reconnaissance d'Arnaud de Brantirat, de Guitres*[11].

Arnaldus de B[r]antirat, de Aquestris. — Noverint universi quod (*méme date*) in presencia mei, Petri Roberti,..... Arnaldus de B[r]antirat, de Aquestris, juratus et requisitus, dixit et recognovit quod ipse tenet inter Dordoniam, in parochia de Sablon, stagiam de Borbel, [stagiam] de Merseir, stagiam [de] Papon, stagiam de Rua, stagiam de Thoyhac, stagiam de Langaubaudaria, stagiam de Biortz, cum quinque solidis sporle in mutacione domini, et homagio franco, secundum foros et consuetudines Burdegale. Et dixit quod omnia ista tenet a domino [de] Fronsiaco cum debitis supradictis que[12] debet facere apud Ffronciacum vel in honore. Item, dixit quod non habet allodia[13], nec aliquid alienaverat, nec aliquid aliud tenet, nec debet facere alia deveria. Item, dixit quod debet stare juri coram castellano de Ffronciaco. Actum et datum Burdegale, die et anno predictis. Regnante..... Testes sunt : Johannes Alegre, Bigorosus Bener, Guiscardus de Betalha[14], domicellus, Ramundus de Betalha, P. Arnaldi de Caupena, Arnaldus de Tabanac, vocati et rogati, et ego, predictus notarius.....

---

[1] Ms. *danariano.* — [2] Ms. *adissere.* — [3] Ms. *ceteri.* — [4] Ms. *Ricorosus.* — [5] Ms. *Liulhan.* — [6] Anal. Arch. histor. Gir., t. V, p. 280. — [7] Ms. *Sancti Eulalii.* — [8] Ms. *illud* (trois fois). — [9] Mots suppléés par conjecture. — [10] Ms. *Naladem.* — [11] Anal. Arch. histor. Gir., t. V, p. 280. — [12] Ms. *quod.* — [13] Ms. *allodiam.* — [14] Ms. *Retalha.*

656 (616). *Bordeaux, 21 mars 1274.* — *Reconnaissance d'Amanieu de Curton et d'Arnaud de Bernard, à raison de leurs femmes* [1].

Amanevus de Curton. — Noverint universi quod, anno Domini .m° .cc° .lxxiij°, undecima die Marcii, in presencia mei Petri Roberti, ... Amanevus de Curton, juratus et requisitus, dixit et recognovit, racione Maussete [2], uxoris sue, et Arnaldus Bernardi, juratus et requisitus, dixit et recognovit, racione Thomasse, uxoris sue, quod dicte mulieres habent terram inter Dordoniam, de qua terra dicte mulieres debent facere homagium domino de Castellione, et debent quinque solidos sporle in mutacione domini [3]. Tamen dixerunt dicti homines quod uxor dicti Amanevi de Curton debet degarire dictam terram predicte Thomase, uxoris dicti Arnaldi Bernardi. Item, dixerunt quod non habent allodia, nec aliquid alienaverant, nec debent alia deveria facere. Actum et datum Burdegale, die et anno predictis. Regnante ..... Testes sunt : Johannes Alegre, Bigorosus Bener, Guiscardus de Betalba, domicellus, Ramundus de Betalba, Petrus Arnaldi de Caupena, Arnaldus de Tabenac, vocati et rogati, et ego, predictus notarius....

657 (617). *Bordeaux, 21 mars 1274.* — *Reconnaissance de plusieurs hommes francs du roi habitant la prévôté de Barsac* [4].

Quidam homines francales domini regis in preposituram de Barsaco. — Noverint universi quod (*même date*) in presencia mei, Petri Roberti, ... Guillelmus de Branas, P. de Branas, Vitalis de Branas, Raymundus Ayquelmi, Ffortho Ffevrier, Arnaldus de Podio, Geraldus de Trabes, Vitalis de Trabes, Garcias de Palu, Vitalis de Palu, Ramundus de Palu, Martinus de Palu, P. Agudz, Guarsias d'Arnaut, Ramundus de Agud, Ramundus de Gitan, P. de Gitan, Guillelmus Petri, W. Peir, filius Petri Tarassa, jurati et requisiti, dixerunt et recognoverunt se esse homines domini regis Anglie, domini Hibernie et ducis Aquitannie, et dixerunt et recognoverunt se tenere a domino rege Anglie et duce predicto, racione ducatus, domos, terras, nemora, vias, aquas, herbas et possessiones eorumdem, et omnia que ipsi homines predicti habent et habere debent in parochiis de Salternas et de Prinhaco. Item, dixerunt et recognoverunt quod ipsi debent facere predicto domino regi et duci talia jura et (*fol. 183 v*) deveria sicut homines francales de Barsiaco faciunt et debent facere domino regi Anglie et duci predicto. Item, dixerunt quod habet [5] super eis dominus rex magnam justiciam et parvam ; et debent stare juri coram suo preposito de Barssiaco et dare fidejussores pro omnibus mandatis ; et dixerunt quod debent facere sacramentum fidelitatis dicto preposito ; et dixerunt quod ipsi et quilibet ipsorum debent sequi dictum prepositum per preposituram de Barssiaco, sicut ceteri homines de Barssiaco faciunt et debent facere. Item, dixerunt quod nichil alienaverant de predictis que tenere debeant a domino rege et duce predicto, nec antecessores sui ; et dixerunt quod non habent allodia, nec alia deveria debent facere domino regi et duci predicto, preter superius nominata. Et de hoc facta fuerunt [6] duo instrumenta ejusdem tenoris..... Actum et datum Burdegale, die et anno predictis. Regnante ..... Testes hujus rei sunt : Bigorosus Bener, Johannes Alegre, Geraldus de Budos, P. Bertrandi, P. de Villasentud, B. de Villasentud, ad hoc specialiter vocati et rogati, et ego, [predictus] P. Roberti.....

658 (618). *Bordeaux, 21 mars 1274.* — *Reconnaissance de plusieurs hommes francs du roi habitant la paroisse de Saint-Jean-d'Estomptes* (*La Brède*) [7].

Quidam homines francales domini regis parochie Sancti Johannis d'Estomptes. — Noverint universi quod (*même date*) in presencia mei, Petri Roberti, ... Petrus de Artiga, filius Ramundi de Artiga, pro se et Willelmo de Artiga, Petrus de

---

[1] Anal. Arch. histor. Gir., t. V, p. 308. — [2] Ms. *recognovit se tenere Maussete.* — [3] En marge : *.v .s. sporl.* — [4] Anal. Arch. histor. Gir., t. V, p. 308. — [5] Ms. *debent.* — [6] Ms. *fuerant.* — [7] Anal. Arch. histor. Gir., t. V, p. 309.

Artiga, Arnaldus de Artiga, Ramundus de Artiga, pro se et [pro] Willelmo de Artiga, filio Arnaldi de Artiga, parochiani Sancti Johannis d'Estomptis[1], jurati et requisiti, dixerunt et recognoverunt quod ipsi sunt homines domini regis Anglie, domini Hibernie et ducis Aquitanie. Item, dixerunt se tenere ab ipso domino rege stagias, terras, vineas, paduencia et possessiones existentes in dicta parochia, cum viginti denariis quos debent solvere preposito de Barssiaco, quocienscumque dictus dominus rex excercitus suos mandet[2]; et dictus prepositus debet eis dictos excercitus nunciare et ipsi solvere eidem preposito denarios antedictos; et alia jura eidem domino regi facere non tenentur; et ipsos debet dominus rex defendere tanquam suos. Item, dixerunt quod debent facere et prestare sacramentum fidelitatis. Item, dixerunt quod non habent allodia, nec aliquid alienaverant. Et de hoc facta fuerunt duo instrumenta ejusdem tenoris . . . . . Datum et actum Burdegale, die et anno predictis. Regnante. . . . . Testes hujus rei sunt : Johannes Alegre, Geraldus de Budos, Petrus Bertrandi, Petrus de Villasentud, B. de Villasentud, ad hoc specialiter vocati et rogati, et ego, predictus P. Roberti. . . . .

659 (619). *Bordeaux, 21 mars 1274. — Reconnaissance de Bernard Tossa pour lui et pour son frère Vital, hommes francs du roi*[3].

Bernardus Tossa et Vitalis Tossa, ejus frater. — Noverint universi quod (*même date*) in presencia mei, Petri Roberti, ... Bernardus Tossa, pro se et Vitali Tossa, fratre suo, juratus et requisitus, dixit et recognovit quod ipsi sunt homines fraucales domini regis Anglie. Item, debent dare fidejussores pro omnibus mandatis. Item, dixerunt quod ipsi habent allodia in parochia d'Ilatz, videlicet terras cultas. Item, dixerunt se tenere ab ipso domino rege aquas, vias et paduentia. Item, dixerunt quod nichil alienaverant, nec habent allodia. Datum et actum Burdegale, die et anno predictis. Regnante. . . . . Testes hujus rei sunt :

Bigorosus Bener, Johannes Alegre (*fol. 184*), Geraldus de Budos, vocati et rogati, et ego, predictus notarius. . . . .

660 (620). *Bordeaux, 21 mars 1274. — Reconnaissance d'hommes de la contau de Portets et de Castres.*

Homines de la Comptau. — Noverint universi quod (*même date*) in presencia mei, Petri Roberti, ... Bernardus Durriet, Petrus de Grava, Vitalis Leger, pro eis et pro aliis hominibus de la comptau[4] de Portello et de Castris, ut dixerunt, jurati et requisiti, dixerunt et recognoverunt se tenere a domino rege Anglie, domino Hibernie et duce Aquitanie, terras, vineas, nemora, aquas, saltus, herbas, prata, que dictus dominus rex habet in dictis parochiis de Portello et de Castris. Et de hoc dixerunt et recognoverunt se debere tres porcos pellatos et mundos, videlicet pejorem et meliorem quos poterunt invenire in foro Burdegale; et post, unum porcum medie quantitatis. Debent eciam quadraginta panes albos, de quibus qui plus currant per villam Burdegale; et hoc[5] debent in mutacione senescalli Vasconie. Et hoc debent presentare senescallo proprie in villa Burdegale, ubicumque sit in villa. Facta autem presentacione, Gaufridus de Blavia, sive mandatum suum, debet hoc capere. Postea, dicti homines super hoc debent unam haubergatam in anno illi qui tenet[6] locum dicti domini regis et, si ipse locumtenens non haubergel cum dictis hominibus in anno, ipsi homines debent eidem solvere sex libras monete Burdegalensis pro haubergata predicta[7]. Soluto cornagio supradicto, ipse senescallus debet reddere portatoribus ejusdem juris unum carterium porci inmediate precedenti (*sic*), et octo panes. Et pro isto deverio dominus rex debet ipsos homines defendere ab omni injuria et violencia, et bonam garantiam asportare. Item, dixerunt quod nichil alienaverant, nec habent allodia, nec debent facere alia deveria. Et de hoc facta fuerunt duo instrumenta ejus-

---

[1] Ms. *de Scriptis*. — [2] En marge : *xx. d. excercitus*. — [3] *Anal. Arch. histor. Gir.*, t. V, p. 309; de même le n° 660. — [4] Ms. *la Temptau*. — [5] Ms. *et de hoc*. — [6] Ms. *illo qui tenent*. — [7] En marge : *debent vj. lib. de albergata*.

dem tenoris..... Datum et actum Burdegale, die et anno predictis. Regnante..... Testes hujus rei sunt : Bigorosus Bener, Johannes Alegre, Geraldus de Budos, Petrus Bertrandi, Petrus de Villasentud, Bernardus de Villasentud, ad hoc specialiter vocati et rogati, et ego, predictus Petrus Roberti.....

661 (621). *Bordeaux, 21 mars 1274. — Reconnaissance d'hommes francs du roi habitant la paroisse de Castres*[1].

Arnaldus et Helias Regis. — Noverint universi quod (*même date*) in presencia mei, Petri Roberti,..... Arnaldus Regis et Helias Regis, parochiani de Castris, jurati et requisiti, dixerunt et recognoverunt se esse homines francates domini regis Anglie seu ducis Aquitanie, et tenent ab ipso corpora eorum et paduencia communia existencia in parochia antedicta. Et dictus Arnaldus dixit se tenere ab ipso domino rege novem[2] sadones terre, et dictus Helias Regis duodecim sadones terre existentes in parochia antedicta, et paduencia communia, et aquas. Et pro premissis, debent (*fol. 184 v*) dare fidejussores preposito de Barssiaco pro omnibus mandatis, et juvare ipsum prepositum cum armis, si aliquis in baylia sua inferret [ei] molestiam vel jact[ur]am. Et eidem preposito debent facere sacramentum fidelitatis et stare juri coram ipso. Item, dixerunt quod nichil alienaverant, nec habent allodia. Datum et actum Burdegale, die et anno predictis. Regnante ..... Testes sunt : Bigorosus Bener, Johannes Alegre, Geraldus de Budos, vocati et rogati, et ego, predictus notarius.....

662 (622). *Bordeaux, 21 mars 1274. — Reconnaissance de Guillaume Raimond des Bordes, de Saint-Sève, habitant la prévôté de Barsac, pour lui et pour son père, Raimond de Valeyrac, damoiseau*[3].

Guillelmus Ramundi de Bordis. — Noverint universi quod (*même date*) in presencia mei, Petri Roberti,..... Guillelmus Ramundi de Bordis, de Sancto Severo, existens in prepositura de Barssiaco, nomine suo et Ramundi de Balirac, domicelli, patris sui, juratus et requisitus, dixit et recognovit quod ipse et pater suus tenent a domino castri de Benauges stagiam in qua morantur, sitam in loco appellato A Las Bordas, et molendinum suum, situm ibidem, et omnes vineas et terras cultas, et quendam feodatarium quem habet in dicto loco de Las Bordas, qui vocatur Ramundus de Bordis, cum quindecim solidis sporle in mutacione domini[4]. Tamen prepositus de Berssiaco habet in eis justiciam altam et bassam. Dixit tamen quod, si prepositus de Berssiaco habet dissencionem cum aliquo, ipsi debent dictum prepositum sequi cum armis, per unam diem, ad expensas ipsorum hominum, ad defendendum jus et jurisdiccionem et dominium dicti domini regis, et alibi, ubicumque voluerit; tamen prima die qua fuerint cum ipso preposito cum armis ad expensas ipsorum transacta, ex tunc, quamdiu fuerunt cum dicto preposito cum armis, negocium domini regis persequendo, idem prepositus debet eos providere in victualibus. Tamen idem prepositus de Barssiaco potest mandare eis quod sibi dent cauciones de stando juri coram ipso, si aliquis conqueratur de ipsis. Item, debent stare juri coram dicto preposito. Dixit tamen quod nichil alienaverat, nec habet allodia. Datum et actum Burdegale, die et anno predictis. Regnante..... Testes sunt hujus rei : Bigorosus Bener, Johannes Alegre, Geraldus de Budos, vocati et rogati, et ego, predictus notarius.....

663 (623). *Bordeaux, 21 mars 1274. — Reconnaissance d'Amanieu Artaud comme tuteur de Guillaume Bernard, fils de Bernard de Latujère*[5].

Guillelmus Bernardi, filius Bernardi de Latujera. — Noverint universi quod (*même date*) in presencia mei, Petri Roberti,..... Amaneus Artaudi, tutor, ut dicitur, Guillelmi Bernardi, filii Bernardi de Latujera, juratus et requisitus, dixit

---

[1] Anal. Arch. histor. Gir., t. V, p. 310. — [2] Ms. *nomine*. — [3] Anal. Arch. histor. Gir., t. V, p. 310. — [4] En marge : *xv. sol. sporl.* — [5] Anal. Arch. histor. Gir., t. V, p. 310. Cf. Baurein, *Var. Bord.*, t. III, p. 65.

et recognovit quod dictus Guillelmus est homo domini regis Anglie et tenet corpus suum a dicto domino rege. Item, tenet a dicto domino rege totam terram quam habet in parochia Sancti Severii, videlicet de Latujera. Item, dixit quod tenetur prestare sacramentum fidelitatis preposito de Barssiaco et dare eidem fidejussores pro omnibus mandatis (*fol. 185*); et habet super eum magnum et parvam justiciam; et dixit se tenere a domino rege Anglie aquas, vias et paduencia existencia in eadem parochia. Item, dixit quod debet talia deveria, sicut homines francales de prepositura de Barssiaco faciunt et debent facere; et dixit quod non habet allodia, nec aliquid alienaverat. Datum et actum Burdegale, die et anno predictis. Regnante..... Testes hujus rei sunt : Bigorosus Bener, Johannes Alegre, Geraldus de Budos, vocati et rogati, et ego, predictus notarius.....

664 (*624*). *Bordeaux, 21 mars 1274*. — *Reconnaissance de Raimond Cassanhas, chevalier, de Bourg-sur-Mer*[1].

Ramundus Cassanhas, miles, de Burgo. — Noverint universi quod (*même date*) Ramundus Cassanhas, miles, de Burgo, juratus et requisitus, dixit et recognovit se habere in allodio[2] terras et alias possessiones quas[3] ipse habet, vel que tenentur ab eo, et quas[4] habet et habere debet in parochia de Lanssac; item, omne illud quod ipse habet et quod tenetur[5] ab eo in loco appellato A Chaujon; item, pratum de Sancto Cirico quod est prope illud quod tenet de abbate de Burgo. Item, dixit quod non habet plura allodia, nec aliquid alienaverat; et dixit quod debet stare juri coram castellano de Burgo. Datum et actum Burdegale, die et anno predictis. Regnante..... Testes sunt hujus rei : Gaucem Tort, Ayquardus Fforthonis de Burgo, Guillelmus Ricardi[6], P. Oliverii, Helias Vacheir, Petrus de Laujatz, miles, vocati et rogati, et ego, Petrus Roberti, publicus notarius.....

665 (*625*). *Bordeaux, 20 mars 1274*. — *Reconnaissance d'Arnaud Guillaume de Lestage, de Raymond, dit comte de Bernat, de Raimond de Lestage, damoiseaux, et de Nicolas de Davinhan, pour eux et pour leurs parçonniers dans l'Entre-deux-mers*[7].

Arnaldus Guillelmi de Stagia et quidam alii parcionarii. — Noverint universi quod, anno Domini .m.ᵒ .ccᵒ .lxxiij°., duodecima die exitus Marcii, Arnaldus Guillelmi de Stagia, Ramundus, dictus comes de Bernat, Ramundus de Stagia, domicelli, et Nicholaus de Davinhan, pro se et parssionariis suis, jurati et requisiti, recognoverunt quod ipsi debent et tenentur facere domino regi Anglie, domino Hibernie et duci Aquitanie, excercitum, videlicet alter ipsorum, pro hominibus et pro possessionibus, deveriis et juribus que habent et tenent ab ipso domino rege inter duo maria. Et de ipsis sunt parssionarii ipsorum Arnaldus de Fonte-Cornela, Ramundus, frater ejus, Petrus Servientis, Thomas de Cerauna, racione uxoris sue, et Guillelmus Bogesii, pro uxore sua, Trencardus et Guillelmus de Grissan, et uxor Guillelmi Garnerii, junioris, et Maria de Peratge, Heliona de Moyssac et Andreas de Moyssac; et omnes isti debent facere et tenentur eidem domino regi excercitum premissum, videlicet alter ipsorum, pro omnibus terris[8] quas tenent a domino rege Anglie in parochiis de Salabove, et de Pompenhac, et de Lopa, et de Sancto Germano. Item, dixerunt quod nichil aliud tenent, nec debent tenere, nec aliquid alienaverant, nec habent alodia, nec debent alia deveria. Item, debent stare juri coram preposito de Inter duo maria. Datum et actum Burdegale, die et anno predictis. Regnante..... Testes hujus rei sunt, ad hoc specialiter vocati et rogati : Petrus de Laujatz, miles, P. Bertrandi de Barssiaco, Johannes Picardi, Johannes Alegre, Bigorosus Bener[9], Ottho de Pardelhan; et ego, Petrus Roberti, publicus notarius..... (*fol. 185 v*).

---

[1] Anal. Arch. histor. Gir., t. V, p. 310. — [2] Ms. *allodia*. — [3] Ms. *que*. — [4] Ms. *que*. — [5] Ms. *et que tenentur*. — [6] Ms. *Rici* (avec un trait d'abréviation au-dessus de la dernière lettre). — [7] Anal. Arch. histor. Gir., t. V, p. 281. — [8] Ms. *pro omnibus et pro terris*. — [9] Ms. *Benir*.

666 (626). *Bordeaux, 20 mars 1274.* — *Reconnaissance d'Aicard Audoin, chevalier* [1].

Ayquardus Audoini. — Noverint universi quod (*méme date*) Ayquardus Audoini, miles, juratus et requisitus, dixit et recognovit se tenere in feudum a domino rege Anglie, domino Hibernie et duce Aquitanie, racione vicecomitis de Ffronsiaco, homines artigar[um] cum pertinenciis eorumdem, et quicquid juris habet in nemore de Marcanes, ipse Ayquardus, ut [2] heres Amalvini de Burgo, domicelli quondam; item, quartam partem vigerie quam habet in parochiis de Cupsac, Sancti Gervasii, de Caselas, de Prinsaco, de Marcanis, Sancti Laurencii, de Virzac et de Albia, et quartam partem nundinarum et pedagiorum que proveniunt de parochiis supradictis; que omnia supradicta tenet idem Ayquardus a domino rege Anglie et duce predicto cum homagio et cum decem solidis sporle in mutacione domini, racione dicti vicecomitis. Item, dixit quod nichil aliud tenet. Super allodiis, debet cras respondere. Item, dixit quod debet facere homagium et sacramentum fidelitatis. Dixit tamen quod nichil alienaverat. Actum et datum Burdegale, die et anno predictis. Regnante..... Testes hujus rei sunt ad hoc specialiter vocati et rogati : Johannes Picardi, Bigorosus Bener, Johannes Alegre, Amalvinus de Barcsio, junior, Petrus Bertrandi, Oliverus de Lilhano et Petrus Roberti [3]. (*Fol. 186.*)

667 (627). *Bordeaux, 20 mars 1274.* — *Reconnaissance d'Alaïde de Blanquefort, autorisée par son mari, Bernard Trencaléon* [4].

Blancaffort. — Noverint universi quod (*méme date*) domina Alaidis de Blancafort, jurata et requisita, dixit et recognovit, cum auctoritate et assensu Bernardi Tre[n]calconis, mariti sui, se tenere in feodum a domino rege Anglie, domino Hibernie et duce Aquitanie, castrum de Blancaford, cum pertinenciis et honore castri ejusdem; de quibus eadem domina debet eidem domino regi homagium facere et mittere duos milites [5] ad excercitum domini regis. Item, dixit eadem domina quod ipsa tenet ab eodem domino rege [6], et debet facere homagium, et debet mittere unum militem ad excercitum dicti domini regis [7], et centum solidos sporle in mutacione domini [8]. Tamen, idem dominus rex tenet ad manum suam medietatem premissorum castri et districtus de Marchia [9], racione domini Elie de Thalamone, militis defuncti, fratris quondam dicte domine. Item, dixit dicta domina quod ipsa tenet ab eodem duce ea que habet apud Castrum novum, et omnia que habet in districtu castri ejusdem, cum quindecim solidis sporle in mutacione quod debet facere dicto domino regi. Tamen dominus rex tenet ad manum suam medietatem premissorum, racione dicti fratris dicte domine. Item, dixit eadem domina quod ipsa tenet ab eodem domino rege medietatem insule de Aruano et pertinenciarum ipsius; tamen, in illa medietate idem dominus rex, racione dicti fratris quondam dicte domine, tenet ad manum suam medietatem; unde dicit eadem domina quod, cum tota insula supradicta, racione successionis domini Ayquelmi Guillelmi de Blancafort [10], avunculi sui defuncti, qui, dum vivebat, eandem insulam tenebat, ad ipsam dominam [pertinere deberet] [11], petit et supplicat eadem domino regi predicto quod super medietate predicta dicte insule compellat illos qui medietatem predictam predictam tenent tenere ab eodem domino rege; et hoc tenet ab ipso cum homagio tantum. Verumtamen dicit eadem domina quod, si aliqua alia teneat ab ipso domino rege

---

[1] Anal. *Arch. histor. Gir.*, t. V, p. 281. — [2] Ms. *et.* — [3] Acte inachevé. Le reste du *fol. 185 v* est en blanc. En tête du *fol. 186*, on lit : *Secundus liber B.* — [4] Anal. *Arch. histor. Gir.*, t. V, p. 281. — [5] En marge : *exercitus duorum militum.* — [6] Le nom de cette tenure a été omis. — [7] En marge : *exercitus unius militis.* — [8] En marge : *.c.s. sporle.* — [9] En marge : *Videsis superius acquisicionem alie medietatis folio .lxx. .iiij. verso, factam a dicta Alayde et domino Bernardo Trancalconis.* Voir en effet, plus haut, n° 365. — [10] En marge : «Soit veu de cest Ayquelm G. de Blancaffort ou livre de Guienne, signé A folio .ciij^{xx} .xiij.». — [11] Ms. *ad ipsam dominam medietatem insule predicte.*

que possint ad ejus noticiam pervenire, vel que idem dominus rex, vel mandatum suum, possit invenire, quod ipsa eidem domino regi exhibebit, vel mandato suo loco et tempore hostendet. Item, dixit quod non habet allodia, nec aliquid alienaverat, et debet stare juri coram senescallo Vasconie. Et de hoc facta fuerunt duo instrumenta ejusdem tenoris..... Actum et datum Burdegale, die et anno predictis. Regnante..... Testes hujus rei sunt, ad hoc specialiter vocati et rogati : Johannes Picardy, Bigorosus Bener, Johannes Alegre, Amalvinus de Baresio, junior, P. Bertrandi, Oliverius de Lilhano et Petrus Roberti, publicus notarius civitatis Burdegalensis qui hanc cartam recepit, quam ego, Petrus Gombaudi, de mandato dicti notarii, scripsi et signo meo signavi.

668 (628). *Bordeaux, 21 mars 1274. — Reconnaissance de Jean de Sireys, de Saint-Émilion*[1].

Johannes de Syreys, de Sancto Emiliano. — Noverint universi quod, anno Domini .m° cc° lxxiij°, undecima die exitus Marcii, in presencia mei, Petri Roberti,..... Johannes de Syreys, de Sancto Emiliano, juratus et requisitus, dixit et recognovit se tenere in feodum a vicecomite de Ffronciaco prepositurum pedagii piscium de Inter duo maria, cum quinque solidis sporle. Dixit tamen quod nichil aliud tenet, nec habet allodia, nec aliquid alienaverat ; et debet stare juri coram majore (*fol. 186 v*). Testes sunt : Johannes Alegre, Bigorosus Bener, Guiscardus de Betallia, domicellus, Ramundus de Betalha, Petrus Arnaldi de Caupena, Arnaldus de Cabanac, vocati et rogati ; et ego, predictus notarius.....

669 (629). *Bordeaux, 21 mars 1274. — Reconnaissance de Gaillard de Lignan, chevalier.*

Galhardus de Lenyan, miles. — Noverint universi quod (*même date*) in presencia mei, Petri Roberti,..... Gualhardus de Lenyan, miles, racione Pelegrine, uxoris sue, et Petrus de Cabanaco, racione Comptoris, uxoris sue, jurati et requisiti, dixerunt et recognoverunt se tenere a domino rege Anglie seu duce Aquitanie stagium de Malebouy, cum suis pertinenciis, excepta decima de Largarosa et rebus deu Casterar. Item, dixerunt quod non habent allodia, nec aliquid alienaverant ; et debent stare juri coram preposito de Inter duo maria. Datum et actum Burdegale, die et anno predictis. Regnante..... Testes sunt : Johannes Alegre, Bigorosus Bener, Guiscardus de Betalha, domicellus, vocati et rogati ; et ego, prefatus notarius.....

670 (630). *Bordeaux, 21 mars 1274. — Reconnaissance de Guillaume Raimond de Budos, chevalier, fils de feu Raimond Guillaume de Budos.*

Willelmus Ramundi de Budos. — Noverint universi quod (*même date*) in presencia mei, Petri Roberti,..... Guillelmus Ramundi de Budos, miles, filius quondam Ramundi Willelmi de Budos, nunc defuncti, juratus et requisitus, dixit et recognovit se tenere in feodum a domino rege Anglie, duce Aquitanie, omne illud quod habet in parochiis de Prinhaco et de Lassatz, excepta decima quam tenet a domino archiepiscopo Burdegalensi. Item, tenet omne illud quod habet in parochia d'Austen[3], [in] loco vulgariter appellato A Curcio, pro se et fratre suo, videlicet Montazivo. Et ista dixit se tenere cum una lancea sporle in mutacione domini. Et quicquid habet apud Riuncium[3]. Item, dixit quod non habet allodia, nec aliquid alienaverat de predictis, nec debet facere alia deveria ; et debet stare juri coram senescallo Vasconie. Actum et datum Burdegale, die et anno predictis. Regnante..... Testes hujus rei sunt : Johannes Alegre, Bigorosus Bener, Guiscardus de Betalha, domicellus, vocati et rogati ; et ego, prefatus notarius.....

671 (631). *Bordeaux, 21 mars 1274. — Reconnaissance d'Élie Jean, prieur de Saint-Laurent-des-Combes*[4].

---

[1] Anal. *Arch. histor. Gir.*, t. V, p. 296 ; de même les n°ˢ 669 et 670. — [2] Ms. *Auster.* — [3] Ms. *Brincium.* — [4] Anal. *Arch. histor. Gir.*, t. V, p. 297.

Helias, prior Sancti Laurencii de Meris. — Noverint universi quod (*même date*) in presencia mei, Petri Roberti...... Helias Johannes, prior Sancti Laurencii de Meris, juratus et requisitus[1], dixit et recognovit quod ipse tenetur solvere tres obolos de vegesral vicecomiti de Castellione, Burdegalensis diocesis, vel domino regi Anglie, loco dicti vicecomitis, in crastinum beati Laurencii[2] apud Castellionem, et non alibi, de feodo quod Raymundus Aymez, burgensis de Sancto (*fol. 187*) Emiliano, tenet a dicto priore. Item, dixit quod non habet allodia, nec aliquid alienaverat. Actum et datum Burdegale, die et anno predictis. Regnante ..... Testes sunt : Johannes Alegre, Bigorosus Bener, Guiscardus de Betalha, domicellus, vocati et rogati; et ego, prefatus notarius.....

672 (*632*). *Bordeaux, 21 mars 1274.* — *Reconnaissance de Pierre de Servat et de Jean Cailhau*[3].

Petrus de Servat et Johannes Calculi. — Noverint universi quod (*même date*) in presencia mei, Petri Roberti,..... Petrus de Servat et Johannes Calculi, jurati et requisiti, dixerunt et recognoverunt se tenere a domino rege Anglie seu duce Aquitanie omnia illa[4] que habent in parrochia Sancti Lupi, et in parrochia Templi de Grava, et in parochiis Saucte Eulalie in Baresio et d'Ison, excepto Le Grissulh in parochia Sancti Sulpicii quod movet a domino Arnaldo de Montepezato, milite; et excepta stagia Petri Gavoir de Larruada, que movet a Raymundo de Bugueto; et excepto molendino[5] de La Gravota in parochia Sancti Lupi; et excepta Lasciubiola cum boeriis que sunt inferius, que movet a domino Ayquardo de Mota, milite. Et, pro istis rebus quas tenent a domino rege Anglie seu duce, racione ducatus, debent eidem duci[6] excercitum unius militis, quando excercitus mandatur. Item, dixerunt quod non habent[7] allodia, nec aliquid alienaverant, nec debent facere alia deveria.

Item, dixerunt quod debent stare juri pro istis rebus coram senescallo Vasconie, vel mandato suo. Datum et actum Burdegale, die et anno predictis. Regnante..... Testes sunt : Johannes Alegre, Bigorosus Bener, Guiscardus de Betalha, domicellus, Ramundus de Betalha, P. Arn. de Caupena, Arnaldus de Tabanac, vocati et rogati; et ego, predictus notarius.....

673 (*633*). *Répétition littérale du n° 625.*

674 (*634*). *Bordeaux, mercredi 21 mars 1274.* — *Reconnaissance de divers hommes francs du roi dans la prévôté de Barsac.*

(*Fol. 187 v*). *Quidam homines francales domini regis in preposituria de Barssiaco.* — Noverint universi quod, anno Domini millesimo .[cc°]. lxiij°, die Mercurii ante Ramos Palmarum, in presencia mei, Petri Roberti,..... Bernardus de Pujolet, P. de Crota, Bernardus Estiu, P. de Pujolet, Guillelmus de Crota, Guillelmus de Pujolet, Geraldus de Pujolet, P. Boraldi, Doatus de Pujolet[8], Bernardus de Pompiac[9], Bernardus Doati, Bernardus de Bomes, Guillelmus Falcor, Arnaldus de Petra, Guillelmus Toartz, Ramundus de Coleras, Petrus Brochon, Geraldus de Pujolet, Vitalis Ayquelmi, pro se et Petro Ayquelmi, fratre suo, Guillelmus Tizon, pro se et Fforthone Tizon, fratre suo, Ramundus[10] de Bordes, Gualhardus Tizon, Ramundus Tizon, Guillelmus Arnaldi de Bigart, Guillelmus de Boste, clericus, Ramundus d'Arrossa, jurati et requisiti, dixerunt et recognoverunt se esse homines domini regis Anglie, domini Hibernie et ducis Aquitanie; et recognoverunt se tenere a domino rege Anglie et duce predicto, racione ducatus, quicquid habent et habere debent; et dixerunt quod ipsi faciunt et debent facere domino regi et duci predicto deveria que homines ffrancales de Barssiaco faciunt et debent facere; excepto feodo quod Bernardus Estiu dixit quod tenet a domino P. Parran, milite, et excepto feodo quod Arnal-

---

[1] Ms. *rogatus*. — [2] La fête de saint Laurent est le 10 août. — [3] *Anal. Arch. histor. Gir.*, t. V, p. 297; de même le n° 674. — [4] Ms. *alia*. — [5] Ms. *mobandino*. — [6] Ms. *ducy*. — [7] Ms. *dixit quod non habet*. — [8] Ms. *Pynolet*. — [9] Ms. *Popiac*. — [10] Ms. *Ramundo*.

dus Estiu dixit quod tenet a dicto milite. Et dixerunt quod nichil vendiderant nec alienaverant de illis que antecessores eorum et genus tenebant a domino rege Anglie et duce predicto; et excepto feodo quod Geraldus de Pujolet dixit quod tenet a Guillelmo Ramundi de Budos, milite; et exceptis feodis que Petrus de Pujolet dixit quod tenet a Guillelmo de Assaut de Ffaurgis; et excepto feodo quod Ramundus de Coleyras dixit quod tenet de Vitali Amoros; et excepto feodo quod Johannes de Petra dixit quod tenet de Arnaldo de Podenssac, domicello, et de Bernardo de Villa Sentud, milite, et de Arnulpho Marquet; et excepto feodo quod Petrus de Toartz dixit quod tenet de Assaut de Ffaurgis; et excepto feodo quod Bernardus de Po[m]piac dixit quod tenet de Galhardo de Lingonio et de ecclesia de Pujol[1]. Bernardus Doati dixit quod nichil tenet de domino rege Anglie nisi.xij. regas terre; et excepta stagia quam[2] Bernardus de Pujolet dixit quod tenet de Guitardo de Morars, et casale quod dixit se tenere a capellano de Pujol[3]; et excepta quadam pecia de bosco quam[4] homines de Bordis dixerunt quod tenent de Guillelmo de Ffaurgis, domicello; et excepta stagia quam Ramundus Tizon dixit quod tenet a Petro et Bernardo de Villa Sentud, militibus. Et pro istis rebus supradictis homines predicti dixerunt quod ipsi debent uti et espelitari viis, aquis, paduentis, pratis et nemoribus que sunt in parochia de Pujol et eciam alibi, ubi de predicto domino rege et duce terras teneant. Et dixerunt quod debent eidem domino regi et duci facere sacramentum fidelitatis. Item, dixerunt quod super eis habet dominus rex magnam justiciam et parvam, et debent stare juri coram suo preposito de Barssiaco, et debent dare fidejussores pro omnibus mandatis. Et dixerunt quod ipsi et quilibet eorum debent sequi dictum prepositum per preposituram de Barsiaco, sicut ceteri homines francales de Barciaco. Item, dixerunt quod nichil alienaverant de predictis que tenere debeant a domino rege Anglie et duce Aquitanie predicto, nec antecessores eorum. Et dixerunt quod non habent allodia, nec alia deveria debent facere dicto domino regi et duci, preter superius nominata. Et de hoc facta (fol. 188) fuerunt duo instrumenta ejusdem tenoris..... Actum et datum Burdegale, die et anno predictis. Regnante ..... Testes hujus rei sunt: Bigorosus Bener, Johannes Alegre, Geraldus de Budos, Petrus Bertrandi, P. de Villa Sentud, ad hoc specialiter vocati et rogati; et ego predictus notarius.....

675 (G35). Bordeaux, mercredi 21 mars 1274. — Reconnaissance de Bernard Béraud et de Pierre, son frère, d'Arnaud Béraud, de Pierre Esclau et de Guillaume, son frère, de Vigouroux, frère de P. Esclau, de P. de La Basta et de Guillaume, son frère, de Raimond Esclau, de Pierre Esclau le jeune, et d'Arnaud Maurin, son cousin, d'Arnoul Gaston, de Vital Gaston et de son neveu Michel, hommes francs du roi[5].

Bernardus Beraudi[6], homo ffrancalis. — Noverint universi quod (même date) in presencia mei, Petri Roberti,..... Be[r]nardus Beraudi, de parochia Sancti Maurilii, juratus et requisitus, dixit et recognovit quod ipse est francalis homo domini regis Anglie, seu ducis Aquitanie. Item, dixit quod tenet ab ipso domino rege Anglie stagiam in qua moratur, et aliquas terras circumquaque. Item, dixit quod debet dare domino regi fidejussores pro omnibus mandatis; et habet super eo magnam et parvam justiciam; et debet facere preposito de Ba[r]ssiaco sacramentum fidelitatis in mutacione cujuslibet prepositi de Barssiaco; [et debet eum sequi] cum armis [par] preposituram una die, ad expensas suas; et, si ultra unum diem dictus prepositus volebat eum tenere, ipse debet remanere ad expensas dicti prepositi. Et pro omnibus istis, dixit dictus Bernardus quod ipse debet uti et espelitari viis et aquis, paduentis, pratis et nemoribus in parochia Sancti Maurilii, vel eciam alibi ubi de predicto domino rege et duce terras teneat. Item, dixit quod pro istis rebus dominus rex debet[7] ipsum defendere ab omni violencia, et

---

[1] Ms. Pynol. — [2] Ms. quod. — [3] Ms. Pynol. — [4] Ms. quod. — [5] Anal. Arch. histor. Gir., t. V, p. 298. — [6] Ms. Bertrandi. — [7] Ms. habet.

garentia[m] asportare. Item, dixit quod nichil alienaverat, nec habet allodia, nec debet facere alia deveria. — Item, Petrus, frater dicti Bernardi Beraudi, juratus et requisitus, dixit quod tenet illud idem quod dictus Bernardus Beraudi; dixit tamen [quod] Bernardus Beraudi, frater suus, debet eidem degarrire omnes res supradictas. — Item, Arnaldus Beraudi, juratus et requisitus, dixit et recognovit quod ipse est homo francalis domini regis Anglie seu ducis Aquitanie. Item, dixit[1] quod tenet terras circa stagiam Bernardi Beraudi. Item, de aliis requisitus, dixit idem quod Bernardus Beraudi. — Item, Petrus Esclau, juratus et requisitus, dixit et recognovit quod ipse est homo francalis domini regis Anglie seu ducis Aquitanie. Item, dixit se tenere ab ipso domino rege, in loco vulgariter[2] appellato A Gita Petra. Super aliis requisitus, dixit idem quod dictus Bernardus Beraudi. — Item, Guillelmus Esclau, frater P. Esclau, juratus et requisitus, [dixit] et recognovit quod ipse est homo domini regis Anglie; item, dixit quod tenet ab ipso domino rege corpus suum; super aliis requisitus, dixit idem quod Bernardus Beraudi. — Item, Bigorosus, frater P. Esclau, juratus et requisitus, dixit quod ipse est homo francalis domini regis Anglie; item, dixit quod tenet a domino rege corpus suum; super aliis requisitus, dixit idem quod proximi. — Item, P. de La Basta, pro se et Guillelmo de La Basta, fratre suo, juratus et requisitus, dixit et recognovit quod ipse et frater suus sunt homines francales domini regis Anglie; item, dixit quod tenent a domino rege Anglie sua corpora; de aliis requisitus, dixit idem quod proximi. — Item, Ramundus Esclau, juratus et requisitus, dixit quod ipse est homo francalis domini regis Anglie; item, dixit quod nichil aliud tenet ab ipso domino rege nisi corpus suum; super aliis requisitus, [dixit idem quod proximus]. — Item, Petrus Esclau, junior, pro se et pro Arnaldo deu Mauryn, consanguineo suo, juratus et requisitus, dixit et recognovit quod ipsi sunt homines francales domini regis Anglie; item, dixit quod non tenent ab ipso domino rege nisi corpora sua; super aliis requisitus, dixit idem quod proximus. — Item, Arnulphus Gasto, juratus et interrogatus, dixit quod ipse est homo francalis domini regis Anglie; item, dixit quod nichil tenet de ipso, nisi corpus suum: super aliis interrogatus, dixit idem quod proximus. — Item, Vitalis Gasto et Michael Gasto, nepos ejus, jurati et interrogati, dixerunt et recognoverunt se esse homines francales (fol. 188 v) domini regis Anglie; dixerunt eciam quod non tenent ab ipso domino rege Anglie nisi corpora sua; super aliis requisiti, dixerunt idem sicut proximi. Datum et actum Burdegale, die et anno predictis. Regnante... Testes sunt : Bigorosus Bener, Johannes Alegre, Geraldus de Budos, Petrus Bertrandi, P. de Villa Sentud, Bernardus de Villa Sentud, ad hoc specialiter vocati et rogati; et ego, predictus notarius.....

676 (636). Bordeaux, mercredi 21 mars 1274. — Reconnaissance d'Arnaud de Brulhon, de Saint-Morillon[3].

Arnaldus Brulhon de Sancto Maurilio, homo francalis. — Noverint universi quod (même date) in presencia mei, Petri Roberti,..... Arnaldus de Brulhon, de Sancto Maurilio, juratus et requisitus, dixit et recognovit se tenere a domino rege Anglie, seu duce Aquitanie, stagiam suam que est in parochia Sancti Maurilii. Item, dixit quod pro ista stagia jurat pacem preposito de Barssiaco in mutacione cujuslibet prepositi. Item, dixit quod prepositus habet super eum magnam et parvam justiciam. Item, dixit quod debet stare juri coram dicto preposito et dare fidejussores pro omnibus mandatis. Item, requisitus de aliis, dixit quod debet facere idem quod ceteri homines ffrancales de prepositura de Barssiaco. Datum et actum Burdegale, die et anno predictis. Regnante..... Testes sunt : Bigorosus Bener, Johannes Alegre, Geraldus de Budos, vocati et rogati; et ego predictus notarius......

677 (637). Bordeaux, 22 mars 1274. — Reconnaissance de plusieurs hommes francs du roi habitant la paroisse de Saint-Morillon.

---

[1] Ms. dicit. — [2] Ms. wlgariter. — [3] Anal. Arch. hist. Gir., t. V, p. 310; de même le n° suivant.

Adhuc homines francales. — Noverint universi quod, anno Domini .m°.cc°. lxxiij°, decimo die exitus Marcii, in presencia mei, Petri Roberti,..... Ramundus de Bosco, G[u]illelmus de Bosco, Ramundus de Bosco, filius Gualharde de Bosco, Guillelmus de Bosco, filius Bigorosi de Bosco, Petrus de Bosco et Ricardus de Bosco, de parochia Sancti Maurili, jurati et requisiti, dixerunt et recognoverunt se tenere a domino rege Anglie, domino Hibernie et duce Aquitanie, terras, vineas et stagias que sunt inter aquam que vocatur Lo Tyngl. et stagiam d'Artiganovians et ryvum de Clayrac, ex una parte, et feodum[1] quod Ramundus de Bosco tenet a Poncio de Bautirano, domicello, ex altera. Item, dixerunt quod sunt homines francales dicti domini regis Anglie. Item, dixerunt et recognoverunt quod, pro predictis terris, vincis, stagiis, et homagio, debent habere paduencia [per] prepositura de Barssiaco, et dare tenentur et solvere ipsi domino regi, vel ejus castellano Burdegale, annuatim, duodecim denarios monete Burdegale usualis census in vigilia Pasche[2], portatos apud Burdegalam in castro domini regis predicti. Item, dixerunt quod debent jurare pacem castellano predicto, vel ejus mandato, annuatim; item, domino regi et duci predicto in mutacione domini, sex denarios sporle. Item, dixerunt et recognoverunt quod debent sequi prepositum de Barsiaco cum armis, sicut ceteri homines francales ejusdem parochie. Item, dixerunt et recognoverunt quod debent stare juri coram castellano Burdegalensi. Item, dixerunt quod non habent allodia, nec aliquid alienaverant, nec tenent amplius, nec debent facere alia deveria. Et de hoc facta fuerunt duo instrumenta ejusdem tenoris..... Datum et actum Burdegale, die et anno predictis. Regnante..... Testes hujus rei sunt : Bigorosus Bener, Johannes Alegre, Geraldus de Budos, P. Bertrandi, Petrus de Villa Sentud, Bernardus de Villa Sentud, vocati et rogati; et ego, predictus notarius Burdeg. (*fol. 189*)....

678 (638). Bordeaux, 26 mars 1274. — *Reconnaissance de plusieurs hommes francs du roi habitant la paroisse de Labrède*[3].

Quidam homines francales Sancti Johannis d'Estontis. — Noverint universi quod, vij° die exitus Marcii, anno Domini .m°.cc°. lxx.[i]iij°[4], in presencia mei, Petri Roberti,..... Petrus Cavaloir, Ramundus, frater ejus, Johannes Galhardi, Ramundus, frater ejus, Ramundus Laureti, Petrus Rostandi, Petrus de Ffonte, Petrus d'Artiafilhis, Petrus Arquerii, pro se et Arnaldo Arquerii, fratre suo, parochiani Sancti Johannis d'Estomptis[5], jurati et requisiti, dixerunt et recognoverunt quod ipsi habent in parochia Sancti Johannis d'Estomptis in allodio, videlicet : Petrus Cavaleir et frater ejus stagiam suam, terram et nemus, vineas et paduencia sita citra stagiam suam; et Johannes Galhardi et frater ejus, stagiam et terram, et domum, et nemus, vineas et paduencia sita citra stagiam suam; Ramundus Laureti, viginti regas terre in loco vocato Au Puch[6] de Nicolm; Petrus Rostandi, quatuordecim regas terre in loco vocato Au Pont de Ecclesia, juxta terram Vitalis Ricardi, et septem regas terre a Las Terreas; Petrus d'Artigafilhon, .xj. sadones terre in loco appellato Au Puch de Laylera; item, .iij. sadones terre in loco appellato A Loroga; item, .xx. regas terre in Durar; item, .iiij. sadones terre in casali d'Artiga-

---

[1] Ms. *feodo*. — [2] En marge : *census in festo Pasche .xij. d.* — [3] Anal. Arch. histor. Gir., t. V, p. 325. — [4] Ms .m°. cc°. *lxx.iij°*. Ici et dans les actes qui suivent immédiatement, le scribe a brouillé les dates. S'il commence l'année au 25 mars, il aurait dû dater le présent acte de 1274, comme je l'ai fait dans le texte, et comme il l'a fait lui-même au numéro suivant (où il a mis, il est vrai, la date du jour et du mois) et au n° 695. S'il commence l'année à Pâques, il faut corriger de même, comme je l'ai fait, la date des n°ˢ 680 (2 avril) et 681 (5 avril), parce qu'en 1274 Pâques tomba le 1ᵉʳ avril. On peut supposer que le scribe, après avoir écrit tant de fois la date d'année 1273 (pour des actes antérieurs au 25 mars), aura continué par distraction pour des actes donnés après le 25 mars ou après Pâques. Je dois au surplus renvoyer à l'introduction du présent volume. — [5] Ms. *de Ffoumptis*. — [6] Ms. *Au Pulh*.

filhon[1]; item, stagiam suam et domos et casales medietatem[2]; item, .xx. regas ad fontem de Ulmo; item, sazonem unam terre au Coz; item, .xv. regas terre de forest[a] inter domum Arnaldi d'Arquir et domum P. deu Biver; item, .xv. regas terre juxta vineam mare estiu; item, octo sadones terre quas Johannes de Porta tenet ab eodem Petro; et P. Arquirii et Arnaldus Arquirii, frater ejus, stagiam et domum suam in qua morantur; item, .xvj. regas terre coram P. de Beiver; item, .xij. regas terre de La Batud P. deu Beiver[3] et usque ad rivum; item, .iiij. sadones terre in loco appellato Allaroga; item, .xx. regas terre juxta molendinum Arimaut; item .ix. regas terre juxta casale et berum[4] estiu. Et hoc habent in allodio. Et P. de Ffonte non habet aliquid in allodio, set dat sex denarios exercitus super caput suum. Et hoc superius nominatum volunt dicti homines tenere a domino rege Anglie seu duce Aquitanie, videlicet unusquisque cum sex denariis exercitus portatis ad castrum domini regis Burdegale, infra octo dies, quandocumque dictus castellanus dicti castri mandabit exercitus, et cum duobus denariis sporle in mutacione domini[5]; et volunt[6] tenere herbas, paduencia, nemora, prata et aquas a dicto domino rege cum aliis sex denariis exercitus, et esse homines sui ffrancales; et volunt[7] quod dictus dominus rex custodiat eos ab omni violencia et injuria pro illis sex denariis. Dixerunt tamen quod nichil alienaverant, nec habent allodia, nec debent alia deveria, nec tenent magis a dicto domino rege. Dixerunt quod debent stare juri coram senescallo Vasconie. Et de hoc facta fuerunt duo instrumenta ejusdem [tenoris]..... Datum et actum Burdegale, die et anno predictis. Regnante..... Testes hujus rei sunt : Bertrandus de Casabon, domicellus, Galhardus Columby[8], junior, Guillelmus de Sancto Severino, Arnaldus de Sa[l]ternas, Geraldus de Montibus, ad hoc specialiter vocati et rogati; et ego, predictus Petrus, publicus notarius.....

679 (639). *Bordeaux*, [26 mars] 1274. — *Reconnaissance de plusieurs hommes francs du roi habitant la paroisse de Cabanac*[9].

Quidam homines francales de Cabanaco; quilibet ipsorum tenencium debet unam sporlam in mutacione domini. — Noverint universi quod anno Domini millesimo cc. lxx.iiij., in presencia mei, Petri Roberti,..... Fortho de Mays (*fol. 189 v*), Guillelmus de Cabanac, Ramundus Vitalis, Guillelmus deu Mays, pro se et patre suo, P. Lamberti, P. de Fforn, Guillelmus Sentot, Guillelmus de Labana, Arnaldus de La Ruy, consanguineus ejus, Guillelmus Arnaldi, Guillelmus deu Ga, P. de Labarda, P. de Sans, P. Arnaldi, P. Elias, J. de Pinu, Ramundus de Becots, P. de Latodella, P. Doati, P. de Morar, Guillelmus de Latodella, Arnaldus de Podio, Ramundus de Podio, Laurencius de Larnazar, P. Gaucelmi, Vitalis Noeti, Guillelmus de Larranazar, Guillelmus del Ga et Petrus de Lasorgent, pro ipsis et pro aliis hominibus francalibus de Cabanaco et pro parssionariis eorumdem, jurati et interrogati, dixerunt et recognoverunt spontanea voluntate se tenere in feodum, racione ducatus, a domino rege Anglie, domino Hibernie et duce Aquitanie, quicquid habent vel habere debent in parochia de Cabanaco, racione de la comptau de Cabanaco, videlicet omne illud quod habent et habere debent deu Tyngh quousque ad rivum d'Aulaeda et quousque ad lagunam de Tropins, et quousque a la bridanca de Perers, et quousque a la tr[a]versa de Lucbernii, et quousque a la mota[10] de rivo[11] Arogh, et quousque ad rivum de Poiros, ita sicut se levat deu Tingh versus Petram de Lasorgent, et de illo loco versus Coquau et quousque ad molinam de Capsau[12]. Dixerunt eciam quod propter hoc debent facere homagium domino

---

[1] Ms. *Darogafilhon*. — [2] Phrase inachevée, ou altérée. — [3] Ms. *P. dau Bonier*. — [4] Voir Du Cange au mot *Bataricum*. — [5] En marge : *Exercitus ij. d. sporl*. — [6] Ms. *voluit*. — [7] Ms. *voluit*. — [8] Ms. *Galhardus de Columby*. — [9] Anal. Arch. histor. Gir., t. V, p. 326. — [10] Ms. *mata*. — [11] Ms. *Rivvo*. — [12] Ces limites de la contau de Cabanac sont données sous une autre forme dans une Reconnaissance faite en 1696 par messire de Rollan, écuyer, seigneur du Pon dans la contau de Cabanac : «laquelle se confronte du lieu dit du Truch jusqu'au

regi et duci predicto et sacramentum fidelitatis, et facere jus coram ipso ad castrum Burdegale. Item, dixerunt quod quilibet debet unum denarium sporle in mutacione domini. Et debent omnes insimul de parochia de Cabanaco qui sunt de la comptau .xx. solidos census annuatim in festo circumcisionis Domini; et de illis .xx. solidis dixerunt dicti homines quod dominus rex, vel mandatum suum, debet .vj. denarios dare ad illos homines qui portabunt predictos .xx. solidos ad opus prandii. Item, dixerunt quod debent sex solidos annuatim in festo predicto Guillelmo [1] de Bovevilla. Item, dixerunt quod nichil alienaverant, nec habent allodia, nec debent facere alia deveria. Et de hoc facta fuerunt duo instrumenta ejusdem tenoris..... Actum et datum Burdegale, die et anno predictis. Regnante ..... Testes hujus rei sunt : Bigorosus Bener, P. Bertrandi, J. Alegre, Vitalis de Latodella, Pelegrinus de Narauza, G. deu Miralh, ad hoc specialiter vocati et rogati; et ego, predictus P. Roberti, publicus notarius.....

680 (640). *Bordeaux, 2 avril 1274. — Reconnaissance de Rostand du Soler, prévôt des paroisses de Sainte-Eulalie-d'Ambarès, d'Yvrac et de Quinsac dans l'Ambarès, et d'hommes du roi domiciliés dans ces paroisses* [2].

Rostandus de Solerio. — Noverint universi quod, secunda die introitus Aprilis, anno Domini .m°.cc°.lxx.iiij.[3], in presencia mei, Petri Roberti, ... Rostandus de Soleriis, prepositus parochianorum Sancte Eulalie in Baresio, Sancti Vincenti d'Yvrac et Sancti Petri de Quinsac in Baresio, juratus et requisitus, dixit et recognovit se tenere in feodo a domino rege Anglie, domino Hibernie et duce Aquitanie, predictam preposituram cum quinque solidis sporle [4]. Item, dixerunt et recognoverunt homines commorantes in dicta prepositura quod solvunt .l. solidos annui redditus [5] eidem domino regi a festo sancti Michaelis usque ad festum Omnium Sanctorum, racione allodiorum que dicti homines dicte prepositure habent in dictis parochiis; quos .l. solidos solvunt homines dicte prepositure in illis .xl. libris quas dictus dominus rex habet in hominibus [6] suis regalibus de Inter duo maria, et solvunt istos .l. solidos racione allodiorum suorum; et prepositus predictus, vel ejus locum tenens, debet colligere dictos .l. solidos et reddere dicto domino, vel ejus locum tenenti, in castro Burdegalensi; et quando dictus prepositus vel ejus locum tenens colliget dictos .l. solidos, debent ei homines dicte prepositure dare unam comestionem cum uno socio. Item, homines dicte prepositure existentes in dicta parochia Sancti Petri debent .xvij. capones, in vigilia Natalis Domini, annui redditus, portatos in domo dicti prepositi apud Burdegalam; et dictus prepositus debet portare .xv. capones dicto domino, vel ejus locum tenenti, in dicto castro Burdegalensi de illis .xvij. caponibus, et debet retinere residuos duos dictus prepositus ad opus sui racione prepositure sue; et dicti homines dictarum parochiarum existentes in dicta parochia Sancti Petri [7] debent facere jus, tantummodo coram dicto preposito, vel ejus locum tenente (*fol. 190*), et dare fidejussores pro omnibus mandatis et non alicui domino. Item, debent facere domino preposito unum denarium [8] unusquisque annuatim in die Martis post octabas Pasche, et facere jus coram preposito antedicto omnibus conquerentibus de eisdem; tamen, si dictus dominus rex, vel ejus locum tenens in castro Burdegalensi, conqueritur aliquid de dictis hominibus, dictus prepositus debet eos ducere coram dicto domino, vel ejus locum tenenti in castro Burdegalensi. Pro quibus .l. solidis et .xvij. caponibus superius nominatis predictus dominus rex debet

---

rieu d'Aulède et de là s'en va jusques à la lagune de Troupins et à la vidane de Preys et jusques à la vidane de les Traverses et de Lucbourin et jusques à la mothe du rieu Rouch et s'en va au Truch, s'en va vers la peyre de la Surgen et d'illec tirant vers le rieu d'Aulède». *Invent. sommaire dép. Gir.*, série E, suppl., t. 1, p. 214. — [1] Ms. *Guillemus*. — [2] *Publ. Notices et extraits des mss.*, t. XIV, p. 346 et *Arch. histor. Gir.*, t. V, p. 327. — [3] Ms. *m°.cc°.lxxij°.*; mais voir la note correspondante du n° 678. — [4] En marge : *.v. s. sporl.* — [5] En marge : *.l. s. annui redditus.* — [6] Ms. *omnibus.* — [7] Ms. *in dicta parochia prepositure.* — [8] Ms. *unum denarium demat.*

dictos homines custodire et defendere ab omni injuria, molestia, violencia et gravamine, et ab omnibus imparatoribus garentiam asportare[1]. Et est sciendum quod, si dicti homines, vel aliquis eorumdem, vendunt[2] vel alienant aliquid dictorum allodiorum, vendere et alienare debent in manu dicti prepositi, et dictus prepositus debet capere, recipere et habere vendas rerum predictarum, racione laboris dicte prepositure. Quorum hominum nomina sunt hec: Guillelmus Constantini cum suis tornaleriis, parochie d'Yvrac; Thomas de Rivo, parochie d'Yvrac, [[3]] Sancte Eulalie, cum suis torna[l]eriis; P. Constantini, ejusdem parochie, cum suis tornaleriis; P. Maynardi, ejusdem parochie, cum suis tornaleriis; P. Dolerii, ejusdem parochie, cum suis tornaleriis; P. Ayquelmi et frater ejus ejusdem parochie, cum suis tornaleriis; Guillelmus La Mirlanda et nepotes ejus, cum suis tornaleriis ejusdem parochie; Arnaldus Maynardi, cum suis tornaleriis ejusdem parochie; Guillelmus Textoris, ejusdem parochie, cum suis tornaleriis; Ramundus Lono, Guillelmus Lono, cognatus ejus, parochie Sancti Petri, cum suis tornaleriis; Arnaldus Beaquerii, pro se et pro Petro Arnaldi de La Barreira, ejusdem parochie, cum suis tornaleriis; Johannes Gaucelmi, ejusdem [parochie], cum suis tornaleriis; Ramundus Nurit, ejusdem parochie, cum suis tornaleriis; Guillelmus Blanc, cum suis tornaleriis; P. deu Cruqurut, ejusdem parochie; Guillelmus Ayquelmi et cognatus ejus, et P. Ayquelmi de Sancta [Eulalia in] Baresio[4], ejusdem parochie. Item, sciendum est quod omnes homines superius scripti cum quibusdam aliis sciunt inter se[5] quod debet facere unusquisque de illis .I. solidis et, eodem modo, illi de parochia Sancti Petri in caponibus superius scriptis. Item, dixerunt quod nichil alienaverant de predictis, nec habent plura allodia, nec debent facere alia deveria. Et de hoc facta fuerunt duo instrumenta ejusdem tenoris.... Actum et datum Burdegale, die et anno predictis. Regnante..... Testes hujus rei sunt: Geraldus de Sancto Genesio, domicellus, Michael Lopmador, Ramundus Petri de Coqueac, Martinus de Lespara[6], Arnaldus de Sancto Genesio, Petrus d'Arribeira, ad hoc specialiter vocati et rogati, et ego, predictus P. Roberti.....

681 (641). *Bordeaux, 5 avril 1274.* — *Reconnaissance de Jean de Hasar, en son nom et au nom de Géraud et de Pierre de Hasar, tous habitants de la paroisse de Bias[7].*

Quidam parochiani Sancti Michaelis de Bias. — Noverint universi quod, anno Domini .m°.cc°.lxx[i]iij°., quinto die introitus Aprilis, in presencia mei, Petri Roberti, ... Johannes de Hasar, pro se et Geraldo deu Hasar, et P. deu Hasar, parochianis Sancti Michaelis de Bias, juratus et requisitus, dixit et recognovit quod ipsi tenent et tenere debent a domino rege Anglie, domino Hibernie et duce Aquitanie, racione ducatus, omnia jura, deveria et servicia que ipsi debent pro boeria Marsie male[8] et domo sita desuper, et boeria de Guillelmo Bos, et moliar[io] de Sesquas, et possessionibus et rebus aliis quas[9] ipsi habent et habere debent in dicta parochia, racione successionis Gualhardi[10] deu Hasar; et hoc tenent et tenere debent cum quatuordecim denariis monete Burdegalensis annis singulis[11], et solvendis in festo sancti Martini yemalis ballivo de Mimisano. Item, dixit quod nichil aliud tenent ab ipso domino rege Anglie, nec debent alia deveria, nec aliquid alienaverant. Datum et actum Burdegale, die et anno predictis. Regnante..... Testes hujus rei sunt: magister Arnaldus de La Casa[12], Fortho Albi,

---

[1] C'est ce qui avait été affirmé déjà dans l'enquête de l'Entre-deux-mers, où l'on rapporte particulièrement la redevance de Quinsac: «xvii capounx annuaument desquaus dos en son a P. Daira, enfeodat perbost, e de sous companhons, loquau deu .v. soudz de esporla» (*Arch. histor. Gir.*, t. III, p. 115). — [2] Ms. *vendant*. — [3] Un ou plusieurs mots omis. — [4] Ms. *de Sancto Baresio*. — [5] Ms. *sciant interesse*. — [6] Ms. *de La Spera*. — [7] *Anal. Arch. histor. Gir.*, t. V, p. 328. — [8] Passage cité par Du Cange, au mot *Boeria*, §1, d'après «Reg. Cam. Comput. Paris. sign. J. J. rub., fol. 1 v°». Du Cange a lu: *pro boeria marquae malae*. — [9] Ms. *que*. — [10] Ms. *Gualhardo*. — [11] En marge: *xiiij .d. redditus*. — [12] Ms. *Arn. de la Coasa*.

presbiter [1], Gaucelmus de Leujano, P. Gombaldi, clericus, vocati et rogati, et ego, predictus notarius.....

682 (642). *Bordeaux, 27 mars 1274.* — *Reconnaissance d'Amanieu de Lesgor, damoiseau* [2].

Amanevus de Lesgar, domicellus. — Noverint universi quod, quinto die exitus Marcii, anno Domini millesimo .cc .lxx[i]iij., in presencia mei, Bernardi de Vareto, publici notarii Burdegalensis, et testium subscriptorum ad hoc (*fol. 190 v*) specialiter rogatorum et vocatorum, Amaneus de Lesgor, domicellus, juratus et requisitus, dixit quod tenet in feodum a domino rege Anglie et duce Aquitanie homines, terras, et quicquid habet in tota parochia Sancti Michaelis de Bias; et nichil aliud. Et pro hiis debet facere regi juramentum fidelitatis et homagium cum una lancea sporle et tribus ardentibus candelis in cu[s]pide dicte lancee [3], que candele debent continere unam libram cere [4]. Item, dixit quod nulla habet allodia, nec ipse nec sui predecessores nichil alienaverant de feodo regis. Datum die et anno [predictis]. Regnante..... Testes hujus rei sunt : Petrus Assalhit de Podensac, Ramundus Arnaldi, clericus, Amaneus de Casaus, N'Espanhon [5] de Sis, milites, N'Espanhon d'Artigameira, et Senoronus de Moissac; et ego, predictus notarius.....

683 (643). 22 *mars 1274.* — *Reconnaissance de Guillaume Raimond de Monos et de ses parçonniers, de Mimisan* [6].

Willelmus Ramundi de Monos. — Noverint universi quod, decima die exitus Marcii, anno Domini .m°.cc°.lxxiij°., in presencia mei, Bernardi de Vareto [7],..... Willelmus Ramundi de Monos, juratus et interrogatus, dixit quod ipse, cum suis parcionariis, tenet in feodum a domino rege Anglie, duce Aquitanie, homines, terras et possessiones quas habet apud Memisauum [8], exceptis domibus. Item, tenet ab eo quod de qualibet [9] barrosta sive curru olla[ru]m debet habere unam ollam. Item, tenet joglariam [10] de Memisano et quartam partem deveriorum que dantur ibidem joculatoribus. Et pro hiis debet facere eidem juramentum fidelitatis et homagium. Item, debet ei dare unum esperverium primum anni [11] census in festo Assumpcionis beate Marie; vel, si esperverium habere non posset, debet dare .x. libras cere [12]; et debet dare in dicto festo dictum esperverium vel ceram [13] vigerio de Memissano, et vigerius preposito regis de Memissano. Datum die et anno predictis. Regnante ..... [Testes hujus rei sunt : Petrus] Assalhit de Podensac, Ramundus Arnaldi, clericus, Amanevus de Casaus, Espanhon de Sis, milites, Espanhon d'Artigamera, et Senhoronus de Moyssac, et ego, predictus Bernardus.....

684 (644). *Acte inachevé; à l'endroit où il s'est arrêté, le scribe a mis cet avis :* Vacat, occasione transposicionis inpinse; et sequitur ad hoc signum Cff, *signe que l'on retrouve plus loin, devant le n° 690 (650); voir ce numéro.*

685 (645). 22 *mars 1274.* — *Reconnaissance de Seignoron de Moissac, chevalier, pour ce qu'il tient du roi dans les prévôtés de Barsac et de Born* [14].

De prepositura de Barssiaco et de Borno [15]. — Noverint universi quod (*même date*) in presencia mei, Bernardi de Vareto, ... Sey[n]oronus de Moysac [16], miles, juratus et interrogatus, dixit quod ipse tenet in feodum a domino rege Anglie

---

[1] Ms. *prestre*. — [2] Anal. Arch. histor. Gir., t. V, p. 326. — [3] En marge : *j. lancea sporle cum tribus candelis ardentibus in cuspide.* — [4] Ms. *sero.* — [5] Ms. *Uspanhon.* — [6] Publ. Notices et extraits des mss, t. XIV, p. 375, et Arch. histor. Gir., t. V, p. 311. — [7] Ms. *Nareto.* — [8] Ms. *Memisano.* — [9] Ms. *calibet.* — [10] Voir Du Cange, au mot *Joglaria*, d'après «Reg. Cam. Comput. Paris, sign. J. J. rub., fol. 11 r°». — [11] Corr. *previum annui*? En marge : *j. nisum previum census.* Le *nisus previus* dont il est ici question correspond à l'épervier qui eva auant de guider du n° 501. — [12] Ms. *sero.* — [13] Ms. *scram.* — [14] Anal. Arch. histor. Gir., t. V, p. 311. Cet acte a été transcrit une seconde fois plus loin, n° 696 (656); j'en donnerai ici les variantes. — [15] Ce titre est celui du n° 696. — [16] N° 696 : *Senhoronus de Moissac.*

et duce Aquitanie homines, terras et alia que habet apud Balandarant[1], in parochia de Sements et, pro eo, debet facere unam lanceam de sporla[2]; item, domos, homines, terras, paduencia et alia que habet au Sasterar, in parochia de Pontencs; item, homines, terras, nemora et alia que habet in parochia de Parenter[3]; item, homines, terras, nemora et alia que habet in parochia de Cera; item, homines, molas, nemora et alia que habet in parochia Sancti Pauli apud Lossa[4]. Et pro hiis[5] debet facere juramentum fidelitatis et homagium, et decem solidos monete Burdegalensis sporle. De allodiis, dixit quod nichil habet; nichil alienavit (*fol. 191*) de feodo regis. Item, dixit protestando quod ipse tenet de feodo deu Castet quod est de feodo regis quicquid habet in parochia de Haurenihano[6] et Sancte Eulalie, et domum de Rolma, cum pertinenciis suis, et unam boeriam apud Lussa[7] in parochia Sancti Pauli; pro quibus[8] debet conferre terciam partem in deveriis que[9] dominus deu Sastet[10] debet facere, pro dicto feodo, domino regi[11]. Et dixit quod dictus dominus deu Castet debet garentire ipsum ut frater primus. Datum die et anno predictis. Regnante... Testes hujus rei sunt: Petrus Assalhit de Podensac, Ramundus Arnaldi, clericus, Amaneus de Casaus[12], miles, Espanhon de Sis, miles, Espanhon[13] d'Artigameira, et Senhoronus de Moyssac[14], et ego, predictus Bernardus .....

686 (646). 27 *mars 1274*. — *Reconnaissance du prieur de Mimisan*[15].

Prior de Memisano. — Noverint universi quod, quinta die exitus Marcii, anno Domini .m°.cc°.lxx[i]iij°., in presencia mei, Bernardi de Vareto,..... prior de Memissano, juratus et interrogatus, dixit quod tenet in feodum sitam prioratus predicti et possessiones[16] adherentes eidem apud Memissanum[17] a domino rege Anglie et duce Aquitanie; item, medietatem decime de Memissano; item, medietatem decime de Monte Sancti Michaelis de Biars[18]. Et pro hiis debet facere unum hominem in exercitu tenendum ad proprias expensas, quando exercitus fuerit commonitus. Item, quinque solidos monete Burdegalensis[19] in mutacione regis, non prioris; item, juramentum fidelitatis et homagium. De allodiis, dixit quod nulla habet[20]. Item, dixit quod nichil alienavit de feodo regis. Intellexi[t] tamen quod predecessores sui aliqua alienaverunt injuste, que ipse conatur repetere. Datum die et anno predictis. Regnante ..... Testes hujus rei sunt: P. Asalhit de Podensac, Ramundus Arnaldi, clericus, Amanevus de Casaus, Espanhon de Sis, milites, Espanhon d'Artigamera, et Senhoronus de Moissac, et ego, predictus Bernardus .....

687 (647). 22 *mars 1274*. — *Reconnaissance de Gaillard de Lamote, de Buch, damoiseau*[21].

Gualhardus de La Mota de Bogio, domicellus. — Noverint universi quod, decima die exitus Marcii, anno Domini .m°.cc°.lxx[i]iij°, in presencia mei, Bernardi de Vareto,..... Gualhardus de La Mota de Bogio, domicellus, juratus et interrogatus, dixit se tenere a domino rege Anglie et duce Aquitanie in feodum medietatem castri de La Mota in Bogio cum suis pertinenciis; item, homines, terras, et quicquid habet in parochia d'Onnes; item, homines, terras et quicquid habet apud Biganos; item, ho-

---

[1] N° 696: *Blandarant*. — [2] En marge: *j. lancea de sporl*. — [3] N° 696: *Parentias*. — [4] N° 696 (après *Parentias*): *item, homines et alia que habet in parrochia Sancti Sancti* (sic) *Pauli apud La Ossa*. — [5] N° 696: *Et plus*. — [6] N° 696: *Hausehanho*. — [7] N° 696: *Lurha*. — [8] Ms. *et pro quibus* (de même au n° 696). — [9] Ms. *quod* (de même au n° 696). — [10] Il y a bien ici *Sastet* et plus haut *Castet* (de même au n° 696). — [11] Ms. *a domino rege* (de même au n° 696). — [12] N° 696: *Cassaus*. — [13] N° 696: *N'Espanhon*. — [14] N° 696: *Moisca*. — [15] *Anal. Arch. histor. Gir.*, t. V, p. 327. Cet acte a été transcrit une seconde fois au n° 697 (657); j'en donnerai ici les variantes. — [16] Ms. *predecessores*. Le n° 697 donne la bonne leçon. — [17] Ms. *Memissano* (de même au n° 697). — [18] N° 697: *Bicars*. — [19] En marge: *.v. s. sporl*. — [20] Ms. *habent*. — [21] *Anal. Arch. histor. Gir.*, t. V, p. 311. Cet acte a été transcrit une seconde fois au n° 698 (658); j'en donnerai ici les variantes.

mines, terras, et agrerias quas⁽¹⁾ habet in parochia deu Teys et in parochia de Gujo; item, molinas quas ibidem habet; item, homines, terras, et quicquid habet in parochia de Biscarrossa⁽²⁾; item, homines, terras et quicquid habet in parochia de Sanguinet, in loco appellato Meula, a loco qui⁽³⁾ dicitur Gardimy de Meula⁽⁴⁾ usque ad podium de La Leuga⁽⁵⁾. Et pro hiis omnibus debet facere regi et duci predicto juramentum fidelitatis et homagium cum una lancea de esporle in mutacione domini; item, dimidium militem in excercitu. Item, dixit quod nulla habet allodia. Item, dixit quod nichil alienavit⁽⁶⁾ de feodo regis. Item, dixit quod ipse debet tenere a duce predicto⁽⁷⁾ medietatem illorum que tenet Arnaldus Lupi de Besandiano⁽⁸⁾, miles, in parochia de Saunhac⁽⁹⁾; non tamen habet hoc, quod⁽¹⁰⁾ dictus Arnaldus tenet hoc totum [in] injuriam ipsius, ut dicit. Datum die et anno predictis. Regnante..... Testes hujus rei sunt : P. Assalhit de Podensac, Ramundus Arnaldi, cler[i]c[us], Amaneus de Casaus, Espanhon de Sis, milites, Espanhon d'Artigameira⁽¹¹⁾ et Senhoronus de Moyssac; et ego, predictus Bernardus.....

688 (648). *22 mars 1274.* — *Reconnaissance d'Amanieu de Puch, chevalier, viguier de Mimisan*⁽¹²⁾.

Dominus Amanevus de Podio, miles. — Noverint universi quod (*même date*) in presencia mei, Bernardi de Varreto,..... dominus Amaneus de Podio, miles, vigerius de Memissano, juratus et interrogatus, dixit quod ipse tenet in feodum a domino rege Anglie et duce Aquitanie (*fol. 191 v*)

vigeriam⁽¹³⁾ de Memissano, pro qua debet facere juramentum fidelitatis et homagium et trescentos solidos monete Burdegalensis de sporla in mutacione domini. Tenet ab eo motam⁽¹⁴⁾ de Mirapeis, in parochia Sancte Eulalie, cum pertinenciis suis; pro quibus debet facere unam lanceam de esporla in mutacione domini. Item, dixit quod nulla habet allodia. Item, dixit quod nichil alienavit⁽¹⁵⁾ de feodo regis, nisi terram de Arbenbac que est in parochia Sancti Juliani, quam dedit pro anima sua hospitali Roncidevallis, ut deverium facere[t] regi pro ea, ut nunc dictum hospitale tenet dictum locum a rege cum uno capello Pampilonensi⁽¹⁶⁾ de sporla. Item, dixit quod ipse debet facere jus⁽¹⁷⁾ coram rege, vel mandato suo, ut miles regis predicti. Datum die et anno predictis. Regnante..... Testes hujus rei sunt : P. Assalhit de Podensac, Ramundus Arnaldi, cler[i]c[us], Amaneus de Casaus, Espanhon de Sis, milites, Espanhon d'Artigameira, et Senhoronus de Moyssac, et ego, predictus notarius.....

689 (649). *Westminster, 8 juin 1281.* — *Reconnaissance de Jourdain de Puch, damoiseau*⁽¹⁸⁾.

Jordanus de Podio, domicellus. — Noverint [universi] quod ego, Jordanus de Podio, domicellus, feci homagium ligio domino meo, excellentissimo principi Edwardo, Dei gracia regi Anglie, domino Hibernie et duci Aquitanie, de meo manerio vocato La Brunaco in parochia de Brunaco, ac de terris et tenementis et possessionibus aliis quas⁽¹⁹⁾ habeo et habere debeo in parochia de Marinaco⁽²⁰⁾, et [in]

⁽¹⁾ Ms. *que*. — ⁽²⁾ Ms. *Boscarossa*; le n° 698 donne la bonne leçon. — ⁽³⁾ Ms. *que*. — ⁽⁴⁾ N° 698 : *Gardion de Meula*. — ⁽⁵⁾ N° 698: *de Lageua*. — ⁽⁶⁾ Ms. *alienabit*. — ⁽⁷⁾ Ms. *tenere et duce predicte*. — ⁽⁸⁾ N° 698 : *Bessandiano*. — ⁽⁹⁾ N° 698 : *Sanhac*. — ⁽¹⁰⁾ La conjonction *quod* a ici le sens de *quia*. Le n° 698 donne la même leçon. — ⁽¹¹⁾ N° 698 : *de Dartigameira*. — ⁽¹²⁾ *Anal. Arch. histor. Gir.*, t. V, p. 312. Cet acte a été transcrit une seconde fois au n° 699 (659); j'en donnerai ici les variantes. — ⁽¹³⁾ Ms. *vigerium* (de même au n° 699). — ⁽¹⁴⁾ Ms. *montam*; le n° 699 a la bonne leçon. — ⁽¹⁵⁾ Ms. *alienabit*; le n° 699 a la bonne leçon. — ⁽¹⁶⁾ Ms. *cum uno capellano Pampilonenci*; au n° 699, le mot *capellano* est écrit en abrégé. Mais dom Carpentier, qui a copié ce même passage sur un Registre de la Chambre des Comptes, a lu (Du Cange, au mot *Capellus 1*) : *cum uno capello Pampiloniae*, ce qui donne un sens plus satisfaisant. — ⁽¹⁷⁾ Ms. *jura* (de même au n° 699). — ⁽¹⁸⁾ Publ. *Notices et extraits des mss*, t. XIV, p. 341. Cet acte a été transcrit une seconde fois plus loin, sous le n° 700 (660); j'en donnerai ici les variantes. — ⁽¹⁹⁾ N° 700 : *de meo manerio cum pertinenciis vocato de Bunaco* (sic), *de terris et possessionibus aliis quas*. «La paroisse de Brugnac, dont le souvenir est perdu, occupait une faible portion de la paroisse actuelle de Bossugan» (L. Drouyn, *Variétés Girondines*, t. II, p. 412). — ⁽²⁰⁾ Ms. *Marinacho*.

parochia Sancti Vincencii, et in parochia de Corraco, et in parochia Sancti Leudegarii, et in parochia Sancti Romani, diocesis Vasatensis; que omnia ego et antecessores mei tenueramus in allodium liberum, et que recepi a dicto domino rege et suis heredibus, ducibus Aquitanie, tenendum exnunc per me et heredes meos et successores[1] in feodum immediatum cum dicto homagio et uno pari cyrothecarum albarum in mutacione domini, de acapte, et cum aliis deveriis racione feodi debitis et consuetis, et que antea debebam et consueveram, ego et antecessores mei, facere dicto domino regi, sicut alii tenentes allodia in diocesibus in quibus sunt parochie supradicte. Et que omnia dictus dominus rex recepit, salvo jure suo et quolibet alieno. Et in testimonium premissorum signum reverendorum patrum in Xpo Willelmi, Norwicensis[2], et Thome, Menevensis[3] episcoporum, una cum meo procuravi appendi presentibus. Datum apud Westmonasterium, .viij. die Junii, anno Domini .m°. ducentesimo octogesimo primo.

690 (650). 22 mars 1274. — *Reconnaissance de la communauté de Mimizan*[4].

Communitas de Memizano. — Noverint universi quod, decima die exitus Marcii, anno Domini .m°. .cc°. .lxxiij°., in presencia mei, Bernardi de Varetto, publici notarii Burdegalensis, et testium subscriptorum ad hoc specialiter vocatorum et rogatorum, Ramundus Bruni[5], Gualhardus Lala, Ramundus de La Masta, procuratores tocius communitatis de Memisano, jurati et interrogati, dixerunt quod tam ipsi quam ceteri homines de Memisano tenent in feodum a domino rege Anglie et duce Aquitanie villam de Memisano, scilicet domos, terras cultas et non cultas, vineas et cetera pertinencia ad dictam villam, intus et extra, pertinencia dictis hominibus[6] cum paduenciis, aquis, nassis et costa, et cetera[7] que ibi possident et pro quibus debent facere regi sive duci et dare trecentos solidos Morlanorum annui census in festo[8] beati Johannis Baptiste, vel in crastinum, dicto regi, vel ejus mandato, in quibus trecentis solidis sunt (*sic*) dicti francales de Memisano. Item, debent facere juramentum fidelitatis et homagium. Item, dixit Ramundus Bruny predictus quod ipse habet [in] allodium terciam partem bosci de Casa in parochia de La Lue[9] et affarium de Lacorcia; alii non habent allodium. Item, dixerunt quod alii de communitate aliquid alienaverunt de feodo regis. Datum die et anno predictis. Reguante... Testes hujus rei sunt : Petrus Assalhit de Podensac, Ramundus Arnaldi, clericus, Amaneus de Casaus, Ispanus de Sis, milites, Ispanus d'Artigameira, et Senhor[ou]us de Moyssac, et ego predictus notarius.....

691 (651). 22 mars 1274. — *Reconnaissance de Gaillard de Ligautens et de ses parçonniers*[10].

Gualhardus de Lugalten., cum *parsionariis suis*. — Noverint universi quod (*même date*) in presencia mei, Bernardi de Varreto[11],..... Gualhardus de Lugaten., Ispannus d'Artigameira, Ispannus de Sis, Vitalis d'Artigameira, pro se et pro parsionariis de Mimisano, jurati et (*fol. 192*)[12] interrogati, dixerunt se tenere in feodum a domino rege Anglie et duce Aquitanie partem dimidiam decime de Mimisano et decime de Luas. Item, tenent ab eo omnia que habent apud Mimisanum[13], scilicet nemora, paduencia, domos, terras, montanas, nassas, feuda[14], esporlas, et cetera que habent ibi, exceptis .xij. denariis census quos[15] pre-

---

[1] N° 700: *pro me et heredibus meis et successoribus*. — [2] Guillaume de Middleton, évêque de Norwich, 1278-1288. — [3] Thomas Bek, évêque de Saint-David, 1280-1293. — [4] Publ. *Notices et extraits des mss*, t. XIV, p. 372. Transcription complète de l'acte déjà mentionné plus haut, n° 684. J'en donnerai ici les variantes. — [5] N° 684 : *Bruny*. — [6] Ms. *pertinenc. a dictis hominibus* (de même au n° 684). — [7] N° 684 : *ceteris*, qui est aussi une bonne leçon. — [8] Ici s'arrête la transcription du n° 684, où cependant on lit encore : *hoc immediato* (sic) *recognoverunt et alii quinque*. — [9] Ms. *Lalaia*, mais voir le n° suivant. — [10] Anal. *Arch. histor. Gir.*, t. V, p. 312. — [11] Ms. *Narreto*. — [12] Le scribe a donné par erreur à ce fol. le chiffre 193 (ix^xx .xiij). — [13] Ms. *Mimisano*. — [14] Ms. *feudas*. — [15] Ms. *excepto .xij. deverii census quod*.

dictus Ispanus tenet ab abbate de Sent Sever, et excepto quod quartam dicte medietatis decime de Memisano tenent a dicto abbate. Pro quibus debent facere dicto domino regi unum hominem peditem de excercitu et .v. solidos de esporla[1]. Item, dictus Galhardus tenet in parochia de Biscarrossa, in feodum, a dicto duce homines, terras, paduencia, aquas, molinaria, et cetera que habet in dicta parochia et in parochia de Mezos in Borno, cum una lancea de sporla. Item, dictus Ispanus dixit quod tenet in parochia de Parentias in feodum a dicto domino rege homines, terras, aquas, paduencia [et] cetera que habet in parochia de Parentias, cum quinque solidis monete Burdegalensis de sporla. Item, dixit dictus Galhardus, cum parsionariis suis, [quod] tenet in allodium boscum de Casa apud Lugaton., in parochia de Lua, et terciam partem in affario de Lacorcia. Nichil alienaverunt de feodo regis. Et de hoc facta fuerunt duo instrumenta ejusdem tenoris..... Datum die et anno predictis. Regnante..... Testes hujus rei sunt: Amaneus de Casaus, miles, Senhoro[n]us de Moyssac[2] de Borno, Petrus Assalhit de Podensac, Ramundus Bruni et Gualhardus Lau[r]a, et ego, predictus Bernardus, ...

692 (652). 22 *mars* 1274. — *Reconnaissance d'Arnaud Amanieu de Campet, chevalier*[3].

Arnaldus Amanevi de Campet, miles. — Noverint universi quod (*même date*) in presencia mei, Bernardi de Varreto,..... Arnaldus Amanevi de Campet, miles, juratus et interrogatus, dixit quod ipse tenet in feodum a domino rege Anglie et duce Aquitanie quicquid habet et habere debet in parochia Pontencii in Borno, excepto affario de Mauborguet quod tenet a vicecomite de Tartas. Et pro hiis debet facere juramentum fidelitatis et homagium et nichil aliud. Datum die et anno predictis. Regnante..... Testes hujus rei sunt: Amaneus de Casaus[4], miles, Senhoronus de Moysac, de Borno,

Petrus Assalhit de Podensac, Ramundus Bruny, Galhardus Laura, et ego, predictus Bernardus,....

693 (653). 22 *mars* 1274. — *Reconnaissance de Lombard d'Escource*[5].

Lombardus d'Escoassa. — Noverint universi quod (*même date*) in presencia mei, Bernardi de Vareto,..... Lombardus[6] d'Escossa, domicellus, juratus et interrogatus, dixit quod ipse tenet in feodum, [racione] Pinis[7], uxoris sue, a domino rege Anglie et duce Aquitanie, domum suam quam habet in parochia de Sanguinet, et homines, terras, aquas, paduencia, et quicquid habet in dicta parochia, excepto quod tenet apud Meula; item, homines, terras, aquas, nemora et quicquid habet apud Lacorcia in parochia d'Ucera; item, terras quas habet in parochia de Parentias in loco appellato Auleys. Et pro biis debet facere juramentum fidelitatis et homagium de una lancea de sporla; de allodiis, nichil. Datum et actum die et anno predictis. Regnante ..... Testes hujus rei sunt: Ispanus d'Artigameira, Ispanus de Sis, Amaneus de Casaus, miles, Senhoronus de Moyssac, P. Assalhit de Podensac, et Ramundus Brunii, et ego, predictus Bernardus, ... (*fol. 192 v*).

694 (654). 22 *mars* 1274. — *Reconnaissance de Pierre de Montaner, damoiseau*[8].

Petrus de Montanerio, domicellus. — Noverint universi quod (*même date*) in presencia mei, Bernardi de Varreto,..... Petrus de Montanerio, domicellus, juratus et interrogatus, dixit quod ipse tenet in feodo a domino rege Anglie et duce Aquitanie domum et motam de Montazerio, cum hominibus, terris, landis, nemoribus, aquis, pascuis, et aliis pertinentibus ad dictam domum[9] et motam de Montazerio. Et pro hiis debet facere unum scutiferum[10] equitem armatum de excercitu, et unam lanceam de sporla. De allodiis dixit quod nichil habet; nichil alienavit de feodo regis. Datum die et

---

(1) En marge: *.v. s. sporl.* — (2) Ms. *Moyssaut.* — (3) Anal. *Arch. histor. Gir.*, t. V, p. 312. — (4) Ms. *Pasaus.* — (5) Anal. *Arch. histor. Gir.*, t. V, p. 312. — (6) Ms. *Lambardus.* — (7) La lecture de ce nom est certaine (quatre jambages et deux accents entre P et s). — (8) Anal. *Arch. histor. Gir.*, t. V, p. 313. — (9) Ms. *et aliis pertinenc. hominibus ad dictam domum.* — (10) Ms. *sentiferum.*

anno predictis. Regnante..... Testes hujus rei sunt : Ispanus d'Artigameira, Ispanus de Sis, Amaneus de Casaus, miles, Senhoronus de Moyssac, Petrus Assalhit de Podensac et Ramundus Brunii, et ego, predictus Bernardus,.....

695 (655). *6 avril 1274. — Reconnaissance d'Arnaud de Lesperon, de la paroisse de Bias en Born, déclarant pour lui et pour les deux frères Bernard et Vital de Las Hodias*[1].

Arnaldus de Lesperon, de parochia de Bias in Borno. — Noverint universi quod, anno Domini .m°.cc°.lxxiiij°, sexta die introitus Aprilis, in presencia mei, Bernardi de Varreto[2],..... Arnaldus de Lasperon, de parochia de Bios in[3] Borno, juratus et interrogatus, dixit pro se et Petro Bernardo et pro Vitali de Las Hodias, fratribus, quorum est procurator, ut dixit, quod ipsi sunt immediate domino regi Anglie et duci Aquitanie, et tenent ab eodem domino omnes terras, et possessiones, et tenementa, et paduencia que habent et tenent et habere debent in dicta parochia; exceptis quibusdam terris quas tenent ab illis d'Artigameira. Item, quelibet[4] domus debet eidem, seu baillivo de Memisano, solvere pro predictis in dicta parochia .v. solidos Burdeg. annuatim in festo beati Martini yemalis. Item, debent facere juramentum fidelitatis et homagium; allodia non habent, nisi terras predictas francales; de alienatis, nichil. Item, debent facere jus coram ipso domino vel ballivo predicto. Et de hoc facta fuerunt duo instrumenta ejusdem tenoris..... Datum die et anno predictis. Regnante..... Testes hujus rei sunt : magister Petrus de Memisano, Elias Basterii, Johannes Porcherii, Johannes Parreu de Berbedillo et Petrus Laguiac, et ego, predictus notarius,....

696 (656). *Répétition du n° 685.*

697 (657). *Répétition du n° 686.*

698 (658). *Répétition du n° 687.*

699 (659). *Répétition du n° 688. Le titre seul diffère; il est ainsi rédigé :*

Dominus Amaneus de Podio, miles, vigerius de Memisano.

700 (660). *Répétition du n° 689.*

---

[1] *Anal. Arch. histor. Gir.*, t. V, p. 328. — [2] Ms. *Narreto.* — [3] Ms. *en.* — [4] Ms. *quilibet.*

GLOSSAIRE.

Dans le présent Glossaire, on s'est proposé d'abord d'expliquer, autant que possible à l'aide du document lui-même, les mots rares ou difficiles, les termes appartenant à la langue des institutions, qui se rencontrent dans le texte des Recogniciones feodorum; en second lieu, de résumer sous quelques titres généraux, tels que Alodium, Feodum, Francus homo, Service militaire, Tenere, etc., les notions éparses dans ce texte, pour faire mieux connaître la condition des personnes et des terres dans la Guyenne anglaise au xiiie siècle.

Acaptamentum, droit de rachat payé au changement du seigneur et du tenancier. N° 227 : «debet... duas cirothecas albas de sporla seu de acaptamento in mutacione domini»; cf. 216, 229, 230. — En gascon, *acapte* a le même sens; n° 266 : «debent... xiiij. solidos de acapte in mutacione domini»; cf. 284, 285, 354 [1], n° 466. Voir *sporla*, qui en est un équivalent.

Affarium, en gascon *affar*, territoire. N° 42 : «affarium seu villagium de Porcilgas» (passage cité dans Du Cange, au mot *affarium*); n° 52 : «affarium seu castrum de Gans»; n° 70 : «affarium seu locum d'Artigabauda»; n° 73 : «affarium seu tenementum et vetus castellare d'Arulha»; n° 131 : «in territorio seu affario vocato Salhies»; n° 560 : «affarium parochie de Pisols, sex domibus exceptis».

Affevatus, en gascon *affeuat*, qui tient une terre par bail à cens. N° 18 : «habet... in parochia de Brana affevatos qui debent dicto Petro denarios censuales»; n° 212 : «quicquid... seu milites sui, seu burgenses sui de Roquatalhada, de Langonio, seu affevati sui tenent ab eo»; n° 36 : «sauba la senhoria eus dreitz du roi... e ses autres deues, aitaus cum senhor deu auer sobre son affeuat». Voir plus loin, au mot *Feudum*.

Albergata, droit de gîte, cas où le seigneur a le droit de se faire héberger par son tenancier. N° 88 : «habet super homines dicte milicie albergatam et civadem civasere»; n° 244 : «nec debet exercitum, nec cavalogadam, nec albergadam» (p. 77, col. 1; à comparer avec les cas, beaucoup plus fréquents dans le même acte, où les tenanciers doivent «deveria exercitus, sacramenti, *in procuratione* et de justicia»); n° 246 [10] : «debebant contribuere in duabus commestionibus de albergata prepositi et suorum serviencium qui cum eo stant in mensa sua». Voir particulièrement, n° 415, l'ordonnance de police «de albergatis» à Dax. Comp. n° 660 : «debent unam haubergatam in anno illi qui tenet locum dicti domini regis et, si ipse locum tenens non hauberget cum dictis hominibus in anno...»; si le lieutenant du roi n'est pas hébergé une fois l'an, il recevra à la place six livres de monnaie bordelaise.

Allegancia, droit de procuration. N° 246 [2] : «debent obsequium exercitus et partem suam in dictis procurationibus seu alleganciis prepositi»; ce qui est expliqué un peu plus haut, à la fin du § 1 : «debent facere procurare bis in anno prepositum Vasatensem cum suis servientibus errantibus», et n° 247, à la fin du § 1 : «debent... procurare bis in anno preposito Vasatensi, cum suis servientibus errantibus, seu cum quibus regit et ducit causas et negocia sue prepositure».

Allodium, en gascon *alo*. Une des questions que devaient poser les enquêteurs à la personne appelée à déclarer ses obligations envers le roi était «si habet allodia». Les réponses permettent de déterminer les points suivants : 1° ce qu'on entend ici par le mot «alleu»; 2° ce qu'on peut posséder comme alleu; 3° quelles sont les obligations, les charges, des propriétaires d'alleus; 4° la transformation d'alleu en fief. — 1° Définition de l'alleu : N° 5 : «habet quandam terram liberam seu allodium... de quo nunquam dedit alicui censum nec sporlam»; n° 219 : «tenet in allodium libere... ita quod neminem alium in dominum recognoscunt nec faciunt aliquid deverium» (cf. n° 222); n° 341 : «tenet in allodium liberum, sub dominio dicti domini regis..., ita quod nichil debet inde facere sibi nec alicui alii viventi». Il ne faudrait pas généraliser ce dernier cas. Peut-être le déclarant du n° 341 ne devait-il en effet au roi ni redevance ni service pour son alleu; mais on verra plus loin, au contraire, des alleutiers tenus à certains services à raison même de leurs alleus. — 2° Ce qu'on peut posséder comme alleu, ce sont des biens-fonds : N° 221 : «unam domum apud Regulam»; n° 222 : le précepteur de l'hôpital de Baulac «habet et tenet dictum hospitale», et cette tenure est un alleu : «totum est allodium liberum sub posse et dominio ac districtu domini regis Anglie; ita quod neminem in alium dominum recognoscunt vel in aliquo se teneri»; n° 363 : «tenent in allodium liberum, sub dominio regis Anglie, .x. denaratas vinee in honore de Gironda et .xij. sadones terre in parochia S. Petronille»; n° 533 : «habet in allodium terram in qua domus sua est in parochia de Salabeu, et casale de Borani de Fonte Salomon, et pratum, et albaredam». Nulle part il n'est mention d'un château, d'un fief de chevalier, tenu en alleu. Du n° 595 on pourrait inférer qu'on pouvait posséder en alleu des cens, mais l'article peut s'interpréter autrement. A Bordeaux, dont les bourgeois firent leur déclaration le 20 mars 1274, l'alleu désigne le domaine public, dont le roi est censé avoir concédé l'usage aux bourgeois pour le profit de la commune et de ses habitants (voir le *Livre des coutumes*, p. 506-510). — 3° L'alleutier ne relève d'aucun seigneur pour les alleus qu'il possède, mais uniquement du roi; il est «sub dominio, posse et districtu domini regis (n° 218, 221, 222, etc.). Le n° 695 semble même dire que le tenancier direct de la couronne tient ses terres du roi en franc-alleu : «quod ipsi sunt immediate domino regi... et tenent ab eodem domino omnes terras et possessiones... quas habent et tenent... in dicta parochia... Allodia non habent, nisi terras predictas francales»; mais ceci est sans doute l'énoncé d'un fait particulier, non d'un principe général. Les causes réelles concernant les alleus ne peuvent être portées que devant la justice royale; n° 5 : «et pro istis [allodiis] debet facere jus coram domino rege vel senescallo Vasconie», ce qu'indique encore un autre passage du même document : «et jurisdictionem habet racione allodiorum in talibus realibus questionibus», où il faut entendre que c'est le roi qui a ce droit de juridiction. Si l'alleutier commettait un crime entraînant la mort de la personne ou la confiscation des biens, c'est au roi que les alleus doivent être dévolus : «illa terra seu allodium ad dictum regem devolveretur» (n° 5). L'alleutier doit aussi le service militaire; ainsi, dans le diocèse de Bazas, si la guerre est déclarée entre les passages des Pyrénées et la Garonne, «omnes allodiarii debent, suis expensis, ad eum venire et cum eo esse per unum diem, et exinde ad expensas regis, si eos velit retinere» (n° 252, acte important par ailleurs, puisqu'il nous fait connaître les personnes auxquelles le roi s'est adressé pour savoir quelles étaient les obligations des alleutiers : Anissant de Caumont, Arnaud de Gironde, plusieurs autres chevaliers et damoiseaux, et des bourgeois). De même aussi les bourgeois de Bordeaux (*Livre des coutumes*, p. 507), et c'est à quoi il est fait allusion aux n°ˢ 613, 648, 649; d'autre part, il n'y a pas lieu de retenir un exemple fourni par Delpit (*Arch. histor. Gir.*, t. V, p. 278), parce que, si l'on compare le texte, qu'il a défiguré en l'abrégeant, avec celui du ms. (n° 646), on voit que l'obligation de fournir une part de chevalier s'applique, non à un alleu, mais à un fief. Néanmoins le service militaire des alleutiers n'est mentionné dans notre ms. que par exception. En outre, nulle autre obligation n'est indiquée : ni redevances fixes en argent ou en nature, ni esporle. — 4° Mais il n'est pas rare de rencontrer des alleus transformés en fiefs (n°ˢ 34, 35, 197, 266, 301, 617, 689). J'ignore si, comme l'affirme Delpit (*Notices et extraits des mss*, t. XIV, p. 341), il y eut à cette époque, «de la part du souverain, un système arrêté tendant à diminuer, ou même à anéantir, la propriété allodiale», mais il est vrai que la tenure en fief était plus profitable pour lui que la tenure en alleu; par contre, quand Delpit constate (p. 340, note 1), à propos du n° 35, «qu'un alleu pouvait avoir des fiefs dans sa dépendance», il fausse le sens du texte sur lequel il s'appuie.

Amparamentum et *emparamentum*, *amparantivum*, défense, protection et aussi redevance payée pour obtenir la protection royale. N° 314 : «debet domino regi Anglie .xij. d. et amparamenta solvere annuatim eidem vel suo preposito»; n° 48 : «dant pro emparamento .x. libras cere preposito Herbe Faverie annuatim»; n° 312 : «dominus rex et suus prepositus debent sibi imparare predicta», c'est-à-dire le protéger dans la jouissance de ses biens. De même, au n° 470, Clarmonde de Marsan dit qu'avec l'autorisation de son mari elle a donné au prince Édouard une certaine somme d'argent «in pura donacion, per la garde e per l'emparente del mediss casted» (de Louvigny). Mais le mot *emparar*, qui signifie prendre sous sa protection, en est arrivé à dire juste le contraire, à signifier «occuper, s'emparer de». Ainsi, n° 419, le dame de Sort déclare que le prince Édouard «a pres e emparat e banit en sa man les homes de Majesc per dreit que entende que i deue auer» (deux fois); de même dans une formule assez fréquente, où le preneur s'engage «portare bonam et firmam de omnibus imparatoribus garentiam» (n° 365). Voir Du Cange, au mot *Amparare*. *Amparantivum* est synonyme d'*Amparamentum*; n° 248 (13) : «debent solvere annuatim... pro cabernio et amparantivo». Cf. plus loin le mot *Cabernium*.

Arregia, en gascon *arregatge*, rège ou sillon planté en vignes ou semé en blé. N° 246 [15 et 18] : «exceptis .x. arregiis seu sulcis vinee»; n° 628 : «tenent... in dicta parochia arregatges in loco vulgariter appellato A Gita Pena». Voir Brutails, *Recherches sur l'équivalence des anciennes mesures de la Gironde* (1912), p. 38.

Asturius, austur, austurus, autour, oiseau de proie employé pour la chasse. Donné comme redevance ou esporle. N° 561 : «cum uno asturio sauro vel mutato»; n° 645 : «cum uno austurre sauro censu». L'autour saur est celui qui n'a encore que ses premières plumes (avant la mue). Voir Du Cange, aux mots *Saurus* n° 1, *Avis mutata* et *Muta* n° 3.

Baneria, en gascon *banera,* bannière. N° 361, les hommes de Caudrot doivent au roi le service militaire quand le font les bourgeois de La Réole, et alors ils sont «de eorum baneria»; n° 398, Auger de Mauléon et sa mère ont le droit de mettre dans le château de Béloscar une quantité d'hommes et de vivres proportionnelle au nombre qu'ils y ont de chevaliers banerets : «cum hi n'i a sons cauer banera portant». Au n° 16, on trouve le mot de la langue classique : *vexillum.*

Barat, barad, fossé (latin : *vallatum*). N° 72 : «pedagium suum de barat de Tirapan»; n° 464 : «e lo cap du barad qui arere es deu castet» (à Bayonne).

Baro, baron; désigne toute personne de condition noble. Arnaud de Gironde, damoiseau, déclare qu'il doit au roi, pour les fiefs qu'il tient de lui, l'hommage lige, le serment de fidélité, le service militaire d'un chevalier dans la même forme que les autres barons «ut alii barones Vasconie» (n° 221); Esquivat de Chabanais, comte de Bigorre, est tenu de répondre en justice devant le sénéchal de Gascogne «ut ceteri barones Vasconie» (n° 408, p. 153, col. 2). Dans l'accord négocié au nom du prince Édouard entre Gaston, vicomte de Béarn, et Auger, vicomte de Soule, il est dit que, si le prince Édouard refuse de ratifier le traité, Gaston viendra occuper le château de Béloscar, avec la garnison dont ses barons disposent : «ab atanta garnizo e hommes cum hi n' i a son baron» (n° 398). *Baro* est aussi un équivalent d'*homo ligius* : «dixit idem Geraldus quod debebat esse baro et homo ligius domini regis Anglie» (n°⁵ 211, 212).

Barrosta, chariot. N° 683 : «de qualibet barrosta sive curru ollarum». Cf. Du Cange, au mot *Barrota.*

Batada. N° 72, Arnaud Séguin d'Estan déclare que, dans certaines paroisses, il possède «avenam, gallinam et batadam in omnibus casalibus ibidem existentibus». Faut-il corriger en *batudam* et entendre une corvée pour le battage de la moisson du seigneur? Le mot n'est pas dans Du Cange.

Bedatum, bedat, bedaut, défens, bois où il est interdit (*vetatum*) d'entrer. N°⁵ 58, 72, 93; n° 605 : «certa prata que... sunt inter bedatum, ex una parte, et rivos, ex altera... in loco vulgariter appellato Au Bedat».

Begaria, beguarius. Voir *Vicaria, Vicarius.*

Berum, digue. N° 678 : «juxta casale et berum estiu», c'est-à-dire près du casal et de la digue de l'estey. Voir Du Cange, aux mots *Batarium* et *Berum*.

Bessana, versane ou versaine. Ce mot indique, soit comme le dit M. Brutails, *Anciennes mesures*, p. 44, une sorte de fossé peu profond servant à l'écoulement des eaux et qui coupait les sillons quand ceux-ci étaient d'une grande longueur, soit la longueur du sillon tracé (*vertere*) par la charrue, comme le veut M. Guilhiermoz, *De l'équivalence des anciennes mesures* (dans la *Bibliothèque de l'École des chartes*, 1913, p. 314). N° 323 : «exceptis .iiij. bessanis terre». Voir Du Cange, au mot *Versana*, § 3.

Beta, bassin d'eau stagnante. N° 448 : «de prima piscacione que in beta de la Berseda piscabatur». Dans les comptes de Cadillac-sur-Garonne on trouve, à l'année 1439-1440, une dépense pour le récurement de la «*bette* ou fossé» (*Inventaire sommaire des Archives départ. Gironde*, Série E, Supplément, t. I, p. 76, col. 1). Le droit de bette est souvent mentionné dans les archives de cette commune.

Boglata. N° 407, § 1 : «quod nullus rector vel nauta navis presumat affretare navem suam, nisi primo boglata fuerit». Ce mot s'explique par des équivalents employés dans diverses rédactions des *Rôles d'Oléron*, art. 11 : «une nef chargie a Bourdeaulx ou ailleurs et lieve son voille apelé boucle pour arriner ses vins et s'en part; et n'assient pas le mestre et sez compagnons lour boucle si come il deüssent..., quer il sont tenus a asseoir lour boucles et certainement avant que il partent...» (*Nouvelle Revue historique de droit*, 1902, p. 615; texte réédité par Zeller, *Das Seerecht von Oleron nach der Handschrift Troyes 1386*. Mayence, p. 18-19. Au lieu de *arriner*, Zeller a lu à tort *arriver*). Autre rédaction : «une neef est a Burdeux ou ailleurs et leve sa veile pour ariver (*sic*) ses vyns et s'en part, et n'affient (*sic*) pas le mestre et ses mariners lor boucle si comme ils deüssent..., qar ilz sont tenuz affier lors boucles et lors ellores bien et certainement avant... de partir...» (Pardessus, *Recueil des lois maritimes*, t. I, p. 331). Traduction en gascon de Libourne : «una nau es a Bordeu o alhors, et leua sa vela per arribar sous vins et s'en pert per so que le mestre et los maliniers no an doblat lor bocgla..., quar ids son tinguts de ffar lors bocglas bonas et certanes avant que deugan partir...» (*ibid*, t. VI, p. 488; cf. *The black book of the Admiralty*, publ. p. Sir Travers Twiss, t. II, p. 222). Autres rédactions : «une nef chargie à Bordeaulx ou ailleurs, lieve son trief pour arriver (*sic*) ses vins et se part, et [n'] affient pas le maistre et les mariniés la bouche comme ils deüssent..., car ilz sont tenus à afier lours bouches et leurs biens bien et sauvement...» (Zeller, *Das Seerecht von Oleron nach der Handschrift Paris, Bibl. nat. n° 5830*, p. 8; il faut savoir qu'il s'agit ici du n° 5830 du Fonds français); «une nieff charge a Burdeux ou ailleurs et leue sa veylle pour arryner ses vyns et s'empart, et ne affient pas le maistre et les mariners lour boucles si come ils dussent...» (copie transcrite sur un registre de Southampton et publ. p. P. Studer, *The oak book of Southampton*, t. II, 1911, p. 60). La traduction castillane de l'art. 11 publiée par Pardessus, t. VI, p. 59, est ainsi conçue : «una nao carga en Burdel, o en otra tierra qualquiera, o lieva su fusta por los toneles, e partese a aquel logar e, yendo por la mar, facese por manera que se desarruma algunt tonel por falta del cantel que non es bien fecho asi como deve, o la fusta non es buena..., ca ellos son tenudos de afier bien sus toneles e facer sus obras bien e complidamente ante que partan del puerto». Il s'agit bien ici d'une pièce de bois, d'un madrier (*trief*; je trouve aussi *merryn* dans l'édition des *Rôles d'Oléron* donnée par Germain de La Tour dans *Le coustumier des anciens droitz deüz au roy*... Rouen, 1617, p. 132) servant pour arrimer les tonneaux à bord du navire. C'est au fond l'opinion de Pardessus, de Jal (*Glossaire nautique*, au mot *Boglata*), qui rattachent le mot à l'anglais *bulk* (dans Twiss, *bulkheads*, qui sont des planches servant à établir des compartiments dans l'intérieur du navire). Comp. le *New English dictionary on historical principles*, au mot *Bulk*. On peut donc traduire comme suit le passage cité de notre n° 407 : qu'on ne puisse affréter un navire avant qu'il ait été mis en état d'assurer un bon arrimage de son chargement.

Bollonem de sivat. N° 407, § 1. Bouillon ou poids indéterminé d'une matière inconnue. Voir Du Cange, au mot *Bullio, Bullionum*. Deux chartes du roi Henri III de l'année 1236, qui sont publiées dans les *Close rolls*, mentionnent, l'une «duas millenas cere, quinque buillones amigdale, quinquaginta parva fraella ficuum» (p. 397); l'autre «sex milliaria cere, sex boillones amigdalarum, quingentas libras piperis, trecentas libras zinziberis et canelle...» (p. 424). Voir plus loin le mot *sivat*.

Bordile, ferme avec maison d'habitation, métairie. N° 218 : «excepto uno bordili cum casali quod dixit se tenere in feodum».

Brosses, charrettes à deux roues. N° 589 : «debent facere septem brosses oneratos circulis».

Cabalier, caballier, principal. N° 468, p. 196, col. 2, au bas : «dui o plusors deutors cabaliers»; «lo principals caballers» (le débiteur principal).

Cabernium, protection, et, par extension, redevance pour obtenir la protection royale. Voir plus haut le mot *Amparantivum* et plus loin le mot *Captennium*.

Camera regis, la cambre du roi. N° 541 : «loquaus locs de Baissac dissoron sole ansianement estre aperat la cambra deu rei»; n° 542 : «loquaus locs de Bassac it dissoren que solo estre anciancment aperatz la cambre du roi»; c'est-à-dire que ce lieu appartenait au trésor particulier du roi. Voir Du Cange, aux mots *Camera* n° 3 et *Camera regia*.

Capcio, droit de prise. N° 353 : «debet... solvere annuatim bladum et vinum in estate et pro capcione» (la quantité de blé et de vin étant déterminée par les conditions du droit de prise)

Capdenium, captennium, en gascon *captenh*, protection et redevance payée pour obtenir la protection royale. N° 537, les habitants du Tourne et d'autres paroisses voisines déclarent qu'ils doivent au roi «octo solidos in adventu regis, nam qui dicuntur sporla sive capdenium» ou «captennium», c'est-à-dire les huit sous qui sont appelés l'esporle ou le captenh du roi; ils sont dus à l'arrivée du roi et à raison de la protection dont il couvre ses tenanciers. C'est ce qu'indique l'équivalent en gascon mentionné à la note 6 : «li cens e li esporle... assignat de las parropias per la protection et deffension de eras, que es aperat captenhs en romans». A Issigeac, le roi, ou son fils, doit percevoir chaque année, à l'octave de la Saint-Martin d'hiver, «xij.d. de captench de cada foc» (n° 481). Pour Moissac, voir Lagrèze-Fossat, *Études histor. sur Moissac*, t. I, 1870, p. 117, 145, etc.

Capmansus et *capmansura*, *capmasus* et *capmasura*, partie principale, centre ou chef-lieu d'une tenure, généralement d'un fief noble. N° 43 : «miliciam seu capmasuram de Puy Bardos» (passage qui a été noté dans le Glossaire de Du Cange); n° 115 : «terciam partem milicie que fuit Gauterii d'Ayra, militis mortui; et capmisura est apud Ayra». Cf. n°s 123, 130 (deux fois), 131, 134 (trois fois).

Carrigarium, pour *Garrigarium*, garigue. N° 201 : «quatuor jurnalia de carrigario».

Cartalada. Voir *Quartalada*.

Casale, en gascon *casal* ou *casau*, partie du sol où, dans un domaine rural, sont bâties les maisons; désigne aussi bien les terrains à bâtir que les constructions elles-mêmes. Nombreux exemples dans les *Recogniciones*. N° 397, l'abbé de Pimbo, en même temps qu'il concède au sénéchal de Gascogne le terrain nécessaire à construire une bastide, se réserve «omnia casalia nostra cooperta cum omnibus habitantibus casalia nostra»; il accorde en outre au sénéchal, en retour de sa protection, «in quolibet foco vivo in predictis casalibus, singulis annis, sex denarios Morlan...». Les *casalia cooperta* désignent les terrains déjà surbâtis, où sont des maisons habitées (*foco vivo*); n° 72 : «habet avenam, gallinam et batadam in omnibus casalibus...».

Casatus, casé, domicilié dans une maison tenue d'un seigneur. N° 244 à la fin (p. 78, col. 1) : «et debet pro hiis que sic tenet a domino rege .ij. s. solvere annuatim... et quod est casatus sub rege»; n° 247, art. 2 : «sunt casati et habitantes in terra quam tenent a domino rege»; art. 11 : «sunt casati super terras quas tenent a domino rege in feodum inmediate»; n° 248, art. 4 (p. 89, col. 1) : «et sunt omnes casati in dictis feodis, preter dictum Johannem»; n° 422 : «sobreus hommes qui son affeuat ni casat deus mediss feus».

Castellarium, *casterar*, *casterarium*, château fort. N° 12 : «castellarium de Lilhano et totam parochiam de Lilhano...; domum suam que est sita in loco vulgariter appellato Lo Casterar de Sancto Germano»; n° 73 : «affarium seu tenementum et vetus castellare d'Arulha»; n° 357, deux frères de Beauville, l'un archidiacre d'Agen, l'autre chanoine de Périgueux, déclarent tenir du roi en indivis «castellarium de Sancta Gemma cum parochiis de Nuron, de Montehac et de Curiis, et alio honore». Cf. n° 30. — *Castrum* désigne au contraire assez généralement un lieu fortifié, une ville forte. N° 206 : «castrum de Monteclaro sine castellania»; la correction proposée à la note 9 : «sive castellaniam» ne doit pas être retenue, si l'on rapproche de ceci le n° 240 : «quartam partem castri de Halhos sine burgo», où la partie ceinte de murs (*castrum*) est distinguée du faubourg (*burgus*).

Cauer, cauoir, chevalier; équivalent exact de *miles*, comme *cauerie* ou *cauarerie* (n°s 24-29) est l'équivalent de *milicia*. Voir ces mots.

Cavalogata, pour *cavalgata*, chevauchée. N° 244, p. 77, col. 1 : «nec debet exercitum, nec cavalogatam, nec albergatam».

Ciralis. N° 364, p. 118, col. 1 au bas : «exceptis medio solo domus qui movet seu tenetur a Bertrando de Cavomonte et uno cirali quod tenetur a Geraldo Assi». Sans doute mauvaise lecture (la graphie du ms. est indistincte) pour *cirali*, qui signifie terrain à bâtir. Voir Du Cange, aux mots *Ayrale, Ayriale*. La correction m'a été suggérée par M. Brutails.

Circulus, cercle. *Circulus gallinarum* désigne plusieurs poules liées ensemble par les pattes; posées à terre le jour du marché, elles forment comme un cercle. N° 549 : «debet domino duci Aquitanie, ... unam vacam vairam et unum circulum gallinarum sporle, in mutacione domini, et excercitum».

Civada, avoine et droit à l'avoine. N° 88 : «habet super homines dicte milicie albergatam et civadam (*sic*) civasere; et ipse habet in mense, dum tenet dictum castrum, civadam civasere super homines domus de Saltu»; c'est-à-dire, pendant le mois qu'il tient garnison dans le château, il a le droit de se faire donner l'avoine pour nourrir ses chevaux (si du moins il faut voir dans *civasere*, mot dont la lecture est certaine, un composé de *cibus*).

Civis, civitas désignent toujours une ville épiscopale et ses bourgeois. Les «cives de Trageto» du n° 520 sont des bourgeois de Bordeaux qui possédaient le port du Tregey et qui en percevaient les revenus.

Clam, service de cour (latin *clamium*). N° 33, Aude de Berrie déclare qu'elle tient du roi à charge d'hommage la paroisse de Berrie «e l'en deu far ost e clam e saget», c'est-à-dire le service militaire et le service de cour ou de justice.

Commestio, repas et droit aux repas. Redevance en nature due seulement dans certains cas extraordinaires, soit au roi, soit à un de ses agents. N° 31 : «si contingat dominum regem mittere venatorem suum ad forestam de Faxinon ad venandum ibidem, ego debeo venatori dare commestionem cum sex leporariis eadem nocte»; n° 189 : «recognovit quod debet facere unam racionabilem commestionem domino preposito»; n° 246, art. 10 : «omnes predicti feodotarii debebant contribuere in duabus commestionibus de Greville, de albergata prepositi et suorum servientium qui cum eo stant in mensa sua», c'est-à-dire qu'ils devaient contribuer aux deux repas dus par les gens de Graville, à héberger le prévôt et ses sergents; cf. n° 249, 250. N° 338 : «cum eorum parte quam faciunt in commestione debita preposito Vasatensi, sicut alii francales ejusdem parochie». Le nombre des gens que le prévôt peut avoir avec lui dans ces circonstances est d'ordinaire fixé exactement; n° 249 : «debent unam comestionem mandatam preposito Vasatensi pro domino rege, ad quam comestionem idem prepositus potest venire et secum ducere de quatuor personis usque ad sex». Le nombre était plus élevé quand le roi venait en personne; n° 238 : «debent unum cibum domino regi cum .x. militibus, quando veniet in Vasconia apud Castrum Redorte». A Argenton, près de Bouglon, le nombre de ces chevaliers était de cent; n° 364 (p. 119, col. 2) : «debent... domino regi, racione sui ducatus Aquitanie, unam commestionem apud Argenton in mutacione domini, eidem cum centum (*en toutes lettres*) militibus». Le village d'Argenton qui donnait son nom à cette redevance exorbitante (n° 337 : «sub tali tributo seu deverio quod debet partem suam in commestione vocata d'Argento») eût été évidemment hors d'état de se tirer d'affaire tout seul; aussi voit-on plusieurs seigneurs ou communautés d'habitants tenus de s'associer pour payer cette redevance. D'ailleurs, comme elle était due seulement à chaque nouveau règne ou quand le roi venait dans le pays, elle devait être peu onéreuse. La *commestio* était une redevance de fantaisie ou une survivance d'usages très anciens, qui prend parfois un caractère comique. Delpit a signalé plusieurs des menus que l'on devait servir dans certains de ces repas. Cf. n°s 30, 72, 95, 238, 364 à la fin, etc. Voir aussi *Procuratio*.

Compna, barrage et réserve à poisson. N° 3 : «habet et tenet de feudo vicecomitis de Fronciaco... undecimam partem compnarum existencium in mari predicto» (dans la Dordogne). Du Cange, qui a cité précisément cet exemple, renvoie au mot *Bordigala*, employé avec un sens analogue dans des textes marseillais; il eût été plus topique de renvoyer au mot *Combra* : «agger in fluviis ad pisces capiendos».

Comptau ou *contau*, portion de territoire qui était demeurée sous la juridiction du comte et qui n'avait pas été inféodée à un seigneur. Ici, elle est tenue directement du roi et par des «hommes francs du roi». N° 660 : «pro eis et pro aliis hominibus de la comptau de Portello et de Castris» (cf. *Inventaire sommaire des Archives départementales, Gironde*, Série E, Suppl., t. I, p. 248; exemple de l'année 1786); n° 679 : «recognoverunt... se tenere in feodum... quicquid habent vel habere debent in parochia de Cabanaco, racione de la comptau de Cabanaco...». De ce sens on est passé aisément à celui de padouent, de vacant, que donne Du Cange, au mot *Comptale*, d'après une sentence rendue en 1263 par le sénéchal de Gascogne : on s'était plaint à lui que Gérard, seigneur de Blaye, eût obligé les hommes des deux abbayes de Blaye à lui fournir injustement du blé «ratione comptalis sive paduenti terre». Sur la comtau de Blaye, voir en outre l'*Inventaire sommaire des Archives départementales, Gironde*, Série E, Suppl., t. II, p. 2, et *Archives histor. de la Gir.*, t. XII, p. 3-10. Je dois une partie de ces renseignements à M. Brutails.

Concata, conquata terre, mesure de superficie désignant une quantité de terre pour l'ensemencement de laquelle il fallait une conque de blé. «La conque dont on se servait dans l'archiprêtré de Bénauge valait le tiers d'une escarte et l'escarte valait quatre boisseaux» (L. Drouyn, *Revue catholique de Bordeaux*, t. III, 1882, p. 83, note; Brutails, *Anciennes mesures*, p. 47-48, et Guilhiermoz, *loc. cit.*, p. 316). Cf. n°⁵ 244, 328, 354, etc.

Corigia, langue de terre, peut-être allongée en forme de courroie. N° 246, art. 28 : «exceptis decem arregiis terre que sunt infra corigiam de Ladils», et art. 241 : «excepto uno jurnali terre quod est a la corege de Ladils». Voir Du Cange, au mot *Corrigia*, n° 1, et Brutails, *Anciennes mesures*, p. 42.

Cornagium, redevance (payée d'abord pour les bêtes à corne; voir Du Cange, à ce mot). N° 660, les hommes de la comptau de Portets et de Castres doivent au lieutenant du roi «unam haubergatam in anno» ou bien «sex libras monete Burdegalensis pro haubergata predicta. Soluto cornagio supradicto, ipse senescallus debet reddere portatoribus ejusdem juris unum quarterium porci... et octo panes».

Corrage, corvée ou procuration. N° 311, Doat de Lavadour doit payer chaque année, au roi ou à son prévôt, «xij. d. de corrage». Voir Du Cange, aux mots *Conredium*, *Corregeum*, *Corrogium*.

Costa, terrain en pente, dune, berge d'une rivière, rivage maritime. N° 689, les gens de Mimizan déclarent qu'ils tiennent du roi «villam de Memisano... cum paduenciis, aquis, nassis, et costa, et cetera que ibi possident»; n° 190, le sire de Lesparre déclare qu'il tient du roi le château de Lesparre : «item, costam, cum uno austuro sporle»; cf. n° 93 : «tria casalia apud Crunhon et duo in costa de Pallumes».

Crida, crid, crit, cri, annonce faite par le héraut. N°⁵ 366-368 : «feron cridar a la crida de Lengon que... comparissen»; n° 419, à Dax, c'est le cri de «biafora» poussé contre les malfaiteurs : «e que tut seguien le crit e l'ordre quant l'audiran».

Cullus, char; voir Du Cange, aux mots *Curellus* et *Currellus*. N° 407 [1] : «milliarium de cullo hominis advene». J'entends ainsi ce passage : on paiera deux sous pour la dizaine (*tracam*) de cuirs tannés et cinq sous pour un millier de ces mêmes cuirs transportés dans une voiture, à condition que ce soit la propriété du porteur. Le tarif serait plus élevé pour un entrepreneur de transports.

Curamum, cuir. N° 407 [1] : «trossellum de curamo». Cf. Du Cange, au mot *Coramen*.

Decus, bornes, limites. N° 63 : «tenet... lanam de Sestras et casalia de Gravalet que sunt infra decos Sancti Severii»; cf n°⁵ 98 et 99. Un synonyme est fourni par le n° 201 : «una estagia que est infra cruces Sancti Albini». Pour l'étymologie du mot, voir Antoine Thomas, *Nouveaux essais de philologie*, p. 233, note 2.

Degarire. Voir *Garire.*

Denerata, mesure agraire désignant la quantité de terre dont l'ensemencement coûte un denier. N° 363 : «debent... x. denaratas vinee in honore de Gironda».

Districtus, territoire dans lequel s'exercent la justice et les droits utiles d'une seigneurie (j'emprunte la définition de G. Tholin, *Villes libres et barons*, p. 79). Parfois ce sens s'élargit jusqu'au point de désigner seulement le territoire qui entoure une localité; ainsi, n° 397, l'abbé de Pimbo et plusieurs de ses chanoines déclarent qu'ils ont donné au sénéchal de Gascogne «locum seu plateam in districtu et terra nostra ad faciendum domum fortem», et encore n° 457 : «postquam cives fuerunt extra districtum civitatis eundo in exercitum et redeundo de exercitu, habuit justiciam super omnes de exercitu, donec ad districtum redierint civitatis». Parfois, au contraire, il se restreint au point de signifier seulement l'autorité, le pouvoir du seigneur dominant; ainsi, n° 482 : «dize en cort qu'el casted de Mondied... ere en la senhorie e del destreit del mult alt senhor son Edouuard».

Divisa, portion du sol qui a été appropriée, divisée entre des particuliers. N° 16, Guillaume Bernard d'Ornon déclare qu'il tient du roi «hoc quod domina Brayda, domina de Veirines, tenet in parte divisa apud Hurgtin de domo d'Ornon», c'est-à-dire tout ce qu'elle possède dans la partie des terres appartenant à la maison d'Ornon qui ont été lotisées (ou divisées par testament) à Hourtin; n° 247 [13], Jean Comed et un homonyme déclarent qu'ils tiennent du roi «quicquid habent de divisis comitalibus et de ultra Sironem donec ad parochias de... », c'est-à-dire tout ce qu'ils possèdent en fait de terres comtales (voir plus haut le mot *Comptau*) autrefois lotisées, et au delà de Ciron jusqu'aux paroisses de... La *divisa* s'oppose donc au *padoentum* ou bien vacant, sans maître particulier, à moins que ce ne soit un équivalent de *devesa*, ce mot se rattachant à *defensum*, défens.

Domicellus, damoiseau; il est difficile de le distinguer du *miles* ou du *baro*. Arnaud de Gironde, qui est qualifié *domicellus*, doit au roi «obsequium exercitus de uno milite ut alii barones de Vasconia» (n° 221); deux frères, Garcie d'Angles et Arnaud de Pussac, qualifiés *milites*, doivent au roi, pour leur moitié du château de Lados, «obsequium excercitus de uno milite vel de uno domicello qui sit dominus dicti loci» (n° 207); Raimond-Guillaume d'Origne, qualifié *domicellus*, «debet esse homo et domicellus domini regis Anglie» (n° 614). Souvent aussi, le fils d'un *miles* est qualifié simplement *domicellus*.

Ennerata terre, mesure de superficie. Le mot se trouve quatre fois au n° 354 [2, 3, 7, 12]. On en retrouve sans doute l'équivalent dans un passage rapporté par M. Millardet (*Recueil*

GLOSSAIRE.

de textes des anciens dialectes landais, p. 73, ligne 3) : "xvj. jornaus de terre e .i. enarc, à la corde e payhere de Marsan", et encore quatre fois dans la suite de ce document.

Escarta, esquarta, quarta, mesure de grains. N° 514 : "de que don... cada an una escarta de siuada [avoine] a la mesura de Fronsac...", "deuen una esquarta de siuade e una gallina e una fogassa", "e Andreu de Carbonnera deu .iij. capons e megh quarta de siuada". Voir plus haut, au mot *Concata*, et Brutails, *Anciennes mesures*, p. 84.

Esperveriun, épervier. N° 683 : "debet ei dare unum esperverium privium annui census". C'est l'épervier qui, à la chasse, précède les autres et leur sert de guide (cf. n° 501 : "si le esperuer va auant de guide"). C'est donc une bête déjà exercée, distincte en cela de l'autour.

Esplectum, explectum, mise en exploitation, défrichement. N° 12, Olivier de Lilhan reconnaît tenir du roi pour lui, ses gens et ses bêtes, "paduentum et esplectum quod vulgariter dicitur esplectz per totam forestam". N° 100, interrogé s'il avait aliéné quelque chose des droits du roi, Bernard Jourdain de Larée répondit : "quod executores testamenti sui sepelierunt patrem suum contra ordinacionem suam in hospitali de La Pressera, et concesserunt ei espleytum libere et ipsi utuntur et malo velle suo". N° 365, p. 121, col. 1 : "debent et tenentur dictus dominus et sui predictum usumfructum et explectum dimittere... dicto domino et viro suo". D'où *espelitare*, mettre en usage, en exploitation; n° 674 : "ipsi debent uti et espelitari viis, aquis, paduentis, pratis et nemoribus que sunt in parochia de Pujol". Le mot en est arrivé aussi à désigner un droit d'usage.

Esquinguerta, esquinguetta, service du guet. N° 324, les habitants de Meilhan "tenentur custodire castrum ipsum et villam eorum expensis et in personis et corporibus propriis; et eorum familie debent guettas et esquinguertas"; cf. n° 332.

Estiu, autre forme du mot gascon *estey*, qui correspond au latin *æstuarium*. N° 678 : "juxta vineam mare estiu", c'est-à-dire près de la vigne du marais de l'estey; "juxta casale et berum estiu", c'est-à-dire près du casal et de la digue de l'estey. Ajouter le mot *Sterium*, qui est marqué plus loin.

Estiro, mesure de superficie. N° 246 [22] : "exceptis .xij. estironibus terre... et exceptis quatuor estironibus terre et vinee"; n° 247 [14], passage reproduit par Du Cange. Cf. n° 248 [4, 7]. Voir Brutails, *Anciennes mesures*, p. 47, note 6.

Feodum. Le mot a ici deux sens, celui de fief et celui de censive. 1° Sur le premier sens, inutile d'insister; l'exemple de Guillaume-Raimond de Gensac, damoiseau, suffira. Il reconnaît tenir "in feodum inmediate a... rege Anglie castrum de Pugioliis... et quicquid habet in diocesi Vasatensi et tenet... scilicet in juribus feodagiorum, homagiis, mero et mixto imperio..." (n° 205). Le mot *feodagia* ou *feudagia* (n°s 465, 466) se retrouve sous la forme *feondagia* dans une charte de Marguerite de Turenne (n° 203), où elle déclare qu'elle tient du roi «in feodum inmediate» toute une série de terres et de châteaux avec les droits et profits en dépendant «in domanio, sive in proprietate ipsius, sive in juribus feondagiorum, recognicionibus et baniamentis». 2° Le n° 244 est précédé d'une rubrique : «Census solvendi annuatim preposito Vassatensi». Parmi les censitaires, il en est plusieurs qui tenaient leurs terres «ab antiquo in feodum inmediate a... rege» et qui lui devaient pour cette raison un cens annuel (p. 76, col. 1); ils déclarent en outre qu'ils tenaient aussi divers *feoda* de l'abbaye de Fonguilhem; par exemple (p. 77, col. 2) Vital Lambrot, deux conchées de terre pour lesquelles il paie 17 s. 4 d. et 1 obole; Pierre de Langlade, le *feodum* de la Grande, pour lequel il doit 15 d. et 1 obole, etc. De même, au n° 146, Pierre et Arnaud de Graville tiennent «in feodum a domina d'Arcmal... usque ad sex jurnalia terre culte et inculte... pro .viij. d. Burdeg. de feodo annuatim» (art. 4); «exceptis duobus jurnalibus terre que tenet ab hospitali de Bauladz... cum sex solidis Burdeg. de feodo» (art. 17; cf. 24, 25, 29). Le n° 335, qui commence aussi par la rubrique «Census debiti in prepositura Vasati», énumère un certain nombre de terres qui sont tenues du roi «in feodum inmediate» et pour lesquelles les tenanciers «debent inde tres solidos Morl. feodi solvere annuatim apud Vasatum». Ces *feoda* ne peuvent être aliénés qu'avec le consentement du seigneur mouvant : «nec debent nec possunt alienare predicta feoda sine voluntate domini»; si le seigneur autorise à les aliéner, il lui est dû des droits de mutation : «dominus debet inde habere vendas, et habeat» (n° 356). Dans ces exemples, *feoda* a donc la double signification de cens et de censive. Les détenteurs de ces *feoda* sont appelés *feodatarii*. N° 364, plusieurs habitants de Bouglon «sunt feodatarii domini regis Anglie... de feodis infra expressis que tenent ab ipso inmediate et cum deverio infrascripto...» (p. 117, col. 1); «omnes persone prenominate sunt et esse debent de predictis feodis que habent et tenent... feodetarii inmediati et eorum antecessores fuerunt domini regis et ejus antecessorum» (p. 119, col. 2). N° 662, Guillaume Raimond des Bordes, de Saint-Sève, déclare que lui et son père tiennent du seigneur de Bénauge une maison d'habitation (*stagium*), un moulin, des vignes «et quemdam feodotarium quem habet in loco de Las Bordas», tout cela pour une esporle de 15 sous. N° 19, Pierre de Bordeaux, damoiseau, déclare qu'il tient en fief du roi ce qui restait de l'ancien temple romain consacré à la déesse Tutela: «Tudelam cum platea que est ante eam et cum hominibus feodatariis suis qui circumquaque predictam Tudelam morantur». Le *feodotarius* est en gascon un *affeuat* : n° 36, le connétable de Bordeaux notifie qu'il «a dat e liurat feuamentz» selon les usages de Bordeaux, à Guillaume de La Forêt trente sadons de terre sis dans la forêt royale à Gradignan; il réserve d'ailleurs les droits seigneuriaux «aitaus cum senhor deu auer sobre son affeutat, au for e a las custumas de Bordel». En réalité, il n'y avait pas de différence juridique entre le fief ou la censive; dans les deux cas, la tenure avait le caractère d'une possession perpétuelle grevée au profit du souverain, par exemple, d'obligations personnelles déterminées et d'un cens annuel; c'était toujours un *feodum*. — N° 188, un clerc déclare tenir du roi les deux tiers d'une pièce de vigne «in feudum francale».

Fermansa, fermeza, caution. N° 468, p. 196, col. 2, au bas : «la nouela constitucio de fermezas laquals dits que primerament deu estre conuengudz lo principals caballers que las fermansas», c'est-à-dire que le principal débiteur doit être mis en cause avant les cautions. Voir plus haut le mot *Cabalier.*

Ferrum crudum, fer brut (n° 212, exemple rapporté dans Du Cange sans explication). D'après un leudaire de Moissac (Lagrèze-Fossat, *Études histor. sur Moissac*, t. I, 1870, p. 100, art. 12 et 14), le «fer obrat» paie un droit d'entrée double du «fer gros», c'est-à-dire du fer grossièrement travaillé.

Fidejussores, cautions, garants. Au nombre des obligations imposées par le seigneur à ses tenanciers libres, était celle de fournir des cautions, pour lui garantir l'exercice de ses droits de justice, s'ils en étaient requis. N° 640, plusieurs «hommes francs» du roi, dans la prévôté de Barsac, déclarent qu'ils doivent «dare fidejussores seu cauciones ydoneas dicto preposito de stando juri coram ipso». La même obligation pouvait d'ailleurs incomber aussi aux nobles : Pierre Parran, chevalier, déclare «quod debet stare juri coram preposito de Barsiaco et ei facere sacramentum fidelitatis, et debet dare fidejussores in omnibus mandatis, et habere super eum [c'est-à-dire que le prévôt doit avoir sur lui] magnam et parvam justiciam» (n° 618); Pierre de Villecentud, chevalier, reconnaît qu'il doit «facere jus in manu prepositi de Barciaco et fidejubere in omnibus mandatis ipsius prepositi» (n° 631).

Firmanagia, redevances. N° 397, pariage entre l'abbé de Pimbo et le prince Édouard : le prince et ses hoirs auront «in omnibus habitatoribus nostris qui nunc habitant circa ecclesiam nostram [Pimbo] et franci vocantur medietatem omnium jurium; deveriorum seu firmanagiorum que in ipsis habemus...; omnia firmanagia seu censa que illi qui venient ad habitandum in dicto loco dabunt pro solis seu plateis domorum suarum». Du Cange donne seulement *Firmagium* et renvoie aux mots *Firma* n° 5, *Firmantiæ, firmantia* n° 2.

Fossata, territoire entouré d'un fossé. N° 237, Garcie Arnaud de Sescas déclare qu'il tient en alleu tout ce qu'il possède à Illon «excepta fossata seu villata; et ea que sunt in ea ipsa fossata dixit quod tenebat in feodum a domino de Lebreto». Cf. Du Cange, *Fossatum* n° 5.

Francdatum, en gascon *frendat*, domaine rural peut-être soumis à un régime privilégié. N° 320, Bernard de Cau déclare qu'il tient du roi tout ce qu'il possède dans la paroisse d'Aillas «et nominatim francdatum de Anza... et quartam partem prati de Boldere»; n° 451, Raimond Dard, qu'il tient «la maitat de tota la frendat del chaizet» et qu'il devait au roi «de tota la auandita frandat del chizet .v. sol. de Morl.»; n° 474, il est question d'un lieu dit «lo puoch de Pico», au diocèse de Périgueux, «peusatz en la paroquia de S. Seui, entre lo riu del Drot, d'una part, e entre la frantat, d'autra». J'ignore le sens du mot *chaizet* ou *chizet*.

Francitudo, franchise, liberté. N° 519, plusieurs bourgeois déclarent «quod dominus rex concessit eisdem easdem libertates et francitudines quas habent villa et communitas Burdegalensis».

Francus, francalis homo, expression susceptible d'acceptions diverses, mais qui désigne d'ordinaire une classe de petits paysans (*homines minores;* cf. plus bas), libres et propriétaires. Ils sont appelés *homines ligii francii* (n° 623), *homines liberi* (n° 356), le plus souvent *francales homines*, en gascon *homme francau* (n°⁸ 541, 542). Ces hommes francs du roi ne se rencontrent pas partout; ils paraissent plutôt former des groupes géographiques : ainsi à Mimizan, à Beychac, dans les prévôtés de l'Entre-deux-Mers, de Barsac, de La Réole. A Mimizan (n° 689), la «communauté» tient du roi la ville : «villam de Mimisano, scilicet domos, terras cultas et non cultas, vineas et cetera pertinencia ad dictam villam... cum paduenciis, aquis, nassis et costa, et cetera que ibi possident»; pour cela ils doivent donner au roi trois cents sous de Morlaas de cens annuel, à la Saint-Jean, «in quibus trecentis solidis sunt dicti francales de Mimisano». Aux hommes francs du roi en Bazadais solidairement incombe une redevance annuelle de 20 livres; par suite, certains d'entre eux déclarent (n° 244) qu'ils doivent payer chaque année, à la Saint-Michel, au roi ou au prévôt de Bazas, «.x. solidos de illis viginti libris quas omnes homines francales Vasatenses debent et solvunt annuatim termino et personis predictis» (p. 76, col. 1). Dans l'Entre-deux-Mers, la redevance annuelle, également solidaire, est de 40 livres; n° 680 : «dixerunt et recognoverunt homines commorantes in dicta prepositura [d'Ambarès] quod solvunt .l. solidos annui redditus eidem domino regi a festo sancti Michaelis usque ad festum Omnium Sanctorum racione allodiorum que dicti homines prepositure habent in dictis parochiis; quos .l. solidos solvunt homines dicte prepositure in illis .xl. libris quas dictus dominus rex habet in hominibus suis regalibus de Inter duo maria; et solvunt istos .l. solidos racione allodiorum suorum». C'est la «quête du roi» mentionnée au n° 536. — Ces gens, qui se sont ainsi abonnés pour obtenir la protection royale, sont des hommes libres depuis un très ancien temps, qui ont échappé aux liens et aux charges du régime féodal. Ils ont continué de relever directement du souverain (comte, duc ou roi) qui, pour les protéger, leur a demandé une contribution annuelle. A ce prix, ils ont eu la liberté de leur corps, le libre usage de leurs alleus, c'est-à-dire soit des terres qui n'avaient pas été inféodées, soit de ces portions du sol dont l'usage doit être conservé à la jouissance commune : padouents, rivières, berges des cours d'eau ou dunes maritimes (*costa*). Il y a donc une parcelle de vérité dans la fable par laquelle, dans les enquêtes de l'année 1236, les gens de l'Entre-deux-Mers expliquèrent les origines de la féodalité (voir n° 536, p. 252, note 7). — Quant à la condition de ces hommes francs, elle ressort très nette des textes nombreux qui les concernent. Ils sont libres; les hommes francs de Poussignan reconnaissent «quod ipsi homines sunt francales de Possihan et tenent corpora eorum a domino rege seu duce Aquitanie» (n° 625). Le roi exerce sur eux les droits de haute et de basse justice; ils doivent lui fournir des cautions (*fidejussores*) quand ils en sont requis. Le roi les administre à l'aide de son prévôt. Quand celui-ci entre en charge, les hommes francs de Barsac lui doivent le serment de fidélité (n° 675). En retour, le prévôt doit jurer de les défendre contre tout acte de violence (n° 244, p. 76, col. 1, au bas; p. 77, col. 2); peut-être même est-il, conformément à une coutume assez générale en Gascogne, tenu de prêter ce serment tout le premier (n° 246, p. 79, col. 1). Enfin on doit au prévôt des vivres, mais non d'une façon arbitraire, et le service militaire. Il est dit de ceux de Bernos (n° 246 *ibid.*) : «debent... regi facere obsequium exercitus, sicut villa de Vasato. Item, debent facere procurare bis in anno prepositum Vasatensem cum suis servientibus errantibus. Item, debent eidem preposito... facere sacramentum fidelitatis quandocumque de novo est constitutus, et ipse prepositus debet eis jurare primo quod eos custodiat ab injuria violencia de se et aliis suo posse ». De même les habitants de vingt-quatre paroisses de l'Entre-deux-Mers (n° 537), outre la « quête du roi » qui est annuelle, doivent, lors de la venue du roi, ce qu'on appelle un droit de protection ou une esporle (*sporla sive capdenium*). Dans ces localités, la justice est rendue par le roi, et les habitants doivent le service militaire dans la mesure où il convient de l'imposer à de petites gens (*homines minores*). Le roi nomme le prévôt de l'Entre-deux-Mers, qui doit avoir sous ses ordres deux sergents : l'un pour le pays en deçà du Lubert, l'autre pour le pays au delà ; ces sergents seront hébergés chez l'habitant, mais seulement une seule fois chacun par an ; de même le prévôt recevra des vivres une fois l'an avec ses chevaux et un garçon. En retour, les habitants ont la libre jouissance des pâturages, bois, routes, eaux courantes, padouents, etc., « et quod ita sunt liberi et habent terras suas modo predicto francas et liberas et quod de ipsis suam possunt facere voluntatem ». Cette longue énumération est d'ordinaire énoncée dans nos textes par ces simples mots : « deveria exercitus, in procuracione et sacramento et de justicia » (n° 244, p. 76, col. 2).

Frementau, fromentau, redevance en froment. N°s 417 et 477 (qui en partie se répètent) : « e cobre... la montanha et la costa de Biscarossa e de Biars, eu pleit vescomtau eu ffrementau » (417) ou « fromentau » (477).

Frustrum terre, parcelle de terre. N° 563 : « .iiij. frustra terrarum »; n° 617 : « unam peciam terre... in eadem parochia... et affarium de Piadetz... et omnem terram lavratam que est citra lo Syron... et aliud frustrum terre in loco appellato A l'Aubareda ».

Garantia, garantie, sécurité donnée contre les revendications d'un tiers. N° 11 : « debet facere jus coram ejus curia et facere garentiam et pacem ». Cette garantie est fréquemment exprimée dans le cas où, un fief étant possédé en indivis entre plusieurs détenteurs ou parçonniers, les services personnels doivent être fournis par un d'entre eux. Ainsi la terre de Dagnac (n° 21) doit au roi le service militaire d'un chevalier; elle est tenue en fief par Amanieu de Curton et Bernard de Pressac, damoiseaux, qui en possèdent la moitié, et par Élie de Daignac qui tient l'autre moitié; « tamen dixit dictus Amanevus quod ipse debet *garantizare* predictum parcionarium... cum una lancea sporle... », c'est-à-dire qu'il doit fournir une lance d'esporle et qu'ainsi il garantit à son parçonnier la libre jouissance de son fief. — *Garentire, garire* et *degarire* sont employés dans le même sens : « debet pro eo feodo obsequium exercitus, de quo eum garentit B. de Cavomonte » (n° 225); « debet sporlam, set de ea ipsum garentit G. A. de Tantalone qui tam pro se quam pro eodem Reymundo solvit » (n° 236); « et debent, pro predictis que sic tenent a domino rege, eidem facere, alter de ipsis parciariis quem dominus rex preelegerit..., homagium ligium et .xxx. sol. sporle..., et ille qui homagium fecerit debet aliis suis comparciis sua feoda garentire » (n° 274); « dominus de Hagetmau debet eum garire de exercitu et curia, et, nisi faceret, ipse citatus faciet » (n° 103); « debet eum de exercitu degarire, sicut ille de cujus hereditate res descendunt predicte..., et dominus d'Artessen debet cum de omni deverio domini degarire» (n° 130); «nescit aliquod deverium debere fieri pro eo, sed credit quod debeat degariri cum deverio quod dominus de Benquet debet» (n° 131).

Gasalhar, celui qui tient à cheptel. N° 451 : «reconog... que el e sos gasalhars deuo far a l'auantdiths senhor roi d'Angl... .v. s. de Morl. ».

Guetta, service du guet ou de la garde. N° 324 : « tenentur custodire castrum ipsum et villam eorum expensis et in personis et corporibus propriis, et eorum familie debent guettas et equinguertas»; cf. n° 332.

Haubergata; voir *Albergata*.

Homo, vassal, et *homagium*. N° 1, Arnaud d'Espagne, damoiseau, déclare «se esse hominem et militem domini regis»; n° 6, Gombaud de Lesparre, damoiseau, «quod ipse est homo et miles vicecomitis Fronciaci»; n° 8, Amaubin de Barès, chevalier, «quod est homo et miles dicti domini regis cum austuro sauro sporle»; n° 211, Géraud de Lamotte, damoiseau, « quod debebat esse baro et homo ligius domini regis»; n° 401, Thibaut de Peyrusse, chevalier, que lui et ses hoirs « deuen estre home lige e cauoir a nostre senhor le roy d'Angl. e a ses hers e jurar au ditz nostre senhor le roy d'Angl. fidiutat perdurabla ». A l'hommage est d'ordinaire jointe la foi, *fidelitas*; en gascon, *homenadge e fisautad* (n°ˢ 24, 25, 26, 28). Dans les textes latins, la formule de beaucoup la plus fréquente est *homagium ligium et fidelitatem juratam* (n°ˢ 43, 203, 213, 221, 357, etc.). Une fois on rencontre l'*homagium planum* (n° 585) et l'*homagium francum* (n° 654). Nos textes savent d'ailleurs distinguer l'*homagium* et la *fidelitas*. N° 11, Otton de Lomagne déclare «quod debet facere sacramentum fidelitatis; requisitus de homagio, dixit quod nesciebat, sed mane debet respondere»; n° 185, Raimond Guillaume de Cérons, damoiseau, «requisitus si debebat facere sibi [au roi] homagium vel sacramentum fidelitatis, dixit quod non», et en effet il ne tenait rien du roi; n° 189, Raimond Esperd de Cérons déclare également «quod nichil tenebat a domino rege», mais que néanmoins «erat homo suus et quod debet stare juri coram preposito de Barssiaco et eidem prestare sacramentum fidelitatis ». A l'hommage enfin est étroitement associée l'esporle (voir *Sporla*).

Honor désigne l'ensemble des territoires qui étaient placés dans la mouvance d'une seigneurie. N° 13, Guillaume Séguin de Rions, chevalier, déclare qu'il tient du roi «castrum de Rioncio, intus et extra, tantum quantum honor ejusdem castri tenet; item, quicquid homines de nobili genere tenent ab eodem milite, et homines et laboratores intus honorem ejusdem castri»; n° 261, le roi, ayant sommé un de ses vassaux de lui fournir le service militaire qu'il lui devait pour le château de Puyguilhem, «trahebat tam de castro quam de honore exercitum»; n° 341, Gaillard et Amanieu Frosun déclarent qu'ils tiennent directement du roi «quicquid habent apud Vasatum et in honore, apud Causdrotum et in honore, apud Sanctam Macarium et in honore ... et apud Benauges et in honore». Bazas, Caudrot, Saint-Macaire étaient des villes fortifiées, tout comme Bénauges était un château fort, et par conséquent des localités auxquelles était associée l'idée de seigneurie. Au mot *honor* sont jointes d'ordinaire deux expressions qui en précisent le sens tout en le complétant: *pertinencie* et *districtus*. N° 191, Gaucelm, seigneur de Castillon-de-Médoc, déclare qu'il tient en fief du roi «castrum de Castellione in Mededulco, cum honore suo et pertinenciis suis universis, ubicumque sint, infra honorem vel extra». La formule *cum honore et pertinenciis* est des plus fréquentes. *Honor* désigne la mouvance; *districtus*, le ressort judiciaire. N° 568, Rostand de Landiras, damoiseau, reconnaît, en son nom et au nom de sa nièce, qu'ils tiennent du roi «quicquid habent et possident... in honore et districtu de Landiras..., in honore et districtu de Rupecissa, de Lingonio vel aliquo alio in diocesi Vasatensi». Le mot *districtus* a déjà fait l'objet d'un article séparé.

Imparare, protéger. Voir *Amparamentum*.

Inclina (mot mal transcrit ou mal lu?), domaine rural. N° 634, Pierre de Budos, damoiseau, déclare qu'il tient du roi tout ce qu'il possède dans les paroisses de Budos, d'Illats, de Pujols et de Sauternes, «excepta inclina quam tenet a Gualhardo de Grossinhac, milite, que est in parochia de Budos».

Joala, jouaille, rangée de vignes et de céréales alternées. N° 136, parmi les fiefs que tient Guillaume de Monteil, sont «totas aqueras .xj. joalas de vinha ab la terra en que son». Cf. Ant. Thomas, dans *Romania*, t. XXXIX, p. 236, et Jean Barennes, *Viticulture et vinification en Bordelais au moyen âge*, 1912, p. 63.

Laicium, petit domaine rural. N° 589, diverses personnes habitant la paroisse de La Tresne déclarent tenir du roi «laicium de Trena, pro quo debent facere et reddere ei... vij. brosses (voir ce mot plus haut) oneratos de circulis extractis de eodem bosco vel luco». On peut en rapprocher les mots *leza*, *lentia* n° 2, mentionnés dans Du Cange.

Lana, pour *landa*, lande. N° 63, Raimond Bernard, bourgeois de Saint-Sever, déclare qu'il tient du roi «lanam de Sestras et casalia de Gravalet, que sunt infra decos Sancti Severii; et non facit pro eis speciale servitium».

Ligius, lige. Le mot ne s'applique pas seulement à des tenanciers nobles, comme dans les exemples allégués sous *homagium*, mais aussi à de simples hommes libres. N° 625, certains «hommes francs du roi» déclarent «quod ipsi sunt homines ligii francii domini regis... et tenent corpora ab co»; d'autres, habitant la prévôté de Barsac, qu'ils sont «homines ligii francales dicti domini regis» (n° 639).

Malindum, mot inconnu qui doit avoir le sens de charge, poids, mesure : «malindum de buxo» (n° 407, art. 1), dans un tarif de fret établi par les armateurs et les mariniers de Bayonne.

Mandatum, mandataire, fondé de pouvoirs. N° 248 [1], les «hommes francs du roi» dans la paroisse de Cudos déclarent par la voix de leur procureur qu'ils doivent au roi «vel suo mandato» 30 sous de monnaie bordelaise pour leur quote-part dans la contribution annuelle de 20 l. due au roi; «excipitur dominus Gillamotus del Anglade qui in hiis nichil debet solvere, qui est mandatum parochie» (dans le ms., le mot est écrit *mandat.* avec un signe d'abréviation). Le mandataire du roi se rencontre très souvent dans nos textes; celui de la paroisse, qui paraît mentionné dans cet exemple unique, est au contraire plus difficile à caractériser. Ce «Gillamotus» était un personnage important, puisqu'il est qualifié «dominus».

Manerium, manoir. Exemples assez rares de l'emploi de ce mot. N° 25 : «nous vous facem asaber que tenem del fiu de nostre senhor lo roi d'E. la maneire de Faurgues... en la parropia d'Arrenung». Voir les n°° 10, 204, 554.

Mercatilis caminus, chemin vicinal, praticable aux voitures et aux gens qui vont au marché. N° 362, Guillaume Lafont, de Caudrot, déclare qu'il possède «in allodium liberum sub dominio domini regis Anglie quicquid habet de camino seu itinere mercadili usque ad Garonam». Cf. le «camin mercadey de Fontet» près de La Réole, *Arch. histor. Gir.*, t. II, p. 253, art. 13.

Milicia, fief de chevalier, caverie. Nombreux exemples dans le présent volume (n°° 97-100, 104-108, 516, etc.). Joindre celui que Du Cange a extrait d'un registre de la connétablie de Bordeaux (édit. Didot-Henschel, t. IV, p. 406, col. 3) : «dominus de Cassane[t]a, homo nobilis, vendidit et alienavit sine licentia domini regis terram suam seu militiam de Bessens, quam nobiliter tenebat a dicto rege sub deveriis nobilibus d'ost et de cavalgada, gentibus innobilibus». A *milicia* se rattache *miliciarium*, qui a le même sens. N° 246 [3], Arnaud d'Argelsede, qui n'est sans doute qu'un homme franc du roi, «dixit se tenere in feodum ab abbatia seu domo Fontis Guillelmi terciam partem miliciarii d'Artegavelha».

Moliarium, moulin ou emplacement de moulin (pour *molinarium*). N° 681 : «pro... boeria de Guillelmo Bos et moliario de Sesquas et possessionibus et rebus aliis quas ipsi habent... in dicta parochia».

Nauda, noue, marécage. N° 553, Élie de Laruscade, damoiseau, déclare qu'il tient du roi d'Angleterre «quicquid habet vel habere debet inter naudam de Fonte Augart, prout durat a rivo Ffuder, ex parte una, et naudam Concendina, ex altera».

Obliale, qui est tenu à charge d'une redevance en oublies. N° 353 : «pro prato quod tenet obliale in tenemento de Cogutmont».

Obstageria, arrestation du débiteur opérée à titre privé et sans jugement. Parmi les droits dont jouit le roi à Langon, se trouve le suivant : «habet ibi et utitur obstageriam, tamen non de jure» (n° 332).

Ordenerius, exécuteur testamentaire. N° 333 : « W. Arnaldi de Gontaldo, juratus pro Petro de Gontaldo, fratre suo..., cujus se dixit esse ordenerium in testamento ». *Ordinium*, descendance, en gascon *ordench*; nombreux exemples.

Osculum, donation faite par le mari à sa femme. N° 524 : « quam medietatem, ut dixit, domina Geralda, uxor quondam dicti Petri, habuit; et fuerunt tradite dicte domine pro osculo suo ».

Paduentia, padouents, lieux vacants qui ne peuvent appartenir à personne et dont le roi est dit avoir concédé l'usage à tous les habitants d'un pays. N° 623 : « iidem homines tenent ab eodem domino rege aquas et paduentia quibus utuntur »; n° 624 : « recognoverunt quod ipsi sunt homines ligii francii domini regis Anglie..., et tenent corpora ab eo et paduencia, aquas, itinera regalia... Dixerunt tamen quod terras, stagias, domos, prata et alias possessiones quas proprie habent prenominati homines tenent a diversis dominis ». L'opposition est ici nettement exprimée entre ce qu'ils ont en propre (*proprie*) et les padouents, eaux [courantes] et grandes routes qui sont réservés à l'usage commun. De même encore n° 636 (46) : « pro quibus possessionibus et tenementis prenominati homines, necnon et pro paduenciis et aquis, quibus tam ipsi quam animalia sua utuntur, sunt et esse debent homines francales dicti domini regis». *Paduire* signifie donc : exercer des droits d'usage sur ces padouents. N° 620, les hommes francs du roi dans la prévôté de Barsac tiennent du roi «septem sazones terre et vinee et propter hoc debent paduire vias, aquas, vineas, nemora, prata et alia paduentia », c'est-à-dire qu'outre les terres et vignes qu'ils possèdent, ils ont le droit d'utiliser, sans rien payer, les routes, rivières, vignes, bois, prés et autres biens communaux. Voir *Les Padouens du Bordelais, étude historique*, par Pierre Harlé, 1910.

Parciarius, parcionarius, co-tenancier, parçonnier. N° 253 : «Baionesius de Moleras... tenet cum suis parciariis in feodum immediate a... rege Anglie unum casale apud Bloder. »; n° 274 : «et debent pro predictis que sic tenent a domino rege Anglie eidem facere, alter de ipsis parciariis quem dominus rex preelegerit aut magis voluerit, homagium ligium et .xxx. sol. sporle in mutacione domini; et ille qui homagium fecerit debet aliis suis comparciariis sua feoda garentire ». N° 79, Vital de Cazaletz tient du roi deux caveries (*milicias*), pour lesquelles il ne doit qu'une fois le service militaire; «et dixit quod, pro duabus miliciis aliis in quibus est parcenarius Bertrandus de Labarda, dixit quod ipse et parcenarius non debet nisi unum exercitum» (j'ai cru devoir modifier ici la ponctuation qui a passé dans le texte). N° 21 : «Elias de Donhac, qui est parcionarius ejusdem terre»; n° 94, Arnaud de Marguestau, chevalier, et dame Contaria de Beyries tiennent du roi divers casaux; pour dix d'entre eux, «debent ipse et parcionaria sua... unam lanceam et unam candelam de una rasa in lancea ardentem».

Par litterarum, lettre en plusieurs expéditions. N° 365, à la fin : «et super hoc facta fuerunt duo paria litterarum, quorum unum par remanet penes dominum [le roi] et aliud par penes conjuges supradictos», c'est-à-dire que la lettre fut expédiée en double.

Pars partida, partage, part d'héritage, opposée à la portion indivise. N° 129, Raimond Arnaud de Puy, bourgeois de Saint-Sever, tient du roi deux casaux, «et ista duo casalia debet degarire dominus Sancti Albani, de cujus hereditate habet illa pro parte partida», plus deux autres : «et ista debet ei degarire dominus de Brocars, de cujus hereditate tenet ea de parte partida»; cf. n° 83.

Perrat, carrière (?). N° 100, Bernard Jourdain de Larée, chevalier, tient du roi «unum casale in parochia de Cavernas a Lahita et aliud quod habet in perrat de Poynac a Sos, et vocatum Labirya».

Piatum, n° 30. Mauvaise leçon du ms. pour *piratum* (poiré). Dans un compte des dépenses de la royauté anglaise en 1185, on trouve la mention d'une somme «pro vino et pirato» (*The great roll of the Pipe 31 Henry II*, 1913, p. 25); de même ici doit-on lire : «panem, vinum, piratum atque carnes».

Pleidura, terrain à bâtir. N° 287 : «tenet in feodum inmediate a... rege duas pleiduras seu localia domorum, pro quibus debet eidem unum mensem castellanie, sicut alii milites castri de Podio Willelmi» (cité dans Du Cange). Cf. n°ˢ 233, 266, 267, 288. C'était aussi une mesure de superficie : «On croit qu'une pleydure vaut six escats et trois quarts, mesure de Sainte-Foy. La pleydure contient 12 cannes de long et 4 de large; la canne, 6 pieds le roy» (*Arch. histor. Gir.*, t. XIII, p. 110; cf. Brutails, *Anciennes mesures*, p. 79).

Poallus, mot inconnu. N° 537, dans l'Entre-deux-Mers, le roi doit avoir son prévôt et deux sergents «custodiendo terram et citando homines; et quod illi servientes debent recipi et procurari per domos...; item, prepositus, se altero cum equis et cum uno garcione, debet recipi per poallos et procurari semel in anno» (cité dans Du Cange). Dans ce passage, *per poallos* s'oppose à *per domos*. Le rapprochement dans Du Cange de *Poiallus* avec *Podium*, n° 2, (éminence; ce serait donc une maison bâtie sur une éminence?) n'est pas probant.

Preco, héraut, crieur public, fonctionnaire municipal d'une certaine importance. A Bazas, quand le roi veut faire publier quelque chose, «preconizatur per preconem ejusdem ville et que sibi placent preconizari» (n° 291, art. 3). A Langon, le roi «habet ibi quod potest facere preconizari ibi que sibi placuerint pro suis negociis» (n° 332). A Bayonne, le maire doit mettre le crieur au service des armateurs et mariniers de la *Societas navium* : «et quocienscumque preco ville erit eis necessarius pro negocio societatis et navigii, debet eis dari a majore; et quicumque de dicta societate eum audierit debet statim accedere ad locum quem preco nominabit» (n° 407, art. 23).

Prepositura, prévôté. Le mot s'emploie avec deux acceptions différentes. Le sens territorial prévaut d'ordinaire : prévôté de Barsac, de l'Entre-deux-Mers, etc., et une prévôté de ce genre peut être tenue en fief : ainsi celle de Sainte-Eulalie, d'Yvrac et de Quinsac dans l'Ambarès appartient à une femme, Danderondis, avec le consentement de son mari, qui s'en dessaisit entre les mains du roi, le priant de bien vouloir en investir Rostand du Soler (n° 545); Rostand déclare à son tour qu'il tient cette prévôté «cum una lancea sporle in mutacione domini» (n° 610). Mais *prepositura* peut s'appliquer aussi à la perception d'un droit particulier : à Saint-Émilion, Jean de Sireys tient en. fief du vicomte de Fronsac «preposituram pedagii piscium de Inter duo maria» (n° 668); ici, on peut dire qu'il est préposé à la perception du péage.

Procuratio, redevance en nature de même genre que la *Commestio*. Les «hommes francs du roi» dans la paroisse de Maillas «debent dare preposito domini in diocesi Vasatensi et servientibus cum ipso commorantibus duas procuraciones sive comestiones annuas» (n° 250); dans celle de Taleyson, «procurare bis in anno preposito Vasatensi, cum suis servientibus errantibus» (n° 247, art. 1); dans celle de Pompéjac, «solvere annuatim suam partem dictarum procuracionum seu albergatarum» (n° 247, art. 2); dans l'Entre-deux-Mers, les deux sergents du prévôt «debent recipi et procurari per domos, ita quod unus in una domo semel in anno» (n° 537); à Beychac «deuem arrecebre cad'an, en quatre locs dens la parropia, lo probost d'Entre dos mars, sin ters, e dar e peruedir aissi ters, cada una de las quatre beis, a menjar e a beure» (n°s 541, 542).

Quartalada terre, quarterée, mesure de superficie désignant une quantité de terre pour laquelle il fallait une quartière de semence. N° 246, art. 11 : «exceptis duabus quartaladis terre quas habebat ubi vocatur A Bigarossa»; art. 12 : «excepto usque ad sex quartaladas terre quas habent in loco vocato A Hugos»; art. 19 : «excepta dimidia quartalada terre....». Autre forme : *cartalada*; n° 224 (p. 78 col. 1, à la fin) : «excepto uno jornali terre... et ... una cartalada vasadali», «et una cartalade vasadanti», c'est-à-dire, je suppose, une quarterée à la mesure de Bazas. — *Quartonata* a le même sens : n° 266, Élie de Beiville tient du roi trois sous pour un moulin à battre le fer qu'il a pris à ferme «cum una quartonata terre». Cf. Brutails, *Anciennes mesures*, p. 48.

Quartus, quintus (sous-entendu *denarius*), redevance du quart ou du cinquième denier. N° 18, Pierre de Rions, damoiseau, tient du roi tout ce que tenait son beau-père, Guillaume Gombaud, dans la paroisse de Saint-Sulpice, «videlicet homines, census, agrerias, quartos, quintos, communia, censualia, homagia et alia jura».

Questa regis, contribution annuelle de 40 livres due solidairement au roi par vingt paroisses de l'Entre-deux-Mers; elle avait été établie par le roi Jean à la suite des déprédations commises par les routiers de Richard Cœur-de-Lion et afin de pouvoir assurer la tranquillité du pays (voir p. 252, note 2). Cette quête devait être payée à Sauve-Majeure, chaque année, de la Saint-Michel à la Toussaint, entre les mains du prévôt royal (n°s 537 et 567). — *Questia* a le sens très général de redevance dans une énumération comme celle-ci : «in landis aut nemoribus, pascuis, herbagiis, censibus, questiis, talliis, albergatis et aliis corporalibus juribus et dominiis» (n° 34). — *Questalis homo* est l'homme à qui le seigneur peut demander, imposer des contributions arbitraires. Dans la vente faite au roi, par Bernard d'Auloède, de la moitié de la terre de Bordessoule, sont énumérées des localités dont les habitants (*poblatz*) sont questaux : «lesquaus homis desus dites son questaus a merce» (n° 461). Au n° 137, il est question d'«homines questales et feodotarios», au n° 117, d'«homes questaus e francaus». J'y vois deux classes de personnes : 1° des non-libres, les questaux, taillables à merci ; 2° des hommes libres qui doivent des cens déterminés (*feodatarios*; voir plus haut, sous *Feodum*) ou qui sont dans la dépendance directe du roi (voir *Francales homines*).

Rasa, mesure de longueur. N° 94, Arnaud de Marguestau, chevalier, pour dix casaux qu'il tient du roi, doit, lorsque Arnaud Séguin d'Estan donne un repas au roi, fournir «unam lanceam et unam candellam de una rasa in lancea ardentem». Ce passage a été cité dans Du Cange, sous *Rasa*, n° 4, où le mot paraît désigner une perche ou une chandelle souple, sorte de «queue de rat», longue d'une perche ou mieux, sans doute, d'une coudée (Guilhiermoz, *loc. cit.*, p. 303, note) et enroulée autour d'un bois de lance.

Recordium, record, souvenir (ordinairement d'un fait constaté par des actes juridiques). N° 333, Guillaume Arnaud de Gontaud déclare, au nom de son frère défunt, qu'il ignore si celui-ci tient un fief quelconque du roi, «sed petiit diem quare habuisset recordium cum domino Petro de Gontaldo, patruo suo»; sans doute Guillaume Arnaud voulait invoquer non pas seulement les souvenirs de son oncle, mais les documents qu'il pouvait posséder.

Regressu retornove. Vigouroux et Arnaud Guillaume de Lugaignac, damoiseaux, doivent, à raison des fiefs qu'ils tiennent du roi dans la paroisse de Lugaignac, payer 6 s. et 8 d. «pro regressu retornove seu in adjutorium exercitus, quando dominus Geraldus de Monte Trepidanti faciebat exercitum domino regi Anglie» (n°⁸ 200, 201), c'est-à-dire pour avoir le droit de retourner chez eux, en payant une aide pécuniaire, quand le seigneur mouvant faisait au roi le service d'ost. Comp. n° 308 : «idem Bernardus [de Lugaignac] debet pro predictis, de torno exercitus sive adjutorio, domino G. de Monte Trepidanti, .v. sol. de obsequiis dominorum exercitui prestitorum» (exemple marqué dans Du Cange, sous *Tornus exercitus*).

Sacratum, terre bénite, cimetière. N° 237 : «excepto eo quod tenebat circa cimiterium seu sacratum dicte ecclesie Beate Marie de Husesta».

Sado, sazo, mesure agraire. N° 363, Vital Auriol de Caudrot tient «.x. deneratas vinee in honore de Gironda, et .xj. sadones terre in parochia Sancte Petronille et .ix. sadones terre in parochia Sancti Petri de Cassiol»; n° 620, deux hommes francs du roi, dans la prévôté de Barsac, tiennent «ab ipso septem sazones terre et vinee». Cf. Brutails, *Anciennes mesures*, p. 80, et Guilhiermoz, *loc. cit.*, p. 315.

Saria, pot, mesure pour les solides. N° 407 : «sariam de cera pro tribus solidis» (voir Du Cange, aux mots *Saria, Sarria, Seria*, n° 1).

Servientes errantes, sergents itinérants. N° 247, art. 1, à la fin, quand le prévôt de Bazas va rendre la justice, les hommes francs du roi lui doivent « procurare bis in anno, cum suis servientibus errantibus, seu cum quibus regit et ducit causas et negocia sue prepositure ». Cf. n° 244, p. 77, col. 2.

Sexteriata terre, séterée, terme désignant une quantité de terre pour laquelle il fallait un setier de semence. N° 266 : «.ij. solidos de una sexteriata terre apud Naugiac». Cf. Brutails, *Anciennes mesures*, p. 48.

Sivat, mot inconnu. N° 407, art. 1 : « bollonem de sivat ». Je crois le retrouver dans deux documents concernant aussi Bayonne et qui sont publiés par Balasque dans ses *Études historiques sur Bayonne* : d'abord dans la « coutume de l'hostellaige » (t. I, p. 472) : « carque de fer, dus deniers; *sunat*, hun die; estanh, le pess hun die... », et dans un tarif de 1284 (p. 481) : « de cascun trosset, hun die; et le bale, medailhe; et de *sonag*, medailhau... ». On ne saurait penser à lire *ciuat* au lieu de *sivat* (avoine), le mot féminin *sivada* ne pouvant donner en gascon la forme masculine *ciuat*. D'autre part, il serait difficile de supposer une erreur de transcription et de croire, par exemple, qu'il y avait sur l'original « sumac », poudre employée pour tanner les cuirs. A Gaillac, une charge de sumac ou de pastel payait 1 d. de droit d'entrée (*Congrès scientifique de France*, 28ᵉ session, t. IV, *Bordeaux*, 1861, p. 572).

Sola, terrain. N° 565, Guitard de Bourg, seigneur de Courréjan, « debet... excercitum pro sola Burd[egalensi] que est in parochia Sancti Progecti Burdegalensis cum omnibus pertinenciis dicte sole » (voir Du Cange, au mot *Sola*, n° 4).

Sostrat, terrain couvert d'ajoncs et de genets. « Ces plantes sont appelées soustre parce qu'elles servent à faire la litière, socestrar » (Ant. Thomas, *Étymologies gasconnes*, dans les *Mélanges Couture*, p. 265). N° 246, art. 13 : « excepto usque ad .v. jurnalia terre, vinee e[t] sostrat que ipse et Doatus de Laserte tenent in parochia de Bernos ».

Sporla, esporla, esporle, redevance en argent ou en nature qu'il fallait acquitter, soit à chaque prestation d'hommage, soit, ce qui, à un certain point de vue, revient au même (« ed ten esporalmet e per homiadge », n° 488), à chaque changement de seigneur. Il en est fait de fréquentes mentions dans notre registre, et le scribe qui a rédigé la table a marqué du mot *sporla* chacun des actes où cette redevance est mentionnée. L'esporle est souvent en argent et varie beaucoup : de 6 d. (n° 36) et de 8 d. (n° 243) à 100 sous de monnaie bordelaise (nᵒˢ 12, 190, 191, 204) et à 300 s. (n° 238); ou bien elle est de 10 livres dans une bourse blanche (n° 213), d'un marabotin (n° 181), d'un marabotin d'or (n° 299). Quand l'esporle est en nature, c'est un chapeau : n° 688, il est dit que l'hôpital de Roncevaux possède la terre d'« Arbenhac », dans la paroisse de Saint-Julien, « cum uno capello Pampilonensi »; d'ordinaire, c'est une lance (nᵒˢ 8, 13, 18, 21, 533, 610, 648, etc.), une lance avec un fer doré (n° 48); « debet facere regi juramentum fidelitatis et homagium cum una lancea sporle et tribus ardentibus candelis in cuspide dicte lancee» (n° 682). Ou bien ce sont des éperons (n° 22), un écu, des gants : «cum uno scuto et cum uno pari cirothecarum sporle (n° 22); «in sporlam unius paris cirothecarum albarum in mutacione domini» (n° 221); «debet proinde duas cirothecas albas de sporla seu de acaptamento in mutacione domini» (n° 227); «per uns gans blancs senes seda qu'eu deu dar... per homiadge e per sporle, a cada senhor mudant» (n° 494). Ce sont là les mentions de beaucoup les plus fréquentes. On trouve néanmoins encore des oiseaux de proie pour la chasse : «cum uno austuro sporle» (n° 8); «cum uno austuro sauro vel cum sexaginta solidis monete Burdegalensis» (n° 178); «unum austurum saurum apud castrum Burdegale portatum» (n° 648); «cum uno asturio sauro vel mutato» (n° 561); «per homagium ligium et per servicium unius nisi sauri constabulario Burdegalensi qui pro tempore fuerit»(n° 35); un cheval : «unum equum album vel centum solidos Morlanorum» (n° 235), ou sa ferrure : «unam ferraturam unius equi sporle in mutacione domini, videlicet de ferris et clavibus» (n° 647); ou bien c'est un bœuf, une vache, des animaux de basse-cour : «cum uno bove vayr de sporla» (n° 240), «unam vaccam vairam et unum circulum gallinarum sporle in mutacione domini» (n° 549). Enfin un emploi très elliptique du mot *sporla* (n° 197) sera mentionné à l'article suivant.

Stagia, estagia, maison d'habitation à la ville ou aux champs. N° 197, Raimond Barbe tient du roi en fief «casale seu stagiam vocatam de Barbe in parochia de Talezon, diocesis Vasatensis, cum pertinenciis ejusdem stagie»; cette maison, un de ses prédécesseurs, Arnaud Barbe, «recepit eandem stagiam in sporlam a... senescallo Vasconie», c'est-à-dire qu'il l'a reçue à charge d'esporle; on produit, en effet, la lettre par laquelle le sénéchal déclare qu'il a investi ledit Arnaud de cette maison : «stagiam suam que vulgariter appellatur Stagia de Barbe... pro quatuor solidis Burdegalensium de sporla in mutacione domini»; n° 592, deux habitants de Pompignac tiennent du roi «omnes stagias in quibus habitant et morantur... in parochia de Pompenhac»; n° 623 : «pro stagia in qua ipse moratur»; n° 202 : «excepta una estagia ... exceptis quatuor vel quinque stagiis desertis»; n° 628 : «stagiam cum terris et vineis que sunt circa».

Sterium, estier ou estey, estuaire d'un cours d'eau. N° 85, Otton de Clarac «vendidit sterium Sancti Simphoriani episcopo Adhurensi». Cf. Du Cange, aux mots *Esterium, Exterium.*

Subpendare. N° 93, Bidones de Lanavey déclare que sa femme, la sœur de celle-ci et leurs parents «dederunt et alienaverunt et subpendaverunt hospitali Sancti Spiritus juxta Sanctum Severium» (phrase peut-être inachevée ou incorrecte?).

Tenementum, tenere. La tenure est un mode de possession dans lequel celui qui possède une chose est dans la dépendance personnelle de celui de qui il la tient; il lui doit donc, outre ce qui équivaut aux prix d'achat ou de location, des services personnels. L'expression la plus ordinaire pour désigner la tenure est *tenementum*; les tenanciers sont appelés *feodatarii* (voir plus haut, sous *Feodum*), *tenenciarii* (ex. n° 356), *tenensores* (n° 528 : «alii feudatarii et tenensores»), en gascon *tenesser* (n° 422 : «sobreus hommes qui son tenesser ni affeuat deu mediss feus»). Les services varient selon que les personnes sont ou des clercs ou des laïcs et de condition noble ou non noble. Tout d'abord, aucun membre du haut clergé, ni évêque, ni abbé, ne doit l'hommage, mais seulement le serment de fidélité. C'est le cas pour l'évêque d'Aire, qui est venu cependant reconnaître qu'il tient du roi «episcopatum et tota temporalia sua» (n° 138), ce qui signifie sans doute le temporel appartenant à l'évêché, car l'évêque d'Aire était élu par le chapitre et non pas nommé par le roi; c'est aussi le cas pour celui de Lectoure (n° 139), pour l'abbé de Saint-Sever. Celui-ci tient du roi son abbaye, la ville de Saint-Sever, le château de Mourlane et bien d'autres possessions dans les évêchés d'Aire, de Dax, de Bazas et de Bordeaux. Outre le serment de fidélité, il doit convoquer la cour de Saint-Sever dans les formes accoutumées, et faire droit devant cette cour pour tous ses biens temporels (n° 70). Il doit le service militaire pour lui et pour les bourgeois de Saint-Sever; pour les tenures qu'il possède en deçà des landes, il doit envoyer son armée au roi; pour celles qui sont au delà, il fournit un contingent à la volonté du roi (n° 140). L'évêque de Bazas tient du roi un manoir, pour lequel il paye une esporle de 100 sous bordelais et un service d'ost : «et unum servicium unius excercitus et non aliud» (n° 204). L'abbé de Blasimont, qui tient du roi le château de Blasimont avec le droit de haute et de basse justice, doit rendre ce château à la première réquisition de son seigneur; il doit porter devant lui ses causes [temporelles] et prier pour lui. Si le roi ou son sénéchal le demande, l'abbé et le couvent doivent mettre à sa disposition un de leurs moines, avec une monture et son garçon, qui l'accompagne à leurs frais, lui célèbre la messe et lui dise les heures quand il lui plaira (n° 209). L'abbé de Saint-Ferme, dont l'abbaye était de fondation royale (légende du roi de Bordeaux Fremundus), doit prier Dieu pour l'âme du donateur et de ses successeurs (n° 208), comme l'hôpital de Bessau (n° 131). Mais l'abbaye de Cadouin, qui était aussi de fondation royale (n° 216), et celle de Rivet (n° 219) tiennent «in allodium liberum» ce qu'elles possèdent; celle de Fonguilhem ne tient rien : «tam ab ipso [rege] vel aliquo vivente aliquid non tenebant nec in aliquo deverio... tenebantur» (n° 220). Le caractère des tenures possédées par le clergé était donc en partie ce qu'ailleurs on appelait tenir en franche aumône.

Les nobles doivent pour leurs fiefs la foi et l'hommage, ainsi que l'esporle (voir les mots *Homagium, Sporla*); il est fort rare que le serment de fidélité seul soit exigé : Otton de Lomagne reconnaît «quod debet facere sacramentum fidelitatis; item, requisitus de homagio, dixit quod nesciebat» (n° 11). Les obligations des nobles se ramènent à trois : service militaire, service judiciaire et services personnels. 1° La plupart doivent le service d'un chevalier : «cum homagio et exercitu sui corporis vel unius militis» (n° 177); par exception, Bernadet Eideu, fils et héritier d'Amanieu d'Albret, doit le service de deux chevaliers (n° 560). Si le roi est en personne à la tête de son armée, le vassal doit y venir lui-même, à moins d'excuse valable : «si dominus rex debeat facere bellum... vel levare obsidionem de aliquo castro suo, debet eum sequi personaliter» (n° 60); mais si l'armée est commandée par un autre, exemple par le sénéchal, il peut se faire remplacer par un service équivalent, qui est, à l'ordinaire, d'un chevalier ou bien de trois sergents à pied : «exercitum de se, nisi haberet justam excusacionem, et tunc cum tribus servientibus» (n° 46); «ab .j. cauer o ab .iij. serbentes a pe» (n° 24); «exercitum... cum equo suo, armis et scutifero suo, si sit sanus; si non sit vel facere non possit, tres servientes debet mittere pro se» (n° 42). L'écuyer, en effet, accompagne le seigneur : «exercitum de se cum armis et uno scutifero eques (sic) qui portet arma sua» (n° 43). Si trois sergents à pied sont l'équivalent d'un chevalier, deux valent un écuyer : «exercitum de uno scutifero equite vel de duobus servientibus peditibus» (n° 75). Quelques seigneurs, de mince importance, semble-t-il, ne doivent que le service d'un sergent : «debet sequi in exercitum, ipse in armis, vel unus scutiferus in armis, vel unus serviens pedes, si se aliter parare non posset» (n° 108). Dans quelques cas très rares, le rachat du service militaire à prix d'argent paraît être autorisé : «teneor... facere domino regi excercitum... cum uno homine equite in armis et tribus servientibus peditibus et, si non facerem excercitum, teneor dare octodecim denarios et concedere in quolibet casali meo» (n° 32). En fait d'excuses valables, la seule qui soit mentionnée ici est la maladie : «si sit sanus» (n° 42), «si compos vel sanus fuerit» (n° 548). Mais le service n'est dû qu'à certaines conditions : il faut d'abord que la levée soit générale et officiellement annoncée : «quando dominus rex mandat bellum campestre, dictus Assaut debet juvare eum cum armis» (n° 179); «pro quibus omnibus debet ei facere unum militem exercitus, quando fit exercitus ab aliis militibus Vasatensibus» (n° 259); «debent obsequium exercitus cum uno milite, quando rex mandabit eis exercitum in castro de Duras et alia terra faciet exercitum» (n° 357). Le service est limité dans l'espace et dans le temps : «inter portus et Garonam», «entre ports e Garone», lit-on souvent (n°s 24, 26, 54, etc.). La limite de durée est plus rarement indiquée : «deu far al mon dit senhor host. .xv. dies quant los autres caueres de la terra son mandaz e aso entre ports e Garone, quant son mandat, cum dey, ab .j. escuder ab armes que dei embiar» (n° 27). Marguerite de Turenne, dame de Bergerac et de Gensac, doit «obsequium exercitus cum tribus militibus et per .xl. dies, ad expensas suas»; si, au bout des quarante jours, le roi veut retenir ces trois chevaliers, il le peut, mais à ses frais, et alors il peut conduire ces hommes d'armes partout où il a guerre en Gascogne (n° 203). Gaillard de Lalande «est homo et miles dicti regis cum exercitu sui corporis et unius militis, videlicet quadraginta dierum, dum rex, vel ejus mandatum, mandabit sibi exercitum» (n° 518). Péronelle de Lamotte et Gaillard d'Eyrans «debent... eidem domino regi, semel in anno, excercitum unius militis spacio quadraginta dierum, dum ab ipso vel ejus mandato fuerint requisiti» (n° 653). L'armement est aussi parfois indiqué : «de uno milite armato perpuncto et gonjone» (n°s 211, 212), «unum militem exercitus armatum perpuncto, gonjone et lancea, cotello, clipeo et ense» (n° 297). Mais plusieurs cas particuliers sont à considérer. Que les dames nobles doivent le service militaire, le fait est connu; deux exemples en ont été déjà donnés plus haut (n°s 203, 653; ajoutez n°s 193, 292, 667) et il est inutile d'y insister. Un cas fréquent se présente lorsque le service militaire d'un chevalier est dû par plusieurs vassaux à la fois. Bertrand de Got doit au roi «dimidium militem exercitus» (n° 621); Amanieu de Curton et Arnaud Bernard de Pressac tiennent du roi la terre de Daignac et «debent facere unum militem exercitus, videlicet dominus Elias de Danhac, qui est parcionarius ejusdem terre, debet facere medietatem illius militis, et dictus Amanevus et dictus Arnaldus Bernardi debent aliam medietatem» (n° 21; cf. n° 587). Guillaume de Beauville doit «terciam partem exercitus unius militis et terciam partem .xx. solidorum sporle in mutacione domini, et dominus de Landirans duas partes residuas exercitus dicti militis et dicte sporle» (n°524); Amanieu de Benquet, «quartam partem unius militis de exercitu, de qua respondet domino de Benquet» (n° 134); le seigneur de Courréjan tient du roi un terrain dans la paroisse de Saint-Projet à Bordeaux «cum octava parte unius lancee sporle in mutacione domini et cum octava parte unius exercitus» (n° 607); Arnaud Guillaume de «Fromadgesio» doit faire «duodecimam partem in obsequio exercitus de uno milite qui pro toto castro debetur» (n° 319). Les textes ne font pas connaître comment s'opérait le partage, sans doute par une entente amiable (n°ˢ 544, 633); le service fait par un d'eux, l'autre ou les autres se trouvaient dégagés de toute obligation : «omnes insimul, ita quod unus predictorum faciens exercitum potest garentire alios» (n° 579). Une forme réduite de service militaire consiste à faire escorte au prévôt quand celui-ci fait une tournée d'administration ou de police dans sa prévôté : Raimond Guillaume d'Origne, damoiseau, «debet ipsum prepositum sequi in prepositura de Barssiaco cum armis per unam diem» (n° 614), «ad expensas dicti prepositi» (n° 629). — 2° A l'obligation militaire est associée d'ordinaire l'obligation judiciaire : les nobles sont invités à déclarer devant quel tribunal doivent être portées leurs causes, devant qui ils doivent «ester à droit». Marguerite de Turenne doit «jus facere et recipere per pares suos coram eo [rege] et in sua curia Vasatensi» (n° 203); Guillaume Gombaud «facere et recipere jus coram eo in Gorsonesio» (n° 207); Guillaume Arnaud de Tontoulon, «jus in manu sua facere et recipere» (n° 235). En l'absence du roi, les causes étaient portées devant le tribunal de ses agents : Arnaud d'Espagne, seigneur de Mérignac, doit «stare juri coram senescallo Vasconie» (n° 1); Assaut de Fargues, «coram suo preposito de Barssiaco» (n° 179); Aimon de Lamotte, «coram castellano de Burgo» (n° 522). Dans la région de Saint-Sever, les seigneurs doivent «jus et legem in curia Sancti Severi» (n°ˢ 42, 46-54, 101, etc.), et cette formule passe dans les actes rédigés en gascon : «e tort e droit e loy au son man citad e mandad, come dey» (n°ˢ 24-26, 28, 29, etc.). — 3° Il est encore des cas, peu nombreux, où certains seigneurs doivent en outre exercer des fonctions d'un caractère domestique, analogues aux sergenteries bien connues du droit anglo-normand. Amanieu de Branne doit, avec deux autres chevaliers, «se tercio de militibus», faire passer la Dordogne au roi dans une barque garnie de jonc en été et de paille en hiver (n° 198; cf. n°ˢ 199-202, 308). Bertrand de Caumont doit, pour une partie de ses tenures, «unum militem exercitus», et pour ce qu'il tient du fief d'Argenton, «debet eidem domino regi facere suam partem in commestione d'Argento cum aliis hominibus de Boglonio» (n° 210; voir plus haut, sous le mot *Commestio*). Guillaume Sanche de Pommiers doit, lui et ses parçonniers, donner à manger au roi et à dix chevaliers, quand ils viennent en Gascogne, à Castets-en-Dorthe; si le roi n'a pas commandé lui-même le menu, celui-ci doit se composer de viandes de porc et de vache, avec des choux et de la moutarde, et de poules rôties. Si l'un des parçonniers est chevalier, il doit servir le roi avec des chausses rouges d'écarlate et des éperons dorés; s'il n'est pas chevalier, avec des chausses blanches d'écarlate et des éperons argentés (n° 238). C'est sans doute pour un repas de cette nature que Pierre de Lavardac doit une vache de deux couleurs : «unam vaccam vayram», quand le roi tient sa cour en Marsan; il peut s'en racheter au prix de dix sous de monnaie de Morlaas (n° 91). Ces obligations étaient à coup sûr peu onéreuses.

Comme les nobles, les non-nobles tiennent du roi des fiefs «feoda» et, pour ces tenures, ils doivent des services fixes et déterminés. Pour plus de clarté, on peut distinguer ceux des bourgeois et ceux des paysans proprement dits. Des bourgeois peuvent posséder des terres nobles; dans ce cas, ils doivent les mêmes services que les chevaliers: Bernard d'Onesse, bourgeois de Saint-Sever, tient du roi la caverie (*miliciam*) d'Onesse et «pro hiis facit homagium et fidelitatem, jus et legem in curia Sancti Severi, et exercitum de se armato vel tribus servientibus ut alii» (n° 98). C'est sans doute pour des fiefs de même nature que des bourgeois de Roquefort doivent «homagium et fidelitatem» (n°⁵ 110, 111); un autre, «exercitum de uno milite» (n° 127); un bourgeois de Perquie, «homagium et fidelitatem et jus et legem ut alii de vigeria, et exercitum de se vel uno serviente ut alii» (n° 112). Guillaume-Raimond Colom tient du roi un grand nombre de terrains et de maisons, tant à Bordeaux que hors ville et, pour cela, «debet unum armigerum excercitus cum omnibus suis parsionariis» (n° 645). A l'inverse, Raimond Arnaud de Puy, bourgeois de Saint-Sever, «dixit se nullum servicium debere nisi homagium et fidelitatem, et jus ac legem in curia Sancti Severi» (n° 129); Pierre de Bezandun, bourgeois de Mont-de-Marsan, tient le domaine de Cère, «affarium de Serra quod descenderat de milicia de Cera», mais «nullum certum deverium sciebat se facere debere pro eo et debebat stare juri pro eo in curia del ser coram vigerio» (n° 131). — Parmi les «deveria debita regi», le service militaire dû par les bourgeois doit être particulièrement noté : ceux de Saint-Émilion «debent et tenentur facere et prestare exercitum juxta foros et consuetudines Burdeg.» (n° 2); à Bazas, le roi «habet exercitum in villa predicta, de qualibet domo unum hominem ubi aliquis homo inhabitat», et l'on nous dit le prix de la rançon qu'on devra payer aux bourgeois pour les prises qu'ils pourraient faire si le roi ou le sénéchal «facit cavalgatam et cives Vasatenses sint cum eo vel eciam in exercitu» (n° 291, art. 2 et 7). A Meilhan, où tous «tenent libere, sub dominio domini regis, quicquid habent apud Milhanum», le roi peut «de predicto castro et villa in foris (on distingue ici le château et le bourg construit en dehors) facere guerram, juste vel injuste; et omnes milites, burgenses et alii habitatores ibidem tenentur juvare eumdem de predicta guerra» (n° 324); à Langon, «facere placitum et guerram, juste vel injuste» (n° 332); à Caudrot, les bourgeois devaient au roi «exercitum quando homines de Regula faciebant, et erant de eorum baneria» (n° 361); à Issigeac, «deuon ost e caualgada al dith senhort N'Audoart... contre totz homes qui le volguissan desbarater», mais seulement dans les limites de l'évêché de Périgueux «qu'el poscon anar e retornar en .j. jor d'ost en areire a lor maisons» (n° 481). Des bourgeois de Bordeaux, qui possèdent le passage de la Gironde à Trajet, doivent passer le roi ou le sénéchal, avec les personnes de leur hôtel, «cum arnesio proprio»; si le roi ou sénéchal veut aller à Langon, ils doivent équiper à leurs frais une barque avec huit tireurs à la corde et un homme au gouvernail. Si le roi ou le sénéchal veut les garder pour aller plus loin, il devra les payer (n° 520). Un bourgeois de Saint-Sever possédait dans la paroisse de Grians un bien pour lequel il devait «homagium et fidelitatem et jus et legem in curia Sancti Severi»; il doit en outre, quand le roi traverse la paroisse de Grians, aller à sa rencontre avec un cierge allumé pesant une livre de cire et l'accompagner ainsi jusqu'à Saint-Sever (n° 125).

Parmi les non-nobles, une catégorie de personnes et de devoirs n'apparaît pas dans notre volume, celle des non-libres; c'est parce que ceux-ci n'avaient pas de «feoda», c'est-à-dire de tenures fixes, exactement déterminées. On n'y rencontre que des personnes de condition libre, et particulièrement des alleutiers ou des «hommes francs du roi». De ces derniers il a déjà été question sous les mots *Allodium, Feodum, Francus homo*. Ils doivent le serment de fidélité (n°ˢ 244, 246, 247, 537), jamais celui d'hommage, des redevances en argent et en nature (n°ˢ 354, 355, 358, 537, 660, etc.), le service militaire entre les ports (ou passages) des Pyrénées et la Garonne (n°ˢ 249, 250, 537, etc.), des procurations au prévôt quand il est en tournée avec ses sergents (n°ˢ 244, 249, 337, 364, 541-543, etc.). De tout cela ressort que, s'il y avait une grande variété de tenures, il n'y avait pas de séparation profonde entre les différentes classes d'hommes libres, du moins en ce qui concernait leurs obligations envers le roi et ses représentants.

Tenutera, tenure. N° 85 : «tenet in tenutera de Peyra miliciam de Benguera».

Tornalerii, tornerii, lignagers, personnes appartenant au même lignage, à la même famille (n°ˢ 259, 537, p. 247, col. 2). N° 470 : «totz lor hers e hereters e tornaliers e successors».

Tornus exercitus. Voir plus haut, sous *Regressu retornove*.

Traca, dizaine; mot employé pour désigner un certain poids de marchandises lourdes; une autre forme du mot est *dacra*, qui se rapproche davantage de sa racine : *decem*. Voir les indications fournies au n° 407, p. 149, note 8. Le traité de jurisprudence anglo-normande connu sous le mot de *Fleta* donne la définition suivante du *last* de cuir : «item, lastus coriorum consistit ex decem dakris, et quodlibet dakrum ex decem coriis, dakrum vero cirothecarum ex decem paribus; dakrum vero ferrorum equorum ex viginti ferris» (livre II, ch. 12, n° 3).

Trilha, treille, vigne attachée à un treillage près des maisons ou dans un jardin, distincte de la *vinea* où les ceps sont retenus par des échalas. N° 364, p. 119, col. 1 : «exceptis duabus peciis vince quas tenet ab Arnaldo Bernardi de Pins; item, una pecia de trilha quam tenet a Centullo de Pins; item, una pecia vince quam tenet a Fasdina Lespatenga».

Utaria mensura, utaris, mesure ancienne. «Cum una mensura et dimidia utaria [seu] veteri de frumento ad rasum» (n° 348); «cum duabus mensuris utaribus seu veteribus, una rasa frumenti et alia avene ad cumulum seu currenti» (n° 349); «debent inde omnes insimul quatuor mensuras utares bladi, videlicet duas frumenti rasas et duas avene currentes (n° 351); «debet... unam mensuram utaream et rasam frumenti et aliam mensuram avene currentem» (n° 353). Deux de ces exemples ont été reproduits par Du Cange, sous le mot *Utareus*.

Vegesral, mot inconnu. Le prieur de Saint-Laurent-des-Combes doit payer au vicomte de Castillon «tres obolos de vegesral..., de feodo quod Reymundus Aymez, burgensis de Sancto Emiliano, tenet a priore» (n° 671).

Vianum, corvée, revenu fourni par cette corvée, ce qu'on appelait à Bordeaux le *bian*, et à Blaye, le *bien* (cf. *Arch. histor. Gir.*, t. XII, p. 8). Élie de Laruscade tient du roi «vianum in... loco vocato Mauriac, in parochia d'Issens, quod vianum debet fieri castro et castellanie de Burgo» (n° 553).

Vicinitas, droit de bourgeoisie. A Bayonne, tout bourgeois qui osera faire à l'avenir des factions et ligues dans la ville, «punietur tanquam proditor et perjurus, et privabitur a vicinitate et habitacione predicte ville» (n° 399, p. 142, col. 1).

Vigeria, *vigerius*, *beguerius*, viguerie et viguier. La viguerie était la haute justice. Amaubin de Blanquefort tient du roi, à raison de la vicomté de Fronsac, «vigeriam de Burgo cum homagio et cum .xxx. s. sporle in mutacione domini» (n° 591); Élie de Laruscade, «vigeriam quam habet in parochia de Laruscada» (n° 553); Aicard Audouin, «quartam partem vigerie quam habet in parochiis de Cupsac, Sancti Gervasii...» (n° 666); Amanieu de Puch, «vigeriam de Memissano, pro qua debet facere juramentum fidelitatis et homagium et trescentos solidos monete Burdegalensis de sporla» et il est qualifié «vigerius de Memissano» (n° 688); Gautier d'Esperous doit la foi et l'hommage «et jus ac legem coram domino Mali Vicini, tamquam vigerio regis» (n° 123); de même le seigneur ou vicomte de Juliac tenait du roi son office de viguier (n° 118). La viguerie de Marsan est souvent mentionnée (n°ˢ 105-119, 133). *Vigeria* a le sens très général de justice féodale dans une énumération comme celle-ci: «justiciis, jurisdiccionibus, vigeriis altis et bassis, hominibus et homagiis...» (n° 583); «coram beguerio de Marsiano, quando beguerius de Marsan mandabit exercitum» (n° 32).

Villata, terrain enclos. Garcie Arnaud de Sescas tient du roi «in allodium liberum» tout ce qu'il possède à Ylon, «excepta fossata seu villata; at ea que sunt in ipsa fossata dixit quod tenebat in feodum a domino de Lebreto» (n° 237). Peut-être le copiste aurait-il dû écrire *vallata*, ce qui fait penser au mot gascon *barat* (voir ci-dessus, aux mots *Barat* et *Fossata*).

ADDITIONS ET CORRECTIONS.

Introduction, page III. — Dans un mémoire sur *Le trésor des chartes de Guyenne sous Édouard II*, inséré dans les *Mélanges d'histoire offerts à M. Charles Bémont* (1913), M. Déprez a publié (p. 232) une note sur une série de cinq registres en cuir vert et cotés de A à E, qui furent remis, en 1336, par Élie de Jonestone à Roger de Stamford, nommé «gardien des procès de Guyenne». Ces registres sont ainsi décrits dans un des *Miscellaneous rolls* de l'Échiquier, conservés au P. Record Office (Bundle 17, n° 11), que M. Déprez a bien voulu me signaler : «in primis quinque libros litteris alphabeti signatos, corio viridi coopertos, de regimine ducatus Aquitanie, videlicet primum signatum per A, continentem .cc. lvj. folia; item, alium signatum per B, continentem .cxlvj. folia scripta; tercium signatum per C, continentem .ccliiij. [folia] scripta [et] .xiij. pergamena (c'est-à-dire treize feuilles de parchemin en blanc); quartum signatum littera D, continentem .cclxv. folia scripta et tria pergameni (*sic*); quintum signatum per E, continentem .lxx. folia scripta tantum, quando Rogero de Stamford tradebantur in custodia». Le registre B de l'Échiquier avait donc 146 fol., ce qui suffit pour montrer qu'on ne saurait l'identifier avec notre *Liber B* qui en contenait 193; d'ailleurs, il serait facile d'établir que la place de ces cinq registres était aux Archives de la Couronne, à Londres, tandis que le *Liber B* et les autres de la même série devaient rester aux Archives ducales de Gascogne, déposées dans le palais de l'Ombrière, à Bordeaux.

Introduction, page VI. — A la notice sur le registre C du Bureau des Finances de Bordeaux, il faut ajouter les mentions suivantes, que j'ai retrouvées un peu tard dans le *Trésor généalogique* de dom Villevieille, à la Bibliothèque nationale, anciennement au Cabinet des Titres, maintenant dans le fonds français n° 31906, fol. 155 : 1° Le 10 octobre 1254, Pierre Raimond de Caumont se porte caution du serment fait au roi d'Angleterre et à son fils aîné par Géraud, comte d'Armagnac (Bureau des Finances de Bordeaux, reg. C, fol. 7). 2° Le 14 décembre 1262, Anissant de Caumont, seigneur de Sainte-Bazeille, s'engage à payer 50 m. st. au sénéchal de Gascogne, si Garcie Arnaud de Navailles et Marie Bertrand, sa femme, n'observent pas le traité concernant le château de Sault (*Ibid.*, fol. 12 v. Voir notre n° 375). 3° Le 19 mars 1274, reconnaissances d'Arnaud de Marmande, chevalier (*Ibid.*, fol. 155. Voir notre n° 225); de Bertrand de Caumont, damoiseau (*Ibid.*, fol. 117 v. Voir notre n° 210); d'Anissant de Caumont (*Ibid.*, fol. 155 v. Voir notre n° 213). — J'ai été mis sur la voie de ces additions par l'*Histoire de Caumont* de l'abbé Alis (1888), p. 20, note.

N° 9, p. 14, col. 2, ligne 16, *au lieu de* : receipt, *lire* : recepi.

N° 10, p. 15, col. 1, lignes 1-2, *au lieu de* : Johannes, *lire* : Arnaldus.

N° 23, p. 20, col. 1, ligne 2, *au lieu de* : Liuaus, *lire* : Linaus.

N° 39, p. 27, col. 2, ligne 3, *au lieu de* : commande, *lire* : commende.

N° 39 et 40. La date d'année des deux chartes de Luc de Thanney doit être lue au n° 39 comme au n° 40 : anno Domini millesimo. cc°. lxx. vj°, car Luc n'était pas sénéchal en 1271. Corriger en conséquence la date qui termine l'analyse du n° 39 : 1276, *au lieu de* : 1271. Au n° 40, *lire* : jeudi 9 avril 1276, comme au n° 39.

N° 61, dans le titre, *au lieu de* : Forton, *lire* : Fortaner.

N° 70, p. 34, col. 1, ligne 4, *au lieu de* : Garsie Arnaud, *lire* : Garcie Arnaud.

N° 106, dans le titre, *au lieu de* : Broquere, *lire* : Broquère.

N° 133, p. 47, col. 2, trois lignes avant la fin, *après* : parochia Sancte Logarie, *ajouter* : et (comme au n° 112).

N° 136, p. 48, lignes 7 et 9, *au lieu de* : Blasera, *lire* : Barbefera (deux fois).

N° 176, p. 53, col. 1, ligne 18, *supprimer la virgule après* : notarii.

N° 203, p. 64, ligne 15, *au lieu de* : Montuir, *lire* : Montmir, qui est Miremont. La note 3 doit être modifiée en conséquence. Voir l'*Inventaire des titres de la maison d'Albret*, par l'abbé J. Dubois, dans le *Recueil des travaux de la Société d'agriculture... d'Agen*, 2ᵉ série, t. XVI, 1913, p. 11.

N° 246, p. 80, col. 1, ligne 16, *au lieu de* : Arcinal, *lire* : Arcmal (deux fois). Voir à la table.

N° 297, p. 101, col. 2, ligne 4, *au lieu de* : gomone, *lire* : gonjone.

N° 356, dans le titre, *au lieu de* : Saint-Jean-de-Savignac, *lire* : Savignac.

N° 412, deuxième ligne du titre, *au lieu de* : Seron, *lire* : Céran.

N° 417. La date d'une charte du prince Édouard, vidimée dans ce numéro, doit être rectifiée; *au lieu de* : 1263, *lire* : 1269, comme au n° 477. Ces deux numéros (417 et 477) sont la reproduction littérale l'un de l'autre. Dans le premier, la charte du prince Édouard est, sur le manuscrit, datée «anno Domini m°. cc°. l°. tercio», ce que j'ai corrigé à tort en «millesimo cc°. l[x°]. tercio». Dans le second, il y a sur le manuscrit : «anno domini patris nostri .l°. tercio», ce qui donne la vraie date, 1269, et ce qui explique en même temps l'erreur commise dans la première rédaction : le copiste a étourdiment interprété l'année du règne (53), comme étant celle du Seigneur (1253).

N° 418. Bien que le premier mot du nom du lieu d'où est datée la charte d'Esquivat de Chabanais soit écrit Nenius (cinq jambages et un accent) Prevell., *il faut lire* : Nemus Prevell., ce qui se traduit exactement par Bois-Pouvraud; la correction a pu être faite à l'Index chronologique et à la table.

N° 425, dans le titre, *au lieu de* : Permutacio abbatis (qui est la leçon du ms.), *lire* : Permutacio episcopi. — Même numéro, p. 181, col. 1, lignes 23-24, *au lieu de* : accionem personaliter (qui est la leçon du ms.) realem, *lire* : accionem personalem, realem.

Nᵒˢ 459 et 460. Le nom du bourgeois de Bordeaux, Bernard Macoynis, doit être traduit par Masson et imprimé Mayçonis *ou* Maçoynis. Au n° 471 on lit en effet : «Ber. Masson; ciptadans de Bordeu».

N° 503, p. 223, col. 2, troisième et quatrième lignes du bas, *lire* : Renaud de Pons et sa femme (*en supprimant la préposition* à).

N° 506, p. 231, col. 1, ligne 10, *lire* : contra partem, *au lieu de* : contra pacem, que donne le manuscrit.

N° 547, dans le titre, *au lieu de* : La Rousselle, *lire* : Roqueir (voir à la table).

N° 636, p. 288 [n° 31], et p. 289 [n° 47], *au lieu de* : Latinera, *lire* : Latujera. La correction a été faite à la table.

INDEX

DES NOMS DE PERSONNES ET DE LIEUX.

Dans le présent Index, on a suivi l'ordre alphabétique aussi rigoureusement que possible; ainsi les noms de lieux formés à l'aide d'un nom de saint ne forment pas une section à part, comme dans le Dictionnaire des Postes. Les noms de personnes et de lieux ont été ramenés à la forme usitée aujourd'hui; mais les formes anciennes, soit du latin, soit du gascon, outre qu'on doit les trouver à leur place alphabétique, ont été reproduites entre parenthèses à la suite du nom moderne. Un tiret en tête d'un article remplace le mot identique de l'article précédent; un tiret à la suite d'un mot remplace et rappelle le mot qui se trouve en tête de l'article. Les mots diocèse, paroisse (parochia), arrondissement, canton, sont abrégés : dioc., par., arr., c. L'abréviation par la majuscule V. est toujours pour Voir et celle de corr. pour corriger.

A

A. V. Arnaud.

A Ayest. V. Ayest.

A Baux, lieu dans la par. de Virelade ou dans celle de Podensac, 623.

Abays (estagia vocata A Bays), lieu dans la par. de Lerm, 318.

Abbatia. V. Labadie.

Abbatis. V. Labbé.

A Berbogueras, lieu dans le Marsan, 115.

A Bigarossa, lieu dans la prévôté de Bazas, 246 [11].

Abirou. V. Raimond —.

Abot. V. Fort —.

A Brurer, lieu dans la par. de Maillas, 250.

Absioguerreu, lieu dans la par. de Cudos, 248 [4].

Abtenhlador, lieu dans la par. de Bernos, 247 [14].

Abterone. V. Boscalli —.

Abtirant, lieu dans la par. de Bernos, 246 [4].

A Calon, lieu dans la par. de Saint-Michel, près Bazas, 34.

A Camejan, lieu dans la par. de Saint-Germain-du-Puch, 605.

A Cantalop, lieu dans l'Entre-deux-Mers, 586.

A Chaujon, lieu dans la par. de Lansac, 664.

A Clar, lieu près de Momuy (Landes), 44.

Acre. V. Jourdain d' —.

A Curcio, lieu dans la par. d'Hostens, 670.

Adam, clerc de Luc de Thanney, sénéchal de Gascogne, témoin, 468.

Ad Fontem de Mauryn, lieu sous Saint-Michel-de-la-Rivière, dans l'honneur de Bourg-sur-Mer, 577.

Adhurensis diocesis, episcopatus. V. Aire.

Adoard. V. Édouard.

Adour (Lador), fleuve, 70.

Ad Puteum de Villasentud, lieu dans la prévôté de Barsac, 636 [17].

Adrien, ou l'empereur Hadrien (epistola divi Adriani, la pistole d'Endirran), 176, 513.

A Escurac. V. Escurac.

Affermat, lieu dans la par. de Gouts, 246 [3].

Agen, évêché, 452, 453 (Agennensis diocesis), 468 (l'abescat d'Agenes), 621. V. Guillaume III de Pontoise, évêque; Raimond de Beauville, archidiacre d'Agen.

—— Notaire communal. V. Arnaud de Montbéret.

Agenais (Agennesium), 109.

Ages. V. Agos.

Agia. V. Hugues d' —.

Agiet. V. Pierre d' —.

A Gita Pena, A Gita Petra, lieux dans la par. de Saint-Morillon, 628, 675.

Agnès de Boarac, femme de Seigneron de Pinsac, 321.

—— de Fronsac (Fronzac), propriétaire d'une maison à Bordeaux, 495.

—— de Lapujade, de la par. de Cudos (par. S. Johannis de Cuscis), 248 [1, 4, 12].

—— de Sore, femme d'Arnaud de Sore (de Sera), 562.

——, mère et tutrice de Bernard de Monclar (de Monteclaro seu de Monte Leyderio), damoiseau, 206.

Agos (Ages), par. du Marsan, auj. commune de Bougue et-Agos (Landes), arr. et c. Mont-de-Marsan, 75

INDEX DES NOMS DE PERSONNES ET DE LIEUX.

Agramont, de Agramonte. V. Gramont.
Agu, tenure près de Saint-Sauveur-de-Meilhan, 298.
Aguetz. V. Pierre —.
Agun. V. Fortrat d' —.
Agusan, lieu près de Lugagnac, 299.
Agut. V. Raimond d' —.
Aholhoed, lieu dans la par. de Saint-Martin-de-Got, 5.
A Hugos, lieu dans la prévôté de Bazas, 246 [12].
Aicard Audoin (Aiquardus Audoinh, Aiquart ou Eiquart Audoinh, Aiquard Aldouich, Ayquardus Audenii, Ayquart Audoin), chevalier de Bourg-sur-Mer, oncle de Guilhemot de Lansac, 499, 500, 501 ; héritier d'Amaubin de Bourg, 666. Sa mère : Empeira.
—— de Lamote (Ayquardus de Mota), chevalier, 672.
—— Forton (Aycart Forton), chevalier, témoin, 376.
—— —— (Ayquardus Fforton, Forthonis), de Bourg, 664; maire de Bourg, 528.
—— —— le Jeune (Ayquardus Fortonis, junior), 576.
Aicard (Ayquardi). V. Guillaume —.
Aillan (Alian). Gironde, arr. Lesparre, c. Pauillac, commune de Saint-Estèphe. V. Bernard d' —.
Aillas (Alhans, Alhas, Halhas, Halhains, Haylanx), château et par. Gironde, arr. Bazas, c. Auros, 240, 306, 320, 322, 330, 560.
Aimeric (Eymericus) de Bastansas, damoiseau du Marsan, 119.
—— de Biron (Americus, Aymeric de Biron), damoiseau, 269, 474.
—— de Bourg (Aymericus de Burgo), damoiseau, de Lesparre, 192, 616.
—— —— témoin, 561-563.
—— de Pratnau (Americus de Prato novo), bourgeois de Bergerac, 503.
—— de Ravignan (Aymericus de Revinhan), bourgeois de Perquie, 112.
—— Seyraras de Faurga, 526.
—— (Aymeric). V. Arnaud Guillaume —.
Aimon de Lamotte (Aymo de Mota), chevalier, 522.
Aiquelm Amaubin (Ayquem Amaubin), 514.
—— Andron (Aiquem Androu) de Lort, lo Mancip, témoin, 422.
—— —— (Ayquelmus Andronis) le Jeune, chevalier, de Bourg, 583.
—— —— (Ayquelmus Andronis), neveu d'Arnaud Amanieu, 578.
—— Guilhem ou Guillaume de Blanquefort (Ayquelmus Guillelmi de Blancafort), oncle d'Alaïde de Blanquefort, 667.

Aiquelm Guilhem ou Guillaume de «Dampiano», damoiseau, 654.
—— Raimond (Ayquem R.) d'Artaut, 514.
—— (Ayquelmi). V. Bernard —, Guillaume —, Vital —.
Airaut. V. Guillaume —.
Aire, évêché (diocesis, episcopatus Adhurensis, Adurensis), 48, 52, 55, 70, 211, 212, 297, 317, 318, 633.
—— évêque, 85, 138. V. Pierre, évêque d' —.
—— Hôpital au diocèse d'Aire. V. Bessan.
—— Official. V. Martin de Laberra.
Aissivus. V. Assieu.
Aissur. V. Guillaume Arnaud d' —.
A Labat, lieu dans la par. de Preignac, 636 [44].
A Labatud, lieu dans la par. de Bernos, 246 [4].
A La Berueda, lieu dans la par. de Bernos, 246 [15].
A La Braneira, lieu dans la par. de Sauternes, 636 [44].
A La Brolia, lieu dans la par. de Mandacou, 257.
Aladis. V. Alaïde.
A Lafor, A Lafonteira, A Lafossa, lieux dans la par. de Pujols, 622.
A Laguiossera, lieu dans la par. de Captieux, 247 [13].
A La Hoce, lieu dans le Marsan, 112.
A La Hoscirciora, lieu dans la par. de Bernos, 246 [25].
Alaïde de Birac (Alais de Virac), 654.
—— de Blanquefort (Aladis, Aliadis, domina de Blancafort, domina Alaidis de Blancafort), 365, 667. Son mari : Bernard de Trencaléon ; son frère : Élie de Tahuont; son oncle : Aiquelm Guilhem de Blanquefort.
A La Meleira, lieu dans la par. de Poujard, 594.
A La Mesura, lieu dans l'Entre-deux-Mers, 586.
A La Mocaberto, lieu dans la seigneurie de Pellegrue, 327.
A La Mota, lieu près de Barsac, 617.
Alanum. V. Allons.
A La Perreyra, lieu dans la prévôté de Barsac, 636 [17].
Alapardis de Lergonhagias, dame possédant un fief à Puyguilhem, 292.
A La Place dels feus, lieu dans la par. de Bernos, 246 [23].
A Lareg, lieu dans la par. de Bouglon, 364.
A Laregue, lieu dans la par. de Talais, 561.
A Laroqueta, lieu voisin de Fronsac, 3.
A La Trenessia, lieu dans la par. de Bernos, 246 [18].
A Laubareda, lieu dans la par. de Barsac, 617.

RECOGNICIONES FEODORUM IN AQUITANIA. 353

Alauda. V. Raimond —.
A Lauder, lieu dans la par. de Brocas, 129.
Alaus. V. Alès.
Albarede. V. Laubarède.
Al Bariac, lieu dans la par. de Bernos, appelé encore Barriaca et Labarica, 246 [28].
Albi. V. Blanc.
Albia. V. Aubie.
Albret (dominus de Labreto, de Lebreto), terres tenues du seigneur d' —, 212, 237, 301. V. Amanieu d' —.
Al Cassoues, Al Cassous, lieu dans la par. de Bernos, 246 [22, 24].
Alciadamaria Velha, lieu dans le pays de Gurçon, 241.
Aldebertus. V. Audebert.
Aldouich. V. Audoin.
Al dug de Cor., lieu dans la par. de Bernos, 246 [17].
Alegre. V. Jean —, Pierre —.
Aleis. V. Élie.
Aleman. V. Guillaume —.
Alemaund. V. Arnaud —.
A Lerera, lieu dans la par. de Cudos (?), 248 [8].
Alès (Alaus), Dordogne, arr. Bergerac, c. Cadouin, 357.
Alfonse, comte de Poitiers et de Toulouse (Alfonsus, comes Tholosanus, comes Pictav. et Thol.). Actes passés sous son règne, 468, 481.
Algas. V. Bernon d' —.
Alhas. V. Aillas.
Aliadis. V. Alaide.
Alian. V. Aillan.
Aliénor (dona N'Elienor; A., regina Auglie, domina Hibernie, ducissa Aquitanie), femme du roi d'Angleterre Henri III, 261, 472, 503.
Alicto, lieu dans la par. de Pujols, 622.
Alies. V. Élie.
Allaroga, lieu dans la par. de Labrède, 678.
Allaroiga, lieu dans la par. de Cérons, 188.
Allons (apud Alan, Alanum, Alonum), Lot-et-Gar., arr. Nérac, c. Houeillès, 364, p. 118, col. 1 et 2, et 119, col. 2.
Alloyssat, lieu dans la par. d'Hostens, 632.
Allug, lieu dans la par. de Cudos, 246 [16].
Allugasendres, lieu dans l'honneur de Limeuil, 357.
Al Noguer Domenga, lieu dans la par. de Cudos, 248 [2].
A lo Bosin, lieu près de Barsac, 617.
Alonum. V. Allons.
A Loroga, lieu dans la par. de Labrède, 678.
Alosbila, lieu dans le Marsan, 75.

Al Perci de Wared, Al Piczat, Al Pizat, lieux dans la prévôté de Bazas, 248 [2, 4].
Al Sazalhan, lieu dans la prévôté de Bazas, 246 [24].
Al Sauboar. V. Sauboas.
Al Seud. V. Le Selder.
Al Sorbei de Cabauag, lieu dans la prévôté de Bazas, 248 [4].
Al Sostar, lieu dans la par. de Bernos, 246 [29].
Alub. V. Loup.
Alyes. V. Élie.
Amabin. V. Robert —.
Amad. V. Amat.
Amalvinus. V. Amaubin.
Amanevus. V. Amanieu.
Amanieu (Amanevi). V. Arnaud —.
Amanieu Artaud (Amanevus Artaudi), témoin, 630, 633, 635.
—— —— de Cérons (Amanevus Artaudi de Seron), damoiseau, 613.
—— —— (Amaneus Artaudi), tuteur de Guillaume Bernard de Lataugère, 663.
—— Colom (Amaneu, Amanieu Colom, Amanevus Columbi), bourgeois de Bordeaux, 519; maire de Bordeaux (à la date du 12 sept. 1251), 423; témoin, 401, 495.
—— —— de Bourg (Amaneu, Amanieu Colom de Borc), bourgeois de Bordeaux, 470, 502.
—— —— de La Roussclle (Amaneu Colom de La Rocela), témoin, 136.
—— d'Albret (Amaneus, Amanevus de Lebrato, de Lebreto, de Labret), 270, 410, 420, 560; caution, 374; témoin, 365. Son fils et héritier : Bernadet Eideu.
—— d'Auriol (Amaneus d'Auriola, d'Aureolla), 364. Sa femme : Jourdaine Grimoard.
—— de Baslade, témoin, 404.
—— de Belhade, chevalier (Amaneus de Balhada, miles; N'Amaneu de Balhada, cauoirs), 384.
—— de Benquet, damoiseau, 134. Son frère : Senebrun.
—— de Branne (Amanevus de Brana), 198, 199, 201.
—— de Casaus (Amaneus, Amanevus de Casaus), chevalier, témoin, 682, 683, 685-688, 691-694.
—— de Curton (Amaneus, Amanevus de Curton), damoiseau, 13, 21, 656. Sa femme : Mausseta.
—— de Labarthe (Amaneus de La Barta), 271.
—— de Lamarque (Aman. de La Marcha), témoin, 421.
—— de Lamotte (Amanevus de Mota), damoiseau, seigneur en partie de Roquetaillade et de Langon, 212, 296, 568.

Amanieu de Laroque (Amaneus de Rupe), de Rions, 448.
—— de Lesgor (Amanevus de Lesgar), damoiseau, 682.
—— de Longuevis (Amaneus de Longuevis), chevalier, de Bouliac, 644.
—— de Machinon, 474. Son frère : Pierre.
—— de Moissac (Amaneus de Messiaco, de Mossiaco, de Moysiaco), damoiseau, 244, 247 [14], 248 [8].
—— de Noaillan (Amaneus de Noalhan, de Noalhano), 246 [19], 247 [4, 5].
—— de Pessac (Amanevus [de] Passac), 8.
—— «de Podio», chevalier, viguier de Mimizan, 688.
—— de Pommiers (Amaneus, Amanevus de Pomeriis), 238, 358.
—— ——, chanoine de Bayonne, 175, 176.
—— de Saint-Aubin (Amanevus de Sancto Albino), 606.
—— de Saint-Ciers (Amanevus de Sancto Sircz), 606.
—— de Sescas (Amaneus de Sescars), 246 [4].
—— de Taudiars, 651.
—— de Villecentud (Amanevus de Villa Sentud), chevalier, 685.
—— Doat (Amanevus Doati), 638.
—— Frosun, 341. Son frère : Gaillard Frosun.
—— Gombaud (Amanevus Gombaudi), 585.
—— —— de Lesparre (Amanevus Gombaldi de Sparra), damoiseau, 4.
—— Lambert (Amanevus Lamberti), bourgeois de Bordeaux, caution, 439. Son fils : Arnaud Lambert.
Amanou de Gahertz, 386.
A Mansatiet, lieu dans la par. de Loubens, 106.
Amat (Amad) d'Ardir, bourgeois de Bayonne, 399, p. 143, col. 2.
—— de Contis (Amatus de Contics), bourgeois de Bayonne, 399, p. 143, col. 2.
—— (Amatus) de Merca, fils d'Amat, bourgeois de Bayonne, 399, p. 142, col. 2.
—— de Sagbet (Amad de Sagbet, Amatus de Sacber), damoiseau, 27, 122.
—— (Amatus) de Sarros, bourgeois de Bayonne, 399, p. 142, col. 2.
—— (Amatus) de Taron, bourgeois de Bayonne, 399, p. 144, col. 1.
—— (N. Amat) Soubre, bourgeois de Bayonne, témoin, 513.
—— (Amati). V. Pons ——.

Amaubin de Barès ou d'Ambarès (dominus Amalvinus d'Abaresio, de Baresio ou de Barresio, de Varesio; N'Amaubin de Bares, cauer; Amaubyns de Bareys, senhor de Montferrand), chevalier, tuteur de Pierre Amanieu de Bordeaux, 8; seigneur de Montferrand, 376, 378; témoin, 34, 377, 381, 420, 423, 452, 483.
—— le Jeune (Amalvinus de Bares, Amalbinus de Barresio), chevalier, 190; témoin, 525-530, 558, 597-599, 611, 612, 648-654, 666, 667.
—— de Blanquefort (Amalvinus de Blankafort), damoiseau, tuteur de son neveu, Bernard de Blanquefort, 591.
—— de Bonafont, 514.
—— de Bourg (Amalvinus de Burgo), damoiseau, 666. Son héritier : Aicard Audoin.
—— de Brion, témoin, 368.
—— de Jonqueyre (Amalvinus de Junqueiras), 579.
—— de Lansac (Amaubyn de Lansac), 500. Son fils : Guillemot.
—— de Macau (Amalvinus de Maquau), tuteur de son neveu, Guillaume de Macau, 538; témoin, 612.
—— de Vensac (dominus Amalvinus de Benssac), 17.
—— Girart, de Bourg (Amalvinus Girart, de Burgo), 563.
Ambarès (par. de Baresio). Gir., arr. Bordeaux, c. Carbon-Blanc, 538.
Ambès (Ambes), lieu et palu dans l'Entre-deux-Mers, Gir., arr. Bordeaux, c. Carbon-Blanc, 578, 583.
A Melenac, lieu près de Bazas, 34.
Amenetis, lieu dans la par. de Bouglon, 364, p. 119, col. 2.
Amcneus. V. Amanieu.
Americus. V. Aimeric.
Amerii. V. Raimond ——.
Amicet de Monpont (de Mont Paon, Montpayon), chevalier, témoin, 499, 500.
Amor. V. Amou.
Amoros. V. Vital ——.
Amou (Amor, Amors, Amur). Landes, arr. Saint-Sever, ch.-l. de c. V. Arnaud d'——, Bertrand d'——, Garcie Arnaud d'——.
Ampais, femme d'Élie de Roquefort (d'Arrocafort), 472.
A Muhac, lieu dans l'Entre-deux-Mers, 586.
Anasans. V. Anissant.
Ancumbes. V. Bernard d'——.
Andeyssan, lieu dans la par. de Loubens (?), 82.
Andraut (par. d'Andralt), Gir., arr. La Réole, c. Monségur, 489.
André (Andreu) de «Carbonera», 514.

André (Andreas) de «Merca», bourgeois de Bayonne, 399, p. 142, col. 2.
—— de Moissac (Andreas de Moyssac), 665.
—— (Andrea). V. Bernard —.
Andreotus de Nalettes, bourgeois de Dax, 505.
Andron. V. Guillaume Garcie d' —.
Anedat. V. Guillaume d'—.
Aneto d'Anglet (Angled), bourgeois de Bayonne, 399, p. 144, col. 1.
Anetus de Onque, bourgeois de Bayonne, 399, p. 143, col. 2.
Anessancius. V. Anissant.
Angel. V. Jean d' —.
Angelis, Angels, Angl. V. Angles.
Anglades (terra d'Angladas), terre possédée par l'abbaye de Saint-Sever, 70; appelée Saint-Barthélemy d'Anglades, dans l'*Hist. mon. Sancti Severi* de dom Du Buisson, t. I, p. 282. V. Pierre d' —.
Angled. V. Anglet.
Angles (Angels, Angles, de Angelis), par. non identifiée dans le c. de Pellegrue, 327, 329. V. Arnaud Guillaume d' —, Bertrand d' —, Guillaume Arnaud d' —.
Anglet (port, prodomes d'Angled), Basses-Pyr., arr. et c. Bayonne, 414. V. Aneto d'—.
Angleterre (Engleterra), 398.
—— Roi d'—, fondateur de l'abbaye de Cadouin, 216.
Angludet. V. Bernard d' —.
Angels. V. Raimond Guillaume d' —, Guillaume Arnaud dels —.
Angoulême (Engolesme). V. Élie d' —.
Angoumé (villa de Engomer). Landes, arr. et c. Dax, 394.
Anguille (terra d'Anguille), 650. Serait-ce Aiguille, à Castillon-sur-Dordogne?
Aninte. V. Guillaume —.
Anisian. V. Le Nizan.
Anissant de Caumont (Anasancius, Anessancius, Anixanecius de Cavomonte, Aniassans de Caumont), chevalier, seigneur de Sainte-Bazeille, 213, 252, 375; témoin, 465-467.
—— (Anissans) de «Rybera», bourgeois de Bayonne, 399, p. 143, col. 1.
—— de Serres (Anasans de Ceiras, de Cerras, de Seiras, Anessancius de Serris), chevalier, de Landerron, 488; témoin, 489-492.
Ansneiras. V. Guillaume d' —.
Anteras. V. Antras.
Antes. V. Bernard d' —, Domenjon d' —, Pierre Guillaume d' —.

Antin (de Antino). Hautes-Pyr., arr. Tarbes, c. Trie. V. Pierre d' —.
Antoine Bek (dominus Antonius Bek), chancelier du roi d'Angleterre (en 1274), 34.
Antras (Anteras). Gers, arr. Auch, c. Jégun. V. Raimond Séguin d' —.
Anyciensis episcopus. V. Puy.
Anza, lieu dans la par. d'Aillas, 320.
Aorte. V. Orthe.
A Prade, lieu dans la par. de Pujols, 622.
A Pradibei, lieu dans la prévôté de Bazas, 248 [4].
Aprilis. V. Avril.
Aqua Nigra. V. Gouaneyre.
Aquestris, Aquistris (de). V. Guîtres.
Arabaud. V. Arnaud d' —.
Aramon. V. Raimond.
Araquait de Bras, chevalier, témoin, 382.
Araux (Araus). Basses-Pyr., arr. Orthez, c. Navarrenx. V. Pierre Arnaud d' —.
Arbanats (Arberatz). Gir., arr. Bordeaux, c. Podensac, 575. V. Pierre d'—.
Arbenhac, lieu dans la par. de Saint-Julien-en-Born, 688.
Arberatz. V. Arbanats.
Arbine. V. Dominique d' —.
Arblade, Gers, arr. Mirande, c. Riscle. V. Bernard d'—, Guillaume Arnaud d' —.
Arboucave (castrum de Orbacave). Landes, arr. Saint-Sever, c. Geaune, 46.
Arbussan. Lot-et-Gar., arr. Nérac, c. Mézin, commune de Poudenas. V. Arnaud d' —.
Arcembaldus, v. Archambaud.
Arcet (par. Sancti Vincencii d'Arcet), commune de Montaut. Landes, arr. et c. Saint-Sever, 83.
Archambaud, comte de Périgord (Arcembaldus, comes Petragoricensis), 241, 478.
Arcivus. V. Assieu.
Arcmal (domina d'Arcmal, domus d'Arcmal, de Arcumalo), fief noble dans la prévôté de Bazas, 246 [4, 6 où le mot a été imprimé à tort Arcinal], 247 [14].
Ardaria. V. Jean d' —.
Ardir. V. Amad d' —, Arnaud d' —, Arnaud Bertrand d' —, Arnaud Raimond d' —, Bertrand d' —, Bonhomme d' —, Jean d' —.
Areis. V. Pierre Viger d' —.
Argades. V. Jourdain d' —.
Argelès, lieu dans la caverie ou châtellenie de Fargues, 25.
Argelos (par. d'Orgelos). Landes, arr. Saint-Sever, c. Amou, 29.

45.

356 INDEX DES NOMS DE PERSONNES ET DE LIEUX.

Argelouse (par. d'Argelosa). Landes, arr. Mont-de-Marsan, c. Roquefort, commune d'Arouille, 118.
—— (par. S. Andree de Argelosa). Landes, arr. Mont-de-Marsan, c. Sore, 560, 562.
Argelsed. V. Arnaud d'—, Garcie d'—, Jean d'—.
Argenton (feudum de Argento, Argenten), fief, et repos dû au roi à raison de ce fief. Lot-et-Gar., arr. Marmande, c. Bouglon, 210, 337, 364, p. 119, col. 1 et 2.
—— V. Raimond Guillaume d'—.
Argilers. V. Pierre Guillaume d'—.
Argualatz, Arguilatz. V. Domenjon d'—.
Arbulla. V. Arouille.
Ariano, Arriano (de). V. Eyrans.
Arieto (de). V. Arriets.
Arimant, moulin dans la paroisse de St-Jean-d'Estomptes (Labrède), 678.
Arimbels. V. Rimbès.
Ariou. V. Guillaume Jean d'—.
Ariza. V. Guillaume d'—, Moninus d'—.
Arlyoy, lieu dans le Marsan, 72.
Armagnac (Armeniaci et Fezenciaci comitatus), 45. V. Géraud, comte d'—.
Arman de Lescun (N'Arman de Lescun), chevalier. V. Arnaud de Lescun.
Armand de Montpezat (Armandus de Montepezato, de Montepezato, Amandus de Monte Pisato), chevalier, 544, 545, 635; témoin, 448. Le même qu'Arnaud de Montpezat, chevalier?
—— de Pellegrue (Armandus de Pelagrua), 327.
—— de Polignac (Armandus de Polemniaco), abbé de Saint-Pierre, 409.
—— Prévôt (Armandus Prepositi), 242.
Armases (apud Armases in par. d'Argenton, par. d'Armases), lieu dans la par. d'Argenton, 364.
Armesses. V. Arnaud d'—.
Arnos, par. inconnue «où l'hôpital de Bessau avait des biens au xiie siècle» (V. Foix, Revue de Gascogne, 1909, p. 552), 137.
Arnaldus. V. Arnaud.
Arnaud, lieu dans le Marsan, 72.
Arnaud Aiquelm (Ayquelmi, Ayquem), 426, 448.
—— Alemaund de Benquet (de Venked), seigneur landais, 173.
—— Amanieu (Arnaldus Amanevi), seigneur landais, 160.
—— ——, chevalier, tuteur d'Aiquelm Andron, 578.
—— ——, homme franc du roi dans la par. de Cudos, 248 [1, 3].

Arnaud Amanieu (Arnaldus Amanebi, Amanevi), seigneur de Campet, chevalier, 41, 60, 692.
—— , archiprêtre de Buch et de Born (de Bogio et de Borno), 503.
—— Arquier (Arquerii), homme franc de la par. de Saint-Jean-d'Estomptes (Labrède), 678. Son frère : Pierre Arquier.
—— Arramon (N' Arn. Arramon), de Puyguilhem, 472.
—— Arroial, procureur d'hommes francs de Maillas, 250.
—— Bairan, habitant de Latresne, 589.
—— Barbe, 197.
—— Baudoinh du Trengh, homme franc de la par. de Beychac, 543.
—— Beauquier (Beaquerii), de Quinsac, 680.
—— Bener, témoin, 366.
—— Béraud (Arnaldus Beraudi), homme franc dans la prévôté de Barsac, 675.
—— Bernard (Arnaldus Bernardi), 656. Sa femme : Thomasse.
—— Bernard de Lados, habitant de Bouglon, 364, p. 117, col. 1.
—— —— de Lados, chevalier, 366-369. Son fils : Arnaud Bernard de Lados, damoiseau; son fils bâtard : Pierre de Lados; son frère : Raimond Furt de Lados.
—— —— de Lados, damoiseau, 366-369.
—— —— de Lau, habitant de Bouglon, 364, p. 118, col. 1.
—— —— de Laurq, 210.
—— —— de Pansac, de Pessac, 247 [11, 12].
—— —— de Pins, habitant de Bouglon, 364, p. 119, col. 1.
—— —— de Pinsac, habitant de Bouglon, 364, p. 118, col. 1.
—— —— de Pressac (de Preissaco), damoiseau, 21.
—— Bernon de Flamma, témoin, 367.
—— Bertrand (Arn. Bertrans) Sudre, témoin, 481. Son frère : Arnaud Sudre.
—— Beudoinh (Arn. Beudoinh), homme franc de la par. de Beychac, 541.
—— Bidon de Cadouin (A. Bidonis de Cadunh), de la par. d'Aillas, 330.
—— Bonet, témoin, 481.
—— Boquer (Arnaldus Boquerii), habitant de Fronsac, 650.
—— Borei, 346. Ses cousins : Bidon et Sanche Borei.
—— Bosquet d'Ognoas (d'Onhoas), seigneur landais, 114.

Arnaud Bralhet, témoin, 501.
—— Brocar, Brocard, 286, 472.
—— Brulhon de Saint-Morillon (de Sancto Maurilio), 676.
—— Brun de Salanhac, témoin, 541.
—— Caillau, de Dessous-le-Mur (Arnaldus [Calculi] de Subtus Muro), bourgeois de Bordeaux, 424. Son aïeul : Raimond Caillau l'Ancien; son père : Pierre Caillau.
—— Cavat de Galgon, 514.
—— Conte (Arn. Conte), témoin, 35.
—— Cosin, fils de Robert Cosin, 541, 625.
—— Dabert, 508.
—— d'Amou (Arnaldus d'Amor), tuteur d'Otton, seigneur de Doazit, 41.
—— d'Arbussan, notaire public de Langon, 366-368, 470.
—— d'Argelsed, homme franc du roi dans la par. de Bernos, 246 [1, 3]. Son frère : Garcio d'Argelsed; son cousin : Jean d'Argelsed.
—— d'Arrabaud, homme franc du roi dans la par. de Maillas, neveu de Vital, 250.
—— d'Armases (Arnaldus Armesses), 364, p. 118, col. 2.
—— d'Arraute, témoin, 476.
—— d'Arriol, homme franc du roi dans la par. de Bernos, 338.
—— d'Artigue (de Artiga), homme franc du roi dans la par. de St-Jean-d'Estomptes (Labrède), 658. Son père : Guillaume d'Artigue.
—— d'Aurice (de Urisse), chevalier, 57.
—— Daurier, curé de Roquefort (Arnaudz Daurier, capelas de Rocafort), 468.
—— de Balembitz (A. de Balembitz), bourgeois de Bayonne, 399, p. 144, col. 1.
—— de Bat (Arnaldus de Bat), de la par. de Tabanac, 531. Son père : Guillaume de Bat.
—— de Bazas (Arnaldus de Vasato), homme franc du roi dans la prévôté de Barsac, 636 [47].
—— de Béarn (Arnaldus de Bearnio), bourgeois de Bayonne, 399, p. 143, col. 2.
—— de Bellefont (Arnaldus de Bonofonte), habitant de la par. de Brulhet, 605.
—— de Bensal (A. de Bensal), bourgeois de Bayonne, 399, p. 142, col. 2.
—— de Bernadet (Arnaldus de Bernaded, de Bernadede), homme franc du roi dans la par. de Bernos, 246 [1, 5]. Son neveu : Jean de Bernadet.
—— de Bescami (A. de Bescami), bourgeois de Bayonne, 399, p. 143, col. 1.

Arnaud de Bestezon (A. de Bestezon), bourgeois de Bayonne, 399, p. 143, col. 2.
—— de Beus (maistre Arn. de Beus), témoin, 502.
—— de Biclar, témoin, 496.
—— de Binag (A. de Binag), bourgeois de Bayonne, 399, p. 143, col. 1.
—— de Bordesoulle (Arn. de Bordessoles), 461. Son oncle : Jean de Bordesoulle.
—— de Bouen (Arn. de Bouen), notaire public de Saint-Sever, 482.
—— de Bouliac (dominus Arnaldus de Boliaco), chevalier, 619.
—— de Brantirant, de Guitres (Arnaldus de Brantirant, de Aquistris), 655.
—— de Brevas, habitant de la par. de Trazits, 355. Son frère : Fort de Brevas.
—— de Brosterar, de Bouliac, 537.
—— de Buch (Arnaldus de Bogio, maiestre Arn. de Bois, magister Arnaldus de Bulbs, Arn. de Bruss), chanoine de Saint-Seurin de Bordeaux, 416, 420, 471.
—— de Cabanac, 248 [2].
—— de Cabanac, chevalier (dominus Arnaldus de Cabanac, de Kabanac, miles), 186, 587.
—— de Casseus, de Casseues, homme franc dans la par. de Bernos, 246 [1, 20].
—— de Castanet (Arnaldus de Castaneda), de la par. de Sallebœuf, 579.
—— de Castor, 225.
—— de Caupenne (A. de Caupena), caution pour le comte de Leicester, 408, p. 155, col. 1.
—— de Claus, homme franc du roi dans la par. de Cudos, 248 [3].
—— de Coimères (Arnaldus de Comeres), homme franc du roi dans la par. de Maillas, 249.
—— de Comed, homme franc du roi dans la par. de Taleyson, 247 [1].
—— de Contis (A. de Conties), bourgeois de Bayonne, 399, p. 143, col. 1.
—— de Corbin (Arnaldus de Corbyn), damoiseau, 97. Sa femme : Esclarmonde de Toujouse.
—— de Cornau (A. de Cornau), témoin, 464.
—— de Cousabel, 348.
—— de Darbaor, habitant de la par. de Bouglon, 364, p. 118, col. 2.
—— de Faye (de Fagia), 334. Son frère : Guillaume de Faye.
—— de Fons, 396.
—— de Fonte Cornela, 665. Son frère : Raimond de Fonte Cornela.

INDEX DES NOMS DE PERSONNES ET DE LIEUX.

Arnaud de Furquis, de la par. de Guillos, 572.
—— de Gabaston (de Gabastone, de Gavastona, de Gavaston), chevalier, 54, 171, 470, 482. Sa femme: Clarmonde de Marsan.
—— de Genoartiga, homme franc du roi dans la par. de Bernos, 246 [1, 2].
—— de Gironde (de Gironda, de Gyronda), damoiseau, 221, 252.
—— de Graville (Arnaldus de Greville, de Greyville), homme franc du roi dans la par. de Bernos, 246 [1, 4].
—— de Grissac, chevalier, 580.
—— de Gruncionea (?), habitant de la par. de Bouglon, 364, p. 119, col. 2.
—— de Gui, homme franc du roi dans la par. de Maillas, 250.
—— de Horteberri, prudhomme de Biarritz, 414.
—— de Juxix, chevalier (En Arn. de Juxis, caueirs), témoin, 369.
—— de Labad, clerc, 246 [1, 19]. Ses frères : Guillaume et Jean de Labad.
—— de Labadie (de Labadia), 354 [4].
—— de La Barrière (Arnaldus de la Baneira, corr. La Barreira, de La Barreira), de Quinsac, 636 [11], 680.
—— de Labescau (Arnaldus de Labescal), de la par. d'Aillas, 330.
—— de Lacase (magister Arnaldus de Casa, de La Casa), témoin, 1-4, 9, 11-17, 176-195, 452, 468, 475, 518-524, 531-538, 540, 544-610, 681.
—— de Lacase, procureur des hommes francs du roi dans la paroisse de Cudos, 248 [1, 5, 7, 9, 14].
—— de Ladils, 270, 364, 427.
—— —— (Arnaldus de Ladillis, de Ladilhs), bourgeois de Bazas, 426.
—— ——, fils de Bomotus, 426.
—— ——, habitant de la par. de Bernos, 246 [20, 24], 247 [5, 6]. Son frère : Gaillard de Ladils; son neveu : Guillaume de Cassous.
—— de Lagaded (Lagaaded, Laguaded), homme franc du roi dans la par. de Captieux, 247 [14].
—— de Lagota, homme franc du roi dans la par. de Bernos, 246 [7].
—— de Laguazade, homme franc du roi dans la par. de Bernos, 247 [1].
—— de Lalande (de Landa), 201, 584, 645.
—— de Lamotte (de Mota), 318, 636 [36]. Son frère : Guillaume de Lamotte.
—— —— le Jeune, 427.
—— de Langlade, homme franc du roi dans la par. de Sauros, 244.

Arnaud de Lapède, de Castel-Sarrazin (de Lapeda, de Castet Serradyn), 386.
—— de Larssau, 541.
—— de Lartigue (de Lartiga), damoiseau, 115.
—— de La Ruy, 679. Son cousin : Guillaume de Labana.
—— de Las Vinas, 543.
—— de Lataugère (de Latujera), homme franc du roi dans la prévôté de Barsac, 636 [47].
—— de La Testa, 541.
—— de l'Église (Arnaldus de La Glise), 244, p. 76, col. 1.
—— de Lescun (En Armau, N'Arn. de Lescun), chevalier, 382; témoin, 370, 372, 386. Sa femme : Clarmonde de Lescun.
—— de Lesperon (A. de Lesperon), bourgeois de Bayonne, 399, p. 143, col. 1.
—— de Liposse (En A. de Liposse), témoin, 484.
—— de Lugat, homme franc du roi dans la par. de Saubiac, 244.
—— de Lugbert, dit de Mesmes (de Mames), homme franc du roi dans la par. d'Escaude, 247 [1, 7, 14].
—— de Maiensan (Arn. Maiensan), témoin, 423.
—— de «Maloburgo», homme franc du roi dans la prévôté de Barsac, 636 [47].
—— de Mames, homme franc du roi dans la prévôté de Bazas, 247 [1, 5, 6, 9, 12].
—— de Marcio, seigneur landais, 55.
—— de Marguestau (Marquestau), chevalier, 94.
—— de Marmande (de Marmanda), chevalier, 210, 225; témoin, 420.
—— de Martank, seigneur landais, 171.
—— de Martre, de Matre, bourgeois de Bayonne, 399, p. 143, col. 2, 400, 404.
—— de Maurillac (de Maurelhac), 265, 277. Son frère : Guillaume de Maurillac.
—— de Maurrin (Arnaldus de Murrin, de Murryn), damoiseau, 76, 170.
—— de Maverned (A. de Maverned), bourgeois de Bayonne, 399, p. 143, col. 2.
—— de Molent, habitant dans la par. de Bouglon, 364, p. 119, col. 1.
—— de Monlong (de Monte longo), habitant de la par. de Bouglon, 318, 364.
—— de Montagut, caution pour Arnaud de Ladils, 426.
—— de Montbéret, de Monberer, notaire communal d'Agen, 468 (p. 195, col. 1 et 197, col. 1).
—— de «Monte Segur», 364, p. 118, col. 1-2.

Arnaud de Montfort (de Monteforti), habitant de la par. de Trazits, 355.
—— de Montpezat (de Montepezato), chevalier, 672. Le même qu'Armand de Montpezat?
—— de Moulezer, 345, 356.
—— de Mun, seigneur landais, 173.
—— de Naussannes (de Nausanas), témoin, 481.
—— de Pellegrue (de Pelagrua), chevalier, 327-329.
—— de Pessac (de Pessaco), 200.
—— de Peyre (de Petra), homme franc du roi dans la prévôté de Barsac, 674.
—— de Piis (A. de Pinibus, de Pis; N' Arnaut deu Pins), caution de Doat de Piis, 427, 483; témoin, 425, 481.
—— de Plaieday, témoin, 464.
—— de Podensac (de Podenssac), damoiseau, 674.
—— de Podio, 657, 679.
—— de Poiau (de Poiali), forgeron, de Bordeaux, 545, 615.
—— de Pont (Arnaudus de Ponte), bourgeois de Dax, 505.
—— de Pontititz (sic), de la par. de Moustey, 574.
—— de Porilhac, témoin, 481.
—— de Pouilh, de la par. de Nérigean, 537.
—— de Pussac, chevalier, 217.
—— de Puy Redon (de Podio rotondo), 278. Son père : Gasc de Puy Redon.
—— de Renung (de Renun), damoiseau, 116.
—— de Rimbès (d'Arrumbes, d'Arimbels), 28, 354.
—— de Riparia, procureur d'habitants de la par. d'Aillas, 330.
—— de Riquent (sic), fils de R. Auquent (sic) de Tabanac, 531.
—— de Ros, 364, p. 117, col. 1
—— de Rusan, notaire de Langon, 358.
—— de Saia, témoin, 501.
—— de Saint-Cyprien (de Sant Sibra), témoin, 481.
—— de Saint-Genès (de Sancto Genesio), témoin, 680.
—— de Saint-Geours (N' Arn. de Seint Jors), caution, 386.
—— de Saint-Germain (de Saucto Germano, de Sent German), 75, 163.
—— de Saint-Michel (de Sent Miquel), chevalier, de Puyguilhem, 472.
—— de Sainte-Praxède de Saubiac (de Saucta Presextia, corr. S. Praxede), 244, p. 76, col. 2.
—— de Sauciers, Sauciuas, Sanciras, témoin, 630, 633, 635.
—— de Sault (de Saut), bourgeois de Dax, 505.

Arnaud de Sauquart (Arn. de Sauquart), scribe, témoin, 136.
—— de Sauternes (Arnaldus de Salternas), témoin, 678.
—— de Sauveterre (Arnaldus de Salvaterra), bourgeois de Bayonne, 399, p. 144, col. 1.
—— d'Escos (Arn. d'Escos), témoin, 543.
—— de Segas, homme franc du roi dans la prévôté de Barsac, 636 [45].
—— de Seres, seigneur landais, 173.
—— de Seubist, témoin, 484.
—— de Soboars, 244.
—— de Sore (de Sera), chevalier, 562. Sa femme : Agnès de Sore.
—— d'Espagne, seigneur de Mérignac (Arnaldus de Ispania, dominus de Marinhaco), damoiseau, 1.
—— ——, vicomte de Couserans (noble baron N'Arnaud d'Espaie, vescoms de Cozeraus), 482. Son père : Roger de Comminges.
—— de Tabanac, témoin, 655, 668, 672.
—— de Taleyson (Arnaldus de Talayson), 255. Sa sœur : Lambreda de Taleyson.
—— de Tastes (de Tastis), damoiseau, 523, 550. Son frère : Pierre de Tastes.
—— de Thénac (de Tenac), 280.
—— de Vic (Arnaldus de Vico, du Bic), bourgeois de Dax, 506, p. 231, col. 1 et page 232, col. 2.
—— de Vinçasola, homme franc du roi dans la prévôté de Barsac, 636 [25, 28]. Son père : Guillaume de Vinçasola.
—— d'Oniurent (N' Arn. d'Oniurent), 386.
—— d'Ordi, homme franc du roi dans la prévôté de Barsac, 636 [2].
—— d'Ossages (de Satges, de Sages), 88, 156.
—— du Bosc (A. deu Bosc), bourgeois de Bayonne, 399, p. 143, col. 2.
—— du Boscatge (Arnaldus del Boscatge), 330.
—— du Brenar (Arnaldus del Brenar), homme franc du roi dans la par. de Taleyson, 247 [1, 12].
—— du Brulhet (Arnaldus deu Brulhet), 605.
—— du Crenck (Arnaldus del Crenck), 251.
—— du Fist (A. deu Fist), bourgeois de Bayonne, 399, p. 143, col. 2.
—— du Honoz (Arnaldus deu Honoz), 351.
—— du Luk (A. deu Luk), bourgeois de Bayonne, 399, p. 142, col. 2.
—— du Morar (A. deu Morar), bourgeois de Bayonne, 399, p. 142, col. 2.
—— du Sauboar (Arnaldus de Sauboar, dei Sauboar), homme franc du roi dans la par. de Bernos, 247 [1, 14].

360   INDEX DES NOMS DE PERSONNES ET DE LIEUX.

Arnaud du Trench (Arnaldus del Trench), 323.
—— Escuder, prêtre, 246 [24].
—— Espanha, témoin, 422.
—— Faur de Wairac, clerc, témoin, 541.
——, fils de Pierre de Bazas, 584.
—— Fouchier, scribe, 463.
—— Garcie (Arnaldus Garcie), 22. Son frère : Pierre Ferrand.
—— —— (Arnaldus Garsie), chevalier, témoin, 448.
—— —— (Arnaldus Garsia), damoiseau, témoin, 478.
—— —— de Sescas (Arnaldus Garcias de Sescars, Sesquars), chevalier, 252, 291, 301, 330, 425, 450, 479.
—— Gasc, de Mont-de-Marsan, témoin, 543.
—— Gaucem, homme franc de la par. de Beychac, 541.
—— Gombaut, clerc, témoin, 544.
—— Gueita, homme franc du roi dans la par. de Savignac, 356.
—— Guillaume Aimeric (Arnaldus W. Aymerici), maire de Bordeaux (en nov. 1256), 425-429.
—— —— (Arnaldus Willelmi Aimerici, Arn. W. Aimeric, Americ, Aymericy, Emerici, Emeryc), témoin, 365, 377, 378, 381, 424, 499, 500, 502.
—— —— Basin (Arnaldus Guillelmi Bagui, corr. Bagin; A. Willelmi Basin), bourgeois de Sorde, 403, 509.
—— —— (A. Guillelmi) Bramon, chevalier, 608, 646.
—— —— Caubitz (Arnaldus Guillelmi Caubitz), bourgeois de Dax, 506, p. 230, col. 2.
—— —— Cord (Arn. G. Cordi), bourgeois de Bayonne, 399, p. 143, col. 1.
—— —— d'Angles (Arnaldus W. dels Angles), 326.
—— —— (Arnaldus W.) d'Arramos, bourgeois de Bayonne, 399, p. 142, col. 2.
—— —— (A. Guillelmi) de Barbazan, 408.
—— —— (Arnaldus W.) de Cantacor, 344.
—— —— de Castalie (Arnaldus Willelmi de Castenlie), père de Vital de Castalie, 77.
—— —— de Cère (Arnaldus Willelmi de Cera), damoiseau, fils d'Arnaud Guillaume, 121.
—— —— de Cocujat (Arnaldus Willelmi de Cucujat), frère de Rostand de Cocujat, clerc, 538.
—— —— de Crabessat (Arnaldus Willelmi de Kaversaco, corr. Craversaco, de Trebassac), chevalier, 68, 173.

Arnaud Guillaume de Dado (Arnaldus Willelmi de Dado), damoiseau, 104.
—— —— de Dax (Arn. W. de Dax, Arnaldus Guillelmi de Aquis), bourgeois de Dax, 504, 506, 508.
—— —— de Doucet (Arnaldus Guillelmi de Dulceto), témoin, 475. Son frère : Raimond Guillaume de Doucet.
—— —— de Fite (A. W. de Ffite), bourgeois de Bayonne, 399, p. 143, col. 2.
—— —— de Fortmag, de Fromadgesio, bourgeois de Roquefort, 127, 319.
—— —— de Garraus, bourgeois de Bayonne, 399.
—— —— de «Garrikos», 168, p. 144, col. 1.
—— —— de Gramont (A. W. de Gramont), 476. Ses fils : Arnaud Guillaume et Auger de Gramont.
—— ——, fils du précédent, 476.
—— —— de Kaversaco. V. Arnaud Guillaume de Crabessat.
—— —— de Labarthe, fils de Pierre de Labarthe (Arnaldus Willelmi de Labarta, filius domini P. de Labarta), 80.
—— —— de La Cassaigne, seigneur landais, 171.
—— —— (Ar. W.) de Leburgeire, bourgeois de Bayonne, 399, p. 143, col. 2.
—— —— de Lestage (Arnaldus Willelmi de Stagia), damoiseau, 665.
—— —— de Lugaignac (Arnaldus Guillelmi de Luganhac, de Lugenhac), damoiseau, 198, 201.
—— —— de Marsan (Arn. W. de Marssan), 470. Sa fille : Clarmonde de Marsan; son gendre : Arnaud de Gabaston.
—— —— de Masseilles (Arnaldus Guillelmi de Marsselhas), chevalier, 630.
—— —— de Mauléon (Arn. W. de Mauleon), damoiseau, témoin, 370, 374, 383, 385, 387-890, 392, 393.
—— —— de Maurean (sic), caution du comte de Leicester, 408.
—— —— de Melon, damoiseau, 643.
—— —— de Moibilie (sic), témoin, 371.
—— —— de Perrer, témoin, 414.
—— —— de «Poies Gasse» (frai Ar. W. de Poies Gasse), moine, témoin, 483.
—— —— de Ramefort (Arnaldus Guillelmi de Ramaforti), damoiseau, 15.
—— —— de Saugues, 396.
—— —— de Savemuy, 173.
—— —— d'Estialescq (Arnaldus Guillelmi d'Esqueles), 396.

Arnaud Guillaume du Parbase (A. W. deu Parbase), bourgeois de Bayonne, 399, p. 142, col. 2.
— — Porquet (Arn. W. Porquet), bourgeois de Dax, 504.
— Guiscard (magister Arnaldus Guiscardi), clerc, témoin, 1-4, 9-17, 176-195, 291, 452, 465-467, 515-517.
— Guitarin (Arnaldus Guitarinus), bourgeois de Bazas, 291.
— Jean (Arn. Johan), homme franc du roi dans la par. de Beychac, 541.
— Jean (Arn. Johan) Fuster, témoin, 495.
— Leganar, 326.
— Lambert (N'Ar. Lambert), témoin, 502.
— — (Arnaldus Lamberti), fils d'Amanieu, bourgeois de Bordeaux, 439.
— Lambrot, de la par. de Sauros, 244.
— Loup d'Aspremont (N'Arn. Lub d'Aspremont), témoin, 482.
— — de Bezandun (N'Arn. Lup de Besandon, Arnaldus Lupi de Besandiano), chevalier, 463, 687.
— — de Broquère (dominus Arnaldus Lupi de La Broquera, miles), chevalier, 106.
— — de Lasserre (Arnaldus Lupi de Jasserra, corr. Lasserra), chevalier, 73.
— Luc de Bezandun (N'Ar. Luk de Bezandun), témoin, 461.
— Maurin (Arn. Maurin), homme franc du roi dans la par. de Beychac, 541.
— Mauryn, homme franc du roi dans la prévôté de Barsac, 675. Son cousin : Pierre Esclau le Jeune.
— Maynard, de Sainte-Eulalie (Arnaldus Maynardi, par. Sancte Eulalie), 680.
— Moneder (Monetarius), tuteur de son neveu Robert de Floriac, 559.
— Peyrer, sacriste de Saint-Seurin de Bordeaux, 420.
— Pierre (Arnaldus Petri), homme franc du roi dans la prévôté de Barsac, 639.
— — de Coquiac (Arnaldus Petri de Coquiac), 654.
— — de Pui (Arn. P. de Pui), bourgeois de Bayonne, 399, p. 142, col. 1.
— Raimond d'Ardir (A. R. d'Ardir, Arnaldus R., Arnaut Ramon d'Ardir), bourgeois de Bayonne, 399, p. 143, col. 2, 400, 483. Son frère : Jean d'Ardir.
— — «d'Arroasta», 284.
— — de Budos, chevalier, 182, 455.
— — de Corbesson, bourgeois de Bayonne, 399, p. 144, col. 1.

Arnaud Raimond de Jusix (de Juzidz), 326.
— — de Lamotte (Arnaldus R. de La Mota), oncle de Géraud de Lamotte, damoiseau, 211.
— — de Luc (Ar. R. de Luc), bourgeois de Bayonne, 483.
— — de Marimbault (Arnaldus Raimundi de Mirabello), homme franc du roi dans la prévôté de Barsac, 636 [12].
— — de Pin (Ar. Raimon de Pin), témoin, 33.
— — (Arn. Arramon, Arn. R. de Pin), bourgeois de Bayonne, 496, 497.
— —, fils bâtard (et un autre de même nom, fils légitime) de Raimond Guillaume, vicomte de Soule, 396.
— Regh (Arnaldus Regis), homme franc du roi dans la par. de Castres, 661. V. Élie Regh.
— Robert (Arnaldus Roberti), 200.
— Sanche de Domezain (Arnaldus Sanxii de Domedan), frère d'Ispan, seigneur de Domezain, 403, 509.
— — (Arnaldus Sancii) de Gaucem, bourgeois de Dax, 396.
— Séguin (En Arn. Seguintz, Seiguin), archidiacre de Dax, 504.
— — de Lataugère (Arn. de Seguin de Latugeira), témoin, 479.
— — d'Estang (Arnaldus Seguini d'Estan, A. Segin d'Astan, Arnaldus de Sigen d'Estan), chevalier, 41, 72, 94, 143, 408; maire, prévôt et châtelain de Dax, 504.
— —, seigneur de Blanquefort (N'Arnaut de Blancafort; N'Ar., senhor de Blancafort), 421, 422. Sa femme : Mabille.
— Sudre, témoin, 481. Son frère : Arnaud Bertrand.
— Tacon, témoin, 479.
— Viger (Arnaldus Vigerii), chevalier, 229.
— Vivien d'Arriets (Arnaldus Bibiani d'Arieto), de Saint-Morillon, 628.
— (Arnaldi). V. Bernard —, Olivier —.
Arnaut. V. Garcie d' —.
Arneyral, bien appartenant à l'abbaye de Cadouin, 216.
Arnoul (Arnulphus) de Marelh, archidiacre de Périgueux, 478.
— Gaston (Arnulphus Gasto), homme franc du roi dans la prévôté de Barsac, 675.
— (Arnulphus) Marquet, homme franc du roi dans la prévôté de Barsac, 674.

Arnulphus. V. Arnoul.
Arogh (rivus Arogh), ruisseau qui passait sur les limites de la comptau de Cabanac, appelé Rouch dans la trad. fr. mentionnée au n° 679.
Arosse. V. Pierre d' —.
Arouille (Arulha in par. S. Severii). Landes, arr. Mont-de-Marsan, c. Roquefort, 73.
Arquier (Arquerii). V. Arnaud —, Bernard —, Étienne —.
Arramon, Arramonda. V. Raimond, Raimonde.
Arramos. V. Arnaud Guillaume d' —.
Arramoun. V. Robert —.
Arrats (Rat), rivière du dép. du Gers, 45.
Arraup, lieu dans la dépendance du château de Maurrin, 76.
Arraute. V. Arnaud d'—.
Arrebort. Corr. et v. Arrobert.
Arrebut. V. Vital d' —.
Arrenbers. V. Rimbez.
Arrenung. V. Renung.
Arribabreyta, lieu dans le Marsan, 72.
Arribans (par. de Sancto Bartholomeo d'Arrivans). Landes, arr. Saint-Sever, c. Hagetmau, commune de Serres-sous-Arribans, 102.
Arribeira. V. Pierre d' —.
Arribeire. V. Arnaud d' —, Raimond d' —.
Arricau (Ricau). Basses-Pyr., arr. Pau, c. Lembeye. V. Bernard d' —, Nicolas Menau d' —.
Arriets (par. d'Arrict). Gir., arr. Bazas, c. Captieux, commune de Saint-Michel-de-Castelnau, 297. V. Arnaud Vivien d' —, Gaillard d' —.
Arrigaud (par. de Ricau). Landes, arr. et c. Mont-de-Marsan, commune de Laglorieuse (carte de l'État-major), 75; le nom est écrit Arricau sur la carte donnée par Légé, *Les Castelnau-Tursan*, t. II.
Arriol (Arriol, Arrios), lieu dans la par. de Cudos, 248 [2, 4, 8]. V. Arnaud d' —, Pierre d' —.
Arrions. V. Rions.
Arrios. V. Arriol.
Arriou. V. Pierre Guillaume d' —.
Arrivière (capmasus de Reybeyra, prope Montem), lieu marqué sur la carte de l'État-major près de Mont-de-Marsan, 134.
Arroasta. V. Arnaud Raimond d' —.
Arrobert. V. Auger —.
Arroda. V. Dujon —.
Arroial. V. Arnaud d' —, Jean d' —.
Arroigorsa, Arrugorsa, lieu dans la par. de Bernos, 246 [24, 25].
Arroqueir. V. Roqueir.

Arrossa. V. Raimond d' —.
Arrostanh. V. Rostain.
Arruan (par. S. Medardi in Arruano). V. Saint-Médard-d'Eyran. Baurein, *Variétés Bordeloises*, t. II, p. 392, parle du pays d'Arruan « qui étoit composé des par. d'Ayguesmortes, de l'Isle Saint-Georges et de Saint-Médard d'Ayrans ».
Arrugorsa. V. Arroigorsa.
Arrumbes. V. Rimbès.
Arrunhaus (par. Sancti Petri d' —), par. non identifiée, voisine de Roquefort en Tursan, 110.
Arsi. V. Garcie d' —, Philippe d'—.
Arsieu. V. Assieu.
Arsok. V. Guillaume d'—.
Artaldus. V. Artaud.
Artassenx (milicia seu castrum d'Artassen). Landes, arr. Mont-de-Marsan, c. Grenade, 85, 130.
Artaud (Artaudi). V. Amanieu —, Guillaume —.
Artaud de Nérigean (Artaldus de Narigano), 198.
Artaut. V. Aiquelm Raimond d' —.
Arthous (Artos, Artosii abbas). Landes, arr. Dax, c. Peyrehorade, commune d'Hastingues, 403, 509.
Artiga. V. Lartigue.
Artiga Arregeir, lieu dans la terre de Pujols, sur le Ciron, 622.
Artigabauda. V. Artiguebaude.
Artigafilhis, Artigafilhon. V. Pierre d'—.
Artigameira, lieu dans la par. de Bias en Born, 695. V. Espanhon ou Ispan d' —, Vital d' —.
Artiganovians, lieu dans la par. de Saint-Morillon, 677.
Artigas, lieu dans la par. de Saint-Martin-de-Gurçon, 241.
Artigas. V. Artigues.
Artigavelha, Artigavetus. V. Artiguevieille.
Artigelonge. V. Pierre d'—.
Artigia Escarnilhon, lieu dans la terre de Pujols, sur le Ciron, 622.
Artigiis. V. Artigues.
Artign, lieu dans la par. de Saint-Sauveur, 298.
Artigola, par. non identifiée au dioc. de Bazas, 633.
Artigolles (Artigol, Artigola). Gir., arr. Bazas, c. Captieux, commune d'Escaude, 235, 633.
Artiguebaude ou Saint-Étienne-d'Artiguebaude (Artigabauda), terre appartenant à l'abbaye de Saint-Sever, 70. Cf. Dom Du Buisson, *Histor. monasterii S. Severi*, t. I, p. 283.
Artiguelongue (Artigalonga), lieu dans la par. de Saint-Aubin, 129.
Artiguemale. V. Géraud d' —, Pierre Arnaud d' —.

Artiguenave (par. d'Artinguenave). Landes, arr. et c. Saint-Sever, commune d'Eyres-Moncube, 70.

Artigues (Artigas). Gir., arr. Bordeaux, c. Carbon-Blanc, 544.

—— (par. de Artigiis). Gir., arr. Bordeaux, c. Créon, 601.

Artiguevieille (Artiga vetus, miliciarium de Artigavelha, par. de Artigaveteri, par. S. Laurencii de Artigavelha). Gir., arr. et c. Bazas, commune de Cudos, 34, 244, 246 [3], 248 [10].

Artiguina Vitalis, 622.

Artinguenave. V. Artiguenave.

Artisson. Voir W. G. d'—.

Artiu (par. S. Crucis de Lavinhac et d'Artiu), par. non identifiée de l'archiprêtré de Monségur, 231.

Artogamala (corr. Artigamala?). V. Pierre d' —.

Arton, nom d'un homme qui n'est pas autrement désigné, 202.

Artos. V. Arthous.

Artus (par. d'Artru), par. aujourd'hui rattachée à Mauvezin. Lot-et-Gar., arr. Marmende, c. Seyches, 259. Cf. *Rôles gascons*, t. II, n° 1097.

—— V. Guillaume d' —.

Arua. V. Arue.

Aruano (insula in Aruano). V. Isle-Saint-Georges et, plus haut, le mot Arruan.

Arue (par. d'Arua, Rua). Landes, arr. Mont-de-Marsan, c. Roquefort, 117, 19, 137. Cf. *Revue de Gascogne*, 1909, p. 552 : «l'hôpital de Mont-de-Marsan, héritier de Bessaut, y prélevait encore quelques fiefs au xviii° siècle».

Aruffatus. V. Ruffat.

Arulha. V. Arouille.

Aruscba. V. Sainte-Florence.

Asalhit. V. Pierre —.

A Seron. V. Cérons.

Asnières (Asuciras). V. Guillaume d' —.

Aspetecul, lieu dans la par. de Bernos, 246 [15, 18].

Aspremont. V. Arnaud Loup d' —.

Assalbit (corr. Assalhit?). V. Géraud —.

Assaleis, lieu dans la prévôté de Barsac, 636 [44].

Assane. V. Géraud —.

Assarid, Assarit. V. Géraud —, Pierre —.

Assaut de Fargues (dominus Assaut de Fargis, de Faurgis), 179, 674.

Asserit. V. Gaillard —.

Assi. V. Donat —, Géraud —.

Assieu de Cumont (Arcivius de Cutmont, dominus de Tornacopa), seigneur, avec son frère Guillaume-Bernard, de Tournecoupe, 473.

Assieu de Monnet (Assius de Moneto), 326.

—— de Navailles (Assius de Navalhas), damoiseau, 390; témoin, 383, 387, 388.

—— —— (Assius de Navallis), évêque de Bayonne, 407.

Assieu (Assivius). V. Jean —.

Astan. V. Estang.

A Tanes, lieu dans la par. de Lucmau, 34.

Aubagnan (milicia d'Aubanhan, par. d'Aubanhan). Landes, arr. Saint-Sever, c. Hagetmau, 51, 70.

Aubarède. V. Laubarède.

Au Bedat, lieu dans l'Entre-deux-Mers, 605.

Aubert (Aubertus) de Comps, chevalier, 606.

Aubiac, pont sur le Brion, affluent de la Garonne. Gir., arr. La Réole, c. Saint-Macaire, 544.

Aubie (par. de Albia). Gir., arr. Bordeaux, c. Saint-André-de-Cubzac, 666.

Aubinhac. V. Arnaud d' —.

Aubinhon. V. Avignon.

Au Bosc, bois dans la par. de Villenave-d'Ornon, 532.

Au Bosqueten, lieu dans la par. de Gradignan, 615.

Au Brau, lieu dans la par. de Virelade ou de Podensac, 623.

Au Cayron, lieu dans la par. de Cérons, 188.

Auch (Auxitana diocesis), diocèse, 465, 466.

Aucher. V. Élie —.

Au Coz, lieu dans la par. de Saint-Jean-d'Estompies (La Brède), 678.

Audax. V. Guillaume —.

Audebert Prévôt (Aldebertus Prepositi), chevalier, 472, 503.

Aude de Beyrie (Aude de Berrie), fille de Gaillard de Beyrie, 33.

—— de Labarte (Auda de Labarta), femme de Guillaume Raimond de Doazit, 106.

Audenge (Auzengia). Gir., arr. Bordeaux, ch.-l. de c., 583. V. Bernard de Blanquefort, seigneur d' —.

Audignon (milicia d'Audinon, par. d'Audior). Landes, arr. et c. Saint-Sever, 50, 102.

Audoart. V. Édouard.

Audoinh. V. Aiquard —.

Audon (affarium de Audon). Landes, arr. Saint-Sever, c. Tartas, 81.

Auga (Aungar). Basses-Pyr., arr. Pau, c. Thèze. V. Guillaume Arnaud d' —.

Augenos, lieu dans les Landes, 72.

Auger Rochert, témoin, 484.

—— (Auger, Angir) Brocart, 286, 472.

INDEX DES NOMS DE PERSONNES ET DE LIEUX.

Auger Cat ou Cot (Augustus [sic] Cas, Augerus Cat, Augerius Cot), chevalier, 327; témoin, 292, 304, 478.
—— de Cazaux (Augerius, Augerus de Cazales, de Cazalibus), chevalier, 505, 506; témoin, 461.
—— de Favernet (Augerius de Farvarneto), 619.
—— de Gabarret (N'Auger de Gauerret), 404.
—— de Gramont, fils d'Arnaud Guillaume, 476.
—— de Loit (Augerius de Loit), témoin, 371.
—— de Lugaignac (Augerus de Luganhac, Augerius de Lucganhac, de Lukenhac), damoiseau, 198, 199, 201.
—— de Mauléon (N'Auger, Augers de Maulcon, Augerus de Maloleone), damoiseau, 389, 461.
—— de Miramont (Augerius de Miromonte, miles; Augers, cauoirs, de Miramont), chevalier, 450.
—— de Morlaas (Augerius de Morl.), damoiseau, 46.
—— de «Pratoveterin, de Pratveil, 606; témoin, 501.
—— de Puchagut (Augerius, Augerus de Podioaculo, En Augir de Pughagud), chevalier, 261, 263, 472.
—— de Sasbuni, 483.
—— du Fleix (Augerius de Fleis), chevalier, 478.
—— Mote (N'Auger Mote), témoin, 461.
—— Robert (Anger Arrobert, Arrebort, Angerius Roberti, Ogerus Roberti de Aquis), bourgeois de Dax, 504-508; témoin, 461.
—— , vicomte de Soule (Augerius, vicecomes de Soula), fils de feu Raimond Guillaume et de Marchessa, 394, 398.
Augerius, Augerus. V. Auger.
Augranolet, lieu dans la par. de Saint-Martin-de-Lerm, 241.
Augraulet, lieu dans les Landes, 72.
Aula. V. Guillaume Arnaud d' ——.
Aulède (Aulæda, Auloeda, nom d'un ruisseau qui coule dans la commune de Cabanac-et-Villagrins et d'une famille noble qui a donné son nom à une rue de Saint-Macaire (Virac, *Recherches sur Saint-Macaire*, p. 551, 552, 679). V. Ayrin d' ——, Bonafous d' ——.
Auleys, lieu dans la par. de Parentis-en-Born, 693; ce nom est écrit Esleys sur la carte de l'État-major.
Auloède. V. Aulède.
Aungar. V. Auga.
Aupays, mère et tutrice de Guillaume Raimond Colom, 645.
Au Pont de Ecclesia, lieu dans la par. de Saint-Jean-d'Estomptes (Labrède), 678.
Au Prat (in loco appellato Auprat), lieu près de Bordeaux, 19.

Au Puch de Grava, lieu dans la par. de Barsac, 617.
Au Puch de Laylera, Au Puch de Nicolm, lieux dans la par. de Saint-Jean-d'Estomptes (Labrède), 678.
Au Pus, lieu dans la prévôté de Barsac, 636 [44].
Auqueir, Auquier. V. Élie ——, Raimond Guillaume ——.
Aurebad, Auriebad, lieu dans la prévôté de Bazas, 248 [4, 6, 7].
Aureilhan (par. de Haureninhano). Landes, arr. Mont-de-Marsan, c. Mimizan, 685.
Aures. V. Auros.
Aurez. V. Durèze.
Auribat. V. Guillaume Arnaud d' ——.
Aurice (Aurisse, Urisse). Landes, arr. et c. Saint-Sever. V. Arnaud d' ——, Fouquet d' ——.
Auriol (Auriol, Aurioli, Auriollus). V. Bernard ——, Vital ——.
Aurioles (Aureolla, Auriola). Gir., arr. La Réole, c. Pellegrue, 203.
—— V. Amanieu d' ——.
Auron, corr. Avaron et v. Baron.
Auros (ecclesia de Aures, castrum de Oiosio, homines de Hoiosio). Gir., arr. Bazas, ch.-l. de c., 238, 342.
Au Sauben, Au Saubon, lieu dans la par. de Barsac, 623.
Austein Auger, 376.
Austein, Austen Gaucem, scribe, 370, 372, 380, 382, 383, 385, 387, 388, 390, 392, 495.
Austen. V. Gérard ——.
Austen, Auston. V. Hostens.
Autanhac, lieu dans le Marsan, 134.
Autelha. V. Taillan.
Auzac. V. Saint-Jean-d'Auzac.
Auzongia. V. Audenge.
Auzeroloed, lieu près de Lamothe-Landerron, 489.
Auzinham, Auzinheze, Auzinhou, lieu dans la prévôté de Bazas, 248 [4, 12].
Avalac. V. Ballac.
Avance (aqua que dicitur Mancia, corr. Avancia, citra rivos de Lavalhs), ruisseau qui passe à Casteljaloux et se jette dans la Garonne à la hauteur de Marmande, 560.
Avaron, Avarren, de Averriano. V. Baron.
Avedat. V. Pierre d' ——.
Avensan (Ajuvinsan). Gir., arr. Bordeaux, c. Castelnau-de-Médoc. V. Pierre d' ——.
A Viestube (via vocata A Viestube), chemin dans la par. de Cudos, 248 [a].
Avignou (Aubinhon). Gir., arr. Bordeaux, c. Podensac, commune de Labrède. V. Pierre d' ——.

Avinhan (vicus appellatus d'Avinhan), lieu dans la par. de Sallebœuf, 537.
Avril de Graville (Aprilis de Greville, de Grevilh), 246 [1, 29].
——— de Lagota (Aprilis de Lagota), 246 [7].
Ax. V. Dax.
Ayd, parçonnier de dame Alapardis de Lergonhagias, 292.
Ayes. V. Pierre Arnaud d' ———.
Ayest, lieu dans les environs d'Hagetmau, 44, 78, 103 (peut-être château marqué sur le territoire de Hagetmau sous la forme Agest dans Cassini, et Ages dans la carte de l'État-major).
Aymericus. V. Aimeric.

Aymes d'Escoahes, 425.
Aymez. V. Raimond ———.
Ayquardus. V. Aicard.
Ayquelmus. V. Aiquelin.
Ayquem. V. Arnaud ———, Pierre ———, Vital ———.
Ayra. V. Eyres.
Ayrano. V. Eyrans.
Ayrau, lieu dans les Landes, 72.
Ayrin d'Aulède (Ayrinus d'Auloda) damoiseau, de Saint-Macaire, 571.
Ayzieu (Ayssyu), château. Gers, arr. Condom, c. Cazaubon, 91.
Aziza, lieu dans la par. d'Aillas, 306.

B

[B. Pour les noms gascons, voir aussi les mots commençant par V.]
B. Voir Bernard.
Ba. V. Pierre du ———.
Bacafera, Baccafera, lieu près Lamothe-Landerron, 488, 491.
Bacana. V. Pierre ———.
Bachac (Bassac). Lot-et-Gar., arr. Marmande, c. Bouglon, commune de Ruffiac, 364.
Baco. V. Guillaume ———.
Bacou, Baconius. V. Fort ou Forton ———, Pierre ———.
Bacudallo. V. Sanche de ———.
Badefol (castrum de Badafol). Dordogne, arr. Bergerac, c. Cadouin, 203.
Badigos, lieu dans les Landes, 72.
Badz. V. Bernard de ———.
Bahus (par. S. Marie de Baus). Landes, arr. et c. Saint-Sever, commune de Montsoué, 111.
——— (caverie de Baus en la par. de Baus). Landes, arr. Saint-Sever, c. Aire, 24.
——— V. Arnaud de ———, Guillaume de ———.
Baianense, Baionesium. V. Bajanès.
Baionesius de Moleras, 253. Sa femme : Seguina.
Bairon. V. Arnaud ———, Guillaume ———.
Baissac. V. Beychac.
Baivile. V. Élie de ———.
Bajanès (par. in Baionesio, in Baianensi, tenementa Bayanesii), pays du dép. de la Dordogne, autour d'Issigeac, 203, 256-258, 357.
Balaiagas. V. Baleyssagues.
Balandarant, Blandarant, lieu dans la par. de Semens, 685.
Balarin (Balarihyn). Gers, arr. Condom, c. et commune de Montréal. V. Bernard de ———.

Balatinhan. V. Élie de ———.
Balembitz. V. Arnaud de ———.
Balembritz. V. Pierre Raimond de ———.
Balenx. V. Isarn de ———.
Baleyssagues (par. de Balaiagas). Lot-et-Gar., arr. Marmande, c. Duras, 357.
Balhat. V. Raimond ———.
Balhes, terre vendue à l'abbaye de Pontaut, 74.
Balirac. V. Valeyrac.
Balizac. Gir., arr. Bazas, c. Saint-Symphorien, 635.
Ballac (Avalac), lieu dans Saint-Laurent-de-Médoc, 35.
Balombitz. V. Guillaume Raimond de ———.
Bambitz. V. Jean de ———.
Bancs, Banks (milicia de Banks), caverie des Landes, 83.
——— V. Contoria de ———, Jourdain de ———.
Banhere. V. Pierre de ———.
Banos, Landes, arr. et c. Saint-Sever, 107.
Banric, lieu dans la par. de Bouglon, 364.
Baquer de Salies, bourgeois de Bayonne, 399, p. 163, col. 1.
Baquerio (in Baquerio), lieu dans le Marsan, 96.
Barahilh. V. Barbiel.
Barad, Barat. V. Bernard du ———.
Baranhon. V. Guillaume de ———.
Barard. V. Garcie Arnaud du ———.
Barba. V. Barbe.
Barbans. V. Guillaume Bernard de ———.
Barbanzac. V. Barbazac.
Barbazac. V. Guillaume de ———.
Barbas, par. non identifiée, 474. V. Bernard de Revelho, curé de ———.

Barbazan (Barbanza, Barbanzac, Barbazau). Hautes-Pyr., arr. Tarbes, c. Tournay, 408, V. Arnaud Guillaume de —.

Barbe (Barba), casal dans la par. de Taleyson, 197. V. Arnaud de —, Raimond de—.

—— lieu et palu près de Bourg-sur-Mer, 528, 555, 602.

—— V. Élie —, Raimond —, Séguin —.

Barbefer (espitau, ospitau de Berbefera ou Barbefera, imprimé à tort sous la forme Blaserna), hôpital dans la commune de Berson, Gir., arr. et c. Blaye, 136.

Barbeiador. V. Jean —.

Barbezieux (de Berbedillo). Charente, 694.

—— V. Jean Parren de —.

Barbiel (Barobilh), lieu près de Roquefort-de-Marsan, 117.

Barchant, nasse dans la Garonne, 448.

Barda. V. Sangui —.

Bardos. Basses-Pyr., arr. Bayonne, c. Bidache. V. Guillaume de —, Guillaume Jean de —, Raimond Arnaud de —.

Bardyn, lieu dans le Marsan, 75.

Barès (de Baresio, Bareys), ou Ambarès, pays du dép. de la Gir. V. Amaubin de —, Bernard de —.

Bargues (par. S. Martini de Bargues), Landes, arr. et c. Mont-de-Marsan, commune de Lucbardez-Bargues, 114.

Barilhes. V. Richard de —.

Baron (ecclesia, par. d'Avaron, d'Avarren, d'Avarriano), Gir., arr. Libourne, c. Branne, 605, 609, 641, 653.

—— V. Raimond de —.

Barnabé (Bernabe) de Perer, caution, 483.

Barque, lieu dans les Landes, 72.

Barra. V. Pierre de —.

Barrau. V. Guillaume —.

Barraut. V. Vital de —.

Barreria. V. Pierre Arnaud de —.

Barsac (par., prepositus de Barssiaco, de Bersaco, de Berssiaco), Gir., arr. Bordeaux, c. Podensac, 183, 564; prévôt, prévôté, 179, 183-185, 188, 189, 564, 613, 614, 618, 620, 623-640, 657-663, 675-677, 685; prieur, 635.

—— V. Guillaume de —, Pierre Bertrand de —, Raimond de Tastes de —.

Barstan. V. Bauzan.

Bartes. V. Guillaume Raimond de —.

Barthélemi d'Énesse (En Bartholomiu d'Enesse), témoin, 496.

—— de Lalane (En Bartholomiu de Lelane), témoin, 464.

Bartz, terre appartenant à l'abbaye de Saint-Sever, 70.

Barueles. V. Guillaume Bernard de —.

Bas. V. Pierre du —.

Bascansas (milicia, par. de Bascansas), par. et caverie dans le Marsan, 119 (peut-être Bascons, Landes, arr. Saint-Sever, c. Grenade).

—— V. Aimeric de —.

Basin. V. Arnaud Guillaume —.

Baslada. V. Belhade.

Bassac. V. Bachac.

Bassanne (par. de Bissano). Gir., arr. Bazas, c. Auros, 356.

Bassens. Gir., arr. Bordeaux, c. Carbon-Blanc, 654.

Bassent (par. S. Simeonis in loco dicto de Bassent in Gavardano), lieu dans la par. de Saint-Simon, auj. Saint-Pé-Saint-Simon, Lot-et-Gar., arr. Nérac, c. Mézin, 109.

Bassercles (par. de Bassercles). Landes, arr. Saint-Sever, c. Amou, 88.

Bassessan. V. Michel de—.

Basse Sar. V. Sarrebasse.

Bast. V. Juran —, Navarre —.

Basterii. V. Élie —.

Bat, ou Saint-Pierre-de-Bat. Gir. arr. La Réole, c. Targon. V. Arnaud de —, Guillaume de —.

Batalha. V. Bétaille.

Bats (castrum de Batz in par. S. Johannis de Villa, dominus de Batz Theursan). Landes, arr. Saint-Sever, c. Geaune, 64.

—— V. Bernard de —, Vital de —.

Batz (affarium de Batz), lieu dans le Marsan, 89.

—— (Baz, Batz, Bladz, de Vallibos). V. Guillaume Raimond de —, Pierre de —, Vital de —.

Batz Theursan. V. Bats.

Baubiet, lieu dans le dioc. de Bazas, 253.

Baucs. V. Pierre de —.

Baudoinh. V. Gaillard —, Guillaume —, Pierre —, Raimond —, Vital —.

Baulac (Baulad, Baulade, Bauladz, Baulatz), hôpital dans la par. de Bernos, 222, 246 [14, 15, 18, 19], 248 [2]. V. Guillaume, précepteur de l'hôpital de —.

Baulat (Baulad), seigneurie au pays d'Arribère ou Rivière-Basse, comté de Bigorre (Noulens, *Maisons histor. de Guienne*, t. II, p. 28). V. Fortaner de —.

Baura. V. Guillaume Raimond de —.

Baurech (par. de Bauregio, de Bauregh, de Baurigh; decima de Bauregio). Gir., arr. Bordeaux, c. Créon, commune de Cambes, 531, 548, 579, 612, 641.

Baus. V. Bahus.
Bausseguit, lieu dans les Landes, 72.
Baussiet (par. de Bausiet), annexe de Mazerolles. Landes, arr. et c. Mont-de-Marsan, 70.
Bausten. V. Bostens.
Bautiran. V. Beautiran.
Beux. V. Guillaume Gadanher de —, Pierre de —.
Bayat, lieu dans les Landes, 72.
Bayon. V. Élie de —.
Bayonne (Baiona, Bayona). Basses-Pyr., 483, 508.
—— Actes datés de Bayonne, 399, 400, 404, 414, 464, 483-487, 496, 497.
—— Bourgeois, 399 (liste de noms), 400 (liste de 12 noms), 464 (liste de 12 témoins, peut-être les douze jurats?), 483. Voir en outre : Arnaud Raimond de Pin, Guillaume Arnaud de Savignac, Guillaume Arnaud Douspins, Pierre Vital de Pouillon.
—— Chanoine. V. Amanieu de Pommiers.
—— Château, 464.
—— Confréries et confédérations interdites, 399, 405.
—— Cour (la cort de Baione), 496, 497.
—— Dominicains et franciscains (conventus fratrum predicatorum et fratrum minorum de Baiona), 402. V. Pons, dominicain; P. A. de Sapperencs, gardien des franciscains.
—— Évêque. V. Assieu de Navailles, Simon de Hach.
—— Hôpital du Saint-Esprit, Cap de pont, 402.
—— Jurats (duodecim jurati Baion.), 497 et aussi 400?
—— Maire (major Baionensis), témoin, 420. V. Bernard de Meis, Élie de Hauville, Jean d'Ardir, Pierre de Ville, Pierre Lambert.
—— Maire et châtelain, 464. V. Élie de Hauville.
—— Maire, jurats et commune, 402.
—— Marins et patrons (Societas navium), 407.
—— Mesures (aune), 464.
—— Notaire public. V. Bernard de Campene, Pierre Arnaud de Seyguinissa, Vital de Batz.
—— Ordonnances municipales, 399, 497, 498.
—— Rue Orbe, 464.
—— Serment prêté sur le corps de saint Léon, 483.
—— Terrains à bâtir (place e sou au cap de la rue Orbe), 464.
—— V. Bernard de —.
Bazadais (Vasatesium), pays de Bazas, 332.
—— hommes francs du roi dans ce pays; leurs obligations envers le roi, 244-246.
Bazadon. V. Pierre Arnaud de —.

Bazas (Vasatum). Gir., 244, 253, 291, 322, 342, 456, 457.
—— Accord conclu par le sénéchal avec l'évêque et les bourgeois, 456.
—— Bourgeois. V. Arnaud de Ladils, Arnaud Guitarin, Bernard de Monte Coguto, Bertrand de Ladils, Doat de Piis, Gaillard de Podio, Raimond Cosin, Raimond Marquès.
—— Chantre du chapitre (cantor Vasatensis), 244, p. 77, col. 1.
—— Cour royale (curia Vasatensis), 203, 430.
—— Diocèse et évêché (Vasatensis diocesis, episcopatus), 70, 187, 197, 199, 205, 211-213, 215, 219, 220, 223, 235, 252, 271, 305, 317, 318, 342, 357, 359, 568, 574.
—— Église Notre-Dame, 244, p. 77, col. 1, 246 [28]; église Saint-Jean, 246 [25], 323.
—— Évêque, 210, 420. V. Guillaume de Piis, Raimond.
—— Oficial. V. Bernard d'Yson.
—— Préchantre et fabricien (precentor et operarius Vasatensis), témoin, 420.
—— Prévôt royal et prévôté, 187, 244-249, 255, 306, 322, 338, 340, 342.
—— Reconnaissance des obligations dues au roi par la ville, 291, 456, et par l'évêque, 457.
—— Service militaire dû au roi par les bourgeois de la ville, 244, 247 [1], 249, 250, 259.
—— V. Arnaud de —, Doat de Piis de —, Pierre de —, Raimond de —.
Bazatz. V. Guillaume Arnaud de —.
Beanghas (ecclesia de Beanghas), lieu non loin de Roquépine, Dordogne? 260.
Béarn. V. Arnaud de —, Gaston, vicomte de —.
Bearridz. V. Biarritz.
Béatrix, femme de Bernard de Tivras, 254.
Beaumont-de-Lomagne (Bitmont). Tarn-et-Gar., arr. Castel-Sarrazin, ch.-l. de c. V. Esteban de —.
Beaumont-de-Périgord (Belmon). Dordogne, arr. Bergerac, ch.-l. de c. V. Hugues de Agia, Vital de Migranh.
Beaupuy (Bedpugh, par. de Bellopodio), Lot.-et-Gar., arr. et c. Marmande, 259, 488.
Beauquier (Beaquerii). V. Arnaud —.
Beautiran (Bautiran). Gir., arr. Bordeaux, c. Labrède. V. Pons de —.
Beauville (de Bovisvilla), Lot-et-Gar., arr. Agen, ch.-l. de c. V. Bernard de —, Bertrand de —, Guillaume de —, Raimond de —.
Beaza (in honore de Beaza), lieu dans Blaignac? 300.

Bebz. V. Jean —.
Bec. V. Fort —.
Becla. V. Bègles.
Becots. V. Raimond de —.
Bedat (Avedat). V. Pierre Arnaud du —.
Beddeyssan. V. Pierre de —.
Bedeyssan (par., costa de Bedeyssan), 72, 94. Identifié par dom Du Buisson (*Histor. mon. S. Severi*, t. II, p. 127-128) avec Saint-Michel-de-Bréchan, Gers, arr. Condom, c. Cazaubon. Cf. Cazauran, *Pouillé du dioc. d'Aire*, p. 78, 79, 133.
Bedilhan, lieu indéterminé où l'abbaye de Rivet possédait des tenures, 219.
Bedinus de Casaus, 196.
Bediossa. V. Raimond Arnaud de —.
Bedis. V Géraud de —.
Bedpugh. V. Beaupuy.
Beer. V. Pierre —.
Bègles (Becla, par. de Beicla). Gir., arr. et c. Bordeaux, 645.
—— V. Bernard de —.
Beguios. V. Pierrre Arnaud de —.
Beiarid. V. Biarritz.
Beinsol. V. Pierre de —.
Beitarag, lieu dans les Landes, 461.
Beivile. V. Élie de —, Guillaume de —.
Bek. V. Antoine —.
Bel. V. Rother —.
Belders, manoir appartenant à l'évêque de Bazas, 204.
Belhade (la honor de Baslada), Landes. arr. Mont-de-Marsan, c. Pissos, 463.
—— V. Amanieu de —.
Belhou, lieu dans la par. de Sainte-Quiterie, 134.
Belin (Belinum, castrum de Beliuo, Belin in episcopatu Adhurensi). Gir., arr. Bordeaux, ch.-l. de c., 1, 70, 648.
Belis (villagium de Belis in par. S. Marie de Belis). Landes, arr. Mont-de-Marsan, c. Labrit, 134. Cf. *Revue de Gascogne*, 1909, p. 552.
Bellefond (de Bonofonte). Gir., arr. La Réole, c. Targon, 605.
—— V. Arnaud de —.
Belleperche (abbas de Bellapertica). Tarn-et-Gar., arr. Castel-Sarrazin, c. Saint-Nicolas, commune de Cordes-Tolosane, 175, 176.
—— V. Guillaume, abbé de —
Bellimontis. V. Beaumont-de-Périgord.
Bellocq (Willelmus Arnaldi de Belloloco). Landes, arr. Dax, c. Castets, commune de Lévignac, 173.
—— V. Guillaume Arnaud de —.

Bellopodio (par. de). V. Beaupuy.
Belmon. V. Beaumont.
Belonquir de Peira Pertussa (Peyrehorade?), témoin, 389.
Béloscar (Beloscar, Bolascar, lo chastel de Belloscar). Basses-Pyr., arr. Oloron, c. Saint-Palais, commune d'Aroue, 398.
Belvès (par. de Beuver). Gir., arr. Libourne, c. Castillon, 582.
Bénauge (Benagesium, Benaigense, Benauges, Benaugesium, Bennaugesium, Berauges), pays du dép. de la Gironde, arr. La Réole, c. Targon; château dans la commune d'Arbis, 13, 321. 341, 550, 569, 571, 645, 662.
—— Seigneur (dominus de Benauges), 181.
—— Vicomté (vicecomitatus de Benauges), 523.
—— V. Guillaume Amanieu de —.
Bencaioun. V. Brun de —.
Bencos. V. Guillaume de —.
Bene. V. Labenne.
Benedictus. V. Benoit.
Beneir, Bener. V. Arnaud —, Vigouroux —.
Bénesse (Benessa), Landes, arr. Dax, c. St-Vincent-de-Tyrosse, 483.
—— V. Pierre Raimond de —.
Benet de Nassiet (de Neciet), seigneur landais, 173.
Benet. V. Élie —.
Benguera (milicia de Benguera), caverie des Landes, 84.
Beninhan. V. Gaucelm Garbilh de —.
Bennagesium. V. Bénauge.
Benoit (Benedictus). V. Bernard —.
Benquenas. V. Robert de —.
Benqueret, lieu dans le Marsan, 96. Cf. *Revue de Gascogne*, 1909, p. 552.
Benquet (feudum de Benquet, Benquetum, milicia S. Johannis de Benqueto, Venked). Landes, arr. Saint-Sever, c. Grenade, 43, 79, 83, 106.
—— Octroi (barrium de Benquet), 92, 134.
—— Seigneur, 131, 134. V. Amanieu de Benquet, damoiseau.
—— V. Arnaud Alemand de —, Guillaume Raimond de —.
Bensal. V. Arnaud de —, Pons de —.
Bensol. V. Pierre Arnaud de —.
Benssac. V. Vensac.
Berard. V. Pierre —.
Beraud (Beraudi). V. Arnaud —, Bernard —, Pierre —.
Béraut de Got (Beraut de Got, del Got, deu Got), chevalier, témoin, 392, 393, 483.

Béraut. V. Guillaume —.
Berbedillo. V. Barbezieux.
Berhegueyres, terre appartenant au seigneur d'Eyres (dominus d'Eyra), 72.
Bergerac (Brageriacum), ville, château et châtellenie. Dordogne, ch.-l. d'arr., 203, 503.
—— Bourgeois. V. Aimeric de Pratnau, Pierre Sinquennal.
—— Maire, jurats et communauté supprimés, 503, p. 225, col. 1.
—— Seigneur, 256, 260. V. Élie Rudel de —, Marguerite de Turenne, dame de —, Rudel de —.
Bergers. V. Guillaume Arnaud de —.
Bergonce (par. S. Johannis de Burgonsa in Marciano, par. de Bigorssa, dioc. Adurensis). Landes, arr. Mont-de-Marsan, c. Roquefort, commune de Lugaut, 111, 137 (où le mot est écrit Lengoussa), 633.
Bergoucy (par. de Berguy in dioc. Aquensi). Landes, arr. Saint-Sever, c. Mugron, 107.
Beria. V. Labeyrie.
Bernac (Barnac). Lot-et-Gar., arr. Marmande, c. Duras, commune de Loubès-Bernac, 514.
—— V. Brun de —.
Bernac, par. de Saint-Sulpice-de-Bernac, auj. Saint-Sulpice-et-Cameyrac. Gir., arr. Bordeaux, c. Carbon-Blanc (*Invent. sommaire arch. départem. Gir.*, série E, suppl. t. I, p. 158). V. Raimond, dit comte de —.
Bernadede. V. Arnaud de —, Jean de —.
Bernadet Eideu d'Albret (de Lebreto), fils et héritier d'Amanieu d'Albret, 560.
Bernard (Bernardi). V. Garcie —.
—— Aimeric de Bourg (B. Aymerici de Burgo), neveu et héritier de Geofroi, 585.
—— Aiquelm (Bernardus Ayquem), bourgeois et jurat de Saint-Macaire, 598.
—— —— (Bernardus Ayquelmi), homme franc du roi dans la prévôté de Barsac, 636 [33].
—— Amaubin (En Bern. Amaubin), témoin, 367.
—— André (Bernardus Andree), homme franc du roi dans la prévôté de Barsac, 636 [32]. Sa sœur : Vitalie.
—— Arnaud (Bernardus Arnaldi, En Bernard Arn.), frère d'Olivier, 396, 483.
—— Arquer, témoin, 451.
—— Auriol (Bernardus Auriollus), frère de Vital de Caudrot, 363.
—— Benoit (Bernardus Benedictus), juif du roi à Lesparre, 459, 460.
—— Béraud (Beraudi), de Saint-Morillon, 675. Son frère : Pierre.
—— Cabet, bourgeois de Dax, 506, p. 230, col. 1.

Bernard Caillau (Calculi), habitant de la par. de Virelade ou de Podensac, 623.
—— Caumadre, témoin, 514.
—— d'Aillan (d'Alhan, de Alian), bourgeois de Bordeaux, 427, 441 ; témoin, 365, 502.
—— —— (En Bernardus d'Alhan) le Jeune, 519.
—— d'Ancumbes, témoin, 426.
—— d'Angludet, chevalier, 644.
—— d'Antes, lieutenant du maire de Dax, 513.
—— d'Arblade (de Arblada), chevalier, témoin, 416, 471.
—— d'Ardir (B. d'Ardir), bourgeois de Bayonne, 399, p. 143, col. 1.
—— d'Arricau (de Ricau, de Rykau), seigneur landais, 173, 386.
—— d'Aulède (d'Auloede, Aulaeida), chevalier, de l'honneur de Belhade (de Baslada), et son fils Bernard, 461-463.
—— de Balarin (B. de Balaribyn), chevalier, témoin, 473.
—— de Bares, témoin, 173.
—— de Baret (de Vareto, de Varetto, de Varreto), notaire public de Bordeaux, 682-695.
—— de Bats (de Badz, de Batz), damoiseau, seigneur de Bats en Tursan, 64, 482.
—— de Baura, témoin, 520-522, 524, 532-540, 551, 554-559, 565-570, 575-596, 604-608.
—— de Bayonne (de Baiona), bourgeois de Bayonne, 399, p. 143, col. 2.
—— de Beauville (de Bovisvilla), 212, 331, 332, 360, 569, 571, 598.
—— ——, chanoine de Périgueux, 357.
—— ——, seigneur de Limeuil (de Limolio, de Limolh), 256, 258, 260.
—— ——, seigneur de Saint-Macaire, fils de Pierre de Gabarret, 270.
—— de Bègles (B. de Becla), 36.
—— de Bernos, prêtre, 246 [1].
—— de Biolas, chanoine de Pimbo, 397.
—— de Birac, frère de Guillaume Raimond, 539.
—— de Blanquefort, d'Audenge (dominus B. de Blancafort de Auzenzia), 583.
—— ——, fils d'Amaubin (En Bernard de Blancafort, filh qui fo d'En Amaubin de Blancafort), 422.
—— ——, neveu d'Amaubin (Amalvinus de Blankafort, tutor B. de Blankafort, nepotis sui), 591.
—— de Bonmes (de Bomes), homme franc du roi dans la prévôté de Barsac, 674.
—— de Bosquet, de Mauléon (de Maloleone in Marciano), damoiseau, 113.

Bernard de Bourg (B. de Burgo), bourgeois de Bayonne, 399, p. 143, col. 1.
—— de Braquadetz, frère de Pierre de Broquatz, homme franc du roi dans la par. de Barsac, 638.
—— de Brenac, homme franc du roi dans la par. de Taleyson, 247 [1].
—— de Campaing, seigneur landais, 171.
—— de Campeno (B. de Campene), notaire public de Bayonne, 464.
—— de Cantacor, 344.
—— de Casteras, homme franc du roi dans la prévôté de Barsac, 636 [43].
—— de Cau, 320.
—— de Cazeneuve (de Casanova), de la par. de Taleyson, 255. Sa femme : Jeanne.
—— de Coarrase (de Coarasa), chevalier, témoin, 417.
—— de Coinères (de Comeres), homme franc du roi dans la par. de Maillas, 249.
—— de Cours (de Curiis), témoin, 478.
—— de Dado, bourgeois de Bayonne, 399, p. 143, col. 1.
—— de Florraz, damoiseau, 518.
—— de Gabaston, archidiacre de Fimarcon (En Bernard de Gauaston, archidiaques del Feusmarcs), témoin, 470.
—— de Gaitapui (B. de Gaitapui, En B. de Gatapuis, de Gatapuz ; magister Bernardus Gaytapo, Gathapuy, domini legista), 475 ; maire de Bordeaux en janvier 1275 ; 499, 500 (cf. *Rôles gascons*, t. II, n° 3) ; témoin, 175.
—— de Gomebrede, bourgeois de Bayonne, 399, p. 143, col 2.
—— de Gensac (de Genciaco), 203.
—— de Giestede, témoin, 483.
—— de Gotz, 627.
—— de Gramont, témoin, 476.
—— de Lagardère (B. de La Gardera), abbé de Sainte-Croix de Bordeaux, 525.
—— de Lague, bourgeois de Bayonne, 399, p. 143, col. 1.
—— de Lagupie (de Gupia), chevalier, 259.
—— de Lalane, célerier de l'abbaye de Saint-Sever (En Bernardus de La Lana, celerers), 416, 471.
—— de Lambret, chevalier, 320.
—— de Lamotte, fils de Sancho (Bernardus de Mota, filius domini Xanccii de Mota), 52.
—— de Lamotte (Bernardus de Mota), habitant de Bouglon, 364, p. 118, col. 1.
—— —— (En Bern. de Lamota), témoin, 366.

Bernard de Laparedere, seigneur landais, 173.
—— de Lapède, seigneur landais, 159, 173.
—— de Laporte (Bernardus de Porta), bourgeois de Roquefort, 117.
—— de Laroque (Bernardus de Rupe), 654.
—— de la Tape, procureur d'habitants de Tontoulon, 245.
—— de Lataugère (Bernardus de Latujera), homme franc du roi dans la prévôté de Barsac, 639, 663. Son fils : Guillaume Bernard.
—— de Logarstiz, 329.
—— de Lugaignac (de Luganhac), 200, 308.
—— de Lugas, 327.
—— de Maines, 364.
—— de Marcat, 589.
—— de Marcepuhs, 314.
—— de Marted, homme franc du roi dans la par. de Cudos, 248 [1, 8].
—— de Maurrin (Bernardus de Murrin), 130.
—— de Meis (En Ber. de Mes ; En Bern. de Meis, ciptadans de Baiona), 496-498 ; maire de Bayonne, 484, 485, 487 ; témoin, 404, 414.
—— de Monclar ou de Mouleydier (de Monteclaro seu de Monte Leyderio), damoiseau, 206. Sa mère : Agnès.
—— de Moncuq (de Montecogud), 246 [25].
—— de Monlado, 303.
—— de Monnet (Bernardus de Moneto), damoiseau, 538.
—— de Mons (de Montibus), homme franc du roi dans la par. de Barsac, 636 [44] ; témoin, 631-634.
—— de Mont, chevalier, témoin, 382.
—— de Montanbac. V. Bernard de Montignac.
—— de Montégut (de Monte Coguto, de Monte Quocutto), bourgeois de Bazas, 291 ; témoin, 196, 364, p. 119, col. 2.
—— de Montignac (de Montanhac, de Montinae, de Montinhac ; B. de Montinac), témoin, 566, 567, 582, 587.
—— de Morans, 326.
—— de Munhos, bourgeois de Mont-de-Marsan, 130. Son aïeule : Marie de Rastor.
—— de Nairies, 364, p. 118, col. 1.
—— de Nausach, bourgeois de Dax, 505.
—— de Pellegrue (de Pelagrua), 369.
—— de Piis (de Pinibus), de La Réole, 292, 304.
—— de Pins, de la par. de Latresne, 589.
—— de Pompiac, homme franc du roi dans la prévôté de Barsac, 674.
—— de Poussignan (de Possinhan), de Virelade, 620.

Bernard de Poyanne (de Poyane), seigneur landais, 171.
— de Prueret, damoiseau, 67.
— de Pujolet, homme franc du roi dans la prévôté de Barsac, 674.
— de Puyne, chevalier, 482.
— de Rions (de Ryons), damoiseau, 240. Sa sœur : Marie, femme de Raimond de Montaut.
— de Roqueir, de Carignan (Bernardus d'Arroqueir de Karinhan), damoiseau, 647.
— de Rotan ou de Rotura, tabellion, 244-249, 251, 255, 355.
— de Saint-Jean (B. de Sen Johan), témoin, 496.
— de Saint-Sever (En B. de Sencouer), témoin, 476.
— de Sanguinet (Barnard de Sanguineda), chevalier, 401.
— de Santsiard, de Seint Siart, de Sen Giard, 161; témoin, 416, 471.
— de Saviac Sevin, 364, p. 118, col. 2.
— d'Escoussans (de Escociamo, d'Escossan), seigneur de Langoiran (de Legoran, Logoiran), 548; témoin, 420.
— de Ségur, 582.
— de Senebrun, bourgeois de Bayonne, 399, p. 143, col. 2.
— de Serres (de Serres, de Serris), chevalier, 171, 291.
— des Fraisses (B. dels Fraisses), bourgeois de Bayonne, 399, p. 143, col. 1.
— de Sok, bourgeois de Bayonne, 399, p. 143, col. 1.
— d'Estivans, bourgeois de Bayonne, 399, p. 143, col. 2.
— de Tastes (de Tastis), 566.
— de Tivres (Bernardus de Tyares, de Tyorans), chevalier, 218, 254. Sa femme : Béatrix.
— de Tresses (de Tressas), chevalier, 642.
— de Ventadour, évêque du Puy (Anicyensis, Anyciensis episcopus), 409.
— de Villecentut (de Villacentud, de Villasentud), témoin, 620, 621, 623, 625, 657, 658, 660, 674, 675, 677.
— d'Izon, official de Bazas, 419.
— Doat (Bernardus Doati), homme franc du roi dans la prévôté de Barsac, 674.
— d'Onez (d'Ones), bourgeois de Saint-Sever, 98.
— d'Oreyte (B. de Oreite), scribe, 476.
— du Barad (B. deu Barad), bourgeois de Bayonne, 399, p. 142, col. 2.

Bernard du Bernardetz (Bernardus deu Bernardetz), père de Longuebrune, 130.
— du Bosc (Bernardus de Bosco), bourgeois de Saint-Sever, 99, 173.
— du Brenar (Bernardus del Brenar), homme franc du roi dans la par. de Taleyson, 247 [12].
— du Cauz (Bernardus del Cauz), 358. Son fils : Gaillard.
— du Claus, de Camblanes (Bernardus deu Claus, de Camplans), 537.
— du Costar (Bernardus deu Costar), 638.
— du Marché (B. de Mercato), bourgeois de Sauve-Majeure, 584; témoin, 629.
— du Muys (Bernardus del Muys), seigneur landais, 173.
— Durriet, de la comtpau de Portets et de Castres, 660.
— du Soler (de Solerio), bourgeois de Bordeaux, 635.
— du Vignau (de Vinhau), chevalier, 101.
— Escuder, de la par. de Bouglon, 364, p. 118, col. 2.
— Estiu, homme franc du roi dans la prévôté de Barsac, 674.
— Faizagasa (En B. Faizagasa), 476. Son fils : Guillaume Arnaud de Sault.
— Faur (magister Bernardus Fabri, maiestre Bern. Faur), clerc, 40; témoin, 176, 450, 463, 468, 470.
— Flama, témoin, 366.
— Frageira, témoin, 481.
— Francon, chevalier, 417, 478.
— Garcie de Céran (B. Garsio, dominus del Seron), 412.
— Gasc, scribe, 450.
— Grimoard (Grimoardi), témoin, 426.
— Guillaume Garssi, 354 [7].
— Helic, 588.
— Hugues (Bernardus Hugonis), chevalier, 259. Son neveu, de même nom.
— Joan, archidiacre de Brancet (En Bern. Johan, archidaques de Braucet), témoin, 386.
— Jourdain de Larée (Bernardus Jordani de Larcer), chevalier, 100, 171.
— Labart, 364, p. 119, col. 1.
— Laurent (Bernardus Laurencii), homme franc du roi dans la prévôté de Barsac, 638.
— Loup (Bernardus Lupi), de Gos, 169.
— Marquès (Bernardus Marquesii), de Bouglon, 364, p. 117, col. 1.
— Masson (Ber. Masson; Bernardus Mayçonis, Maçoynis), bourgeois de Bordeaux, 459, 460, 471.

47.

INDEX DES NOMS DE PERSONNES ET DE LIEUX.

Bernard Michel de Giestede, bourgeois de Bayonne, 399, p. 143, col. 1.
—— Nadesius, mari de Longuebrune de Maurrin, 130.
—— Non de Castéra (Bernardus Non de Casterar), 30.
—— Peir (Ber. Peir), clerc, témoin, 514.
—— Pierre (B. Petri), damoiseau, 632; témoin, 613, 615.
—— Poiron, de la par. de Tresses, 588.
—— Presens, tenancier du roi dans la par. de Savignac, 356.
—— Pujol (Pujhol), homme franc du roi dans la prévôté de Barsac, 640.
—— Raimond (Bernardus Raimundi, Ramundi), père de Vitaline, homme franc du roi dans la prévôté de Barsac, 636 [42], 638.
—— —— de Laporte (Bernardus Reymundi de Laporta), cousin de Bernard Raimond, 109. Sa sœur: Donas.
—— Revelho, curé de Barbas, 474.
—— Rivens, 364, p. 118, col. 2.
—— Séguin (B. Seguin, Bern. Sigin), clerc, témoin, 499, 500.
—— , seigneur de Garro, 483.
—— Sentot, frère de Raimond et fils de Guillaume Sentot, chevalier, 539.
—— Tossa, homme franc du roi dans la prévôté de Barsac, 636 [40], 659. Son frère: Vital Tossa.
—— Trencaléon (Bernardus Trencaleonis), mari d'Alaïde, dame de Blanquefort, 365, 468, 667.
—— Viger, de Ferreis (Bern. Vigerii de Ferreis), bourgeois de Bordeaux, 519; témoin, 481.
—— Vigouroux (B. Bigorosi), 605.
—— Vital (B. Vitalis), 605.
Bernardesius, bourgeois de Mont-de-Marsan, 132, 134.
Bernède (milicia de Biernede, de Vernede), lieu dans la par. d'Aire, Landes, arr. Saint-Sever, ch.-l. de c., 62.
—— V. Fortaner de ——.
Berner de Bordessoule (de Bordessoles), 461.
Bernes. V. Pierre de ——, Guillaume de ——. Peut-être faudrait-il lire Bernos?
Bernet (de Verneto), lieu sur la Garonne, Gir., arr. Bazas, c. Langon, commune de Castels, 3.
—— V. Pierre du ——.
Bernet (affarium del Bernet in par. de Laqui). Landes, arr. Mont-de-Marsan, c. Villeneuve, commune de Lacquy, 76.
Berney de Montolieu (de Monte Oliveti), 167.

Bernon d'Algas, 247 [13].
—— de Casaubil, 349.
—— du Plan, de la par. de Trazits, 355.
—— , frère de Vital, dit Gastariol, de la par. d'Aillas, 330.
Bernos (par. S. Marie de Bernos). Gir., arr. et c. Bazas, 246, 247, 251, 296, 298.
—— V. Bernard de ——, Gaillard de ——, Jean de ——, Ménaud de ——, Raimond de ——.
Bernot Faur (Bernotus Faber), de la par. de Virelade ou de Podensac, 623.
—— Géraud (Bernotus Geraldi), frère de Pierre, de la prévôté de La Réole, 354 [13].
Bernoyl. V. Verneuil.
Bernut de Villecentud (de Vilacentut), chevalier, 564.
Berrac (P. de Berraco). Gers, arr. et c. Lectoure. V. Pierre de ——.
Berria, Berrie. V. Beyrie.
Bersada, bief sur la Garonne, 448.
Bersiaco, Berssiaco (de). V. Barsac.
Bert. V. Vert.
Berthez (Bretenx). Gir., arr. Bazas, c. Auros, 342: V. Ruffat de ——, Vigouroux de ——.
Bertholio, Bertolio (de). V. Verthouil.
Bertram (Bertramus) de Perce, seigneur landais, 173.
Bertrand, abbé de Fonguilhem (Bertrandus, abbas de Fonte Guillelmi), 20, 220.
—— Caillau (Bertrandus Calculi), 8.
—— d'Amou (En Bertrans d'Amors, Bertrandus d'Amur), 151, 386.
—— d'Angles (de Angelis), 364, p. 118, col. 1.
—— de Beauville (de Bovisvilla), damoiseau, frère de Bernard de Beauville, chanoine de Périgueux, et de Raimond de Beauville, archidiacre d'Agen, 357.
—— de Cazaubon (de Casabon, Casaubon), damoiseau, témoin, 546, 610, 678.
—— de Caumont (Bertrandus de Cavomonte), damoiseau, 210, 364, p. 118, col. 1; témoin, 225.
—— de Civac, chevalier, 238.
—— de Got (de Goto), chevalier, 621.
—— de Jusix (de Juzidz), damoiseau, 293, 326.
—— de Labarte (de Labarda), 79.
—— de Ladils (de Ladalo, Ladelis, Ladilis, Ladils, Ladilis, Ladius, Ladys), 246 [12, 24], 270, 393, 425, 450, 463; témoin, 196, 404, 414, 477, 488-494, 497.
—— —— , bourgeois de Bazas, 34, 291, 416, 417, 471.
—— —— de Montégut (Bertrandus de Ladils de Monte Coguto), témoin, 244.

Bertrand de Ladils, fils de feu Guillaume Arnaud, 470.
—— de Lados, témoin, 225.
—— de Lalanne (de La Lane), chevalier, 226, 478.
—— de «La Moloream», 324.
—— de Lamotte (Bertrandus de Mota, Bertran de La Mota), chevalier, 49, 145, 482. Son fils, appelé aussi Bertrand, 50.
—— ——, évêque de Lescar, 411.
—— de Lane, d'Orthe (En Bertran de Lane, d'Aorte), chevalier, 483.
—— de Lasale (de La Sala), bourgeois de Sorde, 403, 509.
—— de Mélac, 588.
—— de Melhormorte, 198.
—— de Mons (de Montibus), chevalier, 256, 474.
—— de Montz, damoiseau, 552.
—— de Noaillan (Bertrandus de Novelhano), 9.
—— ——, damoiseau (Bertrandus de Noalhan), 535.
——, seigneur de Noaillan (dominus Bertrandus de Novelliano; En Bertran, senhor de Noalhan), 178, 381, 450, 565; témoin, 404, 420.
—— de Panissau (de Panisars), 265.
—— de Pinsac, damoiseau, 613.
—— de Podensac (de Pondensac), damoiseau, 177, 557, 613, 635.
—— de Roquefort (Bertrans de Rocafort), chevalier, 468. Sa fille : Honors.
—— de Saint-Michel (de Sancto Michaele), 326.
—— de Samazan, 364, p. 118, col. 2.
—— de Sancto Upo, 175.
—— de Segonzac (Segonsac, Segonzac, Segoirsac) de La Forcaria, témoin, 373, 379, 391.
—— de Sescas (de Sescars), 302.
—— du Cau (Bertrandus del Cau), 358. Son fils : Pierre du Cau.
—— d'Uriort, chevalier, 396.
——, évêque de Toulouse, 304.
—— Faure (Bertran Faure), témoin, 494.
——, frère d'Arnaud Sudre, 481.
—— Gigner (Giguarii), consul de Lectoure, 475.
—— Languihaire, témoin, 419.
—— Malet, chanoine du Puy, 409.
—— Mezalha, 364, p. 118, col. 2.
—— Pelagus, 287.
—— Segrestau, témoin, 494.
Bertrande de Boarac (Bertranda de Boarac), femme de Guillaume Arnaud de Cunhos, 321.
Berus. V. Dominique ——.
Beryn. V. Jean de ——.

Bes, curé (parocan) de Langon, témoin, 384.
Besandun. V. Bezandun.
Bescami. V. Arnaud de ——.
Besos, terre appartenant à l'abbaye de Saint-Sever dans le dioc. de Dax, 70.
Bessan, terre dans Civrac-en-Médoc, Gir., arr. et c. Lesparre, 192.
Bessau, hôpital au dioc. d'Aire, situé dans la par. de Lencouacq (Cazauran, *Pouillé du dioc. d'Aire*, p. 71; *Revue de Gascogne*, 1909, p. 182; dom Besse, *Abbayes et pricurés de l'ancienne France*, t. III, p. 26), Landes, arr. Mont-de-Marsan, c. Roquefort, 137.
Bestezon. V. Arnaud de ——.
Besyn, lieu dans les Landes, 72.
Bet. V. Pierre Jean du ——.
Betalha. V. Bétaille.
Bétaille (Betalha), lieu dans la commune de Vayres, Gir., arr. et c. Libourne. V. Guiscard de ——, Pierre de ——, Raimond de ——.
Betoatz, V. Vital ——.
Beton. V. Vidalie ——.
Bettarat, lieu dans les Landes, 463.
Beudoinh. V. Arnaud ——.
Beus. V. Bahus.
Beusens, caverie dans les Landes, 77.
Beutres (Botinas), lieu dans la commune de Mérignac, Gir., arr. Bordeaux, c. Pessac, 1.
Beuver. V. Belvès.
Beuvilla. V. Beauville.
Beychac (parochiani de Barssaco, de Baissac). Gir., arr. Bordeaux, c. Carbon-Blanc, 541-543.
Beydessau, Beydeyshau. V. Arnaud Loup de Lasserre de ——, Senhoret de ——.
Beynac (dominus de Baynaco). Dordogne, arr. et c. Sarlat, 216.
Beynguers. V. Pierre de ——.
Beyrie (Berria, Berrie), caverie et par. dans la prévôté de Dax, auj. commune de Baigts, Landes, arr. Saint-Sever, c. Mugron, 33.
Beyries (Beyrias, Berias, Perisse), lieu dans les Landes, arr. Dax, c. Amou, 114.
—— V. Guillaume de ——, Guillaume Bertrand de ——.
Beyrines. V. Veyrines.
Bezandun (Besandun, de Besandiano). Landes, arr. Mont-de-Marsan, c. Arjuzanx, commune d'Arengosse. V. Arnaud Loup de ——, Pierre de ——.
Bezianus. V. Vézian.
Bia, lieu dans la par. de Seissac, 554.
Biane. V. Pierre de ——.

374   INDEX DES NOMS DE PERSONNES ET DE LIEUX.

Biano (domus de Biano), lieu dans la par. de Saint-Vivien-en-Bourgès, 652.

Biarritz (Bearridz, Beiarid). Basses-Pyr., arr. et c. Bayonne, 402, 404.

—— Prudhommes et port, 414.

Bias (ecclesia S. Michaelis de Bars, de Bias, de Bias in Borno), par. dans l'archiprêtré de Buch-et-Born, Landes, arr. Mont-de-Marsan, c. Mimizan, 70, 681, 682, 686, 695.

—— (Biars), montagne ou dune maritime à Mimizan, 417, 477.

Bideld de Casel, seigneur landais, 173.

Bidies. V. Guillaume Bertrand de —.

Bidon Borei, frère de Sanche, 346.

—— (Vidon) de Gravetlong, oncle de Sanche et de Guillaume, 353.

—— de l'Église (Bido de La Glise), 244.

—— de Vivan, 364, p. 119, col. 1.

—— du Fort (Bido del Ffort), 356.

—— du Honor, père de Vigouroux, 351.

Bidones de Lanavey, bourgeois de Saint-Sever, 93.

—— ——, clerc, 482.

Bidotus (Vidotus). V. Guiot.

Bielar. V. Arnaud de —.

Bielas, lieu dans le Marsan, 89.

Biele, Bielle. V. Ville.

Biernede. V. Bernede.

Bicuseube. V. Bisséouge.

Big. V. Pierre —.

Big. V. Vic.

Biganos. Gir., arr. Bordeaux, c. Audenge, 687.

Bigaroque (Bugarok). Dordogne, arr. Sarlat, c. Saint-Cyprien, commune de Coux-et-Bigaroque, 216.

Bigart. V. Guillaume Arnaud de —.

Bigeros. V. Vigouroux.

Bigorre, comté dans la mouvance de l'évêque du Puy, 408, 409, 418.

—— (Biguora). V. Esquivat de Chabanais, comte de —.

Bigorssa. V. Bergonce.

Bijous (Bujous). Gir., arr. et c. Bazas, commmune de Birac. V. Pierre de —.

Bilan. V. Guillaume —.

Bilar, Biler. V. Pierre Arnaud de —.

Bilarc. V. Vital de —.

Bile. V. Ville.

Bilefranque. V. Guillaume Pierre de —.

Bilort. V. Guillaume de —.

Bilota, caverie dans la par. de Saint-Jean-de-Larbey, 124.

Binag. V. Arnaud de —.

Binerman. V. Jean —.

Binsotz, hôpital, 137. Le même que Vinsos, mentionné par l'abbé Foix dans Anciens hôpitaux du dioc. de Dax, p. 8. Binsos «avait rang de commanderie et devait être situé dans le voisinage d'Aurice» (Rev. de Gascogne, 1909, p. 553).

Biolas. V. Bernard de —.

Biortz, lieu dans l'Entre-Dordogne (?), 655.

Bios. V. Bias.

Birac (Birac, Virac), par., Gir., arr. et c. Bazas, 633.

—— Passage sur le ruisseau du Beuve, 544.

—— V. Alais de —, Bernard de —, Gombaud de —, Guillaume Raimond de —.

Biron (de Bironio, Byronio). Dordogne, arr. Bergerac, c. Monpazier, 203, 216.

—— V. Aimeric de —, Pierre de Gontaud, seigneur de —.

Biscarosse (Bascarossa, Biscarossa). Landes, arr. Mont-de-Marsan, c. Parentis-en-Born, 417, 477, 687, 691.

Bissandun. V. Raimond Jean de —.

Bissano (par. de Bissano). V. Bassanne.

Bisséouge, ainsi écrit sur la carte de l'État-major, et Bisseuge sur celle de Cassini (Viesilve, Viestube), lieu dans la par. de Cudos, 248 [a, 5].

Bitmont. V. Beaumont-de-Lomagne.

Biver. V. Pierre du —.

Bizandon. V. Raimond Jean de —.

Bladin, lieu dans la par. de Haux, Gir., arr. Bordeaux, c. Créon. V. Gaillard de —, Guillaume de —.

Bladz. V. Badz, Batz.

Blaignac (castrum de Blanhac, dominus de Blanhaco), château dans la par. de Cabara, Gir., arr. Libourne, c. Branne (L. Drouyn, Variétés Girondines, t. I, p. 9), 240, 300, 619.

—— V. Élie de —.

Blaignadais, ou pays de Blaignac (Blandesium, Blancdesium, Blanhadesium), 240, 308.

—— Prévôt de —, 199-202.

Blaignan (par. de Blanhan). Gir., arr. et c. Lesparre, 12.

Blanc (Forto Albi, Guillelmus Blanc). V. Forton —, Guillaume —.

Blanca. V. Blanche.

Blanchafort. V. Blanquefort.

Blanche de Lobenx (Blanca de Lobenx), femme de Sanche Amanieu, 364, p. 119, col. 2.

——, nièce de Séguin, 364, p. 118, col. 1.

Blandesium. V. Blaignadais.
Blandiaut, lieu dans le territoire de Labouheyre, 551.
Blanedesium. V. Blaignadais.
Blanhac. V. Blaignac.
Blanhan. V. Blaignan.
Blanhou, par. non identifiée du Marsan, 130.
Blankafort. V. Blanquefort.
Blanquefort (Blancafort, Blankafort, par. S. Martini de Blanchafort). Gir., arr. Bordeaux, ch.-l. de c., 16; château, seigneur et seigneurie, 16, 365, 421, 580, 583, 602.
—— Acte daté de Blanquefort, 365.
—— V. Alaïde, dame de —, Amaubin de —, Arnaud, seigneur de —, B. ou Bernard de —, Pierre Bertrand de —, Raimond Quinojura de —.
Blanquet. V. Guillaume —.
Blasera, mauvaise lecture pour Barbefera. V. ce mot (sous Barbefer).
Blasimont (abbas Blavimontis ou de Blavomonte, castrum de Blavimonte, monasterium S. Mauricii de Blavimonte). Gir., arr. La Réole, c. Sauveterre, 209, 465-467.
Blaye (Blavia). Gir., ch.-l. d'arr. Abbaye de Saint-Romain, 529; abbaye de Saint-Sauveur, 530; seigneur de —, 578.
—— V. Gérard de —.
Blaziert (Blazirt). Gers, arr. et c. Condom. V. Vézian de —.
Bliard (Bliardus) de La Casa, tenancier libre du roi dans la par. de Savignac, 356.
Bloder, lieu dans le dioc. de Bazas, 253.
Blogonio (de). V. Bouglon.
Boarac. V. Agnès de —, Bertrande de —.
Bochert. V. Auger —.
Bocca, lieu non identifié en Chalosse, 64.
Boeglonio (de). V. Bouglon.
Bodz (corr. Badz?). V. Guillaume Raimond de —.
Boga. V. Bougue.
Bogesii. V. Forton —, Guillaume —.
Bogio (de). V. Buch.
Boglon. V. Bouglon.
Bogo. V. Bougue.
Boguer. V. Élie —.
Bois (de Bosco). V. Bernard du —.
Boison de Latresne, chevalier, 593.
Bois-Pouvraud (Nenius, corr. Nemus Prevell.). Deux-Sèvres, arr. Parthenay, c. Ménigoute; lieu d'où est datée une charte d'Esquivat de Chabanais, comte de Bigorre, 418.

Bol. V. Belis.
Bolac, 16. Peut-être Balach, lieu que Baurein (*Variétés Bordeloises*, t. II, p. 388) place dans la palu de Saint-Médard-d'Eyrans.
Bolascar. V. Béloscar.
Bolcaurano (decima de Bolcaurano in affario del Tus). V. Brouqueyran.
Boldere (pratum de Boldere, vinea apud Bolderium), lieu dans le diocèse de Bazas? 318, 320.
Bolh (deu), Bolio (de). V. Bouilh.
Boliac. V. Bouliac.
Bolqueiran, Bolqueran. V. Brouqueyran.
Bommes (par. de Bomes, de Bomis). Gir., arr. Bazas, c. Langon, 13, 179, 635.
—— V. Bernard de —.
Bomotus, père d'Arnaud de Ladils, 426.
Bonafont. V. Bounefont.
Bonaffont, lieu près de Fronsac? 514.
Bonafous d'Aulède (Bonafusus d'Auleda), chevalier, 569.
—— de Cugnac (Bonefacius de Cunhac), 246 [18].
—— de Cugnos (Benafors, En Bonafos, Bonefacius de Cunhos), 246 [15]; témoin, 196, 369.
—— de Cunches (Bonafusus de Cumches), témoin, 425; le même que le précédent?
—— de La Rousselle (Bonafusus de Rocella, Bonefasus de Rocella, Bonefos de La Rossera, Bonafous de La Rocera), bourgeois de Bordeaux, 495, 519; témoin, 136.
Bonefacius. V. Bonafous.
Bonel du Tourne (Bonellus de Torne), 537.
Bonet (Bonetus), de Cosnac, homme franc du roi dans la prévôté de Barsac, 636 [41].
—— de Saint-Quentin (magister Bonetus de Sancto Quintino), arbitre entre les factions rivales de Dax, 505, 506.
—— , doyen de Buch (magister Bonettus, decanus de Bogio), 507.
—— Faure (En Bonet Faure), témoin, 451.
—— V. Arnaud —.
Bonetan. V. Bonnetan.
Bonfilz. V. Vivien —.
Bonhomme (Bonushomo) d'Ardir, bourgeois de Bayonne, 399, p. 143, col. 1.
—— de Perdies (Bonushomo, Bonshommes de Perdies), bourgeois de Bayonne, 399, p. 143, col. 1, 483.
Bonhous, lieu dans les Landes, 72.
Boniort. V. Pierre Arnaud de —.

Bonnefont (Bonafont, de Bonefonte), localité qu'il faut peut-être identifier avec un prieuré disparu dans l'archiprêtré de Sadirac (cf. Lacaze, *Bazas et son diocèse*, p. 12) ou dans celui de Cocumont (Dom Besse, *Abbayes et prieurés de l'ancienne France*, t. III, p. 39). V. Amaubin de —, Pierre Jean de —, Raimond de —.

Bonnetan (par. de Bonetan). Gir., arr. Bordeaux, c. Créon, 537, 544, 609.

Bonofonte (de). V. Bellefond.

Bonon. V. Gaucelm —.

Bonot. V. Raimond de —.

Bonshommes. V. Bonhomme.

Bont, lieu dans la Chalosse ? 386.

Boqua. V. Pierre —.

Boquer. V. Arnaud —, Pierre —.

Bora. V. Garcie de —.

Boraldi. Corr. Beraldi et voir Béraud.

Boralhan. V. Bourroütillan.

Borani, lieu dans la par. de Sallebœuf, 534.

Boras, lieu près de Bouglon, 364, p. 118, col. 1.

Borbel (stagia de Borbel), maison dans l'Entre-Dordogne, 655.

Borc. V. Bourg-sur-Mer.

Bordales. V. Jean de —.

Bordeaux (Burdegala, Burdigala).

—— Actes datés de Bordeaux, 1-22, 35, 38, 39, 177-243, 405, 413, 420, 449, 503, 511, 612-682.

—— Abbayes : Sainte-Croix, 201, 523, 550; abbés : Bernard de La Gardère, Guillaume; — Saint-Seurin, 644; chanoines : Arnaud de Buch ou de Bruss, Guillaume de Rama; chantre : Raimond de Talmont; sacriste : Arnaud de Peyrer.

—— Archevêques, 181, 235, 544, 545, 583, 631, 636, 670. V. Géraud de Malemort, Pierre de Roncevaux, Simon.

—— Bourgeois : Arnaud Lambert, Bernard d'Aillan, Bernard Masson, Élie Viger, Guillaume Artus, Guillaume Moneder, Jean Colom, Jean Colom fils de Gautier, Pierre Brun, Pierre Caillau, Pierre Estèphe, Pierre Lambert, Pierre Viger, Raimond Aimeric, Raimond de Camparrian, Rostan du Marché, Rostan Duran, Ruffat Lambert, Séguin Barbe.

—— Changeur. V. Jean de Castillon.

—— Château royal et châtelain, 1, 36, 615, 621, 648.

—— Cloître de l'archevêché, 420.

—— Connétable, 460, 678, 680. V. Jean de Labère, Raimond de Taleyson.

—— Diocèse, 22, 177, 191, 211, 212, 220, 524.

Bordeaux. Fors et coutumes, 2, 36, 136, 655.

—— Frères prêcheurs ou Dominicains; leur prieur : Guillaume.

—— Greffier (cartolari, cartularius). V. Guillaume Bordes.

—— Jurats et prudhommes de la commune, 413.

—— Maire, 413, 420, 519. V. Amanieu Colom, Brun de Saya, Fortaner de Caseneuve, Guillaume Gondaumer, Henri le Galeys, Pierre Andron, Pierre Gondaumer, Pons d'Antin, Raimond Brun de Laporte.

—— Maison de Gaillard de Lalande dans le château, 518.

—— Marché, 660.

—— Notaire public : Bernard de Varet, Estève de Provence, Gilbert du Mirail, Pierre Robert.

—— Organisation communale, 413, 449, 519.

—— Palu, 12.

—— Paroisses : Saint-André, 531, 644; Sainte-Eulalie, 193; Saint-Pierre, 518, 649; Saint-Projet (de Sancto Projecto), 565, 574, 607; Saint-Remi, 645.

—— Péage du pont, 518.

—— Port Saint-Pierre, 649.

—— Porte Dessous-le-Mur, 193, 645.

—— Prévôté de la monnaie, 518.

—— Roi de Bordeaux : Fremundus.

—— Rôle du château royal, 637.

—— Topographie, 193, 495.

—— V. Gaillard de —, Pierre de —, Thomas de —.

Bordelais (Bordaleis, Burdegalesium), 270, 332, 341, 495, 561.

Borderas. V. Bourdelles.

Bordes (A las Bordas, homines de Bordis, locus de Las Bordas). Gir., arr. Bordeaux, c. et commune de La Teste-de-Buch, 662, 674.

—— V. Guillaume des —, Guillaume Raimond des —, Raimond des Bordes.

Bordesoulle (Bordessoles, Bordessoles). Landes, arr. Mont-de-Marsan, c. Sore, commune de Luxey, 461, 462.

—— V. Arnaud de —, Berner de —, Jean de —.

Born, pays du dép. de la Gir., 417, 477.

Bornet. V. Vivien de —.

Borriet. V. Bouriot.

Borssa, lieu au dioc. d'Aire, 341.

Borzes. V. Bourgès.

Bos de Granhou, 326.

—— de Laborate, 171 (le même que Boson de Lopgrate ?).

Bos de Rochefort (de Rocafort), 268.
—— V. Guillaume —.
Bosc, lieu dans la par. de Saint-Médard-en-Jalle, 35.
—— (de Bosco). V. Arnaud du —, Bernard du —, Forton du —, Gaillarde du —, Guillaume Arnaud du —, Guillaume du —, Pierre du —, Raimond du —, Richard du —, Vigouroux du —.
Boscadge. V. Arnaud du —.
Boscalli Abterone (nom certainement altéré), témoin d'une charte de Richard, comte de Poitiers, 495.
Bosdinus. V. Bedinus.
Boson de Laroque (Boso de Rupe), damoiseau, 533.
—— de Lopgrate (Boso de Lopgrata), 81.
Bosonum, lieu près de Bouglon, 364, p. 119, col. 1, 2.
Bosquet. V. Bernard de —.
Boste. V. Guillaume de —.
Bostens (a Bausten, milicia de Bausten, par. de Bausten, par. S. Katerine de Bausten, par. S. Marie Magdalene de Bausten). Landes, arr. et c. Mont-de-Marsan, 37, 70,108, 109.
Botinas. V. Beutres.
Bouglon (castrum de Bocglonio, de Blogonio, de Boglonio). Lot-et-Gar., arr. Marmande, ch.-l. de c., 210, 223-225, 235, 236, 271, 337, 364.
—— Paroisse de Saint-Étienne, 364.
—— Prudhommes et communauté, 364.
—— V. Amanieu de —, Doat de —, Pierre de —.
Bouglon-le-Vieux (Boglonium Vetus), commune de Bouglon, 298, 364.
Bougue (milicia de Boga, par. Sancte Cane ou de Sent Cane de Boga). Landes, arr. et c. Mont-de-Marsan, 130, 133.
Bouilh (de Bolio, deu Bolh). Gir., arr. Libourne, c. et commune de Saint-André-de-Cubzac. V. Milet de —.
Bouliac (Boliac, par. de Boliaco). Gir., arr. Bordeaux, c. Carbon-Blanc, 537, 586, 644, 651.
—— V. Amanieu de Longuevis, Arnaud de Brosterar de —.
Bourdelles (Borderas). Gir., arr. et c. La Réole, 488.
Bourgès (Borzes), pays de Bourg-sur-Mer, 136, 652.
Bourg-sur-Mer (Borc, de Burgo), Gir., arr. Blaye, ch.-l. de c., 499.
—— Abbé, 611, 664.
—— Château et châtellenie, 421, 423, 480, 522, 553, 554, 580, 583, 596, 602, 606, 664.
—— Commune, 528.
—— Connétable, 500.
—— Maire, 420, 555, 563, 576, 577.

Bourg-sur-Mer. Viguerie, 585, 591.
—— V. Aicard Audoinh, chevalier de —, Aicard Forton de —, Aiquelm Andron le Jeune de —, Amaubin Girart de —, Bernard Aimeric de —, Colom de —, Gaucelm Raimond de —, Gaucelm Tort de —, Guillaume de —, Guitard de —, Pierre de Tabanac de —, Raimond de Cassanhas de —, Thomas de Bordeu de —.
Bouricos (Boricos). Landes, arr. Mont-de-Marsan, c. Mimizan, commune de Pontenx-les-Forges, 551.
Bouriot (par. de Borriet). Landes, arr. Mont-de-Marsan, c. Roquefort, commune de Lugaut, 119.
Bourrouillan (Boralhan). Gers, arr. Condom, c. Cazaubon, 72.
Boursac (Bursac), ou Saint-Romain-de-Boursac, auj. Saint-Romain-la-Virvée, Gir., arr. Libourne, c. Fronsac. V. Élie de —. L'identification de Boursac avec Saint-Romain-la-Virvée est fournie par les listes de paroisses qui se trouvent dans l'*Histoire de Castillon-sur-Dordogne*, par F. Guignard, p. 399 et 417.
Bourses, lieu près de Roquefort-de-Marsan, 72.
Bous. V. Pierre de —.
Boverez. V. Doat de —.
Bovisvilla. V. Beauville.
Boyriors, lieu dans la seigneurie de Pommiers, 238.
Boziat. V. Raimond —.
Bracinan, lieu près de Gradignan, 615.
Brageriacum. V. Bergerac.
Brolhet. V. Arnaud —.
Bramon. V. Arnaud —, Guillaume —, Vital —.
Brana. V. Branne.
Branas. V. Guillaume de —, Pierre de —, Vital de —.
Brancet, archidiaconé non identifié au dioc. d'Aire. V. Bernard Jean, archidiacre de —.
Branne (ecclesia et portus de Brana, par. S. Stephani de Brana), 18, 198, 200-202.
—— Île, 240.
—— Port sur la Dordogne, 198, 199, 308.
—— Saint-Philippe de —. V. Saint-Philippe d'Aiguille.
—— V. Amanieu de —, Pierre de —, Raimond de —.
Brantirat. Gir., arr. Libourne, c. Guitres, commune de Sablons, 655.
Braquadetz. V. Bernard de —.
Bras, terre appartenant à l'abbaye de Saint-Sever au dioc. de Dax, 70.
Brassempouy (dominus de Bransseupuy, castrum de Brassentpuy, par. de Brassenpuy). Landes, arr. Saint-Sever, c. Amou, 65, 107.

Brassempouy. V. Otton de Doazit, seigneur de —.
Brause (casterarium de Brause in par. S. Martini de Lias), lieu dans l'archiprêtré de Mauléon, au dioc. d'Aire (Cazauran, *Pouillé du dioc. d'Aire*, p. 77), 30.
Brayda de Veyrines (domina Brayda, domina de Veirines; Ebrayda, domina de Beyrines et de Taudenet), 16, 193.
Brocarac (affarium de Saubo de Brecarac), lieu près de Captieux, 235.
Brenac. Dordogne, arr. Sarlat, c. et commune de Montignac. V. Arnaud de —, Bernard de —, Raimond Gausbert, curé de —.
Brenar, Bronar. V. Arnaud du —, Bernard du —, Jean du —, Pierre du —.
Bressach, mas près de Puyguilhem, Dordogne, arr. Bergerac, c. Sigoulès, 283.
Bretagne (par. S. Martini de Britannia, de Breutanhe, de Bretanhe). Landes, arr. et c. Mont-de-Marsan, 75, 109, 130.
Bretenx. V. Berthez.
Breuil (dominus de Briolio). Gir., arr. Bordeaux, c. Pauillac, commune de Cissac, 39. Cf. Baurein, *Var. Bordeloises*, t. I, p. 198.
—— V. Guitard de Bourg, seigneur de —.
Breutanhe. V. Bretagne.
Brevas. V. Arnaud de —, Fort de —.
Brian. V. Amaubin de —, Raimond Guillaume de —.
Bridoire (castrum de Bridoyra). Dordogne, arr. Bergerac, c. Sigoulès, commune de Rouffignac, 203.
Brien (homines deu Brien), tenanciers de l'abbaye de Sainte-Croix de Bordeaux, 448. Le nom rappelle peut-être celui du ruisseau le Brion, qui se jette dans la Garonne à Langon.
Bristowe (Bristol?). V. Jean de —.
Brive (Brivatensis), Corrèze. V. Guillaume de —.
Brocar, Brocard. V. Arnaud de —, Auger de —.
Brocas (dominus, milicia de Brocars, par. de Brocar, de Brocars in curia S. Severi). Landes, arr. Mont-de-Marsan, c. Labrit, 48, 56, 70, 80, 89, 117. Le *Pouillé du dioc. d'Aire* place ce Brocas dans l'archiprêtré de Chalosse, p. 135 : «ecclesia de Brocars est annexa prioratui de Rupeforti»; au xviiie siècle, l'abbé de Saint-Sever présentait à la cure de Saint-Jean-de-Brocas «à cause de l'union au prieuré de Roquefort».
Brocas (par. de Brocars). Landes, arr. et c. Saint-Sever, commune de Montaut, 129.
Brochon. V. Pierre —.
Bronac. V. Gilbert de —.

Broqualz. V. Guillaume de —, Pierre de —.
Broquère (milicia de la Broquera in par. de Tujosa la Blanca). Gers, arr. Condom, c. Nogaro, commune de Toujouse, 106. V. Arnaud Loup de —.
Brouqueyran (decima de Bolcaurano, Bolqueram, Bolqueiram). Gir., arr. Bazas, c. Auros, 212, 322, 355.
Broustera. V. Arnaud de —.
Brugnac (par. de Brunaco), par. aujourd'hui disparue, 689 et note 19.
Bruilh. V. Breuil.
Brujar. V. Raimond de —.
Brulhet (parochiani de Brulhet), par. non identifiée dans l'Entre-deux-Mers, 605.
—— V. Arnaud du —.
Brulhon. V. Arnaud —.
Brun (Bruni, Brunii). V. Raimond —.
Brun (Brunus) de Bencaioun, notaire public de Moissac, 371.
—— de Bernac (En Bruns de Bernac), chevalier, fils de Raimond Brun de Fronsac, 514.
—— de «Juleut», 157.
—— de Saye (dominus Brunus de Saya, de Sadia, de Saie, de Seya), chevalier, 365, 470, 511; maire de Bordeaux, 36.
—— Duran, témoin, 368.
Brunaco (de). V. Brugnac.
Brunet de Ladils (Ladilhs), bourgeois de Bazas, 426.
Brunghag, lieu en Périgord? 262.
Brunia, femme de Guillaume de Montravel, 518.
Brus. V. Araquait de —, Guillaume de —.
Bruss. V. Buch.
Brust (affarium de Brust, homines del Brust), lieu dans la par. d'Uzeste. Gir., arr. Bazas, c. Villandraut, 237, 302, 305.
Brustelhet (par. de S. Petro de Brustelhet), par. au dioc. d'Aire? 100 (Cazauran, *Pouillé du diocèse d'Aire*, p. 153).
Buccia. V. Géraud de —.
Buch (Bogium, Bruss, Buhs), pays du dép. de la Gir., 8.
—— V. Arnaud, archiprêtre de —, Bonet, doyen de —, Gaillard de Lamotte de —.
Budemer (stagia de Budemer), maison dans la par. de Gajac? 322.
Budos (par. de Budos, de Buzos). Gir., arr. Bordeaux, c. Podensac, 630, 632, 634, 635, 645.
—— V. Arnaud Raimond de —, Gaillard de —, Géraud de —, Guillaume Raimond de —, Pierre de —.
Bugarok. V. Bigaroque.

Bugeram (stagia de Bugeram), lieu dans la prévôté de Bazas, 355.
Bugueto. V. Raimond de —.
Buhs. V. Buch.
Bujous. V. Bijous.
Bulh. V. Bouilh.
Buqueram. V. Brouqueyran.
Burdegala, Burdegalesium. V. Bordeaux, Bordelais.
Burdenx, caverie dans la par. de «Poyer», en Marsan, 108 (le même que Bourdenx, château dans Perquie, Landes, arr. Mont-de-Marsan, c. Villeneuve?)
Burdeu. V. Guillaume de —.

Burgus (de Burgo). V. Bourg-sur-Mer.
Burgonsa. V. Bergonce.
Burhun. V. Pierre du —.
Barsac. V. Boursac.
Burunha (affarium quod vocatur Burunha), dans Castelnau-de-Cernès, 560.
Buscos, lieu dans la par. de Cudos, 248 [3].
—— V. Donat de —.
Busquet, casal dans la par. de Poudenx, Landes, arr. Saint-Sever, c. Hagetmau, 128.
Buzos. V. Budos.
Byronio (de). V. Biron.

C

Cabanac (Cabanag, Cabenac), lieu dans la par. de Cudos, Gir. arr. et c. Bazas. 248 [2, 4, 6].
—— V. Arnaud de —, Guillaume de —, Jean de —, Pierre Guillaume de —.
Cabanac, Cabanac et Villagreins (Cabanak, Kabanak, in par. de Cabanac et in par. de Viliangres). Gir., arr. Bordeaux, c. Labrède, 518, 524, 635; la comptau de Cabanac et ses limites, 679.
—— V. Arnaud de —, Pierre de—.
Cabanas. V. Guiraud de —.
Cabancs, lieu dans la par. de Captieux, Gir., arr. Bazas, ch.-l. de c., 247 [14].
—— V. Guillaume de —, Pierre de —.
Cabaneys. V. Chabanais.
Cabanos (milicia de Cabanos), caverie du Marsan, 99.
Cabara (par. de Cavarer). Gir., arr. Libourne, c. Branne. 619.
Cabet. V. Pierre —.
Cabor. V. Caubon-Saint-Sauveur.
Cabra (castrum Cabra), château dans le Marsan? 72 (Lacrabe?).
Cacalh (nemus del Cacalh), 346.
Cachen (castrum de Cayssein, de Cayssein, par. S. Martini de Cayssem, de Cayssen, Cayssenes). Landes, arr. Mont-de-Marsan, c. Roquefort, 72, 117, 127. 137, 317-319.
Cadaujac (par. de Cadaujac, de Cadujac). Gir., arr. Bordeaux, c. Labrède, 532, 552, 565, 607.
Cadenh (estagia del Cadenh), maison dans un lieu voisin de Pellegrue, 254.
Cadorna. V. Cadourne.
Cadouin (abbas beate Marie de Caduino, Cadunh). Dordogne, arr. Bergerac, ch.-l. de c., 216.

Cadouin. Fondateurs de l'abbaye : les sires de Beynac et de Biron, le roi d'Angleterre, 216.
—— V. Arnaud Bidon de —, Guillaume, abbé de —.
Cadourne (par. de Cadorna). Gir., arr. et c. Lesparre, 616.
Caduino (de), Cadunh. V. Cadouin.
Cahuzac (honor de Cauzati). Lot-et-Gar., arr. Villeneuve-sur-Lot, c. Castillonnès, 260. V. Gautier de—.
Caies. V. Gaillard de —.
Caillau (Calculi), nom d'une famille de Bordeaux très connue au XIII° siècle. V. Arnaud —, Bernard—, Jean —, Raimond —.
Cailleau (par. de Calhau, de Calhou). Gir., arr. Bordeaux, c. Carbon blanc, commune de Beychac-et-Cailleau, 544, 545.
Cairac. V. Queyrac.
Cairon, lieu dans le c. de Lesparre? 561.
Caironel. V. Guillaume de —, Pierre de —.
Calculi. V. Caillau.
Calhau, Calhou. V. Cailleau.
Callen (par. de Colon). Landes, arr. Mont-de-Marsan, c. Sore, 560.
Calveto (de). V. Caubet.
Camalhou (terra a Camalhou, via vetus de Camalhou), lieu et chemin dans la prévôté de Bazas, 248 [4].
Camarsac (par. de Camarsac, de Camarssac, par. Sancti Germani de Camersac). Gir., arr. Bordeaux, c. Créon, 537, 579, 593, 608, 646.
Cambas. V. Cambes.
Cambayrac, fief dans la juridiction (districtus) de Lesparre, 192.
Cambes (par. de Cambas, Cambis). Gir., arr. Bordeaux, c. Créon, 537, 586, 593, 612, 641, 653.

48.

380 INDEX DES NOMS DE PERSONNES ET DE LIEUX.

Cambes. Port de —, 589.

Cambet. V. Arnaud de —, Guillaume de —.

Camblanes (par. de Camplans, de Camplanis). Gir., arr. Bordeaux, c. Créon, 537, 567, 593, 619.

—— V. Bernard du Claus de —.

Cambon. V. Caubon.

Cambri. V. Pierre —.

Cameyrac (par. de Camairac). Gir., arr. Bordeaux, c. Carbon-blanc, commune de Saint-Sulpice-et-Cameyrac, 544.

Camilhan, bois et prés tenus de l'abbé de Sauve-Majeure, 605.

Camlor (stagia vocata de Camlor), dans la par. de Sainte-Croix, au dioc. de Bazas, 325.

Camoiaus. V. Mononius de —.

Campagne (Campania, par. de Caumpehe in Marciano, par. S. Pandeleonis de Campanhe). Landes, arr. et c. Mont-de-Marsan, 60, 75.

—— V. Raimond de —.

Campaing. V. Bernard de —.

Campanhac. V. Domenjon de —.

Campania. V. Campagne.

Camparrian (hospitale de Campariano). Gir., arr. Bordeaux, c. Pessac, commune de Canéjan, 16.

Campbernard (tenementum dictum Campbernard in par. d'Eyras). Landes, arr. et c. Saint-Sever, commune d'Eyres-Moncube, 129.

Campena. V. Pierre Arnaud de —.

Campene. V. Jean de —.

Campenhe. V. Pierre de —.

Camperlan (affarium de Camperlan in dioc. Vasatensi), 235.

Campet (castrum de Campet cum pertinenciis de Campeth). Landes, arr. et c. Mont-de-Marsan, 72.

—— V. Arnaud Amanieu, seigneur de —, Pierre de —, Raimond de —.

Camplans. V. Camblanes.

Camps (de Campis). Gir., arr. Bordeaux, c. La Teste-de-Buch, commune du Teich. V. Élie de —, Garcie Arnaud de —, Guillaume de —, Raimond de —, Vital de —.

Campsegret (de Campsogredi). Dordogne, arr. Bergerac, c. Villamblard. V. Gaillard de —.

Cancana, lieu dans le Marsan, 75 (le même que Cantacana?).

Canéjan (par. de Caneyan). Gir., arr. Bordeaux, c. Pessac, 16.

Canenx (par. de Canenx). Landes, arr. Mont-de-Marsan, c. Labrit, 77.

Caneyan. V. Canéjan.

Canquillac (Canquihac), lieu dans la commune de Lesparre, 561.

Cantabana (affarium de Cantabana in Marciano), terre dans le Marsan, 113.

Cantacana (tenementum de Cantacana in par. de Canenx), terre dans le Marsan, 77. V. Canenx.

Cantacor (stagia de Cantacor in par. S. Johannis de Codz), dans la par. de Gouts, Lot-et-Gar., arr. Marmande, c. Meilhan, commune de Cocumont, 344.

—— V. Arnaud Guillaume de —, Bernard de —, Raimond de —.

Cantalop (affarium de Cantalop in par. S. Martini de Cera), lieu dans la par. de Cère, Landes, arr. Mont-de-Marsan, c. Labrit, 121.

Cantarana. V. Canteranne.

Cantemerle (Cantamerla). V. Gaillard de —, Raimond de —.

Cantenac (par. de Kantenac). Gir., arr. Bordeaux, c. Castelnau-de-Médoc, 365.

Canteranne (podium de Cantarana). Gir., arr. et c. Lesparre, commune de Saint-Christoly, 563.

Cantiran. V. Jean de —.

Cantor de Lagupie (de Gupia), 259.

Capellani. V. Chapelain.

Capian (par. de Capian). Gir., arr. Bordeaux, c. Cadillac, 531.

Capius, lieu dans la par. de Gujan, 8.

Capsan (molina de Capsan), moulin dans la par. de Cabanac, 679.

Capticux (affarium de Capseus, par. S. Martini de Capseus). Bordeaux, arr. Bazas, ch.-l. de c., 235, 247 [1, 14].

—— Prieur de —, 250.

Carassé, Carasset. V. Philippe de —. Le mot est écrit Caracet dans un acte de 1312 mentionné par Noulens, Maisons histor. de Guienne, t. II, p. 260.

Carbayc, lieu en Tursan, 82.

Carbon de Soumensac (Carbo de Somessac), 274.

Carbonel de Carignan (Carbonеu de Carihan, Carinban), témoin, 377, 378, 381.

Carbonera. V. André de —.

Carcans (par. de Carquans), Gir., arr. Lesparre, c. Saint-Laurent, 616.

Carerat (affarium de Carerat), lieu dans le Marsan, 72.

Carignan (par. de Carignan, Carihan). Gir., arr. Bordeaux, c. Créon, 619.

—— V. Bernard de Roqueir de —, Carbonel de —.

Caritor, femme de Gaillard Durcan de Langon, 360.

Carpenter (Carpentarii), nom d'une famille bourgeoise de Bordeaux. V. Élie—, Forton—.
Carrevel. V. Raimond de —.
Carsac (par. S. Petri de Carssac). Dordogne, arr. Bergerac, c. Villefranche-de-Longchapt, 243, 343.
Cartos (in Juliac, in par. S. Petri). Landes, arr. Mont-de-Marsan, c. Gabarret, commune de La Grange [-de-Juliac], 110.
Carturco (mauvaise leçon pour Caturco?). V. Gaillard de —.
Cas. V. Auger —.
Casa (casale de Casa), lieu dans la prévôté de Bazas, 248 [9]. V. Lacase.
—— V. Arnaud de —, Jean de —.
Casa (boscum de Casa in par. de La Lua, boscum de Casa apud Lugaton in par. de La Lua), bois dans la par. de Lue, Landes, arr. Mont-de-Marsan, c. Sabres. 690, 691.
Casabon. V. Cazaubon.
Casalis. V. Cazalis.
Casaliz (terra del Casaliz), 346.
Casalon (milicia de Casalonc), Landes, arr. Saint-Sever, c. Hagetmau, commune de La Bastide-la-Reine ou La Bastide-Chalosse, 47.
—— V. Mancip de —.
Casalun. V. Mastyn de —.
Casanova. V. Cazeneuve.
Casaubil. V. Bernon de —.
Casaus. V. Amanieu de —, Bedinus de —.
Cascl. V. Bidcld de —.
Caselas. V. Cazelles.
Casias. V. Raimond Guillaume de —.
Caslutz. V. Chalud.
Casol. V. Guillaume Arnaud de —.
Cassanet (de Cassaneto). V. Gaillard de —, Gérard de —, Guillaume Furt de —.
Cassaneto (de). V. Cassenet, Castenet.
Cassanhas. V. Raimond—.
Cassans. V. Pierre de —.
Cassat (in par. de Greian in Medulco), lieu dans le Médoc, 518.
Cassens, Cassenx (Casens, Cassens, Cassenes, Cazenx), lieu marqué sur la carte de Cassini dans la par. de Bernos, 246 [28]. 247 [11].
—— V. Arnaud de —, Doat de —, Fort de —, Guillaume de —, Ménaud de —, Raimond de —.
Casseuil (par. S. Petri de Cassiol, de Cassiholz). Gir., arr. La Réole, c. Saint-Macaire, 321, 363.
Cassis. Helias de—. V. Élie de Lacase.
Cassones. V. Cassenx.

Cassos. V. Fort de —.
Cassou. V. Guillaume Arnaud de —, Jean de —, Raimond Arnaud de —.
Castaignos (milicia de Sossleys in par. de Castanhous, milicia de Castanhou in par. de Castanhous). Landes, arr. Saint-Sever, c. Amou, commune de Castaignos-Souslens, 86, 87.
Castainh (homines, pons de Castaing), lieu près de Sallebœuf, sur le Gestas, 545.
—— V. Guillaume de —, Pierre de —.
Castandet (castrum, par. de Castandet). Landes, arr. Saint-Sever, c. Grenade, 82, 101.
—— V. Sanche Loup, seigneur de —.
Castaneda. V. Arnaud de —, Guillaume de —.
Castanet (de Cassaneto). Gir., arr. et c. Lesparre, commune de Gaillon. V. Gaillard de —, Guillaume de —, Guillaume Furt de —, Raimond de —.
Castanhet (affarium de Castanhet), lieu dans le Marsan, 72.
—— V. Guillaume de —.
Castanhou, Castanhous. V. Castaignos.
Castas. V. Guillaume Raimond de —, Vasiata de —.
Casted. V. Garcia de —, Raimond de —.
Casted Labeire. V. Pierre de —.
Casteide (par. de Casteede). V. Serres-Castel.
Castelie. V. Vital de —.
Casteljaloux (villa seu castrum, notarius Castri Gelosii, Castetgelos). Lot-et-Gar., arr. Nérac, ch.-l. de c., 364, 399, 560.
—— Notaire: Pierre de Lar.
—— V. Jean de —.
Castellar. V. Castéra.
Castellinovi, par. V. Castelnaud-sur-Gupie.
Castellione (de). V. Castillon.
Castelmoron (castrum de Castro Mauroue). Gir., arr. La Réole, c. Monségur, 203.
Castelnau-Chalosse (Castrum novum de Salosse, Castetnau de Silossa). Landes, arr. Saint-Sever, c. Amou, 80, 386.
Castelnau-de-Cernès, ou de Mesmes (Castrum novum de Sarnesio, Castrum novum de Mames). Gir., arr. Bazas, c. Captieux, commune de Saint-Michel-de-Castelnau, 296, 297, 317, 318, 560.
Castelnau-de-Médoc (Castrum novum). Gir., arr. Bordeaux, ch.-l. de c., 667.
Castelnau-Tursan (Castrum novum de Theursano). Landes, arr. Saint-Sever, c. Geaune, 42.
—— V. Raimond Bernard de —.
Castelnaud-sur-Gupie (par. Castellinovi). Lot-et-Gar., arr. Marmande, c. Seyches, 259.

Castel-Sarrazin (Castet Serradyn, notarius Castri Saraceni). Landes, arr. Dax, c. Amou. — V. Arnaud de Lapède de —, Sanche de Bacudallo, notaire public de —.
Castenlie. V. Vital de —.
Caster. V. Arnaud de —.
Castéra (milicia de Castellar). Landes, arr. Saint-Sever, c. Aire-sur-l'Adour, 93.
Castéra (in loco vulgariter appellato lo Casterar de Sancto Germano), lieu dans Saint-Germain-d'Esteuil, Gir., arr. Bordeaux, c. Lesparre, 12.
Castéra (res deu Casterar), lieu dans l'Entre-deux-Mers, 669.
Castere. V. Pierre Guillaume du —.
Castet (Casted). V. Guillaume Arnaud de —.
Castet (feodum dou Castet, in par. de Haurenihano et S. Eulalie), lieu dans le pays de Born, près d'Aureilhan et de Sainte-Eulalie-en-Born, Landes, arr. Mont-de-Marsan, c. Parentis-en-Born, 685.
Castetnau. V. Guiraud de —.
Castets, ou Castets-en-Dorthe (castrum et honor de Redorte, genus de Casted apud Castrum Andorta). Gir., arr. Bazas, c. Langon, 238, 358.
Castet Serradyn. V. Castel-Sarrazin.
—— V. Sercius de —.
Castex (par. de Casted). Gers, arr. Condom, c. Cazaubon, 72.
Castillon (de Castellione). V. Jean de —, Raimond de —.
Castillon (milicia de Castilhon in par. de Brassenpuy). Landes, arr. Saint-Sever, c. Amou, commune de Brassempouy, 107.
Castillon (castrum de Castellione in Mededulco). Gir., arr. et c. Lesparre, commune de Saint-Christoly, 191.
—— V. Gaucelm, seigneur de —, Hugues de —.
Castillon-sur-Dordogne (castrum, castellania, districtus, de Castellione). Gir., arr. Libourne, ch.-l. de c., 10, 18, 203.
—— Châtelain. V. Jean Picard —.
—— Vicomte, vicomté, 203, 226, 227, 233, 241-243, 582, 583, 656, 671. V. Élie de —.
Castillonnès (publicus notarius Castilhonensis). Lot-et-Gar., arr. Villeneuve-sur-Lot, ch.-l. de c., 481.
—— V. Étienne Viger, notaire public de —.
Castis. Corr. et v. Tastis.
Castoss (par. de Castoss), par. non identifiée près de Coudures, Landes, arr. et c. Saint-Sever, 29.
Castres (par. de Castris). Gir., arr. Bordeaux, c. Podensac, 660, 661.

Castri Gelosii. V. Casteljaloux.
Castrum Andorta. V. Castets-en-Dorthe.
Castrum novum. V. Castelnau de Médoc.
Castrum novum de Mamés. V. Castelnau-de-Mesmes, ou Saint-Michel-de-Castelnau.
Castrum Redorte. V. Castets-en-Dorthe.
Cat. V. Auger —.
Cau, Cauz, maison noble dans la par. de Castillon-de-Castets (Revue catholique de Bordeaux, 1891, p. 653, 750), Gir., arr. Bazas, c. Auros, 320.
—— V. Bernard du —, Bertrand du —, Gaillard du —, Géraud du —, Pierre du —, Raimond du —.
Caubet (de Calveto). V. Pierre de —.
Caubitz. V. Jean —.
Caubon (Cabor, Cambon). Lot-et-Gar., arr. Marmande, c. Seyches, 488.
—— Curé : Gausbert del Viner.
Caucenx. V. Caussens.
Caudanhet (estagia de Caudanhet), lieu voisin de Pellegrue, 254.
Caudrot (Causdrotum), 221, 341, 361-363.
—— Habitants : Guillaume de Lafont (de Fonte), Vital Auriol, Vital Édon.
—— Prieur, 310, 362.
Caulorn. V. Guillaume de —.
Caumadre. V. Bernard —.
Caumont (de Cavomonte). Lot-et-Gar., arr. Marmande, c. Mas-d'Agenais. V. Anissant de —, Bertrand de —, Guillaume, seigneur de —.
Caumpolo in Marciano. V. Campagne.
Cauna (castrum de Caunar). Landes, arr. et c. Saint-Sever, 55.
Cauponne (dominus de Copan). Landes, arr. Saint-Sever, c. Mugron, 146.
—— V. Arnaud de —, Dominique de —, Guillaume de —, Jean de —, Pierre Arnaud, seigneur de —.
Caurenac, Caurihac. V. Cauvignac.
Causabil. V. Doat de —.
Causaing. V. Guillaume Garcie de —.
Causdrotum. V. Caudrot.
Caussens (Caucenx, Caussenx). Gers, arr. et c. Condom. V. Guillaume Arnaud de —.
Cauvignac (par. de Caurihac, par. S. Petri de Caurenac). Gir., arr. Bazas, c. Grignols, 238, 364, p. 117, col. 2.
—— V. Sendoma de —.
Cauzac. V. Gautier de —.
Cauzati. V. Cahuzac.

Cavagnan (par. de Cavenhan, de Cavanhano, de Covenhan). Lot-et-Gar., arr. Marmande, c. Bouglon, commune du Grézet-Cavagnan, 210, 364, p. 117, col. 2.
—— V. Raimond Arnaud de —.
Cavaires. V. Pierre de —.
Cavaleir. V. Pierre —, Raimond —.
Cavarar. V. Cabara.
Cavare (par. de Cavare). Lot-et-Gar., arr. Villeneuve, c. Castillonnès, 256.
Cavenhan. V. Cavagnan.
Carvernas, 100. Corr. Tavernas, et voir Tavernes.
Cavesola. V. Raimond de —.
Cavignac (par. de Cavinihaco). Gir., arr. Blaye, c. Saint-Savin, 553.
Cavoiac. V. Madirac.
Cavomonte (de). V. Caumont.
Cayfernan (portale novum de Cayfernan), ou Cahernan, une des portes fortifiées de Bordeaux, 645. Cf. Drouyn, *Bordeaux vers 1450*, p. 54.
Cayonel. V. Pierre de —.
Cayssein, Cayssein, Cayssones. V. Cachen.
Cazales. V. Auger de —.
Cazalets (milicia de Cazaletz in par. de Puyou). Landes, arr. Saint-Sever, c. Geaune, commune de Puyol-Cazalets, 79.
—— V. Vital de —.
Cazalibus (de). V. Cazaux.
Cazalis (domus et locus de Casalis, par. de Casalis). Landes, arr. Saint-Sever, c. Hagetmau, 53.
—— V. Guillaume Arnaud de —,
Cazalis (ospitau de Cazalis), hôpital non identifié dans les Landes, 461.
Cazalon. Landes, arr. Dax, c. Hagetmau, commune de Momuy. V. Nicolas de —.
Cazaubon (de Casabon). Gers, arr. Condom, ch.-l. de c. V. Bertrand de —.
Cazaux (de Cazalibus). Landes, arr. Dax, c. et commune de Pouillon. V. Auger de —.
Cazelles (par. de Cascelas). Gir., arr. et c. Bourg, commune de Prignac, 666.
Cazeneuve, Cazenove (Casanova, Cazanova). V. Bernard de —, Étienne de —, Fortaner de —, Michel de —, Pierre de —, Pierre Arnaud de —.
Cazenx. V. Cassenx.
Ceiras. V. Saint-Martin-de-Serres.
Celas. V. Guillaume de —.
Cenac (par. de Senac). Gir., arr. Bordeaux, c. Créon, 537, 567, 586, 608.
—— V. Guillaume de Montz de —.

Cendetz. V. Sendets.
Cenebruns. V. Senebrun.
Centol. V. Gomhaud —.
Centulle (Centullus) de Pins, 364, p. 119, col. 1.
——, neveu de Pierre de Pins, 364, p. 118, col. 3.
Cera. V. Cère.
Ceran (dominus, mota del Seran). Gers, arr. Lectoure, c. Fleurance, 412.
—— V. Bernard Garcie, seigneur de —.
Cerauna. V. Thomas de —.
Cerbassan. V. Sarbazan.
Cère (affarium de Serra, milicia, par. de Cera, par. d'Ucera, par. S. Martini de Cera, de Sera). Landes, arr. Mont-de-Marsan, c. Labrit, 60, 121, 131. 693.
—— V. Arnaud Guillaume de —.
Cérons (par. de Ceron, de Seron). Gir., arr. Bordeaux, c. Podensac, 13, 117, 188, 613, 614, 636 [17, 26].
—— Seigneur (dominus de Cirone), 631.
—— V. Pierre de —, Raimond de —, Raimond Esperd de —, Vital de —.
Cerras. V. Serres.
Cerre. V. Itier de —.
Certa, Certum. V. La Serte.
Cesauveyl. V. Peyrinard de —.
Cestas (par. de Sestras). Gir., arr. Bordeaux, c. Pessac, 16.
Cestere. V. Chester.
Cezac (par. de Sezac, de Scissac, de Setsac). Gir., arr. Blaye, c. Saint-Savin, 553, 554, 583.
Chabanais (Cabanoys). Charente, arr. Confolens, ch.-l. de c. V. Esquivat de —.
Chabot. V. Jean —.
Chalosse (Salosse, Silossa, Solossa, Sollossa), pays du dép. des Landes, 54, 64, 80, 107, 386.
Chalud (podium de Caslutz, de Chaslutz), marqué sur la carte de l'État-major à la cote 129 entre Saint-Martin-de-Gurçon et Monpont, 478. Cf. *Dict. topogr. Dordogne*, au mot Monpont.
Chapelain (Capellani). V. Jean —.
Charente (flumen Charentonne), 252.
Chastillon propre Rochafford, lieu dans les Landes, 72.
Chester (Cestere). V. Roger de Machaut, sénéchal de —.
Chitres, serviteur du roi Richard, domicilié dans le château de Bordeaux, 518. En 1222, il se plaint d'avoir été dépouillé de la terre de Bègles qui lui avait été donnée par la reine Alienor et confirmée par le roi Richard (*Patent rolls. Henry III*, p. 355).

Ciron (ultra Sironem, Syronem, supra Cyronem, citra lo Syron), ruisseau du dép. de la Gir., qui se jette dans la Garonne entre Preignac et Barsac, 246 [24, 28], 247 [1, 12], 340, 617.

Cissac (par. de Sezac, de Siçac). Gir., arr. Lesparre, c. Pauillac, 6, 39.

Civac. V. Bertrand de —.

Civate (affarium de Civate), 336.

Civert (par. S. Martini de Sivert, dioc. Vasatensis, de Sybert, de Sybyrt, de Siberto). Lot-et-Gar., arr. Marmande, c. Seyches, commune de Lévignac-de-Seyches, 231, 239, 259, 354.

Civrac (mandaria de Sivrac). Gir., arr. Blaye, c. Saint-Savin, 554.

Civrac-sur-Dordogne (apud Seyvrac, par. de Sivrac). Gir., arr. Libourne, c. Pujols, 238.

Clairac (par. de Clerac). Gir., arr. La Réole, c. Sauveterre, 209.

Clairac, en Périgord. V. Guillaume de —.

Clanexer, lieu voisin de Puyguilhem, 264.

Clarac. V. Otton de —.

Clarage, Clarigat (homines de —), en Périgord, près de Puchagut, 261. Cf. Gourgues, *Dict. topogr. Dordogne*, au mot Clairac, mais sans identification.

—— V. Guillaume de —.

Clare. V. Thomas de —.

Claremont. V. Clermont.

Claramonde (Claramunda, dona Na Clarmonda, Claramentz, Claremont), fille d'Arnaud Guillaume de Marsan, femme d'Arnaud de Gabaston, 54, 171, 470.

—— (Clarmontz), femme d'Arman ou Arnaud de Lescun, 382.

Claus. V. Arnaud de —, Bernard du —, Garcie du —, Gombaud du —, Guillaume du —, Pierre de —.

Clayrac (rivus de Clayrac), ruisseau près de Saint-Morillon, 677 (serait-ce un autre nom du Gua-mort?).

Clèdes (senhor de Cleades). Basses-Pyr., arr. Orthez, c. et commune de Salies, 386.

Clerac. V. Clairac.

Clermont (apud Clarummontem). Dordogne, arr. Bergerac, c. Villamblard, commune de Clermont-de-Beauregard, 203.

Coarraze (de Caudarasa). V. Guillaume de —.

Coc. V. Auger —.

Cocujat (Cucujat, Cusinac), Gir., arr. Bordeaux, c. Carbon-Blanc, commune de Sainte-Eulalie-d'Ambarès. V. Arnaud Guillaume de —, Rostand de —.

Cocumont (Cogutmont), Lot-et-Gar., arr. Marmande, c. Meilhan, 344, 348, 349, 351.

Codz. V. Gouts.

Cogot. V. Pierre —.

Cogutmont. V. Cocumont.

Cohubieta. V. Guillaume Raimond de —.

Coimères (Comeres). Gir., arr. Bazas, c. Auros. V. Arnaud de —, Bernard de —, Guillaume de —, Pierre de —.

Coirac (par. de Corraco). Gir., arr. La Réole, c. Sauveterre, 689.

Colabrun de Marcen, témoin, 382.

Colauras, lieu dans les Landes, 461, 463.

Coleras. V. Raimond de —.

Colom de Borc, témoin, 401.

Colom (Celom, Columbi), nom d'une des principales familles bourgeoises de Bordeaux. V. Amanieu —, Gaillard —, Guillaume —, Guillaume Raimond —, Jean —, Rostan —.

Colombier. V. Vital du —.

Colomes. V. Pierre —.

Colon. V. Callen.

Columbi. V. Colom.

Comanagues. V. Pierre de —.

Come. V. Dominique de —.

Comed. V. Arnaud de —, Jean de —.

Comeres. V. Coimères.

Cominge. V. Comminges.

Comminges (Convenensis episcopus). V. Géraud Ier d'Andiran, év. de —, Roger de —.

Compaing, év. d'Oloron, 408.

Comps. Gir., arr. Blaye, c. Bourg. V. Aubert de —.

Comptor, Comptoria, femme de Pierre de Tabanac, mère de Vital de Tabanac, clerc, 646, 669.

Concendina (nauda Concendina), lieu voisin de Bourg, 553. (Est-il bien sûr que ce soit un nom de lieu?)

Condal (cassou, castou de), chêne sous lequel s'acquittaient certaines redevances, 97, 105.

Condom (abbas, monachus Condomii). Gers, 310.

—— V. Géraud de Laur et Guillaume «de Nosiaco», moines de —, Pierre de —.

Conques. (par. de Conquas). Gir., arr. Libourne, c. Branne, commune de Saint-Aubin, 181.

Constance de Béarn, vicomtesse de Marsan (domina Constancia), 100, 112, 114, 246 [24].

Constancius de Barsac, 636 [21].

—— de Puteo, 636 [4].

—— Solialdi, 561.

Constantin Sicard (Constantinus Sicardi), jurat de Saint-Émilion, 2.

—— Viger (Constantinus Vigerii de Silva), père d'Élie, 429.

Conte. V. Arnaud —.
Conties (Contes). Landes, arr. Dax, c. Castets, commune de Saint-Julien-en-Born. V. Amat de —, Arnaud de —, Guillaume de —, Jean de —, Pierre de —.
Contoria d'Arribans (de Bans), mère de Jourdain, 83.
—— de Labeyrie (de Beria), 94.
Convenensis episcopus. V. Comminges.
Copan. V. Caupenne.
Coquau, lieu voisin de Cabanac, 679.
Coqueac. V. Raimond Pierre de —.
Coquiec. V. Arnaud Pierre de —.
Corberac (affarium de Corberac), 648.
Corbesson. V. Arnaud Raimond de —.
Corbian (Corbian, qui est in Agennesio, milicia de Corbian), 109.
Corbillo. V. Jean de —.
Corbin, Corbyn. V. Arnaud de —.
Corcorac (par. de Madirac, que alias dicitur Corcorac). Gir., arr. Bordeaux, c. Créon, 537.
Cord (Cordi). V. Arnaud Guillaume—.
Cordalou. V. Pierre de —.
Cornados. V. Jean de —.
Cornali. V. Guillaume de —.
Cornar (mansus Cornar), lieu près de Puyguilhem, 267.
Cornau. V. Arnaud de —.
Correjano (de). V. Courrejan.
Corsas (affarium de Corsas), terre appartenant à l'abbaye de Saint-Sever, 70.
Cortes, lieu près de Fronsac, 650.
Cortilhars. V. Courteillat.
Cosin (Cosini). V. Arnaud —, Étienne —, Pierre Raimond —, Raimond —, Robert.
Cosmarro Gasa de Legher, 476.
Cosnac. V. Bonet de —.
Costal (Costalli). V. Guillaume —, Pierre —, Vital —.
Costallus Servat, homme franc du roi dans la prévôté de Barsac, 636 [47].
Costantin (Costantini). V. Pierre —, Raimond —.
Costar. V. Bernard du —.
Cosyn. V. Raimond —.
Couat. V. Pierre de —.
Coudures (en la [parropie de] Coudutes). Landes, arr. et c. Saint-Sever, 29.
Courrejan (dominus de Carrejano, de Corrajano, de Correjano; locus de Correjano). Gir., arr. Bordeaux, c. Pessac, commune de Villenave-d'Ornon, 565, 607.
—— V. Guitard de Bourg, seigneur de —, Marquise de —.

Cours (a Cors, par. de Curiis, de Cuirs). Gir., arr. La Réole, c. Monségur, 357, 488, 489.
—— V. Bernard de —.
Courteillat (arriu de Cortilhars). Landes, arr. Mont-de-Marsan, c. Sore, commune de Luxey, 461. La rivière qui passe à Luxey s'appelle la Leyre.
Cousabel. V. Arnaud de —.
Couserans (vescoms de Cozerans). V. Arnaud d'Espagne.
Covenhan. V. Cavagnan.
Cozerans. V. Couserans.
Cozoux. V. Géraud de —.
Crabessat (Crebassac, de Kaversaco). Landes, arr. Saint-Sever, c. Mugron, commune de Maylis. V. Arnaud Guillaume de —.
Cremhon. V. Croignon.
Crench, Crenck. V. Arnaud du —, Guillaume du —.
Cressan, lieu dans l'Entre-deux-Mers, 605.
Crochard (Croucardi). V. Vigouroux —.
Croignon (dominus de Cronone, par. de Cremhon, de Crouhon). Gir., arr. Bordeaux, c. Créon, 579, 593, 635.
Cros (castellum de Cros). Gir., arr. Bordeaux, c. Pessac, commune de Villenave-d'Ornon (Baurein, *Var. bordeloises*, t. II, p. 354), 196.
—— V. Guillaume Arnaud de —.
Crossenhan (locus appellatus Crossenhan), près de Saint-Macaire, 521.
Crota. V. Guillaume de —, Pierre de —.
Croucardi. V. Crochard.
Crouhon (vilagium de Crouhon) en Tursan, 64.
Cruce (de). V. Lacroix.
Cruignon (a Crunhon, casalia a Crunon in par. d'Audion). Landes, arr. et c. Saint-Sever, commune d'Audignan, 93, 102, 103. Dufourcet, *Les Landes et les Landais*, p. 166, place cette localité dans la commune d'Hagetmau.
Cruqurut. V. Pierre du —.
Cubzac (par. de Copsac). Gir., arr. Bordeaux, c. Saint-André-de-Cubzac, 666.
—— V. Pierre de —.
Cucassé (affarium de Cucasser, par. de Cucase). Gers, arr. Condom, c. Cazaubon, commune de Mauléon, 70, 72.
Cucomont. V. Cumont.
Cucujac. V. Cocujat.
Cudos (Cuzos, par. S. Johannes de Codz, de Cuscis, de Godez). Gir., arr. et c. Bazas, 246 [16, 29], 248 [1, 8, 10], 296, 340.
Cugnac (castrum de Cunhac). Dordogne, arr. Bergerac, c. Beaumont, commune de Sainte-Sabine, 203.

Cugnac. V. Bonafous de —.

Cugnos (Cunhos). Gir., arr. Bazas, c. Auros, commune d'Aillas. Dans les registres de l'état civil de cette commune est mentionné André de Seingresse, sieur de Cuignos. Cf. *Inventaire sommaire dép.* Gir., série E, suppl., t. I, p. 289, col. 2. V. Arnaud de —, Bonafous de —, Guillaume Arnaud de —.

Cuirinhan (in par. de Nairjano; locus appellatus Curinhas in par. de Narriano). Gir., arr. Libourne, c. Branne, commune de Nérigean, 537.

Cumches. V. Bonafous de —.

Cummariani parochia. V. Saint-Mariens.

Cumont (Cucomont, Cutmont). V. Assieu de —, Bernard de —.

Cuncirales. V. Géraud de —.

Cunhac, Cunhos. V. Cugnac, Cugnos.

Cuplane, par. dans l'archiprêtré de Soubestre, évêché de Lescar (non mentionnée dans la liste des par. de cet archiprêtré que donne P. Raymond dans le *Diction. topogr. des Basses-Pyrénées*), 74.

Curbo (par. S. Johannis de Curbo), 100.

Curiis (de). V. Cours.

Cursan (par. de Cursano, de Curssan). Gir., arr. Bordeaux, c. Créon, 537, 548, 609.

—— V. Guillaume de —.

Curton (apud S. Martinum de Curton). Gir., arr. Libourne, c. Branne, commune de Daignac, 341.

—— V. Amanieu de —, Raimond de Pins de —.

Curton (homines de Leissatz et de Curton, in par. d'Austen), signal de Curton marqué par l'État-major dans la par. d'Hostens, Gir., arr. Bazas, c. Saint-Symphorien, 573.

Cusinac. V. Cocujat.

Cussac (par. de Cussas, et de Sancta Gemma). Gir., arr. Bordeaux, c. Castelnau-de-Médoc, 35.

Cussac (par. de Cussac in honore de Limotio). Dordogne, arr. Bergerac, c. Cadouin, 357.

Cuzances (de Cusenc, Cuzances). V. Henri de —.

Cuzos. V. Cudos.

D

Dabert. V. Arnaud —.

Dado (milicia de Dado in par. de Dado). Landes, arr. et c. Saint-Sever, commune de Fargues, 25, 104.

—— V. Bernard de —, Doat de —.

Daignac (terra de Danhac). Gir., arr. Libourne, c. Branne, 21.

—— V. Élie de —.

Damazan (Dameyssan, Danmessan, Domaissan). Lot-et-Gar., arr. Nérac, ch.-l. de c. V. Gaucelm de —.

Dameyssan. V. Damazan.

Dampiane. V. Aiquelm Guillaume de —.

Danderon, Danderondis, femme de Raimond Arnaud de Mayensan, 538, 546.

Danhac. V. Daignac.

Danmessan. V. Damazan.

Darbaoz. V. Arnaud de —.

Dard. V. Raimond —.

Darnabes. V. Pierre de —.

Dauzac. Gir., arr. Bordeaux, c. Castelnau-de-Médoc, commune de Labarde. V. Pierre de —.

Dauzat (apud Dauzat in dioc. Adburensi). V. Saint-Jean-d'Auzac.

Davinhan. V. Nicolas de —.

Dax (civitas Aquensis). Landes, 396, 504-508.

—— Actes datés de Dax : 396, 415, 504-508.

—— Archidiacre : Arnaud Séguin.

Dax. Bourgeois, 504-508.

—— Châtelain : Pierre Itier.

—— Cour royale, 419; le papier de la cour royale, 505, 506, 508.

—— Diocèse ou évêché, 33, 461, 462, 479; évêque : Navarre de Miossens.

—— Honneur, 513.

—— Maire, 396. V. Arnaud Séguin d'Estang, Gilbert de Mores, Pierre Itier. Lieutenant du maire : Bernard d'Antes.

—— Ordonnance de police sur les hôtelleries, 415.

—— Prévôté, 33; prévôt : Arnaud Séguin d'Estang.

—— Traité passé entre les factions rivales, 505.

—— V. Arnaud Guillaume de —, Garcie de —, Guillaume de —.

Debarsey, par. disparue dans Saint-Michel-de-Castelnau, 297.

Debo (affarium de Debo), lieu dans les Landes, 72.

Delfau. V. Élie —.

Delhezon. V. Doulezon.

Dellvin. V. Pierre —.

Dels Ayguat (locus appellatus Dels Ayguat), lieu dans la châtellenie de Bourg, 522.

Deltelas. V. Guillaume —.

Demenjon. V. Domenjon et Dominique.

Dened de Sciras, 386.

Denier (Denerii). V. Pierre —.
Denjon. V. Gaillard —.
Dessous-le-Mur (de Subtus Muro), nom d'une rue de Bordeaux. V. Arnaud de —.
Deu Bedun (vinea de Freisse que movet de Deu Bedun), 358.
Deuditz. V. Pierre Arnaud de —.
Deumerbat. V. Raimond —.
Dieulivol (par. de Dieulivol). Gir., arr. La Réole, c. Monségur, 357.
Doassidz. V. Doazit.
Doat (affarium de Doat), lieu dans le Marsan, 108.
Doat Amanieu (Doatus Amaneus), 271, 364.
—— —— de Bouglon (Doatus Amaneus de Boglonio), 223.
—— de Boverez, 330.
—— de Cassens (Doatus de Cassenes), 246 [22]; son neveu : Guillaume de Cassens.
—— de Causabil (Doatus del Causabil), 348.
—— de Dado, fabricien (oberers, operarius) du chapitre de Saint-Sever, 416, 471, 510.
—— de Lamotte du Seguer (Doatus Mota del Segher), 330.
—— de Lapujade (Doatus de Lapujade), 325.
—— de Laserre (Doatus de La Serra), 246 [1].
—— de Laserte, 246 [13, 14].
—— de Laubarède (Doatus de Laubarede, del Albarede), 246 [1, 16].
—— de Lavadour, 311.
—— de Piis, de Bazas (Doatus de Pinibus, Doat de Puys [sic] de Basatz, Doad de Pins de Basadz), 291; témoin, 417, 477.
—— de Piis, bourgeois de La Réole, 427.
—— de Pujolet, 674.
—— de Ros, 364, p. 118, col. 2.
—— Garcie, abbé de Pontaut (En Doatz Garsias, abes de Pontaut), 386 (non mentionné dans la *Gallia christiana*).
Doat (Doat). V. Amanieu —, Bernard —.
Doazit (castrum, domus de Doazit, Doassidz). Landes, arr. Saint-Sever, c. Mugron, 53, 65.
—— V. Otton, seigneur de —.
Doins. V. Jean —.
Domaissan. V. Damazan.
Domanet a Segar (milicia deu Domanet a Segar), lieu dans les Landes, 103.
Domenjon. V. Dominique.
Domezain (Domedun). Basses-Pyr., arr. Mauléon, c. Saint-Palais. V. Arnaud Sanche de —, Ispan, seigneur de —, Sanche Arnaud de —.

Dominique (Dominicus) Borus ou Borus, bourgeois de Dax, 506, p. 230 col. 2 et p. 233 col. 1.
—— d'Antes (En Domejun d'Antes), témoin, 33. Son frère : Guillaume d'Antes.
—— d'Arbine (Dominicus d'Arbine), bourgeois de Bayonne, 399, p. 143, col. 2.
—— d'Argualatz (En Domenjo d'Argualatz, En Domejon d'Argualatz), témoin, 485, 487.
—— de Campagnac (Demenjon de Campanhac), témoin, 419.
—— de Caupenne (Dominicus de Caupena), bourgeois de Dax, 505.
—— de Come, bourgeois de Dax, 506.
—— de Comino, consul de Lectoure, 475.
—— de Galart (Dominicus de Galhartz, Domengon de Galhart), bourgeois de Bayonne, 399, p. 143, col. 1, 400.
—— de Gavigag, bourgeois de Bayonne, témoin, 497.
—— de Gorbilh, bourgeois de Bayonne, 399, p. 143, col. 2.
—— de Grado (Dominicus de Grado et, en variante : Domenjon de Gado), bourgeois de Bayonne, 399, p. 143, col. 2.
—— de La Casse (Dominicus de La Casse), bourgeois de Dax, 506, p. 233, col. 1.
—— de Mirabon (En Demenjon de Mirabon), témoin, 513. Son frère : Mathieu de Mirabon.
—— de Nalettes, bourgeois de Dax, 505, 506.
—— de Pin, bourgeois de Bayonne, 399, p. 143, col. 2.
—— de Saintes (Dominicus de Sanctis), bourgeois de Dax, 505.
—— de Ville (Dominicus de Villa), bourgeois de Bayonne, 399, p. 143, col. 1.
—— d'Oïdei (variante : Audei), bourgeois de Bayonne, 399, p. 143, col. 2.
—— Maurat, bourgeois de Dax, 506.
——, père de J. de Seubist (J. de Seubist, filius Dominici), bourgeois de Bayonne, 399, p. 142, col. 2.
—— (Dominici). V. Jean —.
Domonova. V. Maisonneuve.
Donas, sœur de Bernard Raimond Laporte, 109.
Donat d'Assi (Donatus d'Assi), 364, p. 118, col. 2.
—— de Buscos, 248 [3].
—— Guillaume de Soueyres (Donatus W. de Suiguers), 364, p. 118, col. 1.
Dordogne (aqua de Dordonia, aqua Dordonie), 198, 199, 256, 260, 308.
Dorralhau (locus vocatus Dorralhau), lieu dans Saint-Michel-de-Laprade, près de Bazas? 34.

Dorthe (d'Urta), nom qui se retrouve dans Castets-en-Dorthe. V. Gaillard de Dorthe.

Dos, Dosse. V. Pierre de —.

Douce (Douse) Le Parquer, fille de Jean Le Parquer, chevalier, 513.

Doucet (de Dulceto). V. Arnaud Guillaume de —, Raimond Guillaume de —.

Doulezon (par. de Delhezon). Gir., arr. Libourne, c. Pujols, 288.

Doumaju, V. Thomas —.

Douze (Udossa), rivière des Landes qui passe à Mauvezin, 118.

Douzeron, du château de Sault, 386.

Draconus de Mesmes (de Mames), 247 [10].

Dran. V. Vital du —.

Dreu de Barentin (Droco, Drugo de Barentino; Drogo de Valentino), sénéchal de Gascogne, 408 (3 fois).

Drio. V. Guillaume —.

Dron (rivus del Dron, homines del Dron), ruisseau et lieu dans la prévôté de Bazas, peut-être dans la par. de Cudos, 248 [2, 4].

—— V. Pierre du —.

Drot (rivus qui vocatur Drotum, lo riu del Drot), rivière du dép. de la Gir., 34, 208, 256, 260, 474, 544.

Dru (Drudi). V. Guillaume —.

Duana. V. Pierre de —.

Dudo. V. Dadon.

Duhort (par. deu Fort). Landes, arr. Saint-Sever, c. Aire, 82.

Dujon Arroda, 356, tenancier libre du roi dans la par. de Savignac, 356.

—— de Lacase (Dujo de Casa), homme franc du roi dans la par. de Cudos, 248 [6].

—— Pons (Dujo Poncii), tenancier libre du roi dans la par. de Savignac, 356.

Duran. V. Brun —, Gaillard —, Vital —.

Durananda (locus appellatus Durananda in par. de Tressis). Gir., arr. Bordeaux, c. Carbon-Blanc, commune de Tresses, 537.

Durand (Durandi). V. Guillaume —.

Durar (terra in Durar), dans la par. de Labrède? 678.

Duras. V. Estève de —.

Durcan. V. Gaillard —.

Durège (Duregia), rivière du dép. de la Gir., affluent de la Dordogne, 208.

Durèze (par. de Aurez, en la honor, enjusca la bastida de Monségur). Gir., arr. La Réole, c. Pellegrue, commune de Listrac-de-Durèze, 494.

Durriet. V. Bernard —.

E

Éble de Mons (dominus Ebulo de Montibus, sire Ebles de Monts), 261, 472.

Ebrayda. V. Brayda.

Ecclesia. V. Église et Léglise.

Édon. V. Vital —.

Édouard de Lamotte, de Roquetaillade (dominus Edwardus de La Mota de Rocatalhada), 420.

Édouard, fils aîné du roi d'Angleterre Henri III, 35, 197, 365, 370-393, 400-404, 411, 412, 416-419, 424-431, 449, 450, 459, 471-494, 503, 505, 509; roi d'Angleterre (Édouard 1ᵉʳ), 1, 359.

Édouard (Audoard) Talahor, 468.

Ees (fidelitatem fecit de Mouquer et de Ees), 141. Peut-être Ousse, Basses-Pyr., arr. et c. Pau, non loin de Maucor, qui est dans le canton de Morlaas.

Église (estagia Ecclesie, La Glisa), lieu marqué par l'État-major dans la commune de Cocumont, Lot-et-Gar., arr. Marmande, c. Meilhan, 334.

—— V. Arnaud de l'—, Bidon de l'—, Gaillarde de l'—, Guillaume de l'—, Jean de l'—.

Eiquart, V. Aicard.

Eissas. V. S. d'—.

Elia. V. Gaillarde d'—.

Élie Aucher (Elyes Aucher, Helias Auchers), prieur de La Réole, 472, 488-494.

—— Auquier (N'El. Auqueir), témoin, 542

—— Barbe (Hel. Barba), témoin, 423.

—— Basterii, témoin, 695.

—— Beneth, 280.

—— Boquer, témoin, 481.

—— Brasc, 267. Son frère : Raimond Brasc.

—— Carpenter (Helias, Elias Carpentarii, N'El. Carpenter), bourgeois de Bordeaux, 584; témoin, 36, 365, 499-501.

—— d'Angoulême (Helias d'Engolesme), 479.

—— de Balatinhan, 645.

—— de Bayon, 606.

—— de Beivile (Helias de Bewile, Helies de Vaivila), 266, 472. Son frère : Guillaume.

—— de Blaignac (Helias de Blanbac), 201, 425.

—— de Boursac (Elyas de Bursac), 202.

—— de Camps (N'Elias de Camps), témoin, 502.

Élie de Castillon (dominus Elias, Helias de Castellione), 10; témoin, 478.
—— de Daignac (dominus Elias de Danbac), 21.
—— de Hauvile (N'Aleis, Alies, Alyes, Elis de Hubile, Helias de Haubile), chevalier, maire et châtelain de Bayonne, 464; lieutenant du sénéchal de Gascogne, 513.
—— de La Case (Helias de Casa, de Cassis), damoiseau, de Sauve Majeure, 593, 605.
—— de La Frenha (Hel. de La Ffrenha), 514.
—— de Laroque (Helias de Rupe), 426.
—— de Laruscade (Helias de Laruscada), damoiseau, 553.
—— Delfau, témoin, 481.
—— de Paralh, 352.
—— de Roquefort (Helias de Roquafort, En Helies d'Arrocafort), 282, 472. Sa femme : Ampais.
—— de Saint-Michel (Elias de Sancto Michaele, En Helies de Sent Miquel), 253, 276, 472.
—— de Scodacan, chevalier, 258.
—— d'Escourru (Helias d'Escorro), 267.
—— de Talmont (dominus Elias de Thalamone), chevalier, frère d'Aladis de Blanquefort, 667.
—— de Tast, de Tastis, bourgeois de Sauve Majeure, 584, 589.
—— Faure (Helies Faure), témoin, 472.
—— —— de Saint-Quentin (Helias Fabri de Sancto Quintino), 537.
—— Gaillard (Elyas Gaillardi), 198.
—— Géraud (Helias Geraudi), 645.
—— Guillaume (Hel. W., N'El. W.), 136.
—— Jean, prieur de Saint-Laurent-des-Combes (Helias Johannes, prior S. Laurencii de Meris), 671.
—— Laboeria, 481.
—— Moner (Helias Monerii), témoin, 424.
—— Moynere (magister Helias Moynere), 365.
—— Pelet, évêque de Périgueux, 474.
—— Pursan (Hel. Purssan), témoin, 541.
—— Regh (Helias Regh, Regis), 661.
—— Richard (Elias Richardi), jurat de Saint-Émilion, 2.
—— Robert (maiestre Hel. Rotbert), témoin, 474.
—— Roland, prieur de Sainte-Croix (Helias Rotlandi, rector sive administrator prioratus S. Crucis prope Leuviham, dioc. Vasatensis), 325. Son frère : Guillaume Roland.
—— Rudel, seigneur de Bergerac et de Gensac, père de Marguerite de Turenne (Elias Rudelh ou Rudelli, Helias Rudelli, dominus Brageriaci), 329, 503.

Élie Rudel de Bergerac, le Jeune (N'El. Rudeu de Bragairac lo jones), 428.
—— Vacher (Helias Vacheir), témoin, 664.
—— Viger de Bordeaux, de la par. de Saint-Pierre (Helias Vigerii de Burdegala, de Sancto Petro), frère de Pierre, 429, 519, 649.
—— —— de Sauve-Majeure (Helias Vigerii, filius quondam Constantini Vigerii de Silva), 429.
Elienor. V. Aliénor.
Emeric. V. Arnaud Guillaume —.
Emolin. V. Jean —.
Empeira, mère d'Aicard Audoin, 501.
Encal, lieu dans la par. de Cudos, 248 [4].
Endirran (la pistole d'—). V. Adrien.
Enesse (corr. Onesse?). V. Barthélemi d'—.
Engalin. Gers, arr. Lectoure, c. et commune de Mauvezin. V. Raimond Sanche d'—.
Engomer. V. Angoumé.
Enited (par. d'Enited e de Castets e d'Orgelos), par. dans le dioc. d'Aire? 29.
En la Fornaquia, terre dans l'honneur de Roquépine, 257.
Enscaussans. V. Escoussans.
Entre-deux-Mers (Entre des Mars, Inter duo Maria), pays du dép. de la Gir., 341, 557.
—— Hommes francs du roi, 680.
—— Prévôt, prévôté, 531, 541-543, 570, 601, 604, 605, 612, 646.
—— Prévôté du péage des poissons, 668.
Entre-Dordogne (Inter Dordoniam), pays du dép. de la Gir., 240, 655, 656.
Escam. V. Fort —.
Escaude (par. d'Escauzas, d'Escaudes; par. S. Marie d'Escauzes; par. de Incauda). Gir., arr. Bazas, c. Captieux, 238, 247 [1,13], 633.
Escebet. V. Perot d'—.
Esclairac. V. Loirac.
Esclarmonde de Toujouse (Esclarmondia de Toyose), femme d'Arnaud de Corbin, 97.
Esclau. V. Fort Guillaume —, Guillaume —, Peitavin —, Pierre —, Raimond —, Vigouroux —.
Esclotes (par. de Las Clotas). Lot-et-Gar., arr. Marmande, c. Duras, 357.
Escoahes, V. Aymes d'—.
Escoassa, Escossa. V. Escource.
Escos. V. Arnaud d'—.
Escourro (Escorro), nom d'un ruisseau du dép. de la Dordogne. V. Élie d'—.
Escource (de Escoassa, de Escossa). Landes, arr. Mont-de-Marsan, c. Sabres. V. Lombard d'—.

INDEX DES NOMS DE PERSONNES ET DE LIEUX.

Escoussans (affarium d'Enscaussans). Gir., arr. La Réole, c. Targon, 13.
—— V. Bernard d'—.
Escuder. V. Arnaud —, Bernard —, Géraud —, Pierre —, Vital —.
Escuderens, Escuderis (homines deus Escuderens, casalia deus Escuderis), lieu dans la par. de Pujol, 622.
Escurat (locus appellatus a Escurat), lieu dans Civrac-en-Médoc, Gir., arr. et c. Lesparre, 192.
Escurren (affarium d'Escurren), bien appartenant à l'abbaye de Pontaut, 88.
Espagne (Espaie). V. Arnaud d'—.
Espan. V. Guillaume —.
Esparre. V. Lesparre.
Espord. V. Raimond —.
Esperous (milicia d'Esperosa). Landes, arr. Mont-de-Marsan, c. Gabarret, commune de Parleboscq, 123.
—— V. Gautier d'—, Pierre d'—.
Espes. V. Seignoron —.
Espiet. V. Seignoron del —.
Espleitad. V. Itier —.
Esqueles. V. Estialescq.
Esquivan. V. Fort —.
Esquivat de Chabanais, comte de Bigorre (Esquivatus, comes de Bigorra ; Esquivat de Cabaneys, comps de Biguora ; Esquivatus de Cabanesio, comes Bygorro), 71, 371, 408, 418.
Esta. V. Estang.
Estampes (de Estompis). Gers, arr. Mirande, c. Miélan. V. Fortun d'—.
Estang (dominus d'Esta, Estau; castrum d'Estan, de Stagno). Gers, arr. Condom, c. Cazaubon, 23, 31, 72.
—— V. Arnaud Séguin, seigneur d'—, Guillaume d'—.
Estans (locus d'Estans in par. de Ma.), lieu en Chalosse, 107.
Estève (Esteve, Estewen, Stephani). V. Pierre —.
Esteves. Estewe, Estewen. V. Étienne.
Estialescq (Esqueles). Basses-Pyr., arr. Oloron, c. Lasseube. V. Arnaud Guillaume d'—.
Estibeaux (Estivaus, senhor de Stiber). Landes, arr. Dax, c. Pouillon, 386.
—— V. Bernard d'—, Guillaume d'—.
Estiu. V. Bernard —.
Estivaus. V. Estibeaux.
Estoban de Beaumont (Estobanus de Bitmont), chevalier, 473.
Estompis (de). V. Estampes.

Estorgius. V. Eustorge.
Étienne Arquier (Stephanus Arquerii), témoin, 473.
—— Bauzan (Estewe Barstan), 401. Sénéchal de Gascogne, 1254-1255; cf. Rôles gascons, t. I, suppl. p. cxix.
—— Cosin (Stephanus Cosini, Cosis), prêtre, 257; témoin, 481.
—— de Cazenove (Stephanus de Cazenove, filius Johannis), bourgeois de Bayonne, 399, p. 143, col. 2.
—— de Duras (Esteve de Duras), témoin, 541.
—— de Loupès (Stephanus de Lopa), témoin, 428.
—— de Montlérits (Stephanus de Montlerits), 427.
—— de Provence (Esteves, Estewes de Proensa, Stephanus de Provincia), greffier, 370-380, 383-393, 416, 417, 425-429, 471; notaire public de Bordeaux, 477.
—— Faur de Beiville (Estewe Faur de Vaivila), 472.
—— Ferriol de Tonneins (Stephanus Ferriou de Toneux), témoin, 452.
—— Frahèse (Stephanus Frahese), 289.
—— Fregeira (Steph. Fregeira), témoin, 481.
—— Longuépée, sénéchal de Gascogne (dominus Stephanus Longespeye, N' Estewen Longespeye), 197, 396, 398.
—— Manent (Steph. Manent), témoin, 481.
—— Viger, notaire public de Castillonnès (Stephanus Vigerii, publicus notarius Castillhonensis), 481.
Eudes (Odonis). V. Raimond —.
Euren. V. Guillaume Arnaud d'—.
Eustache, doyen de Salisbury (magister Eustachius, Sar. decanus), témoin, 196.
Eustorge de Montaigu (Estorgius de Monteacuto), abbé de Séguret ou Saint-Michel-d'Aiguilhe, 409.
Eutenton de Sainte-Croix (de Sancta Cruce), 171.
Eybos. V. Icard d'—.
Eychedanges. V. Menotus d'—.
Eymericus. V. Aimeric.
Eyrans-de-Soudiac. Gir., arr. Blaye, c. Saint-Ciers-la-Lande. V. Guillaume Raimond de —.
Eyres (dominus d'Ayra, parropia d'Eyres, parochia d'Eyras). Landes arr. et c. Saint-Sever, commune d'Eyres-Moncube, 29, 72, 115, 129.
—— V. Gautier d' —.
Eysines (par. S. Martini de Edinis). Gir., arr. Bordeaux, c. Blanquefort, 35.
Eyssigeac. V. Issigeac.
Eytes. V. Eyres.
Eytz Arnaud de Serreslous (de Serallos), 102.

F

Fabri. V. Faur.
Faed, Faget. V. Guillaume Arnaud de —.
Fagia. V. Arnaud de —, Guillaume de —, Sanche de —.
Falcor. V. Guillaume —.
Falosol (capmansus de Falosol), près de Benquet. Landes, arr. Saint-Sever, c. Grenade, 134.
Faolhede (casale de Faolhede), lieu dans le Marsan, 72.
Farbaus. V. Ferbaux.
Fargues (castrum, par. de Fargis, de Faurgis, in propositura de Barsiaco). Gir., arr. Bazas, c. Langon, 633, 635.
—— V. Assaut de —, Gaillard de —, Guillaume de —, Guillaume Assaut de —.
Fargues (maneire de Faurges, en la parropia de Arrenung, cavarerie de Faurgues). Landes, arr. Saint-Sever, c. Aire, commune de Renung, 25.
—— V. Guillaume Ex de —.
Fargues-Saint-Hilaire (par. de Faurgis, de Haurgas, capellanus de Faurgas). Gir., arr. Bordeaux, c. Créon, 537, 593, 609.
Farina. V. Labarie.
Faro. V. Ferrol.
Fasdina Lespateuga, 364, p. 119, col. 1.
Fauce Torterna (pratum de Fauce Torterna), lieu près du Tourne, dans l'Entre-deux-Mers, 548.
Faugueira. V. Arnaud Séguin de —.
Faur d'Artiguevieille (Faber de Artigaveteri), homme franc du roi, 244, p. 77, col. 1.
Faur ou Faure (Fabri). V. Bernard —, Bernot —, Bertrand —, Bonet —, Étienne —, Gaucelm —, Guillaume —, Marie —, Pierre —, Raimond —, Vital —.
Faurga (ecclesia de Faurga), 525 (sans doute un des Fargues du dép. de la Gir., mais lequel?).
—— V. Aimeric Seyrarus de —.
Faurgas, Faurgis. V. Fargues.
Favere, Faverie (trou bat Faverie e deu bad Favere), lieux dans les Landes, 461.
Favernet (de Favarneto). V. Auger de —.
Faxinon (foresta seu silva de Ffaxinon), forêt dans le Marsan, 30, 31.
Fenestrac (locus vulgariter appellatus Fenestrac in par. de Sezac). Gir., arr. Blaye, c. Saint-Savin, commune de Cézac, 553.

Fenouillet (dominus de Ffenolhed, Agennensis diocesis), 446.
—— V. Fortaner, seigneur de —.
Feodo Marconis (in). V. Fimarcon.
Feoment. V. Raimond de —.
Férand (Ferandi, Ferrandi), V. Pierre —.
Ferardus. V. Féraud.
Féraud de Hinx (Feraudus de Hen), bourgeois de Dax, 506, p. 233, col. 1.
—— de Pont (Feraudus de Ponte), bourgeois de Dax, 505, p. 228, col. 2.
—— (Ferardus) Pyn, bourgeois de Bayonne, 399.
Ferbaux (feoda de Farbaus in par. S. Petri dou Mont), lieu dans Saint-Pierre-du-Mont, Landes, arr. et c. Mont-de-Marsan, 89, 95.
—— V. Pierre de —, Pierre Arnaud de —, frères. Sur la famille noble de Ferbaux, cf. Noulens, Moisons historiques de Guienne, t. II, p. 259.
Fercia, femme d'Arnaud de Molent, 364, p. 119, col. 1 (la lecture du nom est d'ailleurs très douteuse).
Periagen. V. Pierre-Jean de —.
Feriol. V. Guillaume, Guillaumet ou Guillemot —.
Ferme, saint (in vita seu legenda sancti Ffremerii invenitur), 208.
Ferran. V. Garcie —, Pierre —.
Ferrandi. V. Férand.
Ferrardre. V. Pierre de —.
Ferreis. V. Pierre Viger de —.
Ferriol (Feriou). V. Étienne —.
Ferris. V. Gautier de —.
Ferrol (de Faro usque ad S. Sebastianum), port d'Espagne, 407 [7].
Feusmarcs. V. Fimarcon.
Fevreirer. V. Raimond —.
Fevrier. V. Forton —.
Fezensac (Fezenciacum, Fezensac, comitatus Fezenciaci), 11, 45, 174.
Fezensaguet (Fezensaguatum), 45.
Ficius de Sancta Maria, témoin, 473.
Figeac (Figacensis abbas), 41. V. Gaillard de Montégut.
Figuiers (par. de Ffuguer, apud Figuers). Lot-et-Gar., arr. Marmande, c. Bouglon, commune d'Argenton, 298, 364, p. 118, col. 1.
Filartigue (Filartigia, Filartiva). Landes, arr. Mont-de-Marsan, c. Gabarret. V. Vital de —.

392   INDEX DES NOMS DE PERSONNES ET DE LIEUX.

Filholia (casale de Filholia), lieu près de Puyguilhem, 267.

Filhon. V. Guillaume —, Pierre —.

Fimarcon (archidiaques del Feusmarcs, in Feudo Marchonis, de Feudo Marchionis), pays du dép. du Gers, archidiaconé du dioc. de Lectoure, 11, 174, 470.

—— V. Bernard de Gabaston, archidiacre de —.

Fine (Fina), femme de Jean de Lalande, 583, 654.

Fist. V. Arnaud du —.

Fite. V. Arnaud Guillaume de —.

Flama. V. Bernard —.

Flamma. V. Arnaud Bernon de —.

Flandre (Flandria), 407 [3, 6].

Flaugeac (par. de Flaugiac). Dordogne, arr. Bergerac, c. Sigoulès, 285.

Flaugeac (par. S. Petri de Fflaugiac). Gir., arr. Bazas, c. et commune de Grignols, 298.

Fleix (par. del Fleys, Augerius de Ffleis). Dordogne, arr. Bergerac, c. La Force, 242, 478.

—— V. Auger du —, Pierre Auger du —.

Flement. V. Gui —.

Floirac (par. de Floirac, de Floriaco, de Flurac). Gir., arr. Bordeaux, c. Carbon-Blanc, 537, 601, 619, 641.

—— V. Robert de —.

Flore (Flora), fille de Seigneron Espès, femme de Pierre d'Ossages, 106, 110.

Floriaco (de). V. Floirac.

Floribus. V. Jean de —.

Florrac (le même que Floirac?). V. Raimond de —.

Florraz. V. Bernard de —.

Flors de Morans, 326.

Flurac. V. Floirac.

Foffalobar (affarium de Foffalobar), lieu en Marsan? 78.

Foix (Fuxensis, Fuxi comes). V. Roger, comte de—.

Folquet de Moupin (Folguetus de Moupin), tenancier à Bouglon le Vieux, 364, p. 118, col. 2.

Folsinanno (feodum de —), lieu dans la par. de Bernos, 246 [22].

Fon, Fons. V. Arnaud de —, Vincent de —.

Fonguilhem (abbas, domus de Fonte Guillelmi, de Fonte Willelmi), abbaye au dioc. de Bazas, Gir., arr. Bazas, c. Grignols, commune de Masseilles, 220, 238, 244, p. 77, col. 2, 246 [3], 636 [12].

—— V. Bertrand, abbé de —.

Fontact, lieu près de Bouglon, 364, p. 118, col. 1.

Fontanas d'Isla. V. La Hontana.

Fonte (de). V. Lafond, Lafont.

Fonte Augart (nauda de Fonte Augart, prout durat a rivo de Fuder), marais près de Laruscade et du ruisseau de la Saye. Gir., arr. Blaye, c. Saint-Savin, 553.

Fonte Cornela. V. Arnaud de —, Raimond de —.

Fonte Guillelmi. V. Fonguilhem.

Fontelli (apud Fontelli), lieu près de Bouglon, 364, p. 118, col. 1.

Fontem (apud Fontem), lieu près de Bouglon, 364, p. 118, col. 2.

Fonte Vaqueira. V. Pierre de —, Vital de —.

Fonte Willelmi (de —). V. Fonguilhem.

Forcead (pastinum vocatum casale Forcead), lieu voisin de Saint-Michel-de-Castelnau, 318.

Forceds. V. Fossés[-Baleyssac].

Forcius. V. Fort.

Forn. V. Pierre de —.

Forno Garcia. V. Pierre de —.

Fort Abot (Fort Abot), 354 [14].

—— Bacon (Fortis Bacon), frère de Guillaume, 325.

—— Bec (Fortis Bec), 325.

—— de Brenas (Forcius de Brenas), frère d'Arnaud, 355.

—— de Cassenx (Forcius de Cassenes, Fortis de Cassones), frère de Jean et de Raimond, 246 [1, 24].

—— de Genesia (Forcius de Genesia), consul de Lectoure, 475.

—— de Langon (Forcius de Longonio), père de Pierre, 331.

—— de Larcmal (Fortis del Arcmal), frère de Vital, 248 [13].

—— de La Rui (Fortis de La Rui), 313.

—— de La Tapa (Forcius de la Tapa), 245.

—— de Liposse (Forcius de Liposse), bourgeois de Bayonne, 399, p. 144, col. 1.

—— de Lugayosse (Forcius de Lugarossa, Fortis de Lugaiossa), 247 [1, 13].

—— de Montz (Fortz de Montz), 543.

—— du Cassos (Forcius deu Cassos), bourgeois de Bayonne, 399, p. 143, col. 1.

—— du Seguer (Fortis del Seguer), 330.

—— Escam (Forcius Escam ; variante : Fort Esquivan), bourgeois de Bayonne, 399, p. 144, col. 1.

—— Guillaume Esclan (Fortis W. Esclan), 427.

Fort (par. deu Fort). V. Duhort, et Bidon du Fort.

Fortaner de Baulat (En Rfortaner de Baulad), prieur de Mimizan et vicaire de Saint-Sever, 24, 26.

—— de Bernède (Forthonerius de Biernede, Fortenetus de Vernede), damoiseau, 61, 173.

Fortaner de Cazenove (dominus Ffortanerius de Casanova; En Fortaner de Cazenove; Fforthonerius de Casanova, miles), chevalier, 41, 175, 176, 462; maire de Bordeaux, 365, 416, 471, 502; lieutenant du prince Édouard, 473; sénéchal de Gascogne, 417, 478; témoin, 452. Sur ce personnage et sa famille, cf. O'Gilvy, *Nobiliaire de Guienne et de Gascogne*, t. III, p. 209-213, et *Revue de l'Agenais*, t. VI, p. 391.
—— de Fenouillet (Forto Anorii, dominus de Ffenolhod, Agennensis diocesis), 446.

Fortanerius, Fortenetus, Forthonerius. V. Fortaner.

Fortis. V. Fort.

Fortmag. V. Arnaud Guillaume de —.

Forto Anerii. V. Fortaner.

Forton Bacouins (Forto Bacouins), 354 [12].
—— Blanc (Fortho Albi), prêtre, 681.
—— Bogès (Ffortho Bogesii), 645.
—— Carpenter (Ffortho Carpentarii), 645.
—— de Gotz de Barsac (Ffortho de Gotz de Barssiaco), 636 [10].
—— de Mays (Fortho de Mays), 679.
—— de Palu (Forto de Palu), 16.
—— de Serres (Ffortho de Serris), témoin, 176.
—— d'Estampes (Ffortun d'Estompis), 386.
—— du Bois (Ffortun de Bosco), témoin, 380.
—— du Sourbey (Forto del Sorber), homme franc du roi dans la prévôté de Bazas, 244, p. 76, col. 1.
—— Fevrier, 657.
—— Marsan, homme franc du roi dans la prévôté de Barsac, 636 [45].
—— Tizon, frère de Guillaume, homme franc du roi dans la prévôté de Barsac, 674.

Forton. V. Aicard de —, Gaucelm de —, Guillaume de —, Pierre de —.

Fortrat d'Agan, homme franc du roi, 247 [9].

Fortun. V. Forton.

Fortz. V. Fort.

Forums (affarium de Fforums), lieu dans le Marsan, 72.

Forzin. V. Frozin.

Fossacava, lieu dans la seigneurie de Pujols? 622.

Fossad, Fossatz. V. Jean de —.

Fosse Guibaut (hospitale de Hoce Guibaut). Landes, arr. Dax, c. Castets, commune de Taller, 55. Cf. dom Beaunier, *Abbayes et prieurés de l'ancienne France*, t. III, p. 60.

Fossés (Forceds, Forceds, a Forsseds). Gir., arr. et c. La Réole, commune de Fossés-Baleyssac, 493.
—— V. Guillaume de —.

Foston. V. Jean de —.

Fouchier. V. Arnaud —.

Fouquet d'Aurice (de Aurisse), damoiseau, témoin, 482.

Foylhet, lieu voisin d'Aures, 238.

Fozera, nom d'une par. qui a été absorbée par Libourne, 501.

Frabese. V. Étienne —.

Fraisses. V. Bernard des —.

Fraissiet. V. Frayssinet.

France (Francia), cour du roi de —, 420, 503.
—— Messager du roi de —. V. Roger de Peires.
—— V. Pierre de —.

François Accurse (dominus Franciscus, doctor legum), témoin, 175, 176, 452.

Francon. V. Bernard —.

Francs de Saires, bourgeois de Bayonne, 399, p. 143, col. 1.

Frayssinet (domus de Frayssinet, vinea de Fraissinet, nemus et stagie de Ffraissiet), lieu dans la seigneurie de Pujols, 622.

Fregère (Fregeira). Dordogne, arr. Bergerac, c. et commune d'Issigeac, 481.
—— V. Bernard de —, Étienne de —.

Freisse (vinea de Ffreisse), vigne dans la prévôté de La Réole, 358.

Fremerius (sanctus). V. Ferme.

Fremundus, roi de Bordeaux, 208.

Fromadgesio. V. Arnaud Guillaume de —.

Froncent, lieu près de Bouglon, 364, p. 118, col. 1.

Fronsac (Franciacum, Fronciacum, Fronciacum, Frunzac). Gir., arr. Libourne, ch.-l. de c., 3.
—— Château et châtellenie, 527, 553, 583, 650, 652, 655.
—— Mesure (sivada a la mesura de Fronsac), 514.
—— Péage (pedagium maris de Ffronciaco), 3.
—— Vicomte, vicomté, 3, 6, 191, 192, 527, 553, 576, 577, 591, 594, 652, 655, 666, 668.
—— V. Agnès de —, Guillaume Boca de —, Raimond Brun de —, Yspanie de Bourg, mère du vicomte de —.

Frontemi, 364, p. 119, col. 2.

Frosun. V. Amanieu —, Guillaume —.

Frozin de Jusix (Forzin, Frezin, Frozin, Frozinus de Judix), chevalier, de Landerron, 488, 489, 491-493.

Fuder (rivus de Fuder), ruisseau près de Laruscade, affluent de la Saye? 553.

Fugueriis (de). V. Figuiers.

Furno. V. Pierre Guillaume du Four.

Furquis. V. Arnaud de —.

Furt (Furti). V. Raimond —.

Fuster. V. Arnaud Jean —.

Fuxensis comes. V. Foix.

G

G. Voir Guillaume.
Ga. V. Guillaume du —.
Gabardan (Gavardanum, vicecomes de Gavardano), pays dont Gabarret était la capitale, 109, 237.
Gabarret (Gavared, Gaverret, de Gavarretto, de Gaveretto). Landes, arr. Mont-de-Marsan, ch.-l. de c. V. Auger de —, Pierre de —, Roger de —. Le n° 270 donne une sorte de tableau de la famille noble de Gabarret.
Gabas (flumen del Gavas), rivière qui se jette dans l'Adour à Toulouzette, 70.
Gabaston (de Gavastone). Basses-Pyr., arr. Pau, c. Morlaas. V. Arnaud de —.
Gadanber, Gadonher. V. Guillaume —, Raimond —.
Gado. V. Pierre Arnaud de —.
Gabertz. V. Amanou de —.
Gaillard (Gaillardi). V. Élie —.
Gaillard Asserit. V. Géraud Assalhit.
—— Baudoinh (Galh. Baudoinh), homme franc de la par. de Beychac, 541.
—— Colom (Galhardus Columbi, dominus Gualhardus Columbii, En Galhard Colom), fils d'Arnaud Colom, 9, 13, 35, 421, 449, 535; témoin, 35, 546, 549. Sa femme : Trencaléon; son fils : Jean Colom.
—— —— le Jeune (Galhardus Columbi, Columby junior), témoin, 612, 678.
—— d'Arriets (Galhardus, Gualhardus d'Arrieto), damoiseau, témoin, 613-615, 629-635.
—— de Bernos (Gaillardus de Bernos), 246 [18].
—— de Beyrie (En Gailhart de Berrie), 33. Sa fille : Aude de Beyrie.
—— de Bladin, chapelain de Haux (Galhardus de Bladin, presbyter, capellanus de Hau), 531, 549.
—— de Bordeaux (Galhardus de Burdegala, de Bordeu, magister Galhardus de Burdegala), 359, 586; témoin, 330, 354.
—— de Budos (Gualhardus de Budos), 635.
—— de Caies (Gualhardus de Caies), damoiseau, 183.
—— de Campsegret (Galhardus de Campsogredi), 307.
—— de Cantemerle (Galhardus de Cantamerla), 613.
—— de Cahors (Gualhardus de Carturco), 636 [6].
—— de Cassanet (Galhardus de Cassaneto), témoin, 618.

Gaillard de Castanet (Galhardus de Cassaneto), damoiseau, fils de Raimond Guillaume de Castanet, chevalier, 561.
—— —— (Galhardus de Cassaneto, frater Willelmi Furt), témoin, 561-563.
—— de Dorthe (Gaillardus de Urta), 322.
—— de Fargues (Gaillardus de Ffargis), chevalier, 431.
—— —— (Gailhartz de Faurgas, donzets; En Galhartz de Faurgas; Galhardus de Faurgiis, domicellus), damoiseau, seigneur de Landiras, 373, 391, 564, 633.
—— —— (Galhardus de Faurgis, Burdegalensis diocesis), 437.
—— de Gousse, chevalier (En Galhartz de Guoza, cauoirs), 386.
—— de Grossignac (Gualhardus de Grossinhac), chevalier, 634.
—— de Ladils (Gaylardus de Ladils), 246 [24].
—— de Lait Savoidaitz, 330.
—— de Lalande (Galhardus de Lalanda), damoiseau, neveu de Ruffat de Lalande, chevalier, 518.
—— de Lamotte, de Buch (Gualhardus de La Mota, de Bogio), damoiseau, 687.
—— —— (Galhardus de Mota), 296. Son père : Géraud.
—— de Langon (Galhardus de Lengonio, de Lingonio), 331, 332, 674. Ses fils : Gaillard et Pierre.
—— —— (En Galbard de Lengon), témoin, 366.
—— de Laroque (Galhardus de Rupe), témoin, 473.
—— —— (Galhardus de Rupe), damoiseau, 641.
—— —— (Galhardus de Rupe), bourgeois de Saint-Macaire, 598.
—— de Ligautens (Gualhardus de Lugalten), 691.
—— de Lignan (Gualhardus de Lenyan), chevalier, 669. Sa femme : Pélegrine. Cf. Aug. Brutails, Les expédients financiers de Gaillard de Lignan, dans Mélanges d'histoire offerts à Charles Bémont, 1913, p. 217.
—— de Lobenc, chevalier, 564.
—— de Lugayosse (Gaylardus de Lugaiossa), 247 [13].
—— de Manteny, 250.
—— de Marcos, 248 [4].
—— de Meilhan (Galbart de Milhan, cauoirs), chevalier, 373.

Gaillard de Montégut, abbé de Figeac, 41.
— de Montignac (Galhardus de Montinhac), 565.
— de Montpezat (Galhart de Montpesat), témoin, 380.
— de Montprimblanc (Gualhardus de Monte tremulo), 635.
— Denjon (Galhart Denjon), témoin, 423.
— de Noaillan (Galhardus de Novelliano), frère de Guillaume, 181.
— de Pinsac, chevalier, 306, 358.
— de Puch (Gaillardus, Gaylardus de Podio), 246 [11], 247 [19]; témoin, 196, 244, 354, 426, 565-567, 582, 587, 595.
— ——, bourgeois de Bazas (Galhardus de Podio, civis Vasatensis, de Vasato), 291; témoin, 292, 304.
— —— (Galhardus de Podio), damoiseau, 605.
— de Saint-Cyprien, curé de Monsaguel (Galhartz de Sant Sibra, capelas de Montsagel), 481.
— de Saint-Loubert (Galhardus de Sancto Lupercio), 364, p. 118, col. 2.
— de Sourbey (Gaillardus de Surbet), 244, p. 76, col. 1.
— des Paus (Galhardus deus Paus), témoin, 546, 610.
— de Tilh (En Galhartz de Tilh, cauoir; dominus Galhardus de Tylio, miles), chevalier, 385, 507; témoin, 382, 384, 391-393.
— d'Eyrans (Galhardus d'Ariano, d'Arriano, d'Ayrano), damoiseau, fils de Guillaume Raimond, 653.
— d'Ornon (dominus Gualhardus d'Ornon, En Galhart Dorns), 16; témoin, 461.
— d'Ossau (fra Galhard d'Ossau), témoin, 483.
— du Cau, fils de Bernard, 358.
— du Hasar, 681.
— du Mun (Gaylardus deu Mun), 173.
— Duran, 425.
— ——, damoiseau, fils de Guillaume Raimond Duran, 531-533.
— Durcan, de Langon (Galhardus Durcan de Langonio), 360. Sa femme : Caritor.
— du Soler, bourgeois de Bordeaux (Galhardus de Solerio, civis et burgensis Burdegalensis; Gualhardus de Solio), 429-431, 449, 635, 648.
— ——, seigneur de Mau (Galhart deu Soler, senhor de Mau; En Galhartz deu Soler), chevalier, témoin, 374, 379, 392, 393, 423.
Gaillarde de L'Église (Galharda de Ecclesia, uxor Geraldi Assalhit, Asserit), 337, 364, p. 118, col. 1.

Gaillarde du Bois (Gualharda de Bosco), 677. Son fils: Raimond du Bois.
Gaillard Froson (Galhardus, Gualhardus Frosun), frère d'Amanieu, 341.
— Lala, procureur des bourgeois de Mimizan, 690.
— Laura (Galhardus, Gualhardus Laura), témoin, 691, 692.
— Pian (Galhardus Pian), témoin, 427.
— Sabatier (Gayllardus Sabaterii), 246 [29].
— Tizon (Gualhardus Tizon), 674.
Gaillart. V. Jean de —.
Gaisun, lieu près de Bouglon, 364, p. 118, col. 2.
Gaitapui (Gatapuis, Gatapuz, Gaytapo, Gathapuy). V. Bernard de —.
Gajac (par. de Gajac). Gir., arr. et c. Bazas, 320, 322, 323.
— V. Pierre de —.
Galada. V. Goualade.
Galard. V. Garcie de —, Gérard de —, Guillaume de —.
Galas (Galans, Gelas, Gelaus, de Gallano). Gir., arr. Bazas, c. Captieux, commune de Giscos. V. Raimond Bernard de —.
Galbrun de Maurrin (Galebrunus de Marrenh), chevalier, 51. Sa veuve : Navarra; son frère : Vital de Maurrin.
Galeys. V. Henri de —.
Galfridus. V. Geofroi.
Galgon. Gir., arr. Libourne, c. Fronsac, commune de Galgon-et-Queynac, 514.
— V. Arnaud Cavat de —.
Galhardeuga (nassa vocata Galhardeuga), lieu sur la Garonne et barrage à poisson près de Langon, 331.
Galhardus. V. Gaillard.
Galhart, Galhartz. V. Dominique ou Domenjon de —, Michel de —.
Galherdie. V. Guillaume Arnaud de —.
Galiot. V. Pierre —.
Galterus. V. Gautier.
Gans (affarium seu castrum de Gans), au dioc. d'Aire, 52.
Garasse (Garassa). V. Pierre —.
Garaut. V. Vital de —.
Garbaxes (moditatem de Garbaxes in Theursano), lieu dans le Tursan, 115.
Garcie Aiquelm de Saint-Macaire (Garcia Aquelm, Garcia Ayquelmi de S. Macario), témoin, 525-530, 597, 598, 611.

Garcie Arnaud, abbé de Saint-Sever (dominus Garcias, Garsias Arnaldi, Gassias Arnaldi, abbas S. Severi; En G. Ar., abad de Sen Seuer), témoin, 23, 25, 27-32, 70, 376, 380, 382, 388, 389, 416, 471, 482.

—— —— d'Amou, seigneur de Saint-Cricq (dominus Garsias Arnaldi d'Amor; Garcius Arnaldi d'Amor, dominus de S. Cirico, de S. Quirico; Gassornardus d'Amur, dominus de Sambrek [sic]), 65, 107, 171.

—— —— de Camps (Garsias Arnaldi de Campis), bourgeois de Dax, 505.

—— —— de Havarat ou Havart, bourgeois de Dax, 396.

—— —— de Labat (Ga. A. de Labat), bourgeois de Bayonne, 399, p. 143, col. 2.

—— —— de Laluque (Garsias Arnaldi de La Luca), bourgeois de Dax, 506.

—— —— de Laplume (Ga. A. de La Plume, Gos [sic] A. de La Plume), bourgeois de Bayonne, 399, p. 143, col. 2.

—— —— de Loron (Ga. A. de Loron), bourgeois de Bayonne, 399, p. 143, col. 1.

—— —— de Navailles (En Garsias Arn. de Naualhas, de Naualhes, de Naualhs), 370-393, 396, 435. Sa femme : Marie Bertrand.

—— —— de Sescas (Garsias Arnaldi de Sescars), chevalier, 237.

—— —— de Serrite (Garsias Arnaldi de Serrite), damoiseau, 396.

—— —— du Barard (Garsia Arn. del Barard), témoin, 371.

—— Arsi (Garcias Arsi), tenancier libre du roi dans la par. de Savignac, 356.

—— Bernard (Guarcias Bernardi), homme franc du roi dans la prévôté de Barsac, 636 [14].

—— Blanc (Guarsias Blanc), frère de Pierre, homme franc du roi dans la prévôté de Barsac, 636 [37].

—— d'Angles (Garcias, Garsias de Angl., Garcias deis Angles, Garcion des Anglas), chevalier, 217, 324, 494. Son frère : Arnaud de Pussac.

—— d'Argelsede (Garcias d'Argelsede), homme franc du roi dans la par. de Bernos, 246 [1, 3]. Son frère : Arnaud ; son cousin : Jean.

—— d'Arnaut (Guarsias d'Arnaut), homme franc du roi dans la prévôté de Barsac, 657.

—— de Bora (Garcias de Bora), 315, 316. Sa femme : Julie Beton.

—— de Casted (Gassies de Casted), 326.

Garcie de Dax (Garsia d'Ax), bourgeois de Bayonne, 399, p. 143, col. 1.

—— de Galard (Gassies de Galart), témoin, 468, p. 197, col. 1.

—— de La Folie (Garcias de La Folia), 364, p. 119, col. 1.

—— de Laguaded, de Laguezade, homme franc du roi dans la prévôté de Bazas, 247 [1, 14].

—— de Langlade, homme franc du roi dans la par. de Cudos, 248 [1].

—— de Larmal (Garcias de Larmal, de Laremal), homme franc du roi dans la par. de Cudos, 248 [3, 14]. Son frère : Jean.

—— de Lau, homme franc du roi, 364, p. 118, col. 2.

—— de Laveyr (Garcias de La Veyr, de Veerr), homme franc du roi, 248 [8].

—— de Lesparre (Garcias de Lesparre), de la par. de Tontoulon, 245.

—— de Lomages (Garcias de Lomages), 238.

—— de Navailles (Garsia de Naualhas), 411.

—— de Palu (Garcias de Palu, homme franc du roi dans la prévôté de Barsac, 657.

—— de Saint-Macaire (Garcia de Sancto Machario), témoin, 558.

—— de Saint-Mont (Garsius de Sancto Monte), seigneur landais, 173.

—— de Sales (Guarsias de Sales), 626.

—— de Ségur (Garcias de Segur), témoin, 619.

—— du Claus (Garsias del Claus, Garcio de Claus), homme franc du roi dans la par. de Sauviac, 244, p. 76, col. 1 et 2. Son frère : Guillaume.

—— Ferran (Garsie Ferran), témoin, 419.

—— V. Arnaud —.

Garciettus de Lubbon (de Lucbon), 109.

Garcio, Garcionus, Garçonnus. V. Gassion.

Garcys. V. Géraud de —.

Gardague (Gardaga), lieu dans la commune de Biarritz, 414.

—— V. Raimond de —.

Gardans (tenementum de Gardam, ubi modo est castrum de Mugron; affarium de Gardans). Landes, arr. Saint-Sever, c. et commune de Mugron, 55, 70. Cf. dom Du Buisson, Hist. mon. S. Severi, t. II, p. 259.

Garderes (affarium de Garderes), lieu dans le Marsan, 133.

Gardimy (locus qui dicitur Gardimy de Meula), lieu dans la par. de Sanguinet, 687.

Gardonne (castrum de Gardona). Dordogne, arr. Bergerac, c. Sigoulès, 203.

Gardonne. V. Olivier de —, Séguin de —.
Garein (par. de Garenh in dioc. Adhurensi). Landes, arr. Mont-de-Marsan, c. Labrit, 48.
—— V. Raimond de —.
Gargas (pedagium quod percipiunt per terram de Gargas apud Regulam), lieu près de La Réole, 238.
Garin. V. Guérin.
Garn. Gir., arr. et c. La Réole, commune de Saint-André-du-Garn, 488.
—— V. Guillaume Raimond de —.
Garnier (Garnerii). V. Guillaume —.
Garonne (entre ports e Garone, inter portus et Garonam), fleuve, 24, 27, 54, 252, 362.
Garra (apud Garra), lieu près de Bouglon, 364, p. 118, col. 1.
Garraus. V. Arnaud Guillaume de —, Guillaume de —, Pasqua de —, Pierre Jean de —.
Garres. V. Raimond de —.
Garrikos. V. Arnaud Guillaume de —.
Garro, autre nom de Gréciette. Basses-Pyr., arr. Bayonne, c. Hasparren, commune de Mendionde, 483.
—— V. Bernard, seigneur de —.
Garrosse (la mote de Garosse). Landes, arr. Mont-de-Marsan, c. Arjusanx, 513.
Garsias. V. Garcie.
Garssi. V. Bernard Guillaume —.
Garyn. V. Riciun de —.
Garzarest. V. Gerderest.
Gasc. V. Arnaud —, Bernard —, Pierre —, Seignoron —.
Gascogne (Vasconia). Cour royale, 418, 425, 427, 429, 473; sceau de la cour, 366, 450, 467, 517.
—— Sénéchal, 1, 191, 193, 194. V. Étienne Longuépée, Henri de Cuzances, Luc de Thanney.
Gasquenus de Puy-Redon (de Podio rotondo), 278. Son fils : Arnaud.
Gassias. V. Garcie.
Gassion de Githani (Garcio de Githani), homme franc du roi dans la par. de Sauros, 244, p. 78, col. 1.
—— de Laguar (Garcionnus, Garçonnus de Laguar), homme franc du roi dans la par. de Taleyson, 247 [11].
—— de Lamarque (dominus Gassio de La Marcha), 195.
—— de Saumont (Garsion de Saumont), 386.
Gaston VII, vicomte de Béarn (Gasto de Bearnio; dominus Gasto, vicecomes Bearnii), 41, 138, 235, 396, 398, 408, 410, 417, 418, 476, 478, 483.

Gaston. V. Pierre —.
Gaston de Gontaud (dominus Gasto de Gontaldo, Gaston de Gontaut), 256, 258; témoin, 423. Sa veuve: Marquise.
Gatapuis, Gatapuz, Gathapuy. V. Goitapui.
Gauberdyn. V. Pierre Arnaud de —.
Gaucelm Aiquelm de Lamotte (Gaucelmus Ayquelmi de Mota), 606.
—— Bonon (Galcem Bonon), témoin, 514.
—— de Castillon (dominus Gaucelmus de Castellione, dominus de Castellione in Medulco), 191.
—— de Damazan (Gaucelmus de Domaissan, de Danmessan, de Dameyssan), témoin, 630, 633, 635.
—— de La Ila, Carpenter (Gaucelmus de La Ila Carpentarii), témoin, 574.
—— de Léoguan (Gaucelmus de Leujano), témoin, 176, 681.
—— de Magnac (Galcelmus de Manhac, de par. de Hau), 531.
—— du Monteil (Gaucem deu Montelh), 136.
—— Faur, Carpenter (Gaucelmus Fabri Carpentarii, témoin, 572, 573.
—— —— de Saint-Projet (Gaucelmus Fabri de Sancto Projecto), témoin, 574.
—— Forton (Gaucemmus Fforton), 528.
—— Garhilh de Beninhan, 537.
—— Gaymiar (Gaucelmus Gaymiar), 606.
—— Guillaume de Saint-Gervais (Gaucelmus W. de Sancto Gervasio), chevalier, 606.
—— Imbert (Gaucelmus Hinberti), 606.
—— Raimond de Bourg (Gaucelmus Ramundi de Burgo), 536.
—— Tort, de Bourg (Gaucelmus Tort de Burgo, Gaucem Teit ou Tort de Bourg), 499, 500, 555, 664.
—— V. Vital —.
Gaucem. V. Arnaud Sanche de —, Austein de —, Pierre de —.
Gaufridus. V. Geofroi.
Gauger. V. Guillaume —.
Gaujac (par. de Gaugiac). Lot-et-Garonne, arr Marmande, c. Meilhan, 295.
Gausbert de Vaus (Gausbortus de Vaus), 243.
—— du Viver, curé (caperan) de Cambon, 472.
—— V. Guillaume —, Raimond —.
Gauscet (milicia de Gauscet), lieu dans le Marsan? 79.
Gautier Colom (Walterus Columbi), 427. Son fils : Jean Colom.
—— de Cahuzac (Galterus de Cauzac), damoiseau, 231.

INDEX DES NOMS DE PERSONNES ET DE LIEUX.

Gautier de Cartoralhil (Galterus de Cartoralhil), témoin, 475.
—— de Ferris (Gauterus de Ferris), chevalier, 275.
—— de Gausac (Gauterius de Gauzac), 326.
—— de Lugaignac (dominus Walterus de Luganhac), 198.
—— de Serres (En G. de Cerras; En Gauter de Ceiras, de Cerras, de Seiras, de Seires; Gualterus de Serris), chevalier, 491; témoin, 488-490, 491-494.
—— d'Esperous (Galterus d'Esperosa), damoiseau, 123. Son père : Pierre d'Esperous.
—— de Thanney (Galterus de Thany, Walterus de Thanacher), châtelain de La Réole, 292, 293, 304.
—— d'Eyres (dominus Gauterus d'Ayra), chevalier, 115.
—— Prévôt (Galterus Prepositus), chevalier, 503, p. 225, col. 1.
Gauziar. V. Vital de ——.
Gavardanum. V. Gabardan.
Gavaston, Gavastone. V. Gabaston.
Gavaudun (de Gavaudeno). Lot-et-Gar., arr. Villeneuve, c. Monflanquin, 279.
—— V. Hugues de ——.
Gaven (villa de Gaven), terre appartenant à l'abbaye de Saint-Sever, 70.
Gaveret. V. Pierre de ——.
Gavigac. V. Dominique de ——.
Gaylharde. V. Jean de ——.
Gaymiar. V. Gaucelin ——.
Gaysat de Joverri, bourgeois de Biarritz, 414.
Gaytapo. V. Gaitapui.
Gazax (castel de Gazacz). Gers, arr. Mirande, c. Montesquiou, 401.
Gelagupia. V. Lagupie.
Gelas, Gelaus. V. Galas.
Geles. V. Géraud de ——.
Gelos (affarium de Gelos), lieu dans le Marsan? 72.
Gemebrede. V. Bernard de ——.
Gendre. V. Jean ——.
Genercis. V. Guernesey.
Genesia. V. Fort de ——.
Genoartiga. V. Arnaud de ——, Guillaume de ——, Pierre de ——, Vital de ——.
Gensac (baronia, castrum de Genciaco). Gir., arr. Libourne, c. Pujols, 205, 420, 503.
—— V. Guillaume Raimond de ——, Marguerite de Turenne, dame de ——, Telbaut de ——.

Geofroi de Blaye (Gaufridus de Blavia), 660.
—— de Lusignan (Galfridus de Leysynhan, dominus Jaufredus de Lezinhan), 408; témoin, 196.
—— Gombaud (Gaufridus Gombaudi), damoiseau, 652.
——, neveu de Géraud de Saye, 585.
Geou (par. de Jeu, par. S. Johannis de Yoi in Juliac). Landes, arr. Mont-de-Marsan, c. Gabarret, commune de Labastide d'Armagnac, 100, 118.
Geraldus. V. Géraud et aussi Guiraud.
Gérard. V. Jean ——.
Gérard de Blaye (dominus Girardus de Blavia), témoin, 420, p. 165, col. 2.
—— de Galard (Ger. de Galardo), damoiseau, témoin, 473.
—— d'Orgal (Geraldus, Gerardus d'Orgal), damoiseau, de Montravel, 242.
Gerardine (mansus Gerardine, Gerarding, [de] Girardeno), lieu près de Puyguilhem, 267, 273, 274.
Géraud (Geraldi, Gyraldi). V. Bernot ——, Pierre ——.
——, abbé de Sauve-Majeure (Geraldus, abbas Silve Majoris), 600.
—— Amanieu (Geraldus Amaneus, Amanevi), 271; témoin, 244.
—— Arnaud de Gylato (Ger. Arnaldi de Gylato), 173.
—— Assalhit, Assarit (Geraldus Assarit, Asserit, de Assalhit), 337, 364, p. 117, col. 2 et p. 119, col. 2. Sa femme : Gaillarde de Léglise.
—— Assi (Geraldus Assi), 364, p. 118, col. 1.
—— Austen (Geraldus Austen), notaire public, 478.
—— Bonafous (Geraldus Bonafusus), bourgeois de Sauve-Majeure, 584.
——, comte d'Armagnac et de Fezensac (dominus G., comes Armeniaci et Fezenciaci; En Girautz, ou En Guiraut, senhor d'Armanhac e de Fesensac; Geraldus d'Armanhac), 45, 373, 434; témoin, 374, 391; tuteur de Bernadet Eideu, 560.
—— d'Artiguemale (Geraldus de Artigamala), 342.
—— de Bedis, 216.
—— de Buccia, 216.
—— de Budos, témoin, 620-628, 635-640, 657-663, 674-677.
—— de Cassanet (Geraldus de Cassaneto), témoin, 616.
—— de Cozoux (Geraldus, Gerardus de Cozoux), 260.
—— de Cuncirales (Geraudus de Cuncirales), seigneur landais, 173.

Géraud de Garcys, 82.
—— de Geles (Gyraldus de Geles), seigneur landais, 173.
—— de Graville (Johannes de Greville cum Geraldo, suo nepote), homme franc du roi dans la prévôté de Bazas, 246 [4].
—— de Gui, 250.
—— de Jusix (Geraldus de Juzidz, En G. de Judix), chevalier, 294, 492; témoin (G. de Judix), 489-494.
—— de La Barde, chevalier, 230.
—— de Lamotte damoiseau, seigneur en partie de Roquetaillade (Geraldus de La Mota, domicellus, dominus sue partis de Roketalhada), 211. Son oncle: Arnaud Raimond de Lamotte.
—— ——, damoiseau (Geraldus de Mota, domicellus, filius quondam Galhardi de Mota), 296.
—— ——, damoiseau, de La Tresue (Geraldus de Mota, domicellus, de Trena), 567, 568.
—— de Lau (Geraldus de Lauro), moine de Condom, 310.
—— de Malemort, archevêque de Bordeaux, 401, 419, 421-423, 425-429, 479, 480.
—— de Mauros, homme franc du roi dans la par. de Cudos, 248 [1, 2].
—— de Mons (Geraldus de Montz), chevalier, 532.
—— —— (Geraldus de Monte, Geraldus, Guiraldus de Montibus, Guiraut de Montz), clerc, témoin, 518-524, 531-540, 544-552, 554-563, 568-586, 588-596, 600-610, 678.
—— de Montiron (Geraldus de Monte d'Iront, de Munderyn), seigneur landais, 59, 171.
—— de Montremblant (G. de Mont Tremblant, de Monte tremulo; dominus Geraldus de Monte trepidanti), chevalier, 200, 201, 548, 613; témoin, 546, 547, 549, 610.
—— de Pinsac, chevalier, 358.
—— de Prugue (Geraldus de Prugo seu de Bilota), damoiseau, 124.
—— de Saint-Gein (Giraldus de Sancto Eugenio), clerc, 409.
—— de Saint-Genès (Geraldus de S. Genesio), damoiseau, 619; témoin, 680.
—— de Saye (Geraldus de Saya), chevalier, tuteur de son neveu Geofroi, 585.
—— de Trabes, 657
—— du Cau (Geraldus de Cau; Geraldus del Cauz, filius Reymundi del Cau), 342, 358.
—— du Hasar (Geraldus deu Hasar), 681.
—— Escuder, 364, p. 118, col. 1.

Géraud, évêque de Lectoure (En Giraut, abesque de Lectore), 408, 461, 468, 475.
—— Sabatier (Geraldus Sabaterii), homme franc du roi dans la par. de Bernos, 246 [1].
Géraude de Lamotte (domina Geralda, uxor quondam domini Petri de La Mota), 524.
—— de Langon (Geralda de Lengonio, uxor domini R. W. de Bria), 331.
Géraut. V. Jean —.
Gerderest (Garzarest, Gerzerest). Basses-Pyr., arr. Pau, c. Lembeye. V. Sansaner de —.
Geresei. V. Jersey.
Gerzerest. V. Gerderest.
Ges, dépendance de la caverie de Maurrin, 51.
Gescos. V. Giscos.
Geuter. V. Raimond —.
Giestede. V. Bernard de —, Bernard M. de —.
Gigner (Gignarii). V. Bertrand —.
Gilbert de Brenac ou Bronac, homme franc du roi dans la par. de Taleyson, 247 [1].
—— de Mares, maire de Dax, 513.
—— du Mirail (Gilbertus de Miralio; Gilbert du Miralh, deu Miralhz), scribe, 36, 401, 421, 499, 500, 502, 514; notaire public de Bordeaux, 518-617; témoin, 679.
——, neveu d'Arnaud de Casseus, 246 [1].
Gillamotus. V. Guillemot.
Girard (Girardi). V. Raimond —.
Girardeno. V. Gerardine.
Girardus. V. Gérard.
Girart. V. Amaubin —.
Giraud, Giraut. V. Géraud.
Gironde (Gyronda, honor de Gironda). Gir., arr. et c. La Réole, 221, 252, 363.
—— V. Arnaud de —.
Giscos (par. de Gescos, de Grescos). Gir., arr. Bazas, c. Captieux, 296, 318.
Gitan. V. Pierre de —, Raimond de —.
Githani. V. Gassion de —, Vital de —.
G. J. de Seubist, bourgeois de Bayonne, 399, p. 142, col. 2.
Glauvannas. V. Pons de —.
Gleyroux (apud Mosiacum de Gloyros), ou Saint-Martin-de-Gleyroux. Gir., arr. Bazas, c. et commune de Grignols, 341. Cf. Inv. sommaire arch. dép. Gir., série E, suppl., t. I, p. 303-304.
God. V. Got.
Godefrei de Taney, témoin, 551.
Godez (par. S. Johannis de Godez). V. Gouts.
Godyn. V. Michel de —.

Godz. V. Gouts.
Goleya. V. Goulée.
Gombaldenga, nom de l'une des tours du château de Puyguilhem, 472.
Gombaldus. V. Gombaud.
Gombaud (Gumbaudi). V. Amanieu —, Arnaud —, Guillaume —, Pierre —.
Gombaud Bevocat (maiestro Gombaut Bevocat), témoin, 341.
— de Birac (Gombaudus de Birac), 539. Ses frères : Bernard et Guillaume Raimond de Birac.
— de Lesparre (Gombaldus de Sparra), damoiseau, 6.
— de Tiran (Gombaldus, Gombaut, Gumbaldus, Gumbaut de Tiran), damoiseau, 35.
— du Claus (Gombaudus deu Claus), homme franc du roi dans la prévôté de Barsac, 636 [28].
— Sentot (Gombaudus Sentot, Gombaut Sentot, Santot, Sentot), chevalier, 539; témoin, 377, 378, 381. Ses fils : Bernard et Raimond Sentot.
Gondaumer (Gondameri, Gondaumeri). V. Guillaume de —, Pierre de —.
Gondossa (affarium de Gondossa), terre appartenant à l'abbaye de Saint-Sever, 70.
Gontaud (de Gontaldo, de Guntaldo). Lot-et-Gar., arr. et c. Marmande. V. Gaston de —, Guillaume Arnaud de —, Otton de —, Pierre de —.
Gorbilh. V. Dominique de —.
Gorosensium. V. Gurçon.
Gors, lieu près de Bouglon, 364, p. 118, col. 2.
Gorson, Gorsonesium, Gorsson. V. Gurçon.
Gos (milicia Gos in par. S. Quirici de Marciano), lieu dans Saint-Cricq-Chalosse. Landes, arr. Saint-Sever, c. Hagetmau? 106.
— V. Bernard Loup de —.
Gosse (terra de Goosse), pays dans le dép. des Landes, arr. Dax, c. Saint-Vincent-de-Tyrosse, 464.
Got (par. S. Martini deu Got), par. non identifiée du dép. de la Gironde, 5. Baurein, *Var. Bordeloises*, t. III, p. 247, paraît dire que c'est la même que Saint-Martin de Villandraut.
— V. Béraut de ou du —, Bertrand de —, Pierre du —, Seigneron du —, Vital du —.
Gotis. V. Gouts.
Goto (de). V. Got.
Gotzs. V. Gouts.
Goualade (par. S. Severini de Galada). Gir., arr. Bazas, c. Captieux, 296.

Gouaneyre (hospitale de Aqua nigra), 137. Nom d'un ruisseau qui arrose Lencouacq et Cachen et qui a donné son nom à un hôpital dépendant de Bessau. Cf. V. Foix, *Rev. de Gascogne*, 1909, p. 551.
Goulée (villa de Goleya), port sur la Gironde. Gir., arr. Lesparre, c. Saint-Vivien, commune de Jau-Dignac-et-Loirac, 12.
Gousse (Guoza). Landes, arr. Dax, c. Montfort. V. Gaillard de —.
Gouts (villa de Sotis, corr. Gotis). Landes, arr. Saint-Sever, c. Tartas, 70.
— (Godz, par. de Codz, de Gods, de Gotzs, par. S. Johannis de Codez). Lot-et-Gar., arr. Marmande, c. Meilhan, commune de Cocumont, 210, 224, 246 [3, 4], 344, 364, p. 119, col. 2.
— V. Bernard de —, Forton de —.
Gozet, lieu dans la prévôté de Bazas? 336.
Gradignan (par. de Gradinhan). Gir., arr. Bordeaux, c. Pessac, 16, 36, 615.
Grado. V. Dominique de —.
Gramont (casted ou castet de Gramont). Basses-Pyr., arr. Mauléon, c. et commune de Saint-Palais, 479. V. Arnaud Guillaume de —, Auger de —, Bernard de —, Raimond Brun de —.
Grandismous prope S. Emilianum. V. Saint-Georges-de-Montagne.
Granhou. V. Bos de —, Pierre de —.
Graulet (La Gravelet, Graulet), nom fréquent dans la Dordogne. V. Pierre de —.
Grava. V. La Grave, La Grave d'Ambarès.
Gravairon, lieu non identifié, 346.
Gravalet (casalia de Gravalet que sunt infra decos S. Severii), 63.
Gravetlong. V. Bidon de —.
Graville ou La Graville (Greville), lieu dans la par. de Bernos, marqué sur la carte de l'État-major, 246 [10]. V. Arnaud de —, Avril de —, Géraud de —, Jean de —, Pierre de —, Raimond de —, Vital de —.
Grayam (terra de Grayam), lieu dans la Gironde? 621.
Grayan (par. de Greian in Medulco). Gir., arr. Lesparre, c. Saint-Vivien, 518.
Greante. V. Pierre de —.
Grentb. V. Guillaume de —.
Grescos. V. Giscos.
Greu (barat deu Greu), lieu dans les Landes, 461, 463.
Grevilh, Greville. V. Graville.
Greyliaco (de). V. Grilly.

Grians (affarium de Grians in par. S. Simphoriani). Gir., arr. Bazas, c. et commune de Saint-Symphorien, 125.
—— V. Otton de —, Pierre de —.
Grilly (de Greyliaco). Ain, arr. et c. Gex. V. Jean de —.
Grimoard de Balenx (Grimoardus de Balenx), 232.
—— de Monberto, témoin, 364.
—— de Monclerico, 309.
—— de Pico, de Picou, 261, 264, 274, 471.
Grimoard (Grimoardi). V. Jourdain —, Pierre —.
Grissac. Gir., arr. Bordeaux, c. Saint-André-de-Cubzac, commune de Saint-Gervais, 580.
—— V. Arnaud de —.
Grissan. V. Guillaume de —, Trencard de —.
Groin. V. Vital de —.
Gronsac, lieu dans la Gir., non loin de Fronsac, 514.
Grossinhac. V. Gaillard de —.
Guairratz. V. Pierre —.
Gualampeze, gué sur le Ciron? 247 [10, 11].
Gualhardus. V. Gaillard.
Gualhaumassa. V. Pierre de Pins de —.
Guanbe (affarium de Guanbe), lieu dans les Landes, 72.
Guarcias, Guarsias. V. Garcie.
Guarin. V. Petrin —.
Guarnaut. V. Pierre —.
Guarret. V. Raimond de —.
Gueita. V. Arnaud —.
Guérin (par. de Garin). Lot-et-Gar., arr. Marmande, c. Bouglon, 364, p. 118, col. 1.
Guérin de Moissac (Warinus de Moissac, frater Bidoti), 330, 483. Son frère: Guiot.
—— de Morbieu (Warinus de Morbieu; En War. de Morbieu, cauer), témoin, 483.
Guernesey (insula de Generei, ycle de Gernesay), une des îles de la Manche, 402, 404.
Gueysa (affarium de Gueysa), lieu dans les Landes, 72.
Guicard. V. Guillaume —.
Gui Flement (Gui Fflement), témoin, 501.
Guigue, chanoine du Puy (magister Guigo, monachus S. Georgii Anyciensis), témoin, 409.
—— V. Pierre —.
Guilhem (Guillelmi). V. Raimond —.
Guilhens. V. Guillos.
Guilherages. V. Saint-Sulpice-de-Guilleragues.
Guilhos. V. Guillos.
Guillaume, abbé de Belleperche (dominus Willelmus, abbas de Bella Pertica), témoin, 175, 176.

Guillaume, abbé de Guitres (Willelmus, abbas de Aquistris), 599.
——, abbé de Sainte-Croix de Bordeaux (Guillelmus, abbas ecclesie S. Crucis Bordegalensis), 448.
—— Aicard (Willelmus Ayquardi), 606.
—— Aimeric de Guisquet (Willelmus Eymerici de Guisquet), chevalier, de Cosnac, 561.
—— Aiquelm (Guillelmus Ayquelmi), homme franc du roi dans la prévôté de Barsac, 636 [33].
—— —— de Sainte-Eulalie (Guillelmus Ayquelmi de S. Eulalia in Baresio), 680.
—— Airaut (W. Airaut), 514.
—— Aleman (G. Aleman), bourgeois de Bayonne, 399, p. 143, col. 1.
—— Amanieu (W. Amaneus; Guillelmus, Willelmus Amanei, Amanevi), 248 [1, 3], 253, 271, 582.
—— —— de Bénauge (Willelmus Amanevi de Benauges), 521.
—— —— de Pommiers (Guillelmus Amanei de Pomeriis), 270.
—— Amaubin de Bourg (En Guillem Amaubin, En W. Amauin), chevalier, 500, 501. Son fils: Pons Amaubin.
—— Aninte, fils de Par. (En Guillem Aninte, filh d'En Par.), 483.
——, archidiacre de Lyon (G., archidiaconus Lugdunensis), témoin, 409.
—— Arnaud (Guillelmus Arnaldi), 679.
—— —— Bertrand (W. ou Guillelmus Arnaldus Bertrandi), 347.
—— —— Colom (W. Arn. Columbi) de Bourg, 34.
—— —— d'Aissur (En W. Arn. d'Aissur, d'Aissurt), témoin, 367, 368.
—— —— d'Angles (W. Arn. dels Angols, W. Arnaldi de Angulis), 369; témoin, 225.
—— —— d'Arblade (W. ou Guillelmus Arnaldi d'Arblade), chevalier, 96. Sa belle-fille: Navarre.
—— —— d'Auga (W. A. d'Aungar), 371, 389.
—— —— d'Aula (W. Arnaldi d'Aula), 239.
—— —— d'Auribat (W. A. d'Auribat), bourgeois de de Bayonne, 399, p. 143, col. 2.
—— —— de Bazas (W. A. de Bazatz), bourgeois de Bayonne, 399, p. 143, col. 1.
—— —— de Bellocq (Willelmus Arnaldi de Bello loco), seigneur landais, 173.
—— —— de Bergers (W. A. de Bergers), bourgeois de Bayonne, 399, p. 143, col. 2.
—— —— de Bigart (Guillelmus Arnaldi de Bigart), homme franc du roi dans la prévôté de Barsac, 674.

INDEX DES NOMS DE PERSONNES ET DE LIEUX.

Guillaume Arnaud de Bouglon (G. A. de Boglon), bourgeois de Bayonne, 399, p. 143, col. 1.

—— —— de Cambet (En W. Arn. de Cambet), témoin, 367.

—— —— de Casol (En W. Ar. de Casol, cauers), chevalier, témoin, 482.

—— —— de Cassou (Guillelmus Arnaldi de Cassou), bourgeois de Dax, 505. Son père : Raimond Arnaud.

—— —— de Castet (En Guillem Ar. deu Casted), témoin, 484.

—— —— de Caussens (magister Guillelmus Arnaldi de Caussenx, de Caucenx), témoin, 291, 468.

—— —— de Cazalis (Willelmus Arnaldi de Casalis), 53.

—— —— de Crabessat (Willelmus Arnaldi de Crebassat), 59.

—— —— de Cros (Guillelmus Arnaldus de Crosio), damoiseau, 196.

—— —— de Cugnos (W. Arn., W. Arnaldi de Cunhos), témoin, 321, 369. Sa femme : Bertrande de Boarac.

—— —— de Faed (En Guillem Arn. de Faed), 483.

—— —— de Faget (W. A. de Faget), bourgeois de Bayonne, 399, p. 143, col. 2.

—— —— de Galherdie (W. A. de Galherdie), bourgeois de Bayonne, 399, p. 143, col. 1.

—— —— de Gontaud (W. ou Guillelmus Arnaldi de Gontaldo), damoiseau, 333 ; témoin, 465-467. Son frère : Pierre Amanieu de Pommiers.

—— d'Iure (W. Arn. d'Euren, d'Iure), 497, 498.

—— —— de Labat (W. A. de Labat), bourgeois de Bayonne, 399, p. 143, col. 1.

—— —— de Ladils (En W. Arn. de Ladilhs), témoin, 470. Son fils : Bertrand de Ladils.

—— —— de La Gerne; le même que Guillaume Arnaud de Larreule.

—— —— de Lapus. V. Guillaume Arnaud du Puis.

—— —— de Laroque (Guillelmus Arnaldi de La Roqua), 364, p. 118, col. 1. Son neveu : Séguin ; sa nièce : Blanche.

—— —— de Larras (W. A. de Larras), bourgeois de Bayonne, 399, p. 144, col 1.

—— —— de Larreule (Willelmus Arnaldi de La Reule), bourgeois de Sorde, 403 (où il est appelé, sans doute par erreur, de La Gerne), 509.

—— —— de Lias (Guillelmus Arnaldi de Linans), 32.

Guillaume Arnaud de Loron (G. A. de Loron ; corr. d'Oloron?), bourgeois de Bayonne, 399, p. 143, col. 1.

—— —— de Luc (W. A. de Luc), bourgeois de Bayonne, 399, p. 143, col. 2.

—— —— de Maverned (W. A. de Maverned), bourgeois de Bayonne, 399.

—— —— de Mesmes (W. Arnaldi de Mames), homme franc du roi dans la prévôté de Bazas, 247 [1, 2].

—— —— de Montanser (W. Ar. de Montanser), témoin, 482.

—— —— de Neders (W. A. de Neders), bourgeois de Bayonne, 399, p. 143, col. 2.

—— —— de Pere (Willelmus Arnaldi de Pere), 155.

—— —— de Saint-Aubin (dominus W., ou Willelmus Arnaldi de S. Albino), seigneur landais, 41, 56, 171.

—— —— de Saint-Laurent (W. Arnaldi de S. Laurencio), 606.

—— —— de Saint-Paul (En W. A. de Sant Pau), témoin, 485.

—— —— de Saint-Pendelon (W. A. de Sen Pandelon), bourgeois de Bayonne, 399, p. 143, col. 1.

—— —— des Angles (W. Arnaldi de Angulis), témoin, 225.

—— —— de Sanguinet, abbé de Pimbo (Guillelmus Arnaldi de Sengoineto, abbas de Pendulo, dioc. Adhurensis), 397.

—— —— de Saubagnac (Guillelmus Arnaldi de Saubanhac, W. Arnaldi de Savinhac, En W. Arn. de Saubainag, de Saubaignac, En Willem Arn. de Sabinac), bourgeois de Bayonne, 135, 458, 496-498 ; témoin, 34, 513.

—— —— de Sault (W. Arn. de Saltu, W. A. de Saut, En W. A. de Sout), fils aîné d'En B., frère de Faizagasa, 476, 485.

—— —— de Sendets (W. A. de Sendetz), bourgeois de Bayonne, 399, p. 143, col. 2.

—— —— de Sescas (Guillelmus Arnaldi de Sescars), damoiseau, 626.

—— —— de Sibas (Guillelmus Arnaldi de Sivas), damoiseau, 396.

—— —— de Sina (W. Arnaldi de Sina), témoin, 619.

—— —— de Syman, chevalier, 612.

—— —— de Tarde, de Tardets (Guillelmus Arnaldi de Tarda, En W. Arn. de Tardetz), chevalier, 396-479.

Guillaume Arnaud de Tastes (Guillelmus Arnaldi de Tastis), chevalier, 605.
—— —— de Tilh (W. Arn. de Tilh, de Tilhi), damoiseau, témoin, 392, 893.
—— —— de Toutoulon (Guillelmus ou W. Arnaldi de Tantalone, de Tantalon), damoiseau, 235, 236, 364, p. 118, col. 2 et p. 119, col. 2.
—— —— Douspins (En Guillem A., W. A. Douspins), bourgeois de Bayonne, 483.
—— —— du Bois (Guillelmus Arnaldi de Bosco), 364, p. 118, col. 1.
—— —— du Puis (W. Ar. de La Pus; mais une variante donne la forme W. Ar. deu Puis), bourgeois de Bayonne, 399, p. 142, col. 1.
—— —— Moneder (Guillelmus Arnaldi Monetarii Moneder), 427; témoin, 428.
—— Arrui de Peyre (Guillelmus Ayruy de Peyra, En W. Arrui de Peira), 84, 386.
—— Artus (W. Artus, Willelmus Artus), bourgeois de Bordeaux, 401, 603.
—— Assarid (G. Assarid), témoin, 472.
—— Assaut de Fargues (Guillelmus de Assaut de Ffaurgis), 674.
—— Audax, témoin, 472.
—— Bacon (Guillelmus Baco; W., frater Fortis Bacon), 325, 354 [8].
—— Bairan (W. Bairan), de la par. de Beychac, 541, 589.
—— Barrau (Willelmus Barraui) le Jeune, bourgeois de Sauve-Majeure, 584.
—— Baudoinh (W. Baudoinh), forgeron, 543.
—— Beraut (W. Beraut), témoin, 481.
—— Bernard de Barbans (Guillelmus Bernardi de Barbans), damoiseau, 78.
—— —— de Barueles (Willelmus Bernardi de Barueles), seigneur landais, 173.
—— —— de Cobubieta (En W. B. de Cobubieta), témoin, 476.
—— —— de Cumont (Guillelmus Bernardi de Cutmont), seigneur, avec son frère Assieu, de Tournecoupe, 473.
—— —— de Lataugère (Guillelmus Bernardi, filius Bernardi de Latujera), 663.
—— —— de Salhas (En W. Ber. de Salhas), bourgeois de Sault, 386.
—— —— de Serres-Gaston (Guillelmus Bernardi de Serra Gastonis, de Serre Gaston), chevalier, 126, 173.
—— —— de Verdeles, seigneur de Tynayle, 173.
—— —— d'Ornon (Willelmus Bernardi d'Ornon), chevalier, 16.

Guillaume Bertrand de Beyries (En W. Bertran de Berias), bourgeois de Sault, 386.
—— —— de Bidies (Willelmus Bertrami de Bidies), 152.
—— —— de Plumassan (Guillelmus Bertrandi de Plumassano), consul de Lectoure, 475.
—— Bilan (W. Bilan), de la par. de Beychac, 541.
—— Blanc (Guillelmus Blanc), de Quinsac, 680.
—— Blanquet (En W. Blanquet), témoin, 366.
—— Boca, de Fronsac, 650.
—— Bogosii, 624, 665.
—— Bordes (W. Bordes), greffier (cartularius) et notaire public de Bordeaux, 35, 501, 518.
—— Bos, 681.
—— Constantin (Guillelmus Constantini) d'Yvrac, 680.
—— Costal (Guillelmus Costalli), homme franc du roi, 623.
—— , curé d'Issigeac (W. capelas de Yssijac), 481.
—— d'Agen, abbé de Blasimont, 209.
—— d'Anedat (Guillelmus d'Anedat), damoiseau, 579.
—— d'Antes (En W. d'Antes), frère de Domenjon d'Antes, témoin, 33.
—— d'Ariza (Willelmus de Ariza), 330.
—— d'Arzok (Guillelmus de Arzok), 238.
—— d'Artigue (Willelmus de Artiga), fils d'Arnaud d'Artigue, 658.
—— —— d'Asnières (W. d'Asnciras), témoin, 423.
—— d'Ayressan, gendre de Raimond Alauda, 540.
—— de Bahus (Willelmus de Baus), chevalier, 24.
—— de Baragnon (W. de Baranhon), témoin, 422.
—— de Barberousse (W. de Barbarosse), 542.
—— de Bardos (W. de Bardos), bourgeois de Bayonne, 399, p. 143, col. 2. Ses frères : Raimond Arnaud et Guillaume Jean de Bardos.
—— de Barsac (Guillelmus de Barssac), homme franc du roi, 636 [27].
—— de Bat (Willelmus de Bat), fils de feu Arnaud de Bat, 531.
—— de Batz, notaire public de Bayonne, 404, 484, 485, 487. Le nom de ce notaire a été altéré par le copiste au n° 404 : «e Joh. W. deu Batz»; mais on lit aux n°ˢ 484 : «e jo W. de Bladz»; 485 : «e jo W. de Bladz»; 487 : «e jo W. de Badz». Le copiste a donc mal interprété le pronom personnel jo (je), qu'il aura pris pour une forme abrégée de Jo[han]. Ces actes sont tous des années 1267-1268. C'est peut-être le même que Vital de Bats.
—— de Baura, témoin, 531.

51.

404 INDEX DES NOMS DE PERSONNES ET DE LIEUX.

Guillaume de Beauville (Guillelmus ou Willelmus de Bovisvilla, de Boveville, W. de Bouvilla), damoiseau, seigneur pour partie de Langon, 270, 331, 360, 379, 420, 524, 679; témoin, 330. Son aïeul paternel : Roger de Gabarret; son père: Pierre de Gabarret.
—— de Beivile, 266. Son frère : Élie.
—— de Bencos (W. de Bencos), bourgeois de Bayonne, 399, p. 143, col. 2.
—— de Bernes (W. de Bernes), habitant la par. d'Aillas, 330.
—— de Bilort, 505.
—— de Bladin, frère de Gaillard, 531, 549.
—— de Boste, clerc, 674.
—— de Bourg (Willelmus de Burgo), témoin, 572-574.
—— de Branas, 657.
—— de Brives (Guillelmus Brivatensis), notaire public de La Réole, 465-467.
—— de Broquatz, 638.
—— de Brus (magister Guillelmus de Brus), 397.
—— de Burdeu (En W. de Burdeu), témoin, 464.
—— de Cabanac (W. de Cabanac, Willelmus de Cabanag), homme franc du roi dans la prévôté de Bazas, 248 [2, 4], 679.
—— de Cabanes, homme franc du roi, 247 [1].
—— de Caironel, 279.
—— de Camps, de la par. de Bernos, 251.
—— de Canteloup (W. de Cantalop), scribe, 463, 479.
—— de Cassens (W. de Cassenes), neveu d'Arnaud de Ladils, 246 [1, 21].
—— de Castainh, 566.
—— de Castanède (Guillelmus de Castaneda), damoiseau, 605.
—— de Castanhet, de Casteneth, homme franc du roi, 623.
—— de Caulorn, 354 [5].
—— de Caumont (Guillelmus, dominus de Cavomonte), témoin, 420.
—— de Caupenne (En W. de Caupene), chevalier, 404, 482.
—— de Celas (W. de Celas), 423.
—— de Clairac (Guillelmus de Clairac), habitant de Puyguilhem, 261.
—— (W. de Clarage), autre habitant de Puyguilhem, 261.
—— de Claus (W. de Claus), témoin, 473.
—— de Coarrase (dominus W. de Caudarasa), 408, p. 155, col. 2.

Guillaume de Coimères (Willelmus de Comeres), 249.
—— de Conties (W. de Conties), bourgeois de Bayonne, 399, p. 143, col. 1.
—— de Cornail de Virelade, le Vieux (Guillelmus de Cornali de Villalata, senior), et son neveu, de même nom, 623.
—— de Crota, 674.
—— de Cursan, 651.
—— de Dax (W. d'Ax), bourgeois de Bayonne, 399, p. 144, col. 1.
—— de Fargues (Guillelmus de Ffaurgis), chevalier, 633-635.
——, damoiseau, 674.
—— de Fossés (En W. de Forceds, de Forsseds; En Guillem de Forseds), chevalier, de Landerron, témoin, 488-493.
—— de Galard (En G. de Galardo), damoiseau, témoin, 473.
—— de Garraus (En W. de Garraus), témoin, 404.
—— de Genoartiga, 246 [2].
—— de Graulet, de Roquépine (de Rocapina), frère de Pierre, 274.
—— de Grenth, fils de Sanche, 246 [16].
—— de Grissan, 665.
—— de Jonquières (Willelmus de Junqueiras), 545.
—— de Labad, homme franc du roi dans la par. de Bernos, 246 [1, 19]. Ses frères : Arnaud et Jean de Labad.
—— de Labana, homme franc du roi dans la par. de Cabanac, 679. Son cousin : Arnaud de La Ruy.
—— de La Basta, homme franc du roi, 675. Son frère : Pierre de La Basta.
—— de Labat (W. de Labat), bourgeois de Bayonne, 399, p. 143, col. 1.
—— de Labatut, bourgeois de Bayonne, 399, p. 143, col. 2.
—— de Labrousse (Guillelmus de Labrossa), témoin, 572, 573.
—— de Lafont (Guillelmus, W. de Ffonte), 361, 362.
—— de Laforcade (Guillelmus de Fforcade, Willelmus de Lafurcade), 244, p. 76, col. 2, et 77, col. 2.
—— de Laforêt (Guillem de Laforest), de Gradignan, 36.
—— de La Fossa, 364, p. 119, col. 1.
—— de La Fozia, 364, p. 118, col. 2.
—— de La Garrigue (W. de Lagarruga), 276.
—— de Laguaded, 247 [14].

Guillaume de Laguar, 247 [11].
—— de Laguazedo, homme franc du roi dans la par. de Bernos, 247 [1].
—— de Lalande (W. de Lalanda), de la par. de Beychac, 541.
—— de Lamotte (Guillelmus, W. de Mota), 318, 425. Son frère : Arnaud de Lamotte.
—— de Lana (Guillelmus, W. de Lana), scribe, 247 [1], 249-251.
—— de La Nauza, 354 [9].
—— de Langlade (Guillelnus del Anglade), homme franc du roi dans la prévôté de Bazas, 248 [10].
—— de Laporte (W. de la Porta), clerc, 543.
—— de La Rame (magister Guillelmus de Rama, Willelmus de Rama), clerc, chanoine de Saint-Seurin de Bordeaux, 6, 365, 420.
—— de La Rivel, 248 [8].
—— de Laroque (W. de La Roca), chevalier, 379.
—— de Larquad, 248 [8].
—— de Larranazar, homme franc dans la par. de Cabanac, 679.
—— de Lartigue (Guillelmus del Artigua), homme franc du roi dans la par. de Cudos, neveu de Vital de Lartigue, 248 [1, 11].
—— de Las Madiras (W. de Las Madiras), de la par. de Bonnetan, 537.
—— de Lassent du Poiau, de la par. de Beychac, 542.
—— de La Tape, procureur des habitants de la par. de Tontoulon, 245.
—— de Lataugère (Guillelmus de Latinera, corr. Latujera), homme franc du roi dans la prévôté de Barsac, 636 [31].
—— de Latoudeille (Guillelmus de Latodella), homme franc du roi dans la par. de Cabanac, 679.
—— de Laubergaria (W. de Laubergaria), moine de Saint-Macaire, 448.
—— de La Via (W. ou Guillelmus de La Via), homme franc du roi dans la par. de Bernos, 246 [1, 25]. Son neveu : Vital de La Via.
—— de L'Église (Guillelmus de Ecclesia), 364, p. 118, col. 2.
—— de Lifaus (W. de Lifaus; variante : deus Ifaus), bourgeois de Bayonne, 399, p. 142, col. 2.
—— de Listrac, témoin, 416, 471.
—— de Lo Lom, procureur de tenanciers libres du roi dans la par. de Savignac, 356.
—— de Luc (W. de Luc), bourgeois de Bayonne, 399, p. 142, col. 2.
—— —— (W. de Luco), notaire public de Lectoure, 473.

Guillaume de Lugat (Guillelmus de Lugat, W. Lugat), 244.
—— de Lugayosse (Guillelmus de Lugaiossa, de Lugarossa), homme franc du roi dans la prévôté de Bazas, 247 [1, 14].
—— de Lugnac, homme franc du roi dans la par. de Taleyson, 247 [1].
—— de Lussac, damoiseau, fils de Guillaume de Lussac, chevalier, 241.
—— de Macau (Willelmus de Maquau), neveu et pupille d'Amaubin de Macau, 538.
—— de Mames (Guillelmus, W. de Mames), homme franc du roi, 247 [1, 5].
—— de Marcat (W. de Marcat), habitant de la par. de Latresne, 589.
—— de Marsan (W. de Marsan), bourgeois de Bayonne, 399, p. 143, col. 2. Son fils : Pierre Guillaume.
—— de Maslag, bourgeois de Bayonne, 399, p. 143, col. 2.
—— de Masselan, 364, p. 119, col. 1.
—— de Mauléon (Willelmus de Mauleon), témoin d'une charte de Richard-Cœur-de-Lion, 196.
—— de Mauros, homme franc du roi dans la par. de Cudos, 248 [1]; distinct du suivant.
—— de Mauros, homme franc du roi, 248 [1, 2].
—— de Maurillac (Guillelmus de Maurelhac), frère d'Arnaud, 277.
—— de Meilhan (W. de Milhan), témoin, 367, 368.
—— de Mesmes (Guillelmus, W. de Mames), chevalier, 297, 327, 335, 339; témoin, 355.
—— de Middleton, év. de Norwich (Willelmus, Norwicensis episcopus), 689.
—— de Moissac (Willelmus de Moissac), de Pompignac, 592.
—— de Monbos (W. de Monbos), 278.
—— de Moncuc, bourgeois de Bayonne, 399, p. 142, col. 2.
—— de Monteil (Will. de Montelh), de Saint-Giers-Canesse, 136.
—— de Montencir (Guillelmus de Montencir, W. de Monteneyr), 247 [1, 2].
—— de Montgauger (sire W. de Montgauger), connétable de Bordeaux, 417, 478.
—— de Montravel (dominus Willelmus de Monte Revello), chevalier, frère de Pierre, 511.
—— —— (W. de Montreveu, daudet; Willelmus de Monterebelli, domicellus), damoiseau, 495, 518. Sa femme : Brunia.

Guillaume de Montremblant, ou Montprimblanc (dominus G. de Monte Trepidanti), chevalier, 300, 308.
—— de Montz (W. de Montz), de la par. de Beychac, 541.
—— de Montz, de Cenac (W. de Montz de Senac), 537.
—— de Nérac (frater W. de Noriaco, seu de Podio), moine de Condom, 310; témoin, 364.
—— de Noaillan (dominus Willelmus de Novelliano), chevalier, 181. Son frère : Gaillard.
—— de Paginalus, tenancier du roi dans la par. de Savignac, 356.
—— de Pestis, de la par. de Beychac, 541.
—— de Pech-Blanc (W. de Poch Albet), témoin, 481.
—— de Périsse, seigneur de Moncin. V. Guillaume Pélisse.
—— de Piis (Guillelmus de Pinibus), 425.
——, év. de Bazas (dominus W. episcopus Vasatensis; Guillelmus, episcopus Vasatensis), 204, 456; témoin, 366-369, 470, 478. Guillaume II de Piis, év. de Bazas depuis 1266, mort le 3 des ides d'avril d'une année indéterminée (Gallia christ., t. I, col. 1200); mais, comme il témoigne ici dans des actes de décembre 1276 et de janvier 1277 et que, d'autre part, son successeur est déjà marqué en cette même année 1277, sa mort doit être placée au 11 avril 1277; cf. Bibl. École des chartes, 1887, p. 540.
—— III de Pontoise, évêque d'Agen (Guillelmus, Agennensis episcopus), 468.
—— de Portet, seigneur landais, 173.
—— de Posones (W. de Posones), chevalier, témoin, 482.
—— de Provence (Guillelmus de Provincia, W. de Proensa), scribe et notaire public de Bordeaux, 380, 419, 421-429, 479.
—— de Pujol (Guillelmus Pujhol), 640.
—— de Pujolet, 674.
—— de Queirou, de la par. de Trazits, 355.
—— de Quinsac, damoiseau, 544, p. 92.
—— de Renung (En W. de Relung), bourgeois de Dax, 504.
—— de Rival, de la par. de Cudos, 248 [1].
—— de Rob, bourgeois de Dax, 506.
—— de Romanor, témoin, 481.
—— de Roquépine (W. de Rocapina), 275.
—— de Rua, homme franc du roi dans la prévôté de Barsac, 638.

Guillaume de Saint-Aubin (Willelmus de S. Albino), 518.
—— de Saint-Remi (Guillelmus de S. Remigio), 645.
—— de Saint-Seurin (Guillelmus de S. Severio, de S. Severino), témoin, 629, 678.
—— de Sargas, 364, p. 117, col. 1.
—— de Saubagnac le Jeune (En Guillem de Saubaignhas, lo jouen; W. de Saubaignhion), bourgeois de Bayonne, 399, p 144, col. 1, 483.
—— de Saubzac, 354 [6].
—— de Sauviac (Guillelmus de Saubiac), de la par. de Sainte-Croix au dioc. de Bazas, 325.
—— de Semenac, neveu de Guillaume Raimond de Birac, 539.
—— de Senteres (W. de Senteres), bourgeois de Bayonne, 399, p. 143, col. 2.
—— de Serralenque, bourgeois de Bayonne, 399, p. 143, col. 2.
—— de Serres (En W. de Serres), 29.
—— de Sescas (Guillelmus, W. de Sescars), 305.
—— de Seubist, bourgeois de Bayonne, 399, p. 143, col. 1.
—— des Ifeus. V. Guillaume de Lifaus.
—— de Sirac (W. de Sirac), 514.
—— de Stagiis, 551.
—— d'Estang (W., Willelmus de Stagno), 402; témoin, 196.
—— d'Estibeaux (En W. d'Estiuaux), bourgeois de Sault, 386.
—— de Taleyson (W. de Talayson), cousin de Pierre, 255.
—— de Tastes (Guillelmus, W. de Tastis), 566.
—— de Trengh (W. de Trengh), de la par. de Beychac, 542.
—— de Truch, fils de Sanche (Guillelmus de Truch, filius Sancii), homme franc du roi dans la par. de Bernos, 246 [29].
—— de Valence (Guillelmus de Valencia), frère de Geofroi de Lusignan, 408.
—— de Varti, chanoine de Valence (maistre W. de Varti, de Warti, calonges de Valensa), témoin, 499, 500.
—— de Vidal, frère de Raimond de Vidal, homme franc du roi dans la par. de Bernos, 246 [8].
—— de Ville (W. de Villa), bourgeois de Bayonne, 399, p. 143, col. 1.
—— de Villecentut (W. de Vilacentut), chevalier, 546.
—— de Vineasola, homme franc du roi dans la prévôté de Barsac, 636 [47].

Guillaume Doat (W. Doati), fils de Monachus de Soumensac, 283.
—— d'Ozerd (W. d'Ozerd), bourgeois de Bayonne, 399, p. 143, col. 2.
—— Drio (magister W. Drio), clerc, témoin, 473.
—— Dru (Guillelmus Drudi), de Batz, 456.
—— du Bois (Guillelmus W. de Bosco), fils de Vigouroux du Bois, 330, 677.
—— du Brenar, homme franc du roi dans la par. de Taleyson, 247 [12].
—— du Claus (Guillelmus del Claus, W. de Claus), homme franc du roi dans la prévôté de Bazas, 244.
—— du Crench (W. del Crench), de la par. de Bernos, 251.
—— du Ga (Guillelmus deu Ga), homme franc du roi dans la par. de Cabanac, 679.
—— du Mays (Guillelmus deu Mays), homme franc du roi dans la par. de Cabanac, 679.
—— du Plan (Guillelmus del Plan), fils de Raimond, 355.
—— d : Prat (W. de Prat), bourgeois de Bayonne, 399, p. 143, col. 2.
—— —— (W. deu Prat), tenancier du roi près de Fronsac, 514.
—— —— notaire de Meilhan (W. de Prato, cartolarius de Milhano; W. del Prad, notari de Milhan), 306, 369.
—— du Puy (W. de Podio), 302, 305.
—— Durand (Guillelmus Durandi), 639.
—— d'Ychedrugol, homme franc du roi dans la par. de Maillas, 250.
—— Esclau, homme franc du roi dans la prévôté de Barsac, 675. Ses frères : Pierre et Vigouroux Esclau.
—— Espan (Guillelmus Espan), tenancier libre du roi dans la par. de Savignac, 356.
—— Estèphe (W. Stephani), de la par. de Sadirac, 537.
—— Eude de Montaut (W. Odo de Monte alto), 473.
—— Ex de Fargues (dominus W. Ex de Ffaurges), 25.
—— Falcor, homme franc du roi dans la prévôté de Barsac, 674.
—— Faur (W. Faur), 514.
—— Feriol (En W. Feriol), damoiseau, témoin, 482.
—— Filhon, homme franc du roi dans la par. de Poussignan, 625. Son frère : Pierre de Filhon.
—— Forton (Willelmus Fforton), jurat de Bourg, 528.
—— Furt (frater Willelmus Furt), témoin, 561-563.

Guillaume Furt de Castanet (Guillelmus Furti, Willelmus Furt de Cassaneto), chevalier, témoin, 561-563, 616-618.
—— —— d'Ornon (dominus Willelmus Furt d'Ornon), 16.
—— Gadanher de Baux, homme franc du roi, 623. Son frère : Raimond Gadanher.
—— Garcie (Guillelmus Garsie), homme franc du roi dans la prévôté de Barsac, 636 [3].
—— —— Andron (W. Garcie Andronis), témoin, 253.
—— —— d'Artisson (W. G. d'Artisson), bourgeois de Bayonne, 399, p. 143, col. 1.
—— —— de Causaing (Guillelmus Garsie de Causaing), 408.
—— Garnier (Guillelmus Garnerii junior), 665.
—— Gauger (magister Guillelmus, Willelmus Gaugerii), témoin, 365, 452.
—— Gausbert (Guillelmus, Willelmus Gausbert), 118.
—— Gombaud (Guillelmus Gombaldus, Willelmus Gombaldi), chevalier, 18, 207; témoin, 478. Sa fille, femme de Pierre de Rions.
—— Gondaumer (W. Condoumer, W. Goudaumer), maire de Bordeaux, 421, 422.
—— Guicard (W. Guicard), 280.
—— Guiraud des Paus (W. Guiraut deus Paus), témoin, 542.
—— Gurraut, témoin, 448.
—— Jean (Guillelmus, Willelmus Johannis), scribe, 424, 636 [15].
—— —— d'Ariou (W. J. d'Ariou), bourgeois de Bayonne, 399, p. 143, col. 2.
—— —— de Bardos (W. J. de Bardos), bourgeois de Bayonne, 399, p. 143, col. 2.
—— —— de La Taste (W. Joh. de La Tasta), témoin, 419.
—— Jourdain (Guillelmus, Willelmus Jordani), damoiseau, 184.
—— —— de Somordz (En W. Jor. de Somordz), 504.
—— La Mirlanda, de la par. de Sainte-Eulalie, 680.
—— Lana, homme franc du roi dans la par. de Cudos, 248 [1].
—— Langevin (W. Langevin), témoin, 368.
—— Lono, cousin de Raimond Lono, de Quinsac, 680.
—— Mairin (W. Mairin), homme franc du roi dans la par. de Beychac, 541.

INDEX DES NOMS DE PERSONNES ET DE LIEUX.

Guillaume Marbuc (W. Marbuc), témoin, 481.
— Maurin (W. Maurin), témoin, 472.
— Meran (Guillelmus Meran), 31.
— Mezalha, Mezelha, 364, p. 118, col. a, et p. 119, col. 2.
— Miles de Tropeite (W. Miles de Tropeita), témoin, 542.
— Pélisse, seigneur de Momuy (Guillelmus de Perisse, dominus de Monnui; W. Pelisa de Monmir; En W. Pelissa de Montmir, de Mountmire; Willelmus Polite de Mummuye), damoiseau, 44, 173, 386, 388; témoin, 383, 386-390.
— Pelotan, témoin, 422.
— Pierre ou Peir (Guillelmus Petri, W. Peir), père et fils, hommes francs du roi dans la prévôté de Barsac, 657.
— — de Laugar (W. P. de Laugar), bourgeois de Bayonne, 399, p. 142, col. 2.
— — de Lisbay (W. P. de Lisbay), bourgeois de Bayonne, 399, p. 143, col. 1.
— — de Maverned (W. P. de Maverned), bourgeois de Bayonne, 399, p. 143, col. 2.
— — de Torn, bourgeois de Bayonne, 399, p. 143, col 2.
— — de Villefranche (W. P. de Bilefranque), bourgeois de Bayonne, 399, p. 143, col. 2.
— Polite de Monmuy. V. Guillaume Pélisse.
— Porcel (W. Porcel), 472.
— , précepteur de l'hôpital de Baulad (frater W. ou Guillelmus, preceptor de hospitali de Baulad), 222.
— (frater Willelmus), prieur des Dominicains de Bordeaux, 503, p. 224, col. 1.
— Raigassa, chevalier, témoin, 478.
— Raimond Bartes (W. R. Bartes), bourgeois de Bayonne, 399, p. 143, col. 2.
— — Bernard (Guillelmus Ramundi Bernardi), homme franc du roi dans la prévôté de Barsac, 636, [47].
— — Colom (En W. R. Colom, Guillelmus Ramundi Columbi), 635, 645; témoin, 377-381, 401. Sa mère : Aupays.
— — de Balembitz (Guillelmus Ramundi de Balambitz, Guillelmus Raymundi de Bolembitz), bourgeois de Dax, 505, 506, 513.
— — de Batz (W. R. de Batz), lieutenant de Pierre Arnaud de Caupenne, bailli de Saint-Clar, 451.
— — de Baura (Guill. Ramon de Baura, W. R. de Baura), 416, 471.
— — de Benquet (W. R. de Benqueto), 317.

Guillaume Raimond de Birac (Guillelmus Ramundi, Willelmus R. de Birac), chevalier, 539, 601, 612. Ses frères : Bernard et Gombaud de Birac; sa sœur : Perdelia; son neveu : Guillaume de Semenac.
— — de Bodz (W. R. de Bodz), chevalier, témoin, 482.
— — de Bourg (Willelmus Ramundi de Burgo), bourgeois de Bordeaux, 519.
— — de Budos (Guill. R., Guillelmus Ramundi, W. R. de Budos), fils de feu Raimond Guillaume de Budos, 670; témoin, 374, 384. Son frère : Montasieu.
— — de Doazit (W. R., Willelmus Reymundi de Doazit), chevalier, 106, 482. Sa femme : Aude de Labarte.
— — de Garn (Willelmus Remundus de Garn), homme franc du roi, 244.
— — de Gensac (Guillelmus Willelmus Reymundi de Genciaco, W. R. de Gensiaco), damoiseau, 205, 238, 328, 329. Son père : Rudel de Gensac.
— — de Jonquières (Willelmus R. de Junqueiras), 545.
— — de Lamotte (W. R. de Le Mote), bourgeois de Bayonne, 399, p. 143, col. 1.
— — de Marsan (Guillelmus Raimundi de Marsan, de Marsam; En W. Ramon de Marsan; W. Aramon de Marsan), chevalier, témoin, 370, 372, 383, 385, 387, 388, 390.
— — de Marsan (Guillelmus Raimundi de Marsan, de Marsam, de Marssan), homme du roi dans la prévôté de Barsac, 636 [22].
— — de Mondiet (Guillelmus Reymundi de Mondiet), sacriste de Saint-Sever, 510.
— — de Monos (Willelmus Ramundi de Monos), 683.
— — de Noaillan (W. Remundi de Noalhano, W. R. de Noalhan), chevalier, tuteur de Pierre, captal de Latresne, 586; témoin, 523, 560.
— — de Nouat (Willelmus R. de Nouat), damoiseau, 538.
— — de Piis (Willelmus Remundi de Pinibus, Guillelmus Ramondus de Pinibus), damoiseau, fils de feu Guillaume Raimond de Piis, 176, 465, 467; témoin, 175.
— — de Saint-Dizier (Guillelmus Reymundi de S. Desiderio), 256, 258.
— — de Sainte-Marthe (W. R. de Sancta Martha), 364, p. 118, col. 1.
— — de Saint-Léger (Guillelmus Reymundi de S. Legerio), 203.

Guillaume Raimond de Saint-Pierre (Willelmus R. de S. Petro), bourgeois de Sauve-Majeure, 584.
— — des Bordes, de Saint-Sève (Guillelmus Ramundi de Bordis, de S. Severo), 662. Son père : Raimond de Balirac, damoiseau.
— — de Sescas (En W. Remon de Sescasse), témoin, 33.
— — de Sis (W. R. de Sis), damoiseau, 547-549, 560.
— — de Steissit (En W. Arramon de Steissit), 386.
— — de Tastes (W. R. de Tastas), 364, p. 118, col. 2.
— — d'Eyrans (Guillelmus Raymundi d'Ayrano, Guillelmus Ramondi d'Arriano), fils de Gaillard d'Eyrans, 653.
— — Duran (Willelmus R. Duran), damoiseau, 533. Son frère : Gaillard Duran.
— — du Soler (Guillelmus Ramundi de Solerio), bourgeois de Bordeaux, 635.
— — du Vigier (Willelmus Ramundi deu Veger), 540.
— — Labbé (Willelmus Reymund Abbatis), seigneur landais, 173.
— Renaud (Guillelmus Reginaldi), homme franc du roi dans la prévôté de Barsac, 638.
— Richard (Guillelmus Ricardi), témoin, 664.
— Robert (Guillelmus Roberti, W. Robert), 508, 541.
— Roc (W. Reg., Roc), 346.
— Roland (Guillelmus Rotlandi), 325. Son frère : Élie Roland, prieur de Sainte-Croix; son neveu : Guillaume.
— Samart (Willelmus Samart), 364, p. 117, col. 2.
— Sanche de Pommiers (Willelmus Sancius de Pomeriis), damoiseau, 238.
— Sauner (Willelmus Sauner), bourgeois de Sauve-Majeure, 584.
— Sauret, témoin, 481.
— Séguin (W. Seguini), 275.
— — de Faugueiras (Guill. Seguin de Faugueiras), témoin, 479.
— — de Marcamps (W. Segini de Marcamp), 606.
— —, seigneur de Rions (G. Seguini de Rioncio; W. Segin; Willelmus Seguini; W. Seguin, senhor d'Arrions), chevalier, 13, 320, 377, 381, 417, 436, 478.
— Sentot (Guillelmus Sentot), homme franc du roi dans la par. de Cabanac, 679.

Guillaume Soc, de Tabanac, 537.
— Son (W. Son), 461.
— Suredordum, 408.
— Tissier (Guillelmus Textoris), de la par. de Saint-Vincent-d'Yvrac, 680.
— Tizon (Guillelmus Tizon), homme franc du roi dans la prévôté de Barsac, 674. Son frère : Forton Tizon.
— Toartz, homme franc du roi dans la prévôté de Barsac, 674.
—, trésorier du chapitre de Bordeaux (G., thesaurarius Burdegale), 503.
— Vanier (W., Vanier), bourgeois de Bayonne, 399, p. 143, col. 2.
— Vaquier (Willelmus Vaquerii), témoin, 572, 573.
— Vidau (W. Vidau), homme franc du roi dans la par. de Beychac, 541.
— Viger (Guillelmus Vigerii), homme franc du roi dans la prévôté de Barsac, 636 [29].
— Vivent (W., Willelmus Vivens, Vivent), témoin, 327, 335, 339, 354, 355.
— — de Soueyres (Willelmus Vivens de Suigueris), 364.
Guillem. V. Guillaume.
Guillemot de Langlade (dominus Gillamotus del Anglade), 248 [1]; peut-être distinct de Guillamonus de Langlade mentionné au même numéro, vingt lignes plus haut.
— Fériol (Guillermotus Fferiolli, Guillemet Feriol), 357, 423. Sa femme : Marquise.
—, fils d'Amaubin de Lansac, neveu de Pons de Lansac (Guillmot, filh N'Amaubyn de Lansac), 500.
Guilleragues. V. Saint-Sulpice-de-Guilleragues.
Guillos (par. de Guilhens, de Guilhos). Gir., arr. Bordeaux, c. Podensac, 524, 572.
Guillot de Portet (Willotus de Portet), damoiseau, 87.
Guilos (par. de Guilos), par. non identifiée au dioc. d'Aire, 70.
Guiot de La Grave (Bidotus de Grava), homme franc du roi dans la prévôté de Barsac, 636 [8].
— de La Taste (Widotus de La Taste), 248 [4].
— de Moissac (Bidotus de Moissac), 330. Son frère : Guérin de Moissac.
— de Rasseton (Bidotus de Rassetonio), 336.
— de Vidal (Vidotus de Vitali, de Vidal), homme franc du roi dans la par. de Bernos, 246 [1, 8]. Son frère : Jean de Vidal.
Guiraud Assarit (Guiraldus Assarit), 364, p. 119, col. 1. Le même que Géraud Assarit?
— de Cabanes (Guirald de Cabanas), témoin, 366.

410 INDEX DES NOMS DE PERSONNES ET DE LIEUX.

Guiraud de Castelnau (Guiraut de Castetnau, de Castetfau), témoin, 416, 471.
—— de Montagut (En Guiraut de Montacut), 386.
—— de Montz. V. Géraud de Mons.
—— de Risona (Gairaut de Rizona, Guiraud, Guiraut de Risona), clerc, témoin, 463, 495, 499, 500.
—— de Serre (Geraldus de Serras, Guiralt de Cerras), chevalier, 489, 490, 492.
Guiraudon. V. Raimond —.
Guiraut. V. Jean Pierre —.
Guiscard de Bétaille (Guiscardus de Batalha; Guiscart, Guisquart de Betalha), témoin, 565-567, 587, 655, 656, 668-672.
Guisquet. V. Guillaume Aimeric de —.
Guissinus (nom altéré? Lire Aissivus, Assieu?), 246 [4].
Guitard de Bourg (Guitardus de Burgo), témoin, 424.
—————— le Vieux (Guitardus, Guithardus de Burgo, senior), chevalier, 38.
——————, seigneur de Breuil (Guitardus de Burgo, dominus de Briolio), 39.
——————, seigneur de Courréjan (Guitardus de Burgo, dominus de Correjano), 565, 607.
——————, seigneur de Vorthouil (Guitardus de Burgo, dominus de Bertolio), fils de feu Jean de Bourg, 438.
—— de Morars, 674.
—— de Rimbez (En Guitard d'Araumbes, d'Arrumbes), prévôt de Saint-Sever, 25-29.
—— —— (Guitard d'Arrenbers, d'Arrimbes), damoiseau, 58; témoin, 462, 482.
Guitarin (Guitarinus). V. Arnaud —.
Guithardus. V. Guitard.

Guitres (de Aquestris, de Aquistris). Gir., arr. Libourne, ch.-l. de c. V. Arnaud de Brantirat de —, Guillaume, abbé de —.
Gujan (par. de Gujo). Gir., arr. de Bordeaux, c. La Teste, 687.
Gumbaldus. V. Gombaud.
Guncionea (mot altéré?). V. Arnaud de —.
Guoy. V. Guy.
Guoza. V. Gousse.
Gupia V. Lagupie.
Gurçon, Gurson (Gorsonesium, Gorosensium, Gorsson, affarium de Gurson), pays de la Dordogne, arr. Bergerac, c. Villefranche-de-Longchapt, 203, 207, 226, 227, 233, 241-243; limites entre Saint-Martin et Monpont, 478.
—— Château et honneur (castrum, honor, affarium de Gorson), 343. Châtelain : Jean Picard.
—— Paroisse : Saint-Pierre de Gurçon.
Gurgielh, lieu non identifié dans l'honneur de Belhade, Landes, 463.
Guros (locus vocatus Guros), lieu dans la Gir., 34.
Gurrant. V. Guillaume Vital —
Guserd (affarium de Guserd), lieu dans le Marsan, 108.
Gusert (par. S. Petri de Gusert), par. non identifiée dans les Landes, 112.
Guy (apud pontem de Guoy) 12. Ruisseau qui passe près de Queyrac et va se jeter dans la Gironde; une de ses branches s'appelle aussi ruisseau de Goulée (Goleya). Cf. Joanne, Dict. administr. de la France, sub verbo.
Gylato. V. Géraud de —.
Gyraldus. V. Giraud.
Gyronda. V. Gironde.

H

H., curé de Sainte-Croix-de-Monferrand (H., capelas de Santa Crotz), témoin, 47.
H. W. Hugon, homme franc du roi dans la par. de Beychac, 541.
Habaret (affarium de Habaret), 301.
Hach. V. Sanche de Hach.
Hagetmau (castrum de Haxetmau, dominus de Hayetmau). Landes, arr. Saint-Sever, ch.-l. de c., 54, 103.
Hagir. V. Raimond de —.
Halhains, Halhas. V. Aillas.
Harbaus. V. Ferbaus.

Hasar. V. Gaillard du —, Géraud du —, Jean du — Pierre du —.
Hau. V. Haux.
Haubile. V. Hauville.
Haurenihano (par. de). V. Aureilhan.
Haurgas. V. Fargues.
Hauriet. Landes, arr. Saint-Sever, c. Mugron, 74.
Hauville (Haubile, Hubile). V. Élie de —.
Haux (Hau). Gir., arr. Bordeaux, c. Créon, 531, 548, 549, 608.
—— V. Gaillard de Bladin chapelain de —.

Havarat, Havart. V. Garcie Arnaud de —.
Haxetmau, Hayetmau. V. Hagetmau.
Haylanx. V. Aillas.
Hel. W. Voir Élie Guillaume.
Heleria, femme de Raimond Brus de Gramont, 479.
Helias. V. Élie.
Heliena, femme de Vigouroux Bener, 617.
Heliona de Moissac (de Moyssac), 665.
Hemvilla (par. de Hemvilla), par. non identifiée près de Puyguilhem? 265.
Henc. V. Hinx.
Henri III, roi d'Angleterre, 370-393, 409, 420, 472. Sa femme : Aliénor de Provence.
—— de Cusances (Henricus de Couranciis, de Cusenc.; Henr. senhor de Cusances, de Cussances, de Cuzauces, de Cuzancoz), sénéchal de Gascogne, 371-385, 387-393, 424, 483.
—— Le Galeis (Le Galeis, Le Galeys, de Galeys), maire de Bordeaux, 35, 501, 514.
Herba Faveria. V. Labouheyre.
Heremo (par. de —). V. Lerm.
Herteberri. V. Pierre de —.
Hestios (milicia de —), 62.
—— V. Vital de —.
Heugas (Hugas, Hugos). Landes, arr. et c. Dax. V. Jean de —, Pierre de —.
Hilatz. V. Illats.
Hinberti. V. Imbert.
Hinx (Henc). Landes, arr. Dax, c. Montfort. V. Féraud de —.
Hoce Guibaut. V. Fosse Guibaut.
Hoiasio (homines de). V. Auros.
Honors, fille de Bertrand de Roquefort, veuve de Raimond Séguin de Mansonville, 468.
Honoz. V. Arnaud du —, Bidon du —, Raimond du —, Vigouroux du —.

Hôpital [de Saint-Jean-de-Jérusalem], 506, p. 230, col. 2. Commandeur de l'Hôpital en Bordelais, v. Prébost; maison de l'Hôpital, v. Syra.
Hormuha (locus appellatus de Hormuha), 636 [44].
Horteberri. V. Arnaud de —.
Hostens (castrum de Auston, par. de Austen). Gir., arr. Bazas, c. Saint-Symphorien, 524, 573, 581, 632, 670.
—— V. Jean d'Ardaria de —.
Hou (par. de Hou in dioc. Aquensi), par. marquée sur la carte donnée par l'abbé Légé, Les Castelnau-Tursan, entre Saint-Cric et Gaujac.
Hourtin (apud Hurgtin), port dans la commune de Cadaujac, 16. Cf. Baurein, Variétés Bordeloises, t. II, p. 373.
Hous (apud Lossa, Lussa), lieu dans Saint-Paul-en-Born, 685.
Hubile. V. Hauvile.
Hugas. V. Heugas.
Hugo. V. Hugues.
Hugon. Voir H. W. —.
Hugos. V. Heugas.
Hugues (Hugonis). V. Bernard —.
Hugues de Agia (Hugo de Agia), notaire public de Béaumont, 474.
—— de Castillon (Hugo de Castellione), chevalier, 9, 535.
—— de Gavaudun (Hugo de Gavauduno), 279.
—— de Laroque (Hugo de Roqua), damoiseau, 621.
—— de Morer (N'Ugues de Marer), 483.
—— de Mauzevin (dominus Hugo de Malovicino), 215.
—— de Roquefort (N'Ugs d'Arrocafort), prieur de Port-Sainte-Marie, 468, p. 198, col. 1.
Huguet de Savignac (Huguetus de Savinhac), 356.
Hurgtin. V. Hourtin.
Huzesta. V. Uzeste.
Hyzarn. V. Isarn.

I

Ifaus. Voir Guillaume de Lifaus.
Ilac. V. Illac.
Ilatz. V. Illats.
Ile (Yla). V. Pons de l' —.
Ilhatz. V. Illats.
Illac (par. d'Ilac). Gir., arr. Bordeaux, c. Pessac, 177.
Illats (par. d'Hilatz, Ilatz, Ilhatz, Ylatz). Gir., arr. Bordeaux, c. Podensac, 13, 557, 564, 613, 614, 630, 631, 634, 636 [39], 659.

Illon (Ylon). Gir., arr. Bazas, c. Villandraut, commune d'Uzeste, 237.
Imbert (Hinberti). V. Gaucelm —.
In Casali (locus vulgariter appellatus In Casali Vitalis Arquerii), lieu non identifié, 622.
Incauda. V. Escaude.
In Grava in Baresio. V. La Grave d'Ambarès.
In nomine Domini (locus appellatus In nomine Domini), 522.

INDEX DES NOMS DE PERSONNES ET DE LIEUX.

Insula de Arruano. V. Isle-Saint-Georges.
Isarn de Balenx (Sarues, Hyzarn de Balenx), chevalier, 269, 474.
—— de Pompignac (Ysarndus de Pompenhac), 604. Sa fille : Yspanie.
Isle-Saint-Georges (Insula de Arruano). Gir., arr. Bordeaux, c. Labrède, 667.
Ispan (hedatum d'Ispan), lieu dans les Landes, 72.
Ispan, seigneur de Domezain (Ispanus, Ispannus, Yspannus, dominus de Domedan, de Domezan), 403, 412, 509. Ses frères : Arnaud Sanche et Sanche Arnaud.
—— d'Artiguemère (Espanhon, Ispanus d'Artigameira), témoin, 682, 683, 685-688, 690, 691, 693, 694.
—— de Sis (Espanhon, Ispanus de Sis), chevalier, témoin, 682, 683, 685-688, 690-694.

Ispania. V. Espagne.
Ispannus, Ispanus. V. Ispan.
Issens. V. Saint-Yzans.
Issigeac (Ysigiacum, villa d'Eyssijac, li prohome d'Yssijac). Dordogne, arr. Bergerac, ch.-l. de c., 203, 481. V. Guillaume, curé (capelus) d'Issigeac.
Itard (Itardus) d'Eybes, 166.
Itier de Cerre (Iterius de Cerre), prévôt de Tremolac, 234.
—— du Breuil (Iterius deu Bruilh), 561.
—— Espleitad, chevalier, 478.
Iure. V. Guillaume Arnaud d'—.
Ivrac. V. Yvrac.
Izon (par. d'Ison, Yson). Gir., arr. et c. Libourne, 544, 672.
—— V. Pierre d' —.

J

J. Voir Jean.
Jacces. V. Raimond de —.
Jales. V. Raimond de —.
James Lovel, témoin, 401.
Jasserra. Corr. Lasserra et voir Lasserre.
Jaufre du Mas, 376.
Jaufredus. V. Geofroi.
Javastaus, palu dans la par. d'Izon, 544.
Jean Alegre, témoin, 1, 3, 5-22, 177, 194, 518-541, 553-559, 565-570, 575-590, 593-611, 620-628, 636-679.
—— Arnaud (Johannes Arnaldi), maire de Saint-Émilion, 2.
—— Arrostanch, 255.
—— Assieu (Johannes Assivius), témoin, 429.
—— Barbeiador, 364, p. 119, col. 1.
—— Bebz, témoin, 485, 487.
—— Binernam (nom estropié?), témoin d'une charte de Richard, comte de Poitiers, 495.
—— Bronar, bourgeois de Dax, 506, p. 233, col. 1.
—— Caillau (Johannes Calculi), 672.
—— Caubitz, bourgeois de Dax, 506, p. 230, col. 2.
—— Chabot, témoin d'une charte de Richard, comte de Poitiers, 495.
—— Chapelain (Johannes Capellani), chanoine de Saint-Paul de Lyon, 409.
——, clerc de Richard, comte de Poitiers, 495.
—— Colom, bourgeois de Bordeaux (Johannes Colombi, Columby, civis et burgensis Burdegale :En Johan Colom), 420, 502.

Jean Colom, fils de Gaillard (Johan Colom, filh Gaillard Colom), témoin, 35.
—— ——, fils de Gautier (Johannes Columbi, filius quondam Walteri Columbi), 427, 429.
—— d'Angel (Johannes de Angel), 355.
—— d'Ardaria de Leissatz, de la par. d'Hostens, 573.
—— d'Ardir, bourgeois de Bayonne, 399, p. 142, col. 2, 483, 496-498; maire de Bayonne, 400, 483.
—— —— le Jeune, bourgeois de Bayonne, 399, p. 142, col. 2.
—— d'Argelsed, homme franc du roi dans la par. de Bernos, 246 [1, 3], 248. Son frère : Garcie; ses cousins : Arnaud et Garcie d'Argelsed.
—— d'Arroial, homme franc du roi dans la par. de Muillas, 250.
—— de Balembitz, bourgeois de Dax, 505.
—— de Bernadea, homme franc du roi dans la par. de Bernos, 246 [1, 5]. Son oncle : Arnaud de Bernadede.
—— de Bernos, prêtre, 246 [1, 28, 29].
—— de Beryn, bourgeois de Bayonne, 399, p. 143, col. 1.
—— de Bordesoulle (Joh. de Bordesolles), 461.
—— de Bourg, 438. Son fils : Guitard de Bourg, seigneur de Vertheuil.
—— de Bristol (Johannes de Bristowe), bourgeois de Dax, 505.
—— de Cabanac 248 [2].

Jean de Cantiran, 364, p. 118, col. 1.
—— de Cassens (de Cassones), homme franc du roi dans la par. de Bernos, 246 [24]. Ses frères : Fort et Raimond de Cassens.
—— de Cassou (En Johan de Cassou), témoin, 513.
—— de Casteljaloux (Johannes de Castetgelos), bourgeois de Bayonne, 399, p. 142, col. 2.
—— de Castillon, changeur de Bordeaux (Johannes de Castellione, campsor Burdegalensis), 518.
—— de Caupenne (Johannes de Caupena), bourgeois de Dax, 505.
—— de Coimères (Johannes de Comeres), 249.
—— de Comed, de Comet, homme franc du roi, 247 [1, 8, 12].
—— de Contis (J. de Conties), bourgeois de Bayonne, 399, p. 143, col. 2.
—— de Corbillo, bourgeois de Bayonne, 399, p. 142, col. 2.
—— de Cornados, 364, p. 119, col. 1.
—— de Dax, vicomte de Tartas (En Johan d'Ax, vescomte de Tartas), 482.
—— de Derun, de Maisonneuve (Johannes de Derun, de Domonova), bourgeois de Dax, 505.
—— de Florihus, témoin, 478.
—— de Fossatz, bourgeois de Bayonne, 399, p. 143, col. 2.
—— de Foston, bourgeois de Bayonne, 399, p. 143, col. 1.
—— de Gaillart, homme franc du roi, 244, p. 76, col. 1.
—— de Graville (Johannes de Greville, de Grevilh), homme franc du roi dans la par. de Bernos, 246 [1, 4]. Son neveu : Géraud de Graville.
—— de Grilly (dominus Johannes de Greyliaco, de Gralhi; En Johan de Grilli), 212, 261; sénéchal de Gascogne, 484.
—— de Heugas (de Hugas), homme franc du roi dans la par. de Bernos, 246 [1].
—— de Labad, homme franc du roi dans la par. de Bernos, 246 [1, 19]. Ses frères : Arnaud et Guillaume de Labad.
—— de Labadie (Johannes de Abbatia), 325.
—— de La Baste (de La Basta), bourgeois de Dax, 505.
—— de Labenne (de Lebone; variante : de Bene), bourgeois de Bayonne, 399, p. 143, col. 1.
—— de Labère (maiestre Johan de Labere, de Laberra), connétable de Bordeaux, 35, 36, 38, 501, 514.

Jean de Lacase (Johannes de Casa), homme franc du roi dans la par. de Cudos, 248 [1, 4, 5, 6, 10].
—— —— (Johannes de Lacasa), témoin, 10.
—— de Lalande (de La Landa, de Landa), chevalier, 583, 654; témoin, 525-530, 558, 597-599, 611. Sa femme : Fine.
—— de Lalinde (Johan de La Linde), maire de Bordeaux, 370-393; sénéchal du Limousin, du Périgord et du Quercy pour le roi d'Angleterre, 420.
—— de Lanamana, bourgeois de Dax, 505.
—— de Langlade (Johannes de Langlade), bourgeois de Bayonne, 399, p. 143, col. 2.
—— de Langon (Johannes de Lengonio), 331.
—— de Laporte (de Porta), 678.
—— de Larmal (del Armal), homme franc du roi dans la par. de Cudos, 248 [14]. Son frère : Garcie.
—— de Laroque (de La Roqua), 323.
—— de Laubarède (Johannes de Laubarede), homme franc du roi dans la par. de Bernos, fils de feu Pierre de Laubarède, 246 [1, 15, 17].
—— de L'Église (Johannes de Ecclesia, de La Glise), 244, p. 76, col. 1.
—— de Loupès (de Lopa), 605.
—— de Lourdes (de Lorda), 408.
—— de Luc, bourgeois de Bayonne, 399, p. 143, col. 2.
—— de Lugayosse (de Lugarossa), homme franc du roi dans la par. de Captieux, 247 [1].
—— de Mêmes (de Mames), homme franc du roi dans la par. de Pompéjac, 247 [1].
—— de Marcos, 248 [4].
—— de Marnos, 248 [1].
—— de Médoc (Johan de Medoc, de Medok, de Medouc), scribe, 33, 461, 462, 513.
—— de Menta, gendre de Baquier, bourgeois de Bayonne, 399, p. 143, col. 2.
—— de Mimizan (En Johan de Memizan), témoin, 485.
—— de Morton, bourgeois de Bayonne, 399, p. 143, col. 1.
—— de Notton (En Johan de Notton), témoin, 483.
—— de Payon (En Johan de Payon), bourgeois de Dax, 504.
—— de Pellegrue (fra Johan de Pelegrue), franciscain, témoin, 483.
—— de Petris (Johannes de Petris), bourgeois de Dax, 505.
—— de Pin (J. de Pin), bourgeois de Bayonne, 399, p. 143, col. 1.

Jean de Pin (J. de Pinu), homme franc du roi dans la par. de Cabanac, 679.
—— de Pujol (Johannes de Pujol), bourgeois de Dax, 505, 506.
—— de Saint-Jean (J. de Sancto Johanne), bourgeois de Bayonne, 399, p. 143, col. 1.
—— de Saint-Loubès (Johannes de Sancto Lupo), 540, 654.
—— de Seignanx (J. de Seniantz), bourgeois de Bayonne, 399, p. 143, col. 1.
—— de Soubist (J. de Soubist, filius Dominici), bourgeois de Bayonne, 399, p. 142, col. 2.
—— —— (En Johan de Soubist, filh d'En P.), bourgeois de Bayonne, 483.
—— de Sorde (J. de Sordoe, Johan de Sordoe, de Sorduc), bourgeois de Bayonne, 399, p. 143, col. 2, 404, 484. Sa femme : Raimonde de Liposse.
—— de Sortoile (variante : Sorolle), bourgeois de Bayonne, 399, p. 143, col. 1.
—— de Syreys, de Saint-Émilion, 668.
—— de Terrefort (Johannes de Terraforti), chevalier, 554.
—— —— (Johannes de Terraforti, de Trancfort), tenancier du roi dans la par. de Savignac, 356.
—— de Tilh, 364, p. 118, col. 2.
—— de Via Meylora, de Via Moleira, homme franc du roi dans la par. de Bernos, 246 [1, 6]. Son frère : Pierre de Via Moleira.
—— de Vidal, 246 [8]. Son frère : Guiot.
—— Doins, bourgeois de Bayonne, 399, p. 143, col. 2.
—— Dominique (magister Johannes Dominici, clericus), juge royal, 452, 478.
—— du Brenar (Johannes de Brenar, En Johan deu Brenar), homme franc du roi dans la par. de Taleyson, 247 [1, 11], 404, 506.
—— d'Ugorn (Johannes deu Ugorn), frère de Raimond, 354 [11].
—— du Hasar, 681.
—— du Prat (Johannes de Prato), homme franc du roi dans la par. de Maillas, 250.
—— du Vic (Johan du Bic, du Bic), bourgeois de Dax, 504, 508.
—— Emelin (Johannes Emelini), 364, p. 117, col. 2.
—— Gaillard (Johannes Galhardi), frère de Raimond, homme franc du roi dans la par. de La Brède, 678.

Jean Gaucelm (Johannes Gaucelmi), homme du roi dans la par. de Quinsac, 680.
—— Gendre (J. Gendre), bourgeois de Bayonne, 399, p. 143, col. 2.
—— Gérard ou Géraud (magister Johannes Gerardi, Girardi, Gyrardi, Guiraut; maiestre Johan Geraut, clerc), témoin, 1-4, 10-17, 190-195, 499, 500, 544.
—— Hugos, homme franc du roi dans la par. de Bernos, 246 [11]. Le même que Jean de Hougas?
—— Lemoine (Johannes Monachi), bourgeois de Dax, 506, p. 231, col. 1.
—— Le Parquer (En Johan Lo Parquer), chevalier, 513. Sa fille : Douce Lo Parquer.
—— Lucas (Johan Lucas), témoin, 551.
—— Marquès (Johannes Marquesii), 299.
—— Nosset, jurat de Saint-Émilion, 2.
—— Parren, de Barbezieux (Johannes Parren de Berbedillo), témoin, 695.
—— Picard (Johannes Picardi, Lopiquart), témoin, 5-9, 18-22, 177-189, 641, 645-654, 665-667.
—— —— (Johannes Picardi), châtelain de Castillon et de Gurçon, 478.
—— Porcher (Johannes Porcherii), témoin, 695.
—— Sans Terre, roi d'Angleterre, 402, 404, 414.
—— Tapier (Johannes Tapierii), 355.
—— Tuit, tenancier du roi dans la par. de Savignac, 356.
Jean (Johannis). V. Guillaume Jean.
Jeanne de Raols, 645.
——, femme de Bernard de Cazeneuve, 255.
Jersey (Geresci), une des îles de la Manche, 404.
Jérusalem, hôpital de Saint-Jean, 44.
Jeu. V. Geou.
Joclenh ou Joclenher. V. Juglin.
Johan. V. Arnaud ——, Raimond ——.
Johanna, Johannes. V. Jean, Jeanne.
Jonquières (Joncquerias, Junqueiras, Junquers), château dans Saint-Germain-du-Puch, Gir., arr. Libourne, c. Branne, 548, 641.
—— V. Amaubin de ——, Guillaume Raimond de ——, Raimond Guillaume de ——, Rostand de ——.
—— Jorian, Jorun de Lassale (de Lassala), témoin, 525-530, 558, 597-599, 611.
Jourdain (Jordanus), archidiacre de Lectoure, 452.
—— d'Acre (En Jordan de Acre), témoin, 499.
—— d'Argades, témoin, 448.
—— de Bank (Jordanus de Bank, de Bans), fils de Contoria de Bans, 83.

Jourdain de Cabanac (Jordanus de Cabanaco), damoiseau, 618.
—— de Lartigue (Jordanus del Artiga), 246 [24].
—— de Navarca, 364, p. 118, col. 2.
—— du Puch (de Podio), damoiseau, 689.
—— Pansa (En Jordan Pansa, Jordanus Pansa), témoin, 450, 475.
—— Paute, témoin, 174 (le même que le précédent? Lire Pance?).
—— Sanos, seigneur de Castellard, 173.
—— (Jordani). V. Guillaume Jourdain.
Jourdaine Grimoard (Jordana Grimoardi), femme d'Amanieu d'Auriol, 364, p. 118, col. 1.
Joverri. V. Gaysat de —.
Judix. V. Jusix.
Juglin (Joclenh), lieu marqué par Cassini entre Roquefort-de-Marsan et Maillières, 117.
Julent. V. Brun de —.

Juliac (in Julhac, Juliac), pays et vicomté dont la capitale, Juliac, était un château dans la commune de Bethezer. Landes, arr. Mont-de-Marsan, c. Gabarret, 100.
—— Chevaliers (milites de Julhac, de Juliaco), 73, 122.
—— Paroisse (parropie S. Per de Juliag, parochia S. Petri de Juliac), 27, 110, 118.
—— Seigneur (dominus de Juliac), 118.
—— Viguerie (vigeria de Julhiac), 118.
Junquar. V. Pierre de —.
Junqueiras. V. Jonquières.
Juran Bast (En Juran Bast), frère de Navarre, témoin, 476.
Jusix (Judix, Juzidz). Lot-et-Gar., arr Marmande, c. Meilhan. Voir Arnaud de —, Arnaud Raimond de —, Bertrand de —, Frozin de —, Guillaume de —, Pierre de —.

K

Kabanac. V. Cabanac.
Kantenac. V. Cantenac.

Karinhan. V. Carignan.
Kaversaco (de), corr. Kraversaco et voir Crabessat.

L

Labad (de Labad, del Albad). V. Arnaud de —, Guillaume de —, Jean de —.
Labadie (Labadia, de Abbatia). V. Arnaud de —, Jean de —.
La Baneira. Corr. La Barreira et voir Labarrière.
Labarda. V. Labarte.
La Barde (affarium de La Barde), nom de lieu fréquent dans le dép. de la Dordogne, 203.
Labarica (affarium de Labarica citra Sironem), 246 [28].
Labarie (molendinum de Labarie, ultra Syronem), 246 [28].
La Barrière. V. Arnaud de —.
Labart. V. Bernard —.
Labarta. V. Labarthe.
Labarthe (casale de Labarta in Juliac), 110.
—— (milicia de Labarta), caverie de la Chalosse, 80 (une forêt de Labarthe est marquée sur la carte de l'État-major près de Castelnau-Chalosse). V. Amanieu de —, Arnaud de —, Aude de —, Guillaume de —, Pierre de —.
—— (pons de Labarta), pont sur le Drot?, 34.

Labarthe (terra de Labarta), terre possédée par l'abbaye de Saint-Sever, 70.
Labaste (La Basta). V. Guillaume de —. Jean de —, Pierre de —, Raimond Arnaud de —.
Labat. V. Garcie Arnaud de —, Guillaume Arnaud de —, Pierre de —.
Labatia, par. voisine de Blasimont, 209.
Labatut (milicia de Labatut), caverie dans le Gers? 83.
—— (stagia de Labatut que est in par. de Camarssac). Gir., arr. Bordeaux, c. Créon, commune de Camarsac, 537.
—— (terra de Labatut), près de Labrède, 678.
—— V. Gombaud de —, Guillaume de —, Sanche de —.
La Bauria. V. Pierre de —.
Labaut. V. Lombaud.
Labbé (Abbatis). V. Guillaume Raimond —.
Labenne (Bene, Lebene). Landes, arr Dax, c. Saint-Vincent-de-Tyrosse. V. Jean de —.
Labereyra V. Pierre de —.
La Bermioze, lieu près de Luchernet, Landes, 461, 463.

416 INDEX DES NOMS DE PERSONNES ET DE LIEUX.

Laberniac (nassa de Laberniac que est super villam S. Macharii), pêcherie en Garonne, près de Saint-Macaire, 448.

Laberra. V. Martin de —.

Labescau (Labescal). Gir. arr. Bazas, c. Grignols, 330.

—— V. Arnaud de —.

Labeyrie (Beria, par. de Labeyria). Gers, arr. Condom, c. Cazaubon, commune de Lannemaignan, 72.

—— V. Contoria de —.

Labhaner (En Labhaner; autre forme du mot Loupaner?), 483.

Labinhaga, lieu non identifié, 347.

Labirya (casale quod habet in perrat de Poynac a Sos et vocatur Labirya), 100.

La Bitau. V. Raimond de —.

Labizaa (terra que est apud Labizaa), 346.

Laboberie. V. Labeyrie.

Laboeria (feodum de Laboeria), près de Puyguilhem, 266.

—— V. Élie —.

La Boirie, terre voisine de Cudos, 248 [2].

Laborate. V. Bos de —.

Labouheyre (Herba Faveria). Landes, arr. de Mont-de-Marsan, c. Sabres, 551.

—— Prévôt (prepositus Herbe Faverie), 48.

Labour (terra de Labort), pays compris auj. dans le dép. des Basses-Pyr., 464.

Labrède (par. S. Johannis d'Estomptis, d'Estontis), 16, 518, 568, 678.

Labreza, lieu non identifié, 346.

Labrisa (justicia de Labrisa), 238.

Labrit (de Lebreto). Landes, arr. Mont-de-Marsan, ch.-l. de c. V. Amanieu de —, Bernadet de —.

La Broquera. V. Broquère.

Labrousse (Labrossa). V. Guillaume de —.

La Brunaco (mancrium vocatum La Brunaco in par. de Brunaco). Gir., arr. Libourne, c. Pujols, commune de Bossugan, 689.

Labruteria (estagia de —), 254.

La Cabra. V. Lacrabe.

Lacanau (par. S. Vincentii de Lacanau). Gir., arr. Bordeaux, c. Castelnau-de-Médoc, 35.

Lacart. V. Pierre de —.

Lacase (Casa, casale de Casa, lieu dans la par. de Cudos? 248 [2, 9]. V. Arnaud de —, Bliard de —, Élie de —, Jean de —, Pierre de —, Raimond de —, Vital de —.

—— (feodum de La Casa), près de Bouglon, 364, p. 119, col. 1.

Lacassa Armadia, fief près de Puyguilhem? 266.

La Cassaigne. V. Arnaud Guillaume de —.

La Casse. V. Dominique de —.

La Causède. V. Pierre de —.

La Cerboba (terra que fuit domini d'Ayra, que vocatur La Cerboba), 72.

La Cluse. V. Pierre Guillaume de —.

La Coasa. V. Arnaud de —.

La Compre (terra de La Compre), lieu dans la par. de Cudos? 248 [2].

La Corcia (affarium de La Corcia), lieu dans la par. de Luc, Landes, arr. de Mont-de-Marsan, c. Sabres, 690, 691, 693.

La Cosane. V. Pierre de —.

La Coste (terra a La Coste), lieu dans la par. de Cudos, 248 [3].

Lacquy (affarium de Laquy, par. de Laqui). Landes, arr. Mont-de-Marsan, c. Villeneuve, 72, 76.

Lacrabe (castrum de Lacraba, par. Ovis mortue). Landes, arr. Saint-Sever, c. Hagetmau, 70, 99; eolim La Crabe-Morte», dit dom Du Buisson, Hist. mon. S. Severi, t. I, p. 282.

Lacroix (de Cruce). V. Vital de —.

Ladils (corigia, la corege de Ladils, Ladilhs, Ladilis), 246 [20, 24].

—— V. Arnaud de —, Bertrand de —.

Lador. V. Adour.

Lados (castrum de Lados). Gir., arr. Bazas, c. Auros, 217.

—— V. Arnaud Bernard de —, Bertrand de —, Raimond Furt de —, Raimond Guillaume de —.

Lafargue (Lafargua). V. Vital de —.

La Faringa (feodum de La Faringua), fief près de Bouglon, 364, p. 118, col. 2.

La Fenuga (domus Galhardi de La Lande que vulgariter appellatur La Fenuga), 518.

Laffaurga. V. Vital de —.

Laffaut. V. Pierre Baudoin de —.

Laffore (Laffora). V. Raimond de —.

La Folia. V. Garcie de —.

Lafond, Lafont (de Fonte, Laffont). V. Guillaume de —, Pierre de —.

Laforcade (de Lafurcade). V. Guillaume de —.

La Forcade de Claus, lieu près de Cudos, 248 [5].

La Forcaria. V. Bertrand de Segonsac de —.

Laforest (affarium de La Fforest, feodum quod appellatur La Forest), lieu dans la par. d'Eysines, 35, 648.

—— V. Guillaume de —.

La Fortina (affarium de La Fortina), 336.

La Fossa, La Fozia. V. Guillaume de —.

La Fragia. V. Pierre de —.

La Frenha. V. Élie de —.
Lagaaded. V. Laguaded.
Laganar. V. Arnaud —.
Lagarde (milicia de La Garda, par. S. Martini de La Garda), caverie et par. non identifiée du Marsan, 105.
La Gardera. V. Bernard de —.
La Garpe, terre dans la par. de Taleyson, 255.
La Garruga. V. Guillaume de —.
Lagastet (affarium de La Gast, par. de Lagastet). Landes, arr. et c. Saint-Sever, commune d'Aurice, 55, 62.
La Geteyre. V. La Gouteyre.
La Gleyzera, chemin près de Cudos, 248 [2].
La Glisa. V. Église.
Lagos. V. Nadus de —.
La Gota. V. Arnaud de —, Avril de —.
La Gouteyre (terra de La Gotere, La Geteyre), lieu dans la par. de Bernos, 244, p. 77, col. 2, 248 [4]. Cf. *Invent. sommaire dép. Gironde*, série E, suppl., t. I, p. 281, col. 1.
La Grange, terre tenue de l'abbaye de Fonguilhem, 244, p. 77, col. 2.
Lagrave (casale de Lagrava), lieu dans la prévôté de La Réole, 358.
Lagrave (vinea de Grava), lieu près de Fronsac, 650.
La Grave-d'Ambarès (Ingrava in Baresio, par. Templi de Grava). Gir., arr. Bordeaux, c. Carbon-Blanc, 654, 672.
—— V. Pierre de La Grave.
La Gravelet. V. Graulet.
La Gravette (molendinum de La Graveta in par. S. Lupi). Gir., arr. Bordeaux, c. Carbon-Blanc, commune de Saint-Loubès, 672.
La Graville. V. Graville.
Lagua (capmansus de Lagua), lieu dans le Marsan, 134.
Laguaded (stagia de Lagaaded, Laguaded, Laguazade, Laguazade), lieu dans la par. de Bernos, 247 [14].
—— V. Arnaud de —, Garcie de —, Guillaume de —.
Laguar. V. Gassion de —, Guillaume de —, Pierre de —.
Lague, Lagues. V. Bernard de —.
Laguiac. V. Pierre —.
Laguilton. V. Michel de —.
Lagupie (B. de Gupia, par. de Gelagupia). Lot-et-Gar., arr. Marmande, c. Seyches, 259.

Lagupie. V. Bernard de —, Cantor de —, Pierre de —.
Laharie (villa de Ffarina). Landes, arr. Mont-de-Marsan, c. Arjusanx, 394.
Laheri, Lahet. V. Sanche Martin de —.
Lahita (a Lahita, casale in par. de Cavernas, corr. Tavernas), lieu dans Tavernes, Gers, arr. Condom, c. Cazaubon, commune de Parleboscq, 100.
Lahitte (affarium de Lahita in par. S. Martini de Bargues). Landes, arr. et c. Roquefort, commune de Lucbardez-et-Bargues, 114.
La Hontana (villa de Foutanas d'Isla), lieu près de Queyrac, Gir., arr. et c. Lesparre, 12.
La House (Lahosa de Grians). Landes, arr. et c. Saint-Sever, commune de Sainte-Eulalie, 125.
La Ila. V. Gaucelm d e —.
Lait Savoidatz. V. Gaillard de —.
Lala. V. Gaillard —.
La Lana. V. Lalanne.
Lalanda, Lalande. V. Arnaud de —, Gaillard de —, Guillaume de —, Jean de —, Pierre de Moutz de —, Ruffat de —.
La Lane, terre dans la par. de Taleyson, 255.
Lalanne (Lana, La Lana, Le Lane). V. Barthélemi de —, Bertrand de —, Pierre de —.
La Lanuce (casalia in par. de Sent Sevini a La Lanuce), lieu dans la par. de Larrivière, Landes, arr. et c. Saint-Sever, 116.
Lalcis. V. Raqueiras de —.
La Leuga (podium de La Leuga), 687.
Lalibarde (par. de Lalivarda). Gir., arr. Blaye, c. et commune de Bourg-sur-Mer, 563.
La Liete. V. Martin de —.
La Linde. V. Jean de —.
Lalivarda. V. Lalibarde.
Laloga, lieu voisin de Perquie, 112.
Laloguida, lieu voisin d'Aillas, 240.
La Lua. V. Luc.
Laluque (La Luca). Landes, arr. Saint-Sever., c. Tartas. V. Garcie Arnaud de —.
La Maganhia, terre voisine de Puyguilhem, 276.
Lamarque (castrum de Marchia, de La Marqua in Medulco; castrum et districtus de Marchia). Gir., arr. Bordeaux, c. Castelnau-de-Médoc, 9, 535, 667.
—— V. Gassion de —.
La Marthede, ruisseau dans la prévôté de Bazas, 248 [8].
La Masta. V. Raimond de —.
Lambert (Lamberti). V. Amanieu —, Arnaud —, Pierre —, Ruffat —.

418 INDEX DES NOMS DE PERSONNES ET DE LIEUX.

Lambert de Putz, bourgeois de Bayonne, 399, p. 142, col. 2.

Lambreda, sœur d'Arnaud de Taleyson, 255.

Lambret. V. Bernard de —.

Lambrot. V. Arnaud de —, Pierre de —, Vital de —.

La Molorea. V. Bertrand de —.

Lamothe (dominus de Mota). Gir., arr. et c. La Réole, commune de Lamothe-Landerron, 332.

—— V. Amanieu de —, Arnaud de —, Bernard de —, Gaillard de —, Gaucelm Aiquelm de —, Géraud de —, Guillaume de —, Mon de —, Péronelle de —, Pierre de —, Raimond de —, Rostand de —

Lamothe (castrum de La Mota in Bogio), château dans le pays de Buch, 687.

—— V. Gaillard de —.

Lamotte (locus de Mota in Sylvestrensi), lieu dans le pays de Soubestre, 49.

—— V. Bertrand de —.

Lamotte (manerium de Mota in par. S. Andree), manoir dans Saint-André-de-Cubzac, 554.

Lana. V. Guillaume —.

Lanamans. V. Jean de —.

Lanauza. V. Guillaume de —.

Lanavey. V. Bidones de —.

Landa. V. Lalande.

Landerron (Landarronum). Gir., arr. et c. La Réole, commune de Lamothe-Landerron, 213.

—— V. Anissant de Serres, chevalier; Frozin de Serres, chevalier; Guillaume de Forseds; Guiraut de Serres.

Landerrouat ou Larderrouet (Landarroatum). Gir., arr. La Réole, c. Pellegrue, ou c. Mouségur, 357.

Landiras (dominus, domus de Landirans, honor et districtus de Landirans). Gir., arr. Bordeaux, c. Podensac, 524, 568, 581.

Lane. V. Bertrand de —, Pierre de —.

Lanemejan. V. Lannemaignan.

Langaubaudaria, lieu non identifié, 655.

Langlade (casale del Anglade), lieu dans la prévôté de Bazas, 248 [9].

—— V. Arnaud de —, Garcie de —, Guillaume de —, Jean de —, Pierre de —, Vitalie de —.

Langoiran (castrum, par. de Logorian, de Legoiran, de Logoran). Gir., arr. Bordeaux, c. Cadillac, 531, 548, 635.

—— V. Bernard d'Escoussans, seigneur de —.

Langon (Langonium, Lengon, Lengonium, Lingonium, Longenium). Gir., arr. Bazas, ch-l. de c., 270, 332, 359, 520, 548, 568, 633.

Langon. Actes datés de Langon, 366, 465-467.

—— Bourgeois. Leurs obligations envers le roi d'Angleterre, 332. V. Pierre Vigouroux.

—— Cour royale (assisa senescalli apud Longonium, la justice de Lengon, la court de Gasconha a Lengon), 366-369, 473.

—— Curé. V. Bes.

—— Justice, 212, 332.

—— Notaire public. V. Arnaud d'Arbussau.

—— Rue Saint-Gervais, 360.

—— Seigneur. V. Amanieu de Lamothe, Guillaume de Beauville.

—— V. Gaillard de —, Gaillard Durcan de —, Guillaume Raimond de —, Pierre de —, Pierre Amaubin de —, Raimond de Lamothe de —, Vital de —.

Languihaire. V. Bertrand —.

Lannemaignan (par. de Lanemejan). Gers, arr. Condom, c. Cazaubon, 72.

Lansac (par. de Lanssac). Gir., arr. Blaye, c. Bourg-sur-Mer, 664.

—— V. Amaubin de —, Pons de —.

Lansuc. V. Pierre Jean de —.

Lanzac, terre dans la par. de Flaugeac, 285.

La Osseira, lieu dans les Landes, 463.

Laparedere. V. Bernard de —.

Lapède (milicia de Lapeda in par. de Bassercas). Landes, arr. Saint-Sever, c. Amou, communa de Bassercles, 88.

—— V . Arnaud de —, Bernard de —.

Lapeire. V. Raimond —.

Lapiac Aboras, lieu dans la par. de Bouglon? 364, p. 118, col. 1.

La Plasse, terre dans la prévôté de Bazas, 248 [4].

Laplume. V. Garcie Arnaud de —.

Laporte (Laporta, Porta). V. Bernard Raimond de —, Guillaume de —, Pierre de —, Raimond de —, Raimond Brun de —.

Lapreda. V. Laurède.

La Pressera (affarium, hospitale de La Pressera), lieu dans le Marsan? 72, 100.

Lapujade, terre dans la par. de Cudos, 248 [4].

—— V. Dout de —.

Lapus. V. Guillaume Arnaud de —.

Laquaem (par. de Laquaem in Ripperia Luy), par. non identifiée, 84.

Laquy. V. Lacquy.

Lar. V. Pierre de —.

La Rame (La Rama). V. Guillaume de —, Pierre de —.

Larbey (par. S. Johannis de Larby). Landes, arr. Saint-Sever, c. Mugron, 124.
Larcmal. V. Larmal.
Larée (castrum et milicia de Larecr, affarium de Larecres). Gers, arr. Condom, c. Cazaubon, 100, 123, 133.
—— V. Bernard Jourdain de —.
La Regula. V. La Réole.
Larenha (affarium de Larenha), lieu dans la prévôté de Saint-Sever? 75.
La Réole (La Regula, Regula). Gir., ch.-l. d'arr., 203, 221.
—— Bourgeois, 361. Voir en outre : Arnaud de Lamotte le Jeune, Arnaud de Piis, Étienne de Monlerits, Fort Guillaume Esclau, Raimond du Mirail, Raimond Séguin, Seignoron Gasc, Vital du Mirail.
—— Château et tour, 38, 325, 345, 356, 358. Châtelain : Gautier de Thanney. Greffier (cartolari) : Pierre de Bijous, Pierre Tairena.
—— Lieu d'où est datée une charte de Richard, comte de Poitiers, 495.
—— Notaire : Guillaume de Brives, Pierre d'Agiet.
—— Péage, 238, 357.
—— Prévôt, prévôté, 239, 313-316, 354. V. Vital du Mirail.
—— Prieur, 420. V. Élie Aucher, Gaillard, Philippe, Telbautz.
—— V. Bernard de Piis de —, Pierre Picard de —.
Largarosa (decima de Largarosa), 669.
La Riole. V. Larreule.
La Rivel. V. Rival.
Larmal (de Arcu malo, Larcmal). V. Garcie de —, Jean de —.
Larnazar. V. Guillaume de —, Laurent de —.
La Roca. V. Laroque.
La Rochelle (Rupella), 407 [7].
La Rochvillon (bedatum de La Rochvillon), lieu dans le Marsan? 72.
La Roque (de Roca, de La Roqua, de Roqua, de Rupe). V. Amanieu de —, Bernard de —, Boson de —, Élie de —, Gaillard de —, Guillaume de —, Guillaume Arnaud de —, Jean de —, Pierre de —.
La Roqueta. V. Rouquette.
La Rossera. V. Rousselle.
Larouquir. V. Roqueir.
Larramomenga. V. Martin de —.
Larras. V. Guillaume Arnaud de —, Pierre Arnaud de —.

Larrera (par. de Larrera), par. du Périgord? 357.
Larreule (La Reule, La Reula de Saubestre en l'abescat de Lescar). Basses-Pyr., arr. Orthez, c. Arzacq, 470, 509.
—— Abbaye, abbé (La Riole, domus de Regula in Silvestri), 84, 172.
—— V. Guillaume Arnaud de —.
Larrocau. V. Pierre de —, Pierre Jean de —.
Larroche. V. Pierre de —.
Larruade. V. Pierre Gavoir de —.
Larsan, Larssan. V. Arnaud de —, Raimond de —, Vigouroux de —.
Lartigue (par. S. Romani de Lartiga). Gir., arr. Bazas, c. Captieux, 296, 340.
Lartigue (casale del Artigue, rivus de Artiga), ruisseau et lieu dans la par. de Cudos? 248 [11].
—— (Artiga, Lartiga). V. Arnaud de —, Guillaume de —, Jourdain de —, Pierre de —, Vital de —.
La Rui. V. Fort de —.
La Runh, lieu dans la prévôté de Saint-Sever? 77.
Laruscade (par. de Laruscada). Gir., arr. Blaye, c. Saint-Savin, 553.
—— V. Élie de —.
Las, bien appartenant à l'abbaye de Cadouin, 216.
La Sala. V. Bertrand de —.
Lasale, lieu dans la par. de Cudos? 248 [3].
La Salebert (feodum de La Salebert), lieu près de Bouglon? 304, p. 117, col. 2.
Lasbilas, terre appartenant à l'abbaye de Saint-Sever, 70.
Las Bordas (locus de Las Bordas). V. Bordes.
Lasbordes (affarium de Las Bordas). Gers, arr. Condom, c. Cazaubon, commune de Castex, 72.
Lascar. V. Lescar.
Lascariogades, terre près de Pujols, 622.
Lascinbiola, lieu dans l'Ambarès? 672.
Las Clotas. V. Esclotes.
Las Comas (affarium de Las Comas), lieu dans le Bordelais? 648.
Lascreu (affarium de Lascreu), lieu dans le Marsan? 72.
Lascuriensis episcopus. V. Lescar.
Laserenx (affarium de Leserenx in par. S. Aviti de Marciano). Landes, arr. et c. Mont-de-Marsan, commune de Saint-Avit, 133.
La Serga (feodum de La Serga), lieu près de Bouglon, 364, p. 118, col. 2.
La Serra. V. Doat de —.
La Serre (casale de La Serre), lieu dans la prévôté de Bazas, 246 [20].

53.

INDEX DES NOMS DE PERSONNES ET DE LIEUX.

La Serte (casale de La Serte), lieu dans la prévôté de Bazas, 246 [13].
—— V. Doat de ——, Vital de ——.
Lases. V. Pierre de ——.
La Seuba (casale a Aycst vocatum La Seuba), lieu près de Hagetmau, 103.
Las Hodias. V. Pierre Bernard de ——, Vital de ——.
Las Lanas (affarium de Las Lanas), lieu près de Castandet, Landes, 82.
Las Madiras. V. Guillaume de ——.
La Sobe (affarium de La Sobe), lieu près de Benquet, Landes, 96.
Lasorgent. V. Pierre de ——.
Lassala (feodum de Lassala), lieu dans le Médoc? 535.
—— V. Jorun de ——.
Lassatz (per. de Lassatz, de Lessatz), par. aujourd'hui disparue dans l'archiprêtré de Cernès; 581, 635, 636 [19], 670. Cf. Baurein, *Variétés Bordeloises*, t. III, p. 128.
Las Segas. V. Pierre de ——.
Lassent. V. Guillaume de ——.
Lasserre. V. Arnaud Loup de ——.
Lassus. V. Robert de ——.
Las Terreas, lieu dans la par. de Labrède, 678.
Las Vinas. V. Arnaud de ——.
Las Viras Comtats, lieu dans la vallée du Ciron, 247 [1].
La Tape (La Tapa). V. Arnaud de ——, Bernard de ——, Fort de ——, Guillaume de ——.
La Tapera. V. Pierre de ——.
La Tasta embanida, lieu où le roi tient sa cour en Juliac, 118.
La Taste (casale a Sendez, vocatum La Tasta), lieu dans Sendède, Landes, arr. Saint-Sever, c. Hagetmau, commune de Castelner, 102.
—— V. Guillaume Jean de ——, Pierre de ——.
Lataugère (Latugeira, terra de Latujera in par. S. Severii). Gir., arr. et c. La Réole, 663. Cf. Baurein, *Variétés Bordeloises*, t. III, p. 65.
—— V. Arnaud Seguin de ——, Bernard de ——, Guillaume de ——.
La Testa. V. Arnaud de ——.
Latinera. Corr. Latujera et voir **Lataugère**.
Latoudeille (molendinum de Latodella), lieu dans la par. de Vertheuil, Gir., 616.
—— V. Guillaume de ——, Pierre de ——, Vital de ——.
La Tour (de Turri). V. Ménaud de ——.
La Tresne (castrum, par., laicium de Trena), Gir., arr. Bordeaux, c. Créon, 537, 586, 589.
La Tresne. V. Boison de ——, Pierre, captal de ——.

Latugeira. V. Lataugère.
Lau (milicia de Lauro). Landes, arr. Saint-Sever, c. Aire, commune de Duhort-Bachen, 120.
—— V. Arnaud Bernard de ——, Garcie de ——, Géraud de ——.
Laubarède (casale del Aubarède), lieu dans la par. de Bernos, 246 [15, 16].
—— V. Doat de ——, Jean de ——, Pierre de ——, Vital de ——.
Laubergaria. V. Guillaume de ——.
Laugar. V. Guillaume Pierre de ——.
Laugaut. V. Lugaut.
Laulenx. V. Pierre de ——.
Laumar. V. Pierre Vilan de ——.
Lauransa, lieu près Bonnetan, Gir., 544.
Laurède (par. de Lapreda). Landes, arr. Saint-Sever, c. Mugron, 103.
Laurent de Larnazar (Laurencius de Larnazar), homme franc du roi dans la par. de Cabanac, 679.
—— de Mimizan (Laurence de Mimizan), bourgeois de Bayonne, 399, p. 143, col. 1.
—— de Poyanne (Laurencius de Pojane), bourgeois de Bayonne, 399, p. 142, col. 2.
—— de Ville (Laurencius de Bile, de Biella), bourgeois de Bayonne, 400, 483.
—— (Laurencii). V. Bernard Laurent.
Laureti. V. Raimond ——.
Lauro (de). V. Lau.
Laurq. V. Arnaud Bernard de ——.
Lausos (in par. de Salis et a Lausos), lieu voisin de Salles, Gir., arr. Bordeaux, c. Belin, 16.
Lavadour. V. Doat de ——.
Lavaths (citra rivos de Lavaths), affluent de l'Avance, 560.
Lavardac. Lot-et-Gar., arr. Nérac, ch.-l. de c. V. Pierre de ——.
Lavedan (Levitania), pays du dép. des Hautes-Pyr. V. Pélerin de ——, Raimond Garcie de ——.
Lavenbonhauca, terre proche de Bouglon, 364, p. 118, col. 2.
Laveney. V. Bidones de ——.
La Veyr. V. Garcie de ——.
La Via (casale de La Via), lieu dans la par. de Bernos, 246 [22].
—— V. Guillaume de ——, Vital de ——.
Lavinhac. V. Lévignac.
Lavison (turris de Lavisoun). Gir., arr. et c. La Réole, commune de Loubens, 34. Sur le château de Lavison, cf. Gauban, *Histoire de La Réole*, p. 420.
Layjac. V. Longchapt.

Lebone. V. Labenne.
Lebreto (de). V. Albret et Labrit.
Le Casau Seguret (casale apud Bloder, quod vocatur Le Casau Seguret), lieu dans le dioc. de Bazas, 253.
Lecluze. V. Pierre Jean de —.
Lectoure (Lactorensis universitas, Lectorensis civitas), 174, 475.
—— Actes datés de Lectoure, 174-176, 452, 454, 468, 475.
—— Archidiacre : Jourdain.
—— Chanoine : Pierre Milholi.
—— Consuls : Bertrand de Plumassan, Bertrand Gignier, Dominique de Comino, Fort de Genesia, Guillaume Bertrand de Plumassan, Pierre de Caubet, Raimond Sanche d'Engalin.
—— Diocèse, évêché (diocesis Lectorensis, abescat de Lactora), 11, 468.
—— Évêque et chapitre, 41, 139, 452. V. Géraud, év. de Lectoure. Pariage avec le roi d'Angleterre, 452-454.
—— Notaire public : Guillaume de Luc.
Lef. V. Pierre —.
Le Galeis. V. Henri —.
Lège (Lega, Lisa). Gir., arr. Bordeaux, c. Audenge. V. Paulin de —.
Leger. V. Vital —.
Leglier. V. Cosmarro Gasa de —.
Le Grissulh, lieu dans la par. de Saint-Sulpice-de-Bernac, 672.
Le Hil (feudum de Lila, de Lyla), lieu dans la par. de Cabanac, Gir., 186, 587.
Leisquenee, par. du Marsan, non identifiée, 91.
Leissatz (homines de Leissats et de Corton, de la par. d'Austen), lieu dans la par. d'Hostens, Gir., arr. Bazas, c. Saint-Symphorien, 573.
Lemoine (Monachi). V. Jean —.
Le Montellus de Bernos (prope Le Montellus de Bernos), lieu près de Bernos, 246 [24].
Le Mote. V. Guillaume Raimond de —.
Lempnarol, terre appartenant à l'abbaye de Saint-Sever, 70.
Lencouacq (par. S. Johannis de Lenquag). Landes, arr. Mont-de-Marsan, c. Roquefort, 137.
Lengeum. V. Guillaume —.
Lengoussa. Corr. Bergonssa et voir Bergonce.
Lenhan. V. Lignan.
Le Nizan (par. d'Anisian). Gir., arr. et c. de Bazas, 211.
Lenquag. V. Lencouacq.
Lenyan. V. Lignan.

Léogeats (par. de Leujatz). Gir., arr. Bazas, c. Langon, 187.
—— V. Pierre de —.
Léognan (par. de Leujano, Leunhan, Leuvihan, Linhan, Lounham). Gir., arr. Bordeaux, c. Labrède, 565, 607, 615, 631.
—— V. Gaucelm de —.
Leomannia. V. Lomagne.
Le Parquer. V. Douce —, Jean —.
Le Planter de Laubarède (planterium vulgariter appellatum Le Planter de l'Aubareda), lieu dans la par. de Barsac, 617.
Leprestre. V. Richard —.
Le Puy. V. Puy.
Lergonhagias. V. Alapardis de —.
Lerm (par. de Heremo, S. Marie de Heremo). Gir., arr. Bazas, c. Grignols, 34, 296, 318.
Lescar (abescat de Lescar, Lascurriensis episcopus, evesque de Lascar), 398, 408, 470, 482. V. Bertrand II de Lamotte, év. de Lescar.
Lescun (Lescun in par. de Breutanhe). Gers, arr. Condom, c. Eauze, commune de Bretagne, 109.
—— (villagium de Lescun in par. S. Petri de Marciano). Landes, commune de Mont-de-Marsan, 134.
—— V. Arman ou Arnaud de —.
Le Selder (al Seud), lieu dans la vicomté de Juliac, 73. Cf. Romieu, Hist. de la vicomté de Juliac, p. 289 et 390.
Le Sius (terra appellata Le Sius), terre dans la prévôté de Bazas, 248 [2].
Lesparre (Lesparra, Sparra). Gir., ch.-l. d'arr., 190-192.
—— Juif : Bernard.
—— Seigneur : Sénebrun.
—— V. Aimeric de Bourg, damoiseau, Amanieu Gombaud de —, Gombaud de —, Pierre de —, Vital de —.
Lespatenga. V. Fasdina —.
Lespiaub, terre dans la prévôté de Bazas, 248 [4].
Lesperon. Landes, arr. Mont-de-Marsan, c. Arjuzanx. V. Arnaud de —.
Lessadz (par. de Lessadz), par. non identifiée, près de Benauges? 341.
Lessatz. V. Lassats.
Lest. V. Olivier de —, Pierre —.
Lestage (de Stagia). V. Arnaud Guillaume de —, Pierre de —, Raimond de —.
Lestignac (par. de Lesthac, de Lestinac, de Lestinhac). Dordogne, arr. Bergerac, c. Sigoulès, 265, 272, 276.

Le Teich (par. deu Teys). Gir., arr. Bordeaux, c. La Teste, 687.
Le Tourne (par. de Torne, stagia deu Turne, apud Lo Turne). Gir., arr. Bordeaux, c. Créon, 531, 537, 548, 647.
— Seigneur (dominus de Torne, de Turne), 544, 619.
— V. Bonel du Tourne.
Leucarelhas, 114.
Leujatz. V. Léogeats.
Leunhan. V. Léognan.
Leutrence (par. S. Petri Leutrence), par. non identifiée du Gers? 100.
Leuviham. V. Lévignac.
Leuvihan. V. Léognan.
Leviano (de). V. Gaucelm de —.
Lévignac [-de-Seyches] (par. S. Crucis de Lavinhac; prioratus S. Crucis prope Leuviham, dioc. Vasatensis). Lot-et-Gar., arr. Marmande, c. Seyches, 231, 325. Avant 1789, Sainte-Croix était une par. de l'archiprêtré de Monségur, au dioc. de Bazas.
— (Levinhac). V. Pierre Sabri de —.
Levitania. V. Lavedan.
Leyburne (Leyburna), château dans le comté de Kent, Angleterre. V. Roger de —, et aussi Libourne.
Leysatz. V. Pierre de —,
Leyssen, lieu non identifié dans les Landes, 318.
Liarel (par. de Liarel), par. non identifiée, 96.
Lias (par. S. Martini de Linans, de Lians, de Lias, de Liars, militia a Linans). Gers, arr. Condom, c. Cazaubon, 23, 30-32, 91, 94, 100.
Liblota. V. Vialotte.
Libourne (port de Leyburn, villa de Leyburna, pedagium de Lyborna). Gir., ch.-l. d'arr., 499-501. Son ancien nom : Fozera.
— Maire : Raimond Brun de Fronsac.
Lida (usque ad terminos de Lida), lieu situé près des limites de Pujols, Gir., arr. Bordeaux, c. Podensac, 622.
Lidoire (Lodoyra), ruisseau, 18.
Ligautens (Lugaten, Lugautenx). Landes, arr. Mont-de-Marsan, c. Mimisan, 691.
— V. Gaillard de —, Raimond Guillaume de —.
Lignan (par. de Linhan). Gir., arr. et c. Bazas, 246 [19].
Lignan (par. de Lenhan, de Lounham, de Lenyan). Gir., arr. Bordeaux, c. Créon, 537, 609, 641.
— V. Gaillard de —.
Ligueux (abbatia de Liguhsi). Dordogne, arr. Périgueux, c. Savignac-les-Églises, 325.

Lila. V. Le Hil.
Lilhan (decima de Lilhano). Gir., arr. Lesparre, c. Saint-Vivien, commune de Soulac, 192. Cf. Baurein, *Variétés Bordeloises*, t. I, p. 94.
— V. Olivier de —.
Limeuil (dominium de Limolio). Dordogne, arr. Bergerac, c. Sainte-Alvère, 357.
— Seigneur : Bernard de Beauville.
Limousin. Sénéchal : Jean de Lalinde.
Linac. V. Pierre de —.
Linhan. V. Léognan et aussi Lignan.
Liposse (Liposa). V. Arnaud de —, Fort de —, Raimonde de —.
Lisa. V. Lège.
Lisbay. V. Pierre de —.
Lisse. Lot-et-Gar., arr. Nérac, c. Mézin. V. Pierre d'Aubignon de —.
Listrac (par. de Listrac). Gir., arr. La Réole, c. Pellegrue, 548.
— V. Guillaume de —.
Lobanhou (par. de Lobanhou, de Blanhou), par. non identifiée dans le Marsan, 109, 130.
Lobaut. V. Lombaud ou Saint-Genès-de-Lombaud.
Lobens. V. Loubens.
— V. Blanche de —, Seigneron de —.
Lobinhen, Lobinher, Lobinhon. V. Louvigny.
Lobzac (decima de Lobzac), dîme tenue de l'év. de Bazas, 212.
Lo Caigh (locus appellatus Lo Caigh, La Gaich, in par. de Lobaut). Gir., arr. Bordeaux, c. Créon, commune de Saint-Genès-de-Lombaud, 537.
Lo Carpat de Pin, lieu dans le Tursan, 115.
Locnee. V. Saint-Jean-de-Locnee.
Lodestan. V. Estang.
Lodoyra. V. Lidoire.
Logenhac (stagia de Logenhac), lieu près de Bourg-sur-Mer, 555.
Logoiran, Logorian. V. Langoiran.
Lohendensan (nemus quod vocatur Lohendensan quod est in par. de Villanova). Gir., arr. Bordeaux, c. Pessac, commune de Villenave-d'Ornon, 518.
Loirac (par. d'Esclairac, d'Esleyrac). Gir., arr. Lesparre, c. Saint-Vivien, commune de Jau-Dignac-et-Loirac, 12. Cf. Baurein, *Variétés Bordeloises*, t. I, p. 255.
Loit. V. Auger de —.
Lolom. V. Guillaume de —, Vital de —.
Lomages. V. Garcie de —.
Lomagne (Leomannia, Leomanie vicecomes), pays du dép. du Gers, 174, 473.

Lomagne. Archidiacre : Pierre de Pommiers; chanoine : Pierre Michel; vicomte : Vézian.
Lombard d'Escource (Lombardus d'Escoassa, d'Escossa), damoiseau, 693. Sa femme : Pinis.
Lombaud. V. Saint-Genès-de-Lombaud.
Lomedio (prout durat deu Lomedio, ex una parte), peut-être le Meudon, affluent de la Saye qui passe à Laruscade, 553.
Lomopodi Veteri (que habet in par. de Montimadalet, excepto Lomopodi Veteri), 256.
Londres, acte daté de —, 409.
Longars (affevati de Longars, locus appelatus A Longars, terra de La Longars), lieu dans la prévôté de Barsac, 617, 636 [18, 44].
Longas (de Longovado). Dordogne, arr. Bergerac, c. Sainte-Alvère, commune de Sainte-Foy-de-Longas. V. Fort de —.
Longchapt (par. de Layjac et de Minzac, par. S. Marie de Loyshac, de Lophac et beati Ylarii de Minzac). Dordogne, arr. Bergerac, c. Villefranche-de-Longchapt, 229, 230, 241.
Longuebrune (domina Longa Bruna, Longua Brune), sœur du seigneur de Maurin, 130. Son père : Bernard du Bernardetz; son mari : Bernard Nadesius.
Longuépée (Longespee). V. Philippe —.
Longuevis. V. Amanieu de —.
Lono. V. Guillaume —, Raimond —.
Lonzugunhan. V. Savari de —.
Loos (par. de Louso). Basses-Pyr., arr. Pau, c. Lescar, commune de Caubios, 74.
Lopa. V. Loupès.
Lo Palumy (bedatum vocatum Lo Palumy), lieu dans la prévôté de Saint-Sever, 93. Peut-être le même que Pélomé mentionné par Légé, Les Castelnau-Tursan, p. 167, et par Dufourcet, Les Landes et les Landais, p. 166. Comp. Pallumes.
Lopgrate (milicia de Lopgrata), lieu dans le Tursan, 81. Sur les Lopgrate, voir Légé, Les Castelnau-Tursan, t. II, p. 269.
—— V. Boson de —.
Lophac. V. Longchapt.
Lopiquart. V. Picard.
Lopmador. V. Michel —.
Lormont (de Laurcomonte). Gir., arr. Bordeaux, c. Carbon-Blanc, 520.
Loron. V. Guillaume de —.
Lort. V. Aiquelm Andron de —.
Losbila (quicquid habet de Alosbila in par. S. Petri de Aris, in par. de S. Petro de Aris de Losbila), lieu dans le Marsan, 75, 77.

Lospule. V. Pierre Arnaud de —.
Lossa, La Hossa. V. Hous, Losse.
Lossala. V. Lussole.
Losse (par. de Lossa). Landes, arr. Mont-de-Marsan, c. Gabarret, 109.
Lo Tyngl. V. Tyngh.
Loubens (affarium de Lobenx). Gir., arr. et c. La Réole, 221.
—— V. Pierre de —.
Loubens (par. de Lobenx, de Loubenx). Landes, arr. Mont-de-Marsan, c. Villeneuve, commune de Hontanx, 82, 106.
Louuham. V. Léognan.
Loup de Saint-Martin (Alub de Sen Martin), 476.
Loupès (par. de Lopa). Gir., arr. Bordeaux, c. Créon, 537, 593, 609, 646, 665.
—— V. Jean de —, Pierre de —, Taudin de —.
Lourdes (castrum de Lorde, de Lurda). Hautes-Pyr., arr. Argelès, ch.-l. de c., 408, 409.
Louso (de). V. Loos.
Loutrenge (Lautrange), pays et archiprêtré du dioc. de Bazas, 296.
—— V. Raimond, archidiacre de —.
Loutrenge (par. de Loutragio). Gir., arr. Bordeaux, c. Créon, commune de Sadirac, 238.
Louvigny (castrum de Lobinher, castel de Lobinhen, de Lobinhosa, pres de La Reula de Saubestre, en l'abesquat de Lescar). Basses-Pyr., arr. Orthez, c. Arzacq, 54, 470.
Lovel. V. James —.
Loyshac. V. Longchapt.
Lua. V. Luc.
Lubbon (Lucbon). Landes, arr. Mont-de-Marsan, c. Gabarret, 109.
—— V. Garciettus de —.
Lubert (Uberta citra et Uberta ultra; aqua que vocatur Lubert), ruisseau appelé aujourd'hui Gestas, 537, 544, 545; cf. p. 248, note 4.
Lubuy. V. Saint-Michel-de-Lubuy.
Luc (de Luco, Luc, Luk). V. Arnaud de —, Guillaume de —, Guillaume Arnaud de —, Jean de —, Pierre André de —.
Lucas. V. Jean —.
Lucbardez (par. S. Quiterie de Lucbardes). Landes, arr. et c. Mont-de-Marsan, 109.
Lucbernet (Lucbernet). Gir., arr. Bazas, c. et commune de Captieux, 572.
Lucbernet d'Ainhos, d'Anhos, lieu dans les Landes, 461, 463.

Lucbernii (la traversa de Lucbernii), lieu situé sur les limites de la comptau de Cabanac, 679.

Luc Bordales, lieu dans les Landes, 461, 463.

Luc de Thanney (Lucas ou Luchas de Tanney, de Tany, de Thany, de Thaney; En Lucas de Thanay, de Thauacher), chevalier, sénéchal de Gascogne, 23, 30-32, 37, 38, 40, 175, 176, 366-369, 450, 452, 454-456, 458, 461, 462, 465-468, 470, 475, 478, 482, 496-498, 505, 506, 510-512, 514-517; chartes délivrées par lui, 37-40; témoin, 34.

Lucganhac. V. Lugaignac.

Lucmau (par. S. Andree de Luc Maur, milicia de Lucmau). Gir., arr. Bazas, c. Villandraut, 34, 79.

Luc Pailhe, lieu dans les Landes, 461, 463.

Lucser. V. Luxey.

Lue (par. de La Luc, de Lua). Landes, arr. Mont-de-Marsan, c. Sabres, 690, 691.

Lug (casale de Lug), lieu dans la prévôté de Bazas, 248 [12].

Lugac, 266, lieu près de Puyguilhem? Le même que Lugat?

Lugaignac (par. de Luganhac, de Lugenhac, Lukenhac). Gir., arr. Libourne, c. Branne, 198, 200-202, 299, 308.

—— V. Arnaud Guillaume de, — Auger de —, Bernard de —, Gautier de —, Vigouroux de —.

Lugat, lieu dans la par. de Marcellus, Lot-et-Gar., arr. Marmande, c. Meilhan, 334. Il y a sur la carte de l'État-major, n° 204, un lieu Au Lugat marqué non loin de Saint-Loubert.

—— V. Arnaud de —, Guillaume de —.

Lugaten. V. Ligautenx.

Lugaut (par. de Lugbau in Marciano, de Laugaut, dioc. Adhurensis). Landes. arr. Mont-de-Marsan, c. Roquefort, 109, 633.

Lugautenc. V. Ligautens.

Lugayosse (stagia de Lugaiosa, Lugaiossera, locus vocatus A Lugaiossa), lieu dans la par. de Captieux, 247 [14].

—— V. Fort de —, Gaillard de —, Guillaume de —, Jean de —.

Lugbert (stagia de Lugbert), lieu dans la par. d'Escaude, 247 [14].

—— V. Arnaud de —, Pierre de —, Vital de —.

Lugnac. V. Guillaume de —.

Lugos (affarium de Lugor). Gir. arr. Bordeaux, c. Belin, 560.

Lukenhac. V. Lugaignac.

Lulha (stagia de Lulba), lieu dans la prévôté de Bazas, 322.

Luopoter (affarium de Luopoter), lieu dans l'Albret? 560.

Lurda. V. Lourdes.

Lusignan (de Leysynhan). Vienne, arr. Poitiers, ch.-l. de c. V. Geofroi de —,

Lussa. V. Hous.

Lussac. Gir., arr. Libourne, ch.-l. de c. V. Guillaume de —, Olivier de —.

Lussatz. V. Pierre de —.

Lussole (par. de Lossala in Gavardano). Landes, arr. Mont-de-Marsan, c. Gabarret, commune de Losse, 109.

Luxey (par. de Lucser). Landes, arr. Mont-de-Marsan, c. Sore, 560.

Luy (Ripperia Luy). V. Rivière-Luy.

Lyla. V. Le Hil.

M

Mabille (Na Mabilia, Mabilla), femme d'Arnaud de Blanquefort, 421, 423.

Macau (justicia de Maquau). Gir., arr. Bordeaux, c. Blanquefort, 525.

—— V. Amaubin de —.

Machaut. V. Roger de —.

Machinon. V. Amanieu de —, Pierre de —.

Maçoynis. V. Masson.

Maderac, Maderach. V. Mazerac.

Madirac (par. de Mandarac que alias dicitur Cavoiac, par. de Madirac que alias dicitur Corcorac). Gir., arr. Bordeaux. c. Créon, 537.

Maenssan. V. Mayensan.

Magescq (los homes de Majesc). Landes, arr. Dax, c. Soustons, 419.

Maillas (hospitale de Malhears; par. beate Marie de Malhas, de Milhans). Landes, arr. Mont-de-Marsan, c. Roquefort, 95, 249, 250, 296.

Maillères (par. S. Quiterie de Malheras). Landes, arr. Mont-de-Marsan, c. Labrit, 95.

Mairin. V. Guillaume —.

Maisonneuve (de Domo nova). V. Jean de Derun de —, Pierre de —.

Malartic (villagium de Malartic in par. S. Martini de Noet). Landes, arr. Mont-de-Marsan, c. Roquefort, commune de Saint-Justin, 109.

Malcor. V. Mauco.
Malebouy (stagia de Malebouy), 669.
Malet. V. Bertrand —.
Melhans, Melhas, Melhears. V. Maillas.
Malheras. V. Maillères.
Malhormorte. V. Bertrand de —.
Maloburgo (de). V. Arnaud de —.
Malovicino (de). V. Mauvezin.
Mames (castrum novum de Mames). V. Mesmes et Castelnau-de-Cernès.
Manaudus. V. Menaud.
Mancip de Casalon (Mancipius de Casalone), chevalier, 47.
Mançumvila. V. Mansonville.
Mandacou (par. de Monteacou in Baianesio). Dordogne, arr. Bergerac, c. Issigeac, 257.
Mandarac. V. Madirac.
Mandeviu. V. Mendebieu.
Manent. V. Étienne —.
Manes. V. Guillaume de —.
Mangero, Mangon, Mangoun. V. Pierre de —.
Manhac. V. Gaucelm de —.
Manhan. V. Pierre de —.
Mano (affarium de Manor). Landes, arr. Mont-de-Marsan, c. Pissos, 560.
Manos, Mans. V. Michel de —.
Mansonville (lo castel e la honor de Mançumvila). Tarn-et-Gar., arr. Castelsarrazin, c. Lavit, 468.
Mansurt, lieu dans les Landes, 317.
Manteny. V. Gaillard de —.
Maquau. V. Macau.
Mar. (par. de Mar. [nom incomplet]), par. non identifiée dans la prévôté de Saint-Sever, 55.
Maralhena (mansus de Maralhena), lieu près de Puyguilhem, 284.
Marbue. V. Guillaume —.
Marcamps (Marcamp; nemus, par. de Marcanes, de Marcanis). Gir., arr. et c. Bourg-sur-Mer, 666.
—— V. Guillaume Séguin de —.
Marcasius. V. Marquès —.
Marcat. V. Bernard de —, Guillaume de —.
Marcellus (par. de Marcerust). Lot-et-Gar., arr. Marmande, c. Meilhan, 334.
Marcen. V. Colabrun de —.
Marcepulis. V. Bernard de —.
Marcerust. V. Marcellus.
Marché (de Mercato). V. Robert Gombaud du —.
Marchesius. Marchessa. V. Marquès, Marquise.
Marchis. V. Lamarque.

Marciac (villa de Marciaco in episc. Vasatensi), terre appartenant à l'abbaye de Saint-Sever, dans le dioc. de Bazas, 70.
Marcianum. V. Marsan.
Marcio. V. Arnaud de —.
Marcos (terra hominum de Marcos), lieu dans la prévôté de Bazas, 248 [5, 8].
Marelh. V. Arnoul de —.
Maremne (terra de Marempne), pays du dép. des Landes, 560.
Marensin (terra de Marencino), pays du dép. des Landes, 55, 394.
Marer. V. Hugues de —.
Mares. V. Gilbert de —.
Marestan Robert (Marestannus Roberti), chevalier, 195.
Marestanus, nom d'homme, sans doute incomplet, 641.
Margot (de), nom d'homme incomplet, 537.
Marguerite (Margarita, Ffrancie regina), femme de Louis IX, 503, p. 226, col. 2.
—— de Turenne (Margarita de Turenna, de Turrenna), dame de Bergerac et de Gensac, femme de Renaud de Pons, 203, 205, 420, 503.
Marguestau (par. beate Marie de Marquestau). Gers, arr. Condom, c. Cazaubon, 91, 94.
—— V. Arnaud de —.
Marie Bertrand (dona Na Maria Bertran), femme de Garcie Arnaud de Navailles, sœur du seigneur de Sault, 370-393.
—— de Guérin (Maria de Garin), 364, p. 119, col. 1.
—— de Montpezat (domina Maria de Montepesato), 636 [14].
—— de Peratge, 665.
—— de Rastor, aïeule de Bernard de Munhos, 130.
—— de Saint-Quentin (Maria de Sancto Quintino), 364, p. 118, col. 2.
—— du Four (Maria del Faure), 244, p. 76, col. 1.
——, sœur de Bernard de Rions, femme de Raimond de Montant, 240.
Marimbault (par. de Marimbald, Marimbad, Marinbalt). Gir., arr. et c. Bazas, 247 [1, 2, 13], 298.
Marinaco (de), Marinhac. V. Mérignac, Mérignas.
Marmande (Marmanda). Lot-et-Gar., ch.-l. d'ar., 223, 271.
—— V. Arnaud de —.
Marmias (affarium de Marmias), 72.
Marmonad. V. Arnaud Bernard —.
Marmontès (Marmontesium), pays autour de Cadouin, 203, 357.

426 INDEX DES NOMS DE PERSONNES ET DE LIEUX.

Marnos. V. Guillaume de —, Jean de —.
Marolhas (iter de Marolhas), 95.
Marphoc (locus vocatus apud Marphoc), lieu près de Marcellus? 334.
Marques (terra de Marques), lieu dans la prévôté de Bazas, 248 [4].
Marquès (Marcasius, Marchesius, Marquesii). V. Bernard —, Jean —, Raimond —.
Marquesia, Marquessia. V. Marquise.
Marquesius, nom d'homme, sans doute incomplet, 364, p. 117, col. 2, 426.
Marquet. V. Arnoul —.
Marquise de Courréjean (domina Marquessia de Correjano), 565.
—— de Sarciag, fille de Marthe, 248 [1].
——, femme de Guillemot Feriol (Marquesia, uxor Guillermeti Fferiolli), 357.
——, veuve de Gaston de Gontaud (Marquesia, uxor que fuit domini Gastonis de Gontaldo), 256, 258.
——, vicomtesse de Soule (Na Marchessa, vescomtessa de Seula), 398. Son fils : Auger.
Marrenh. V. Maurrin.
Mars. V. Vital de —.
Marsan (Marcianum, Marchianum, Marsanum), pays du dép. des Landes, 30, 54, 56, 60, 70, 81, 96, 106, 108, 109, 111, 113, 115, 119, 132-134, 138, 212, 235.
—— Cour (curia in Marciano; curia de vigeria de Marciano; curia del Ser, del Sers), 95, 100, 131.
—— Official (officialis Marciani), 132.
—— Seigneur (dominus de Marciano, Marciani), 54, 73, 102.
—— Viguier, viguerie (begarie, beguerius de Marsano, vigeria Marciani), 32, 85, 89, 91, 94, 105, 108, 113, 115, 117, 119, 133.
—— V. Arnaud Guillaume de —, Forton de —, Guillaume Raimond de —, Pierre Guillaume de —, Raimond de —.
Marsas (par. de Marsas). Gir., arr. Blaye, c. Saint-Savin, 554.
Marseilhas. V. Masseilles.
Marsimuale (boeria Marsimale), lieu dans la par. de Saint-Michel-de-Bias, 681.
Martalab, ruisseau, non loin du Drot, 34.
Martank. V. Arnaud de —.
Marted. V. Bernard —.
Marthe (Martha), de la Veer, de Veyr, 248 [8].
—— de Sarciag, mère de Marquise, 248 [1].
Martin de Laberyrie (Martinus de Laberra, de Laboberie), official d'Aire, 37.

Martin de La Licte, bourgeois de Dax, 505.
—— de Larramonenga, de la par. de Pompignac, 592.
—— de Lesparre (Martinus de Lespara), témoin, 680.
—— de Palu, homme franc du roi dans la prévôté de Barsac, 657.
—— de Saint-Jean (En Martin de Saint Johan, de San Johan), 496-498; témoin, 404.
Martin (Martini). V. Pierre Martin, Raimond Martin.
Martre. V. Arnaud de —.
Mas. V. Jaufre du —, Vital du —.
Masalha. V. Pierre —.
Mascaras (castel de Masquerans). Gers, arr. Mirande, c. Montesquiou, 401.
Masco (villa de Masco), terre appartenant à l'abbaye de Saint-Sever, dans le dioc. de Dax, 70.
Maseras. V. Mazères.
Maslacq (Maslag). Basses-Pyr., arr. Orthez, c. Lagor. V. Guillaume de —.
Masquerans. V. Mascaras.
Massan. V. Pierre Guillaume —.
Massanes, lieu près de Madirac, Gir., 311.
Masseilles (par. de Messalhes). Gir., arr. Bazas, c. Grignols, 238.
—— V. Arnaud Guillaume de —.
Masselan. V. Guillaume de —.
Masson (Maçoynis, Mayçonis). V. Bernard —.
Mastyn de Casalun, seigneur landais, 173.
Masur. V. Raimond de —.
Mathe de Bigorre (domina Matha), femme de Gaston de Béarn, 411.
Mathieu de Graville, homme franc du roi dans la par. de Bernos, 246 [4].
—— de Mirabon (En Mathieu de Mirabon), témoin, 513. Son frère : Domenjon.
—— de Mongauzy (Matheus de Montegoudi), 246 [11].
—— de Montagut, 426.
Matre. V. Arnaud de —.
Maubourguet (affarium de Mauborguet), 692.
Mauro (vicaria de Malcor). Landes, arr. et c. Saint-Sever, 55.
Maucor (Mouquor). Basses-Pyr., arr. Pau, c. Morlaas, 141.
Mauléon (de Mauleon), auj. Châtillon-sur-Sèvre, Deux-Sèvres, arr. Bressuire, ch. l. c. V. Guillaume de —.
Mauléon (castrum Malileonis, de Maloleone in Marciano). Gers, arr. Condom, c. Cazaubon, 45.
—— V. Bernard de Bosquet de —.

Mauléon-Soule (castrum de Maloleone, de Mauleon). Basses-Pyr., ch.-l. d'arr., 394, 411; expédition du roi contre ce château, 403, 412, 509; charte datée de Mauléon, 398.
—— V. Arnaud Guillaume de —, Guillaume de —, Pierre de —.
Maundiuarisquet. V. Mendisquer.
Mauquor. V. Maucor.
Maur. V. Seignoron de —.
Mauralet (villa de Moraret in par. S. Laurencii de Medac). Gir., arr. Lesparre, c. et commune de Saint-Laurent-Médoc, 35.
Maurans, lieu dans la prévôté de Saint-Sever? 56.
Maurat. V. Dominique —.
Maurean. V. Arnaud Guillaume de —.
Maureas. V. Raimond de —.
Maurcilhan (affarium de Morelhan in par. S. Quirici Marciani). Landes, arr. Mont-de-Marsan, c. Villeneuve, commune de Saint-Cricq-Villeneuve, 108.
Maures. V. Mauros.
Mauriac (par. de Maurihac). Gir., arr. La Réole, c. Sauveterre, 238.
Mauriac (locus vocatus Mauriac in par. d'Issens). Gir., arr. Blaye, c. Saint-Savin, commune de Saint-Yzans, 553.
Mauriazcks. V. Morizès.
Maurice de Saint-Bonnet (Mauricius de S. Boneuto, forisdecanus), doyen du Puy, témoin, 409.
Mauries. V. Morizès.
Mauriet. V. Seignoron de —.
Maurillac (Maurelhac). Dordogne, arr. Bergerac, c. Sigoulès, commune de Flaujac. V. Arnaud de —, Guillaume de —.
Maurin (Maurini). V. Arnaud —, Guillaume —, Raimond —.
Mauros (casale, terra hominum de Mauros), lieu dans la prévôté de Bazas, près du Dron, 248 [2, 4].
—— V. Géraud de —, Guillaume de —, Raimond de —.
Maurrin (milicia de Marrenh, castrum de Murryn, dominus, locus de Murrin). Landes, arr. Mont-de-Marsan, c. Grenade, 51, 76, 130.
—— V. Arnaud de —, Bernard de —.
Maussela, femme d'Amanieu de Curton, 656.
Mauvezin (Malbezin). Hautes-Pyr., arr. Bagnères-de-Bigorre, c. Lannemezan. V. Raimond de —.
Mauvezin (Malum vicinum in Marciano). Landes, arr. Mont-de-Marsan, c. Gabarret, 113, 118.
—— Seigneur et viguier royal, 123.
—— V. Otton de —.

Mauvezin (castrum de Malo vicino, Malvezin). Lot-et-Gar., arr. Marmande, c. Seyches, 215, 488.
—— V. Hugues de —.
Mavernet. V. Arnaud de —, Guillaume de —, Guillaume Arnaud de —, Guillaume Pierre de —, Pierre de —.
Mayçonis. V. Masson.
Mayensan. V. Raimond Arnaud de —.
Maynac. V. Meynac.
Maynard (Maynardi). V. Arnaud —, Pierre —.
Mayrinhac. V. Mérignac.
Mays. V. Forton de —, Guillaume de —.
Mazerac (Maderach, par. de Maderac). Gir., arr. Bazas, c. Langon, commune de Castets-en-Dorthe, 311, 312, 315, 316, 345, 358.
Mazerel. V. Mazerolles.
Mazères (milicia de Mascras), lieu dans la prévôté de Saint-Sever, 68, 93.
Mazerol (par. de Mozerol). Gir., arr. Bazas, c. Grignols, commune de Cauviguac, 224.
Mazeroles (par. S. Martini de Mazerelis, affarium de Mascrolas prope Montem Marcianum). Landes, arr. et c. Mont-de-Marsan, 37, 106.
Mazerus. V. Richard de —.
Mazonnove. V. Maisonneuve.
Médoc (Mededuleum, Meduoc, Medulcum), pays du dép. de la Gir., 192.
—— V. Jean de —.
Meilhan (apud Milhanum; castrum et villa, burgenses de Milhano). Lot-et-Gar., arr. Marmande, ch.-l. de c., 293, 295, 324, 329, 330, 339, 348.
—— Greffier ou notaire (cartolarius) : Guillaume du Prat.
—— Péage, 452, 453.
—— Prieur, 324.
—— V. Gaillard de —.
Meis. V. Bernard de —.
Melac (par. de Melac), par. non identifiée, voisine de Tresses, Gir., arr. Bordeaux, c. Carbon-Blanc, 588.
—— V. Bertrand de —.
Melian (terra de Melian in par. S. Martini de Lians). Gers, arr. Condom, c. Cazaubon, commune de Lias, 31.
Melon. V. Arnaud Guillaume de —.
Meloquin. V. Raimond —.
Membisos (villa de Membisos in par. S. Vincencii de Lacanau). Gir., arr. Bordeaux, c. Castelnau-de-Médoc, commune de Lacanau, 35.
Ménaud de Bernos (Menaldus de Bernos), homme franc du roi, 246 [1, 27].

54.

INDEX DES NOMS DE PERSONNES ET DE LIEUX.

Ménaud de Bornos, prêtre, 246 [22].
—— de Cassens (Menaldus de Cassenes, de Cassenx), homme franc du roi, 246 [1, 26].
—— de Dax (Menaldus, Menaudus de Aquis), bourgeois de Dax, 426, 505.
—— de La Tour (Menaldus de Turre), 246 [20].
—— de Marcos, 248 [4].
—— de Resse (Menaudus de Resse), bourgeois de Dax, 506, p. 231, col. 2.
—— de Rivière (Menaudus de Rivera), bourgeois de Dax, 506, p. 230, col. 2.
—— de Sarciag (Menaldus de Sarciag), homme franc du roi dans la prévôté de Bazas, 248 [1, 8].
Mendebieu (Mandeviu). Basses-Pyr., arr. Oloron, c. Mauléon, commune de Moncayolle. V. Pierre de ——.
Mendisquer (Maundinarisquet). Basses-Pyr., arr. Oloron, c. Tardetz, commune d'Alos-Sibas. V. Garcie Arnaud de ——. Cf. J. de Jaurgain, *La Vasconie*, t. II, p. 474.
Menevensis episcopus. V. Saint-David.
Menorto. V. Pierre Jean de ——.
Menotus d'Eychedanges, de la par. de Maillas, 250.
Mensura. V. Vital de ——.
Mente. V. Amat de ——, André de ——, Jean de ——, Pierre Guillaume de ——, Pons de ——, Raimond Guillaume de ——.
Méoule (locus appellatus Meula in par. de Sanguinet). Landes, arr. Mont-de-Marsan, c. Parentis-en-Born, commune de Sanguinet, 687, 693.
Meran. V. Guillaume ——.
Mercadilh (casale de Mercadili), lieu près de Puyguilhem, 267.
Mérignac (par. de Mayrinhac). Gir., arr. Bordeaux, c. Pessac, 193.
—— Seigneur : Arnaud d'Espagne.
Mérignas (par. de Marinhac, de Marinaco). Gir., arr. La Réole, c. Sauveterre, 209, 689.
Merseir (stagia de Merseir), 655.
Mes. V. Bernard de ——.
Mesalha. V. Pierre ——.
Mesmes (Mames, Castrum novum de Mames), Castelnau-de-Mesmes ou de Cernès, auj. Saint-Michel-de-Castelnau, Gir., arr. Bazas, c. Captieux, 317.
—— V. Arnaud de ——, Drogon de ——, Guillaume de ——, Guillaume Arnaud de ——, Jean de ——, Pierre de ——, Raimond de ——, Vital de ——.
Mesplet. V. Pierre de ——.
Messailhos. V. Messeilles
Messoer. V. Pierre de ——.

Mestras, Mestrasseau (apud Mestras et a Mestrasseu), lieu que Baurein (*Variétés Bordeloises*, t. III, p. 358) place dans la par. de Gujan, Gir., arr. Bordeaux, c. La Teste-de-Buch, commune de Gujan, 8.
Meula. V. Méoule.
Meulles (Moles). Calvados, arr. Lisieux, c. Orbec. V. Nicolas de ——.
Meynac (par. de Maynac). Gir., arr. Bordeaux, c. Créon, commune de Camblanes, 612.
Meyrous, lieu dans la prévôté de Saint-Sever, dépendant de Maurrin, 76.
Mezalha, Mezelha. V. Bertrand de ——, Guillaume de ——.
Mezos (par. de Mezos in Borno). Landes, arr. Mont-de-Marsan, c. Mimizan, 691.
Michael. V. Pierre ——.
Michel de Bassessan, bourgeois de Bayonne, 399, p. 143, col. 1.
—— de Casenave (Michael de Cazenave), bourgeois de Bayonne, 399, p. 143, col. 2.
—— de Galhart, bourgeois de Bayonne, 399, p. 143, col. 1.
—— de Godyn, bourgeois de Bayonne, 399, p. 144, col. 1.
—— de Laguillon (En Miqueu de Laguillon), jurat de Bayonne, témoin, 496.
—— de Mans, bourgeois de Bayonne, 399, p. 142, col. 2.
—— de Marnos, bourgeois de Bayonne, 399, p. 143, col. 2.
—— de Sescosse, bourgeois de Bayonne, 399, p. 143, col. 1.
—— Gaston (Michael Gasto), homme franc du roi dans la par. de Saint-Morillon, 675. Son oncle : Vital Gaston.
—— Lopmador, témoin, 680.
Michou, Micol. V. Raimond ——.
Midon (Miudor), rivière qui se réunit à la Midouze à Mont-de-Marsan, 72.
Miganh. V. Vital de ——.
Milet de Bouilh (dominus Miletus de Bolio, de Bulh, deu Bolh), chevalier, 6, 555, 602.
—— de Noailhan (Miletus de Noalhan), damoiseau, 565.
Milhan. V. Meilhan.
Milhans. V. Maillas.
Milhanum. V. Meilhan.
Milholi. V. Pierre ——.
Mimizan (Memissan, Memissanum, communitas de Memisano). Landes, arr. Mont-de-Marsan, ch.-l. de c., 471, 686, 690. 883

Mimizan. Bailli (ballivus de Memisano), 695.
—— Dîme (decima de Memissano, de Minisano), 686, 691.
—— Jongleurs, jonglerie (joculatores, joglaria de Memisano), 683.
—— Justice (la justide de Mimisan, justidia de Memissan), 417, 477.
—— Prévôt (prepositus regis de Memissano), 683.
—— Prieur, prieuré (prioratus de Mimisano, prior de Memissano), 70, 686. V. Fertaner de Dausad.
—— Viguerie, viguier (vigerius de Memisano, vigeria de Memissano), 683, 688. V. Amanieu de Podio.
—— V. Laurent de —, Pierre Jean de —.
Minzac (par. beati Yllarii de Minzac). Dordogne, arr. Bergerac, c. Villefranche-de-Longchapt, 229, 230, 241.
Miqueu. V. Michel.
Mirail (del Miralh, du Miralh, de Mirail, de Miralho). Gir., arr., c. et commune de La Réole. V. Gilbert du —, Raimond du —, Vital du —.
Mirament (lo castel de Mirament, domini de Miromonte). Landes, arr. Saint-Sever, c. Geaune, commune de Miramont-Sensacq, 120, 450.
—— V. Auger de —, Vital de —.
Mirebeau (de Mirebello). V. Arnaud Raimond de —.
Miremont (castrum de Montuir, corr. Montinir, in honore de Turri). Dordogne, arr. Sarlat, c. Bugue, commune de Mauzens-et-Miremont, 203.
Mirepeis (mota de Mirepeis, in par. S. Eulalie). Landes, arr. Mont-de-Marsan, c. Parentis, commune de Sainte-Eulalie-en-Born, 688.
Mirehaut, lieu près de Marmande? 294.
Miromonte (de). V. Miramont.
Miudor. V. Midou.
Moet (par. de Moet), par. dans le dioc. de Dax? 107.
Moibicle, Moibilie. V. Arnaud Guillaume de —, Pierre Arnaud de —.
Moissac (Mosiacum). Tarn-et-Gar., ch.-l. d'arr., 371.
—— Notaire public : Brun de Bencaioum.
Moissac (bocria de Moissac), lieu dans la prévôté de La Réole, près de Pondaurat, 358.
—— V. Amanieu de —, Bertrand de —, Bidotus ou Guiot de —, Guillaume de —.
Molei (inter ecclesiam de Pompegiae et iter Molei), chemin près de Pompéjac, Gir., arr. Bazas, c. Villandraut, 247 [2].
Molenquin. V. Raimond —.
Molent (milicia de Molent), lieu dans a prévôté de Saint-Sever, 120.

Molent. V. Arnaud de —.
Moleras. V. Baiouesius de —.
Moles. V. Meulles.
Molins. V. Moulis.
Mombos. V. Monbos.
Mommadalet. V. Montmadalès.
Momuy (Montmir; castrum, dominus, par. de Monnui, Mommuye). Landes, arr. Saint-Sever, c. Amou, 44, 47.
—— V. Guillaume Pélisse de —.
Monachi. V. Lemoine.
Monachus de Soumensac (de Semensac), fils de Guillaume Doat, 283.
Monbos (par. de Mombos, de Monbos). Dordogne, arr. Bergerac, c. Sigoulès, 274, 278.
—— V. Guillaume de —.
Monclar (castrum de Monteclaro). Lot-et-Gar., arr. Villeneuve-sur-Lot, ch.-l. de c., 206.
—— V. Bernard de —.
Monclerico. V. Grimoard de —.
Moncuc. V. Guillaume de —.
Mon de Lamotte (Mon de Mota), chevalier, 606.
Mondied (lo castel de Mondied eu lo bescat de Lescar e en l'arcediagnad de Soubestre, en la par. de Sen Jaque de Mondied), près de Larreule [-Soubestre], Basses-Pyr., arr. Orthez, c. Arzacq, 482.
— Seigneur . Pierre Arnaud d'Araus.
—— V. Guillaume Raimond de —.
Mondiron. V. Montiron.
Mondit. V. Pierre de —.
Moneder (Monetarius). V. Arnaud —.
Moner (Monerii). V. Élie. —
Monetarius. V. Moneder.
Moneto (de). V. Monnet.
Moneu de Lugat, 244, p. 77, col. 1.
Monferrand (castalania de Monferan, castrum de Montefferando, dominus de Montisferand). Dordogne, arr. Bergerac, c. Beaumont, 260, 269, 474.
Mongauzi (Sent Johan de Montgauzi). Gir., arr. et c. La Réole, 488, 489.
—— V. Mathieu de —.
Monge. V. Pierre du —.
Monherer. V. Arnaud de Montbéret.
Monhos. Corr. et voir Monbos.
Monimerus de Tramalhag, frère de Vital, et Mouinus de Ariza, de la par. d'Aillas, 330.
Monlado. V. Bernard de —.
Monlong (de Montelongo). V. Arnaud de —.
Monnet (de Moneto). Gir., arr. Bordeaux, c. Cadillac, commune de Sainte-Croix-du-Mont. V. Bernard de —.

430 INDEX DES NOMS DE PERSONNES ET DE LIEUX.

Monnui. V. Monuy.
Mononius de Camoiaus, de la par. de Trazits, 355.
Monos. V. Guillaume Raimond de —.
Monpont (Montpaon, Montpayon; fines de Goveson et de Monte Pao). Dordogne, arr. Ribérac, ch.-l. de c., 478.
—— V. Amicet de —.
Mons (castrum de Montibus). Dordogne, arr. Bergerac, c. Belvès, commune de Saint-Germain, 256.
—— V. Bernard de —, Bertrand de —, Éble de —, Raimond de —.
Mons (foresta que dicitur lo Mons), bois dans la par. de Lilhan, Gir., arr. Lesparre, c. Saint-Vivien, commune de Soulac-les-Bains, 12.
Monsac. V. Raimond de —.
Monsaguel (Montsagel), Dordogne, arr. Bergerac, c. Issigeac, 481.
—— Curé : Gaillard de Saint-Cyprien.
Monségur (cauoir e homme de Silossa e de Montségur). Landes, arr. Saint-Sever, c. Hagetmau, 386.
Monségur (bastida de Montsegur, de Montsegor, de Monsegur). Gir., arr. La Réole, ch.-l. de c., 488-494. Son ancien nom : Nuron.
Mont. V. Bernard de —.
Montagne (par. de Montaignes). Gir., arr. Libourne, c. Lussac, 18.
—— Acte daté de Montagne, 34.
Montagoudin (Montagudin, par. de Montagodin). Gir., arr. et c. La Réole, 488, 492.
Montagut (Montacut). Basses-Pyr., arr. Orthez, c. Arzacq. V. Arnaud de —, Guiraut de —, Mathieu de —.
Montaignes. V. Montagne.
Montaner (de Montanerio, de Montaner, Monteneyr, Montanhey). Basses-Pyr., arr. Pau, ch.-l. de c. V. Guillaume de —, Guillaume Arnaud de —, Pierre de —.
Montanhac. V. Bernard de —.
Montasieu de Laporte (Montasivius de Porta), bourgeois de Roquefort, 110.
——, frère de Guillaume Raymond de Budos (Montazivus, frater G. R. de Budos), 670.
Montaut (de Monte Alto, Montaust). Dordogne, arr. Bergerac, c. Issigeac, 481.
—— Curé : Raimond (maiestre R., capelas de Montaust).
Montazerio (domus et mota de Montazerio); peut-être Montaner, puisque cette maison appartenait à Pierre de Montaner, 694.
Montazin. V. Pierre. —

Montazivus. V. Montasieu.
Montbéret. V. Arnaud de —.
Montbisan, Montbissan. V. Pierre de —.
Montbreton. V. Simon de —.
Montbrun (de Montebruno). Dordogne, arr. Bergerac, c. Vélines, commune de Sainte-Eulalie-de-Montravel. V. Roger de —.
Montclaune. V. Mourlanne.
Montcuq (castrum de Monte Acuto). Dordogne, arr. et c. Bergerac, commune de Saint-Laurent-des-Vignes, 203. Cf. le Dict. topogr. du département de la Dordogne.
Mont-de-Marsan (de Monte, Montis Marciani). Bourgeois : Arnaud Gasc de —, Bernard de Monhos, Bernardesius de —, Pierre de Besandun, Raimond Guillaume, damoiseau.
Montdiron. V. Montiron.
Monteacou (de). V. Mandacou.
Monte acuto (de). V. Montcuq.
Monte claro (de). V. Mouclar.
Montecoguto (de). V. Montégut.
Monte de Ray. V. Pierre de —.
Monte d'Iront. V. Montiron.
Monte Galardi (de). V. Montgaillard.
Montegodi (par. S. Yllarii de Montegodi), par. non identifiée, non loin de Jusix? 294.
Montegoudi (de). V. Mongauzy.
Montégut (stagia de Montecoguto, B. de Montequocuto). Gir., arr. et c. La Réole, 364, p. 119, col. 1.
—— V. Bernard de —.
Montehac. V. Montignac.
Monteil (Montelh). Gir., arr., c. et commune de Blaye. V. Gaucelm de —, Guillaume de —.
Monteil (par. beate Marie de Montels). Dordogne, arr. Bergerac, c. Sigoulès, commune de Lamouzie-Saint-Martin, 241.
Montelongo (de). V. Arnaud de —.
Monteneyr. V. Montaner.
Monte Pao (de). V. Monpont.
Monte Prunhera (dominus de Monte Prunhera), localité non loin de Barsac? 631.
Montequocuto (de). V. Montégut.
Monte Revelli (de). V. Montravel.
Monte Segeu. V. Arnaud de —.
Montel. V. Raimond —.
Monte Trepitanti (de). V. Montremblant.
Montferran (castet de Montferran de Bardac). Gers, arr. Mirande, c. Montesquiou, 401.
Montfort. V. Arnaud de —.

Montgaillard (castrum de Monte Galardi). Landes, arr. et c. Saint-Sever, 54.
Montgalhar (molendinum vulgariter appellatum de Montgalhar, in par. de Salabove). Gir., arr. Bordeaux, c. Créon, commune de Sallebœuf, 545.
Montgaur. V. Pierre de —.
Montignac (par. de Montehac, Montinhac). Gir., arr. La Réole, c. et commune de Monségur, 357.
—— V. Bernard de —, Gaillard de —, Guillaume de —.
Montignac (Montinhac in Medulco), lieu non identifié en Médoc, 641.
Montimadaled. V. Montmadalès.
Montinac. V. Montignac.
Montiron (dominus, milicia de Montdiron, Montdiron, de Monte d'Iront, Munderyn). Gers, arr. Lombez, c. Samatan? 68.
—— V. Raimond Arnaud de —.
Montiros (affarium de Montiros), 72.
Montis Leyderii. V. Mouleydier.
Montlevios. V. Étienne —.
Montmadalès (par. de Montimadaled, ecclesia de Mommadalet). Dordogne, arr. Bergerac, c. Issigeac, 256.
Montmir. V. Momuy.
Montmirail. V. Robert de —.
Montolieu (de Monte Oliveti). Landes, arr. Mont-de-Marsan, c. et commune d'Arjusanx. V. Berney de —.
Montpaon, Montpayon. V. Monpont.
Montpezat (Montpesat, de Montepezatz, de Monte-Pisato). V. Arnaud et Armand de —, Gaillard de —, Pierre de —.
Montravel (affarium, ecclesia de Monte Revelli, honor de Monterevello, Mont Reveu). Dordogne, arr. Bergerac, c. Vélines; seigneurie contenant dix-neuf par. selon le *Dict. topogr. de la Dordogne*, 203, 242, 478.
—— Curé : Pierre de Oleta.
—— V. Géraud d'Orgal, damoiseau —, Pierre de —, Roger de Montbrun.
Montréal (inter castrum de Sossio et villam Montis regalis in Agennesio). Gers, arr. Condom, ch.-l. de c., 466, 516.
Montremblant (de Montetremulo, de Montetrepitanti). Gir., arr. Libourne, c. et commune de Branne; nom d'une famille mentionnée par Leo Drouyn, *Var. Girond.*, t. I, p. 38. V. Géraud de —, Guillaume de —.
Mont Reveu. V. Montravel.

Montségur. V. Monségur.
Montuir, corr. Montmir et voir Miremont.
Montussan (par. de Montuissan, Montussan). Gir., arr. Bordeaux, c. Carbon-Blanc, 177, 557.
Montyrad (a Montyrad pres Baccafera), lieu près de Jusix? 488.
Montz (apud Montz in par. de Cadujac). Gir., arr. Bordeaux, c. Labrède, commune de Cadaujac, 532.
—— V. Fort de —, Guillaume de —, Pierre de —.
Monzano (de). V. Viger de —.
Morans. V. Bernard de —, Flors de —, Pierre de —.
Morar. V. Arnaud du —.
Moraret. V. Mauralet.
Morars. V. Guitard de —.
Morbieu. V. Guérin de —.
Morelhan. V. Maureilhan.
Morganx (castrum de Morganis). Landes, arr. Saint-Sever, c. Hagetmau, 70.
Morizès (par. de Mauries, de Mauriazeks). Gir., arr. et c. La Réole, 202, 238.
Morlaas (de Morlanis). Basses-Pyr., arr. Pau, ch.-l. de c. V. Auger de —, Pierre de —, Raimond de —.
Morlanne (genus de Morlane, senhor de Morlana). Basses-Pyr., arr. Orthez, c. Arzacq, 74, 386.
Morton. V. Jean de —.
Mossiaco (de). V. Moissac.
Mosiacum de Gloyros. V. Gleyroux.
Mosters. V. Moustey.
Mota. V. La Mothe et La Motte.
Mouleydier (castrum Montis Leyderii). Dordogne, arr. et c. Bergerac, 203.
—— V. Bernard de —.
Moulezer. V. Arnaud de —.
Moulis (par. de Molins). Gir., arr. Bordeaux, c. Castelnau-de-Médoc, 35.
Mounhos (est de pertinenciis castri de Murryn; fortalicia seu locus de Mounhos; affarium, par. de Munhos). Landes, arr. Mont-de-Marsan, c. Grenade-sur-l'Adour, commune de Maurrin, 58, 76, 130, 133.
—— V. Bernard de —.
Mounthet (milicia de Mounthet), lieu dans la prévôté de Saint-Sever, 78.
Mountdiron. V. Montiron.
Mount Gauryn. V. Orguilh de —.
Moupin. V. Folquet de —.
Mouquor. V. Maucor.

432 INDEX DES NOMS DE PERSONNES ET DE LIEUX.

Mourlanne (castrum de Montclane), nom d'une esplanade qui occupe aujourd'hui l'emplacement de l'ancien château de Saint-Sever, 70.

Moustey (par. de Mosters). Landes, arr. Mont-de-Marsan, c. Pissos, 574.

Moynere (le même que Moner?). V. Élie de —.

Moyssac. V. André de —, Heliona de —.

Mozerol. V. Mazerol.

Mugron (castrum de Mugron). Landes, arr. Saint-Sever, ch.-l. de c., 55, 70.

Mummuye. V. Momuy.

Mun. V. Arnaud de —, Gaillard du —.

Munderyn. V. Montiron.

Munhos. V. Mounhos.

Muret (locus appellatus Au Muret, domus dou Muret). Landes, arr. Mont-de-Marsan, c. Pissos, commune de Saugnac-et-Muret, 622.

Murom V. Nuron.

Murrin. V. Maurrin.

Mus (cavaverie del Mus qui es en la parropie de Seint Martin del Mus, par. S. Martini Demuns). Landes, arr. Saint-Sever, c. Hagetmau, commune de Doazit, 28, 83.

—— V. Pierre Arnaud du —.

Muscias, Musias. V. Pierre de —, Raimond de —.

Muys. V. Bernard du —.

N

N. Aquensis episcopus. V. Navarre de Miossens, év. de Dax.

Nachet. V. Nassiet.

Nadus de Lagos, bourgeois de Bayonne, 399, p. 144, col. 1.

Nairies. V. Bernard de —.

Nairijano, Nairjano (de). V. Nérigean.

Nalettes. V. Andreotus de —, Dominique de —.

Namad. V. Pierre de —.

Namanyu. V. Vital de —.

Nant (casale quod vocatur de Nant in par. de Casteede). Basses-Pyr., arr. Orthez, c. Arthez, commune de Casteide-Candau, 128.

Narauza. V. Narrosse.

Narigano, Narigiano, Narriano (de). V. Nérigean.

Narrosse (Narauza). Landes, arr. et c. Dax. V. Pélerin de —.

Nassiet (par. de Nachet, de Neciet). Landes, arr. Saint-Sever, c. Amou, 86, 173.

—— V. Benet de —.

Naugia. V. Naujan.

Naugiac (terra apud Naugiac), lieu près de Puyguilhem? 266.

Naujan (par. de Naugia, de Naujan). Gir., arr. Libourne, c. Branne, 201, 619.

Nausach. V. Bernard de —.

Naussannes (lo comandaire de Naussanas). Dordogne, arr. Bergerac, c. Beaumont, 474. « Membre dépendant de la commanderie de Saint-Nexans » (Gourgues, Dict. topogr. de la Dordogne).

Navailles (Navalhas, de Navalhis). Landes, arr. et c. Saint-Sever, commune de Dumes. V. Assieu de —.

Navarca. V. Jourdain de —.

Navarius. V. Navarre.

Navarra, belle-fille de Guillaume Arnaud d'Arblade, 96.

—— de Sort (dona Na Navarra de Sortz), 419.

——, veuve de Galbrun de Maurrin, 51.

Navarre Bast, frère de Juran, témoin, 476.

—— de Miossens, év. de Dax, 386, 400, 402, 411, 504, 508.

—— de Peyre (Navarius de Pere; En Navar de Peira; Navarrus, dominus de Peyra), chevalier, 69, 153, 386.

Neciet. V. Nassiet.

Neders. V. Guillaume Arnaud de —.

Nenius Prewell, 408. Corr. Nemus Prewell et voir Bois-Pouvraud.

Nérac (de Noriaco). Lot-et-Gar., ch.-l. d'arr. V. Guillaume de —.

Nerbis (prioratus de Nerbis Castel). Landes, arr. Saint-Sever, c. Mugron, 70.

Nérigean (par. de Nairijano, de Narigiano, de Narjano, de Narriano; par. S. Martini de Narigano, dioc. Burdegal.). Gir., arr. Libourne, c. Branne, 198, 199, 537, 593, 595, 608, 609, 653.

—— V. Artaud de —.

Neulet. V. Pierre —.

Nicolas, clerc (magister Nicholaus, clericus), 621.

—— de Cazalon (Nicholau de Cazalon), chevalier, 386.

—— de Daviguan (Nicholaus de Davinhau), 665.

—— de Meulles (En Nichole de Moles), sénéchal de Gascogne, 476.

—— de Roquefort (lo senhor Nicholaus de Rocafort), prieur de Port-Sainte-Marie, témoin, 468, p. 197, col. 1.

Nicolas Ménau d'Arricau (Niclaus Menau de Ricau), 386.
Nizan. V. Le Nizan.
Noaillan (castrum, dominus, par. de Novelliano, de Noalhan). Gir., arr. Bazas, c. Villandraut, 178, 187, 566, 581.
—— V. Bertrand, seigneur de, —— Gaillard de ——, Guillaume de ——, Guillaume Raimond de ——, Raimond Garcie de Sescas, Thibaud de ——.
Noet. V. Saint-Martin de ——.
Nogaro (Nogarou, Nugarol). Gers, arr. Condom, ch.-l. de c., 408.
Noger. V. Pierre Guillaume de ——.
Nolhan. V. Noaillan.

Non. V. Bernard ——
Nonat. V. Guillaume Raimond de ——.
Noriaco (de). V. Nérac.
Norman de Poyloaut (Normannius de Pullohaut), 165.
Norwich. V. Guillaume de Middleton, év. de ——.
Nosset. V. Jean ——.
Notton. V. Jean de ——.
Novelliano (de). V. Noaillan.
Nucles. V. Saint-Martin de ——.
Nurit. V. Raimond. ——
Nuron (par. de Nuron [sic], in qua est bastida; paropia de Murem [sic]), 357, 490. C'est peut-être le nom primitif de la bastide de Monségur sur le Drot.

O

Od, Oddo, Odon, Odonus. V. Otton.
Odonis. V. Eudes.
Oiosio (de). V. Auros.
Oléron (Olero), île de l'Océan rattachée au dép. de la Charente-Inférieure, 407 [2].
Oleronensis episcopatus. V. Oloron.
Oleta. V. Pierre d' ——.
Olivier Arnaud (Oliverus Arnaldi), 396. Son frère: Bernard.
—— de Gardonne (Oliverus de Gardona), 286.
—— de Lost (N' Oliver de Lost), témoin, 464.
—— de Lilhan (dominus Oliverus de Lilhan, de Lilhano), damoiseau, 12; chevalier, témoin, 648-650, 652, 653, 666, 667.
—— de Lussac (Oliverus de Lussac), chevalier, 241.
—— de Rembers, 364, p. 118, col. 1.
—— de Rumbers, 340.
—— de Talais (dominus Oliverius, Oliverius de Thalosio), 194.
Oloeges (castet de Oloeges), château dans la prévôté de Saint-Sever? 401.
Oloron (Oleronensis episcopatus). Basses-Pyr., ch.-l. d'arr., 411. V. Compaing, év. d' ——
Omorcilia. V. Pierre d' ——.
Omozes. V. Raimond d' ——.
Onesse (militia d'Ones, par. d'Onnes). Landes, arr. Mont-de-Marsan, c. Arjuzanx, 98, 687. Cf. dom Du Buisson, Histor. mon. S. Severi, t. I, p. 328, et Dufourcet, Les Landes et les Landais, p. 167.
—— V. Bernard d' ——, Pierre Arnaud d' ——.
Onhous. V. Ougnoas.
Oniurent (nom altéré?). V. Arnaud d' ——.
Onnes. V. Onesse.

Onque. V. Anctus d' ——.
Orbacave. V. Arboucave.
Order. V. Vital ——.
Ordonac. V. Ordonnac.
Ordi. V. Arnaud d' ——.
Ordonnac (feudum d'Ordenac). Gir., arr. et c. Lesparre, 192.
Oreite. V. Oreyte.
Orest. V. Pierre d' ——.
Oreyte (Oreite). Basses-Pyr., arr. Orthez, c. et commune de Sauveterre, 476.
—— V. Bernard d' ——.
Orgal. V. Géraud d' ——.
Orgelos. V. Argelos.
Orgoes. V. Urgons.
Orguilh de Mount Gauryn, bourgeois de Bayonne, 399, p. 143, col. 1.
Orhanbet. V. Saint-Laurent de Marsan.
Origne (Orinha). Gir., arr. Bazas, c. Saint-Symphorien. V. Raimond Guillaume d' ——.
Oriol (casale d'Oriol), lieu dans la par. de Bernos? 338.
Orival (apud Aurivallem). Seine-Infér., arr. Rouen, c. Elbeuf, lieu d'où est datée une charte du roi Jean, 402.
Ornon (domus d'Ornon). Gir., arr. Bordeaux, c. Pessac, 16.
—— V. Gaillard d' ——, Guillaume Bernard d' ——, Guillaume Furt d' ——.
Orta, Orte. V. Orthe.
Ortes. V. Pierre d' ——.
Orthe (Orta, Orte), pays et vicomté des Landes. V. Bertrand de Lane, chevalier, —— Raimond Guillaume d' ——, Raimond, vicomte d' ——, Russinollus d' ——

INDEX DES NOMS DE PERSONNES ET DE LIEUX.

Ossages (Essages, Estoages, Satges). Landes, arr. Dax, c. Pouillon. V. Arnaud d' —, Pierre d' —, Raimond d' —.

Ossau. V. Pouydesseaux.

Ottho. V. Otton.

Ottobon (Ottobonus), cardinal diacre au titre de Saint-Adrien, légat en Angleterre, 409.

Otton de Cazenove (Odo de Cazanova), damoiseau, témoin, 473.

—— de Clarac (Ottho de Clarac, Oddo de Clerac), seigneur landais, 85, 171.

—— de Doazit (Ottho, Otto de Doazit, Od de Doassidz), chevalier, seigneur de Doazit et de Brassempouy, 41, 65, 92, 417, 478.

—— —— le Jeune (Oddo de Doasit junior), 171.

—— de Gontaud (Ottho de Gontaldo), chevalier, 176.

—— de Grians (Ottho de Grians), fils de Pierre de Grians, bourgeois de Saint-Sever, 120.

Otton de Lomagne (dominus Ottho, Otto de Leomannia), chevalier, 11, 175, 176, 452.

—— de Mauvezin (Otto de Malovicino), 45.

—— de Pardaillan (Ottho de Pardelhan, de Perdelhan; Otto de Pardalhan, de Pardalhano, de Pardelhano; dominus Odo de Pardelhano), chevalier, 452; témoin, 5, 6, 8, 18-22, 452, 465-467, 475, 515-517, 641, 645, 646, 665.

—— de Rasik (Odonus de Rasik), 164.

Otton de Serres (Odonus de Serris, Ottho de Serras), damoiseau, 128, 154.

Ougnoas (milicia d'Onhoas, par. d'Onhoaus et de S. Logaria, par. S. Logarie d'Onhoaus). Landes, arr. Mont-de-Marsan, c. Villeneuve, commune d'Arthez, 94, 112, 114, 133.

Ovis mortua. V. Lacrabe.

Ozerd. V. Guillaume d' —.

Ozozalet, par. non identifiée près de Meilhan? 218.

P

P. Voir Pierre.

Paganus. V. Payen.

Paginalus. V. Guillaume de —

Pajoliis (de). V. Pujols.

Pallumes (in costa de Pallumes), lieu près de Saint-Sever, 93.

Palu. V. Forton de —, Garcie de —, Martin de —, Raimond de —, Vital de —

Pampelune (capellus Pampilonensis), 688.

Panissau (Panisars). Dordogne, arr. Bergerac, c. et commune de Sigoulès. V. Bertrand de —

Pansa (Panssa). V. Jourdain —, Raimond —.

Pansac. V. Arnaud Bernard de —

Papon (stagia de Papon), dans l'Entre-Dordogne, 655.

Parablenqua (feodum de Parablenqua), lieu près de Bouglon, 364, p. 118, col. 2.

Parbasc. V. Arnaud Guillaume du —.

Pardaillan (Pardalhan, Pardelhan, de Pardalhano). V. Otton de —. Nom d'une maison noble de la commune de Fronsac, selon Ribadieu, Les châteaux de la Gironde, p. 459, et d'un château dans la commune des Cars, Gir., arr. et c. Blaye. Il ne semble pas qu'il faille identifier ce lieu avec le ch.-l. de c. du dép. de Lot-et-Garonne.

Pardiac (Perdiacum), pays du dép. du Gers, 174.

Parempuyre (lo feus de la yla de Parampuira). Gir., arr. Bordeaux, c. Blanquefort, 422.

Parentis (affarium de Parenties in par. S. Laurencii de Marciano, par. de Parentias). Landes, arr. et c. Mont-de-Marsan, commune d'Uchacq-et-Parentis, 106, 691, 693.

Parentis (par. de Parenter), ou Parentis-en-Born. Landes, arr. Mont-de-Marsan, ch.-l. de c., 685.

Pascal du Port (En Paschau deu Port), prudhomme de Biarritz ou d'Anglet, 414.

Pasqua de Garraus, bourgeois de Bayonne, témoin, 464.

Pastis. V. Guillaume de —.

Paulin de Lège (Paulin de Lega, Paulinus de Lisa), témoin, 523, 548, 550, 560.

Paus. V. Gaillard des —.

Paute. V. Jourdain —.

Payen de Rochefort (Paganus de Rupeforti), témoin, 402.

Payon. V. Jean de —.

Payres. V. Peyre.

Pech Blanc (Pech Albet). Dordogne, arr. Bergerac, c. Issigeac, commune de Monsaguel. V. Guillaume de —.

Peer Iter. V. Pierre Itier.

Peir. V. Bernard —, Guillaume —.

Peira. V. Peyre.

Peirafita, Peirefite, lieu non identifié dans les Landes, 461, 463.

Peira Pertussa. V. Belonquir de —. Serait-ce Peyrehorade?
Peire. V. Rostand —.
Peires. V. Roger de —.
Peirosa. V. Peyrusse.
Peis. V. Raimond de —.
Poiteus. V. Poitiers.
Peitavin de Piis (Pictavinus de Pinibus), 346.
—— Esclau (Pictavinus Esclau), témoin, 427.
Pelagrua. V. Pellegrue.
Pelagus. V. Bertrand —.
Pélegrine (Pelegrina), femme de Gaillard de Lignan, 669.
Pèlerin de Castéra (En Pelegrin de Casterar), prud'homme de Biarritz ou d'Anglet, 414.
—— de Lavedan (Peregrinus de Levitania), 408, p. 155, col. 1.
—— de Narrosse (Pelegrinus de Narauza), témoin, 679.
—— de Pinsolle (En Pelgrin de Pinçola), bourgeois de Bayonne, 483.
—— de Saint-Mézart (Pelegri de Sent Mezart), témoin, 468, p. 197, col. 1.
—— de Saubagnac (Peregrinus de Salvanac, de Saubinhac), bourgeois de Bayonne, 399, p. 143, col. 1.
—— Guarin (Pelegrin Guarin), témoin, 501.
—— (Peregrini). V. Pierre —
Pelgrin. V. Pélerin.
Pelisse (Pelissa, Périsse). V. Guillaume —.
Pellegrue (castrum, dominus de Pelagrus). Gir., arr. La Réole, ch.-l. de c., 205, 254, 327-329.
—— Prévôt : Pierre de Mangon.
—— V. Bernard de —, Jean de —.
Pelotan. V. Guillaume —.
Pematius. V. Poitiers.
Pendulum. V. Pimbo.
Penhs (molins en l'asarita de Penhs), lieu près de Blauquefort? 421.
Per. V. Pierre.
Peratge. V. Marie de —.
Perdelia, sœur de Guillaume Raimond de Birac, 539.
Perdiacum. V. Pardiac.
Perdies. V. Bonhomme de —.
Pere. V. Guillaume Arnaud de —, Navarre de —.
Peree. V. Bertram de —.
Peregrin. V. Pélerin.
Perequin Arrobert, bourgeois de Dax, 504.
Perer (au Perer in par. S. Johannis de Locnee), lieu près de Larée, 123.
Perer (nemus del Perer in par. de Vidalh et tenemento del Cogutmont), 349-351.

Perer. V. Barnabé de —, Pierre de —, Raimond Bernard de —.
Périgord. Comte : Archambaud.
—— Sénéchal : Jean de Lalinde.
Périgueux, dioc., évêché (Petragoricensis diocesis, dioc. de Peiregort), 357, 474.
—— Archidiacre : Arnoul de Marclh.
—— Chanoine : Bernard de Beauville.
—— Évêque : Élie.
Perisse. V. Pelisse.
Pérot Eskevet (Perotus d'Escebet, Perotus Eskevit, Eskevet), bourgeois de Dax, 505, 506, p. 230, col. 2 et 232, col. 1.
Perpiat (affarium de Perpiet), lieu dans les Landes, 72.
Perquie (Perquei, burgensis de Perqueyra). Landes, arr. Mont-de-Marsan, c. Villeneuve, 72, 112.
—— V. Aimeric de Ravigunn, bourgeois de —.
Perrer. V. Arnaud Guillaume de —.
Perrone (Petrona), 350.
Perronelle de Lamotte (domina Petronilla de Lamota, de Mota), 605, 653; sœur d'Yspania de Pompignac, 604.
Perros. V. Pierre —.
Pertus (par. de Pertusio), marqué sur la carte de l'État-major entre Monbos et Sigoulès, Dordogne, arr. de Bergerac, 272.
Pesquit. V. Vital de —.
Pessac (Pissac). Gir., arr. et c. Bordeaux. V. Amanieu de —, Arnaud Bernard de —.
—— (Pissac, Pessac). Gir., arr. Libourne, c. Pujols. V. Pierre de —.
Pessinhac. V. Poussignac.
Petrafixa. V. Pierrefite.
Petralonga. V. Peyrelongue.
Petris. V. Jean de —.
Petrona. V. Perrone.
Petronilla. V. Perronelle.
Petrucia. V. Peyrusse.
Peujard (par. de Podio Yzarndi). Gir., arr. Bordeaux, c. Saint-André-de-Cubzac, 594.
Peyre (Peira, castrum de Peyra, milicia de Payres). Landes, arr. Dax, c. Hagetmau, 69, 84, 120.
—— V. Arnaud de —, Guillaume Arriu de —, Navarre, seigneur de —.
Peyrelongue (dominus de Petralonga, terra de Peyralonga). Landes, arr. Mont-de-Marsan, c. Villeneuve, commune de Hontanx, 112, 133.
Peyrer. V. Arnaud de —.
Peyrinar [lecture très douteuse] de Cazauvielh (de Cesauveyl), seigneur landais, 173.

Peyroset (casale de Peyroset), non loin de Peyre et de la rivière de Luy, 84.

Peyrusse (Peirosa, Petrucia). Gers, arr. Mirande, c. Montesquiou. V. Thibaut de —.

Philippe d'Arsi (sire Phileppes d'Arsi), témoin, 401.

—— de Carasset (Philippus de Carassé, de Carasset), de Mont-de-Marsan, 95.

—— Marmion (Philippus Marmium), 408.

——, prieur de La Réole (Philippus, prior de Regula. dioc. Vasatensis), témoin, 465-467.

—— III, roi de France, 304.

Piadetz (affarium de Piadetz, in par. de Barssiaco), Gir., arr. Bordeaux, c. Podensac, 617.

Picard (Picardi, Lopiquart). V. Jean —.

Pico (lo puech de Pico del dioc. de Peiregort, en la par. de S. Sevi). Dordogne, arr. Bergerac, c. Beaumont, commune de Sainte-Sabine, 474.

Picou (Pico). Dordogne, arr. Bergerac, c. et commune de Laforce. V. Grimoard de —.

Pictavinus. V. Peitavin.

Pierre, abbé de Saint-Ferme (En P., abes de lo Sent Fermer), témoin, 472.

—— Agudz (P. Agudz), homme franc du roi, dans la prévôté de Barsac, 657.

—— Aiquelm (Petrus Ayquelmi), frère de Vital Aiquelm, de Sainte-Eulalie d'Ambarès, 674, 680.

—— Alegre (Petrus Alegre), bourgeois de Sauve-Majeure, 584.

—— Amanieu de Bordeaux (Petrus Amanevi de Burdegala), chevalier, sous la tutelle d'Amaubin d'Ambarès, 8.

—— —— de Pommiers (En P. Aman. de Pomeis, de Pomers), chevalier, 366-368.

—— —— de Pommiers (Petrus Amanevi de Pomeriis), damoiseau, 465-467.

—— Amaubin de Langon (Petrus Amalvinus de Longonio; P. Amalvini, P. Amaubyn de Langon), 225, 332; témoin, 384.

—— —— de Preignac (P. Amalvini de par. de Prinhac), 640. Son tuteur : Raimond Fevreirer.

—— André de Luc (P. A. de Luk, P. Andreas de Luc), bourgeois de Bayonne, 399, p. 142, col. 2, et p. 143, col. 1.

—— Andron (Petrus Andron), maire de Bordeaux, 448.

—— Arnaud (P. Arnaldi), homme franc du roi dans la par. de Cabanac, 679.

—— —— Beguies (P. A. Beguies), bourgeois de Bayonne, 399, p. 143, col. 1.

Pierre Arnaud d'Araux (En P. Ar. d'Araus), chevalier, 482.

—— —— d'Artiguemale (Petrus Arnaldi de Artigamala), 342.

—— —— d'Ayes (Petrus Arnaldi d'Ayes), bourgeois de Dax, 505.

—— —— de Barreria, bourgeois de Dax, 505.

—— —— de Bazadon (Petrus Arnaldi de Bazadon), seigneur landais, 171.

—— —— de Bedat, d'Avedat, damoiseau, 609.

—— —— de Bensol (P. A. de Bensol), bourgeois de Bayonne, 399, p. 143, col. 1.

—— —— de Boniort (P. A. de Boniort), bourgeois de Bayonne, 399, p. 143, col. 2.

—— —— de Caupenne (Petrus Arnaldi de Copan; P. Ar. de Campena, de Caupene; P. Arn. de Campena, En P. Arn. de Caupena), damoiseau, seigneur de Caupenne, 146; bailli de Saint-Clar, 451; témoin, 482, 655, 656, 668, 672.

—— —— de Cazenove (P. A. de Cazenova), bourgeois de Bayonne, 399, p. 143, col. 1.

—— —— de Contis (En Per A. de Contes), bourgeois de Bayonne, 464.

—— —— de Ferbaux (Petrus Arnaldi de Farbaus), frère de Pierre de Ferbaux, 90.

—— —— de Gado (P. A. de Gado), bourgeois de Bayonne, 399, p. 143, col. 2.

—— —— de Gauberdyn (P. Ar. de Gauberdyn), bourgeois de Bayonne, 399, p. 143, col. 1.

—— —— de La Barreira, de la par. de Quinsac, 680.

—— —— de Larras (P. A. de Larras), bourgeois de Bayonne, 399, p. 143, col. 1.

—— —— de Lospue (Petrus Arnaldi de Lospule), bourgeois de Dax, 505.

—— —— de Luc (P. A. de Luk), bourgeois de Bayonne, 399, p. 142, col. 2.

—— —— de Moibiele (P. Ar. de Moibiele), témoin, 371.

—— —— de Puch (Petrus Arnaldi de Podio), 248 [3].

—— —— de Saint-Paul (Petrus Arnaldi de Sancto Paulo, dominus de Sancto Paulo), bourgeois de Dax, 505, 506.

—— —— de Sapporenx (fra P. A. de Sapporencs), gardien des Frères mineurs de Bayonne, témoin, 483.

—— —— de Sarc (En P. Ar. de Sares), témoin, 484.

—— —— de Serrebasso (P. A. de Basse Sar), bourgeois de Bayonne, 400.

Pierre Arnaud de Seyguinissa (Petrus Ar. de Seyguinissa), notaire public de Bayonne, 483.
—— —— de Sok (P. A. de Sok), 399, p. 142, col. 1.
—— —— Deuditz, bourgeois de Bayonne, 399, p. 143, col. 2.
—— —— de Ville (En P. A., En P. Arn. de Biele), bourgeois de Bayonne, 496, 497; témoin, 404.
—— —— d'Onesse (P. A. d'Onesse), bourgeois de Bayonne, 399, p. 143, col. 1.
—— —— du Bilar (P. A. deu Bilar), bourgeois de Bayonne, 399, p. 143, col. 1.
—— —— d'Uhart (P. A. de Uhart; En P. Arn. d'Uhart, d'Uchart), bourgeois de Bayonne, 399, p. 143, col. 2; témoin, 404, 483, 485, 487.
—— —— du Mus (En P. Arn. del Mus), 28.
—— —— Arquier (Petrus Arquerii), frère d'Arnaud, 678.
—— Artaud (Petrus Artaudi), jurat de Saint-Émilion, 2.
—— Assalhit (Petrus Assalhit, En P. Assarit), de Podensac, 188, 463; témoin, 682, 683, 685-693.
—— Assaut (En Per Assaut), témoin, 461.
—— Assieu de Lalande (P. Assiou de La Landa), 541.
—— —— de Quinsac (P. Assiu de Quinsac), 537, p. 247, col. 1.
—— Auger (P. Augerii), 606.
—— —— du Fieix (P. Augerii del Ffleys), témoin, 478.
—— Bacon (Petrus Bacana, Bacon), 325, 364, p. 118, col. 1.
—— Baudoin de Laffont (P. Baudoinh de Laffont), homme franc du roi dans la par. de Beychac, 541.
—— Beer (P. Beer), bourgeois de Bayonne, 399, p. 143, col. 2.
—— Bérart (Peire Berart), homme franc du roi dans la par. de Beychac, 541.
—— Béraud, frère de Bernard (P. Boraldi; Petrus, frater Bernardi Beraud), homme franc du roi dans la prévôté de Barsac, 674, 675.
—— Bernard de Toulouse (En P. B. de Tholose), témoin, 476.
—— Bertrand de Barsac (P., Petrus Bertrandi de Barssiaco, de Berssiaco), témoin, 5, 6-8, 18-22, 620-628, 641-653, 657-660, 665-667, 674-679.
—— —— de Barsac, chevalier, 635.

Pierre Bertrand de Blanquefort (P. Bertrau de Blancafort), témoin, 423.
—— Bet (Petrus Bet), de la par. de Savignac, 356.
—— Big (En P. Big), témoin, 513.
—— Blanc, frère de Garcie (Guarsias Blanc, pro se et pro Petro, fratre suo), homme franc du roi dans la prévôté de Barsac, 636 [37].
—— Boqua (Petrus Boqua), de Saint-Émilion, 3.
—— Boquer (Petrus Boquerii), 650. Le même que le précédent?
—— Boraldi. V. Pierre Béraud.
—— Brochon, homme franc du roi dans la prévôté de Barsac, 674.
—— Brun (P. Bruni), bourgeois de Bordeaux, 444.
—— —— de Barsac (P., Petrus Bruny de Barciaco), 427, 428.
—— Cailhau, bourgeois de Bordeaux (Petrus Calhau, Calculi, civis et burgensis Burdegale; En P. Calhau), 396, 424, 429, 445, 519; témoin, 423, 470, 479, 495.
—— —— (P. Calhau), neveu de feu Raimond Rostand, témoin, 427.
—— , captal de Latresne (P., capitalis, captalis, captanus de La Trena, de Trena), 567, 586, 619, 644, 651. Son tuteur: Guillaume Raimond de Noaillan.
—— Cambri, 426.
—— Cavaloir, homme franc du roi dans la par. de Labrède, frère de Raimond, 678.
—— Cogot, 364, p. 119, col. 1.
—— Colom, frère de Jean Colom (En P. Colom, fraire En Johan Colom), 502.
—— —— de la Rue Neuve (En P. Colom de Rua Noua), témoin, 130.
—— Colomes (En P. Colomes), témoin, 476.
—— Constantin (P. Costantini), témoin, 448.
—— —— de Sainte-Eulalie (P. Constantini, par. S. Eulalie), 680.
—— Costau (P. Costalli), tenancier du roi dans les par. de Virelade et de Podensac, 623.
—— d'Abat (P. d'Abat), bourgeois de Bayonne, 400.
—— d'Agiet, notaire de La Réole, 356.
—— d'Anglades (P. Petrus d'Angladas, d'Anglades), chevalier, témoin, 523, 548, 550, 560.
—— d'Antes (En P. d'Antes), frère de Guillaume et de Domenjon, témoin, 33.
—— d'Antin (Petrus d'Antin, de Andino), 408, p. 155, col. 1 et 2.
—— d'Arbanats (Petrus d'Arberatz), chevalier, 575.

Pierre d'Arnadeu (P. d'Arnadeu), bourgeois de Bayonne, 399, p. 142, col. 2.
—— d'Arosse (P. d'Arosse), bourgeois de Bayonne, 399, p. 143, col. 1.
—— d'Arriol, de la par. de Bernos, 338.
—— d'Artiafilhis, d'Artigafilhon, homme franc du roi dans la par. de Labrède, 678; le même que Pierre d'Artigue?
—— d'Artibeira, témoin, 680.
—— d'Artigue (Petrus de Artiga), fils de Raimond, homme franc du roi dans la par. de Labrède, 658.
—— d'Artiguelongue (P. de Artigelonge), bourgeois de Bayonne, 399, p. 144, col. 1.
—— d'Artiguemale (Petrus d'Artogamala), tenancier du roi dans la par. de Savignac, 356.
—— d'Avedat (dominus Petrus d'Avedat), damoiseau, 605.
—— d'Avensan (maiestre P. de Ajuvinsan), clerc, 463.
—— d'Avignon, de Lisse (Petrus d'Aubinhon de Lisse), 73.
—— d'Ayquem (P. de Ayquem), homme franc du roi dans la par. de Beychac, 541.
—— de Bagnères (Petrus de Banhere, de Banher), chevalier, 120.
—— de Barra (P. de Barra, 354 [10].
—— de Barreria, fils de Raimond Guillaume, 505.
—— de Batz, bourgeois de Bayonne, 399, p. 143, col. 2.
—— de Baux (Petrus de Baues, de Baux), homme du roi dans la par. de Virelade, 623.
—— de Bazas (Petrus de Vasato), 635.
—— de Bedeyssan (P., Petrus de Beddeyssan), damoiseau, 133.
—— de Bensol, bourgeois de Bayonne, 399, p. 143, col. 1.
—— de Bernos, 426.
—— de Bernos, 246 [27].
—— de Berrac (P. de Berraco), témoin, 473.
—— de Bertran (P. de Bertran), témoin, 421.
—— de Bétaille (P., Petrus de Betalha), bourgeois de Bordeaux, 544, 604.
—— de Beyngoers, seigneur landais, 173.
—— de Bezaudun, bourgeois de Mont-de-Marsan (Petrus de Besandun, burgensis de Monte), 131.
—— de Biane (P. de Biane), bourgeois de Bayonne, 399, p. 144, col. 1.
—— de Bijous (Petrus de Bujous), greffier communal de La Réole, 472; scribe, 488-493.

Pierre de Biver (P. de Beiver, deu Biver), de la par. de Labrède, 678.
—— de Bordeaux (Petrus de Burdegala), damoiseau, 19.
—— —— (dominus Petrus de Burdegala, P. de Bordegala, le noble bars P. de Burdeu), chevalier, 238, 378, 420, p. 163, col. 2, et p. 164, col. 1 et 2, 433; lieutenant du sénéchal de Gascogne, 503; témoin, 376, 396.
—— —— le Mancip (P. de Bordeu lo Mancips), témoin, 421.
—— —— le Prud'homme (P. de Bordeu le Prodhomme), témoin, 421.
—— de Bouglon (Petrus de Boglonio, de Blogonio), 223, 271.
—— —— (P. de Boglon), bourgeois de Bayonne, 399, p. 143, col. 2.
—— de Bourdenx (Petrus de Burdenx), damoiseau, 108.
—— de Bous, bourgeois de Bayonne, 399, p. 143, col. 2.
—— de Branas, homme franc du roi dans la prévôté de Barsac, 657.
—— de Branne (Petrus de Brana), 198, 202.
—— de Brenar (Petrus de Brenar), 318.
—— de Broquatz, frère de Bernard, 638.
—— de Budos (P. de Budos, cauoir; En P. de Buzos, miles), chevalier, fils de feu Guillaume Raimond de Budos, 581; témoin, 384, 450.
—— —— (Petrus de Budos), damoiseau, 634.
—— de Cabanac (Petrus de Cabanak, de Cabanaco), 186, 669. Sa femme : Comptor.
—— —— (P., Petrus de Cabanac de Rioncio), damoiseau, de Rions, 587; témoin, 568-571.
—— de Cabanes (Petrus de Cabanes), 247 [1, 14].
—— de Caironel, 279.
—— de Campenhe (P. de Campenhe), témoin, 464.
—— de Campet, de la par. de Savignac, 356.
—— de Cassans, 625.
—— de Casted Labeire, 247 [2].
—— de Castéra, de Barsac, 636 [43].
—— de Caubet (Petrus de Calveto), consul de Lectoure, 475.
—— de Cavaires (En P. de Cauaires), 483.
—— de Cayouel, 232.
—— de Cazenave (P. de Cazenave), bourgeois de Bayonne, 399, p. 143, col. 2.
—— de Claus, de Cambes (P. de Claus, de Cambas), 537.

Pierre de Coimères (Petrus de Comeres), 249.
—— de Comanagues, témoin, 472.
—— de Condom, mercier (P. de Condom, mercer), témoin, 551.
—— de Cordalon, témoin d'une charte de Richard Cœur-de-Lion, comte de Poitiers, 495.
—— de Couat, 355.
—— de Crota, homme franc du roi dans la prévôté de Barsac, 674.
—— de Cubzac (magister P. de Cubsac), témoin, 574.
—— de Darnebes, bourgeois de Bayonne, témoin, 513.
—— de Dauzac, 495, p. 217, col. 2.
—— de Dax (Petrus de Aquis), bourgeois de Dax, 505.
—— de Dax, vicomte de Tartas (dominus Petrus de Aquis, vicecomes Tartacensis; dominus P. d'Ax, vicecomes Tartacensis; En Peire, vescoms de Tartas; P., vesconte de Tartas), 372, 417, 477, 483, 505, 506; témoin, 396. Son frère : Raimond Robert.
—— de Dosse (En P. de Dosse), bourgeois de Bayonne, témoin, 513.
—— de Duana, bourgeois de Dax, 505.
—— de Ferbaux (Petrus de Harbaus, frater Petri Arnaldi de Farbaus), 90.
—— de Ferradre, de Saint-Projet (P. de Fferrardre, de Sent Prejet), témoin, 543.
—— de Filhon (P. de Filhon), frère de Guillaume, 625.
—— de Fonte Vaqueira (Petrus de Ffonte Vaqueira), 354 [1].
—— de Forn (P. de Fforn), homme du roi dans la par. de Cabanac, 679.
—— de Forno Garcia, 364, p. 119, col. 1.
—— de France (P. de Francia, En P. de Ffrance), bourgeois de Bayonne, 399, p. 143, col. 2; témoin, 496.
—— de Gabarret (dominus Petrus de Gavarreto, de Gaveretto), fils de Pierre de Gabarret, 270, 447. Son frère cadet : Roger de Gabarret; son fils : Bernard de Beauville.
—— de Gabarret, de Rions (dominus P. de Gavared, d'Arrions), 448.
—— de Gacias, de Lombaud (P. de Gacias de Lobaut), 537.
—— de Gajac, 322.
—— de Gaveret (P. de Gaveret), bourgeois de Bayonne, 399, p. 143, col. 1.

Pierre de Genoarliga, homme franc du roi dans la par. de Bernos, 246 [1, 2].
—— de Gitan, homme franc du roi dans la prévôté de Barsac, 657.
—— de Gontaud, seigneur de Biron (dominus Petrus de Gontaldo, dominus de Byronio, de Biron). Son frère : Guillaume Arnaud de Gontaud, 216, 333.
—— de Granhou, 326.
—— de Graulet (P., Petrus de La Gravelet, P. del Grauled), damoiseau, 273, 472.
—— —— de Roquépine (P., Petrus de Graulet de Rocapina), frère de Guillaume, 274.
—— de Graville (Petrus de Greyville, P. de Greville), homme franc du roi dans la par. de Bernos, 146 [1, 4].
—— de Greante, seigneur landais, 173.
—— de Grians, père d'Otton de Grians, 125.
—— de Hugas, homme franc du roi dans la par. de Bernos, 246 [1].
—— de Junquar, 540.
—— de Jusix (En P. de Judix), témoin, 488.
—— de Labarde (Petrus de Labarda), homme franc du roi dans la par. de Cabanac, 679.
—— de Labarthe (dominus P. de Labarta, En P. de La Barte), damoiseau, père d'Arnaud Guillaume de Labarthe, 26, 57, 80, 173.
—— de La Basta, homme franc du roi, frère de Guillaume de La Basta, 675.
—— de Labat, de la par. de Taleyson, 255.
—— de La Bauria, de la par. de Tresses, 588.
—— de Labereyra, 136.
—— de La Capera, 315.
—— de Lacart, témoin, 368.
—— de Lacase (Petrus de Casa), 248 [2, 8].
—— —— (P. de La Casa, filh P. de La Casa) de la par. de Beychac, 543.
—— de Lacaussade (Petrus de Lacausade), de la par. de Sainte-Croix, au diocèse de Bazas, 325.
—— de La Cosane, de la par. de Taleyson, 247 [12].
—— de Ladils, 246 [14, 20, 24], 247 [13].
—— de Lados, fils bâtard d'Arnaud Bernard de Lados, chevalier, 366-369.
—— de Laffont, bourgeois de Bayonne, 399, p. 143 col. 2.
—— de Lafond (Petrus de Ffonte, P. de Fonte, de vico appellato d'Avinhau, de par. de Salabeu), 537, 678.
—— de La Fragia, 364, p. 118, col. 2.

Pierre de La Grave (Petrus de Grava), de la comptau de Portets et de Castres, 660.
—— de Laguar (Petrus de Laguar, del Laguar), de la par. de Taleyson, 247 [1, 11].
—— de Lagupie (Petrus de Gupia), 259.
—— de Lalande (P. de La Landa), prêtre, 605.
—— de Lalane (P. de La Lane), bourgeois de Bayonne, 399, p. 143, col. 2.
—— de Lamotte (dominus Petrus de Mota), chevalier, frère de Rostand, 270, 524. Sa femme : Géraude.
—— de Lane, 244, p. 78, col. 1.
—— de Langlade, de la par. d'Artiguevieille, 244.
—— de Langon (Petrus de Lengonio), témoin, 225.
—————— (Petrus de Lougonio, P. de Lengon), fils de feu Gaillard de Langon, 331, 332, 366.
—————— (Petrus de Lengonio), damoiseau, fils de Fort de Langon, 331.
—— de Laporte (Petrus de Porta), chanoine d'Aire, 397.
—— de Lar, notaire de Casteljaloux, 364, p. 117, col. 2.
—— de La Rama, témoin, 425.
—— de Laroque (Petrus de La Roqua), 246 [23].
—————— (P. de Roca), chanoine du Puy, 409.
—————— de Rions (P. de Rupe d'Arrioms, de Rions), chevalier, 448.
—— de Larracche (P. de Larrache), prud'homme de Biarritz ou d'Anglet, 414.
—— de Larrocau, bourgeois de Bayonne, 399, p. 144, col. 1.
—— de Lartigue (P. de Lartiga), damoiseau, 582.
—— de Lases le Vieux (P. de Lases le plus veilh), homme franc du roi dans la par. de Beychac, 541.
—— de Lasorgent, homme franc du roi dans la par. de Cabanac, 679.
—— de Las Segas, homme franc du roi dans la prévôté de Barsac, 636 [47].
—— de Lataste (P. de La Tasta), de la par. de Saint-Ciers-de-Canesse, 136.
—— de Latoudeille (P. de Latodella), homme franc du roi dans la par. de Cabanac, 679.
—— de Laubarède, père de Jean (Johannes de Laubarede, filius Petri de Laubarede, qui fuit), 246 [1].
—— de Laulens, 364, p. 118, col. 1.
—— de Lavardac (dominus P. de Lavardac), chevalier, 91.

Pierre de Léogeats (Petrus de Laujatz, de Lenjatz), chevalier, témoin, 5-9, 18-22, 177-179, 181-183, 187-190, 621, 641-647, 664, 665.
—— de Lesparre (Petrus de Esparre, de Esparra), de la par. de Tontoulon, 245.
—— de Lestage (P. de Stagia), chevalier, père de Raimond de Lestage, 601.
—— de Leysatz, de Leyssats, de Lussats, chevalier, 632; témoin, 613, 615.
—— del Grauled. V. Pierre de Graulet.
—— Dellain, de la par. de Bernos, 246 [18].
—— de Loubens (Petrus de Lobenx), 210.
—— de Lugbert, de la par. d'Escaude, 247 [1, 13].
—— de Lujac, bourgeois de Bordeaux, 519.
—— de Machinon (En P. de Machinon), frère d'Amanieu, 474.
—— de Manhan, de Madirac (P. de Manhan, de Mandarac, qui alias dicitur Cavoiac), 537.
—— de Martre (En P. de Martre), témoin, 404.
—— de Mauléon (P. de Mauleon, de Maulioun, de Maulehon), chevalier, témoin, 370, 372, 373, 383, 385, 387, 390-393.
—————— damoiseau (En P. de Mauleon, donzet), 387; témoin, 382, 388.
—— de Mavernet (P. de Maverned), nom de deux bourgeois de Bayonne, 399, p. 143, col. 1 et 2.
—— de Mendebieu (Petrus de Mandeviu), 396.
—— de Mesmes (Petrus de Mames), de la par. de Pompéjac, 247 [1, 9].
—— de Mesplet, de la par. de Guillos, 572.
—— de Messoer, bourgeois de Dax, 506.
—— de Mimizan (P. de Memisan), bourgeois de Bayonne, 399, p. 143, col. 1.
—— de Mimizan (magister P. de Memisan, Petrus de Memisano), clerc, témoin, 551, 693.
—— de Mondit (P. de Mondit), témoin, 35.
—— de Mons (P. de Montz), clerc, témoin, 584.
—— de Montaner (Petrus de Montanerio), damoiseau, 694.
—— de Monthissan, greffier, 377, 378, 381.
—— de Mont-de-Marsan (P. de Monte), bourgeois de Bayonne, 400.
—— de Monte de Ray, bourgeois de Bayonne, 400.
—— de Monteneyr, 247 [1, 2].
—— de Montgaurin, bourgeois de Bayonne, 399, p. 143, col. 1.
—— de Montpezat (Petrus de Montepessato, de Montepisato), chevalier, 544.

Pierre de Montravel (Petrus de Monte Revelli, de Monte Revello, de Monte Reveu), damoiseau, 511; témoin, 1-3, 10, 12-17, 190-194, 525-530, 558, 597, 599, 611. Son père : Guillaume de Montravel, chevalier; son frère : Guillaume de Montravel.
—— de Montz, de Lalande (P. de Montz de La Landa, filh Rion Baudoina), homme franc du roi dans la par. de Beychac, 541-543.
—— de Morans, 326.
—— de Morer, homme franc du roi dans la par. de Cabanac, 679.
—— de Morlaas (magister P. de Morlas, Petrus de Morlanis), notaire public de Lectoure, 468, 474, 475.
—— de Morlac (maiestre P. de Morlac), témoin, 481; le même que le précédent?
—— de Muscias, 540.
—— de Namad, bourgeois de Bayonne, 399, p. 143, col. 1.
—— Denier (Petrus Denarii), homme franc du roi dans la prévôté de Barsac, 636 [26].
—— de Noaillan (Petrus de Novelhano, de Novelliano, de Nohalhan, de Noilhan), chevalier, 335, 635; témoin, 327, 339. 355, 364.
—— Denuerri, écuyer du sénéchal, tué à Bazas, 456.
—— de Perer (P. de Perer), bourgeois de Bayonne, 399, p. 142, col. 1.
—— —— (P. de Perer, filh d'En P.), 483.
—— de Pessac (Petrus de Pissac), 247 [12], 302.
—— de Pin (P. de Pin), 514.
—— de Pins (Petrus de Pins), 364, p. 118, col. 2. Son neveu: Centulle.
—— —— de Guilhaumassa (En P. de Pins de Guilhaumassa, de Guillamassa, de Guilhaunassa), témoin, 488- 493.
—— de Pinsolle (P. de Pinsole), bourgeois de Bayonne, 399, p. 142, col. 2.
—— de Pis (P. de Pinibus), 425.
—— de Podio, témoin, 426.
—— de Pommiers (Petrus de Pomeriis), 238, 244, p. 78, col. 1.
—— ——, archidiacre de Lomagne (Petrus de Pomeriis, archidiaconus Leomannie), témoin, 452.
—— de Porgat, 636 [30].
—— de Poussignan (Petrus de Possinhan), homme franc du roi dans la prévôté de Barsac, 636 [5].
—— de Poyanne (P. de Puyane), bourgeois de Bayonne, 399, p. 143, col. 1.
—— de Prat (Petrus de Prato), 605.
—— de Préaux (Petrus de Pratellis), témoin d'une charte de Richard Cœur-de-Lion, roi d'Angleterre, 196.

Pierre de Pujolet, homme franc du roi dans la prévôté de Barsac, 674.
—— de Pujols (Petrus de Pujou), homme franc du roi dans la prévôté de Barsac, 636 [13].
—— de Rauzeds (P. de Rauzeds, junior), bourgeois de Bayonne, 399, p. 142, col. 2.
—— de Rions (Petrus de Rioncio, de Riancio; P. de Riontz), damoiseau, gendre de Guillaume Gombaud, 18; témoin, 518-559, 568-611.
—— de Roncevaux, archevêque de Bordeaux (P., arch. de Bordeu), 370-393, 417, 477, 502.
—— de Roqueir (Petrus de Larouquie), homme franc du roi dans la par. de Pous-ignan, 625.
—— de Rua, homme franc du roi dans la prévôté de Barsac, 638.
—— de Saint-Loubert (Petrus de Saucto Lobercio), chevalier, 204.
—— de Saint-Michel, abbé de Saint-Ferme (frater P., abbas S. Fremerii; En P., abes de lo Sent Fremer), 208; témoin, 472.
—— ——, moine de Saint-Ferme (En P. de Sent Miquel, monges), témoin, 472.
—— de Saint-Pierre (P. de Sen Per), bourgeois de Bayonne, 399, p. 143, col. 1.
—— de Saint-Quentin (Petrus de S. Quintino), bourgeois de Roquefort, 111.
—— de Salies, bourgeois de Bayonne, 399, p. 143, col. 1.
—— de Salleboeuf (P. de Salaboe, de Saloobee), prévôt du port de Fozera, autrement dit Libourne, 501.
—— de Samazan, 364, p. 119, col. 1.
—— de Sans, homme franc du roi dans la par. de Cabanac, 679.
—— de Sars (En P. de Sars), bourgeois de Bayonne, 483.
—— de Saubeus, 364, p. 117, col. 2.
—— de Sauguet, homme franc du roi dans la prévôté de Barsac, 636 [11, 46].
—— de Sauros, 244, p. 78, col. 1.
—— de Savignac (Petrus de Savinhac), 356.
—— de Scarhona, 312.
—— de Semela, 262.
—— de Senters, bourgeois de Bayonne, 399, p. 143, col. 1.
—— de Serres, bourgeois de Bayonne, 399, p. 143, col. 2.
—— de Servat, 672.
—— de Sorde (P. de Sordoe), bourgeois de Bayonne, 399, p. 143, col. 1.

Pierre d'Espérous (Petrus d'Esperosa), damoiseau, 123. Son fils: Gautier d'Espérous, damoiseau.
—— des Pins (P. dels Pins), bourgeois de Bayonne, 399, p. 143, col. 1.
—— de Suiguers, 364, p. 118, col. 1.
—— de Surssans, homme franc du roi dans la par. de Poussignan, 625.
—— de Tabanac (Petrus de Tabanac), chevalier, de Bourg-sur-Mer, 594.
—— de Taleyson (Petrus de Talayson), 255. Son cousin: Guillaume de Taleyson.
—— de Tastes (Petrus de Tastis), damoiseau, 523, 550.
—— de Taudin, de Loupès (P. de Taudin de Lopa), 537.
—— de Tosse (Petrus de Tosse. En P. de Tosse), bourgeois de Dax, 504, 506, 508; témoin, 461.
—— —— (Petrus de Tosse), homme franc du roi dans la prévôté de Barsac, 636 [9].
—— de Via Maleira, Moleira, Molera, 246 [1, 6, 29]. Son frère: Jean de Via Maleira.
—— de Ville (P. de Biele, de Biole, de Vile, de Villa), bourgeois et maire de Bayonne, 399, p. 142, col. 1, 404, 414.
—— de Villecentut (P. de Villa de Centut; Petrus de Villa Centula, de Villa Centaldi, de Villa Centali, de Villa Sentud), chevalier, 631, 635; témoin, 613-615, 620-626, 636, 638, 657, 658, 660, 674, 675, 677.
—— de Vincolis, prêtre, de Caudrot, témoin, 364.
—— d'Herteherri (En P. de Herteherri), prudhomme de Biarritz, 414.
—— d'Izon (P. d'Yson), 645.
—— Doat (P. Doati), homme franc du roi dans la par. de Cabanac, 679.
—— d'Oleta, curé de Montravel (P. de Oleta, rector ecclesie de Monte Revelli), témoin, 478.
—— Dolerii, de la par. de Sainte-Eulalie-d'Ambarès, 680.
—— d'Omorcilia, de la par. de Moustey, 574.
—— d'Orist (P. de Rest; variante: P. d'Orest), bourgeois de Bayonne, 399, p. 143, col. 1.
—— d'Ortes, fils de Guillaume (P. d'Ortes, filius W.), bourgeois de Bayonne, 399, p. 143, col. 2.
—— Dos, Dosse, clerc, tué à Dax, 506.
—— d'Ossages (dominus P. d'Estoages), 106. Sa femme: Flore, fille de feu Seignoron Espès.
—— Doumans, bourgeois de Bayonne, 399, p. 144, col. 1.

Pierre du Ba (Petrus del Ba), homme franc du roi dans la par. de Maillas, 250.
—— du Bas (Petrus deu Bas), homme franc du roi dans la prévôté de Barsac, 638.
—— du Bernet (Petrus del Bernet), de la par. d'Artiguevieille, 244, p. 76, col. 1.
—— du Bois (Petrus de Bosco), de la par. de Saint-Morillon, 677.
—— du Burban (P. deu Burban), bourgeois de Bayonne, 399, p. 143, col. 1.
—— du Castainh (P. deu Castainh), 566.
—— du Cau (Petrus del Cau, de Cau), fils de Bertrand, 358.
—— du Cruqurut, de la par. de Sainte-Eulalie-d'Ambarès, 680.
—— du Dron, de la par. de Bernos, 246 [15].
—— du Got (Petrus deu Got), homme franc du roi dans la prévôté de Barsac, 637.
—— d'Uguri (En P. d'Ugubri, d'Uguri), témoin, 485, 487.
—— du Hasar (P. deu Hasar), de la par. de Saint-Michel-de-Bias, 681.
—— du Monge (P. deu Monge), bourgeois de Dax, 506, p. 232, col. 2.
—— du Plan (Petrus del Plan), de la par. de Traxits, 355.
—— du Planter (P. deu Planter), de la par. de Tresses, 588.
—— du Puits, de Barsac (Petrus de Puteo, de Barssieco), homme franc du roi dans la prévôté de Barsac, 636 [1].
—— du Segensac (P. deu Segensac), 514.
—— du Soler (Petrus de Salerio, de Solerio), témoin, 424, 429.
—— du Sourbey (Petrus del Sorber, del Surbet), 244, p. 76, col. 1 (deux fois).
—— du Treugh de Sen Arremedi, témoin, 542.
—— Élio (P. Elias), homme franc du roi dans la par. de Cabanac, 679.
—— —— (P. Helias), témoin, 481.
—— Esclau, homme franc du roi dans la par. de Saint-Morillon, 675. Ses frères: Guillaume et Vigouroux Esclau.
—— —— le Jeune (Petrus Esclau junior), homme franc du roi dans la par. de Saint-Morillon, 675. Son cousin: Arnaud Mauryn.
—— Escuder, prêtre, 364, p. 117, col. 1.
—— Estèphe (Petrus Stephani), bourgeois de Bordeaux, 427, 429, 520.
—— Esteven (P. Esteuen), bourgeois de Bayonne, 399, p. 143, col. 2.

Pierre Estewe (En P. Estewe), témoin, 36.
——, évêque d'Aire et de Sainte-Quiterie (Petrus, Adhurensis et Sancte Quiterie episcopus), 37.
—— Faur (Petrus Faber, Fabri), 355, 638. Son frère: Raimond.
—— Feren, homme franc du roi dans la prévôté de Barsac, 636 [36].
—— Ferran (En Peir Ferran, Petrus Ferandi, Ferrandi), 22, 472; témoin, 478. Son frère: Arnaud Garcie.
—— Forced, 364, p. 119, col. 1.
—— Forton (P. Fforton), de la par. de Tresses, 588.
—— Francon (maiestre P. Francon), témoin, 421.
—— Galiot, bourgeois de Bayonne, 399, p. 143, col. 2.
—— Garasse (P. Garassa), homme franc du roi dans la prévôté de Barsac, 657.
—— Gassi Dilfraire (En P. Gassi Dilfraire), 476.
—— Gast, bourgeois de Bayonne, 399, p. 143, col. 2.
—— Gaston (P. Gaston), tué par Arnaud Bernard de Lados et ses fils, 366-369.
—— Gaucelm (P. Gaucelmi), homme franc du roi dans la par. de Cabanac, 679.
—— Gaucem (P. Gaucem), homme franc du roi dans la par. de Beychac, 541.
—— Gautier (P. Gauterii), chevalier, témoin, 478.
—— Gavoir de Larruade (Petrus Gavoir de Larruada), 672.
—— Géraud (P. Petrus Geraldi, Gyraldi), 354 [3, 13], 617. Son fils: Bernet Géraud.
—— Gombaud, clerc (P. Gombaut, clericus), témoin, 544, 600-603, 681.
—— —— de Labatut (Petrus Gombaudi de Labatut), 606.
—— —— de Sauve-Majeure (P. Gombaudi de Silva), 589.
—— —— (P. Gombaudi, Petrus Gombaldi), greffier du notaire Pierre Robert, 9-13, 667.
—— Gombert, clerc, témoin, 518, 519, 537; le même que le précédent?
—— Gondaumer (En P. Gondamer; P. Gondaumere; Petrus Gondameri, Gondaumeri, Gondaumueri), 502; maire de Bordeaux, 1-22, 136, 174-177, 463, 479, 495, 518, 541-544.
—— Grimoard (Petrus Grimoardi), 210, 364, p. 118, col. 2.
—— Guairratz, témoin, 481.
—— Guarnaut, de la par. de Saint-Loup, 570.

Pierre Guigue (frater Petrus Guigo, monachus monasterii S. Mauricii de Blasimonte), moine de Saint-Maurice de Blasimont, témoin, 465-467.
—— Guillaume d'Argilers (P. W. d'Argilers), bourgeois de Bayonne, 399, p. 143, col. 2.
—— —— d'Arriou (P. W. d'Arriou), bourgeois de Bayonne, 399, p. 143, col. 2.
—— —— de Cabanac (Petrus Guillelmi de Cabanac, Petrus W. de Cabenac, de Cabanag), 248 [2, 4, 5].
—— —— de Lacluse (P. W. de Lacluse), bourgeois de Bayonne, 399, p. 143, col. 1.
—— —— de Latesterre (P. W. de Latesterre), bourgeois de Bayonne, 400.
—— —— de Marsan (P. W., filius W. de Marsan), bourgeois de Bayonne, 399, p. 143, col. 2.
—— —— de Menta (P. W. de Menta), bourgeois de Bayonne, 399, p. 143, col. 2.
—— —— de Noger (P. W. de Noger), bourgeois de Bayonne, 399, p. 142, col. 1.
—— —— du Castere (P. W. del Castere), bourgeois de Bayonne, 399, p. 142, col. 1.
—— —— du Four (P. W. de Forao), bourgeois de Bayonne, 399, p. 142, col. 1.
—— —— du Taur (P. W. deu Taur), bourgeois de Bayonne, 399, p. 143, col. 1.
—— —— Massan (P. W. Massan), bourgeois de Bayonne, 399, p. 143, col. 2.
—— Guiraud (En P. Guirald), témoin, 367, 368.
—— (P. Guiraut), homme franc du roi dans la par. de Beychac, 541.
—— Hugos (Petrus Hugos), homme franc du roi dans la par. de Bernos, 246 [12].
—— Itier (Petrus Yterii), 226.
—— ——, chanoine de Vertheuil (En P. Iterii, canonicus de Bertulh), témoin, 35.
—— ——, chevalier (dominus Petrus Iterii, miles; En P. Iter), 511; lieutenant de Luc de Thanney, sénéchal de Gascogne, 23, 30-32; châtelain de Dax et de Saint-Sever (En Peer Iter, castellan d'Ax e de Sen Seuer), 33; prévôt royal de Saint-Sever (dominus P. Iterii, prepositus S. Severii), 132; maire de Dax, 461, 462; témoin, 482.
—— ——, damoiseau (P. Iterii dauzet), témoin, 35.
—— —— de Barsac (Petrus Iterii de Barssac), homme franc du roi dans la prévôté de Barsac, 636 [24].
—— Jean (P. Johannis, filius P. Johannis), bourgeois de Sauve-Majeure, 584.
—— Jean d'Artos (P. J. de Artos), bourgeois de Bayonne, 399, p. 143, col. 1.

56.

Pierre Jean de Bonnefond (P. Johan de Bonafont), 514.
—— —— de Feriagen (P. J. de Feriagen), bourgeois de Bayonne, 399, p. 144, col. 1.
—— —— de Garraus (P. J. de Garraus), bourgeois de Bayonne, 399, p. 144, col. 1.
—— —— de Lansuc (P. J. de Lansuc), bourgeois de Bayonne, 399, p. 143, col. 2.
—— —— de Larrocau (P. J. de Larrocau), bourgeois de Bayonne, 399, p. 144, col. 1.
—— —— de Lécluze (P. J. de Lecluze), bourgeois de Bayonne, 399, p. 144, col. 1.
—— —— de Menorto (P. Johannis de Menorto), bourgeois de Bayonne, 400.
—— —— de Troncon (P. J. de Troncon), bourgeois de Bayonne, 399, p. 143, col. 1.
—— —— du Bet (P. J. deu Bet), bourgeois de Bayonne, 399, p. 143, col. 2.
—— Laguiac, témoin, 695.
—— Lambert (P., Petrus Lamberti), bourgeois de Bordeaux, 442, 519.
—— —— (P. Lamberti), homme franc du roi dans la par. de Cabanac, 679.
—— —— (En P. Lambert), maire de Bayonne, 496-498.
—— Lambrot, de la par. d'Artiguevieille, 244.
—— Left (dominus Petrus Lef, Lest corr. Left?), clerc, 403, 509.
—— Manger, prévôt royal, 478; le même que le suivant?
—— Maugon, Maugoun, prévôt de Pellegrue, témoin, 196, 253, 292, 304 (où il est appelé Petrus Magister).
—— Maréchal, chanoine du Puy (P. Merescalli, canonicus Anicyensis), 409.
—— Martin (Petrus Martini), homme franc du roi dans la prévôté de Barsac, 636 [39].
—— Masalha, Mazalha, Mesalha, 364, p. 118, col. 2, et p. 119, col. 1.
—— Maurin (Petrus Maurini), jurat de Saint-Émilion, 2.
—— Maynard (Petrus Maynardi), de Sainte-Eulalie-d'Ambarès, 680.
—— Michel, chanoine de Lectoure (magister P. Michael, Michaelis, canonicus Lectorensis), 452, 475.
—— Molier, prêtre, 636 [31].
—— Montazin (P. Montazin), homme franc du roi dans la prévôté de Barsac, 624.
—— Neulet (P. Neulet), témoin, 482.
—— Olivier (P. Oliverii), témoin, 664.

Pierre Parran, chevalier, 630, 635, 674; témoin, 613-615, 629.
—— Pèlerin (P. Peregrin), bourgeois de Dax, 506, p. 233, col. 1.
—— Picard, de La Réole (Petrus Picardi de Regula), 294.
—— Raimond Cosin (P. R. filii Robert Cosin), homme franc du roi dans la par. de Beychac, 541.
—— —— de Balembitz (Petrus Remundi de Balembritz), bourgeois de Dax, 505.
—— —— de Benesse (P. R. de Benesce, En P. Ramon de Benessa), bourgeois de Bayonne, 399, p. 143, col. 1; témoin, 483.
—— —— du Lucbernet (P. Ramundi de Lucbernet), de la par. de Guillos, 572.
—— —— du Puis (P. Ram. de Puis), bourgeois de Bayonne, 399, p. 142, col. 1.
—— Rainaut, Raynaut, clerc, témoin, 416, 471.
—— Ranetcaval (En P. Ranetcaval de Tholosa), témoin, 368.
—— Robert (Petrus Roberti), notaire public de la ville de Bordeaux, 1-22, 174-195, 544-549, 561-564, 610, 612-681.
—— Rostand (Petrus Rostandi), homme franc du roi dans la par. de Labrède, 678.
—— Sabri de Lévignac (Petrus Sabri de Levinhac), 354 [2].
—— Sanche de Villecentud (Petrus Sancii de Villa Sentuldi), 636 [32].
—— ——, seigneur de Cérons (P., dominus de Sorona), témoin, 420.
—— Sergent (Petrus Servientis), 665.
—— Serrer (P. Serrer), bourgeois de Bayonne, 399, p. 143, col. 2.
—— Sinquennal, bourgeois de Bergerac, 503, p. 225, col. 1.
—— Tarrane, greffier de Sauve Majeure (P. Tarrana, cartolari de la Seuba), 423.
—— Ug, baile de Saint-Clar (En P. Ug, baile de Sent Clar), témoin, 451.
—— Usclat (P. Usclat), témoin, 427.
—— Viger (P. Vigerii), damoiseau, 606.
—— —— d'Arcis (P. Vigerii de Arcis), bourgeois de Bordeaux, 429.
—— —— de La Rousselle (En Pey Beger de La Rosserra), bourgeois de Bordeaux, 495.
—— —— de Saint-Pierre (Petrus Vigerii, frater Helie Vigerii de Sancto Petro), bourgeois de Bordeaux, 519, 549.
—— —— de Sauve Majeure (Petrus Vigerii de Silva), 428, 429.

Pierre Viger Le Gros (Petrus Vigerii Grossus), bourgeois de Bordeaux, 429.
—— Vigouroux (Petrus Vigoresus, P. Bigoros), bourgeois de Langon, 332, 635.
—— Vilan et Pierre Vilan de Laumar, hommes francs du roi dans la par. de Beychac, 541.
—— Vital de Pouillon (P. Vitalis de Polhon, En P. Vidau de Pollon; appelé aussi En P. Eidern de Pollon et En P. W de Polhon), bourgeois de Bayonne, 404.
Pierrefite (Petrafixa), lieu et péage dans Saint-Sulpice-de-Faleyrens, 18.
Piis (de Pinibus). V. Arnaud de —, Doat de —, Guillaume Raimond de —, Peitavin de —, Raimond de —. Sur la famille de Piis, voir l'*Inventaire des titres de la maison d'Albret*, dans *Rec. des travaux de la Soc. d'agric. d'Agen*, 1913, p. 144.
Pimbo (Pendulum, Pinbol). Landes, arr. Saint-Sever, c. Geaune, abbaye, 42. V. Guillaume Arnaud, abbé de —.
Pin (domina de Pinu), 259.
—— V. Arnaud Raimond de —, Dominique de —, Jean de —, Pierre de —, Vital de —.
Pinbol. V. Pimbo.
Pinçola. V. Pinsolle.
Pinibus (de). V. Piis et Pins.
Pinis, femme de Lombard d'Escource, 693.
Pinisars. V. Panissau.
Pins. V. Bernard de —, Centulle de —, Garcie Arnaud de —, Pierre de —, Raimond de —.
Pinsac. V. Arnaud Bernard de —, Bertrand de —, Gaillard de —, Géraud de —, Seignoron de —.
Pinsolle (Pinçola, Pinsole). Landes, arr. Dax, c. et commune de Soustons. V. Pierre de —, Pèlerin de —.
Pinu (de). V. Pin.
Pinus del Mas (in Pinu del Mas), terre dans le Marsan, 115.
Pisguiraut. V. Putguirot.
Pisols. V. Pissos.
Pissac (par., domini de Pissac), lieu dans la commune de Bazas, écrit Pessec sur la carte en neuf feuilles du département de la Gir., 247 [1,12], 305, 335.
Pissos (par. de Pisols). Landes, arr. Mont-de-Marsan, ch.-l. de c., 560.
Pissoulat (vicus de Podio Salati in par. de Trena), lieu dans Latresne, 537.
Plaicday. V. Arnaud de —.
Plan (par. S. Petri d'Ospian). Landes, arr. Mont-de-Marsan, c. Villeneuve, commune de Pujo-le-Plan, 108. V. Bernon du —, Guillaume du —, Pierre du —, Raimond du —.

Planter. V. Pierre du —.
Plassis (par. de Playsy). Basses-Pyr., arr. et c. Orthez, commune de Balansun, 74.
Plieux (castrum de Plius). Gers, arr. Lectoure, c. Miradoux, 473.
Plumassan (de Plumassano). Gers, commune de Lectoure. V. Guillaume Bertrand de —.
Poch Albet. V. Pech Blanc.
Podenciacum. V. Podensac.
Podencs, Podenks, Podens. V. Poudenx.
Podensac (Podenciacum, grava de Podenssac, castrum de Podensac, par. de Pontensac). Gir., arr. Bordeaux, ch.-l. de c., 13, 177, 613, 614, 623.
—— V. Bertrand de —, Pierre Assarit ou Assalhit de —.
Podenx. V. Poudens.
Podiensis moneta, monnaie pougeoise ou du Puy, 409.
Podio (de). V. Arnaud de —, Gaillard de —, Guillaume de —, Raimond de —.
Podio Acuto (de). V. Puchagut.
Podiocogut (vinea de Podiocogut apud S. Emilianum), lieu à Saint-Émilion, 650.
Podio Normanni (de). V. Puynormand.
Podio Reinardi (domus et cayum de Podio Reinardi), lieu à Fronsac? 3.
Podio Rotondo (de). V. Puy Redon.
Podio Salati (de). V. Pissoulat.
Podio Willelmi (de). V. Puyguilhem.
Podio Yzarndi (de). V. Peujard.
Podium Cralbey, 347.
—— de Grava (terra que est apud Podium de Grava, in loco appellato Au Puch de Grava), lieu dans la prévôté de Barsac, 617.
—— Ensenhac (apud Podium Ensenhac), lieu près de Lugagnac? 299.
—— Lecou (in loco vocato apud Podium Lecou), lieu situé entre Drot et Dordogne? 260.
—— Montis (apud Podium Montis), 206.
Poiau. V. Arnaud du —, Guillaume de Lassent du —, Raimond Baudoin du —.
Poiaus (in locis vulgariter appellatis A Poiaus in par. de Ponpenhac et de Salabove; homines de Poious, qui sunt de medietate de Ponpenhac), lieu dans Pompignan, Gir., arr. Bordeaux, c. Créon, 544, 545.
Poies. V. Arnaud Guillaume de —.
Pointe (Puncta), section de la commune de Capbreton, Landes, arr. Dax, c. Saint-Vincent-de-Tyrosse, 407 [2, 8, 11, 17].
Poinz. V. Pons.
Poious. V. Poiaus.

Poiron. V. Bernard —.
Poiros (rivus de Poiros), ruisseau qui coule non loin de la par. de Cabanac, 679.
Poitiers. V. Richard comte de —.
Pojols, Pojons. V. Pujols.
Polemniaco (de). V. Polignac.
Polhon, Polhons. V. Pouillon.
Polignac (de Polemniaco). Haute-Loire, arr. et c. Le Puy. V. Arnaud de —.
Pollon. V. Pouillon.
Pombegeac. V. Pompéjac.
Pommiers (Pomeis, de Pomeriis). Gir., arr. La Réole, c. Sauveterre, commune de Saint-Sulpice-de-Pommiers. V. Amanieu de —, Guillaume Sanche de —, Pons de —
Pompéjac (Pombegiac, par. S. Saturnini de Pompegiac, ecclesia de Pompegiac). Gir., arr. Bazas, c. Villandraut, 247 [1-10].
Pompiac. V. Bernard de —.
Pompignac (par. de Ponpenhac, de Pompenhac, de Pompenhaco). Gir., arr. Bordeaux, c. Carbon-Blanc, 544, 545, 567, 592, 601, 604, 619, 665.
—— V. Isarn de —.
Poncius. V. Pons.
Pondaurat (apud Pontem deauratum; par. Pontis deaurati; hospitale et fratres Pontis deaurati, Pontis daurati). Gir., arr. Bazas, c. Auros, 356, 358, 359, 590.
—— V. Vital, frère de l'hôpital de —.
Ponpenhac. V. Pompignac.
Pons Amat (Poncius Amati), clerc et notaire, 196, 253, 291, 303, 304, 330, 335, 354, 364, 463, 465-467, 482.
—— Amaubin (Ponz Amauin), damoiseau, fils de Guillaume Amaubin, chevalier, de Bourg, 501.
—— d'Antin (Pons d'Artin, d'Andin), maire de Bordeaux, 417, 477.
—— de Beautiran (Poncius de Bautiran, de Bautirano), damoiseau, 186, 587, 677.
—— de Bensal (Poncius de Bensal), bourgeois de Bayonne, 399, p. 142, col. 2.
—— de Cantemerle (Poncius de Cantamerla), 654.
—— de Glauvannas, trésorier du chapitre du Puy (Poncius de Glauvannas, thesaurarius Anyciensis), témoin, 409.
—— de Lansac (Ponz de Lansac), damoiseau, fils de Guillaume Amaubin, chevalier, de Bourg, 500.
—— de l'Isle (maistre Poinz de Yla, Ponz de la Ila), témoin, 499, 500.
—— de Longas (Poncius de Longovado), 216.

Pons de Merca, fils de Pierre, bourgeois de Bayonne, 399, p. 142, col. 1.
—— de Pommiers (Poncius de Pomeriis), 425.
—— de Scaleta, chevalier, 606.
—— dominicain (Pons, deus Predicatores) de Bayonne, témoin, 483.
—— le Jeune (Poncius junior), bourgeois de Bayonne, 400.
—— (Poncii). V. Dujon. —.
Pont (de Ponte). Landes, arr. Dax, c. Saint-Vincent-de Tyrosse, commune de Bénesse-Maremne. V. Arnaud de —, Féraud de —, Raimond de —.
Pontaut (domus, hospitale de Pontaut). Landes, arr. Saint-Sever, c. Hagetmau, commune de Mant, 54, 74, 88.
—— V. Doat Garcie, abbé de —.
Pontensac. V. Podensac.
Pontenx (Pontenes, par. Pontencii in Borno, de Pontons). Landes, arr. Mont-de-Marsan, c. Mimizan, 560, 685, 692.
Pontititz. V. Arnaud de —.
Pontmerius, nom (altéré?) d'un homme qui possédait une maison à Bayonne, 458.
Pont Saint-Jean (in portu S. Johannis de Ponte), pont sur le ruisseau du Peugue, près de l'hôpital Saint-Jean, à Bordeaux, 603.
Porcel. V. Guillaume —.
Porcilgas. V. Poursiugues.
Porgat. V. Pierre de —.
Porilhac. V. Arnaud de —.
Porquet. V. Arnaud Guillaume de —.
Port. V. Pascal du —.
Porta. V. Laporte.
Portet. V. Guilot ou Guillaume de —.
Portets (par. de Portets, la comptau de Portello). Gir., arr. Bordeaux, c. Podensac, 575, 660.
Port-Sainte-Marie (Port Sancta Maria). Lot-et-Gar., arr. Agen, ch-l. de c. V. Hugues de Roquefort et Nicolas de Roquefort, prieurs de —, Sanche de Piis, chanoine de Saint-Caprais, de —.
Posings. V. Vital de —.
Posones. V. Guillaume de —.
Pot. V. Pout.
Poudenx (castrum, par. de Podenx). Landes, arr. Saint-Sever, c. Hagetmau, 74, 128.
—— V. Vital de —.
Pouilh. V. Arnaud de —.
Pouillon (Polhon, Pollon, dominus de Polhons). Landes, arr. Dax, ch-l. de c., 108.
—— V. Pierre Vital de —.

Poursiugues (Porcilgas). Basses-Pyr., arr. Orthez, c. Arzacq, 41.
Poussignac (par. de Possinhac). Lot-et-Gar., arr. Marmande, c. Bouglon, 298.
Poussignan (homines francales de Possinhan), lieu non identifié dans la prévôté de Barsac, 625.
—— V. Bernard de —, Pierre de —.
Pout (par. deu Pot, dou Pot). Gir., arr. Bordeaux, c. Créon, 537, 609.
—— V. Raimond Simon du —.
Pouydesseaux (terra de Ossau), terre près de Bostens, Landes, arr. et c. Mont-de-Marsan, 37.
Poyaler ou Poyallé (castrum de Pujal, milicia de Pujaler). Landes, arr. Saint-Sever, c. Mugron, commune de Saint-Aubin, 51, 56.
Poyanne (Poyane, Puiane). Landes, arr. Dax, c. Montfort. V. Bernard de —, Laurent de —.
Poyer (par. de Poyer in Marciano), par. non identifiée dans le Marsan, 108.
Poyloaut (Pullohaut). Landes, arr. Saint-Sever, c. Mugron, commune de Larbey. V. Nonnan de —.
Poynac (quod habet in perrat de Poynac a Sos). Lot-et-Gar., arr. Nérac, c. Mézin, commune de Sos, 100.
Prad. V. Vital de —.
Prat (castellaria de Prat), terre appartenant à Arnaud Guillaume d'Estang, 72.
—— (Prat, de Prato). V. Guillaume de —, Jean de —, Pierre de —.
Pratellis (de). V. Préaux.
Pratnau (de Prato novo). V. Aimeric de —.
Prato (de). V. Prad, Prat.
Prato de Crespat (de). V. Raimond de —.
Prato novo (de). V. Pratnau.
Prato veteri (de). V. Pratveil.
Pratum Mortes (apud Pratum Mortes in par. S. Lupi), lieu non identifié, 540.
Pratveil (de Prato veteri). V. Auger de —.
Préaux (de Pratellis), Calvados. V. Pierre de —.
Prébost (fraire Prebost), commandeur de l'hôpital de Saint-Jean-de-Jérusalem en Bordelais, témoin, 423; mais est-ce un nom d'homme ou de fonction ?
Preignac (par. de Prinhac, de Prinhaco). Gir., arr. Bordeaux, c. Podensac, 564, 631, 633, 635, 636 [32], 640, 657, 670.
Prenhou (casale a Prenhou), lieu en Chalosse, 64.
Prepositi. V. Prévôt.
Presens. V. Bernard —.
Pressac (de Preyssaco). Gir., arr. Libourne. c. Branne, commune de Daignac, 21.

Pressac. V. Arnaud Bernard de —.
Prévôt (Prepositi, Prevost). V. Aldebert —, Armand —, Gautier —, Roland —.
Preyssaco (de). V. Pressac.
Prignac ou Prignac-en-Médoc (par. de Prinhaco). Gir., arr. et c. Lesparre. 561.
Prignac (par. de Prinsaco). Gir., arr. et c. Bourg-sur-Gironde, commune de Prignac-et-Cazelles, 666.
Prinhac, Prinhaco (de). V. Preignac et Prignac.
Prinsaco (de). V. Prignac.
Prinzae. V. Raimond Boziat de —.
Proaladon (cayum de Proaladon), 576.
Proensa. V. Provence.
Probome. V. Vital —.
Provence (Proensa, Provincia). V. Étienne de —.
Proyan (tenementum de Pruyan). Landes, commune de Saint-Sever, 74.
Prucret (milicia del Prucret), 67. Sur les Prucret, cf. Légé, Les Castelnau-Tursan, t. II, p. 188.
—— V. Bernard de —.
Prucron, lieu marqué sur la carte de l'État-major entre Luxey et Le Sen, 461, 463.
Pruet, lieu voisin de Prucron, 461, 463.
Prugue (Prugo). Landes, arr. et c. Saint-Sever, commune de Fargues. V. Géraud de —.
Pruyan. V. Proyan.
Pubeton. V. Puybeton.
Puch (de Podio), lieu dans Cudos? 248 [4].
—— V. Gaillard de —.
Puchagut (Puchagud, de Podio acuto), lieu près de Puyguilhem, 261. V. Auger de —.
Puch de Grava (in loco appellato Au Puch de Grava), 617.
Pugihel, Pugiols, de Pugioliis, Puijol. V. Pujols.
Pui, Puidz, Puit. V. Arnaud Pierre du —, Pierre du —, Pierre Raimond du —, Raimond du —.
Puiane. V. Poyanne.
Puits (de Puteo). V. Constantin, Pierre, Séguin, Rostand du —.
Pujal, Pujaler. V. Poyaler.
Pujal. V. Puyol.
Pujol-le-Plan] (castrum de Pujou). Landes, arr. Mont-de-Marsan, c. Villeneuve, 72.
Pujolet. V. Bernard de —, Doat de —, Géraut de —, Guillaume de —.
Pujols (stagia de Pujols in par. de Tersac). Lot-et-Gar., arr. Marmande, c. Meilhan, 339.
Pujols (apud Pugiols, castrum de Pugioliis, par. de Pujous). Gir., arr. Libourne, ch.-l. de c., 181, 205, 209, 238.

448   INDEX DES NOMS DE PERSONNES ET DE LIEUX.

Pujols, V. Rudel de Bergerac, seigneur de —.
—— (par. de Pajoliis, de Pugibol, de Pujols). Gir., arr. Bordeaux, c. Podensac, 179, 302, 626, 629-631, 634-636 [11], 640, 674.
—— V. Pierre de —, Raimond de —, Vital de —.
Pujou. V. Pujo-le-Plan.
Pullehaut. V. Poylaout.
Purahl. V. Élie de —.
Purssan. V. Élie —.
Pussac. V. Arnaud de —.
Puteo (de). V. Puits.
Putguirot (stagia de Pisguiraut). Lot-et-Gar., arr. Marmande, c. Bouglon, commune d'Argenton, 364, p. 118, col. 1.
Putz. V. Lambert de —.
Puy (Aniciensis episcopus). V. Bernard III de Ventadour, évêque du —.
Puy (de Podio). V. Guillaume du —, Raimond Arnaud de —, Seigneron Gasc le Vieux, du —.
Puybarban (par. de Podio Barbatz). Gir., arr. Bazas, c. Auros, 358.
Puy-Barbas (milicia seu capmasura de Puy Barbas), lieu dans la prévôté de Saint-Sever, 43.

Puybeton (affarium de Pubeton), terre appartenant à l'abbaye de Cadouin, Dordogne, arr. Bergerac, c. Beaumont, commune de Nojals (dont l'église était à la collation de l'abbé de Cadouin, selon le Vte de Gourgues, *Dict. topogr. de la Dordogne*), 216.
Puyguilhem (apud Podium Guillelmi ou Willelmi; castrum, honor castri de Podio Willelmi; lo casted, lo borc de Puch Guillem, de Puch W.). Dordogne, arr. Bergerac, c. Sigoulès, 232, 261, 263-268, 275-290, 292, 352, 472.
—— Prévôt, 283.
—— Seigneur, 278, 286.
—— V. Arnauld de Saint-Michel, chevalier.
Puyne. V. Bernard de —.
Puynormand (castrum de Podio Normanni). Gir., arr. Libourne, c. Lussac, 10, 203.
Puyol (Pujol, par. de Puyou). Landes, arr. Saint-Sever, c. Geaune, commune de Puyol-Cazalets, 79.
—— V. Jean de —.
Puy Redon (de Podio Rotondo). Dordogne, arr. Bergerac, c. Issigeac, commune de Saint-Perdoux. V. Arnaud de —, Gasquenus de —.
Pyn. V. Féraud —.

Q

Queirou. V. Guillaume de —.
Quercy. V. Jean de Lalinde, sénéchal de —.
Queyrac (par. de Cairac). Gir., arr. et c. Lesparre, 6.
Qui no jura. V. Raimond —.
Quinsac (par. S. Petri de Quinsac in Baresio). Gir., arr. Bordeaux, c. Créon, 537, 546, 586, 610, 612, 641, 654, 680.

Quinsac. V. Arnaud Beauquier de —, Guillaume de —, Guillaume Aiquelm de —, Guillaume Blanc de —, Jean Gaucelm de —, Pierre Arnaud de La Barreira de —, Pierre Assieu de —, Pierre du Cruqurut de —, Pierre Lono de —, Raimond Lono de —, Raimond Nurit de —.

R

R. Voir Raimond.
Recopina. V. Roquépine.
Raigassa. V. Guillaume —.
Raimond Abireu (R. Abireu), homme franc du roi dans la par. de Savignac, 356.
—— Aimeric (Ramundus Aymerici, Aymerici), 427; témoin, 424.
—— Aiquelm (Raymundus Ayquelmi), homme franc du roi dans la prévôté de Barsac, 657.
—— Alauda (Remundus, Ramundus Alauda), bourgeois de Bordeaux, 518, 540. Son gendre : Guillaume d'Ayressan.

Raimond Amerii, homme franc du roi dans la prévôté de Barsac, 636 [35].
——, archidiacre de Loutrange (R., arcidiagne de Loutrange), témoin, 419.
—— Arnaud (Ramundus Arnaldi), clerc, 682, 683, 685-687, 690.
—— d'Arribeire (N'Aramon Arn. d'Arribeire), témoin, 513.
—— de Bardos (R. A. de Bardos), bourgeois de Bayonne, 399, p. 143, col. 2. Ses frères : Guillaume et Guillaume Jean de Bardos.

Raimond Arnaud de Bediosse (Ramundus Arnaldi de Bediosse), bourgeois de Dax, 505.
—— —— de Cassou (Remundus Arnaldi de Cassou), bourgeois de Dax, 505. Son frère : Guillaume Arnaud de Cassou.
—— —— de Cavagnan (dominus Raimundus Arnaldi de Cavanhano), chevalier, témoin, 475.
—— —— de La Baste (Ramundus Arnaldi de La Baste), bourgeois de Dax, 505.
—— —— de Maisonneuve (Remundus, Reymundus Arnaldi de Domonova, Aramon Arn. de Mazonnove), bourgeois et maire de Dax, 505-508; témoin, 513.
—— —— de Mayensan (R. Arn. Maiensan, de Mayensan), 538; témoin, 545. Sa femme : Danderon.
—— —— de Mesmes (R. Arnaldi de Mames), homme franc du roi dans la par. de Pompéjac, 247 [1].
—— —— de Montiron (R. Arn. de Mondiron), bourgeois de Bayonne, 399, p. 143, col. 2.
—— —— de Puy (Reymundus Arnaldi de Puy), bourgeois de Saint-Sever, 129.
—— —— de Puy (Remundus Arnaldi de Puy), seigneur landais, 171.
—— —— de Saint-Jean (R. A. de Sancto Johanne), bourgeois de Bayonne, 399, p. 143, col. 2.
—— —— de Salies, fils de Julien (R. A. de Salies, filius Juliani), bourgeois de Bayonne, 399, p. 143, col. 2.
—— —— de Tarde (Ramundus Arnaldi de Tarda), bourgeois de Dax, 396.
—— —— Moneder (R. Arnaldi Monetarii), jurat de Bordeaux, 519.
—— Aymez (Raymundus Aymez), bourgeois de Saint-Émilion, 671.
—— Balhac (Ramundus Balhac), 364, p. 119, col. 1.
—— Barbe (Reymundus Barba, Barbe), 197, 247 [11], 255.
—— Baudoin du Poiau (Ramon Baudoinh deu Poiau), homme franc du roi dans la par. de Beychac, 541.
—— Bernard de Castelnau (Raymundus Bernardi de Castronovo), 42, 173.
—— —— de Galas (R. B. de Galans, de Gallano; A. Bernardi de Gelas, Raymundus Bernardi de Gelas), 235, 236, 364, p. 118, col. 1, et 119, col. 1 et 2.
—— —— de Perer (R. B. de Perer), bourgeois de Bayonne, 399, p. 143, col. 2.

Raimond Bernard de Serres (Reymondus Bernardi de Serras), bourgeois de Saint-Sever, 63.
—— —— de Sort (R. B. de Sort), bourgeois de Bayonne, 399, p. 143, col. 2.
—— Boziat de Prinzac, homme franc du roi dans la prévôté de Barsac, 624.
—— Brasc (R. Brasc), 267. Son frère : Élie Brasc.
—— Brun (Ramundus Bruni, Bruny, Brunii), 690; témoin, 691-694.
—— —— de Fronsac (Raimundus Brunii de Ffronsac, Arramon Brun de Ffronsac), 514; maire de Libourne, 597. Son fils : Brun de Bernac, chevalier.
—— —— de Gramont (Raimundus Bruni, dominus d'Agramonte; Arramon Brun de Gramont), fils de Raimond Brun de Gramont et d'Heleria, 479.
—— —— de Laporte (Ramon Brun de La Porta), maire de Bordeaux, 401.
—— —— de Laporte (N' Arramon Brun de La Porta), témoin, 401.
—— Caillou, l'Ancien, de Dessous-le-Mur, 424.
—— Cassagnas (Ramundus Cassanhas), chevalier, de Bourg-sur-Mer, 664.
—— Cavaloir, homme franc du roi dans la par. de Labrède, 678. Son frère : Pierre Cavaloir.
—— Constantin (R. Costantini), témoin, 448.
—— Cosin (R. Cosini; Reimundus Cosinus, Cosyn, de Cozin), bourgeois de Bazas, 291, 426; témoin, 196, 244, 330, 364.
——, curé de Montaut (maistre R., capelas de Montaust), 481.
—— d'Agut (Ramondus de Agud), homme franc du roi dans la prévôté de Barsac, 657.
—— Dard (En Ramon Dard), lieutenant de Pierre Arnaud de Caupenne, baile de Saint-Clar, 451.
—— d'Arrossa, homme franc du roi dans la prévôté de Barsac, 674.
—— d'Artigue (Ramundus de Artiga), homme franc du roi dans la par. de Labrède, 658. Son fils : Pierre d'Artigue.
—— de Baron (R. d'Avaron), témoin, 572, 573.
—— de Bazas (Ramundus de Bezatz), homme franc du roi dans la prévôté de Barsac, 636 [47].
—— de Beauville, archidiacre d'Agen (R. de Bovisvilla, archidiaconus Agenensis), 357.
—— de Becots (Ramundus de Becots), homme franc du roi dans la par. de Cabanac, 679.
—— de Bernac, dit le comte de Bernac (R., Ramundus de Bernac, dictus comes de Bernac), damoiseau, 540, 545, 665.

450 INDEX DES NOMS DE PERSONNES ET DE LIEUX.

Raimond de Bernos (R, Reymundus de Bernos), grand-père de Bernard de Bernos, prêtre, homme franc du roi dans la par. de Bernos, 246 [1, 28].
—— de Bétaille (Ramundus de Detelha), témoin, 655, 656, 668, 672.
—— de Bonnefont (Reymundus de Bonofonte), témoin, 174.
—— de Bonot (R. de Bonot), 408, p. 153, col. 2.
—— de Bordes (Ramundus de Bordes), homme franc du roi dans la prévôté de Barsac, 674.
—— de Brujar, du Tourne (Ramundus de Brujar dou Turne), 548.
—— de Buguet (Reymundus de Bugueto), 672.
—— de Branne (Reymundus de Brana), 198.
—— de Campagne (Reymundus de Campania), 162.
—— de Camparrian (Ramundus de Camperiano), bourgeois de Bordeaux, 649.
—— de Campet (Remundus de Campet), damoiseau, 507.
—— de Camps (Ramundus de Campis), témoin, 428.
—— de Cantacor (R. de Cantacor), 344.
—— de Cantemerle (R. de Cantamerla), 585.
—— de Carrevel (Ramon de Carreuel), chevalier, 472.
—— de Cassenx (Ramundus de Casenes, Reymundus de Cassones), homme franc du roi dans la par. de Bernos, 246 [1, 24]. Ses frères : Fort et Jean de Cassens.
—— de Castod, 531.
—— de Castillon, bourgeois de Sorde (Ramundus, Remundus de Castellione, burgensis Sordue), 403, 509.
—— de Cavesola, 364, p. 119, col. 1.
—— de Cérons (Ramundus de Seron), homme franc du roi dans la prévôté de Barsac, 639.
—— de Coleras, homme franc du roi dans la prévôté de Barsac, 674.
—— de Feoment (Reymundus de Feoment), 347.
—— de Florrac, 253. Sa fille : Séguine.
—— de Fonte Cornela, 665. Son frère : Arnaud de Fonte Cornela.
—— de Gardague (En R. de Gardaga), prud'homme de Biarritz, 414.
—— de Garein (Reymundus de Garenh), damoiseau, 48.
—— de Garres (Raimundus de Garres), témoin, 473.
—— de Gitan (Ramundus de Gitan), homme franc du roi dans la prévôté de Barsac, 657.

Raimond de Graville (Reymundus de Grevilh), homme franc du roi dans la par. de Bernos, 246 [1].
—— de Guarret, bourgeois de Bayonne, 483.
—— de Hagir (Remundus de Hagir), homme franc du roi dans la prévôté de Barsac, 639.
—— de Jaces le Jeune (R. de Jaces, junior), bourgeois de Bayonne, 399, p. 143, col. 2.
—— le Vieux (R. de Jaces, senex), bourgeois de Bayonne, 399, p. 143, col. 1.
—— de Jules (R. de Jules), clerc, témoin, 543.
—— de La Bitan (Raymundus de La Bitan), témoin, 473.
—— de Lacase (Remundus, Reymundus de Casa), homme franc du roi dans la par. de Cudos, 248 [1, 6, 7].
—— (Ramundus de Casa), clerc, témoin, 619.
—— de Laffore, fils de Raimond de Laffore le Vieux (Raimundus de Laffora, filius Raimundi de Laffora, senioris), 636 [31].
—— de Lafosse (Raimundus de La Fossa, junior), homme franc du roi dans la prévôté de Barsac, 636 [23].
—— de La Masta, procureur des gens de Mimizan, 690.
—— de Lamotte (R. de Mota), de la par. d'Aillas, 330.
—— de Langon (Ramon de Lamota, de Longon), témoin, 384.
—— de Laporte (N'Arremon de La Porta), maire de Bordeaux, 419.
—— (En R., En Ram. de Laporta), témoin, 366, 367.
—— de Larsan (Ramon de Larsan), charpentier, de la par. de Beychac, 541.
—— de Latrave (Ramon de Latraue), clerc, 470.
—— de Lestage (Ramundus de Stagia), damoiseau, fils de Pierre de Lestage, 601, 665.
—— de Marsan (Ramundus de Marsam), chevalier, 596.
—— de Masur, 364, p. 118, col. 2.
—— de Maureas, chanoine de Pimbo (Ramundus de Maureas, canonicus de Pendulo), 397.
—— de Mauros (R., Reymundus de Mauros), homme franc du roi dans la par. de Cudos, 248 [1, 2, 4].
—— de Mauvezin (R. de Malbezin), 408, p. 153, col. 2.
—— de Mesmes (Raimundus de Mames), 318.
—— de Mons (Remundus de Montibus), témoin, 630.
—— de Monsac, 290.

Raimond de Montaut (Reymundus de Monte alto), 240. Sa femme : Marie, sœur de Bernard de Rions.
—— de Morlaas (Raymundus de Morlanis, Remundus Morlan.), 244, p. 76, col. 2, 247 [11].
—— de Museias, 540.
—— de Noaillan (R. de Noalhan), témoin, 548.
—— de Palu (Ramundus de Palu), homme franc du roi dans la prévôté de Barsac, 657.
—— de Peis, de la par. de Tabanac, 531.
—— de Pellegrue (R. Reymundus de Pelagrua), 327, 329.
—— de Pins, de Curton (Ramon de Pins de Curton) témoin, 494.
—— de Podio (Ramundus de Podio), homme franc du roi dans la par. de Cabanac, 679.
—— de Pont (Ramon de Pont), homme franc du roi dans la par. de Beychac, 541.
—— de Prat (Reymundus de Prato), 248 [4].
—— de Prat de Crespat (Reymundus de Prato de Crespat), 201.
—— de Puits (Ramundus de Puteo), bourgeois de Sauve-Majeure, 584.
—— de Pujols (Ramon, Ramundus de Pujol, de Pujols), damoiseau, 622 ; témoin, 630-634.
—— de Rasseton (R., frater Bidot de Rasseton), 336. Son frère : Guiot de Rasseton.
—— de Ravignan (Reimundus de Ravinhano), chevalier, 7.
—— de Razac (Reymundus de Rosac), 272.
—— de Rocheford (R. de Roquaford), 285.
—— de Roqueir (Ramundus de Laroqueir), homme franc du roi dans la par. de Poussignan, 625.
—— de Sainte-Croix (R. de Sancta Cruce), 325.
—— de Saint-Siméon (Reymundus de Sancto Symeone), seigneur landais, 173.
—— de Sales, témoin, 366.
—— de Salis (Raimundus de Salis), témoin d'une charte de Richard, comte de Poitiers, 495.
—— de Samazan (Ramundus de Samazan), 364, p. 118, col. 2.
—— de Sarcias (Raimundus de Sarcias), 248 [3].
—— de Sauvelaure (R. de Seuba Laura, de Silva Laura), 534; témoin, 531, 532.
—— des Bordes (Ramundus de Las Bordas, de Bordis), homme franc du roi dans la prévôté de Barsac, 639, 662.
—— de Siran (Ramundus de Siran), homme franc du roi, 624.
—— de Talence, lo Mansip (R. de Talansa lo Mancip), témoin, 514.

Raimond de Taleyson (maestre Ramon de Thalaison, de Thaleyzon; maistre R. de Taylezon; maiestre Ramon de Thalazon, conestable de Bordeu; magister R. de Talayson), clerc, connétable du château de Bordeaux, 136, 323, 495; témoin, 414, 463.
—— de Talmond (Raymon de Thalamon), chantre de Saint-Seurin de Bordeaux, témoin, 612.
—— de Tastes (R. de Tastis), damoiseau, de Barsac, 564.
—— de Tremelet (R. de Tremelet), bourgeois de Bayonne, 399, p. 143, col. 1.
—— Deumerlat, curé de Saint-Clar (capelanus de Sen Clar), témoin, 451.
—— de Vairon, 364, p. 119, col. 1.
—— de Valeyrac (Ramundus de Balirac), damoiseau, 662. Son fils : Guillaume Raimond des Bordes.
—— de Vidal (Raymundus, Reymundus de Vitali, de Vidas), homme franc du roi dans la par. de Bernos, 246 [1,8]. Son frère : Guillaume de Vidal.
—— de Villenave (Ramundus de Villanova), damoiseau, 556.
—— de Waires (R. de Waires), homme franc du roi dans la par. de Beychac, 541.
—— d'Omozas (Ramundus d'Omozas), homme franc du roi, 624.
—— d'Ossages (N'Aramons d'Essages), de la commune de Sault, 386.
—— du Bois (R. de Bosco), de la par. de Tresses, 588.
—— —— (Ramundus de Bosco, filius Gualharde de Bosco), homme franc du roi dans la par. de Saint-Morillon, 677. Sa mère : Gailharde du Bois.
—— du Cau (Reymundus del Cau), 358. Son père : Géraud du Cau.
—— Dudrandi de Ville, bourgeois de Bayonne, 399, p. 143, col. 1.
—— d'Ugorn (Reymundus de Ugorn), 354 [11]. Son frère : Jean d'Ugorn.
—— du Honor (R. de Honoz), 351.
—— du Maurin (Ramundus deu Maurin), prieur de Saint-Macaire, 448.
—— du Mirail (Ramundus del Miralh, de Mirallo; En Ramon del Miralh), bourgeois de La Réole, 427; témoin, 450, 464-467, 470.
—— du Pin (Ram. del Pins), bourgeois de Bayonne, 399, p. 142, col. 1.
—— du Plan (R. del Plan), père de Guillaume, 355.
—— du Pui (R. du Pui), clerc, témoin, 514.
—— du Verger (R., Remundus deu Verger), damoiseau, témoin, 525-530, 558, 597, 599, 611.
—— Élie (R. Helie), bourgeois de Sauve-Majeure, 584.

57.

INDEX DES NOMS DE PERSONNES ET DE LIEUX.

Raimond Esclau (Ramundus Esclou), homme franc du roi, 675.
—— Esperd de Cérons (Ramundus Esperd de Seron), 189.
—— Eudes (R. Odouis), 202.
——, évêque de Bazas (R., episcopus Vasatensis), 420.
—— Faur (Ramundus Ffabri), homme franc du roi dans la prévôté de Barsac, 638. Son frère : Pierre Faur.
—— Fourcirer, tuteur de Pierre Amaubin de Preignac, 640.
——, fils de Guillaume (Ramundus, filius W.), 350.
——, frère de Jean Gaillard (Ramundus, frater Johannis Gallardi), homme franc du roi dans la par. de Labrède, 678.
——, frère hospitalier du couvent des dominicains à Bordeaux (frater Ramundus, ospecianus ordinis fratrum predicatorum), 424.
—— Furt de Lados (Reimundus Forti, Reymundus Furti, En R. Furt de Lados), chevalier, 295, 324, 364, p. 118, col. 1, 369; témoin, 291. Son frère : Arnaud Bernard de Lados, chevalier.
—— Gadanher, homme franc du roi dans la par. de Virelade, 623. Son frère : Guillaume Gadanher.
—— Garcie de Lavedan (dominus Ramon Garsie de Levitania), 408, p. 155, col. 1.
—— —— de Saint-Sauveur (R. Garcias, Reymundus Garcias de S. Salvatore), 246 [13], 298, 320, 322, 324, 364, p. 118, col. 1.
—— —— de Sescas (Reymundus Garsie ou Gassie de Sescars), damoiseau, de Noaillan, 187.
—— —— de Tuseurs (Reymundus Garsii de Tuseurs), seigneur landais, 173.
—— Gausbert, prêtre, curé de Brenac, 288, 472.
—— Geuter (Ramundus Gouterii), témoin, 424.
—— Girard (Remundus Girardi), 606.
—— Guillaume (Ramundus Guillelmi ou Willelmi), 623, 638.
—— —— Auquier, de Saint-Macaire (Ramundus Guillelmi Auquerii de S. Macario), bourgeois de La Réole, 427.
—— —— d'Argenton (Reymundus W. de Argenten), 364, p. 117, col. 1.
—— —— de Barreria (Remundus Guillelmi de Barreria), 505. Son fils : Pierre Barreria.
—— —— de Brian (dominus R. W. de Bria, En R. W. de Brian, de Brion), chevalier, 331; témoin, 367, 368. Sa femme : Géraude de Langon.
—— —— de Casias (R. W. de Casias), chevalier, témoin, 448.

Raimond Guillaume de Castenet (Raimundus Willelmi de Cassoneto), chevalier, 561. Son fils : Gaillard de Castenet.
—— —— de Cérons (Reymundus Willelmi de Seroun), damoiseau, 185.
—— —— de Doucet (Raimundus Guillelmi de Dulceto), témoin, 475. Son frère : Arnaud Guillaume de Doucet.
—— —— de Jonquières (R. Willelmi de Junqueiras, filius quondam Bertrandi de Junqueiras), 579.
—— —— de Lados (Reymundus W. de Lados), 217.
—— —— de Langon (En W. R. de Lengon), témoin, 366.
—— —— de Ligautens (Reymundus Willelmi de Lugautenc), damoiseau, bourgeois de Mont-de-Marsan, 89.
—— —— dels Angols (R. W. dels Angols), témoin, 369.
—— —— de Morgaux (fra R. W. de Morgans, custodi dous frais menors), franciscain de Bayonne, témoin, 483.
—— —— de Noaillan (R. W. de Noalhan), chevalier, témoin, 550.
—— —— de Saint Lon (N'Arramon W. de Sen Lebun), témoin, 483.
—— ——, vicomte de Soule (dominus Ram. Guillelmi, vicecomes de Seula), 394, 396. Ses fils légitimes : Arnaud Raimond et Auger; son fils bâtard : Arnaud Raimond.
—— —— de Villeneuve (N'Aramons W. de Vileneua), de Castelnau-Chalosse, 386.
—— —— d'Origne (Ramundus Guillelmi d'Orinha), damoiseau, 614.
—— —— d'Ortho (Ramundus W. de Orta), 426.
—— Guiraudon (Raimundus Guiraudon), témoin d'une charte de Richard, comte de Poitiers, 495.
—— Jean de Bezandun (En R. Johan de Bissandun, de Bizandon), témoin, 404, 414.
—— Johan (R. Johau), homme franc du roi dans la par. de Beychac, 541.
—— Lapeire (R. Lapeyre), témoin, 481.
—— Lauret (Ramundus Laureti), homme franc du roi dans la par. de Labrède, 678.
—— Lono, de Quinsac, 680.
—— Marquès (R. Marques, Marquesii, N'Aramos Marques de Basatz, Reymundus Marcassius, Marchosii, Marquesii), bourgeois de Bazas, 244, p. 77, col. 2, 248 [8], 291; témoin, 196, 425, 463.
—— —— le Vieux (Ramundus Marquesii, senior), 426.
—— Marsan (R. Marssan), homme franc du roi dans la prévôté de Barsac, 636 [47].

Raimond Martin (Ramundus Martini), homme franc du roi, 624.
—— Maurin de Barsac (Raimundus Maurini de Barsiacco), homme franc du roi dans la prévôté de Barsac, 636 [15].
—— Michou, de Bazas (Ramundus Michou de Vasatz), témoin, 613, 615.
—— Micol (Raimundus, Remundus Micol), homme franc du roi dans la prévôté de Barsac, tuteur de Vitaline, fille de feu Bernard Raimond, 636 [18, 42].
—— Molenquin (R. Meloquin, Remundus Molenquini), 550; témoin, 523.
—— Moneder (Ramundus Monetarii), maire de Bordeaux, 424.
—— Montet (R. Montet), 601.
—— Nurit (Ramundus Nurit), de la par. de Quinsac, 680.
—— Pansa (Reymundus Panssa), témoin, 174.
—— Pierre de Coqueac (Ramundus Petri de Coqueac), témoin, 680.
—— Qui no jura (N'Arrams, N'Arremons Qui no jura), chevalier, 422.
—— Robert (dominus Remundus Roberti), chevalier, frère de Pierre de Dax, vicomte de Tartas, 505, 506.
—— Rostand (Ramundus Rostandi), 427. Son neveu: Pierre Guillau.
—— Sanche d'Engalin (Raimundus Sancii d'Engalin), consul de Lectoure, 475.
—— Séguin (Ramundus Segini), bourgeois de La Réole, 427.
—— d'Antras (En Ramon Seguin d'Antras), fils du seigneur Guillaume Arnaud d'Antras (d'Anteras), 468.
—— de Mansonville (En Rams Segui de Mançumvilla), damoiseau, 468. Sa veuve: Honors.
—— Sentot (Remundus Sentot), 539. Son frère: Bernard Sentot; son père: Gombaud Sentot.
—— Simon du Pout (R. Simon deu Pot), de la par. de Floirac, 537.
—— Texun (Rem. Texun), 514. Le même que le suivant?
—— Tizon (Ramundus Tizon), homme franc du roi dans la prévôté de Barsac, 674.
——, vicomte d'Orthe (Ramons, vescomes d'Orta; Ramon, vescomps, vescoms, viscoins d'Orta, d'Orte), 370; témoin, 372, 383, 385, 387, 388, 390.
—— Viger (Ramundus Vigerii), chevalier, témoin, 616-618.
—— Vigualer (R. Vigualer), témoin, 481.

Raimond Vital (Ramundus Vitalis), homme franc du roi dans la par. de Cabanac, 679.
Raimond. V. Bernard —.
Raimonde de Liposse (Arramonda de Lipossa), femme de Jean de Sorde, 484.
Rainaut. V. Pierre —.
Rama. V. Guillaume de —.
Ramafort (de Ramaforti), «maison noble» dans la par. de Blaignan, selon Baurein, *Variétés Bordeloises*, t. 1, p. 273; marqué sur la carte de l'État-major sous la forme Romefort. V. Arnaud Guillaume de —.
—— (vinea apud Ramafort, in par. de Laiivarda), dans La Libarde, 563.
Ramon. V. Raimond.
Ranecose (terra de Ranecose in par. S. Martini de Liuans). Gers, arr. Condom, c. Cazaubon, commune de Lias, 23.
Ranetcaval. V. Pierre —.
Ranhas. V. Vigouroux de —.
Raols. V. Jeanne de —.
Rappassat, moulin sur le Gers? 452.
Raquerius de Lalcis, bourgeois de Bayonne, 400.
Rasik. V. Otton de —.
Rassac, lieu près de Bouglon-le-Vieux, 364, p. 119, col. 2.
Resseton. V. Guiot de —, Raimond de —.
Rastor. V. Marie de —.
Rat. V. Arrats.
Rauzan (castrum de Roaza). Gir., arr. La Réole, c. Pujols, 205, 209.
—— Rudel de Bergerac, seigneur de —.
Ravignan (Revinhan, de Ravinhano, de Rovinhano), château dans Perquie, Landes, arr. Mont-de-Marsan, c. Villeneuve. V. Raimond de —.
Raynaut. V. Pierre —.
Razac. V. Raimond de —.
Regh (Regis). V. Arnaud —, Élie —.
Regula. V. La Réole.
Regula in Silvestri. V. Larreule.
Reimundus. V. Raimond.
Relung. V. Renung.
Rembès (Rembers). Gers, arr. Condom, c. Nogaro. V. Olivier de —.
Remundus. V. Raimond.
Renaud. V. Guillaume —.
Renaud de Pons (Reginaldus de Ponte, de Pontibus), 503, 506. Sa femme: Marguerite de Turenne.
Renung (par. d'Arrenung, Relung, Renum, Renun). Landes, arr. Saint-Sever, c. Aire, 25, 81, 116.
—— V. Arnaud de —, Guillaume de —.
Requeris (de). V. Roqueir.
Resse. V. Ménaud de —.

Revinhan. V. Ravignan.
Reyheyra prope Montem. V. Arrivière.
Reymundus. V. Raimond.
Ribauta, Ribeuta. V. Rivehaute.
Ricau. V. Arrigand.
Richard, comte de Poitiers et roi d'Angleterre, 196, 402, 404, 495. Son sénéchal : Robert de Montmirail; son serviteur : Chitres.
—— de Mazerus, 364, p. 118, col. 1.
—— du Bois (Ricardus de Bosco), homme franc du roi dans la par. de Saint-Morillon, 677.
—— Leprestre, témoin, 35.
—— (Ricard). V. Vital —.
Riciun de Barilhes, 148.
—— de Garyn, seigneur landais, 173.
Rimbez (milicia de Rumbes, Arrembers, Arrimbes). Landes, arr. Mont-de-Marsan, c. Gabarret, 58.
—— V. Arnaud de —, Guitard de —.
Rimons (Rumodz). Gir., arr. La Réole, c. Monségur. V. Thibaut de —.
Rion (par. de Rions, dioc. Adurensis). Landes, arr. Saint-Sever, c. Tartas, 633.
Rion Baudoina, 543. Son fils : Pierre de Mons.
Rioncio (de). V. Rions.
Rions (castrum, par. de Rioncio, a Rions, Arrions, apud Rioncium, Ryons, Ryouns). Gir., arr. Bordeaux, c. Cadillac, 13, 548, 650, 670.
—— Seigneur, 631. V. Guillaume Séguin de Rions.
—— V. Bernard de —, Pierre de Cabanac de —, Pierre de Gabarret de —.
Rions. V. Rion.
Riparia. V. Arnaud de—.
Ripperia S. Severii in par. de Munhos, 58.
Ripperia Luy. V. Rivière Luy.
Risona. V. Guiraud de —.
Rivehaute (milicia de Ribauta, de Ribeuta). Basses-Pyr., arr. Orthez, c. Navarrenx, 84.
Rivera. V. Ménaud de —.
Rival, lieu près de Bouglon, 298.
—— V. Guillaume de —.
Rivens. V. Bernard —.
Rivière Luy (Ripperia Luy), 69, 84. Ancien archiprêtré du dioc. de Dax, qui tirait son nom du Luy de Béarn, d'après P. Raymond, Dict. des Basses-Pyrénées.
Rivières et ruisseaux. V. Adour, Arrats, Aulède, Avance, Charente, Clayrac, Dordogne, Douze, Dron, Drot, Durège, Escourro, Fuder, Gabas, Garonne, Gouaneyre, Guy, La Marthède, Lartigue, Lavalhs, Lidoire, Lubert ou Gestas, Luy, Martalah, Meudon, Midou, Poiros, Rouch, Salargul, Saye, Siron, Tus, Tyngh.

Rixendus de Sarciag, homme franc du roi dans la prévôté de Bazas, 248 [1].
—— de Veerr, homme franc du roi dans la prévôté de Bazas, 248 [8].
Roam. V. Robert de —.
Roaza, Roazam. V. Rauzan.
Rob. V. Guillaume de —.
Robert (Roberti, Arrobert). V. Arnaud —, Auger —, Guillaume —, Marestan —, Pèlerin —.
Robert Amabin, homme franc du roi dans la par. de Beychac, 541.
—— Arramoun, homme franc du roi dans la par. de Beychac, 541.
—— Cosin, homme franc du roi dans la par. de Beychac, 541, 542. Ses fils : Arnaud Cosin, Pierre Cosin.
—— de Beuquenas, témoin, 542.
—— de Floirac (Robertus de Ffloriac), neveu d'Arnaud Monoder, 559.
—— de Lassus, homme franc du roi dans la par. de Beychac, 541.
—— de Montmirail (Robertus de Montmiral), sénéchal de Richard, comte de Poitiers, témoin, 495.
—— de Roam, témoin, 479.
—— de Strantona, 468.
—— Gombaudi du Marché, de Bourg (Robertus Gombaudi de Mercato, de Burgo), 606.
Rocabrua (hospitale de Rocabrua), hôpital dans la par. de Loubens, Gir.? 34.
Rocafort. V. Rochefort et Roquefort.
Rocella. V. Rousselle.
Rocha (terra de Rocha), terre appartenant à l'abbaye de Saint-Sever, 70.
Rochefort (de Rocafort, de Roquefort). V. Bos de —. Élie de —.
Rocide Vallis. V. Roncevaux.
Rocopina. V. Roquépine.
Roger, comte de Foix (dominus Rogerus, comes Fuxensis), 408, p. 154, col. 1.
—— de Comminges (En Rodger de Cominge), père d'Arnaud d'Espagne, 482.
—— de Gabarret (dominus Rogerus de Gavarreto, de Gavarred), chevalier, 270; témoin, 448. Son frère aîné : Pierre de Gabarret; son petit-fils : Guillaume de Beauville.
—— de Lacy (Rogerus de Laceio), témoin d'une charte du roi Jean sans Terre, 402.
—— de Leyburne (dominus Rogerus de Leyburna, sire Rogers de Leiburne), lieutenant du prince Édouard en Guyenne, 70, 365, 416, 471, 473.

Roger de Machaut, sénéchal de Chester (sire Roger de Machaut, seneseauc de Cestere), témoin, 401.
— de Montbrun (Rogerus de Monte Bruno), chevalier, de Montravel, 227.
— de Peires (En Rodger de Peires), messager du roi de France, témoin, 482.
Roketalhada. V. Roquetaillade.
Roland de Souslens (Rollandus, Rotlandus de Sossleys, de Soslenks), damoiseau, 86, 158.
— Prévôt (Rollandus Prepositi), 228.
Rolma (domus de Rolma), 685.
Romagnac (homines a Romanhac), 650.
Romanor. V. Guillaume de —.
Rombes. V. Rimbez.
Roncevaux (domus Rocide Vallis, hospitale Roncidevallis), abbaye et hospice en Espagne, 56, 688.
Roqua (par. beate Marie de —), 296.
— V. Hugues de —.
Roquafort. V. Rochefort.
Roquatalhada. V. Roquetaillade.
Roquefort (capelas de Rocafort). Lot-et-Gar., arr. Agen, c. La Plume, 468, p. 197, col. 1.
— V. Arnaud Dauriar, curé de —, Bertrand de —, Hugues de —, Nicolas de —.
Roquefort en Marsan (de Rupeforti). Landes, arr. Mont-de-Marsan, 'ch-l. de c. Bourgeois : Arnaud Guillaume de Fortmag, Bernard de Laporte, Montasieu de Laporte, Pierre de Saint-Quentin.
Roquefort en Tursan (castrum de Rupeforti, mota de Rupeforti in Theursano). Basses-Pyr., arr. Pau, c. Garlin, commune de Boucilh-Lasque, 42, 54.
Roqueir (Arroqueir, Laroqueir et Laroquir, de Requeris, de Roquerio, Roquer), château ruiné dans la par. de Tabanac, Gir., arr. Bordeaux, c. Créon. V. Bernard de —, Raimond de —, Rostand de —.
Roquépine (honor de Racopina, apud Rocapinam et in honore). Dordogne, arr. Bergerac, c. Issigeac, commune de Sainte-Radegonde, 257, 258, 260.
— V. Pierre de Graulet de —.
Roquer, Roquerio (de). V. Roqueir.
Roqueta. V. Rouquette.
Roquetaillade (apud Roquatalhadam; burgenses de Rokatalhada, de Roquatalhada; honor et districtus de Rupecissa). Gir., arr. Bazas, c. Langon, commune de Mazères, 211, 212, 296, 635.
— Seigneurs : Amanieu et Géraud de Lamotte.
— V. Édouard de Lamotte de —, Vital de —.
Ros. V. Arnaud de —, Dont de —.
Rosac. V. Bazac.

Rostand (Rostandi). V. Pierre —.
Rostand Colom (N'Arostan ou Arrostanh Colom, Rostandus Columbi), bourgeois de Bordeaux, 502, 519; témoin, 495.
— de Cocujat (Rostandus de Cocujat, de Cucujac, de Cusinac), clerc, 538; témoin, 518, 519, 537, 600-603. Son frère : Arnaud Guillaume de Cocujat.
— de Jonquières (Rostandus de Junqueyras), 579. Son fils : Raimond Guillaume de Jouquières.
— de Lamotte (dominus Rostandus de La Mota), 524. Son frère : Pierre de Lamotte.
— de Landiras (Rostandus de Landirans), damoiseau, 568.
— de Roqueir (Rostandus de Roquer, de Requeris, Rostanh de Roquerio), 547; témoin, 548, 560.
— du Marché (Rostandus de Mercato), bourgeois de Bordeaux, 428; témoin, 427.
— du Puits (Rostandus de Puteo), bourgeois de Bordeaux, 428.
— Duren (Rostandus Duran), bourgeois de Bordeaux, 518.
— du Soler (N'Arostan de Soler; Rostandus de Solio, filius quondam Rostandi de Solio; Rostandus de Solerio, de Soleriis), bourgeois de Bordeaux, 546, 610, 680; témoin, 502.
— Peire, témoin, 514.
—, prieur de Saint-Macaire (Rostandus, prior de Sant Macharii), 450.
Rotan. V. Bernard de —.
Rother Bei, témoin, 481.
Rotlandus. V. Roland.
Rouch (rivus Arogh), ruisseau près de Cabanac, 679, et note 12 de la page 307.
Rouquette (par. de La Roqueta et S. Aviti de Tyzac; par. S. Eulalie, S. Sulpicii, S. Aviti et de La Roqueta). Dordogne, arr. Bergerac, c. Eymet, 242, 288, 327.
Rousselle (Rocella, La Rossera), quartier de Bordeaux. V. Bonafous de —, Pierre Viger de —, Raimond de —.
Royan, 407, p. 149, note 12.
Rua (stagia de Rua), lieu dans l'Entre-Dordogne, 655. V. aussi Arue.
— V. Guillaume de —, Pierre de —, Renaud de —.
Rudel de Bergerac (dominus Rudellus, filius Helie Rudelli, domini de Brageriaci; Rudeu de Brgerac; Rudellus de Brageriaco, dominus de Pojols et de Roazan), seigneur de Pujols et de Rauzan, 329, 432; témoin, 373, 391. Son fils : Guillaume Raimond de Gensac.

Ruffat de Berthez (Aruffatus, Ruffatus de Bretenx), 342.
—— de Lalande (Ruffatus de Lalanda), chevalier, 518. Son neveu : Gaillard de Lalande.
—— Lambert (Ruffatus Lamberti), bourgeois de Bordeaux, 443.
Ruffiac (apud Ruffiac). Lot-et-Gar., arr. Marmande, c. Bouglon, 298.
Rumbers, Rumbes. V. Rimbez.
Rumedz. V. Rimons.
Rupe (de). V. Laroque.
Rupecissa (de). V. Roquetaillade.
Rupeforti (de). V. Roquefort.
Rusan. V. Arnaud de ——.
Russinolfus d'Orthe (de Orta), témoin, 244.
Rutretz (tenementum de Rutretz), lieu dans la prévôté de Saint-Sever, 77.
Rybere. V. Anissant de ——.
Rycau. V. Arrigaud.
Ryons. V. Rions.

S

S. Voir Sanche.
Saas (villa de Sas). Landes, arr. et c. Dax, commune de Rivière-Saas-et-Gourby, 394.
Sabatier (Sabaterii). V. Géraud ——.
Sablons (par. de Sablon). Gir., arr. Libourne, c. Guitres, 655.
Saboar. V. Sauboar.
Sacber. V. Sagbet.
Sadia. V. Saia.
Sadirac (par. de Sadirac). Gir., arr. Bordeaux, c. Créon, 537, 548, 608, 609.
—— V. Guillaume Estèphe de ——.
Sages. V. Ossages.
Sagbet (cauareria de Sagbet, en la par. de S. Per de Juliag; milicia de Sacber). Landes, arr. Mont-de-Marsan, c. Gabarret, commune de Bethézer, 27, 122.
—— V. Amat de ——.
Sah (palus deu Sah in par. d'Ison). Gir., arr. et c. Libourne, commune d'Izon, 544.
Saia, Saie. V. Arnaud de ——, Brun de ——.
Saint-André (maynile de S. Andrea), lieu près de Bourg-sur-Mer ? 522.
—— André-de-Cubzac (par. S. Andree). Gir., arr. Bordeaux, ch.-l. de c., 554.
—— —— -du-Garn (Garn). Gir., arr. et c. La Réole, 488.
—— Antoine (par. S. Antonii in Theurssano). Landes, arr. Saint-Sever, c. Geaune, commune de Bats, 64.
—— Arailles (affarium de Sentaralhe). Gers, arr. Auch, c. Vic-Fezensac ? 70.
—— Aubin (homines de S. Albino, par. S. Albini, dominus S. Albani). Landes, arr. Saint-Sever, c. Mugron, 56, 107, 129. V. Guillaume de ——, Guillaume Arnaud de ——.
—— —— -de-Blagnac (par. S. Albini, de S. Albino). Gir., arr. Libourne, c. Branne, 201, 619.
Saint-Aubin-de-Lanquais (par. S. Albini in Baianesio). Dordogne, arr. Bergerac, c. Issigeac, 256.
—— Avit (par. S. Aviti prope Montem Marcianum, S. Aviti in Marciano). Landes, arr. et c. Mont-de-Marsan, 90, 133.
—— —— -du-Tizac (par. S. Aviti de Tyzac). Dordogne, arr. Bergerac, c. Vélines, commune de Port-Sainte-Foix, 242, 288.
—— Bonnet (de S. Boneuto). V. Maurice de ——.
—— Caprais (par. de S. Caprasio). Gir., arr. Bordeaux, c. Créon, 537, 593, 608, 612, 641, 653.
—— Christaud (par. S. Christofori in Fezensaco). Gers, arr. Mirande, c. Montesquiou, 100.
—— Christoly[-et-Conquètes] (par. S. Cristofori de Medulco). Gir., arr. et c. Lesparre, 561.
—— Ciers-de-Canesse (par. de Sent Circz de Canessa en Borzes, de Sancto Circœ; pratum de S. Cirico). Gir., arr. Blaye, c. Bourg, 136, 664. V. Amanieu de ——.
—— Clar (Sen Clar, Sent Clar). Gers, arr. Lectoure, ch.-l. de c., 451. Bailes : Pierre Arnaud de Caupenne, Pierre Ug. Curé : Raimond Deumerbat.
—— Côme (par. de Sent Corme, dioc. Vasatensis). Gir., arr. et c. Bazas, 633.
—— Cricq-Chalosse (dominus de S. Cirico, par. S. Quirici in Solossa). Landes, arr. Saint-Sever, c. Hagetmau, 65, 107. Seigneur : Garcie Arnaud d'Amou.
—— Cricq-Villeneuve (affarium S. Quirici, par. S. Quirici de Marciano). Landes, arr. Mont-de-Marsan, c. Villeneuve, 72, 106, 133.
—— Cyprien (de Sant Sibra), lieu marqué sur la carte de l'État-major entre Monsaguel et Mandacou, Dordogne, arr. Bergerac, c. Issigeac. V. Arnaud de ——, Gaillard de ——.
—— David, en Galles (Menevensis episcopus). V. Thomœ Bek, évêque de ——.

Saint-Dizier (de Sancto Desiderio). Lot-et-Gar., arr.Villeneuve, c. Castillonnès. V. Guillaume Raimond de —.
Sainte-Alvère (Sancta Alviera). Dordogne, arr. Bergerac, ch. l. de c., 357.
—— Bazeille (apud S. Basiliam; dominus, villa S. Basilie, de Senta Baselba). Lot-et-Gar., arr. et c. Marmande, 213, 215, 223, 259, 271. Seigneur: Anissant de Caumont —.
—— Canne (par. de Sent Cane). Gers, arr. Condom, c. Cazaubon, commune de Castex, 72.
—— Colombe (par. S. Columbe). Gir., arr. Libourne, c. Castillon, 582.
—— —— (parropie de Saint Columbe, par. S. Columbe, de S. Columba). Landes, arr. Saint-Sever, c. Hagetmau, 29, 126.
—— —— -de-Duras (par. St Columbe, dioc. Vasatensis). Lot-et-Gar., arr. Marmande, c. Duras, 357.
—— Croix (de S. Cruce, par. S. Crucis d'Arraga). Landes, arr. Saint-Sever, c. Tartas, commune de Carcarès-Sainte-Croix, 60. V. Eutenton de —.
—— —— (par. S. Crucis de Lavinhac; prioratus S. Crucis prope Leuviham, dioc. Vasatensis). Lot-et-Gar., arr. Marmande, c. Seyches, commune de Lévignac; prieuré dépendant de l'abbaye périgourdine de Ligueux, 231, 325. V. Raimond de —.
—— —— de Bordeaux. V. Bordeaux, abbaye de Sainte-Croix.
—— —— -de-Monferrand (Santa Crotz). Dordogne, arr. Bergerac, c. Beaumont. Voir H., curé de —.
Sainte-Eulalie (par. S. Eulalie in Baresio), dans la prévôté de l'Ambarès, Gir., arr. Bordeaux, c. Carbon-Blanc, 537, 546, 610, 654, 672, 680.
—— —— -d'Eymet (par. S. Eulalie, in honore Podii Guillelmi). Dordogne, arr. Bergerac, c. Eymet, 288, 290.
—— —— -en-Born (par., prioratus S. Eulalie in Borno). Landes, arr. Mont-de-Marsan, c. Parentis-en-Born, 70, 685.
—— —— par. de Bordeaux. V. Bordeaux, paroisses.
—— Fauste (apud S. Haustam in Ferensaco). Gers, arr. Condom, c. et commune de Cazaubon, 100.
—— Florence (par. de S. Fflorenssa, par. S. Fflorencio de Aruscha). Gir., arr. Libourne, c. Pujols, 181, 238.
—— Foy (affarium S. Fidis). Landes, arr. Mont-de-Marsan, c. Villeneuve, 76.
—— —— -la-Grande (bastida Santa Fe). Gir., arr. de Libourne, ch.-l. de c., 472.
—— —— -la-Longue (par. S. Fidis). Gir., arr. La Réole, c. Saint-Macaire, 238, 321.

Sainte-Gemme (par. de Cussas et de S. Gemma). Gir., arr. Bordeaux, c. Castelnau-de-Médoc, annexe de Saint-Symphorien-de-Cussac, 35.
—— —— (castellarium de S. Gemma; par. de Santa Gemma, dins la bastida de Montsegur). Gir., arr. La Réole, c. Monségur, 357, 492, 493.
—— Marguerite (par. S. Margarete), par. non identifiée dans la vicomté de Castillon-sur-Dordogne, 582.
—— Marthe (S. Matha). Lot-et-Gar., arr. Marmande, c. Le Mas-d'Agenais. V. Guillaume Raimond de —.
Saint-Émilion (apud S. Emilianum, S. Emulianum, villa S. Emiliani). Gir., arr. et c. Libourne, 18, 200.
—— Bourgeois : V. Raimond Aymez.
—— Châtelain (castellanus S. Emiliani), 3.
—— Église et abbé, 529.
—— Jurats : Constantin Sicard, Élie Richard, Jean Nasset, Pierre Artaud.
—— Maire, maire et commune (major S. Emeliani, major et communia S. Emiliani), 2, 420, p. 166, col. 2. V. Jean Arnaud, maire de —.
—— Vigne «de Podiocoqut», 650.
—— V. Pierre Boqua de —.
Sainte-Pétronille (par. S. Petronille). Gir., arr. et c. La Réole, commune de Gironde-et-Sainte-Pétronille, 363.
—— Praxède de Sauviac. V. Sauviac.
—— Quiterie (par., villa de S. Quiteria), siège d'une abbaye qui fut réunie à l'év. d'Aire, 134, 138. V. Pierre, évêque d'Aire et de Sainte-Quiterie.
Saintes (de Sanctis), ou Saint-Vincent-de-Saintes, auj. annexe de Dax. V. Dominique de —.
Sainte-Sabine (lo puoch de Pico, del dioc. de Peiregort, pousatz en la paroquia de S. Seui). Dordogne, arr. Bergerac, c. Beaumont, 474.
Saint-Estèphe (par. S. Stephani). Gir., arr. Lesparre, c. Pauillac, 39, 616.
Sainte-Terre (par. de S. Terra, dioc. Burdegalensis). Gir., arr. Libourne, c. Castillon, 198, 202, 240.
Saint-Étienne-de-Branne. V. Branne.
—— —— de Lisse (par. S. Stephani de Lassa). Gir., arr. Libourne, c. Castillon, 582.
Saint-Faure (ad S. Fortem), chapelle à Saint-Étienne-de-Lisse, 582.
—— Ferme (abbas S. Fremerii). Gir., arr. La Réole, c. Pellegrue, 261, 308. Abbé : Pierre de Saint-Michel.
—— Gein (S. Genh, de Sancto Eugendo). Landes, arr. Mont-de-Marsan, c. Villeneuve, 82.

Saint-Genès (villa S. Genesii in episcopatu Aquensi), terre appartenant à l'abbaye de Saint-Sever, 70. Dom Du Buisson, *Hist. mon. S. Severi*, t. I, p. 208, l'appelle Saint-Genès-des-Vallées.
—— -de-Lombaud (par. de Lebaut). Gir., arr. Bordeaux, c. Créon, 537, 548, 586, 589, 619. V. Arnaud de Saint-Genès, Géraud de Saint-Genès, Pierre Garcie de Lombaud.
—— Georges-de-Montagne (datum in Grandimonte prope S. Emilianum). Gir., arr. Libourne, c. Lussac, 34.
—— Geours-d'Auribat (ecclesia S. Georgii de Aurea valle). Landes, arr. Dax, c. Montfort, 70.
—— Germain (affarium S. Germani, mota de S. Germano), appelé Saint-Germain-d'Ester dans la carte qui accompagne l'*Hist. mon. S. Severi* de dom Du Buisson, près Lagastet, Landes, arr. et c. Saint-Sever, commune d'Aurice, 70, 75. V. Arnaud de Saint-Germain.
—— —— -de-Belvès (milites de S. Germano). Dordogne, arr. de Sarlat, c. Belvès, 216.
—— —— -d'Esteuil (domus de S. Germano que sita est in loco vulgariter appellato Lo Casterar de S. Germano). Gir., arr. et c. de Lesparre, 12.
—— —— -du-Puch (par. S. Germani de Podio). Gir., arr. Libourne, c. Braune, 544, 605, 609, 653, 665.
—— Gervais (apud S. Gervosium, par. S. Gervasii). Gir., arr. Bordeaux, c. Saint-André-de-Cubzac, 341, 666. V. Gaucelm Guillaume de —.
—— Girons (cayum subtus Sanctum Girontz). Gir., arr. Blaye, c. Saint-Savin, 577.
—— —— (domus S. Geroncii, de S. Gironcio). Landes, commune de Hagetmau, 44, 102.
—— Gor (par. de Seint Gor in Marciano, de Sent Gor). Landes, arr. Mont-de-Marsan, c. Roquefort, 109, 119.
—— Hilaire-de-La-Noaille (par. de Sent Alari). Gir., arr. et c. La Réole, 492.
—— —— -du-Bois (par. S. Hillarii). Gir., arr. La Réole, c. Sauveterre, 548.
—— Jacques (iter S. Jacobi). Galice, Espagne, 55.
—— Jean. V. Hôpital de —.
—— —— (de S. Johanne). V. Bernard de —, Martin de —.
—— —— -d'Août (apud S. Johannem d'Ous), auj. faubourg de Mont-de-Marsan, 75.
—— —— -d'Auzac (apud Dauzat in dioc. Adhurensi). Gir., arr. Bazas, c. et commune de Grignols, 341. Cf. *Inv. sommaire arch. dép. Gironde*, série E, suppl., t. I, p. 303.

Saint-Jean-de-Curbo (par. S. Johannis de Curbo) en Fezensac ? 100.
—— —— -de-La-Catelle (domus del Seint Johan, domus S. Johannis prope Syram). Landes, arr. Saint-Sever, c. Aire, commune de Duhort-Bachen, 56, 72, 76.
—— —— de Locnee (par. S. Johannis de Locnee), 123.
—— —— d'Estontes (par. S. Johannis d'Estomptis). V. Labrède.
—— Julien (Sant Julian, castrum de Seint Julian, par. S. Juliani, par. de Jeu et S. Juliani). Landes, arr. Mont-de-Marsan, c. Gabarret, commune de Saint-Julien-Gabarret, 45, 118, 123. Seigneur, 386.
—— Laurent (par. S. Laurencii de Marciano, d'Orhanhet), sur la Douze et près de Mauvezin, Landes, arr. Mont-de-Marsan, c. Gabarret, commune du Frêche, 106, 118.
—— —— -d'Arce (par. S. Laurencii). Gir., arr. Bordeaux, c. Saint-André-de-Cubzac, 554, 666. V. Guillaume Arnaud de Saint-Laurent.
—— —— -des-Combes (prior S. Laurencii de Meris). Gir., arr. Libourne, c. Castillon, 671. Prieur : Élie Jean.
—— —— -du-Bois (par. de Sent Laur., par. Sent Laurens, par. S. Laurencii). Gir., arr. La Réole, c. Saint-Macaire, 240, 489, 491, 493.
—— —— -Médoc (par. S. Laurencii de Anedac, de Medac). Gir., arr. Lesparre, ch.-l. de c., 35.
—— Léger-de-Vignague (par. S. Leudegarii, dioc. Vasatensis, de S. Legerio). Gir., arr. La Réole, c. Sauveterre, 689. V. Guillaume Raimond de —.
—— —— -du-Balson (par. S. Leodegarii). Gir., arr. Bazas, c. Saint-Symphorien, 635.
—— Lon (Sen Lebun). Landes, arr. Dax, c. Peyrehorade. V. Raimond Guillaume de —.
—— Loubergt (par., castellarium S. Lupercii). Gir., arr. Bazas, c. Langon, 270, 331. V. Pierre de —.
—— Loubert (de Sancto Lupercio). Lot-et-Gar., arr. Marmande, c. Bouglon, commune de Romestaing, 364. V. Gaillard de —.
—— Loubès (par. S. Lupi, de S. Lupo, palus de S. Lupo), dans la prévôté de l'Entre-deux-mers, Gir., arr. Bordeaux, c. Créon, 539, 540, 570, 601, 619, 644, 672. V. Jean de —, Vivien de —.
—— Loubouer (apud Sanctum Labayr). Landes, arr. Saint-Sever, c. Aire, 54.

Saint-Macaire (apud S. Macarium et in honore, villa S. Macharii, par. de S. Machario). Gir., arr. La Réole, ch.-l. de c., 181, 341, 473, 521, 523, 544, 550, 571, 598, 613.

—— —— Bourgeois, 598. V. Bernard Aiquelm, Gaillard de Laroque, Garcie Aiquelm, Vital Aiquelm.

—— —— Chambrier de l'église : Vital de Bilare.

—— —— Damoiseau, 571. V. Ayrin d'Aulède.

—— —— Justice, 525.

—— —— Moine : Guillaume de Laubergaria.

—— —— Péage, 569, 571.

—— —— Prieurs : Maurin, Rostand.

—— —— Seigneur : Bernard de Beauville.

—— —— V. Garcie Aiquelm de —, Raimond Guillaume Auquier de —.

—— Mariens (par. Cummariani, S. Mariani en Borzes). Gir., arr. Blaye, c. Saint-Savin, 553, 652.

—— Martin (de S. Martino). V. Loup de —.

—— —— -de-Lagarde (par. S. Martini de La Garda), par. non identifiée dans le Marsan, 105.

—— —— -de-Lerm (par. S. Martini de Lerm, S. Martini d'Alerri, corr. Alerm ?). Gir., arr. La Réole, c. Sauveterre, 241, 243, 343.

—— —— -de-Lias. V. Lias.

—— —— de Mazerolles. V. Mazerolles.

—— —— -de-Noet (par. S. Martini de Noet, de Sen Martin de Nueles). Landes, arr. Mont-de-Marsan, c. Roquefort, commune de Saint-Justin, 119, 482.

—— —— -de-Serre (Seiras, par. de Ceiras, Cerras). Gir., arr. et c. La Réole, commune de Lamothe-Landerron, 488, 489.

—— —— -de-Sescas (par. S. Martini de Sescars). Gir., arr. La Réole, c. Saint-Macaire, 302, 321.

—— —— d'Eusist ou deu Sist, 114.

—— —— d'Eysines. V. Eysines.

—— —— -d'Ognoas. V. Ognoas.

—— —— -du-Bois (par. S. Martini). Gir., arr. Libourne, c. Guîtres, 553.

—— —— du-Mus. V. Mus.

—— Médard-de-Gurçon (abbatia, par. S. Medardi). Dordogne, arr. Bergerac, c. Villefranche-de-Longchapt, 226, 233.

—— Médard-d'Eyran (par. S. Medardi in Arruano). Gir., arr. Bordeaux, c. Labrède, 16, 533.

—— —— -en-Jalles (par. S. Medardi de Jales). Gir., arr. Bordeaux, c. Blanquefort, 35.

—— Mézard (Sent Mezard). Gers, arr. et c. Lectoure. V. Pèlerin de —.

Saint-Michel (de S. Michaele), nom de plusieurs localités de la Gironde. V. Arnaud de —, Bertrand de —, Élie de —, Pierre de —.

—— —— (dins lo casted de Pugh W., so es assaber cum va de la tor Gombaldenga enjusca la tor Sent Miquel), l'une des tours du château de Puyguilhen, 472.

—— ——, par. de Bordeaux. V. Bordeaux, paroisses.

—— —— -de-Castelnau. V. Castelnau-de-Mêmes ou de Cernès.

—— —— de Laprade (par. S. Michaelis prope Vasatum), une des par. de Bazas, 34.

—— —— -de-la-Rivière (ad locum subtus S. Michaelem in honore Burgi). Gir., arr. Libourne, c. Fronsac, 577.

—— —— de Lubuy (apud S. Michaelem de Lubuy in Juliac), 100.

—— —— -de-Rieufret (par. S. Michaelis de Rivoffrigido). Gir., arr. Bordeaux, c. Podensac, 635.

—— —— -La-Pujade (par. de Sent Miquel, Sent Micquel). Gir., arr. et c. La Réole, commune de Lamothe-Landerron, 489, 493.

—— Mont (de S. Monte). Gers, arr. Condom, c. Mirande, commune de Riscle. V. Garcie de —.

—— Morillon (par. S. Maurilii, de S. Maurilio). Gir., arr. Bordeaux, c. Labrède, 629, 675-677. V. Arnaud Vivien de —.

—— Orens (milicia de Seint Orens). Landes, arr. Saint-Sever, c. Aire, commune de Classun, 66. V. Raimond de —.

—— Osbert (bastida de Sent Ausberg), bastide non identifiée, non loin de Lados, Gir., arr. Bazas, c. Auros, 369. Prévôt : Vivien Bonfilh.

—— Pandelon (de San Pandelon). Landes, arr. et c. Dax. V. Guillaume Arnaud de —.

—— Paul-en-Born (Sant Pau, par. S. Pauli). Landes, arr. Mont-de-Marsan, c. Mimizan, 685. V. Pierre Arnaud de —.

—— Perdon (par. S. Pandeleonis in Campanhe). Landes, arr. et c. Mont-de-Marsan, 75.

—— Pey-de-Castets (par. S. Petri de Casteliz). Gir., arr. Libourne, c. Pujols, 238.

—— Philippe-d'Aiguille (par. S. Philippi de Brana, Vasatensis diocesis). Gir., arr. Libourne, c. Castillon, 199.

—— Pierre (Sen Per, Sent Peir, de S. Petro). V. Guillaume Raimond de —, Pierre de —.

—— —— (par. S. Petri de Gusert). Landes, arr. Saint-Sever, c. Tartas, commune de Souprosse, 112.

Saint-Pierre-d'Aris (par. S. Petri d'Aris), par. non identifiée dans la prévôté de Saint-Sever, 75, 77.
—— —— de Brustelet (par. de S. P. de Brustelhet), par. non identifiée en Fezensac? 100.
—— —— -de-la-Tour, abbaye au Puy (abbas S. Petri). V. Armand de Polignac, abbé de —.
—— —— -de-Mons (par. S. Petri a Monte, S. Petri de Monte). Gir., arr. Bazas, c. Langon, 109, 270, 360.
—— —— de-Mont-de-Marsan (par. de S. Petro, S. Petri deu Mont, S. Petri de Merciauo), 70, 89, 95, 134.
—— —— Leutrence (par. S. Petri Leutrence), par. non identifiée en Fezensac? 100.
—— Projet, par. de Bordeaux. V. Bordeaux, paroisses, et Pierre de Ferrardre, de Saint-Projet.
—— Quentin (par. S. Quintini). Lot-et-Gar., arr. Villeneuve-sur-Lot, c. Castillonnès, 256.
—— —— -de-Baron (par. S. Quintini, de S. Quintino). Gir., arr. Libourne, c. Branne, 198, 537, 605, 608, 609, 653. V. Élie Faur de —, Marie de —.
—— Remy (par. S. Remigii). Landes, arr. Mont-de-Marsan, c. Labrit, commune de Maillères, 117.
—— ——, par. de Bordeaux. V. Bordeaux, paroisses.
—— Romain-la-Virvée (par. S. Romani, dioc. Vasatensis). Gir., arr. Libourne, c. Fronsac, 689.
—— Sauveur-de-Meilhan (affarium, par. S. Salvatoris). Lot-et-Gar., arr. Marmande, c. Meilhan, 298, 320. V. Raimond Garcie de —.
—— Savin (par. de Sent Sevini). Landes, arr. Saint-Sever, c. Grenade-sur-Adour, commune de Larrivière, 116.
—— Sébastien (usque ad S. Sebastianum). Espagne, 407 [7].
—— Selve (par. S. Severii). Gir., arr. Bordeaux, c. Labrède, 663. V. Guillaume Raimond des Bordes de —.
—— Seurin (de S. Severino). V. Guillaume de —.
—— Sever (Senceuer, Sen Seuer, Sent Seuer, de Sancto Severo, villa S. Severi). Landes, 70, 125.
—— —— Abbaye, 55, 70, 140, 420, 482, 691. Abbé: Garcie Arnaud. Chapitre: Doat de Dado, fabricien; Bernard de Lalanne, cellerier; Guillaume Raimond de Mondiet, sacriste.
—— —— Actes datés de Saint-Sever, 23, 26, 30-32, 37, 41, 138-173, 397, 458.
—— —— Bailie (ballivia S. Severi), 120.
—— —— Bourgeois: Bernard d'Onès, Bernard du Bosc, Bidones de Lanavey, Otton de Grians, Raimond Arnaud du Puy.

Saint-Sever. Châtelain: Pierre Itier.
—— —— Cour royale, 23, 30-32, 42, 43, 48-58, 60, 61, 64-67, 72, 75-93, 97, 98, 100, 101, 104, 107, 124-126, 129, 134, 398, 401.
—— —— Hôpital du Saint-Esprit (hospitale S. Spiritus juxta S. Severium), 93.
—— —— Limites (infra decos S. Severii), 63, 98, 99.
—— —— Notaire public: Arnaud de Bouen.
—— —— Pariage avec le roi d'Angleterre, 510.
—— —— Prévôt royal, 130. V. Guitard de Rimbès, Pierre Itier.
—— —— Service militaire dû par les bourgeois, 63.
—— —— Vicaire (vicari de San Sever). V. Fortaner de Baulat.
—— —— V. Bernard de Saint-Sever.
—— Siméon (de S. Symeone). V. Raimond de —.
—— Simon (par. S. Simeonis in Gabardano). Lot-et-Gar., arr. Nérac, c. Mézin, 109.
—— Sulpice-de-Faleyrens (par. S. Sulpicii in districtu de Castellione). Gir., arr. et c. Libourne, 18, 240.
—— —— -de-Guilheragues (apud Guilharegos, en Guilheragues, par. de Guilheragues). Gir., arr. La Réole, c. Monségur, 294, 492, 493.
—— —— -de-Pommiers (de Pomeriis). Gir., arr. La Réole, c. Sauveterre. V. Amanieu, Guillaume Sanche, Pierre de Pommiers.
—— —— -d'Eymet (par. S. Sulpicii). Dordogne, arr. Bergerac, c. Eymet, 288-290.
—— —— -d'Izon, ou Saint-Sulpice-de-Bernac, ou Saint-Sulpice-et-Cameyrac (par. S. Sulpicii). Gir., arr. Bordeaux, c. Carbon-Blanc, 672.
—— Symphorien (affarium S. Symphoriani, par. S. Simphoriani), par. non identifiée dans l'év. d'Aire? 54, 85, 98, 125.
—— —— -Gironde (par. S. Symphoriani, dioc. Burdegalensis). Gir., arr. Bazas, ch.-l. de c., 187.
—— Trélody (par. S. Theorlodii). Gir., arr. et c. Lesparre, 561.
—— Vincent-de-Lacanau. V. Lacanau.
—— —— -de-Pertignas (par. S. Vincentii). Gir., arr. Libourne, c. Pujols, 689.
—— —— -d'Yvrac. V. Yvrac.
—— Vivien (a Sent Biban, par. de Sent Biban). Gir., arr. La Réole, c. Monségur, 488-490, 492, 493.
—— —— -Lafosse (par. S. Bibiani). Gir., arr. Blaye, c. Saint-Savin, 652.
—— Yzans (par. Sancti Discentz). Gir., arr. et c. Lesparre, 561.

Saint-Yzans (par. d'Issens). Gir., arr. Blaye, c. Saint-Savin, 553.
Sainz. V. Sanche.
Saires. V. Francs de —.
Salaboe, Salabeu. V. Sallebœuf.
Salagnac (Salanhac). V. Arnaud Brun de —.
Salamon. V. Salomon.
Salargul, ruisseau qui passe près de Bouliac. Gir., arr. Bordeaux, c. Carbon-Blanc, 520.
Salerio. V. Pierre de —.
Salers. V. Salles.
Sales. V. Garcie de —, Raimond de —.
Salhas. V. Guillaume Bernard de —.
Salhies (territorium seu affarium vocatum Salhies, in par. S. Petri de Monte), lieu dans la par. de Saint-Pierre de Mont-de-Marsan, 131.
Salies. V. Baquer de —, Pierre de —, Raimond Arnaud de —.
Salis. V. Salles.
Salisbury (Sarisberiensis decanus). V. Eustache, doyen de —.
Sallebœuf (par. de Salabeu, de Salabove, Saloboe, Saloobee). Gir., arr. Bordeaux, c. Créon, 534, 544, 545, 567, 579, 646, 665.
Salles (par. de Salis, de Salers). Gir., arr. Bordeaux, c. Belin, 16, 177, 614.
——— V. Raimond de —.
Salomon (casale de fonte de Salamon), lieu marqué sur la carte de l'État-major entre Sallebœuf et Pompignac, Gir., arr. Bordeaux, c. Créon, 534.
Saloobee. V. Sallebœuf.
Selosse. V. Chalosse.
Salternes, Salternis (de). V. Sauternes.
Salvat de Ville (Salvatus de Villa), bourgeois de Bayonne, 399, page 143, col 1.
Salviag. V. Sauviac.
Salvinhac. V. Savignac.
Saless (affarium de Saless, de Saleyss), lieu situé non loin de Pujols ou d'Uzeste, 301, 302.
Samadet (apud Samadetum, Samadir?). Lot-et-Gar., arr. Marmande, c. Bouglon, commune de Guérin, 364, p. 118, col. 1 et 2.
——— (Samedad). Landes, arr. Saint-Sever, c. Geaune, 386.
Samagia (affarium de Samagia), 301.
Samart. V. Guillaume de —.
Samason. V. Bertrand de —.
Samazan (par. de Samasano). Lot-et-Gar., arr. Marmande, c. Mas-d'Agenais, 210.
——— V. Pierre de —, Raimond de —.

Sambrek, mot estropié, dont l'équivalent en latin est Sanctus Ciricus ou S. Quiricus, c'est-à-dire Saint-Criq-Chalosse. V. Garcie Arnaud d'Amou.
Sambussa. V. Saubusse.
San Baignhiou. V. Guillaume de —.
Sanche Amanieu (Sancius Amanevi, Sanceus et Sanccius Amanous), chevalier, 224, 364, p. 117, col. 1, et p. 119, col. 2. Sa femme : Blanche de Loubens.
——— Arnaud de Domezain (Sanxius Arnaldi de Domedan), frère d'Arnaud Sanche, 403, 509.
——— ——— de Seintz (Sancius Arnaldi de Seintz), damoiseau, 396.
——— Borci (Sanccius Borci), 346. Son frère : Bidon Borci; son cousin : Arnaud Borci.
——— de Bacudallo, notaire public de Castel-Sarrazin, 451.
——— de Fagia (Sanccius de Fagia), de Meilhan, 324.
——— de Hach, évêque de Bayonne (S., Baionensis episcopus; En S. de Hath, abesque de Baione; En Sanz Hach, episcopus Baionensis), 400, 402, 404, 414, 464, 483-485, 487.
——— d'Eissas (En S. d'Eissas), témoin, 476.
——— de Labatut (Sancius de Labatut), chanoine d'Aire, 397.
——— de Lamotte (dominus Xanccius de Mota), 52. Son fils : Bernard de Lamotte.
——— de Pins, chanoine de Saint-Caprais (Sans de Pins, canonges de Sent Cabrasie), témoin, 468, p. 197, col. 1.
——— de Soumensac (Sens de Somensac), témoin, 472.
——— Loup, damoiseau, seigneur de Castanet (Sancius Lupi, domicellus, dominus de Castandet; Sainz Lupus de Castandet), 82, 171.
——— Martin de Lahet (Sans Martin de Lahet, Sancius Martini de Lahert), 487.
Sancta Alviera. V. Sainte-Alvière.
——— Basilia. V. Sainte-Bazeille.
——— Bida, par. non identifiée du Marsan, 133.
——— Cana de Boga. V. Bougue.
——— Colomba. V. Sainte-Colombe, Gir.; Sainte-Colombe, Landes; Sainte-Colombe-de-Duras.
——— Crux. V. Sainte-Croix de Lévignac; Sainte-Croix, Landes; Sainte-Croix, par. de Bordeaux.
——— Eulalia. V. Sainte-Eulalie-d'Ambarès, Sainte-Eulalie-d'Eymet, Sainte-Eulalie-en-Born, Sainte-Eulalie, par. de Bordeaux.
——— Fides. V. Sainte-Foy, Landes; Sainte-Foy-la-Grande; Sainte-Foy-la-Longue.
——— Florencia de Aruscha, S. Florenssa. V. Sainte Florence.

INDEX DES NOMS DE PERSONNES ET DE LIEUX.

Sancta Gemma. V. Sainte-Gemme.
—— Hausta in Fezensaco. V. Sainte-Fauste.
—— Katarina de Bausten. V. Bestens.
—— Logaria d'Onloans. V. Ougnoas.
—— Maria (ou beata Maria) de Belis. V. Bélis.
—— —— de Bernos. V. Bernos.
—— —— de Beus. V. Bahus.
—— —— de Heremo. V. Lerm.
—— —— de Huzesta. V. Uzeste.
—— —— de Leyshac. V. Layjac.
—— —— de Lophac. V. Loupiac.
—— —— de Malhas, de Milhans. V. Maillas.
—— —— de Montels. V. Monteil.
—— —— de Roqua (par. beate Marie de Roqua), par. non identifiée dans le voisinage de Bernos et de Roquetaillade, 296.
—— —— de Saco (par. S. Marie de Saco), par. non identifiée, non loin de Bazas, 34.
—— Matha. V. Sainte-Marthe.
—— Petronilla. V. Sainte-Pétronille.
—— Praxedis de Sobyac. V. Sauviac.
—— Quiteria. V. Sainte-Quiterie.
—— —— de Lucbardes. V. Lucbardez.
—— —— de Malheras. V. Maillères.
—— Terra. V. Sainte-Terre.
Sanct Juzan, lieu dans les Landes, 461.
Sanctus Albanus, S. Albinus. V. Saint-Aubin, Saint-Aubin-de-Blaignac, Saint-Aubin-de-Lanquais.
—— Andreas. V. Saint-André-de-Cubzac.
—— —— de Argelosa. V. Argelouse.
—— —— de Lucmaur. V. Lucmau.
—— Antonius in Theurssano. V. Saint-Antoine, Landes.
—— Arrianus (par. S. Arriani), par. non identifiée, dans le voisinage de Cachen, 137.
—— Avitus de la Roqueta. V. Rouquette.
—— —— de Marciano. V. Saint-Avit, Landes.
—— Bartholomeus de Serralos. V. Serreslous.
—— Bibianus. V. Saint-Vivien.
—— Boneutus. V. Saint-Bonnet.
—— Caprasius. V. Saint-Caprais.
—— Christoforus de Medulco. V. Saint-Christoly.
—— Christoforus in Fezensaco. V. Saint-Christaud.
—— Ciricus. V. Saint-Ciers et aussi Saint-Cricq.
—— Discentz. V. Saint-Yzans.
—— Emelianus, S. Emilianus. V. Saint-Emilion.
—— Eugendus. V. Saint-Gein.
—— Fremerius. V. Saint-Fermo.
—— Fortis. V. Saint-Faure.
—— Genesius. V. Saint-Genès.

Sanctus Georgius de Aurea Valle. V. Saint-Geours-d'Auribat.
—— Germanus. V. Saint-Germain-d'Esteuil, Saint-Germain-de-Puch.
—— —— de Camersac. V. Camersac.
—— —— de Cronhon. V. Croignon.
—— Gervasius. V. Saint-Gervais.
—— Gironcius. V. Saint-Girons.
—— Johannes. V. Saint-Jean.
—— —— de Benqueto. V. Benquet.
—— —— de Burgonsa in Marciano. V. Bergonce.
—— —— de Codz, de Godez, de Cuscis. V. Cudos.
—— —— de Curbo, par. non identifiée en Fezensac ? 100.
—— —— de Larby. V. Larbey.
—— —— de Lenquag. V. Lencouacq.
—— —— de Locnee, par. des Landes ou du Gers, non identifiée, 123.
—— —— de Ponte. V. Bordeaux, Pont Saint-Jean.
—— —— de Sauters (par. S. Johannis de Sauters). V. Sauteresse.
—— —— de Savinhac, de Sivinhac. V. Savignac.
—— —— de Sera. V. Sore.
—— —— d'Estomptis. V. Labrède.
—— —— de Villa. V. Vielle.
—— —— d'Yoi in Juliac. V. Geou.
—— Labayr. V. Saint-Loubouer.
—— Laurencius. V. Saint-Laurent-d'Arce et Saint-Laurent-du-Bois.
—— —— d'Artigavelha. V. Artiguevieille.
—— —— de Anedac, de Medac. V. Saint-Laurent-Médoc.
—— —— de Marciano, ou S. Laurencius d'Orbanhet. V. Saint-Laurent de Marsan.
—— —— de Meris. V. Saint-Laurent-des-Combes.
—— —— de Sauros. V. Sauros.
—— Legerius, S. Leodegarius, S. Leudegarius. V. Saint-Léger, Saint-Léger-de-Vignague, Saint-Léger-du-Balson.
—— Luperciús. V. Saint-Loubergt.
—— Luperculus (in loco appellato apud S. Luperculum in par. S. Johannis d'Estemptes), lieu dans la par. de Labrède, 518.
—— Lupus. V. Saint-Loubès.
—— Marianus en Borzes. V. Saint-Mariens.
—— Martinus. V. Saint-Martin.
—— —— Alerri. V. Saint-Martin-de-Lerm.
—— —— de Bretanhe. V. Bretagne.
—— —— de Capsens. V. Captieux.
—— —— de Cayssen. V. Cachen.

Sanctus Martinus de Cera. V. Cère.
Sanctus Martinus de Curton. V. Curton.
— — de Lerm. V. Saint-Martin-de-Lerm.
— — de Lias, de Linaus. V. Lias.
— — de Mazerelis. V. Mazeroles.
— — de Narigano. V. Nérigean.
— — Demuns. V. Mus.
— — de Noel. V. Saint-Martin-de-Noët.
— — de Sera. V. Cère.
— — de Sescars. V. Saint-Martin-de-Sescas.
— — de Sivert. V. Sibert.
— — de Tujosa blanca, par. non identifiée du dép. des Landes, sans doute dans le canton de Villeneuve-de-Marsan, 112.
— Medardus, V. Saint-Méard-de-Gurçon.
— — in Arruano. V. Saint-Médard-d'Eyran.
— Michael de Bars. V. Bias.
— Mons. V. Saint-Mont.
— Paulus. V. Saint-Paul-en-Born.
— Petrus d'Aris. V. Saint-Pierre-d'Aris.
— — d'Arrunhous ou d'Arrimhous, par. non identifiée dans le pays de Juliac, 110.
— — de Carssac. V. Carsac.
— — de Cassiholz, de Cassiol. V. Cassenil.
— — de Cauronac. V. Cauvignac.
— — de Cerbassan. V. Sarbazan.
— — de Flaugiac. V. Flaujac.
— — de Gorssonio. V. Gurçon.
— — de Guserl. V. Saint-Pierre, Landes.
— — de Juliac. V. Juliac.
— — de Monte. V. Saint-Pierre-de-Mons.
— — de Quinsac in Baresio. V. Quinsac.
— — de Sarbassan. V. Sarbazan.
— — de Talayson, de Taleyson. V. Taleyson.
— — d'Ospian. V. Plan.
— Philippus de Brana. V. Saint-Philippe-d'Aiguille.
— Quiricus. V. Saint-Cricq.
— — Marciani. V. Saint-Cricq-Villeneuve.
— Romanus. V. Saint-Romain-la-Virvée.
— Salvator. V. Saint-Sauveur-de-Meilhan.
— Saturnus de Pompejac. V. Pompéjac.
— Serranus (par. de S. Serrano), par. non identifiée dans la prévôté de Barsac, Gir., 636 [74].
— Severinus. V. Bordeaux, abbaye de Saint-Seurin.
— — de Galada. V. Goualade.
— Severius, S. Severus, Saint-Selve et Saint-Sever.
— — d'Arhulla. V. Arouille.
— Simeo. V. Saint-Siméon et Saint-Simon.
— Sircz. V. Saint-Ciers.
— Stephanus. V. Saint-Estèphe.

Sanctus Martinus de Boglonio. V. Bouglon.
Sanctus Stephanus de Brana. V. Branne.
— — de Lassa. V. Saint-Étienne-de-Lisse.
— Subinus (par. S. Subini), par. non identifiée, 346.
— Sulpicius. V. Saint-Sulpice-de-Faleyrans, Saint-Sulpice-d'Izon.
— Symeo. V. Saint-Siméon.
— Theolordius. V. Saint-Trélody.
— Upo (magister Bertrandus de Sancto Upo), 175; nom sans doute altéré par le copiste; corr. de S. Lupo ?
— Vincencius. V. Saint-Vincent-de-Pertignas.
— — d'Arcet. V. Arcet.
— Yllarius de Minzac. V. Minzac.
— — de Montegodi. V. Mongauzy.
Sanguet. V. Pierre de —.
Sangui Barda, témoin, 401.
Sanguinet (de Sangoineto, de Sanguineda, par. de Sanguinet). Landes, arr. Mont-de-Marsan, c. Parentis-en-Born, 687, 693.
— V. Bernard de —, Guillaume Arnaud de —.
Sanos. V. Jourdain —.
San Pandelon. V. Saint-Pendelon —.
Saus. V. Pierre de —.
Sansaner. V. Bernard de —.
Sansaner de Gerderest (En Sans Aner de Gerzerest, Sans Aner de Garzarest), 386; témoin, 382.
Santa Croiz. V. Sainte-Croix-de-Monferrand.
Sant Arredon (de loco appellato Sant Arredon usque ad Belinum), lieu près de Belin, 1.
Sant Julian. V. Saint-Julien.
Santot. V. Guillaume —.
Sant Pau. V. Saint-Paul.
Santsiard. V. Bernard de —.
Sant Sibra. V. Saint-Cyprien.
Sanxius. V. Sanche.
Sapporenx. V. Pierre Arnaud de —.
Sarbazan (Serbazan, par. S. Petri de Cerbassan, de Serbazan). Landes, arr. Mont-de-Marsan, c. Roquefort, 109, 117, 119.
Sarciag. V. Guillaume de —, Marquise de —, Rixendus de —.
Sarcias. V. Raimond de —.
Sarcignan (feudum Sarcignan). Gir., arr. Bordeaux, c. Pessac, commune de Villenave-d'Ornon, 586.
Sares. V. Pierre Arnaud de —.
Sargas. V. Guillaume de —.
Sarnes de Balenx. V. Isarn de Balenx.
Sarraziet (Sarrasier). Landes, arr. et c. Saint-Sever, 82.

Sarrebasse (Basse Sar). Basses-Pyr., arr. Oloron, c. Aramits, commune d'Ance. V. Pierre Arnaud de —.
Sarrelongue. V. Vital de —.
Sarros. V. Amat de —.
Sars. V. Pierre de —.
Sas. V. Saas.
Sasbune. V. Auger de —.
Sasterar (Sasterar in par. de Pontenx), lieu dans la par. de Pontenx, Landes, arr. Mont-de-Marsan, c. Mimizan, 685.
Satges. V. Ossages.
Saubagnac (Saubanhac, Saubaignhas, Saubinag). Landes, arr., c. et commune de Dax. V. Guillaume Arnaud de —, Guillaume de —, Pélerin de —.
Saubanhon. V. Guillaume de —.
Saubeus. V. Pierre de —.
Saubiac. V. Sauviac.
Saubo (affarium de Saubo de Brocarac), lieu près de Captieux, 235.
Sauboar (in loco vocato al Sauboar, in par. de Artigaveteri, stagia del Saboar), lieu marqué sur la carte de l'État-major entre Bazas et Uzeste, 34, 247, [14].
—— V. Arnaud de —, Vital de —.
Sauboires (par. de Sauboyras). Gers, arr. Condom, c. Nogaro, commune de Manciet, 118.
Saubusse (villa de Sambusa). Landes, arr. et c. Dax, 394.
Saubzac. V. Guillaume de —.
Sauciras. V. Arnaud de —.
Saugnac (par. de Saunhac, de Saunhaco). Landes, arr. Mont-de-Marsan, c. Pissos, commune de Saugnac-et-Muret, 574, 687.
Sauguis (Saugues). Basses-Pyr., arr. Mauléon, c. Tardets, commune de Sauguis-Saint-Étienne. V. Arnaud Guillaume de —. Cf. J. de Jaurgain, *La Vasconie*, t. II, p. 474.
Sault-de-Navailles (castrum de Saltu, castet de Saut), 88, 370-393, 411, 485.
—— Jurats et commune, 386.
—— Seigneur, 370.
—— V. Guillaume Arnaud de —.
Saumont (affarium de Saumont, inter Malum Vicinum et Malum Leonem). Landes, arr. Mont-de-Marsan, c. Gabarret, 113.
—— V. Gassion de —.
Sauner. V. Guillaume —.
Saunhaco (de). V. Saugnac.
Saunsaco (affarium de Saunsaco), lieu sans doute voisin de Labrit, 560.

Sauquart. V. Arnaud de —.
Sauquat (feodum de Sauquat), dans la paroisse de Prignac? 561.
Sauret. V. Guillaume —.
Sauros (par. S. Laurencii de Sauros). Gironde, arr. et c. Bazas, commune de Birac, 244.
Saut de Baubion (hospitale de Saut de Baubion), 84.
Sauteresse (par. S. Johannis de Sauters). Landes, arr. Dax, c. Saint-Vincent-de-Tyrosse, commune de Saint-Martin-de-Hinx, 551.
Sauternes (par. de Salternas, de Salternis), 179, 626, 633-636 [11, 12, 46], 640, 657.
Sauvelaure (Seuba Laura, Silva Laura). V. Raimond de —.
Sauve-Majeure (apud Silvam, Silvam majorem, in Silva majore vel circa Silvam). Gir., arr. Bordeaux, c. Créon, 341, 537, 548.
—— Abbaye, 198, 202; maison de l'infirmerie près de l'église, 448.
—— Abbé, 584, 605.
—— Damoiseau : Élie de Tastes, Élie de Lacase.
—— Bourgeois : Arnaud de Lalande, Arnaud fils de Pierre de Bazas, Bernard du Marché, Élie Carpenter, Élie de Tastes, Géraud Bonafous, Guillaume Barrau le Jeune, Guillaume Raimond de Saint-Pierre, Guillaume Sauner, Pierre Alegre, Pierre Jean, Raimond du Puits, Raimond Élie.
—— Greffier (cartelari de La Seuba) : Pierre Terrane.
—— V. Constantin Viger de —, Élie de —, Pierre Gombaud de —, Pierre Viger de —.
Sauveterre-de-Béarn (apud Salvam terram in episcopatu Oleronensi, apud Silvam terram). Basses-Pyr., arr. Orthez, ch.-l. de c., 403, 411, 509.
—— Actes datés de Sauveterre, 411, 476.
—— Cour (la cort de Saubaterra en la glisa de l'ospitau), 476.
—— V. Arnaud de —.
Sauviac (apud Salviag, par. S. Praxedis de Saubiac, de Sobyac). Gir., arr. et c. Bazas, 244, p. 76, col. 1, 248 [10].
—— V. Arnaud de Sainte-Praxède de —, Guillaume de —.
Savari (Savaric) de Lonzugunhan, témoin, 479.
—— de Mauléon (dominus Severicus Malileonis), sénéchal de Gascogne, 123.
Savemuy. V. Arnaud Guillaume de —.
Saviac Sevin. V. Bernard de —.
Savignac (castrum de Savinhac, par. S. Johannis de Savinhac). Gironde, arr. Bazas, c. Auros, 240, 356.

Savignac. V. Guillaume Arnaud de —, Huguet de —, Pierre de —.
—— (par. de Salvinhac). Lot-et-Gar., arr. Marmande, c. Duras, 327.
Savinihan (locus qui dicitur Savinihan), en Médoc, 535.
Saye (Saya), ruisseau de la Gir. qui passe à Laruscade, 553.
—— V. Brun de —, Géraud de —.
Scalcta. V. Pons de —.
Scarhona. V. Pierre de —.
Scodacan. V. Élie de —.
Scorreni, mas voisin de Puyguilhem, 284.
Segas. V. Arnaud de —.
Segensac. V. Pierre de —.
Segonzac. V. Bertrand de —.
Segrensan, lieu dans la commune de Vayres, 605.
Segrestau, V. Bertrand —.
Seguer. V. Doat de Lamotte de —, Fort du —.
Séguin (Seguinus), 364, p. 118, col. 1. Sa nièce : Blanche.
—— (Sequinenqui), famille des Séguin, 275. V. Arnaud —, Bernard —, Vital —.
Séguin Barbe (Seguinus Barba), bourgeois de Bordeaux, 518.
—— de Gardonne (Seguinus de Gardona), 281.
—— du Puits (Seginus de Puteo), 548.
—— du Puy (Seguinus du Puy), seigneur landais, 173.
Séguine (Seguina, filia que fuit R. de Florrac), femme de Baionesius de Moleras, 253.
Ségur. V. Bernard de —, Garcie de —.
Séguret (abbas Segureti) ou Saint-Michel-l'Aiguille, 409.
—— V. Eustorge de Montaigu, abbé de —.
Seignanx (Seviantz, terra de Seignancs), pays du dép. des Landes, 464. V. Jean de —.
Seignoron del Espiet (Senhoronus del Espiet), 364, p. 118, col. 1. Le même que Seignoron Espès?
—— de Loubens (Senherionus de Lobenx), 364, p. 117, col. 1.
—— de Mauriet (En Senheron de Maur, deu Maur, Seneronus de Mauriet), 214; témoin, 373, 374, 391-393.
—— de Moissac (Senoronus de Moissac; Scenhoronus, Senhoronus, Seynoronus de Moyssac), témoin, 682, 683, 685, 686, 691-694.
—— de Pinsac (Senhoronus de Pinsac), 321.
—— du God (Senheronus del God), 304.
—— Espes (Senhorenus) Espes, 106. Sa fille : Flore.

Seignoron Gasc (Senhorom Vasco, Senhoronus Gasc), 326, 427.
—— —— du Puy, le Vieux (Seneronus Gasc de l'odio, senior), témoin, 425.
Seint Columbe. V. Sainte-Colombe.
—— Johan. V. Saint-Jean-de-La-Catelle.
—— Jors. V. Arnaud de —.
—— Julian. V. Saint-Julien.
—— Orens. V. Saint-Orens.
—— Sevi. V. Sainte-Sabine.
—— Siard. V. Bernard de —.
Seintz. V. Sanche.
Seiras. V. Donad de —.
Seissac. V. Cézac.
Seitosac (mercatum de Seitosac), lieu voisin de Blanquefort? 580.
Semela. V. Pierre de —.
Semenac. V. Guillaume de —.
Semens (par. de Sements). Gir., arr. La Réole, c. Saint-Macaire, 685.
Semensac. V. Soumensac.
Semprosse. V. Souprosse.
Senac. V. Cenac.
Sen Arremedi. V. Pierre du Trough de —.
Senceyer. V. Saint-Sever.
Sendède (milicia de Sendeeda). Landes, arr. Saint-Sever, c. Hagetmau, commune de Castelner, 88.
Sendets (Cendets, Sendetz). Basses-Pyr., arr. Pau, c. Morlaas, 84, 102.
—— (castrum de Sentedz). Gir., arr. Bazas, c. Grignols, 466, 467.
—— V. Guillaume Arnaud de —.
Sendoma de Cauvignac (Sendoma de Caurinhac), donation qu'elle fait au prieuré de Caudrot, 310.
Senebran de Benquet (Senebrunus de Benquet), frère d'Amanieu de Benquet, 92, 134.
—— de Got (Senebrunus de Goto), 5.
—— de La Tour (Senebrunus de Turre), témoin, 426.
——, sire de Lesparre (dominus Senebrunus, dominus Sparre; lo noble bars En Senebran, senhor de Lesparra, de Lesperra), 190, 380; témoin, 377, 378, 381, 420.
—— V. Bernard de —.
Seneronus. V. Seigneron.
Sen Giard. V. Bernard de —.
Senheronus, Senhoronus. V. Seignoron.
Seniantz. V. Seignanx.
Sen Jaque de Baliers, par. non identifiée dans l'év. de Lescar? 482.

Sen Jaque de Mondied. V. Mondied.
—— Johan. V. Saint-Jean.
—— Lebun. V. Saint-Lon.
—— Martin. V. Saint-Martin.
—— —— de Nueles. V. Saint-Martin-de-Noët.
—— —— de Turober, par. non identifiée de l'év. de Lescar? 482.
—— Per. V. Saint-Pierre.
—— —— d'Anzag, par. non identifiée de l'év. de Lescar? 482.
Sens (homines de Sens), lieu dans la paroisse de Podensac? 557.
Sens. V. Sanche.
Sen Sever. V. Saint-Sever.
Senta Bazelha. V. Sainte-Bazeille.
Sent Alari. V. Saint-Hilaire-la-Noaille.
Sentaralh (affarium S. Germani et de Sentaralh), lieu qui, sur la carte de l'*Hist. monast. S. Severi* par dom Du Buisson, est marquée dans la par. de Sainte-Eulalie-Saint-Araille, Landes, commune de Saint-Sever-sur-Adour, 70.
Sent Biban. V. Saint-Vivien.
—— Cane. V. Sainte-Cane.
—— —— de Boga. V. Bougue.
—— Circz de Canesse en Borzes. V. Saint-Ciers-Canesse.
—— Clar. V. Saint-Clar.
—— Corme. V. Saint-Côme.
Sentedz. V. Sendets.
Senteres. V. Guillaume de ——.
Senters. V. Pierre de ——.
Sent Fromer. V. Saint-Ferme.
—— Geremes (a Ssent Geremes, in par. d'Avarriano), lieu dans la par. de Baron, 641.
—— Germen. V. Saint-Germain.
—— Gor. V. Saint-Gor.
—— Johan de Mongauzi. V. Mongauzy.
—— Laur. V. Saint-Laurent.
—— Mezart. V. Saint-Mézart.
—— Miquel. V. Saint-Michel, Saint-Michel-de-Lapujade.
Sentot. V. Bernard ——, Gombaud ——, Guillaume Raimond ——.
Sent Sever. V. Saint-Sever.
—— Sevini. V. Saint-Savin.
Sepian (locus appelatus Sepian in districtu Sparre). Gir., arr. et c. Lesparre, commune de Valeyrac, 192.
Sequinenqui. Famille des Séguin, 275.
Ser (curia del Ser). V. Marsan.
Sora. V. Sore.
Serallos. V. Serreslou.

Seran. V. Céran.
Serbassan, Serbazan. V. Sarbazan.
Sercius de Castet, chevalier, 358.
Seres. V. Arnaud de ——.
Sergent (Servientis). V. Pierre ——.
Serinac (terra de Serinac), lieu dans la vallée du Ciron? 340.
Sernhac (affarium de Sernhac in par. de Gods), lieu dans la par. de Gouts, 246 [4].
Seron. V. Cérons.
Seroun. V. Raimond Guillaume de ——.
Serralenque. V. Guillaume de ——.
Serrales. V. Serreslou.
Serrer. V. Pierre ——.
Serres ou Saint-Martin-de-Serres. V. Anissant de ——, Bernard de ——, Gautier de ——, Guiraut de ——, Pierre de ——.
—— (casale a Serras), lieu près de Saint-Sever? 63.
Serres-Castet (milicia de Serras, in par. de Castcede). Basses-Pyr., arr. Pau, c. Morlaas, 128.
—— V. Otton de Serres.
Serres-Gaston (lo castet de Serre Gaston, milicia et locus, par. de Serra Gaston, de Serra Gastonis). Landes, arr. Saint-Sever, c. Hagetmau, 29, 102, 126.
—— V. Guillaume de Serres, Guillaume Bernard de Serres.
Serreslou-et-Arribans (par. S. Bartholomei de Serrales, milicia de Serallos in par. de S. Bartholomeo d'Arrivans). Landes, arr. Saint-Sever, c. Hagetmau, 83, 102.
Serrite. V. Garcie Arnaud de ——.
Serta. V. Laserte.
Servat. V. Costallus ——, Pierre de ——.
Servientis. V. Sergent.
Sescas (Sescars, Sesquors, Sescasse, affarium de Sescars), 302. V. Saint-Martin-de-Sescas.
—— V. Arnaud Garcie de ——, Bertrand de ——, Garcie Arnaud de ——, Guillaume Raimond de ——, Michel de ——, Raimond Garcie de ——.
Sesquas (moliar de Sesquas in par. S. Michaelis de Bias). lieu dans la commune de Bias, Landes, arr. Mont-de-Marsan, c. Mimizan, 681.
Sessio (de). V. Sos.
Sestras. V. Cestas et Soustras.
Setsac. V. Cezac.
Seuba Laura. V. Sauvelaure.
Seubist. V. Arnaud de ——, Guillaume de ——, Guillaume Jean de ——, Jean de ——.
Seugarsque (locus appellatus Seugarsque in par. de Sezac), lieu dans la par. de Cézac, 553.

Seula. V. Soule.
Severicus. V. Savari.
Severinus. V. Seurin.
Seyguinissa. V. Pierre Arnaud de —.
Seyurac. V. Civrac.
Sezac. V. Cézac et Cissac.
Sibas (Sivas). Basses-Pyr., arr. Oloron, c. Tardetz, commune d'Alos-Sibas. V. Guillaume Arnaud de —.
Siberto (de). V. Sivert.
Siçac. V. Cissac.
Sigin. V. Séguin.
Sigurs, Sigueris. V. Soueyres.
Silossa. V. Chalosse.
Silva. V. Sauve-Majeure.
Silva Laura. V. Sauvelaure.
Simon de Montbreton (Simon de Monthebretone), 343.
—— de Montfort, comte de Leicester (Simons de Montfort, coms de Leycestre; Symon, comes Leicestrie), 408, 423.
—— de Rochechouart, archevêque de Bordeaux (Simon, arch. de Bordeu), 36.
Sina. V. Guillaume Arnaud de —.
Sinbanera (villa de Sinbanera in episcopatu Aquensi), terre appartenant à l'abbaye de Saint-Sever dans le dioc. de Dax, 70.
Singuemal. V. Pierre —.
Sirac. V. Guillaume de —.
Siran. V. Raimond de —.
Sireys. V. Jean de —.
Sis. V. Espanhon de —, Guillaume Raimond de —, Unaud de —.
Sivert. V. Civert.
Sivrac. V. Civrac.
Solabere. V. Soubère.
Soboars. V. Arnaud de —.
Sobyac. V. Sauviac —.
Soc. V. Guillaume —.
Sok. V. Bernard de —, Pierre Arnaud de —.
Solac, Solacum. V. Soulac.
Soler (de Solio, de Solerio). V. Gaillard du —, Rostand du —.
Solialdi. V. Constance —.
Sollossa, Solossa. V. Chalosse.
Somessac. V. Soumensac.
Somordz. V. Guillaume Jourdain de —.
Somfroi, lieu dans la Soule, dont le nom est peut-être altéré par le copiste, 398.
Sorber. V. Sourbey.
Sorde (Sordua, Sordoe). Landes, arr. Dax, c. Peyrehorade, 403, 508, 509.

Sorde. Abbé (abbas Sorduc, abat de Sordua), 403, 479, 509; témoin, 420.
—— Actes datés de Sorde, 403, 509.
—— Bourgeois, 403, 509. V. Arnaud Guillaume Basin, Bertrand de Lasalle, Guillaume Arnaud de Larreule, Raimond de Castillon.
—— V. Jean de —, Pierre de —.
Sore (par. S. Johannis de Sora). Landes, arr. Mont-de-Marsan, ch.-l. de c., 562.
Sormon, lieu en Marsan, 75.
Sorolle. V. Jean de —.
Sorona. V. Cérons.
Sorsac. V. Soussac.
Sort. V. Navarra de —, Raimond Bernard de —.
Sos (a Sos, castrum de Sossio). Lot-et-Gar., arr. Nérac, c. Mézin, 100, 466.
—— Cour royale, 109.
—— V. Guillaume Raimond de —.
Sotis. Corr. Gotis et voir Gouts.
Soubère (Sobabere). Gers, arr. Condom, c. Cazaubon, commune de Mauléon, 72.
Soubestre (Saubestre, in Sylvestri), pays compris aujourd'hui dans le dép. des Basses-Pyr., c. Geaune, 49, 54, 74, 84, 470.
—— Archidiaconé (arcediagnad de Soubestre), 482.
—— V. Larreule —.
Soubre. V. Amat —.
Soueyres (apud Suiguers, de Suigueris, par. de Sigueris, de Sigurs). Lot-et-Gar., arr. Marmande, c. et commune de Bouglon, 364.
—— V. Donat Guillaume de —, Guillaume Vivent de —.
Soulac (apud Solacum, justicia de Solac). Gir., arr. Lesparre, c. Saint-Vivien, 191, 525.
Soule (homines de Seula, vicecomitatus de Seula, de Scule), pays du dép. des Basses-Pyr., 394, 398, 411.
—— Cour royale, 396.
—— V. Auger de Mauléon, vicomte de —, Marquise, vicomtesse de —.
Soumensac (Semensac, Somessac). Lot-et-Gar., arr. Marmande, c. Duras. V. Carbo de —, Monachus de —.
Souprosse (castrum de Semprosse). Landes, arr. Saint-Sever, c. Tartas, 70.
Sourbey (Sorber, Surbet). Gir., arr. Bordeaux, c. Castelnau-de-Médoc, commune de Cussac. V. Fortou du —, Gaillard du —, Pierre du —.
Souslens (milicia de Sossleys in par. de Castanhous). Landes, arr. Saint-Sever, c. Amou, commune de Castaignos-Soulens, 86.
—— V. Roland de —.

59.

INDEX DES NOMS DE PERSONNES ET DE LIEUX.

Soussac (par. de Sorsac). Gir., arr. La Réole, c. Pellegrue, 238.
Soussans (Surssans). Gir., arr. Bordeaux, c. Castelnau-de-Médoc. V. Vital de —.
Soustras (lana de Sestras), lande dans la banlieue (infra decos) de Saint-Sever, 63.
Sout. V. Sault.
Sparra. V. Lesparre.
Stagia. V. Lestage.
Stagiis (de). V. Guillaume de —
Stagno (de). V. Estang.
Steissit. V. Raimond de —.
Stephanus. V. Estèphe et Étienne.
Steyes. V. Vital de —.
Stiber. V. Estibeaux.
Strantona. V. Robert de —.

Subtus Muro, Dessous-le-Mur, nom d'une rue à Bordeaux, 193.
Sudre. V. Arnaud —, Arnaud Bertrand.
Suiguers. V. Soueyres.
Supercamp (homines de Supercamp), 622.
Surbet. V. Sourbey.
Suredordum, nom estropié. V. Guillaume de —.
Surssans. V. Soussans.
Sybert, Sybert. V. Civert.
Sylvestris. V. Soubestre.
Syman. V. Guillaume Arnaud de —.
Syra (domus S. Johannis prope Syram), lieu près de Saint-Jean-de-la-Catelle, 72.
Syreys. V. Jean de —.
Syron. V. Cirou.

T

Tabanac (par. de Tavanac, de Tavanaco). Gir., arr. Bordeaux, c. Créon, 531, 537, 586, 612, 647.
—— V. Arnaud de —, Pierre de —.
Tacon. V. Arnaud —.
Taillan (par. S. Hillarii de Autelha). Gir., arr. Bordeaux, c. Blanquefort, 35.
Taillecavat (castrum, par. de Talhacavat). Gir., arr. La Réole, c. Monségur, 225, 259.
—— (feodum de Talhacavat), lieu dans la par. de Bouglon, 364, p. 119, col. 1.
Talahor. V. Édouard de —
Talais (de Thalesio, par. de Talis). Gir., arr. Lesparre, c. Saint-Vivien, 561.
—— V. Olivier de —.
Taloison. V. Taleyson.
Talence (locus appellatus A Talenssa), auj. quartier de Bordeaux, 19.
Talentar (homines de Talentar in par. de Cabanac). Gir., arr. Bordeaux, c. Labrède, commune de Cabanac-et-Villagrens, 518.
Taleyson (par. de Taleyzon, de Taleyson, de Taloizane; par. S. Petri de Talayson; par. de Talezon, dioc. Vasatensis; Thalaizon, Thaleyzon). Gir., arr. et c. Bazas, commune de Bernos, 197, 246 [29], 247 [1, 3-10, 12], 255. Cf. Gaillon, *Les Châteaux de la Gironde*, t. I, p. 386.
—— Habitants : Arnaud Guillaume de —, Bernard de —, Cazeneuve de —, Jean Arrostanch de —, Pierre de Labat de —.

Taleyson. V. Arnaud de —, Guillaume de —, Raimond de —.
Talis. V. Talais.
Talmont (Thalamon). Char.-Infér., arr. Saintes, c. Cozes, V. Raimond de —.
Taloizane. V. Taleyson.
Taney. V. Godefroi de —.
Tontalon, Tantalone (de). V. Tontoulon.
Tapier (Taperii). V. Jean —.
Tarbes (burgus et burgenses, villa Tarvie). Hautes-Pyr., 408.
—— Acte daté de Tarbes, 408.
Tarde (Tarda). V. Guillaume Arnaud de —, Raimond Arnaud de —. J. de Jaurgain, *La Vasconie*, t. II, p. 474, identifie cette localité avec Tardetz-Sorholus.
Tarigos (caseu a Tarigos), 24. L'abbé Légé, *Les Castelnau-Tursan*, t. I, p. 50, t. II, p. 26, 117, place ce lieu dans la par. de Buanes, Landes, arr. Saint-Sever, c. Aire-sur-l'Adour.
Taron. V. Amat de —.
Tarrane (Tarrana). V. Pierre de —.
Tartas (vicecomes Tartacensis, Tartasensis; viscomte de Tartas), 41, 141, 479, 692.
—— V. Pierre de Dax, vicomte de —.
Tartas (terra de Tartas in par. de Sent Gor), lieu dans Saint-Gor, Landes, arr. Mont-de-Marsan, c. Roquefort, 119.
Tartugueire (feodum de Tartugueire, in par. de Prinhac), lieu dans Prignac-en-Médoc, 561.

Tastes (de Tastis). On lit dans les *Arch. hist. Gir.*, t. XXII, p. 871 : « Il y avait une maison noble de Tastes à Sainte-Croix-du-Mont, une autre à Barsac, une troisième à Vensac. » V. Arnaud de —, Bernard de —, Élie de —, Guillaume de —, Guillaume Arnaud de —, Pierre de —, Raimond de —, Raimond de Tastes, damoiseau, de Barsac.

Taudiars. V. Amanieu de —.

Taudenet, 193, lieu dans la par. de Mériguac, d'après *Arch. hist. Gir.*, t. XXII, p. 230 et table du t. XL.

—— V. Ebrayda, dame de Veyrines et de Taudenet.

Taudin. V. Pierre de —.

Taur. V. Pierre Guillaume du —.

Tavernes (par. de Cavernas, corr. Tavernas). Gers, arr. Condom, c. Cazaubon, commune de Parleboscq, 100.

Taylayson. V. Taleyson.

Tebautz. V. Thibaut.

Teich. V. Le Teich.

Teit. V. Gaucelm —.

Telbautz. V. Thibaud.

Telberi de Gourart (une variante l'appelle Telb. de Genssac), témoin, 423.

Temple (feodum de Templo apud Ffiguers), fief dans la par. de Bouglon ? 364.

—— Lettres délivrées par le Temple pour la Terre Sainte, 506, p. 230, col. 2.

Terrefort (manerium de Terraforti, par. S. Andreæ de Trancfort). Gir., arr., c. et commune de Saint-André-de-Cubzac, 554. V. Jean de —.

Terre Sainte, 506, p. 230, col. 2.

Tersac (par. de Terssac). Lot-et-Gar., arr. Marmande, c. et commune de Meilhan, 339.

Tetbauz. V. Thibaud.

Textoris. V. Tissier.

Texun. V. Raimond —.

Teys. V. Le Teich.

Teyssoeres (casale vocatum Teyssoeres in par. S. Albini). Landes, arr. Saint-Sever, c. Mugron, commune de Saint-Aubin, 129.

Thalaizon. V. Taleyson.

Thalamone (de). V. Talmont.

Thalesio (de). V. Talais.

Thaleyzon. V. Taleyson.

Thanney (Thaney, Thany, Thanacher). Eure, arr. Bernay, c. Broglie, commune de Ferrière-Saint-Hilaire. V. Gautier de —, Luc de —.

Themolac, Themolato (de). V. Trémolac.

Thénac (Tenac). Dordogne, arr. Bergerac, c. Sigoulès. V. Arnaud de —.

Theobaldus. V. Thibaut.

Theursano (de). V. Tursan.

Thibaud de Gien, prieur de La Réole (Telbautz, prior de Reula), témoin, 423. Cf. dom Maupel, *S. Petri de Regula historico-chronologica Synopsis*, dans *Arch. histor. Gir.*, t. XXXVI (1901), p. 31.

—— de Noaillan (dominus Theobaldus de Novelliano), chevalier, 180.

—— de Peyrusse (Tebautz et Tetbauz de Peirosa), Theobaldus de Petrucia), chevalier, 401.

—— de Rimous (Theobaldus de Rumodz), 225.

Tholena. V. Toulenne.

Tholosanum. V. Toulousain.

Tholose. V. Toulouse.

Thomas Bek, évêque de Saint-David en Galles (Thomas, Menevensis episcopus), témoin, 689.

—— de Bordeu, de Bourg, 577.

—— de Cerauna, 665.

—— de Clare (dominus Thomas de Clare, nobilis vir dominus Thomas de Clara), lieutenant du prince Édouard, 505 ; témoin, 452.

—— de Pulesdam (magister Thomas de Pulesdam), 408.

—— de Rieu (Thomas de Rivo), de la par. d'Yvrac, 680.

—— de Vinhas, 246 [24].

—— d'Ippegrave (dominus Thomas de Ippegrava ; mon senhor En Thomas d'Epigraue, d'Ypegraue), sénéchal de Gascogne pour le prince Édouard, 397, 404, 414, 415.

—— Doumaju, bourgeois de Bayonne, 399, p. 143, col. 1.

Thomasse (Thomassa), femme d'Arnaud Bernard, 656.

Thoumeyragues (par. de Todm[er]ag). Gir., arr. Libourne, c. Sainte-Foy-la-Grande, commune de Lèves-et-Thoumeyragues, 238.

Thoyac (stagia de Thoyac), maison dans l'Entre-Dordogne, 655.

Tilh (Tilh, de Tylio). Landes, arr. Dax, c. Pouillon. V. Gaillard de —, Guillaume Arnaud de —, Jean de —.

Tiran, château dans la par. de Saint-Médard-en-Jalle. V. Gombaud de —.

Tirepan (pedagium del barat de Tirepan usque Borailhan, inter Lodesam et Miudor), lieu entre la Douze et le Midou, 72.

Tissier (Textoris). V. Guillaume —.

Tivras (Tyorans, Tyaros). Lot-et-Gar., commune de Marmande. V. Bernard de —.

Tizon. V. Forton —, Gaillard —, Guillaume —, Raimond —.

Toartz. V. Guillaume —.

Todmag (par. de Todmag). Corr. Todmerag et voir Thoumeyragues.

Toloffe. V. Vital de —.

Tonneins (Tonenx). Lot-et-Gar., arr. Marmande, ch.-l. de c. V. Étienne Ferriol de —.

Tontoulon ou Tantalon (castrum de Tontolone, par. de Tantalon, de Tontalon), une des par. de Bazas, 235, 245.

—— V. Guillaume Arnaud de —.

Torabren. V. Torrebren.

Tord. V. Tort.

Torn. V. Guillaume Pierre de —.

Tornacopa. V. Tournecoupe.

Torne. V. Le Tourne.

Torrebren (castrum de Torabren, de Torrebren in Torrabrenesio). Gers, arr. Condom, c. Montréal, commune de Labarrère, 465, 466, p. 192, col. 2.

Tort (par. de Tord, milicia de Tort), 26, 57. Selon Cazauran, Gée-Rivière, p. 3, c'est le nom d'une par. disparue qui était avec Rivière annexe de Lanux; aujourd'hui commune de Gée-Rivière, Gers, arr. Mirande, c. Riscle.

—— V. Gaucelm —.

Tortoron (feodum de Tortoron), fief dans la juridiction de Lesparre, 192.

Tosse (Tossa). Landes, arr. Dax, c. Soustons. V. Pierre de —.

Toujouse (Tuyose; milicia de Tuyose; par. de Tujosa Blanca). Gers, arr. Condom, c. Nogaro, 97, 106. Voir plus haut l'art. Broquère. Cazauran, Le Pouillé du dioc. d'Aire, p. 134, marque dans l'archiprêtré du Plan: «ecclesia de Broquera et Tolosa alba» où «Tolosa alba» doit être identifié avec Toujouse; l'évêque, y est-il dit, p. 93, «prend toute la dîme dans Houtanx, Loubenx, Broquère et Toujouse». Le même Pouillé mentionne encore, p. 64 et 138, «Tolosa» dans l'archiprêtré de Chalosse; c'est Toulouzette. D'autre part, il est vrai, Cazauran semble identifier avec Toulouzette la par. de Sainte-Quitterie de «Tolosa blanca», p. 64.

Toulenne (par. de Tholena). Gir., arr. Bazas, c. Langon, 633, 635.

Toulousain, ou pays de Toulouse (Tholosanum), 45.

Toulouse (Tholosa). V. Pierre Bernard de —, Pierre Ranetcaval de —.

Tour (dominus Turris, honor de Turri in dioc. Burdegalensi, in baronia de Genciaco). Gir., arr. Libourne, c. Pujols, commune de Pessac-sur-Dordogne, 203, 205, 644.

—— V. Sénébrun de la —.

Tourne. V. Le Tourne.

Tournecoupe (castrum de Tornacopa, Lectorensis dioc.). Gers, arr. Lectoure, c. Saint-Clar, 473.

Trabes. V. Géraud de —, Vital de —.

Trajeto (de). V. Tregey.

Tramalhag. V. Monimerus de —.

Trazits (par. de Tresigues). Gir., arr. et c. Bazas, commune de Gajac, 355.

Tregey (portus de Trageto, a Burdegala ad Trajetum), port et passage près de Bordeaux, 520. On lit au même numéro «cives de Trageto», ce qui désigne les bourgeois de Bordeaux possesseurs des droits perçus pour ce passage.

Tremblet (apud Tremblet), lieu voisin de La Réole? 238.

Tremelet. V. Raimond de —.

Trémolac (de Themolat, prepositus de Themolac). Dordogne, arr. Bergerac, c. Sainte-Alvère, 216.

—— V. Itier de Cerre, prévôt de —.

Trena. V. Latresne.

Trencaléon. V. Bernard de —.

Trencard de Grissan (Trencardus de Grissan), 665.

Trench, Trengh. V. Arnaud du —, Arnaud Baudoinh du —, Pierre du —, Vital du —. Est-ce une mauvaise lecture pour Treuch, Treugh?

Trenchaleo, femme de Gaillard Colom, 9.

Tresigues. V. Trazits.

Tresses (ecclesia, par. de Tressas, de Tressis). Gir., arr. Bordeaux, c. Carbon-Blanc, 534, 544, 545, 586, 588, 601, 619.

—— V. Bernard de —.

Treugh (homines deu Treugh in par. S. Lupi), lieu dans la par. de Saint-Loubès, 559.

Tribus rivis (affarium, vilagium de Tribus rivis), lieu dans le Marsan? 56, 72.

Troncon. V. Pierre Jean de —.

Tropeita. V. Guillaume Miles de —.

Tropins (laguna de Tropins), étang formé par le ruisseau d'Aulède, dans le comptau de Cabanac, 679.

Tuit. V. Jean —.

Tujosa Blanca. V. Toujouse.

Turenne (Turenna, Turrenna). Corrèze, arr. Brives, c. Meyssac. V. Marguerite de —.

Turri (de). V. Tour.

Tursan (in Theurssano), pays du dép. des Landes, 42, 54, 56, 64, 81, 82, 115. V. Castelnau-de-Tursan, Roquefort en Tursan.

Tus (affarium del Tus), lieu dans l'év. de Bazas, non loin de Roquetaillade? 212. C'est aussi le nom d'un affluent du Ciron.

Tuscurs. V. Raimond Garcie de —.

Tutèle (Tudela), temple païen ruiné à Bordeaux, 19.
Tuyose. V. Toujouse.
Tyaros, Tyorans. V. Tivras.
Tylio (de). V. Tilh.
Tynades (mandaria de Tynades), 554.

Tynayle. V. Bernard de Verdeles, seigneur de —.
Tyngh (aqua que vocatur Lo Tyngl; deu Tyngh usque ad rivum d'Aulaeda; sicut se levat deu Tyngh versus petram de Lasorgent), ruisseau, sans doute affluent du Ciron; il passait dans la par. de Cabanac, 677, 679.

U

Uberta. V. Lubert.
Ucera. V. Cére.
Uchacq (par. d'Uschac et de Cera). Landes, arr. et c. Mont-de-Marsan, commune d'Uchacq-et-Parentis, 60.
Uchart. V. Uhart.
Udossa. V. Douze, rivière.
Ugorn. V. Jean d'—, Raimond d'—.
Ugues. V. Hugues.
Uguhri. V. Pierre d'—.
Uhart (Uchart, Ubart). Basses-Pyr., arr. Mauléon, c. Saint-Jean-Pied-de-Port, commune d'Uhart-Cize. V. Pierre Arnaud d'—.
Ulabrocel (affarium de Ulabrocel), lieu près de Caudrot? 221.
Unaud de Sis (Unaldus de Sis), seigneur landais, 171.

Urgons (villa de Orgoes). Landes, arr. Saint-Sever, c. Geaune, 42.
Uriart. V. Bertrand d'—.
Urisse. V. Aurice.
Urta. V. Dorte.
Usar. V. Uza.
Uschac. V. Uchacq.
Usclat. V. Pierre —.
Ussas (par. de Ussas del God), par. non identifiée, dans le voisinage de Marimbaut et de Poussignac, 298.
Ustaritz (molendinum d'Eustaritz, molin d'Ustiariz). Basses-Pyr., arr. Bayonne, ch.-l. de c., 484.
Uza (lo castet apperat Usar). Landes, arr. Dax, c. Castets, 417, 477.
Uzeste (par. de Uzesta, par. beate Marie de Husesta, de Huzesta). Gir., arr. Bazas, c. Villandraut, 187, 237, 302, 304, 305.

V

Vacher. V. Élie —.
Vairon. V. Raimond de —.
Vaivila. V. Beivile.
Valantinhan (feodum de Valentinhan), lieu près de Bordeaux, 645.
Valeyrac (Balirac). Gir., arr. et c. Lesparre. V. Raimond de —.
Vallibus (de). V. Bats.
Vanier. V. Guillaume —.
Vaquier (Vaquerii). V. Guillaume —.
Varesio (de). V. Barès et Ambarès.
Varet (locus vulgariter appellatus Varet in par. S. Martini). Gir., arr. Libourne, c. Guitres, commune de Saint-Martin-du-Bois, 553.
Vareto (de). V. Baret.
Variis (de). V. Vayres.
Varlaor (feodum de Varlaor), lieu près de Bouglon, 364, p. 118, col. 2.
Varressac (ecclesia de Varressac), église voisine de Barsac, 617.

Varti. V. Guillaume de —.
Vasatum, Vasatensis, Vasatz. V. Bazas.
Vasco. V. Gasc.
Vasiata de Tastes (Vasiata de Castas, corr. Tastas), 364, p. 118, col. 2.
Vaudreuil (apud Vallem Rodolii), 196.
Vuus. V. Gausbert de —.
Vayres (dominus de Variis). Gir., arr. et c. Libourne, 605.
Veerr. V. Garcie de —.
Veger. V. Guillaume Raimond du —.
Veirines. V. Veyrines.
Venked. V. Benquet.
Vensac (par. de Benssac). Gir., arr. Lesparre, c. Saint-Vivien, 6.
—— V. Amaubin de —.
Verdeles. V. Guillaume Bernard de —.
Verger. V. Raimond du —
Vernede. V. Bernède.
Verneto (de). V. Bernet.

Verneuii (apud Bernoyl), chapelle dans la par. de Saint-Pey-de-Castets, 238. Cf. L. Drouyn, *Variétés Girondines*, t. II, p. 231.

Vertheuil (Bertulh, abbas de Bertolio, par. de Bertholio). Gir., arr. Lesparre, c. Pauillac, 558, 616.

—— V. Pierre Itier, chanoine de —.

Veyrines (Beyrines, Veirines). Gir., arr. Bordeaux, c. Pessac, commune de Mérignac, 16.

—— V. Brayda, dame de —.

Vézian de Blaziert (Vezianus, Vizianus de Blasirt), chevalier, curateur de Vézian, vicomte de Lomagne, 175, 176.

——, vicomte de Lomagne (Bezianus, Vezianus, Vizianus, vicecomes Leomannie), 175, 468, 475.

Vialotte (par. de Liblota). Landes, arr. Mont-de-Marsan, c. Roquefort, commune de Saint-Gor, 119.

Via Maleira. V. Pierre de —.

Via Meylora. V. Jean de —.

Vibianus. V. Vivien.

Vic (Big, de Vico). V. Arnaud de —, Jean de —.

Vidal (Vidal, de Vidali, Vidas, Vidats). V. Guillaume de —, Guiot de —, Jean de —, Raimond de —.

Vidalh (par. de Vidalh), par. non identifiée dans le voisinage de Cocumont et de Meilhan, Lot-et-Gar., 348.

Vidalie Beton, femme de Garcie de Bora, 316.

Vidas, Vidats. V. Vidal.

Vidau. V. Guillaume —.

Vidotus. V. Guiot.

Vielle (par. S. Johannis de Villa). Landes, arr. Saint-Sever, c. Aire, 64.

Viesilve, Viestube. V. Bisséougue.

Viger (Viger, Vigerii). V. Arnaud —, Bernard —, Raimond —.

—— de Monzano (Vigerius de Monzano), 270.

Vigerosus. V. Vigouroux.

Vignau (Vinhau). Landes, arr. Saint-Sever, c. Grenade. V. Bernard de —.

Vigouroux Bener (Bigorosus, Vigerosus, Vigorosus Bener, Beneir), témoin, 5, 6, 8, 9, 13, 14, 16-22, 177-183, 187, 188, 190, 521, 522, 524, 531-541, 553-596, 604, 606-609, 620-628, 636-679. Sa femme : Heliena.

—— Crochard (Vigorosus Croucardi), témoin, 429.

—— de Berthex (Vigorosus de Bretenx), 342.

—— de Larsan (Bigorous de Larssan), homme franc du roi dans la par. de Beychac, 541.

—— de Lugaignac (Vigerosius de Luganhac, filius Bertrandi de Melhormorte; Vigerosus de Lugenhac), damoiseau, 198, 200, 201.

Vigouroux de Ranbas (Vigerosius de Ranbas), 200.

—— du Honoz (Vigorosus deu Honoz, filius Bidonis deu Honoz), 351.

—— Esclau (Bigorosus, frater P. Esclau), homme franc du roi, 675.

Vigualer. V. Raimond —.

Vilacentut. V. Villecentut.

Vilan. V. Pierre —.

Vilasuyta (affarium de Vilasuyta), lieu dans le Marsan? 72.

Vileneva. V. Villenave.

Viliangres. V. Villagrens.

Villa. V. Ville.

Villagrens (par. de Viliangres). Gir., arr. Bordeaux, c. Labrède, commune de Cabanac-et-Villagrens, 524.

Villalata. V. Virelade.

Ville (Villa, Bile). V. Dominique de —, Guillaume de —, Laurent de —, Pierre de —, Raimond Dudrandi de —, Salvat de —, Vital de —.

Villecentut (Vilacentut, locus appellatus A Villa Sentud, Ad Puteum de Villa Sentud, Villa Centuldi, Villa Sentuldi), lieu disparu dans la prévôté de Barsac, 636 [16, 17, 18].

—— V. Amanieu de —, Bernard de —, Guillaume de —, Pierre de —, Pierre Sanche de —.

Villenave (Vileneva). V. Raimond Guillaume de —.

Villenave-d'Ornou (par., foresta parochialis de Villanova, pasquerium de foresta de Villanova). Gir., arr. Bordeaux, c. Pessac, 518, 532, 552, 565, 607.

—— V. Raimond de —.

Villenavette (cauareria de Vilenave). Landes, arr. Saint-Sever, c. Hagetmau, commune de Serres-Gaston, 29.

Villeneuve-de-Marsan (apud Villamnovam, cauareria de Vilenave), Landes, arr. Mont-de-Marsan, ch.-l. de c., 29, 73.

Vincent de Fon (Vincencius de Ffon), 396.

Vineasola. V. Arnaud de —, Guillaume de —.

Vinhas. V. Thomas de —.

Vinhau. V. Vignau.

Virac. V. Birac.

Virelade (par. de Villalata). Gir., arr. Bordeaux, c. Podensac, 13, 614.

—— V. Bernard de Poussignan de —, Guillaume de Cornali de —.

Virsac (par. de Virzac). Gir., arr. Bordeaux, c. Saint-André-de-Cubzac, 666.

Vital Aiquelm (Vitalis Ayquelmi), homme franc du roi dans la prévôté de Barsac, 636 [33], 674. Son frère : Pierre Aiquelm ; ses cousins : Bernard et Guillaume Aiquelm.

Vital Aiquelm, de Saint-Macaire (Vitalis Ayquem de Sancto Macario), 448, 598.
—— Amoros (Vitalis Amoros), 674.
—— Arman (nemus quod vocatur Vital Arman), bois dans Villenave-d'Ornon, 532.
—— Auriol, de Caudrot (Vitalis Aurioli qui manet apud Causdrotum), 361, 363. Son frère : Bernard Auriol.
—— Baudoinh (Vidau Baudoinh), clerc, témoin, 542, 543.
—— Bonon (Vitalis Bononi), témoin, 426.
—— Bramon (Vitalis Bramon), damoiseau, 608.
—— Costal (Vitalis Costalli), homme franc du roi, 623.
—— d'Arrabaud, d'Arrebut, homme franc du roi dans la par. de Maillas, 250. Son neveu : Arnaud d'Arrabaud.
—— d'Artiguemère (Vitalis d'Artigameira), 691.
—— de Barraut, homme franc du roi dans la par. de Bernos 246 [9].
—— de Batz (Vidal, Vidau de Badz, de Batz, de Baz; Vitalis de Vallibus), notaire public de Bayonne, 414, 496-498. Cf. Guillaume de Batz.
—— de Betoatz, homme franc du roi, 623.
—— de Bilare, chambrier de l'église de Saint-Macaire (Vitalis de Bilare, camerarius ecclesie Sancti Maccharii), témoin, 448.
—— de Branas, homme franc du roi dans la prévôté de Barsac, 657.
—— de Camps (Vitalis de Camps), de la par. de Bernos, 251.
—— de Castenlie (Vitalis de Castelie, de Castenlie), 77. Son père : Arnaud Guillaume.
—— de Cauponne (Vitalis de Copan), 147.
—— de Cazaletz, damoiseau, 79.
—— de Cérons (Vitalis de Seron, de Siron), clerc, 188.
—— de Filartigue (dominus Vitalis de Filartigia, de Filartigua), chevalier, 473; témoin, 465-467.
—— de Fonte Vaqueria, 354 [1].
—— de Garaut, homme franc du roi dans la par. de Bernos, 246 [1].
—— de Gascogne (Vitalis de Gasconba), de la par. de Sainte-Croix-du-Mont, 325.
—— de Gauziar, 350.
—— de Genoartiga, homme franc du roi dans la par. de Bernos, 246 [1, 2].
—— de Githani, 244, p. 78, col. 1.
—— de Grava, homme franc du roi dans la prévôté de Barsac, 636 [17].

Vital de Graville (Vitalis de Grevilh), homme franc du roi dans la par. de Bernos, 246 [1, 4].
—— de Groin, bourgeois de Dax, 505.
—— de Gui, homme franc du roi dans la par. de Maillas, 250.
—— de Lacase (Vitalis de Casa), homme franc du roi dans la par. de Cudos, 248 [1, 5-7], 364, p. 119, col. 1.
—— de Lacroix (Vitalis de Cruce), 336.
—— de Lafargue (Vitalis de Laffargua, de Laffaurga), de la par. de Savignac, 356, 566.
—— de Laluque (Vitalis de Luca), bourgeois de Dax, 505.
—— de Langon (Vitalis de Lengonio), 331.
—— (frater Vitalis de Lengonio), frère de l'hôpital de Pondaurat, 359, 590.
—— de Larmal (Vitalis del Armal), homme franc du roi dans la prévôté de Bazas, 248 [13]. Son frère : Fort de Larmal.
—— de Lartigue (Vitalis de Artiga, del Artigua), homme franc du roi dans la par. de Cudos, 248 [1, 11]. Son neveu : Guillaume de Lartigue.
—— de Laserre (Vitalis de La Serre), homme franc du roi dans la par. de Bernos, 246 [29].
—— de Laserte (Vitalis de Certa, de Serta), 246 [1, 13].
—— de Lashodias, de la par. de Bias en Born, 695. Son frère : Pierre Bernard de Lashodias.
—— de Latoudeille (Vitalis de Latodella), témoin, 679.
—— de Laubarède (Vitalis de Aubarede, de Laubarede), homme franc du roi dans la par. de Bernos, 246 [1, 18].
—— de La Via, homme franc du roi dans la par. de Bernos, 246 [1, 25]. Son neveu : Guillaume de La Via.
—— de Lesparre (Vitalis de Esparra, de Sparra), de la par. de Tontoulon, 245.
—— de Lo Lom, de la par. de Savignac, 356.
—— de Lugbert, homme franc du roi, 247 [8].
—— de Mars, 198.
—— de Maurrin (Vitalis de Marrenh), tuteur des héritiers de son frère Galbrun de Maurrin, chevalier, 51.
—— de Mensura, homme franc du roi dans la prévôté de Barsac, 636 [20].
—— de Mesmes (Vitalis de Mames), homme franc du roi dans la par. de Pompéjac, 247 [1].
—— de Miganh, témoin, 327, 335, 339, 354, 355.

Vital de Migranh, prévôt de Beaumont-de-Périgord (Vidal de Migranh, prebost de Belmon), témoin, 474.
—— de Miramont (Vitalis de Miromonte), 23.
—— de Nomanyu, damoiseau, 103.
—— de Palu, homme franc du roi dans la prévôté de Barsac, 657.
—— de Pesquit, homme franc du roi dans la prévôté de Barsac, 636 [47].
—— de Pin (Vitalis de Pinu), homme franc du roi dans la prévôté de Barsac, 638.
—— de Posings, 143.
—— de Poudenx (Vitalis de Podenx, de Podenks, de Podes), chevalier, témoin, 1, 3, 10-16, 74, 190-194.
—— de Pouillon (Vidau de Polhon), 414.
—— de Prad (Vitalis de Prad, de Prato), homme franc du roi dans la par. de Bernos, 246 [1, 23].
—— de Pujols (Vitalis de Pujol), homme franc du roi dans la prévôté de Barsac, 636 [7].
—— de Roquetaillade (Vitalis de Rocatalhada), témoin, 551.
—— de Saintes (Vitalis de Santes), bourgeois de Dax, 506.
—— de Sarrelongue (En Bidau de Sarrelongue), témoin, 483.
—— de Sauboar, homme franc du roi dans la par. de Bernos, 247 [1, 3].
—— de Soussans (Vitalis de Surssans), homme franc du roi dans la par. de Poussignan, 625.
—— de Steyes, seigneur landais, 171.
—— de Tabanac, clerc, 646. Sa mère : Comptoria.
—— de Toloffe (En Vidau de Toloffe), témoin, 476.
—— de Trabes, homme franc du roi dans la prévôté de Barsac, 657.
—— de Villa (Vitalis de Villa, En Bidau de Biele), 402, 404. Son fils : Pierre Vital de Pouillon.
—— du Colombier (Vidals del Colombier), témoin, 468, p. 197, col. 1.
—— du Dran (Vidal del Dran), scribe juré au greffe de Langon, 366-368.
—— du Got (Vitalis deu Got), homme franc du roi dans la prévôté de Barsac, 637.
—— du Mas (Vitalis de Manso), 259, 325.
—— du Mirail (Vitalis de Miralho, de Mirallo; En Vidal del Miralh), bourgeois et prévôt de La Réole, 8, 488-493; témoin, 225.

Vital Duran, 425.
—— du Trengh (Vidau deu Trengh), homme franc du roi dans la par. de Beychac, 541.
—— Edon, 361.
—— Escuder, 364, p. 118, col. 1.
—— Faur, 364, p. 118, col. 1.
——, frère de Monimerus de Tremalhag, de la par. d'Aillas, 330.
—— Gastariol (Vitalis, dictus Gastariol), de la par. d'Aillas, 330. Son frère : Bernon.
—— Gaston, homme franc du roi, 675. Son neveu : Michel Gaston.
—— Gaucelm (Vitalis Gaucelmi), homme franc du roi dans la prévôté de Barsac, 638.
—— Gurrant, 448.
—— Lambrot, homme franc du roi dans la par. d'Artiguevieille, 244.
—— Léger (Vitalis Leger), de la comptau de Portets et de Castres, 660.
—— Noet (Vitalis Noeti), homme franc du roi dans la par. de Cabanac, 679.
—— Ordei, homme franc du roi dans la prévôté de Barsac, 636 [47].
—— Prohome, témoin, 619.
—— Richard (Vitalis Ricardi), 678.
—— Séguin, 635.
—— Tossa, 659. Son frère : Bernard Tossa.
Vitalie de Langlade (Vitalia de Langlade), 244, p. 76, col. 1.
——, sœur de Bernard André, 636 [32].
Vitaline (Vitalina), sœur de feu Bernard Raimond, 636 [42].
Vitalis. V. Vital.
Vituerrie, nom, altéré par le copiste, d'un lieu où est donnée une charte du prince Édouard en 1256, 448.
Vivan, Bidon de ——.
Vivent. V. Guillaume ——.
Viver. V. Gaushert du ——.
Vivien Bonfils (En Bibian Bonfilz, Bibians Bonfilh), prévôt de la bastide de Saint-Osbert, 366-369.
—— de Bornet (Bibianus de Bornet), témoin, 371.
—— de Podensac (Bibianus de Podenssac, chevalier, 14.
—— de Saint-Loubès (Vivianus de S. Lupo), 540.

W

W. Voir Guillaume.
W. G. d'Artissan, bourgeois de Bayonne, 399, p. 143, col. 1.
Wairac. V. **Arnaud Faur de** —.
Waires. V. **Raimond de** —.
Walterus. V. Gautier.
Warinus. V. Guérin.
Westminster (Westmonasterium), ville d'Angleterre d'où sont datées une charte du roi Henri III et une reconnaissance de Jourdain du Puch, 447, 689.
Widotus. V. Guiot.
Willelmus. V. Guillaume.
Willotus. V. Guillot.
Windsor (Wyndesora), ville d'Angleterre d'où sont datées trois chartes du roi Henri III, 420.
Woodstock (Wodestok), ville d'Angleterre d'où est datée une charte du prince Édouard en 1268, 35.

X

Xanccius. Voir Sanche.

Y

Ycart. V. **Austen Auger d'** —.
Ychedrugol. V. **Guillaume d'** —.
Yla. V. Isle.
Ylatz. V. Illats.
Ylon. V. Illon.
Yoi. V. Geou.
Ysarndus. V. Isarn.
Ysigiacum. V. Issigeac.
Yson. V. Izon.
Yspanie, fille d'Isarn de Pompignac, 603.
—— de Bourg (Yspania de Burgo), mère du vicomte de Fronsac, 652.
Yspannus. V. Ispan.
Yterii. V. Itier.
Yvrac (par. de Ivrac, de Ivraco, de Yvraco, par. S. Vincencii d'Yvrac). Gir., arr. Bordeaux, c. Carbon-Blanc, 538, 544, 546, 610, 680.

TABLE DES MATIÈRES.

	Pages.
Introduction...	1
Index chronologique..	LIII
Table des rubriques..	7
Recogniciones feodorum in Aquitania.....................................	11
Glossaire...	317
Additions et corrections...	349
Index des noms de personnes et de lieux................................	351

SE TROUVE À PARIS

À LA LIBRAIRIE ERNEST LEROUX

RUE BONAPARTE, 28

www.ingramcontent.com/pod-product-compliance
Lightning Source LLC
Chambersburg PA
CBHW070824230426
43667CB00011B/1692